S O N A R 7

최이진 지음

노하우
도서출판

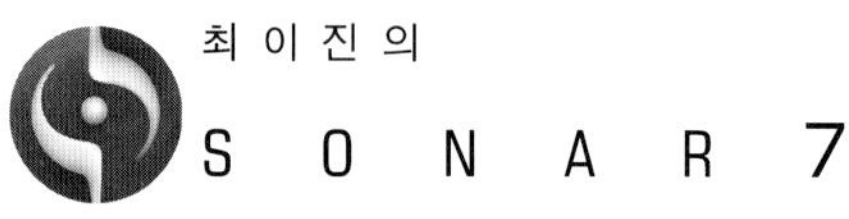

초판 발행 2008년 5월 13일

지은이 최이진

펴낸곳 도서출판 노하우

기획 노하우

진행 안세현

디자인 NOUS

주소 서울시 관악구 봉천6동 100-339

전화 02)888-0991

팩스 02)871-0995

등록번호 제320-2008-6호

도서문의 www.hyuneum.com

ISBN 978-89-960714-2-6

값 27,000원

ⓒ 최이진 2008

뮤지션에게 카피 훈련은 또다른 창작이 된다!

초보자가 묻는 질문과 그 질문에 대답하는 전문가의 답변은 언제나 동일합니다.

"음악을 잘하고 싶은데 비법이 있나요?"

"음악을 많이 들어라!"

전문가들의 답변은 음악을 감상하라는 것이 아니라 음악을 듣고, 똑같이 연주할 수 있도록 카피하라는 것입니다. 남들에게 인정을 받는 뮤지션들은 자신이 좋아하는 뮤지션의 연주를 카피하면서 공부를 했다는 공통점을 가지고 있을 만큼 중요한 학습입니다.

그러나 시대는 바뀌었습니다.

과거에는 자신이 공부하는 파트의 악기만 카피를 해도 그 분야에서 최고의 소리를 들을 수 있었습니다. Guitar 연주를 공부하는 사람은 Guitar 연주만, Drums 연주를 공부하는 사람은 Drums 연주만 카피를 해도 충분했었다는 얘기입니다. 그러나 컴퓨터 뮤지션은 작곡, 편곡, 녹음, 믹싱, 마스터링 등의 전반적인 음악 작업을 혼자서 처리할 수 있어야 합니다. 물론 실제 음반 작업을 할 때, 혼자서 모든 작업을 하는 경우는 드물지만 각 분야별로 어느 정도 수준의 실력은 갖추고 있어야 합니다. 카피를 시작할 때는 가수의 노래나 자신이 조금이라도 연주할 수 있는 악기로 시작을 합니다.

음악에서 가수의 목소리가 가장 잘 들리는 것은 당연하고, 두 번째는 자신이 연주하는 악기 소리입니다. 그러면서 최소한의 음악 이론 공부를 병행합니다.

훈련을 계속하다 보면 카피한 노래나 연주를 직접 녹음해보고 싶을 때가 있습니다. 그때 필요한 것이 소나입니다. 소나를 이용해서 자신의 목소리나 연주를 녹음하다 보면 드럼과 베이스 등의 악기 연주도 입히고 싶어집니다. 이때 원하는 파트부터 하나씩 카피를 시작해보고 소나로 음악을 만들어는 훈련을 반복합니다. 소나는 음악 제작에 필요한 모든 기능을 갖추고 있습니다.

이제 음악 공부를 시작하려는 학생들에게는 조금 막연해 보일 수 있는 일이라고 생각되겠지만, 실제로 도전을 해보면 그렇게 오래 걸리지 않습니다. 그리고 소나에 익숙해질 때쯤엔 작·편곡에 도전하고 있는 자신을 발견하게 될 것입니다.

자신의 연주나 노래를 녹음해볼 생각도 없으며, 작곡가나 음반 제작에 대한 꿈은 절대 없다는 사람은 소나를 공부할 필요가 없습니다. 최소한 자신의 연주나 노래를 녹음해보고 싶다는 욕구가 있고 언젠가는 자신의 앨범을 제작해보고 싶다는 꿈이 있는 독자들에게만 필요한 툴 입니다.

본서를 읽는 모든 이들의 꿈이 이루어지길 바라며……

최이진 씀

이 책의 구성

이 책은 소나 7을 초보 학습자는 물론 기존에 소나를 사용해왔던 분들까지도 완벽하게 그 기능을 익히고 실습해 볼 수 있도록 구성하였습니다. 아래의 구성 현황을 통해 각각의 소나 학습을 구현해 보시기 바랍니다.

PART 1 소나 7의 기본 익히기

소나 7 설치하기, 작업 환경 꾸미기, 데이터 입력 방법 등 소나 7을 사용하기 위한 준비 과정과 기초적인 내용을 살펴봅니다. 소나 7을 처음 접해보는 사용자라면, 꼭 알아야할 내용입니다.

PART 2 프로젝트와 트랜스포트 패널 익히기

소나 7을 실행하면 볼 수 있는 프로젝트 윈도우와 트랜스포트 패널의 역할과 기능을 살펴봅니다. PART 2의 학습을 마스터하면, 소나 7의 절반을 익혔다고 보아도 좋습니다.

PART 3 오디오 편집 기능 익히기

소나 7의 주요 작업인 오디오 편집과 프로세스 기능을 살펴보고, 오디오 편집 기술의 혁신을 가져다줄 스넵 창의 역할을 마스터합니다. 그리고 믹싱 작업에 필요한 콘솔 창의 기능을 살펴봅니다.

PART 4 미디 편집 창 익히기

소나 7에서 가장 많이 사용하는 피아노 창, 스태프 창, 이벤트 리스트의 3가지 미디 편집 창을 살펴봅니다. 미디 학습은 다소 지루할 수 있지만, 작/편곡가를 꿈꾼다면, 반드시 알아야할 지식입니다.

PART 5 미디 편집 기능 익히기

미디 편집 기술에 관한 테크닉과 미디 이펙트를 살펴봅니다. 특히, 고급 사용자를 위한 시스템 익스클루시브 정보는 미디 음악 작업자에게 소중한 자료가 될 것입니다.

PART 6 소프트 음원

현대 음악의 필수 아이템인 VST Instruments를 학습합니다. 소나 7은 음악 작업에 부족함이 없을 정도로 다양한 종류의 VST Instruments를 제공하고 있으며, 이것을 마스터하면, 그 어떤 VST Instruments도 쉽게 사용할 수 있는 능력을 갖추게 될 것입니다.

PART 7 믹싱과 마스터링 작업

음악의 승패를 좌/우하는 믹싱과 마스터링 작업을 실습으로 익혀봅니다. 그리고 소나 7에서 제공하는 VST Effects를 모두 살펴봄으로써 실제 하드웨어 이펙트를 다룰 수 있는 능력을 갖게 될 것입니다.

PART 8 메뉴 기능 총정리

PART 7까지의 학습으로 음악 작업에 필요한 소나 7의 기능은 모두 마스터 했습니다. PART 8은 소나 7에서 제공하는 모든 메뉴의 기능을 정리하여 사전처럼 이용할 수 있게 배려했습니다.

Chapter
실습할 내용을 소개합니다.

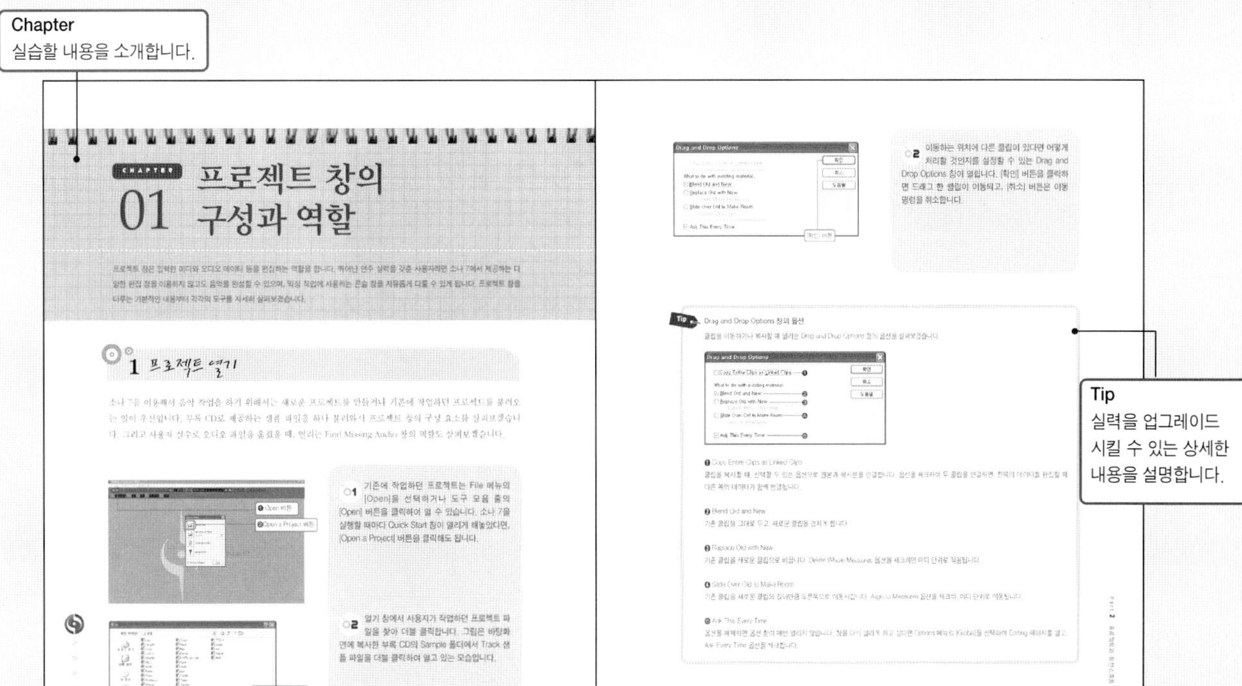

Tip
실력을 업그레이드
시킬 수 있는 상세한
내용을 설명합니다.

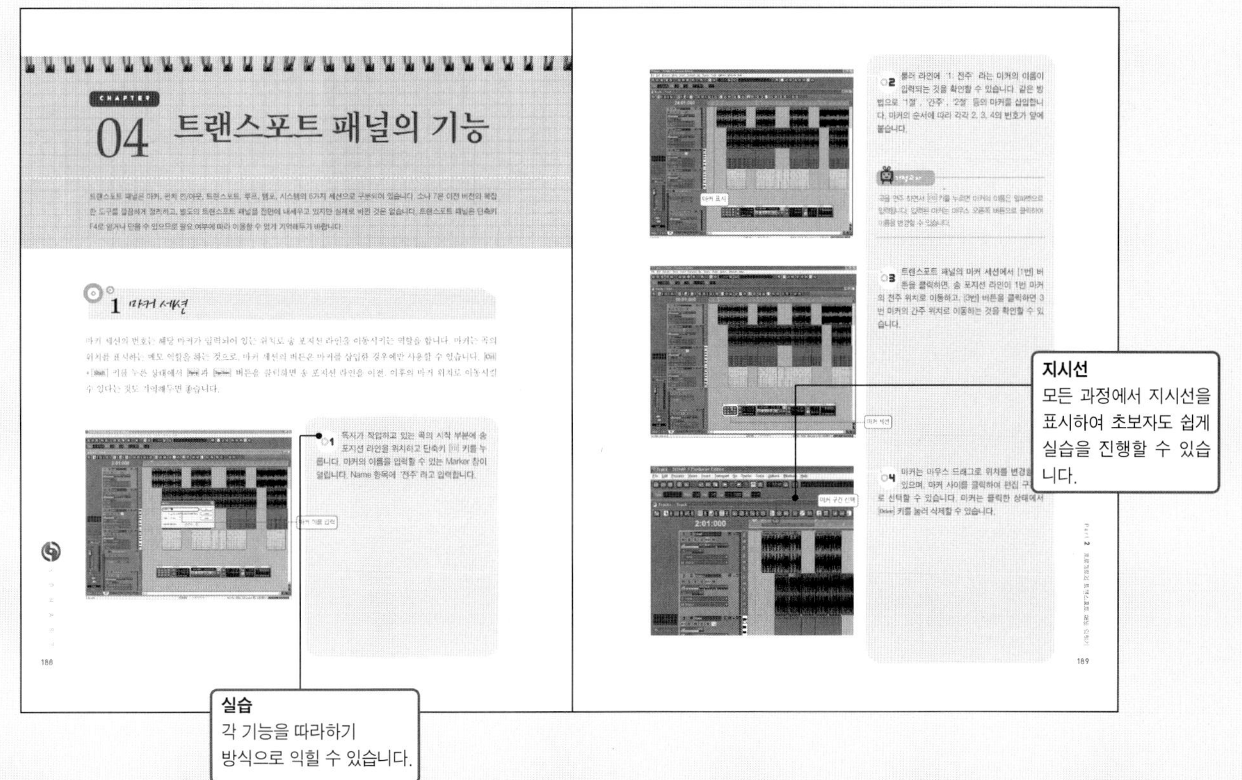

지시선
모든 과정에서 지시선을
표시하여 초보자도 쉽게
실습을 진행할 수 있습니다.

실습
각 기능을 따라하기
방식으로 익힐 수 있습니다.

부록 CD 구성

1. Demo Version 폴더

Sonar 7 Producer Edition 데모 버전과 정식 사용자를 위
한 7.02 Patch 버전을 제공합니다. 데모 버전은 믹스다운,
저장 등의 기능 제한이 있으며, 정식 버전을 구입하기 전
에 프로그램을 사용해보는 목적으로 제공되는 것입니다

2. Sample 폴더

실습에 필요한 샘플을 제공합니다. 본서를 학습하는데 가
장 좋은 방법은 직접 음악을 만들어 보면서 실습을 진행하
는 것입니다. 그러나 간단한 음악 제작조차 어려운 초보자
는 부록 CD로 제공하는 샘플 파일을 이용해서 학습을 진
행해도 좋습니다.

3. Instruments 폴더

모두 83가지의 악기 시리즈 패치 리스트를 제공합니다. 대
부분의 악기 시리즈는 Instruments 폴더에서 찾아볼 수 있
지만, 특별한 악기를 사용하거나 샘플러를 사용하는 경우
에는 제작사 홈페이지를 방문해 보거나 본문의 학습을 통
해서 직접 만들어야 합니다.

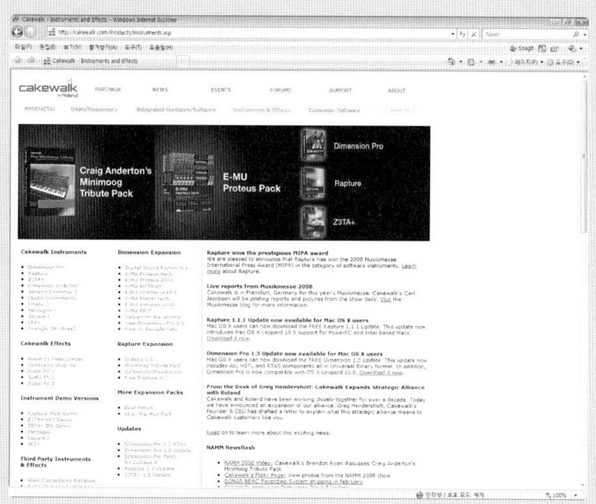

🔘 4. Project 폴더

Project 5의 프로젝트 파일을 제공합니다. Cakewalk사는 소나 7 외에도 수 많은 프로그램들을 제작/판매하고 있습니다. 그 중에서 Sonar 7, Project 5, Rapture, Dimension Pro 의 대표적인 4가지 프로그램을 패키지 상품으로 묶어 놓고 있는 Cakewalk Pro Suite가 있는데, 여기서 Project 5는 VST 패턴을 이용해서 손쉽게 음악을 만들 수 있는 기능으로 세계인의 사랑을 받고 있는 프로그램입니다.

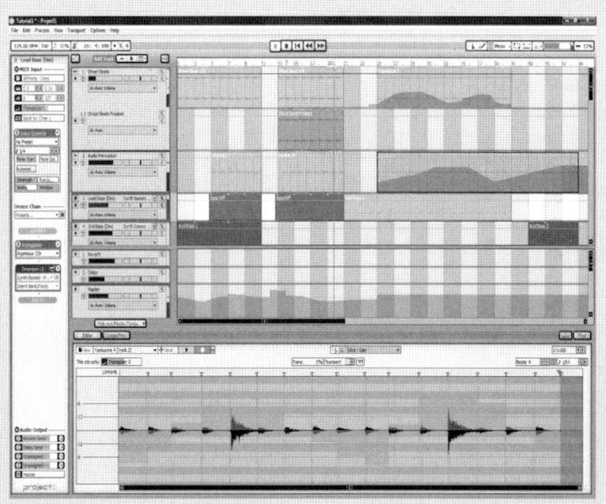

🔘 5. Dream Station Sound

DreamStaion DXi2에서 사용할 수 있는 100가지 음원 프리셋을 제공합니다. DreamStaion DXi2는 소나에서 제공하는 VST Instruments 이지만, 기본 옵션으로는 설치되지 않습니다. 아날로그 신디사이저를 학습하는데 가장 만만한 DreamStaion DX2를 사용해보고 싶다면 설치 과정에서 Full 옵션을 선택하기 바랍니다.

🔘 6. CAL 폴더

Cakewalk사에서 제공하는 32가지 CAL 파일을 제공합니다. CAL 파일은 자주 사용하는 작업을 한번에 처리할 수 있는 소나 전용 프로그램 파일입니다. 오디오와 VST 작업이 일반화 되면서 확장 메뉴에 숨겨질 만큼 사용빈도가 적어지긴 했지만, 독자의 음악 작업을 한층 더 업그레이드 시켜줄 자료가 될 것입니다.

 차례

PART 1 소나 7의 기본 익히기

CHAPTER 01 | 소나 7을 사용하기 위한 준비

CHAPTER 02 | 작업 환경 꾸미기

PART 3 | 오디오 편집 기능 익히기

PART 5 | 미디 편집 기능 익히기

PART 8 | 메뉴 기능 총정리

CHAPTER 01 | FILE 메뉴

CHAPTER 02 | EDIT 메뉴

SONAR 7

P A R T ①

소나 7의
기본 익히기

01 소나 7을 사용하기 위한 준비

컴퓨터 음악의 이해와 소나 7을 사용하기 위한 준비 및 설치 과정, 소나 7을 처음 실행할 때, 열리는 설정 창들의 처리방법, 미디와 오디오 데이터의 입력 방법 등 소나 7을 처음 사용하는 사용자들을 위한 기초적인 내용들을 살펴봅니다. 그리고 이전 버전 사용자들에게 가장 많은 질문을 받았던 환경 설정에 관한 항목도 몇 가지 집어봅니다.

1 컴퓨터 음악의 이해

과거에는 작곡가, 작사가, 편곡가, 연주인, 녹음 엔지니어 등 각 분야별로 참여 인원이 명확하게 구분이 되어 있었습니다. 그러나 요즘에는 이 모든 것을 혼자서 해내고 있으며, 녹음 작업을 위해서 엄청난 비용의 스튜디오를 빌려야 했던 일까지 집에서 해결하고 있습니다. 이런 일이 가능한 것은 컴퓨터의 성능이 높아지고, 소프트웨어의 기능이 막강해졌기 때문입니다. 결국 어떤 분야든지 음악 관련 일을 하기 위해서는 컴퓨터 음악 프로그램을 필수적으로 다룰 줄 알아야하는데, 그 대표적인 것이 소나 7입니다.

1. 작곡 및 작사

컴퓨터 음악 프로그램은 미디와 오디오 데이터를 입력하고 편집하는 툴입니다. PC에서 가장 많이 사용하는 컴퓨터 음악 프로그램으로는 Steinberg사의 큐베이스와 Cakewalk사의 소나가 있습니다. 두 프로그램 모두 가상 악기인 VST Instruments와 가상 이펙트인 VST Effects를 포함하고 있지만, 미디와 오디오의 작업 비중이 크기 때문에 컴퓨터 음악 프로그램으로 구분합니다. 녹음기를 틀어놓고, Piano 또는 Guitar를 연주하면서 흥얼거리는 노래를 녹음합니다. 그리고 녹음한 음악을 모니터 하면서 마음에 드는 부분을 악보로 옮기는 과정을 반복하면서 멜로디와 코드를 완성해 나가는 것이 작곡가들의 전형적인 작업 방식이었습니다. 그러나 요즘에는 악기와 녹음기 대신에 노트북 하나 달랑 들고 작업하는 작곡가들을 흔하게 볼 수 있습니다.

가수 겸 프로듀서로 미국 음악 시장에 도전을 하고 있는 박진영은 비행기를 이용하는 시간이 많기 때문에 늘 노트북을 가지고 다니면서 곡 작업을 하며, 비의 '태양을 피하는 방법' 도 비행기 안에서 탄생한 곡이라는 내용의 인터뷰를 본 적이 있습니다. 이처럼 작곡가가 되기 위해서는 늘 음악만을 생각하는 열정이 필요하며, 언제 어디서든 악상을 기록할 수 있는 장치가 필요합니다.

소나 7이 설치되어 있는 노트북을 들고 다니는 것이 어렵다면, 최소한 보이스 레코더라도 휴대하고 다니길 권장합니다. 보이스 레코더는 제품마다 차이가 있지만, 음성을 MP3 파일로 저장하기 때문에 별도의 변환 작

업 없이도 소나 7에서 바로 편집을 할 수 있습니다. 물론, 별도의 프로그램을 이용해야 한다는 불편함이 있지만, 늘 휴대하고 다니는 휴대폰의 녹음 기능을 이용해도 좋습니다.

▲ 노트북을 이용한 음악 작업

▲ 보이스 레코더를 이용한 녹음

2. 편곡 및 녹음

작곡된 악보 또는 음악은 편곡을 의뢰합니다. 편곡가는 작곡가가 보내준 악보를 반복 연주해 보면서 드럼은 어떻게 연주하는 것이 좋은지, Guitar와 Piano 등의 솔로 악기를 첨가할 것인지의 여부를 고민하면서 각 악기 파트의 연주 악보를 완성합니다. 그리고 스튜디오를 빌리고, 수십 명의 연주자들을 섭외하여 편곡한 악보에 맞추어 음악을 녹음합니다. 이것이 과거의 음악 작업 형태입니다. 그러나 요즘에는 마우스 드래그 만으로도 편곡 작업을 진행할 수 있기 때문에 전문적인 음악 지식보다는 감각이 요구되는 시대가 되었고, 곡의 특징을 누구보다도 잘 알고 있는 작곡가가 직접 편곡을 하는 추세입니다. 이렇게 자신이 작곡한 곡에 편곡 작업을 진행할 때 필요한 것이 SONAR 7이나 Project 5와 같은 음악 프로그램입니다.

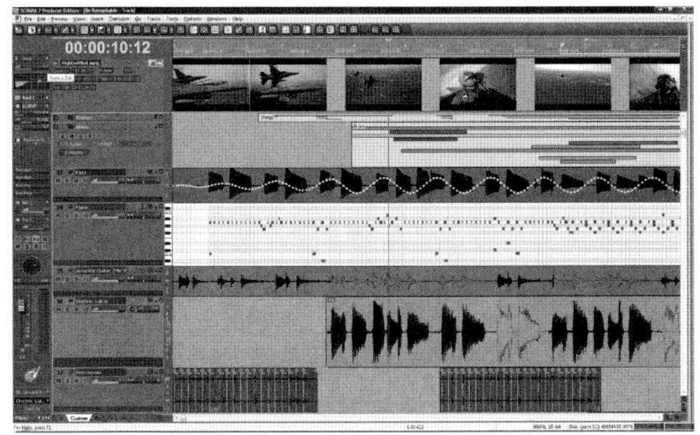

▲ Sonar 7을 이용한 음악 작업

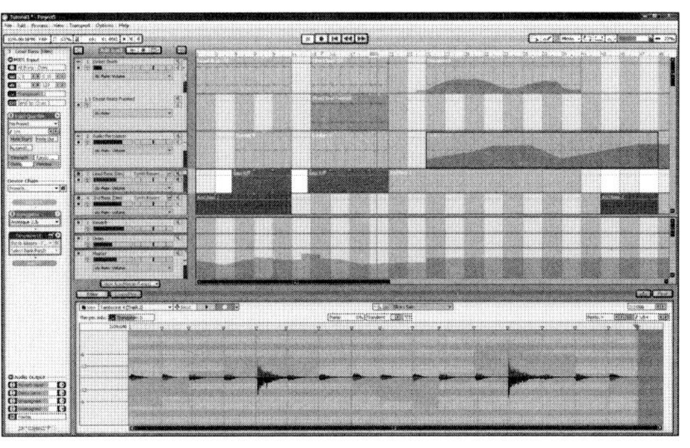

▲ Project 5를 이용한 음악 작업

3. 믹싱 및 마스터링

작사, 작곡, 편곡, 녹음이 끝난 곡은 믹싱과 마스터링 작업을 진행합니다. 믹싱은 각 트랙에 녹음한 악기 연주의 볼륨과 EQ, 그리고 다양한 이펙트를 사용하여 현장감 있는 사운드를 연출하기 위한 작업이며, 마스터링은 CD나 DVD에 담을 곡의 다이내믹 범위를 조정하고, 각 곡들간의 색채를 일치시키는 작업입니다. 결국, 믹싱과 마스터링 작업을 하기 위해서는 스튜디오의 음향 시설과 각종 음향 장치들이 필요한데, 소나 7에는 실제 수천만 원 상당의 스튜디오 장비와 대등한 기능의 음향 장치들을 제공하고 있습니다. 물론, 장비보다 중요한 것이 음향에 대한 전문지식이기 때문에 아직도 녹음과 믹싱 작업은 스튜디오의 엔지니어와 함께 작업을 하는 경우가 많습니다. 그러나 사용자가 열심히 공부한다면, 안방에서 작곡, 편곡, 녹음, 믹싱 등의 모든 작업을 해결할 수 있는 것이 소나 7의 역할입니다.

▲ 스튜디오의 믹싱 콘솔

▲ 소나 7의 믹싱 콘솔

◀ 4. 미디 작업 ▶

마우스 드래그만으로 음악을 만들 수 있는 시대에 미디 학습을 거론한다는 것이 조금은 뒤떨어지는 것이 아니냐는 의견이 있을 수 있습니다. 그러나 미디는 입력한 데이터를 사용자가 원하는 스타일로 쉽게 편집할 수 있기 때문에 연주 실력에 상관없이 작/편곡에 많은 도움이 됩니다. 미디 작업을 대부분의 학생들이 컴퓨터를 처음 배울 때 익히는 워드 작업과 비교해보면 키보드를 이용해서 컴퓨터에 글자를 입력하고, 워드 프로그램의 다양한 기능을 활용하여 입력한 글자를 수정하거나 꾸민 다음에, 컴퓨터에 연결한 프린터로 인쇄하는 것과 비슷하다는 것을 알 수 있습니다.

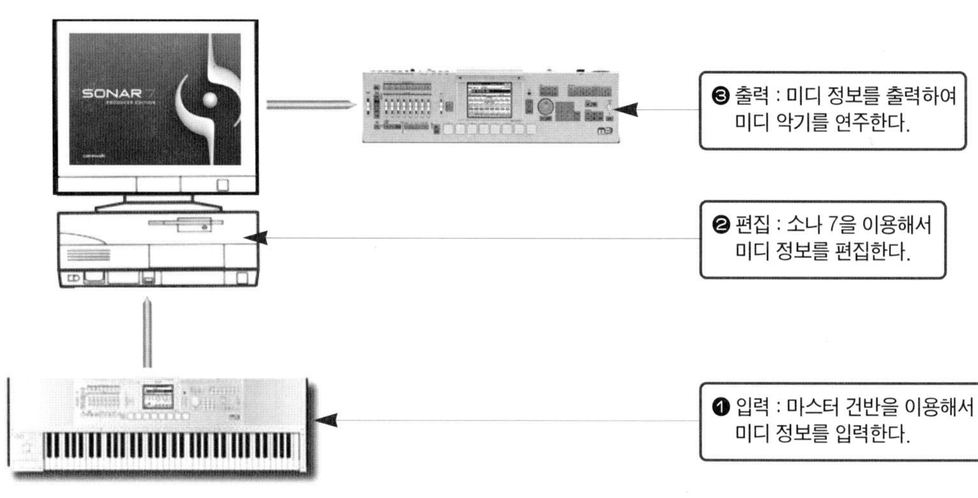

▲ 미디 작업 과정

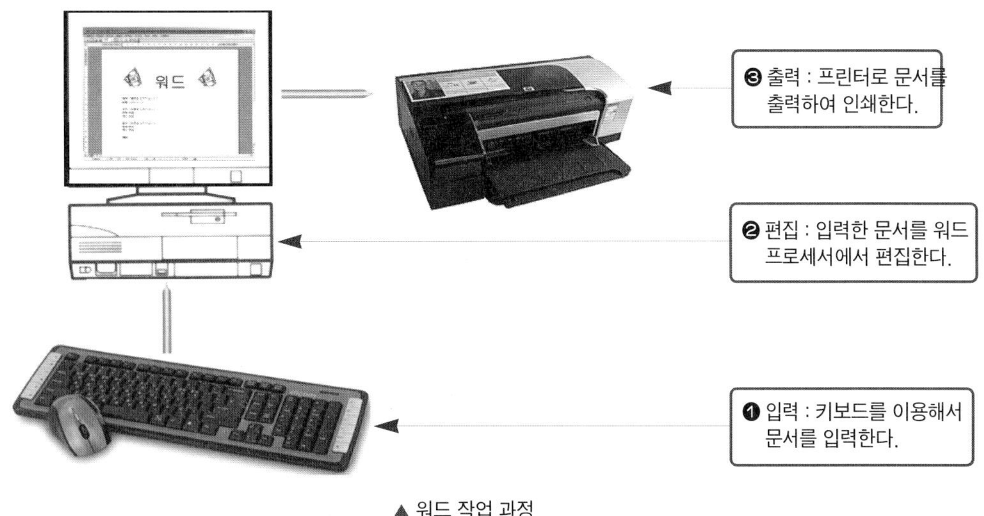

▲ 워드 작업 과정

소나 7은 피아노 롤, 이벤트 리스트, 스텝 창 등의 미디 작업 창을 제공하고 있으며, 가상 미디 악기인 VST Instruments를 내장하고 있습니다. 그리고 기본 VST Instruments 뿐만 아니라 다른 회사의 VST Instruments 를 소나 7에서 사용 할 수 있기 때문에 고가의 하드웨어 악기를 장만해야만 하는 부담을 크게 줄일 수 있는 장점이 있습니다.

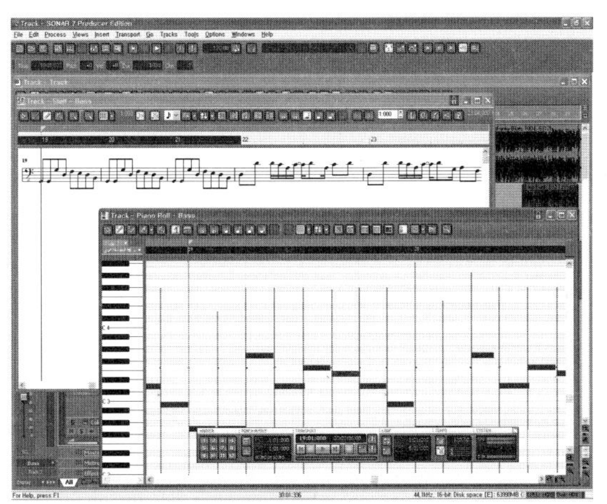

▲ 소나 5의 다양한 미디 편집 창

▲ 소나 7의 다양한 VST Instruments

◖◗ 5. 녹음 작업 ◖◗

컴퓨터 음악에서 가장 눈부시게 발전한 부분이 하드 레코딩 입니다. 하드 레코딩이란 말 그대로 사운드를 컴퓨터 하드에 녹음하는 것을 말합니다. 만일, 자신이 작/편곡한 음악에 사용한 악기 음색이 20가지라면 최소한 20채널의 레코딩 장비가 필요합니다. 과거에 많이 사용하던 ADAT 는 한 대에 8채널이므로 최소 3대가 필요합니다. 하지만 소나 7은 채널에 제한이 없으므로 한대에 100만원이 넘는 ADAT와 비교하면 가격은 둘째 치고, 시스템 구성과 작업의 편리성까지 하드웨어 장치와 비교할 수 없는 장점을 가지고 있습니다.

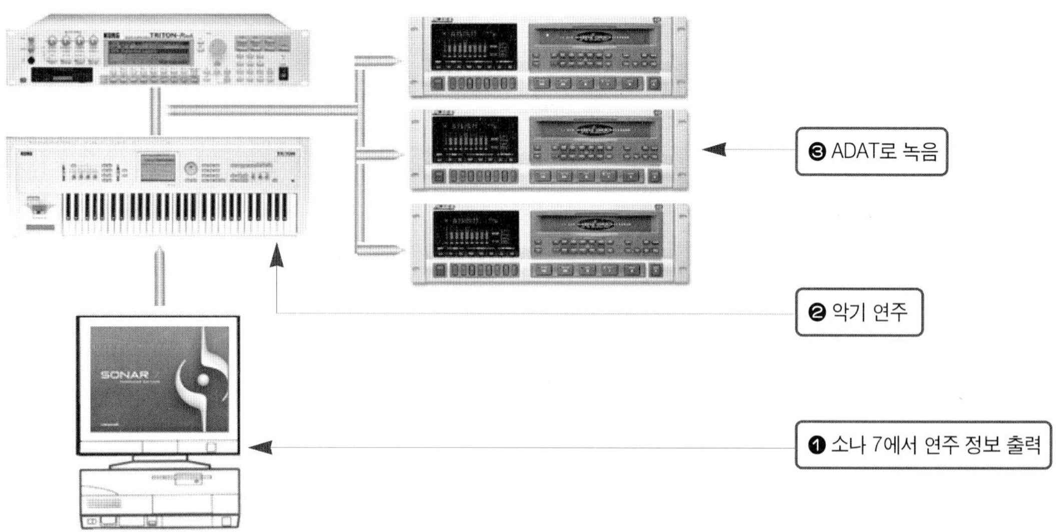

▲ ADAT를 이용한 레코딩

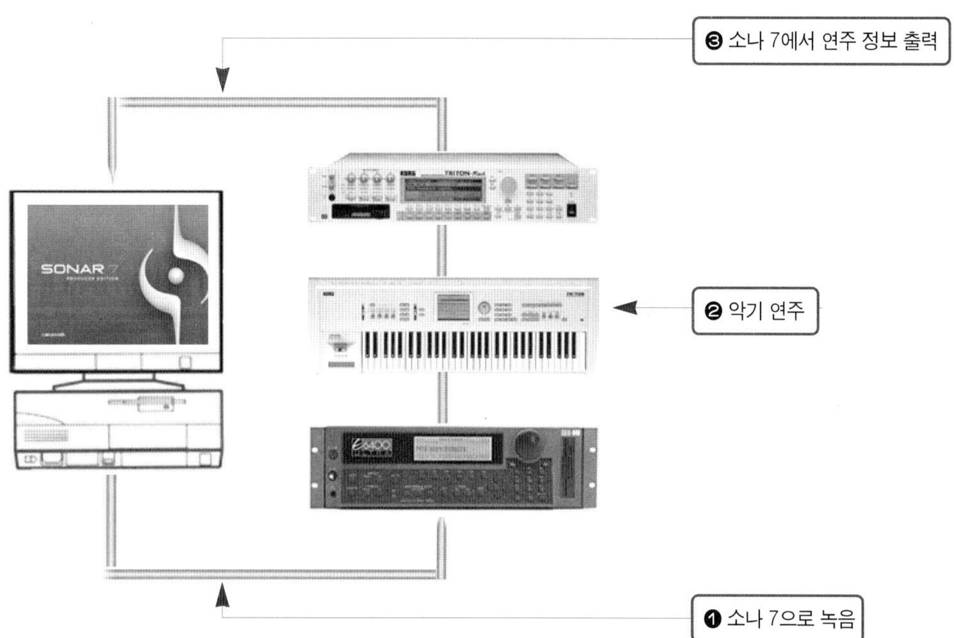

▲ 소나 7를 이용한 하드 레코딩

하드 레코딩 프로그램에는 소나 7 외에도 Steinberg사의 누엔도(Nuendo)와 Digidesign사의 프로 툴(Pro Tools)이라는 시스템도 많이 사용합니다. 소나가 케익워크(Cakewalk)라는 이름으로 출시하고 있을 때만해도 하드 레코딩을 하기 위해서는 별도의 프로그램을 공부해야 했지만, 하드 레코딩과 VST 기능으로 재무장하고 이름을 소나로 바꾸어 출시하면서 별도의 프로그램을 추가로 공부해야만 하는 부담감이 사라졌습니다.

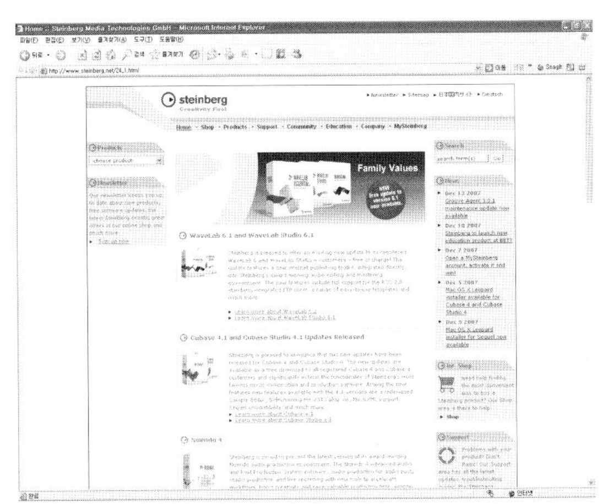
▲ 누엔도 제작 사이트 (steinberg.net)

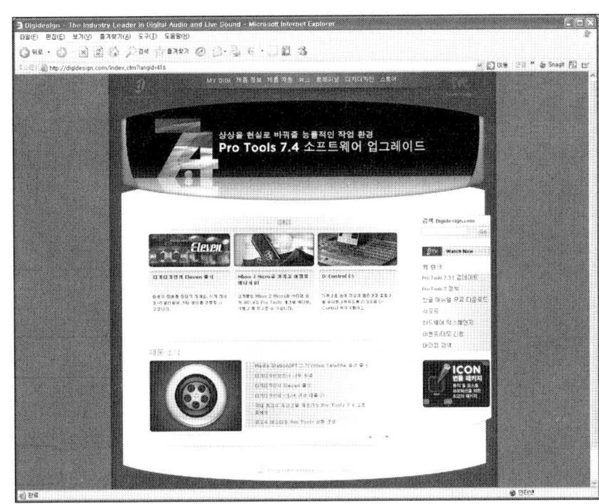
▲ 프로툴 제작 사이트 (digidesign.com)

5. VST Effects

믹싱은 각 채널 별로 녹음된 오디오 사운드에 다양한 이펙트를 사용하여 정위감과 공간감을 만들어 하나의 곡을 실제적으로 완성하는 작업입니다. 마스터링은 CD에 담길 각 곡의 레벨과 색체를 다듬어 가장 인상 깊고 듣기 좋은 앨범을 만들기 위한 작업입니다. 과거에는 이러한 작업들을 하기 위해서 대형 믹서와 다양한 이펙트 장비를 갖추고 있는 전문 스튜디오를 찾을 수 밖에 없었지만, 요즘 뮤지션들의 작업실을 보면 달랑 컴퓨터 한대로 이 모든 작업들을 해내고 있습니다. 이것이 가능한 것은 소나 7이 믹싱과 마스터링 작업에 필요한 VST Effects를 내장하고 있고, 다른 회사에서 출시한 VST Effects를 사용할 수 있기 때문입니다.

▲ 소나 7 기반의 개인 작업실

▲ 소나 7의 믹서와 VST Effects

스코어 작업

스코어 작업이란 서점에서 판매하고 있는 악보를 제작하는 작업을 말하는 것으로 지금까지 살펴본 음악 작업과는 거리가 있습니다. 스코어 편집 작업은 실제적으로 뮤지션이 하는 경우는 드물고, 대부분 출판업체에서 하고 있으며, 피날레(Finale)와 시벨리우스(Sibelius)와 같은 스코어 전문 프로그램을 사용합니다. 물론,

소나 7은 전문 악보를 제작하기는 조금 부족하지만, 멜로디와 코드를 입력한 간단한 악보 정도는 전문 프로
그램보다 쉽게 만들 수 있다는 장점이 있기 때문에 작곡한 곡을 악보로 보관하는 용도로 많이 사용합니다.

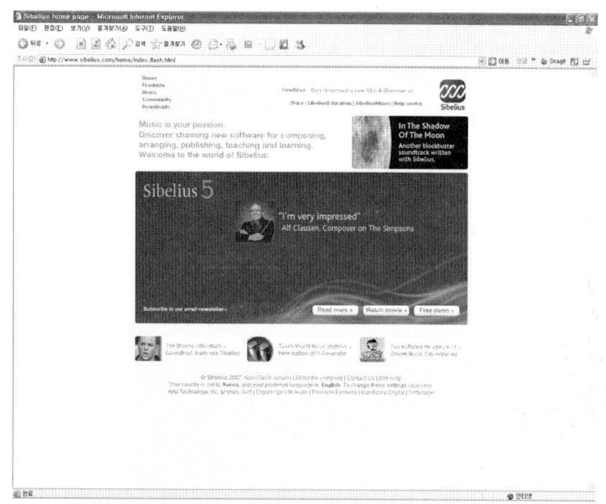
▲ 시벨리우스 제작 사이트 (sibelius.com)

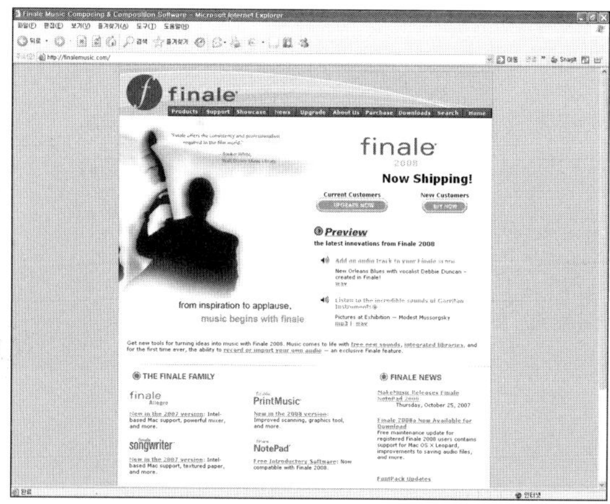
▲ 피날레 제작 사이트 (finalemusic.com)

2 시스템 준비하기

홈 쇼핑에서 판매되고 있는 컴퓨터를 구입해도 소나 7을 무리 없이 구동할 수 있는지의 여부를 묻는 질문이
많습니다. 대부분의 제품이 소나 7을 구동하는데 전혀 무리가 없지만, 사용자마다 차이가 있을 수 있으므로
자세한 내용을 살펴보겠습니다. 그리고 컴퓨터 음악 작업을 하는데 필요한 장치들도 함께 살펴보겠습니다.
각각의 장치는 사용자가 꼭 필요하다고 느낄 때쯤 구입하는 것이 좋으며, 많은 사람들이 사용하고 있는 제품
을 선택하는 것이 요령입니다.

홈쇼핑 제품

홈쇼핑 판매 1위 제품 중에서 최고급 패키지를 대상으
로 살펴보겠습니다. 단, 사용자에게 적합한 시스템을 알
아보기 위한 목적이며, 특정 업체나 제품을 광고하는 것
이 아님을 밝힙니다.

◀| OS |▶

소나 7은 윈도우 XP는 물론 윈도우 비스타에서 사용할 수 있습니다. 윈도우 비스타는 Ultimate, Premium, Basic 등의 버전이 출시되고 있으며, 홈쇼핑 판매 1위 제품은 디지털 음악 작업에 적합한 Premium 버전을 제공하고 있습니다.

◀| CPU |▶

Cakewalk사는 인텔 펜티엄IV 2.8GHz 또는 AMD 64 2800+ 이상의 CPU를 요구합니다. 홈쇼핑 판매 1위 제품은 Cakewalk사에서 요구하는 것 보다 2배 이상의 빠른 성능을 보이고 있는 인텔 코어 2 듀오가 장착되어 있으므로 음악 작업을 하기에는 충분한 사양입니다. 참고로 업그레이드나 조립 컴퓨터를 구입할 예정이라면, 인텔 코어 2 듀오 보다 2배 이상의 빠른 성능을 보이는 인텔 코어2쿼드를 권장합니다. 현재 최고급 CPU라고 하는 인텔 코어2익스트림까지 출시되어 있지만, 아직은 가격이 비싸다는 단점이 있습니다.

◀| RAM |▶

RAM은 홈쇼핑 제품을 선택할 것인지, 조립 제품을 선택할지를 결정하는 요소가 될 것입니다. Cakewalk사는 RAM의 용량이 1GB 이상이면, 소나 7을 원활하게 사용할 수 있다고 밝히고 있고, 홈쇼핑 제품은 2GB가 장착되어 있습니다. 숫자로는 2배의 용량이기 때문에 충분해 보이지만, 작업 목적에 따라 차이가 있습니다. RAM 용량은 솔직히 많을수록 좋은데, 홈쇼핑 제품의 경우에는 메인보드에 RAM을 추가할 소켓의 여유가 없다는 문

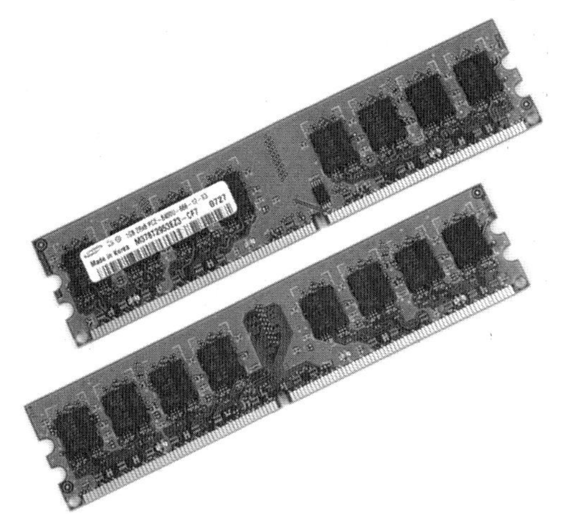

제가 있습니다. 소나 7을 하드 레코딩 작업용으로 사용할 것이라면 홈쇼핑 제품으로도 충분하지만, RAM 용량을 많이 필요로 하는 VST를 주로 사용할 것이라면 RAM을 추가 할 수 있는 조립 제품을 선택해야 합니다. 문제는 음악 공부를 시작하는 사용자가 앞으로 어떤 작업을 하게 될 것인지를 짐작할 수 없다는 것입니다. 나중에 어떻게 될지 모르니까 확장 가능성이 있는 조립 제품을 선택한다면, 최소한 안정성이 입증된 부품을 선별할 수 있는 상식을 갖추고 있어야 하며, A/S나 가격적으로 불리하다는 단점이 있습니다. 반대로 홈쇼핑 제품을 선택한다면, 추후에 RAM을 추가할 수 없다는 단점이 있습니다. 물론 홈쇼핑 제품도 메인보드를 바꾸면 RAM을 추가할 수 있지만, 2~3년 단위로 규격이 바뀌는 컴퓨터 시장의 특성상 배보다 배꼽이 더 큰 경우가 발생할 수 있습니다. 결국 홈쇼핑 제품과 조립 제품의 선택 여부는 향후 2~3년간의 작업 목적을 스스로 판단하여 결정해야 할 몫입니다.

◀|| 그래픽 카드 ||▶

Cakewalk사는 중고 시장에서도 찾아보기 힘든 1280x960 픽셀 이상의 화면 해상도와 24비트 이상의 색 품질을 재현할 수 있는 그래픽 카드를 요구합니다. 결국, 어떤 그래픽 카드라도 무관하다는 얘기입니다. 홈쇼핑 제품에 장착되어 있는 그래픽 카드는 D-sub 방식과 DVI 방식의 모니터를 각각 한 대씩 연결할 수 있는 듀얼 기능과 TV Out 기능이 있는 nVidia GeForce 8400으로 영상 음악 작업을 하기에도 충분합니다.

◀|| 하드디스크 ||▶

홈쇼핑 제품은 320GB의 용량과 SATA-II 규격의 하드디스크가 장착되어 있어 용량이나 속도 모두 만족할만합니다. 단, 컴퓨터는 잦은 에러와 바이러스 침투 등의 문제점이 발생할 수 있으므로 작업용 하드디스크를 별도로 추가하는 것이 좋습니다. 즉, 홈쇼핑 제품을 선택했다면 SATA-II 방식의 하드디스크를 별도로 구매하여 추가하고, 조립 품을 선택했다면 처음부터 SATA-II 방식의 하드디스크를 2개 장착하는 것이 좋습니다. 참고로 음악 작업을 할 때, 오디오 트랙을 많이 사용한다면, 약

간의 지연 현상이 발생할 수 있는데, 이런 현상을 최소화 하기 위해서는 SATA-II 규격보다 속도가 빠른 SCSI 규격의 하드디스크를 사용하는 방법이 있습니다. 물론, 가격적인 부담이 있으므로, 작업을 하면서 불편함을 느끼게 될 때쯤 고려해보는 것이 현명합니다.

◀|| 사운드 카드 ||▶

불과 몇 년 전만 해도 컴퓨터에서 사운드를 재생하기 위해서는 최소한 10만원 정도하는 사운드 카드를 추가로 구입해야 했지만, 요즘에는 보다 뛰어난 성능의 사운드 카드가 컴퓨터에 내장되어 있기 때문에 별도의 사운드 카드를 구입할 필요는 없습니다. 다만, 학습을 진행하면서 실력이 쌓이다 보면 좀더 좋은 음질의 사운드를 구현하고 싶고 레이턴시의 불편함을 해소하고자 ASIO 드라이버를 지원하는 사운드 카드를 사용하고 싶어집니다. 이때 찾는 것이 오디오 카드입니다. 사운드 카드는 사운드의 입/출력은 물론, 마스터 건반을 연결할 수 있는 미디 인터페이스 기능과 소프트 음원 기능을 탑재하고 있는 종합 제품이며, 오디오 카드는 사운드의 입/출력 만을 담당하는 전문 제품으로 사운드 카드보다 깨끗한 음질의 사운드를 구현할 수 있습니다. 그러나 가격이 비싸다는 단점이 있습니다. 결국, 처음에는 홈쇼핑 제품을 이용하든 조립 제품을 이용하든 컴퓨터에 내장되어 있는 사운드 카드를 이용하다가 욕심이 날 때쯤, 오디오 카드의 구입 여부를 고려해보는 것이 좋겠습니다.

◀|| DVD 레코더 ||▶

SONAR의 설치 프로그램은 DVD로 제공되기 때문에 사용자 컴퓨터에 DVD를 읽을 수 있는 DVD 드라이브가 장착되어 있어야 합니다. 홈쇼핑 제품은 기본적으로 DVD를 읽고, 쓸 수 있는 DVD 레코더가 장착되어 있으므로 별도로 추가할 필요는 없습니다. 참고로 약 54GB 용량을 담을 수 있는 블루레이 방식의 DVD나 미디어 표면에 그림이나 문자를 인쇄할 수 있는 라이트 스크라이브 기능을 지원하는 제품도 있습니다.

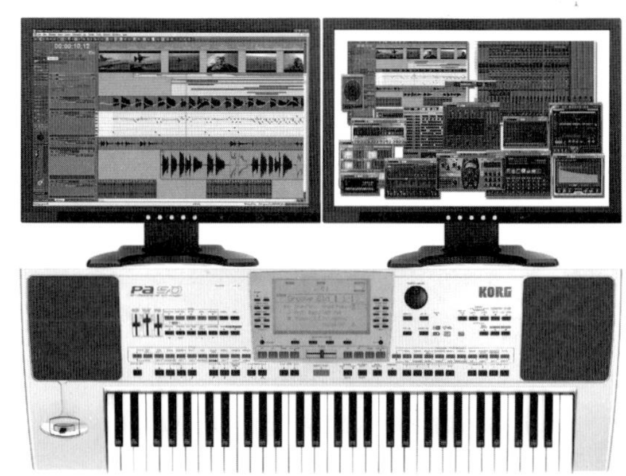

◀ 모니터 ▶

홈쇼핑 제품 중에서 최고급 패키지는 24인치 모니터를 제공하고 있습니다. 모니터는 큰 것이 좋으므로 22인치를 제공하는 업그레이드 패키지에서 99,000원을 추가하는 최고급 패키지의 구입 여부를 망설일 이유는 없습니다. 그러나 조립 제품을 구입할 때는 24인치 한 대를 구입할 수 있는 금액으로 20인치 2대를 구입하는 것이 효과적입니다. 단, 모니터를 구입할 때는 그래픽 카드에 어떤 방식의 모니터를 연결할 수 있는지를 확인합니다. 24인치의 홈쇼핑 제품을 구입하면서 모니터를 추가하는 것은 욕심이겠지만, 조립 품을 고려한다면 D-Sub 방식과 DIV 방식의 20인치 모니터를 각각 한 대씩 구입하는 것이 현명할 것입니다.

◀ 마스터 건반 ▶

소나 7을 이용한 음악 작업의 첫 번째 단계는 컴퓨터에 내장된 사운드 카드의 음원 또는 컴퓨터에 연결한 외부 음원을 자동으로 연주 시켜줄 미디 정보를 입력하는 것입니다. 소나 7에 미디 정보를 입력하는 도구로는 컴퓨터의 기본 장비인 키보드와 마우스를 이용할 수도 있지만, 컴퓨터 게임을 할 때 '조이스틱' 이라는 게임 컨트롤러를 이용하면, 보다 자유롭게 게임을 즐길 수 있듯이, 미디 정보 입력을 리얼하게 할 수 있는 미디 정보 입력 장치를 사용하는 것이 편리합니다.

미디 정보 입력 장치로 많이 사용하는 것에는 피아노와 같은 모양의 건반이 있는 마스터 건반입니다. 외관상으로는 신디사이저라는 건반 악기와 비슷하지만, 대부분 미디 연주 정보 입력용으로 사용하는 장치이기 때문에 내장된 음색이 없습니다.

▲ 마스터 건반

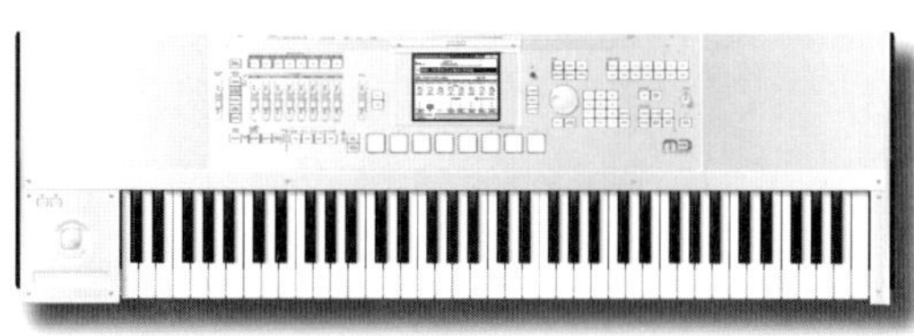

▲ 신디사이저

마스터 건반 외에 미디 정보 입력 장치로 사용하는 것에는 가격은 부담스럽지만, 음원을 내장하고 있기 때문에 미디 정보 출력용으로도 사용이 가능한 신디사이저가 있습니다. 그리고 많이 사용하지는 않지만, 각종 연주 테크닉을 리얼하게 입력할 수 있는 드럼 패드, 미디 기타, 윈드 컨트롤러 등 연주자에게 적합한 미디 정보 입력 장치도 있습니다.

▲ 윈드 컨트롤러

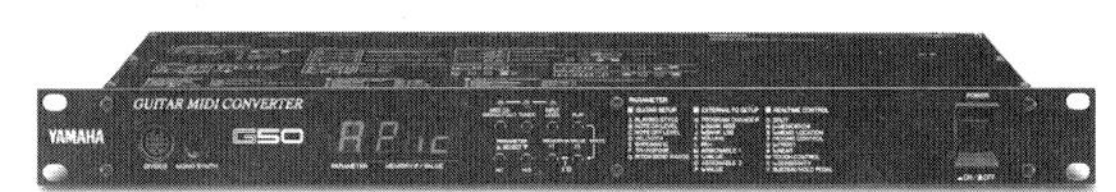
▲ 일반 기타로 미디 정보를 입력할 수 있게 하는 컨버터

▲ 드럼 패드

⫸ 미디 음원 ⫷

소나 7에 입력한 미디 연주 정보로 연주되는 악기를 미디 음원이라고 합니다. 미디 음원에는 앞에서 살펴본 신디사이저 외에도 건반 없이 음원만 내장되어 있는 모듈이라는 것을 많이 사용합니다. 즉, 신디사이저에서 건반만 떼어놓은 것을 마스터 건반, 음원만 떼어놓은 것을 모듈이라고 이해하면 됩니다.

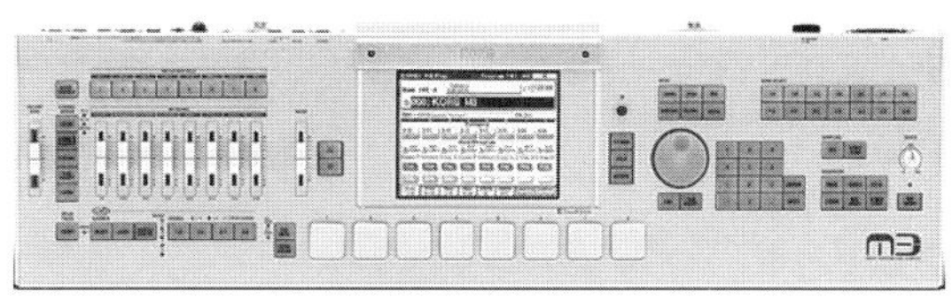
▲ 모듈

모듈은 최소한 백여 가지 이상의 음색이 내장되어 있으며, 소나 7에서 음색 번호를 선택하는 것 만으로도 쉽게 사용할 수 있다는 장점이 있습니다. 그러나 이미 내장된 음색 이외의 사운드를 만들어 사용할 수 없다는 단점이 있기 때문에 원하는 음색을 만들어 사용할 수 있는 샘플러라는 장치를 미디 음원으로 많이 사용하기도 합니다.

▲ 샘플러

모듈과 샘플러는 가격이 높다는 단점이 있기 때문에 라이브 연주가 필요 없는 컴퓨터 뮤지션이라면 VST Instruments를 권장합니다. VST Instruments는 하드웨어 악기를 소프트웨어로 구현하는 기술을 의미하며, 실제 하드웨어 못지 않은 음질을 가지고 있습니다. Cakewalk사는 RAPTURE 와 DIMENSION PRO 를 비롯한 프로 급 VST Instruments 출시하고 있으며, 소나 7에도 다양한 VST Instruments가 내장되어 있습니다. 그 밖에 뛰어난 음질과 기능을 자랑하는 다양한 VST가 여러 회사에서 쏟아지고 있으므로, 앞으로는 컴퓨터와 마스터 건반만 덩그러니 놓여있는 뮤지션들의 작업실 모습을 많이 보게 될지도 모릅니다.

▲ 소나 7에서 제공하는 다양한 VST

▲ Propellerhead사의 Reason 4

◖❙◗ 미디 인터페이스와 케이블 ◖❙◗

미디 연주 정보 입력 장치인 마스터 건반과 미디 연주 정보 출력 장치인 모듈을 서로 연결하기 위해서는 미디 인터페이스라는 장치와 미디 케이블이 필요합니다. 연결할 장치가 한 두 대 뿐이라면 케이블이 포함되어 있는 USB 타입의 미디 인터페이스를 사용하는 것도 요령입니다.

▲ 케이블이 포함된 미디 인터페이스

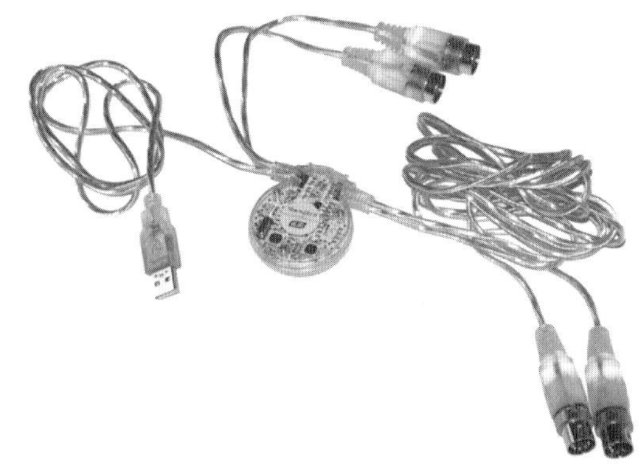

▲ 두 대의 장치를 연결할 수 있는 2 포트용

두 대 이상의 장치를 연결할 필요가 있다면, 4포트 또는 8포트 등의 멀티 미디 인터페이스와 전용 미디 케이블이 필요합니다. 시중에 판매중인 멀티 미디 인터페이스는 IN/OUT 포트 수에 따라 가격 차이가 있으므로 독자의 작업 환경과 비용을 고려하여 구입하는 것이 좋겠습니다.

▲ 미디 케이블

▲ 멀티 미디 인터페이스

◀▌ 오디오 카드 ▐▶

사운드 카드는 사운드의 입/출력, 미디 인터페이스, 미디 음원 기능 등을 포함하고 있는 멀티 제품이기 때문에 컴퓨터 음악 공부를 시작하는 독자에게는 아주 유용한 장치입니다. 그러나 작업에 어느 정도 익숙해지다 보면, 레이턴시 해결을 위한 ASIO 드라이버 지원 제품과 좀더 깨끗한 사운드를 원하게 됩니다. 오디오 카드는 사운드의 입/출력만을 다루는 전문 제품이기 때문에 컴퓨터에 내장된 사운드 카드 보다 깨끗한 사운드를 구현할 수 있으며, 마이크 프리 기능이 있는 오디오 카드는 별도의 마이크 프리 앰프를 구입하지 않아도 스튜디오급 녹음이 가능합니다. 참고로 오디오 카드를 구매할 계획이 있는 독자라면 http://cakewalk.com/Tips/audiohw.asp에 접속하여 Cakewalk사에서 호환성을 테스트한 오디오 카드의 종류를 확인해보는 것도 좋습니다.

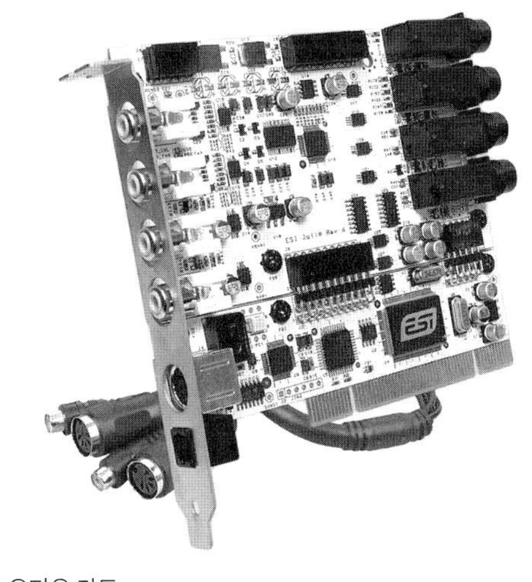

▲ 오디오 카드

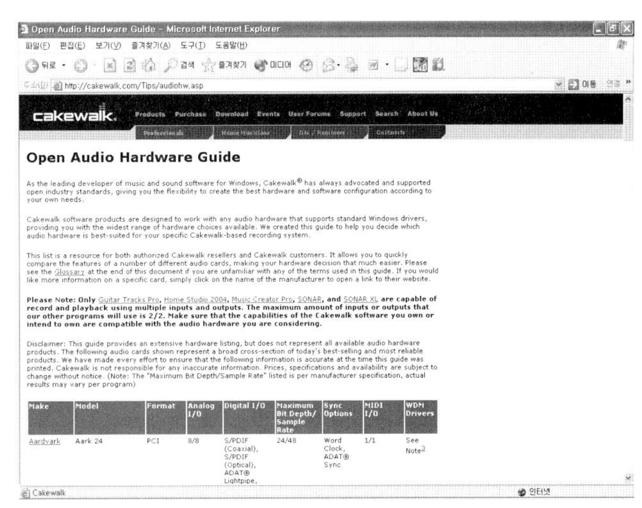

▲ http://cakewalk.com/Tips/audiohw.asp

사람의 목소리와 같이 라인으로 연결할 수 없는 아날로그 신호를 소나 7에 디지털 신호로 녹음할 수 있는 방법은 마이크를 이용하는 것 밖에 없습니다. 특히 대중 가요에서는 가수의 역할이 음악의 승패를 좌우하므로 마이크의 성능이 다른 무엇보다도 중요한 역할을 합니다.

마이크는 스튜디오에서 많이 사용하는 콘덴서 마이크와 충격에 강하기 때문에 라이브 공연에서 많이 사용하는 다이내믹 마이크 등이 있습니다. 마이크를 구입할 때는 다른 장비와 마찬가지로 주변에서 많이 사용하는 제품을 선택하는 것이 요령입니다.

▲ 무선 마이크

▲ 콘덴서 마이크

▲ 다이내믹 마이크

전문 녹음실의 경우에는 좀 더 질 높은 마이크 녹음을 위해서 마이크 프리 앰프와 컴프레서라는 장비를 사용하고 있습니다. 일부 뮤지션의 경우 "실력 없는 것들이 장비 탓 한다" 라는 말들을 하곤 하는데, 이것을 액면 그대로 받아들여 "실력만 있으면 아무 장비나 사용해도 질 좋은 사운드 작업을 할 수 있다" 라고 오해하면 안 됩니다. 좋은 장비는 좋은 결과를 만들고, 나쁜 장비는 나쁜 결과를 만드는 것이 당연합니다. '실력 없는 것들이 장비 탓 한다" 라는 말은 자신이 사용하고 있는 장비에 대한 충분한 학습조차 하지 않고, 무조건 비싸고 좋은 장비만을 구입하려고 하는 일부 사람들을 비난 하는 말로 이해하는 것이 좋겠습니다. 독자는 가지고 있는 장비를 충분히 연구하고, 학습하여 최대의 작업 성과를 이룰 수 있도록 하기 바랍니다. 그리고 부족함을 느낄 때쯤 여건이 허락하는 한도 내에서 전문 장비에 욕심을 내는 것이 바람직한 태도입니다.

▲ 마이크 프리 앰프

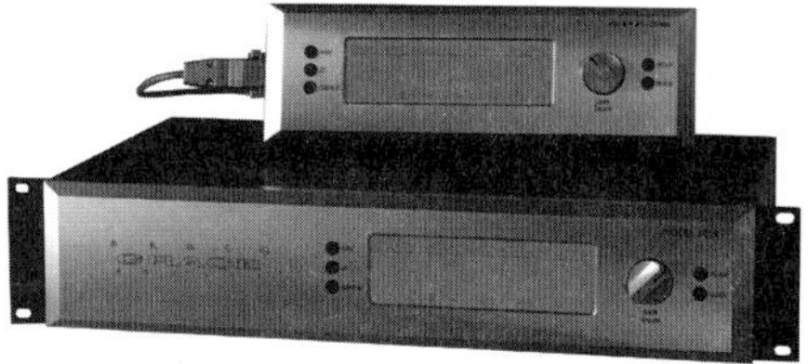

▲ 8채널 마이크 프리 앰프

◀|| 믹싱 콘솔 ||▶

멀티 트랙을 지원하는 오디오 카드를 사용하고 있으며, 심플한 작업의 홈 스튜디오를 구성하고 있는 독자라면 필요 없을 수도 있는 믹싱 콘솔은 여러 대의 악기를 사용할 때, 각 악기의 LINE OUT 을 하나의 앰프로 소리를 모아 내는 역할을 합니다. 요즘에 대중화되고 있는 디지털 방식의 믹싱 콘솔은 다양한 이펙트와 EQ, 프리 앰프, 컴프레서 기능 등이 탑재되어 있으며, 소나 7의 콘솔을 외부에서 조정할 수 있는 편리함을 갖추고 있는 제품들이 주류를 이루고 있으므로 믹싱 콘솔을 구입할 계획인 독자에게는 디지털 방식의 믹싱 콘솔을 추천합니다.

◀ 디지털 믹싱 콘솔

◀|| 모니터 스피커 ||▶

소나 7을 이용해서 음악 작업을 할 때 가장 중요한 역할을 하는 것이 바로 독자의 '귀' 입니다. 그리고 소나에서 작업하는 음악을 귀로 들려주는 역할을 하는 장비가 소리를 증폭시켜 주는 앰프와 증폭된 소리를 전달하는 스피커로 구성된 모니터 시스템입니다. 입문자들이 많이 사용하는 모니터 시스템으로는 가정용 오디오와 컴퓨터용 스피커가 있습니다. 그 이유는 적은 비용으로도 모니터 시스템을 구성할 수 있기 때문입니다. 그러나 요즘에 출시되는 모니터 스피커는 앰프가 내장되어 있는 저렴한 제품들이 많이 있으므로 구입을 고려해보는 것이 좋겠습니다. 모니터용으로 나와 있는 제품들의 특징은 가정용 오디오 스피커나 라이브용 스피커와는 다르게 주파수 대역이 고르기 때문에 독자가 원하는 사운드를 구현하는데 효과적입니다.

◀ 앰프 내장형 모니터 스피커

앞에서 컴퓨터 음악 작업에 필요한 시스템의 종류를 몇 가지 살펴보긴 했지만, 학습을 시작하는 독자가 처음부터 모든 장비를 준비하는 것은 참으로 어리석은 행동입니다. 처음 공부하는 독자라면, 가능한 최소한의 장비로 시작을 하면서 능력이 향상됨에 따라 느껴지는 부족함을 하나씩 채워나가는 것이 자신에게 적합한 장비를 효과적으로 구축할 수 있는 방법입니다. 사운드 카드 중심의 최소 시스템 구성과 프로 급 시스템 구성의 연결 방법으로 나누어 살펴보겠습니다.

◀ 최소 시스템 구성과 연결 ▶

사운드 카드를 기반으로 하는 최소 시스템은 미디 연주 정보를 입력할 수 있는 마스터 건반, 오디오 신호를 입력할 수 있는 마이크, 최종 사운드를 모니터 할 수 있는 모니터 스피커 정도로 구성합니다.

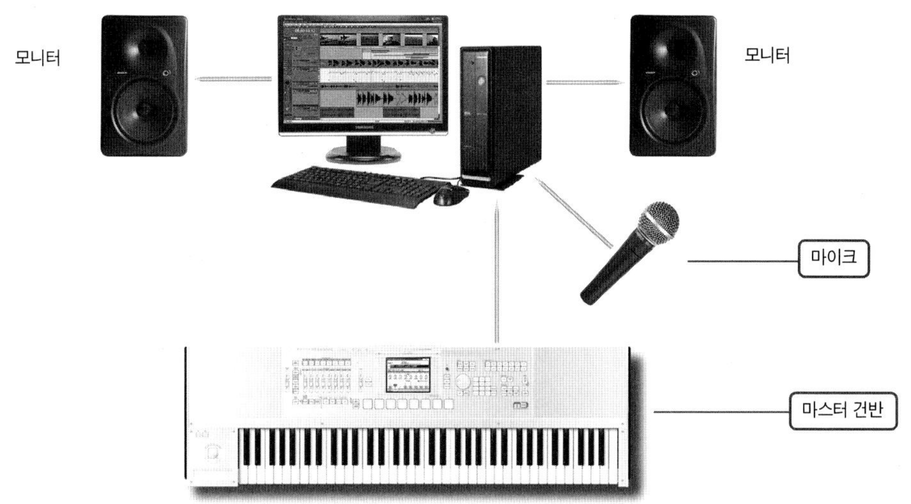

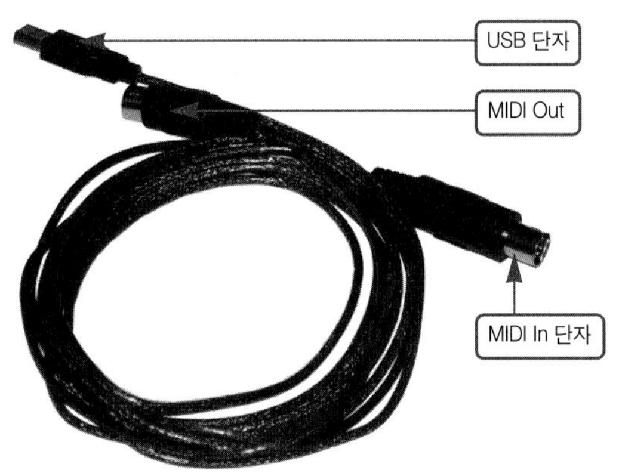

가까운 컴퓨터용품 판매처 또는 인터넷 쇼핑몰 등을 통해서 미디 케이블이 포함되어 있는 USB 타입의 미디 인터페이스를 준비합니다.

02 미디 케이블의 USB 단자를 컴퓨터의 USB 포트에 연결합니다. USB 타입은 별도의 드라이버를 설치하지 않아도 창에서 자동으로 인식된다는 편리함이 있습니다.

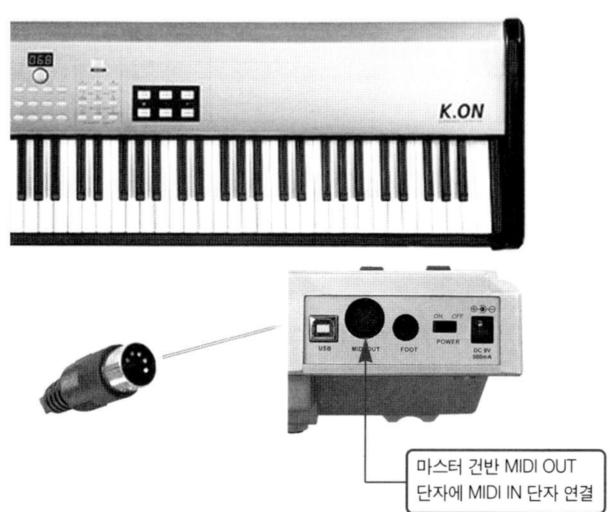

03 사운드 카드에 연결한 미디 케이블의 IN 단자를 마스터 건반의 MIDI OUT 단자에 연결합니다. 마스터 건반에서 전송하는 정보가 OUT 단자를 통해서 미디 케이블의 IN 단자로 전송되도록 하는 것입니다.

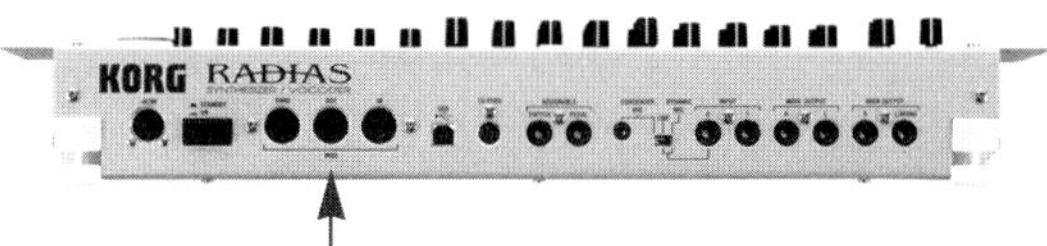

04 미디 케이블에는 마스터 건반과 연결한 IN 단자 외에도 OUT 단자가 하나 더 있습니다. 이것은 사운드 카드의 내부 음원이 아닌 모듈이나 샘플러 등의 외부 음원 MIDI IN 단자에 연결하는 용도 입니다.

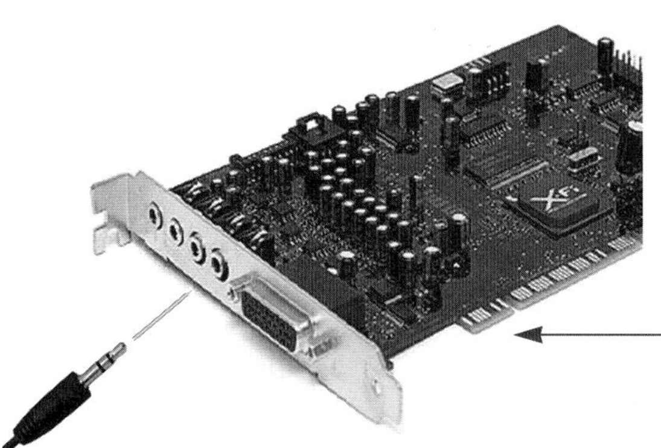

05 사운드 카드의 Line Out 단자에서 가정용 오디오 또는 모니터 스피커에 연결할 수 있는 오디오 케이블을 준비합니다. 이때 연결할 모니터 스피커의 LINE IN 단자가 어떤 형식인지 케이블을 준비하기 전에 확인합니다.

06 준비한 오디오 케이블의 '폰잭' 단자를 사운드 카드의 LINE OUT 단자에 연결합니다. 일부 사운드 카드의 경우에는 LINE OUT 단자가 폰잭(RCA) 또는 55잭(TRS)을 연결할 수 있도록 되어 있는 것도 있습니다.

07 사운드 카드 LINE OUT 단자에 연결한 케이블을 모니터 스피커의 LINE IN 단자에서 연결합니다. 가정용 오디오는 LINE IN외에도 VCR, AUX 등으로 표시되어 있는 경우가 많으며, 컴퓨터용 스피커는 이미 선이 연결되어 있을 것이므로 이 과정이 필요 없습니다.

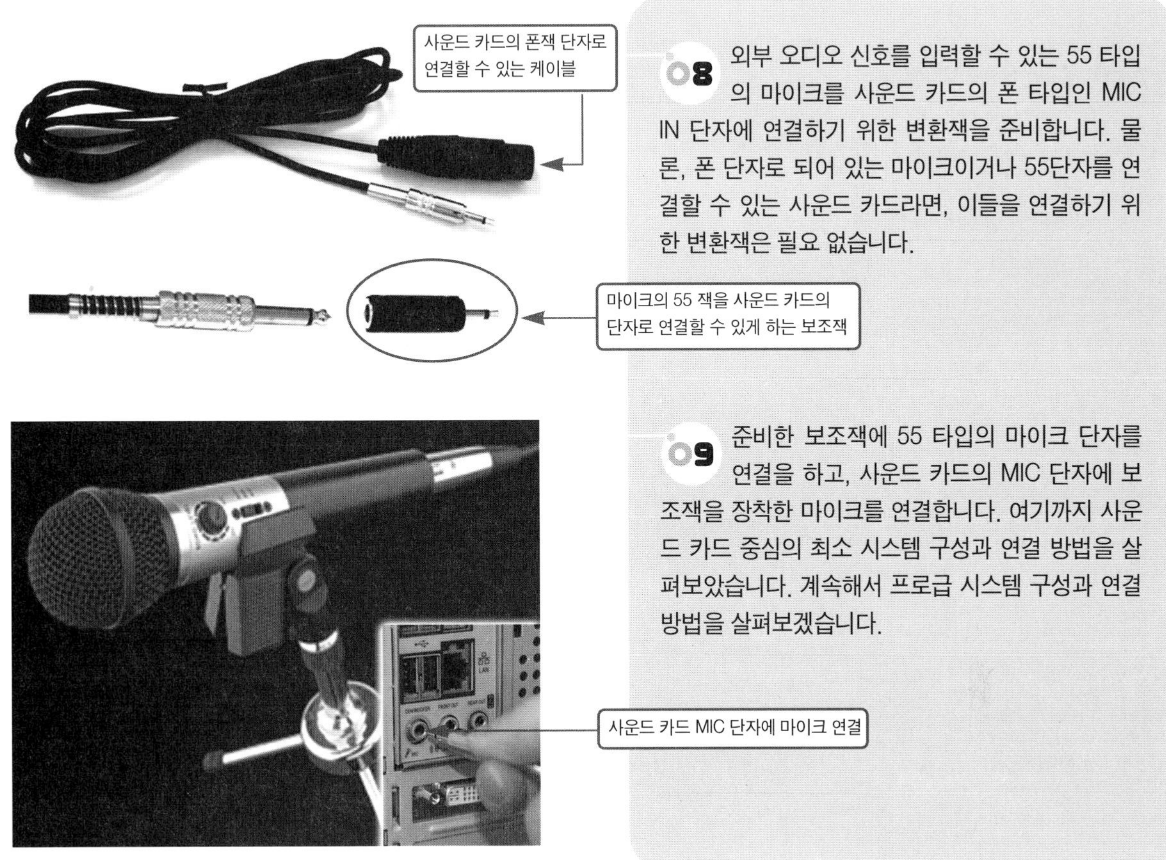

08 외부 오디오 신호를 입력할 수 있는 55 타입의 마이크를 사운드 카드의 폰 타입인 MIC IN 단자에 연결하기 위한 변환잭을 준비합니다. 물론, 폰 단자로 되어 있는 마이크이거나 55단자를 연결할 수 있는 사운드 카드라면, 이들을 연결하기 위한 변환잭은 필요 없습니다.

09 준비한 보조잭에 55 타입의 마이크 단자를 연결을 하고, 사운드 카드의 MIC 단자에 보조잭을 장착한 마이크를 연결합니다. 여기까지 사운드 카드 중심의 최소 시스템 구성과 연결 방법을 살펴보았습니다. 계속해서 프로급 시스템 구성과 연결 방법을 살펴보겠습니다.

◀ 프로급 시스템 구성과 연결 ▶

프로급 시스템을 구성한다는 것은 그 끝이 없으므로 상업 음악을 만들기에는 조금 부족한 사운드 카드의 기능을 한 단계 발전시킨 형태로, 멀티 포트 미디 인터페이스, 오디오 카드, 콘솔 정도를 추가하는 정도만 살펴보겠습니다. 독자가 사용하고 있는 제품과 연결 방식에서 차이가 있을 수 있으므로 자세한 것은 제품 설명서를 참조하기 바랍니다.

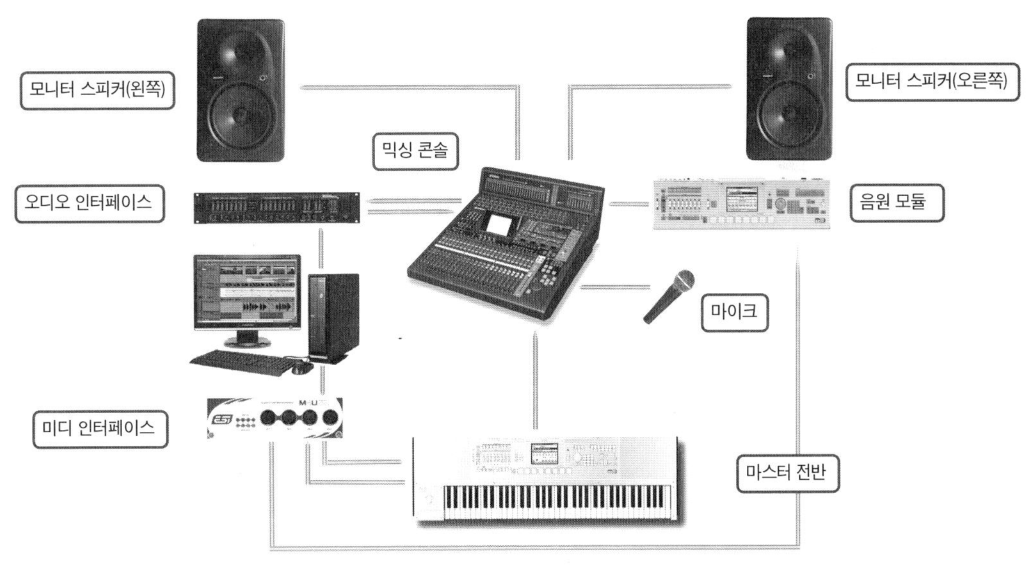

01 외장 음원을 여러 대 가지고 있다면, 멀티 미디 인터페이스를 사용합니다. 대부분의 미디 인터페이스는 USB 포트에 연결하여 사용할 수 있는 제품들이 주류를 이루고 있으므로 컴퓨터의 USB 포트와 미디 인터페이스의 USB 포트를 케이블로 연결합니다.

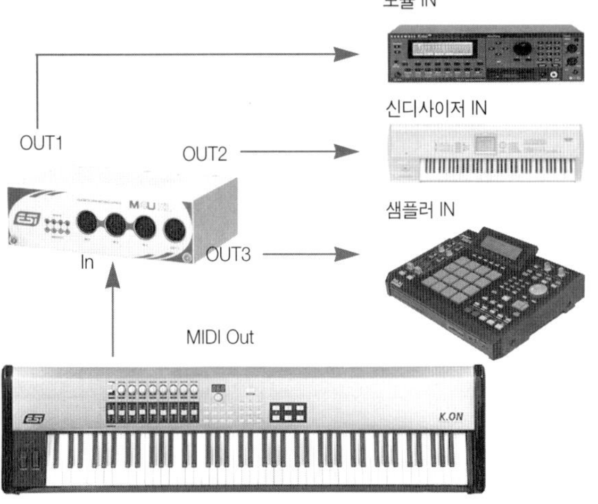

02 미디 인터페이스의 연결이 끝나면 마스터 건반의 MIDI OUT단자에서 미디 인터페이스의 MIDI IN단자에 미디 케이블을 연결하고, 미디 인터페이스의 MIDI OUT단자에서 외부 미디 음원의 MIDI IN단자에 미디 케이블을 연결합니다. 외부 음원에는 모듈, 신디사이저, 샘플러 등, 여러 종류가 있을 수 있습니다.

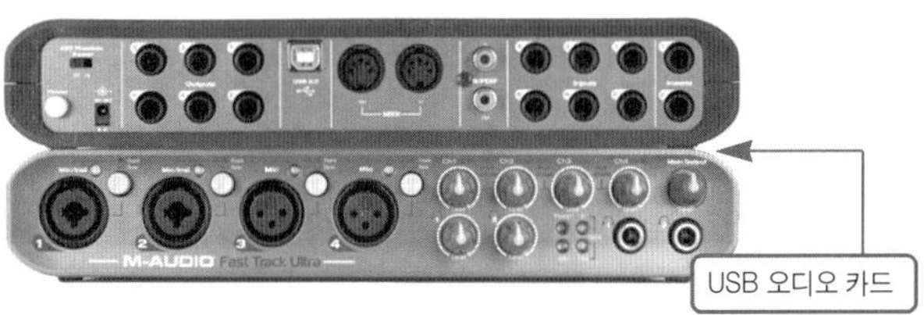

03 사운드 카드보다 깨끗한 음질을 얻기 위한 오디오 카드를 사용합니다. 요즘 판매되고 있는 오디오 카드는 외장 박스와 내장 카드가 함께 구성되어 있는 것도 있고, 사운드 카드와 같은 내장 카드 방식이나 USB 또는 IEEE 1394 포트에 연결하는 외장 박스 타입 등 다양합니다.

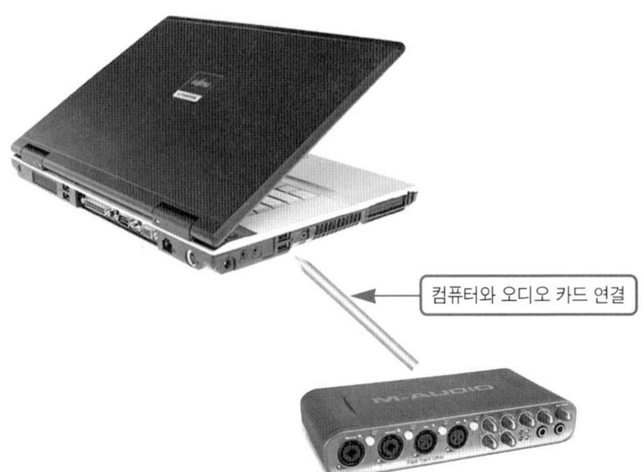

04 내장 카드 타입이라면 컴퓨터 내부에 장착하고, 외장 박스 타입이라면 USB 포트에 연결합니다. 외장 박스와 카드로 구성되어 있는 제품이라면 컴퓨터 내부에 장착한 카드와 외장 박스를 제품에 포함되어 있는 케이블로 연결합니다. 제품 마다 차이가 있으므로 자세한 설치 방법은 제품 설명서를 참조하기 바랍니다,

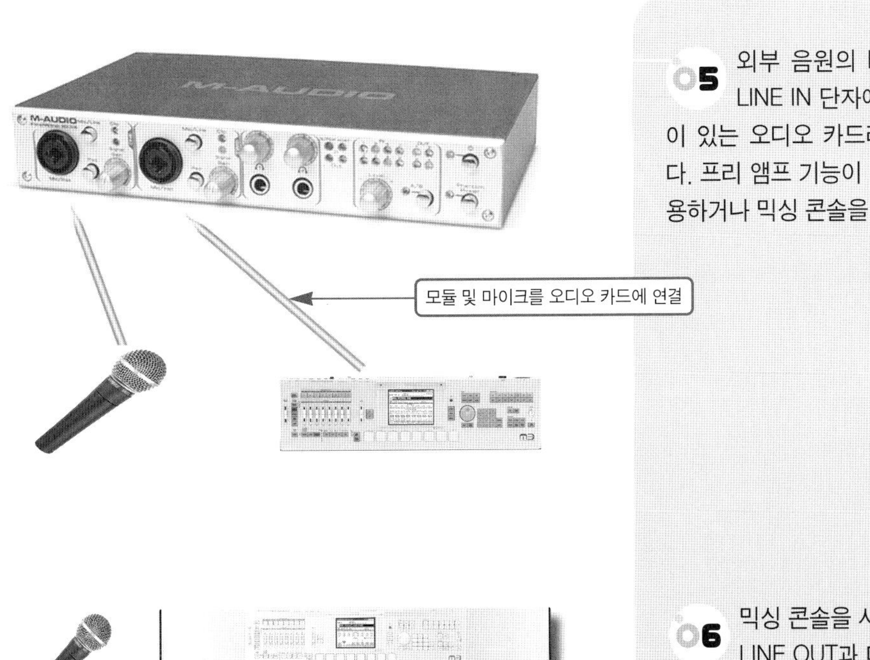

05 외부 음원의 LINE OUT을 오디오 카드의 LINE IN 단자에 연결합니다. 프리 앰프 기능이 있는 오디오 카드라면 마이크를 직접 연결합니다. 프리 앰프 기능이 없다면 별도의 프리 앰프를 이용하거나 믹싱 콘솔을 이용합니다.

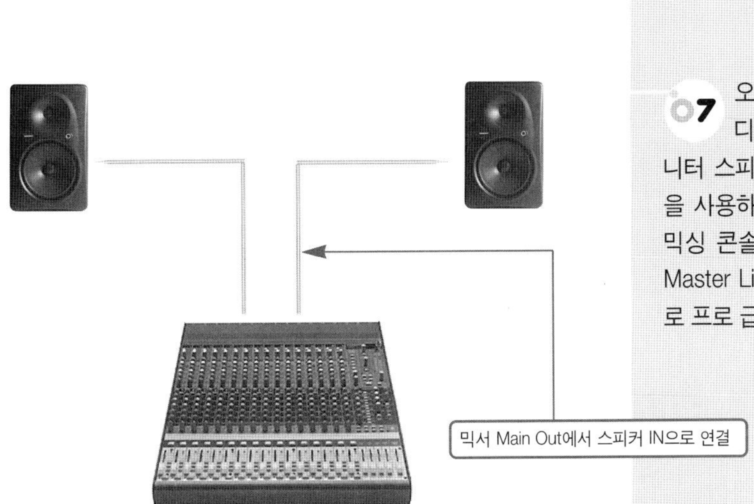

06 믹싱 콘솔을 사용하는 경우에는 외부 음원의 LINE OUT과 마이크를 믹싱 콘솔의 LINE IN으로 연결하고, 믹싱 콘솔의 LINE OUT을 오디오 카드의 LINE IN으로 연결하여 더 많은 채널을 확보할 수 있습니다. 믹싱 콘솔의 LINE OUT은 제품에 따라 Bus, Aux, Send, Omni 등으로 표기되어 있는 경우도 있습니다.

07 오디오 카드의 입력 부분 연결이 끝나면, 오디오 카드의 LINE OUT을 앰프가 내장된 모니터 스피커의 LINE IN으로 연결합니다. 믹싱 콘솔을 사용하는 경우에는 오디오 카드의 LINE OUT을 믹싱 콘솔의 LINE IN으로 연결하고, 믹싱 콘솔의 Master Line Out을 모니터 스피커로 연결하는 것으로 프로 급 시스템 구성을 마칩니다.

소나 7의 설치 과정을 살펴보겠습니다. 이미 프로그램을 설치하고, 실행시켜본 독자라면 넘어가도 좋습니다. 본서는 Cakewalk사의 SONAR 7, Project 5, Rapture, Dimension Pro의 4가지 프로그램을 패키지 상품으로 구성하고 있는 Pro Suite를 기준을 설명하고 있지만, 각각의 프로그램 설치 방법을 모두 설명하지는 않겠습니다. 프로그램 설치 과정은 모두 비슷하므로, SONAR 7을 설치하는데 어려움을 느끼지 않는 다면 나머지도 쉽게 설치할 수 있습니다.

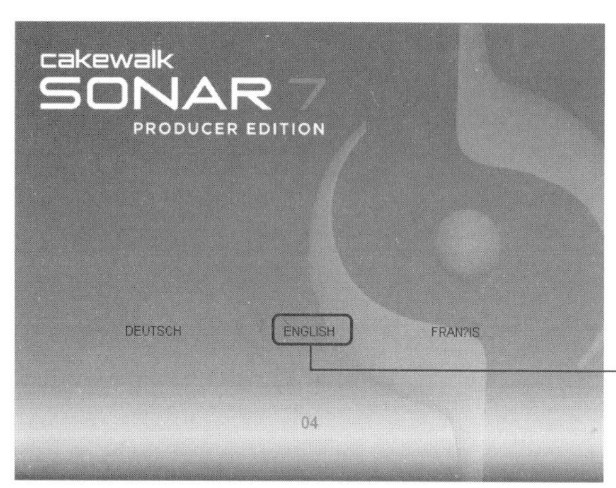

01 소나 7 설치 DVD를 드라이브에 삽입하면 로고 화면이 잠시 보이고, 설치 언어를 선택할 수 있는 창이 열립니다. 창 아래쪽의 [ENGLISH]를 클릭하거나 잠시 기다립니다.

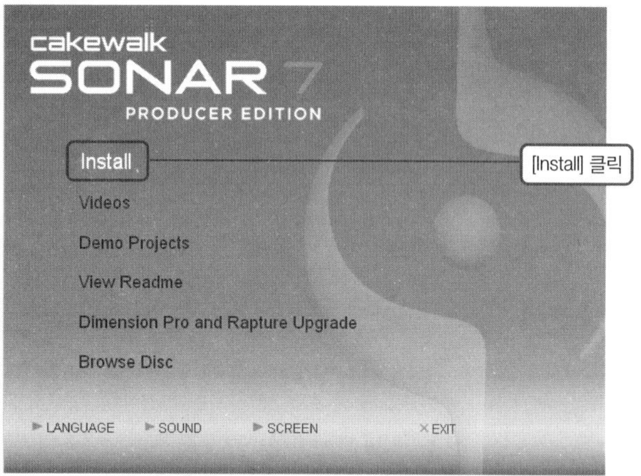

02 ENGLISH 언어의 설치 메인 창이 열립니다. [Install] 글자를 클릭합니다.

Tip Install 외의 글자는 다음과 같은 역할을 합니다.

Videos: 소나 7의 주요 기능을 안내하는 영상을 볼 수 있습니다.

Demo Projects: 소나가 설치되어 있다면, Room For Clarity 데모 곡을 감상할 수 있습니다.

View Readme: MS 워드가 설치되어 있다면, 안내문을 볼 수 있습니다.

Dimension Pro and Rapture Upgrade: 소프트웨어 악기인 Dimension Pro와 Rapture가 설치되어 있다면, 각각의 악기를 업그레이드 시킬 수 있습니다.

Browse Disc: 소나 7 설치 DVD의 내용을 볼 수 있는 탐색기를 열어줍니다.

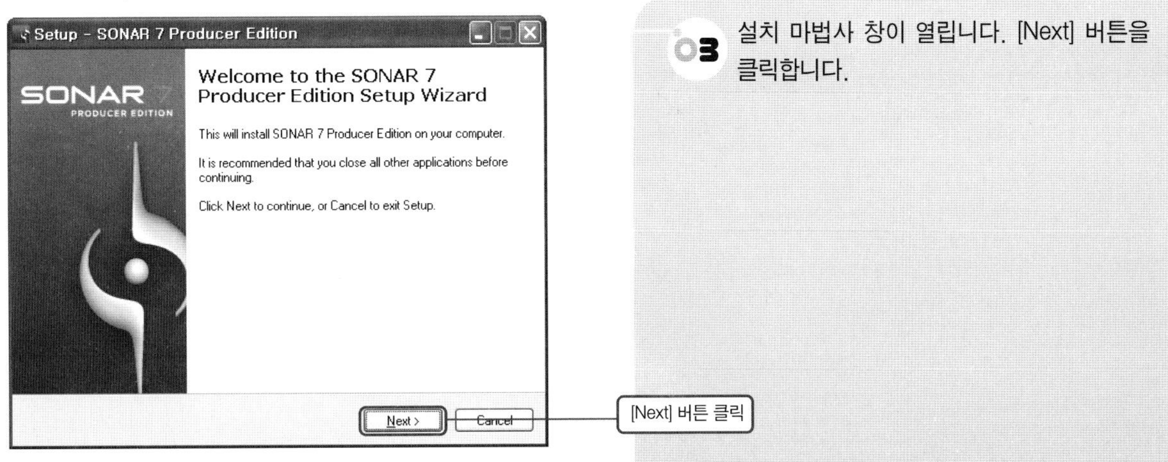

[Next] 버튼 클릭

03 설치 마법사 창이 열립니다. [Next] 버튼을 클릭합니다.

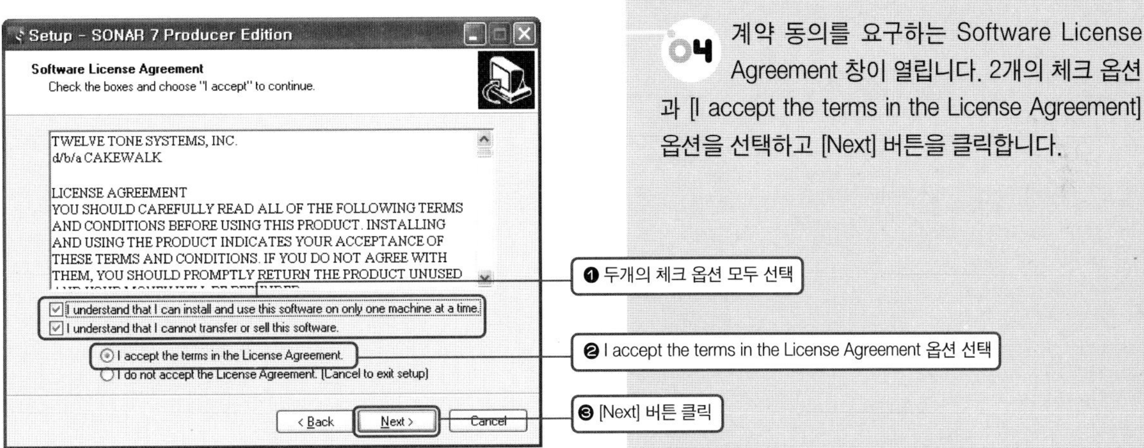

❶ 두개의 체크 옵션 모두 선택

❷ I accept the terms in the License Agreement 옵션 선택

❸ [Next] 버튼 클릭

04 계약 동의를 요구하는 Software License Agreement 창이 열립니다. 2개의 체크 옵션과 [I accept the terms in the License Agreement] 옵션을 선택하고 [Next] 버튼을 클릭합니다.

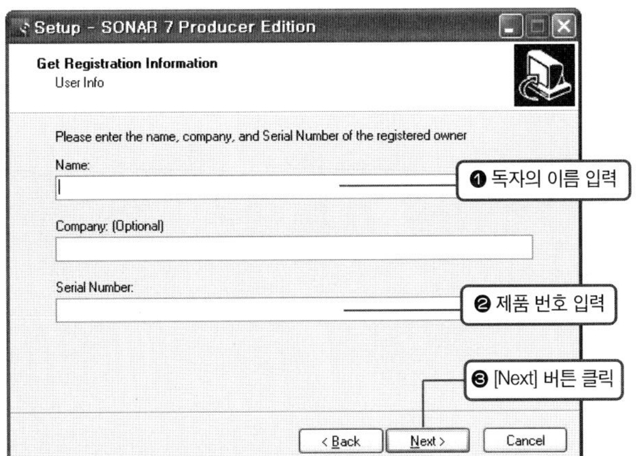

❶ 독자의 이름 입력

❷ 제품 번호 입력

❸ [Next] 버튼 클릭

05 등록 정보를 요구하는 Get Registration Information 창이 열립니다. Name 항목에 독자의 이름을 입력하고, Serial Number에 제품 번호를 입력합니다. 그리고 [Next] 버튼을 클릭합니다.

Tip 회사 이름을 입력하는 Company 항목은 입력하지 않아도 좋습니다.

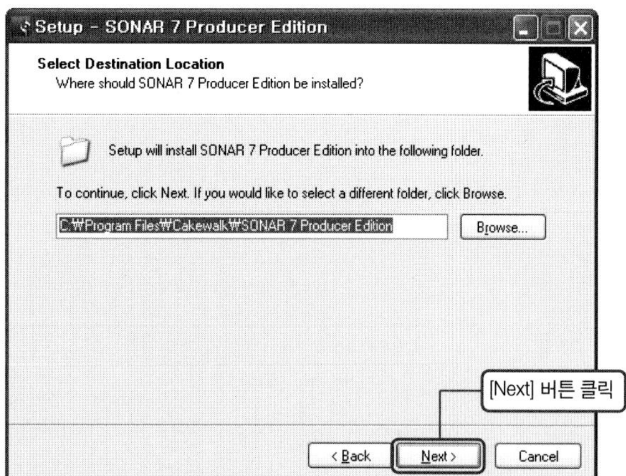

[Next] 버튼 클릭

06 설치 위치를 선택할 수 있는 Select Destination Location 창이 열립니다. 기본 설치 위치인 C:\Program Files\Cakewalk\SONAR 7 Producer Edition에 그대로 설치하기로 하고, [Next] 버튼을 클릭합니다.

가정교사

[Browse] 버튼을 클릭하여 설치 위치를 변경할 수 있습니다.

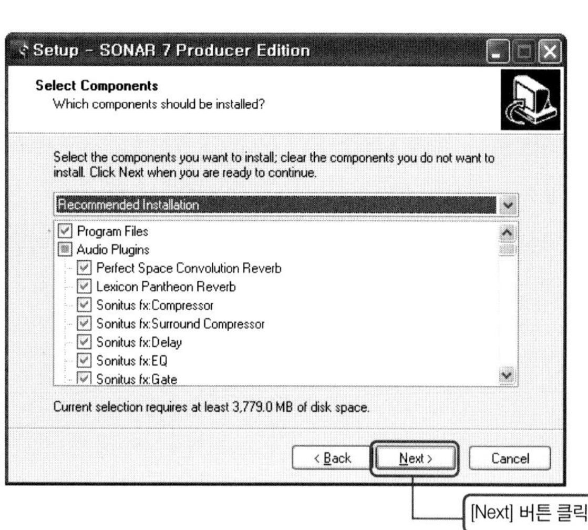

[Next] 버튼 클릭

07 구성 요소를 선택할 수 있는 Select Components 창이 열립니다. 권장 구성 요소인 Recommended Installation이 선택되어 있는 상태로 두고 [Next] 버튼을 클릭합니다.

Tip Recommended Installation은 몇 가지 VST가 설치되지 않는데, 모든 구성 요소를 설치하고 싶다면 Full Installation를 선택하고, 프로그램만 설치하고 싶다면 Minimal Installation을 선택합니다. 물론 목록의 옵션 체크 여부로 사용자가 원하는 것만 설치할 수 있습니다.

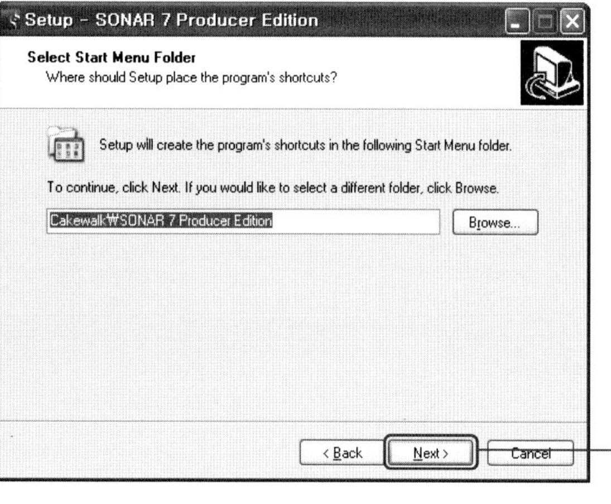

[Next] 버튼 클릭

08 시작 메뉴에 만들어질 폴더를 선택할 수 있는 Select Start Menu Folder 창이 열립니다. 기본 경로인 Cakewalk\SONAR 7 Producer Edition로 설치하기로 하고 [Next] 버튼을 클릭합니다.

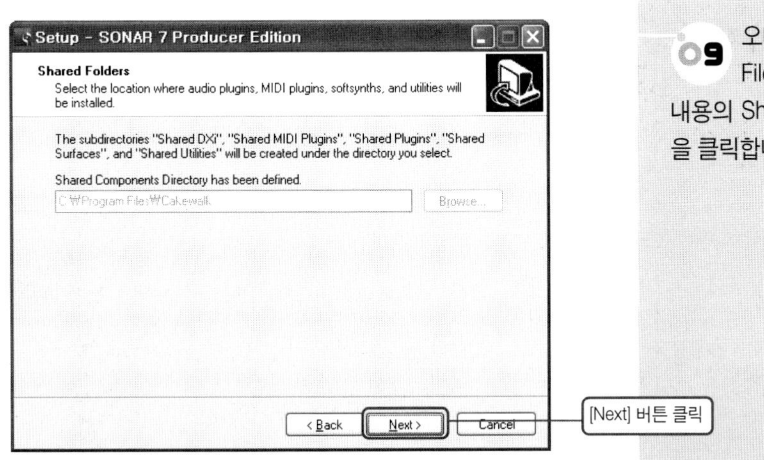

[Next] 버튼 클릭

09 오디오와 미디 플러그인 들이 C:\Program Files\Cakewalk의 하위 폴더에 설치된다는 내용의 Shared Folders 창이 열립니다. [Next] 버튼을 클릭합니다.

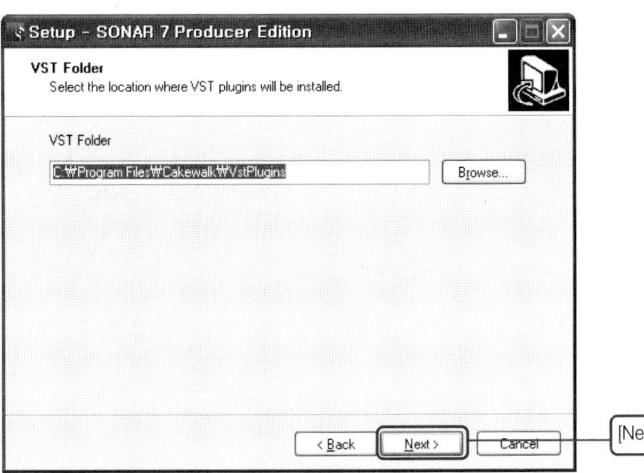

[Next] 버튼 클릭

10 VST가 설치될 폴더를 선택할 수 있는 VST Folder 창이 열립니다. 기본 위치인 C:\Program Files\Cakewalk\VstPlugins인 상태로 두고 [Next] 버튼을 클릭합니다.

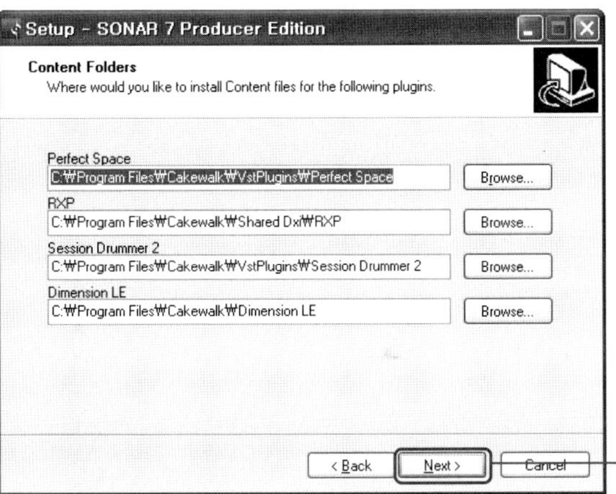

[Next] 버튼 클릭

11 Perfect Space, RXP, Session Drummer 2, Dimension LE가 설치될 폴더를 선택할 수 있는 Content Folders 창이 열립니다. 모두 기본 위치에 설치하기로 하고 [Next] 버튼을 클릭합니다.

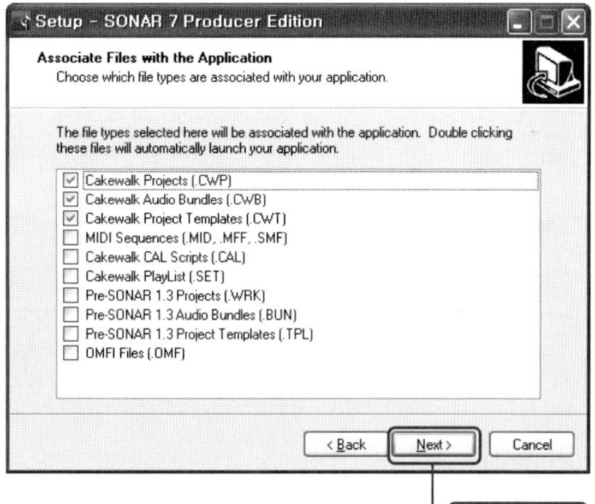

[Next] 버튼 클릭

12 소나에 연결할 포맷을 선택할 수 있는 Associate Files with the Application 창이 열립니다. CWP, CWB, CWT의 3가지가 설치되어 있는 상태에서 [Next] 버튼을 클릭합니다.

Tip 소나에 포맷을 연결한다는 것은 탐색기에서 해당 파일을 더블 클릭하여 소나를 실행시킬 수 있다는 의미 입니다. 즉, 미디 파일을 항상 소나로 연주하고 싶다면 MID 포맷의 옵션도 체크하면 됩니다.

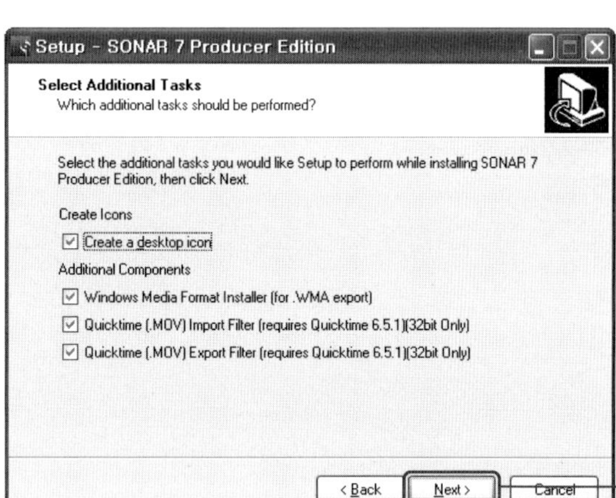

[Next] 버튼 클릭

13 WMV와 MOV 파일을 제작하는데 필요한 추가 구성 요소를 선택하는 Select Additional Tasks 창이 열립니다. 모든 옵션이 체크되어 있는 상태로 두고 [Next] 버튼을 클릭합니다.

Tip Create Icons 옵션은 바탕화면에 마우스 더블 클릭으로 소나를 실행시킬 수 있는 아이콘을 만들 것인지의 여부를 선택하는 것입니다.

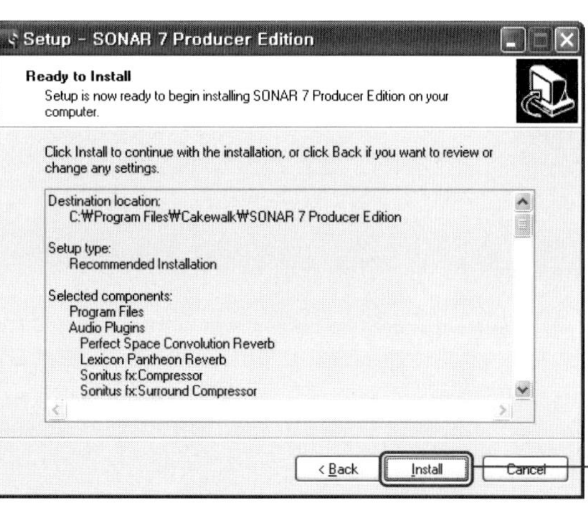

[Install] 버튼 클릭

14 지금까지 선택한 구성 요소를 표시하는 Ready Install 창이 열립니다. [Install] 버튼을 클릭하여 설치를 시작합니다.

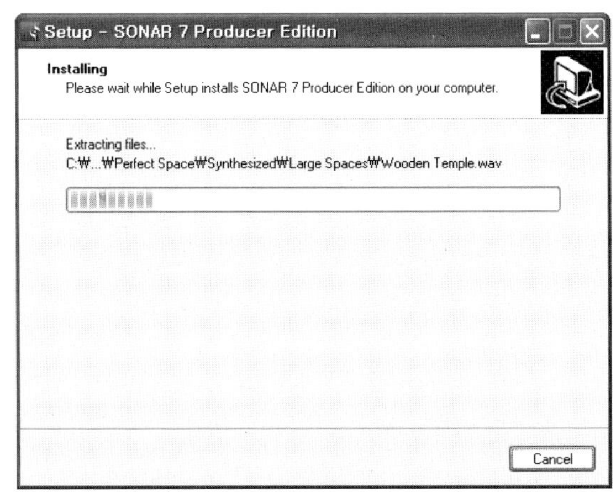

15 설치 과정을 표시하는 Installing 창이 열립니다. 꽤 오랜 시간이 걸리므로 완료 창이 열릴 때까지 잠시 기다립니다.

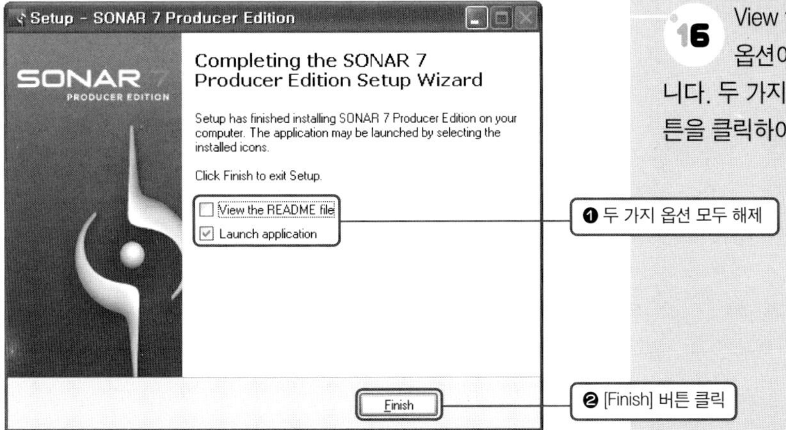

❶ 두 가지 옵션 모두 해제

❷ [Finish] 버튼 클릭

16 View the README file과 Launch application 옵션이 체크되어 있는 설치 완료 창이 열립니다. 두 가지 체크 옵션을 모두 해제하고 [Finish] 버튼을 클릭하여 소나 7의 설치를 마칩니다.

Tip View the README file 옵션은 설치 완료 후 소나 7의 안내문을 볼 것인지의 여부를 선택하는 것이며, Launch application 옵션은 설치를 마치고, 소나를 실행시킬 것인지의 여부를 선택하는 것입니다.

설치를 마치고 소나 7을 처음 실행할 때는 사용자 컴퓨터에 설치되어 있는 플러그-인을 자동으로 검색하며, 사운드 카드의 성능을 테스트 하는 창이 열립니다. 그리고 정품 사용자의 인증을 요구하는 창, 마스터 건반 또는 외장 악기가 연결되어 있는 미디 인/아웃 포트 설정하는 창, 미디 컨트롤러의 종류와 포트를 설정 할 수 있는 창들이 차례로 열립니다. 각 창들의 처리 방법을 살펴보겠습니다.

01 설치 후 바탕 화면에 만들어진 SONAR 7 Producer Edition 아이콘을 더블 클릭하여 소나 7을 실행합니다. 플러그-인을 검색하는 창이 잠시 보이고 시스템에 장착된 사운드 카드의 테스트 여부를 묻는 창이 열립니다. [예] 버튼을 클릭합니다.

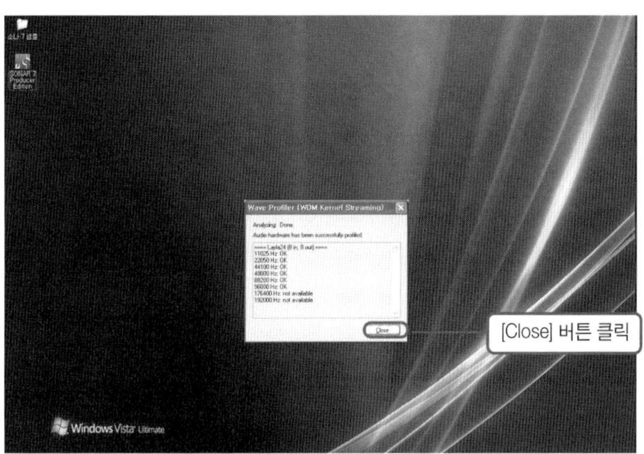

02 사운드카드를 테스트 하는 과정이 잠시 보이고 완료 창이 열립니다. OK 표시가 되어 있는 것이 사용자 시스템에 장착되어 있는 사운드 카드에서 지원 가능한 Sample Rate입니다. 확인을 하고 [Close] 버튼을 클릭합니다.

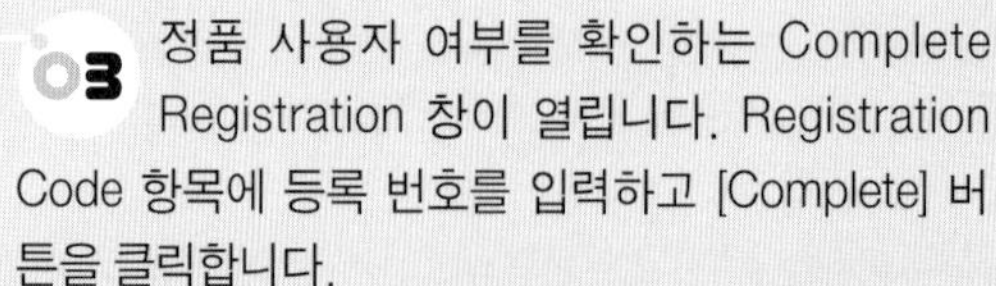

Tip Registration Code는 정품 사용자 여부를 확인하는 번호입니다. 정품 사용자라면 Complete Registration 창에서 [Register] 버튼을 클릭하여 Cakewalk 홈페이지의 사용자 등록 페이지 연결합니다. 그리고 Cakewalk사에서 원하는 정보를 입력합니다. 정품 사용자임이 확인되면 사용자 이메일로 제품번호를 보내줍니다.

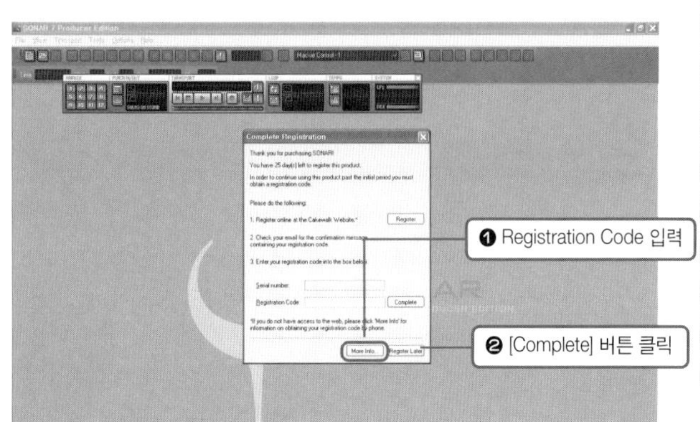

03 정품 사용자 여부를 확인하는 Complete Registration 창이 열립니다. Registration Code 항목에 등록 번호를 입력하고 [Complete] 버튼을 클릭합니다.

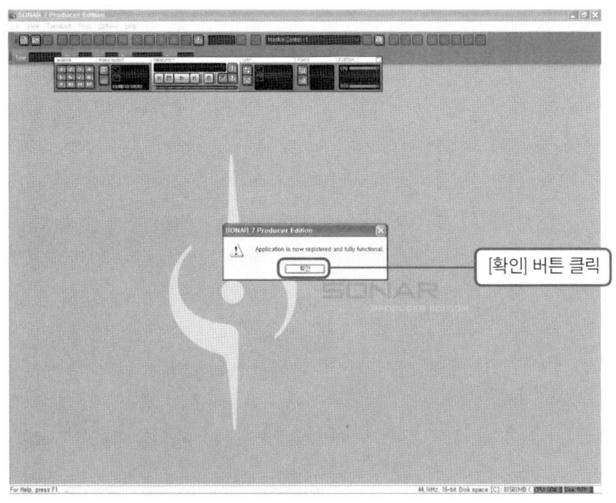

04 등록 완료 창이 열리면 [확인] 버튼을 클릭합니다.

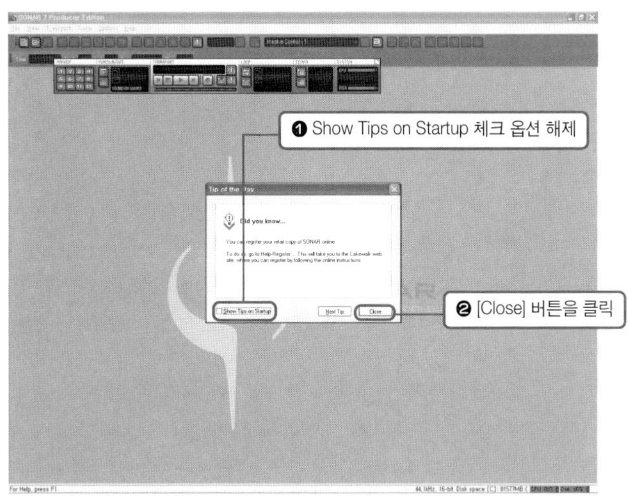

05 소나 7의 사용 팁을 볼 수 있는 Tip of the Day 창이 열립니다. 소나 7을 실행할 때 마다 Tip 창이 열리지 않게 하려면 Show Tips on Startup 체크 옵션을 해제하고 [Close] 버튼을 클릭합니다.

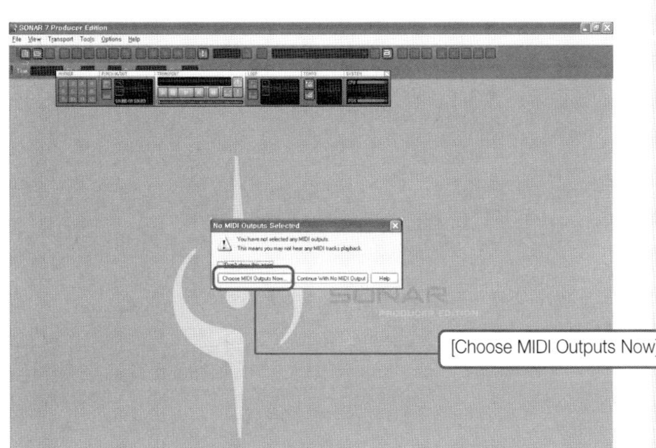

06 미디 인터페이스 선택 여부를 묻는 창이 열립니다. [Choose MIDI Outputs Now] 버튼을 클릭합니다.

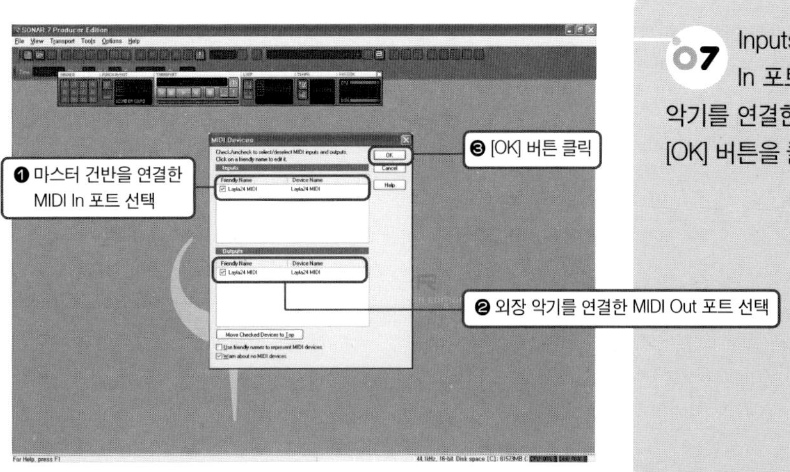

07 Inputs 목록에서 마스터 건반을 연결한 미디 In 포트를 선택하고, Outputs 목록에서 외장 악기를 연결한 미디 Out 포트를 선택합니다. 그리고 [OK] 버튼을 클릭합니다.

Tip 외장 악기가 없다면, MIDI Out에서 사운드 카드 내부 음원인 Soft synth를 선택해도 좋습니다. 사운드 카드 내부 음원의 이름은 사용자 시스템에 장착되어 있는 사운드 카드의 종류에 따라 다르게 표시됩니다.

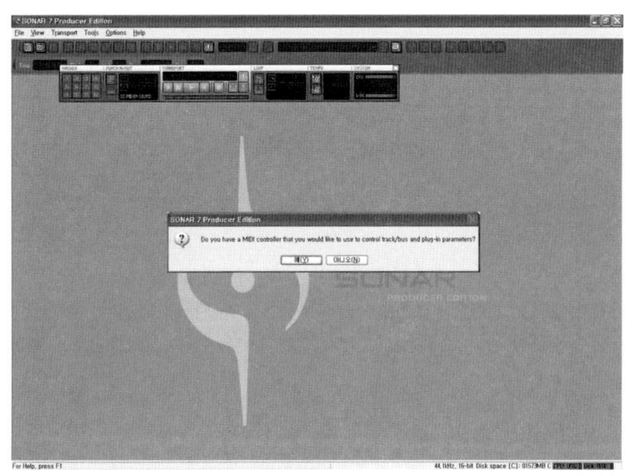

08 미디 컨트롤러를 설정할 것인지를 묻는 창이 열립니다. 미디 컨트롤러 사용자라면 [예] 버튼을 클릭하고 아니라면 [아니오] 버튼을 클릭합니다.

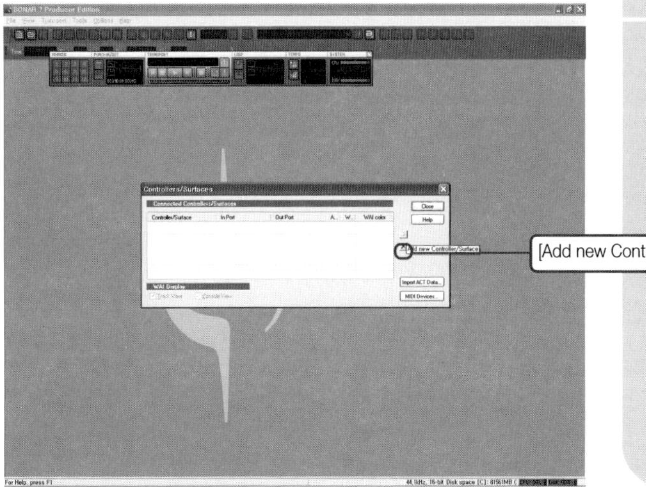

09 [예] 버튼을 클릭했다면 Controllers/ Surfaces 창이 열립니다. 노란색 별표 모양의 [Add new Controllers/Surfaces] 버튼을 클릭합니다.

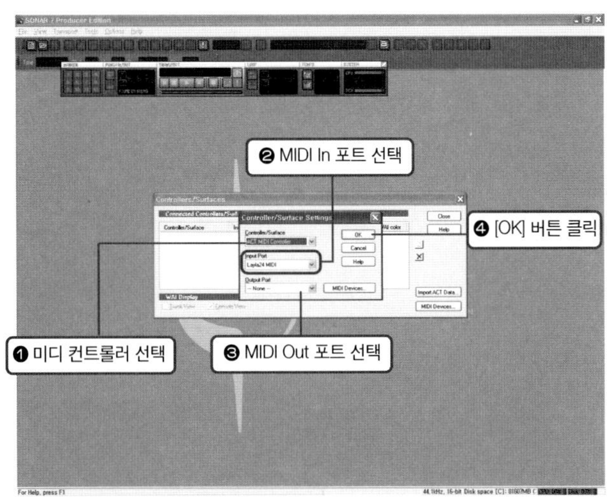

10 Controller/Surface Settings 창이 열립니다. Controller/Surface에서 사용하고 있는 미디 컨트롤러 제품을 선택하고, Input Port와 Output Port에서 미디 컨트롤러를 연결한 미디 포트를 선택합니다. 그리고 [OK] 버튼을 클릭합니다.

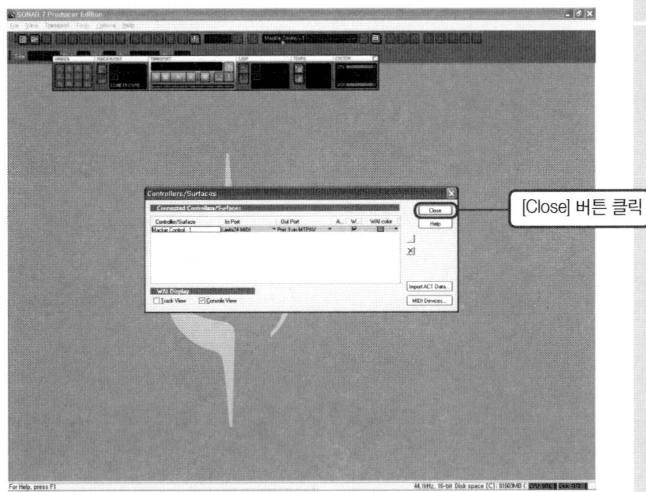

11 미디 컨트롤러 설정이 완료되었습니다. [Close] 버튼을 클릭하여 Controllers/Surfaces 창을 닫습니다.

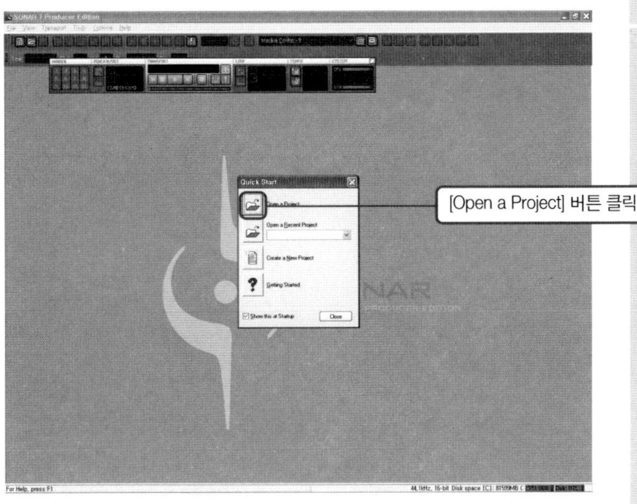

12 새로운 프로젝트를 만들거나 기존에 작업하던 프로젝트를 불러올 수 있는 Quick Start 창이 열립니다. [Open a Project] 버튼을 클릭합니다.

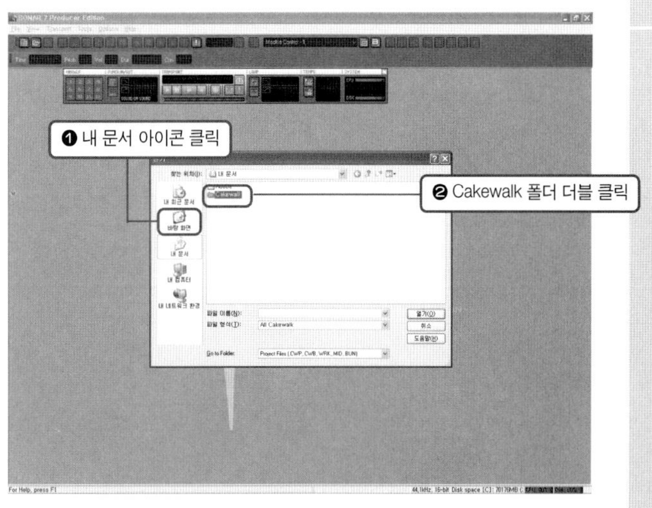

13 열기 창이 열립니다. 내 문서 아이콘을 클릭합니다. 내 문서 폴더 목록에서 Cakewalk 폴더를 더블 클릭합니다.

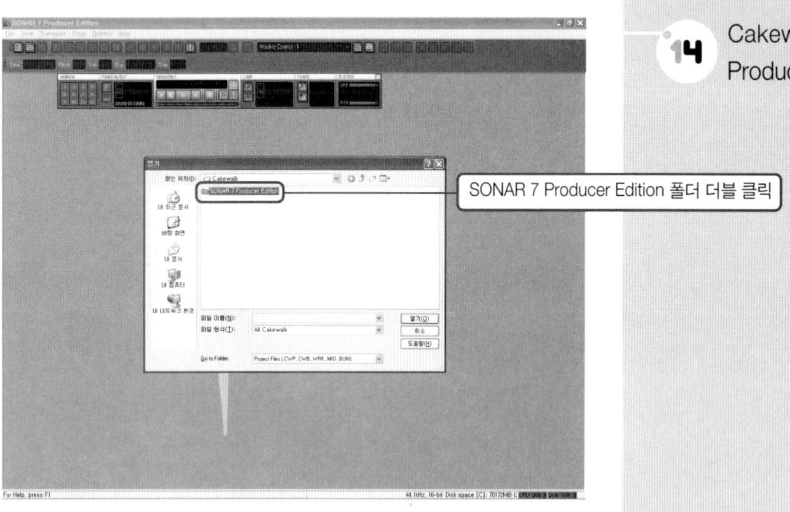

14 Cakewalk 폴더 목록에 보이는 SONAR 7 Producer Edition 폴더를 더블 클릭합니다.

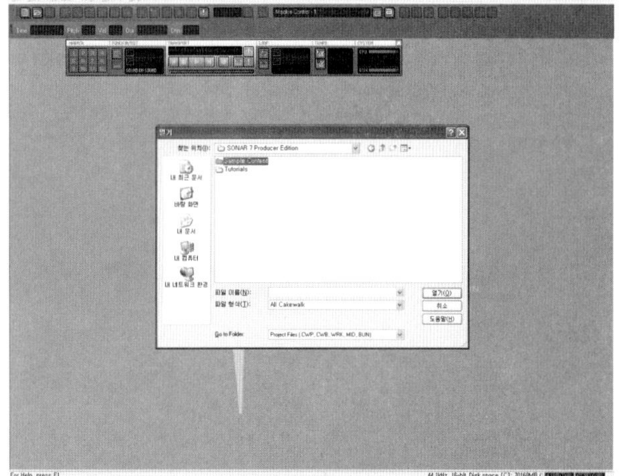

15 SONAR 7 Producer Edition 폴더 목록에 보이는 Sample Content 폴더를 더블 클릭합니다.

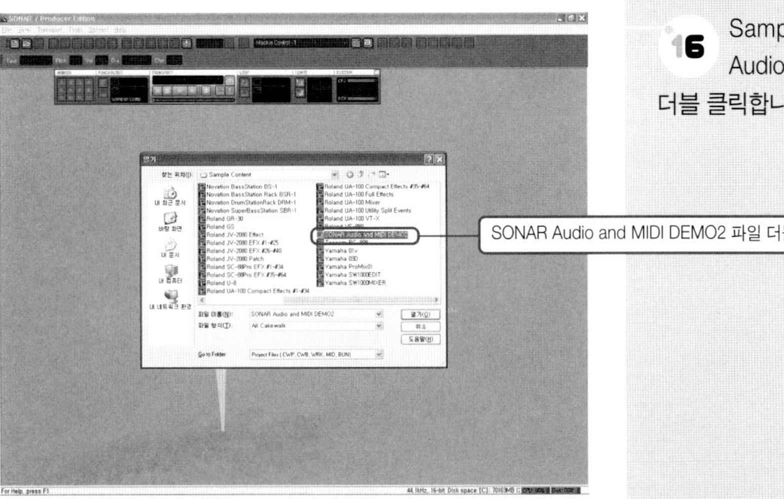

16 Sample Content 폴더 목록에서 SONAR Audio and MIDI DEMO2 프로젝트 파일을 더블 클릭합니다.

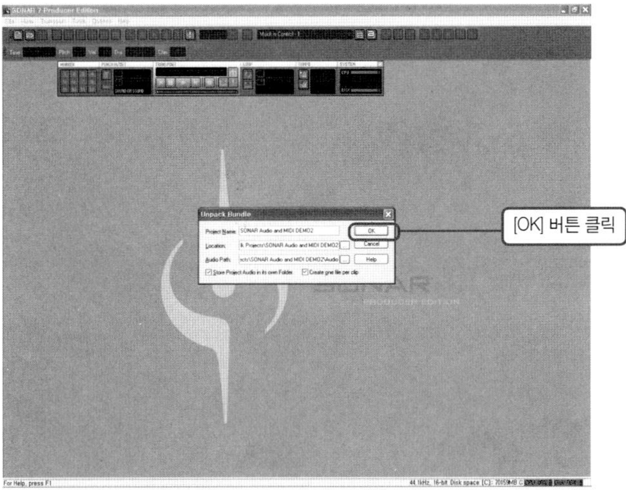

17 오디오 데이터가 복사될 위치를 선택할 수 있는 Unpack Bundle 창이 열립니다. 기본적으로 C:\Cakewalk Projects 폴더에 불러오는 샘플의 이름인 SONAR Audio and MIDI DEMO2 폴더를 만들어 복사합니다. 기본 값을 그대로 두고 [OK] 버튼을 클릭합니다.

18 키보드의 [Space bar] 키를 눌러 곡을 재생합니다. 사운드가 정상적으로 들린다면, 소나 7을 사용하기 위한 모든 준비가 완료된 것입니다. [Space bar] 키를 눌러 곡을 정지합니다.

All SONAR Sample Content & Tutorials 폴더가 열리지 않는 문제의 해결 방법

Quick Start 창에서 [Open a Project] 버튼을 클릭하면 C:\Cakewalk Projects 폴더가 열리고, 샘플이 담겨있는 All SONAR Sample Content & Tutorials 폴더가 보여야 정상입니다. 그러나 실습에서는 이 폴더가 보이지 않아 내 문서 폴더의 Cakewalk 폴더로 이동하여 샘플 파일을 불러왔습니다. 하지만 소나 7에서 All SONAR Sample Content & Tutorials 폴더가 사라진 것이 아니라 Cakewalk 폴더가 내 문서 폴더로 이동되면서 한글 에러가 발생한 것입니다. 이 문제를 해결하고 싶다면 다음과 같은 과정으로 All SONAR Sample Content & Tutorials 폴더의 경로를 바꿔줍니다.

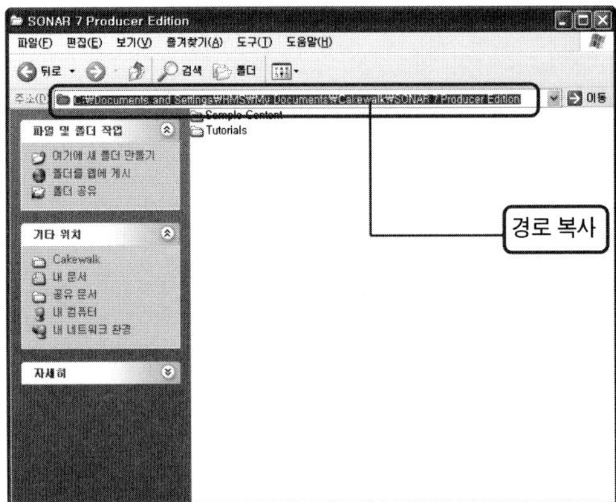

❶ 내 문서 폴더의 Cakewalk\ SONAR 7 Producer Edition 폴더로 이동하여 주소 표시줄의 경로를 선택합니다. 그리고 Ctrl + C 키를 눌러 복사합니다.

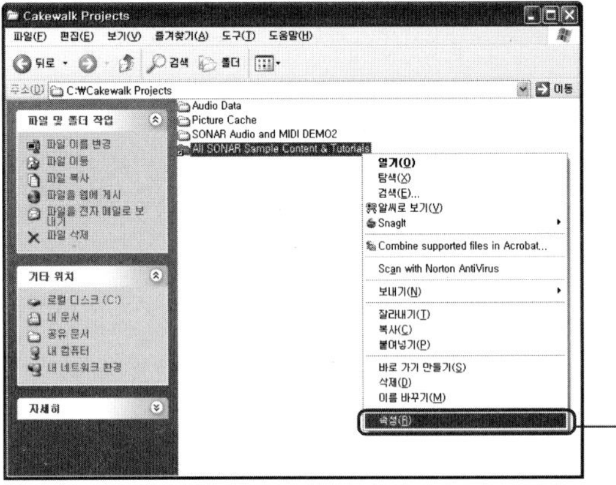

❷ C:\Cakewalk Projects 폴더로 이동하여 All SONAR Sample Content & Tutorials 폴더를 마우스 오른쪽 버튼으로 클릭합니다. 그리고 단축 메뉴의 속성을 선택합니다.

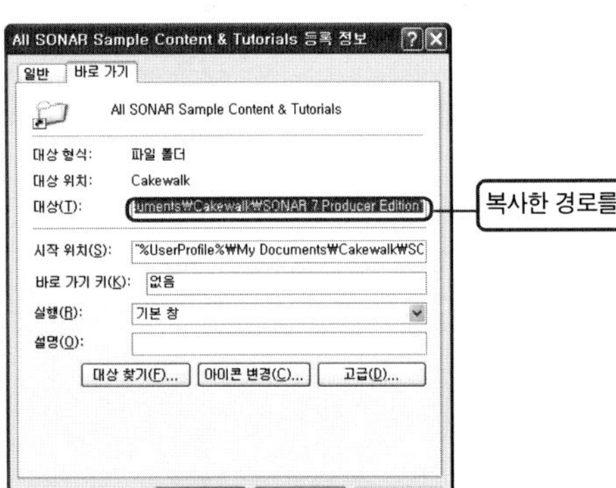

❸ All SONAR Sample Content & Tutorials 등록 정보 창이 열립니다. 바로 가기 페이지의 대상 항목을 마우스 드래그로 선택하고, Ctrl + V 키를 눌러 앞에서 복사한 경로를 붙입니다. 그리고 [확인] 버튼을 클릭하면 문제가 해결됩니다.

02 작업 환경 꾸미기

소나 7은 설치 후 그대로 사용해도 무리가 없지만, 작업자의 습관이나 스타일에 따라 자신에게 어울리는 환경을 설정할 필요가 있습니다. 환경 설정에 관한 내용은 뒤에서 자세하게 살펴보겠지만, 학습을 시작하기 질문이 많았던 몇 가지만 살펴보겠습니다. 소나 7을 처음 공부하는 독자라면 나중에 읽어보아도 좋습니다. 참고로 Shift 키를 누른 상태에서 소나 7을 실행하면 사용자가 변경한 환경 설정 값을 초기 상태로 되돌릴 수 있습니다.

1 작업 폴더의 위치 변경하기

소나 7은 기본적으로 작업 프로젝트를 C:\ 드라이브의 Cakewalk 폴더에 저장합니다. 사용자가 별도의 하드디스크를 추가한 경우에는 기본 위치를 바꾸는 것이 편리한데, 이에 관해서 살펴보겠습니다.

01 소나 7에서 작업한 음악은 하드디스크를 추가로 장착해서 관리하는 것이 좋습니다. 하지만 소나 7에서 새로운 프로젝트를 만들거나 저장할 때의 기본 위치는 소나 7이 설치되어 있는 C:\ 드라이브의 Cakewalk Projects 폴더로 설정되어 있습니다. 만일, 하드디스크를 추가했다면 기본 위치를 변경하는 것이 좋습니다. 도구 모음 줄의 [New] 버튼을 클릭합니다.

02 새로운 프로젝트를 만들 수 있는 New Project File 창이 열립니다. Location 항목을 보면, 소나 7을 설치했던 C:\ 드라이브의 Cakewalk Projects 폴더가 기본 위치로 설정되어 있음을 확인할 수 있습니다. Name 항목에 Change 라는 이름을 입력합니다.

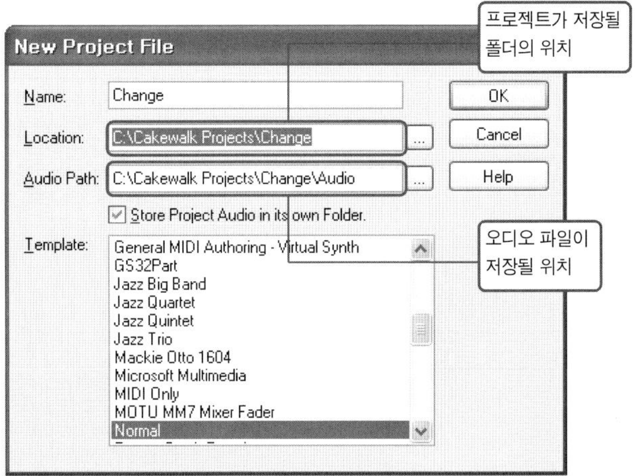

03 Location 항목이 C:\Cakewalk Projects\ Change로 변경되고, Audio Path 항목은 C:\Cakewalk Projects\Change\Audio로 자동 변경되는 것을 확인할 수 있습니다. 즉, Name 항목에 입력한 프로젝트 이름으로 서브 폴더가 만들어지는 것입니다. [OK] 버튼을 클릭합니다.

04 New Project File 창의 Template 목록에서 Normal이 선택되어 있었기 때문에 Normal 환경의 새로운 프로젝트가 만들어졌습니다. 현재 아무런 작업도 하지 않았지만, 프로젝트를 저장해보겠습니다. 도구 모음 줄의 [Save] 버튼을 클릭하여 프로젝트를 저장합니다.

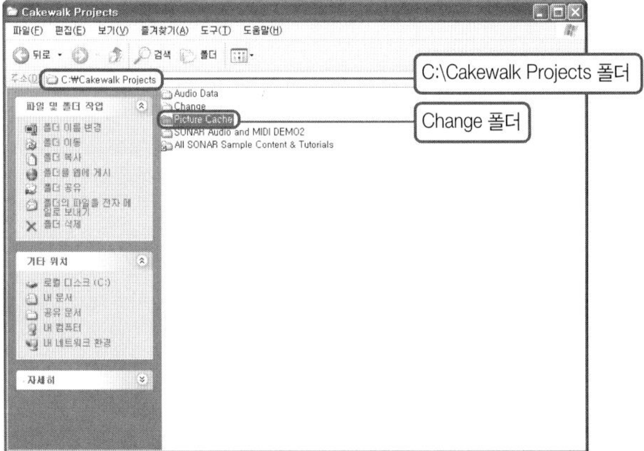

05 창 탐색기를 열어 C:\Cakewalk Projects 폴더를 확인해보면 Change 폴더가 만들어져 있고 Change 폴더를 더블 클릭하여 열어봅니다.

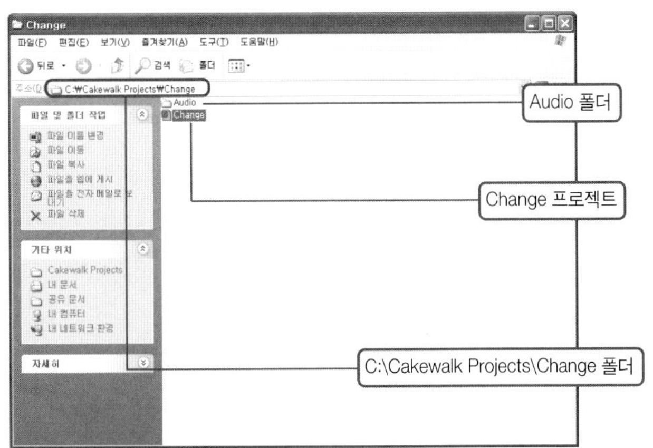

06 Change 폴더를 더블 클릭하여 열어보면 Audio 폴더와 Change 프로젝트가 있는 것을 확인할 수 있습니다.

07 사용자가 D 드라이브를 추가했다고 가정하고, 기본 폴더 위치인 C:\Prorgam Files\Cakewalk를 새로 추가한 D:\드라이브로 바꿔보겠습니다. Options 메뉴의 [Global]을 선택합니다.

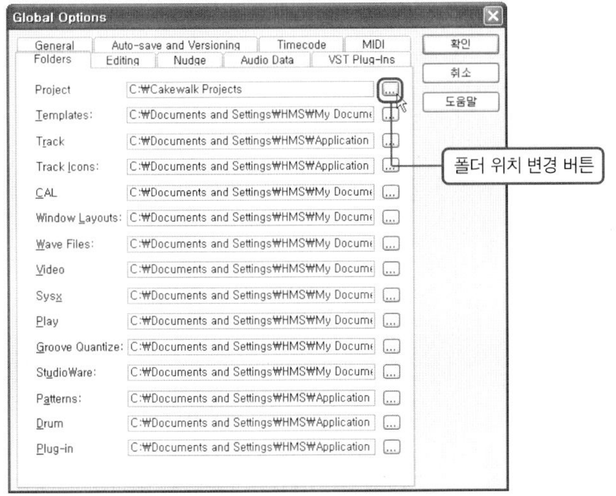

08 Folders 페이지를 클릭하여 열어보면 소나 7에 연결되어 있는 파일이 저장될 폴더의 위치가 설정되어 있습니다. Project 항목 오른쪽에 보이는 위치 변경 버튼을 클릭해봅니다.

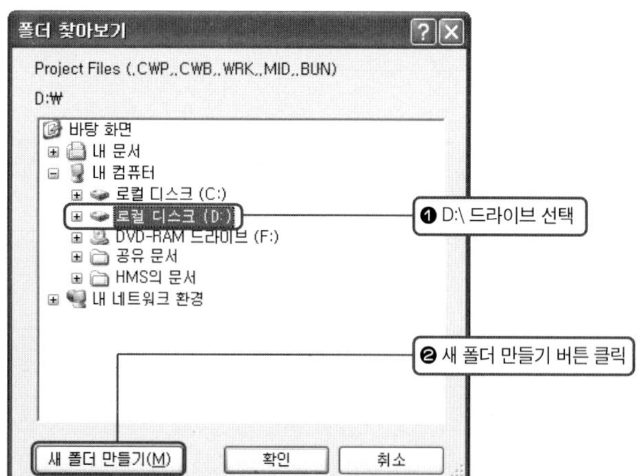

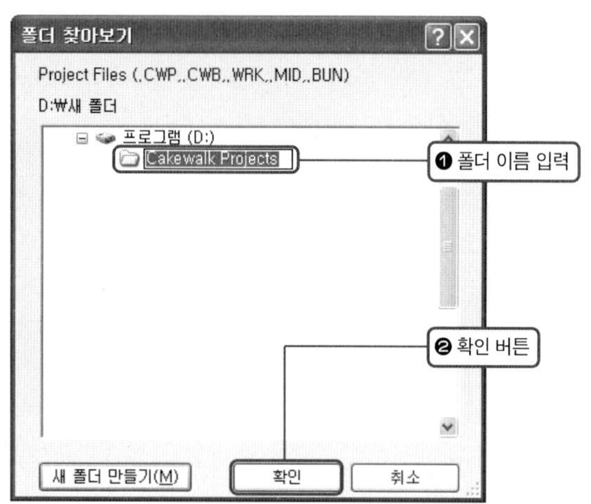

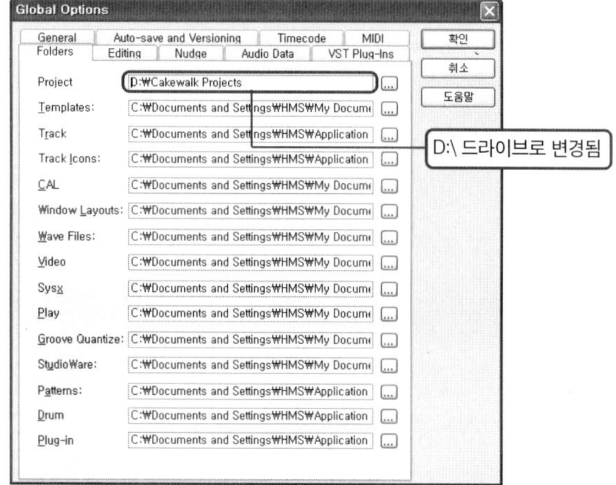

09 폴더 찾아보기 창이 열립니다. 프로젝트를 D:\ 드라이브에 저장하겠다면 D:\ 드라이브를 선택하고 [새 폴더 만들기] 버튼을 클릭합니다.

10 새 폴더가 만들어집니다. 폴더의 이름을 C:\ 드라이브에서와 동일하게 Cakewalk Projects라고 입력하고 [확인] 버튼을 클릭합니다.

11 Project 항목의 위치가 D:\Cakewalk Projects로 변경되었으며 앞으로 새로운 프로젝트는 D:\ 드라이브에 저장됩니다. Templates, Track 등의 위치도 같은 방법으로 위치를 변경할 수 있습니다.

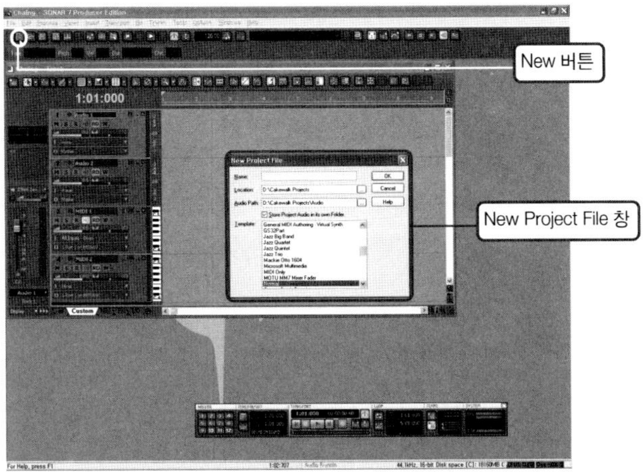

12 도구 모음 줄의 [New] 버튼을 클릭하여 New Project File 창을 열어봅니다. Location과 Audio Patch 폴더의 위치가 D:\ 드라이버의 Cakewalk Projects로 변경된 것을 확인할 수 있습니다.

Tip **소나 7에 연결된 파일의 종류**

Project : CWP, CWB, WRK, MID, BUN의 프로젝트 파일
Templates : CWT, TPL의 템플릿 파일
Track : CWX의 트랙 템플릿 파일
Track Icons : BMP의 트랙 아이콘 그림 파일
CAL : CAL의 프로그래밍 언어 파일
Window layouts : Cakewalk Windows Layout의 프로젝트 레이아웃 파일
Wave Files : Wav의 사운드 파일
Video : AVI, MPG, WMV, ASF, MOV의 비디오 파일
Sysx : SYX의 시스템 익스클루시브 파일
Play : SET의 플레이 리스트 파일
Groove Quantize : GRV의 글루브 퀀타이즈 파일
Studio Ware : Cakewalk Studio Ware의 미디 컨트롤러 파일
Patterns : MID의 연주 패턴 파일
Drum : MAP의 드럼 맵 파일
Plug-in : XML의 플러그-인 레이아웃 파일

소나 7은 기본 색상이나 배경 화면을 자신이 원하는 형태로 바꿀 수 있습니다. 음악 작업과는 별 상관이 없지만 자신만의 작업 환경을 구축하고자 하는 사용자에게 필요한 내용이 될 것입니다.

소나 7의 테마를 바꾸는 방법에 관해서 살펴보겠습니다.

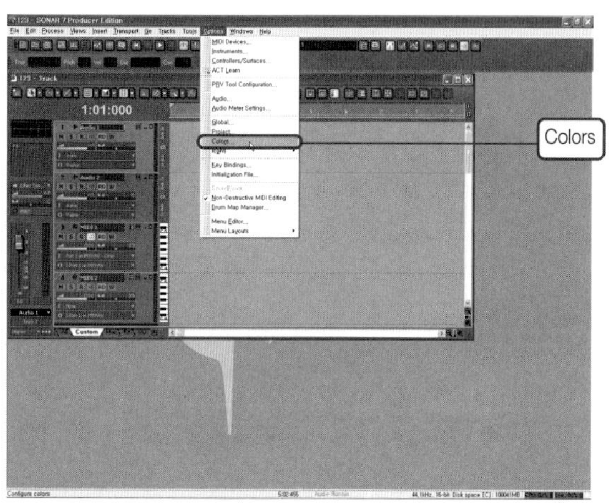

01 윈도우의 디스플레이 환경을 바꾸듯 소나 7의 테마를 변경할 수 있습니다. Options 메뉴의 [Colors]를 선택하여 색상을 변경할 수 있는 Configure Colors 창을 엽니다.

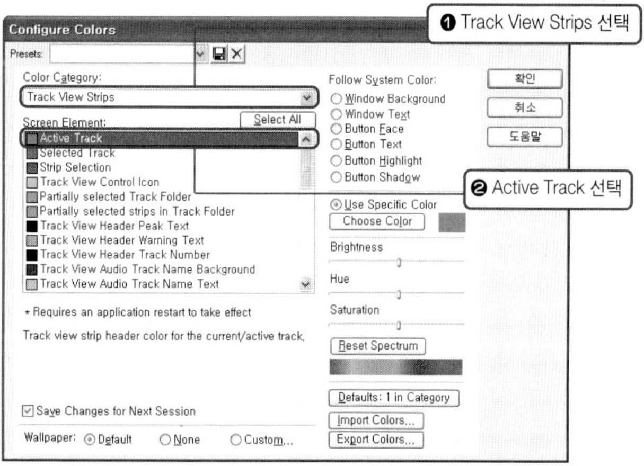

02 Color Category와 Screen Element에서 변경할 테마를 선택하고 Use Specific Color에서 색상을 선택합니다. 예를 들어, 선택하는 트랙의 색상을 변경하고 싶다면 Color Category에서 Track View Strips를 선택하고, Screen Element에서 Active Track을 선택합니다.

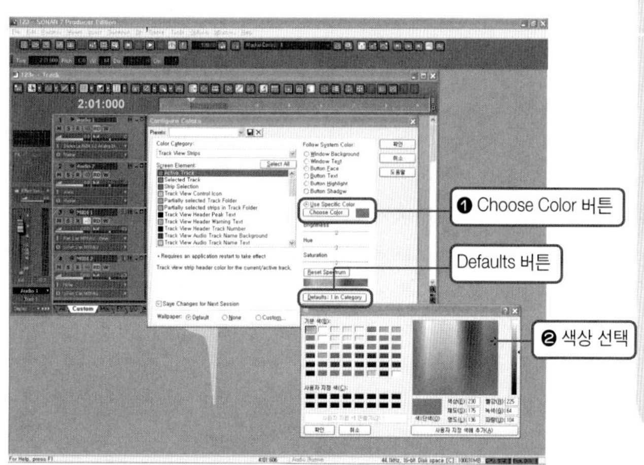

03 Use Specific Color 항목의 [Choose Color] 버튼을 클릭하여 색 창을 열고 사용자가 원하는 색상을 선택합니다. 선택한 트랙의 색상이 변경되는 것을 바로 확인할 수 있습니다. 기본 색상으로 복구하고 싶다면 [Defaults] 버튼을 클릭합니다.

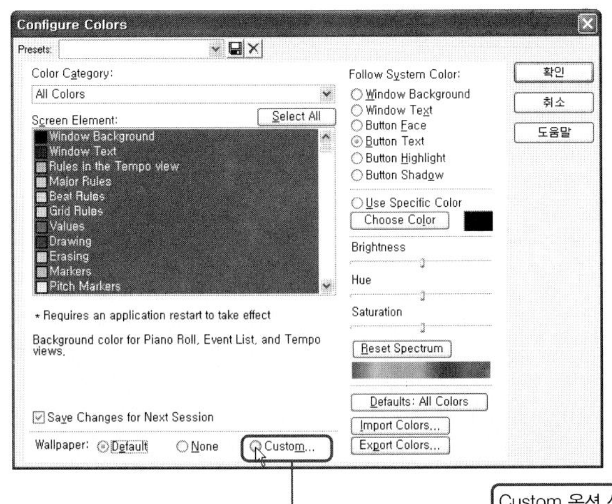

Custom 옵션 선택

최소화 시킨 프로젝트 창

04 소나 7은 색상 외에도 메인 창의 배경을 BMP 포맷의 그림으로 변경할 수 있습니다. Wallpaper 옵션에서 [Custom]을 선택합니다.

05 BMP 포맷을 그림을 불러올 수 있는 Wallpaper Bitmap 창이 열립니다. 자신의 사진이나 좋아하는 스타 사진을 찾아 더블 클릭으로 불러옵니다.

06 프로젝트 창의 [최소화] 버튼을 클릭하여 축소해보면 소나 7의 배경이 Wallpaper Bitmap 창에서 불러온 그림으로 변경된 것을 확인할 수 있습니다.

소나 7의 배경을 기본값으로 복구하고 싶다면 Configure colors 창의 Wallpaper에서 Default 옵션을 선택합니다.

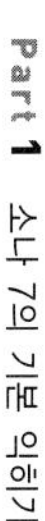

3 도구와 메뉴 구성하기

소나 7의 도구 모음과 메뉴의 구성을 사용자가 자주 사용하는 것들로 바꿀 수 있습니다. 사용자마다 자주 사용하는 기능과 작업 습관이 다를 것이므로 기본 툴과 메뉴의 구성을 자신에게 어울리게 꾸밀 수 있는 기능을 알아두는 것이 좋습니다. 심지어 메뉴를 한글로 바꾸는 것도 가능한데, 이것들에 관해서 살펴보겠습니다.

01 소나 7에서 제공하는 메뉴의 기능은 대부분 단축키나 도구 모음 줄의 버튼으로 실행할 수 있습니다. 자주 사용하는 메뉴라면 단축키를 외워서 사용하는 것이 좋겠지만, 마우스에 익숙한 사용자라면 도구 모음 줄의 버튼을 이용하는 것이 편리할 것입니다. 도구 모음 줄의 빈 공간에서 마우스 오른쪽 버튼을 클릭하여 목록 메뉴를 엽니다.

02 체크 표시가 되어 있는 것이 도구 모음 줄에 표시되는 버튼입니다. Transport(Large) 메뉴를 선택하여 체크 표시를 해제하면, 재생에 관련된 기능들이 모여있는 트랜스포트 패널이 감춰집니다. 이렇게 옵션 체크의 유무로 사용자가 원하는 도구 모음을 구성할 수 있습니다.

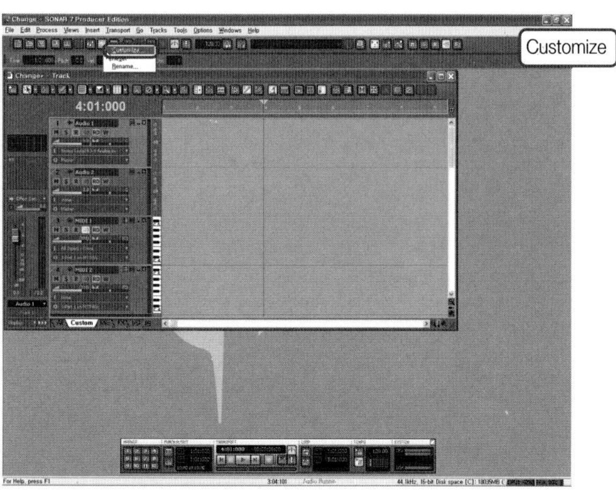

03 도구 모음 줄의 버튼 구성을 변경하고 싶다면 변경하고 싶은 도구 모음 줄에서 마우스 오른쪽 버튼을 클릭하여 단축 메뉴를 열고, [Customize]를 선택합니다.

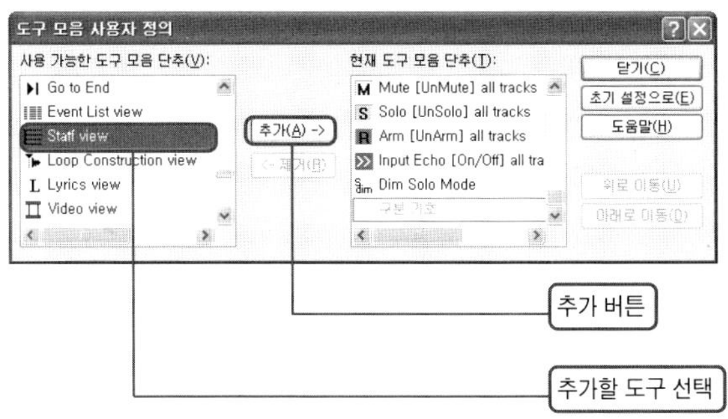

04 도구 모음 사용자 정의 창이 열립니다. 사용 가능한 도구 모음 단추 목록에서 표시하고 싶은 버튼을 선택하고 [추가] 버튼을 클릭합니다. 예를 들어, 미디 데이터를 편집할 때 스태프 창을 많이 이용하는 사용자라면 Staff View를 선택하고 추가합니다.

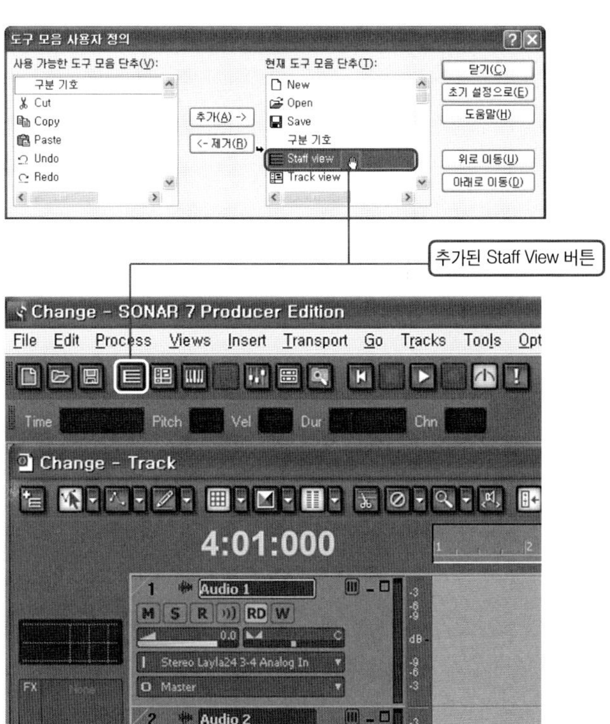

05 현재 도구 모음 단축 목록에 추가됩니다. 추가한 [Staff view] 버튼을 [Save] 버튼 오른쪽에 위치시키고 싶다면 [위로 이동] 버튼을 이용하거나 마우스 드래그로 위치를 이동시킵니다. [닫기] 버튼을 클릭하여 창을 닫으면, [Staff view] 버튼이 [Save] 버튼 오른쪽에 추가된 것을 확인할 수 있습니다.

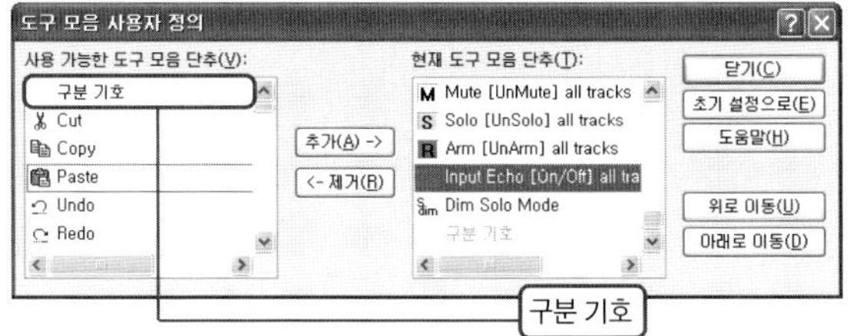

06 구분 기호는 도구 버튼을 구분하는 공백을 의미하며 아래쪽 이동은 도구를 오른쪽으로 이동시키고, 초기 설정으로 버튼을 클릭하여 소나 7의 초기 값으로 복구할 수 있습니다.

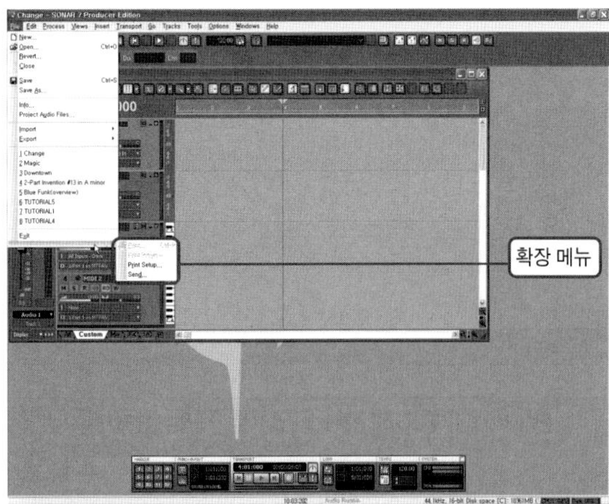

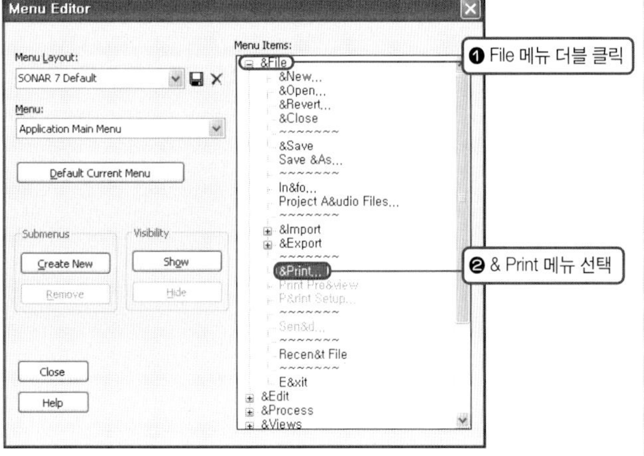

07 소나 7의 메뉴도 도구 모음과 같이 사용자가 원하는 데로 구성할 수 있습니다. File 메뉴의 [Exit] 아래쪽에 확장 메뉴를 보면, Print, Print Preview 등 자주 사용하지 않는 것들이 감춰져 있는 것을 확인할 수 있습니다.

06 그러나 누군가는 자주 사용하는 메뉴일 수 있습니다. 이것을 재구성 하고 싶다면, Options 메뉴의 [Menu Editor]를 선택하여 창을 엽니다.

06 오른쪽 Menu Items 리스트에 표시할 메뉴 목록을 Menu에서 선택합니다. 기본적으로 전체 목록인 Application Main Menu가 선택되어 있습니다. File 메뉴를 더블 클릭하여 열고 회색으로 감춰진 & Print 메뉴를 선택합니다.

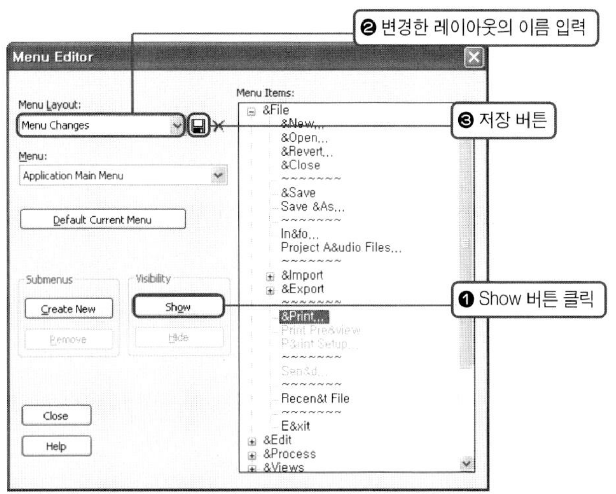

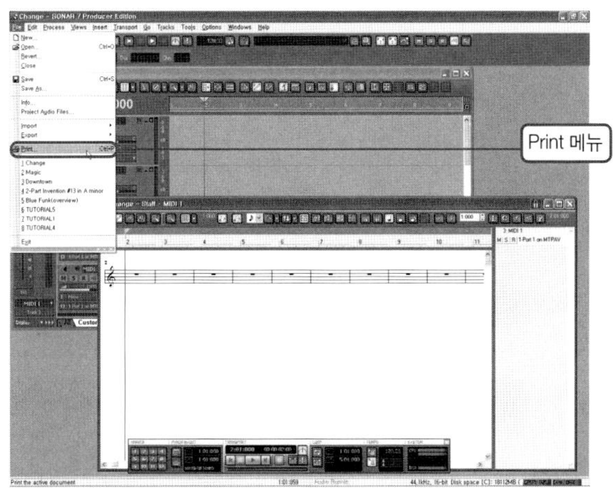

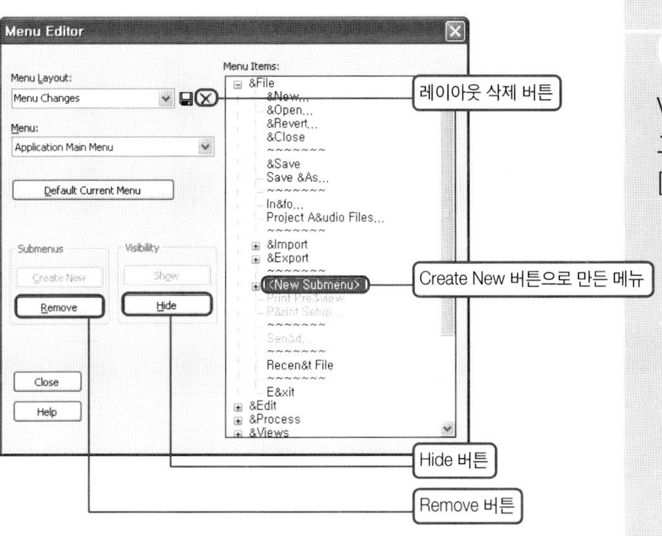

07 Visibility 항목의 [Show] 버튼을 클릭하여 &Print 메뉴를 보이게 설정합니다. Submenus 항목의 [Create New] 버튼은 새로운 메뉴 그룹을 만들 수 있는 기능입니다. Menu Layout의 이름을 변경하고 [저장] 버튼을 클릭하여 저장합니다.

08 [Close] 버튼을 클릭하여 Menu Editor 창을 닫고, File 메뉴를 확인해보면 Print 메뉴가 보이는 것을 확인할 수 있습니다.

09 [삭제] 버튼은 사용자가 저장한 레이아웃을 삭제하며, 자주 사용하지 않는 메뉴는 Vicinity 항목의 [Hide] 버튼으로 감출 수 있습니다. 그리고 [Create New] 버튼으로 만든 메뉴가 있다면 [Remove] 버튼으로 삭제할 수 있습니다.

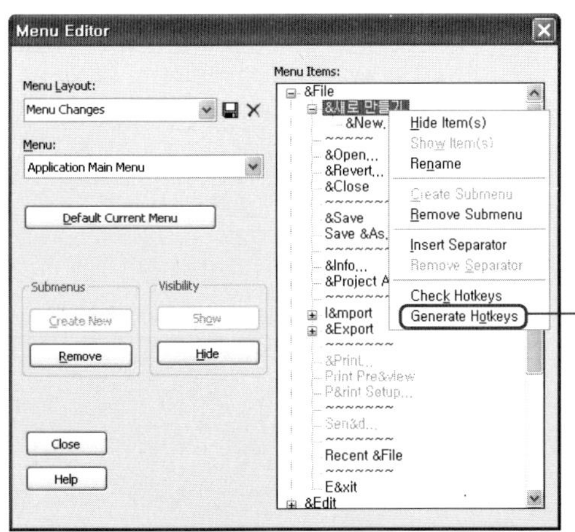

10 Menu Item에서 마우스 오른쪽 버튼을 클릭하면 선택한 메뉴의 이름을 바꾸는 Rename이나 메뉴의 구분 선을 넣을 수 있는 Insert Separator의 기능을 수행할 수 있는 단축 메뉴를 볼 수 있습니다. 소나 7은 메뉴의 이름을 한글로 바꿔서 사용할 수 있습니다.

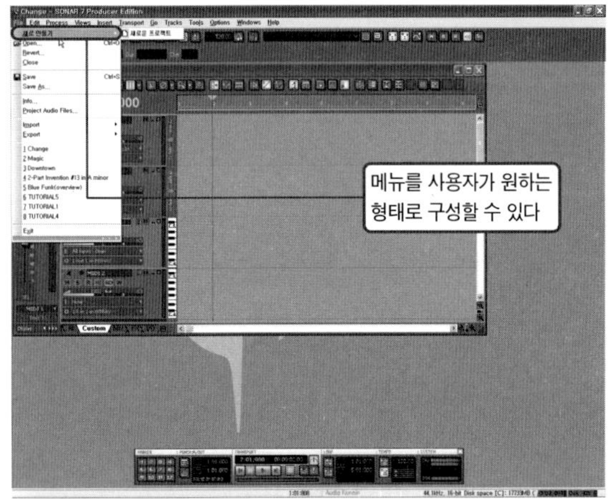

4 플러그-인 관리하기

소나 7은 사용자 컴퓨터에 설치되어 있는 모든 플러그-인을 자동으로 검색하기 때문에 Audio FX 메뉴가 매우 복잡해 보입니다. 하지만 사용하지 않는 플러그-인가지 로딩할 필요는 없을 것이므로 사용자가 원하는 것들로만 구성하는 방법을 살펴보겠습니다.

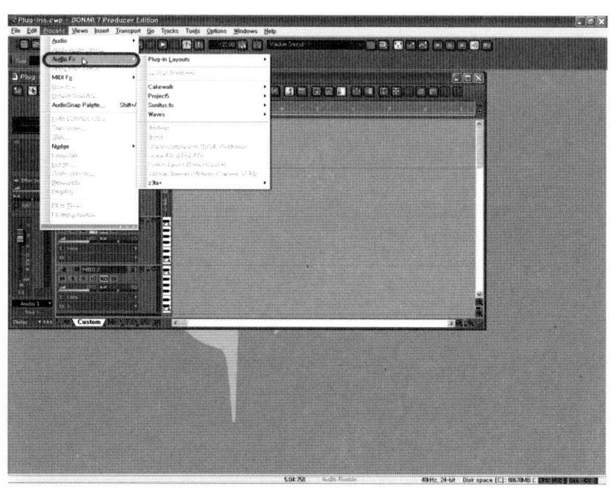

01 소나 7은 사용자 컴퓨터에 설치되어 있는 모든 플러그-인을 자동으로 검색합니다. 결국 사용하지 않을 것들도 Audio FX 메뉴에 모두 등록이 되는 것입니다. Process 메뉴의 Audio FX를 보면, 소나 7에 등록된 플러그-인들을 확인할 수 있습니다.

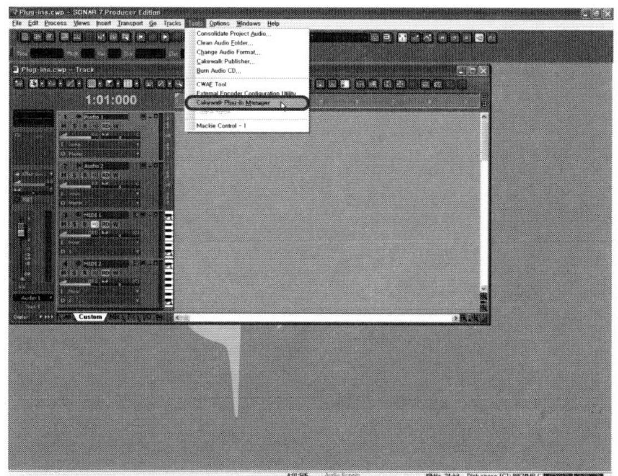

02 Audio FX의 메뉴를 정리하는 방법에는 몇 가지가 있습니다. 그 중에서 플러그-인 매니저를 이용해보겠습니다. Tools 메뉴의 [Cakewalk Plug-in Manager]를 선택합니다.

> **가정교사**
>
> Cakewalk Plug-in Manager는 Audio FX 메뉴의 Plug-in layouts에서 Manage layouts을 선택하여 열 수 있습니다.

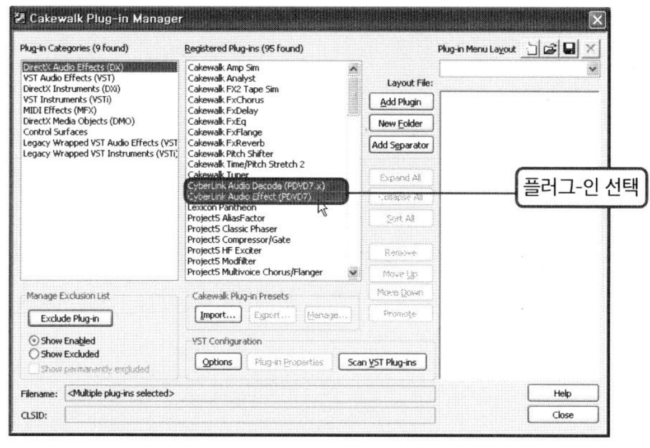

03 DirectX 와 VST 등 사용자 컴퓨터에 설치되어 있는 플러그-인 목록을 볼 수 있습니다. 각 카테고리의 Registered Plug-ins에서 사용하지 않을 플러그-인을 선택합니다. 두 개 이상은 [Ctrl] 키를 누른 상태에서 선택하면 됩니다.

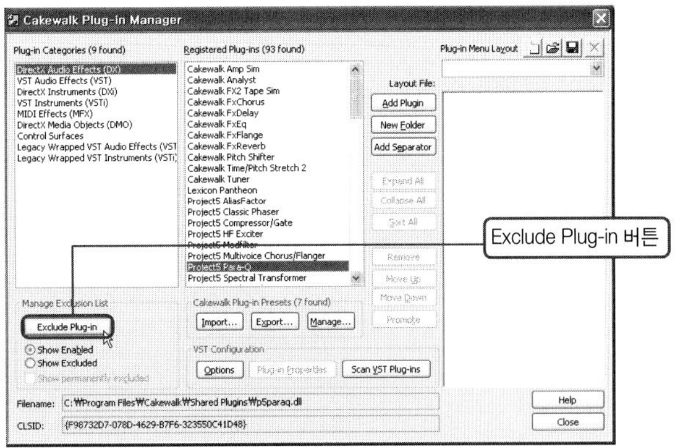

04 Cakewalk plug-in manager 창 왼쪽 아래에 보이는 Manage Exclusion List에서 Exclude Plug-in 버튼을 클릭하여 선택한 플러그-인을 제거합니다.

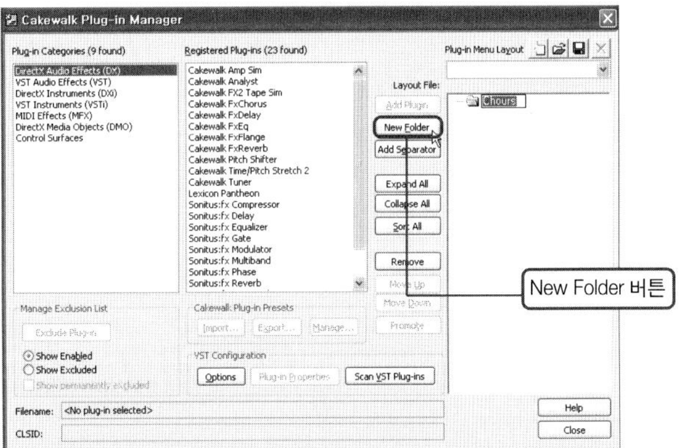

05 제거한 플러그-인을 다시 사용하겠다면 Show Excluded 옵션을 선택하여 제거한 플러그-인 목록이 표시되게 하고, 같은 방법으로 [Enable Plug-in] 버튼을 클릭하여 등록합니다. 플러그-인을 정리해두면 Audio FX 메뉴를 깔끔하게 이용할 수 있고, 소나 7의 실행 시간도 단축시킬 수 있습니다.

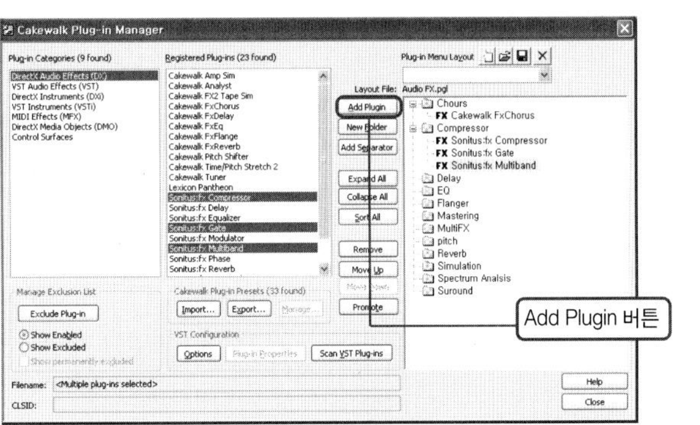

06 소나 7에서 사용할 것들을 정리했다면 실제 메뉴로 이용할 것들을 레이아웃을 만들 수 있습니다. 서브 메뉴로 사용할 폴더는 [New Folder] 버튼을 클릭하여 만들 수 있습니다. Chorus, EQ, Delay 등 이펙트의 종류별로 폴더를 만들어 봅니다.

07 필요한 폴더를 모두 만들었다면 [Sort All] 버튼을 클릭하여 알파벳 순서로 정렬합니다. 그리고 Registered Plug-ins 목록에서 이펙트를 선택하고, [Add Plugin] 버튼을 클릭하여 각각의 폴더에 등록합니다. [Ctrl] 키를 이용하면 동시에 두 개 이상의 이펙트를 선택할 수 있습니다.

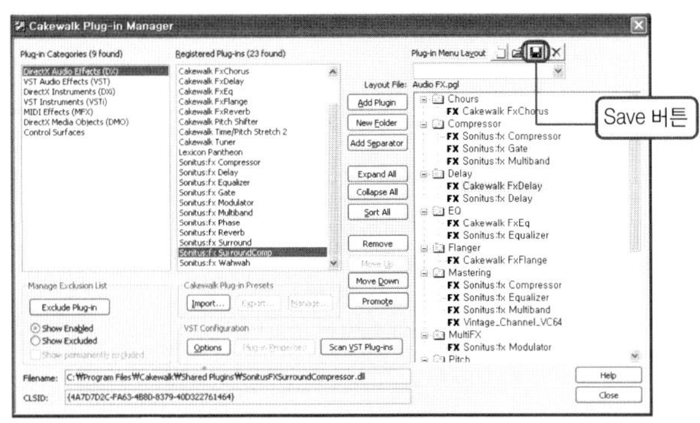

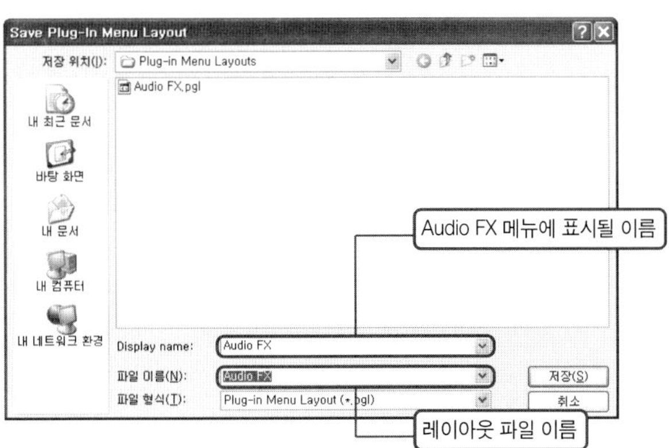

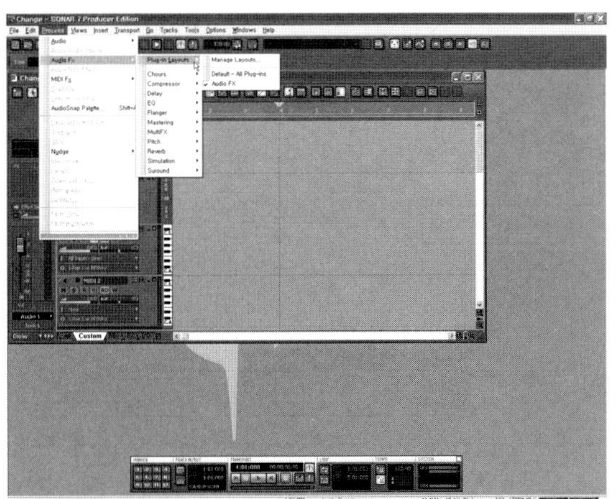

08 Expand All은 모든 폴더를 열어보는 것이고, Collapse All은 선택한 폴더를 열어봅니다. 그리고 [Remove] 버튼은 폴더 및 이펙트를 제거하고, [Move Up /Down] 버튼을 폴더 및 이펙트의 위치를 위/아래로 이동시킵니다. 물로 마우스 드래그로도 가능합니다. 이펙트를 모두 구성했다면 [Save] 버튼을 클릭합니다.

09 Pgl 포맷의 레이아웃 파일을 저장할 수 있는 Save Plug-In Menu Layout 창이 열립니다. 메뉴에 표시되게 할 Display name과 파일 이름을 입력하고, [저장] 버튼을 클릭합니다. 그리고 Cakewalk Plug-in Manager 창은 [Close] 버튼을 클릭하여 닫습니다.

10 Process 메뉴의 Audio FX에서 Plug-in Layouts을 보면, Display Name으로 저장했던 레이아웃 이름이 추가된 것을 확인할 수 있습니다. 추가한 이름을 선택해보면 사용자가 구성한 메뉴 형태로 바뀝니다.

가정교사

본서는 기본 레이아웃인 Default - All Plug-ins 메뉴 형태로 설명이 되겠지만, 많은 플러그-인을 사용하고 있는 사용자라면, 실습에서와 같이 이펙트를 폴더 별로 구분하여 관리하는 것이 좋습니다.

작업에 익숙해지다 보면 프로젝트 창의 위치와 믹서의 위치 등 자신이 자주 사용하는 레이아웃이 형성됩니다. 그리고 작업 목적에 따라 화면 구성이 달라지기도 하는데, 이것을 매번 구성할 필요 없이 레이아웃 파일로 다루는 방법을 살펴보겠습니다.

01 소나 7은 음악 작업에 필요한 다양한 창을 제공하고 있으며, 작업을 반복하다 보면 각각의 창을 열어놓는 위치와 크기가 일정해지게 됩니다. 예를 들어, 그림에서와 같이 콘솔 창을 프로젝트 하단에 열어놓고 작업하는 습관이 있다면 View 메뉴의 [Layouts]를 선택합니다.

02 Window Layouts 창이 열립니다. [Add] 버튼을 클릭하여 New Global Layout 창을 열고 새로운 이름의 레이아웃을 만들어놓습니다.

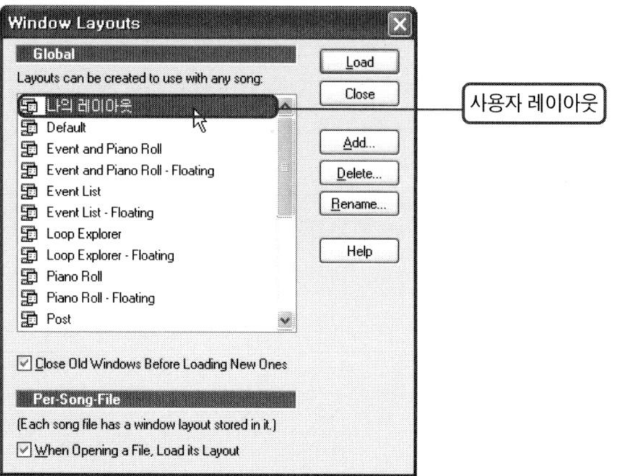

03 자주 사용하는 레이아웃을 만들어 놓으면, 작업을 할 때 마다 콘솔 창을 프로젝트 하단에 정렬할 필요 없이 Window Layouts 창에서 사용자가 등록한 레이아웃을 더블 클릭하는 것만으로도 작업 창을 정렬할 수 있습니다.

오른손으로 건반을 연주하면서 왼손으로 소나 7을 컨트롤하는 유저를 보면 정말 능숙해 보인다는 느낌이 듭니다. 그러기 위해서는 소나 7의 단축키를 외우는 것도 중요하지만, 혼자 사용하는 컴퓨터라면 자신에게 익숙한 것으로 바꾸어 사용하는 것도 요령입니다. 소나 7의 단축키 설정 방법을 살펴보겠습니다.

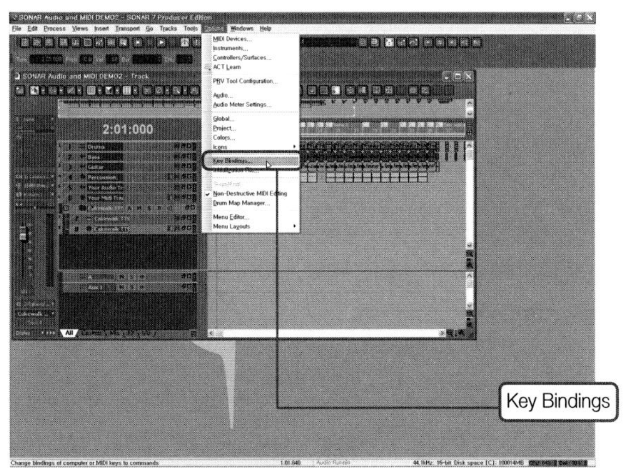

01 소나 7의 메뉴를 열어보면 오른쪽에 단축키가 표시되어 있는 것들이 있고, 없는 것도 있습니다. 만일 단축키가 설정되어 있지 않는 메뉴에 단축키를 설정하고 싶거나 기존의 단축키를 바꾸고 싶다면 Options 메뉴의 Key Bindings을 선택하여 창을 엽니다.

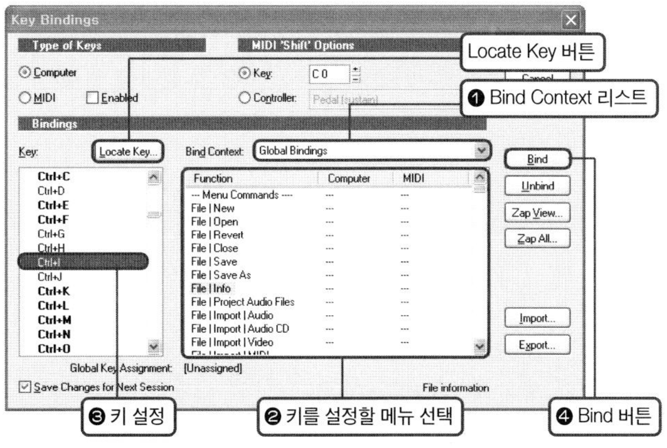

02 Bind Context 리스트에서 작업 창을 선택하고, Function에서 기능을 선택합니다. Key 리스트에서 설정할 키를 선택하고, [Bind] 버튼을 클릭합니다. Ctrl, Shift, Alt 등의 조합 키는 [Locate Key] 버튼을 클릭하여 설정합니다.

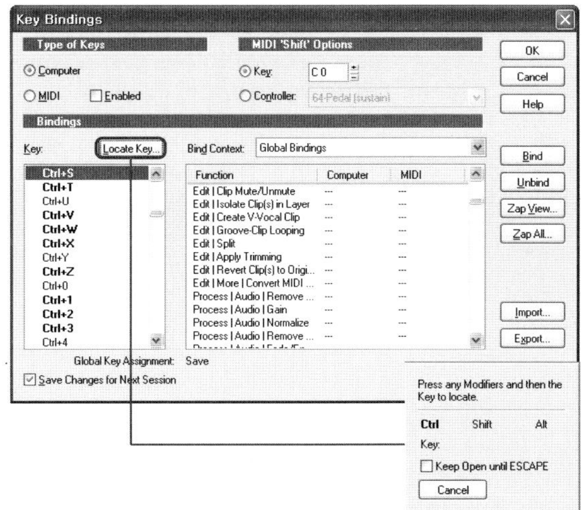

03 예를 들어, Edit 메뉴의 Split을 단축키로 이용하고 싶다면 [Locate Key] 버튼을 클릭하여 창을 열고, Ctrl 키를 누른 상태에서 S 키를 누릅니다. Ctrl + S 키는 굵은 글씨로 이미 설정되어 있는 단축키임을 확인할 수 있습니다.

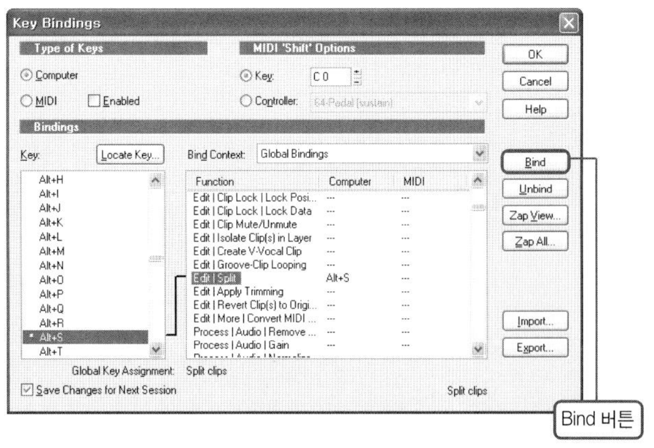

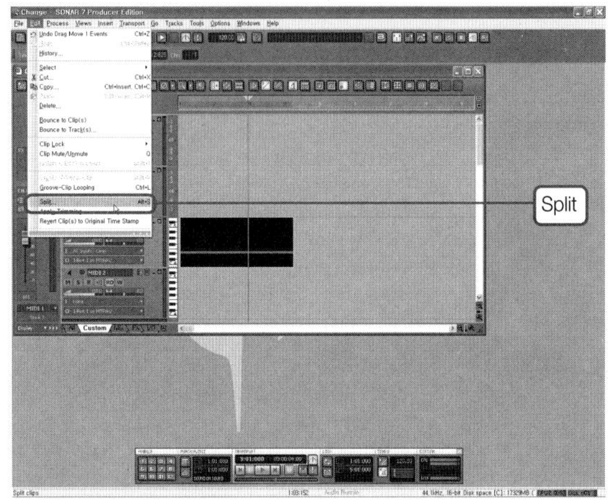

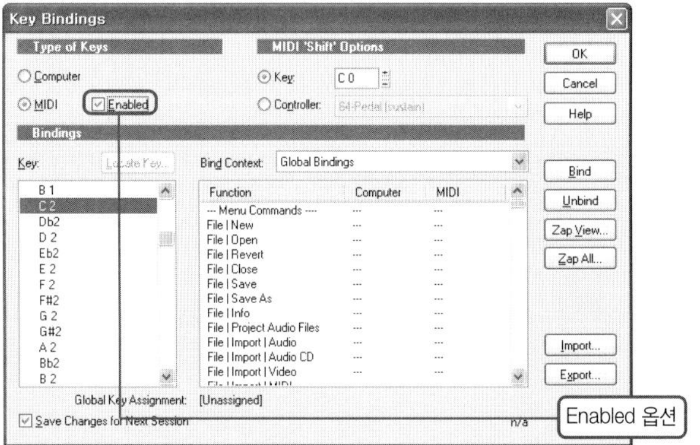

04 다시 [Locate key] 버튼을 클릭하여 창을 열고, Alt 키를 누른 상태에서 S 키를 눌러 봅니다. Alt + S 키를 사용할 수 있는 단축키 임을 확인할 수 있습니다. EditlSplit를 선택하고, [Bind] 버튼을 클릭하여 연결합니다. [Unbind] 버튼은 연결을 해제하는 역할을 합니다.

05 Edit 메뉴의 Split를 보면, Alt + S 키가 단축키로 설정된 것을 확인할 수 있습니다. 이와 같은 방법으로 자신이 주로 사용하는 메뉴의 단축키를 설정합니다.

06 소나 7은 컴퓨터 키보드를 이용한 단축키 외에도 미디 건반을 이용해서 메뉴를 이용할 수 있습니다. Type of keys에서 MIDI를 선택하고, 원하는 노트와 메뉴를 Bind로 연결합니다. 단, Enabled 옵션을 체크했을 경우에만 사용할 수 있습니다.

7 트랙 파라미터 구성하기

소나 7는 트랙의 모든 파라미터를 표시하는 All, Cakewalk사에서 설정하는 Custom, 믹스다운 작업에 필요한 파라미터로 구성되어 있는 Mix 등 총 5가지 탭을 제공합니다. 각각의 탭을 구성하고 있는 파라미터나 탭 자체를 사용자가 원하는 데로 구성할 수 있는데, 이 방법들을 살펴보겠습니다.

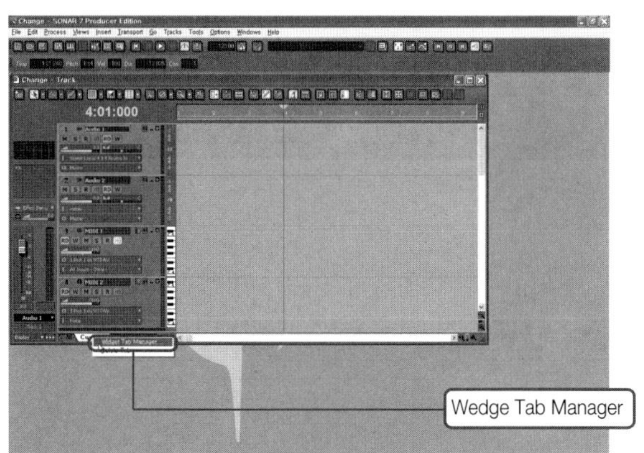

01 트랙 리스트 아래쪽을 보면, All, Custom, Mix, FX, I/O의 5가지 탭을 볼 수 있으며, 각각의 탭 마다 파라미터의 구성이 다르다는 것을 확인할 수 있습니다. 이것을 바꾸고 싶다면 탭에서 마우스 오른쪽 버튼을 클릭하여 단축 메뉴를 열고, Widget Tab Manager를 선택합니다.

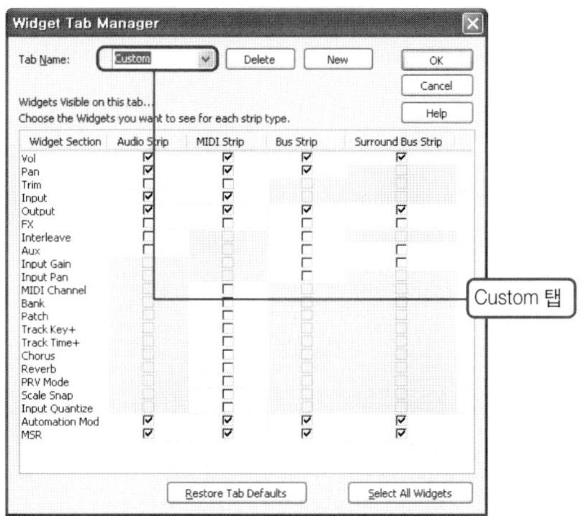

02 탭과 파라미터를 구성할 수 있는 Widget Tab manager 창이 열립니다. [New] 또는 [Delete] 버튼을 이용해서 새로운 탭을 만들거나 삭제할 수 있습니다. Custom 탭을 선택하고 각 트랙에 표시되는 파라미터를 확인합니다.

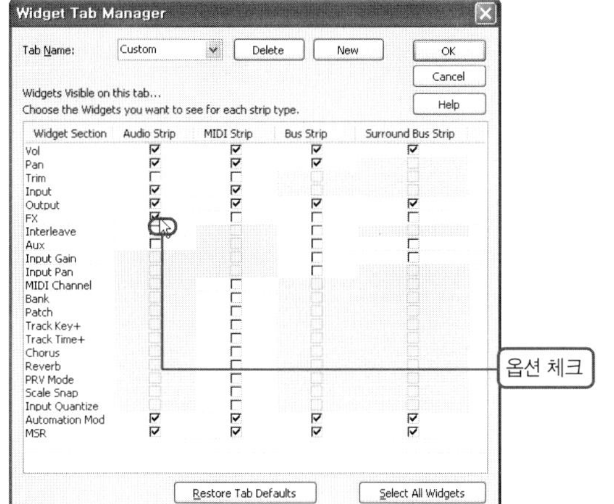

03 Custom 탭의 오디오 트랙에서 FX 파라미터가 표시되게 하고 싶다면 Audio Strip 칼럼의 FX 옵션을 체크합니다. 표시하고 싶지 않은 파라미터는 옵션을 해제하면 됩니다.

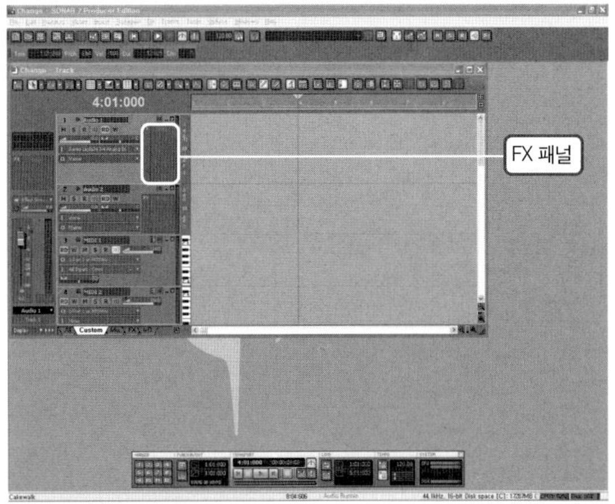

04 Custom 탭의 오디오 트랙에 FX 패널이 표시되는 것을 확인할 수 있습니다. 소나 7은 이와 같은 방법으로 사용자가 원하는 파라미터를 구성할 수 있습니다.

05 각 트랙의 파라미터는 경계선을 드래그하여 크기를 조정하거나 Alt 키를 누른 상태로 드래그하여 위치를 변경할 수 있다는 것도 기억해두면 트랙의 파라미터를 자신만의 스타일로 구성할 수 있을 것입니다.

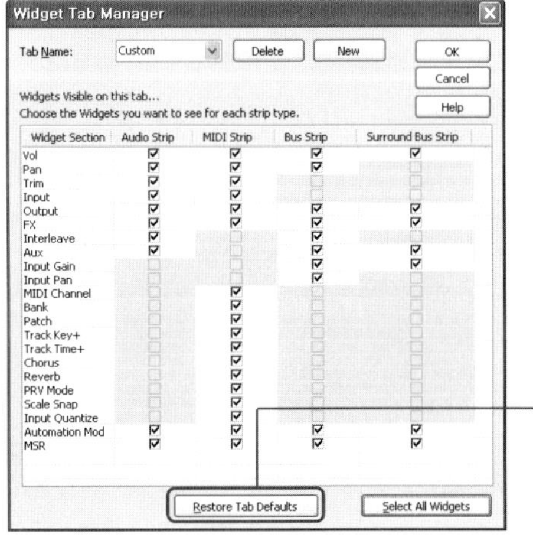

06 [Restore Tab Defaults] 버튼은 사용자가 변경한 구성을 취소하고, 초기화 시키는 역할을 하며 Select All Widgets은 모든 파라미터를 선택하는 역할을 합니다.

8 패치 리스트 사용하기

소나 7의 기본 패치는 1번이 Acoustic Grand Piano, 2번이 Bright Acoustic Piano 등의 순서로 배열 되어 있는 GM 모드입니다. 일반적으로 사운드 카드의 내부 음원은 GM 모드이기 때문에 기본 값을 그대로 사용하면 됩니다. 하지만 악기는 모델 마다 패치가 다르기 때문에 어떤 악기는 1번이 Guitar일 수 있고, 또 어떤 악기는 1번이 Bass 일 수 있습니다. 고급 사용자는 번호 입력 방식을 선호하기 때문에 문제가 없지만 입문자는 자신의 악기 리스트가 표시되는 것이 편할 것입니다.

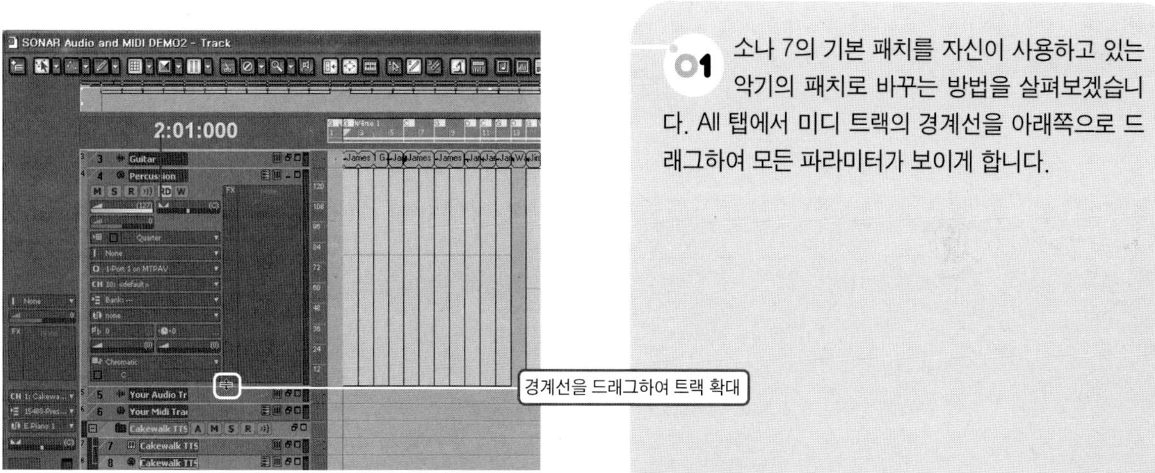

01 소나 7의 기본 패치를 자신이 사용하고 있는 악기의 패치로 바꾸는 방법을 살펴보겠습니다. All 탭에서 미디 트랙의 경계선을 아래쪽으로 드래그하여 모든 파라미터가 보이게 합니다.

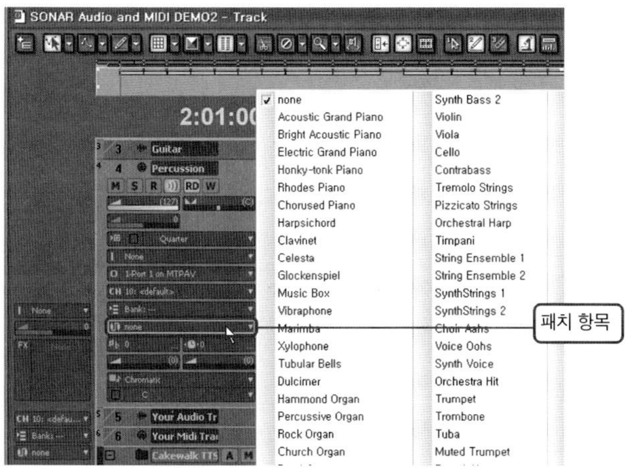

02 Bank 아래쪽에 none이라고 표시되어 있는 패치 항목을 클릭해보면 악기 이름 리스트가 열립니다. 사운드카드 또는 GM 악기를 사용하고 있다면 리스트에서 Acoustic Grand Piano를 선택할 경우 4번 트랙의 데이터가 피아노 음색으로 연주될 것이라는 의미입니다.

Tip 소나 7의 기본 패치 리스트는 단순히 GM 악기의 이름을 표시하고 있는 것이므로 다른 악기를 사용하고 있다면 Acoustic Grand Piano를 선택했을 때, 해당악기의 1번 음색이 연주됩니다. 즉, 선택한 이름과는 상관없이 전혀 다른 음색이 연주된다는 점을 기억하기 바랍니다.

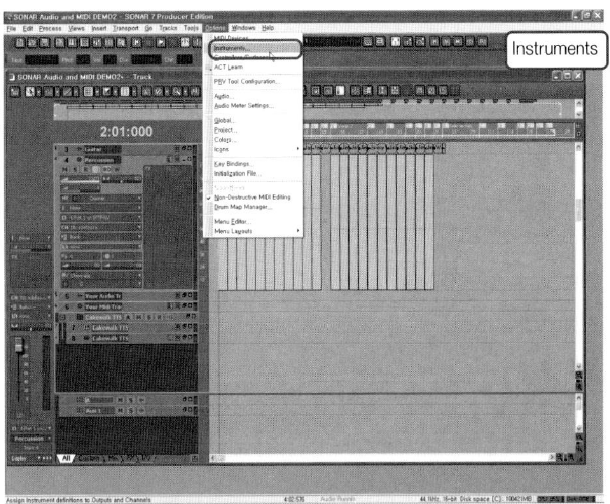

03 소나 7에서 기본적으로 제공하는 GM 악기 리스트를 독자가 사용하는 악기 리스트로 바꿔보겠습니다. Options 메뉴의 [Instruments]를 선택합니다.

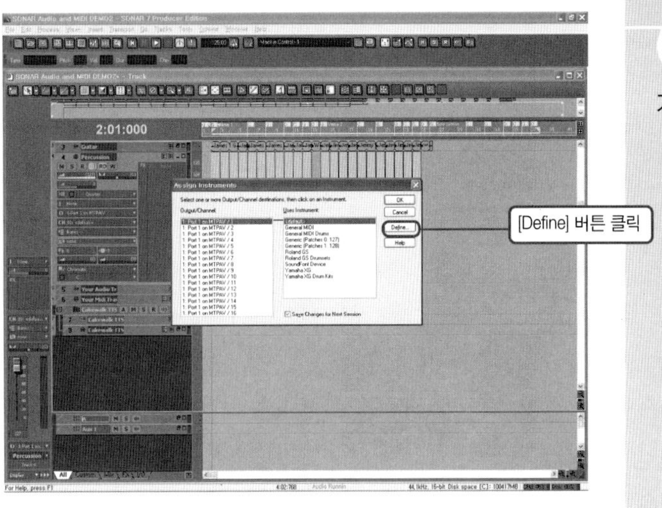

04 Assign Instruments 창이 열립니다. 오른쪽 Uses Instruments 항목에 독자의 악기를 추가하기 위한 [Define] 버튼을 클릭합니다.

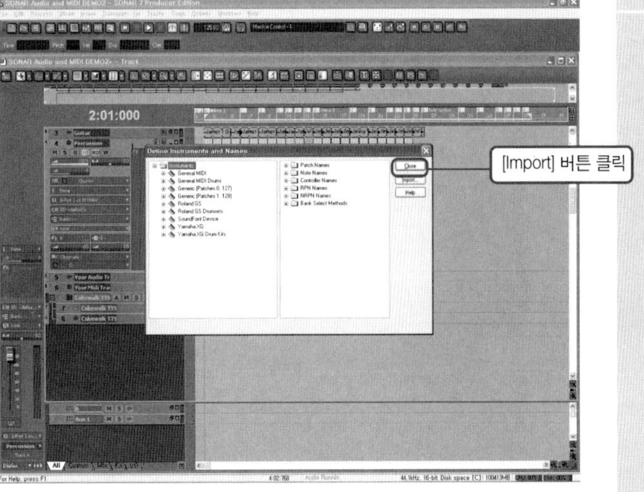

05 악기 이름을 선택할 수 있는 Define Instruments and Names 창이 열립니다. 소나 7에서 제공하는 악기 리스트를 불러오기 위해서 [Import] 버튼을 클릭합니다.

06 Sample Content 폴더의 Instrument 파일 목록이 보입니다. 독자가 사용하는 악기의 제조 회사 이름을 더블 클릭합니다. 독자가 사용하는 악기의 제조사가 보이지 않는다면 부록 CD의 Instrument Definitions 폴더에서 찾아보기 바랍니다.

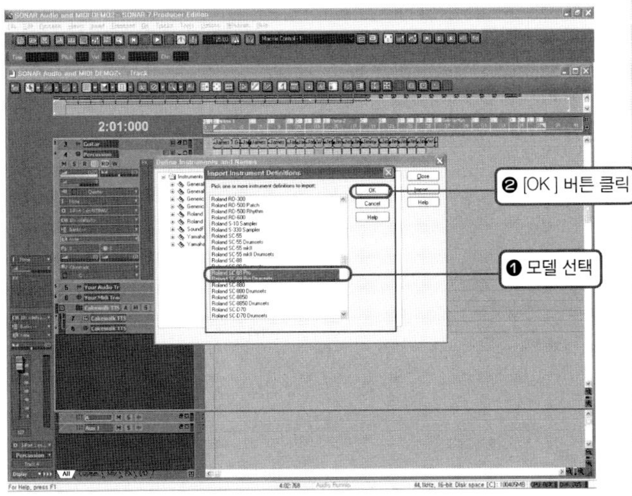

07 선택한 제조회사에서 출시되고 있는 악기 모델 리스트가 보입니다. 독자가 사용하는 악기 모델을 선택하고 [OK] 버튼을 클릭합니다. 그림에서는 Roland사의 SC-88 Pro를 선택하고 있으며, SC-88은 드럼 셋 채널을 별도로 가지고 있기 때문에 Drumsets 도 함께 선택하고 있습니다.

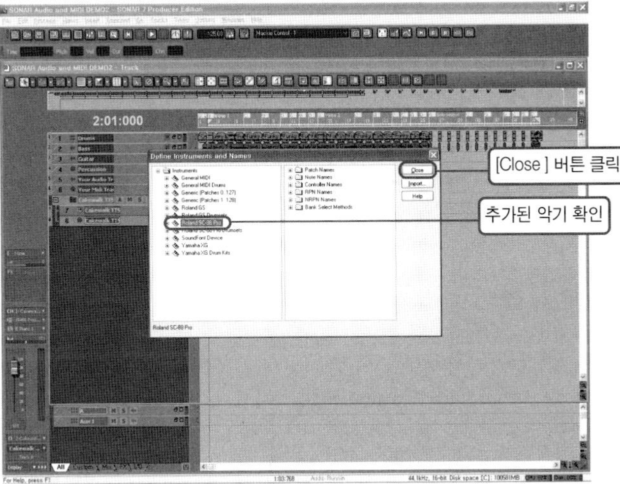

08 Define Instruments and Names 창 왼쪽의 Instruments 목록에 선택한 악기 이름이 추가된 것을 확인하고 [Close] 버튼을 클릭합니다.

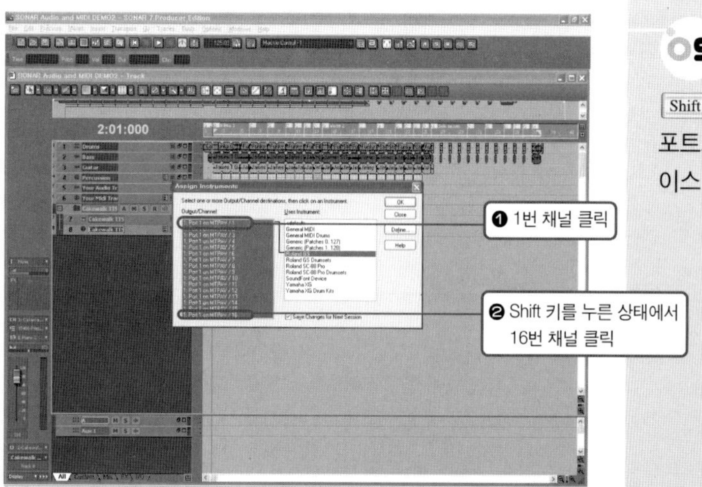

09 Assign Instruments 창 왼쪽에서 악기가 연결된 미디 포트의 1번 채널을 클릭하고, Shift 키를 누른 상태에서 16번 채널을 선택합니다. 포트의 이름은 독자의 컴퓨터에 장착된 미디 인터페이스 이름이므로 그림과 다를 수 있습니다.

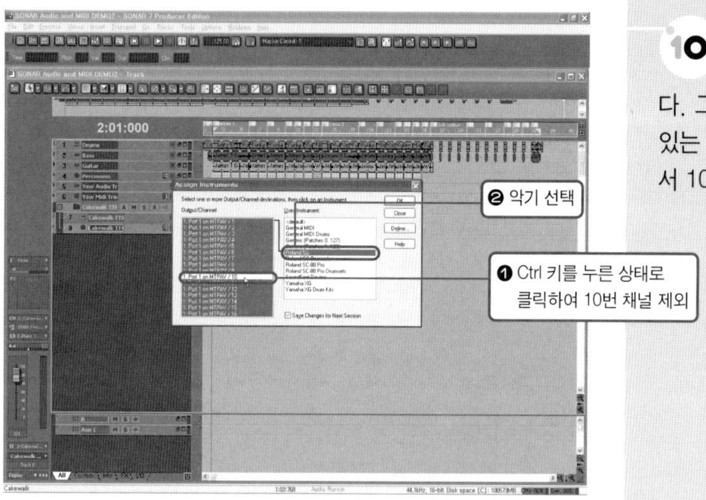

10 오른쪽 Uses Instrument에 추가된 리스트에서 악기를 선택하고 [OK] 버튼을 클릭합니다. 그림에서는 10번 채널이 드럼 셋으로 설정되어 있는 SC-88의 특성 때문에 Ctrl 키를 누른 상태에서 10번 채널을 클릭하여 제외하고 있습니다.

11 두 대 이상의 악기를 사용하는 독자라면, 앞의 과정을 참조하여 각 포트에 연결된 악기를 연결시켜주면 됩니다. 그림에서는 10번 채널을 드럼 셋으로 연결하고 있는 모습이지만 독자가 사용하는 악기 마다 다르다는 것을 기억하기 바랍니다.

12 음색 이름이 리스트로 표시되는지를 확인해 보겠습니다. 미디 트랙의 채널(Ch) 항목을 클릭해봅니다. 각 채널 별로 Assign Instruments 창에서 연결한 악기의 이름이 보이는 것을 확인할 수 있습니다.

13 채널 항목에서 1번 채널의 악기 이름을 선택하고, 뱅크(Bank) 항목을 클릭해봅니다. 선택한 악기에 설정되어 있는 뱅크 리스트가 열리는 것을 확인할 수 있습니다.

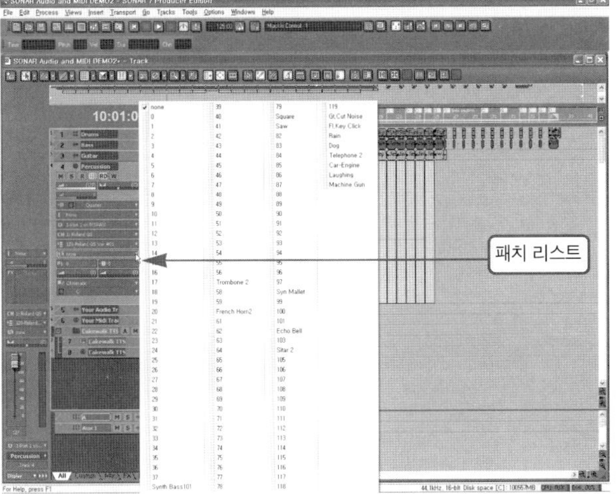

14 뱅크 항목에서 0번 뱅크를 선택하고, 패치 항목을 클릭해봅니다. 선택한 뱅크에 있는 악기 이름이 열리는 것을 확인할 수 있습니다. 이렇게 독자가 사용하고 있는 악기의 패치 리스트를 만들어두면, 음색을 편리하게 선택할 수 있습니다.

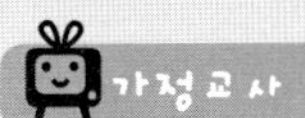

소나 7에서 제공하는 패치 리스트는 가장 보편적인 악기입니다. 그래서 조금 특별한 악기를 사용하고 있는 독자라면 소나 7에서 찾지 못할 수 있습니다. 이런 경우에는 해당 악기의 제조사 홈페이지를 방문하여 SONAR용 패치 리스트를 다운 받아 C:\내 문서\Cakewalk\SONAR 7 Producer Edition\Sample Content 폴더 안에 복사해 놓으면 됩니다. 만일 홈페이지에서도 제공하고 있지 않다면, 사용자가 직접 리스트를 작성해야 합니다. 이것에 관해서는 뒤에서 살펴보겠습니다.

레이턴시란 사운드의 입/출력 시간을 의미하는 것으로 레이턴시가 길면 입력하는 사운드가 잠시 후에 출력 되는 현상이 발생합니다. 레이턴시 시간을 짧게 설정하기 위해서는 사운드 카드가 WDM이나 ASIO 드라이버 를 지원하고 있어야 하며, 시스템 메모리도 1G 이상으로 넉넉해야 한다는 물리적 조건도 충족되어야 합니다.

01 물리적인 조건이 충족되어 있다는 조건하에 소나 7에서의 설정 방법을 살펴보겠습니다. 도구 모음 줄의 [Synth Rack] 버튼을 클릭합니다.

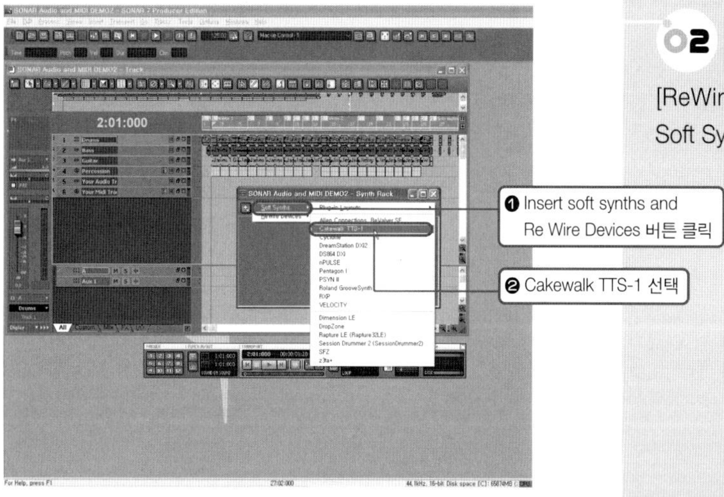

02 소프트 악기를 장착해놓는 역할의 Synth Rack 창이 열립니다. Insert soft synths and [ReWire devices] 버튼을 클릭하여 메뉴를 열고, Soft Synths의 Cakewalk TTS-1을 선택합니다.

03 Insert Soft Synth Options 창이 열립니다. MIDI source, Synth Track Folder, First Synth Audio Output, synth Property page 옵션이 체크되어 있는지 확인하고 [OK] 버튼을 클릭합니다.

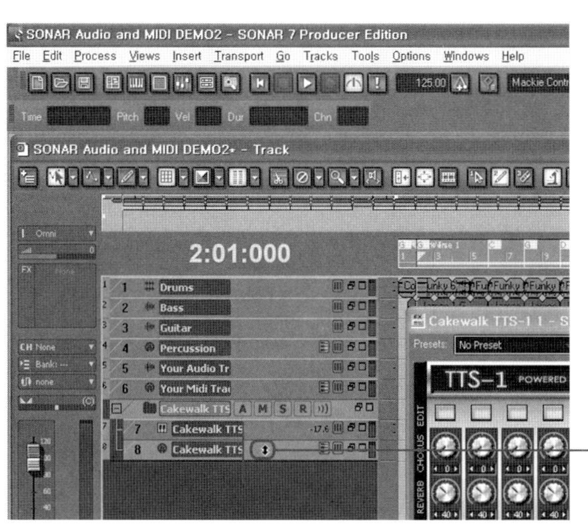

04 트랙 리스트에는 TTS-1을 연주할 미디 트랙
과 오디오 트랙, 그리고 폴더 트랙이 만들어
지고 TTS-1 패널이 열립니다. 8번 트랙으로 만들어
진 TTS-1 미디 트랙을 더블 클릭합니다.

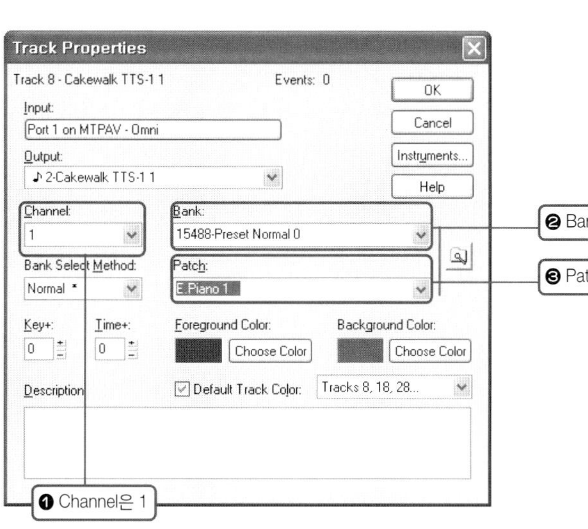

05 Track Properties 창이 열립니다. Channel
은 1, Bank는 15488-Preset Normal 0,
Patch는 E.Piano 1을 선택하고 [OK] 버튼을 클릭합
니다.

06 마스터 건반을 연주해보면, E.Piano 사운드
가 연주될 것입니다. 만일 건반을 누르고, 잠
시 후에 E.Piano 소리가 들린다면 레이턴시가 긴 경
우입니다. 이것을 해결하기 위해서 Options 메뉴의
[Audio]를 선택하여 Audio Options 창을 엽니다.

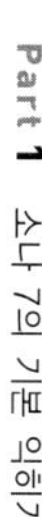

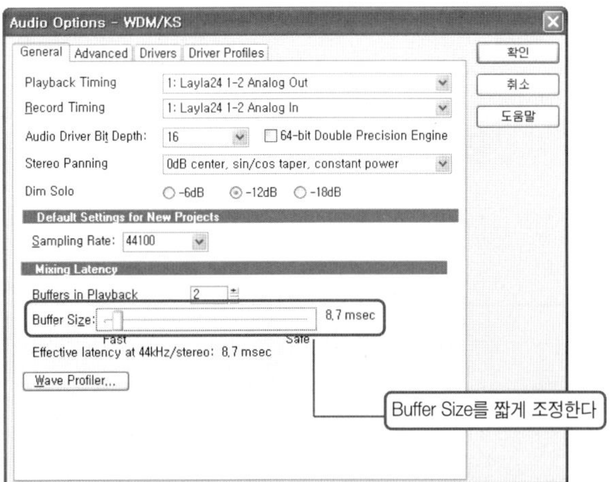

07 General 페이지의 Buffer Size 슬라이드를 왼쪽으로 드래그하여 시간을 줄입니다. 시간은 짧을수록 좋지만, 사운드카드의 성능과 시스템 메모리에 따라 달라지므로 10msec 이하로 설정한 뒤에 건반을 연주해보고, 사운드가 겹치는 현상이 발생하면 20msec, 30msec 순서로 늘려 시스템에 적합한 시간을 찾습니다.

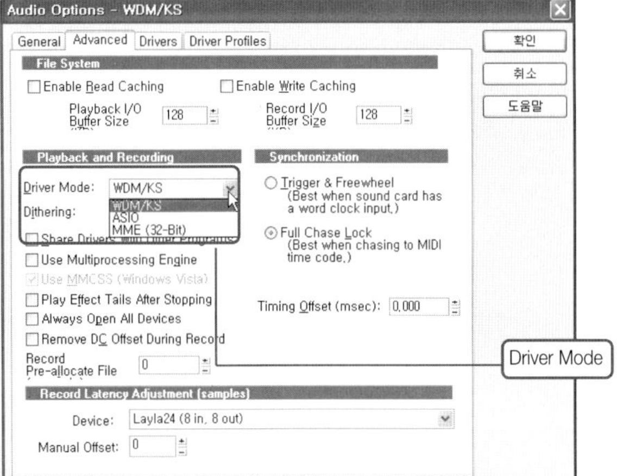

08 Buffer Size를 10ms 이하로 설정할 수 있다면 마스터 건반을 연주할 때, E.Piano 소리가 잠시 후에 들리는 레이턴시 현상이 해결되었을 것입니다.

09 소나 7의 기본 설정 드라이버인 WDM 대신에 ASIO 드라이버를 지원하는 사운드 카드 사용자라면 Advanced 페이지의 Driver Mode에서 ASIO를 선택합니다.

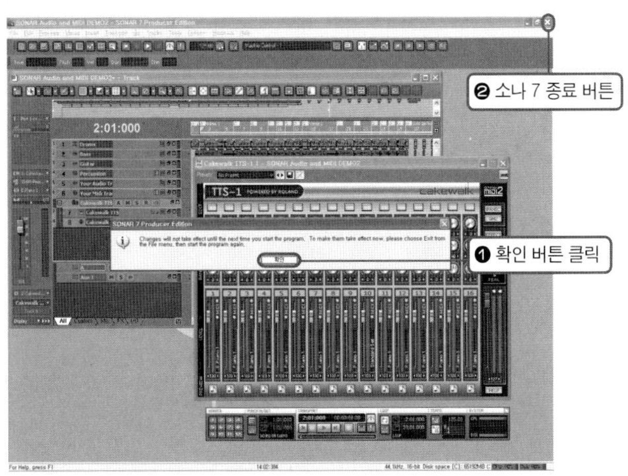

10 드라이버를 바꾼 경우에는 소나 7을 재실행해야 한다는 메시지의 창이 열립니다. 확인 버튼을 클릭하여 닫고 [종료] 버튼을 클릭하여 소나 7을 종료합니다.

11 소나 7을 재실행하고 Options 메뉴의 [Audio]를 선택하여 창을 열어보면, WDM 모드일 때와 구성이 바뀐 것을 알 수 있습니다. Buffer size는 [ASIO Panel] 버튼을 클릭하여 사운드 카드 컨트롤 패널을 열어서 조정합니다.

가정교사

사운드 카드 컨트롤 패널은 장치마다 다르므로 사용하고 있는 제품의 사용 설명서를 참조하기 바랍니다. 그리고 사운드 카드를 새로 구입할 예정이라면 레이턴시가 짧은 ASIO 드라이버를 지원하는 제품을 권장합니다.

12 작업 표시줄을 보면 확인할 수 있듯이 소나 7의 녹음 포맷은 오디오 CD 규격인 44.1Khz, 16-bit로 설정되어 있습니다. 이것을 바꾸고 싶다면 Options 메뉴의 [Audio]를 선택하여 창을 엽니다.

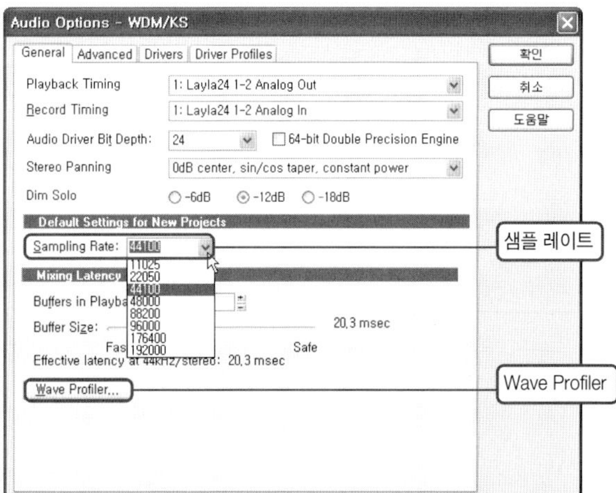

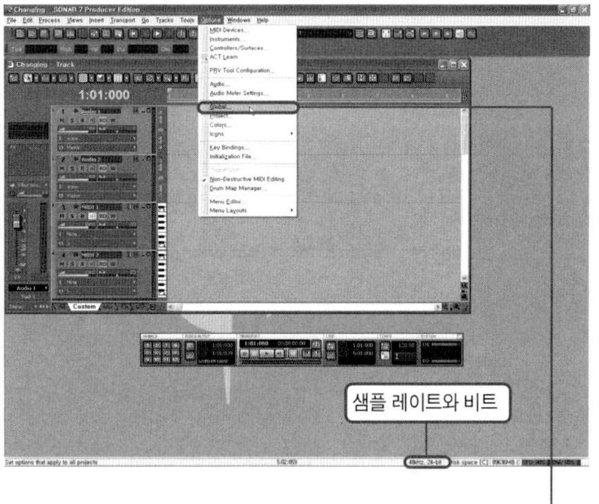

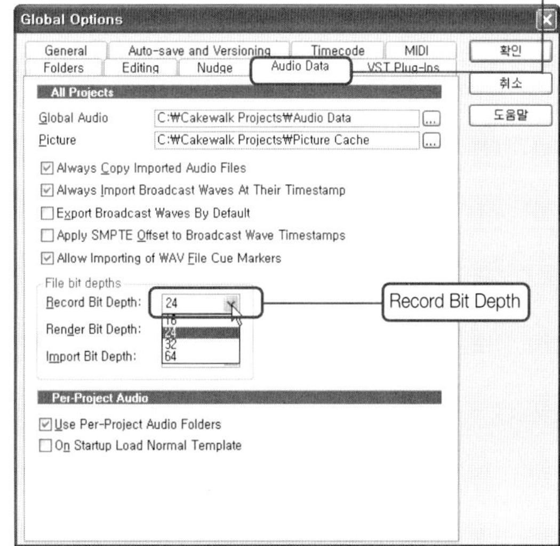

13 General 페이지의 Sampling Rate에서 샘플 레이트를 선택합니다. 시스템에 장착되어 있는 사운드 카드의 최대 포맷이 기억나지 않는다면 [Wave Profiler] 버튼을 클릭하여 테스트 해봅니다.

14 샘플 비트는 Options 메뉴의 [Global]을 선택하여 창을 열고, Audio Data 페이지의 Record Bit Depth에서 선택합니다. 변경한 샘플 레이트와 비트는 메인 창의 작업 표시줄에서 확인할 수 있습니다.

소나 7을 이용해서 음악 작업을 하기 위해서는 프로젝트를 만드는 일에서부터 시작하게 되는데, 사용자마다 미디와 오디오 트랙의 수, 오디오 녹음을 할 때의 사운드포맷 등 작업 환경이나 목적에 따라 프로젝트 환경이 다를 수 밖에 없습니다. 소나 7은 프로젝트 환경을 간단하게 만들 수 있는 52가지의 템플릿을 제공하고 있지만 개개인의 작업 스타일을 모두 만족시킬 수는 없기 때문에 자신에게 적합한 프로젝트 환경을 템플릿으로 만들어 놓을 수 있는 기능을 제공하고 있습니다.

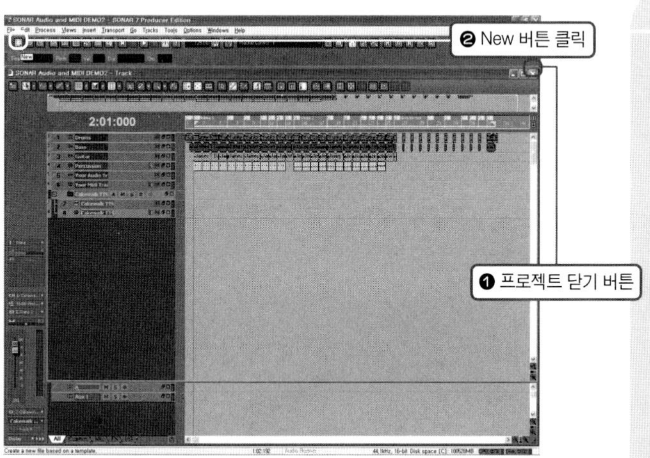

01 지금까지 다양한 환경 설정 실습을 해보면서 열어두었던 프로젝트를 닫고, 도구 모음 줄의 [New] 버튼을 클릭하여 새로운 프로젝트를 만들겠습니다.

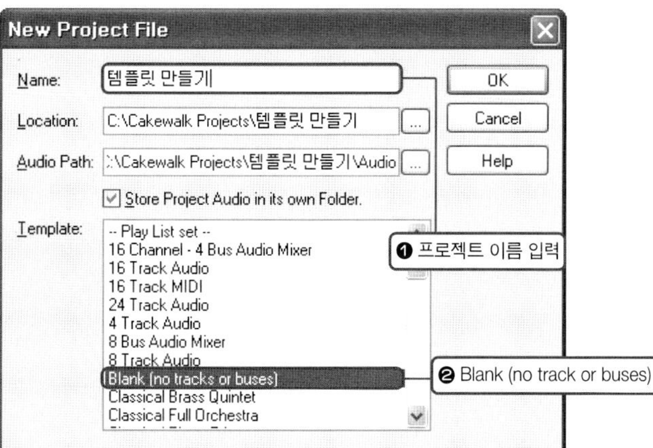

02 Normal 타입의 템플릿이 선택되어 있는 New Project File 창이 열립니다. Name 항목에 적당한 이름을 입력하고, 템플릿 목록에서 비어 있는 프로젝트 환경인 Blank (no track or buses)를 선택합니다. 그리고 [OK] 버튼을 클릭합니다.

03 오디오 트랙과 미디 트랙이 각각 2개씩 있는 Normal 환경의 프로젝트가 만들어집니다. 트랙 리스트 상단의 [인서트] 버튼을 클릭하여 메뉴를 열고 Multiple Tracks를 선택합니다.

04 Insert Tracks 창이 열립니다. 작업에 사용할 오디오 트랙과 미디 트랙 수를 Track Count 에 입력하고 [OK] 버튼을 클릭합니다. 그림에서는 오디오 트랙을 20개, 미디 트랙을 16개 추가하고 있습니다.

05 오디오 트랙 20개와 미디 트랙 16개가 추가되는 것을 확인할 수 있습니다. 각 트랙의 이름을 더블 클릭하여 독자가 원하는 이름으로 변경합니다. 각 트랙에 사용할 악기의 이름을 입력하는 것이 편리할 것이며, 한글을 사용해도 상관없습니다.

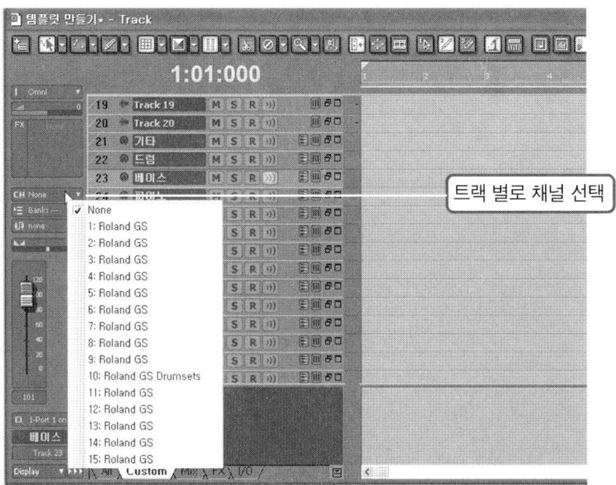

06 미디 트랙을 선택하면 해당 트랙의 속성을 설정할 수 트랙 파라미터가 왼쪽에 보입니다. 뱅크와 패치는 곡 마다 달라질 것이므로 각각의 미디 트랙마다 채널만 설정해 둡니다.

07 멀티 포트의 오디오 카드를 사용하는 독자라면 오디오 트랙의 인/아웃 포트도 트랙 별로 선택합니다. 스테레오 채널의 사운드 카드 사용자라면 설정할 필요가 없습니다.

08 템플릿은 트랙뿐 아니라 미디 정보, 템포, 녹음 모드 등의 설정 값들도 저장할 수 있습니다. 실습으로 레이아웃을 설정해보겠습니다. 도구 모음 줄에서 [Console view] 버튼을 클릭합니다.

프로젝트 창과 콘솔 창의 가장자리를 드래그
하여 각 창의 크기를 조정합니다. 제목 표시
줄을 드래그하면 위치를 조정할 수 있습니다.

그 밖에 필요한 환경은 학습을 진행하면서
설정하기 바랍니다. 여기서는 템플릿을 만드
는 방법을 살펴보는 것이므로 이 정도만 해보겠습니
다. File 메뉴의 [Save As]를 선택합니다.

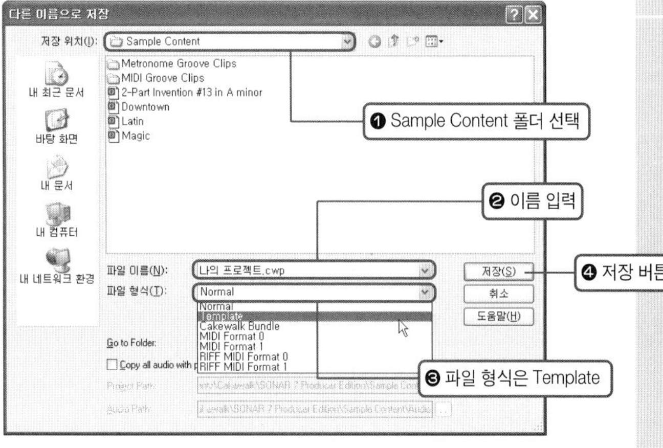

다른 이름으로 저장 창이 열립니다. 저장 위
치에서 Sample Content를 찾고, 파일 형식은
Template를 선택합니다. 파일 이름 항목에 구분하기
쉬운 이름을 입력하고, [저장] 버튼을 클릭합니다.

12 저장한 템플릿을 확인해보겠습니다. 도구 모음 줄의 [New] 버튼을 클릭하여 New Project File 창을 엽니다.

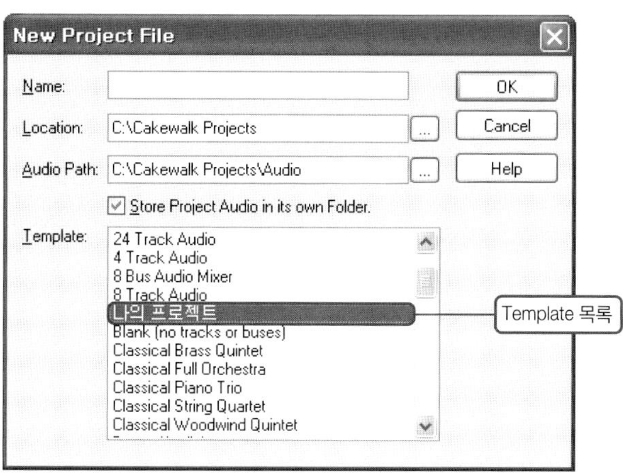

13 New Project File 창의 Template 목록을 보면 독자가 만든 템플릿을 확인할 수 있습니다. 이렇게 독자의 작업 환경에 어울리는 템플릿을 만들어두면, 간편하게 작업환경을 구축할 수 있습니다.

데이터 입력 방법 살펴보기

소나 7을 이용해서 음악 작업을 하는 과정은 크게 입력, 편집, 출력의 3 단계로 구분합니다. 소나 7을 학습하는 주요 목적이 사운드를 자르고 붙이거나 다양한 이펙트를 적용하는 등의 편집 작업이겠지만, 데이터를 입력할 줄 모른다면 아무 소용없습니다. 소나 7에 입력할 수 있는 데이터는 미디와 오디오의 두 가지이며, 각각 다양한 방법들이 있습니다. 이것들에 관해서 살펴보겠습니다.

1 리얼로 미디 입력하기

미디 데이터를 리얼로 입력한다는 것은 사용자의 연주를 실시간으로 미디 트랙에 기록하는 작업을 의미합니다. 결국, 어느 정도의 연주 실력을 갖추고 있어야만 가능한 방법입니다. 다만, 실제 사운드를 기록하는 오디오와는 다르게 미디 악기를 연주할 수 있는 미디 정보만을 기록하는 것이므로 뛰어난 연주 실력을 필요로 하지는 않습니다. 미디 데이터를 입력하는 방법 중에서 가장 편리한 방법이므로 틈틈이 건반 연주 연습을 하는 것이 좋겠습니다.

01 도구 모음 줄의 [New] 버튼을 클릭하여 New Project file 창을 엽니다. Name 항목에 적당한 이름을 입력하고 [OK] 버튼을 클릭합니다.

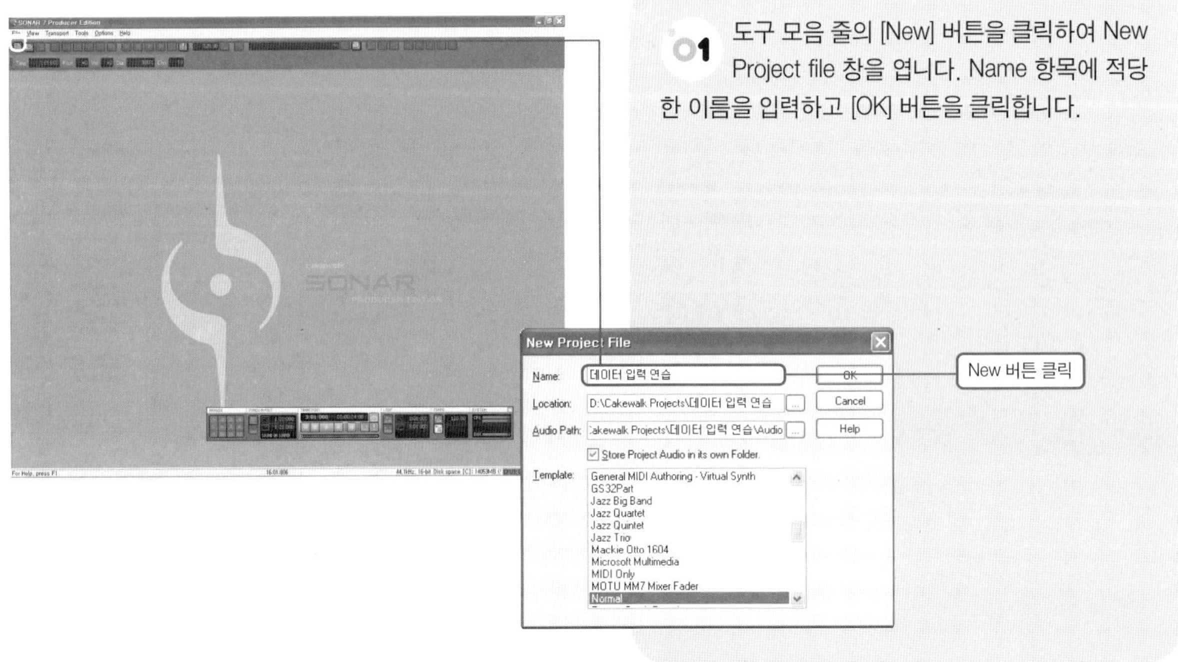

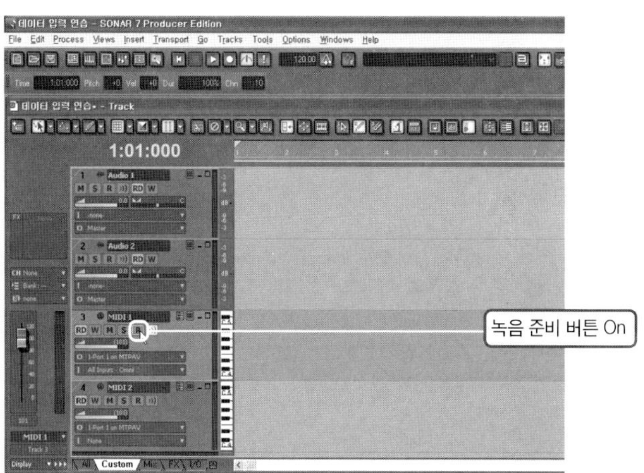

02 Normal 환경의 프로젝트가 열립니다. MIDI 1이라는 이름을 가진 3번 트랙의 [R] 버튼을 클릭하여 녹음 준비를 합니다.

03 All 탭을 선택하고, 3번 트랙과 4번 트랙의 경계선을 아래쪽으로 드래그하여 3번 트랙의 모든 파라미터가 보이게 합니다.

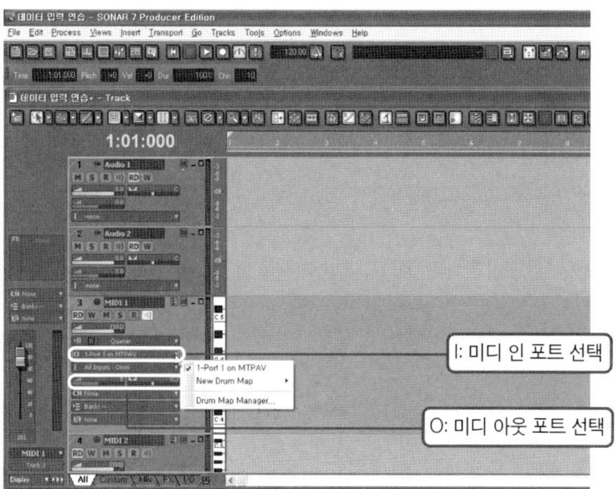

04 미디 인/아웃 포트는 소나 7을 처음 실행할 때 연결해 두었으므로 파라미터에서 선택할 필요는 없습니다. 다만, 여러 대의 악기를 연결한 멀티 인터페이스 사용자라면 마스터 건반이 연결된 In 포트와 음원이 연결된 Out 포트를 선택합니다.

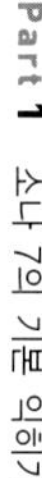

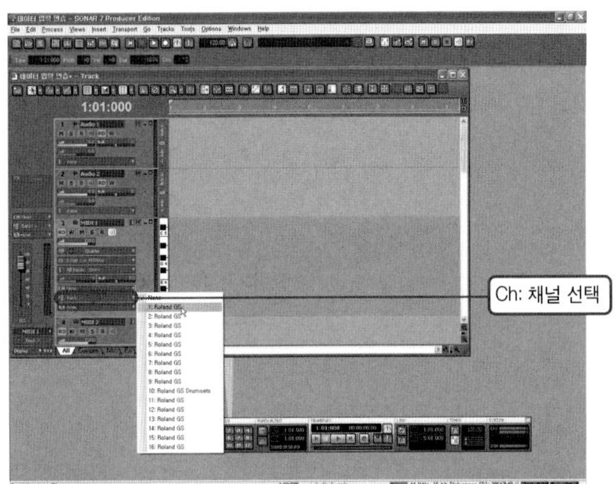

05 계속해서 채널을 선택합니다. Ch 항목을 클릭하면 열리는 채널 리스트는 독자가 연결해 둔 악기에 따라서 그림과 다를 수 있습니다. 악기 연결 방법은 앞의 패치 리스트 만들기에서 살펴보았습니다.

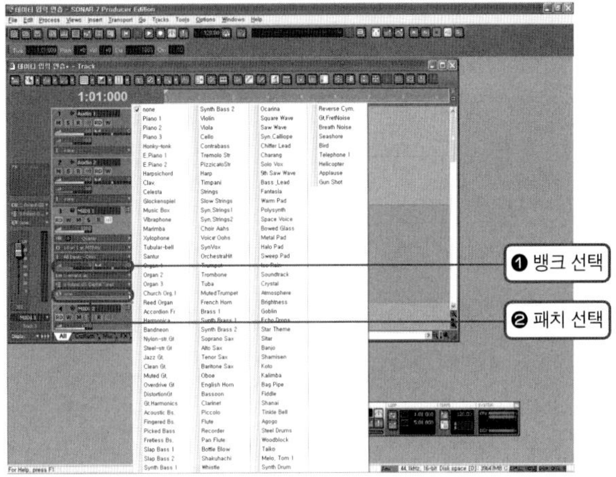

06 채널 항목 아래쪽에서 뱅크를 선택하고, 뱅크 항목 아래쪽에서 패치를 선택합니다. 뱅크와 패치 항목의 리스트도 독자가 사용하고 있는 악기의 리스트이므로 그림과 다를 수 있습니다.

07 트랜스포트 패널의 템포 항목을 클릭하여 원하는 템포 값을 입력합니다. 소나 7은 기본적으로 템포 값이 120으로 설정되어 있습니다.

가정교사

연주가 서툰 경우에는 템포를 조금 느리게 설정하여 녹음하는 것이 요령입니다. 입력을 마치고 원하는 템포로 수정이 가능합니다.

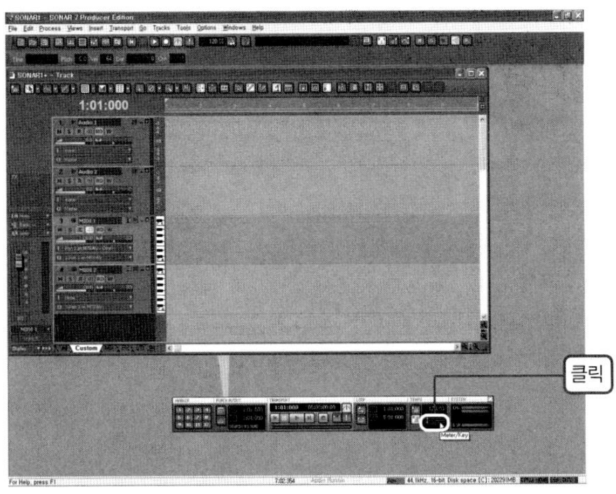

08 소나 7은 기본적으로 4분의 4박자의 C 키로 설정되어 있습니다. 미디 데이터를 입력한 후에 변경해도 상관없지만 미리 설정하는 것이 편리합니다. 템포 창 아래쪽의 Meter/Key 항목을 클릭합니다.

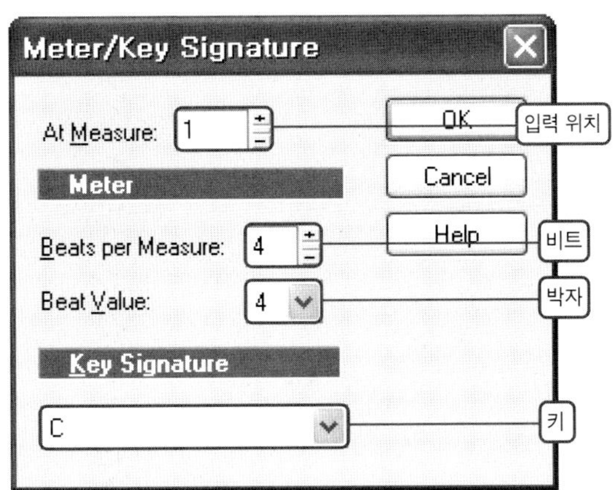

09 박자와 키를 설정할 수 있는 Meter/Key Signature 창이 열립니다. 입력 위치인 At Measure 항목이 1인 것을 확인하고, 입력할 박자와 키를 설정합니다. 4분의 3박자로 녹음을 하겠다면, Beat Value에서 4를 선택하고 Beats per Measure를 3으로 설정합니다.

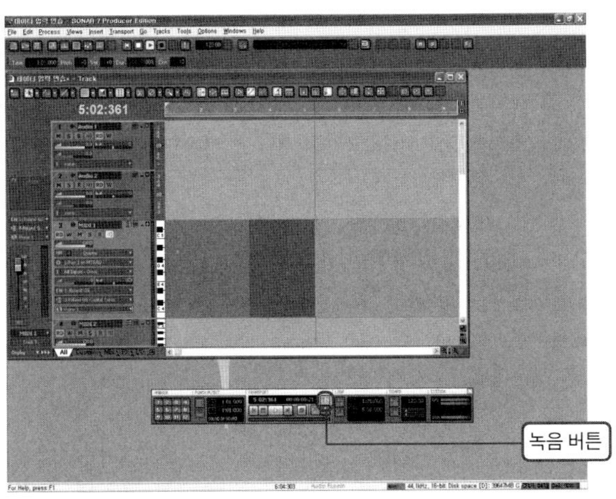

10 도구 모음 줄의 [녹음] 버튼을 클릭하거나 단축키 R 키를 눌러 녹음을 진행합니다. R 키 또는 녹음 버튼을 클릭하면, 메트로놈 소리와 함께 바로 녹음이 진행됩니다. 일반적으로 한 두 마디의 메트로놈 소리를 듣고, 녹음을 시작하게 되므로 실제 데이터는 3마디부터 입력하게 될 것입니다.

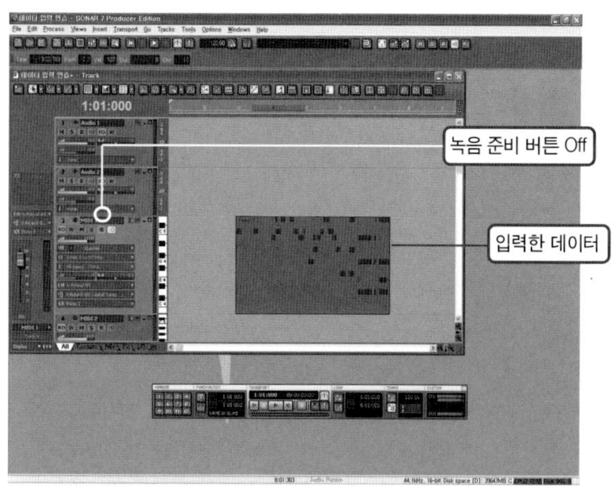

11 Space bar 키를 눌러 녹음을 중지 합니다. 녹음이 완료한 후, 실수로 녹음되는 것을 예방하기 위해서 트랙의 [R] 버튼은 꺼두는 것이 좋습니다. Space bar 키를 눌러 녹음한 연주를 들어봅니다. Space bar 키가 연주와 정지 기능을 모두 수행할 수 있다는 것도 기억해 둡니다.

Tip 녹음 정보 선택하기

미디 데이터를 리얼로 입력할 때, 연주자의 의도와는 상관없이 입력되는 정보들이 있을 수 있으며 반대로 입력하고 싶은 정보가 입력되지 않는 경우도 있습니다. 사용자가 원하는 정보를 선별하고 싶다면 Options 메뉴의 Global를 선택하여 창을 열고, MIDI 탭의 Record 항목에서 옵션을 체크하거나 해제합니다. 체크한 옵션이 입력할 수 있는 정보입니다.

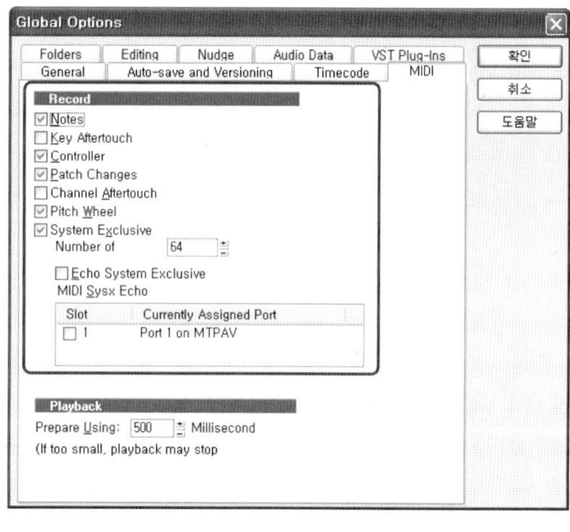

2 마우스로 미디 입력하기

포토샵과 같은 그래픽 프로그램에서 마우스를 이용하여 그림을 그리듯이 미디 데이터를 마우스로 입력할 수 있습니다. 건반을 연주할 수 없는 사용자가 미디 데이터를 입력하는데 많이 사용하는 방법이지만, 리얼로 입력하기 어려운 프레이즈를 부분적으로 입력하거나 입력한 미디 데이터를 편집하는 용도로 많이 사용합니다.

01 새로운 프로젝트를 만들고 MIDI 1이라는 이름의 3번 트랙에서 미디 인/아웃 포트와 채널, 뱅크, 패치 등의 악기 음색을 선택합니다. 그리고 도구 모음 줄에서 [Piano Roll View] 버튼을 클릭하여 창을 엽니다.

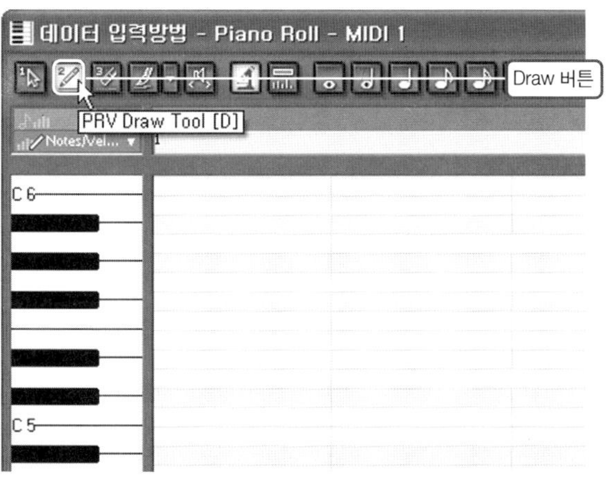

02 소나 7은 피아노, 스태프, 이벤트 등의 다양한 미디 편집 창을 제공하고 있는데, 그 중에서 노트를 막대 모양으로 입력하거나 편집할 수 있는 피아노 창을 이용하는 것입니다. 피아노 창의 도구 모음 줄에서 연필 모양의 [Draw] 버튼을 선택합니다.

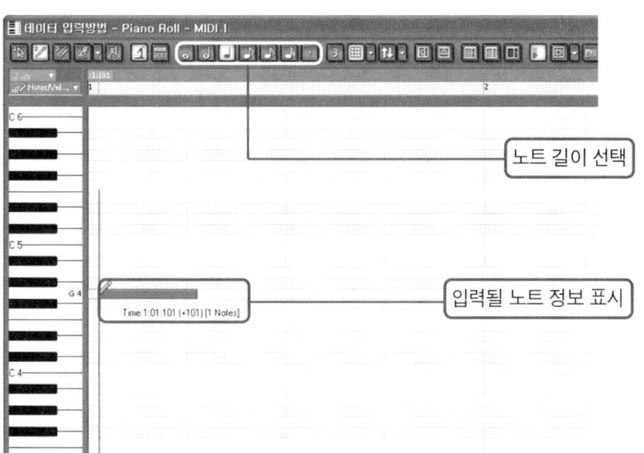

03 입력할 노트의 길이를 선택합니다. 노트의 길이는 음표 모양을 하고 있기 때문에 쉽게 구분할 수 있습니다. 작업 공간에서 마우스를 누르면 입력 위치와 음정 등의 정보가 표시됩니다. 위치를 확인한 후 마우스를 놓습니다.

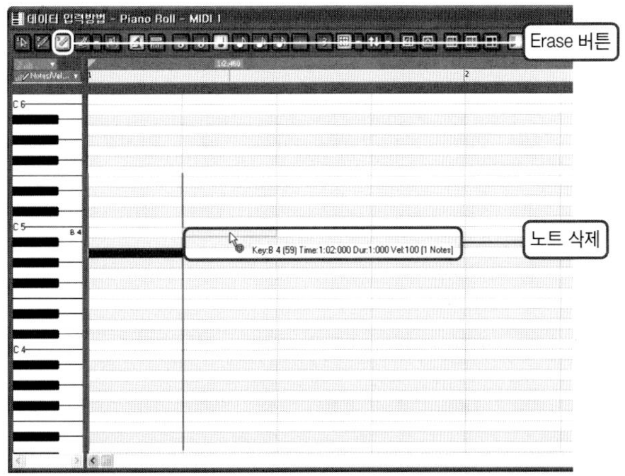

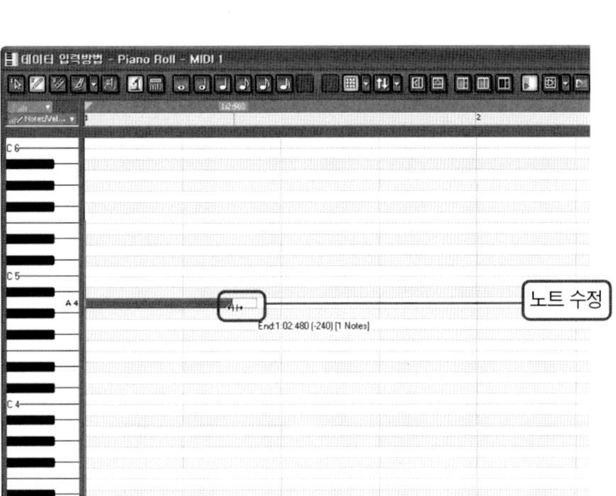

04 잘못 입력한 것은 Ctrl + Z 키로 취소하거나 [연필] 버튼 오른쪽의 지우개 모양의 [Erase] 버튼으로 삭제할 수 있습니다.

05 입력한 노트는 좌/우 끝을 드래그하여 시작 위치와 길이를 수정할 수 있고, 중앙을 위/아래로 드래그하여 음정을 수정할 수 있습니다.

3 스텝기능으로 미디 입력하기

스텝 입력은 컴퓨터 키보드를 이용하여 워드에 문자를 입력하는 것과 동일한 개념으로 마스터 건반을 이용하여 소나에 미디 연주 정보를 입력하는 기능입니다. 워드에서 문자를 입력할 때, 타이핑 속도와는 상관없이 누구나 문자를 입력할 수 있듯이, 스텝 입력 방식을 이용하면 실제 연주 속도와 상관없이 음표를 하나씩 입력할 수 있습니다. 스텝 입력은 리얼로 입력한 듯한 감각을 유지하면서 반복 패턴의 프레이즈를 입력할 때는 오히려 리얼 입력보다 빠르다는 장점이 있으므로 적절히 응용할 수 있기를 바랍니다.

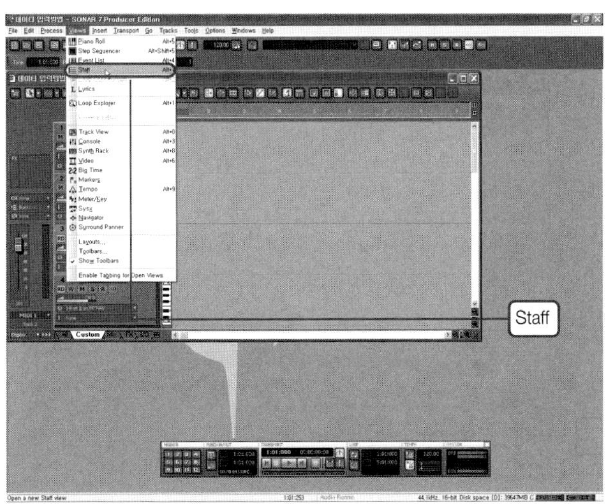

01 새로운 프로젝트를 만들고 MIDI 1이라는 이름의 3번 트랙에서 미디 인/아웃 포트와 채널, 뱅크, 패치 등의 악기 음색을 선택합니다. 그리고, View 메뉴의 [Staff]을 선택하여 악보 창을 엽니다.

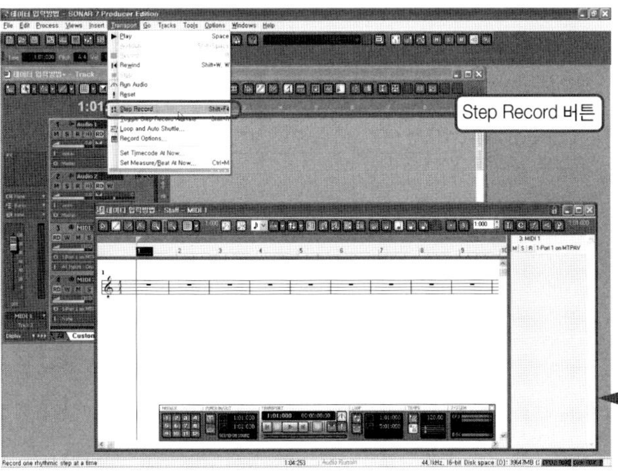

02 마우스 입력에서 살펴본 피아노 롤 창을 열어도 되지만, 스텝 입력은 악보로 확인하는 것이 편리하기 때문에 스태프 창을 열었습니다. Transport 메뉴의 [Step Record]를 선택하여 창을 엽니다.

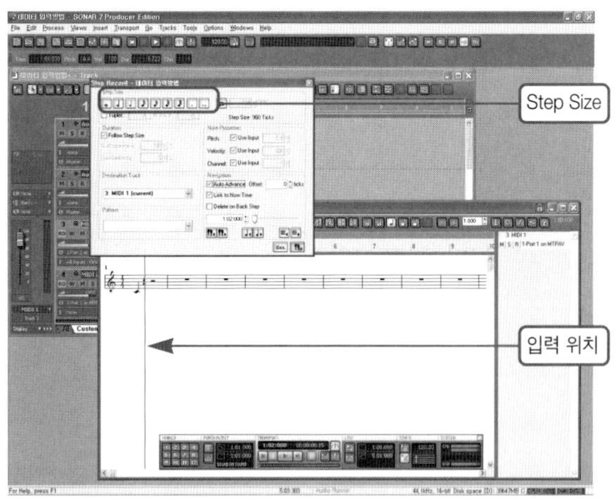

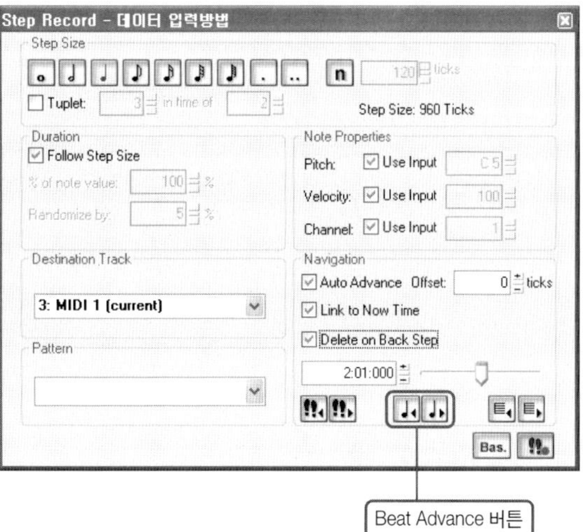

04 잘못 입력한 것은 키보드 숫자열의 0 키를
누르거나 [Back Step] 버튼을 클릭하여 삭제
합니다. 이때 Delete on Back Step 옵션이 체크되
어 있어야 하며, 해제되어 있으면 위치만 뒤로 이동
합니다.

05 쉼표의 입력은 [Beat Advance] 버튼을 클릭
하거나 단축키 Enter 키를 누르면 됩니다.
스텝 입력은 이와 같이 아르페지오 연주와 같은 반
복 패턴 입력에 편리합니다. 모든 입력을 마치면 [닫
기] 버튼을 클릭하여 Step Record 창을 닫습니다.

 간단한 미디 상식

미디 이벤트를 입력하는 세 가지 방법을 살펴보면서, 입문자가 이해하기 어려운 용어가 몇 가지 사용되었습니다. 자세한 것은 미디 정보 편에서 살펴보겠지만 뱅크, 채널, 패치 등의 용어와 소나에서 사용되고 있는 위치 표시 단위의 정의를 간단하게 살펴보겠습니다. 미디 입문자라면, 개념 정도라도 익혀두기 바랍니다. 그렇지 않으면 미디 학습이 어려워 집니다.

1. 미디 포트

미디 포트란 마스터 건반과 음원 등을 연결하는 미디 인터페이스의 단자를 말합니다. In 단자에는 소나 7에 데이터를 입력하는 마스터 건반을 연결하고, Out 단자에는 소나 7에서 출력되는 데이터에 의해서 연주되는 음원을 연결합니다. 사운드 카드는 미디 인/아웃 단자가 각각 하나뿐이기 때문에 마스터 건반과 음원을 한대씩 연결할 수 있지만, 멀티 인터페이스는 포트 수대로 악기를 연결할 수 있습니다. 예를 들어 4In/4Out 미디 인터페이스를 사용한다면 4대의 마스터 건반과 4대의 음원을 연결할 수 있는 것입니다. 혼자서 작업을 하는 경우라면 마스터 건반을 여러 대 사용할 일은 없을 것이고 그림과 같이 4대의 음원을 사용한다고 가정하겠습니다.

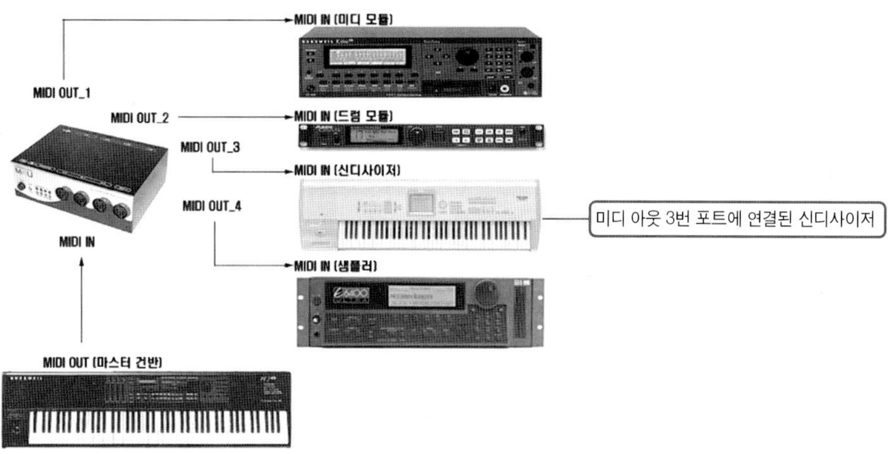

4대의 음원이 앞의 그림과 같이 설치되어 있는 경우, 미디 정보를 3번 단자에 연결된 신디사이저로 연주하려면 소나의 미디 파라미터에서 Out 항목을 3번으로 선택합니다.

2. 뱅크와 패치

음원으로 사용하는 미디 악기에는 피아노, 베이스… 등의 악기 음색이 있습니다. 이것을 소나 7에서는 패치라고 하며, 미디 파라미터의 패치 항목에서 선택합니다. 즉, 미디 이벤트를 피아노 소리로 연주하고 싶다면 소나 7의 패치 항목에서 피아노를 선택하는 것입니다. 패치 항목에서 선택할 수 있는 악기 음색의 수는128가지로 제한되어 있습니다. 그러나 대부분의 미디 악기는 수 백 가지의 음색을 가지고 있습니다. 이 부분을 해결하기 위해 사용되는 것이 뱅크 입니다. 뱅크는 128가지 이하의 음색을 하나의 묶음으로 구분해 놓은 것입니다. 그래서 미디 이벤트를 피아노 소리로 연주하고 싶다면 소나 7에서 패치뿐 아니라 뱅크를 함께 선택해야 합니다.

다음 표는 Roland사의 SC-88 악기 매뉴얼에 있는 음색 리스트의 일부분 입니다. Piano 1w 음색을 사용하기 위해서는 뱅크를 8번으로 선택하고, 패치를 1번으로 선택해야 한다는 것을 알 수 있습니다. 소나 7에서 패치 리스트를 만들었다면 번호 대신에 뱅크와 패치를 이름으로 선택할 수 있습니다.

패치 번호	뱅크 번호	악기 이름
1	0	Piano 1
	8	Piano 1w
	16	Piano 1d
2	0	Piano 2
	8	Piano 2w

3. 채널

하나의 포트로 전송할 수 있는 채널 수는 최대 16개 입니다. 그래서 대부분의 미디 악기가 16채널을 지원하는 것입니다. 채널이란 하나의 악기에서 동시에 연주되는 음색의 수를 나타내는 것으로, 16채널 악기란 16명의 연주자 역할을 할 수 있는 악기라고 이해를 해도 좋습니다. 결국, 미디 이벤트를 독자가 원하는 사운드로 연주하기 위해서는 소나 7에서 포트, 채널, 뱅크, 패치의 4가지 설정이 필요한 것입니다.

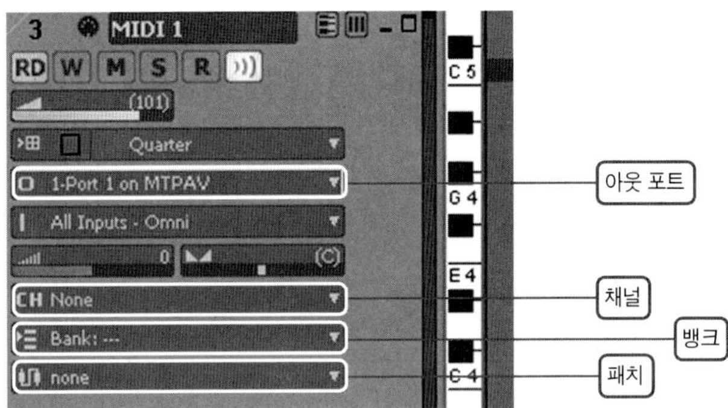

4. 위치 표시 단위

소나 7에서 노트 위치, 연주 위치, 편집 위치 등으로 사용하는 단위는 마디: 박자: 틱의 3단계 단위를 사용합니다. 마디와 박자는 입문자도 쉽게 이해할 수 있지만 3번째의 틱은 생소할 것입니다. 다음 악보의 음표 위치는 3번째 마디의 2번째 박자로 보입니다. 그러나 음표의 정보를 열어보면 Time 항목에 3:02:015라는 표시가 있습니다. 이것은 3번째 마디, 2번째 박자, 15번째 틱 위치에서 연주되는 음표라는 것입니다. 이처럼 틱은 하나의 박자를 좀 더 세분화 시킬 수 있는 단위로, 악보에서는 구분하기 어렵고 이벤트 창 등에서 확인할 수 있습니다.

소나 7의 기본 틱 값은 960 입니다. 즉, 한 박자를 960단계로 나누어 표시할 수 있다는 것입니다. 실제로 3번째 마디의 2번째 박자 위치에서 정확히 연주를 할 수 있는 사람은 없습니다. 사람 마다 조금 일찍 연주하거나, 조금 늦게 연주하기 마련인데 이것은 연주자에 의해서 좌우됩니다. 컴퓨터에서 이런 인간적인 연주 효과를 만들기 위해서 틱 값을 조정하는 것입니다.

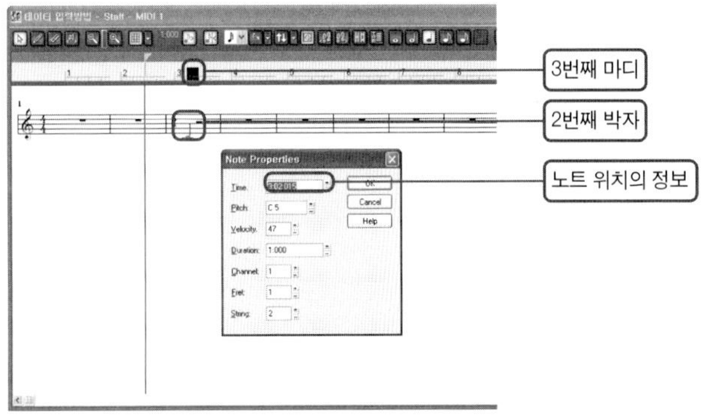

입문자들이 가장 어려워하는 부분이 틱의 개념입니다. 그러나 악보를 한 장 가져다가 각 음표의 위치를 적어보면 금방 익숙해 질 수 있습니다. 다음의 예제를 이해할 수 있으면 실제 악보를 가지고 연습을 해보기 바랍니다. 연습을 할 때 16분 음표를 240으로 계산합니다. 즉, 16분 음표는 240, 8분 음표는 480, 점 8분 음표는 720, 한 박자인 4분 음표는 960입니다.

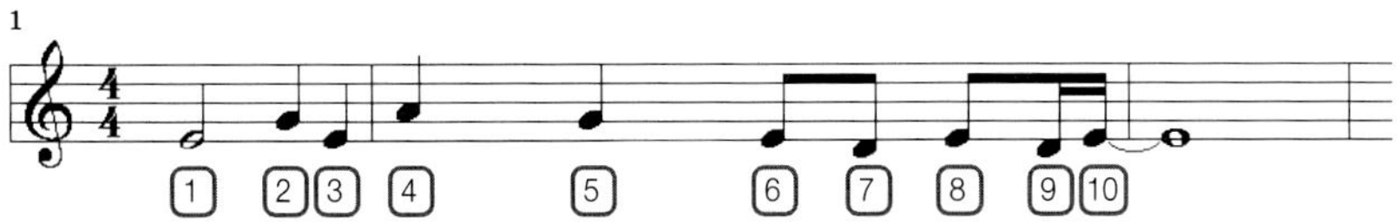

1의 위치: 1번 마디, 1번째 박자 - 1:01:000

2의 위치: 1번 마디, 3번째 박자 - 1:03:000

3의 위치: 1번 마디, 4번째 박자 - 1:04:000

4번 위치: 2번 마디, 1번째 박자 - 2:01:000

5번 위치: 2번 마디, 2번째 박자 - 1:02:000

6번 위치: 2번 마디, 3번째 박자 - 2:03:000

7번 위치: 2번 마디, 3번째 박자, 480 틱 - 2:03:480 - 〈6번 음표가 한 반자 960의 반인 480(0~479)만큼 연주가 되고, 7번 음표가 480 위치에서 연주된다〉

8번 위치: 2번 마디, 4번째 박자 - 2:04:000

9번 위치: 2번 마디, 4번째 박자, 480틱 - 2:04:480 / 7번과 동일

10번 위치: 2번 마디, 4번째 박자, 720틱 - 2:04:720 - 〈8번 480(0~479)과 9번240(480~719)이 연주가 되고, 10번 음표가 720 위치에서 연주된다 〉

4 오디오 녹음 방법

소나 7은 이미 완벽하게 제작된 오디오 샘플을 가져다가 사용할 수 있는 기능을 가지고 있지만, 자신의 노래와 연주는 어차피 직접 노래하거나 연주하여 녹음해야 합니다. 이 때 가장 중요한 것은 녹음되는 오디오 소스 자체가 좋아야 한다는 것입니다. 미디의 경우 유치원 수준의 연주를 모차르트의 연주로 바꿀 수 있지만, 오디오의 경우에는 불가능 합니다. 오디오 작업의 승패는 녹음과 믹싱 작업에서 결정된다는 것임을 염두 해 두고, 좋은 녹음을 할 수 있게 끊임없는 연구와 노력을 하기 바랍니다.

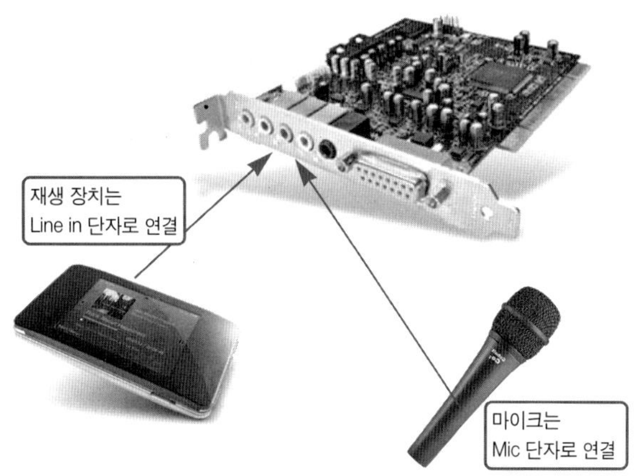

01 사운드 카드에는 마이크를 연결하는 Mic 단자와 MP 3 또는 MD와 같은 플레이어를 연결하는 Line in단자가 있습니다. 간혹 이 둘을 혼동하는 분들이 있는데, 마이크는 Mic 단자에 연결하고, 헤드폰이나 스피커 등 라인을 연결하여 사운드를 감상할 수 있는 장치들은 Line In 단자에 연결하면 됩니다.

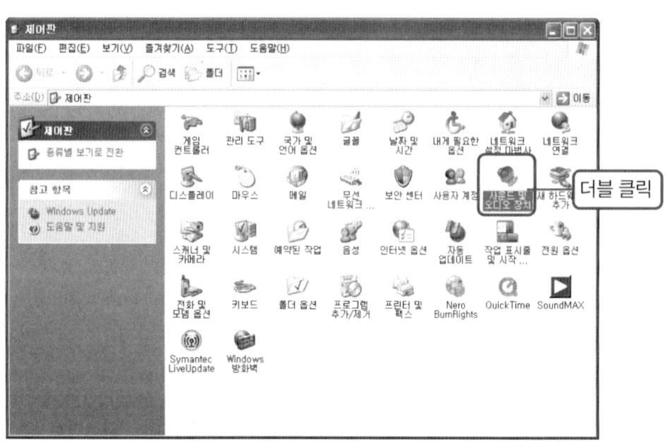

02 마이크 또는 재생 장치를 연결한 후에는 어떤 단자로 입력되는 사운드를 녹음할 것인지를 녹음 컨트롤 패널에서 선택해줘야 합니다. 녹음 컨트롤을 여는 방법 역시 다양하지만, 사용자 컴퓨터 환경마다 다를 것이므로 제어판을 이용하겠습니다. 제어판을 열고, 사운드 및 오디오 장치 아이콘을 더블 클릭합니다.

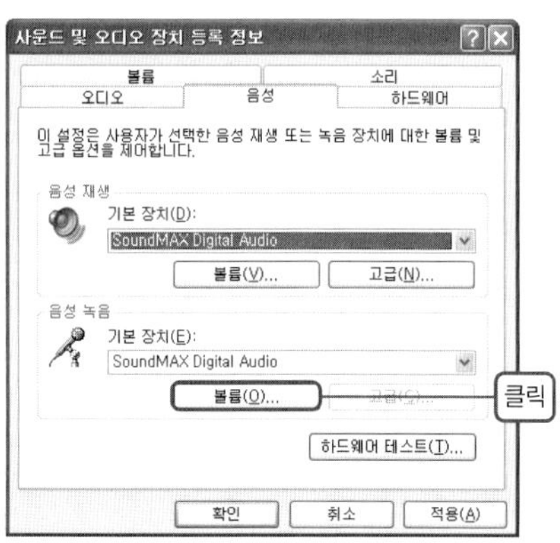

03 사운드 및 오디오 장치 등록 정보 창이 열립니다. 재생 장치와 녹음 장치를 선택할 수 있는 음성 탭을 클릭하여 페이지를 엽니다. 그리고 음성 녹음의 볼륨 버튼을 클릭하여 녹음 컨트롤 패널을 엽니다.

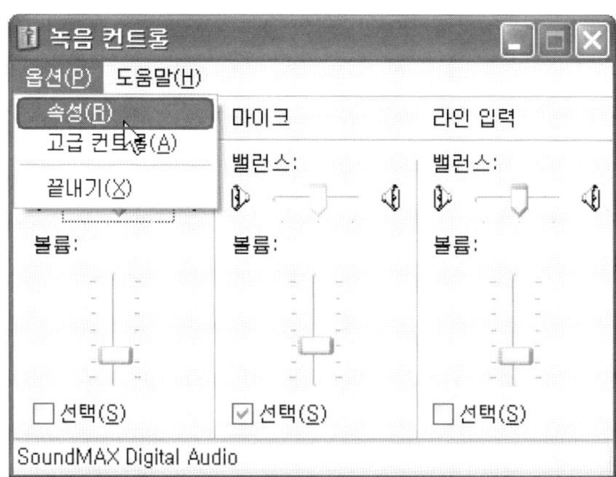

4 녹음 컨트롤 패널이 열립니다. 기본적으로 보이는 항목들 외에 어떤 것들을 컨트롤 할 수 있는지 살펴보기 위해서 옵션 메뉴의 [속성]을 선택합니다.

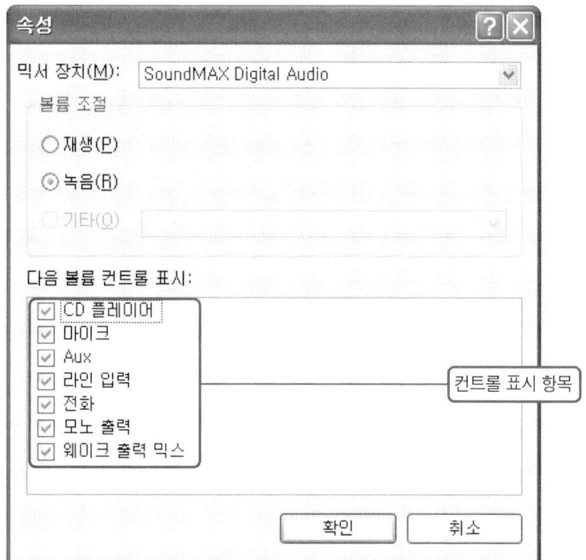

5 속성 창이 열립니다. 다음 볼륨 컨트롤 표시 항목을 보면, 시스템에 장착되어 있는 사운드 카드에서 컨트롤 할 수 있는 항목들이 있습니다. 항목에서 체크되어 있는 것이 컨트롤 패널에 표시되는 것입니다. 일단은 모두 체크하고 [확인] 버튼을 클릭합니다.

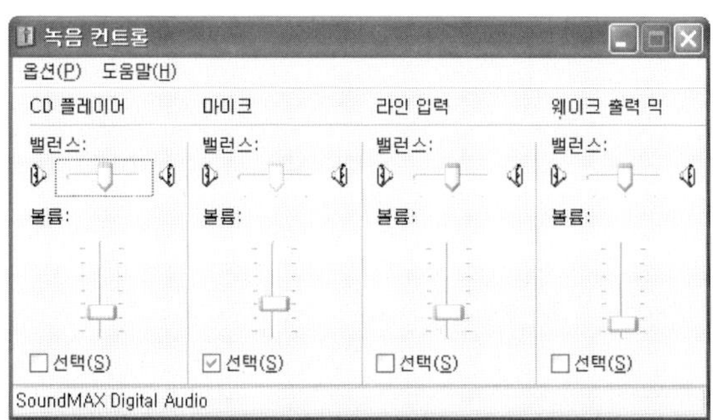

6 녹음 컨트롤에 모든 항목이 표시되는 것을 확인할 수 있습니다. 단, 사용자 컴퓨터에 장착되어 있는 사운드 카드의 종류에 따라 컨트롤의 종류도 다르다는 것을 기억하기 바랍니다.

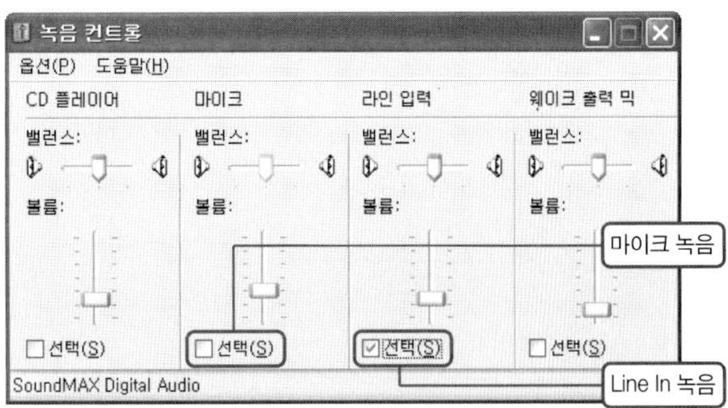

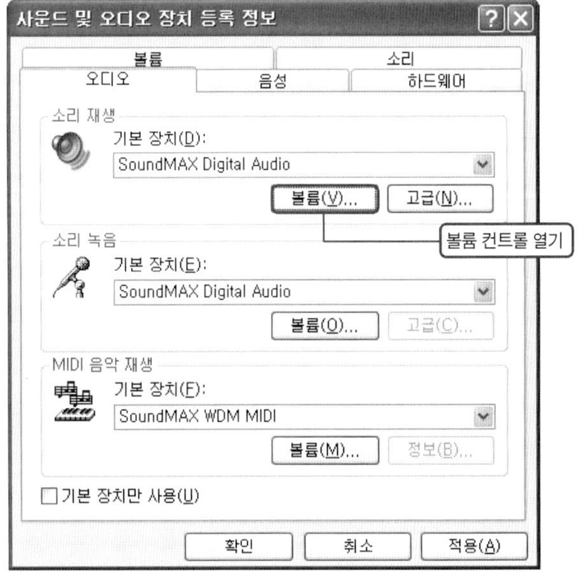

07 사운드 카드의 Mic 단자에 연결한 마이크로 녹음을 하겠다면 Mic를 선택하고, Line In 단자에 연결한 재생 장치를 녹음하겠다면 Line In을 선택한다는 것만 기억하면 됩니다. 즉, 녹음할 소스를 선택하는 것입니다.

08 외부 사운드는 쉽게 녹음할 수 있는데, 인터넷 사운드와 같은 컴퓨터 내부의 사운드 녹음이 안 된다는 분들이 많습니다. 가장 큰 이유는 컴퓨터에 내장된 사운드 카드는 Wave 컨트롤 항목이 별도로 없는 경우가 많기 때문입니다. 이때는 컴퓨터에서 재생되는 모든 소리를 녹음한다는 의미의 출력 믹스 또는 Stereo Mix 등의 의미를 가진 항목을 선택합니다.

09 그리고 또 하나 체크 해야 할 부분이 볼륨 컨트롤 패널입니다. 볼륨 컨트롤 패널은 사운드 및 오디오 장치 등록 정보 창의 소리 재생 항목에서 [볼륨] 버튼을 클릭하면 열 수 있습니다.

가정교사

볼륨 컨트롤 패널은 윈도우 시작 버튼 오른쪽 끝에 시간이 표시되는 부분에 보이는 스피커 모양의 아이콘을 더블 클릭하여 열 수 있습니다.

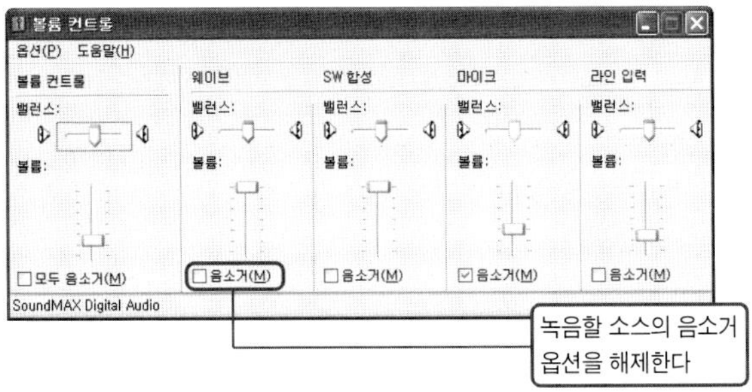

10 볼륨 컨트롤에서 체크해야 할 부분은 녹음할 소스가 음소거로 설정되어 있는지를 확인하는 것입니다. 녹음 컨트롤 패널에서 Mix 항목을 선택하고, 인터넷 사운드를 녹음하겠다면 볼륨 컨트롤에서 녹음할 소스인 웨이브 항목의 음소거 옵션이 체크되어 있으면 안 됩니다.

마이크 녹음은 녹음 컨트롤에서 마이크 항목을 선택하여 녹음하는 것이 좋습니다. Mix로 해놓고, 볼륨 컨트롤에서 마이크 항목의 음소거를 해제한다면 하울링이 발생합니다.

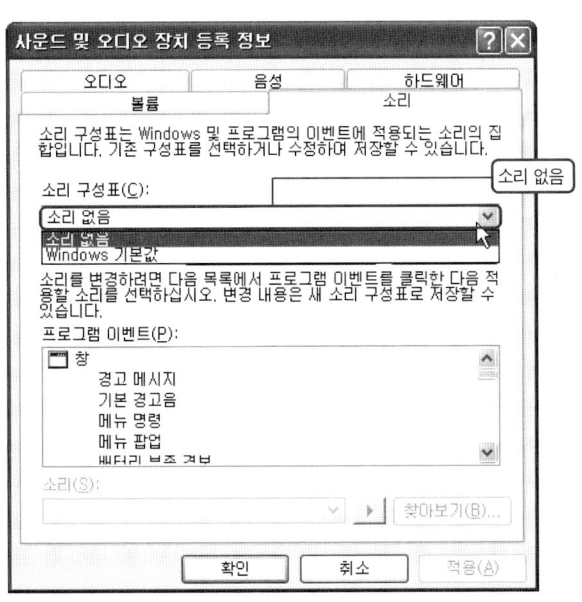

11 소스 선택에 대한 개념이 잡혔다면, 이제 더 이상 "안 돼요"라는 질문은 없을 거라 믿습니다. 참고로 인터넷 사운드를 녹음할 때의 마우스 클릭 소리가 함께 녹음된다는 질문도 많은데, 이것은 사운드 및 오디오 장치 등록 정보에서 소리 탭을 선택하여 페이지를 열고, 소리 구성표에서 "소리 없음"을 선택하면 됩니다.

12 그러면 마우스 클릭이나 경고음 등이 재생되지 않으므로 인터넷에서 자신이 원하는 사운드만 녹음할 수 있습니다. 저장 여부를 묻는 경고 창은 [아니오] 버튼을 클릭하여 닫아도 좋고, [예] 버튼을 클릭하여 적당한 이름으로 저장해도 좋습니다.

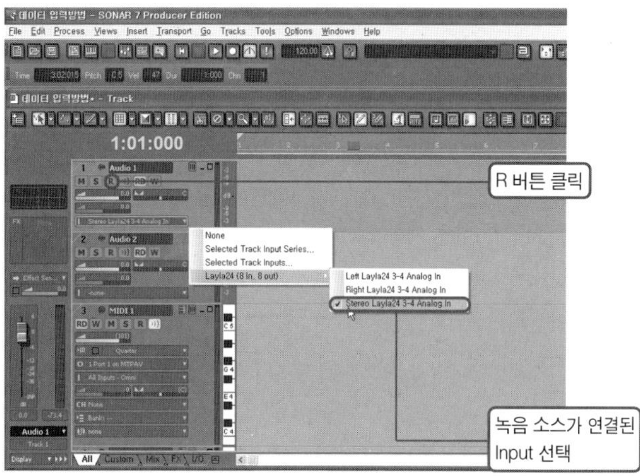

13 녹음할 소스를 선택했다면 새로운 프로젝트를 만들고, Audio 1이라는 이름의 1번 오디오 트랙에서 녹음 소스가 연결된 Input을 선택합니다. 그리고 [R] 버튼을 클릭하여 녹음 준비를 완료합니다.

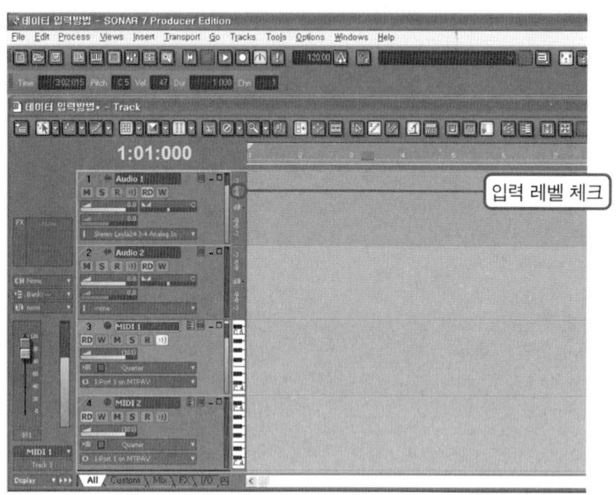

14 녹음 소스를 실험적으로 재생합니다. 노래를 녹음한다면 소리가 큰 부분을 불러봅니다. 이때 레벨 미터에 붉은색이 표시되지 않는 한도내의 최대 레벨을 유지하는 것이 좋습니다. 일반적으로 -3dB`-6dB 정도를 권장합니다.

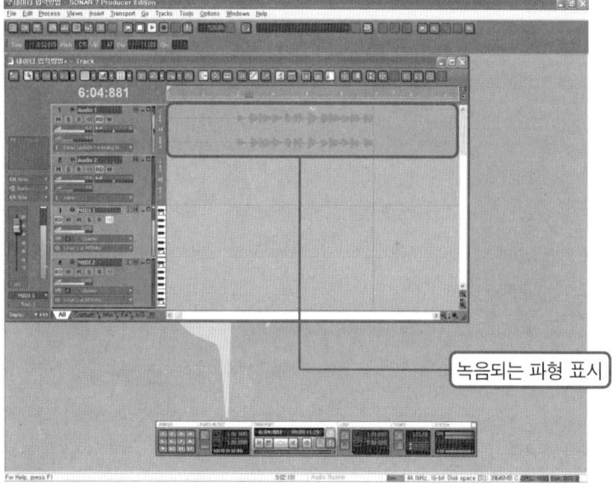

15 템포를 설정하고, 도구 모음 줄의 녹음 버튼 또는 단축키 R키를 눌러 녹음을 진행합니다. 녹음되는 오디오 이벤트가 파형으로 표시되는 것을 확인할 수 있습니다. 녹음이 끝나면 Space bar 키를 눌러 정지합니다.

 가정교사

소나 7에서는 오디오 파일을 한글로 만들어도 파형이 보이지 않는 문제가 발생하지 않습니다. 만일, 소리는 들리는데, 오디오 파형이 보이지 않는 다면, 녹음을 하기 전에 오디오 트랙의 이름을 한글로 바꾸지 말고, 녹음을 한 후에 바꾸기 바랍니다.

5 오디오 임포팅 방법

오디오 임포팅은 이미 만들어진 루프나 효과 등의 샘플을 작업 중인 곡에 가져다가 사용할 수 있는 방법으로 현대 음악에서는 빼놓을 수 없는 기법입니다. 심지어는 샘플만을 이용해서 음악을 제작하는 경우도 있습니다. 물론, 이것을 비판하는 사람들도 있지만, 자신보다 쉽게 대중의 사랑을 받는 곡을 만드는 것에 대한 질투가 아닐까 싶습니다. 샘플 만을 이용해서 곡을 만들 수 있는 시대가 되었습니다. 즉, 이론보다는 감각이 중요하다는 의미입니다.

01 새로운 프로젝트를 만들고, 도구 모음 줄의 [Loop Explorer view] 버튼을 클릭하여 창을 엽니다.

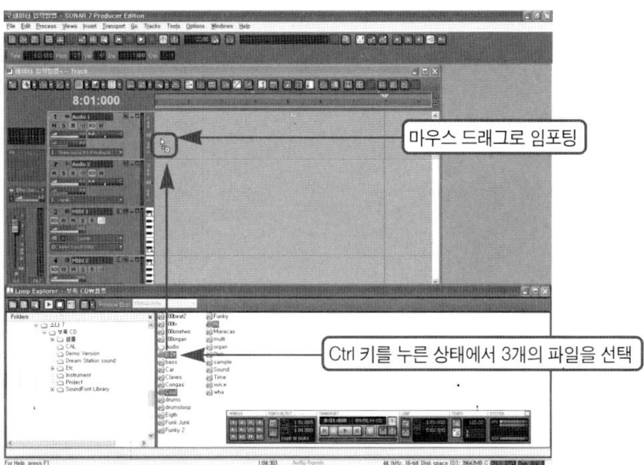

02 왼쪽 폴더 목록에서 부록 CD의 샘플 폴더를 선택하고, 목록에서 B.Dr, Cool, Hi의 3가지 파일을 Ctrl 키를 누른 상태에서 선택합니다. 그리고, 소나 7의 오디오 트랙으로 드래그합니다.

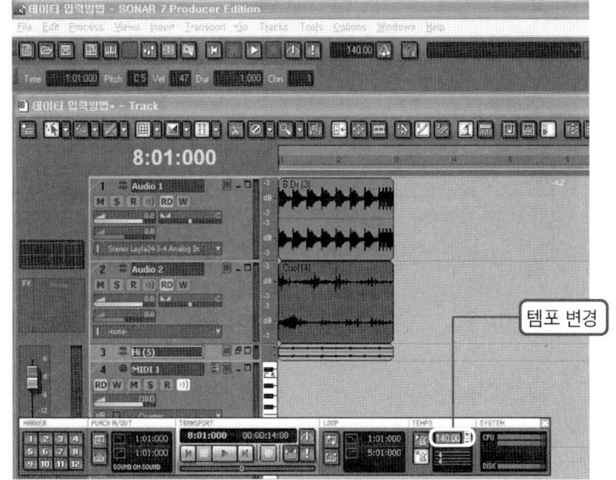

03 Normal 환경의 프로젝트는 2개의 오디오 트랙이 있지만, 3개의 파일을 임포팅 하면 자동으로 오디오 트랙을 하나 더 만든다는 것을 확인할 수 있습니다. 트랜스포트 패널의 템포 항목을 클릭하여 140으로 변경합니다.

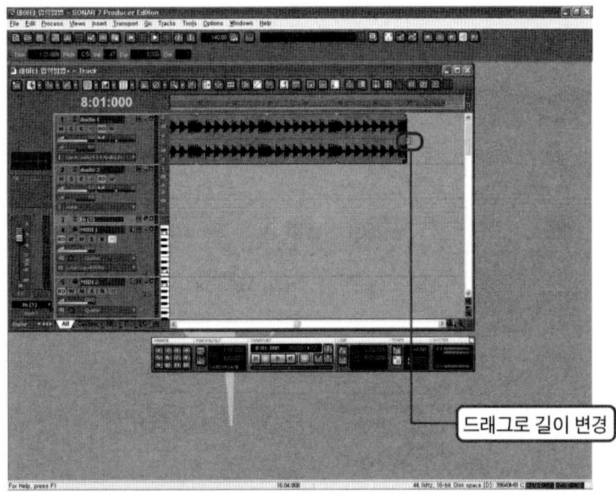

04 B.Dr 클립의 오른쪽 끝을 잡아 17마디 위치까지 드래그합니다. 2마디 길이의 B.Dr을 8번 반복하는 것입니다.

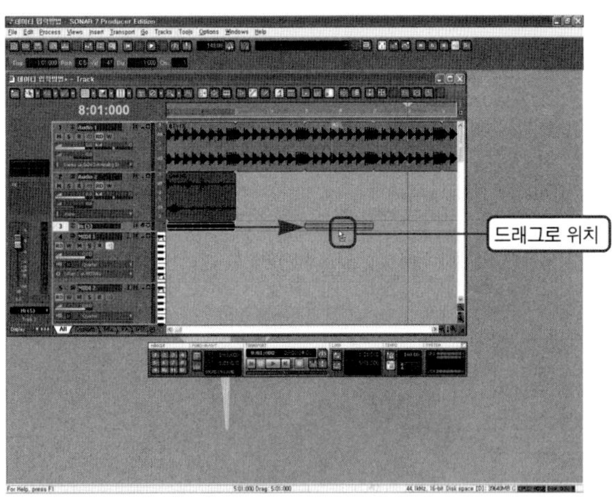

05 Hi 클립을 5마디 위치로 이동시킵니다. 클립의 좌/우측 가장 자리를 드래그하면 길이가 조정되고, 중앙을 드래그하면 위치가 이동되는 것입니다.

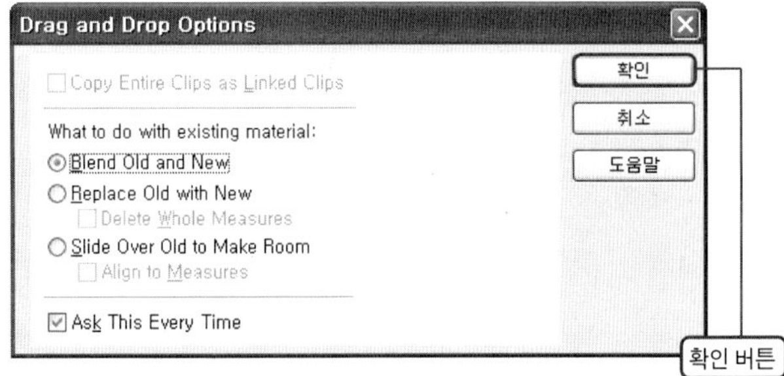

06 클립의 위치를 이동하면 옵션을 설정할 수 있는 Drag and Drop Options 대화상자가 열립니다. 기본값을 그대로 두고 [확인] 버튼을 클릭합니다.

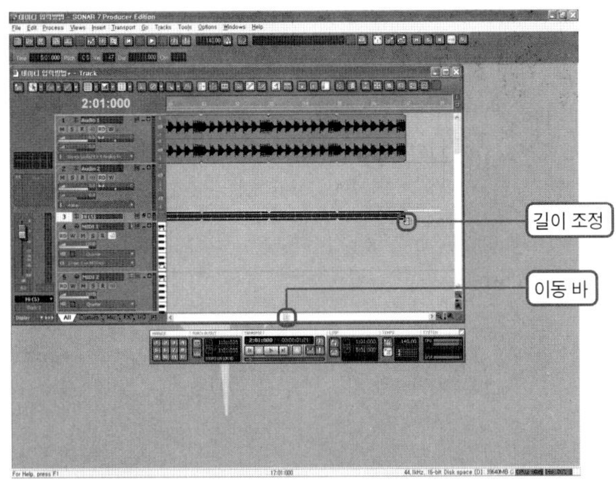

07 이동시킨 Hi 클립의 오른쪽 끝을 잡아 B.Dr 클립의 길이와 동일하게 17마디까지 드래그 합니다. 작업 창의 위치는 이동 바를 드래그하여 변경할 수 있습니다.

08 끝으로 Cool 클립을 9마디 위치로 이동시키고, 오른쪽 끝을 드래그하여 B.Dr 클립의 길이와 동일하게 17마디까지 드래그합니다. 샘플 파일만을 가지고 곡을 만들어보면서 임포팅 방법을 살펴보았습니다. 음악 작업에 많은 아이디어를 얻을 수 있을 것입니다.

Tip 오디오 시퀀스 프로그램

소나 7에서 샘플만을 이용해서 곡을 만들 수 있다는 것을 확인했지만, 보다 편리하게 이용할 수 있는 오디오 시퀀스 프로그램들이 있습니다. 가장 많이 사용하는 것에는 Sony사의 Acid Pro와 Steinberg사의 Sequel이 있으므로 관심을 가져보기 바랍니다. 음악 창작에 많은 도움이 될 것입니다.

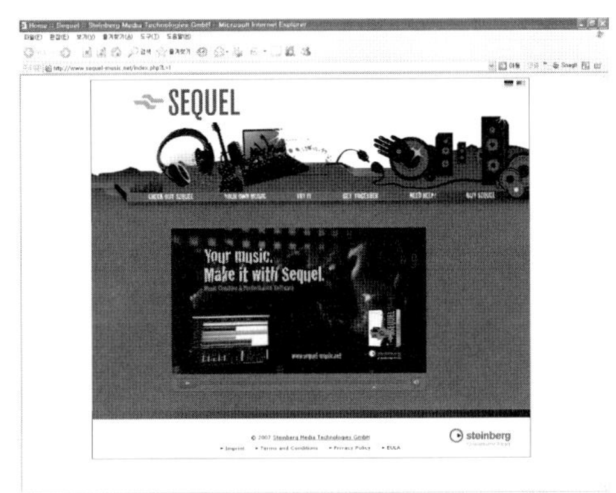
▲ sequel-music.net

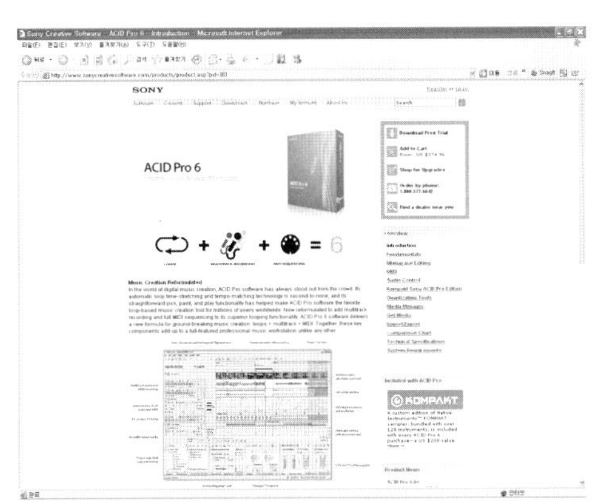
▲ sonycreativesoftware.com

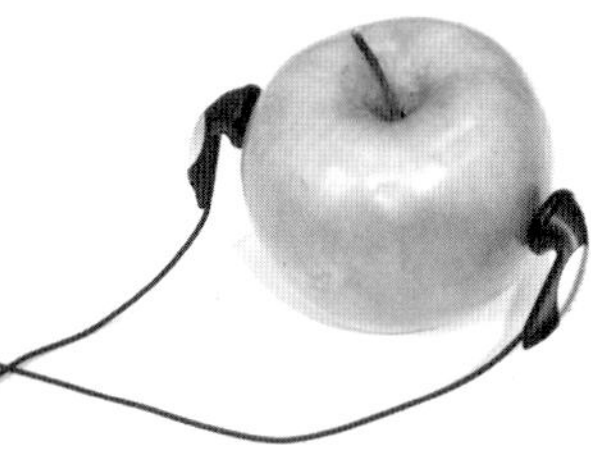

S O N A R 7

PART **2**

프로젝트와 트랜스포트 패널 익히기

프로젝트 창의 구성과 역할

프로젝트 창은 입력한 미디와 오디오 데이터 등을 편집하는 역할을 합니다. 뛰어난 연주 실력을 갖춘 사용자라면 소나 7에서 제공하는 다양한 편집 창을 이용하지 않고도 음악을 완성할 수 있으며, 믹싱 작업에 사용하는 콘솔 창을 자유롭게 다룰 수 있게 됩니다. 프로젝트 창을 다루는 기본적인 내용부터 각각의 도구를 자세히 살펴보겠습니다.

1 프로젝트 열기

소나 7을 이용해서 음악 작업을 하기 위해서는 새로운 프로젝트를 만들거나 기존에 작업하던 프로젝트를 불러오는 일이 우선입니다. 부록 CD로 제공하는 샘플 파일을 하나 불러와서 프로젝트 창의 구성 요소를 살펴보겠습니다. 그리고 사용자 실수로 오디오 파일을 옮겼을 때, 열리는 Find Missing Audio 창의 역할도 살펴보겠습니다.

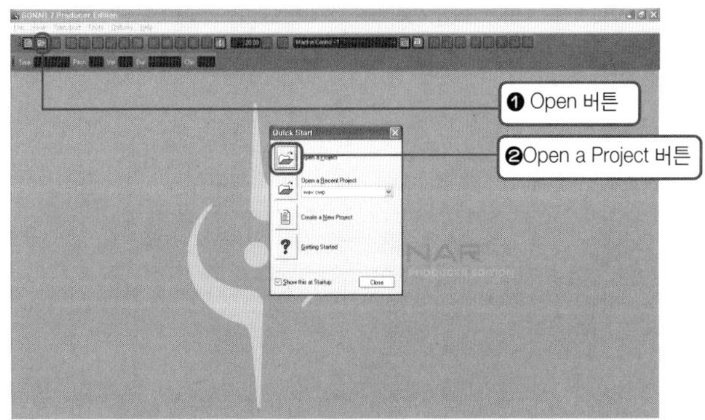

01 기존에 작업하던 프로젝트는 File 메뉴의 [Open]을 선택하거나 도구 모음 줄의 [Open] 버튼을 클릭하여 열 수 있습니다. 소나 7을 실행할 때마다 Quick Start 창이 열리게 해놓았다면, [Open a Project] 버튼을 클릭해도 됩니다.

02 열기 창에서 사용자가 작업하던 프로젝트 파일을 찾아 더블 클릭합니다. 그림은 바탕화면에 복사한 부록 CD의 Sample 폴더에서 Track 샘플 파일을 더블 클릭하여 열고 있는 모습입니다.

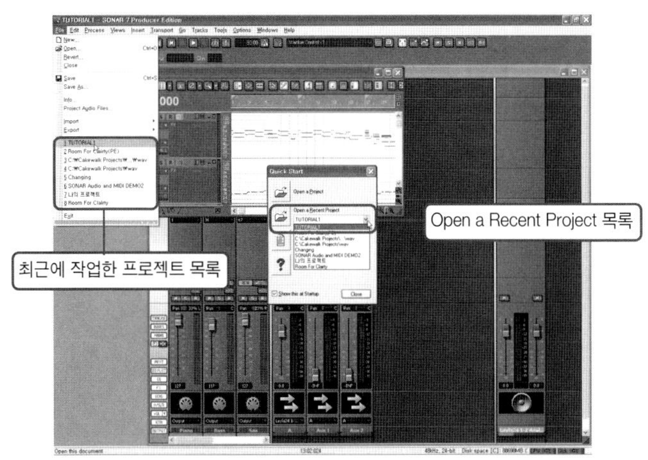

03 최근에 작업하던 프로젝트는 File 메뉴의 [Recent] 목록에 표시되며 제목을 선택하여 빠르게 불러올 수 있습니다. 소나 7을 실행할 때, Quick start 창이 열리게 해놓았다면 [Open a Recent Project]에서 불러올 프로젝트를 선택합니다.

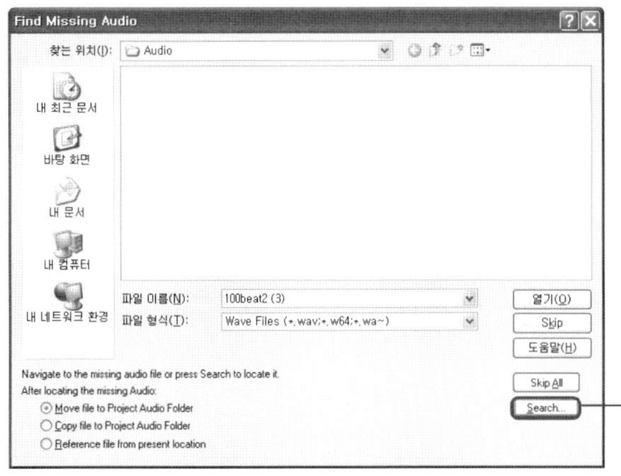

04 사용자 실수로 오디오 파일을 빼먹은 프로젝트를 열면 Find Missing Audio 창이 열립니다. 파일을 삭제한 경우가 아니라면 [Search] 버튼을 클릭하여 찾습니다.

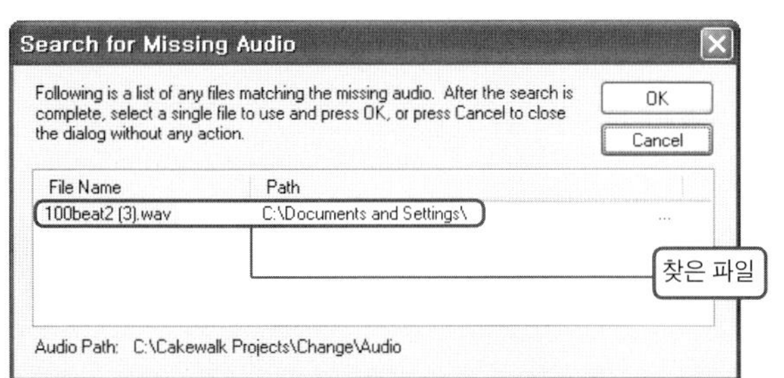

05 Search for Missing Audio 창이 열리고 사용자 컴퓨터를 검색하기 시작합니다. 다행히 삭제하지 않았다면 검색한 파일의 위치가 목록에 표시됩니다. 찾은 파일을 선택하고 [OK] 버튼을 클릭합니다.

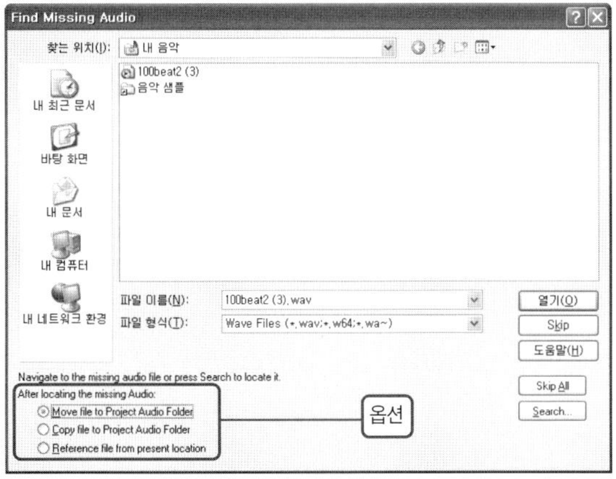

06 찾은 파일은 [Move file to Project Audio Folder] 옵션을 선택하여 프로젝트 파일이 있는 Audio 폴더로 이동시키거나, [Copy file to Project Audio folder]를 선택하여 복사하거나, [Reference file from present location] 옵션으로 경로를 변경할 수 있습니다.

가정교사

파일을 삭제한 경우라면 시스템을 복구하기 전에는 찾을 수 있는 방법이 없으므로 주의하기 바랍니다. Find Missing Audio 창의 [Skip] 버튼은 해당 파일을 찾지 않고 [Skip All] 버튼은 모든 파일을 찾지 않는 기능입니다.

프로젝트 창은 입/출력의 경로와 음색 등을 컨트롤 하는 트랙 리스트를 중심으로 왼쪽에는 선택한 트랙의 연주 정보를 컨트롤 할 수 있는 인스펙터 창이 있고, 오른쪽에는 각 트랙에 입력한 미디와 오디오 데이터의 클립이 만들어지는 작업 공간이 있습니다. 부록 CD의 Track 샘플을 열어놓고 프로젝트 창의 구성을 살펴보겠습니다.

◀ 트랙 리스트 ▶

01 Track 샘플은 두 개의 오디오 트랙과 두 개의 미디 트랙으로 제작된 음악입니다. 각 트랙의 이름은 Lead, Drums, Bass, Rhythm으로 입력되어 있습니다. 아래쪽의 Cakewalk TTS-1 트랙은 미디 트랙에 입력된 데이터에 의해서 연주될 VST 악기가 로딩되어 있는 트랙입니다.

02 Space bar 키를 눌러 곡을 연주해보면서 2번 Drums 트랙의 볼륨 슬라이드를 좌/우로 드래그해봅니다. 드럼 사운드의 볼륨이 조정되는 것을 확인할 수 있습니다. 이처럼 트랙은 해당 트랙의 사운드를 컨트롤 할 수 있는 파라미터로 구성되어 있습니다.

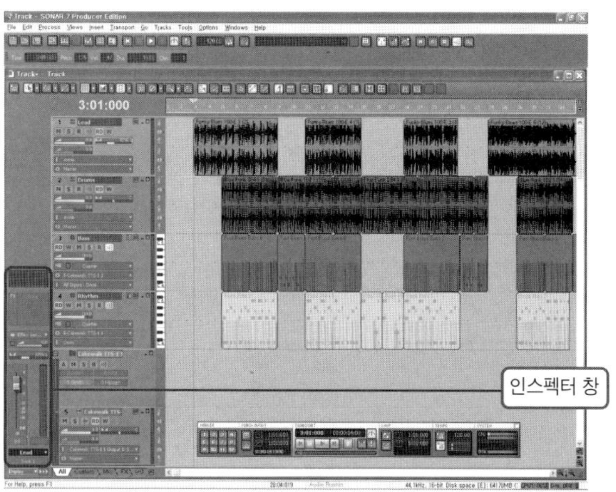

01 트랙 리스트 왼쪽의 인스펙터 창은 선택한 트랙의 출력 레벨과 EQ, Effect 등을 컨트롤할 수 있는 파라미터로 구성되어 있습니다. 즉, 트랙과 동일한 역할을 하는 것입니다.

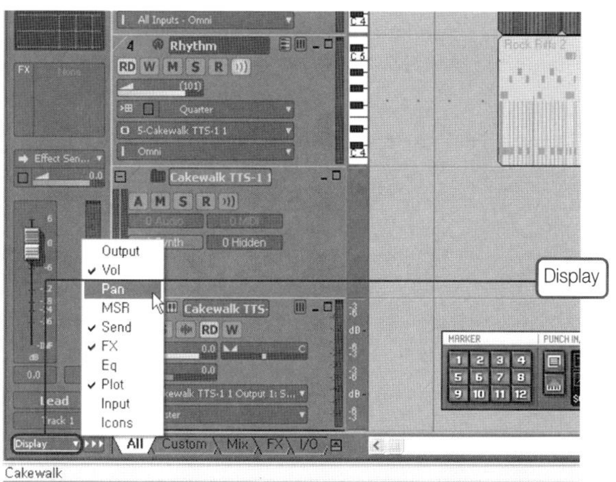

02 인스펙터 창은 기본적으로 볼륨, 센드, FX 등의 파라미터만 보입니다. 만일, 표시하거나 감추고 싶은 파라미터가 있다면 아래쪽에 Display 항목을 클릭하여 메뉴를 열고, 체크 표시 유무로 선택합니다. [Pan]을 선택하여 팬 파라미터가 보이게 해봅니다.

03 Lead 트랙을 선택한 후에 인스펙터 창의 Pan 슬라이드를 좌/우로 드래그하여 사운드가 좌/우로 이동되게 해봅니다. 트랙의 pan 슬라이드가 함께 동작되는 것을 확인할 수 있습니다. 즉, 트랙과 인스펙터 창의 역할은 같은 것입니다.

04 트랙이나 인스펙터 창의 파라미터는 개별 적인 값들을 조정할 때 편리하지만 전체 트랙을 컨트롤할 필요가 있는 믹싱 작업을 할 때는 콘솔 창을 많이 이용합니다. 도구 모음 줄에서 [Console View] 버튼을 클릭하여 창을 엽니다.

05 콘솔 창은 왼쪽에서부터 1번 트랙입니다. 1번의 Lead 트랙에서 볼륨 슬라이드를 위/아래로 조정해봅니다. 트랙의 볼륨과 인스펙터 창의 볼륨이 함께 조정되는 것을 확인할 수 있습니다. 즉, 작업 상황에 따라 편리한 창을 이용하는 것일 뿐 트랙과 인스펙터, 그리고 콘솔 창의 역할은 모두 같습니다.

◀|| 클립 ||▶

01 트랙 리스트 오른쪽에는 각 트랙에 입력한 데이터가 표시되는 클립이 있습니다. 작업 공간 위쪽의 숫자는 마디 수를 나타내는 룰러 라인입니다. 즉, Lead 트랙은 3~9번 마디까지 연주를 하다가 두 마디 쉬고 다시 11마디에서 연주를 하고 있다는 것을 확인할 수 있습니다.

O2 Space bar 키를 눌러 곡을 연주해보면, 오른쪽으로 이동하는 세로 선을 볼 수 있습니다. 이것은 곡의 연주 위치와 편집 위치를 표시하는 송 포지션 라인입니다. 송 포지션 라인의 정확한 위치는 트랙 리스트 상단에 보이는 위치 표시 창에서 확인할 수 있습니다.

◀| 탭과 버스패널 |▶

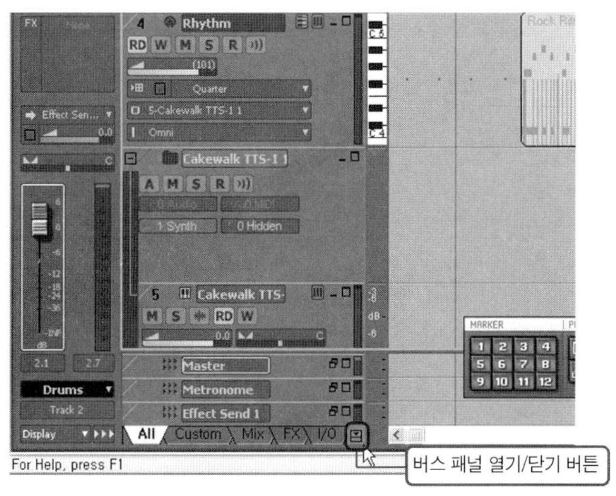

O1 트랙 리스트 하단에 보이는 버스 패널 보기 버튼을 클릭하면 마스터 채널, 서브 그룹, 이펙트 등을 컨트롤 할 수 있는 버스 패널을 열거나 닫습니다. 버스 패널의 트랙은 사용자가 필요로 하는 만큼 추가하거나 삭제할 수 있습니다.

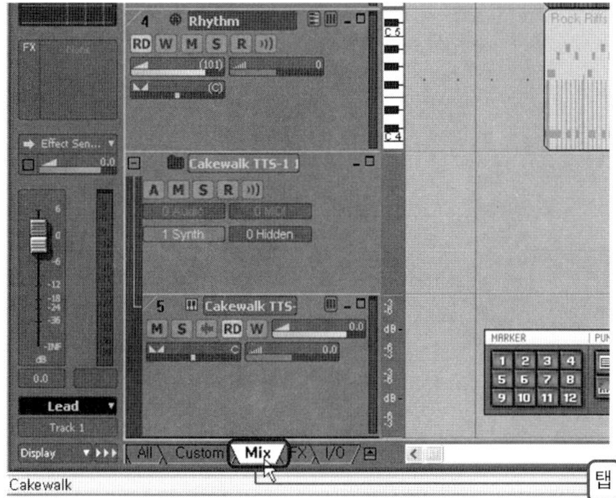

O2 소나 7은 트랙의 파라미터를 5가지 구성으로 표시할 수 있는 탭을 제공하고 있습니다. All은 모든 파라미터를 표시하며, Custom은 자주 사용하는 것, Mix는 믹싱 작업에 필요한 것, FX는 센드 파라미터, I/O는 인/아웃 파라미터를 표시합니다. 즉, 트랙에 표시하는 파라미터의 종류를 선택하는 것일 뿐 기능이 다른 것은 아닙니다.

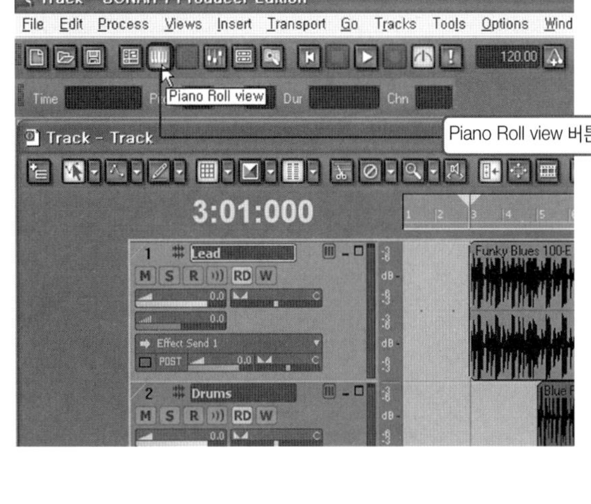

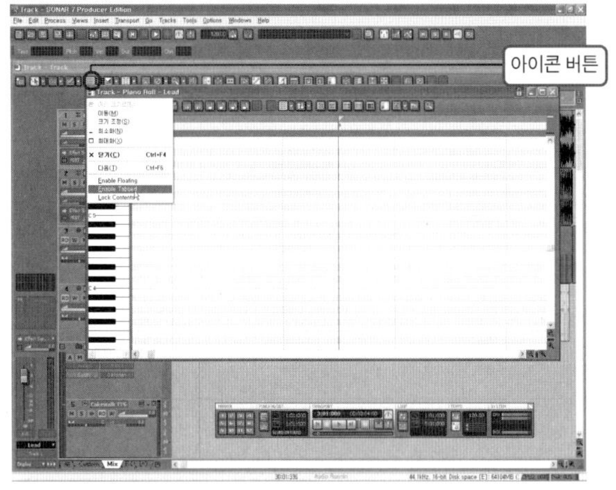

03 소나 7에서 제공하는 각각의 창은 작업 공간 아래쪽에 탭 형식으로 결합시킬 수 있습니다. 도구 모음 줄의 [Piano Roll view] 버튼을 클릭하여 피아노 창을 열어봅니다.

04 피아노 창 제목 표시줄의 아이콘을 클릭하면, 창의 크기를 조정할 수 있는 메뉴가 열립니다. 여기서 작업 공간에 결합시키는 역할의 [Enable Tabbed]를 선택합니다.

05 작업 공간 하단에 Piano Roll 탭이 만들어지면서 창이 결합됩니다. 경계선을 위쪽으로 드래그하여 창을 확대해봅니다.

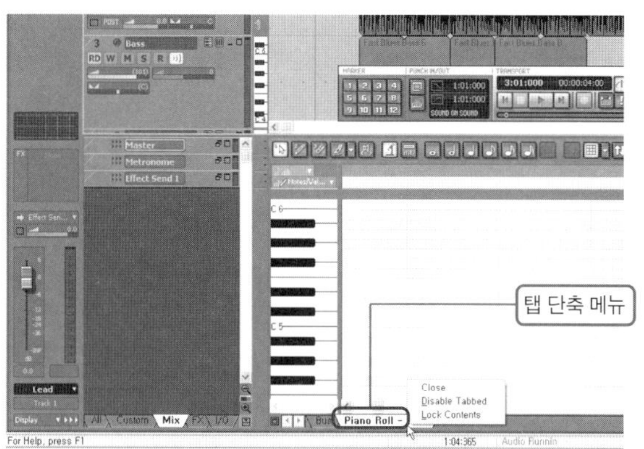

06 같은 방법으로 자주 사용하는 창을 탭으로 결합시켜 놓으면 각각의 작업 창을 자유롭게 이동하면서 작업을 할 수 있게 됩니다. 탭을 분리할 때는 마우스 오른쪽 버튼을 클릭하여 단축 메뉴를 열고 [Disable Tabbed]을 선택합니다.

3 프로젝트 창의 기본 사용법

프로젝트 창의 기본 포맷은 위/아래로 형성된 '트랙 리스트' 와 좌/우의 타임 위치를 나타내는 '룰러 라인' 입니다. 음악 작업 도중에 만들어지는 클립들은 트랙 리스트와 룰러 라인으로 위치가 정해지며, 편집은 포지션 라인을 기준으로 합니다. 부록 CD의 Project 샘플 파일을 열어놓고 클립과 트랙의 기본적인 편집 방법을 살펴보겠습니다.

클립의 선택

01 클립은 마우스 클릭으로 선택합니다. 2개 이상의 클립을 동시에 선택하는 방법은 Ctrl 키를 누른 상태에서 클립을 클릭하는 것입니다. 선택한 클립들은 검정색으로 표시 됩니다.

02 하나의 트랙에 존재하는 모든 클립을 선택하는 방법은 트랙 번호를 클릭하는 것입니다. Ctrl 키를 이용하면 동시에 2개 이상의 트랙을 선택할 수 있고, 트랙 번호를 더블 클릭하면 모든 클립을 선택/해제 할 수 있습니다.

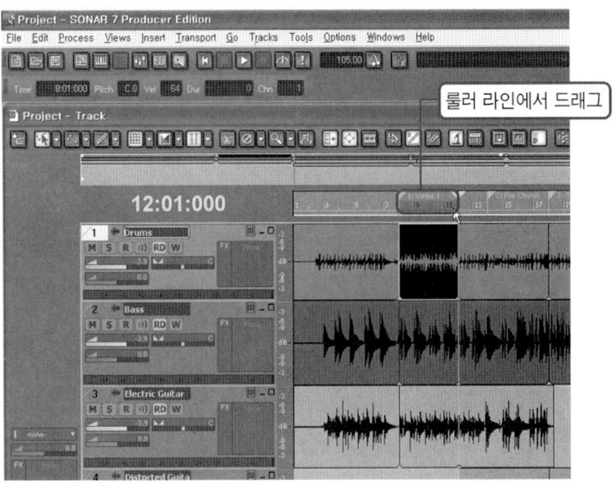

03 소나 7에서 가장 많이 사용하는 선택 방법은 마우스 드래그입니다. 마우스를 클립이 없는 빈 공간에서부터 드래그하여 선택합니다. Ctrl 키를 이용하면 2개 이상의 클립을 선택할 수 있습니다.

04 룰러 라인에서 원하는 범위를 드래그하여 선택할 수 있습니다. 룰러 라인에서 범위를 선택하는 이유는 실제로 편집할 클립을 선택하기 보다는 반복 구간이나 펀치 녹음 등을 이용하기 위해서입니다.

◀ 클립의 이동 ▶

01 이동시킬 클립을 선택하고, 원하는 위치로 드래그합니다. 그림에서는 하나의 클립을 이동하고 있지만, 동시에 여러 개의 클립을 이동할 수 있습니다.

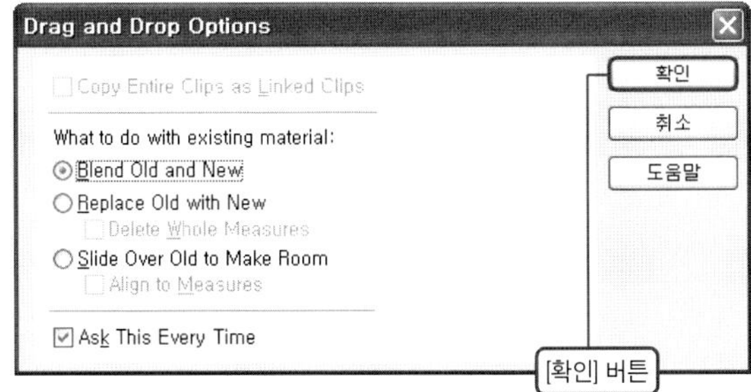

02 이동하는 위치에 다른 클립이 있다면 어떻게 처리할 것인지를 설정할 수 있는 Drag and Drop Options 창이 열립니다. [확인] 버튼을 클릭하면 드래그 한 클립이 이동되고, [취소] 버튼은 이동 명령을 취소합니다.

Tip ▸ Drag and Drop Options 창의 옵션

클립을 이동하거나 복사할 때 열리는 Drag and Drop Options 창의 옵션을 살펴보겠습니다.

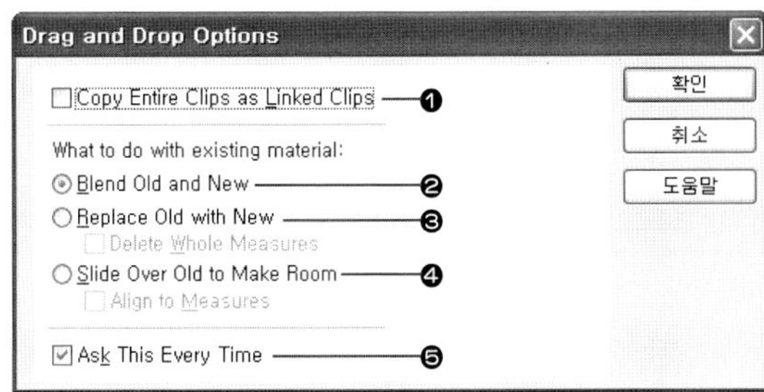

❶ Copy Entire Clips as Linked Clips

클립을 복사할 때, 선택할 수 있는 옵션으로 원본과 복사본을 연결합니다. 옵션을 체크하여 두 클립을 연결하면, 한쪽의 데이터를 편집할 때 다른 쪽의 데이터가 함께 변경됩니다.

❷ Blend Old and New

기존 클립을 그대로 두고, 새로운 클립을 겹치게 합니다

❸ Replace Old with New

기존 클립을 새로운 클립으로 바꿉니다. Delete Whole Measures 옵션을 체크하면 마디 단위로 적용됩니다.

❹ Slide Over Old to Make Room

기존 클립을 새로운 클립의 길이만큼 오른쪽으로 이동시킵니다. Align to Measures 옵션을 체크하, 마디 단위로 이동됩니다.

❺ Ask This Every Time

옵션을 해제하면 옵션 창이 매번 열리지 않습니다. 창을 다시 열리게 하고 싶다면 Options 메뉴의 [Global]을 선택하여 Editing 페이지를 열고, Ask Every Time 옵션을 체크합니다.

◀ 클립의 복사 ▶

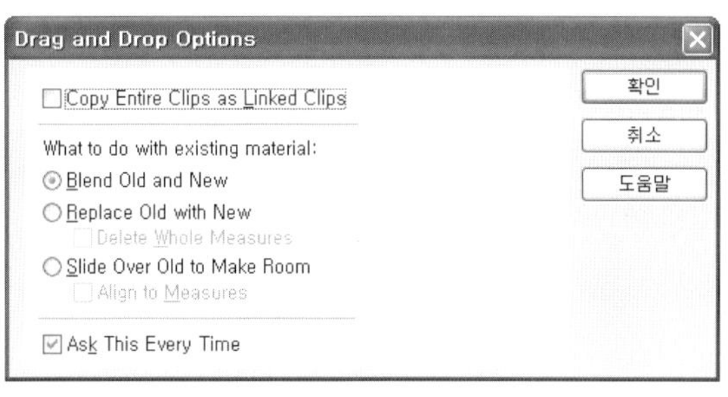

04 Ctrl 키를 누른 상태로 복사할 클립을 드래그합니다. 동시에 여러 클립을 선택하여 복사할 수 있습니다. 이동에서와 달리 마우스 포인트에 + 기호가 표시되는 것을 확인할 수 있습니다.

05 이동에서와 동일한 Drag and Drop Options 창이 열립니다. 다른 점은 상단에 Copy Entire Clips as Linked Clips 옵션이 활성화되어 있다는 것입니다. 이것은 복사하는 클립을 연결하는 링크 옵션입니다. 연결된 클립은 어느 한쪽을 편집해도 동일하게 편집됩니다.

◀ 트랙 만들기 ▶

01 음악 작업을 할 때, 처음부터 필요한 트랙 수를 모두 만들어 놓기 보다는 작업을 하면서 필요한 트랙을 추가하게 됩니다. 트랙을 마우스 오른쪽 버튼을 클릭하면 열리는 단축 메뉴에서 Insert Audio Track, Insert MIDI Track 등 원하는 트랙의 종류를 선택하여 만들 수 있습니다.

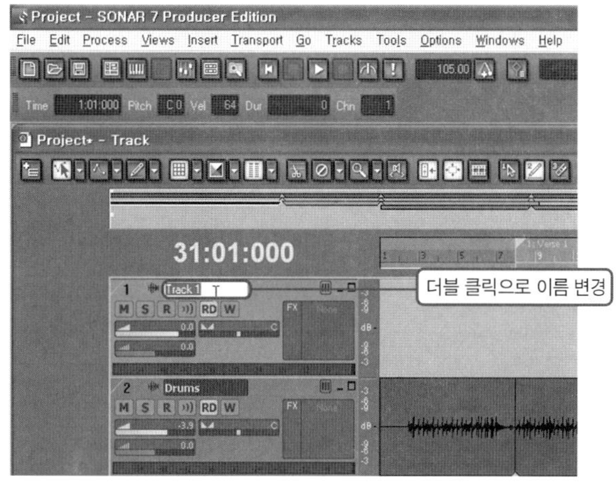

02 선택한 트랙 위쪽으로 Track 이라는 이름의 트랙이 만들어집니다. 트랙의 이름은 마우스 더블 클릭으로 변경할 수 있습니다.

03 트랙의 이름 항목은 오른쪽 끝을 드래그하여 길이를 변경할 수 있으며, 트랙 리스트와 작업 공간 사이의 경계선을 드래그하여 공간의 크기를 조정할 수 있습니다.

❙❙ 트랙의 이동과 삭제 ❙❙

01 클립을 선택한 상태에서 습관적으로 Delete 키를 누르면 선택한 클립만 삭제됩니다. 트랙을 삭제하기 위해서는 삭제하고자 하는 트랙을 마우스 오른쪽 버튼으로 클릭하고 단축 메뉴에서 [Delete Track]을 선택합니다.

02 트랙 번호 오른쪽에 있는 타입 아이콘을 위/아래로 드래그하여 트랙의 위치를 변경할 수 있습니다. Ctrl 키를 누른 상태에서 트랙 번호를 클릭하면 동시에 2개 이상의 트랙을 선택할 수 있고, 이렇게 선택된 트랙은 동시에 삭제되거나 이동됩니다.

작업 공간이동과 확대/축소

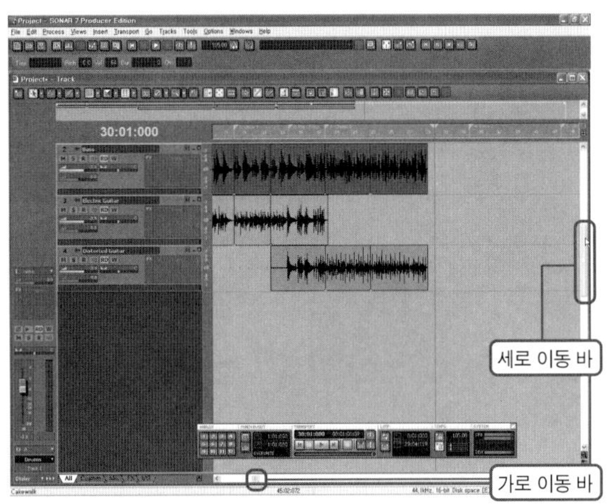

01 프로젝트 창 아래쪽의 이동 바는 작업 공간을 좌/우로 이동시키는 역할을 하며 오른쪽의 이동 바는 세로로 이동시키는 역할을 합니다. Ctrl 키를 누른 상태에서 마우스 휠을 돌려 작업 공간을 이동시킬 수 있다는 것도 기억해두면 좋습니다.

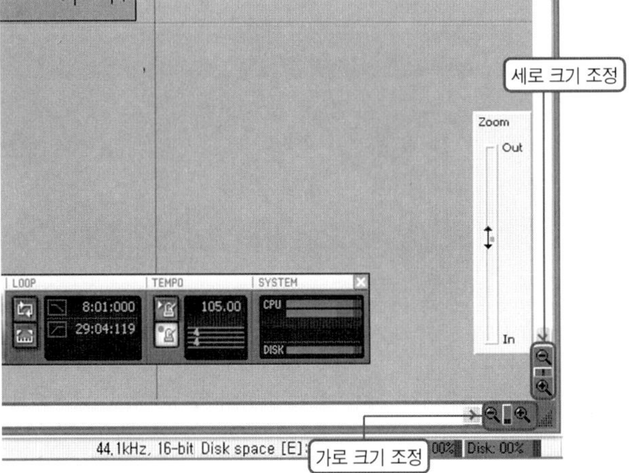

02 프로젝트 창 우측 하단의 +/- 기호의 [돋보기] 버튼은 작업 공간을 가로와 세로로 확대/축소하는 기능입니다. 각 돋보기 사이의 컨트롤 바를 드래그하면 크기를 자유롭게 조정할 수 있는 슬라이더가 열립니다.

02 프로젝트 창의 도구 기능

프로젝트 창에는 트랙을 추가할 때 사용하는 인서트 버튼, 클립을 편집할 때 사용하는 선택 버튼, PRV 모드에서 사용하는 PRV 버튼 등, 모두 31가지 도구가 있습니다. 도구는 마우스 오른쪽 버튼을 클릭하여 단축 메뉴를 열고, Customize를 선택하여 사용자가 필요로 하는 것들로만 구성할 수 있지만 여기서는 초기 설정으로 보이는 31가지의 도구 기능을 모두 살펴보겠습니다.

1 인서트 버튼

Insert New Track or bus

[Insert New Track or bus] 버튼은 오디오, 미디, 폴더 등의 트랙을 추가하는 역할을 합니다. [인서트] 버튼(Insert New Track or bus)은 선택한 트랙에 상관없이 맨 아래쪽에 트랙을 추가를 하기 때문에 원하는 위치에 트랙을 추가하는 마우스 오른쪽 버튼을 많이 이용합니다.

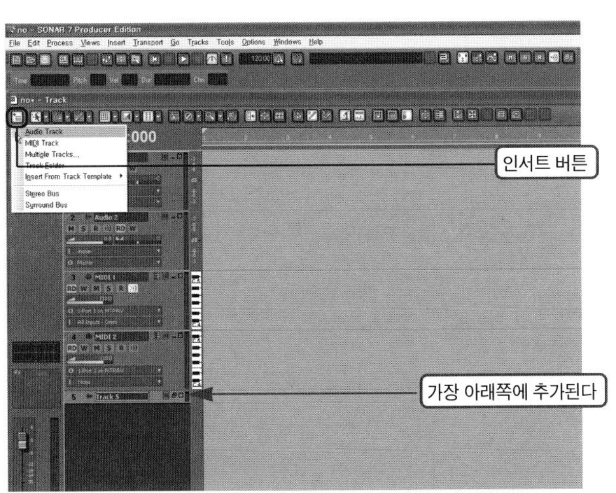

01 [인서트] 버튼은 Audio, MIDI, Multiple, Track, Insert From Track Template, Bus 등의 트랙을 추가할 수 있는 7가지 메뉴로 구성되어 있습니다. Normal 프로젝트 환경에서 MID 또는 Audio를 선택하면 트랙 리스트 가장 아래쪽에 트랙이 추가됩니다.

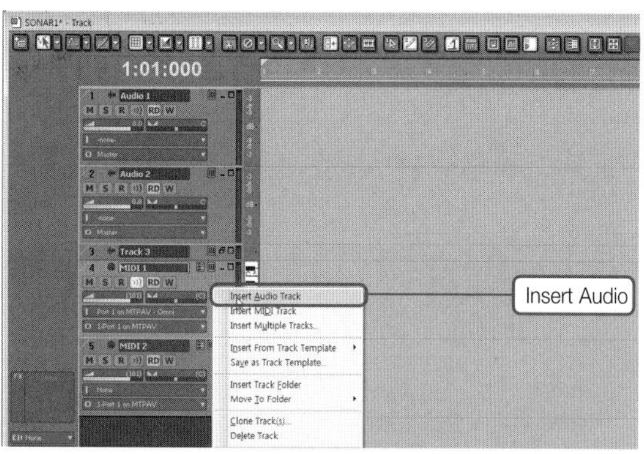

Insert Tracks		
Audio	Track Count	추가할 오디오 트랙 수 설정
	Main Destination	오디오 아웃 포트 선택
	Set as Default Bus	기본 버스 트랙 사용
	Send	센드 트랙 선택
MIDI	Track Count	추가할 미디 트랙 수 설정
	Port	미디 아웃 포트 선택
	Channel	미디 아웃 채널 선택

02 트랙을 중간에 추가할 때는 트랙에서 마우스 오른쪽 버튼을 클릭하여 단축 메뉴를 열고, Insert Audio 또는 Insert MIDI를 선택합니다. 단축 메뉴는 선택한 트랙 위쪽으로 트랙을 추가합니다.

03 인서트 메뉴의 Audio Track과 MIDI Track은 각각 하나의 미디와 오디오 트랙을 추가하는 역할을 하며, Multiple Track은 필요한 수만큼의 트랙을 한번에 추가할 수 있는 Insert Tracks 창을 엽니다.

04 Insert Tracks 창의 구성과 역할은 다음과 같습니다. 트랙은 Track Count에서 설정한 수만큼 추가되므로 오디오와 미디 중에서 추가하지 않을 트랙은 Track Count 값을 0으로 해야 합니다.

05 Track Folder 메뉴는 폴더 개념의 트랙을 만듭니다. 윈도우 탐색기에서 그림, 영상, 음악 등의 파일을 폴더 단위로 정리해놓으면 관리하기 편하듯이 드럼 세션 트랙, 녹음이 완료된 미디 트랙 등을 관리하기 편하게 정리하는 목적으로 사용합니다.

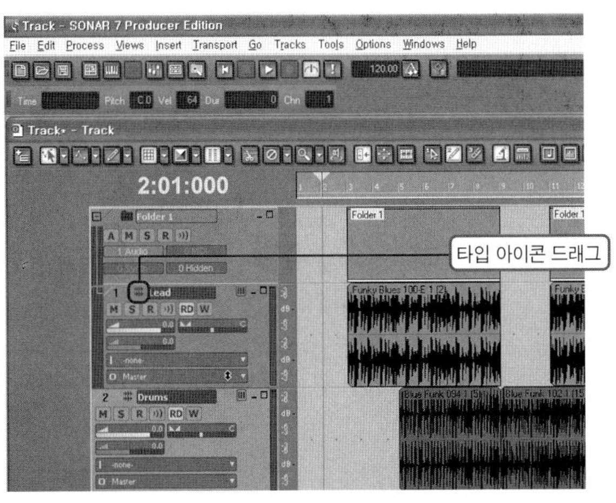

06 폴더 트랙으로 옮겨놓을 트랙은 마우스 오른쪽 버튼을 클릭하여 단축 메뉴를 열고, Move to Folder를 선택하거나 트랙의 타입 아이콘을 드래그합니다. 트랙이 이동되는 위치는 빨간색 라인으로 확인할 수 있습니다.

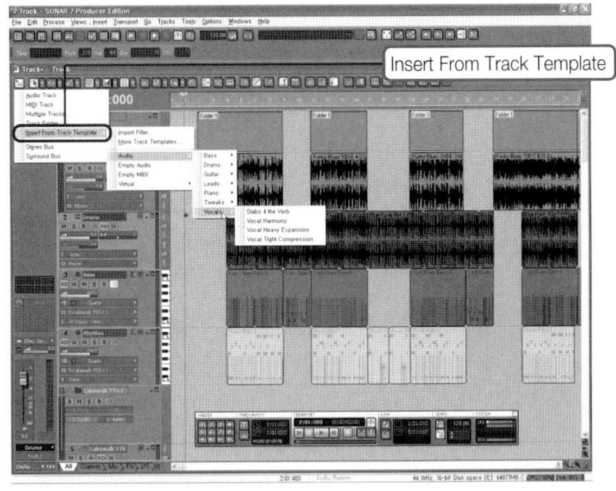

07 Insert From Track Template 메뉴는 작업할 트랙의 환경이 설정되어 있는 서브 메뉴를 가지고 있습니다. 그림은 Audio- Vocals을 선택해 본 것으로 보컬 녹음에 적합한 이펙트가 장착된 트랙이 만들어지는 것을 확인할 수 있습니다. 이펙트 작업이 서툰 초보자에게 유용한 메뉴입니다.

08 인서트 메뉴의 마지막인 Stereo Bus 와 Surround Bus는 각각 스테레오와 5.1 채널 환경의 버스 트랙을 만듭니다. 버스 패널은 [버스 패널 열기] 버튼을 클릭하여 볼 수 있으며, 경계선을 위/아래로 드래그하여 공간의 크기를 조정할 수 있습니다.

버스 트랙은 교통 수단으로 사용하는 버스와 비슷한 개념입니다. 일반적으로 각각의 트랙은 최종 출력의 마스터 트랙으로 진행합니다. 이때, 각각의 트랙에 같은 종류의 리버브를 사용한다고 가정하면 총 3개의 리버브를 장착해야 합니다. 하지만 3개의 트랙을 버스에 태운다면 버스 트랙에만 리버브를 장착하여 같은 결과를 얻을 수 있습니다. 버스 트랙은 시스템 낭비를 최소화 하거나 여러 트랙을 한 번에 컨트롤 할 수 있다는 장점이 있습니다. 트랙을 버스에 태우는 방법은 아웃을 버스로 변경하기만 하면 됩니다.

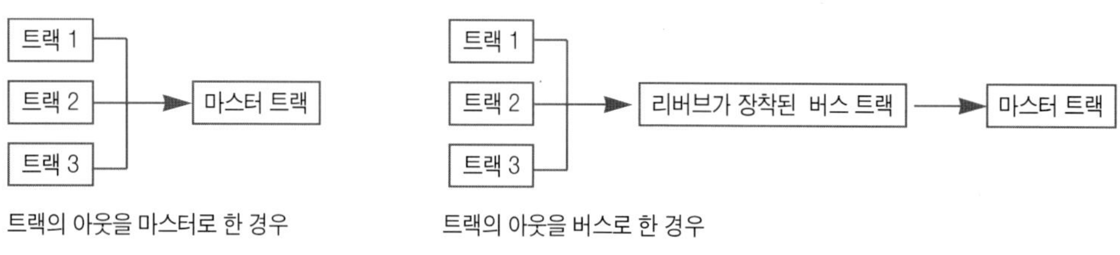

2 클립 버튼

Select Tool, Envelope Tool, Envelope Draw Tool의 3가지 버튼은 클립을 이동하거나 복사하는 등의 편집 작업을 하는 역할입니다.

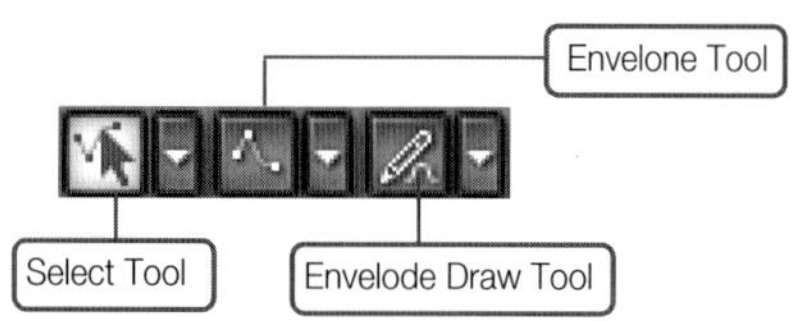

Select Tool

01 [선택] 버튼(Select Tool) 오른쪽에 역삼각형을 클릭하면, 클립에 기록되어 있는 엔벨로프 라인을 함께 선택할 것인지의 여부를 결정할 수 있는 Select Track Envelopes With Selected Clips 옵션 메뉴가 열립니다.

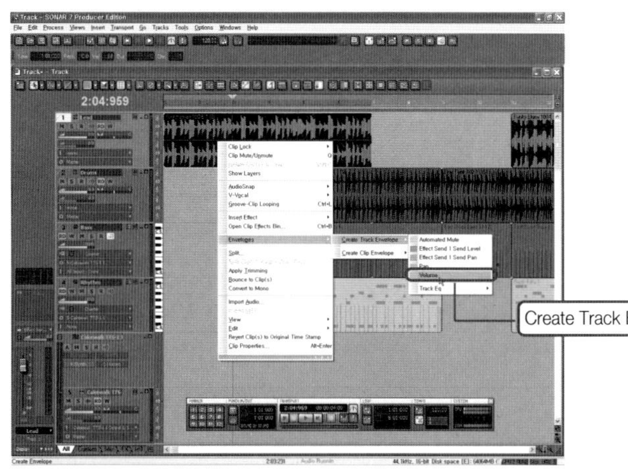

02 트랙의 엔벨로프 라인은 마우스 오른쪽 버튼을 클릭하여 단축 메뉴를 열고, Envelope의 Create Track Envelope에서 선택하여 입력할 수 있습니다. 예를 들어, 볼륨을 실시간으로 조정할 수 있는 Volume을 선택하면 트랙에 파란색의 엔벨로프 라인이 표시됩니다.

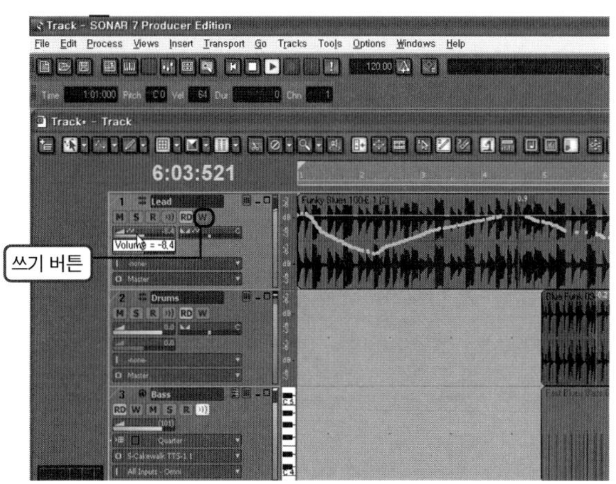

03 그리고 트랙의 [쓰기(W)] 버튼을 클릭하여 On으로 하고, Space bar 키를 눌러 곡을 연주하면서 볼륨 슬라이드를 조정하면 볼륨 값이 실시간으로 기록되는 것을 확인할 수 있습니다.

04 [쓰기(W)] 버튼을 Off로 하고, 클립을 마우스 드래그로 이동시켜보면 엔벨로프 라인이 함께 움직입니다. 이것은 [선택] 버튼의 Select Track Envelopes With Selected Clips 옵션 메뉴가 체크되어 있기 때문입니다.

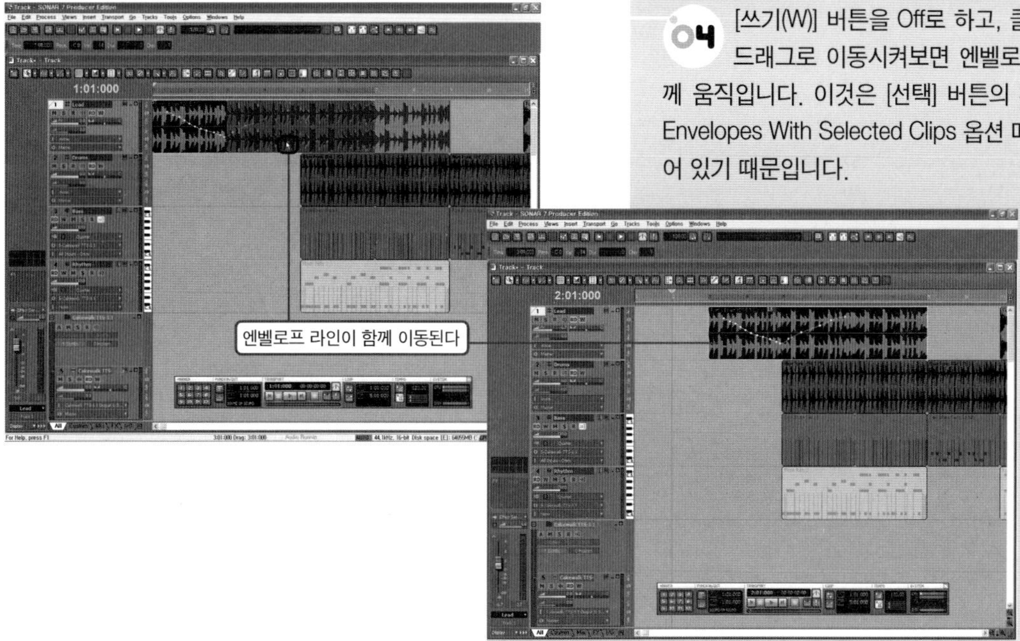

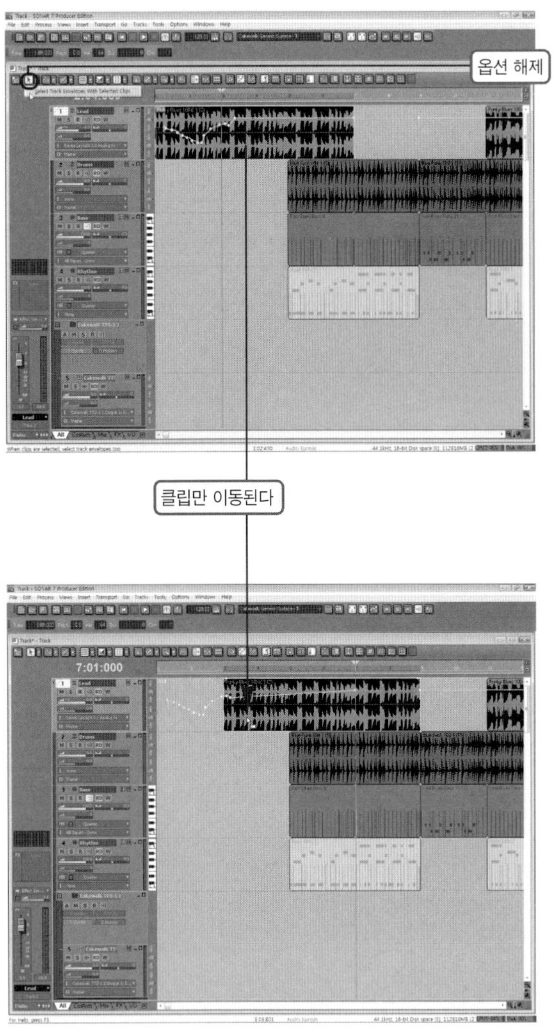

05 [선택] 버튼의 Select Track Envelopes With Selected Clips의 옵션을 해제하면 엔벨로프 라인의 위치는 변경되지 않고 클립만 이동되는 것을 확인할 수 있습니다.

Envelope Tool

01 [엔벨로프(Envelope Tool)] 버튼은 엔벨로프 라인을 편집하는 역할을 합니다. 엔벨로프 버튼 오른쪽의 역삼각형을 클릭하면 여러 가지 엔벨로프 라인을 기록했을 때, 원하는 엔벨로프 라인만 표시되게 할 수 있는 Show 메뉴가 열립니다.

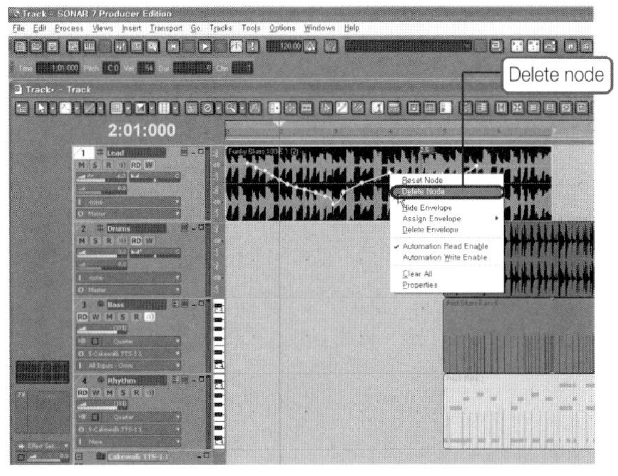

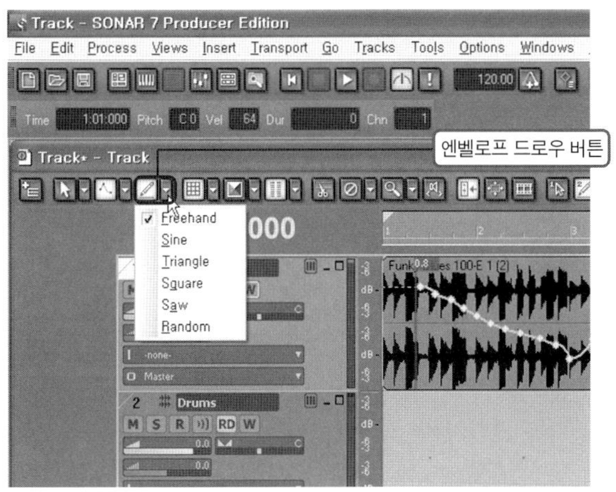

엔벨로프 라인은 마우스 더블 클릭으로 포인트 점을 추가하고, 포인트를 드래그하여 값을 조정할 수 있습니다. 포인트 점은 마우스 오른쪽 버튼으로 클릭하여 단축 메뉴를 열고 [Delete node]를 선택하여 삭제할 수 있습니다.

엔벨로프 확장 메뉴에는 파라미터가 움직이지 않게 하는 Offset Mode와 엔벨로프 라인을 만들 때, 마지막 지점의 포인트를 만들 것인지의 여부를 결정하는 Crete track envelopes using linear shapes 옵션 메뉴가 있습니다. Crete track envelopes using linear shapes 옵션을 해제하면, 중간에 입력되는 값이 마지막까지 유지됩니다.

Envelope Draw Tool

[엔벨로프 드로우(Envelope Draw Tool)] 버튼은 엔벨로프 라인을 입력하는 역할을 합니다. [엔벨로프 드로우] 버튼 오른쪽의 삼각형을 클릭하면, 마우스로 엔벨로프 라인을 입력할 때 그려지는 라인의 형태를 선택할 수 있는 메뉴가 열립니다.

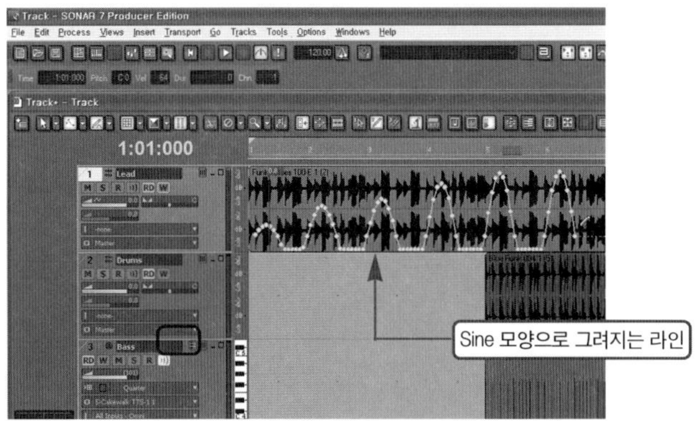

02 엔벨로프 라인은 트랙 파라미터를 움직여 실시간으로 기록하거나 외부 미디 컨트롤러를 이용해서 기록하는 것이 일반적이지만, 댄스 곡에서 팬이 주기적으로 이동되는 핑퐁 효과와 같이 주기적으로 조정되는 값을 입력할 때 편리합니다.

3 옵션 버튼

Snap To Grid, Enable/Disable Automatic Crossfades, Show/Hide All Meters의 3가지 On/Off 버튼은 클립을 편집할 때 적용할 수 있는 옵션을 결정합니다.

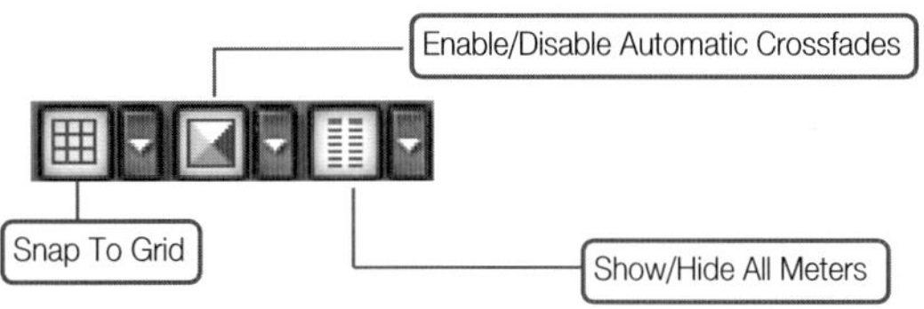

Snap To Grid

01 [스넵] 버튼(Snap To Grid)은 클립의 이동 간격을 일정하게 유지시키는 역할을 합니다. [스넵] 버튼이 On인 상태에서 클립을 이동시켜보면 일정한 간격으로 이동되는 것을 확인할 수 있으며, [스넵] 버튼을 Off하면 클립을 미세하게 이동시킬 수 있습니다.

 [스냅] 버튼 오른쪽의 역삼각형을 클릭하면 스냅의 간격을 변경할 수 있는 Snap to Grid 창이 열립니다. Snap to Grid 창의 옵션은 다음과 같습니다.

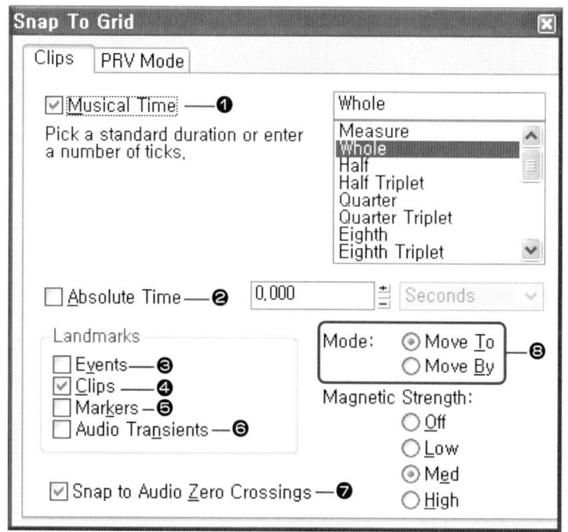

❶ Musical Time

오른쪽 목록에서 선택한 음표 단위를 사용합니다.

❷ Absolute Time

프레임, 초, 샘플 단위로 값을 입력해 사용할 수 있습니다.

❸ Events

클립에 입력되어 있는 이벤트를 단위로 사용합니다.

❹ Clip

편집 대상이 되는 클립을 단위로 사용합니다.

❺ Markers

룰러 라인에 입력된 마커를 단위로 사용합니다.

❻ Audio Transients

오디오 스냅 라인 단위로 사용합니다.

❼ Snap to Audio Zero Crossings

오디오 클립을 자를 때 파형이 제로 지점인 부분을 자를 수 있게 하는 옵션입니다.

❽ Mode

Move to는 기준 스냅 라인을 사용하고, Move By는 클립의 시작
위치에서 스냅 라인을 만듭니다.
예를 들어, 스냅 라인을 한 박자(Quarter)단위로 하고, 시작 위치
가 반 박자인 클립을 우측으로 드래그할 때 Move to 모드는 다
음 한 박자의 시작 위치로 이동합니다. 실제 반 반자가 이동되는
것입니다.

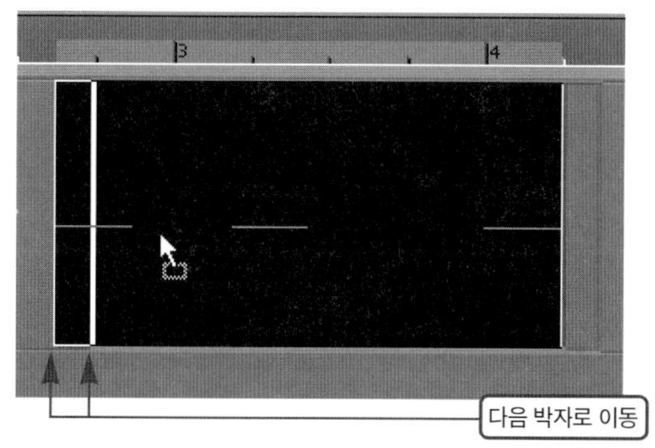

Move by 모드는 클립의 시작 위치를 기준으로 Quarter 단위가
적용되므로 다음 반 박자 위치로 이동합니다. 실제로도 한 박자
가 이동되는 것입니다.

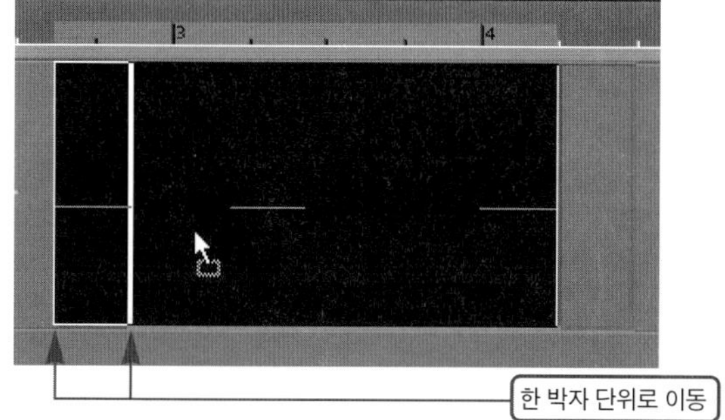

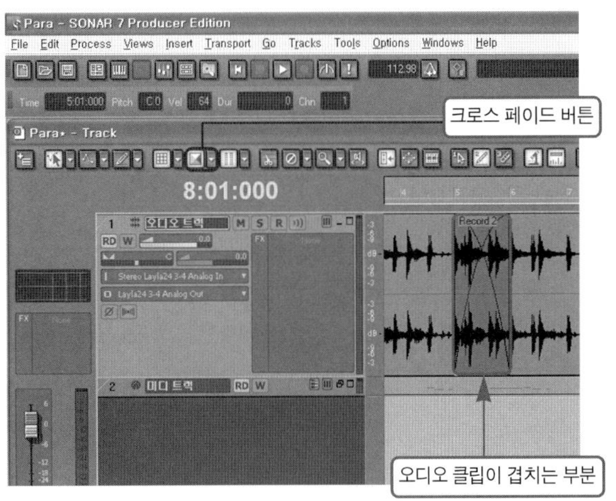

Enable/Disable Automatic Crossfades

01 [크로스 페이드(Enable/Disable Automatic Crossfades)] 버튼은 오디오 클립이 겹칠 때 자동으로 크로스 페이드 효과를 만들 것인지의 여부를 선택합니다. [크로스 페이드] 버튼이 On인 상태에서 두 개의 오디오 클립이 겹치면 크로스 페이드 효과가 적용되는 것을 확인할 수 있습니다.

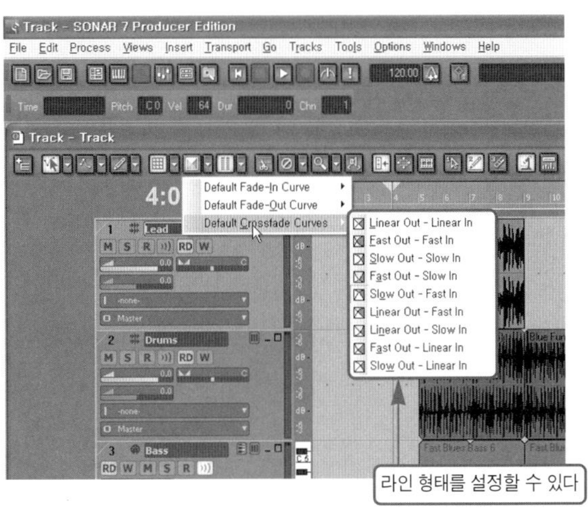

02 [크로스 페이드] 버튼 오른쪽의 [역삼각형] 버튼을 클릭하면 페이드 인/아웃 또는 크로스 페이드의 라인 형태를 선택할 수 있는 메뉴가 열립니다.

03 크로스 페이드가 적용된 범위는 마우스 드래그로 조정할 수 있으며, 마우스 오른쪽 버튼을 클릭하여 라인의 형태를 변경할 수 있습니다.

04 클립의 왼쪽 또는 오른쪽 모서리를 드래그하여 페이드 인/아웃 효과를 만들 수 있으며, 마우스 오른쪽 버튼을 클릭하여 라인의 모양을 변경할 수 있습니다.

Show/Hide All Meters

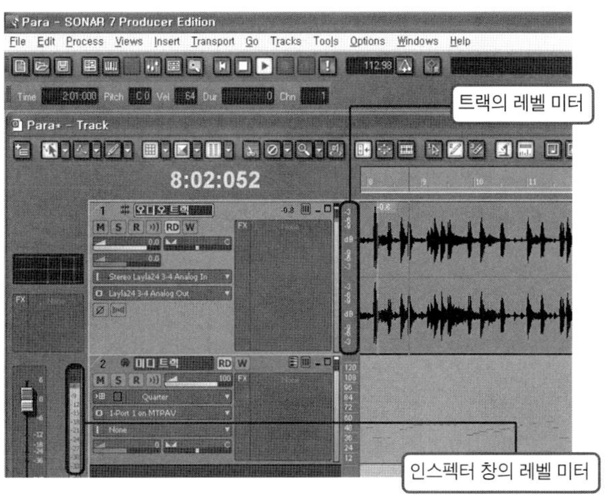

01 [미터(how/Hide All Meters)] 버튼은 트랙의 입/출력 레벨을 표시하는 레벨 미터를 보이거나 감추는 역할을 합니다. [미터] 버튼을 Off로 하여 레벨 미터를 감춰도 인스펙트 창에서는 선택한 트랙의 레벨 미터를 볼 수 있습니다.

02 [미터] 버튼 오른쪽의 역삼각형을 클릭하면 입력 (Record), 출력 (Playback), 가로 (Horizontal), 세로(Vertical) 등 보고 싶은 레벨 미터와 형태를 결정할 수 있는 메뉴가 열립니다.

03 그림은 Horizontal meter를 선택하여 레벨 미터를 가로로 표시해본 것입니다. 세로 표시보다는 좀더 넓은 폭으로 레벨을 확인할 수 있습니다. 레벨 미터의 범위는 마우스 오른쪽 버튼을 클릭하여 변경할 수 있습니다.

4 편집 버튼

Split Tool, Mute Tool, Zoom Tool, Scrub Tool의 4가지 버튼은 클립을 자르거나 뮤트시키는 등의 편집 작업을 할 수 있는 역할을 합니다.

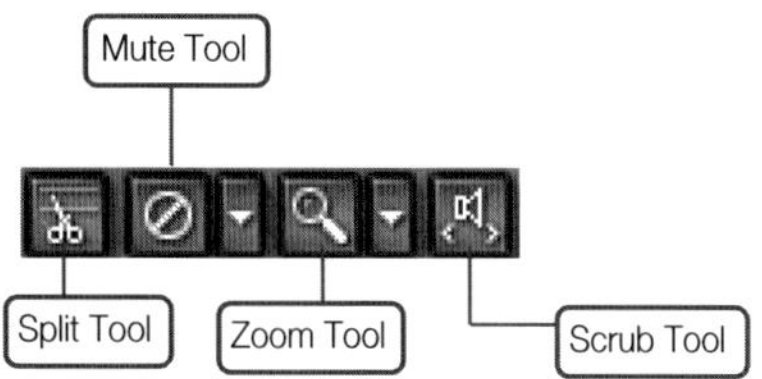

Split Tool

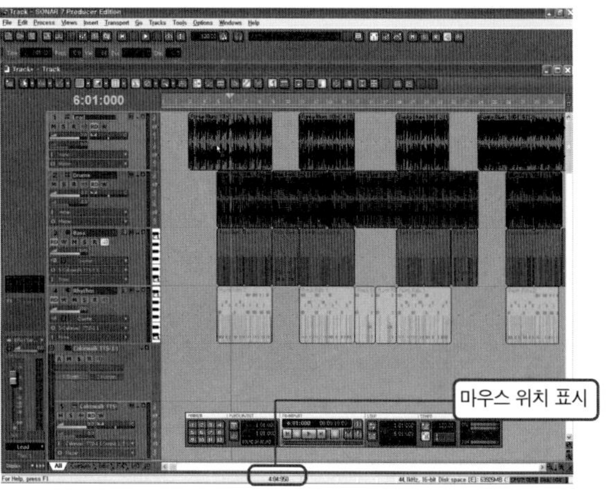

01 [가위(Split Tool)] 버튼은 클립을 자르는 역할을 합니다. [가위] 버튼을 선택하고 클립을 클릭하면 클릭한 위치에서 클립이 잘립니다. 자를 위치는 작업 표시줄의 마우스 위치 표시에서 확인할 수 있습니다.

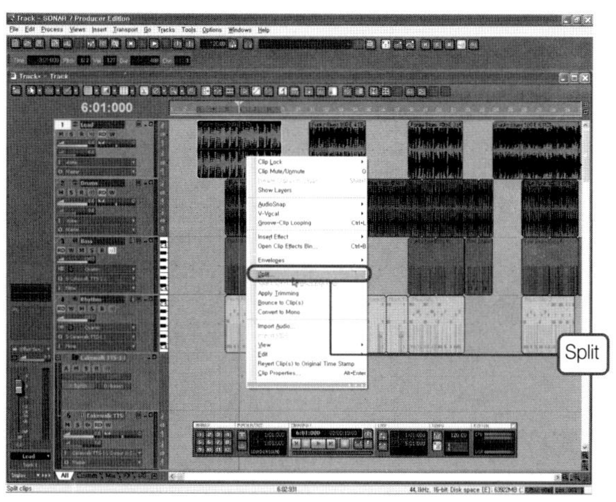

02 동시에 여러 트랙의 클립을 자르거나 좀더 정확한 위치에서 클립을 잘라야 할 필요가 있다면, 클립을 선택하고 마우스 오른쪽 버튼을 클릭하여 Split 메뉴를 선택합니다.

03 Split Clips 창의 Split At Time 항목이 클립이 잘리는 위치입니다. 기본적으로 Split 메뉴를 선택하기 위해서 오른쪽 버튼을 클릭했던 위치가 표시됩니다. Split Clips 창의 옵션은 다음과 같은 역할을 합니다.

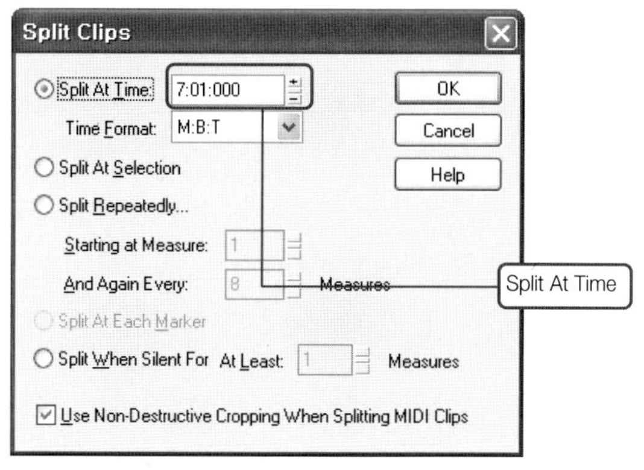

❶ Split At Time

자를 위치를 입력합니다. 아래쪽의 Time 항목에서 원하는 단위를 선택할 수 있습니다.

❷ Split Selection

일정 구간을 선택했다면, 선택한 범위의 시작과 끝 위치를 자릅니다.

❸ Split Repeatedly

일정한 간격으로 클립을 자릅니다. Starting at Measure 는 시작 위치, And Again Every는 간격을 설정합니다.

❹ Split At Each Marker

Split At Time 위치에서 가장 가까운 마커가 있는 위치를 자릅니다.

❺ Split When Silent For

미디 클립에만 해당되는 옵션입니다. At Least 에서 설정한 마디만큼 이벤트가 비어있는 위치를 자릅니다.

❻ Use Non-Destructive Cropping When Splitting MIDI Clips

미디 클립에만 해당되는 옵션입니다. 자르려는 위치에 이벤트가 있을 경우에 옵션을 체크해야만 잘라줍니다.

 Mute Tool

01 [뮤트(Mute Tool)] 버튼은 마우스 드래그로 특정 구간의 사운드가 연주되지 않게 하는 역할을 합니다. 뮤트 버튼을 선택하고, 소리를 내고 싶지 않은 범위를 드래그합니다. 선택한 범위의 오디오 파형이나 미디 이벤트는 흰색 실선으로 뮤트 상태임을 표시합니다.

02 [뮤트] 버튼 오른쪽의 [역삼각형] 버튼을 클릭하면 Click+Drag Behavior 메뉴가 열립니다. 기본 옵션은 Mute Time Ranges이며, Mute Entire Clips을 선택하여 변경하면 선택한 클립 전체를 뮤트시켜주는 역할로 바뀝니다.

가정교사

Mute Time Ranges 일 경우에는 Alt 키를 눌러 Mute Entire Clips 기능을 수행할 수 있기 때문에 굳이 Mute 옵션을 변경할 이유는 없습니다.

 Zoom Tool

01 [줌(Zoom Tool)] 버튼은 클립을 확대하거나 축소하는 역할을 합니다. [줌] 버튼을 선택하고 작업 공간을 드래그하면 드래그한 범위가 작업 공간에 꽉 차게 확대됩니다. 특정 범위를 잠시 확대해서 작업하고 싶을 때 유용합니다.

 [줌] 버튼의 오른쪽 역삼각형 버튼을 클릭하면 확대 옵션을 선택할 수 있는 메뉴가 열립니다. 각 메뉴의 역할은 다음과 같습니다.

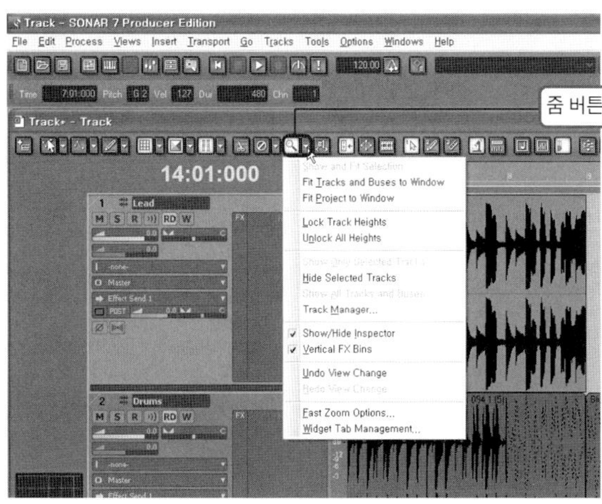

❶ Show and Fit Selection

선택된 범위가 프로젝트 창에 꽉 차도록 확대/축소 됩니다.

❷ Fit Tracks and Buses to Window

모든 트랙의 높이가 프로젝트 창에 꽉 차도록 확대/축소 됩니다.

❸ Fit Project to Window

모든 클립의 길이가 프로젝트 창에 꽉 차도록 확대/축소 됩니다.

❹ Lock Track Heights

선택한 트랙에 Lock Track 옵션을 적용하여 Fit Tracks and Buses to Window 또는 Fit Project to Window 메뉴에도 트랙의 크기를 유지할 수 있게 합니다.

❺ Unlock All Heights

Lock Track Heights 옵션을 해제합니다.

❻ Show Only Selected Tracks

선택된 트랙만을 화면에 표시합니다.

❼ Hide Selected Tracks

선택된 트랙을 화면에서 감춥니다.

❽ Show All Tracks and Buses

Show Only Selected Tracks 또는 Hide Selected Tracks 메뉴로 감추어진 모든 트랙을 표시합니다.

❾ Track Manager

화면에 표시하거나 감추고 싶은 트랙을 선택할 수 있는 Track Manager 창을 엽니다. 창의 [Toggle] 버튼들은 해당 트랙을 모두 선택하거나 해제합니다. 선택된 상태에서 Space bar 키를 눌러 체크 표시를 On/Off 할 수 있습니다.

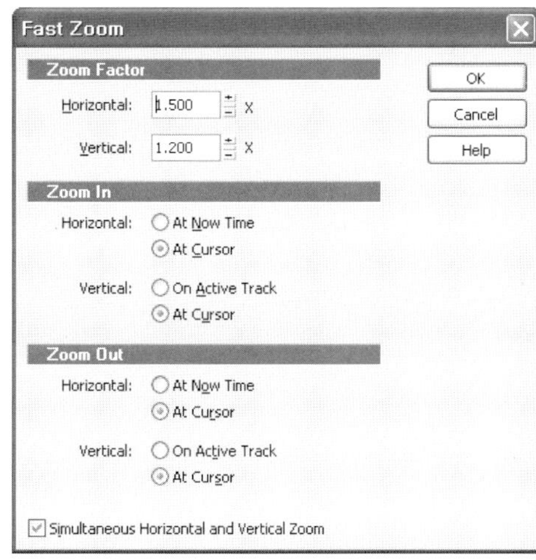

⑩ Show/Hide Inspector

트랙 리스트 왼쪽의 인스펙터 창을 닫거나 열어줍니다.

⑪ Vertical FX Bins

각 트랙의 FX 파라미터를 가로 또는 세로로 표시합니다.

⑫ Undo View Change

확대/축소 명령을 취소하고, 이전 크기로 되돌립니다.

⑬ Redo View Change

Undo View Change 명령을 취소하고, 다시 실행합니다.

⑭ Fast Zoom Options

화면을 확대하거나 축소할 때의 중심점이나 비율을 설정할 수 있는 Fast Zoom 옵션 창이 열립니다.

⑮ Widget Tab Management

트랙의 탭을 구성하거나 파라미터의 종류를 선택할 수 있는 Widget Tab manager 창이 열립니다.

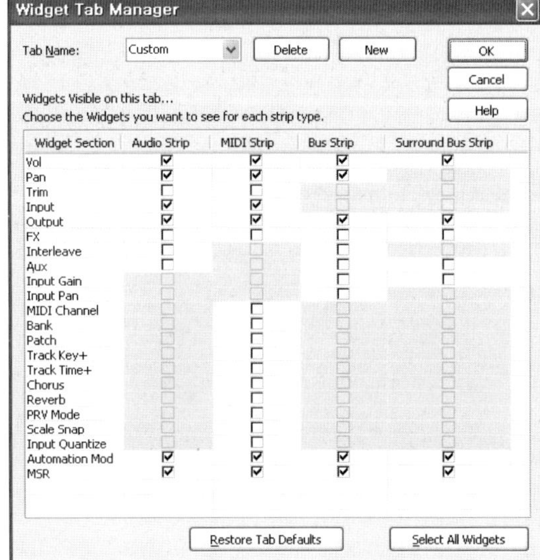

Widget Section	Audio Strip	MIDI Strip	Bus Strip	Surround Bus Strip
Vol	☑	☑	☑	☑
Pan	☑	☑	☑	
Trim	☐	☐		
Input	☑	☑		
Output	☑	☑	☑	☑
FX	☐	☐	☐	☐
Interleave	☐		☐	☐
Aux	☐		☐	☐
Input Gain			☐	
Input Pan			☐	
MIDI Channel		☐		
Bank		☐		
Patch		☐		
Track Key+		☐		
Track Time+		☐		
Chorus		☐		
Reverb		☐		
PRV Mode		☐		
Scale Snap		☐		
Input Quantize		☐		
Automation Mod	☑	☑	☑	☑
MSR	☑	☑	☑	☑

Scrub Tool

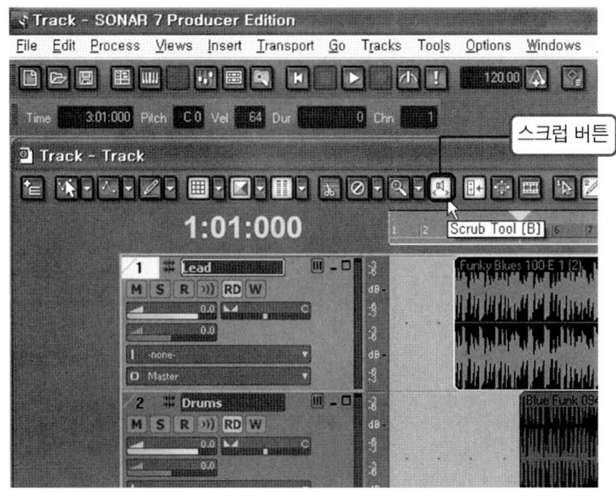

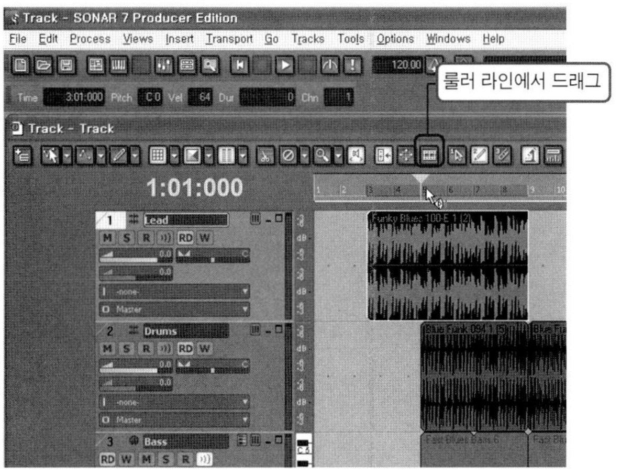

01 [스크럽(Scrub Tool)] 버튼은 마우스 드래그로 사운드를 모니터 하는 역할을 합니다. [스크럽] 버튼을 선택하고 클립을 드래그하면 해당 클립의 사운드가 드래그하는 방향과 속도대로 연주되어 정확한 편집 위치를 찾을 수 있습니다.

02 전체 곡을 모니터 하고 싶다면 룰러 라인에서 드래그합니다. 뮤트된 트랙을 제외한 나머지 트랙의 사운드를 드래그 속도에 맞추어 모니터 할 수 있습니다.

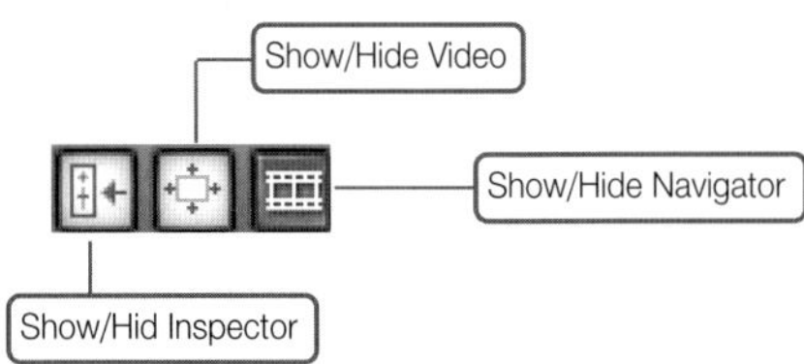

5 보기버튼

Show/Hid Inspector, Show/Hid Navigator, Show/Hid Video의 3가지 버튼은 인스펙터 창, 네비게이터 라인, 비디오 트랙을 표시하거나 감추는 역할의 [On/Off] 버튼입니다.

Show/Hid Inspector

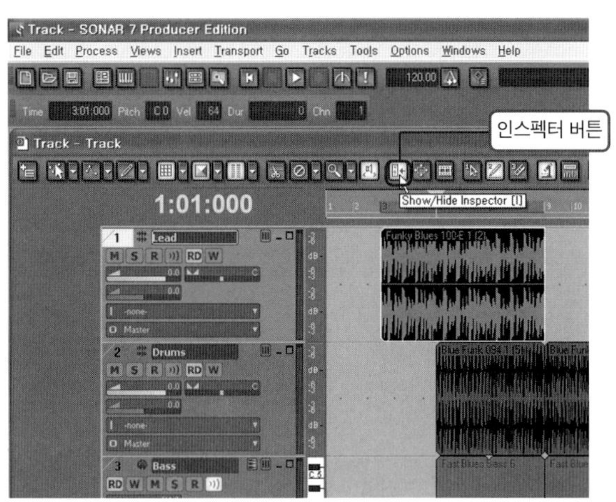

01 [인스펙터(Show/Hid Inspector)] 버튼은 인스펙터 창을 열거나 닫는 역할을 합니다. 인스펙터 창은 선택한 트랙의 파라미터와 동일한 구조로 되어있으므로 작업 트랙 수가 많지 않을 경우에는 인스펙터 창을 닫아 작업 공간을 넓게 사용할 수 있습니다.

02 인스펙터 창에 표시하고 싶은 파라미터는 아래쪽의 Display 메뉴를 선택하여 체크 표시 여부로 선택할 수 있고, Display 오른쪽의 확장 메뉴를 선택하여 옵션을 설정할 수 있습니다.

 Show/Hid Navigator

01 [네비게이터(Show/Hid Navigator)] 버튼은 전체 구간을 확인할 수 있는 네비게이터 라인을 표시하거나 닫습니다. 네비게이터 라인은 작업 중인 트랙 전체를 표시하며 중간에 보이는 연두색 사각형이 작업 공간에 보여지는 범위입니다.

02 화면에 표시되는 범위와 위치를 나타내는 사각형을 드래그하면 위치를 빠르게 이동시킬 수 있고, 경계선을 드래그하면 화면에 표시될 범위를 조정할 수 있습니다.

가정교사

네이게이터 라인의 폭은 룰러 라인과의 경계선을 드래그하여 조정할 수 있습니다.

Show/Hide Video

01 [비디오(Show/Hide Video)] 버튼은 영상을 프레임 단위로 표시하는 비디오 트랙을 열거나 닫습니다. 소나 7은 Avi, Mpg, Wmv, Asf, Mov 등 PC에서 다루어지는 대부분의 영상 포맷을 임포팅할 수 있습니다.

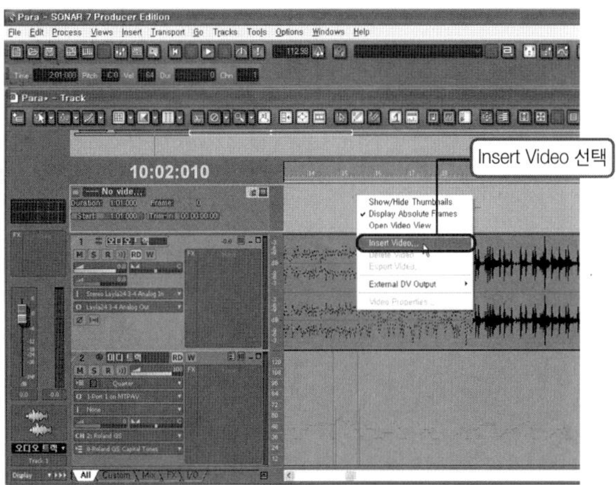

02 비디오 트랙은 영상을 불러오는 임포트와 저장하는 익스포트 기능을 단축 메뉴로 이용할 수 있습니다. 비디오 트랙을 더블 클릭하거나 마우스 오른쪽 버튼을 클릭하여 단축 메뉴를 열고 [Insert Video]를 선택합니다.

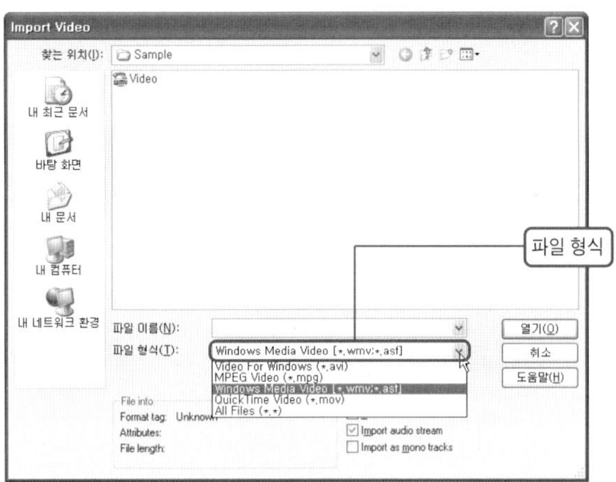

03 Import Video 창이 열립니다. 부록 CD의 샘플 폴더에 있는 Video 영상 파일을 더블 클릭하여 불러옵니다. 부록 CD의 Video 파일은 WMV 포맷이므로 파일 형식이 Windows media Video 또는 All Files 일 경우에만 보입니다.

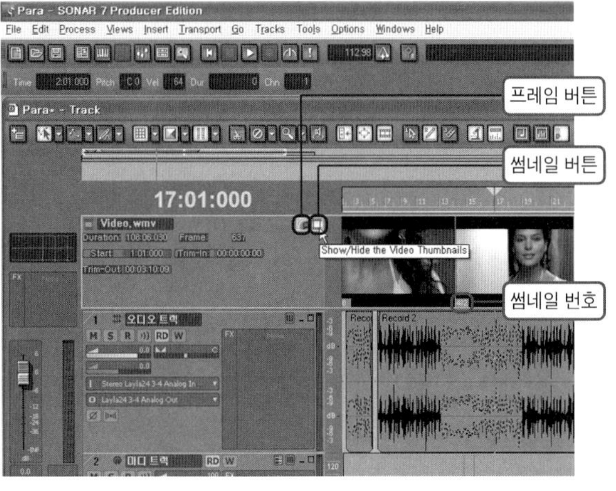

04 불러온 영상이 프레임 단위로 트랙에 표시되는 것을 확인할 수 있습니다. 만일, 영상이 보이지 않는다면 비디오 트랙 파라미터의 [썸네일] 버튼이 On으로 되어 있는지 확인합니다. 왼쪽의 [프레임] 버튼은 영상 왼쪽에 프레임 번호를 표시할 것인지의 여부를 On/Off 합니다.

05 비디오 트랙 파라미터에는 영상의 길이 (Duration), 프레임 수(Frame), 클립의 시작 위치(Start), 영상의 시작 시간(Trim-in), 끝 시간 (Trim-out)의 정보가 표시됩니다. 여기서 위치와 시간은 수정 가능합니다.

06 룰러 라인은 오른쪽에 보이는 [+] 버튼을 클릭하여 영상 편지에 많이 사용하는 시:분:초; 프레임(H:M:S:F) 단위를 추가할 수 있습니다. 룰러 라인이 추가되면, - 기호의 버튼이 생성되는데 이것은 원하는 룰러 라인을 제거하는 역할을 합니다.

6 PRV 버튼

PRV Select Tool, PRV Draw Tool, PRV Erase Tool의 3가지 PRV 관련 버튼들은 미디 트랙이 PRV 모드일 때 사용합니다. PRV 모드는 피아노 창의 기능을 프로젝트 창에 그대로 이용할 수 있는 기능입니다.

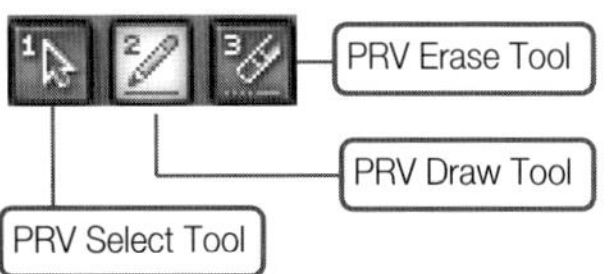

PRV Select Tool

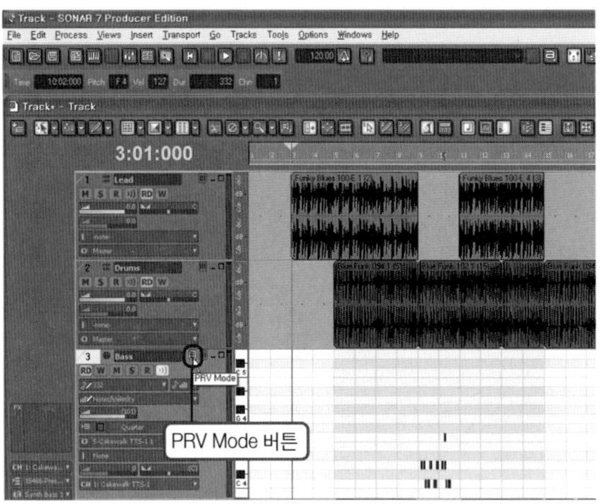

01 [PRV 선택(PRV Select Tool)] 버튼은 이동과 복사 등의 편집 작업을 할 미디 노트를 선택하는 역할을 합니다. 미디 트랙의 [PRV Mode] 버튼을 클릭하여 On으로 하면 클립이 피아노 창과 동일한 모습의 PRV 모드로 변경됩니다.

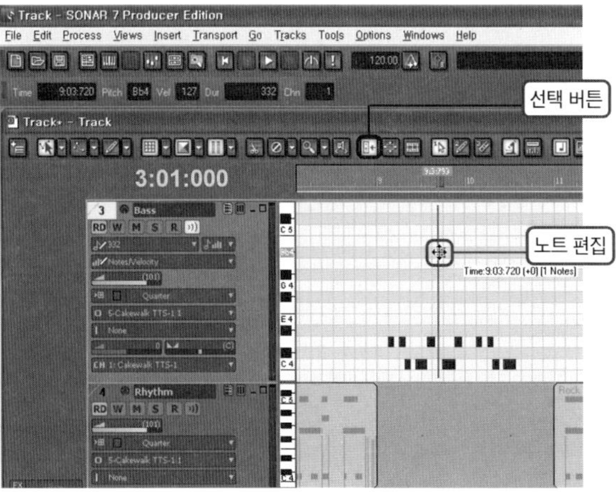

02 [PRV 선택] 버튼은 미디 클립에 입력되어 있는 노트의 위치를 이동시키거나 편집할 이벤트를 마우스 드래그로 선택할 수 있습니다. 노트를 이동시킬 때, Ctrl 키를 누른 상태로 드래그하면 복사됩니다.

PRV Draw Tool

01 [PRV 드로우(PRV Draw Tool)] 버튼은 PRV 모드 클립에 노트를 입력하거나 편집할 수 있는 역할을 합니다. 노트의 시작 지점과 끝 지점을 드래그하여 길이를 조정할 수 있습니다.

02 입력할 노트의 길이는 Note Duration 항목에서 선택합니다. 노트를 입력하고, 길이를 수정했다면 마지막에 수정한 노트의 길이로 입력됩니다.

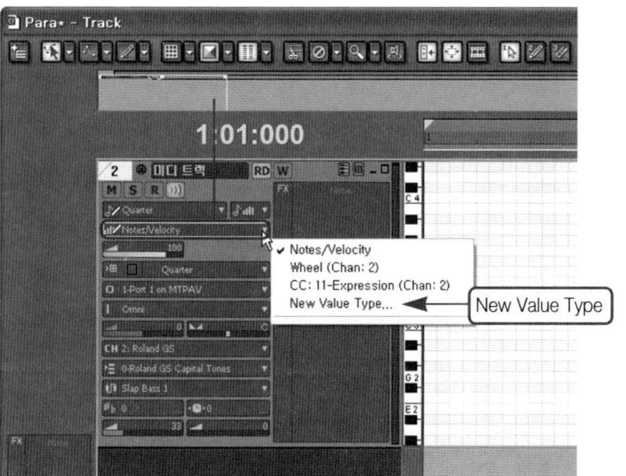

03 노트 이외의 컨트롤 정보는 Edit MIDI Event Type 항목의 메뉴에서 선택합니다. 기본적으로 Wheel과 Expression 정보를 선택할 수 있는데, 그 밖의 정보는 New Value Type을 선택하여 창을 열고 추가합니다.

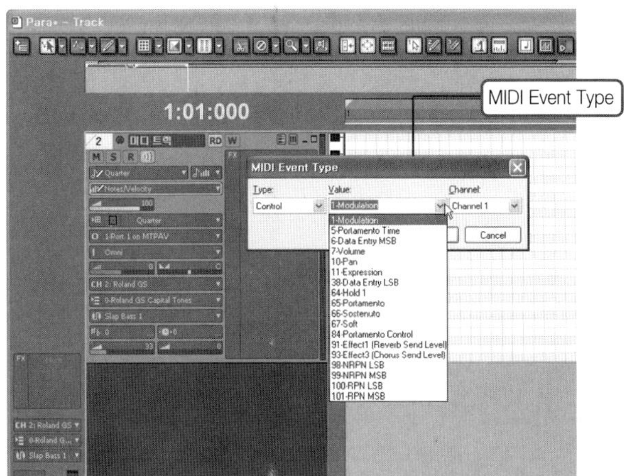

04 New Value Type 메뉴를 선택하면 입력할 미디 정보를 선택할 수 있는 MIDI Event Type 창이 열립니다. Type에서 종류를 선택하고, Value에서 정보를 선택합니다. Value는 Control, RPN, NRPN과 같이 정보가 여러 가지인 Type을 선택했을 때만 사용할 수 있습니다.

소나 7은 트랙 파라미터에서 선택한 채널이 우선권이 있기 때문에 MIDI Event Type은 Channel은 악기 연주에 영향을 주지 않지만, 미디 파일로 저장하거나 채널을 분리하는 CAL 메뉴 등의 기능을 적용할 때 필요하므로 선택하는 것이 좋습니다.

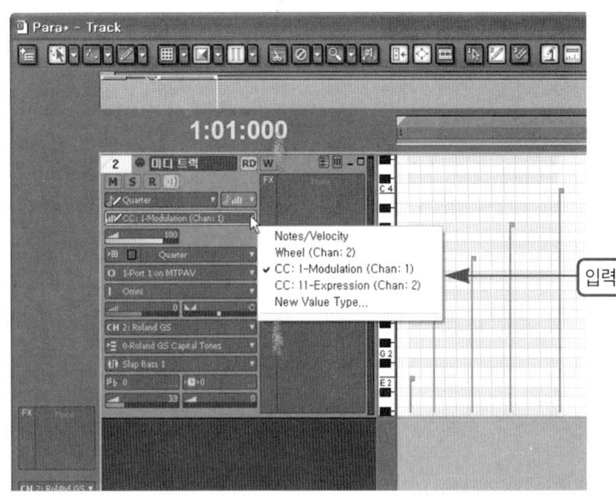

05 입력 정보를 컨트롤 정보로 바꾸면, [PRV 드로우] 버튼은 컨트롤 정보를 입력할 수 있는 역할을 합니다. 계속해서 노트를 비롯한 다른 정보를 입력하겠다면 Edit MIDI Event Type 항목에서 입력할 정보를 선택하여 바꿉니다.

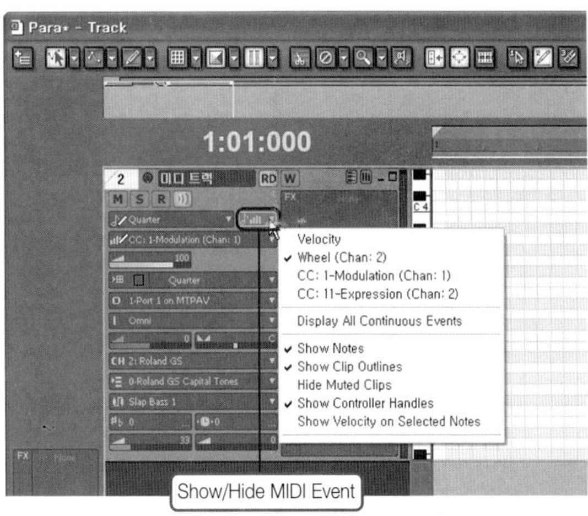

06 미디 노트와 다양한 컨트롤 정보를 한 화면에 모두 표시한다면 매우 복잡해 보일 것입니다. 그러므로 Show/Hide MIDI Event 항목을 Off로 하여 미디 노트만 표시되게 하고, 필요한 정보가 있을 때는 역삼각형 버튼을 클릭하여 목록을 열고 체크합니다.

PRV Erase Tool

[PRV 지우개] 버튼(PRV Erase Tool)은 PRV 모드 클립의 노트를 삭제하는 역할을 합니다. [선택] 버튼을 이용해서 삭제할 노트들을 마우스 드래그로 선택하고, Delete 키를 눌러도 되기 때문에 많이 사용하는 버튼은 아닙니다.

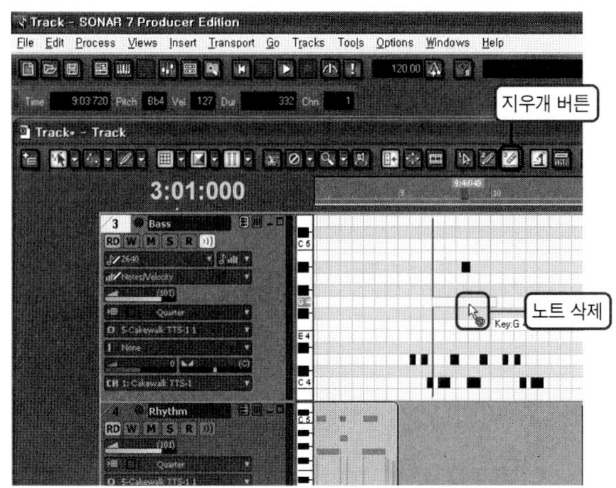

Tip PRV 모드에서의 스냅 간격

Snap To Grid 옵션 창은 Clips 외에도 PRV Mode 페이지가 있습니다. 각 옵션의 역할은 Clips 페이지와 동일하지만, PRV 모드에서 노트가 입력되는 간격을 설정한다는 차이가 있습니다.

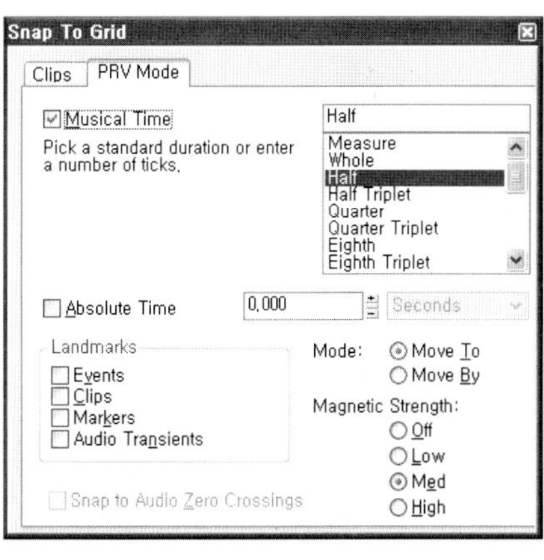

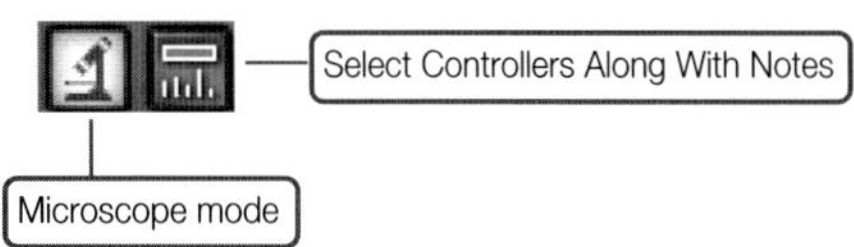

7 PRV 옵션 버튼

Microscope Mode와 Select Controllers Along With Notes 버튼은 PRV 모드에서 이벤트를 편집할 때의 옵션을 선택하는 [On/Off] 버튼입니다.

Microscope Mode

01 [현미경(Microscope Mode)] 버튼은 마우스 주변을 확대하는 역할을 합니다. PRV 모드의 작업 공간 크기는 PRV 모드 건반 위에서 마우스를 위/아래로 드래그하여 변경할 수 있습니다. 이때 작업 공간의 크기를 너무 작게 조정하면 노트를 편집하는 일이 어렵습니다.

02 하지만 [현미경] 버튼을 On으로 하면 마우스 위치의 범위가 현미경을 이용한 것과 같이 확대되기 때문에 별다른 어려움 없이 작업을 진행할 수 있습니다.

Select Controllers Along With Notes

[컨트롤 선택(Select Controllers Along With Notes)] 버튼은 PRV 모드에서 노트를 편집할 때, 노트 위치에 있는 컨트롤 정보가 함께 편집되게 하는 역할을 합니다.

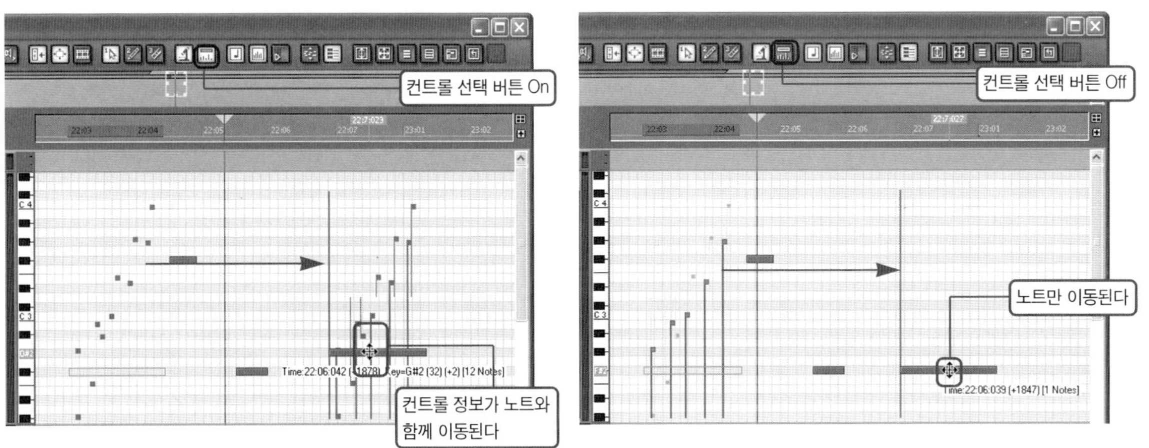

8 PRV 보기 버튼

Show/hide Notes, Show/hide Continuous, Show/Hide Velocity Tails의 3가지 버튼은 PRV 모드에서 노트 정보, 컨트롤 정보, 벨로시티 정보를 표시하거나 감추는 역할의 On/Off 버튼입니다.

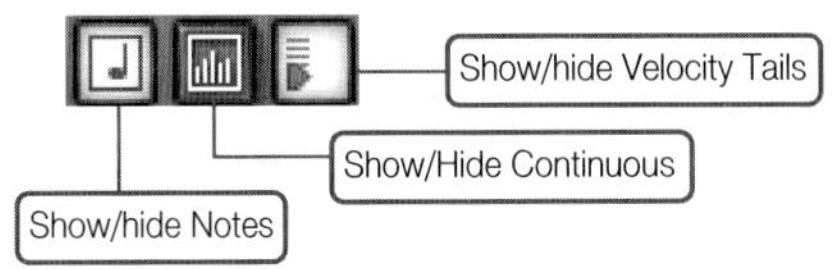

Show/hide Notes

[노트 보기(Show/hide Notes)] 버튼은 PRV 모드 클립의 노트를 화면에 표시할 것인지의 여부를 On/Off 합니다. 화면에 노트가 표시되지 않게 하면 컨트롤 정보를 편집할 때 편리합니다.

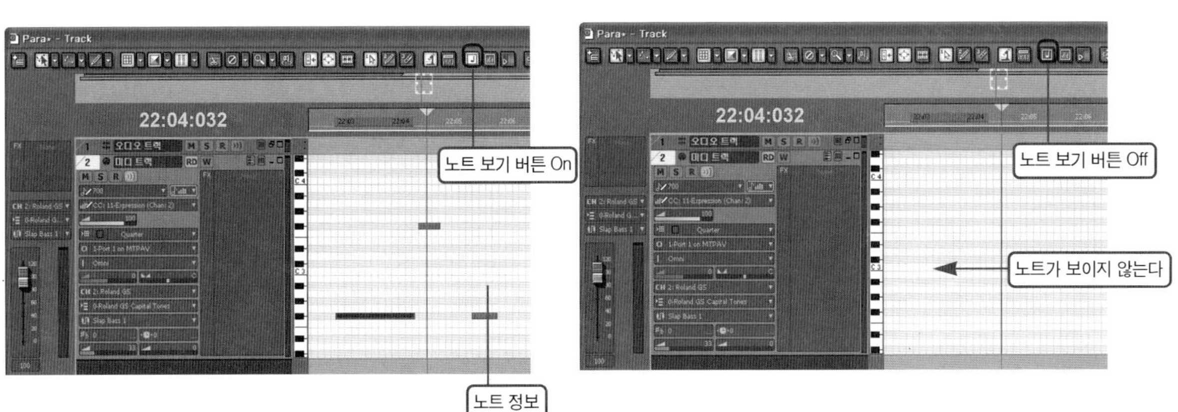

Show/hide Continuous

[컨트롤 보기(Show/hide Continuous)] 버튼은 PRV 모드 클립의 컨트롤 정보를 화면에 표시할 것인지의 여부를 On/Off 합니다.

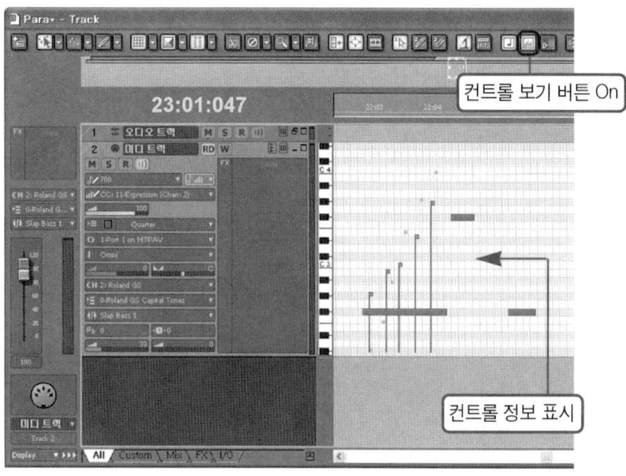

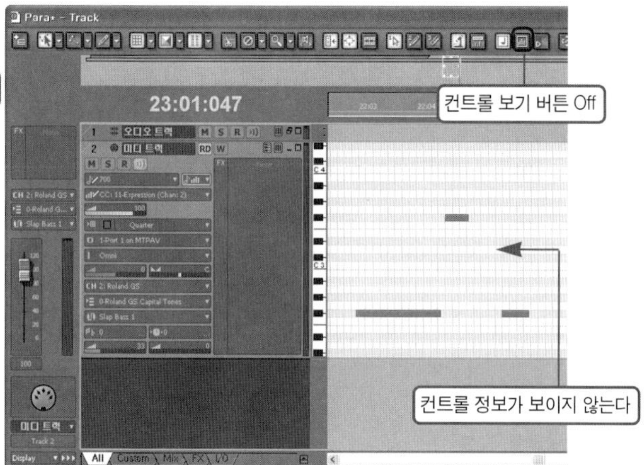

Show/Hide Velocity Tails

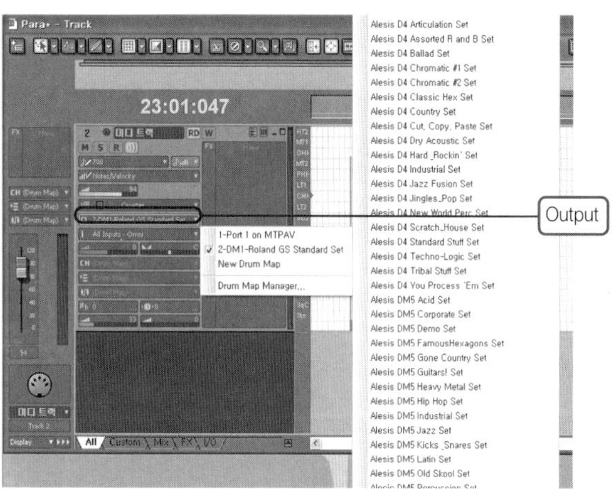

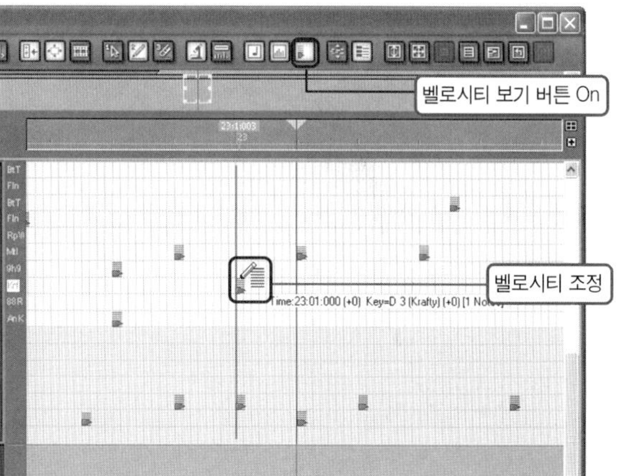

01 [벨로시티 보기(Show/Hide Velocity Tails)] 버튼은 PRV 모드를 드럼 맵으로 사용할 때, 벨로시티 값을 조정할 수 있는 미터로 표시할 것인지의 여부를 On/Off 합니다. 드럼 맵은 Outout 항목의 [New Drum Map]에서 선택합니다.

02 [벨로시티 보기] 버튼을 클릭하여 On으로 하면 벨로시티가 레벨 미터와 같은 타입으로 표시되며 마우스를 위/아래로 드래그하여 값을 변경할 수 있습니다.

가정교사

드럼 음색을 선택했을 때, 각 노트에서 연주되는 사운드는 악기마다 다릅니다. 그러므로 드럼 맵을 이용할 때는 자신이 사용하는 악기를 선택하거나 새로 만들어야 합니다. 사운드 카드 사용자는 GM 모드의 Default를 사용하면 됩니다.

9 PRV 모드 버튼

Fit Content와 [PRV Mode] 버튼은 RPV 모드 창의 크기를 조정하거나 PRV 모드의 사용을 On/Off 하는 역할을 합니다.

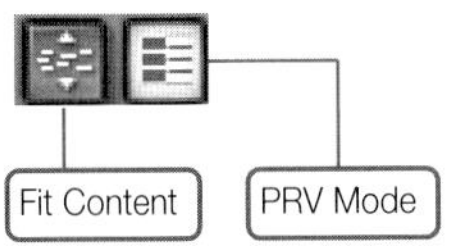

Fit Content

[Fit Content] 버튼은 PRV 모드 클립에 입력되어 있는 노트 폭에 창의 크기를 맞춥니다. 기준은 화면에 표시되고 있는 범위이며, 마우스 오른쪽 버튼을 클릭하여 단축 메뉴를 열고 Fit Content를 선택해도 됩니다.

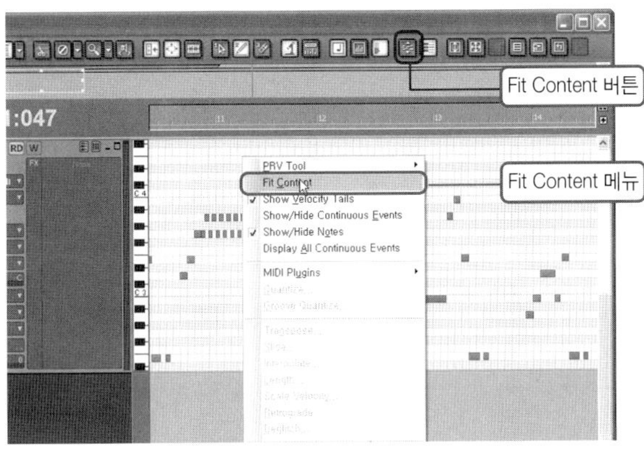

PRV Mode

[PRV Mode] 버튼은 트랙을 PRV 모드로 사용할 것인지를 On/Off 하는 것으로 트랙 파라미터의 [PRV 모드] 버튼과 동일한 역할입니다.

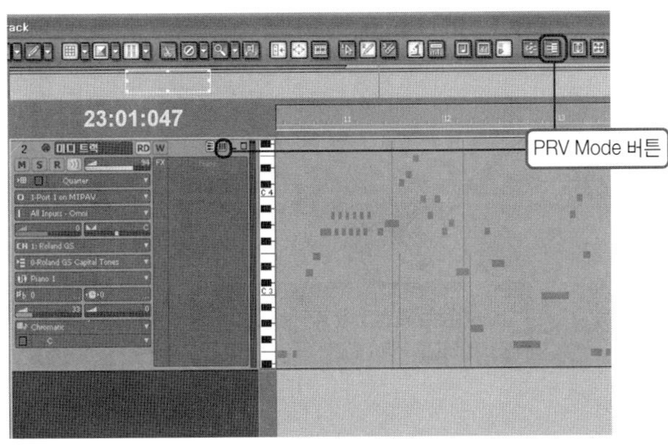

10 트랙 버튼

Fit Tracks To Window, Fit Project To Window 등 지금까지 살펴본 도구 이외의 7가지 버튼은 트랙의 크기를 조정하거나 화면에 표시할 트랙을 선택하는 등의 역할을 하는 [메뉴] 버튼입니다.

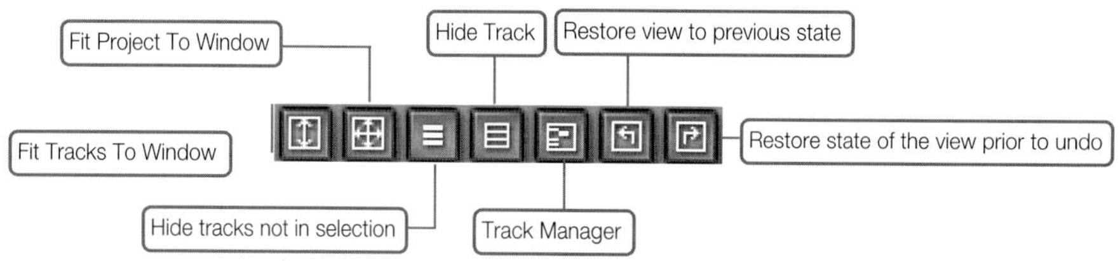

Fit Tracks To Window

[Fit Tracks To Window] 버튼은 작업 중인 트랙이 한 화면에 모두 표시되게 세로 폭을 자동으로 조정합니다.

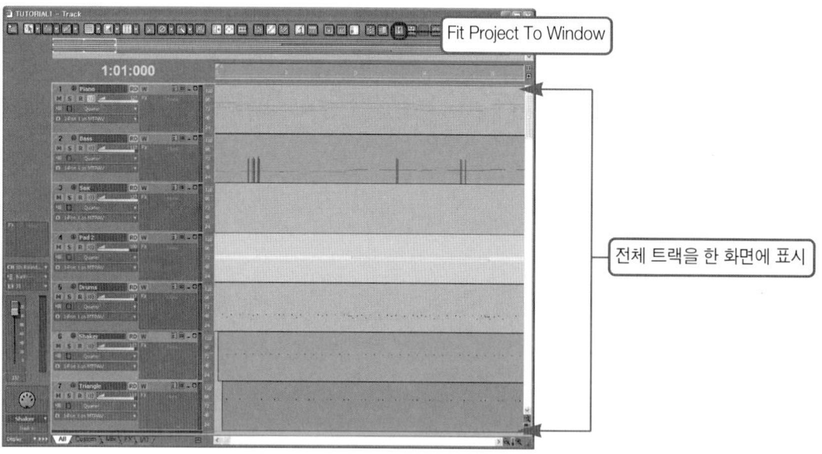

Fit Project To Window

[Fit Project To Window] 버튼은 트랙의 세로 폭뿐만 아니라 가로 폭도 작업 창에 맞춥니다.

Hide tracks not in selection

[Hide tracks not in selection] 버튼은 선택한 트랙만 화면에 표시하고 나머지 트랙은 감춥니다.

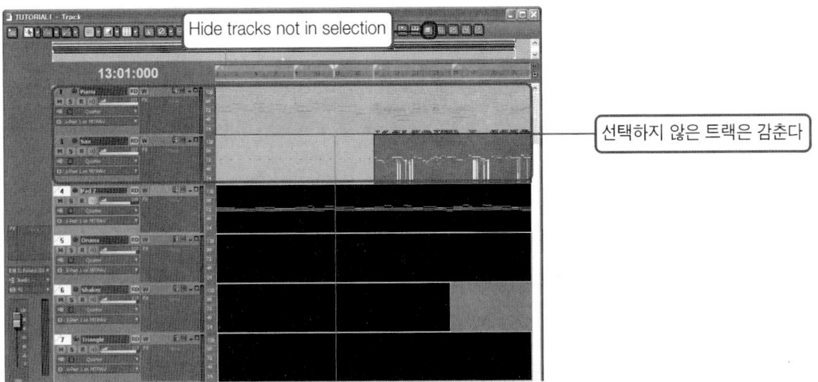

Hide Track

[Hide Track] 버튼은 선택한 트랙을 감춥니다. 2개 이상의 복수트랙에도 적용할 수 있습니다.

Track Manager

[Track Manager] 버튼은 화면에 표시할 트랙을 선택할 수 있는 Track manager 창을 엽니다. 목록에서 표시할 트랙을 개별적으로 선택해도 좋고, Toggle에서 트랙 타입을 일괄적으로 선택해도 좋습니다. Toggle 항목에서 선택한 경우에는 Space bar 키로 체크 표시를 On/Off 할 수 있습니다.

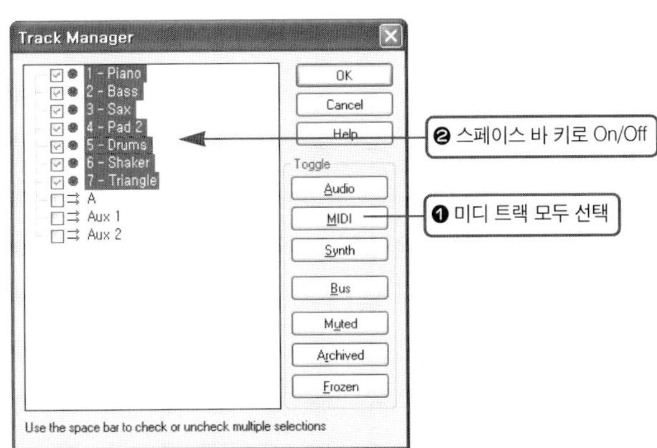

 Restore view to previous state

[Restore view to previous state] 버튼은 화면 조정 상태를 역순으로 되돌립니다. 예를 들어, 트랙의 경계선을 드래그하여 확대하고 [Restore view to previous state] 버튼을 클릭하면 확대 전으로 되돌릴 수 있습니다.

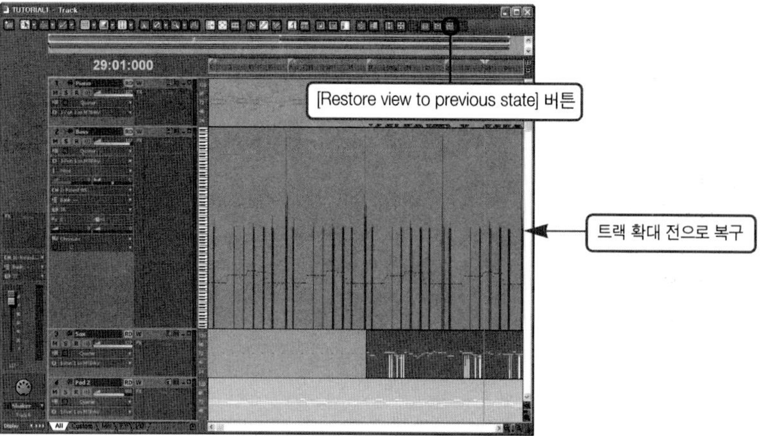

Restore state of the view prior to undo

[Restore state of the view prior to undo] 버튼은 [Restore view to previous state] 버튼으로 복구한 화면 상태를 또 다시 되돌립니다. 즉, 트랙을 확대하고 [Restore view to previous state] 버튼으로 복구했다가 [Restore state of the view prior to undo] 버튼을 클릭하면 확대한 상태로 되돌릴 수 있습니다.

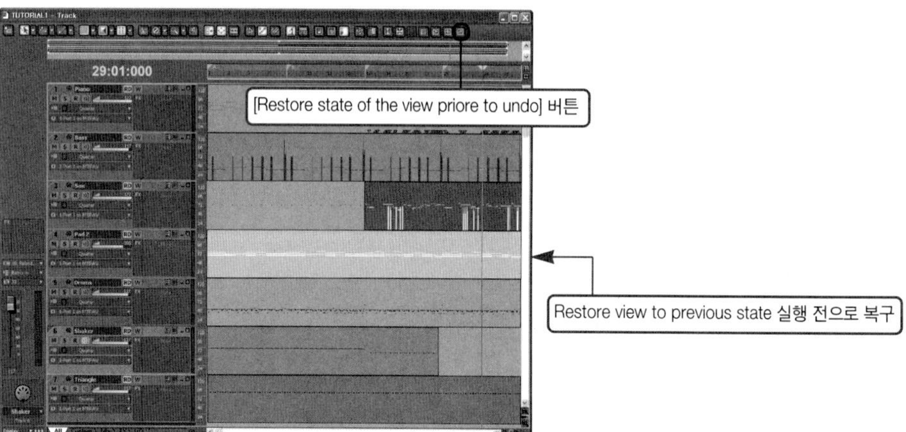

03 트랙 파라미터의 역할

각 트랙에는 볼륨을 조정하거나 뮤트, 솔로 등의 기능을 컨트롤을 할 수 있는 파라미터들이 있습니다. 음악 작업을 하면서 가장 많이 사용하는 부분이 될 것이므로 각각의 기능을 충분히 익혀두는 것이 좋습니다. 오디오와 미디 트랙의 파라미터 구성은 차이가 있지만, 동일한 역할을 하는 것이 대부분입니다. 부록 CD의 Para 샘플 파일을 열어놓고 살펴보겠습니다.

1 그룹 버튼

01 각 트랙의 왼쪽 상단 모서리는 트랙을 그룹으로 설정할 수 있는 [On/Off] 버튼이 있습니다. 이것은 동시에 여러 트랙의 파라미터 값을 조정하고 싶을 때 사용할 수 있습니다. Ctrl 키를 누른 상태로 1번과 2번 트랙의 [그룹] 버튼을 클릭합니다.

02 그룹으로 설정된 트랙은 파란색으로 반전되어 확인할 수 있습니다. 1번 또는 2번 트랙의 파라미터를 조정해보면 2개의 트랙이 동시에 조정되는 것을 확인할 수 있습니다. 그림에서는 볼륨 파라미터를 움직여보고 있습니다.

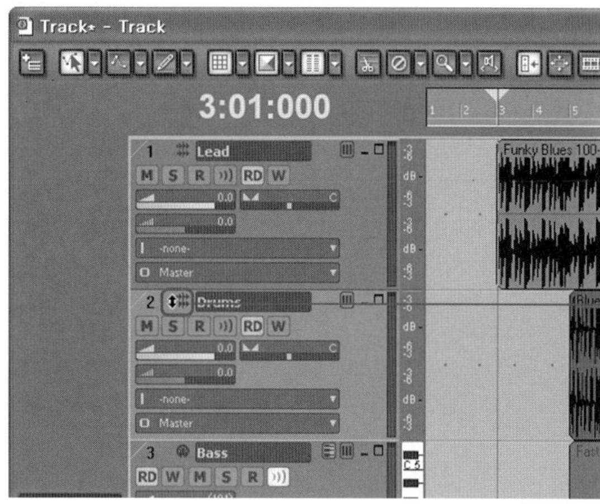

트랙 번호는 상단에서 하단의 순서대로 설정
되기 때문에 트랙의 위치를 변경하면, 번호
도 함께 변경됩니다. 트랙 번호 오른쪽의 타입 아이
콘을 드래그하여 아래쪽으로 이동시켜봅니다. 1번
트랙이 2번으로 변경되는 것을 확인할 수 있습니다.

Ctrl + Z 를 눌러 이동을 취소합니다. 트랙
번호를 클릭하면 해당 트랙의 모든 클립이
선택/해제 됩니다. 1번 오디오 트랙의 번호를 반복
해서 클릭해 봅니다. 클립이 검정색으로 선택/해제
되는 것을 확인할 수 있습니다.

트랙 번호를 더블 클릭하면 모든 트랙이 선
택/해제됩니다. 1번과 2번 중 아무것이나 더
블 클릭을 반복해봅니다. 전체 트랙이 선택/해제되
는 것을 확인할 수 있습니다.

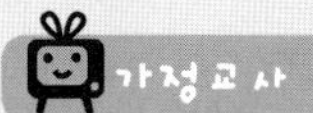

01 오디오 트랙과 미디 트랙을 아이콘으로 구분합니다. 아이콘을 더블 클릭하면 파라미터의 값들을 조정할 수 있는 Track Properties 창이 열립니다. 미디 트랙의 타입 아이콘을 더블 클릭해봅니다.

가정교사

아웃 포트가 VST instruments로 설정된 트랙에서 트랙 타입 아이콘을 더블 클릭하면 악기 패널이 열립니다.

02 Track Properties 창은 [브라우저] 버튼을 제외하고, 지금 살펴보고 있는 파라미터와 동일한 기능을 합니다. [브라우저] 버튼을 클릭해봅니다.

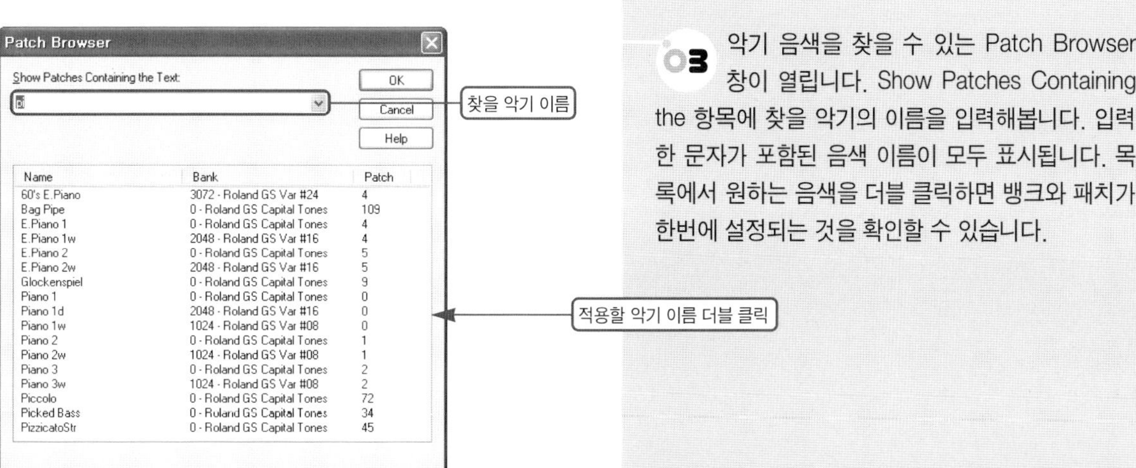

03 악기 음색을 찾을 수 있는 Patch Browser 창이 열립니다. Show Patches Containing the 항목에 찾을 악기의 이름을 입력해봅니다. 입력한 문자가 포함된 음색 이름이 모두 표시됩니다. 목록에서 원하는 음색을 더블 클릭하면 뱅크와 패치가 한번에 설정되는 것을 확인할 수 있습니다.

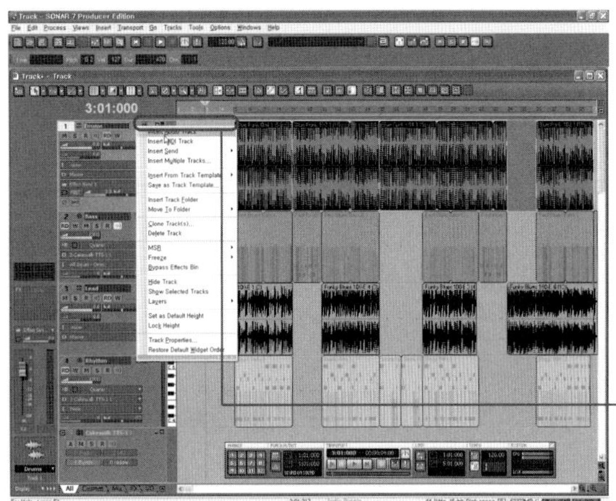

01 트랙의 이름을 나타냅니다. 트랙 리스트에서 마우스 오른쪽 버튼을 클릭하여 단축 메뉴를 열고, Insert Audio Track 또는 Insert MIDI Track을 선택하여 트랙을 추가해 봅니다. 선택한 트랙의 위쪽으로 추가됩니다.

02 기본적인 이름은 'Track 번호'로 표시됩니다. 트랙 이름 항목을 더블 클릭하여 입력될 이벤트를 쉽게 구분할 수 있는 이름으로 변경합니다. 드럼 사운드를 입력할 것이라면 트랙 이름은 드럼이라고 입력하는 것이 구분하기 쉬울 것입니다.

가정교사

트랙 이름 항목의 오른쪽 경계선을 드래그하여 크기를 조정할 수 있습니다.

5 뮤트와 솔로 버튼

M은 선택한 트랙의 소리를 내지 않도록 하는 [뮤트] 버튼이고, [S]는 선택한 트랙만을 연주하는 [솔로] 버튼입니다.
Space bar 키를 눌러 곡을 연주하고 각각의 트랙에서 [M] 버튼과 [S] 버튼을 클릭하여 확인해봅니다.

6 녹음 준비 버튼

[R] 버튼은 녹음이 가능한 트랙으로 설정하는 [녹음 준비] 버튼입니다. 트랙의 [R] 버튼이 Off되어 있는 상태에서는
트랜스포트 패널의 [녹음] 버튼을 사용할 수 없다는 것을 알 수 있습니다.

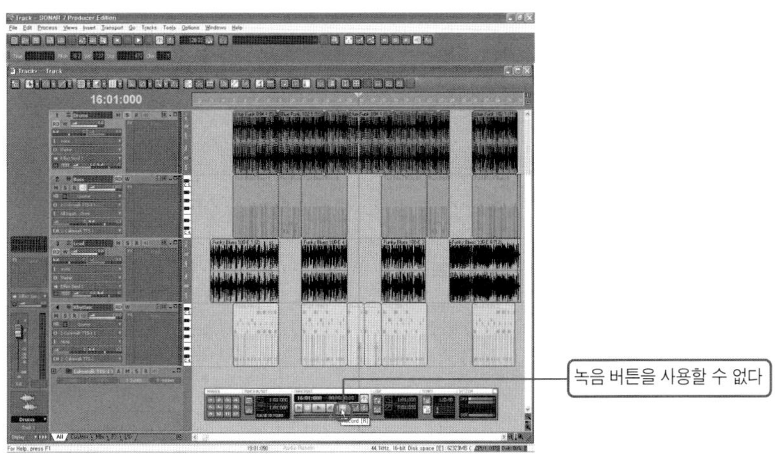

[R] 버튼을 ON하면 도구 모음 줄의 [녹음] 버튼을 사용할 수 있고, [녹음] 버튼을 클릭하면 녹음이 진행되는 것을 확인할 수 있습니다. 녹음 정지는 Space bar 키를 누르면 되고 녹음을 마친 후에는 [R] 버튼을 꺼두는 것이 좋습니다.

7 에코 버튼

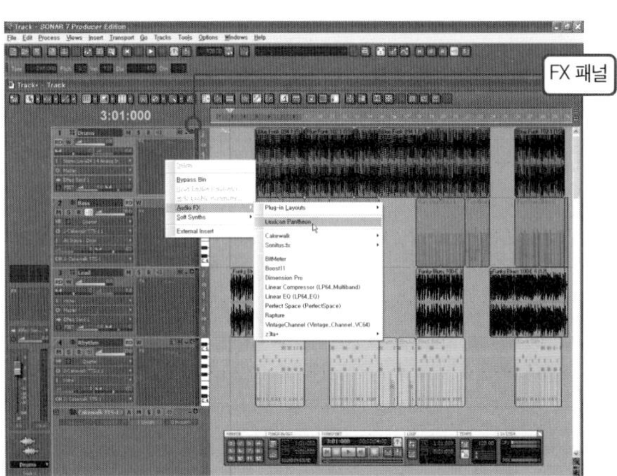

01 [에코] 버튼은 입력 소스를 모니터 할 수 있게 하는 기능입니다. FX 패널에 이펙트를 적용했다면 마치 외장 이펙트를 사용하는 것과 동일한 효과를 얻을 수 있습니다. 오디오 트랙의 FX 패널에서 마우스 오른쪽 버튼을 클릭하여 단축 메뉴를 열고, Audio FX의 [Lexicon Pantheon]을 선택합니다.

02 리버브 효과인 Lexicon pantheon가 오디오 트랙에 적용됩니다. 사운드 카드 Mic 단자에 마이크를 연결하고, 소리를 내봅니다. 그냥 생 톤으로 들립니다. 그러나 [에코] 버튼을 클릭하여 소리를 내어보면 리버브가 적용되는 것을 확인할 수 있습니다.

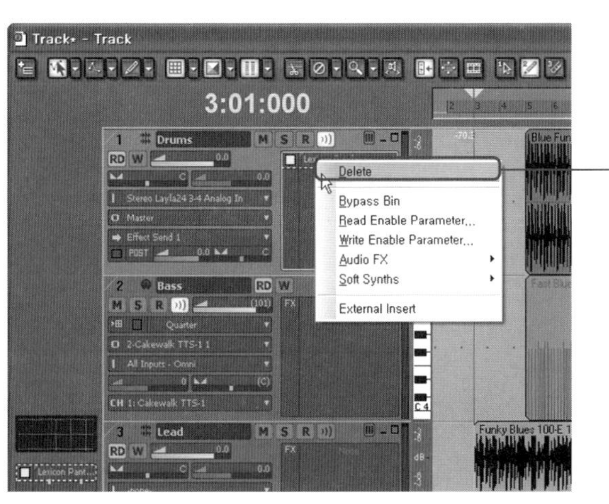

03 FX 패널에 적용된 이펙트는 마우스 오른쪽 버튼을 클릭하여 단축메뉴를 열고 [Delete] 를 선택하여 제거할 수 있습니다.

8 오토메이션 버튼

01 소나 7은 트랙 파라미터의 조정 값을 시간대 별로 컨트롤 할 수 있는 오토메이션 기능을 제공합니다. W로 표시되어 있는 [오토메이션 쓰기] 버튼을 클릭합니다. 오토메이션 기록이 가능한 파라미터는 빨간색 테두리로 표시됩니다.

02 Space bar 키를 눌러 곡을 재생하면서 빨간색 테두리가 있는 파라미터를 조정해봅니다. 그림에서는 볼륨 슬라이드를 조정하고 있는데, 해당 트랙에 파란색 라인이 그려지는 것을 확인할 수 있습니다.

03 오토메이션 [쓰기] 버튼을 클릭하여 Off로 하고 곡을 재생해보면 볼륨이 자동으로 조정되는 것을 확인할 수 있습니다. 오토메이션 기능이 작동되지 않게 하려면 RD로 표시되어 있는 오토메이션 [읽기] 버튼을 Off로 합니다.

9 PRV 모드 버튼

01 미디 트랙의 [PRV 모드] 버튼은 작업 공간의 클립을 피아노 창 보기로 표시합니다. PRV 모드의 사용법은 피아노 창과 동일하므로 자세한 것은 피아노 창에서 살펴보기로 하고, 여기서는 기본적인 개념만 살펴보겠습니다.

02 트랙 리스트와 클립 사이의 벨로시티 표시 공간을 위쪽으로 드래그하여 확대하면 피아노 창에서와 같이 건반 표시로 변경할 수 있습니다.

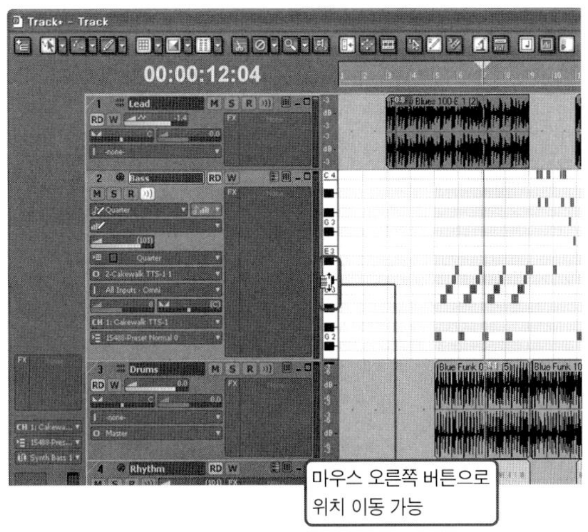

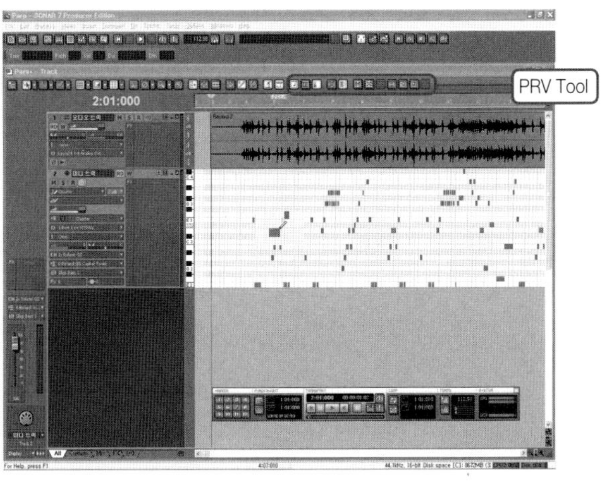
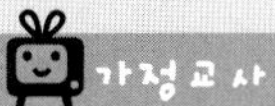

03 건반 표시 공간에서 마우스를 상/하로 드래 그하여 작업 공간의 세로 크기를 조정할 수 있습니다. 마우스 오른쪽 버튼을 클릭한 상태에서 상/하로 드래그하면 작업 공간의 위치를 변경할 수 있습니다.

가정교사

건반에서 마우스 오른쪽 버튼을 클릭하여 단축 메뉴를 열고, Fit Content를 선택하면 입력한 노트 범위가 모두 보이는 크기 로 조정됩니다.

04 노트를 편집하기 위한 툴은 도구 모음 줄의 PRV 툴을 이용합니다. 기본적으로 데이터를 선택하는 Select 툴, 입력하는 Draw 툴, 삭제하는 Erase 툴의 3가지로 구성되어 있으며 다양한 옵션 역할을 하는 버튼들이 있습니다.

01 [레이어] 버튼은 반복 녹음한 클립을 레이어 형식으로 편집할 수 있는 트랙을 만들어줍니다. 레이어 트랙의 개념을 살펴보기 위해서 녹음을 해보겠습니다. 룰러 라인을 드래그하여 반복 녹음할 구간을 선택합니다.

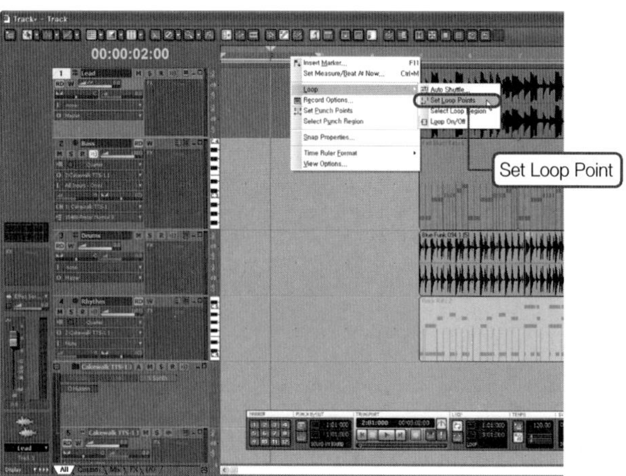

02 룰러 라인에서 마우스 오른쪽 버튼을 클릭하여 단축 메뉴를 열고, Loop의 [Set Loop Point]를 선택합니다. 선택한 구간의 시작과 끝 지점에 노란색 마커가 표시되는 것을 확인할 수 있습니다.

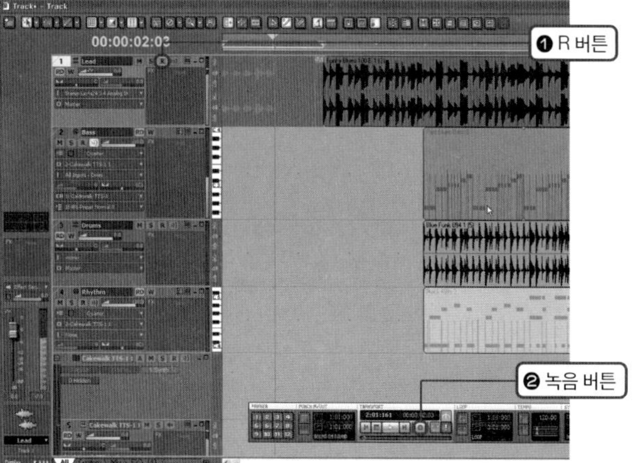

03 트랙 리스트의 [R] 버튼을 클릭하여 녹음 트랙으로 만들고 트랜스포트 패널의 [녹음] 버튼을 클릭하여 반복 녹음합니다. 몇 차례 반복해서 녹음을 한 후에 Space bar 키나 [정지] 버튼을 클릭합니다.

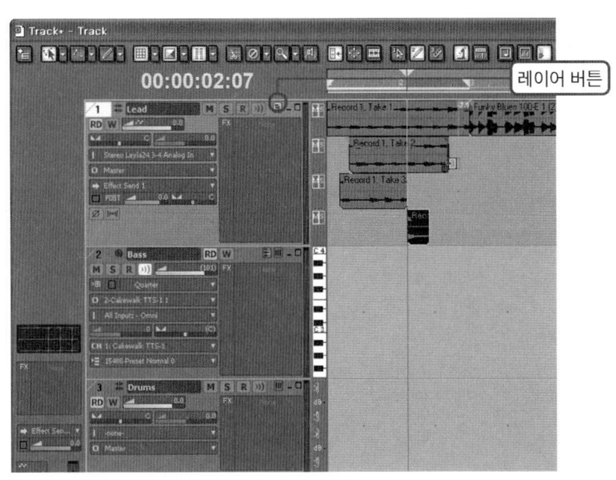

04 레이어 버튼을 클릭하여 레이어 트랙으로 만들면 반복 녹음한 클립을 트랙 단위로 편집할 수 있는 상태가 됩니다. 각 레이어 트랙에는 별도의 뮤트(M)와 솔로(S) 버튼이 있으며, 실제로 연주될 부분만을 마우스 드래그로 편집할 수 있습니다.

11 최소/최대 버튼

[최대] 버튼은 트랙의 패널을 리스트에 꽉 차도록 확대하고, [최소] 버튼은 트랙의 이름만 보이게 축소합니다. 이때 [최소/최대] 버튼은 [복구] 버튼으로 변경되어 원래의 크기로 되돌릴 수 있습니다.

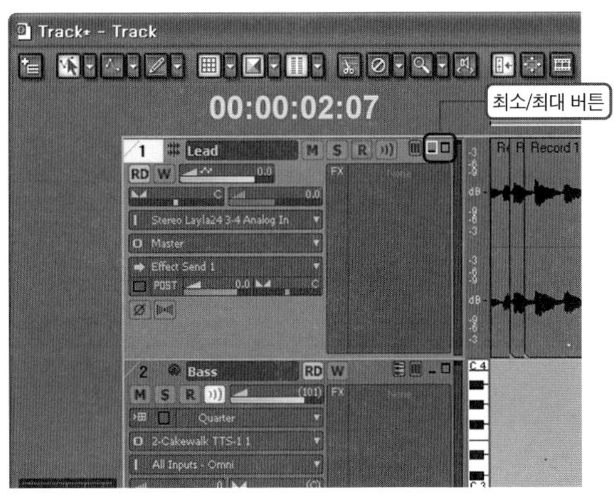

12 볼륨 슬라이더

마우스 좌/우 드래그로 볼륨을 조정합니다. 오디오는 dB 단위로 표시되고, 미디는 최대 127까지 숫자로 표시됩니다. 볼륨 슬라이더를 더블 클릭하면 초기값으로 조정됩니다.

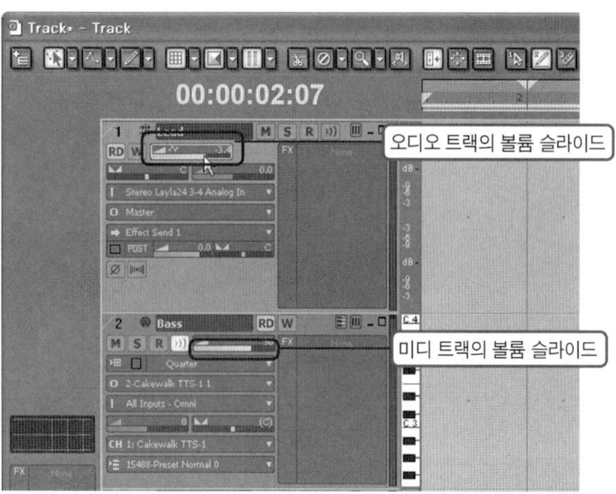

13 팬 슬라이더

마우스 좌/우 드래그로 팬을 조정합니다. 팬이란 소리의 방향을 말합니다. 팬을 왼쪽으로 돌렸다는 의미는 소리가 왼쪽 스피커에서 들리게 조정했다는 것입니다. 팬은 퍼센트 단위로 설정되며 C가 중앙, -100% L이 왼쪽, 100% R이 오른쪽입니다.

14 트림 슬라이더

볼륨 값을 증/감시킵니다. 증/감의 폭은 볼륨 슬라이더와 동일하지만, 이미 볼륨이 최대치라면 트림을 증가시켜도 연주되는 볼륨은 변화가 없습니다. 이것은 볼륨 슬라이더와 트림의 합이 최대값이 될 때까지만 효과를 얻을 수 있으며 미디 트랙은 벨로시티를 변화시킵니다.

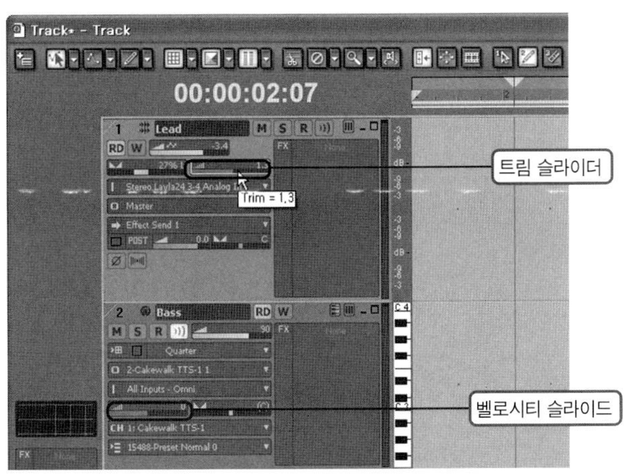

15 인 포트 선택 메뉴

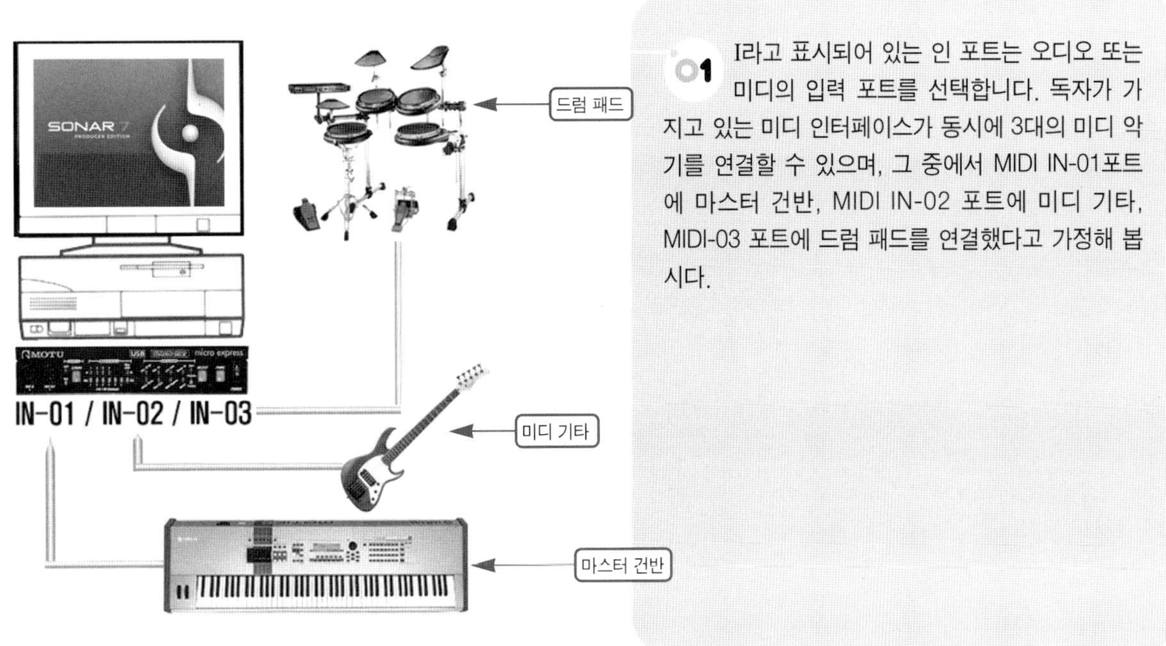

> **01** I라고 표시되어 있는 인 포트는 오디오 또는 미디의 입력 포트를 선택합니다. 독자가 가지고 있는 미디 인터페이스가 동시에 3대의 미디 악기를 연결할 수 있으며, 그 중에서 MIDI IN-01포트에 마스터 건반, MIDI IN-02 포트에 미디 기타, MIDI-03 포트에 드럼 패드를 연결했다고 가정해 봅시다.

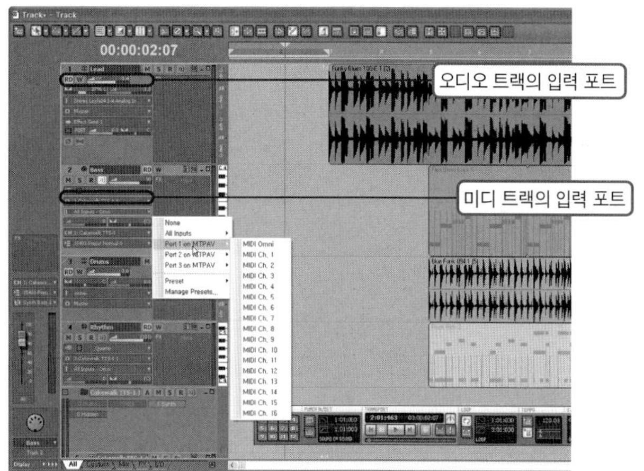

Tip Manage Presets 기능

미디 인 포트 선택 메뉴 하단에는 Manage Presets이 있습니다. 이것의 역할을 살펴보겠습니다. Manage Presets을 선택하여 MIDI Input Presets 창을 엽니다.

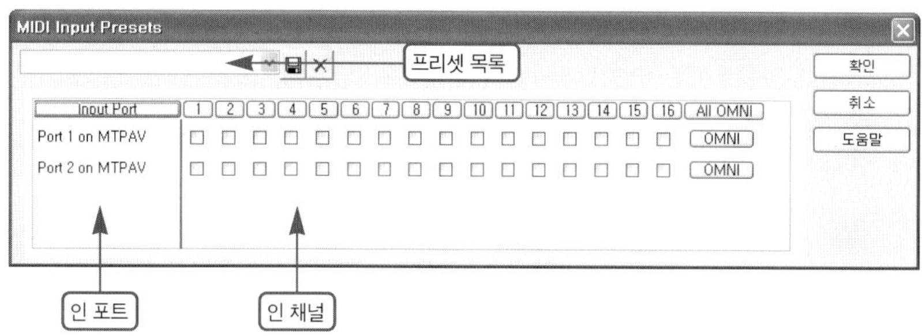

왼쪽 Input Port에는 인터페이스의 이름과 포트가 표시되어 있고, 오른쪽에는 각 포트 별로 채널 번호가 표시되어 있습니다. 채널 번호 아래쪽에 있는 체크 표시로 인 채널의 사용 여부를 결정합니다. All OMNI는 모든 체크 표시를 선택/해제하고, [OMINI] 버튼은 해당 포트의 모든 채널을 선택/해제합니다. 채널을 몇 개 해제하고, 프리셋으로 저장합니다. 저장된 프리셋은 트랙 인 포트 메뉴의 Preset 항목에서 선택합니다. 해제된 포트의 채널로는 미디 입력이 되지 않는 것을 확인할 수 있습니다.

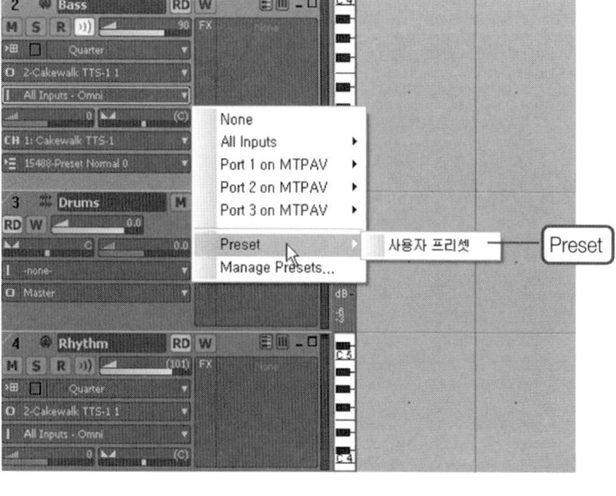

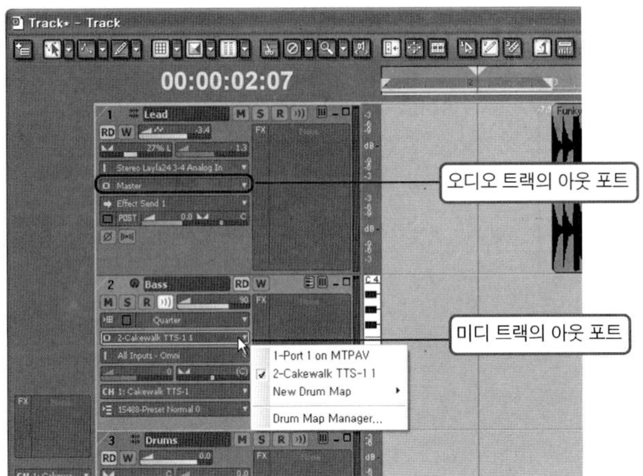

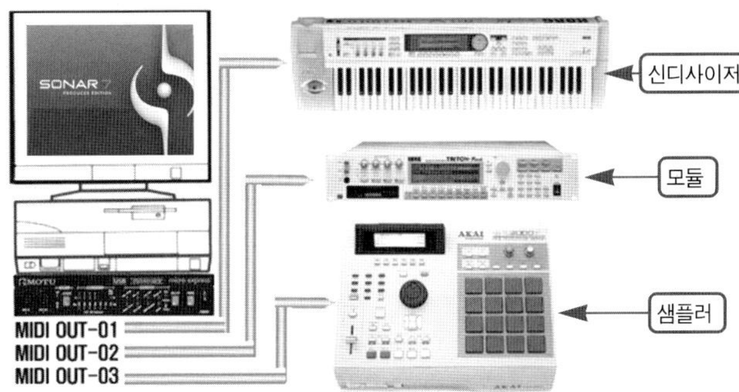

01 인 포트와 반대 개념으로 소나 7에 입력된 미디 또는 오디오 연주가 전송될 아웃 포트를 선택할 수 있는 목록이 열립니다. 사용자의 컴퓨터에 장착된 시스템에 따라서 목록의 표시 상태는 달라집니다.

02 독자가 가지고 있는 미디 인터페이스가 동시에 3대의 미디 악기를 연결할 수 있으며, MIDI OUT-01에 신디사이저, MIDI OUT-02에 모듈, MIDI OUT-03에 샘플러를 연결했다고 가정해봅니다. 이 경우 미디 트랙에 입력된 데이터를 모듈로 전송하여 소리를 내고 싶다면 MIDI OUT-02를 선택하는 것입니다.

가정교사

VST Instruments를 로딩 하면 미디 아웃 포트에 VST 이름이 추가되어 아웃을 VST로 설정할 수 있습니다.

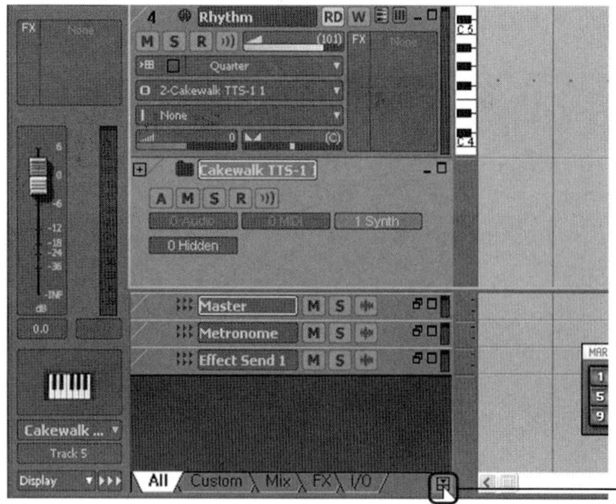

01 오디오 트랙의 센드 포트 선택 메뉴는 이펙 트를 센드 방식으로 사용합니다. 리버브와 딜레이 등의 시간 계열 이펙트는 하나의 장치로 여 러 트랙에서 동시에 사용할 수 있는 센드 방식으로 많이 사용합니다. [버스 패널 열기] 버튼을 클릭하여 버스 패널을 엽니다.

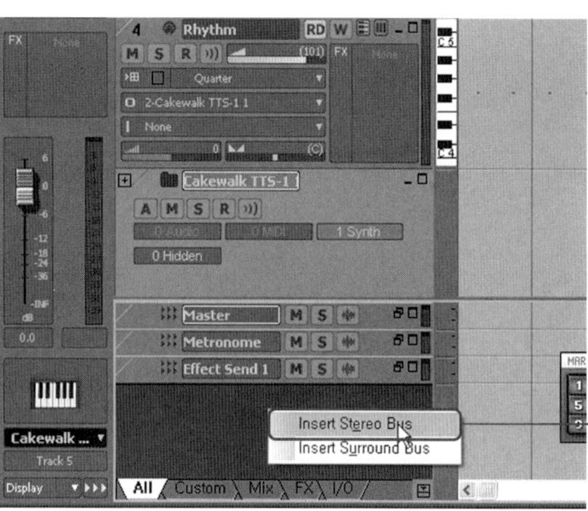

02 기본적으로 Master, Metronome, Effect Send1의 버스 트랙이 있습니다. 기본 버스 트랙을 이용해도 좋고 새로운 버스 트랙을 만들어도 좋습니다. 마우스 오른쪽 버튼을 클릭하여 단축 메 뉴를 열고, [Insert Stereo Bus]를 선택하여 새로운 버스 트랙을 만들어 보겠습니다.

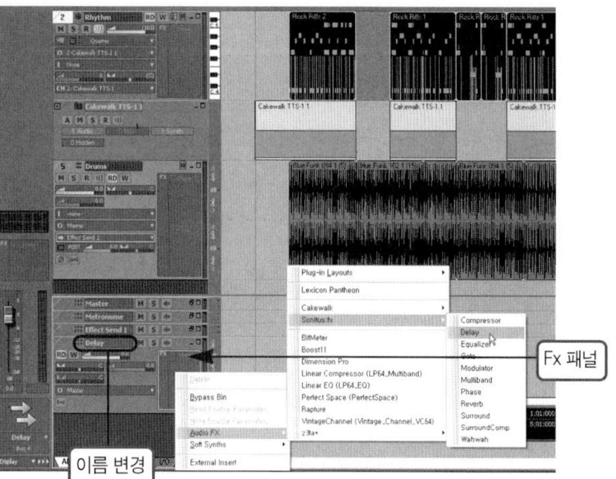

03 Bus 4라는 이름의 새로운 트랙이 만들어집 니다. 이름 항목을 더블 클릭하여 Delay로 변경하고, FX 패널에서 마우스 오른쪽 버튼을 클릭 하여 단축 메뉴를 엽니다. 그리고 Audio FX의 Sonitus: fx에서 [Delay]를 선택합니다.

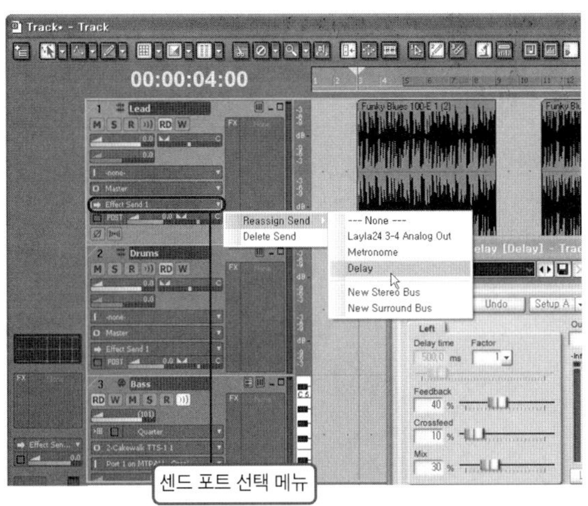

04 오디오 트랙의 센트 포트 선택 항목을 클릭 하여 메뉴를 열고, Reassign Send에서 딜레 이를 장착한 Delay 버스 트랙을 선택합니다. 또 다른 오디오 트랙도 같은 방법으로 Delay 버스 트랙을 선 택합니다.

05 버스 사용 버튼을 On으로 하고 곡을 재생해 보면 버스 트랙에 장착한 하나의 이펙트를 여러 트랙에서 동시에 사용할 수 있다는 것을 알 수 있습니다. 각 트랙의 이펙트 볼륨은 Bus volume 슬 라이드로 조정할 수 있으며, Bus Pan 슬라이드를 이용하여 팬 값도 조정할 수 있습니다.

06 [Bus On/off] 버튼 오른쪽의 [Post] 버튼을 클릭하면 Pre로 변경됩니다. 이것은 센드 이 펙트를 볼륨 페이더 이후(Pre)에 적용할 것인지, 이 전(Post)에 적용할 것인지를 선택합니다. 기본 값은 Post로 설정되어 있습니다.

센드 이펙트를 볼륨 페이더 전에 적용하는 PRE 모드로 이용 하면 해당 트랙의 볼륨 값에 상관없이 이펙트의 양이 유지됩니 다. 이펙트의 양을 체크하는 목적으로 이용할 수 있습니다.

오디오 트랙의 [페이즈] 버튼은 파형의 각도를 180도 바꿔줍니다. 오디오 케이블의 극성이 바뀐 상태로 녹음이 되었거나 반대 파형과 충돌하여 소리가 감소하는 현상을 경험한다면 [페이즈] 버튼으로 해결할 수 있습니다.

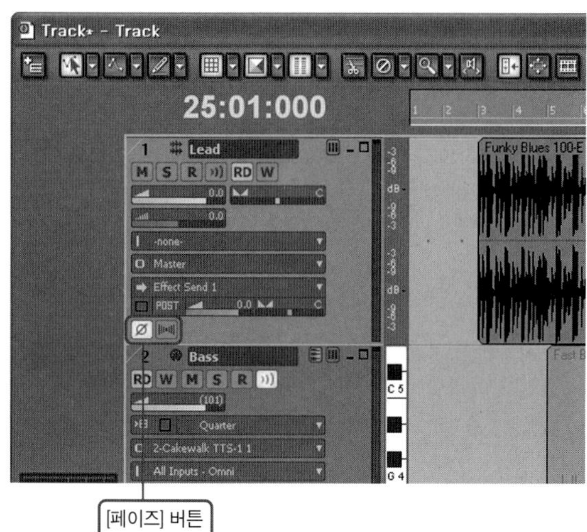

[페이즈] 버튼

Tip — 위상이란

위상은 오디오 파형의 각도를 의미합니다. 두 대의 Guitar 사운드가 연주되고 있을 때, 각각의 위상이 동일하다면 이론적으로 사운드의 레벨은 두 배가 됩니다.

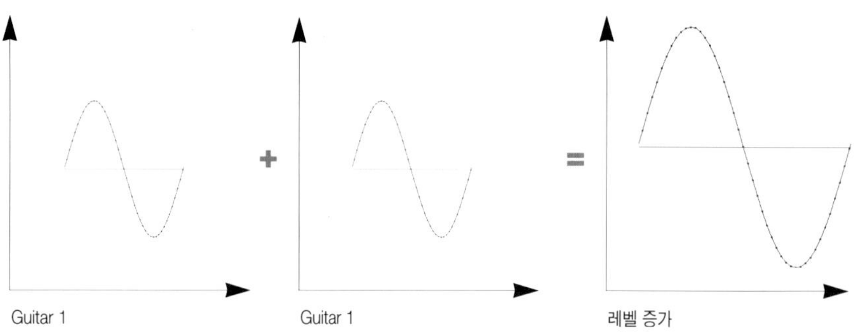

하지만 서로의 위상이 반대로 연주되고 있다면 이론적으로 사운드는 무음이 됩니다. 물론 한 곡이 연주되는 동안 계속해서 위상이 반대로 겹치는 경우는 없기 때문에 무음 현상을 경험할 수 없겠지만, 왠지 소리가 작아지고 답답해지는 것을 느낄 수는 있습니다. 위상이 반대로 겹치는 현상은 연주자의 위치, 공연장의 구조 등 여러 가지 원인이 있을 수 있지만, 한 쪽 Guitar 연주 사운드의 위상을 바꿔 해결하는 방법이 있습니다. 공연장이나 스튜디오에서 사용하는 콘솔에는 각 채널의 위상을 바꿔주는 [Invert] 버튼이 있습니다.

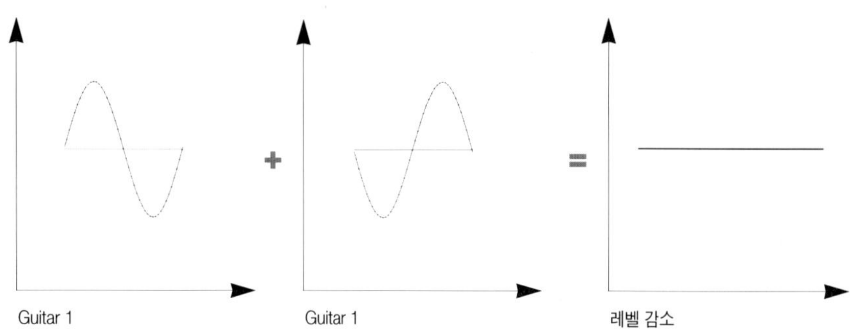

19 스테레오 버튼

오디오 트랙의 [스테레오] 버튼은 해당 트랙의 사운드를
스테레오 또는 모노로 연주합니다. 클릭을 할 때마다 스
피커 모양의 아이콘이 좌/우(스테레오), 왼쪽(모노)로 표
시됩니다.

20 FX 패널

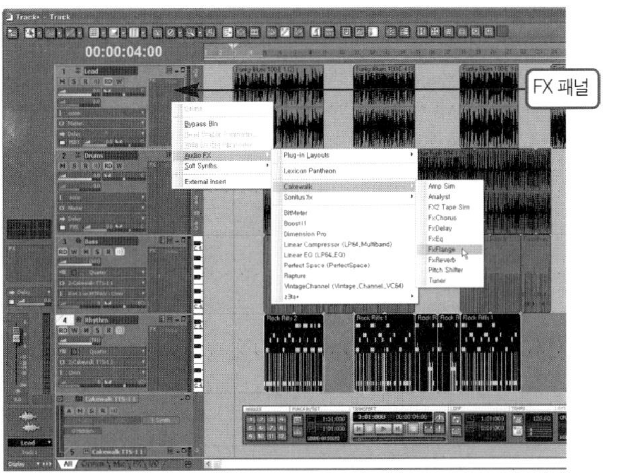

01 FX 패널은 오디오 또는 미디 트랙에 인서트
방식으로 이펙트를 적용합니다. FX 패널에
서 마우스 오른쪽 버튼을 클릭하여 단축 메뉴를 열
고 Audio FX 에서 적당한 이펙트를 적용해 봅니다.

02 곡을 연주해보면 FX 패널의 이펙트가 적용
된 사운드를 모니터 할 수 있습니다. 녹음을
할 때, 이펙트를 실시간으로 적용하는 방법을 묻는
사용자가 많은데 [에코] 버튼을 On으로 하기만 하면
됩니다.

가정교사

[에코] 버튼을 이용할 때, 인/아웃 포트를 다르게 설정할 수 있
는 멀티 카드 사용자는 문제가 없지만, 사운드 카드 사용자는
제어판의 볼륨 컨트롤 패널에서 인풋 모니터 기능을 Off시켜야
하울링이 발생하지 않습니다.

이제부터는 미디 트랙에만 있는 파라미터 입니다. 채널은 해당 트랙의 이벤트를 아웃 포트에서 선택한 음원의 몇 번 채널로 전송하여 연주할 것인지를 선택합니다. 목록은 독자가 연결한 악기의 이름이므로 그림과 다를 것입니다.

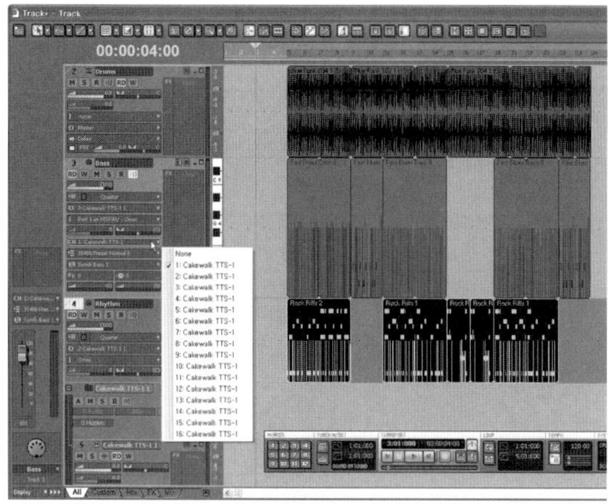

가정교사

대부분의 미디 악기는 16채널을 가지고 있습니다. 각각의 채널을 연주자라고 하면, 총 16인조 효과를 연출하는 것입니다. 즉, 1번 채널을 선택하면, 해당 트랙의 이벤트를 1번 연주자에게 연주하도록 지시하는 것입니다.

22 뱅크 선택 메뉴

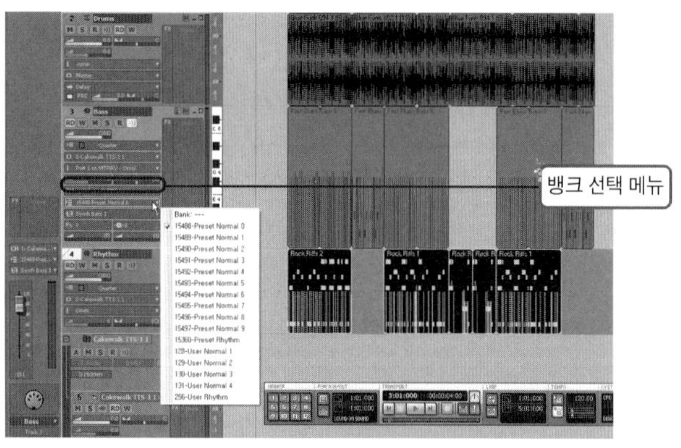

01 뱅크란 하나의 패치 묶음을 말합니다. 대부분의 미디 악기에는 수 백 가지의 음색이 있습니다. 그러나, 패치 항목에서 선택할 수 있는 것은 128가지로 제한되어 있습니다. 그래서 128개 이하 단위로 묶어놓은 것이 뱅크입니다.

02 표는 SC-88 악기의 패치 리스트의 일부분입니다. 미디 트랙의 이벤트를 Piano 1w라는 음색으로 연주하겠다면 포트와 채널을 선택하고, 뱅크 8번과 패치 1번을 선택해야 하는 것입니다. 물론, 악기 리스트를 만들었다면 숫자가 아닌 이름으로 선택할 수 있습니다.

Piano		
패치	뱅크	음색
001	000	Piano 1
	008	Piano 1w
	016	Piano 1d
002	000	Piano 3
	008	Piano 2w
003	000	Piano 3
	001	EG-Rhodes 1
	002	EG-Rhodes 2
	008	Piano 3w

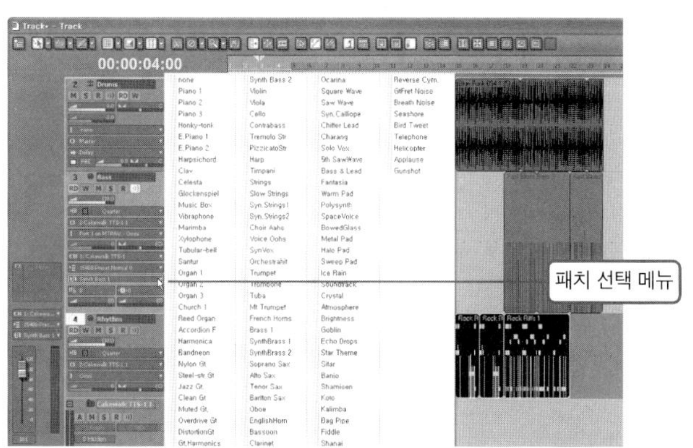

01 패치는 악기 이름을 말합니다. 미디 트랙은 아웃 포트에서 선택한 악기의 몇 번 채널, 몇 번 뱅크의 어떤 음색으로 연주되게 할 것인지를 모두 체크해야 원하는 사운드로 연주할 수 있습니다. 패치는 포트, 채널, 뱅크, 다음의 마지막 음색 선택 항목입니다.

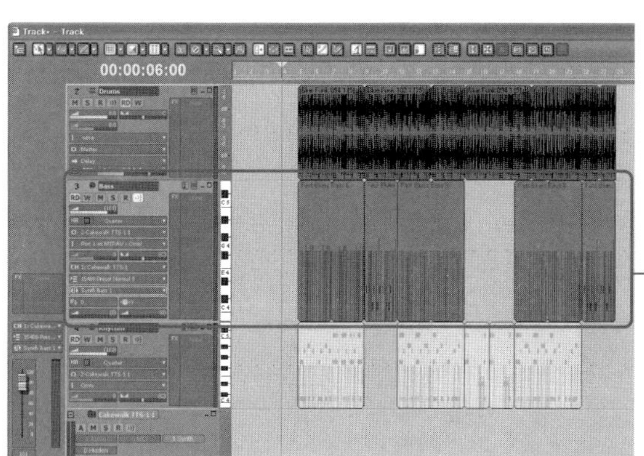

02 예를 들어, 독자의 미디 인터페이스 아웃 포트 1번에 연결된 A라는 악기에서 3번 채널(3번 연주자)에게 베이스를 연주하게 하려면 아웃 포트는 1번, 채널은 3번, 뱅크와 패치는 베이스를 선택하는 것입니다.

24 키 파라미터

01 키 파라미터는 해당 트랙의 음정을 조정합니다. 작업한 음악이 가수의 음역에 맞지 않는다거나, 기타 또는 베이스와 같이 악보보다 1옥타브 낮은 사운드를 표현할 때 사용할 수 있습니다. 기타 음색으로 적당한 프레이즈를 입력하거나 부록 CD의 Gt 샘플 파일을 열고 연주를 해봅니다.

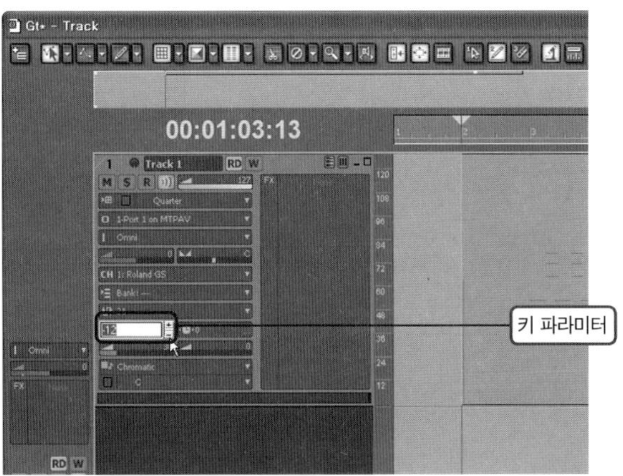

키 파라미터

02 기타 프레이즈를 표현한 것이지만 어딘가 부족한 느낌이 듭니다. 기타는 악보보다 1옥타브 낮은 소리를 낸다는 것을 표현하지 못한 것입니다. 키 파라미터를 더블 클릭하여 -12를 입력합니다. 음정을 낮추는 것만으로도 기타 효과가 증가되는 것을 확인할 수 있습니다.

25 타임 파라미터

01 타임 파라미터는 연주의 시작 시간을 틱 단위로 지연시켜 줍니다. 이것을 이용하여 딜레이 효과를 만드는데 응용해 보겠습니다. 부록 CD의 Del 샘플 파일을 열고 1번 트랙의 클립을 Ctrl 키를 누른 상태로 2번과 3번 트랙에 드래그하여 복사합니다.

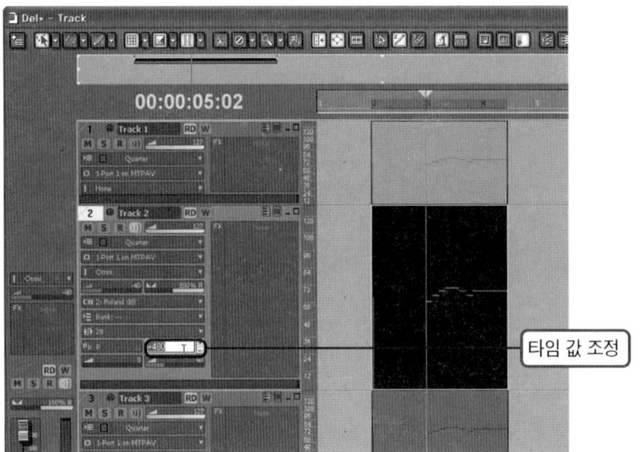

02 Track 2의 타임 파라미터를 클릭하여 +/-기호를 위로 드래그하거나 직접 0.0.480을 입력합니다. 반 반자를 지연시키는 것입니다. 3번 트랙은 960으로 한 박자를 지연시킵니다. 간단하게 딜레이 효과를 연출해 보았습니다.

가정교사

시간 단위는 마디:박자:틱이며, 각 단위는 점으로 구분하여 입력합니다. 즉, 480의 틱 값은 0.0.480으로 입력합니다.

26 코러스와 리버브

코러스와 리버브 파라미터는 해당 트랙에서 연주되는 미디 이벤트에 코러스와 리버브 효과를 첨가합니다. 코러스는 여러 대의 악기로 연주하는 효과를 만들어내고, 리버브는 콘서트 홀에서 연주하는 듯한 공간감을 만들어냅니다.

가정교사

각 파라미터의 슬라이드는 마우스 더블 클릭으로 초기화 시킬 수 있습니다.

27 스케일과 루트 노트

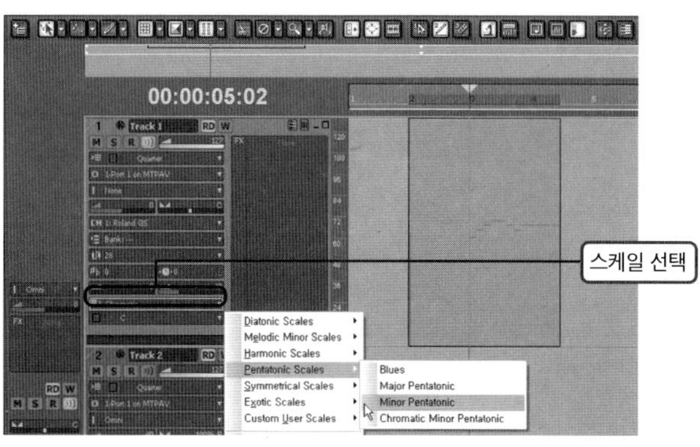

01 스케일과 루트 노트 파라미터는 트랙에 입력할 스케일을 설정합니다. 이것을 이용하면 음악 이론 지식이 부족한 사용자도 스케일 작/편곡이 가능합니다. 예를 들어, Am 펜타토닉 스케일을 사용한 곡을 만들고 싶다면 스케일 항목에서 Pentatonic Scales의 [Minor Pentatonic]을 선택합니다.

02 Am 펜타토닉 스케일을 사용하기로 했으므로 루트 노트 항목을 클릭하여 메뉴를 열고 A를 선택합니다. 그리고 [스케일 스냅] 버튼을 클릭하여 On으로 설정합니다.

03 도구 모음 줄의 [피아노 창 열기] 버튼을 클릭하여 피아노 창을 열어보면, Am 펜타토닉 스케일에 해당하는 노트만 입력 가능하도록 Am 펜타토닉 스케일 외의 노트는 작업 공간이 회색으로 처리되어 있는 것을 확인할 수 있습니다.

04 피아노 창의 도구 모음 줄에서 [연필] 버튼을 선택하고, 입력을 해보면 실제로 Am 펜타토닉 스케일에 해당하는 노트에만 입력되는 것을 확인할 수 있습니다.

05 [스케일 스냅] 버튼이 On으로 되어 있을 경우에는 노트를 편집할 때도 동일한 효과가 적용됩니다. 만일, 회색으로 처리된 스케일 밖의 음에 노트로 이동하고 싶다면 마우스 좌/우측 버튼을 동시에 누른 상태에서 드래그합니다.

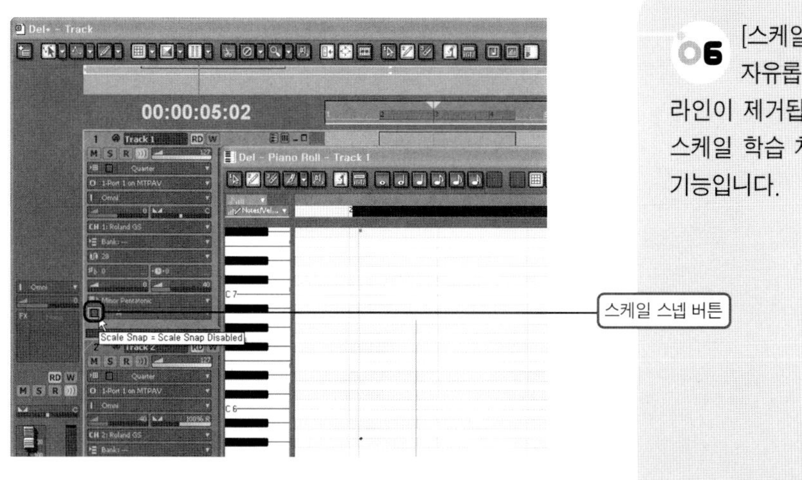

06 [스케일 스냅] 버튼을 Off하면 모든 노트를 자유롭게 입력할 수 있게 피아노 창의 회색 라인이 제거됩니다. 음악 이론이 부족한 독자라면 스케일 학습 차원에서 이용해볼 만한 가치가 있는 기능입니다.

Tip 스케일 메니저와 스냅 세팅

스케일 선택 메뉴 아래쪽에는 소나에서 제공하는 것 이외의 스케일을 만들 수 있는 Scale Manager와 스케일 스냅 기능의 사용 환경을 설정할 수 있는 Snap Settings 메뉴가 있습니다.

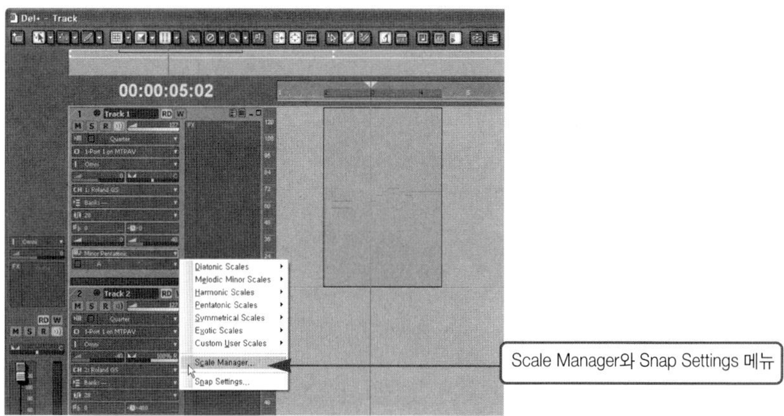

1. Scale Manager

❶ 스케일 선택 메뉴에서 Scale Manager를 선택하면 사용자가 원하는 스케일을 메뉴로 등록할 수 있는 Scale Manager 창이 열립니다. 창 왼쪽에 있는 Scale Family에서 등록하고자 하는 스케일과 유사한 목록을 선택하거나 아래쪽에 있는 Custom User Scales을 선택합니다.

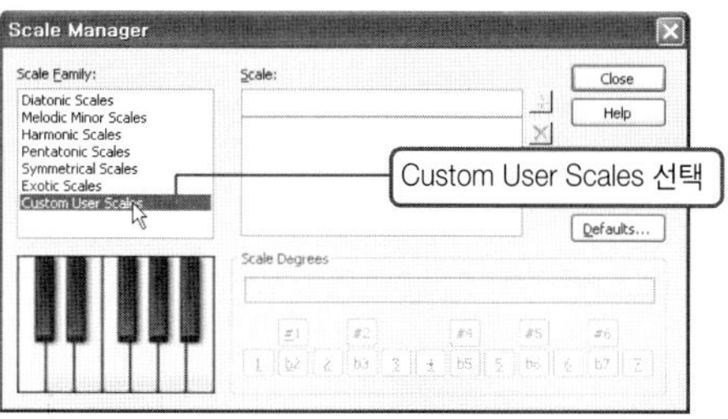

❷ 계속해서 오른쪽의 Scale 목록에 만들고자 하는 스케일의 이름을 입력하고 [추가] 버튼을 클릭합니다. 그림에서는 뽕작이라고 불리는 한국가요의 Trot 스케일을 만들기 위해 이름을 Trot라고 입력하고 있습니다.

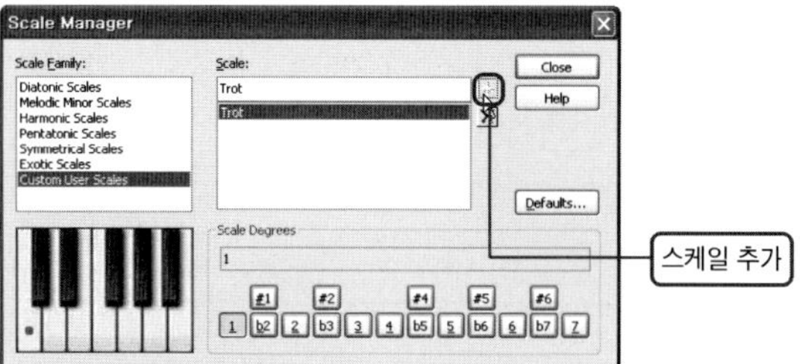

❸ 뽕짝 스케일에 해당하는 1,2,3,5,6, 노트를 건반을 클릭하거나 [Scale Degrees] 버튼을 클릭합니다. 입력된 노트는 다시 클릭하여 제거할 수 있습니다. 입력을 마치고 [Close] 버튼을 클릭하여 닫습니다.

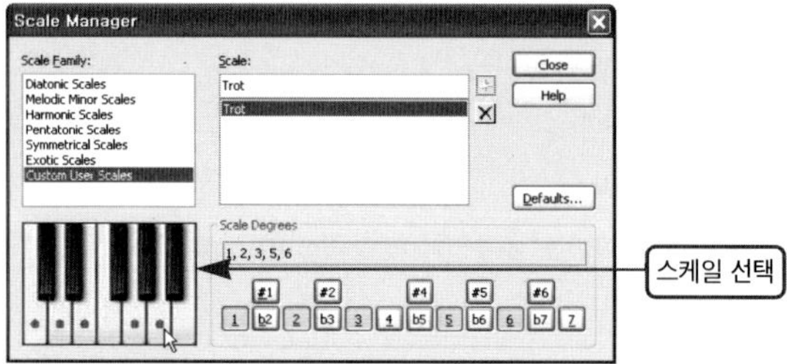

❹ Scale 목록의 [삭제] 버튼은 선택한 스케일 목록을 삭제하는 기능이고, [Defaults] 버튼은 스케일을 초기화 시켜줄 수 있는 Scale Defaults 창을 열어줍니다. 창에는 선택한 것을 초기화하는 Restore Current Scale, 초기 파일에 없는 것을 삭제하는 Restore any Missing Scales, 모든 스케일을 초기화 하는 Restore All Factory Scales의 3가지 옵션이 있습니다.

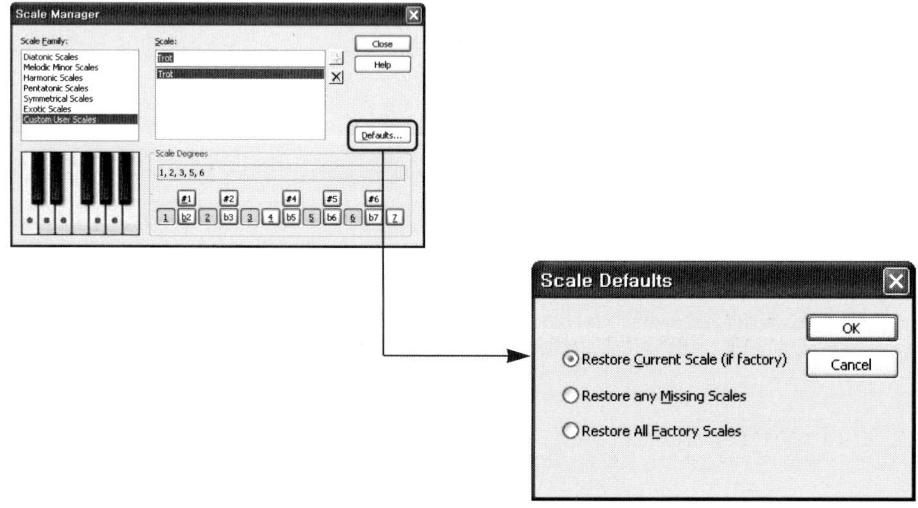

❺ 트랙 리스트의 스케일 항목을 클릭하여 메뉴를 열고, Custom user Scales를 보면 Scale Manager를 이용하여 등록한 Trot 메뉴가 있는 것을 확인할 수 있습니다.

2. Snap Settings

스케일 선택 메뉴의 가장 아래쪽에 있는 Snap Settings는 스케일 이외의 음이 입력될 때, 어떻게 처리할 것인지를 설정하는 옵션 창을 열어줍니다. 창에는 위쪽으로 이동시켜주는 Adjust to Next Higher Note, 아래쪽으로 이동시켜주는 Adjust to Previous Lower Note, 가장 가까운 스케일로 이동시켜주는 Adjust to Nearest Note의 3가지 옵션이 있습니다.

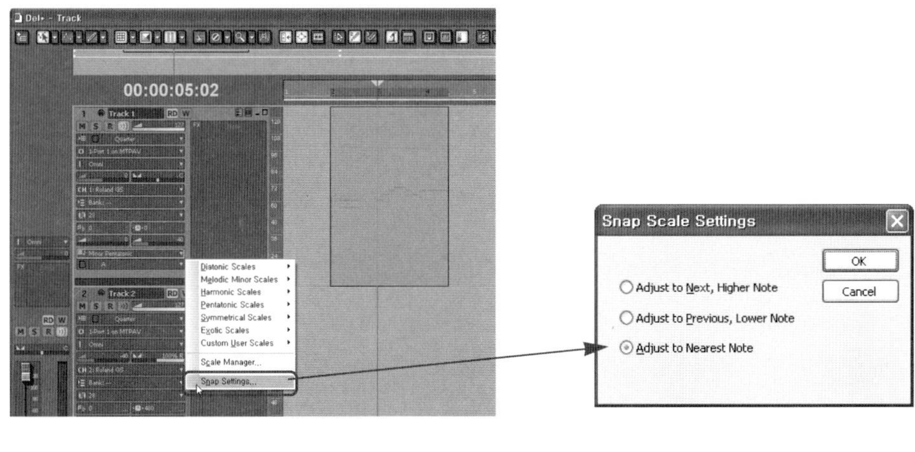

04 트랜스포트 패널의 기능

트랜스포트 패널은 마커, 펀치 인/아웃, 트랜스포트, 루프, 템포, 시스템의 6가지 세션으로 구분되어 있습니다. 소나 7은 이전 버전의 복잡한 도구를 깔끔하게 정리하고, 별도의 트랜스포트 패널을 전면에 내세우고 있지만 실제로 바뀐 것은 없습니다. 트랜스포트 패널은 단축키 F4로 열거나 닫을 수 있으므로 필요 여부에 따라 이용할 수 있게 기억해두기 바랍니다.

1 마커 세션

마커 세션의 번호는 해당 마커가 입력되어 있는 위치로 송 포지션 라인을 이동시키는 역할을 합니다. 마커는 곡의 위치를 표시하는 메모 역할을 하는 것으로, 마커 세션의 버튼은 마커를 삽입한 경우에만 사용할 수 있습니다. Ctrl + Shift 키를 누른 상태에서 Page up 과 Page Down 버튼을 클릭하면 송 포지션 라인을 이전, 이후의 마커 위치로 이동시킬 수 있다는 것도 기억해두면 좋습니다.

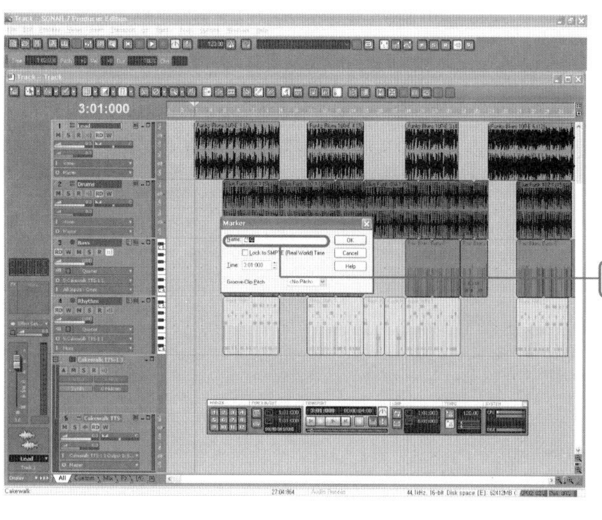

01 독자가 작업하고 있는 곡의 시작 부분에 송 포지션 라인을 위치하고 단축키 F11 키를 누릅니다. 마커의 이름을 입력할 수 있는 Marker 창이 열립니다. Name 항목에 '전주' 라고 입력합니다.

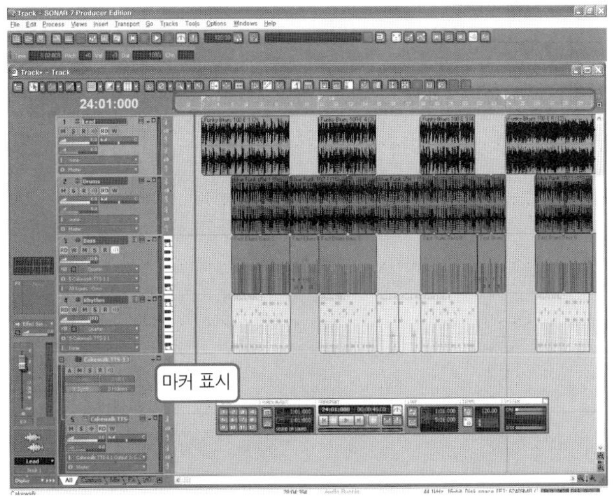

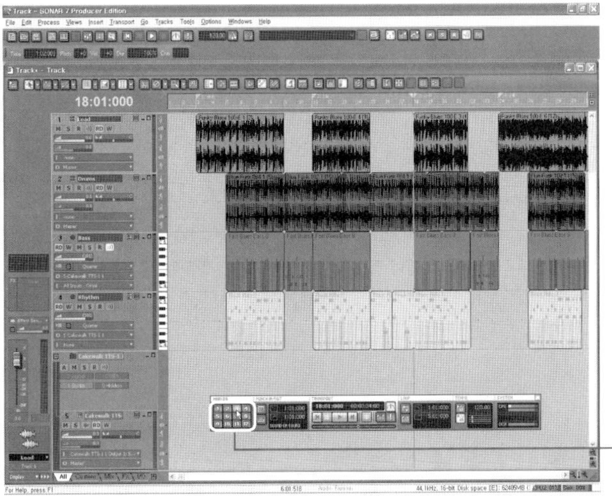

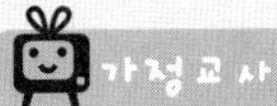

2 룰러 라인에 '1: 전주' 라는 마커의 이름이 입력되는 것을 확인할 수 있습니다. 같은 방법으로 '1절', '간주', '2절' 등의 마커를 삽입합니다. 마커의 순서에 따라 각각 2, 3, 4의 번호가 앞에 붙습니다.

가정교사

곡을 연주 하면서 F11 키를 누르면 마커의 이름은 알파벳으로 입력됩니다. 입력된 마커는 마우스 오른쪽 버튼으로 클릭하여 이름을 변경할 수 있습니다.

3 트랜스포트 패널의 마커 세션에서 [1번] 버튼을 클릭하면, 송 포지션 라인이 1번 마커의 전주 위치로 이동하고, [3번] 버튼을 클릭하면 3번 마커의 간주 위치로 이동하는 것을 확인할 수 있습니다.

4 마커는 마우스 드래그로 위치를 변경할 수 있으며, 마커 사이를 클릭하여 편집 구간으로 선택할 수 있습니다. 마커는 클릭한 상태에서 Delete 키를 눌러 삭제할 수 있습니다.

05 마커를 관리하는 역할의 마커 창을 살펴보겠습니다. View 메뉴의 [Markers]를 선택하여 마커 창을 엽니다. 마커 창은 4개의 버튼과 마커 리스트로 구성되어 있습니다.

06 첫 번째 [Insert] 버튼은 앞에서 단축키 F11 키를 눌렀을 때와 동일한 마커 삽입 창이 열립니다. Time 항목에서 삽입될 마커의 위치를 설정할 수 있습니다.

가정교사

Marker 입력 창의 Lock to SMPTE (Real World) Time 옵션은 Time 항목을 영상 음악 작업에 편리한 시간 단위로 표시합니다.

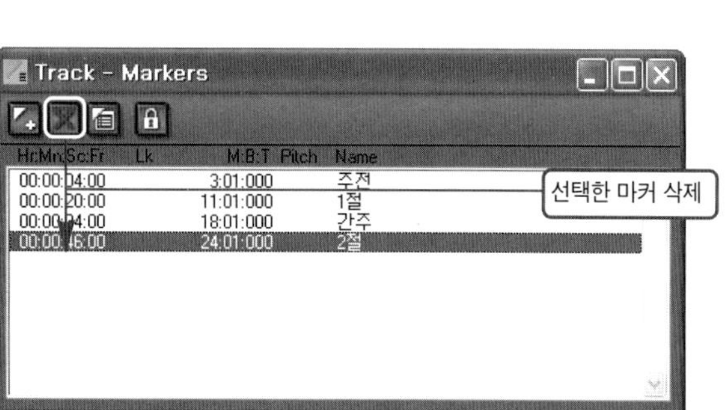

07 두 번째 [Delete] 버튼은 목록에서 선택한 마커를 삭제합니다. 키보드의 Delete 키를 이용해도 좋습니다.

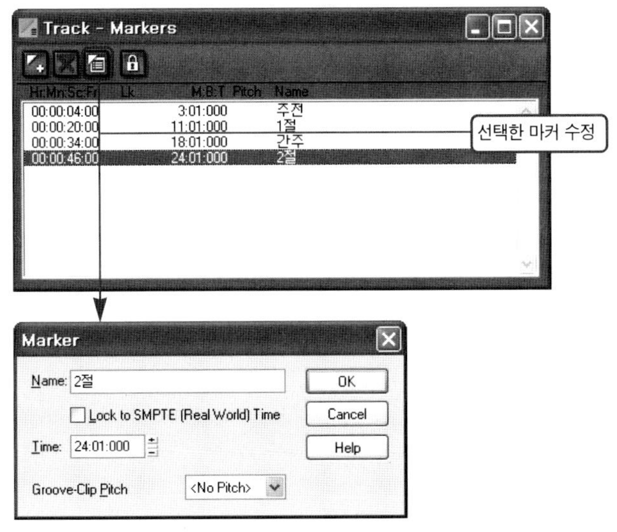

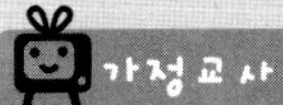

08 세 번째 [Change] 버튼은 Insert와 동일한 창을 열어줍니다. 이것은 선택한 마커의 이름과 위치를 변경할 때 사용합니다.

가정교사

룰러 라인에 입력되어 있는 마커를 마우스 오른쪽 버튼으로 클릭하여 마커 Marker 창을 열고 수정할 수 있습니다.

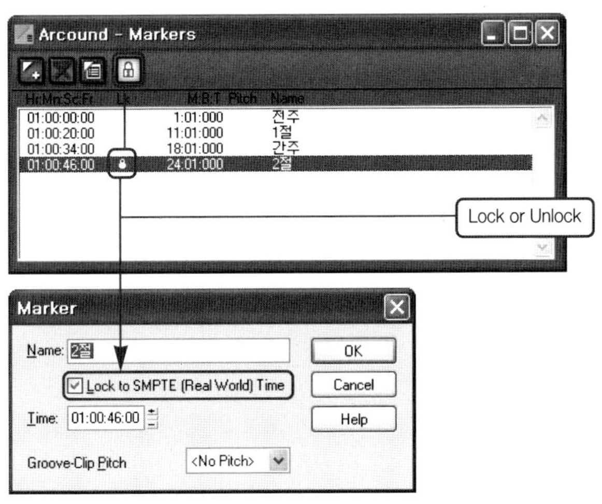

09 네 번째 [Lock or Unlock Marker] 버튼은 선택한 마커의 타임코드를 SMPTE 단위로 사용할 것인지의 여부를 ON/Off 합니다. 즉, Marker 창의 Lock to SMPTE (Read World)Time 옵션을 On/Off 하는 것입니다.

펀치 인/아웃 세션에는 녹음 옵션을 설정할 수 있는 Record Option과 펀치 녹음을 할 수 있는 [Set Punch Point To Selection] 버튼으로 구성되어 있습니다. 펀치 녹음은 수정하고 싶은 구간의 이벤트를 다시 녹음하는 기법을 말하는 것으로, 좀 더 좋은 녹음 결과를 얻기 위해서 사용합니다.

01 녹음을 하고 모니터를 해보니 특정 범위가 마음에 들지 않는다고 가정합니다. 룰러 라인을 드래그하여 마음에 들지 않는 범위를 선택합니다.

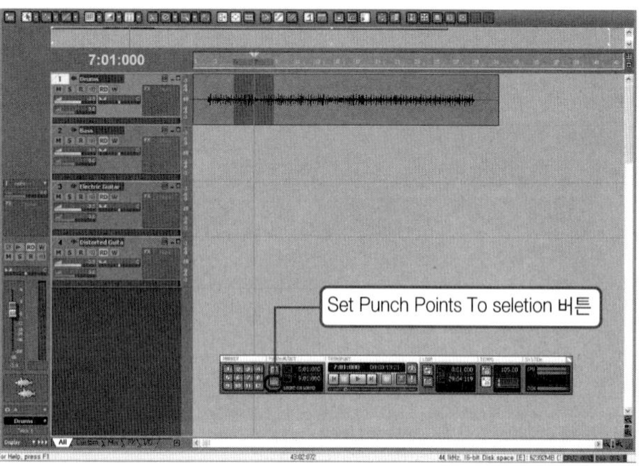

02 룰러 라인에서 마우스 오른쪽 버튼을 클릭하여 단축 메뉴를 열고, [Set Punch Points]를 선택하거나 Punch In/Out 패널에서 [Set Punch Points To selection] 버튼을 클릭합니다.

03 선택한 구간에 빨간색 마커 모양으로 펀치 구간이 표시됩니다. 송 포지션 라인을 펀치 구간의 시작 위치 왼쪽에 두고 트랙의 [R] 버튼을 클릭합니다.

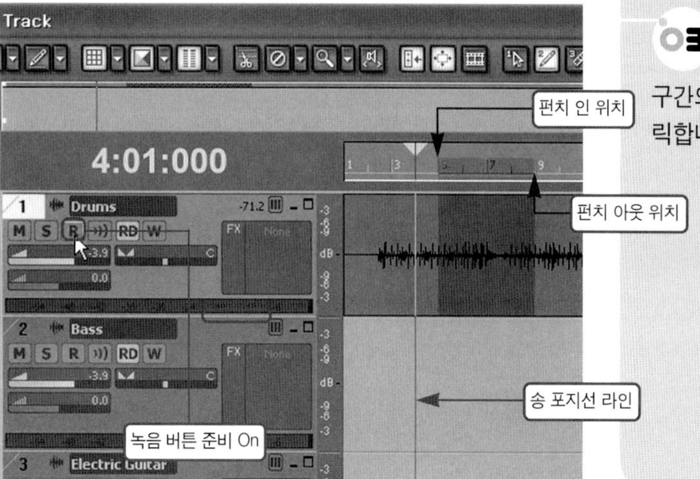

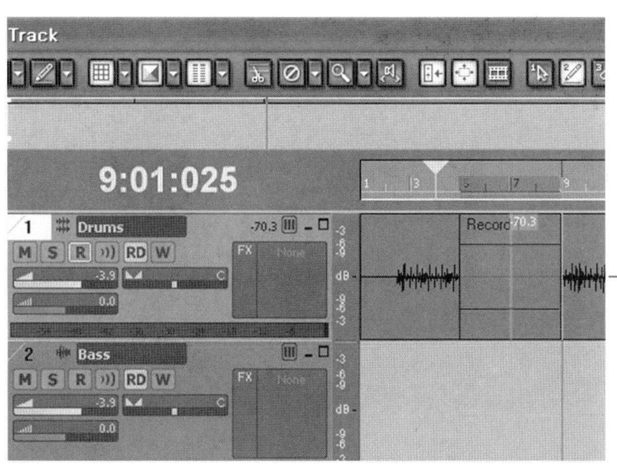

04 키보드의 [R] 버튼을 클릭하거나 트랜스포트 도구의 [녹음] 버튼을 클릭하여 녹음을 진행 하면 펀치 구간으로 설정한 범위에서만 녹음이 되는 것을 확인할 수 있습니다.

05 Pinch IN/OUT 세션에는 펀치 인/아웃 위치 가 표시되어 있으며, 각각의 위치는 마우스 클릭으로 변경할 수 있습니다. 그리고 옵션이 Sound on sound로 설정되어 있기 때문에 기존 클 립 위에 새로 녹음한 클립이 생성됩니다. 녹음한 클 립을 아래쪽으로 내려보면 기존 클립이 그대로 존재 한다는 것을 확인할 수 있습니다.

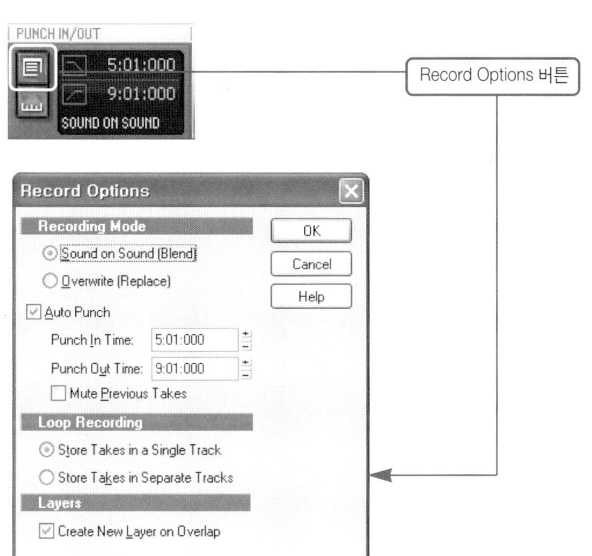

06 녹음 옵션은 Punch In/Out 세션의 [Record Options] 버튼을 클릭하여 변경할 수 있습니 다. 기본적으로 Recording Mode가 Sound On Sound(Blend)로 선택되어 있습니다. Recording Mode를 Overwrite(Replace)로 변경하면 기존의 클 립을 새로 녹음한 클립으로 교체합니다.

 Record Options 창

녹음하는 이벤트의 처리 방법을 결정하는 Record Options의 역할은 다음과 같습니다.

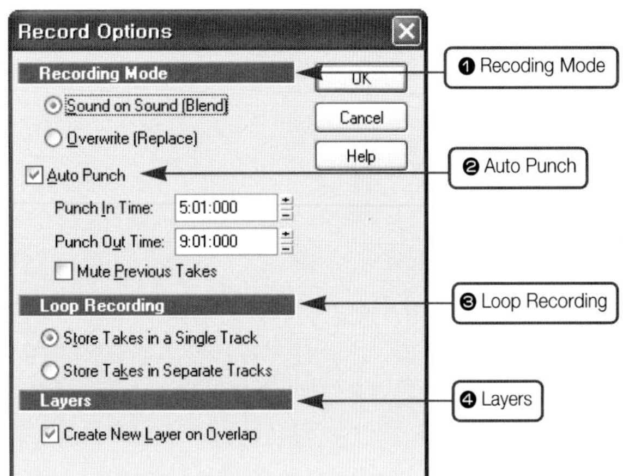

❶ Recoding Mode

녹음하는 위치에 클립이 존재할 경우의 처리 방법을 선택합니다. Sound on Sound는 새로 녹음하는 클립을 기존 클립 위에 만듭니다. 결과적으로 두 개의 사운드가 동시에 연주되므로 드럼과 같은 파트를 입력할 때, 유용합니다. Overwrite는 기존의 클립을 새로 녹음하는 클립으로 교체하는 것으로 데이터를 수정할 때 유용합니다. 단, 오디오 클립은 실제로 삭제되는 것이 아니므로 기존 클립의 길이를 드래그하여 복구할 수 있습니다.

❷ Auto Punch

펀치 녹음 기능을 수행하는 옵션입니다. Punch In Time에서 펀치 인, Punch Out Time에서 펀치 아웃 위치를 설정할 수 있습니다. 그리고 Mute Previous Takes 옵션을 체크하면 펀치 녹음 구간에 있는 클립의 사운드를 자동으로 뮤트시킬 수 있습니다.

❸ Loop Recording

반복 녹음 기능을 수행할 때의 처리 방법을 선택합니다. Store Takes in a Single Track는 반복 녹음할 때의 클립을 하나의 트랙으로 만들고, Store Takes in Separate Tracks은 반복 녹음을 할 때의 클립을 각각의 트랙으로 만듭니다. 반복 녹음은 루프 세션에서 설명합니다.

❹ Layers

트랙을 레이어 모드로 이용할 때, Create New Layer on Overlap 옵션을 체크하면 녹음하는 클립을 새로운 레이어로 만들고, 옵션을 해제하면 선택한 레이어 위로 새로 녹음하는 클립을 겹치게 합니다.

3 트랜스포트 세션

트랜스포트 패널의 Transport 섹션은 곡을 재생하거나 오디오를 녹음하는 등의 역할을 하는 컨트롤 버튼들로 구성되어 있습니다. 곡 작업을 하면서 가장 많이 사용하게 될 것이므로 트랜스포트 세션의 단축키들은 외워두는 것이 좋습니다. 트랜스포트 각 버튼 위에 마우스를 가져가면 이름과 단축키를 표시하는 풍선 도움말이 열리므로 기억나지 않는 단축키를 확인할 수 있습니다.

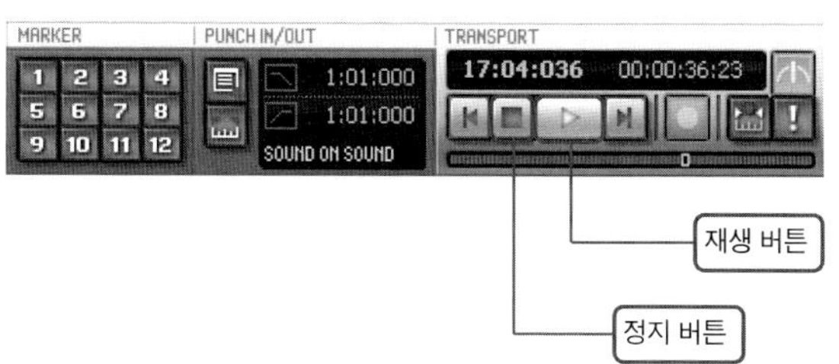

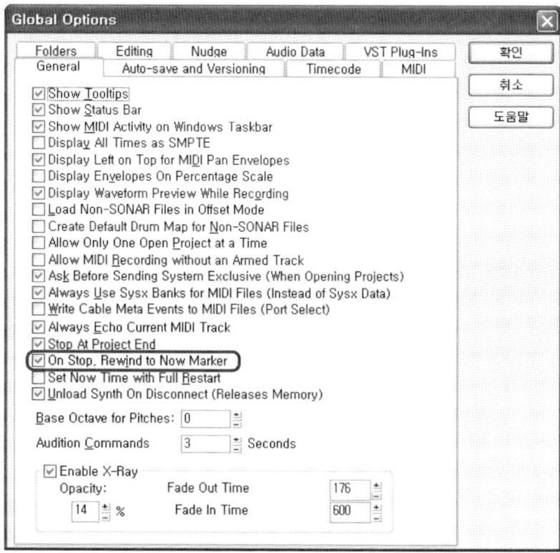

01 적당한 샘플 파일을 불러온 후에 Space bar 키를 눌러 곡을 재생합니다. 그리고 또 다시 Space bar 키를 눌러 곡을 정지합니다. 즉, 재생과 [정지] 버튼의 역할은 모두 Space bar 키입니다.

02 곡이 재생될 때, 재생 위치를 표시하는 송 포지션 라인은 Space bar 키를 눌러 정지시키면 연주를 시작했던 위치로 되돌아갑니다. 이것이 불편하다면 Option 메뉴의 [Global]을 선택하여 환경 설정 창을 엽니다.

03 Global Options 창의 General 페이지에서 On Stop, Rewind to Now Marker 옵션의 체크 표시를 해제합니다. 그러면 곡을 정지한 위치에서 송 포지션 라인이 멈춥니다.

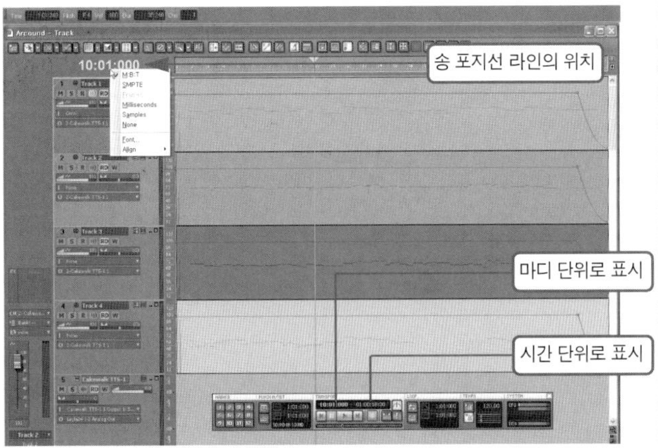

04 곡의 연주 및 편집 위치를 나타내는 송 포지션 라인의 위치는 트랜스포트 패널에서 마디 단위와 시간 단위로 표시하며, 프로젝트 창에서도 확인할 수 있습니다. 프로젝트 창의 단위는 마우스 오른쪽 버튼을 클릭하여 변경할 수 있습니다.

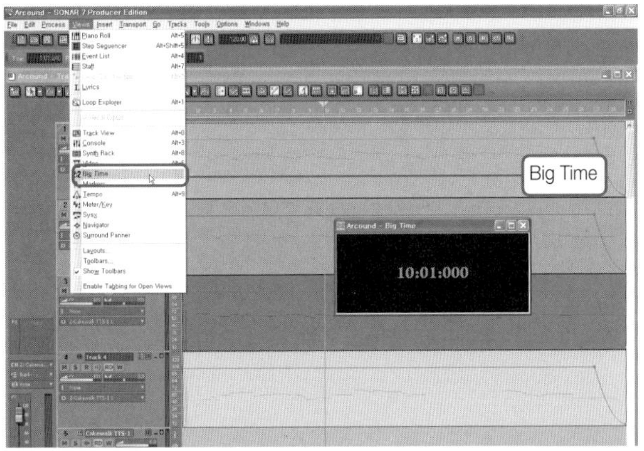

05 스튜디오에서 작업할 때, 모니터가 조금 멀리 떨어져 있는 경우에는 Bing Time 창을 이용해서 송 포지션 라인의 위치 표시를 크게 볼 수 있습니다. Big Time 창은 View 메뉴의 [Big Time]을 선택하여 엽니다.

06 Big Time 창은 경계선을 드래그하여 크기를 조정할 수 있고, 마우스 오른쪽 버튼을 클릭하여 창에 표시되는 글꼴과 스타일, 그리고 크기를 선택할 수 있는 글꼴 창을 열 수 있습니다.

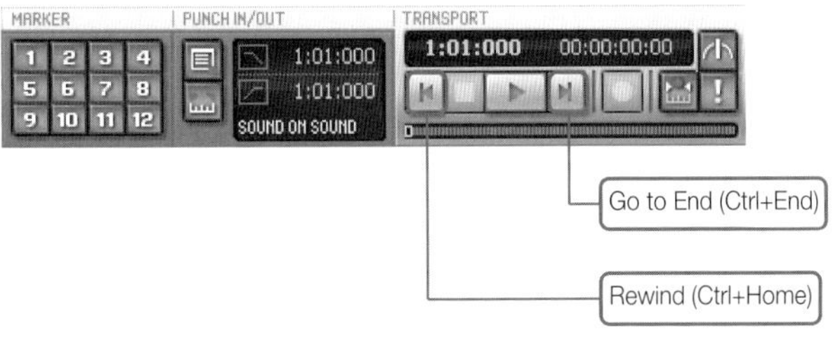

07 [정지] 버튼 왼쪽에 있는 [Rewind] 버튼은 송 포지션 라인을 곡의 처음 위치로 이동시키고, [재생] 버튼 오른쪽에 있는 [Go to End] 버튼을 송 포지션 라인을 곡의 끝 부분으로 이동시킵니다. 각각의 단축키는 Ctrl 키를 누른 상태에서 Home 과 End 키를 누르면 됩니다.

8 트랜스포트 세션의 [녹음] 버튼은 [R] 버튼
이 On으로 되어 있는 트랙에 녹음을 하는
역할입니다. 즉, 트랙의 [R] 버튼이 On으로 되어
있는 경우에만 녹음을 진행할 수 있으며 멀티 오디
오 카드 사용자는 동시에 두 트랙 이상을 녹음할
수 있습니다.

9 [Auto-Punch toggle] 버튼은 펀치 녹음 구간
을 On/Off 하는 역할을 합니다. 펀치 녹음 구
간은 룰러 라인을 드래그하여 선택하고, [Set Punch
Points to Selection] 버튼을 클릭하여 설정합니다.
이렇게 설정된 구간은 언제든지 [Auto-Punch
toggle] 버튼으로 On/Off 할 수 있습니다.

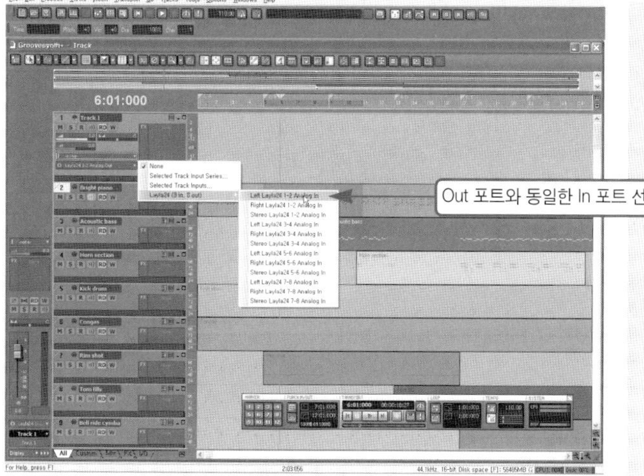

10 [Run /Stop the Audio engine] 버튼은 오디
오의 모니터 기능을 Off 시켜 피드백 현상이
발생하는 것을 차단합니다. 피드백 현상을 일부러
만들어보겠습니다. 오디오 트랙의 녹음 In을 Out과
동일한 포트로 선택합니다.

가정교사

포트가 하나뿐인 사운드 카드 사용자는 당연히 같을 것이므로
In 포트만 선택하면 됩니다. 실험을 위해서 라인 아웃에서 라인
인으로 케이블을 연결하는 것도 잊지 마세요

11 트랙의 [녹음 준비] 버튼과 [Echo] 버튼을 On으로 합니다. 이때 패드백이 발생한다면, [Run /Stop the Audio engine] 버튼을 클릭하여 제 거할 수 있습니다.

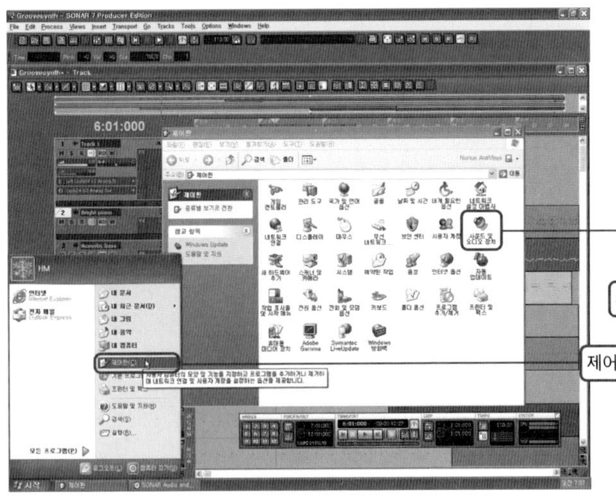

12 그러나 [Echo] 버튼을 사용할 수 없기 때문에 실시간 이펙트를 적용하여 녹음할 수 없습니다. 사운드 카드의 Record In 모니터 기능을 Off 하기 위해서 [Windows XP 시작] 버튼을 클릭하고, 제어판을 선택합니다. 제어판에서 사운드 및 오디오 장치를 더블 클릭합니다.

13 사운드 및 오디오 장치 등록 정보 대화상자 가 열립니다. 오디오 탭을 클릭하여 오디오 페이지를 엽니다. 오디오 페이지의 소리 녹음 항목 에서 [볼륨] 버튼을 클릭합니다.

가정교사

오디오 카드 사용자는 믹서 프로그램을 별도로 실행시켜야 하는 경우도 있으므로 해당 장치의 설명서를 참조하기 바랍니다.

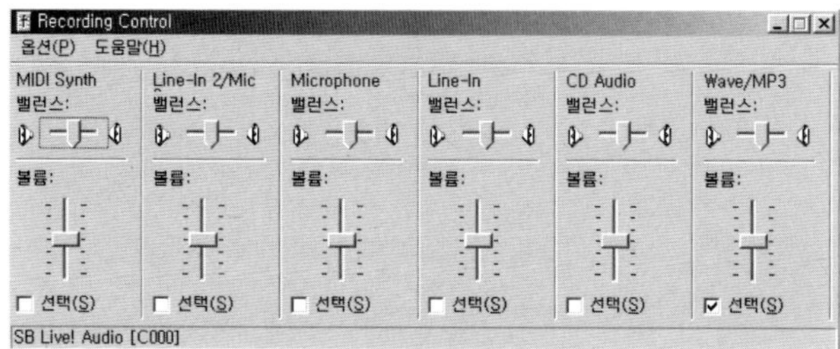

14 사운드 카드의 Record In 모니터 볼륨과 On/Off를 선택할 수 있는 믹서가 열립니다. 여기서 Line In 항목을 해제합니다. 사운드 카드의 종류에 따라 체크해야 Off 되는 경우도 있으므로 확인하기 바랍니다. 이제 소나 7에서 Echo 기능을 이용해도 피드백이 발생하지 않는 것을 확인할 수 있습니다.

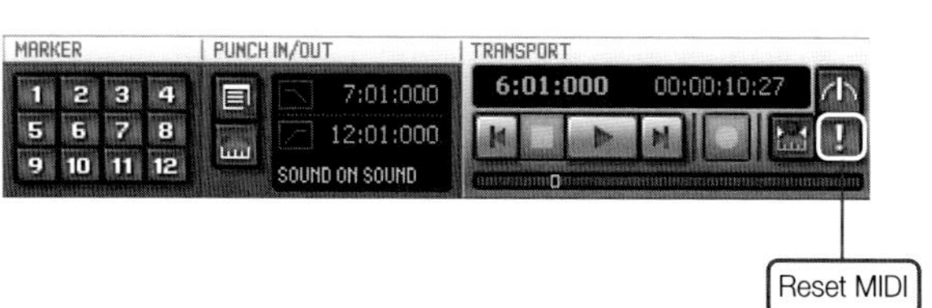

15 [Reset MIDI] 버튼은 미디 포트에 All Note Off 컨트롤 정보를 전송하여 미디 연주를 차단합니다. 간혹 연주를 정지시켰는데도 미디 음이 지속되는 에러가 발생한다면 이 버튼을 클릭하여 해결할 수 있습니다.

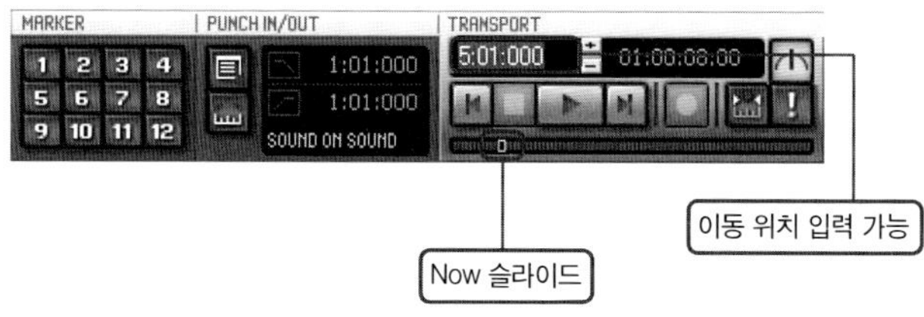

16 Now 슬라이드는 송 포지션 라인의 위치를 짐작할 수 있게 하며 마우스 드래그로 이동 가능합니다. 송 포지션 라인 위치 표시 항목을 클릭하여 이동 위치를 입력하면 사용자가 원하는 위치로 송 포지션 라인을 이동시킬 수 있습니다. 이때 각각의 단위는 점(.)키로 구분합니다.

Tip 송 포지션 라인의 이동 단축키

Ctrl + Page up : 송 포지션 라인을 이전 마디로 이동시킵니다.

Ctrl + Page Down : 송포지션 라인을 다음 마디로 이동시킵니다.

Ctrl + Home : 송 포지션 라인을 곡의 시작 위치로 이동시킵니다.

Ctrl + End : 송 포지션 라인을 곡의 끝 위치로 이동시킵니다.

F7 : 송 포지션 라인을 선택구간의 시작 위치로 이동시킵니다.

F8 : 송 포지션 라인을 선택구간의 끝 위치로 이동시킵니다.

F5 : 송 포지션 라인을 원하는 위치로 이동시킬 수 있는 Go 창을 엽니다.

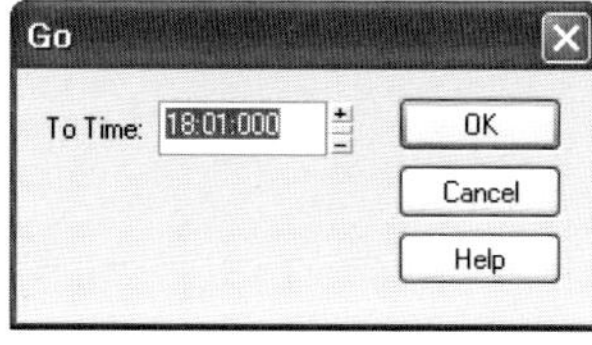

Part 2 프로젝트와 트랜스포트 패널 익히기

4 루프 세션

루프 세션은 선택한 구간을 반복 연주하거나 반복 녹음 구간으로 설정하는 두 개의 [On/Off] 버튼으로 구성되어 있습니다. 음악 작업을 하다 보면 특정 구간을 반복해서 모니터 하거나, 마음에 드는 녹음이 될 때까지 반복 녹음 하는 경우가 빈번하므로, 자주 사용하는 기능이 될 것입니다.

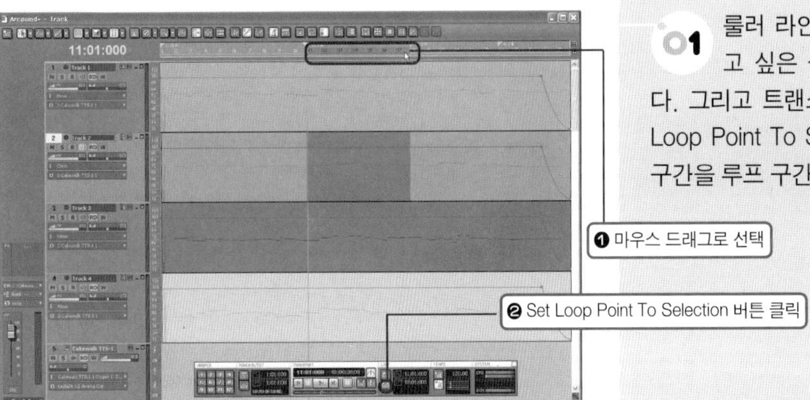

01 룰러 라인에서 반복 연주 또는 반복 녹음하고 싶은 구간을 마우스 드래그로 선택합니다. 그리고 트랜스포트 패널의 루프 세션에서 [Set Loop Point To Selection] 버튼을 클릭하여 선택한 구간을 루프 구간으로 설정합니다.

02 선택한 구간에 노란색 마커로 루프 구간이 설정되었음을 표시합니다. 송 포지션 라인을 루프 구간 시작 위치 왼쪽에 두고 곡을 재생하거나 녹음을 하면 Space bar 키를 눌러 정지할 때까지 반복되는 것을 확인할 수 있습니다.

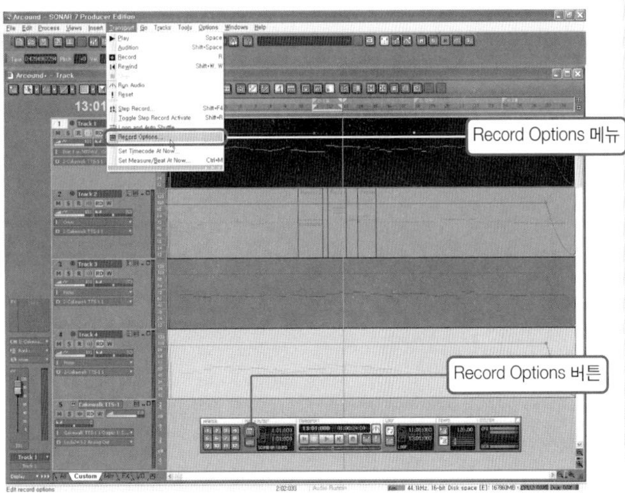

03 기본적으로 반복 녹음할 때, 새로운 클립이 기존 클립 위에 생성됩니다. 이것을 변경하고 싶다면 Transport 메뉴의 Record Options이나 트랜스포트 패널의 [Record Options] 버튼을 클릭하여 창을 엽니다.

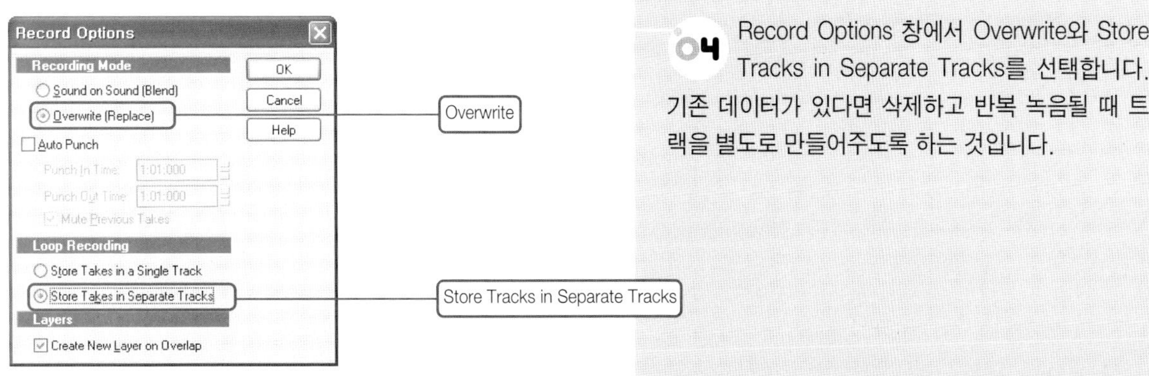

04 Record Options 창에서 Overwrite와 Store Tracks in Separate Tracks를 선택합니다. 기존 데이터가 있다면 삭제하고 반복 녹음될 때 트랙을 별도로 만들어주도록 하는 것입니다.

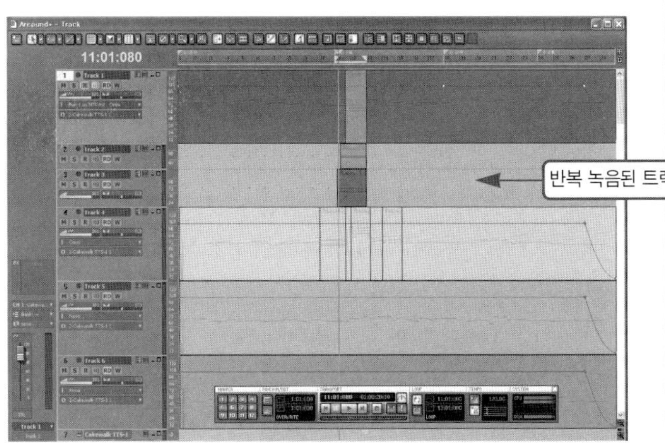

05 [OK] 버튼을 클릭하여 창을 닫고 녹음을 반복해서 진행해 봅니다. Space bar 키를 눌러 녹음을 정지하면 반복 녹음했던 클립들이 트랙 별로 만들어지는 것을 확인할 수 있습니다. 녹음한 데이터 중에서 잘된 것만을 고를 때 유용합니다.

5 템포 세션

템포 세션에는 메트로놈 사운드의 [On/Off] 버튼과 곡의 템포 및 키를 설정할 수 있는 항목으로 구성되어 있습니다. 템포 세션은 작업 중인 곡의 템포와 키를 설정하는 것 외에도 곡 중간에 템포와 박자, 그리고 키를 변경할 수 있는 기능들로 구성되어 있습니다.

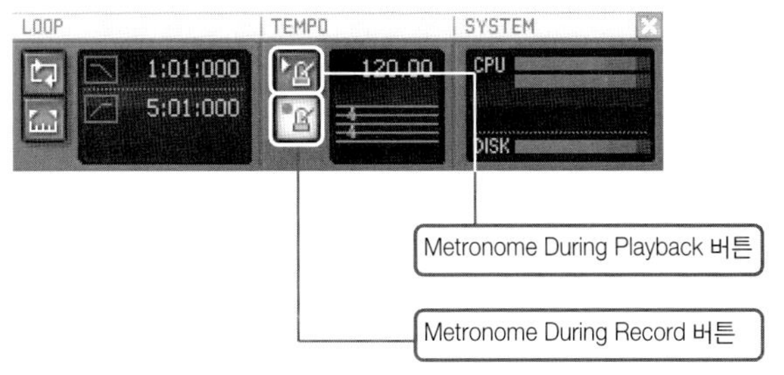

01 Tempo 세션의 [Metronome During Record] 버튼은 기본적으로 On으로 설정되어 있습니다. 그래서 녹음을 진행할 때, 메트로놈 사운드가 들리는 것입니다. 연주를 할 때도 메트로놈 사운드를 듣고 싶다면 [Metronome During Playback] 버튼을 On으로 합니다.

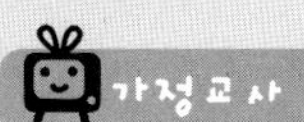

프리 템포로 녹음할 때는 메트로놈 소리가 방해될 것이므로 [Metronome During Record] 버튼을 Off로 합니다.

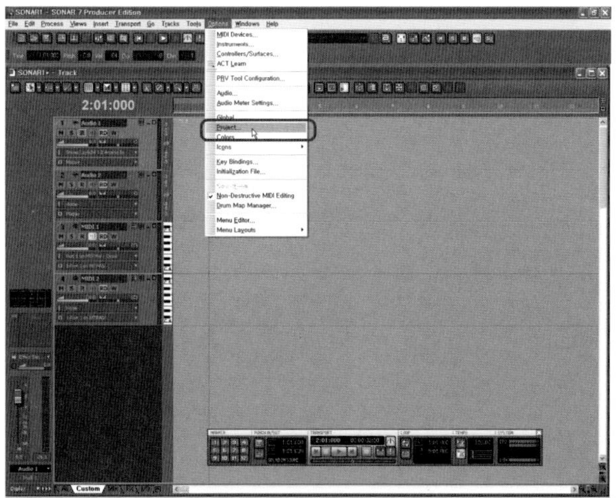

메트로놈 사운드는 기본적으로 Ping 사운드입니다. 이것을 다른 음색이나 미디 음원으로 사용하고 싶다면, Options 메뉴의 [Project]를 선택하여 창을 엽니다.

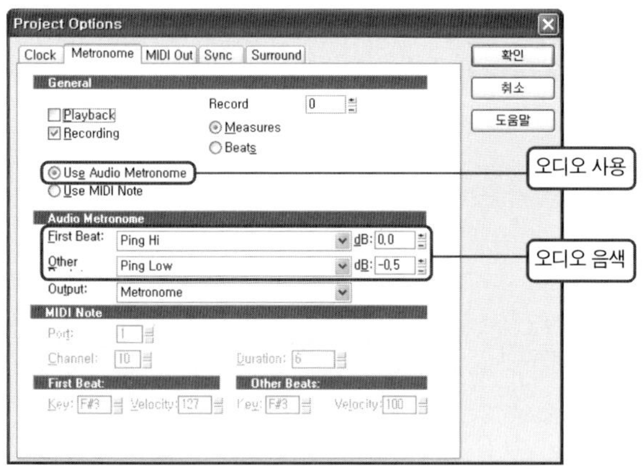

03
Project Options 창에서 Metronome 탭을 클릭합니다. 기본적으로 Recording 옵션과 Use Audio Metronome이 선택되어 있으며, 첫 박의 First Beat는 Ping HI, 나머지 Other는 Ping Low 음색을 사용하고 있습니다.

Tip Metronome 옵션

1. General

Playback(재생) 또는 Recording(녹음)을 할 때 메트로놈 소리가 들리게 할 것인지, 메트로놈을 오디오(Use Audio Metronome) 또는 미디 (Use MIDI Note) 중에서 어떤 것을 사용할 것인지를 선택합니다. Record에서는 Measures(마디) 또는 Beats(박자)로 얼마만큼 예비 박을 줄 것인지를 선택합니다.

2. Audio Metronome

Use Audio Metronome을 사용할 경우, 첫 박자(First Beat)와 나머지 박자(Other)에 사용할 소리와 아웃 포트(Output)를 선택합니다.

3. MIDI Note

Use MIDI Note)을 사용할 경우, 포트(Port), 채널(Channel), 길이(Duration)를 설정합니다. 그리고 첫 박자(First Beat)와 나머지 박자 (Other Beats)에 사용할 노트와 벨로시티를 설정합니다.

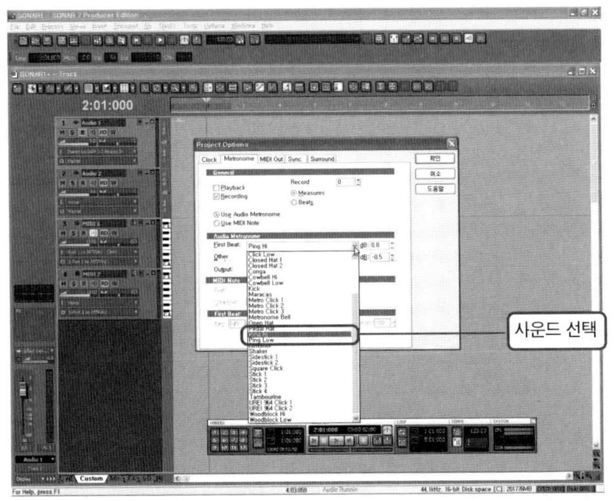

04 메트로놈의 오디오 음색을 바꾸겠다면 Audio Metronome 항목의 First Beat과 Other에서 음색을 변경할 수 있습니다. Output이 오디오를 녹음하는 포트와 같은 경우에는 메트로놈 사운드가 함께 녹음되므로 주의하기 바랍니다.

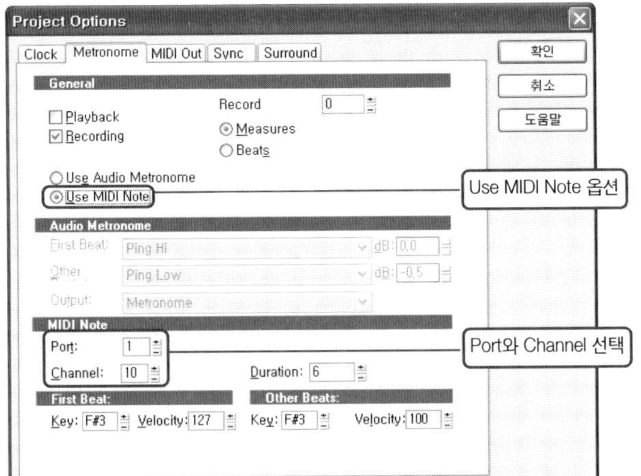

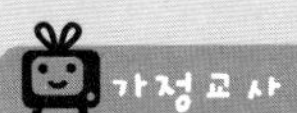

05 아웃 포트가 하나뿐이 사운드 카드 사용자는 메트로놈 사운드가 함께 녹음되는 것을 방지하기 위해서 미디 음원을 사용합니다. Use MIDI Note 옵션을 선택하고, MIDI Note에서 포트(Port), 채널(Channel)을 선택합니다.

가정교사

일반적으로 드럼 음색을 사용하므로 노트 길이인 Duration은 기본 값을 변경할 이유가 없습니다.

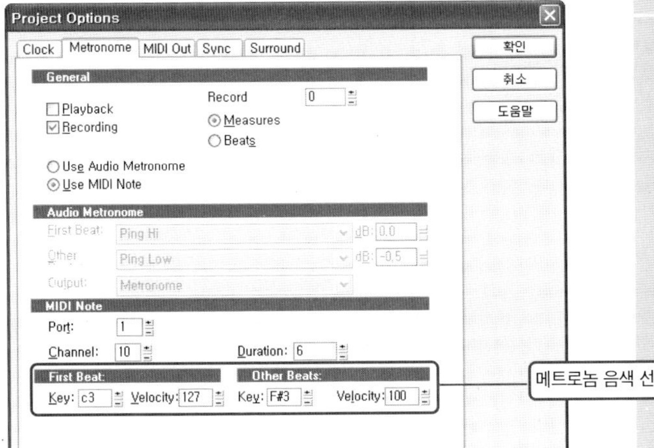

06 GM/GS 모드의 드럼 음색을 사용한다면 First Beat와 Other Beats 모두 하이해트 (F#3) 음색으로 연주됩니다. GM/GS 모드 악기가 아니거나 다른 음색을 사용하고 싶다면 해당 음색의 음정을 입력합니다.

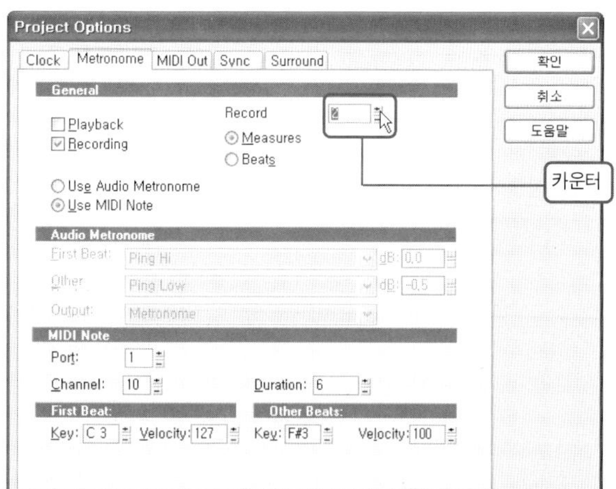

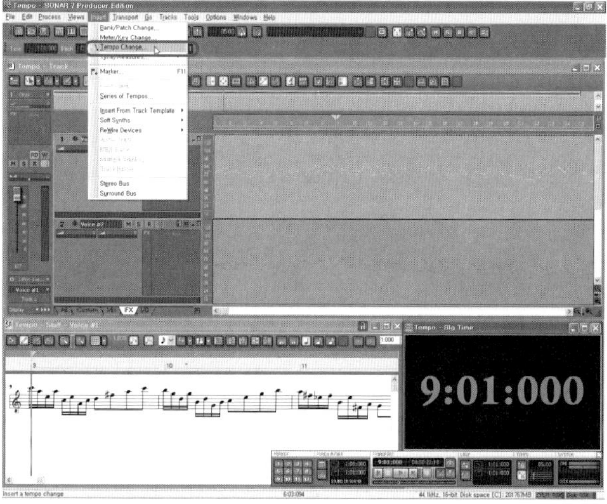

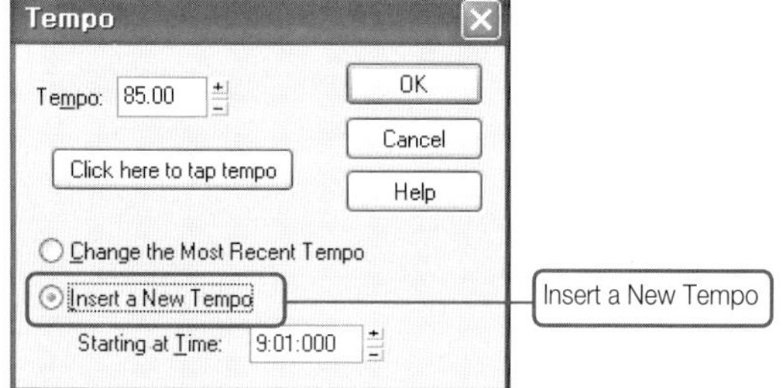

07 Record 항목의 기본 값은 0입니다. 그래서 [녹음] 버튼을 클릭했을 때 녹음이 바로 진행됩니다. 만일, 한 두 마디 정도의 카운트를 듣고 녹음을 하고 싶다면 Record 항목에서 원하는 길이의 마디 수를 입력합니다.

가정교사

Record 항목에서 Beats 옵션을 선택하면 마디 단위가 아닌 비트 단위로 카운터를 설정합니다.

08 곡의 템포는 마우스 클릭으로 변경합니다. 만일, 곡 중간에 템포가 변하는 음악을 만들겠다면 템포를 변경할 위치에 송 포지션 라인을 가져다 놓고, Inset 메뉴의 Tempo Change를 선택합니다.

09 Tempo 항목에 변경할 템포 값을 입력하고, 옵션은 송 포지션 라인이 있는 위치에 삽입하기 위해서 [Insert a New Tempo]를 선택합니다. Starting at Time 값을 변경하여 새로운 템포가 삽입될 위치를 설정할 수 있습니다.

가정교사

Tempo 창의 [Click here to tap tempo] 버튼은 마우스 클릭 간격의 속도로 템포를 계산하는 기능이고, Change the Most Recent Tempo는 현재 위치의 템포 값을 변경하는 옵션입니다.

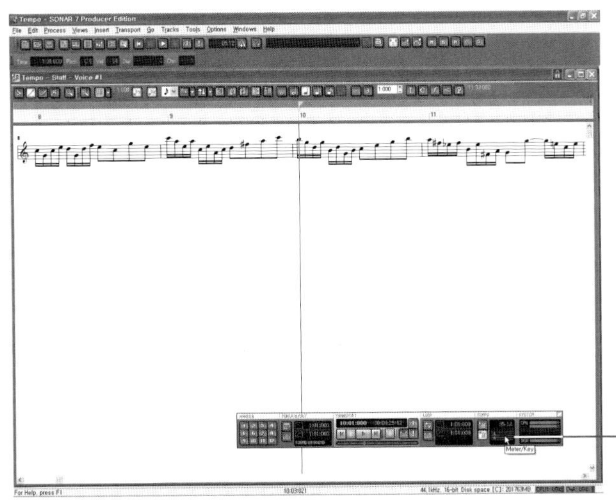

10 [Meter/Key] 버튼은 곡의 키와 박자를 설정합니다. 곡의 키와 박자를 중간에 변경하고 싶다면 해당 위치에 송 포지션 라인을 가져다 놓고 [Meter/Key] 버튼을 클릭합니다.

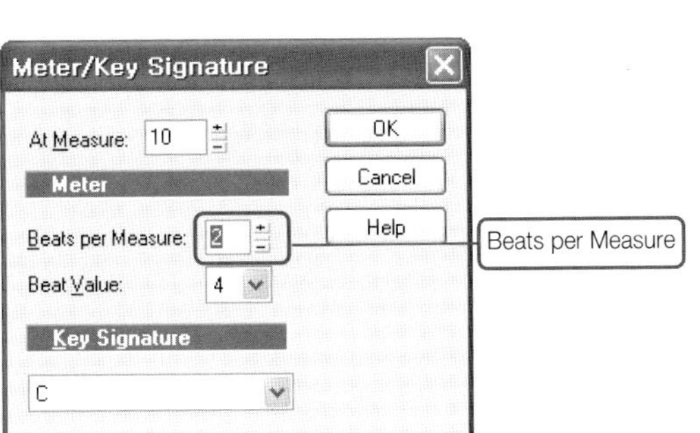

11 Beats per Measure 항목을 2로 바꾸고 [OK] 버튼을 클릭하면, 송 포지션 라인이 있는 위치가 2/4박자로 변경되는 것을 확인할 수 있습니다. 계속해서 박자를 변경한 다음 마디에 송 포지션 라인을 위치하고 Meter/Key 창을 다시 엽니다.

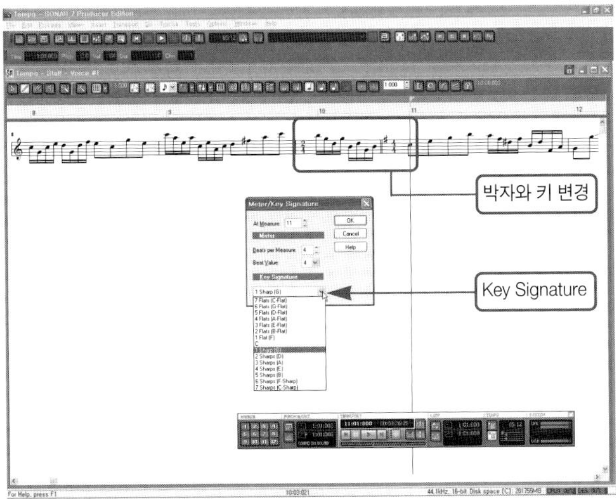

12 Beats per Measure 항목을 4로 바꾸고 Key Signature 항목은 1 Sharpe (G) 키를 선택합니다. 송 포지션 라인 위치에 4/4박의 G 키가 삽입된 것을 확인할 수 있습니다. 사용자가 원하는 구간의 박자와 키를 변경하는 방법입니다.

가정교사

박자와 키를 변경할 위치에 송 포지션 라인을 위치하지 않고, Meter/Key Signature 창의 Ar Measure에서 삽입될 위치를 선택해도 됩니다.

트랜스포트 패널의 마지막인 시스템 세션은 소나 7이 차지하는 시스템의 사용량을 체크할 수 있는 CPU 및 Disk 미터로 구성되어 있습니다. 많은 오디오 트랙과 VST, 이펙트 등을 사용하게 되면 시스템이 정지되어 귀중한 자료를 잃어버릴 수 있으므로 CPU 또는 DISK 미터에 경고가 뜨는지의 여부를 수시로 확인하는 것이 좋습니다.

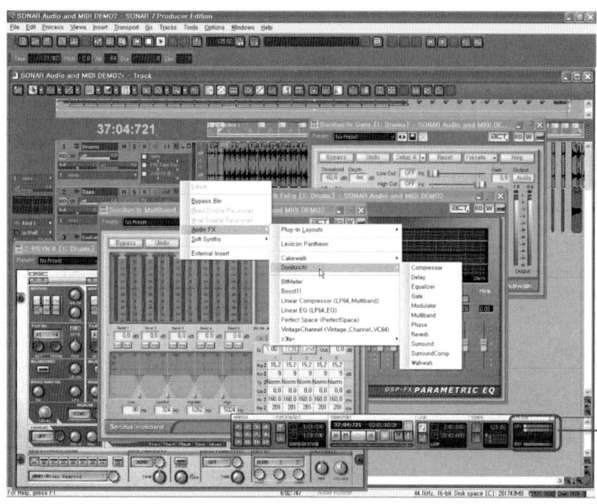

01 오디오 트랙을 많이 사용하고 각 트랙 마다 VST 이펙트를 사용하게 되면 CPU 미터에 빨간색 경고 표시가 나타납니다. 사실 이 상태에서 작업을 진행하게 되면 시스템이 정지되는 불상사를 격을 수 있으므로 반드시 Ctrl + S 키를 눌러 저장합니다.

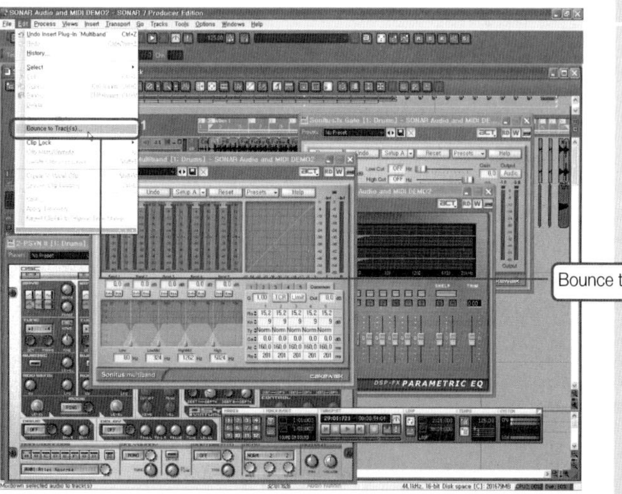

02 시스템 경고 표시가 나타난 뒤에도 작업을 계속 진행해야 한다면 이펙트를 사용하고 있는 트랙을 바운싱시켜 시스템을 확보할 필요가 있습니다. 바운싱시킬 트랙을 선택하고 Edit 메뉴의 [Bounce to Track]을 선택합니다.

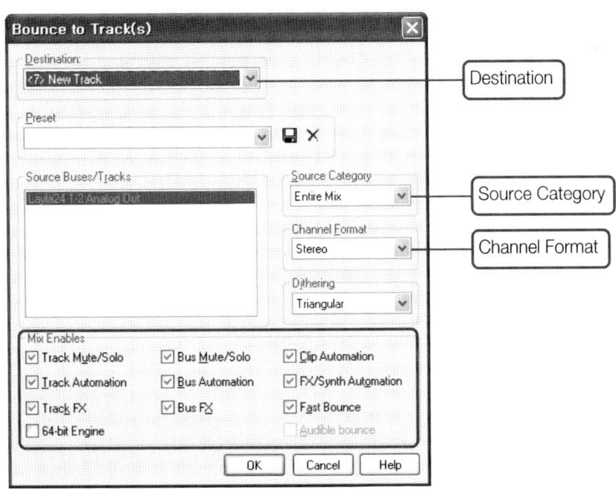

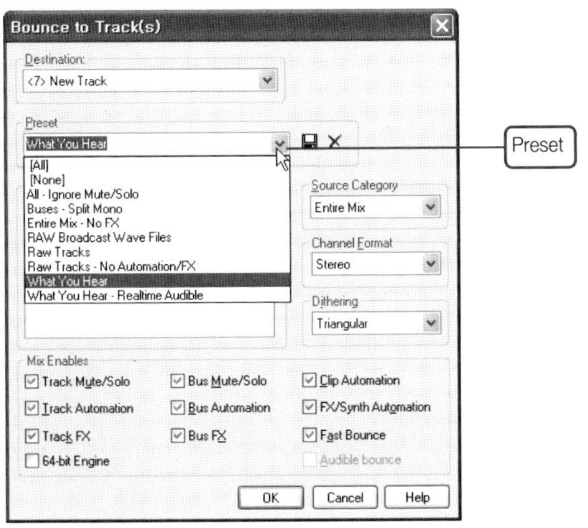

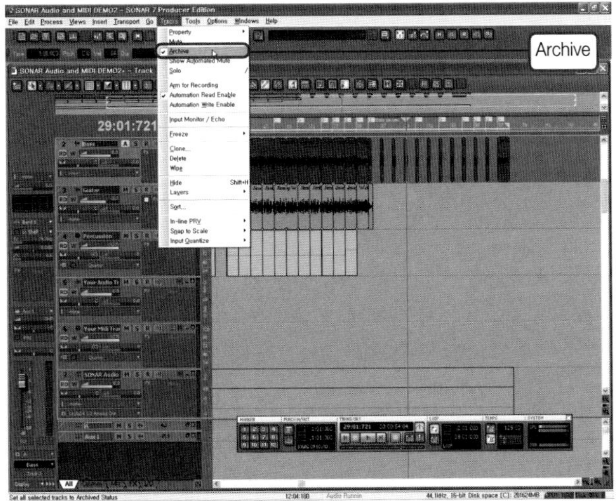
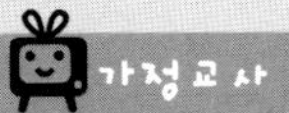

03 Destination이 New Track인 것을 확인합니다. 선택한 트랙이 바운싱 된 후 만들어질 트랙을 선택하는 것입니다. Source Category에서 바운싱 되는 트랙의 형식과 Channel Format에서 포맷을 선택할 수 있습니다.

🖥 **가정교사**

Mix Enables항목은 바운싱 될 트랙에 적용되는 파라미터들을 선택하는 것입니다.

04 Preset에서 [What You Hear]를 선택하여 모니터 되고 있는 사운드가 그대로 바운싱 있도록 합니다. 그리고 [OK] 버튼을 클릭하면, 선택한 트랙 이펙트를 실제로 적용하여 시스템 자원을 확보할 수 있습니다.

05 바운싱 후 필요 없어진 트랙을 삭제하는 것보다는 만일을 대비해서 Track 메뉴의 [Archive]를 선택하여 보관합니다. 즉, 사용은 하지 않지만 데이터는 그대로 두는 것입니다.

🖥 **가정교사**

클립에 페이드 인/아웃이나 볼륨, 팬 등의 엔벨로프 라인 등을 설정하는 것 역시 시스템 자원을 차지합니다. 더 이상 엔벨로프 라인을 편집할 필요가 없다면 클립을 선택하고, Edit 메뉴의 [Bounce to Clip]을 선택하여 클립만 바운싱시킬 수 있습니다.

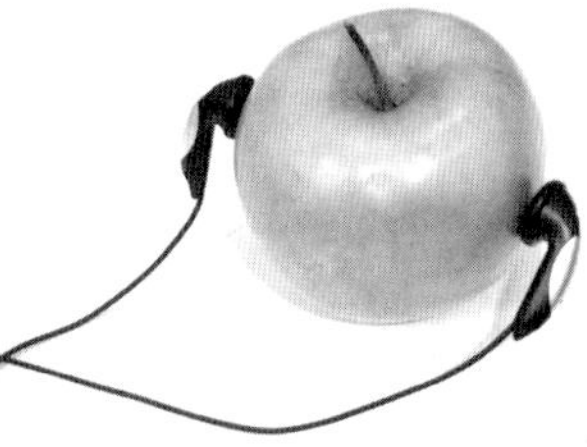

S O N A R 7

오디오
편집 기능 익히기

01 샘플을 이용한 음악작업

요즘 히트를 치고 있는 댄스 곡들의 대부분은 이미 만들어져 있는 샘플 소스를 적절히 배치하여 만드는 기법을 사용합니다. 이런 현상에 대해 음악 이론이나 독창성을 운운하며 거세게 비판하는 이들도 있지만, 샘플 소스를 얼마나 잘 사용하는가도 그 사람의 실력이며 센스라고 생각합니다. 소나 7의 루프 컨스트럭션 기능을 이용하여 샘플 소스를 이용한 음악 제작 방법을 살펴보겠습니다.

1 샘플 불러오기

음악 작업에 사용할 샘플 소스를 불러오는 방법에는 File 메뉴의 Import 기능을 이용하는 방법과 윈도우 탐색기를 이용하는 방법 등이 있습니다. 여기서는 소나 7에서 제공하는 익스플로어 윈도우를 이용하겠습니다. 익스플로어 윈도우는 소나 7 전용 탐색기하고 생각해도 좋으며 사용 방법 역시 윈도우 탐색기와 비슷합니다.

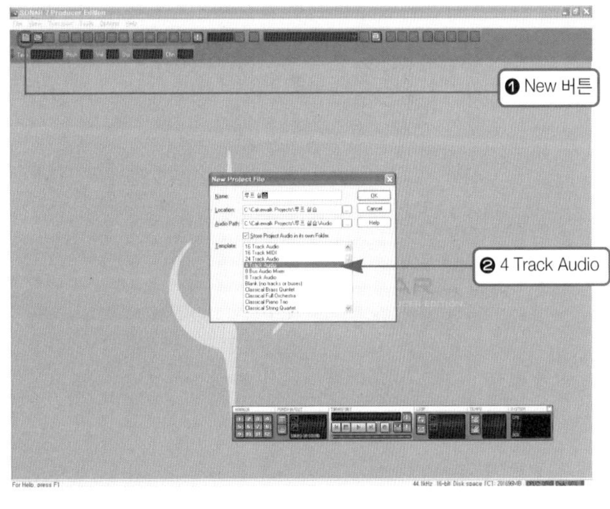

01 도구 모음 줄의 [New] 버튼을 클릭하여 New Project File 창을 열고, Template 창에서 [4 Track Audio]를 선택합니다. Name 항목에 적당한 이름을 입력하고 [OK] 버튼을 클릭합니다.

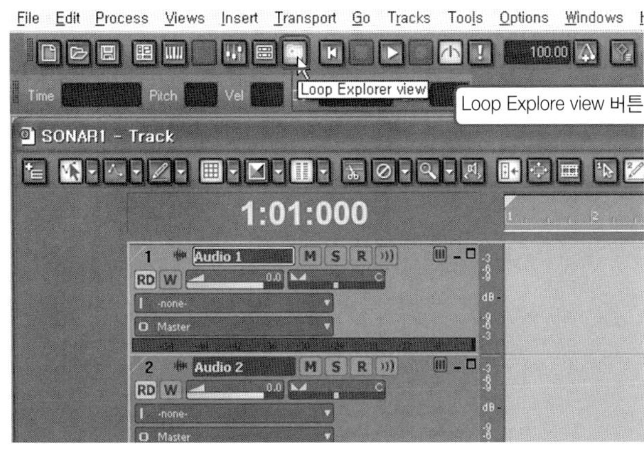

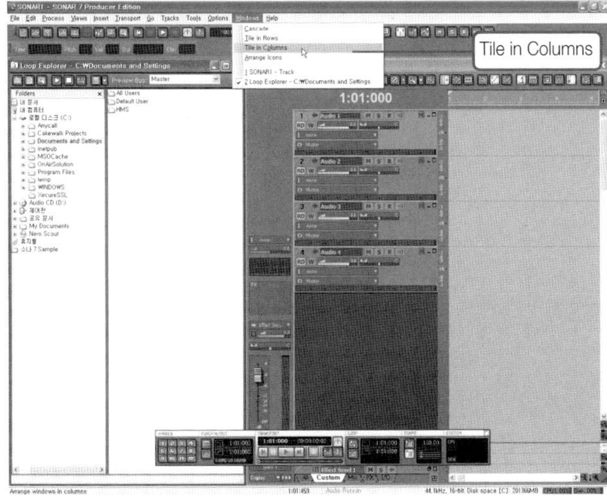

02 4개의 오디오 채널이 있는 프로젝트가 만들어졌습니다. 오디오 파일을 전문적으로 관리할 수 있는 익스플로어 창은 도구 모음 줄의 [Loop Explore view] 버튼을 클릭하여 열 수 있습니다. View 메뉴의 [Loop Explore]를 선택해도 좋습니다.

03 Windows 메뉴의 Tile in Columns를 선택하여 익스플로어 창과 프로젝트 창을 세로로 정렬합니다. 각 창의 제목 표시줄을 드래그하여 위치를 변경할 수 있고, 경계선을 드래그하여 크기를 조정할 수 있습니다.

Tip Windows 메뉴의 역할

Windows 메뉴에는 열려있는 창을 정렬하는 4가지 메뉴와 현재 열려있는 창의 목록으로 구성되어 있습니다. 각각의 메뉴 역할은 다음과 같습니다.

1. Cascade
작업 중인 창의 제목 표시줄만 보이도록 정렬합니다. 많은 작업 창을 열어놓은 경우에 각 작업 창으로의 이동이 편리합니다.

2. Title in Rows
작업 중인 창을 가로로 정렬합니다. 2~3개의 작업 창을 열어놓고 작업할 때 각 창의 전환이 필요 없어 편리합니다.

3. Title in Columns
작업 중인 창을 세로로 정렬합니다. 콘솔과 같이 세로로 구성된 작업 창을 열어놓고 작업할 때 편리합니다.

4. Arrange Icons
작업 중인 창을 아이콘으로 정렬합니다. 작업 중인 창이 많을 경우에 편리합니다. 이 경우에는 작업 창을 구별하기 쉽지 않으므로 메뉴 아래쪽에 보이는 목록을 이용합니다.

5. 목록
Arrange Icons 메뉴 아래쪽에는 작업 중인 창의 이름이 나열되어 있습니다. 모든 작업 창을 아이콘으로 정렬했거나 많은 창이 열려있어 전환이 불편한 경우에 편리합니다.

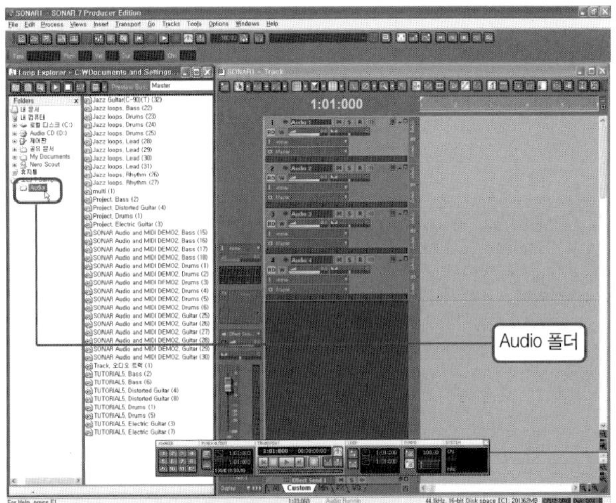

04 Loop Explorer 창 왼쪽의 폴더 목록에서 부록 CD의 Sample 폴더에 있는 Audio 폴더를 선택합니다. Loop Explorer 창 오른쪽 작업 창에는 Audio 폴더에 있는 사운드 파일의 목록이 보입니다.

05 첫 번째 트랙의 Audio 1을 더블 클릭하여 베이스로 이름을 변경하고 나머지 트랙을 드럼, 피아노, 기타로 변경합니다. 작업을 하기 전에 해당 트랙에 입력할 악기의 이름을 변경하는 습관을 갖는 것이 좋습니다.

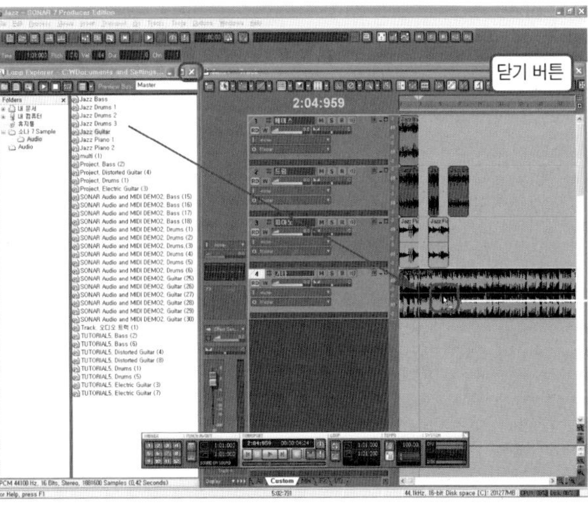

06 익스플로어 창에서 Jazz Bass, Jazz Drums 1, 2, 3, Jazz Piano 1, 2, Jazz Guitar 사운드 파일을 각각의 트랙으로 드래그하여 등록합니다. 익스플로어 창의 역할은 끝났으므로 [닫기] 버튼을 클릭하여 닫고 프로젝트 창의 왼쪽 테두리를 드래그하여 크기를 조정합니다.

루프 익스플로어 창의 도구 기능

소나 7의 익스플로어 창은 윈도우 탐색기와 비슷한 역할을 하지만, 소나 7에서 사용할 수 있는 미디어 파일만을 다룰 수 있기 때문에 윈도우 탐색기를 이용하는 것 보다 편리합니다.

익스플로어 창 상단에 보이는 도구의 역할을 정리하겠습니다.

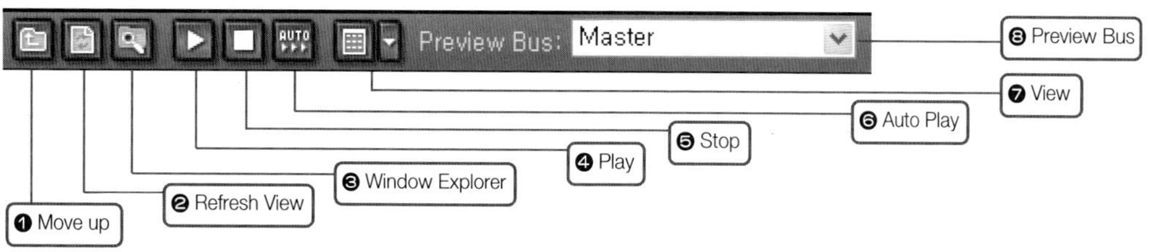

1. Move Up

선택되어 있는 폴더의 상위 폴더로 이동합니다.

2. Refresh View

소나 7의 루프 익스플로어 창을 열어놓은 상태에서 윈도우 탐색기를 이용하여 폴더를 만들거나 파일의 이름을 변경한 내용들은 소나 7의 익스플로어 창에서는 바로 인식하지 못하기 때문에, 어떤 변화가 있다면 [Refresh View] 버튼을 클릭하여 새로 읽어줘야 합니다.

3. Windows Explorer

윈도우 탐색기를 엽니다.

4. Play

선택한 사운드 파일을 재생합니다.

5. Stop

재생 중인 사운드 파일을 정지합니다.

6. Auto Play

선택한 사운드 파일을 자동으로 재생시킬 것인지의 여부를 On/Off 합니다.

7. View

화면에 표시되는 형식을 Large Icons, Small Icons, List, Details 중에서 선택할 수 있고, 왼쪽의 폴더 창을 표시할 것인지의 여부를 선택할 수 있는 Folders 메뉴로 구성되어 있습니다.

8 Preview Bus

사운드가 재생될 아웃 포트를 선택합니다.

판매용 샘플의 경우에는 대부분 사운드를 무한정 반복시킬 수 있는 반복 속성이 부여되어 있고, 각각의 사운드를 키 별로 제공하고 있지만 실습 샘플의 경우에는 반복 속성도 없고 템포도 다른 샘플들입니다. 샘플의 속성을 변경하여 음악 작업을 진행하는 과정을 살펴보겠습니다. 실습 곡은 템포 90으로 진행할 것이므로 템포를 90으로 설정합니다.

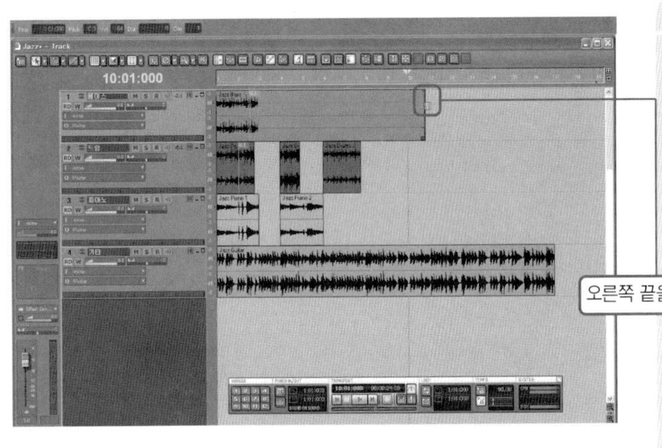

01 앞에서 불러온 샘플은 템포도 각기 다르며, 반복 속성도 부여되어 있지 않습니다. 오디오 클립의 오른쪽 끝 부분으로 오른쪽으로 드래그해 보면 사운드가 반복되지 않는다는 것을 확인할 수 있습니다.

02 사운드에 반복 속성을 부여하는 방법은 매우 다양합니다. 그 중에서 템포, 키, 볼륨 등 사운드를 편집하는 역할의 Loop Construction 창을 이용해보겠습니다. 오디오 클립을 더블 클릭하여 Loop construction 창을 엽니다.

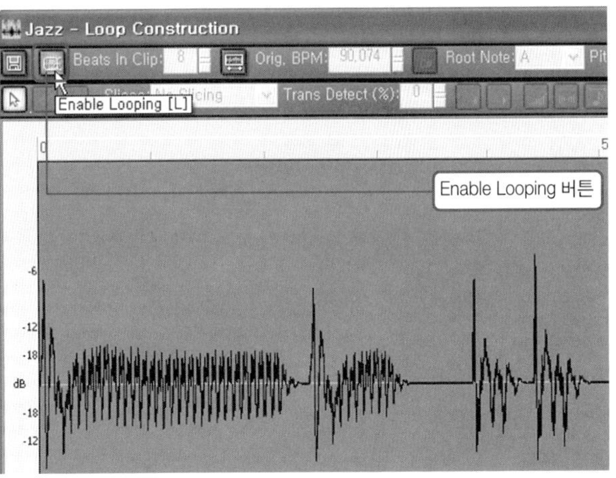

03 사운드에 반복 속성을 부여하거나 템포와 키 등을 편집하는 역할의 Loop Construction 창이 열립니다. 자세한 내용은 뒤에서 살펴보기로 하고, 여기서는 [Enable Looping] 버튼을 클릭하여 사운드에 반복 속성을 부여합니다.

가정교사

클립의 반복은 위/아래 홈으로 구분합니다. 베이스 샘플의 경우에는 두 마디 단위로 홈이 생기는데, 이것은 실제 사운드 길이가 2마디라는 의미입니다.

4 Loop Construction 창을 닫고, 오디오 클립을 보면 모서리 부분이 둥글게 변했습니다. 이것은 반복 속성을 가지고 있으며, 템포가 작업 중인 곡에 맞춰졌다는 의미입니다. 오른쪽 끝을 21마디까지 드래그하여 클립을 10번 반복시킵니다.

5 드럼 트랙에 가져다 놓은 3개의 샘플도 모두 반복 속성을 부여하고, Jazz Drums 2는 3마디, Jazz Drums 1은 5마디, Jazz Drums 3은 20마디 위치에 가져다 놓습니다. 그리고 Jazz Drums 2 클립을 21마디까지 드래그하여 반복시킵니다.

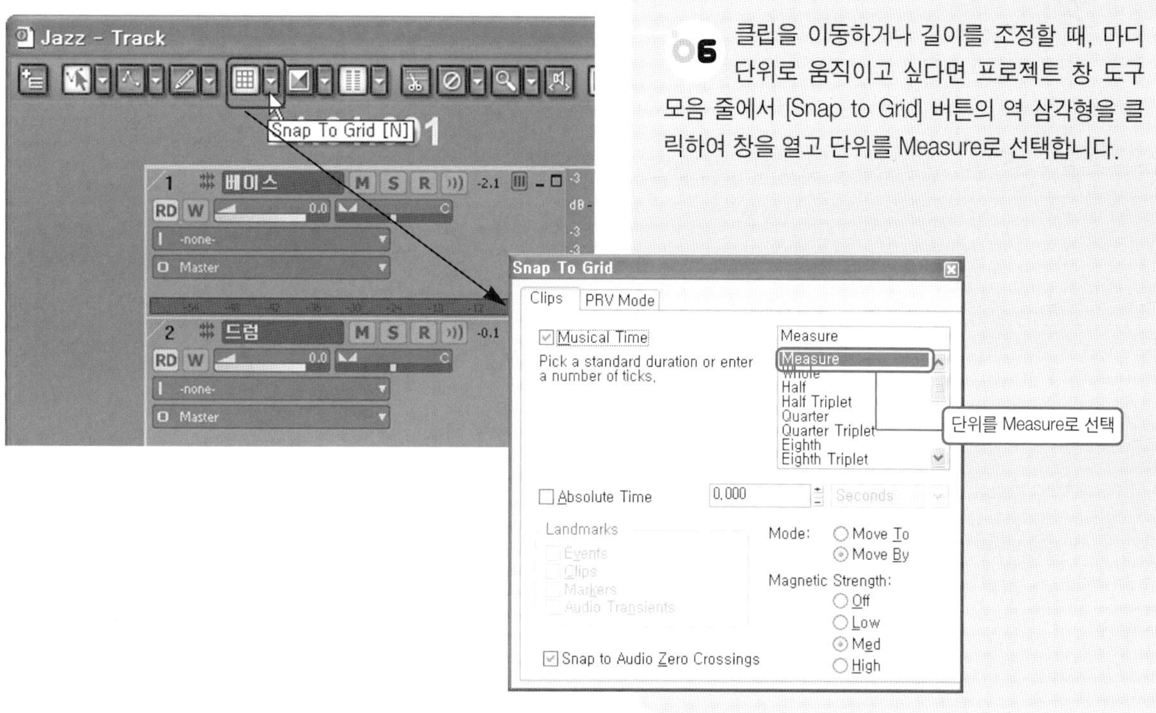

6 클립을 이동하거나 길이를 조정할 때, 마디 단위로 움직이고 싶다면 프로젝트 창 도구 모음 줄에서 [Snap to Grid] 버튼의 역 삼각형을 클릭하여 창을 열고 단위를 Measure로 선택합니다.

07 피아노 트랙에 가져다 놓은 2개의 샘플도 모두 반복 속성을 부여하고, Jazz Piano는 5마디, Jazz Piano 2는 13마디 위치에 가져다 놓습니다. 그리고 Ctrl 키를 누른 상태로 Jazz Piano 1 클립을 15마디 위치로 드래그하여 복사합니다.

08 Drag and Drop Options 창이 열립니다. [확인] 버튼을 클릭하여 Jazz Piano 1 클립을 복사합니다. 클립을 이동하거나 복사할 때마다 Drag and Drop Options 창이 열리는 것이 불편하다면 Ask This Every Time 옵션을 해제하여 열리지 않게 합니다.

가정교사

Drag and Drop Options 창을 다시 열리게 하고 싶다면 Options 메뉴의 [Global]을 선택하여 창을 열고, Editing 페이지의 Ask Every Time 옵션을 체크합니다.

09 계속해서 Jazz Piano 2 클립을 Ctrl 키를 누른 상태로 드래그하여 17마디 위치에 복사하고, 길이를 21마디까지 드래그하여 2번 반복 시킵니다. 그리고 5마디 위치의 Jazz Piano 1 클립은 13마디 위치까지 드래그합니다.

10 기타 트랙에 가져다 놓은 Jazz Guitar 클립
도 반복 속성을 부여하고 5마디 위치로 이
동시킵니다. Jazz Guitar 클립은 반복시키지 않지
만, 템포를 맞추기 위해서 반복 속성을 부여하는
것입니다.

3 키 조정하기

샘플 사운드를 불러와 반복 속성을 부여하고, 템포를 맞춤으로써 음악 작업을 진행하고 있습니다. 이제 곡이
연주되면서 사운드의 키가 자동으로 바뀌게 설정하여 샘플을 이용한 곡 작업을 완성하겠습니다. 최고의 스
튜디오에서 녹음된 샘플을 자신이 작업하는 곡에 응용할 수 있는 기법을 마스터하게 될 것입니다.

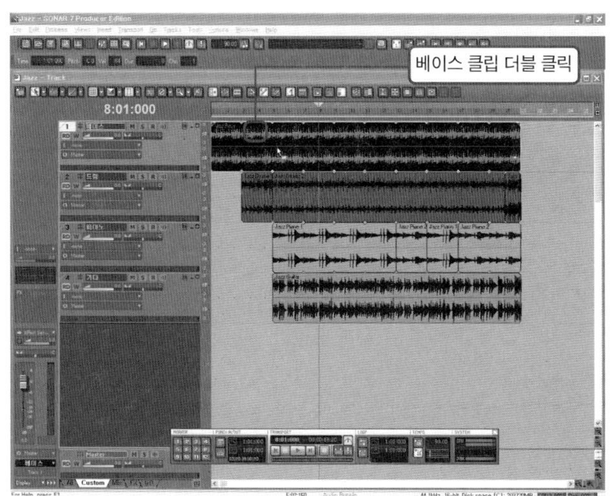

01 샘플에 반복 속성을 부여하면 사운드를 무한
정 반복시키거나 템포를 컨트롤 할 수 있듯
이 키 속성을 부여하면 마커에 입력한 키로 사운드
의 음정을 자유롭게 컨트롤 할 수 있습니다. 베이스
트랙의 클립을 더블 클릭합니다.

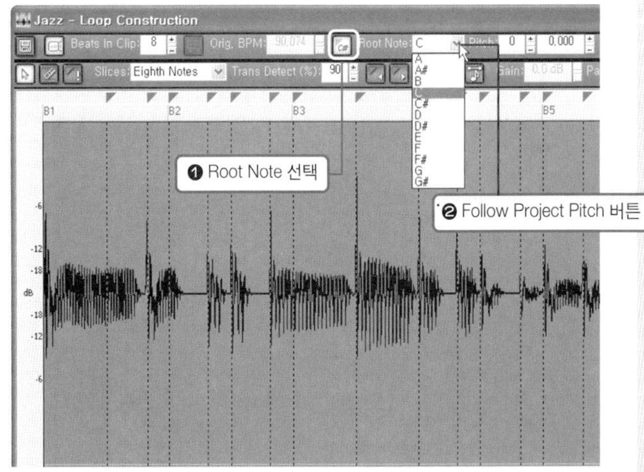

사운드에 키 속성을 부여하는 방법은 반복 속성을 부여했던 것과 같이 간단합니다. 루프 컨스트럭션 창의 [Follow Project Pitch] 버튼을 클릭하여 On으로 하고, Root Note를 원본 사운드의 키로 선택하면 됩니다. 샘플의 경우 C 키입니다.

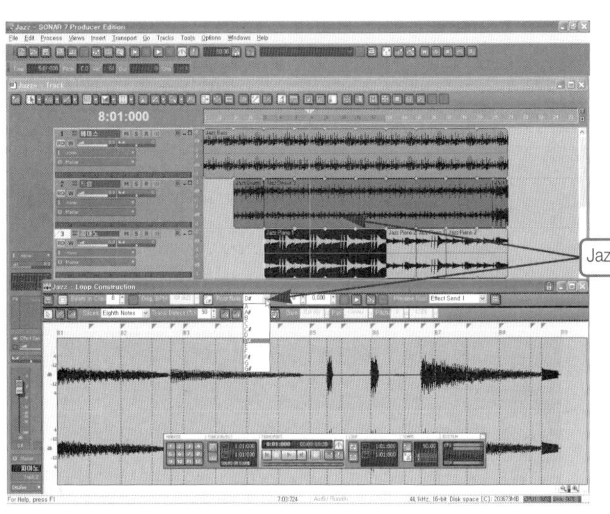

드럼 사운드는 키를 조정할 필요가 없으므로 그대로 두고, 피아노 트랙의 Jazz Piano 1 번 클립을 더블 클릭하여 루프 컨스트럭션 창을 엽니다. 그리고 [Follow Project Pitch] 버튼을 클릭하고, Root Note는 D#으로 선택합니다.

기타 트랙의 Jazz Guitar 클립은 일부분만 사용하겠습니다. 도구 모음 줄에서 가위 모양의 Split Tool을 선택하여, 7, 9, 11, 13, 15, 19, 19 마디를 자릅니다. 즉, 2마디 단위로 클립을 자르는 것입니다.

05 총 8개로 분리했습니다. 11마디 위치에 있는 클립에서부터 4개의 클립을 마우스 드래그로 선택하고 Delete 키를 눌러 삭제합니다. 클립을 선택할 때는 프로젝트 창의 빈 공간에서부터 드래그합니다.

06 첫 번째 클립을 더블 클릭하여 루프 컨스트럭션 창을 열고, Root Note를 C로 설정합니다. 계속해서 두 번째 클립도 Root Note를 C 키로 설정합니다.

07 첫 번째 클립을 Ctrl 키를 누른 상태로 드래그하여 17마디 위치로 복사하고, 3번째 클립은 13마디, 2번째 클립은 9마디 위치로 이동시킵니다. Ctrl 키를 누르지 않고, 클립을 드래그하면 이동됩니다.

08 첫 번째 클립의 오른쪽 끝 부분을 9마디 위치까지 드래그하여 길이를 늘립니다. 나머지 2번째 클립과 3번째 클립도 길이를 늘려 공백을 모두 채웁니다.

09 Root Note를 설정하여 사운드의 키가 자동으로 조정되게 설정하였습니다. 이제 마커를 이용하여 키를 입력하면 사운드의 키가 자동으로 변경되는 마술과 같은 기능을 경험할 수 있습니다. 송 포지션 라인을 7마디 위치에 놓고, Insert 메뉴의 [Marker]를 선택하거나 F11 키를 누릅니다.

10 곡의 위치에 메모를 입력할 수 있는 Marker 창이 열립니다. Groove-Clip Pitch 항목에서 연주될 키를 선택하고 [OK] 버튼을 클릭하면 송 포지션 라인이 있는 위치에 키가 입력됩니다. 실습에서는 D 키를 입력하겠습니다.

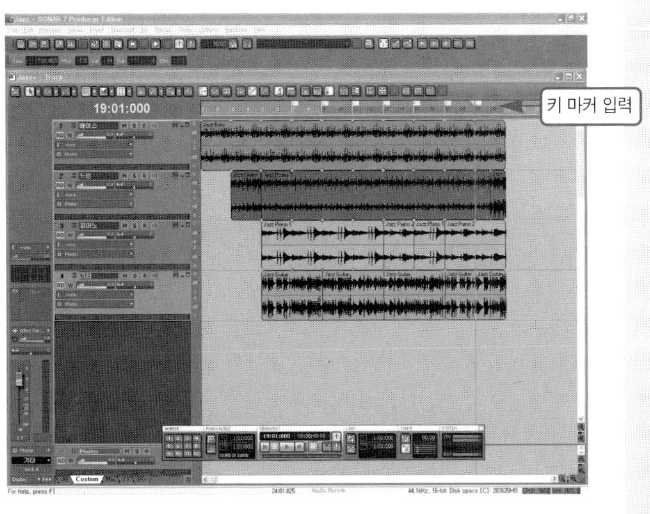

11 같은 방법으로 9마디는 C, 11마디는 F, 13 마디는 C, 15마디는 F, 17마디는 D, 19마디 는 C를 입력합니다. Space bar 키를 눌러 곡을 재생해 보면 키 마커가 입력되어 있는 곳에서 사운드의 키 가 자동으로 조정되는 것을 모니터 할 수 있습니다.

12 이처럼 소나 7의 루프 컨스트럭션 창을 이용 하면 사운드의 템포와 키를 자동으로 변경할 수 있기 때문에 간단한 샘플로도 음악을 만들 수 있 습니다. 엔딩 부분의 템포를 변경해보면서 실습을 마무리하겠습니다. 19마디에 송 포지션 라인을 위치 하고 View 메뉴의 [Tempo]를 선택합니다.

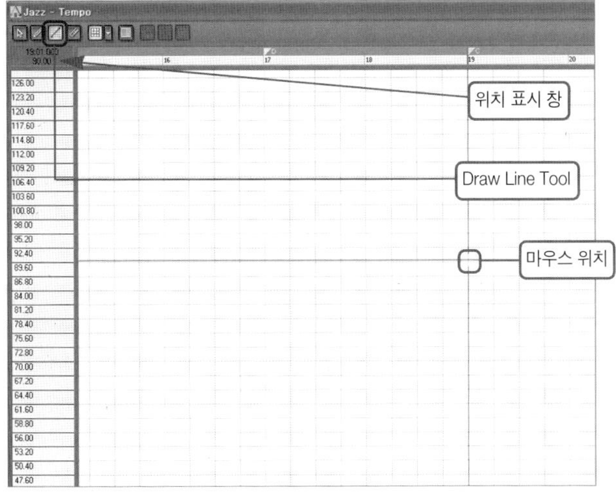

13 템포 변화를 연출할 수 있는 Tempo 창이 열립니다. 도구 모음 줄에서 [Draw Line Tool]을 선택하고, 위치 표시 창을 확인하면서 위 치는 19마디, 템포는 90인 위치에 마우스를 가져 다 놓습니다.

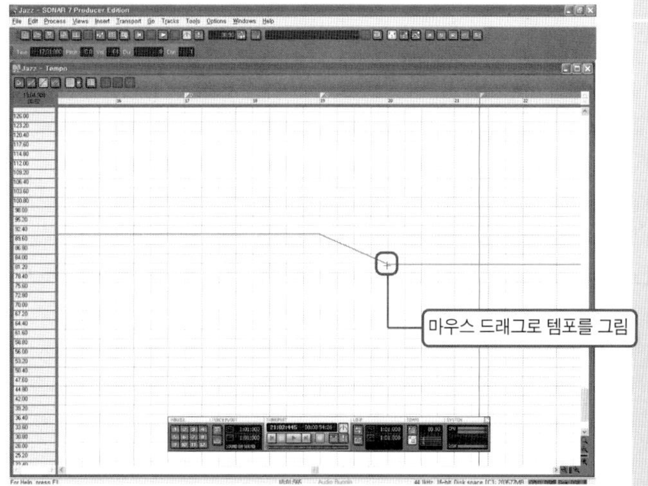

14 정확한 위치에서 마우스를 클릭하고, 20마디 위치의 템포 80 정도로 드래그하여 라인을 그립니다. 즉, 템포가 점점 느려지면서 엔딩되는 곡을 만드는 것입니다. Space bar 키를 눌러 완성한 곡을 모니터 해봅니다.

가정교사

템포 창의 오른쪽 하단에 있는 [줌] 버튼을 이용해서 작업 공간을 확대하면 좀더 미세한 작업이 가능합니다.

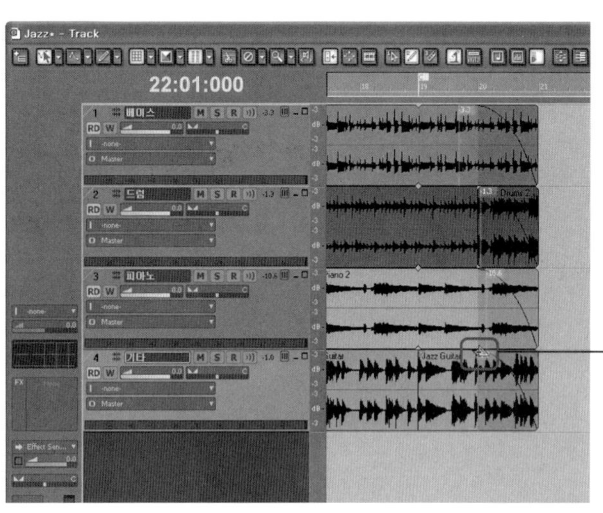

15 클립의 오른쪽 상단 끝 부분에 마우스를 가져가면 삼각형 모양으로 변경되고, 마우스를 왼쪽으로 드래그하여 사운드를 페이드 아웃 시킬 수 있습니다. 4개의 클립에 페이드 아웃 효과를 만들고 실습을 마무리합니다.

02 루프 컨스트럭션 윈도우

루프 컨스트럭션 윈도우는 앞의 실습에서 알아보았듯이 오디오 샘플에 반복 속성을 부여하거나 템포와 음정을 자유롭게 변경해서 사용할 수 있게 하는 역할을 합니다. 작업 중인 곡에 맞지 않는 템포와 키를 가진 샘플을 사용하기 위해서 소나 7의 루프 컨스트럭션 창의 역할은 모두 익혀둘 필요가 있습니다.

1 샘플 모니터 하기

루프 컨스트럭션의 툴 바에는 사운드를 모니터 할 수 있는 [재생/정지] 버튼이 있습니다. 이것은 선택한 클립을 모니터 하기 보다는 템포와 음정을 변경했을 때의 사운드 변화를 모니터 하는 목적으로 사용합니다. 멀티 오디오 카드를 사용하는 경우에는 모니터 할 아웃 포트를 Preview Bus 목록에서 선택해주어야 합니다. 사운드의 변화를 체크할 수 있는 모니터 기능을 살펴보겠습니다.

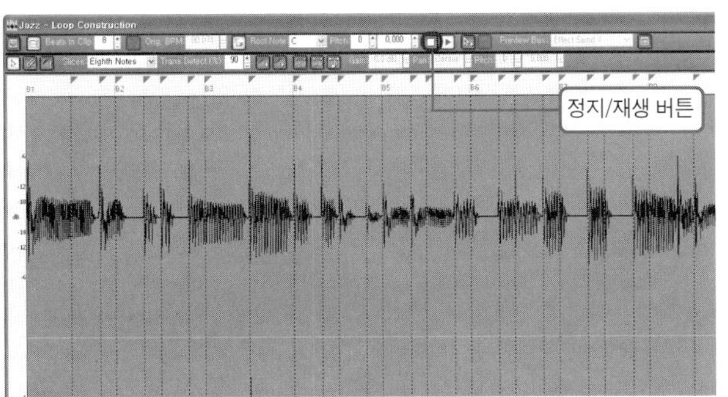

01 루프 컨스트럭션 툴 바 오른쪽에 있는 재생 버튼을 클릭하여 사운드를 모니터 합니다. 이때 [정지] 버튼을 클릭하기 전까지 반복 연주되며, 음정과 템포를 조정하는 경우에도 실시간으로 모니터 됩니다.

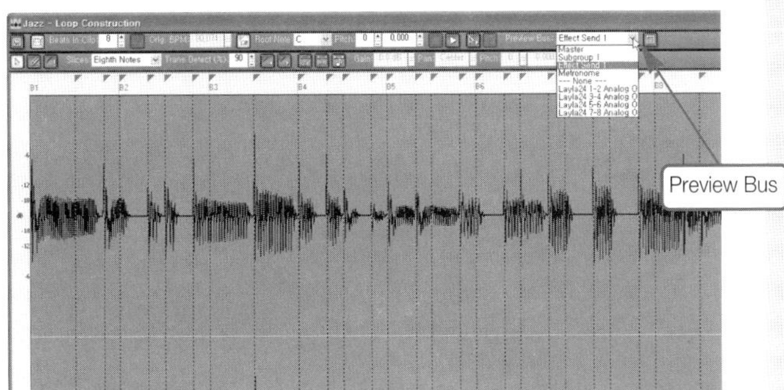

02 사운드 카드 사용자의 경우에는 샘플을 모니터 하는데 아무런 지장이 없겠지만, 멀티 오디오 카드를 사용하는 경우에는 Preview Bus 목록에서 모니터 할 아웃 포트를 선택해야 합니다.

 오디오 샘플의 템포 사용

미디 클립은 프로젝트의 템포를 자유롭게 변경할 수 있습니다. 그러나 오디오 클립의 템포는 변경되지 않습니다. 루프 컨스트럭션의 [Enable Looping] 버튼을 클릭하여 오디오 클립에 반복 속성을 부여하면, 오디오 클립을 얼마든지 반복시킬 수 있을 뿐 아니라 미디 클립을 사용하듯 템포 변화도 자유로워집니다. 오디오 클립에 반복 속성을 부여할 경우 템포가 어떻게 변하는지 살펴보겠습니다.

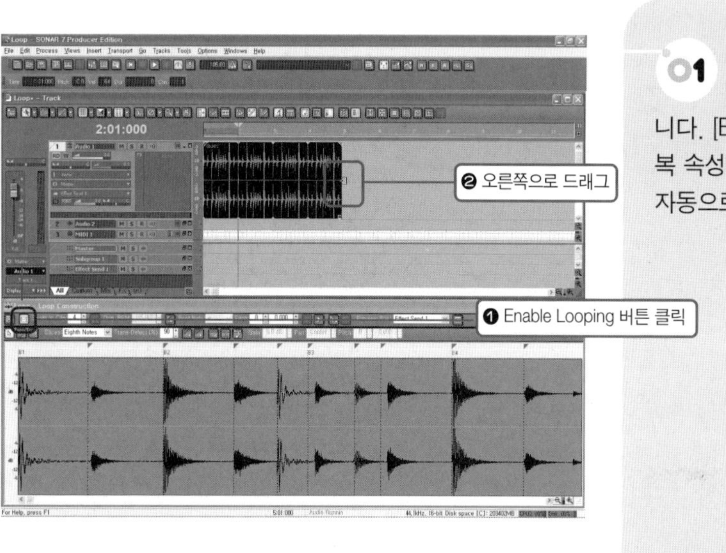

01 부록 CD의 Loop 샘플 파일을 열고, 오디오 클립을 더블 클릭하여 루프 컨스트럭션을 엽니다. [Enable Looping] 버튼을 클릭하여 클립에 반복 속성을 부여하고, 클립을 오른쪽으로 드래그하여 자동으로 반복되는지 확인합니다.

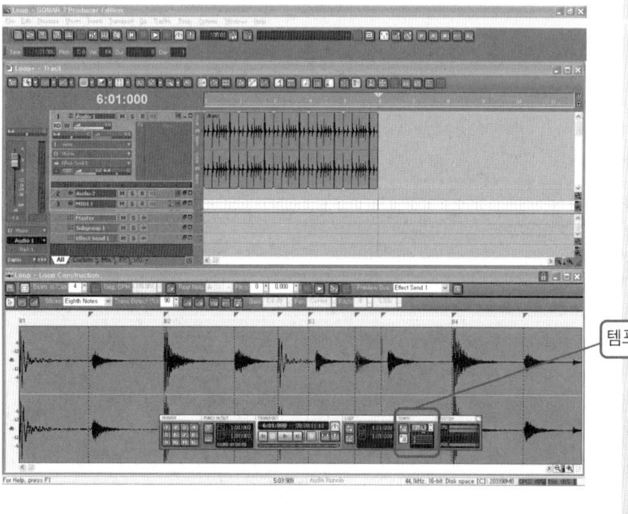

02 트랜스포트 패널에서 템포를 변경하고 곡을 연주해봅니다. 미디 클립을 사용하듯 템포 변경이 자유롭다는 것을 확인할 수 있습니다.

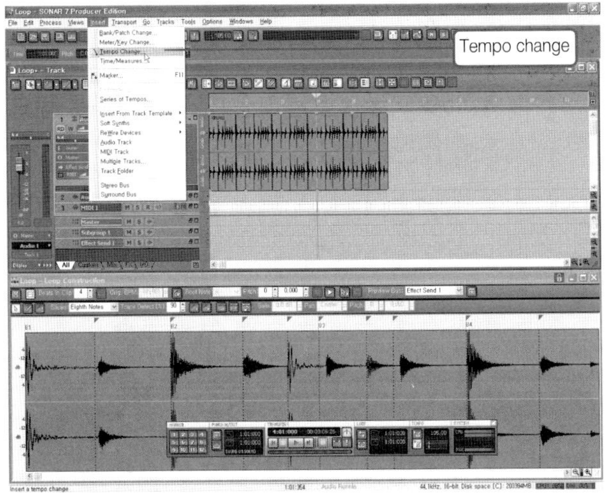

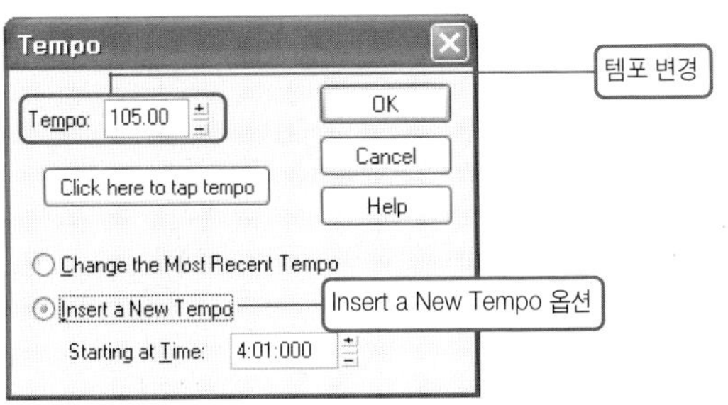

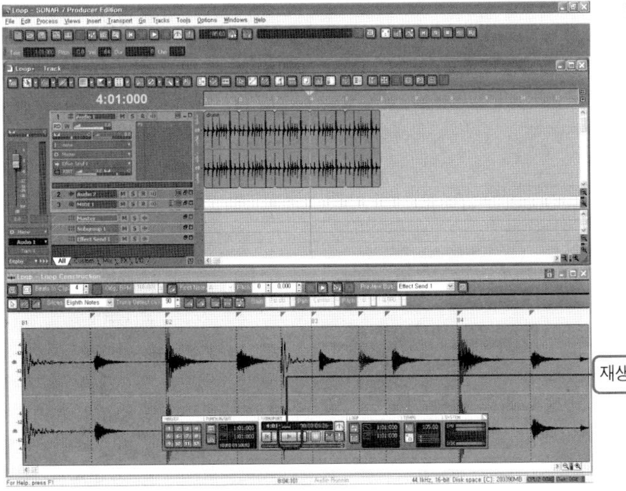

3 곡 중간에서 템포가 변경되어도 문제없는지 실험해 보겠습니다. 송 포지션 라인을 클립의 중간 위치에 놓고, Insert 메뉴의 [Tempo Change]를 선택합니다.

4 템포를 변경할 수 있는 Tempo 창이 열립니다. Tempo 항목에 입력되어 있는 것과 다른 템포 값을 입력하고, Insert a New Tempo 옵션을 체크합니다. 송 포지션 라인 위치에 템포 값을 삽입하는 옵션입니다.

5 [Ok] 버튼을 클릭하여 창을 닫고, 단축키 W 키를 눌러 송 포지션 라인을 곡의 처음 위치로 이동시킵니다. [재생] 버튼 또는 Space bar 키를 눌러보면 템포가 바뀌어도 문제없다는 것을 확인할 수 있습니다.

3 오디오 샘플의 템포 변경

오디오 클립에 반복 속성을 부여할 경우 프로젝트의 템포 값에 의해서 사운드가 분석됩니다. 이 경우 클립의 반복 횟수가 많아지거나 템포 변화가 크면 비트가 어긋나는 현상이 발생합니다. 루프 컨스트럭션에는 템포의 변화에도 비트가 어긋나는 현상을 방지할 수 있는 오리지널 템포 설정 기능이 있습니다. 다만, 반복 속성을 부여할 수 없으므로 복사해서 사용해야 합니다.

01 부록 CD의 Loop 샘플 파일 열고 오디오 클립을 마우스 오른쪽 버튼으로 선택합니다. 단축 메뉴 가장 아래쪽에 있는 [Clip Properties]를 선택합니다.

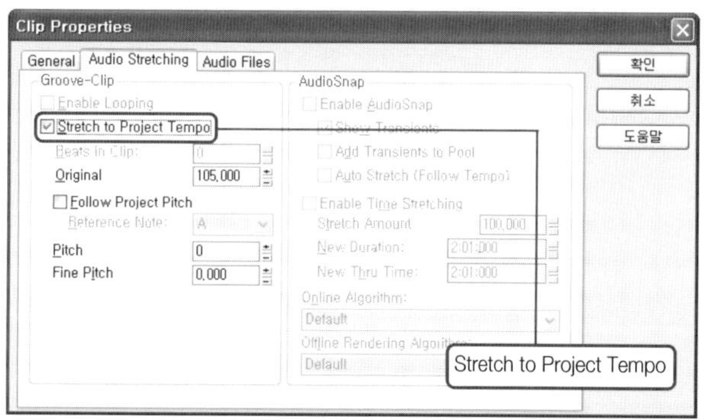

02 Clip Properties 창의 audio Stretching 탭을 클릭합니다. Original 항목을 보면 템포 값이 105로 제작된 샘플임을 알 수 있습니다. Stretch to Project Tempo 옵션을 체크하여 템포 변경이 가능하게 합니다.

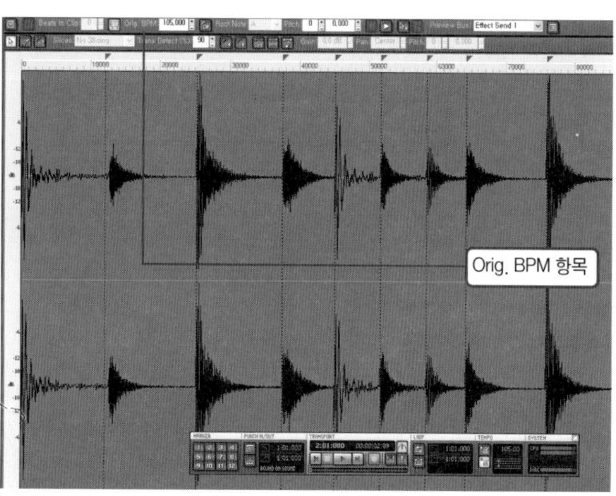

03 [확인] 버튼을 클릭하여 창을 닫습니다. 오디오 클립을 더블 클릭하여 루프 컨스트럭션을 열어보면 오리지널 템포를 결정할 수 있는 Orig. BPM 항목이 활성화된 것을 확인할 수 있습니다. 물론 컨스트럭션 창에서 [Enable Stretch] 버튼을 On으로 해도 됩니다.

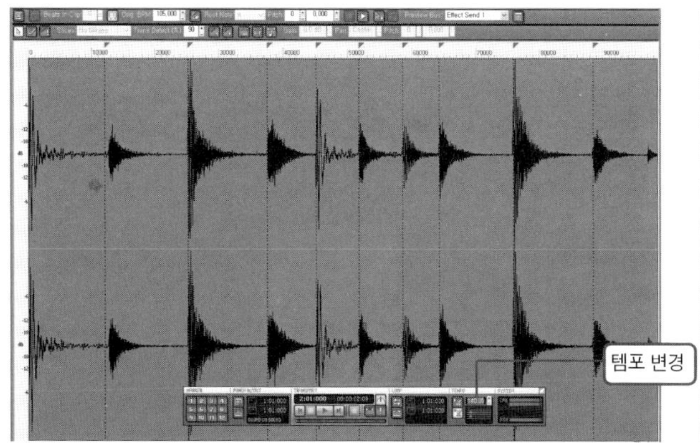

04 프로젝트의 템포를 140으로 변경해봅니다. 오리지널 템포(Org.BPM)가 105이므로 35가 빨라집니다. Orig BPM을 140으로 변경하면 프로젝트 템포와 차이 없으므로 원본 템포인 105로 연주됩니다. 오리지널 템포 값이 기준이라는 것을 이해하기 바랍니다.

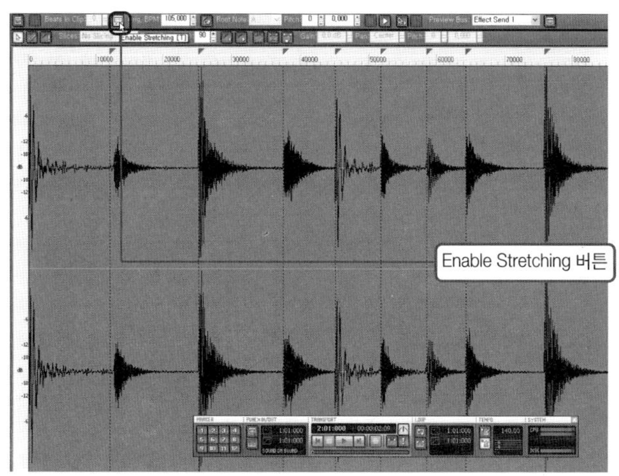

05 오리지널 템포를 설정하면 템포 변화에도 비트를 유지할 수 있다는 장점이 있지만, 반복 속성을 부여할 수 없기 때문에 클립을 복사해서 사용해야 합니다. [Enable Stretching] 버튼은 오리지널 템포 기능을 On/Off 합니다.

Tip — Clip Properties 창

클립의 속성을 결정할 수 있는 Clip Properties 창은 General, Audio Stretching, Audio File의 3가지 페이지로 구성되어 있습니다.

1. General 페이지

클립의 이름, 위치, 스냅 라인, 색상 등을 변경할 수 있는 페이지입니다.

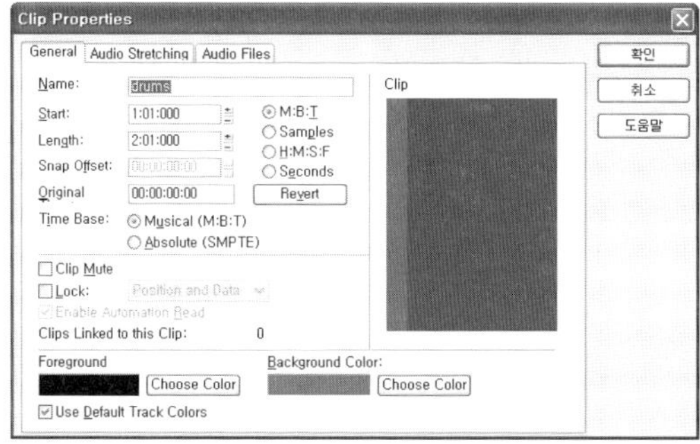

❶ Name

클립의 이름을 표시합니다. 구분하기 쉬운 이름으로 변경 가능합니다.

❷ Start / Length

클립의 시작위치와 길이를 표시합니다. 시작위치는 변경 가능합니다.

❸ Snap Offset

클립의 스냅 라인 위치를 표시합니다. 스냅 라인 위치는 오디오 클립을 편집할 때의 기준 라인을 말합니다.

❹ Original

클립이 처음에 만들어진 위치를 표시합니다. Start, length, Snap Offset을 포함한 단위는 오른쪽의 M:B:T, Sample, H:M:S:F, Seconds 옵션으로 선택하며 클립의 Original 위치가 변경되었을 경우, [Revert] 버튼을 클릭하여 Original 위치로 이동시킬 수 있습니다.

❺ Time Base

클립의 타임 위치를 선택합니다. Musical 인 경우에는 템포 값에 맞춰서 클립이 이동되지만, Absolute인 경우에는 클립이 시간적 단위로 고정됩니다. 영상에 음악을 맞출 때 Absolute를 사용합니다.

❻ Clip Mute

클립을 뮤트시킵니다.

❼ Lock

클립의 위치나 데이터를 고정시켜 편집할 수 업게 보호합니다.

❽ Clips Linked to this Clip

링크로 연결되어 있는 클립의 수를 표시합니다.

❾ Foreground

[Choose Color] 버튼을 클릭하여 클립에 표시되는 파형의 색상을 선택합니다.

❿ Background Color

[Choose Color] 버튼을 클릭하여 클립의 색상을 선택합니다. 변경한 색상은 Use Default Track Colors 옵션을 선택하여 초기 값으로 복구할 수 있습니다.

2. Audio Streching 페이지

클립에 반복 속성을 부여하거나 템포와 음정을 변경할 수 있는 페이지입니다. 오디오와 미디 클립의 구성요소가 조금 다르지만 역할은 같습니다.

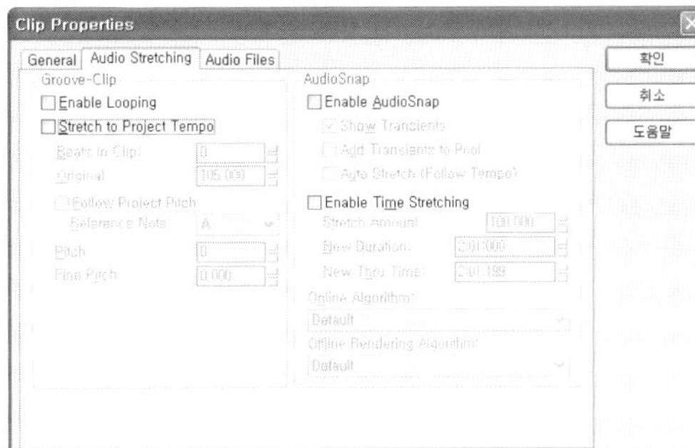

❶ Enable Lopping

클립에 반복 속성을 부여합니다.

❷ Stretch to Project Tempo

템포 변화에 비트를 유지할 수 있도록 오리지널 템포 값을 설정합니다.

❸ Follow Project Pitch

피치 마커에 의해서 조정되는 기준 음정을 설정합니다. Pitch는 반음(1)단위로 음정을 조정하고, Fine Pitch는 반음의 100등분한 값으로 음정을 조정합니다.

❹ Enable AudioSnap

오디오 스냅 기능을 사용합니다.

❺ Enable Time Stretching

3. Audio Files 페이지

클립이 저장되어 있는 폴더의 경로를 나타내줍니다.

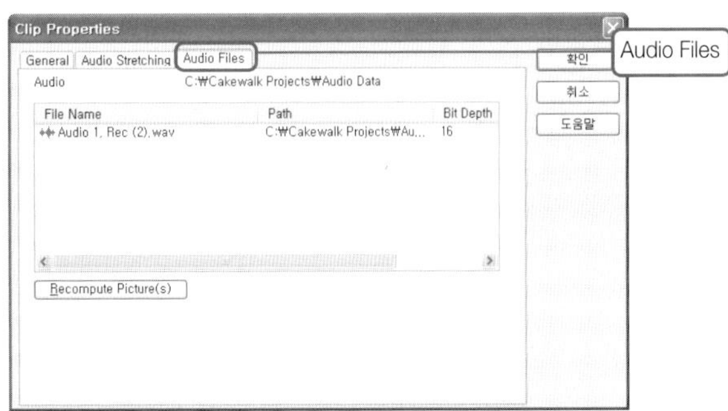

4 오디오 샘플의 음정 사용

오디오 샘플을 사용할 때 템포보다 제약이 많은 것이 음정입니다. 아무리 좋은 샘플이라도 작업중인 곡에 맞지 않는 음정이라면 사용할 수 없기 때문입니다. 루프 컨스트럭션에는 룰러 라인에 입력되는 피치 마커에 의해서 자유롭게 음정을 바꿀 수 있는 기능이 있습니다. 원하는 위치에 음정만 입력해두면 오디오 샘플의 음정이 자동으로 변경되는 Follow Project Pitch 기능을 살펴보겠습니다.

01 베이스 패턴이 C키로 녹음되어 있는 Pitch 샘플 파일을 열고 오디오 클립을 더블 클릭하여 컨스트럭션 윈도우를 엽니다.

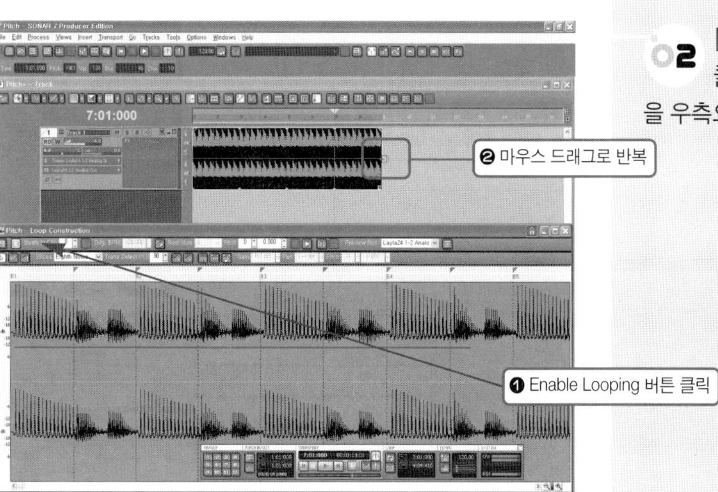

02 [Enable Looping] 버튼을 클릭하여 오디오 클립에 반복 속성을 부여하고, 오디오 클립을 우측으로 드래그하여 4번 반복시킵니다.

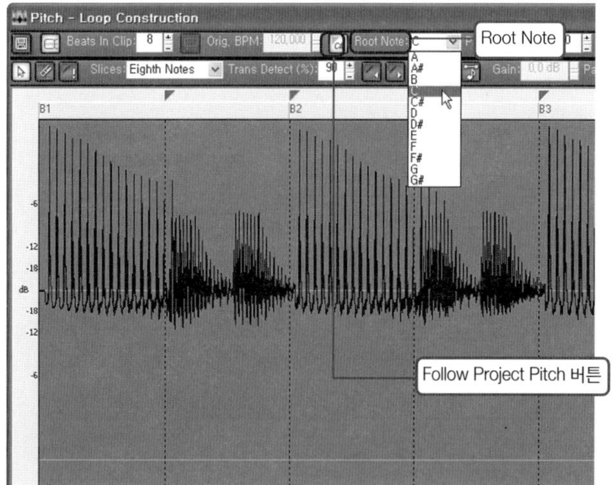

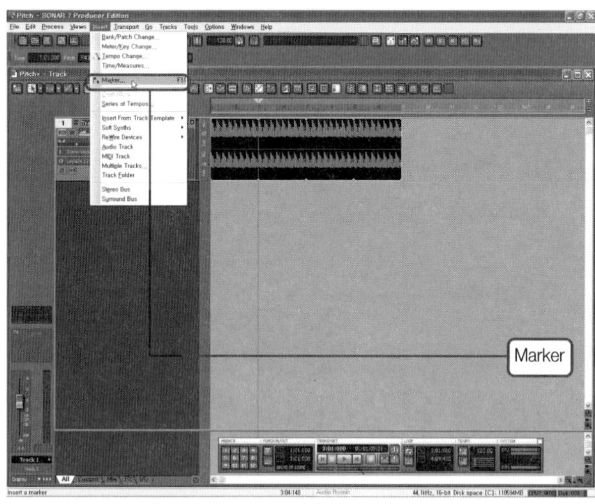

03 루프 컨스트럭션의 툴 바에서 Follow [Project Pitch] 버튼을 클릭하여 ON 하고, Root Note는 샘플의 원래 음정인 C를 선택합니다.

04 송 포지션 라인을 3마디 위치로 이동하고, Insert 메뉴의 [Marker]를 선택하거나 단축키 F11 키를 누릅니다.

05 Marker 창의 Groove-Clip Pitch 항목에서 변경할 음정을 선택합니다. 그림에서는 A를 선택하고 있습니다.

06 창에서 [OK] 버튼을 클릭하면 송 포지션 라인이 있는 3 마디 위치에 A라는 피치 마커가 표시됩니다. 같은 방법으로 5마디에 D, 7마디에 G 를 입력합니다.

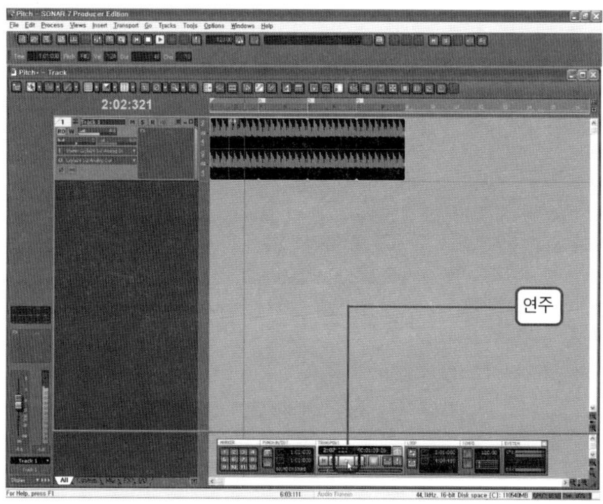

07 [W] 키를 눌러 송 포지션 라인을 시작 부분으로 이동하고 곡을 연주합니다. 피치 마커가 있는 부분에서 자동으로 음정이 변경되는 것을 확인할 수 있습니다.

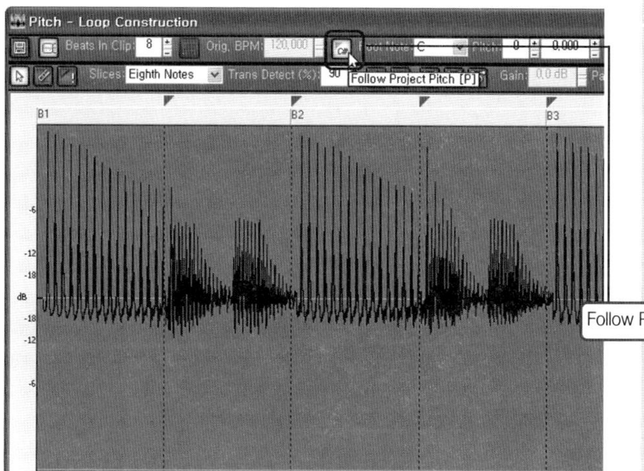

08 하나의 샘플을 가지고 음정을 자유롭게 사용할 수 있는 피치 마커 기능을 기억해두면 음악 작업이 한층 즐거워질 것입니다. 피치 마커 기능은 [Follow Project Pitch] 버튼으로On/Off 합니다.

5 오디오 샘플의 음정 변경

오디오는 특성상 템포가 변경되면 음정이 함께 변경됩니다. 물론 소나 7에서는 자동 보정 기능이 있기 때문에 어느 정도 음정이 변경되는 것을 방지하고 있지만 기대치가 그렇게 크지는 않습니다. 루프 컨스트럭션에는 템포 변화에 변경되는 음정을 보정할 수 있는 Pitch 기능이 있습니다. 최대 2옥타브 범위로 음정을 조정할 수 있는 Pitch와 미세한 조정이 가능한 Fine-Tuning 기능을 살펴보겠습니다.

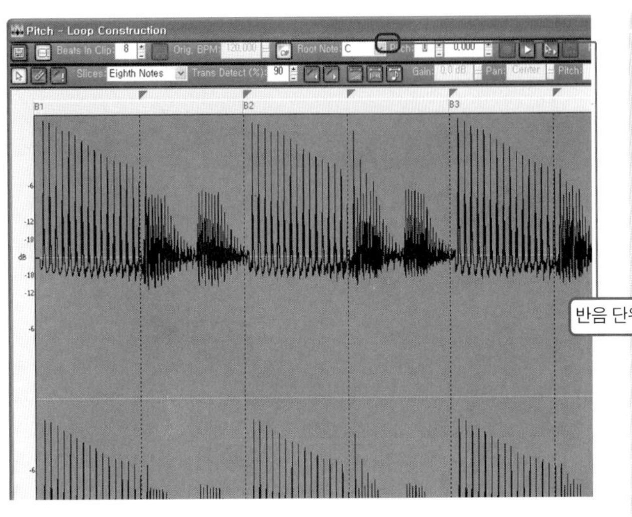

01 Pitch 항목은 최대 +/- 24 범위로 음정을 변경합니다. 1의 값이 반음에 해당하므로 2옥타브를 올리거나 내릴 수 있다는 의미이지만 특별한 효과를 연출하기 위한 것이 아니라면 많은 음정 변화는 피하는 것이 좋습니다.

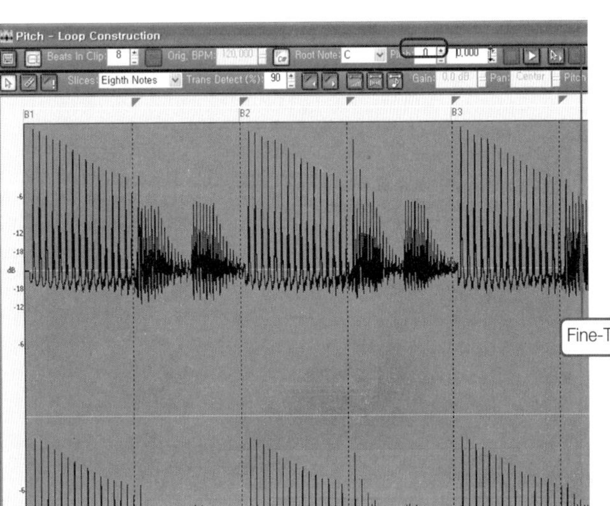

02 Pitch 항목 오른쪽의 Fine-Tuning 항목은 +/- 50으로 반음을 100등분한 값입니다. 템포의 변화로 미세하게 변경되는 음정을 바로 잡을 때 유용합니다.

6 슬라이싱 라인 편집

루프 컨스트럭션의 파형 표시 창을 보면 세로 점선으로 표시되는 슬라이싱 라인이 있습니다. 슬라이싱 라인은 템포를 변경할 때 기준이 되는 지점을 나타냅니다. 결과적으로 슬라이싱 라인의 위치에 따라 템포 변화에 따른 비트의 어긋남을 최소화 시킬 수 있다는 것입니다. 루프 컨스트럭션은 기본 8비트 단위로 슬라이싱 라인을 만들어주지만, 불규칙적인 샘플을 사용할 때는 사용자가 직접 조정을 하는 것이 좋습니다. 슬라이싱 라인의 편집할 수 있는 버튼들을 살펴보겠습니다.

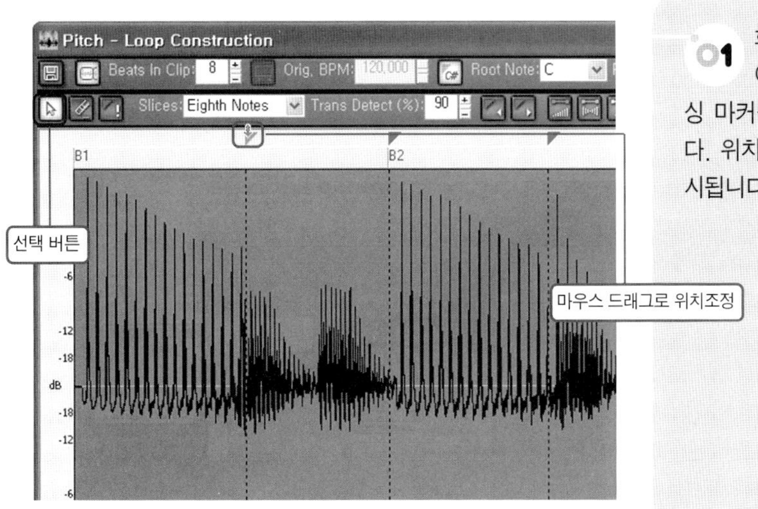

01 화살표 모양의 [선택] 버튼은 타임 라인 상단에 표시되는 빨간색 역삼각형 모양의 슬라이싱 마커를 드래그하여 위치를 변경할 때 사용합니다. 위치가 변경된 슬라이싱 마커는 보라색으로 표시됩니다.

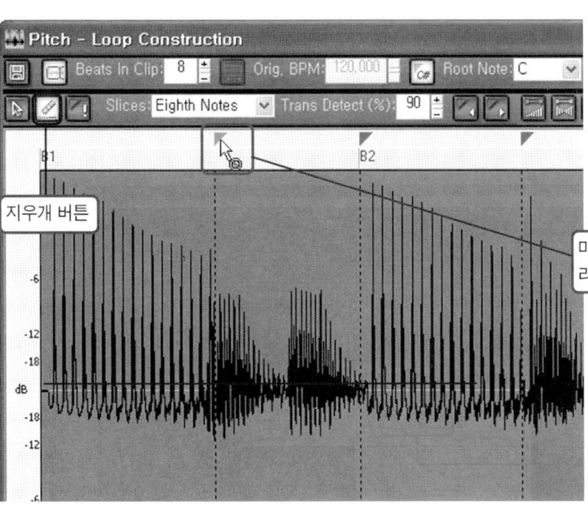

02 [지우개] 버튼은 조정된 슬라이싱 라인을 원래의 자리로 되돌립니다. [지우개] 버튼을 이용해서 조정했던 보라색의 슬라이싱 마커를 클릭하면, 라인이 원래의 위치로 되돌아가는 것을 확인할 수 있습니다.

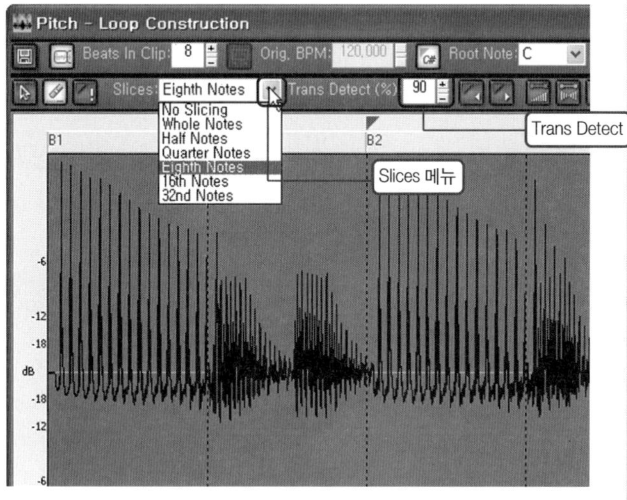

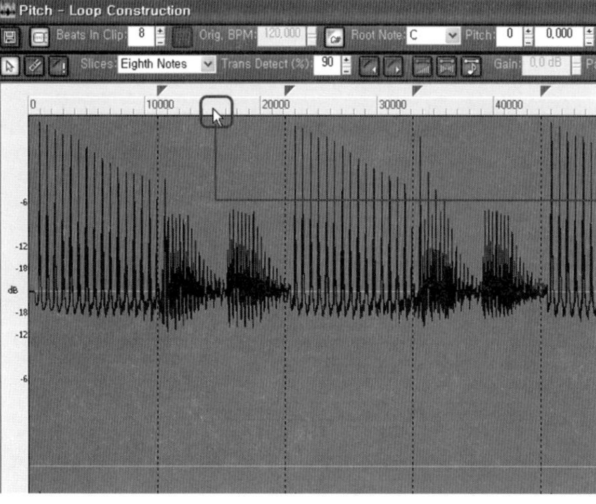

03 [마커] 버튼은 앞의 [선택] 버튼, [지우개] 버튼과는 다르게 선택하는 것 만으로 조정된 라인을 모두 초기화하는 기능입니다.

04 Slices 메뉴는 비트 단위로 슬라이싱 라인의 검출 단위를 설정하고, Trans Detect는 검출 빈도를 설정합니다. Trans Detect는 오디오 파형의 피크 지점을 퍼센트 단위로 찾아내도록 하는 것으로 값이 높을수록 많은 수의 슬라이싱 라인이 생깁니다.

05 루프 컨스트럭션의 타임 라인은 마우스 더블 클릭으로 단위를 변경할 수 있습니다. 비트와 샘플 단위를 제공하지만 음악인에게는 비트 단위가 익숙할 것입니다.

7 슬라이싱 구간편집

루프 컨스트럭션 윈도우에서는 슬라이싱 라인으로 분리되어 있는 각 구간의 레벨, 팬, 음정 등을 별도로 조정할 수 있는 기능이 있습니다. 오디오 이벤트를 부분적으로 편집할 수 있다는 것은 미디 노트의 음정을 편집하거나 벨로시티를 조정하듯 오디오를 다룰 수 있다는 것입니다. 슬라이싱 구간을 부분적으로 편집할 수 있는 기능을 익혀두면 오디오 작업이 한층 편리해질 것입니다.

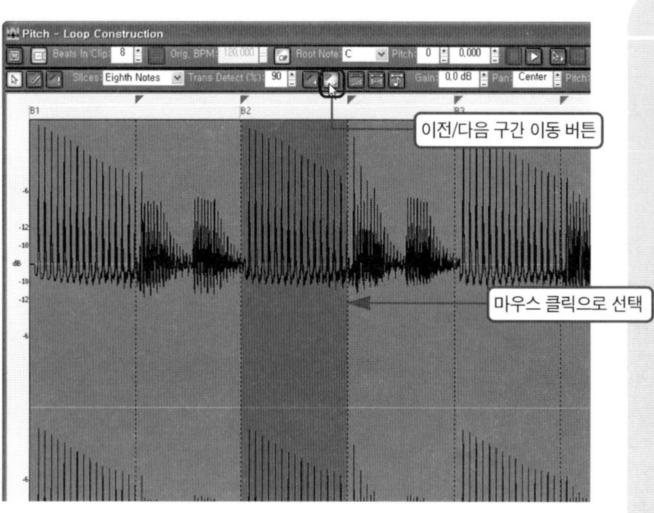

01 슬라이싱 라인으로 구분되어 있는 구간을 마우스 클릭으로 선택합니다. 도구 모음 줄의 이전/다음 구간으로 이동 버튼을 이용하거나 단축키 Page up / Page Down 키를 이용해도 됩니다.

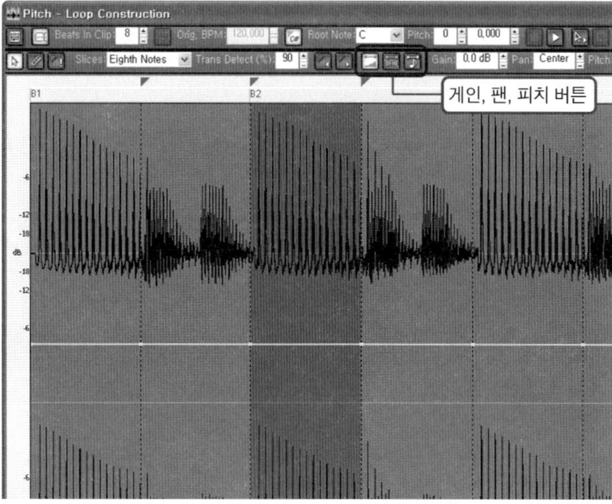

02 게인, 팬, 피치 버튼 중에서 편집하고 싶은 것을 클릭합니다. 게인은 파란색, 팬은 빨간색, 패치는 녹색 라인으로 표시됩니다.

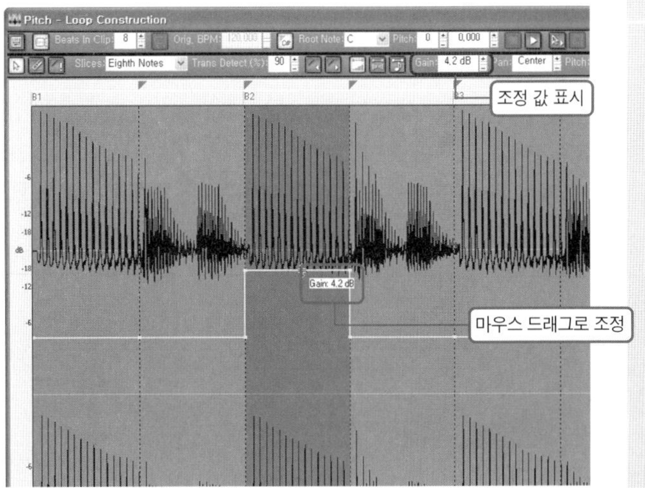

03 작업 공간에 보이는 각각의 라인을 상/하로 드래그하여 값을 변경합니다. 조정되는 값은 마우스 포인터뿐만 아니라 도구 모음 줄에서도 확인이 가능합니다. 그림은 게인을 조정하고 있는 것으로 도구 모음줄의 Gain 항목에 변경된 값이 표시되는 것을 확인할 수 있습니다.

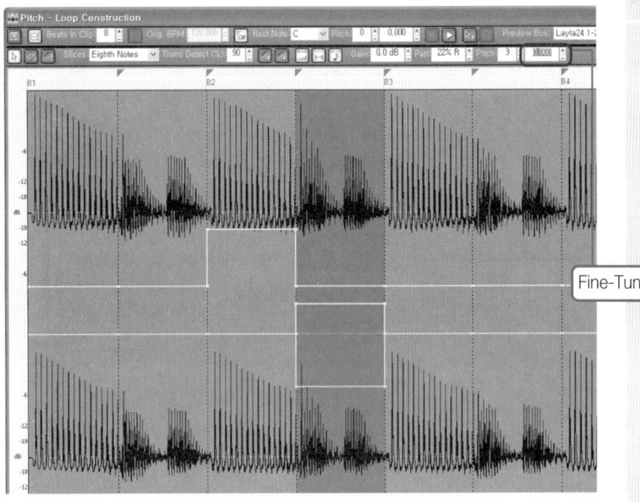

04 도구 모음 줄의 각 표시 항목에서 직접 입력하여 값을 조정할 수 있습니다. 특히 Pitch의 Fine-Tuning 항목은 마우스 드래그로 조정되지 않으므로 반드시 입력해야 합니다. 라인을 더블 클릭하면 초기 값으로 복구됩니다.

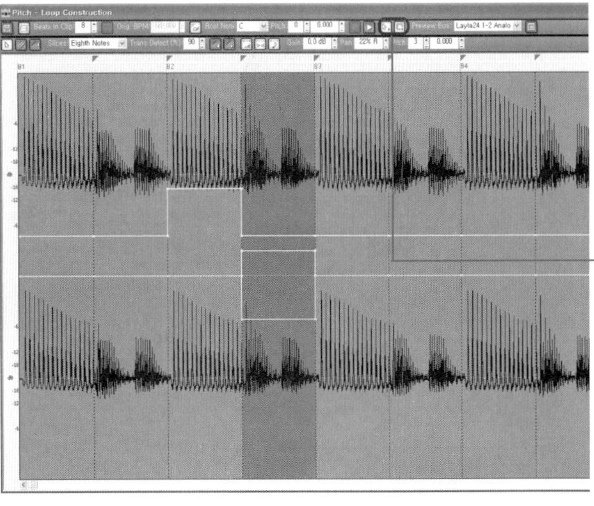

05 도구 모음 줄의 [재생] 버튼 우측에는 선택한 구간을 모니터 할 수 있는 슬라이스 [재생] 버튼과 [반복] 버튼이 있습니다. 이 버튼들을 On으로 놓고, 편집 구간을 선택하면, 자동으로 모니터 됩니다.

03 오디오 스냅 기능

소나 7에서 가장 눈에 띄는 것이 오디오 스냅 팔레트입니다. 이것은 오디오 데이터를 비트 단위로 분해하여 템포를 자유롭게 다룰 수 있게 하는 신기술로 마치 미디 데이터를 다루듯이 오디오 데이터를 다룰 수 있습니다. 더군다나 실제 오디오 데이터를 바꾸지는 않기 때문에 언제든 원본으로 복구할 수 있다는 장점을 가지고 있습니다. 오디오 작업을 한 층 업그레이드시켜 줄 오디오 스냅 팔레트의 역할을 살펴보겠습니다.

1 오디오 퀀타이즈

예전부터 컴퓨터 음악 프로그램을 다뤄온 사용자라면, 오디오 데이터를 퀀타이즈 시킬 수 있다는 것이 불가능 하다고 여기고 있을 것이며 고급 사용자들을 오디오 데이터를 비트 단위로 분해하여 각각의 길이를 조정하는 테크닉을 사용해왔을지도 모릅니다. 하지만 소나 7의 오디오 스냅 기능을 이용하면 오디오 데이터도 미디 데이터와 동일하게 퀀타이즈를 잡을 수 있습니다.

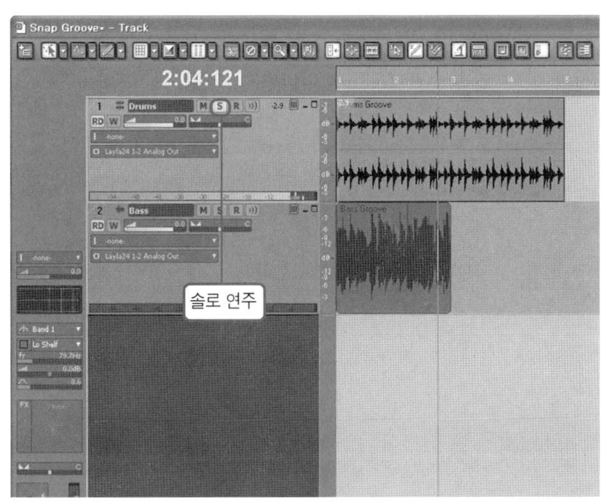

01 간단한 드럼 연주를 리얼로 녹음하거나 부록 CD의 Snap Groove 샘플을 불러와 1번 트랙을 솔로로 모니터 해봅니다. 스윙 리듬으로 연주되는 드럼 패턴입니다.

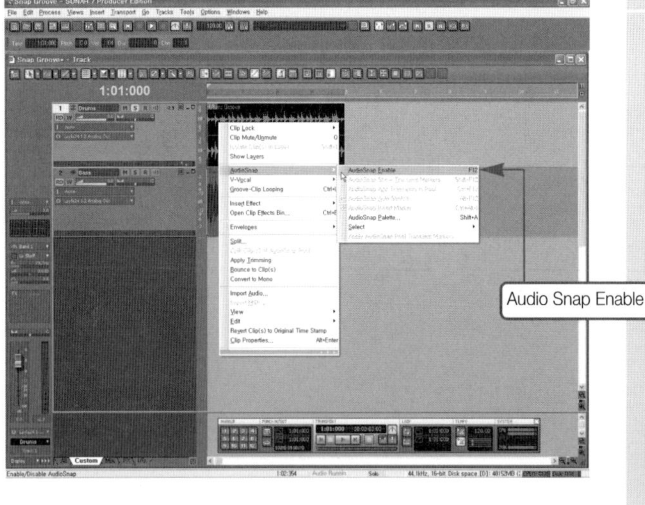

02 스윙 리듬의 드럼 연주를 8비트로 퀀타이즈 시켜보겠습니다. 드럼 연주 클립을 마우스 오른쪽 버튼으로 클릭하여 단축 메뉴를 열고, [Audio Snap의 Audio Snap Enable]를 선택하여 스냅 기능이 적용되는 클립으로 만듭니다.

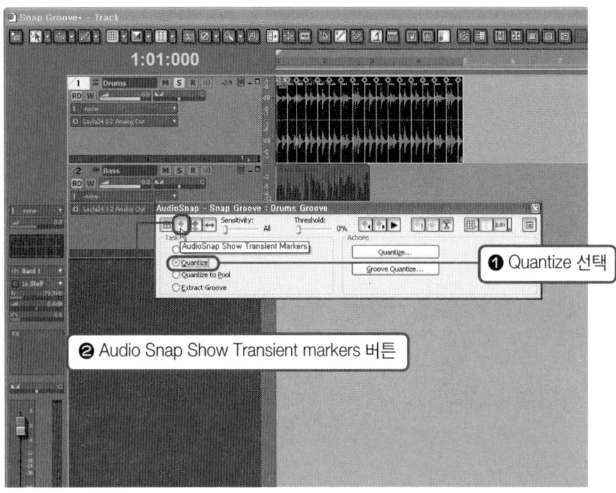

03 Audio Snap 팔레트가 열립니다. Take 옵션에서 Quantize를 선택하고, 클립에 트랜전트 마커 라인이 표시되게 Audio [Snap Show Transient Markers] 버튼을 On으로 합니다.

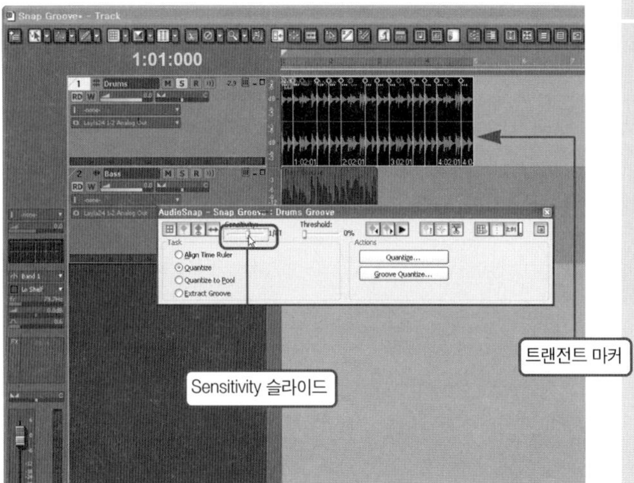

04 트랜전트 마커는 어택 타임을 기준으로 자동 생성되며, Sensitivity 슬라이드를 이용해서 오디오 데이터의 분해 비율을 비트 단위로 설정합니다. 슬라이드를 움직여 트랜전트 마커의 변화를 확인해보고 기본 값인 [All]로 설정합니다.

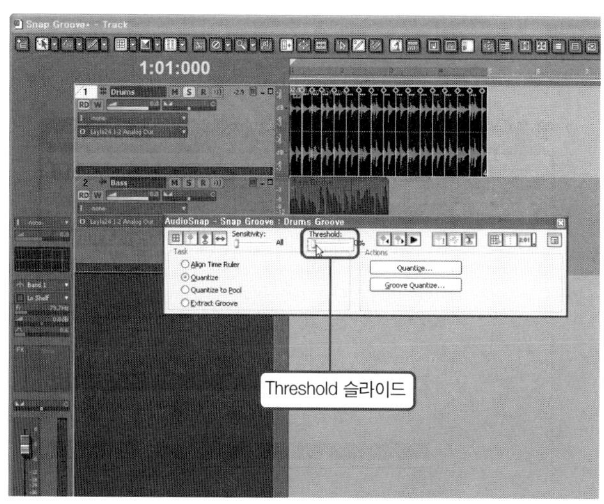

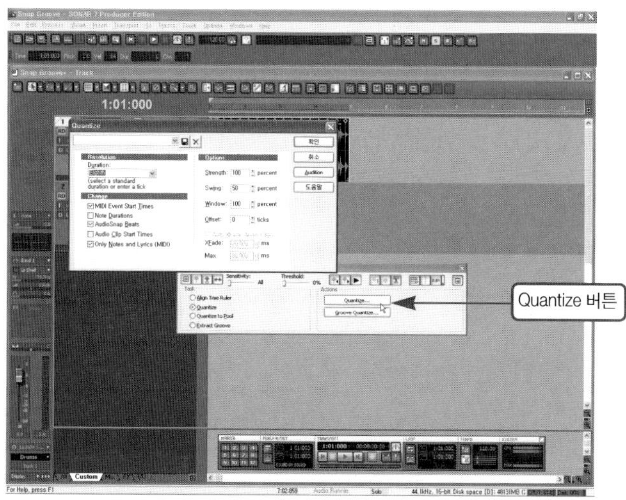

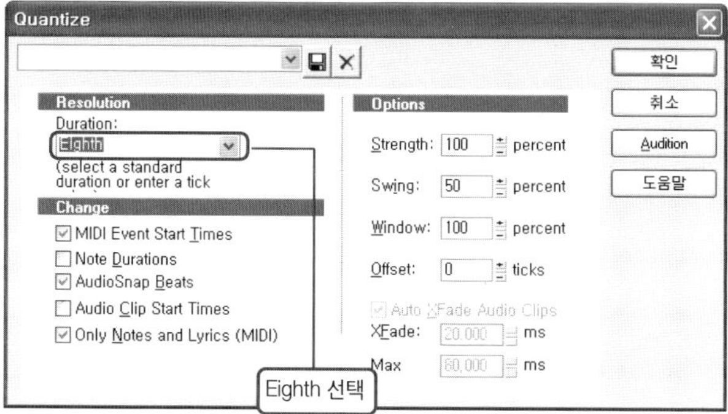

05 Threshold 슬라이드는 트랜전트 마커가 생성되는 기준 볼륨을 설정합니다. 일반적으로 파형의 제로 지점을 기준으로 생성되는 기본값 0%를 사용하면 무난하지만 잡음이 있는 사운드라면 값을 조금 높여주거나 오디오 스텝을 적용하기 전에 잡음을 제거하는 것이 좋습니다.

06 Take에서 Quantize를 선택하고 Sensitivity와 Threshold를 설정했다면, [Actions의 Quantize] 버튼을 클릭하여 퀀타이즈 창을 엽니다.

07 Duration 메뉴에서 [Eighth]를 선택합니다. 필요하다면 [Audition] 버튼을 클릭하여 퀀타이즈 결과를 미디 모니터 하면서 원하는 스타일로 Options을 조정합니다. 퀀타이즈 옵션은 미디 학습 편에서 자세히 살펴보기로 하고, 여기서는 기본 옵션을 그대로 두고 [확인] 버튼을 클릭합니다.

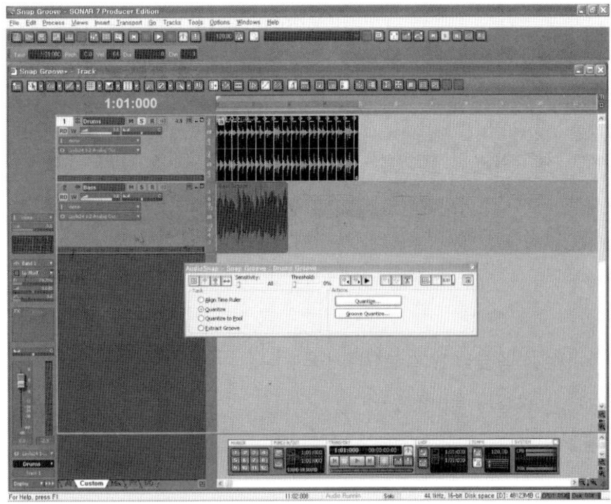

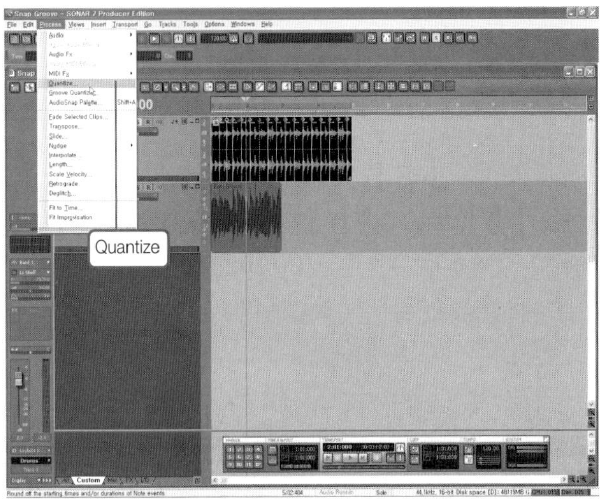

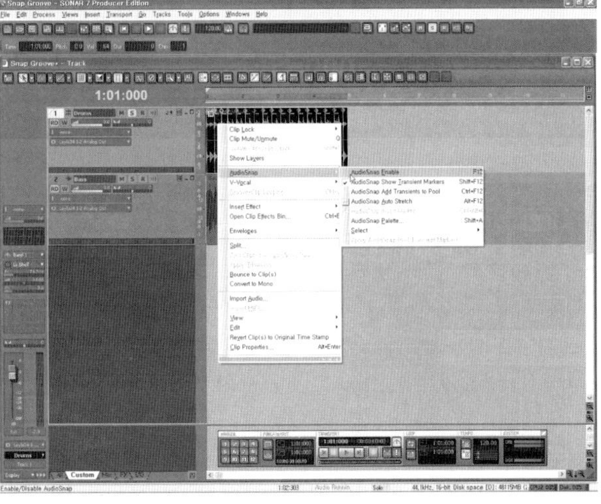

08 클립에 표시된 트랜전트 마커가 움직이는 것을 확인할 수 있으며 곡을 재생시켜보면 스윙 리듬의 드럼 연주가 8비트로 보정된 것을 확인할 수 있습니다.

09 오디오 스텝 기능이 적용되어 있는 클립은 미디 데이터와 동일하게 편집을 할 수 있기 때문에 언제든 Process의 Quantize 메뉴를 선택하여 퀀타이즈를 적용하거나 적용한 퀀타이즈를 변경할 수 있습니다.

10 오디오 스넵의 장점은 실제 데이터를 변경하는 것이 아니기 때문에 언제든 원본 데이터로 복구할 수 있다는 것입니다. 다음 실습을 위해 오디오 스넵이 적용된 클립을 마우스 오른쪽 버튼으로 클릭하여 단축 메뉴를 열고 [Audio Snap Enabel]를 선택하여 원본 데이터로 복구합니다.

2 오디오 글루브 퀀타이즈

드럼 루프의 샘플 사운드를 갈아놓고 Guitar, 피아노, 베이스 등의 사용자 연주를 오디오로 녹음했다고 가정합니다. 그런데 사용자가 녹음한 연주와 샘플 사운드의 비트가 맞질 않는다면 녹음한 데이터를 지우고 다시하는 수 밖에 없었습니다. 하지만 소나 7의 오디오 스넵 기능을 이용하면 사용자가 연주한 데이터에 글루브 퀀타이즈를 적용할 수 있기 때문에 녹음을 다시 해야 하는 수고를 덜 수 있습니다.

01 앞의 실습에서 사용했던 Snap Groove 샘플 파일을 그대로 이용하겠습니다. 1번 트랙의 [솔로] 버튼을 Off시키고 재생을 해보면 2번 트랙의 베이스 연주와 비트가 맞질 않는 것을 느낄 수 있습니다.

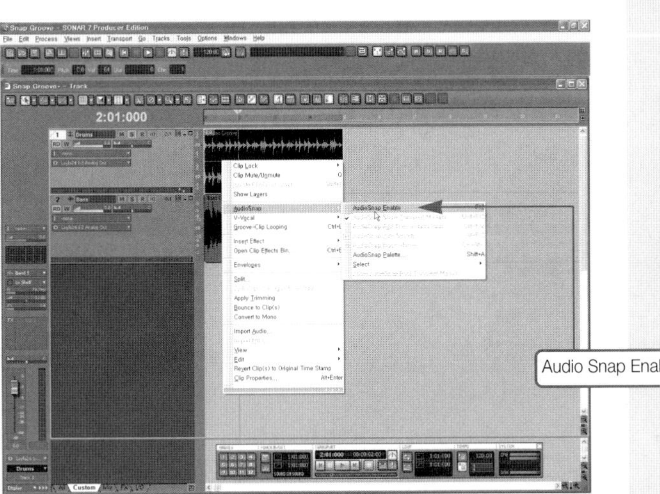

02 베이스 연주를 1번 트랙의 드럼 연주에 맞춰 보겠습니다. 1번 트랙의 드럼 연주 클립을 마우스 오른쪽 버튼으로 클릭하여 단축 메뉴를 열고 [Audio Snap Enable]를 선택합니다. 단축키 F12 키를 눌러도 좋습니다.

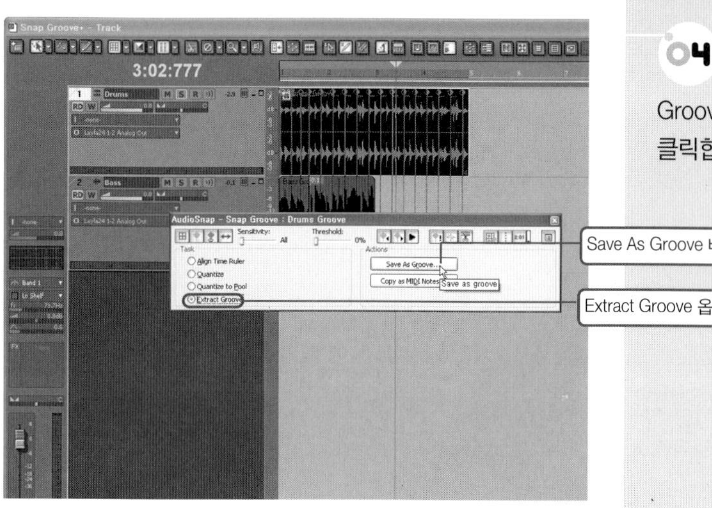

03 Audio Snap 창이 열립니다. [Audio Snap Show Transient Marker] 버튼을 클릭하여 마커를 표시하고, [Audio Snap Add Transients to Pool] 버튼을 클릭하여 마커 단위를 글루브 퀀타이즈로 만들 수 있게 합니다.

04 트랜전트 마커로 생성된 단위를 글루브 퀀타이즈로 만들기 위해서 Task의 Extract Groove 옵션을 선택하고 [Save As Groove] 버튼을 클릭합니다.

05 Define Groove 창이 열립니다. File 항목과 Pattern 항목에 구분하기 쉬운 이름을 입력하고 [OK] 버튼을 클릭합니다. 그리고 Audio Snap 창을 닫습니다.

06 글루브 퀀타이즈를 적용할 2번 트랙의 베이스 연주는 루프가 적용되어 있기 때문에 오디오 스텝 기능을 함께 사용할 수 없습니다. 퀀타이즈를 적용하기 전의 원본 데이터를 살펴보겠습니다. 베이스 연주 클립을 마우스 오른쪽 버튼으로 클릭하여 단축 메뉴를 열고 [Clip Properties]를 선택합니다.

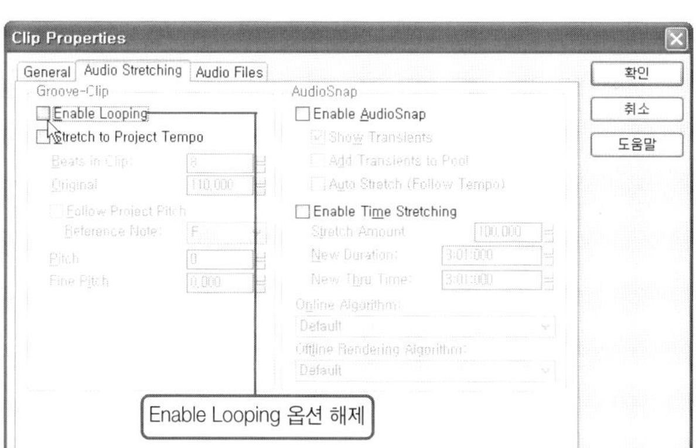

07 클립의 속성을 확인하거나 변경할 수 있는 Clip Properties 창이 열립니다. Audio Stretching 페이지를 보면, 원본의 템포는 110이며, 피치가 F로 조정되어 있는 것을 확인할 수 있습니다. Enable Looping 옵션을 해제하여 원본 데이터로 복구합니다. 그리고 [확인] 버튼을 클릭합니다.

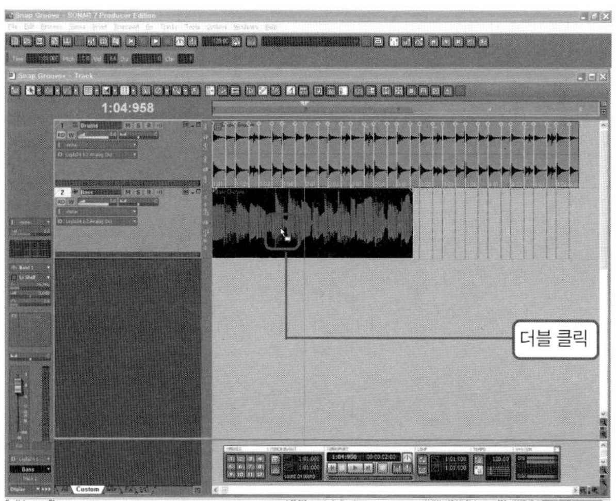

08 작업 중인 곡의 템포는 120이며, 베이스 연주는 110이기 때문에 클립의 길이가 두 마디가 넘는 것을 확인할 수 있습니다. 원본을 확인했으므로 다시 루프 속성과 피치를 조정하겠습니다. 베이스 연주 클립을 더블 클릭합니다.

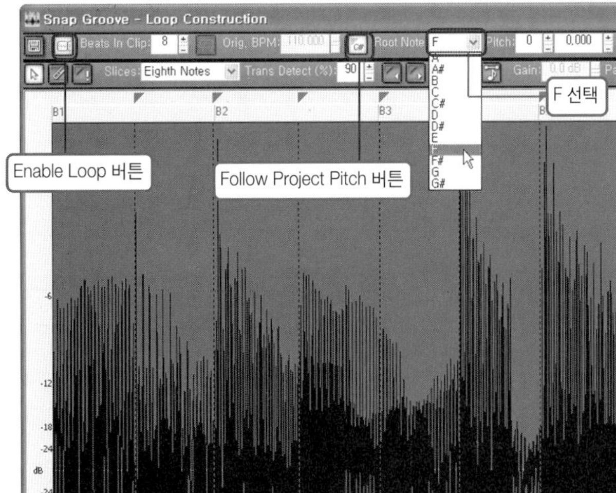

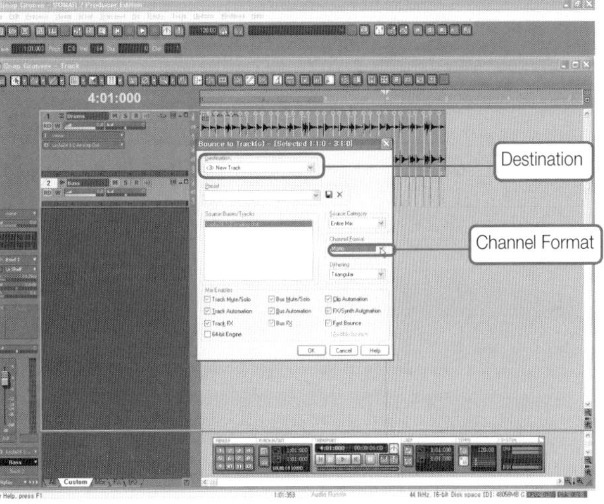

09 Loop construction 창이 열립니다. Enable [Loop] 버튼을 클릭하여 반복 속성을 부여하고, [Follow Project Pitch] 버튼을 클릭하여 피치 조정이 가능한 상태로 만듭니다. 그리고 피치를 F로 선택합니다. 실습 파일을 불러왔던 상태와 동일하게 만드는 것입니다.

10 루프 속성이 부여된 데이터는 오디오 스넵 기능을 사용할 수 없다고 했습니다. 결국, 루프 속성으로 템포와 음정을 변경한 데이터를 새로운 클립으로 만들어야 합니다. 베이스 클립을 선택하고 Edit 메뉴의 [Bounce to Track]을 선택합니다.

11 선택한 클립을 새로운 트랙으로 믹스다운 할 수 있는 Bounce to Track 창이 열립니다. Destination이 〈3〉 New Track 인지를 확인하고, Channel Format을 Mono로 선택합니다. 그리고 [OK] 버튼을 클릭합니다. 3번 트랙을 새로 만들어 바운스시키겠다는 의미입니다.

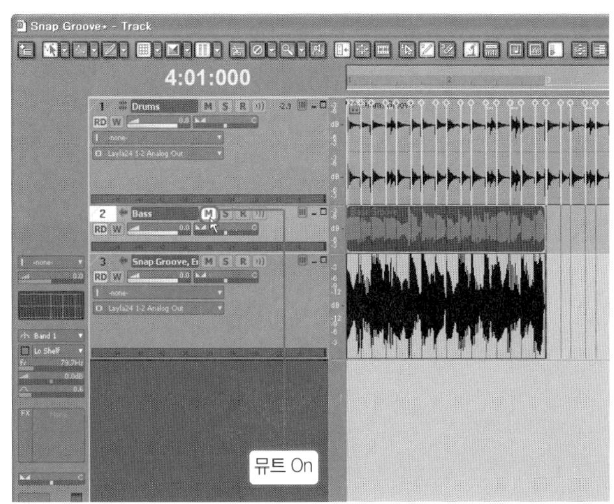

2 3번 트랙에 바운스 시킨 베이스 클립이 생성 됩니다. 2번 트랙의 베이스 연주가 더 이상 필요 없다면 Track 메뉴의 [Archive]를 선택하여 사용하지 않는 트랙으로 만듭니다. 실습에서는 그냥 2번 트랙을 뮤트시키겠습니다.

3 2번 트랙의 속성을 그대로 유지하고 있는 3번 트랙은 오디오 스냅을 적용할 수 있습니다. 마우스 오른쪽 버튼을 클릭하여 단축 메뉴를 열고 [Audio Snap Enable]를 선택합니다.

4 Audio Snap 창이 열립니다. [Audio Snap Show Transient Markers] 버튼이 On으로 되어 있는지 확인하고, Task에서 Quantize 옵션을 선택합니다. 그리고 Actions에서 [Groove Quantize] 버튼을 클릭합니다.

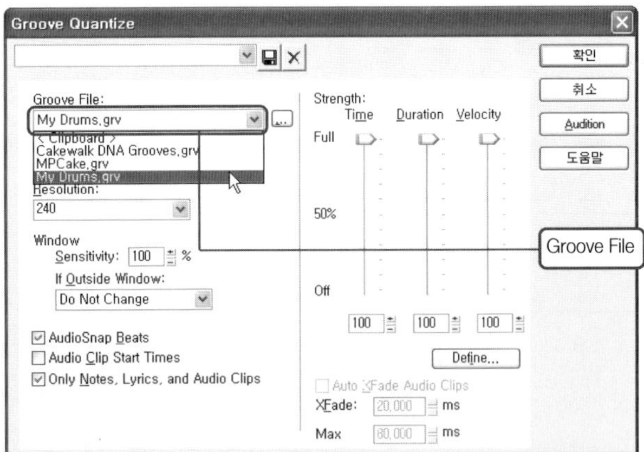

15 Groove Quantize 창이 열립니다. 드럼 연주에서 글루브 퀀타이즈를 만들었던 파일을 Groove File에서 선택합니다. 그리고 [확인] 버튼을 클릭합니다. 사용자가 만든 글루브 퀀타이즈를 베이스 연주에 적용하는 것입니다.

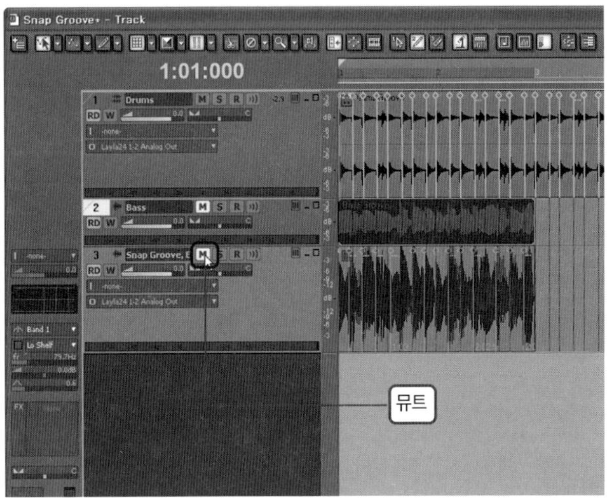

16 Audio Snap 창을 닫고 곡을 연주해보면 베이스 연주가 드럼 연주와 동일한 글루브 감을 유지하고 있다는 것을 모니터 할 수 있습니다. Pool 정보를 이용한 글루브 퀀타이즈 적용 방법을 살펴보겠습니다. 3번 트랙을 뮤트시킵니다.

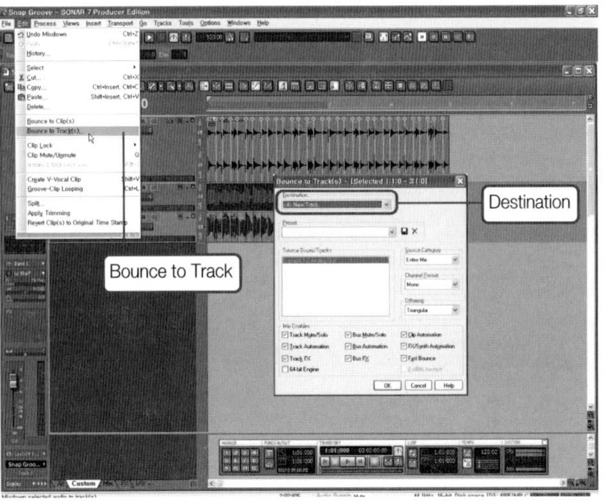

17 루프 속성이 부여되어 있는 2번 트랙의 베이스 연주 클립을 선택하고 [뮤트] 버튼을 해제합니다. 그리고 Edit 메뉴의 [Bounce to Track]을 선택하여 새로운 트랙으로 믹스 다운합니다. Bounce to Track 의 Destination에서 〈4〉New Track인지를 확인하고 [OK] 버튼을 클릭합니다.

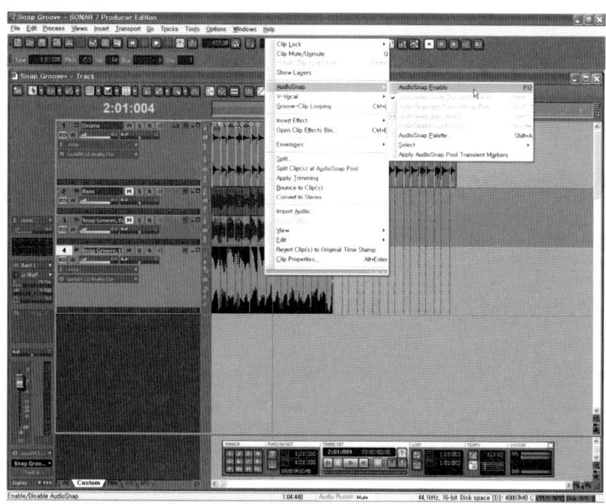

18 2번 트랙은 또 다시 [뮤트] 버튼을 On으로
합니다. 그리고 새로 만들어진 4번 트랙의
클립을 마우스 오른쪽 버튼으로 클릭하여 단축 메뉴
를 열고 Audio snap의 Audio Snap enable 메뉴를
선택합니다.

19 Audio Snap 창이 열립니다. [Audio Snap
Show Transient Markers] 버튼이 On으로
되어 있는지 확인하고 Take에서 Quantize to Pool
옵션을 선택합니다. 그리고 Actions의 [Quantize to
Pool] 버튼을 클릭합니다.

20 [Audio Snap Add Transients to Pool] 버튼
으로 생성한 풀 라인에 베이스 클립이 퀀타
이즈 되는 것을 확인할 수 있습니다. 마지막에 만들
었던 글루브 퀀타이즈가 기준이 되므로 한 가지만을
이용할 것이라면 글루브 퀀타이즈를 저장하고, 메뉴
를 이용하는 방법보다 편리합니다.

3 오디오 템포 조정하기

템포를 점점 느리게 연주하는 리타르난도 또는 템포를 점점 빠르게 연주하는 아첼레란도 등의 연주는 클래
식뿐만 아니라 가요에서도 흔하게 사용하는 기법입니다. 이전 버전에서는 오디오 데이터의 템포를 산출하기
위해서 미디 데이터를 입력하고 Fit Improvisation 프로세스를 적용하는 등의 복잡한 과정을 거쳐야 했지만
소나 7은 오디오 스냅 기능으로 간단하게 해결할 수 있습니다.

01 부록 CD의 Tempo Groove 샘플 파일을 불
러옵니다. 곡을 연주해보면 템포 변화가 있는
드럼 연주라는 것을 알 수 있습니다. 이것을 리믹스
할 음악이라고 생각하고 실습을 진행하면 나중에 리
믹스 작업이 필요할 때 응용이 가능할 것입니다.

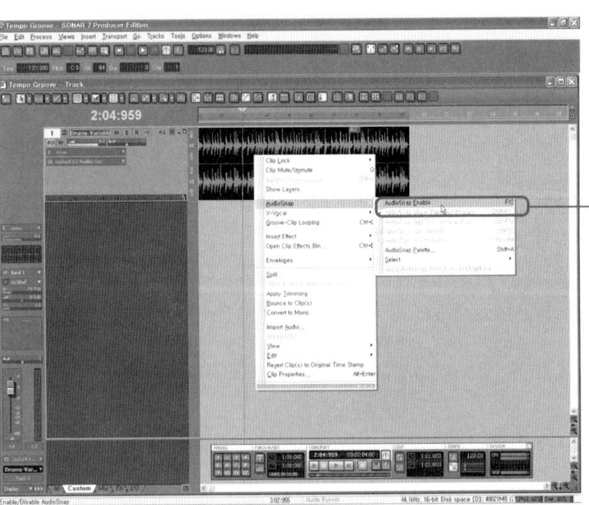

02 드럼 연주 클립을 마우스 오른쪽 버튼을 클
릭하여 단축 메뉴를 열고 Audio Snap의
[Audio Snap Enable] 메뉴를 선택합니다.

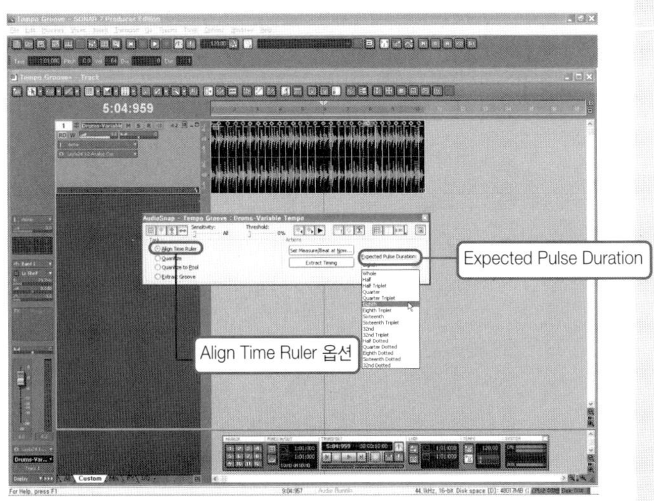

03 Audio Snap 창이 열립니다. [Audio Snap Show Transient Markers] 버튼이 On으로 되어 있는지 확인하고 Task에서 Align Time Ruler 옵션을 선택합니다. 그리고 Actions의 Expected Pulse Duration에서 템포를 검출할 단위를 선택합니다. 드럼 연주에 맞게 [Eighth]를 선택하겠습니다.

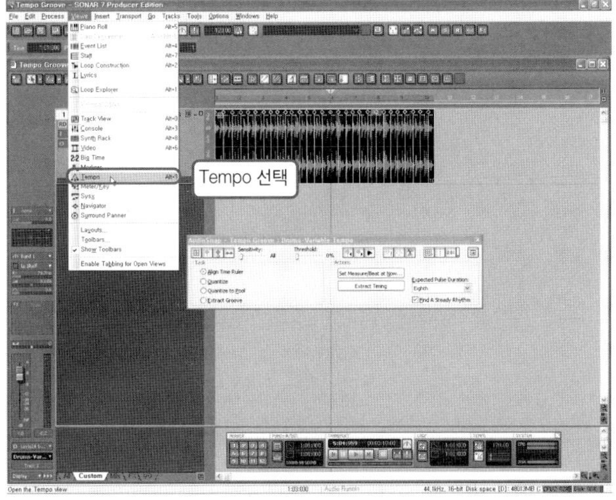

04 템포가 검출되어 기록되는 것을 확인해보기 위해서 Views 메뉴의 [Tempo]를 선택하여 창을 엽니다.

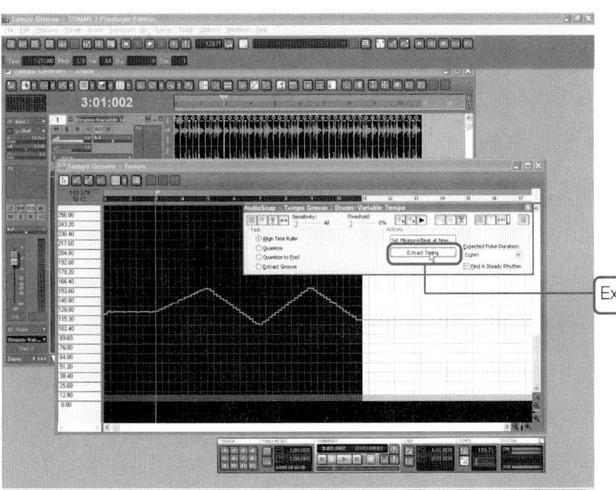

05 템포 변화를 편집할 수 있는 Tempo 창이 열립니다. Audio Snap 팔레트에서 [Extract Timing] 버튼을 클릭하면, Expected Pulse Duration에서 선택한 단위로 템포를 검출하여 기록하는 것을 확인할 수 있습니다.

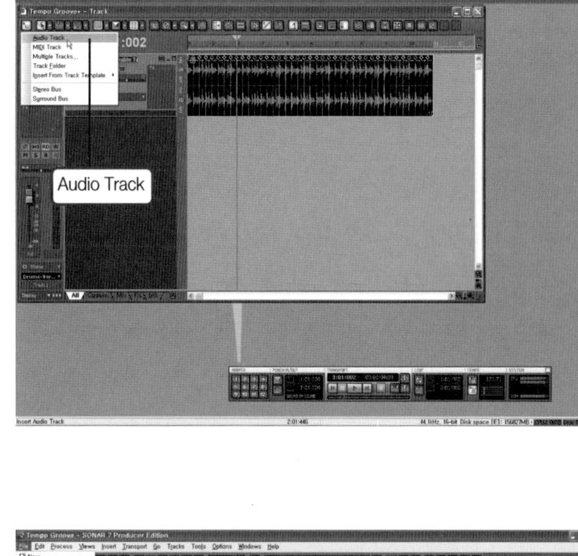

06 오디오 스냅의 템포 기능은 리믹스 음악을 만들 때 응용이 가능하다고 했습니다. 템포를 산출한 1번 트랙을 원곡이라고 가정하고, 새로운 트랙을 만들어 샘플 파일을 리믹스시켜 보겠습니다. [인서트] 버튼을 클릭하여 메뉴를 열고 [Audio Track]을 선택하여 추가합니다.

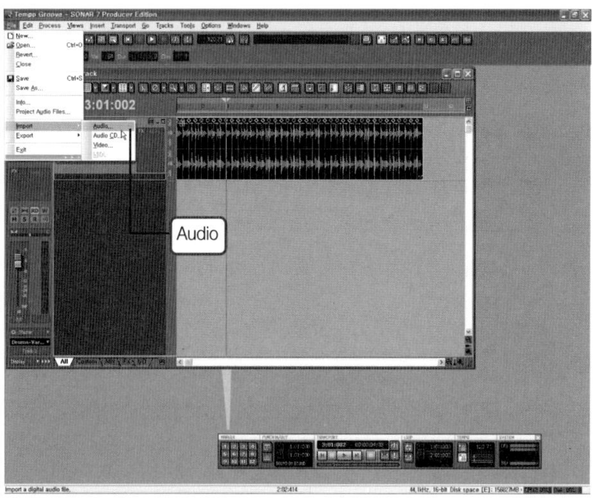

07 추가한 오디오 트랙에 외부 사운드를 로딩하여 붙이겠습니다. 일반적으로 익스플로어 윈도우를 많이 이용하지만 Import 기능을 알아보겠습니다. File 메뉴의 Import에서 [Audio]를 선택합니다.

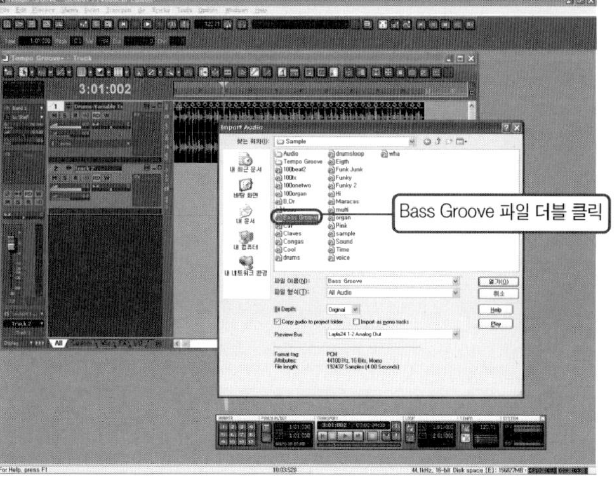

08 사운드를 불러 Import Audio 창이 열립니다. 찾는 위치에서 부록 CD의 샘플 폴더를 복사해놓은 폴더를 찾고, 목록에서 Bass Groove 사운드 파일을 더블 클릭하여 불러옵니다.

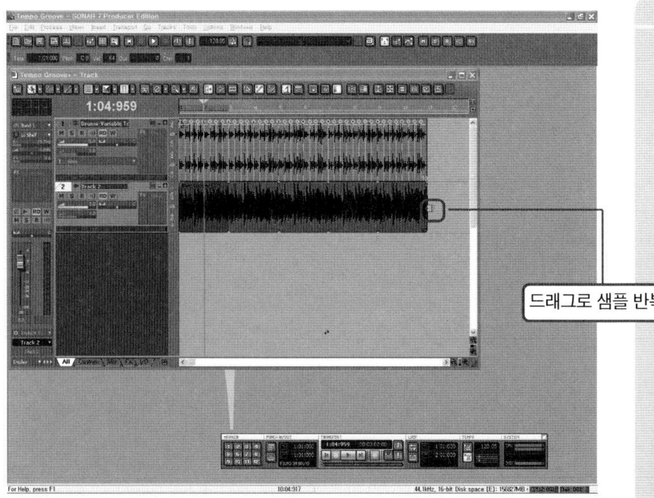

09 불러온 오디오 샘플은 반복 속성을 가지고 있으므로 별다른 설정 필요 없이 클립의 오른쪽 끝을 잡고 1번 트랙의 길이에 맞춰 드래그합니다. 곡을 재생해보면 1번 트랙에서 검출한 템포 변화에 자동으로 조정되는 것을 모니터 할 수 있습니다.

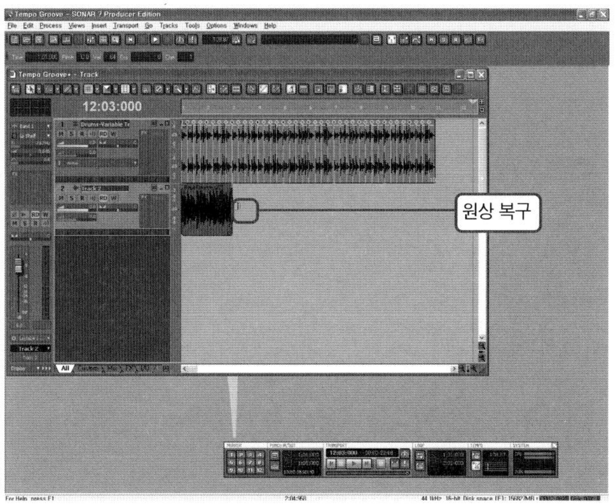

10 루프 속성을 이용하면, 작업은 간단하지만 템포 변화가 심한 경우에는 비트가 어긋날 수 있습니다. 이때는 오디오 스냅 기능을 이용합니다. 이것을 알아보기 위해서 2번 트랙의 클립을 원래의 두 마디 길이로 줄입니다.

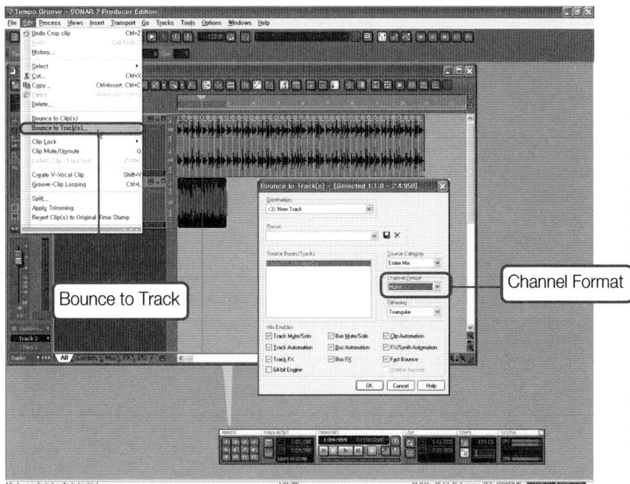

11 루프 속성이 있는 샘플은 오디오 스냅 기능을 사용할 수 없으므로 앞의 실습에서와 같이 Edit 메뉴의 [Bounce to Track]을 선택하여 새로운 트랙으로 바운스 합니다. Channel Format은 원본 소스와 동일한 [Mono]로 선택합니다.

Part 3 오디오 편집 기능 익히기

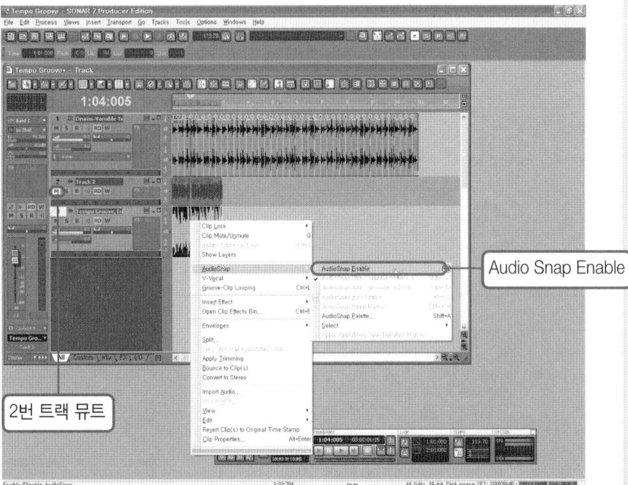

12 2번 트랙은 [뮤트] 버튼을 클릭하여 On으로 합니다. 그리고 새로 만든 3번 트랙의 클립을 마우스 오른쪽 버튼을 클릭하여 단축 메뉴를 열고, [Audio Snap의 Audio Snap Enable]를 선택합니다.

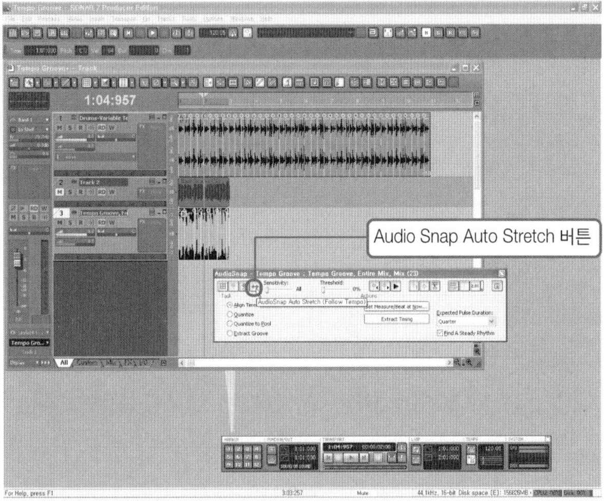

13 Audio Snap 창이 열립니다. [Audio Snap Show Transient Markers] 버튼이 On으로 되어 있는지 확인하고, 템포에 자동으로 동조되는 역할의 [Audio Snap Auto Stretch] 버튼을 On으로 합니다. 그리고 Audio Snap 창을 닫습니다.

14 Ctrl 키를 누른 상태에서 Audio Snap Auto Stretch 기능이 적용된 3번 트랙의 클립을 오른쪽으로 드래그하여 4번 복사합니다. 곡을 재생해보면 샘플 소스 마다 템포가 조정되기 때문에 루프 기능 보다 자연스러운 매치가 가능하다는 것을 모니터 할 수 있습니다.

4 오디오 스냅 팔레트 살펴보기

오디오 샘플을 퀀타이즈 시키고 템포를 자유롭게 조정하여 리믹스 작업을 한번에 끝낼 수 있는 막강 기능의
오디오 스냅 기능을 살펴보았습니다. 이 모든 기능의 주가 되는 것이 오디오 스냅 팔레트입니다. 여기서는 오
디오 스냅 기능의 마지막 학습으로 오디오 스냅 팔레트의 구성과 역할, 그리고 트랜전트 마커를 다루는 방법
들을 정리하겠습니다.

1 오디오 스냅 기능이 적용된 클립은 도구 모음 줄의 [Open Audio Snap Palette] 버튼을 클릭하여 오디오 스냅 팔레트
를 열 수 있고, 스냅 기능이 적용되지 않은 경우에는 팔레트의 [Audio Snap Enable] 버튼을 클릭하여 적용할 수 있습
니다.

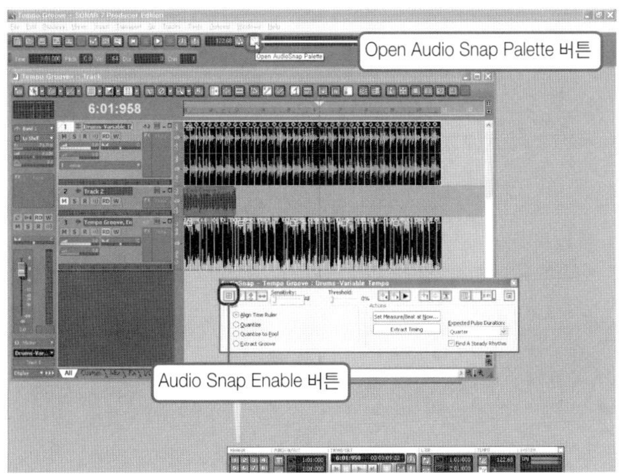

가정교사

오디오 클립의 단축 메뉴에서 [Audio Snap Enable]을 선
택하여 팔레트를 열면, [Audio Snap Enable] 버튼이 자동
으로 On됩니다.

2 오디오 스냅 팔레트에는 스냅 기능의 [On/Off] 버튼 외에도 실습에서 살펴본 Show Transient Markers, add
Transients to Pool, Auto Stretch 등의 버튼들이 있습니다. 각 버튼의 역할은 다음과 같습니다.

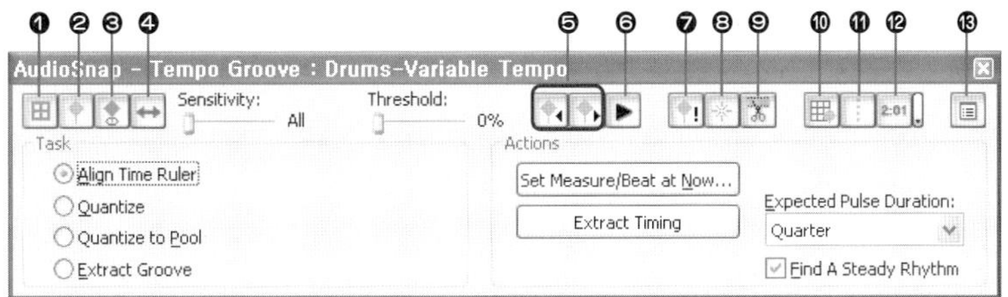

❶  Audio Snap Enable

선택한 클립의 오디오 스냅 기능을 On/Off 합니다.

❷ Show Transients Markers

오디오 스냅 기능이 적용된 클립에 트랜전트 마커를 표시하거나 감춥니다.

❸ ⬙ Add Transients to Pool

트랜전트 마커를 기준으로 풀 라인을 만들거나 제거합니다. 글루브 퀀타이즈를 만들기 위해서는 이 버튼이 On으로 되어 있어야 합니다.

❹ ↔ Auto Stretch

템포 변경이 가능한 클립으로 만들거나 해제합니다.

❺ ◀ ▶ Go to Previous / Next Transients Marker

송 포지션 라인을 이전 또는 다음 트랜전트 마커의 위치로 이동시킵니다.

❻ ▶ Audition Beat

송 포지션 라인이 있는 위치의 트랜전트 마커 구간을 재생합니다.

❼ ▼! Reset Selected Transients Marker

클립에 생성된 트랜전트 마커는 마우스 드래그로 위치를 이동시킬 수 있으며, 이 버튼은 위치가 변경된 트랜전트 마커를 원래의 위치로 복구합니다. 편집된 마커 포인트는 빨간색으로 표시됩니다.

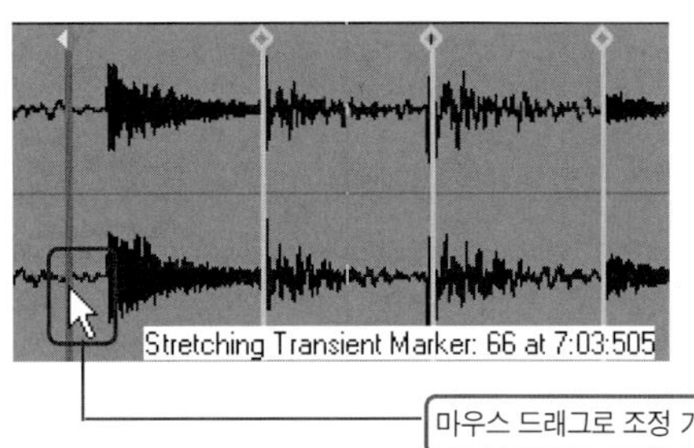

❽ ✳ Insert Transients Marker

송 포지션 라인이 있는 위치에 트랜전트 마커를 만듭니다. 생성된 트랜저트 마커는 마우스 오른쪽 버튼을 클릭하여 단축 메뉴를 열고, Delete Marker를 선택하여 삭제할 수 있습니다.

❾ ✂ Split Beats into Clips

트랜전트 마커가 있는 부분을 자릅니다. 클립을 비트 단위로 분리하고 싶을 때 유용합니다.

❿ ✂ Snap to Transients

트랜저트 마커를 편집할 때, 위/아래 클립에 있는 트랜전트 마커에 일치시킬 수 있게 하는 스넵 기능을 On/Off 합니다.

⓫ Show Pool

풀 라인을 표시하거나 감춥니다.

⓬ 2:01 Show Time

트랜전트 마커에 위치를 표시하거나 감춥니다. 표시 단위는 오른쪽의 작은 역삼각형을 클릭하여 선택할 수 있습니다.

❸ 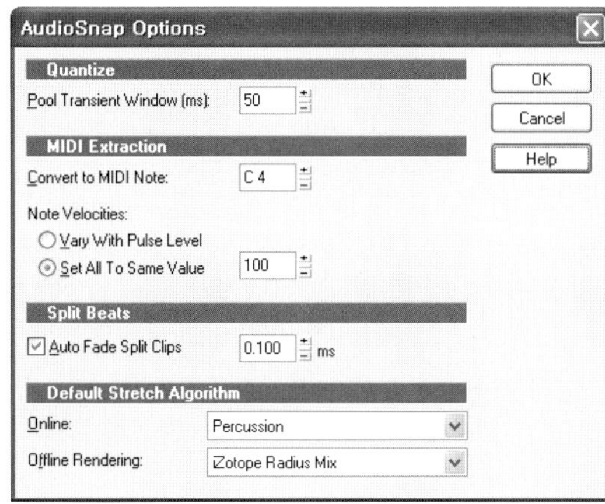 Options

오디오 스냅 기능의 옵션을 설정할 수 있는 창을 엽니다. 크게 Quantize, MIDI Extraction, Split Beat, Default Stretch Algorithm 항목으로 구성되어 있습니다.

• Quantize : 풀 라인이 생성되는 최소 단위를 설정합니다. 사용단위는 1000분의 1초를 의미하는 ms입니다.

• Midi Extraction : Extract Groove 옵션에서 [Copy As MIDI Notes] 버튼을 클릭했을 때 생성될 미디 노트와 벨로시티를 설정합니다. Very With Pulse Level은 파형 값으로 벨로시티를 만들며 Set all To Same Value는 옵션에서 설정한 값으로 만듭니다.

• Split Beats : 클립을 자를 때 ms 단위로 크로스 페이드 효과를 적용할 것인지의 여부를 선택합니다.

• Default Stretch Algorithm : 템포가 변경될 때의 알고리즘을 선택합니다. 악기의 특성에 맞게 옵션을 선택해주면 템포 변화로 인한 음질의 변화를 최소화 시킬 수 있습니다.

오디오 스냅 기능이 적용된 클립의 왼쪽 상단에는 설정된 옵션을 확인할 수 있는 사각형 아이콘이 표시됩니다. 옵션에 따라 표시되는 색상은 다음과 같으며 두 개 이상의 옵션이 중복될 수 있습니다.

아이콘	설정옵션
형광 색 사각형에 열 십자 표시	오디오 스냅 기능이 설정된 클립
형광 색 사각형에 빨간색 열 십자 표시	트랜전트 마커가 설정된 클립
형광 색 사각형에 보라색 테두리 표시	트랜전트 풀이 설정된 클립
빨간색 화살표 표시	오토 스트레치가 설정된클립

TV에서 가수나 작곡가를 인터뷰하는 장면을 보면 녹음실 풍경이 보이곤 합니다. 이때 수 십 개의 페이더와 노브들이 있는 콘솔을 본 적이 있을 것입니다. 콘솔은 수 십 개의 라인 아웃 장비를 연결하여 스테레오 또는 5.1채널 스피커로 모니터 할 수 있게 하는 역할을 합니다. 소나 7에서 제공하는 콘솔 역시 동일한 역할을 하는 것으로 수 억 원이나 하는 녹음실의 콘솔을 컴퓨터에서 구현하고 있는 것입니다.

1 콘솔 열기

믹싱은 음악의 전체적인 밸런스를 조정하는 작업입니다. 각 채널에 사용한 악기의 볼륨과 팬을 조정하고, EQ와 이펙트 값을 조정하여 전체적으로 안정감 있는 사운드를 만들어내는 믹싱 작업은 10년 이상의 경험을 가지고 있는 프로 엔지니어도 훈련을 멈추지 않을 만큼 오랜 훈련과 경험이 필요한 작업이기도 합니다. 그러므로 평소에 음악을 주의 깊게 듣고 연구하는 학습을 병행하기 바랍니다.

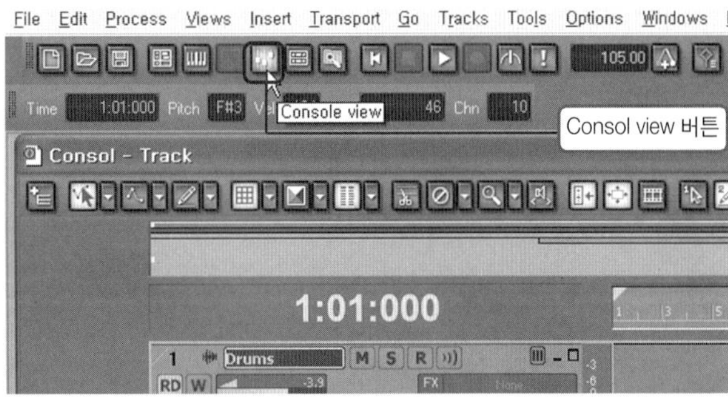

01 부록 CD의 Master 샘플 파일을 불러옵니다. 툴 바의 [Consol view] 버튼을 클릭하거나, View 메뉴의 [Consol]을 선택하여 콘솔을 엽니다.

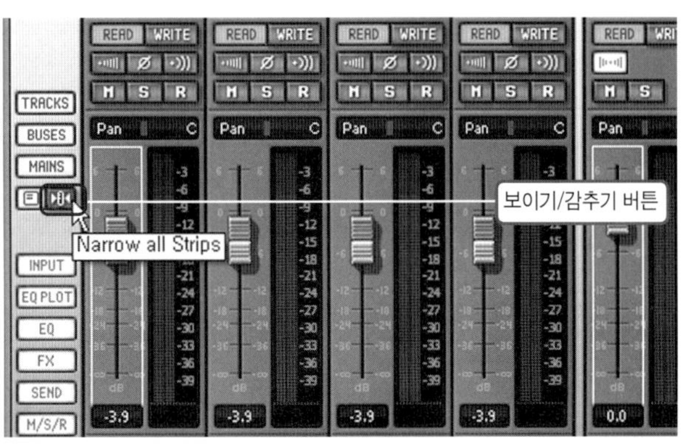

02 왼쪽에 [View] 버튼 중에서 Widen All Strips 와 Narrow all Strips는 채널을 넓게 또는 좁게 보이게 하는 것이고, 나머지는 해당 패널을 보이게 하거나 감추는 기능입니다. 각 버튼 위에 마우스를 가져가면 이름을 볼 수 있습니다.

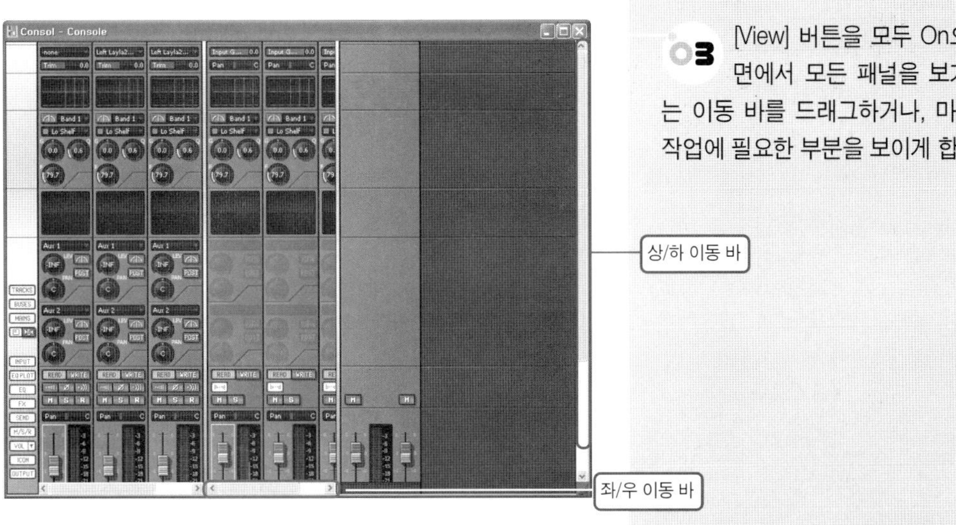

03 [View] 버튼을 모두 On으로 해놓으면 한 화면에서 모든 패널을 보기 어렵습니다. 이때는 이동 바를 드래그하거나, 마우스 휠을 이용해서 작업에 필요한 부분을 보이게 합니다.

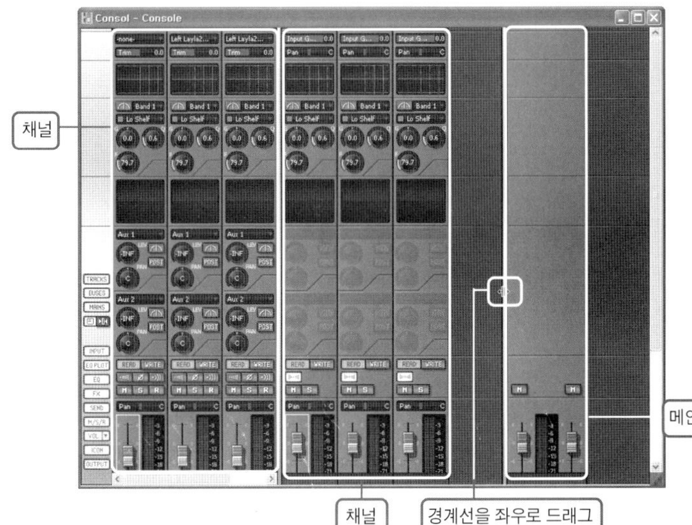

04 콘솔은 크게 채널, 버스, 메인의 3그룹으로 구성되어 있습니다. 각각의 경계선을 좌/우로 드래그하여 화면에 보이는 그룹의 범위를 조정할 수 있습니다.

05 각 그룹에서 마우스 오른쪽 버튼을 클릭하여 단축 메뉴를 열고, [Show/Hide Strips] 메뉴를 선택하면, 필요한 채널만을 표시하거나 임시로 감출 수 있는 Track Manager 창이 열립니다.

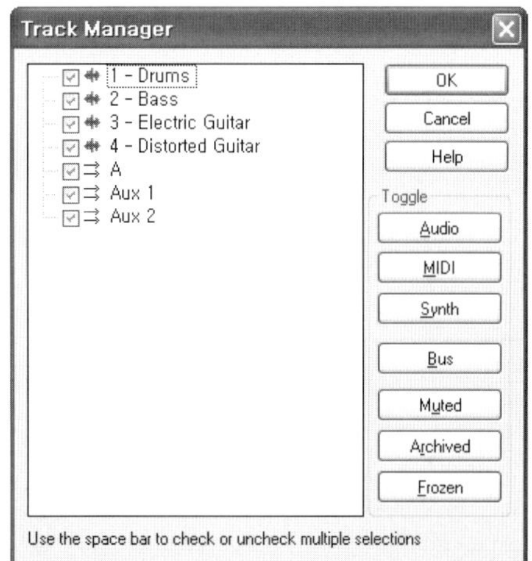

06 Track Manager에는 현재 사용 중인 채널이 모두 표시되며 체크 표시 여부로 콘솔 창에 표시할 것인지를 선택할 수 있습니다. [Toggle] 버튼을 이용해서 해당 채널을 일괄적으로 선택하거나 해제할 수 있으며, 체크된 것이 화면에 보이는 채널입니다.

07 콘솔 윈도우의 제목 표시줄을 우측으로 드래그하여 프로젝트 윈도우가 보이도록 해봅니다. 각각의 채널이 한번에 표시되고 있을 뿐, 인스펙터 창과 동일하다는 것을 알 수 있습니다.

08 콘솔에서 1번 채널의 Drums 볼륨 슬라이더를 아래쪽으로 드래그해 보면 인스펙터 창의 페이더도 함께 움직이는 것을 확인할 수 있습니다.

2 오디오 채널

앞에서 콘솔의 구조는 각 채널의 인스펙터 창을 하나의 윈도우에서 컨트롤할 수 있게 되어있을 뿐이라는 것
을 확인했습니다. 결국, 오디오 채널과 미디 채널의 구조만 이해한다면 콘솔을 사용하는데 문제가 없을 것입
니다. 오디오 채널부터 살펴보겠습니다.

Input

각 채널 상단에 None이라고 표시된 항목을 클릭하면 오
디오 인 포트를 선택할 수 있는 메뉴가 열립니다. 메뉴의
목록은 독자가 사용하고 있는 오디오 카드의 이름이 표
시되므로 그림과 다를 것입니다.

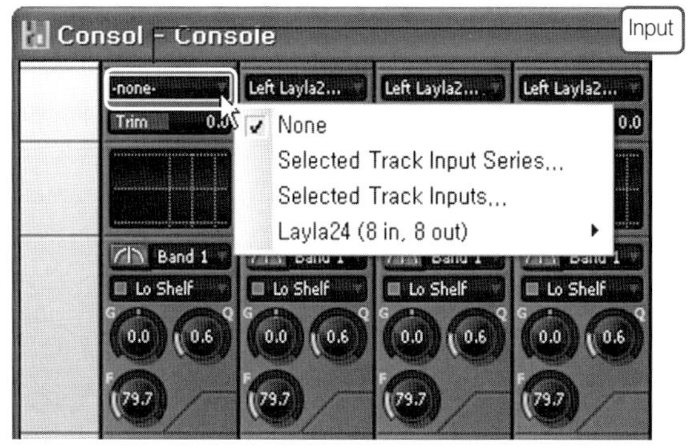

Trim

Input 아래쪽의 Trim 항목은 마우스를 좌/우로 드래그하
여 볼륨을 증감하는 역할을 합니다. 이 패널을 더블 클릭
하면 기본 값 0dB로 설정됩니다.

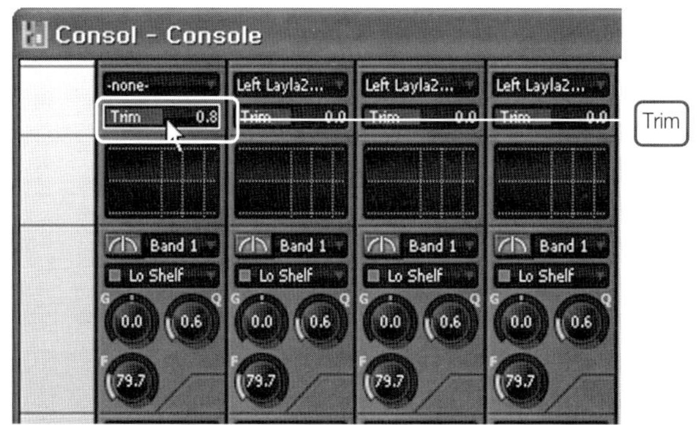

EQ 패널

EQ 패널은 Graph 표시 항목, Bend와 Type 선택 메뉴,
G(Gain), Q, F(Frequency) 노브로 구성되어 있습니다.
Band 항목을 클릭하여 조정하고 싶은 밴드를 선택합니
다. 이때 왼쪽의 [Enable] 버튼을 클릭하여 녹색이 되어
야지만 선택한 Band의 EQ가 적용됩니다.

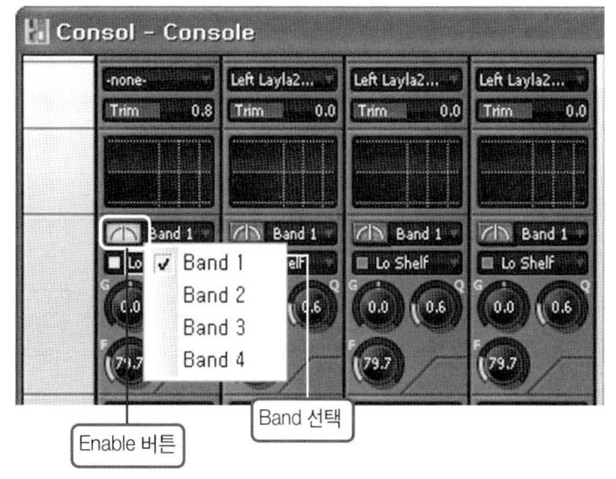

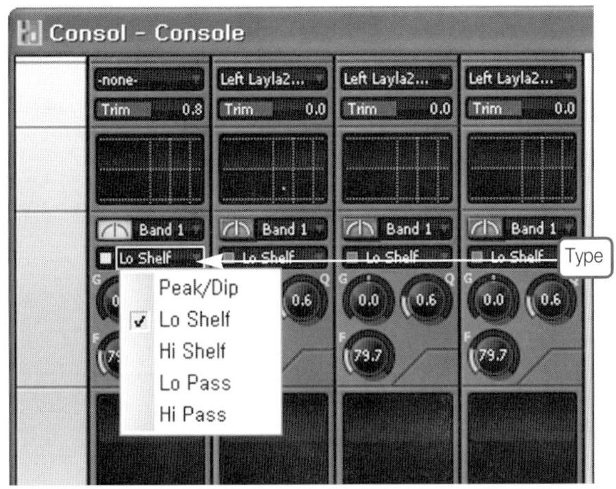

선택한 밴드를 어떤 타입으로 사용할 것인지를 Type 항목에서 결정합니다. Frequency를 중심으로 조정하는 Peak/Dip, Frequency에서 저역 또는 고역까지 순차적으로 증/감하는 Lo/Hi Shelf, Frequency 이상 또는 이하를 차단하는 Lo/Hi Pass가 있습니다.

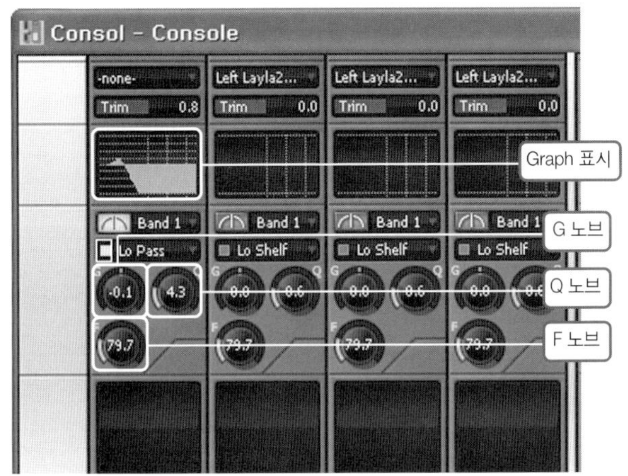

Frequency에서 주파수 대역을 설정하고 Gain에서 값을 조정합니다. 조정 범위는Q 노브로 조정합니다. 각각의 조정 값은 Type 항목의 [Band Enable] 버튼을 On으로 하면 Graph 표시 항목에서 그림으로 볼 수 있습니다.

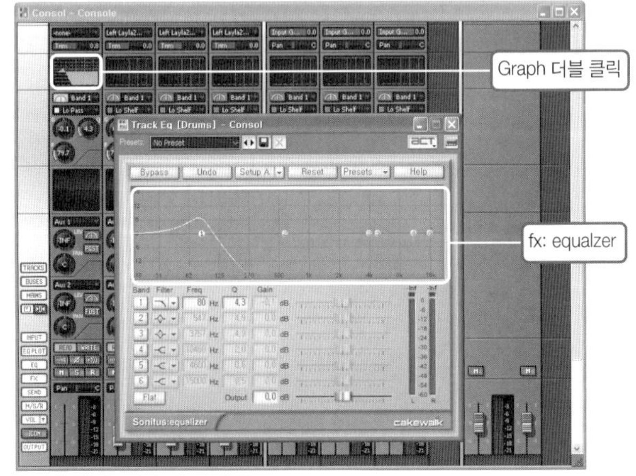

Graph 표시 항목을 더블 클릭하면 6 Bend의 EQ를 세부적으로 조정할 수 있는 fx: equalzer가 열립니다. 일반적으로 4 밴드의 콘솔 패널보다는 6 밴드의 fx: equalzer를 많이 이용합니다.

⫷ FX 패널 ⫸

FX 패널에서 마우스 오른쪽 버튼을 클릭하여 단축메
뉴를 열고, Audio FX 폴더를 보면, 해당 채널에 적용
할 수 있는 이펙의 종류를 볼 수 있습니다. FX 패널에
서 적용되는 이펙트는 인서트 방식입니다.

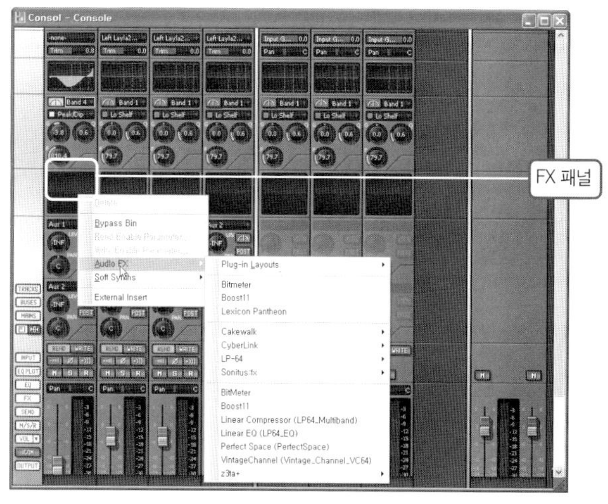

⫷ Send 패널 ⫸

이펙트의 종류는 같고, 양만 다르게 사용할 경우라면
각 채널의 FX 패널에서 이펙트를 개별적으로 적용하
는 Insert 방식보다 버스 채널에 하나의 이펙트를 걸어
놓고 여러 개의 오디오 채널에서 사용하는 Send 방식
을 사용하는 것이 시스템 자원 낭비를 막는 방법입니
다. 실습 곡은 A, Aux1, Aux2라는 이름으로 3개의 버
스 채널이 있습니다.

Send 패널에서 마우스 오른쪽 버튼을 클릭하여 Insert
Send의 [New stereo Bus]를 선택합니다. 새로운 Bus
채널을 추가해보기 위한 실습입니다.

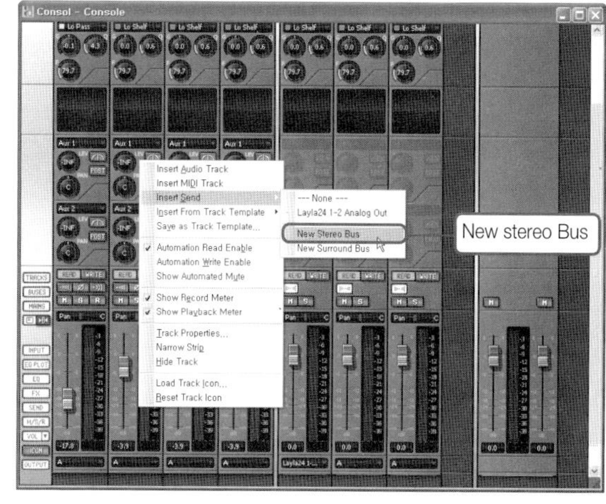

Bus4라는 이름의 새로운 버스 채널이 추가됩니다. 추가된 버스 채널의 FX 패널에서 마우스 오른쪽 버튼을 클릭하여 이펙트를 적용합니다. 그림에서는 [Lexicon Pantheon]을 선택하고 있습니다.

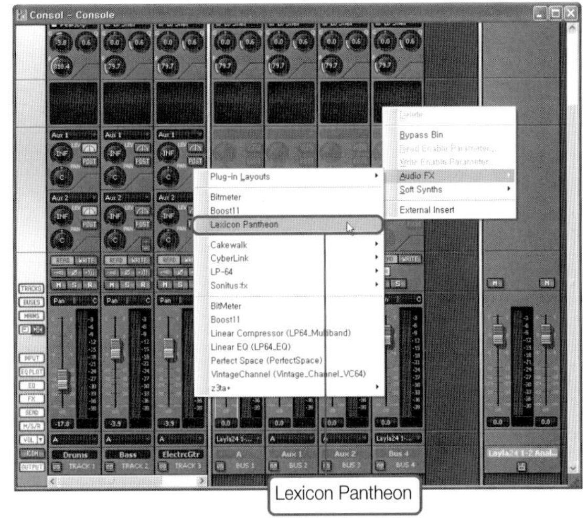

Lexicon Pantheon 자세한 사용법은 뒤에서 살펴보기로 하고, 여기서는 효과를 확실하게 느낄 수 있도록 Preset 메뉴에서 리버브 양이 많은 [Concert Hall]을 선택합니다. 그리고 Lexicon Pantheon을 닫습니다.

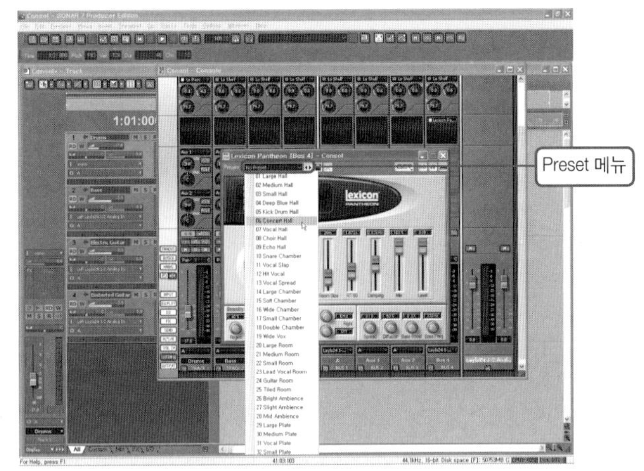

Send 패널에서 새로 추가한 버스 채널(BUS4)을 선택하고 [Bus On/Off] 버튼을 클릭합니다. 그리고, Level 노브를 이용해서 이펙트의 양을 조정합니다. Pan 노브는 팬을 조정하는 것이며 [Bus On/Off] 버튼 아래쪽의 [Post/Pre] 버튼은 이펙트를 볼륨 페이더 전(Pre)/후(Post)에 적용하는 기능입니다.

다른 채널에서도 이펙트가 적용된 Bus4 채널을 선택하
여 센드 방식으로 적용하면 동일한 이펙트를 양만 조절
하여 사용할 수 있습니다. 컴퓨터 시스템 사양이 낮은
경우라면 센드 방식을 권장합니다.

◀|| Read / Write ||▶

[Write] 버튼은 콘솔에서 제공하는 각각의 노브와 슬라
이드의 움직임을 기록하는 역할을 하며 [Read] 버튼은
기록된 움직임을 읽습니다. [Write] 버튼을 클릭하면, 기
록 가능한 파라미터에 빨간색 사각형이 표시됩니다.

곡을 재생하면서 빨간색 테두리가 있는 슬라이드와 노
브 등을 움직여봅니다. 곡을 정지하고 [Read] 버튼을
클릭하여 On으로 합니다. 곡을 처음부터 재생시켜보
면 사용자가 움직였던 파라미터들이 자동으로 움직이
는 것을 확인할 수 있습니다.

◀|| PSE 버튼 ||▶

센드 패널 아래쪽에 Phase, Stereo, Input Echo의 3가지
버튼이 있습니다. Stereo는 모노와 스테레오로 전환하고
Phase는 위상을 바꿔주고, Input Echo는 입력 사운드를
모니터 할 수 있게 합니다. 각각 입력할 때 사용하는 버
튼이지만 출력할 때도 사용할 수 있다는 것이 소나 7의
장점입니다.

◀|| MSR 버튼 ||▶

[PSE] 버튼 아래쪽에는 Mute, Solo, Arm의 3가지 버튼
이 있습니다. Mute는 사운드를 뮤트하고, Solo는 솔로
연주, Arm은 녹음 준비 채널로 만듭니다. 곡을 믹싱하
는 과정에서 하나의 채널을 솔로로 듣거나 뮤트하는
일이 빈번하기 때문에 자주 사용하는 버튼이 될 것입
니다.

◀|| Pan과 Volume ||▶

팬은 좌/우 밸런스를 조정하고 볼륨 슬라이더는 사운드
의 크기를 조정합니다. 각각의 패널을 더블 클릭하면
초기 값으로 설정됩니다.

◀｜ Volume Meter ｜▶

볼륨 슬라이더 오른쪽에는 레벨을 표시하는 레벨 미터가 있습니다. 레벨 미터를 마우스 오른쪽 버튼으로 클릭하면 표시 범위를 설정할 수 있는 메뉴가 열립니다. 그리고 [Vol] 버튼 오른쪽의 작은 버튼을 클릭하면 레벨 미터를 세부적으로 조정할 수 있는 메뉴가 열립니다.

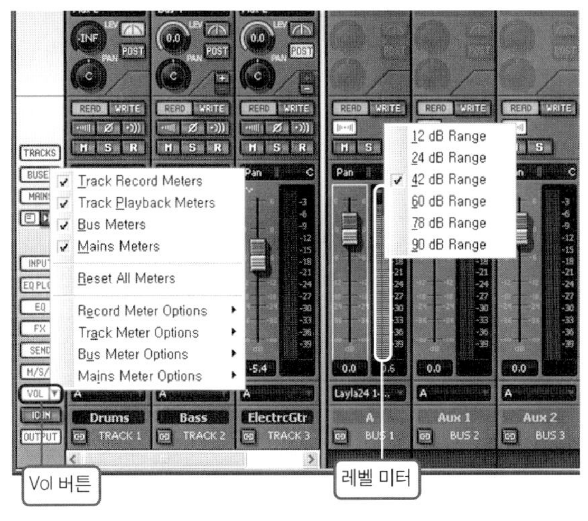

- 상단의 4가지 Meters 메뉴는 채널, 버스 채널, 메인 채널 별로 레벨 미터를 보이거나 감춰줍니다. Track Record Meters은 [Arm] 버튼이 On되어있는 채널을 말합니다.

- Reset All Meters은 모든 레벨 미터를 초기화 합니다.

- 하단의 4가지 메뉴는 레벨 미터에 표시 범위를 선택하거나 Peak, RMS, Peak+RMS의 표시 형식을 선택할 수 있습니다. Peak는 최고 레벨, RMS는 평균 레벨을 말합니다. 그리고 Hold Peaks는 최고 값을 표시할 것인지를 선택하고, Lock Peaks는 최고 값을 고정시켜 표시할 것인지를 선택합니다.

- Track Meter Options에 있는 Pre Fader와 Post Fader는 볼륨 페이더 전(Pre)과 후(Post)의 레벨 미터 표시 여부를 선택하는 것이고, Bus Meter options의 Pre Fader Post FX는 버스 채널의 이펙트가 값을 페이더 전에 적용된 볼륨 값을 표시하는 옵션입니다.

◀｜ Icon ｜▶

[Icon] 버튼이 On일 경우에는 채널에 녹음되어 있는 악기의 특징을 그림으로 표시할 수 있는 아이콘 패널을 볼 수 있습니다. 아이콘 패널에서 마우스 오른쪽 버튼을 클릭하여 단축 메뉴를 열고, [Load Track Icon]을 선택합니다.

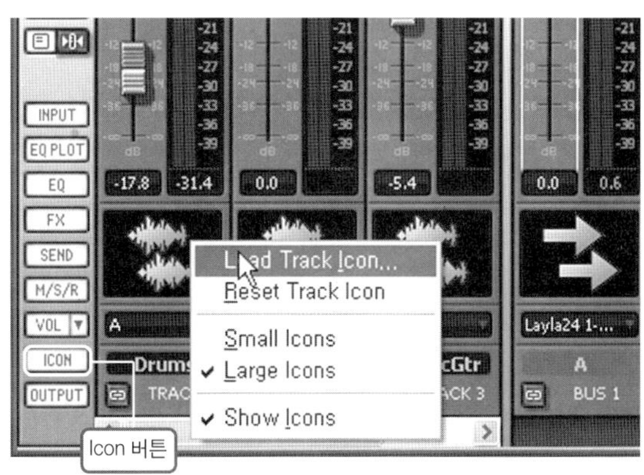

소나 7에서 제공하는 다양한 악기 그림이 폴더 별로 구분되어 있습니다. 해당 채널 사운드를 구분할 수 있는 악기 그림을 더블 클릭합니다.

각 채널마다 같은 방법으로 아이콘을 표시해두면 믹싱
작업을 할 때 편리할 것입니다. 참고로 녹음하는 클립
의 이름은 채널 이름으로 만들어지므로 녹음을 하기
전에 채널 이름을 입력하는 것이 좋습니다.

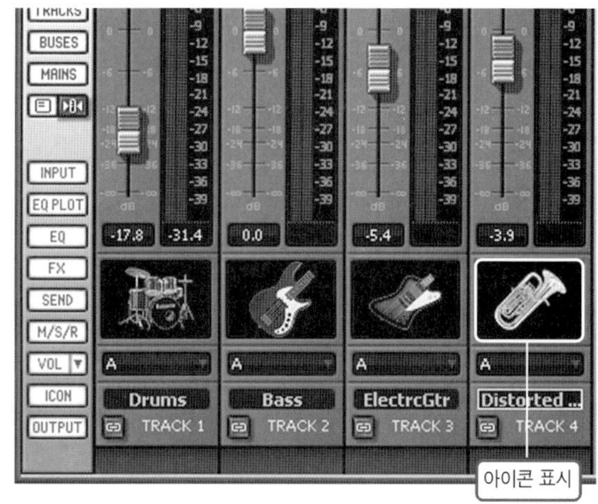

Output / Name

아이콘 표시 아래쪽에는 아웃 포트를 선택할 수 있는
Output과 채널의 이름을 표시하는 Name 항목이 있습
니다. Name은 더블 클릭으로 변경할 수 있으며 Output
은 메인 채널과 버스 채널의 이름이 표시됩니다.

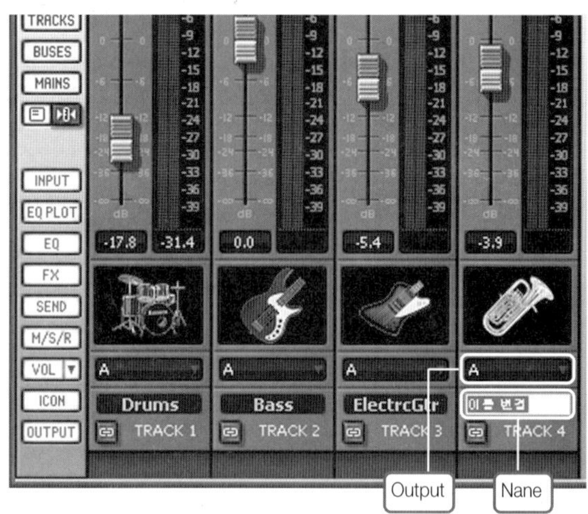

Group 버튼

채널 하단에 있는 [Group] 버튼은 사용자가 원하는 채
널을 하나의 그룹으로 만드는 역할을 합니다. Ctrl 키를
누른 상태로 동시에 조정하고 싶은 채널의 [Group] 버
튼을 클릭합니다. 그리고 볼륨이나 팬 등의 파라미터를
움직이면, [Group] 버튼이 On으로 되어 있는 채널을
동시에 조정할 수 있습니다.

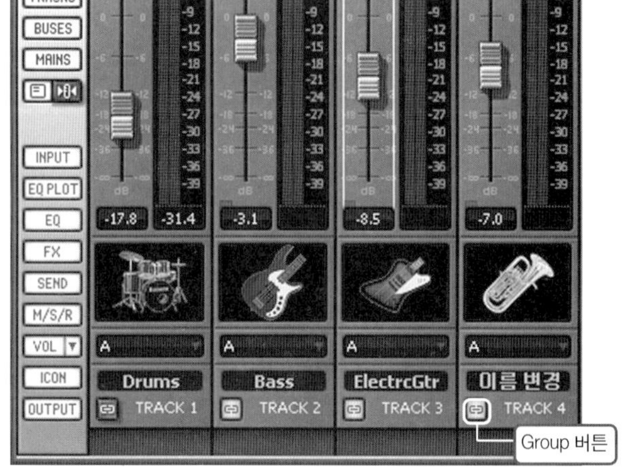

오디오 채널을 이해하고 있다면, 미디 채널은 어렵지 않습니다. 오디오의 Trim 항목 위치에 벨로시티 증/감소 값을 설정할 수 있는 Vel+항목이 있고, Send 패널 위치에는 채널, 뱅크, 패치를 선택할 수 있는 항목이 있습니다. 그리고 MSR 패널에는 미디 채널이므로 Phase와 Stereo 버튼이 없고 레벨 미터가 없습니다.

01 콘솔 윈도우 학습에서 살펴보고 있는 master 샘플에는 미디 채널이 없으므로 채널 리스트에서 마우스 오른쪽 버튼을 클릭하여 단축 메뉴를 열고, [Insert MIDI Track]을 선택하여 미디 채널을 추가합니다.

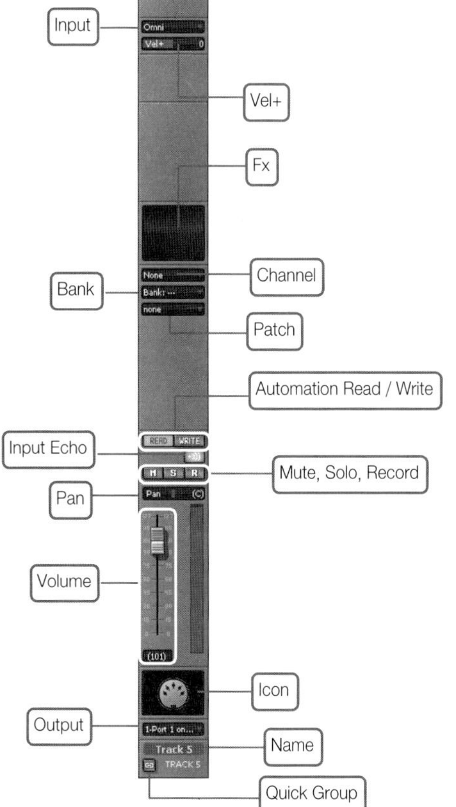

02 미디 채널은 위에서부터 Input, Vel+, FX, Channel 등의 파라미터로 구성되어 있으며, 각각의 기능은 이미 살펴보았으므로 생략합니다. 참고로 채널을 더블 클릭하면 각각의 정보를 한 화면에서 처리할 수 있는 Track Properties 창이 열립니다.

버스와 메인 채널은 오디오 채널을 이해하고 있다면 굳이 설명이 필요 없는 부분입니다. 오디오의 input와 Trim이 있는 위치에 Input level과 Pan을 조정할 수 있는 항목이 있고 MSR 패널 위치에는 Phase, Input Echo, Arm 버튼이 없습니다. 메인 채널은 볼륨과 팬을 조정할 수 있게 간단한 구성으로 이루어져 있습니다.

01 버스 채널은 실제 오디오 데이터를 입력 받는 부분이 아니기 때문에 오디오의 Input 패널이 입력 레벨과 입력 팬을 조정할 수 있는 항목으로 되어 있다는 것 외에는 크게 다르지 않습니다.

02 메인 채널은 실제 출력되는 최종 채널을 담당하는 부분으로 팬과 볼륨을 조정할 수 있는 출력 부분으로만 구성되어 있습니다. 메인 채널은 독자가 사용하는 오디오 포트 수 만큼 만들어집니다.

5 오토메이션 작업

콘솔 윈도우에서 각 채널의 볼륨과 팬 등을 조정할 때 조정하는 값들을 자동으로 기록하고 재생할 수 있도록 하는 오토메이션 기능에 대해서 살펴보겠습니다. 기술의 발달로 하드웨어 콘솔에서도 각 컨트롤 값을 기억 시키는 기능이 있기는 하지만 소나 7의 콘솔에서와 같이 움직이는 모든 과정을 기록할 수는 없습니다. 하드 웨어 보다 한 단계 앞서있는 오토메이션 기능은 믹싱 작업을 보다 즐겁게 할 수 있도록 도와줄 것입니다.

01 콘솔에서 오토메이션을 이용하는 방법에는 3가지가 있습니다. 먼저, [Write] 버튼을 이 용하는 것입니다. [Write] 버튼을 클릭하면 오토메이 션 기록이 가능한 파라미터에 빨간색 테두리가 표시 됩니다.

02 곡을 재생하면서 빨간색 테두리가 있는 파라 미터를 조정합니다. 그러면 기록된 오토메이 션은 [Read] 버튼을 클릭하여 작동되게 합니다. [Read] 버튼이 Off 인 경우에는 Write로 기록한 오토 메이션이 동작하지 않습니다.

[Wirte] 버튼이 클릭되어 있는 상태에서는 언제든 오토메이션 을 수정할 수 있습니다. 즉, 실수로 변경되는 것을 예방하기 위 해서는 [Write] 버튼을 Off 합니다.

03 두 번째는 오토메이션을 기록할 파라미터를 설정하는 방법입니다. 동작시킬 파라미터에서 마우스 오른쪽 버튼을 클릭하여 단축 메뉴를 열고 [Automation Write Enable]을 선택합니다.

04 그 외 사용 방법은 [Write] 버튼을 클릭했을 때와 동일합니다. 다만, 선택한 파라미터에만 빨간색 테두리가 표시되어 있는 것을 확인할 수 있습니다. 참고로 도구 모음 줄의 [Clear all automation write enables] 버튼을 클릭하면 기록한 모든 오토메이션 정보를 삭제할 수 있습니다.

05 프로젝트의 클립을 보면 오토메이션 기록 값들이 라인으로 기록되어 있는 것을 확인할 수 있으며 마우스 드래그로 수정 가능합니다.

06 세 번째는 스냅 기능을 이용하는 방법입니다. 오토메이션과 같이 컨트롤 값을 기록하는 것은 같지만, 송 포지션 라인 위치만 사진을 찍듯이 기록하는 기능입니다. 곡을 연주하거나 송 포지션 라인을 원하는 위치에 놓습니다.

07 파라미터 값을 조정한 후에 마우스 오른쪽 버튼을 클릭하여 단축 메뉴를 열고 [Automation Snapshot]을 선택합니다. 송 포지션 라인에 현재 파라미터 값이 기록됩니다. 곡을 재생하면서 원하는 위치마다 조정 값을 기록할 수 있습니다.

08 앞에서 살펴본 3가지 방법을 작업 상황에 따라 적용할 수 있게 모두 익혀둡니다. 그리고 실습에서와 같이 프로젝트와 믹서 창을 오가며 작업할 일이 있을 때는 콘솔 창의 메뉴에서 Enable Floating 옵션을 체크하여 뒤로 가져지지 않게 하면 편리할 것입니다.

컴퓨터 모니터를 두 대 사용한다면, 여러 개의 작업 창을 열어 놓았을 때 매우 편리합니다.

드럼을 작업할 때는 각 파트 별로 녹음하는 것이 일반화되어 있기 때문에 적게는 3개에서 많게는 10개 이상의 오디오 채널을 사용하게 됩니다. 이때 각각의 컨트롤 작업이 끝나고, 최종 믹싱 작업을 할 때 드럼 채널을 개별적으로 조정하는 것 보다는 그룹으로 만들어 주거나, 버스 채널로 보내는 방법을 이용하면 보다 간편하게 드럼 채널을 조정할 수 있습니다.

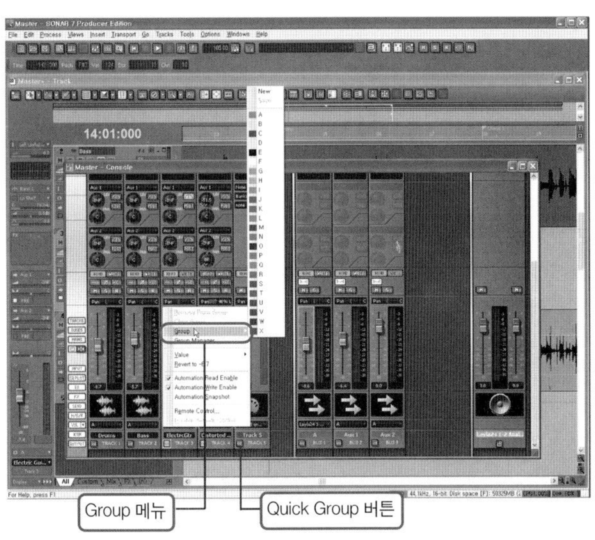

Group 메뉴

Quick Group 버튼

01 그룹으로 만들 채널들의 [Quick Group] 버튼을 Ctrl 키를 누른 상태로 클릭합니다. 이 상태로 그룹 채널을 한 번에 컨트롤 할 수 있지만, 일시적인 방법입니다. 계속 그룹 상태로 두려면 마우스 오른쪽 버튼을 클릭하여 단축 메뉴를 열고 Group의 A~X까지 원하는 색상을 선택합니다.

그룹 구분 색상

02 선택한 채널의 볼륨 페이더를 보면 Group 메뉴에서 선택한 생삭으로 표시 되는 것을 확인할 수 있으며, 하나의 채널에서 움직이는 컨트롤이 함께 작동되는 것을 확인할 수 있습니다.

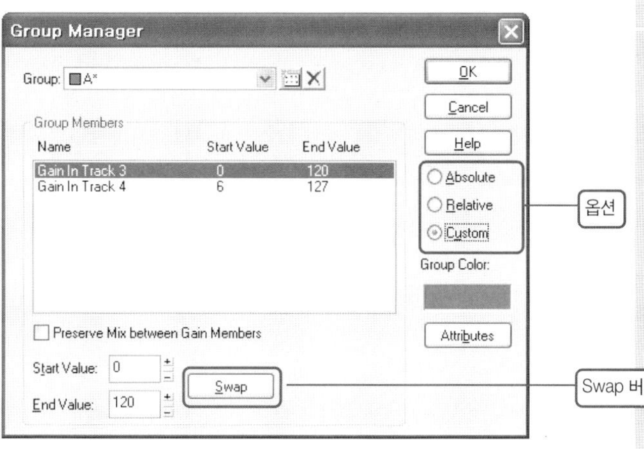

03 같은 방법으로 A에서 X까지 19개의 그룹을 만들 수 있으며, 그룹의 해제는 마우스 오른쪽 버튼을 클릭하여 단축 메뉴를 열고 [Clear group]을 선택하면 됩니다.

선택한 채널만 그룹에서 빼고 싶은 경우에는 [Remove From Group]을 선택합니다.

04 그룹을 일괄적으로 관리하고 싶다면 마우스 오른쪽 버튼을 클릭하여 단축 메뉴를 열고, [Group Manager]를 선택하여 실행합니다.

05 기본 옵션인 Absolute는 같은 비율로 조정되고 Relative는 최고/최저 값을 일치시키는 것이고, Custom은 최저(Start Value), 최고(End Value) 값을 지정할 수 있습니다. [Swap] 버튼은 Start와 End value 값을 바꿔줍니다.

06 컨트롤 값을 동일하게 적용할 것이라면 버스 채널을 이용하는 것도 요령입니다. 버스 그룹에서 마우스 오른쪽 버튼을 클릭하여 단축 메뉴를 열고 [Insert Stereo Bus]를 선택합니다.

07 추가한 버스 채널의 이름 항목을 더블 클릭하여 알아보기 쉬운 이름으로 입력합니다. 그림에서는 버스 채널의 이름을 드럼이라고 변경하고 있으며, 드럼 파트를 컨트롤할 것임을 짐작할 수 있습니다.

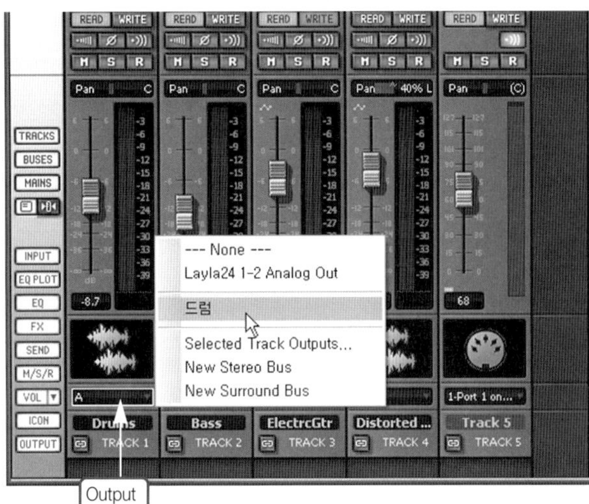

08 채널 그룹에서 드럼 파트에 해당하는 오디오 채널의 Output을 앞에서 만든 드럼 버스 채널로 설정합니다. 드럼 파트에 해당하는 채널을 모두 버스 채널로 설정하면, 하나의 버스 채널에서 복수의 드럼 채널을 컨트롤 할 수 있게 됩니다.

7 리모트 컨트롤

소나 7의 콘솔 또는 VST를 Tascam US-428, Roland U-8 등의 외부 컨트롤러를 이용해서 조정할 수 있습니다. 컨트롤러 보다는 자유롭지 못하지만 미디 메시지를 전송할 수 있는 마스터 건반이나 디지털 믹서 등을 이용할 수도 있습니다. 여기서는 마스터 건반을 이용한 조정 방법을 살펴보겠습니다. 외부 컨트롤, 디지털 믹서 등도 설정 방법은 동일합니다.

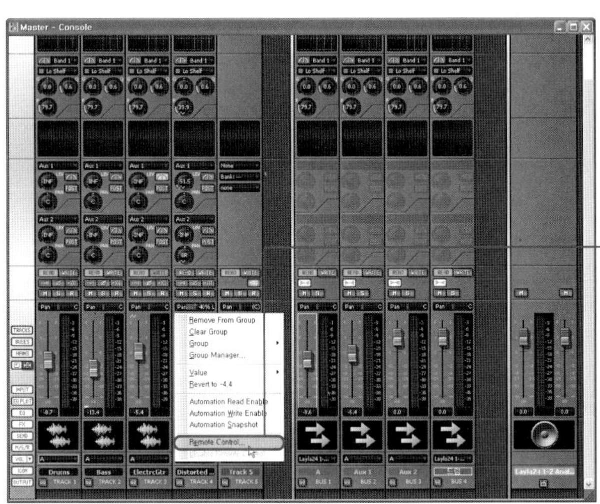

01 외부 장치로 조정하고 싶은 파라미터를 마우스 오른쪽 버튼을 클릭하여 단축 메뉴를 열고 [Remote Control]를 선택합니다.

가정교사

Option 메뉴의 Controller/surfaces 목록에서 선택한 하드웨어 컨트롤러들은 별다른 설정 없이 사용할 수 있습니다. 이것에 관해서는 소나 7의 실행 편에서 살펴보았습니다.

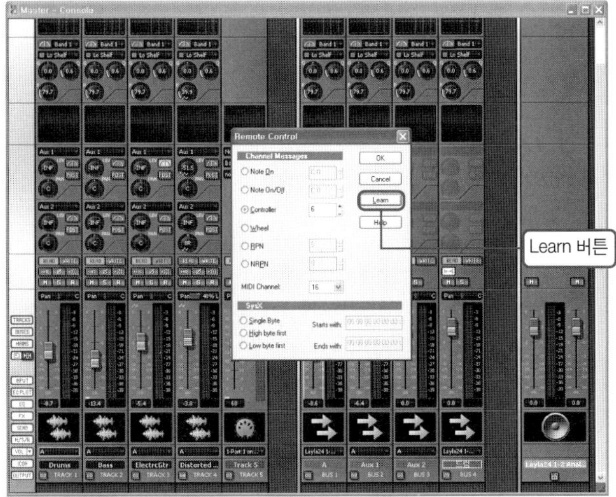

02 미디 정보를 선택할 수 있는 창 열립니다. 마스터 건반에서 사용하고 싶은 컨트롤을 움직이고, [Learn] 버튼을 클릭하면 자동 설정됩니다. 원하는 컨트롤 정보를 수동으로 설정해도 됩니다. [OK] 버튼을 클릭하여 창을 닫고 마스터 건반을 움직이면 해당 파라미터가 조정되는 것을 확인할 수 있습니다.

05 오디오 프로세스

소나 7에는 사운드의 잡음이나 레벨을 보정하는 역할의 7가지 프로세스 기능을 제공합니다. 녹음한 사운드의 잡음을 제적하거나 볼륨을 조정하는 등의 작업은 대부분 소나 7에서 제공하는 FX나 콘솔 등의 파라미터를 이용하지만, 데이터를 수정할 필요가 없는 작업이거나 사운드의 일부분을 수정할 필요가 있을 때는 시스템 자원을 낭비하지 않는 프로세스 기능을 이용하는 것도 효과적입니다.

1 잡음 제거하기

Remove Silence는 특정 레벨 이하의 사운드를 제거하는 노이즈 게이트와 비슷한 역할을 합니다. Remove Silence를 적용할 때는 사운드가 없는 부분에 유입되어 있는 잡음의 레벨을 정확히 파악하는 것이 중요합니다. 그렇지 않으면 원하는 잡음을 제거하지 못하거나 제거되어서는 안 되는 사운드가 제거되는 역효과를 초래할 수 있습니다.

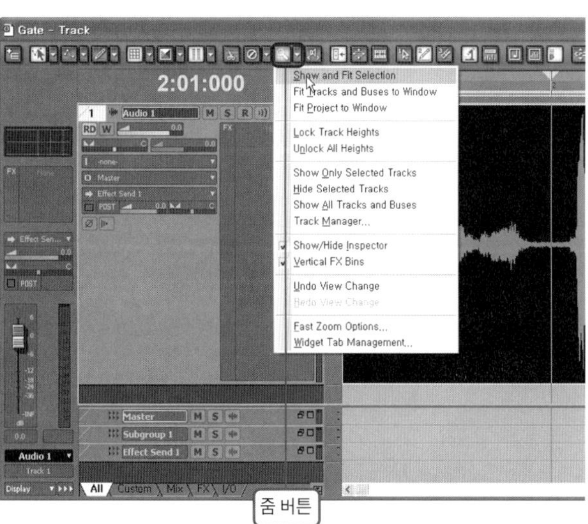

01 부록 CD의 Gate 샘플 파일을 불러옵니다. 오디오 클립을 선택하고, 트랙 도구 모음 줄의 [줌] 버튼에서 Show and Fit Selection 메뉴를 선택하여 오디오 클립을 전체화면으로 볼 수 있게 합니다.

02 스크럽 버튼을 선택하여 불필요한 구간의 사운드를 모니터 합니다. 레벨 미터를 확인해 보면 -32dB인 것을 알 수 있습니다.

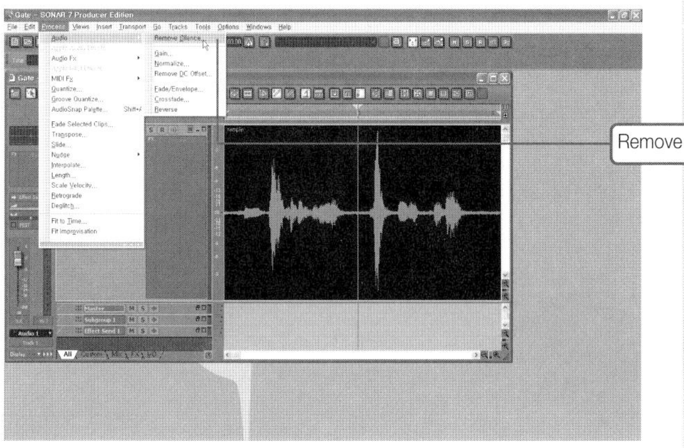

03 Process 메뉴의 Audio에서 [Remove Silence]를 선택하여 창을 엽니다.

04 -32dB이하의 음들을 제거할 것이므로 Open Level과 Close Level을 -32dB로 설정 합니다. 시작 타임(Attack Time), 끝 타임(Release Time)을 30정도로 조정하여 사운드가 갑자기 시작되고 끝 나는 것을 방지합니다.

05 나머지 Hole Time(유지 시간), Look Ahead(예비 시간)은 그대로 두고, Split Clips 옵션은 제거된 것을 눈으로 확인할 수 있게 체크합니다. 그리고 [확인] 버튼을 눌러 프로세싱을 적용하면 -32dB 이하의 사운드가 제거되는 것을 확인할 수 있습니다.

Gain은 선택한 오디오 데이터의 레벨을 조정하는 역할을 합니다. 그러나 너무 많은 레벨 증폭은 피하는 것이 좋습니다. 너무 작게 녹음한 사운드의 레벨을 최대한 끌어 올릴 경우, 들리지 않던 잡음까지 증폭되며 그 어떤 방법으로도 잡음을 제거할 수 없기 때문입니다. 오히려 크게 녹음한 사운드를 줄일 경우에는 문제될 것이 없으므로 가능하면, -6dB ~ -3dB 정도를 유지할 수 있도록 녹음하는 것이 좋습니다.

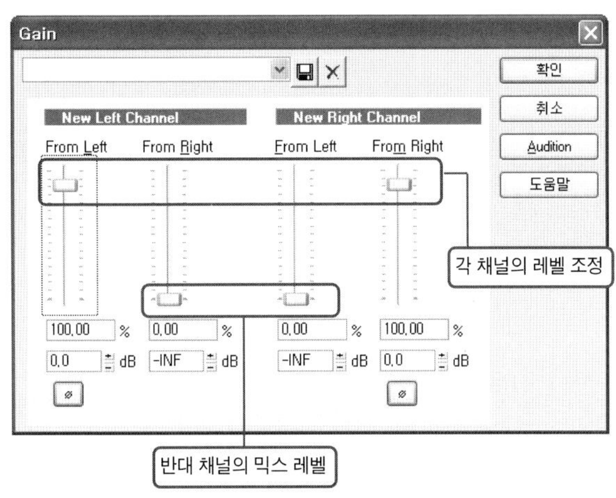

01 Process 메뉴의 Audio에서 [Gain]을 선택하여 패널을 열면, New Left Channel과 New Right Channel의 슬라이드가 각각 2개씩 있는 패널이 열립니다. 바깥쪽에 있는 슬라이드가 레벨의 조정 값을 설정하며 안쪽에 있는 슬라이드는 믹스 레벨을 설정합니다.

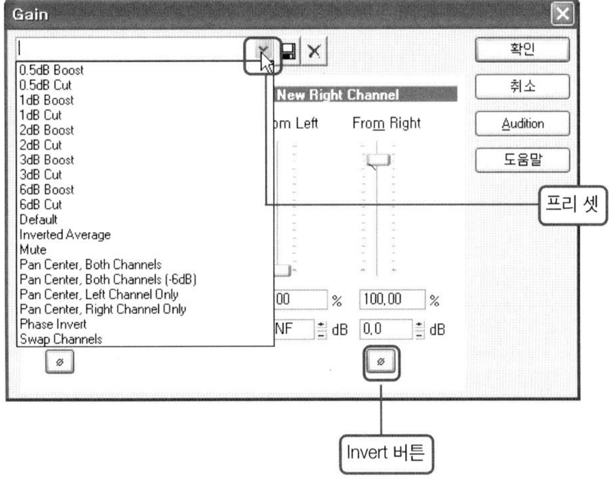

02 프리셋 메뉴에서 조정할 값을 선택해보면 각 슬라이드의 역할을 확인할 수 있습니다. 슬라이드 아래쪽에는 조정 값을 퍼센트 단위 또는 레벨 단위로 설정할 수 있는 항목이 있으며 가장 아래쪽에는 위상의 각을 뒤집는 [Invert] 버튼이 있습니다.

3 볼륨 최적화

노멀라이즈는 선택한 클립의 사운드를 최대 0dB까지 높여주는 역할을 합니다. 오디오를 녹음할 때 최적의
입력레벨은 -3dB~-6dB정도이며, 최종 마스터 작업을 할 때는 0dB정도를 유지하는 것이 음반 작업의 표준입
니다. 결국 노멀라이즈는 한 장의 음반에 수록되는 곡들의 레벨을 일정하게 유지하는 목적으로 많이 사용합
니다.

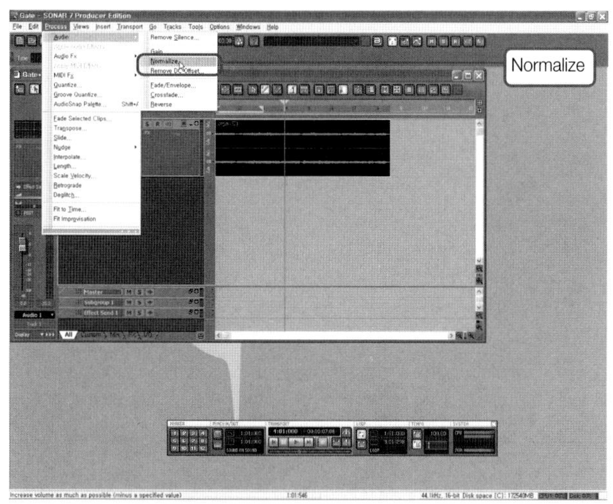

01 노멀라이즈를 적용할 클립을 선택하고,
Process의 Audio 메뉴에서 [Normalize]를
선택하여 창을 엽니다.

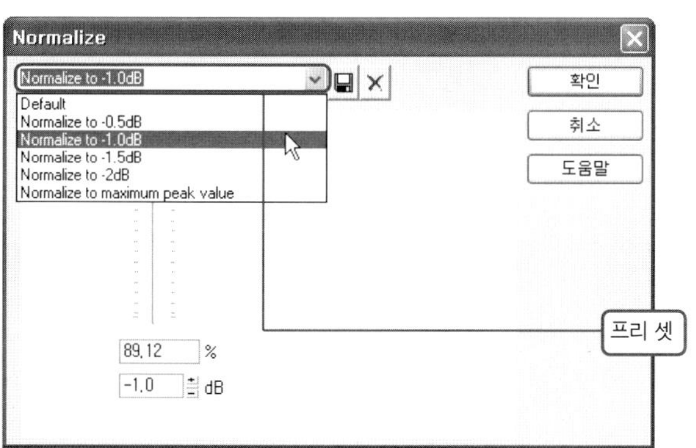

02 필요한 레벨을 슬라이드로 조정하거나 프리
셋에서 선택합니다. 이때 선택한 값을 기억
하고, 한 장의 음반에 수록할 모든 곡을 같은 값으로
설정하는 것이 중요합니다.

아날로그 사운드를 녹음할 때 사용하는 최소한의 장비인 사운드 카드와 컴퓨터는 모두 전기를 사용하는 제품이기 때문에 오디오 파형이 기준 라인에서 벗어나는 현상이 생길 수 밖에 없습니다. 이것을 전기 잡음이라고 하는데 에어컨이나 히터 등 전기를 많이 사용할수록 심해집니다. 전문 스튜디오에서는 전압을 잡아주는 트랜스를 필수 장비로 사용하고 있지만, Remove DC Offset 프로세서를 이용하면 가정에서도 전기 잡음이 없는 사운드를 구현할 수 있습니다.

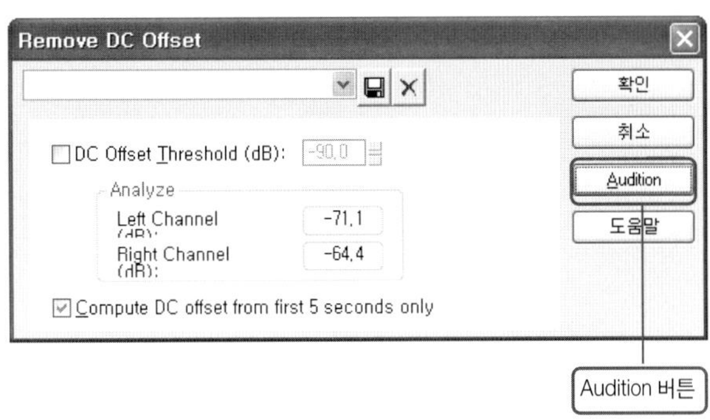

01 Process메뉴의 Audio에서 [Remove DC Offset]을 선택합니다. Computer DC offset from first 5 seconds only 옵션을 체크하고, [Audition] 버튼을 클릭하여 선택한 클립의 사운드가 기준 라인에서 얼만큼 벗어나 있는지 체크합니다.

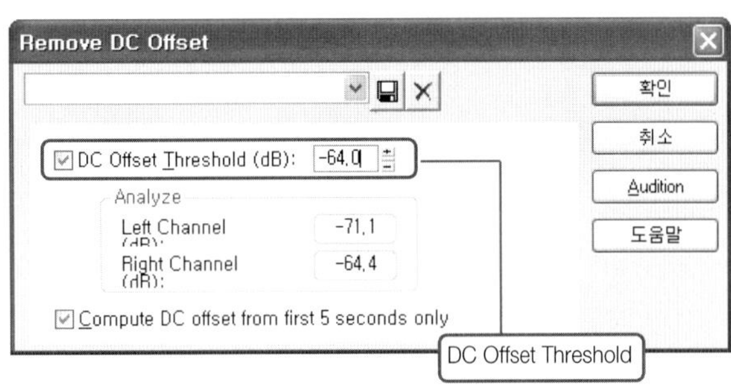

02 Analyze에 체크한 값이 표시됩니다. DC Offset Threshold에서 체크한 값을 입력하고 [확인] 버튼을 클릭하면 전기 잡음이 제거된 사운드를 만들 수 있습니다.

5 페이드 엔벨로프

소나 7은 사운드의 볼륨을 점점 증가시키거나 감소시키는 Fade In/Out 기능의 Fade/Envelope와 사운드가 자연스럽게 겹치도록 하는 Crossfade의 두 가지 페이드 프로세서를 제공합니다. 페이드 인/아웃은 클립에서 직접 조정할 수 있기 때문에 프로세서 메뉴를 이용하는 경우는 없겠지만 잠깐 살펴보겠습니다.

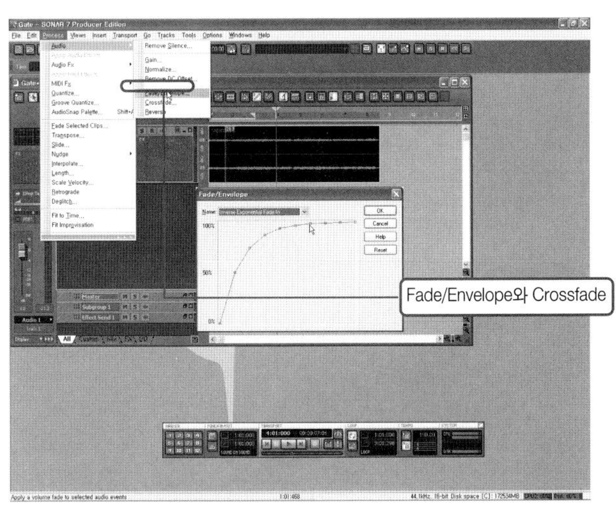

01 사운드를 선택하고 Process 메뉴의 Audio 에서 [Fade/Envelope]를 선택합니다. 클립 이 겹쳐있는 경우에는 [Crossfade]를 선택합니다. 라인을 클릭하여 포인트 점을 만들고 드래그하여 형 태를 조정합니다. 포인트는 시작점 또는 끝 점으로 드래그하여 삭제할 수 있습니다.

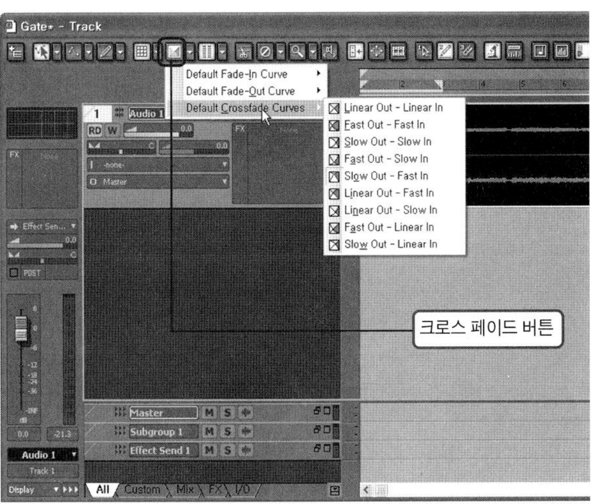

02 페이드 인/아웃은 프로세서 메뉴보다는 클립 의 모서리를 드래그하거나, 트랙 파리미터의 [크로스 페이드] 버튼 기능을 활용하는 것이 직관적 이고 편리합니다.

Reverse는 선택한 사운드의 재생 방향을 바꿔주는 기능입니다. 과거에 음반을 거꾸로 재생하면 구매를 요청하는 김현정 앨범이나, '피가 모자라~' 라는 소리가 들린다는 풍문의 서태지 앨범이 많은 이슈를 불러일으켰습니다. 지금도 이것과 유사한 내용의 소문이 돌고 있는 앨범들이 많은데 Reverse 기능을 이용해서 직접 만들어보겠습니다.

01 새로운 프로젝트를 만들고 Audio 1번 트랙에 독자가 작업한 음악이나 적당한 음악을 임포팅합니다. 그리고 Audio 2번 트랙에 독자의 목소리로 '피가 모자라' 라는 음성을 녹음합니다.

02 녹음한 클립을 선택하고 Process 메뉴의 [Audio ▶ Reverse]를 선택하면 재생 방향이 바뀝니다. 이제 독자가 만든 음악을 누군가 거꾸로 들어본다면 '피가 모자라~' 라는 음성을 듣게 됩니다.

7 FX 이펙트 클립에 적용하기

Process 메뉴의 Apply Audio Effects는 트랙의 FX 패널에서 사용한 리얼 타임 이펙트를 실제 이벤트에 적용하는 기능입니다. 이펙트의 종류와 사용법은 뒤에서 살펴보겠지만, 소나 7에서 제공하는 모든 이펙트는 실제 사운드를 바꾸지는 않습니다. 하지만 시스템이 부족한 경우에는 음악이 버벅거리는 현상이 발생할 수 있으므로 더 이상 편집이 필요 없다는 확신이 있는 사운드의 이펙트는 실제 데이터에 적용하는 방법을 알아둘 필요가 있습니다.

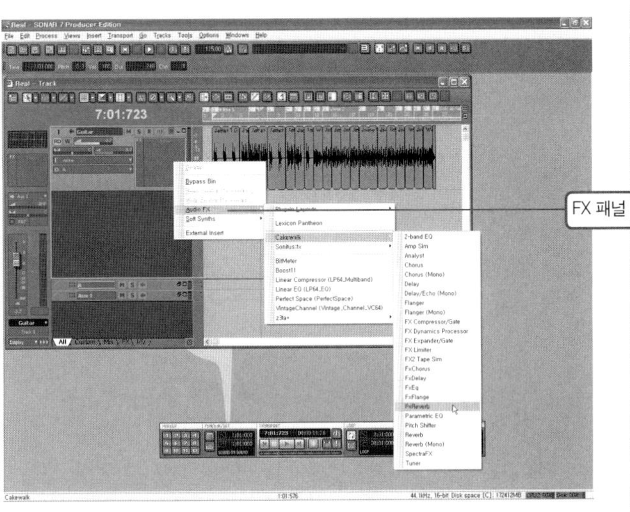

01 부록 CD의 Real 샘플 파일을 열고, FX 패널에서 마우스 오른쪽 버튼을 클릭하여 단축 메뉴를 열고 Audio FX의 Cakewalk에서 [FxReverb]를 선택합니다.

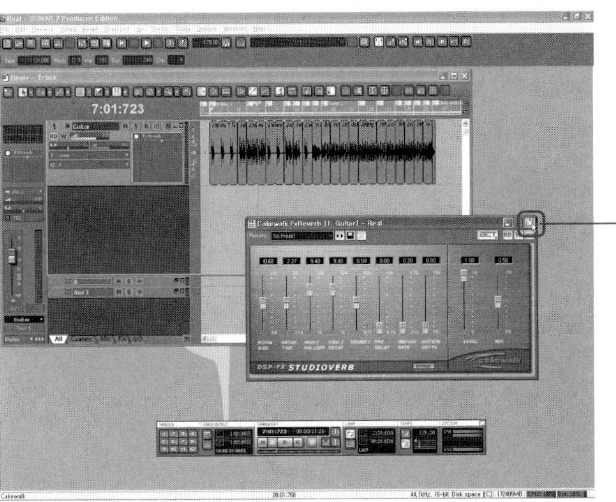

02 Cakewalk FxReverb 패널이 열립니다. 기본 값을 그대로 사용하기로 하고 [닫기] 버튼을 클릭하여 닫습니다.

녹색 버튼을
클릭하여 On/Off

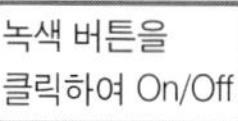

03 Space bar 키를 눌러 음악을 연주합니다. FX 패널의 녹색 버튼을 클릭하여 리버브의 적용과 해제를 반복해 봅니다. 실제로 이벤트에 적용한 것이 아니기 때문에 적용과 해제가 가능하다는 것을 확인할 수 있습니다.

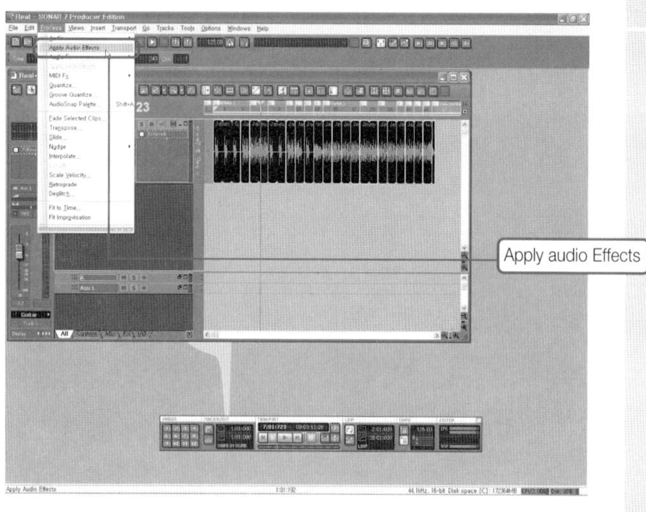

04 트랙 번호를 클릭하여 트랙에 있는 이벤트를 모두 선택하고, Process 메뉴의 [Apply Audio Effects]를 선택합니다. 미디 트랙인 경우에는 [Apply MIDI Effects]를 선택하면 됩니다.

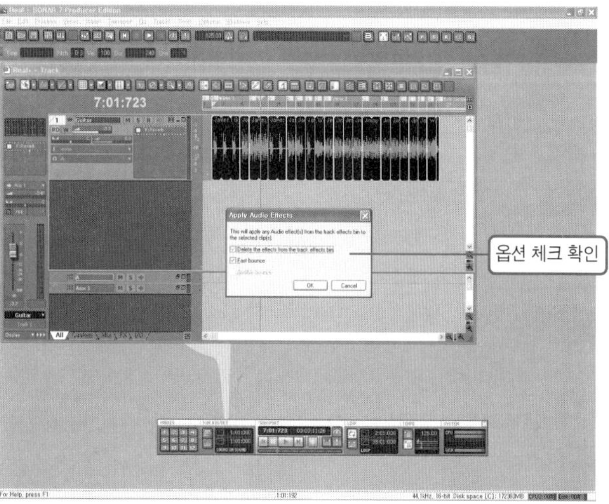

05 FX 패널의 이펙트를 제거할 것인지를 묻는 창이 열립니다. 이펙트가 이중으로 적용되어서는 안 되므로 Delete the effects from the track inserts 옵션이 체크된 것을 확인하고 [OK] 버튼을 클릭합니다. 실제 이벤트에 이펙트가 적용되는 것을 확인할 수 있습니다.

8 사운드 포지와 연동 작업

소나 7은 다른 컴퓨터 음악 프로그램에 비해서 다양한 장점들이 있는데, 그 중 가장 눈에 띄는 것은 디지털 편집 프로그램의 사운드 포지와 완벽한 연동 작업이 가능하다는 것입니다. 그래서 소나 7의 부족한 프로세스 기능을 무한대로 보충할 수 있으며, 미세한 편집이 가능한 사운드 포지의 기능을 십분 발휘할 수 있습니다. 물론, 사용자 컴퓨터에 사운드 포지가 설치되어 있는 경우에만 사용할 수 있습니다.

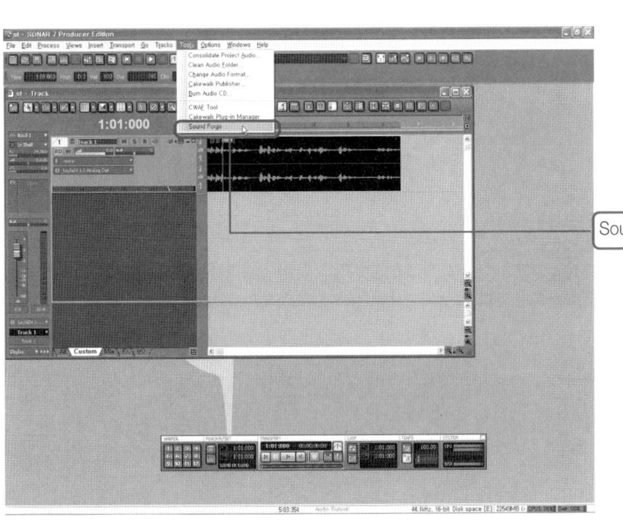

01 부록 CD의 SF 샘플 파일을 불러옵니다. 음성이 녹음되어 있는 사운드 클립을 선택하고, Tools 메뉴의 [Sound Forge]를 선택합니다.

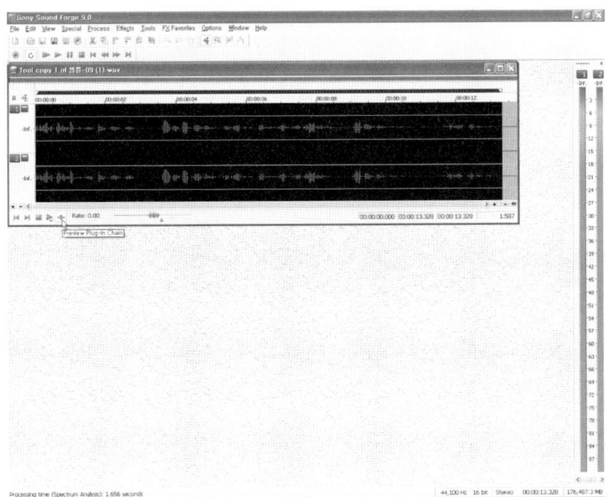

02 사용자 컴퓨터에 설치되어 있는 사운드 포지가 실행되면서 선택한 사운드가 자동으로 로딩됩니다. 간단한 실습을 위해서 데이터 창 도구 모음 줄의 [Preview Plug-in Chain] 버튼을 클릭합니다.

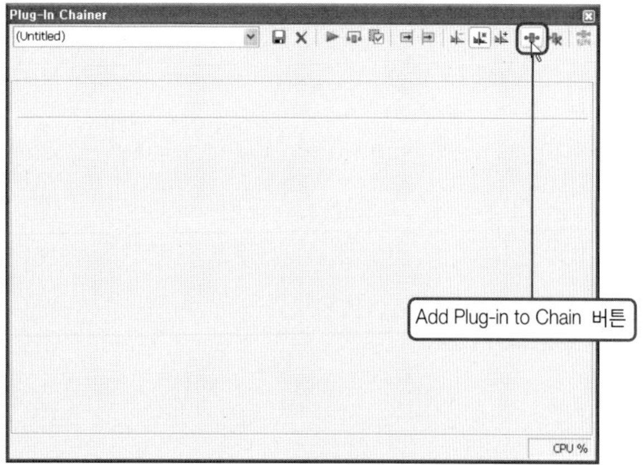

03 플러그-인 체인 창이 열립니다. [Add Plug-in to Chain] 버튼을 클릭하여 사용자 컴퓨터에 설치되어 있는 이펙트를 선택할 수 있는 창을 엽니다.

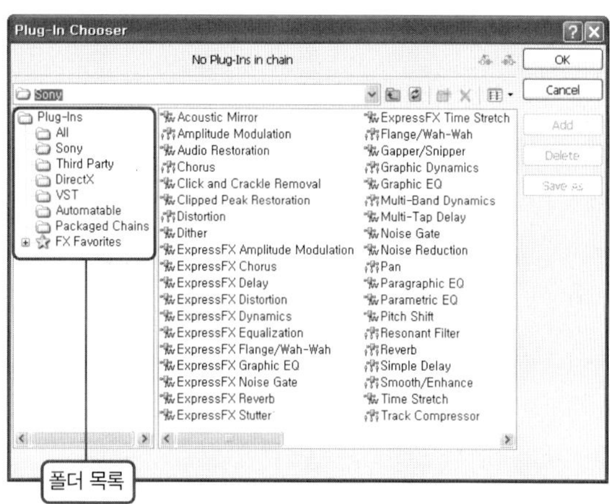

04 Plug-in Chooser 창이 열립니다. 폴더 목록을 보면, 사용자 컴퓨터에 설치되어 있는 모든 이펙트의 목록을 볼 수 있는 All, 사운드 포지에서 제공하는 이펙트의 목록을 볼 수 있는 Sony, 사용자가 추가로 설치한 Third Party, DirectX, VST 목록을 볼 수 있는 폴더 등으로 구성되어 있습니다.

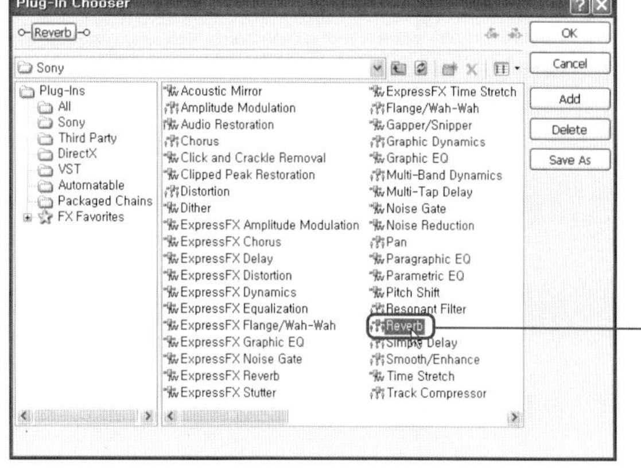

05 사운드 포지에서 기본적으로 제공하는 이펙트를 이용하기 위해서 Sony 폴더를 선택하고, 잔향 효과를 연출하는 [Reverb]를 선택하고 [OK] 버튼을 클릭합니다.

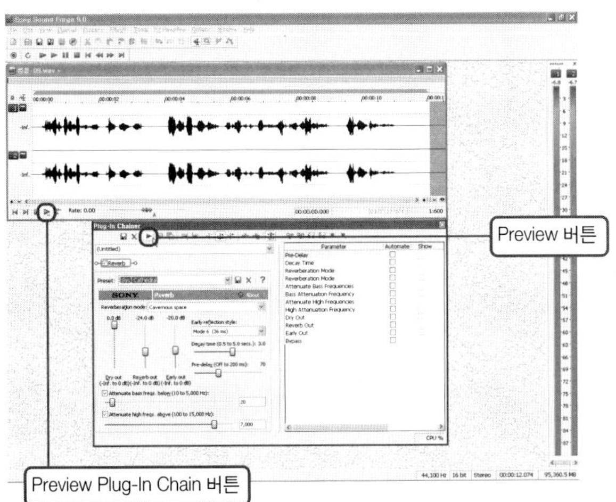

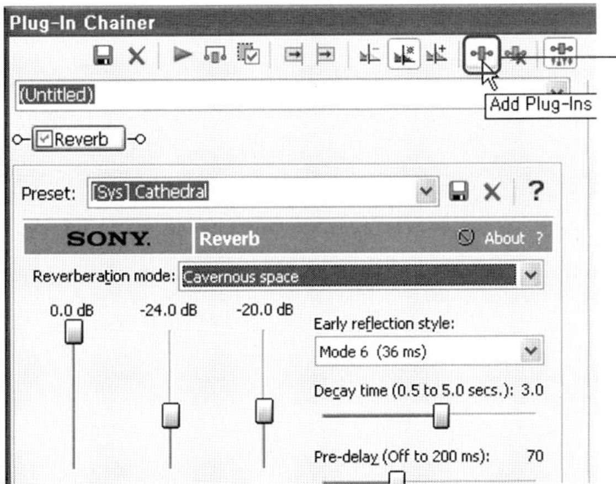

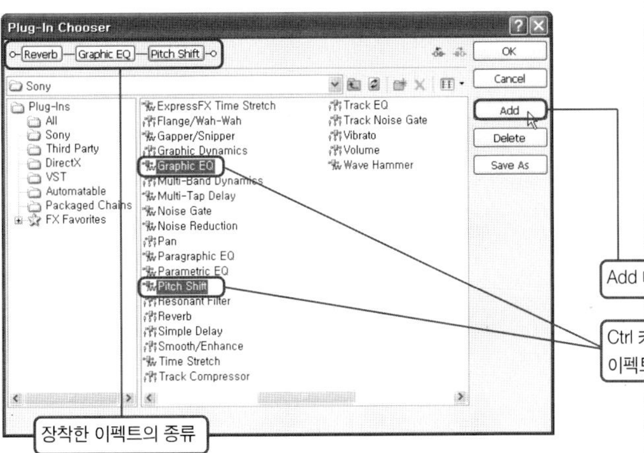

06 플러그-인 체인 창에 Reverb가 장착됩니다. Preset에서 [Cathedral]을 선택한 후에 플러그-인 체인 창의 [Preview] 버튼을 클릭하거나 데이터 창의 [Preview Plug-In Chain] 버튼을 클릭하여 리버브가 적용된 사운드를 모니터 해봅니다.

07 이펙트를 추가해서 사운드 포지 실습을 조금 더 진행해 보겠습니다. 이펙트를 추가하기 위한 [Add Plug-Ins to chain] 버튼을 클릭합니다.

08 Plug-In Chooser 창이 열립니다. Sony 폴더에서 Graphic EQ와 Pitch Shift를 Ctrl 키를 누른 상태로 선택합니다. 그리고 [Add] 버튼을 클릭하여 추가합니다. Plug-In Chooser 창 상단에 보면 Reverb, Graphic EQ, Pitch Shift의 3가지 이펙트를 장착하고 있음을 알 수 있습니다.

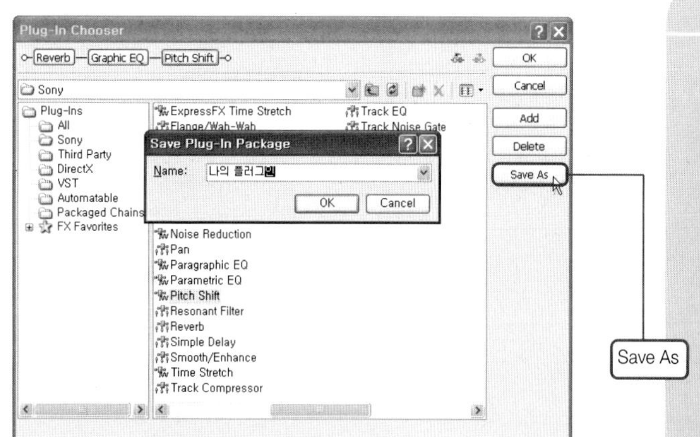

09 Reverb, Graphic EQ, Pitch Shift의 조합을 자주 사용한다면 패키지로 저장해두는 것이 편리합니다. Plug-Ins Chooser 창의 [Save As] 버튼을 클릭하여 창을 열고 구분하기 쉬운 이름으로 입력합니다.

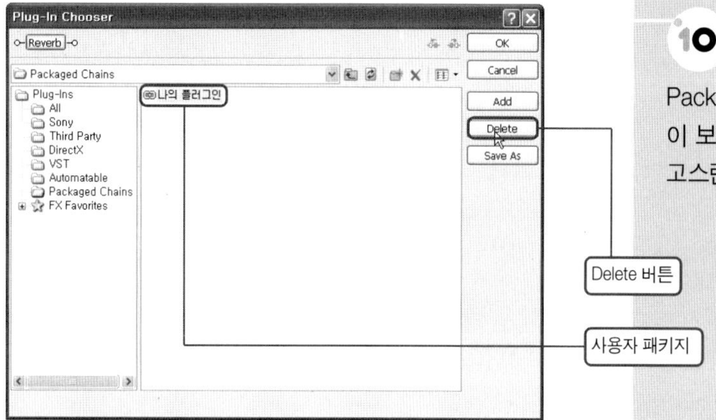

10 [Delete] 버튼을 클릭하여 상단에 장착되어 있는 이펙트들을 삭제합니다. 그리고 Packaged Chains 폴더를 보면 앞에서 저장한 이름이 보입니다. 이것을 더블 클릭하면 3가지 이펙트가 고스란히 장착되는 것을 확인할 수 있습니다.

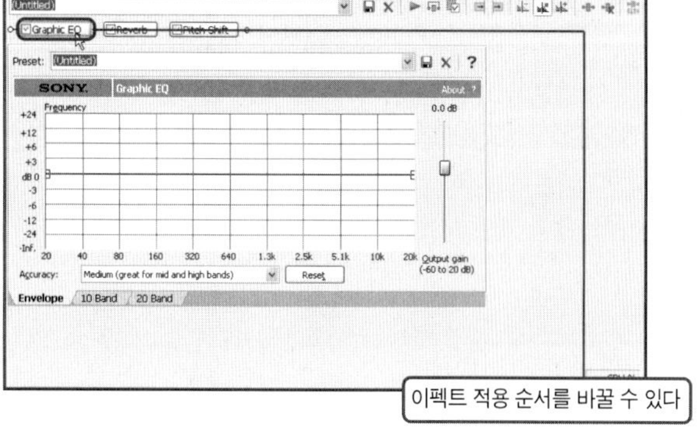

11 값을 조정할 이펙트는 이름이 표시되어 있는 버튼을 클릭하여 선택할 수 있으며, 이펙트의 적용 순서도 마우스 드래그로 바꿀 수 있습니다. Graphic EQ를 왼쪽으로 드래그하여 Reverb 전에 적용합니다. 그리고 이름에 있는 체크 표시로 이펙트의 적용 여부를 선택할 수 있습니다.

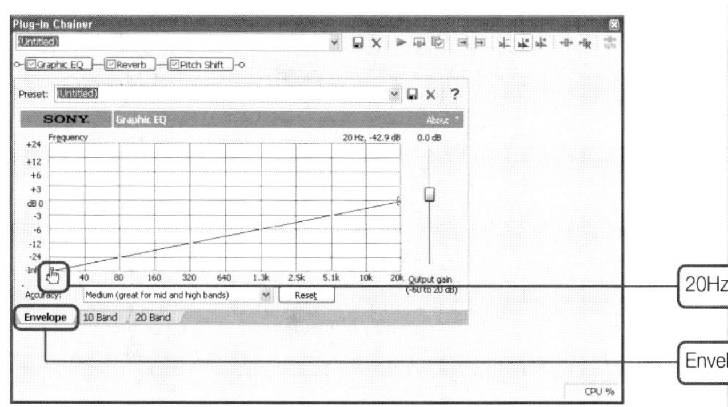

12 Graphic EQ는 Envelope, 10 band, 20 Band의 3가지 타입을 제공합니다. Envelope 타입에서 왼쪽에 보이는 포인트를 아래쪽으로 드래그합니다. 20Hz의 주파수를 줄이는 것입니다.

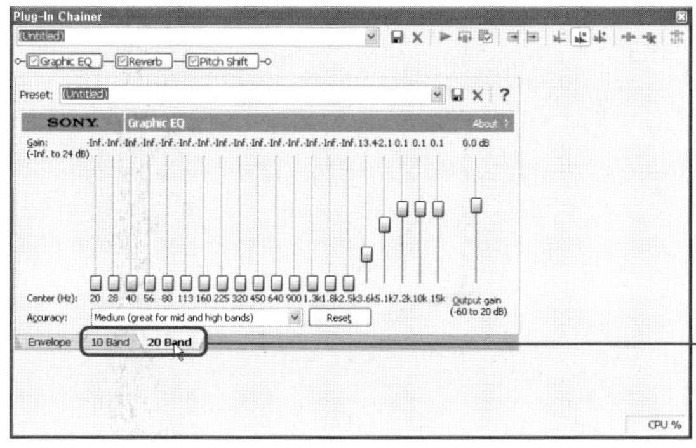

13 이펙트를 추가해서 사운드 포지 실습을 조금 더 진행해 보겠습니다. 이펙트를 추가하기 위한 [Add Plug-Ins to chain] 버튼을 클릭합니다. 조정할 포인트는 마우스 클릭으로 추가하고 마우스 더블 클릭으로 삭제할 수 있습니다. 2.5K에 포인트를 추가하여 아래쪽으로 내리고, 5.1K에 포인트를 추가하여 0dB로 조정합니다. 즉, 2.5K 이하의 주파수를 모두 제거하여 고음 역의 사운드만 재생되게 하는 것입니다.

14 10 Band와 20 Band 탭을 클릭하여 어떻게 변화되었는지 확인합니다. 즉, 어떤 타입을 이용하든지 결과는 같으므로 자신에게 편리한 타입을 이용합니다. 입문자의 경우에는 10 band가 편할 것이고 조금 익숙해지면 envelope 타입이 편할 것입니다.

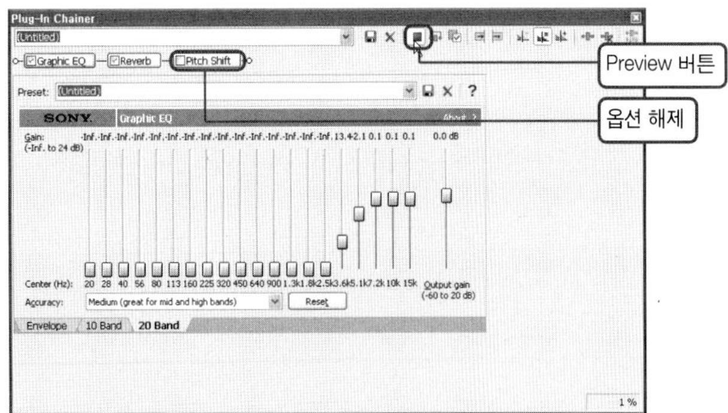

15 [Pitch Shift] 버튼의 체크 표시를 클릭하여 해제하고, [Preview] 버튼을 클릭하여 Graphic EQ와 Reverb가 적용된 사운드를 모니터 해봅니다. 저음역이 모두 차단되었기 때문에 마치 전화 음성과 같은 사운드가 되었습니다.

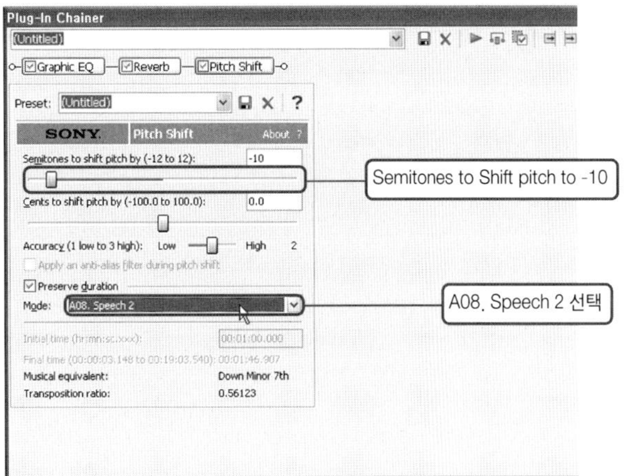

16 Pitch Shift 옵션을 체크하고, Semitones to Shift pitch 값을 -10 정도로 낮춰서 음성 변조 효과를 연출합니다. 음정 변화로 인해서 속도가 변하는 것은 Preserve duration 옵션을 체크하고 [A08. Speech 2]를 선택하여 방지합니다.

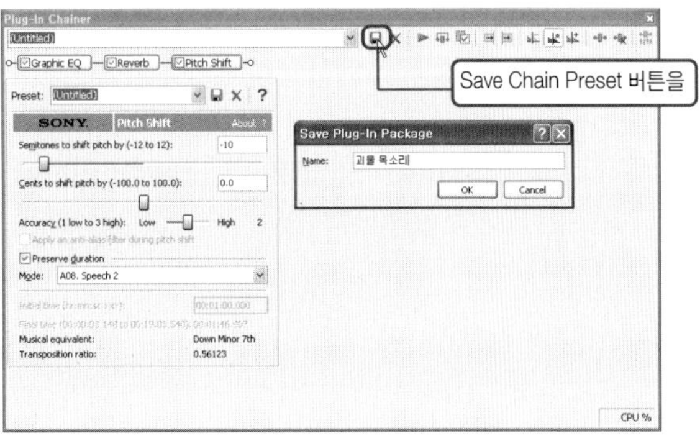

17 [Preview] 버튼을 클릭하여 사운드를 모니터 해보면 영화에서 많이 사용하는 괴물이나 우주인 목소리가 연출됩니다. 이러한 작업을 자주 한다면 프리셋으로 저장해두는 것이 편리합니다. [Save Chain Preset] 버튼을 클릭하여 창을 열고 구분하기 쉬운 이름으로 저장합니다.

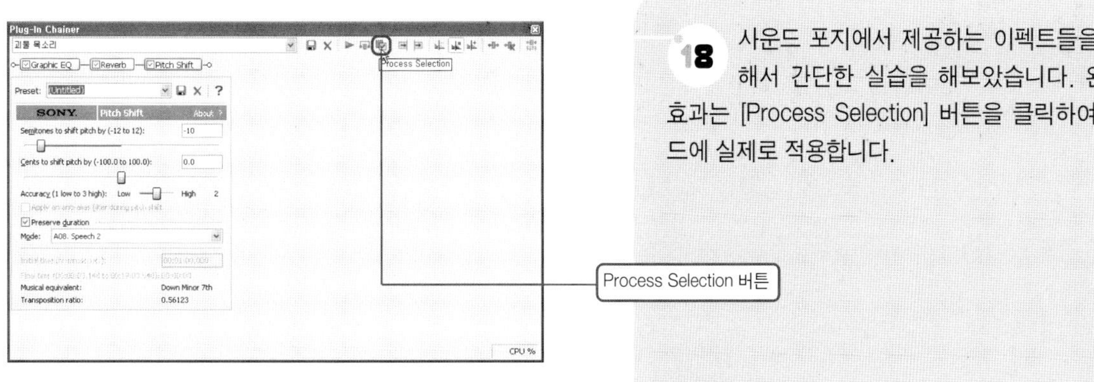

18 사운드 포지에서 제공하는 이펙트들을 이용해서 간단한 실습을 해보았습니다. 완성한 효과는 [Process Selection] 버튼을 클릭하여 사운드에 실제로 적용합니다.

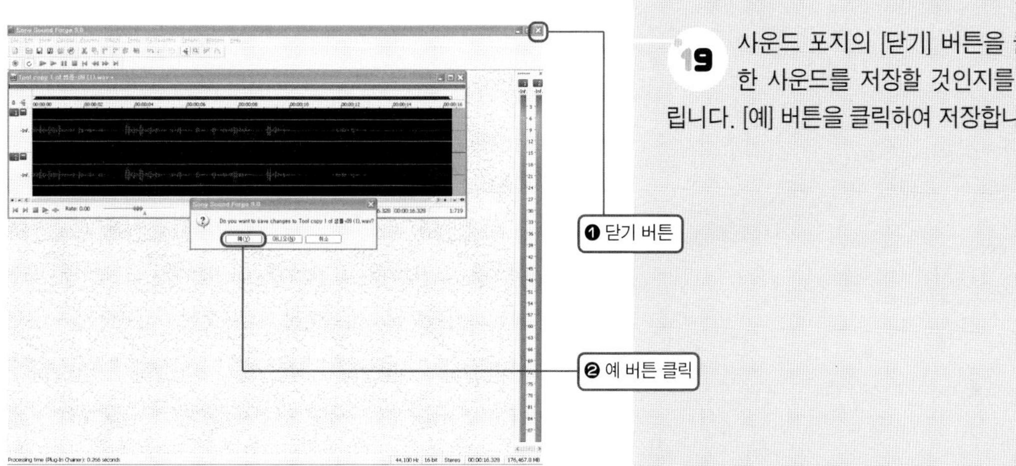

19 사운드 포지의 [닫기] 버튼을 클릭하면 작업한 사운드를 저장할 것인지를 묻는 창이 열립니다. [예] 버튼을 클릭하여 저장합니다.

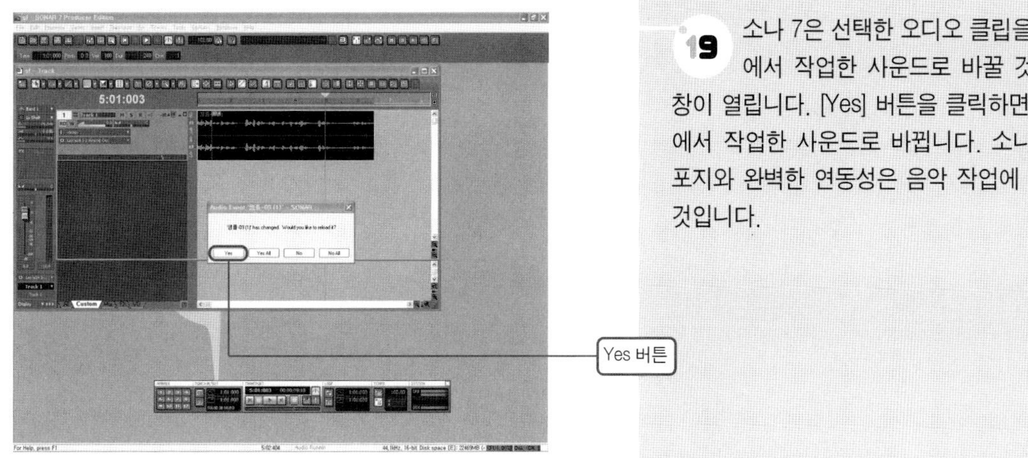

19 소나 7은 선택한 오디오 클립을 사운드 포지에서 작업한 사운드로 바꿀 것인지를 묻는 창이 열립니다. [Yes] 버튼을 클릭하면 사운드 포지에서 작업한 사운드로 바뀝니다. 소나 7과 사운드 포지와 완벽한 연동성은 음악 작업에 큰 도움이 될 것입니다.

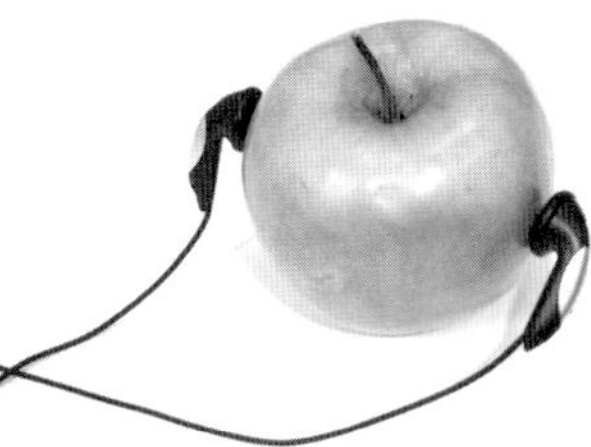

S O N A R 7

PART 4

미디 편집 창 익히기

01 피아노 롤 윈도우

피아노 창은 노트를 수평 막대 모양으로 입력하거나 편집할 수 있고, 각종 컨트롤 정보를 그림 그리듯 작업할 수 있는 미디 편집 윈도우입니다. 소나 7에서 제공하는 다양한 미디 편집 윈도우 중에서 미디 학습자들이 제일 먼저 접하는 것이 피아노 창이며, 고급 사용자가 되어서도 자주 사용하게 되는 윈도우 입니다. 이처럼 자주 사용하게 될 피아노 창 만큼은 학습시간이 조금 지체되더라도 반복해서 익혀두기 바랍니다. 조급한 마음에 습관을 잘못들이면 나중에 고치기 어렵습니다.

1 컴퓨터 음악의 이해

1. 피아노 창 구성

피아노 창은 툴 바의 Piano Roll View 버튼, View 메뉴, 단축 메뉴, 미디 클립 더블 클릭의 4가지 방법으로 열 수 있습니다. 미디 클립을 더블 클릭하는 방법은 미디 데이터가 입력된 클립을 편집할 때 사용하는 방법이고, 나머지는 3가지는 새로운 데이터를 입력하거나 편집할 때 사용합니다. 다른 작업 윈도우를 여는 방법도 동일하므로 확실하게 기억해두기 바랍니다.

01 Normal 환경의 프로젝트를 만들고, 3번의 MIDI 1 트랙을 선택합니다. 툴 바에서 [Piano Roll View] 버튼을 클릭하거나, View 메뉴의 [Piano Roll]을 선택합니다. 단축키는 Alt + 5 입니다.

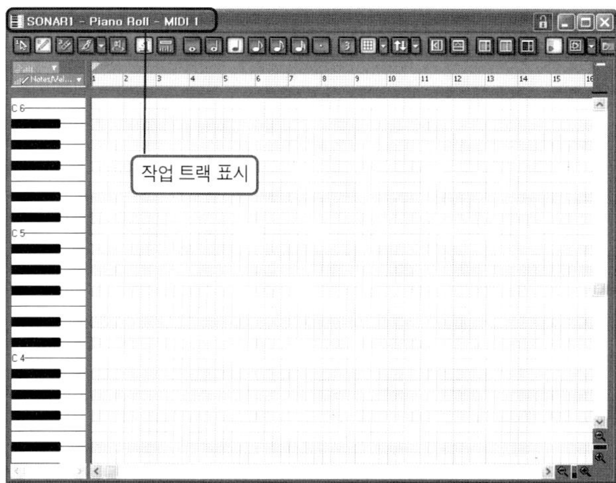

02 피아노 창의 제목 표시줄을 보면 앞에서 선택한 MIDI 1 트랙이라는 것을 확인할 수 있습니다. 즉, MIDI 1 트랙의 미디 데이터를 입력하거나 편집하는 것입니다.

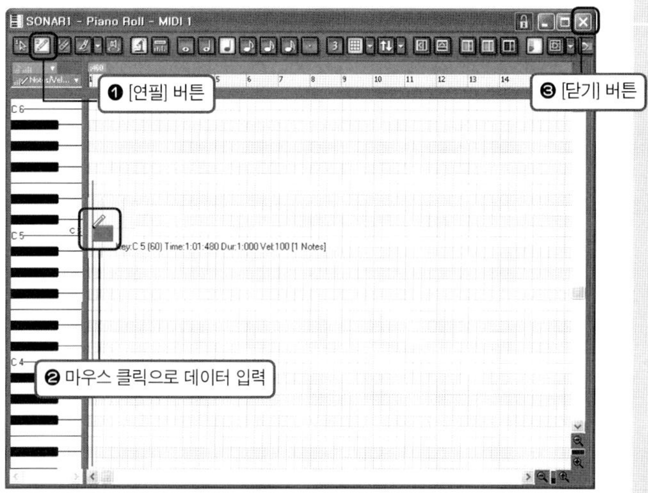

03 [연필] 버튼을 선택하고, 작업 공간을 클릭하여 미디 데이터를 입력해봅니다. 막대 모양의 미디 노트가 입력되는 것을 확인할 수 있습니다. 그리고 [닫기] 버튼을 클릭하여 피아노 창을 닫습니다.

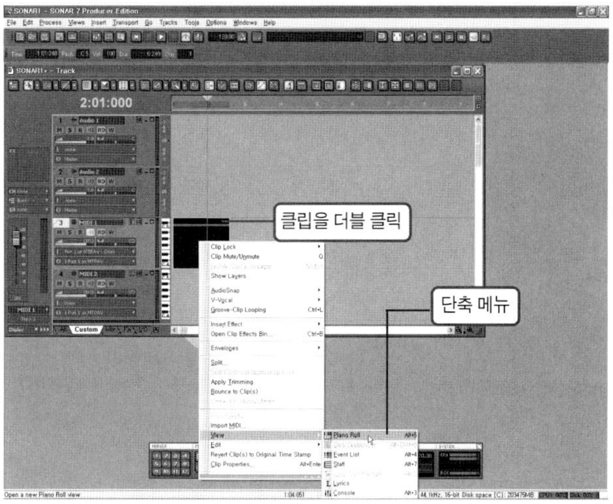

04 데이터를 입력했기 때문에 프로젝트 작업 공간에 미디 클립이 만들어졌습니다. 입력된 데이터를 편집하기 위해 피아노 롤을 다시 열 때는 클립을 더블 클릭하거나 단축 메뉴의 View Piano Roll을 선택합니다.

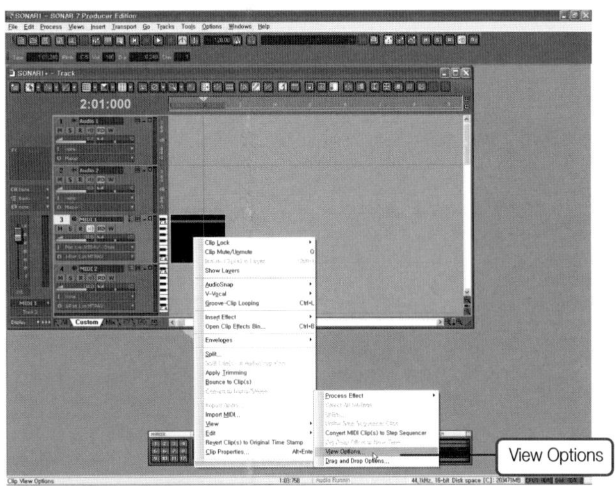

05 클립을 더블 클릭할 때 열리는 윈도우는 독자가 자주 사용하는 것으로 변경할 수 있습니다. 작업 공간에서 마우스 오른쪽 버튼을 클릭하여 단축 메뉴를 열고, [View Options]을 선택합니다.

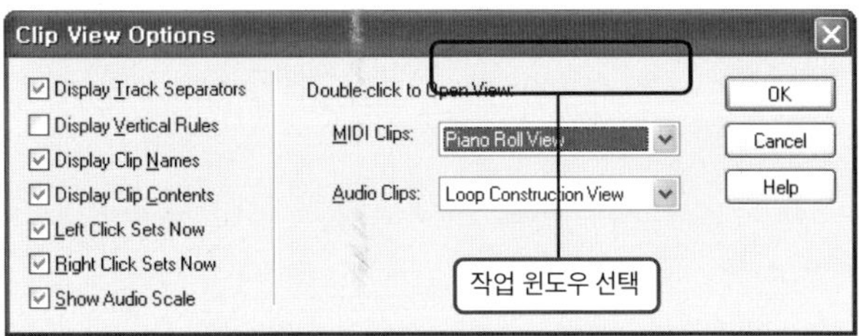

06 Clip View Options 창이 열립니다. 오른쪽에 Double-click to Open 항목에서 MIDI와 Audio 클립을 더블 클릭할 때 열리게 할 윈도우를 선택할 수 있습니다.

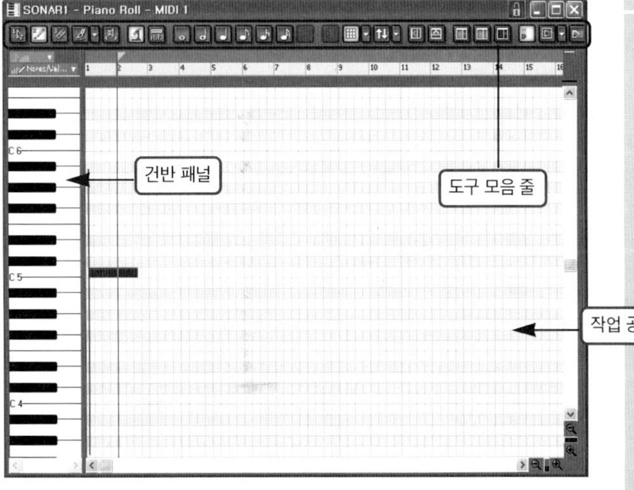

07 피아노 창은 상단에 도구 모음 줄이 있고, 왼쪽에 음정을 표시하는 건반 패널이 있습니다. 그리고 노트를 막대 모양으로 입력하거나 편집할 수 있는 작업 공간으로 구성되어 있습니다.

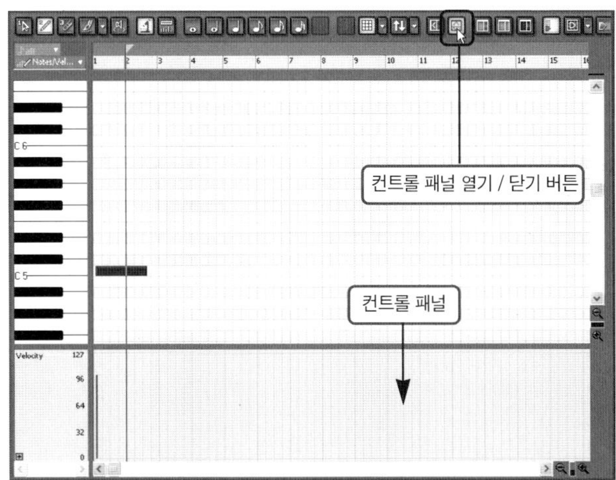

08 도구 모음 줄의 컨트롤 패널 [열기/닫기] 버튼을 클릭하면, 다양한 미디 컨트롤 정보를 그림 그리듯 입력하거나 편집할 수 있는 컨트롤 패널이 작업 공간 아래쪽에 열립니다.

2 피아노 창의 기본 사용법

간단한 예제 악보를 가지고, 막대 모양으로 표현되는 노트의 입력과 편집, 그래프 모양으로 표현되는 컨트롤 정보의 입력과 편집을 실습하겠습니다. 피아노 창에서는 미디 정보를 어떻게 표현하며, 입력과 편집을 어떻게 할 수 있는지 정확히 이해하기 바랍니다.

01 간단한 프레이즈의 바이올린 연주 악보입니다. 셈 여림 기호는 컨트롤 정보 11번인 Expression을 이용해서 표현할 것입니다.

02 Normal 환경의 프로젝트를 만듭니다. MIDI 1이라는 이름의 3번 트랙에서 트랙 타입을 표시하고 있는 아이콘을 더블 클릭하여 Track Properties 창을 엽니다.

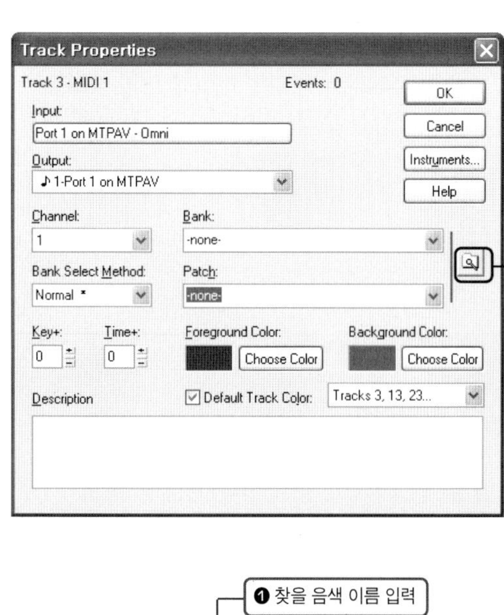

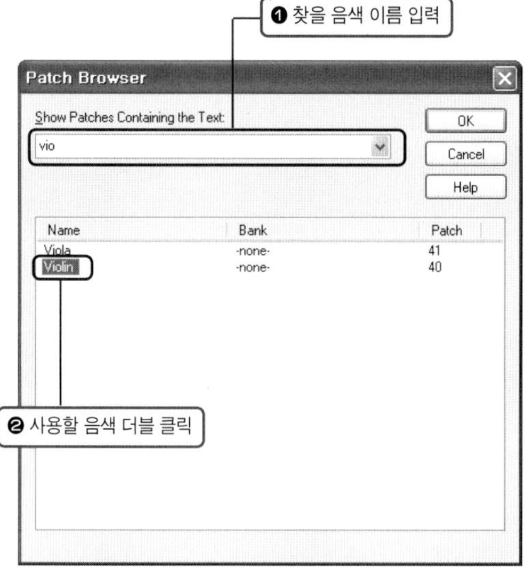

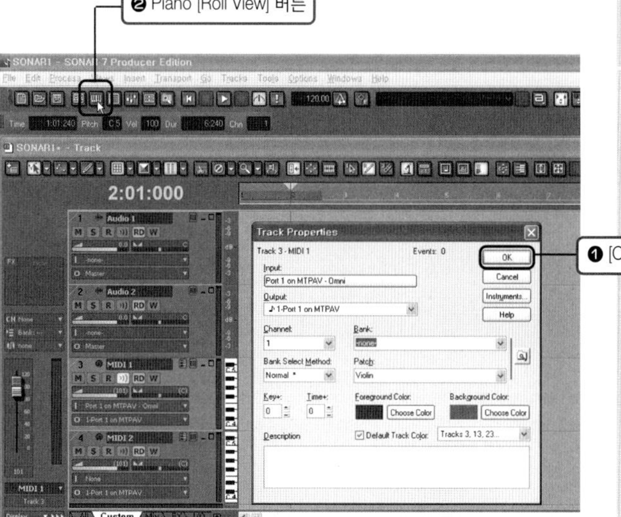

03 독자가 사용하고 있는 악기가 연결된 포트와 채널 등을 선택하고, [패치 브라우저] 버튼을 클릭합니다.

04 Patch Browser 창의 Show Patches Containing the 항목에 violin이라고 입력합니다. 해당 음색이 목록에 보입니다. 목록에서 사용하고 싶은 음색을 더블 클릭합니다.

05 [OK] 버튼을 클릭하여 Track Properties 창을 닫습니다. 그리고 도구 모음 줄의 Piano [Roll View] 버튼을 클릭하여 피아노 창을 엽니다.

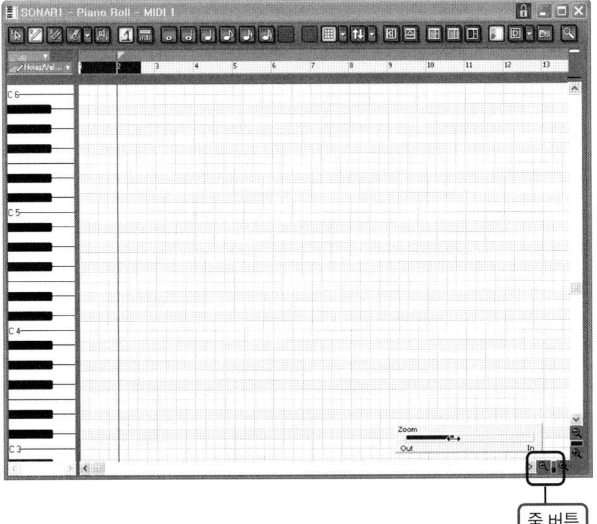

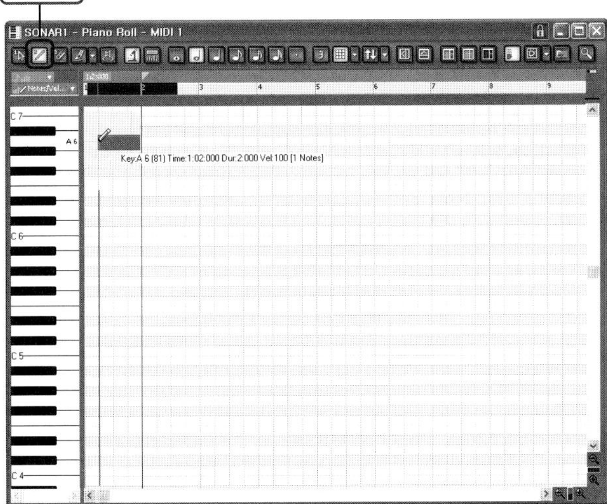

06 피아노 창의 작업 공간을 입력하기 편리한 크기로 확대합니다. 작업 공간은 우측 코너에 있는 줌 버튼 사이를 좌/우로 드래그하여 확대하거나 축소시킬 수 있습니다.

가정교사

피아노 창의 크기는 창의 테두리를 드래그하여 조정할 수 있으며, 모서리를 드래그하면, 가로와 세로 크기를 동시에 조정할 수 있습니다.

07 도구 모음 줄에서 [연필] 버튼과 [2분 음표] 버튼을 선택하고, 왼쪽의 피아노 패널을 참조하여 A6음을 입력합니다. 마우스 버튼을 놓을 때, 입력이 되므로, 정확한 위치를 찾을 때까지 드래그할 수 있습니다.

가정교사

소나 7은 가운데 도가 C5로 설정되어 있기 때문에 첫 음을 A6로 입력하는 것입니다.

08 도구 모음 줄에서 [16분 음표] 버튼을 선택하고, 악보를 참조하여 음표를 입력합니다. 입력 도중에 실수를 했다면, Ctrl + Z 키를 눌러 취소하고, 다시 입력합니다.

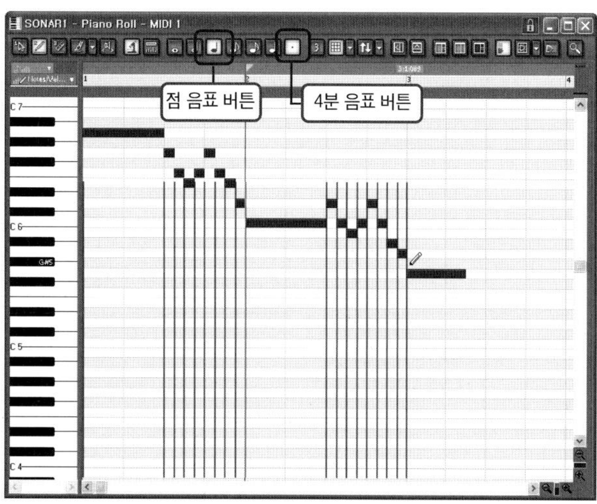

 계속해서 도구 모음 줄에서 입력할 음표에 해당하는 길이를 선택하여 같은 방법으로 입력합니다. 3번째 마디의 점 음표는 도구 모음 줄에서 4분 음표와 점 음표를 함께 선택하면 됩니다.

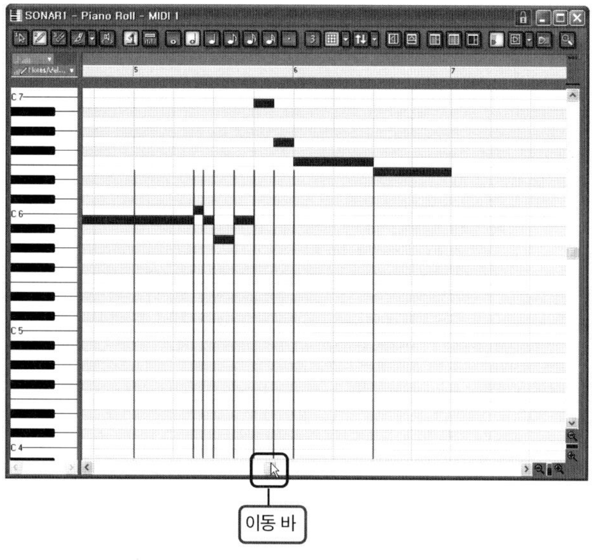

 점 음표를 입력한 후에는 다른 음표를 입력할 때는 점 음표 버튼을 클릭하여 Off로 놓는 것을 잊지 말기 바랍니다. 이동 바를 드래그하여 작업 공간의 위치를 이동하면서 악보의 음표 입력을 마칩니다.

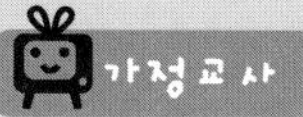

가정교사

소나 7은 가운데 도가 C5로 설정되어 있기 때문에 첫 음을 A6로 입력하는 것입니다.

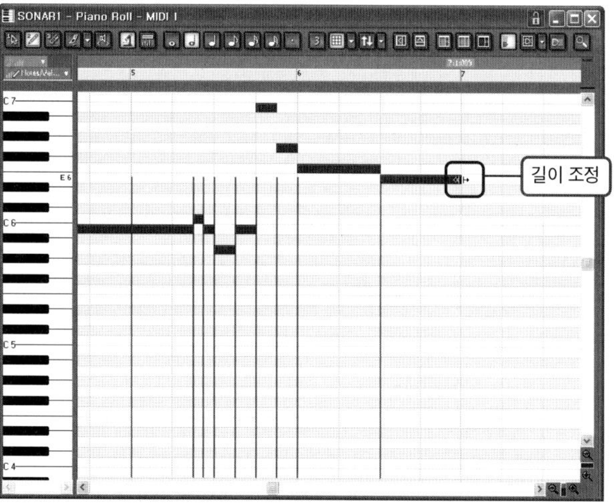

 입력된 노트는 좌/우 시작 부분을 드래그하여 위치와 길이를 조정할 수 있고, 중간 부분을 상/하로 드래그하여 음정을 조정할 수 있습니다.

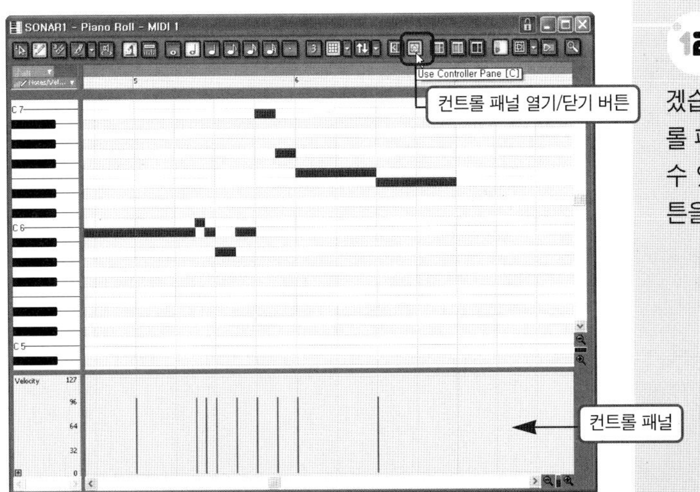

12 악 보 의 크 레 센 도 와 디 크 레 센 도 는 Expression 컨트롤 정보를 이용해서 표현하겠습니다. 컨트롤 정보는 작업 공간 아래쪽의 컨트롤 패널에서 입력하거나 작업 공간에서 직접 입력할 수 있습니다. 도구 모음 줄의 [컨트롤 패널 열기] 버튼을 클릭하여 컨트롤 패널을 엽니다.

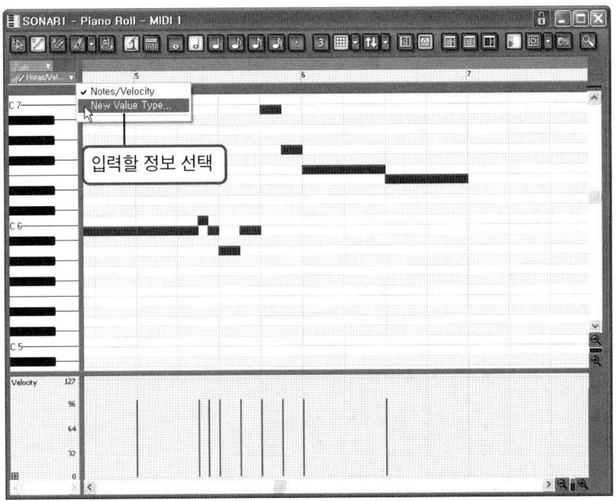

13 건반 그림 위쪽에 Notes/Velocity라고 표시된 정보 선택 항목을 클릭하면 입력할 정보를 선택할 수 있는 메뉴가 열립니다. Expression 컨트롤 정보 메뉴를 새로 만들기 위해서 New Value Type을 선택합니다.

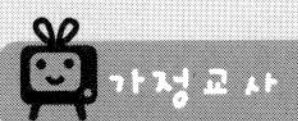

가정교사

소나 7은 가운데 도가 C5로 설정되어 있기 때문에 첫 음을 A6로 입력하는 것입니다.

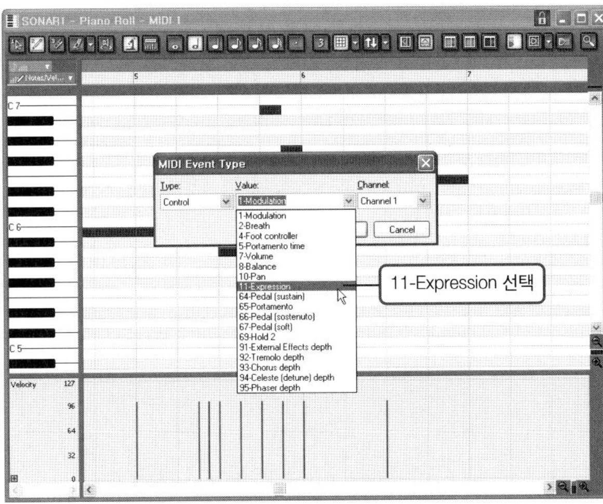

14 MIDI Event Type 창이 열립니다. Expression 컨트롤 정보를 입력할 것이므로, Type은 Control로 선택하고, Value항목에서 11-Expression을 선택합니다. Channel은 트랙 리스트에 설정되어 있는 Channel 1입니다.

15 컨트롤 패널에서 마우스 드래그로 익스프레션 정보를 입력합니다. 입력은 이처럼 간단하지만, 원하는 효과를 만들기 위해서는 많은 실습이 필요한 부분입니다. 예제의 완성은 부록 CD의 Control 샘플 파일입니다.

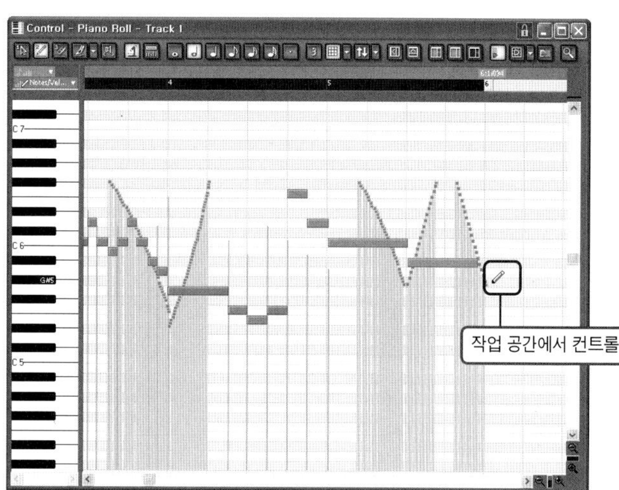

16 익스프레션 정보의 Val 값이 클수록 세게 연주되고, 작을수록 약하게 연주됩니다. 즉, 크레센도는 그래프의 높이를 점점 높게 그리고, 디크레센도는 점점 낮게 그립니다. 컨트롤 패널을 닫으면, 작업 공간에서 직접 입력할 수 있다는 것도 기억해 두기 바랍니다.

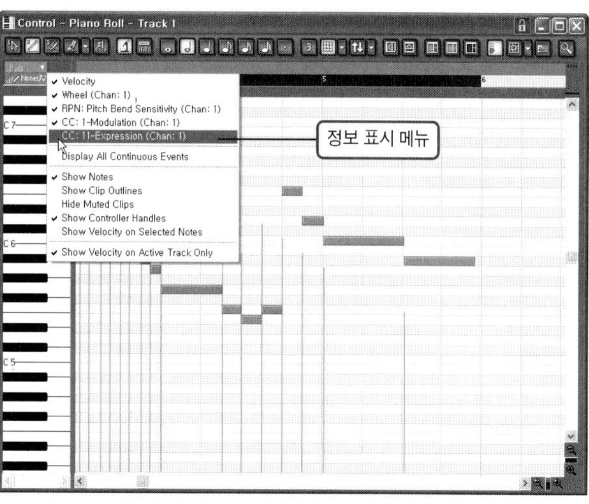

17 익스프레션 정보를 모두 입력했다면, 정보 표시 메뉴를 클릭하여 CC: 11-Expression 정보의 체크 표시를 해제합니다. 화면에 익스프레션 정보가 표시되지 않게 하여 노트 편집을 용의하게 하는 것일 뿐, 익스프레션 정보를 삭제하는 것은 아닙니다.

3 피아노 창의 도구

피아노 창의 도구 모음 줄에는 노트를 편집하는 역할의 PRV Select Tool, 노트를 입력하는 역할의 PRV Draw Tool, 노트를 삭제하는 역할의 PRV Eraser Tool 등 26가지의 버튼들이 있습니다. 각 버튼들의 기능을 살펴보겠습니다.

1. 선택 버튼

선택 버튼(PRV Select Tool)은 편집할 노트와 컨트롤 정보 등의 이벤트를 선택하는데 사용합니다. 이벤트를 선택하는 이유는 이동과 복사 등의 편집 작업을 하기 위해서 입니다. 선택한 노트와 컨트롤 정보는 마우스 드래그 또는 단축키를 이용해서 이동과 복사 등의 편집 작업을 할 수 있습니다.

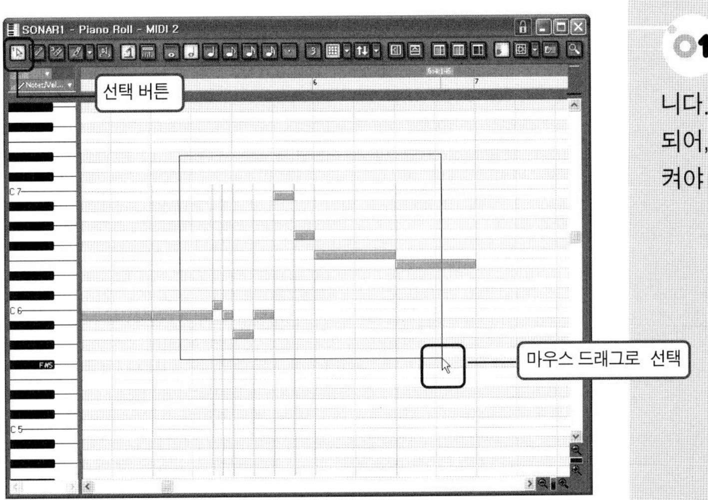

01 도구 모음 줄에서 화살표 모양의 선택 툴을 선택하고, 마우스 드래그로 이벤트를 선택합니다. 소나 7은 사각 실선에 닿는 노트가 모두 선택되어, 이전 버전에서 사각 실선 안에 노트를 포함시켜야 하는 불편함이 사라졌습니다.

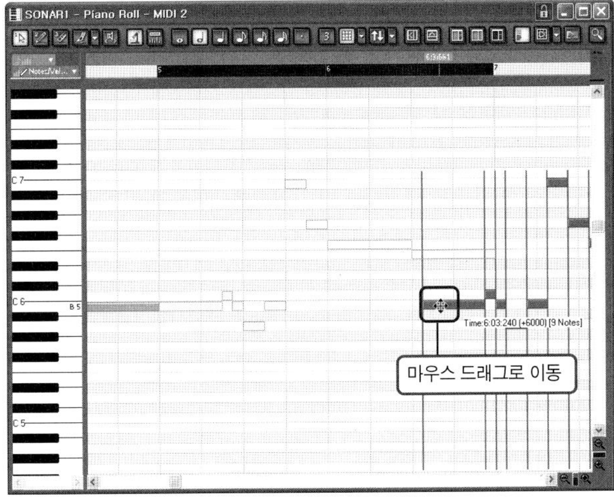

02 선택한 노트 가운데 위치를 판단하기 쉬운 왼쪽의 노트를 드래그합니다. 선택한 모든 노트가 이동되는 것을 확인할 수 있습니다. 이때 Ctrl 키를 누른 상태로 드래그하면 복사됩니다.

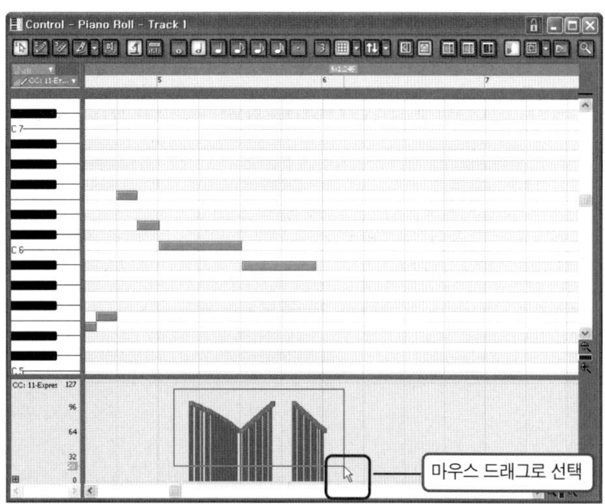

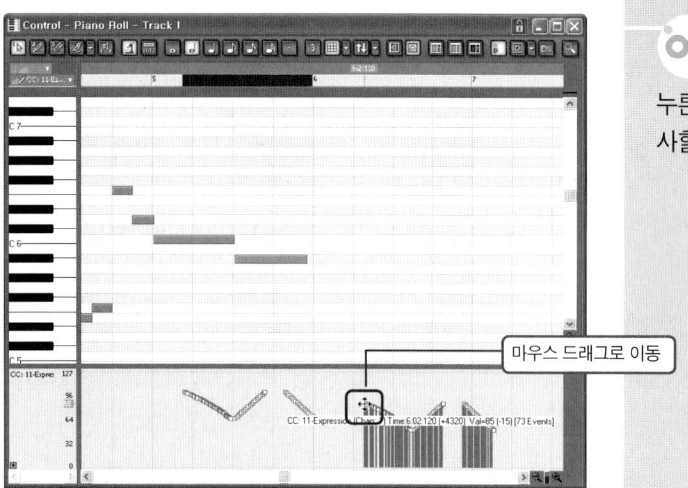

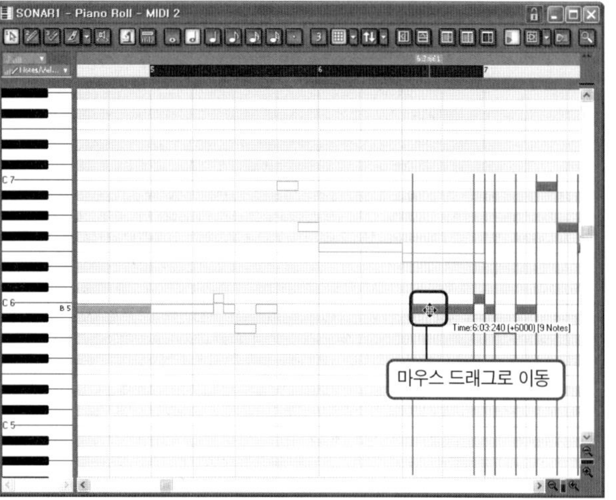

03 단축키만을 이용해야 했던 컨트롤 정보의 편집도 소나 7에서는 마우스를 이용할 수 있게 개선되었습니다. [선택] 버튼을 이용해서 마우스 드래그로 편집할 컨트롤 정보를 선택합니다.

04 컨트롤 정보 상단의 포인트를 마우스 드래그로 드래그하여 이동합니다. 이때 Ctrl 키를 누른 상태로 드래그하면, 선택한 컨트롤 정보를 복사할 수 있습니다.

05 노트 및 컨트롤 정보를 한 화면에 보이지 않는 위치로 이동하거나 복사할 때는 단축키가 편리합니다. 복사할 이벤트를 선택하고, Ctrl + C 키를 누릅니다. Copy 창이 열리면, [OK] 버튼을 클릭하여 닫습니다.

가정교사

이벤트를 이동시킬 때는 Ctrl + X 키를 누릅니다.
이때는 Copy와 동일한 Cut 창이 열립니다.

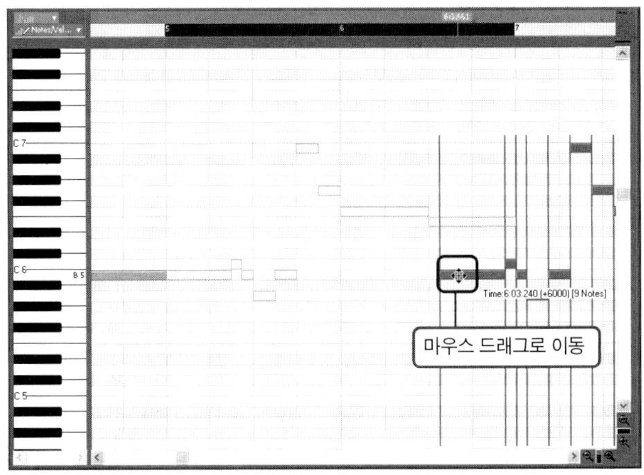

06 송 포지션 라인을 복사시킬 위치로 이동합니다. 송 포지션은 작업 공간을 클릭하여 사용자가 원하는 위치로 이동시킬 수 있습니다. [Ctrl] + [V] 키를 눌러 붙입니다. 이때 열리는 Paste 창의 Starting at Time 항목에서 위치를 확인하고, [OK] 버튼을 클릭합니다.

Starting at Time은 [Ctrl]+[X] 로 잘라낸 이벤트 또는 [Ctrl] + [C] 로 복사한 이벤트가 붙여질 위치를 나타내며, 수정 가능합니다.

2. 연필 버튼

[연필] 버튼(PRV Draw Tool)은 노트와 컨트롤 정보를 입력하거나 편집하는데 사용합니다. 입력되는 노트의 길이는 도구 모음 줄의 [음표] 버튼에서 선택한 길이로 결정되며, 컨트롤 정보는 컨트롤 패널에서 선택한 종류로 결정됩니다.

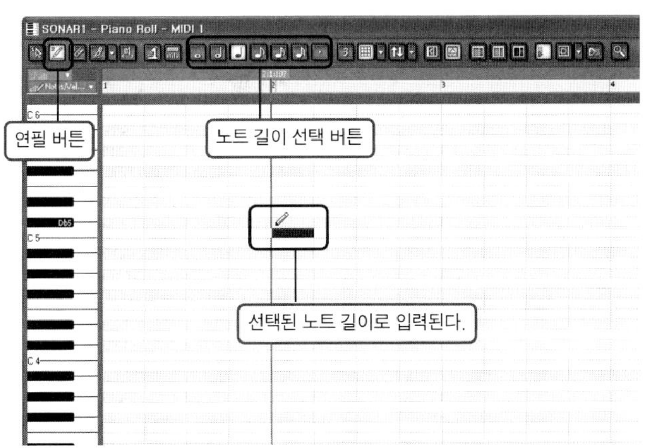

01 노트를 입력할 때의 길이는 음표 버튼에서 선택한 길이로 결정됩니다. 4분 음표를 선택하고, 작업 공간을 클릭하면, 4분 음표 길이의 노트가 입력되는 것을 확인할 수 있습니다.

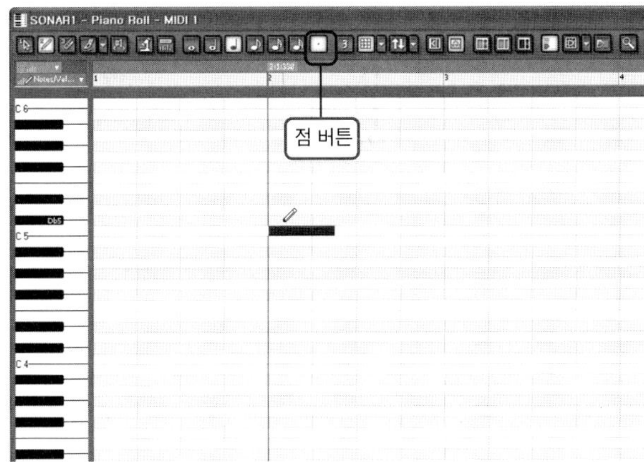

02 64분 음표 오른쪽에 있는 점 버튼은 점 음표 길이의 노트를 입력할 때 사용합니다. 4분 음표를 선택하고, 점 버튼을 클릭해두면, 점 4분 음표 길이의 노트가 입력되는 것을 확인할 수 있습니다.

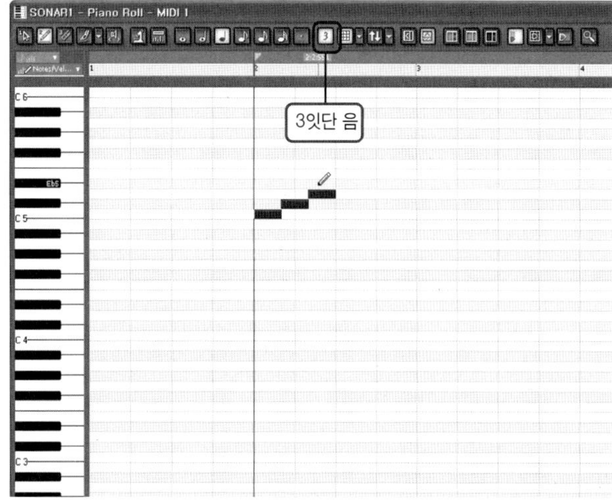

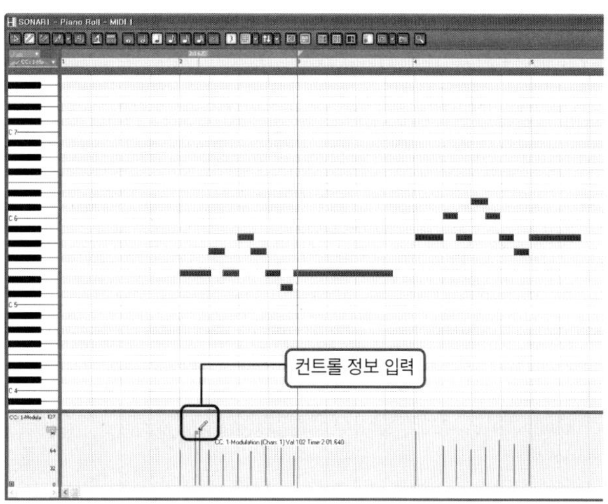

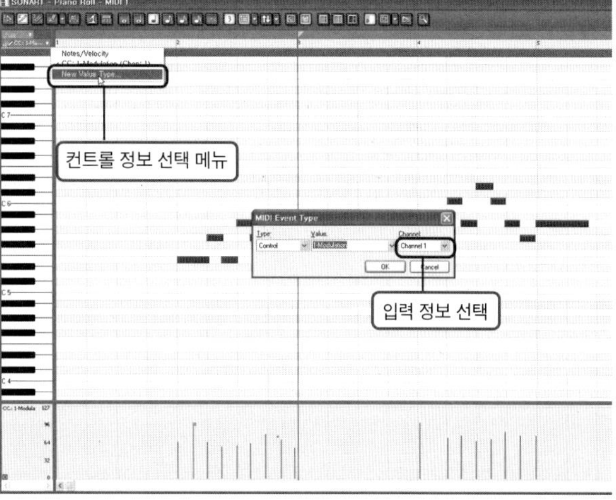

03 [점] 버튼 오른쪽에 있는 [3잇단 음] 버튼은 3 잇단 음표 길이의 노트를 입력하는데 사용합니다. 4분 음표를 선택하고, [3잇단 음] 버튼을 클릭해두면 4분 잇단 음표 길이의 노트가 입력되는 것을 확인할 수 있습니다.

04 [연필] 버튼은 노트뿐 아니라 컨트롤 정보를 그림 그리듯 입력할 수 있습니다. 컨트롤 정보의 값은 입력할 때 마우스 우측에 표시됩니다.

05 입력할 컨트롤 정보의 종류는 피아노 패널 상단의 컨트롤 정보 선택 메뉴에서 [New Value Type]을 선택하여 창을 열고 원하는 정보를 선택합니다.

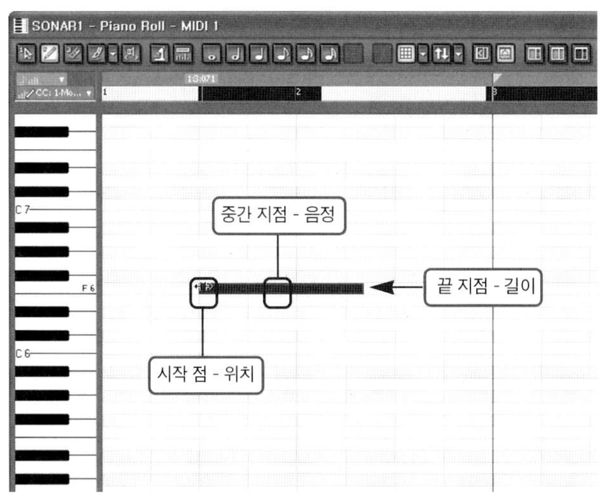

6 입력된 노트는 시작 점과 끝 지점을 좌/우로 드래그하여 위치와 길이를 조정할 수 있고, 중간 지점을 상/하로 드래그하여 음정을 조정할 수 있습니다.

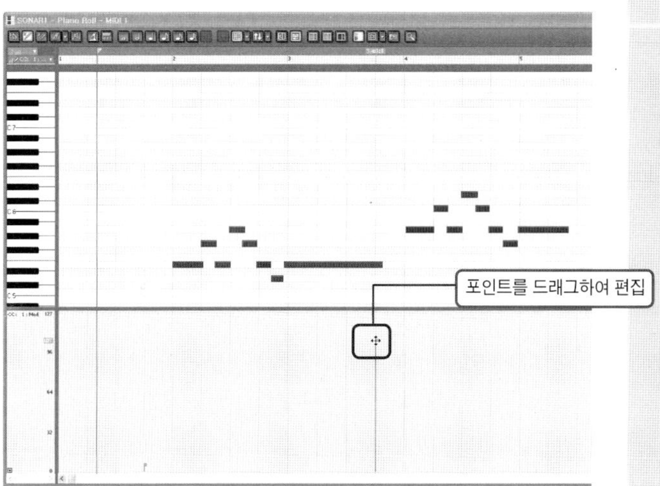

7 소나 7에서는 컨트롤 정보 포인트를 드래그하여 위치와 값을 변경할 수 있으며, 연속적인 값이 필요한 정보도 시작과 끝 값만으로 컨트롤할 수 있습니다. 물론 순차적인 변화가 필요한 경우라면 Ctrl 키를 누른 상태에서 드래그합니다.

8 Alt 키를 누른 상태에서 노트를 선택하면, 위치와 음정을 자유롭게 변경할 수 있다는 것도 기억해두면 편리합니다. 그리고 선택된 노트는 Delete 키로 삭제할 수 있습니다.

3. 지우개 버튼 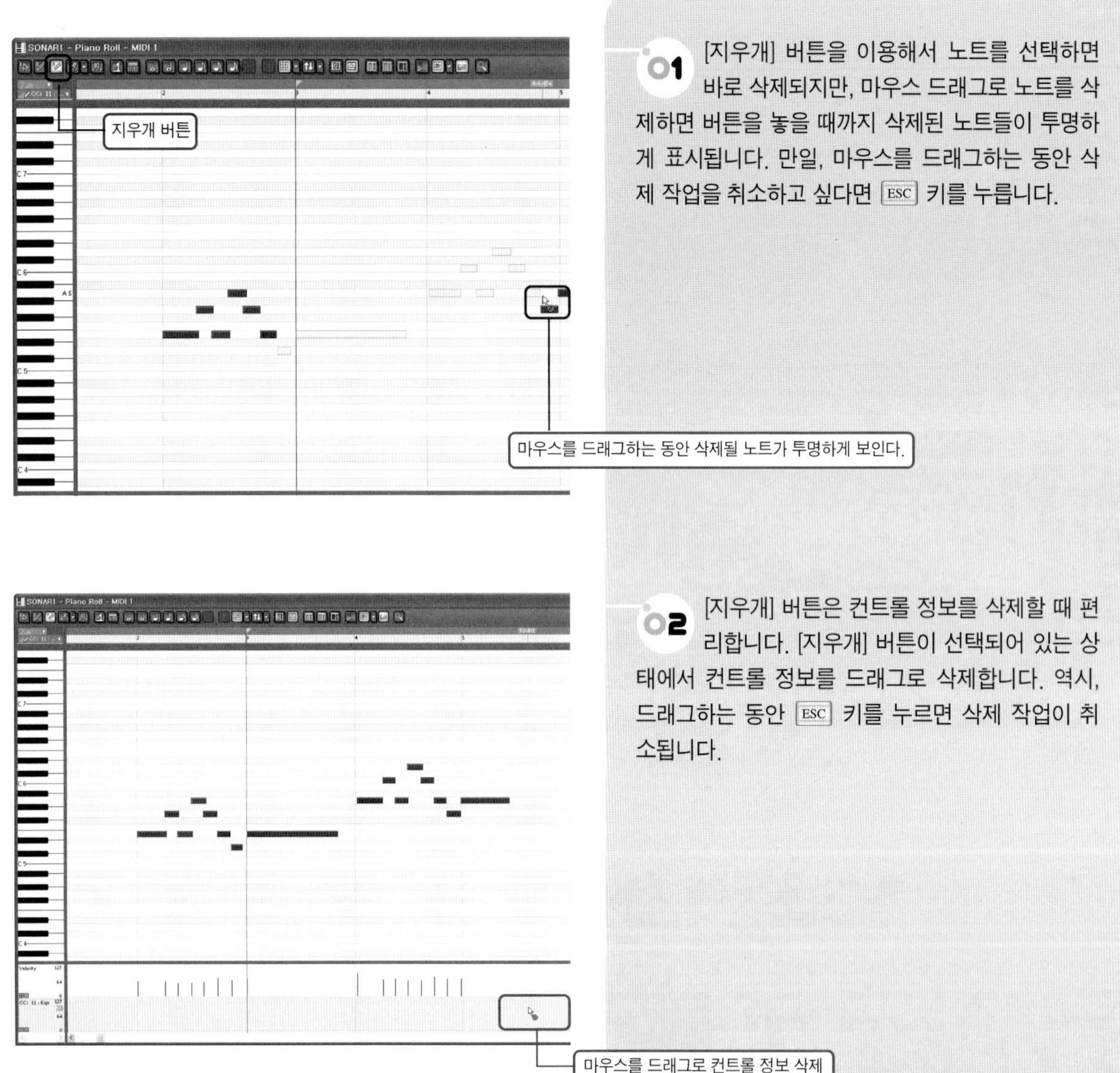

[지우개] 버튼은 말 그대로 노트와 컨트롤 정보를 삭제하는 역할을 합니다. 노트를 제거할 때는 Delete 키를 이용하는 것이 편리하기 때문에 굳이 [지우개] 버튼을 이용할 필요는 없겠지만, 컨트롤 정보를 제거할 때는 가장 편리합니다.

01 [지우개] 버튼을 이용해서 노트를 선택하면 바로 삭제되지만, 마우스 드래그로 노트를 삭제하면 버튼을 놓을 때까지 삭제된 노트들이 투명하게 표시됩니다. 만일, 마우스를 드래그하는 동안 삭제 작업을 취소하고 싶다면 ESC 키를 누릅니다.

02 [지우개] 버튼은 컨트롤 정보를 삭제할 때 편리합니다. [지우개] 버튼이 선택되어 있는 상태에서 컨트롤 정보를 드래그로 삭제합니다. 역시, 드래그하는 동안 ESC 키를 누르면 삭제 작업이 취소됩니다.

4. 패턴 버튼

[패턴] 버튼은 리듬 파트의 데이터를 자동으로 입력할 수 있는 기능입니다. 리듬에 대한 지식이 부족하거나 가이드 역할 정도의 패턴이 필요한 경우에 사용할 수 있습니다. 소나 7에서는 다양한 장르의 리듬을 제공하지는 않지만, 익숙하지 않은 퍼커션 리듬은 [패턴] 버튼을 이용해보는 것도 좋습니다.

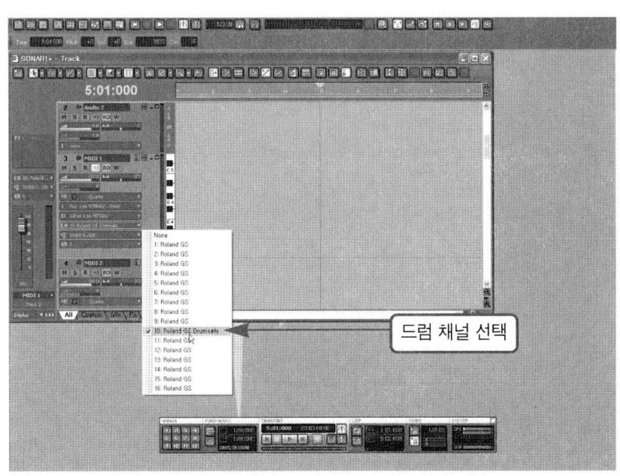

01 드럼 파트의 음색을 사용하기 위해서 독자가 사용하고 있는 악기의 드럼 채널을 선택합니다. 그림에서는 GM/GS 기준으로 10번 채널을 선택하고 있습니다.

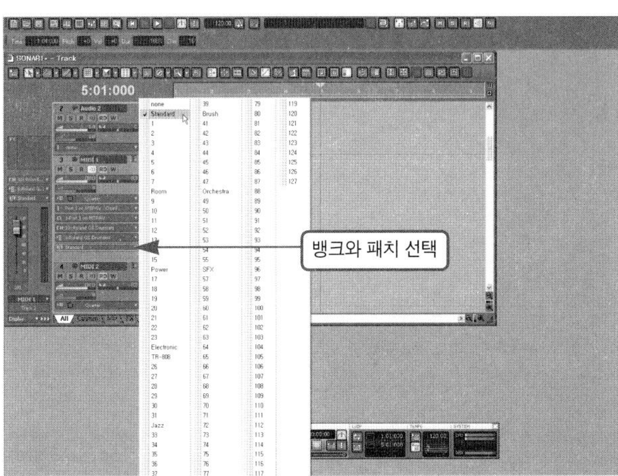

02 계속해서 뱅크와 패치를 선택합니다. 그림에 보여지는 목록은 GM/GS 모드로 설정한 경우에 표시되는 것이므로 독자가 사용하는 악기와 다를 수 있습니다.

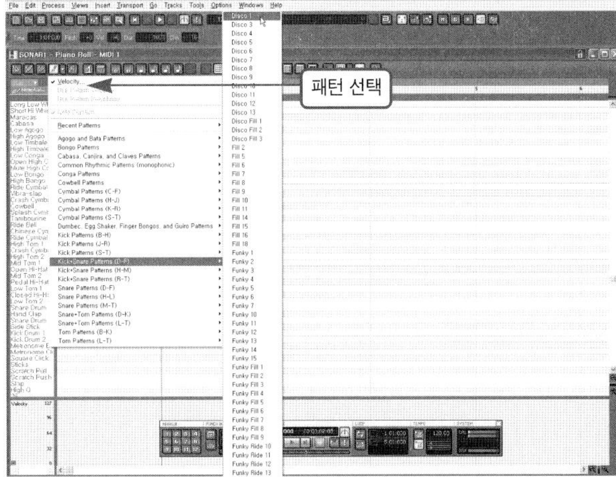

03 피아노 창을 열어보면, 건반 패널에 드럼 노트의 이름이 표시되는 것을 확인할 수 있습니다. [패턴] 버튼을 클릭하여 입력할 패턴을 선택합니다. 그림에서는 Kick+Snare Patterns의 Disco1을 선택하고 있습니다. 디스코 패턴의 킥과 스네어 드럼을 입력하겠다는 것입니다.

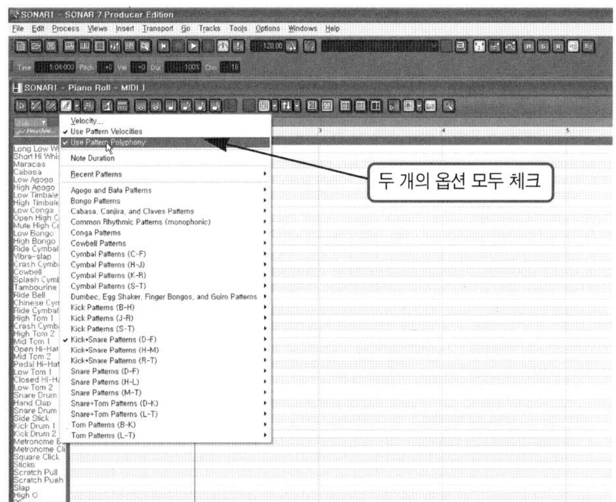

04 Use Pattern Velocities와 Polyphony 옵션을 모두 체크합니다. Velocities는 소나에서 자동으로 벨로시티가 설정되는 것이고, Polyphony은 드래그하는 위치에 상관없이 해당 노트가 입력되도록 하는 옵션입니다.

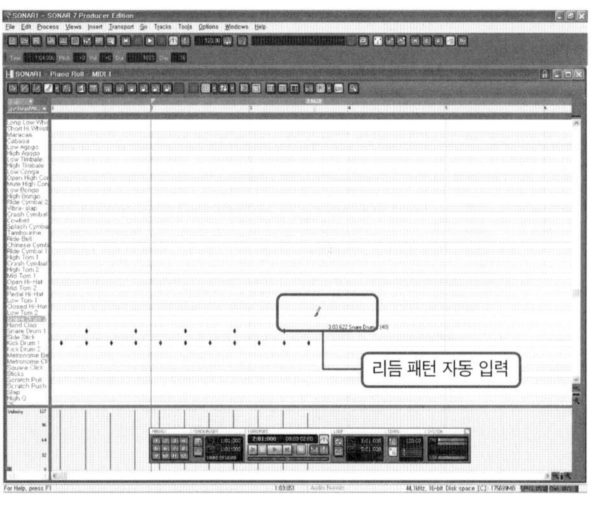

05 작업 공간을 드래그해보면 디스코 리듬의 킥과 스네어 드럼이 자동으로 입력되는 것을 확인할 수 있습니다. Cymbell과 Conga 등을 첨가하여 리듬을 완성해 보기 바랍니다.

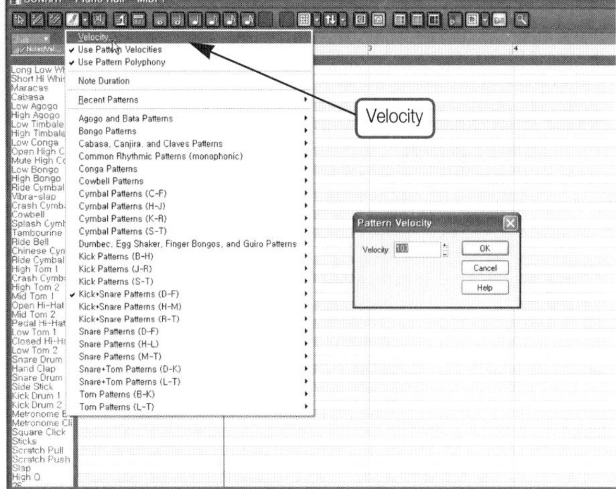

06 [패턴] 툴의 나머지 옵션을 살펴보겠습니다. 상단의 Velocity는 소나 7에서 자동으로 입력되는 Use Pattern Velocities을 사용하지 않고, 독자가 설정한 벨로시티 값으로 입력될 수 있도록 벨로시티 값을 설정할 수 있는 창을 열어줍니다.

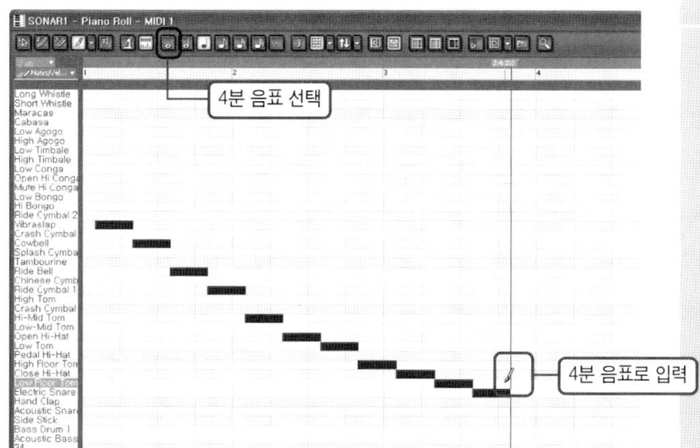

07 Note Duration은 소나에서 자동으로 입력되는 노트 간격을 사용하지 않고, 도구 모음 줄의 [음표] 버튼에서 선택한 길이의 단위로 입력되게 합니다. 그림은 4분 음표를 선택한 경우로 노트가 앞에서와는 다르게 4분 음표 단위로 입력되는 것을 보여주고 있습니다.

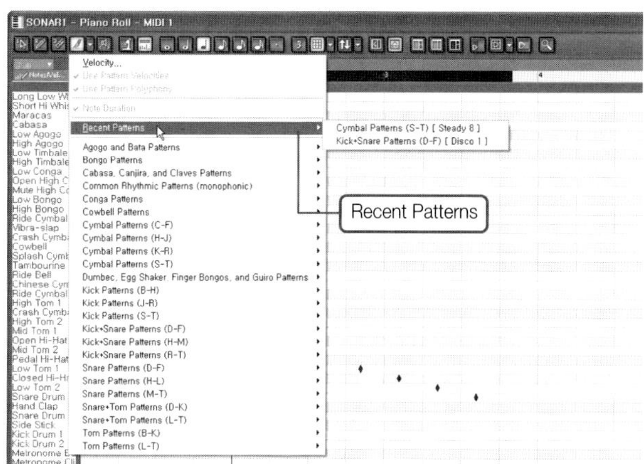

08 끝으로 Recent Patterns는 독자가 사용했던 패턴의 목록을 기억하고 있는 메뉴입니다. 사용했던 패턴을 다시 사용하고 싶을 때 유용합니다.

5. 스크럽 버튼

[스크럽] 버튼은 입력한 노트를 마우스 드래그로 모니터 할 수 있는 기능입니다. 단, 볼륨이나 익스프레션과 같이 연주에 직접적인 영향을 주는 컨트롤 정보가 입력되어 있어도 모니터에는 영향을 주지 않으므로 주의하기 바랍니다. [스크럽] 버튼으로 모니터 하는 노트는 입력된 벨로시티 값대로 연주됩니다.

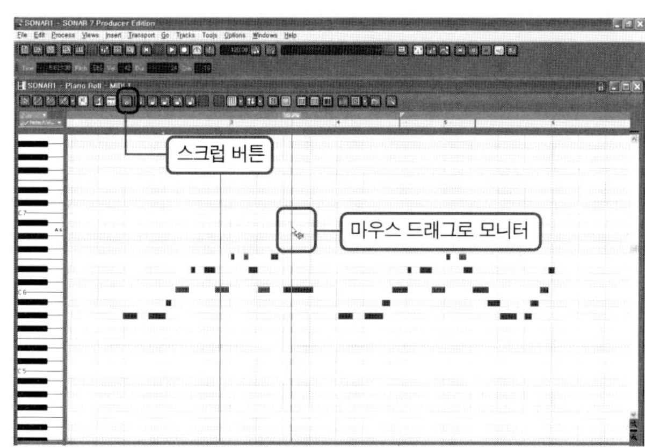

01 스크럽 버튼을 선택하면 마우스에 스피커 모양이 생깁니다. 원하는 범위를 드래그하면 드래그하는 속도대로 입력된 노트의 사운드를 모니터 할 수 있습니다.

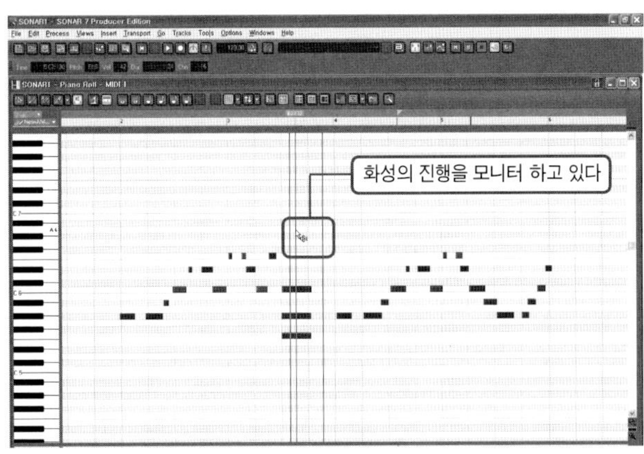

6. 스냅 버튼

[스냅] 버튼은 노트를 입력하거나 편집할 때 일정한 간격을 유지할 수 있도록 합니다. 세밀한 편집이 필요한 경우라면 버튼을 클릭하여 Off시켜야 합니다. 소나 7의 기본 스냅 단위는 16비트입니다. 그래서 노트를 입력하거나 편집할 때 16비트 단위로 적용되었던 것입니다.

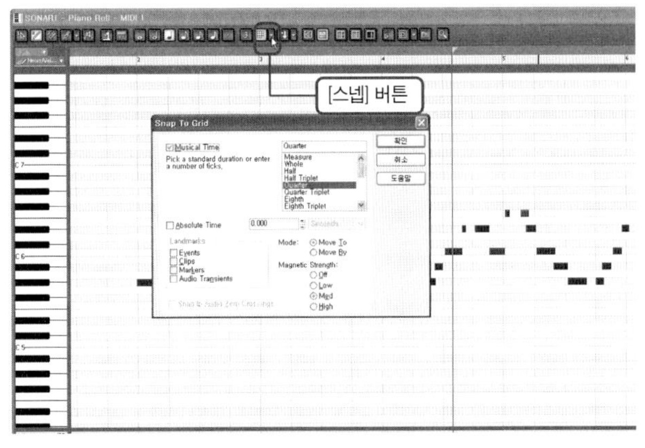

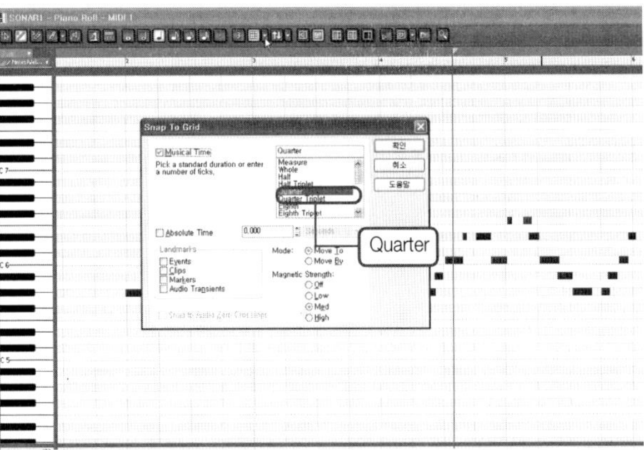

7. 트랙 버튼 ⇅

[트랙] 버튼은 작업 중인 피아노 창의 트랙을 변경할 수 있는 Pick Tracks 창을 열어줍니다.

입력되어 있는 미디 트랙을 피아노 창에서 편집할 때, 피아노 창을 닫고, 프로젝트 윈도우에서 편집할 클립의
피아노 창을 다시 연다는 것은 매우 불편한 과정입니다. 피아노 창에서 편집할 트랙을 변경할 수 있는 [트랙]
버튼이 있다는 것을 기억해두기 바랍니다.

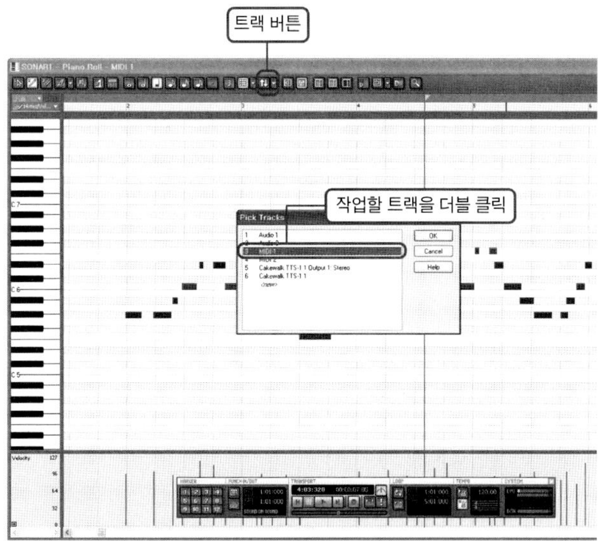

01 [트랙] 버튼을 클릭하면 다른 트랙을 선택할 수 있는 Pick Tracks 창을 열어줍니다. Pick Tracks 창에는 작업 중인 곡의 트랙 번호와 이름이 보이며 작업할 트랙을 더블 클릭하여 변경할 수 있습니다.

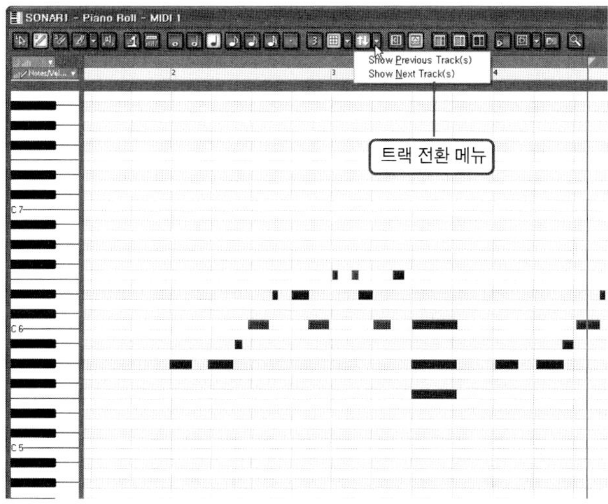

02 트랙 선택 버튼 오른쪽에 보이는 역 삼각형을 클릭하면 이전 트랙과 다음 트랙으로 전환할 수 있는 Show Previous Track와 Show Next Track 메뉴가 열립니다.

8. 트랙 패널 버튼 

피아노 롤 작업 공간 오른쪽에는 트랙을 관리할 수 있는 트랙 패널이 있습니다. ▣ Show/hide track pane, ▣ All tracks, ▣ No tracks, ▣ Invert tracks의 4가지 버튼은 트랙 패널에 관련된 기능입니다. 트랙 패널은 동시에 여러 개의 트랙 작업이 필요한 드럼 파트를 입력하거나 편집할 때 유용하게 사용할 수 있습니다.

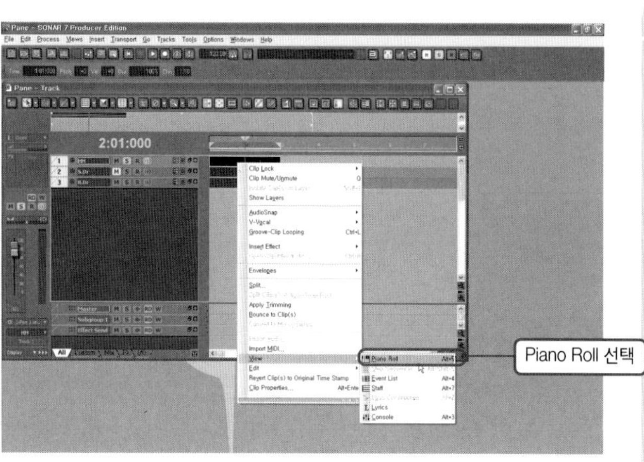

01 부록 CD의 Pane 샘플을 파일을 열고, Ctrl + A 키를 눌러 모든 트랙을 선택합니다. 마우스 오른쪽 버튼을 클릭하여 단축 메뉴를 열고, View 메뉴의 [Piano Roll]을 선택합니다.

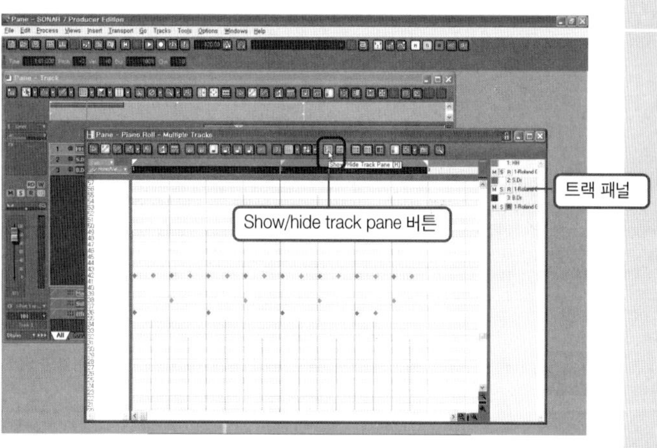

02 [Show/hide track pane] 버튼을 클릭하여 트랙 패널을 열어보면 3개의 트랙이 열려있다는 것을 확인할 수 있습니다.

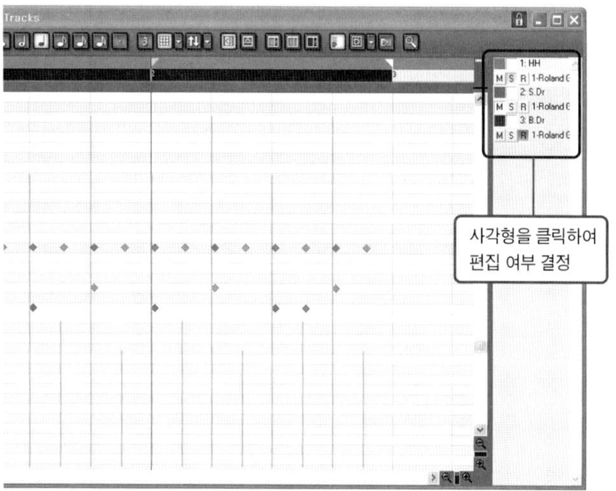

03 각 트랙 이름 왼쪽에는 색상이 있는 것과 흰색으로 표시되는 2개의 버튼이 있습니다. 색상이 있는 것은 이벤트를 화면에 표시하거나 감추고, 흰색은 화면에 표시는 하지만, 편집할 수 없도록 합니다.

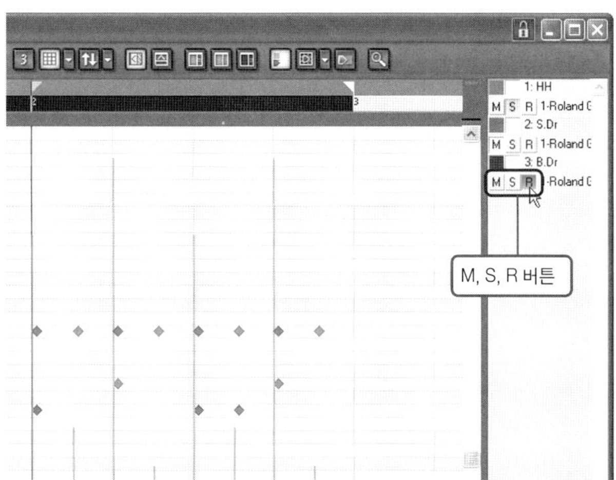

04 각 트랙 아래쪽에 있는 M, S, R 버튼은 트랙 리스트에서 살펴본 기능과 동일하게 뮤트, 솔로, 녹음 모드로 전환시켜주는 역할을 합니다.

05 도구 모음 줄의 All Tracks과 No Tracks 버튼은 모든 트랙을 화면에 표시하거나 감추어 주는 역할을 합니다. 트랙 패널의 색상 버튼을 개별적으로 On/Off 하는 것과 동일합니다.

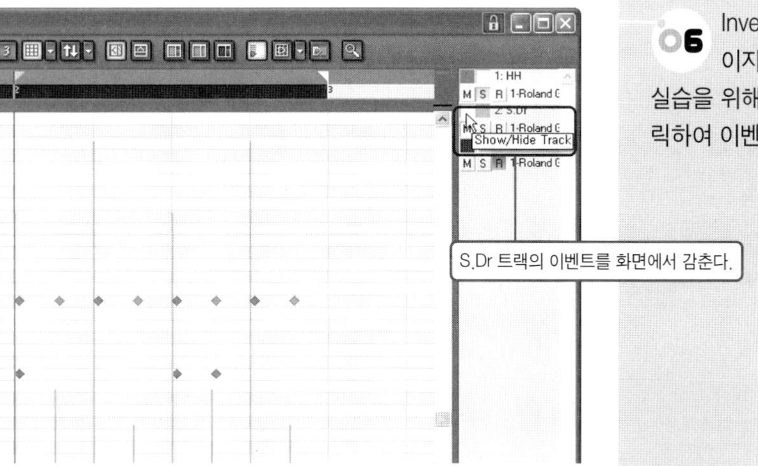

06 Invert Tracks은 화면에 보이는 이벤트와 보이지 않는 이벤트의 트랙을 바꾸어 줍니다. 실습을 위해 두 번째 트랙인 S.Dr의 색상 버튼을 클릭하여 이벤트를 화면에 보이지 않게 합니다.

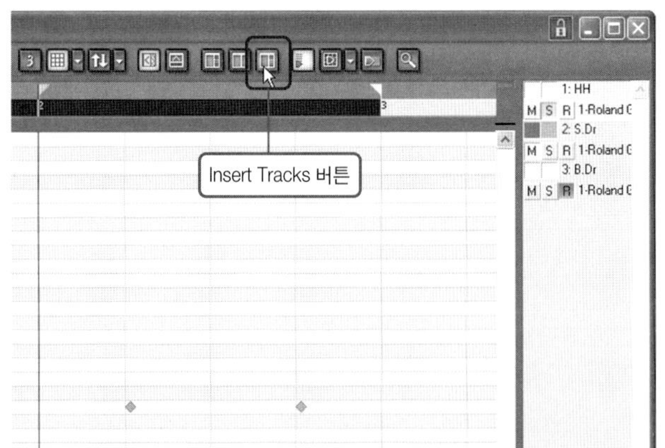

07 도구 모음 줄에서 [Insert Tracks] 버튼을 클릭하면 S.Dr 트랙의 이벤트가 보이고, 나머지 트랙의 이벤트가 감추어지는 것을 확인할 수 있습니다.

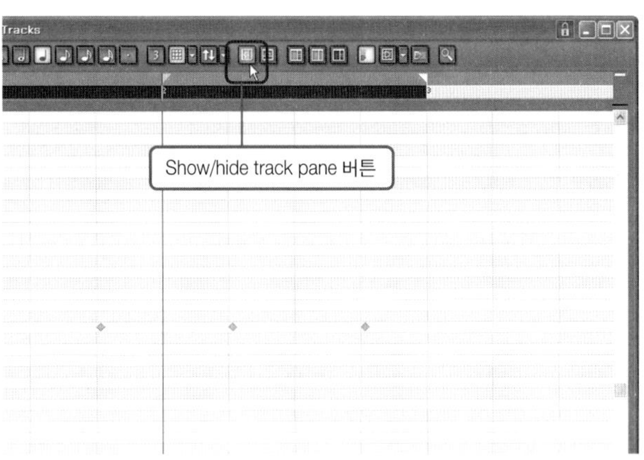

08 지금까지와 같이 트랙을 관리하는 트랙 패널은 여러 개의 트랙을 사용해야만 하는 드럼 파트를 편집할 때 매우 유용한 기능입니다. 트랙 패널이 필요 없다면 [Show/hide track pane] 버튼을 클릭하여 닫습니다.

9. 컨트롤 패널 버튼 ▣

[컨트롤 패널] 버튼은 작업공간 하단에 컨트롤 편집 창을 열거나 닫아주는 역할을 합니다. 소나 7에서는 피아노 작업 창에서 필요한 컨트롤 정보를 직접 입력하거나 편집할 수 있는 기능이 추가되었지만, 복잡해 보이기 때문에 잘 사용하지 않습니다. 결국, 컨트롤 패널은 작업을 할 때 자주 열고, 닫게 되는 창이므로 단축키 ⓒ를 외워두는 것이 좋겠습니다.

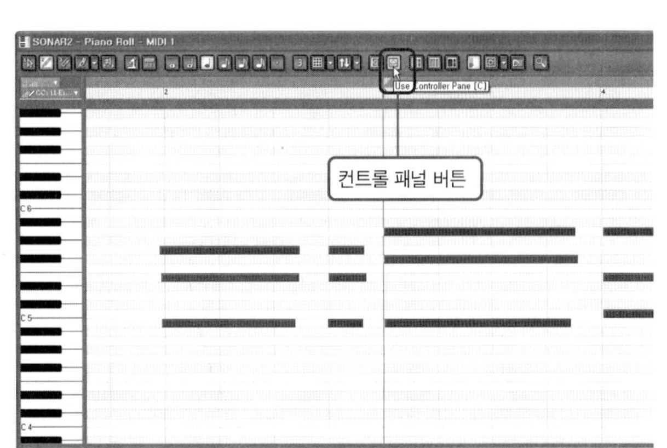

01 도구 모음 줄의 컨트롤 패널 버튼을 클릭하여 On/Off 하면 작업 공간 하단에 컨트롤 창이 열리거나 닫힙니다.

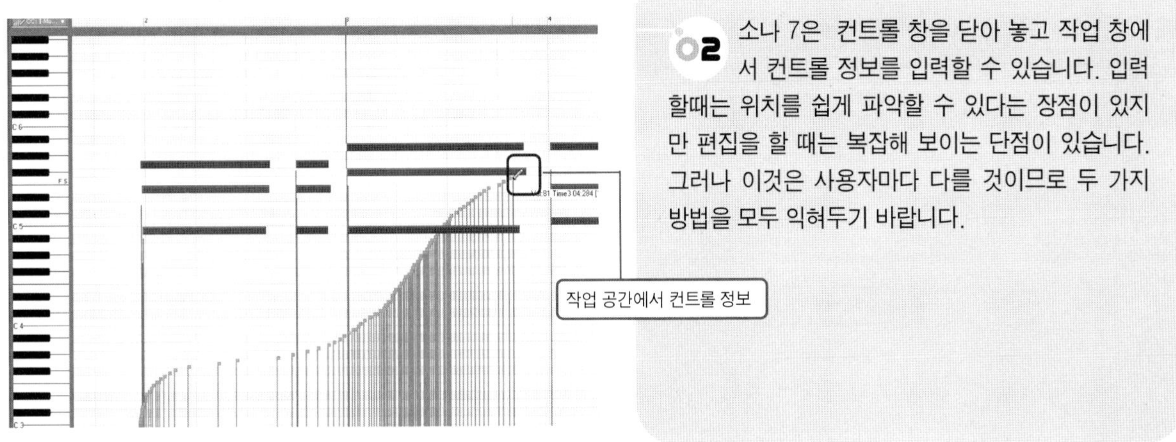

10. 벨로시티 버튼

소나 7의 피아노 창은 드럼 편집에 편리한 드럼 맵 창으로 사용이 가능합니다. 드럼 맵의 장점은 자신이 사용하는 악기와 다른 드럼 노트 패치로 제작된 사운드를 간단하게 변경할 수 있다는 점입니다. [벨로시티] 버튼은 드럼 맵 환경에서 각 노트에 벨로시티를 표시하거나 감추는 역할을 합니다.

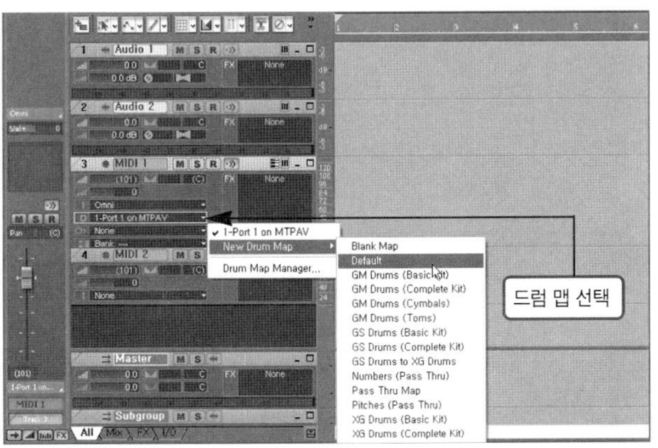

01 Normal 환경의 프로젝트에서 MIDI 1번 트랙의 아웃 포트를 드럼 맵으로 변경합니다. New Drum Map에서 사용하고 싶은 드럼 맵을 선택합니다. 그림에서는 Default를 선택하고 있습니다.

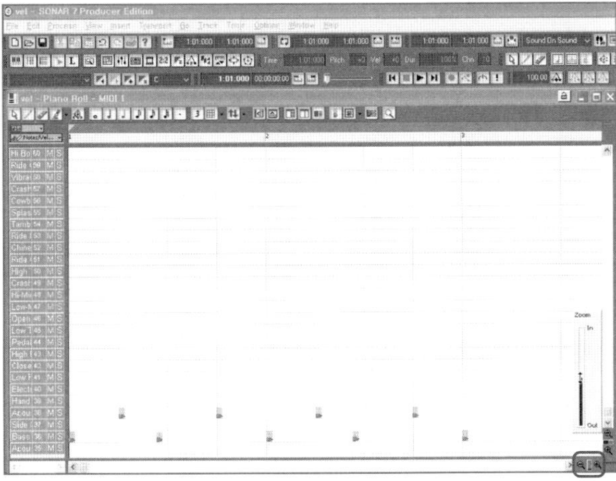

02 피아노 창을 열고, 노트를 적당히 입력해 봅니다. 각 노트에 그래프 모양으로 벨로시티 값이 표시되는 것을 확인할 수 있습니다. 잘 보이지 않으면 [줌] 버튼 사이를 위쪽으로 드래그하여 작업 공간을 확대합니다.

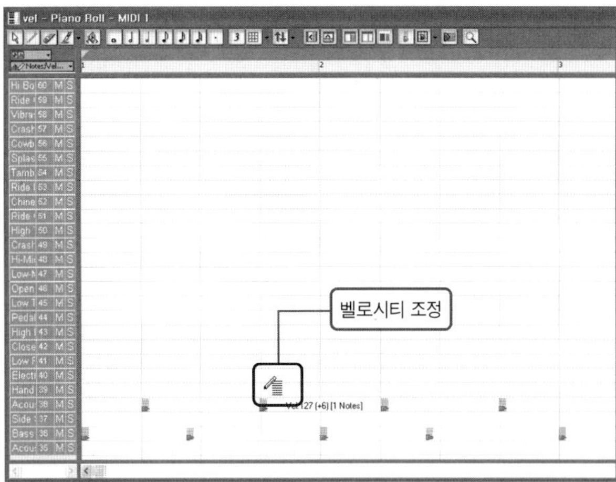

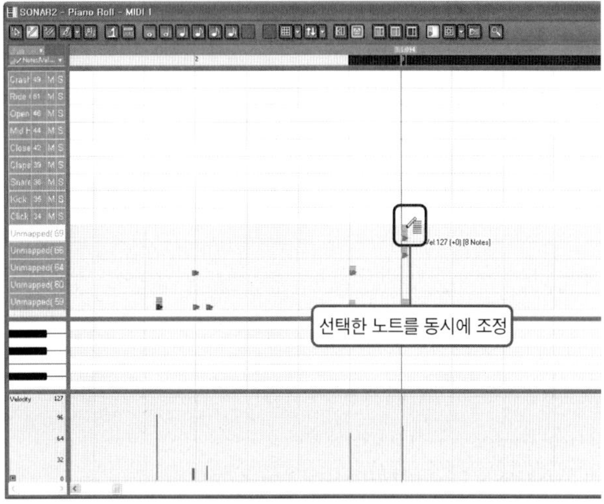

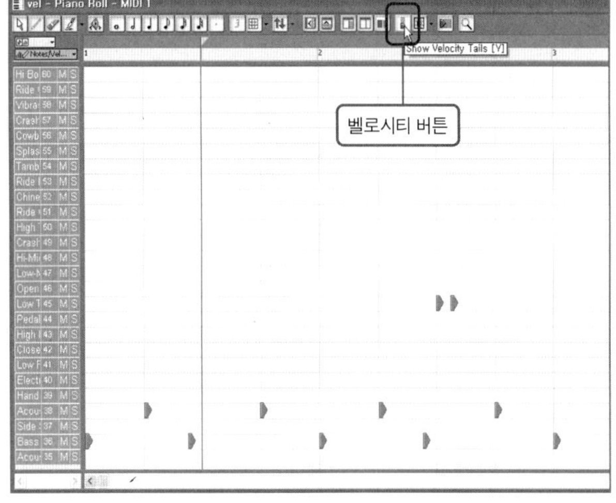

03 [연필] 버튼을 선택하고 각 노트에 표시되는 벨로시티 그래프를 상/하로 드래그하여 값을 조정할 수 있습니다. 조정되는 값은 마우스 오른쪽에 표시됩니다.

04 동시에 여러 노트의 벨로시티를 조정하고자 한다면 조정할 노트를 [화살표] 버튼으로 선택합니다. 그리고 [연필] 버튼을 이용해서 선택한 노트의 벨로시티를 조정합니다.

05 각 노트에 표시되는 벨로시티 그래프를 감추고 싶다면, 도구 모음 줄에서 [벨로시티] 버튼을 클릭하여 Off 시킵니다.

11. 가이드 버튼

[가이드] 버튼은 피아노 롤의 작업 공간에 표시되는 세로 선의 간격을 설정할 수 있는 기능입니다. 소나 7 입문자는 스냅과 가이드 라인을 혼동하는 경우가 있습니다. 소나 7에서 편집의 단위를 설정하는 스냅 라인은 화면에 표시가 되지 않고 마디를 분할하는 가이드 라인이 표시되기 때문입니다. 이번 학습으로 두 가지를 혼동하는 일이 없길 바랍니다.

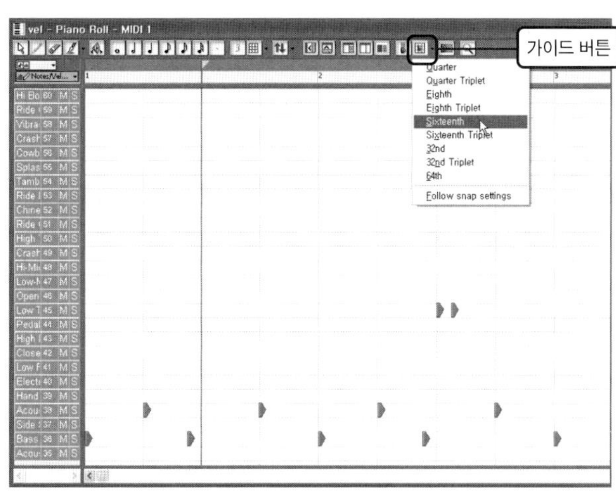

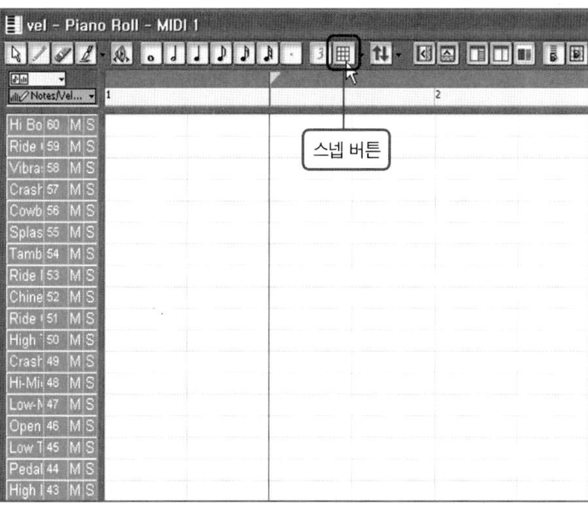

01 [가이드] 버튼 오른쪽에 있는 역삼각형을 클릭하면 화면에 표시될 라인 수를 선택할 수 있는 메뉴가 열립니다. 실습으로 [Sixteenth]을 선택하여 한 마디에 16개의 라인이 보이게 합니다.

02 [스냅 라인] 버튼을 Off로 놓고, 노트를 입력하거나 편집해 보면 화면에 보이는 가이드 라인은 단지 마디를 분할하는 역할 뿐이라는 것을 알 수 있습니다. 입문자라면 스냅 라인과 가이드 라인을 일치시켜 사용하는 것이 좋겠습니다.

12. 길이 버튼 

[길이] 버튼은 앞에서 살펴본 [벨로시티] 버튼과 같이 드럼 맵 환경에서 사용합니다. 드럼 맵 환경에서는 각 노트가 우측 방향의 삼각형 모양으로 표시합니다. 이것은 드럼 사운드가 노트 길이와는 무관한 경우가 대부분이기 때문인데 간혹 노트의 길이에 영향이 있는 악기를 사용한다거나, 길이가 겹쳐있어 소리가 나지 않는 등의 문제점이 있을 때는 길이를 확인해야 합니다.

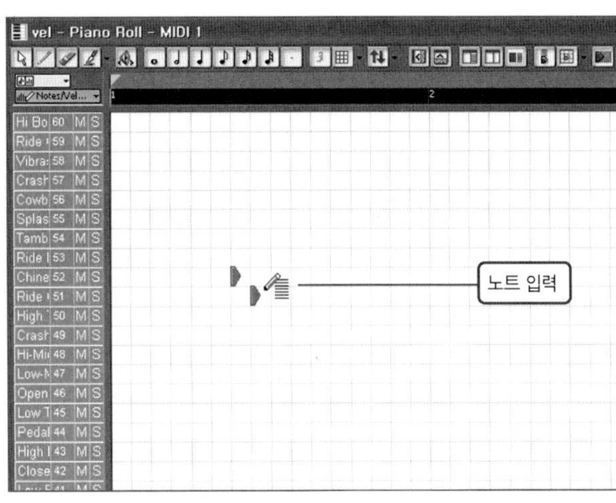

01 그림은 드럼 맵 환경에서 노트를 입력한 것입니다. 노트의 길이를 화면으로는 알 수 없습니다.

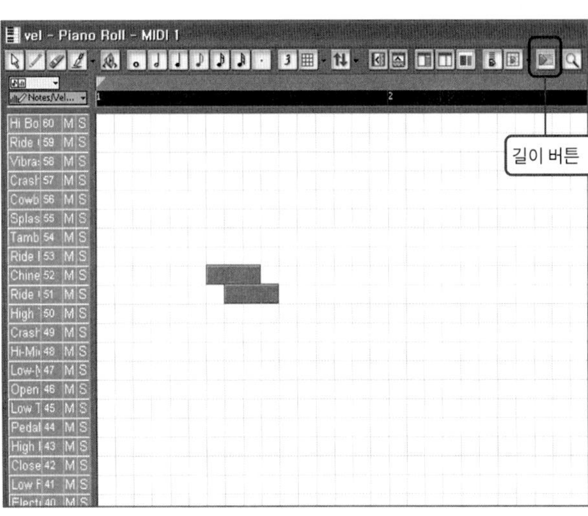

02 [길이] 버튼을 클릭하여 노트를 막대 모양으로 표시해보니 겹쳐있는 것을 확인할 수 있습니다. 간혹 소리가 끊어지는 느낌이 들면 길이를 확인해보기 바랍니다. 노트가 같은 음정에서 겹쳐있는 경우 발생하는 문제입니다.

13. 줌 버튼

도구 모음 줄에서 마지막으로 살펴볼 줌 버튼은 특정 범위를 확대/축소하는 역할을 합니다. 컨트롤 정보를 편집할 때, 작업 공간을 확대하면 보다 세밀한 작업이 가능하지만, 확대를 위해서 줌 툴을 선택하는 것이 불편할 것입니다. 가능하면 단축키 Z를 기억해두거나 작업 표시줄의 줌 슬라이드를 이용하기 바랍니다.

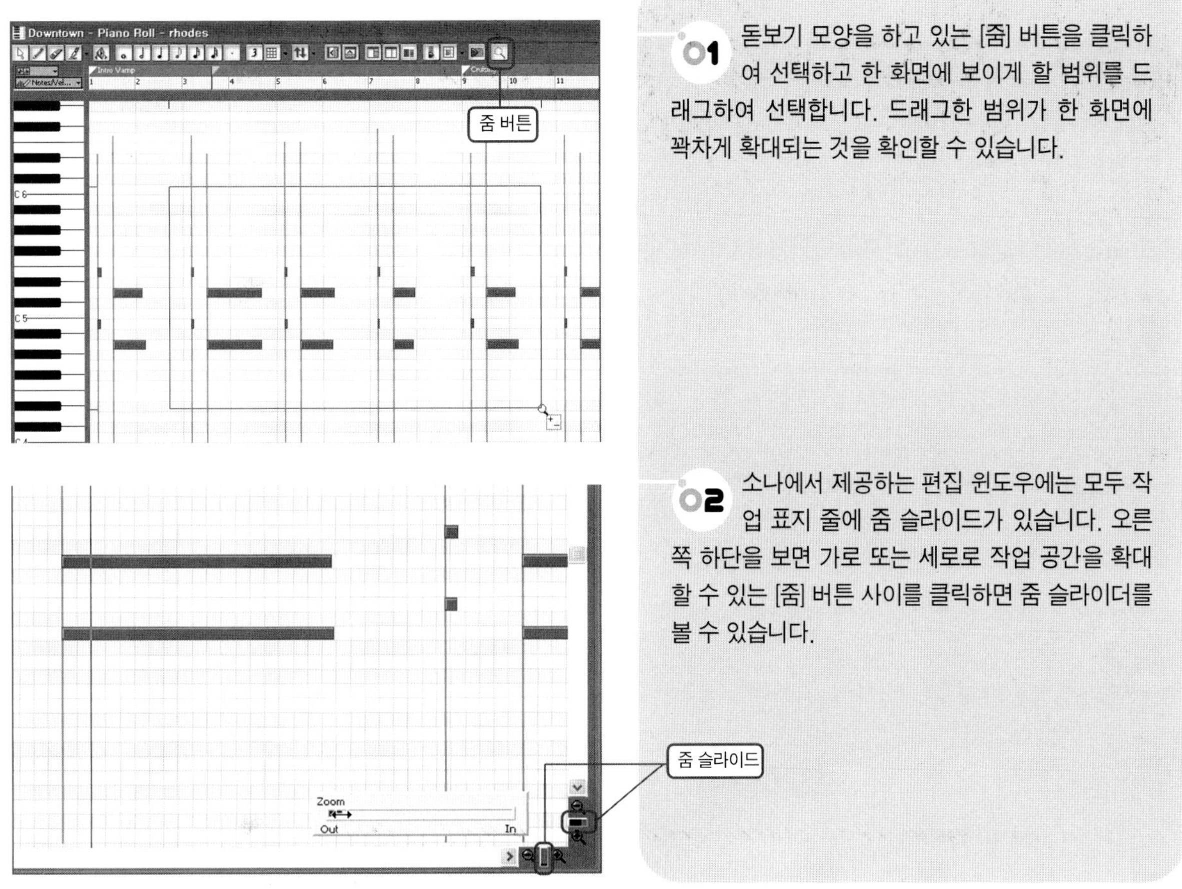

01 돋보기 모양을 하고 있는 [줌] 버튼을 클릭하여 선택하고 한 화면에 보이게 할 범위를 드래그하여 선택합니다. 드래그한 범위가 한 화면에 꽉차게 확대되는 것을 확인할 수 있습니다.

02 소나에서 제공하는 편집 윈도우에는 모두 작업 표지 줄에 줌 슬라이드가 있습니다. 오른쪽 하단을 보면 가로 또는 세로로 작업 공간을 확대할 수 있는 [줌] 버튼 사이를 클릭하면 줌 슬라이더를 볼 수 있습니다.

14. 드럼 맵

앞에서 [벨로시티] 버튼과 길이 버튼을 살펴보면서 피아노 롤을 드럼 맵으로 사용할 수 있다는 것을 확인했습니다. 드럼 맵은 음표의 길이가 연주에 영향을 주지 않는 드럼 노트를 입력하기 편리하게 만들어져 있습니다. 그리고 독자가 사용하고 있는 드럼 노트와 다른 노트의 구성으로 이루어진 악기에서 제작된 드럼 연주를 간단하게 변경할 수 있는 기능도 갖추고 있습니다.

01 새로운 프로젝트를 만들고 미디 아웃 포트에서 [New Drum Map]을 선택하면 다양한 드럼 맵이 존재하는 것을 알 수 있습니다. Default 맵을 선택해봅니다.

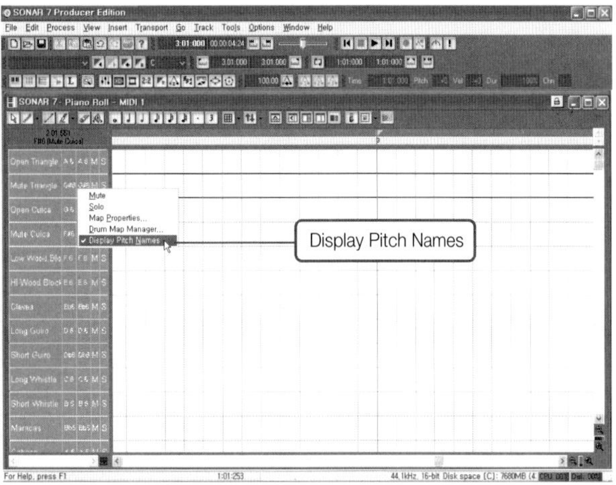

02 도구 모음 줄의 [피아노 창 열기] 버튼을 클릭합니다. 건반이 있던 왼쪽 창이 드럼 노트의 이름과 번호로 표시되어 있습니다.

03 드럼 노트의 이름을 클릭하여 사운드를 모니터 할 수 있고 번호를 위/아래로 드래그하여 위치를 변경할 수 있습니다. 그리고 M과 S는 뮤트, 솔로 기능입니다.

04 왼쪽에 있는 번호는 입력 노트의 음정을 나타내며, 오른쪽 번호는 출력 노트의 음정을 나타냅니다. 노트 번호는 가운데 도(C5)가 60입니다. 번호를 음정으로 나타내고자 한다면 마우스 오른쪽 버튼을 클릭하여 [Display Pitch Names]을 선택합니다.

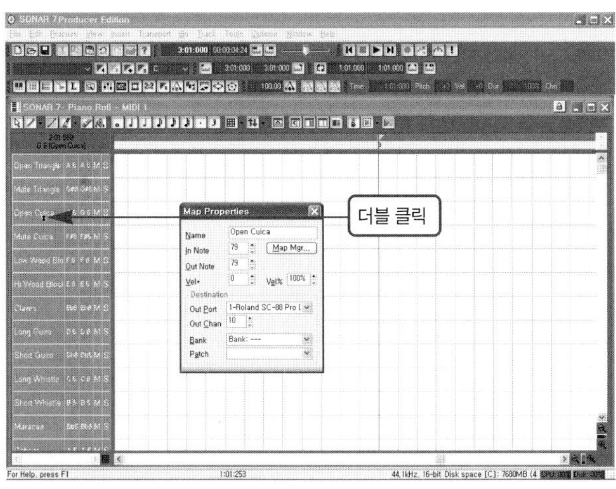

05 드럼 이름을 더블 클릭하면, 맵 환경을 변경할 수 있는 Map Properties 창이 열립니다.

Tip Map Properties 창

드럼 맵의 핵심 기능인 Map Properties 창을 살펴보겠습니다.

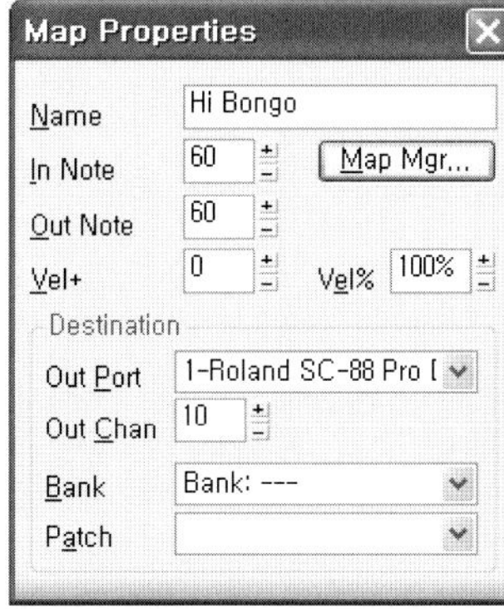

1. Name

드럼 노트의 이름을 표시하거나 변경할 수 있습니다.

2. In/Out Note

입/출력 노트를 표시하거나 변경할 수 있습니다. 예를 들어, 독자가 가지고 있는 악기의 베이스 드럼 노트는 C3(36)인데 친구가 가지고 있는 악기의 베이스 드럼 노트는 C4(48)이라고 가정해봅시다. 친구가 드럼 패턴을 하나 만들어 주었을 때, 독자의 컴퓨터에서 연주를 하면 당연히 베이스 드럼 소리가 엉뚱한 소리를 낼 것입니다. 이때 베이스 드럼 노트의 음정을 변경하는 방법보다는 Out 노트를 36번으로 변경해주면 됩니다. 즉, 입력된 노트는 48번이지만 연주는 36번으로 하는 것입니다. 이렇게 드럼 맵은 서로 다른 악기를 가지고 있는 사용자끼리 데이터를 주고 받을 때 유용하게 사용됩니다.

3. Vel +와 Vel %

Vel +와 Vel %는 모두 벨로시티를 증/감하는 역할을 합니다. +는 값을 직접 입력하는 것이고, %는 퍼센트 단위로 설정한다는 차이만 있습니다.

4. Destination

노트가 연주될 포트, 채널, 뱅크, 패치를 설정합니다.

5. Map Mgr 버튼

미디 트랙의 아웃 포트에서 New Drums Map을 선택할 때 보이는 다양한 맵을 편집하거나 추가할 수 있는 Drum Map Manager를 열어줍니다. 이것은 맵 창에서 마우스 오른쪽 버튼의 단축 메뉴를 이용하거나 미디 트랙의 아웃 포트에서도 열 수 있습니다. 그리고 Options 메뉴를 통해서도 열 수 있습니다. Drum Map Manager는 Options 메뉴에서 살펴보겠습니다.

02 스태프 윈도우

소나 7에서 제공하는 미디 편집 윈도우는 피아노 창과 이벤트 리스트, 그리고 스태프 윈도우가 있습니다. 피아노 창은 미디 노트와 컨트롤 정보를 그림 그리듯 입력하거나 편집할 수 있다는 장점을 가지고 있고, 이벤트 리스트는 미세한 편집 작업에 편리하다는 장점을 가지고 있습니다. 스태프 윈도우는 미디 노트를 음표로 입력하거나 편집할 수 있기 때문에 악보에 익숙한 독자들이 가장 좋아하는 미디 편집 창입니다.

1 스태프 창의 구성

스태프는 음악인들에게 가장 익숙한 악보를 이용해서 미디 정보를 입력하거나 편집할 수 있는 윈도우입니다. 소나 7의 아쉬운 점은 악보를 인쇄할 수 있는 기능은 있지만, 시판되고 있는 것과 동일한 악보를 제작하기에는 어려움이 많다는 것입니다. 소나 7의 스태프 윈도우는 미디 데이터 입력과 편집의 용도로 사용하고 시판되는 것과 동일한 악보를 제작하고 싶다면 피날레 또는 시벨리우스와 같은 사보 전문 프로그램을 이용하는 것이 좋습니다.

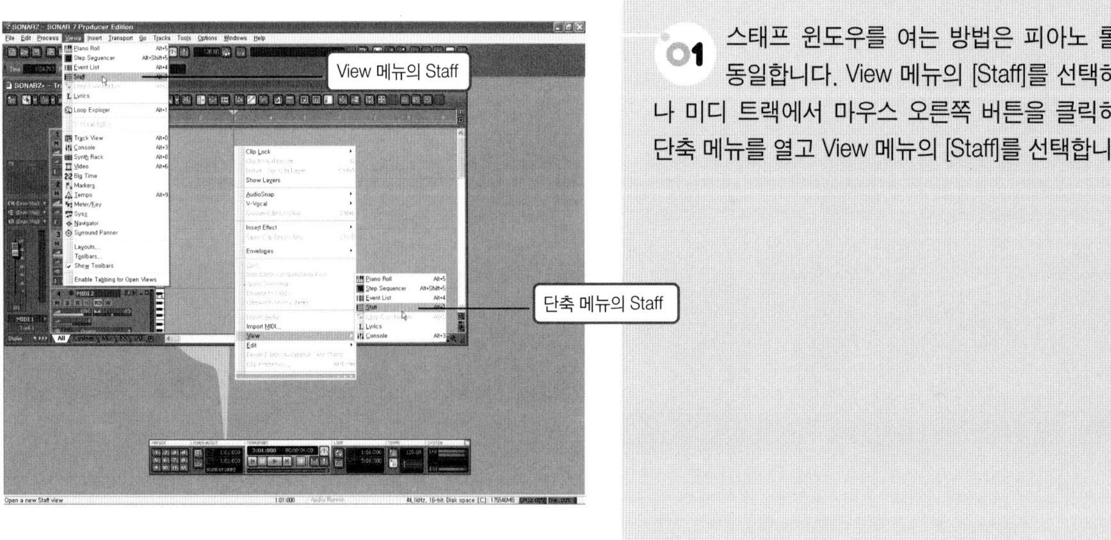

01 스태프 윈도우를 여는 방법은 피아노 롤과 동일합니다. View 메뉴의 [Staff]를 선택하거나 미디 트랙에서 마우스 오른쪽 버튼을 클릭하여 단축 메뉴를 열고 View 메뉴의 [Staff]를 선택합니다.

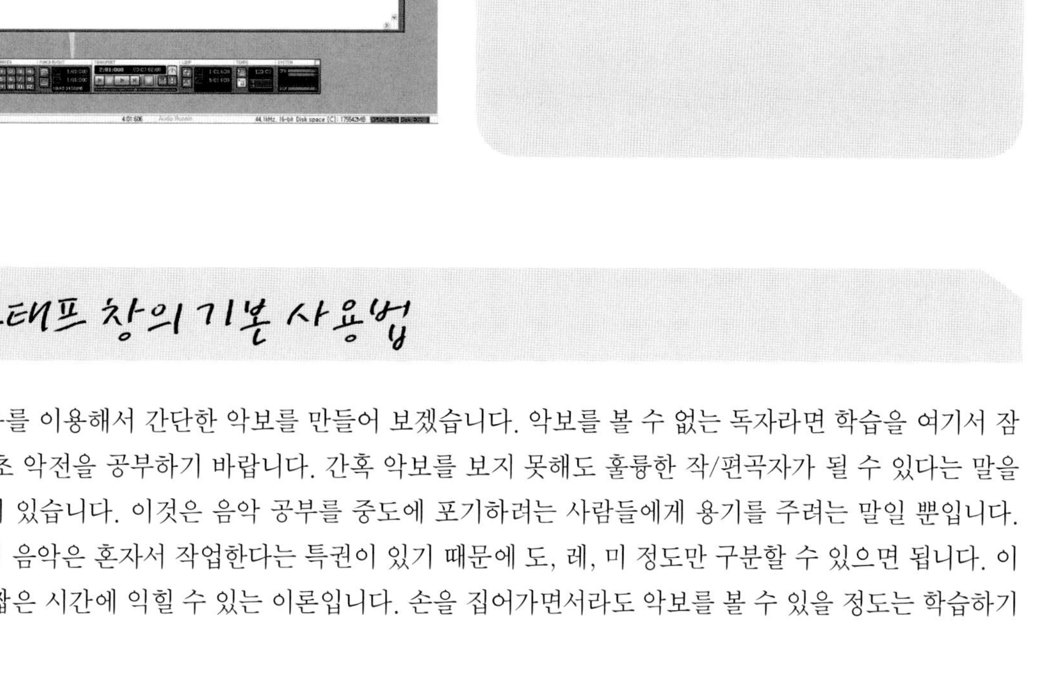

2 스태프 창의 기본 사용법

스태프 윈도우를 이용해서 간단한 악보를 만들어 보겠습니다. 악보를 볼 수 없는 독자라면 학습을 여기서 잠시 멈추고 기초 악전을 공부하기 바랍니다. 간혹 악보를 보지 못해도 훌륭한 작/편곡자가 될 수 있다는 말을 하는 사람들이 있습니다. 이것은 음악 공부를 중도에 포기하려는 사람들에게 용기를 주려는 말일 뿐입니다. 그나마 컴퓨터 음악은 혼자서 작업한다는 특권이 있기 때문에 도, 레, 미 정도만 구분할 수 있으면 됩니다. 이 정도는 아주 짧은 시간에 익힐 수 있는 이론입니다. 손을 집어가면서라도 악보를 볼 수 있을 정도는 학습하기 바랍니다.

01 스태프 윈도우에서 만들어 볼 예제 악보입니다.

Ave Maria

Music by C. F. Gounod

Anadnte

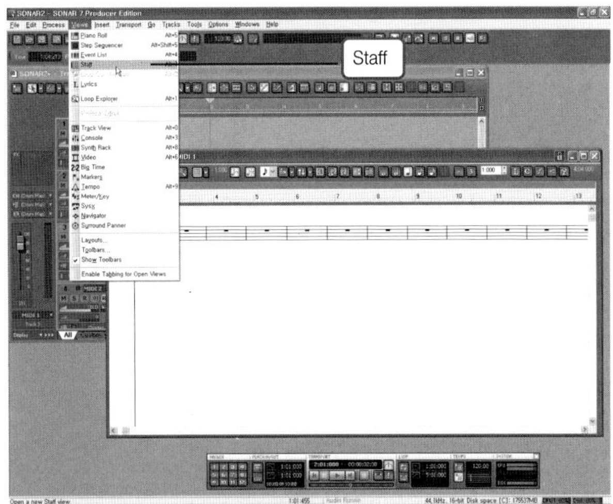

새로운 프로젝트를 만들고 3번 MIDI 1 트랙을 선택합니다. 그리고 View 메뉴의 [Staff]를 선택하여 스태프 윈도우를 엽니다.

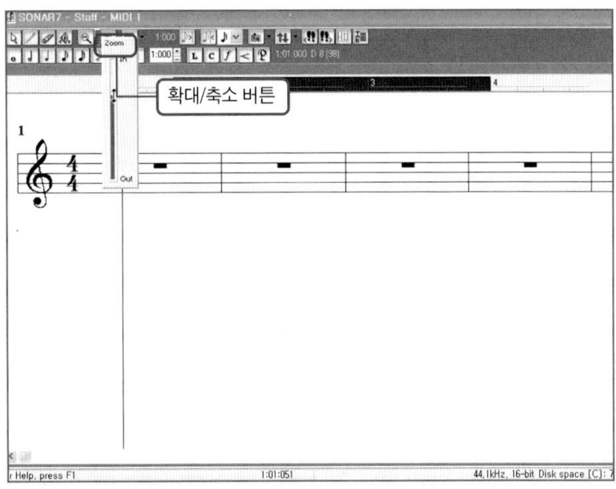

시력이 좋지 않거나 악보 입력이 서툰 독자라면 악보 크기를 확대하는 것이 편리할 것입니다. 도구 모음 줄의 [확대/축소] 버튼 사이의 바를 위로 드래그하여 확대합니다.

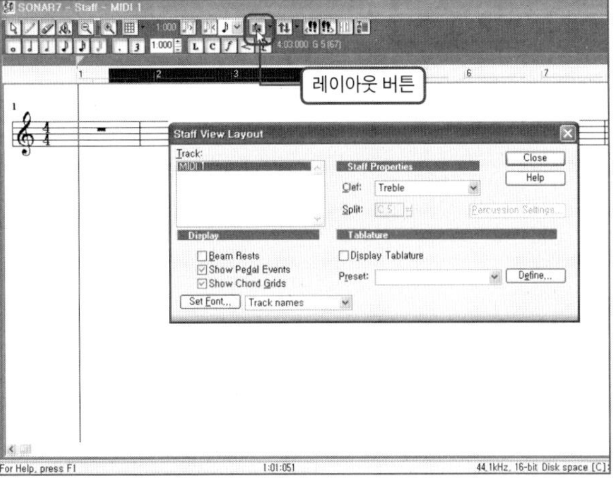

예제 악보는 보표가 두 개인 피아노 악보입니다. 피아노 악보를 만들기 위해서 [레이아웃] 버튼을 클릭하여 창을 엽니다.

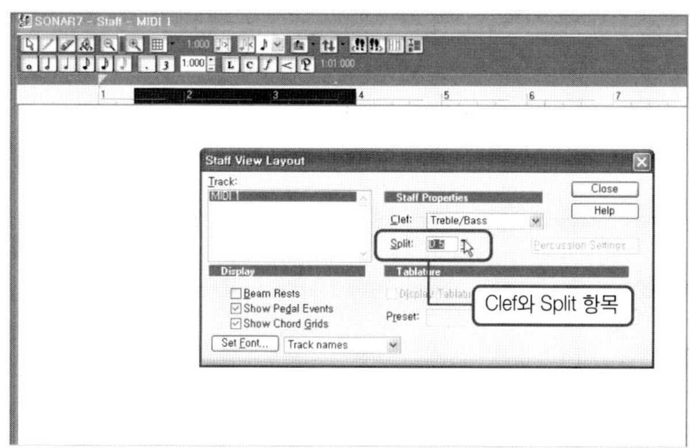

05 오선의 종류를 선택하는 Clef 항목에서 [Treble/Bass]를 선택합니다. 그리고 높은 음자리표와 낮은 음자리표의 경계를 결정하는 Split 항목은 +기호를 클릭하여 D5로 설정합니다.

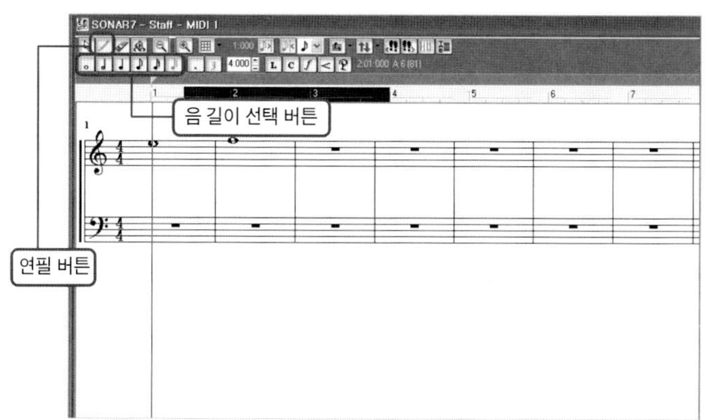

06 [Close] 버튼을 클릭하여 창을 닫으면 피아노 악보가 표시되는 것을 확인할 수 있습니다. 도구 모음 줄에서 [연필] 버튼과 온 음표를 선택합니다. 악보를 보면서 높은 음자리표의 노트를 입력합니다.

07 점 음표는 해당 음표 길이와 [점 음표] 버튼을 함께 선택하여 입력합니다. 입력 위치는 도구모음 줄의 [페달] 버튼 우측에 표시됩니다. 잘못 입력한 노트는 Ctrl + Z 으로 취소하고 다시 입력하거나, 음표 머리를 드래그하여 수정할 수 있습니다.

08 음표 입력이 끝났다면, 도구 모음 줄에서 [코드] 버튼을 클릭하여 선택하고, 코드가 입력될 위치에서 클릭합니다. 기본 값은 C 코드로 입력됩니다.

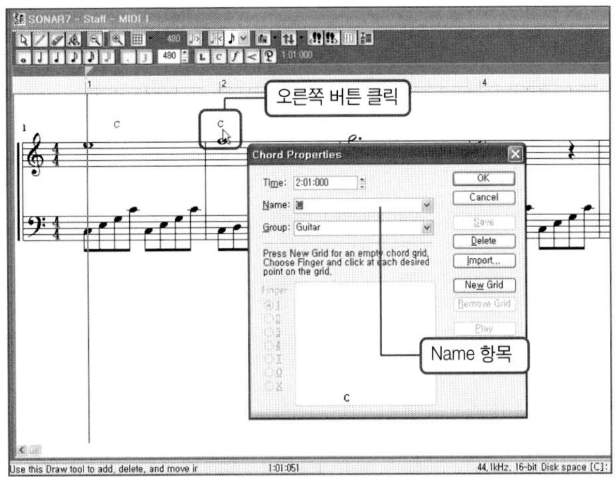

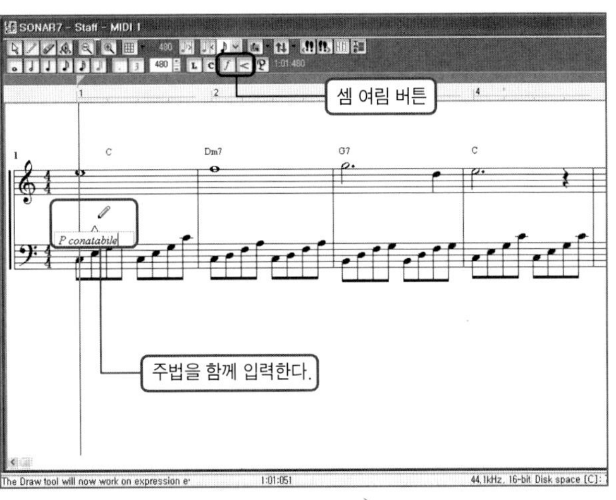

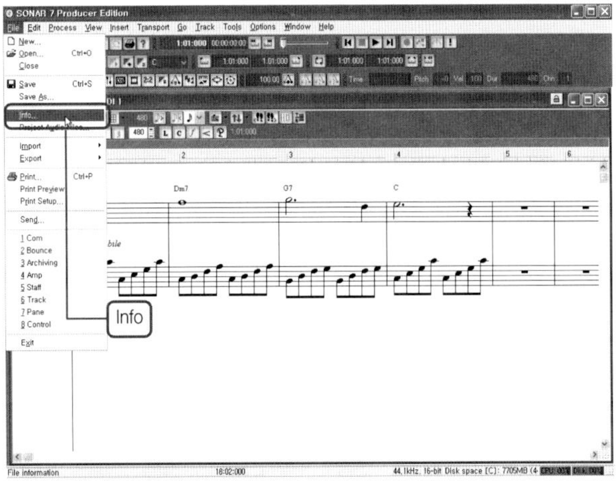

09 나머지 코드는 입력된 C 코드를 마우스 오른 쪽 버튼으로 클릭하여 Chord Properties 창을 열고 Name 항목에서 수정하는 방식으로 입력합니다.

10 코드 입력이 끝나면 [셈 여림] 버튼을 선택합니다. 셈 여림 표가 입력될 위치를 클릭하면 문자를 입력할 수 있는 상자가 열립니다. 셈 여림 표와 주법을 함께 입력합니다.

11 곡의 제목과 작곡가 이름은 스태프 윈도우에서 입력한 것이 아니고, 곡의 정보를 입력하는 Info를 이용한 것입니다. File 메뉴의 [Info]를 선택합니다.

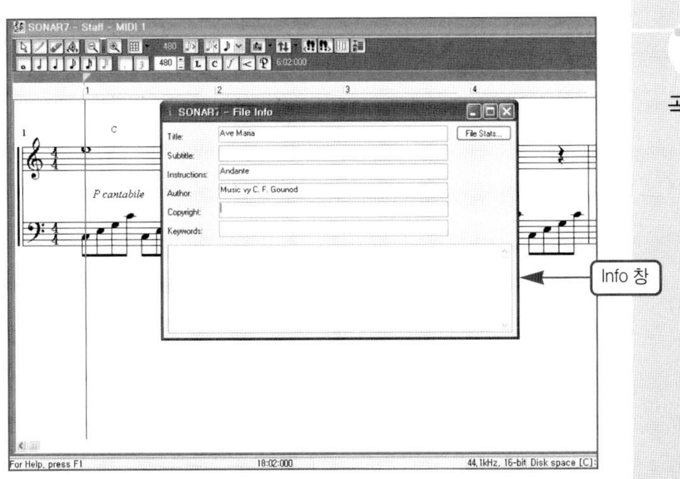

12 곡의 정보를 입력하는 Info 창에서 Title에 곡
제목, Instructions에 빠르기 말, Author에 작
곡가 이름을 입력합니다.

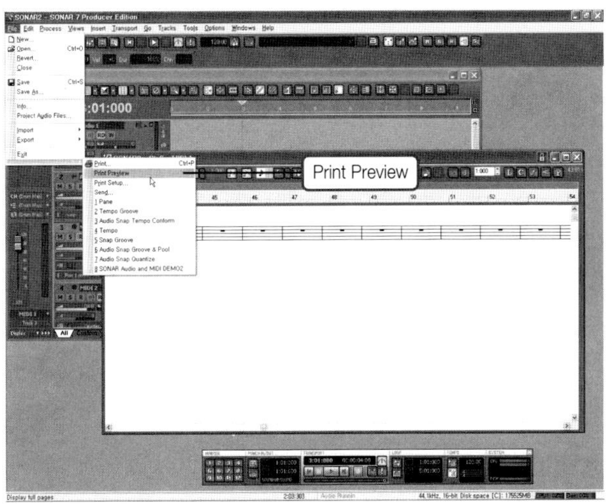

13 Info 창을 닫고, File 메뉴의 [Print Preview]
를 선택합니다. Print Preview는 악보를 인쇄
하기 전에 인쇄 상태를 확인하는 기능입니다.

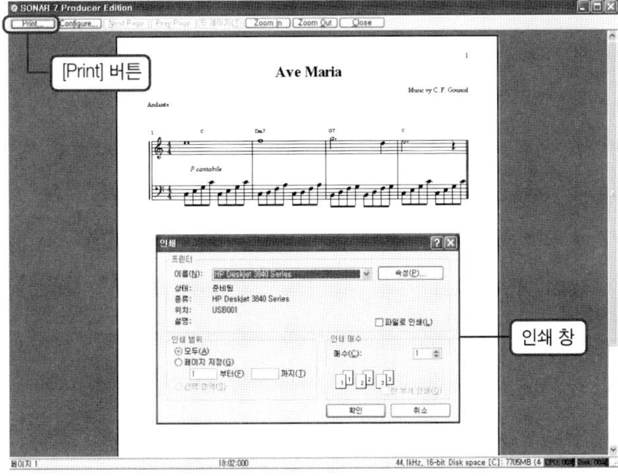

14 변칙적인 방법이지만 제목, 빠르기 말, 작곡
가 이름 등이 입력되어 있습니다. [Print] 버
튼을 클릭하여 인쇄 창을 열고 [확인] 버튼을 클릭하
면 악보를 인쇄할 수 있습니다.

스태프 윈도우를 비롯해서 소나 7에서 제공하는 작업 윈도우는 각각의 도구 모음 줄을 가지고 있습니다. 각 도구 모음 줄은 화면의 크기에 따라 한 줄 또는 두 줄로 보여질 수 있습니다. 도구 모음 줄에서 마우스 오른쪽 버튼을 클릭하면 Customize와 Reset 메뉴를 볼 수 있는데, Customize는 사용자가 원하는 버튼들로 구성할 수 있는 도구 모음 사용자 정의 창이 열리고 Reset은 초기 값으로 복구하는 역할을 합니다.

1. 선택 버튼

[선택] 버튼은 편집할 이벤트를 선택하는데 사용합니다. 스태프 윈도우에서 편집 대상이 될 수 있는 이벤트는 음표와 각종 기호 등이 있습니다. 동일한 형태의 악보라도 리얼 입력을 할 경우에는 복사를 이용하지 않는 것이 좋지만, 마우스를 이용한 입력이라면, 굳이 반복해서 입력할 이유가 없을 것입니다. 이때 [선택] 버튼과 단축키를 이용해서 복사하면 간단하게 동일한 이벤트를 입력할 수 있습니다.

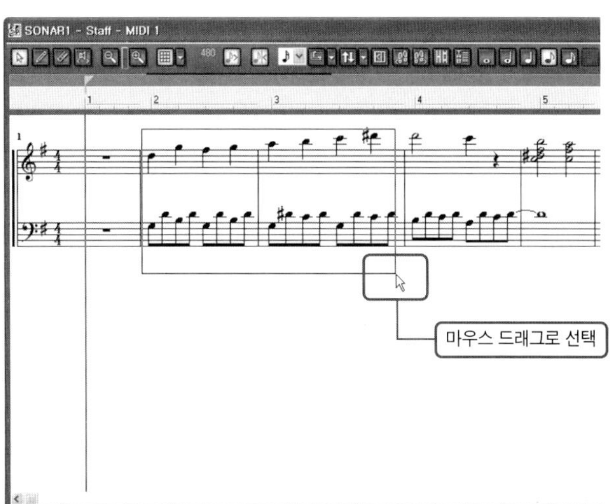

01 편집할 이벤트를 마우스 드래그로 선택합니다. 선택된 노트는 파란색으로 구분할 수 있으며 [Shift] 키를 이용해서 복수로 선택할 수 있습니다.

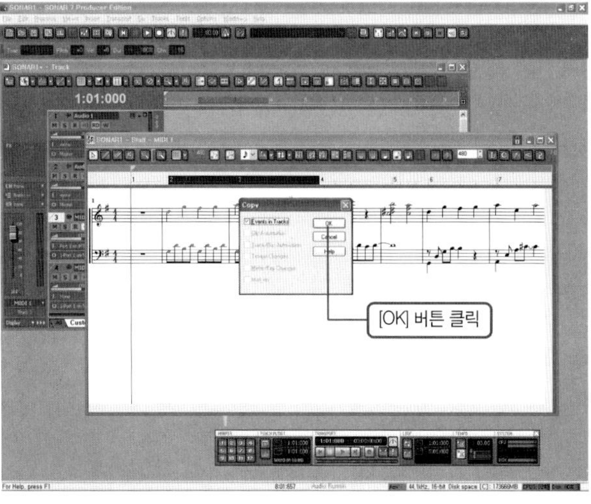

02 [Ctrl]+[C] 키를 누릅니다. 이벤트의 어떤 것들을 복사할 것인지를 체크할 수 있는 Copy 창이 열립니다. 기본 값을 그대로 두고 [OK] 버튼을 클릭합니다.

03 룰러 라인에서 복사할 위치를 클릭하여 송 포지션 라인을 이동 시킵니다. 복사되는 이벤트의 시점이 송 포지션 라인의 위치가 됩니다.

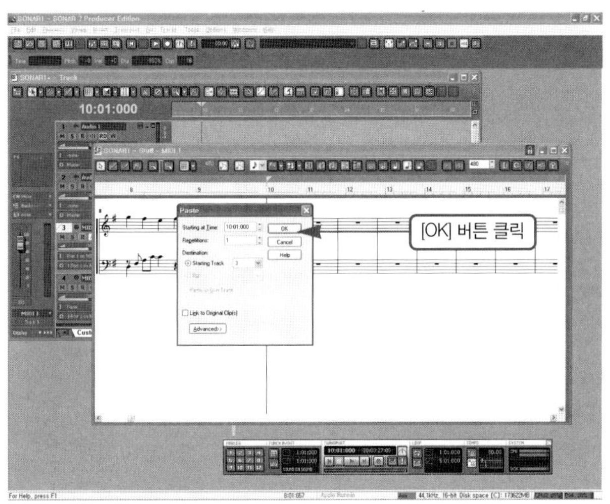

04 Ctrl+V 키를 누릅니다. 복사할 위치와 트랙 등을 설정할 수 있는 Paste 창이 열립니다. Starting at Time 항목은 복사한 데이터를 붙일 위치를 나타내며, 기본 값은 송 포지션 라인이 있는 위치입니다. 기본 값을 그대로 두고 [OK] 버튼을 클릭합니다.

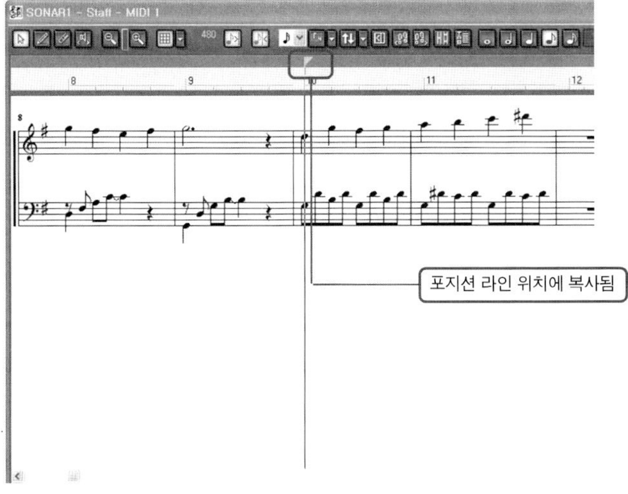

05 앞에서 선택한 이벤트가 복사되었습니다. 선택한 노트를 이동시키는 단축키는 Ctrl+X 로 노트를 잘라내고, Ctrl+V 키로 붙이는 것입니다. 복사와 함께 자주 사용하는 단축키이므로 외워두기 바랍니다.

2. 연필 버튼 

[연필] 버튼은 음표와 기호를 입력하거나 편집하는데 사용됩니다. 입력되는 노트의 길이는 도구 모음 줄의 음표 버튼 에서 선택된 길이로 결정됩니다. 스태프 윈도우에서는 입력할 음표의 길이를 틱 단위로 설정할 수 있다는 것이 특징입니다.

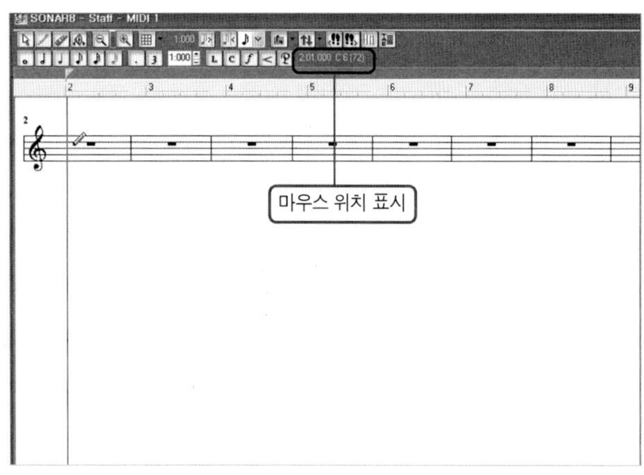

01 [연필] 버튼과 입력할 음표의 길이를 선택하고 오선 위에 마우스를 위치시키면 도구 모음 줄에 음표의 위치가 표시됩니다. 음표를 입력할 때, 위치를 확인하는 습관을 가지면 실수를 줄일 수 있습니다.

02 점 음표를 입력하는 방법은 [음표 길이] 버튼과 [점] 버튼을 함께 선택하는 것입니다. 그림에서는 2분 점 음표를 입력하고 있습니다.

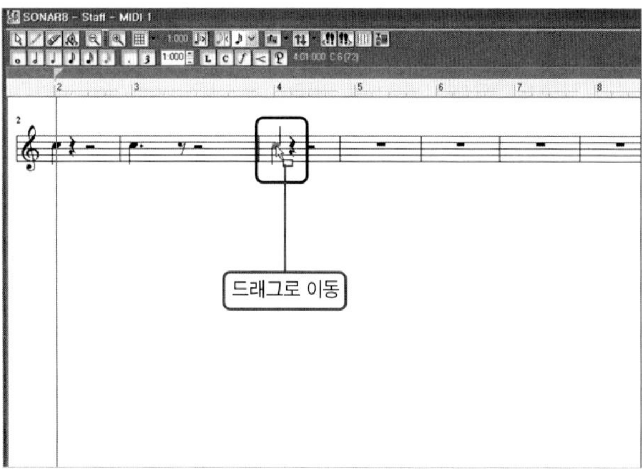

03 [연필] 버튼으로도 입력되어 있는 음표의 위치를 변경할 수 있습니다. 음표 머리를 잡고 이동할 위치까지 마우스를 드래그합니다. 이때 Ctrl 키를 누르면 복사됩니다.

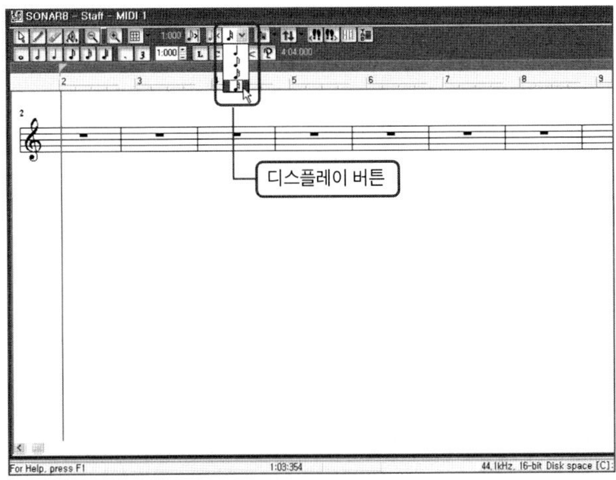

04 잇단음은 입력할 음표 길이와 [잇단음] 버튼을 클릭하여 입력합니다. 많은 독자가 소나 7은 6잇단음을 입력할 수 없다고 오해하고 있는데, 디스플레이 단위만 바꿔주면 가능합니다. [디스플레이] 버튼을 클릭하여 64비트를 선택합니다.

05 16음표 길이와 [3잇단음표] 버튼을 선택하고 음표를 입력합니다. 3잇단음표로 입력이 되지만, 계속해서 입력을 하면 6잇단음표로 변경되는 것을 확인할 수 있습니다.

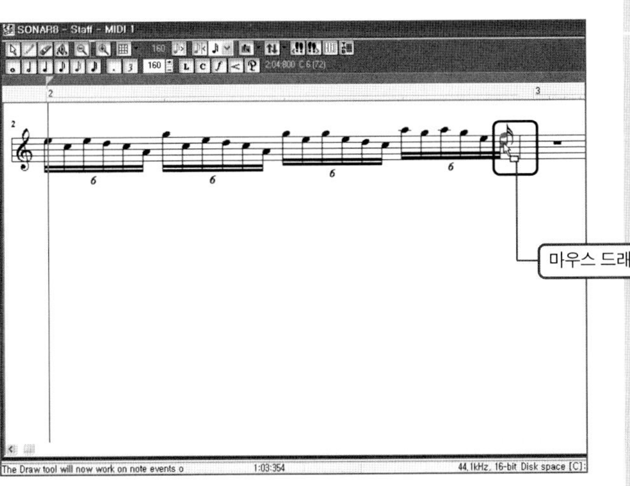

06 소나 7에서는 같은 음정으로 잇단음표가 입력됩니다. 입력된 음표의 머리를 드래그하여 원하는 위치로 이동시켜 입력된 음표들을 정리합니다.

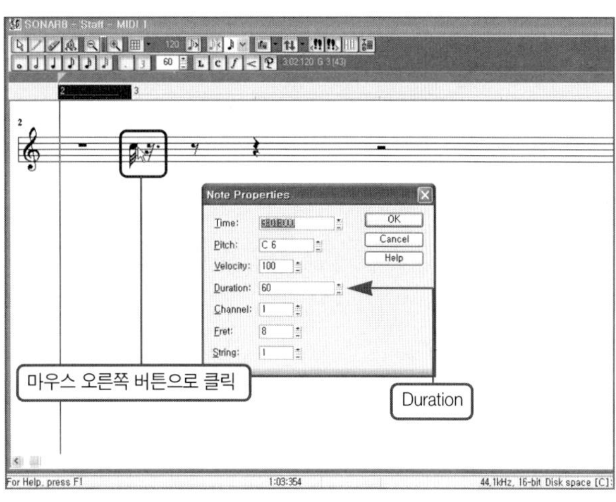

07 스태프 윈도우에서는 120틱 값에 해당하는 64비트 이하의 음표들도 입력 가능합니다. [잇단음표] 버튼 우측에 있는 틱 단위 버튼에서 입력할 음표 길이를 설정합니다.

08 소나에서 64비트 이하는 디스플레이 되지 않지만 음표 머리를 마우스 오른쪽 버튼으로 클릭하면 노트를 편집할 수 있는 Note Properties 창의 Duration 항목에서 입력된 길이를 확인할 수 있습니다.

Tip Note Properties

음표를 편집할 수 있는 Note Properties 창은 음표 머리를 마우스 오른쪽 버튼으로 클릭하여 열 수 있습니다.

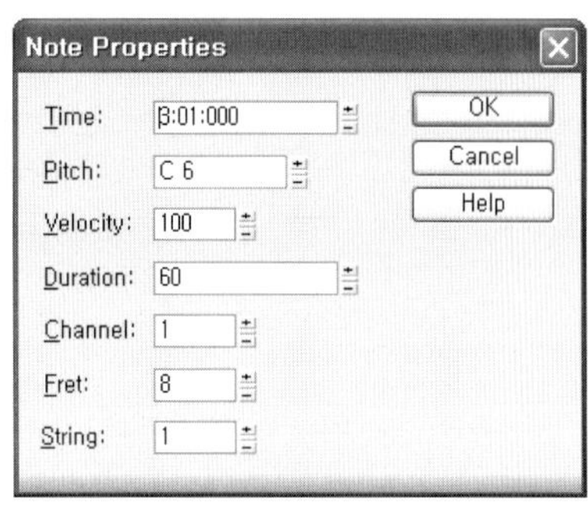

❶ Time : 음표의 시작 위치를 조정합니다.

❷ Pitch : 음정을 조정합니다.

❸ Velocity : 노트의 세기인 벨로시티를 조정합니다.

❹ Duration : 음표의 길이를 틱 단위로 조정합니다.

❺ Channel : 음표의 입력 채널을 조정합니다.

❻ Fret : 기타의 플랫 위치를 조정합니다.

❼ String : 기타의 현 위치를 조정합니다.

3. 지우개 버튼

[지우개] 버튼은 입력되어 있는 음표와 기호 등을 삭제하는 기능입니다. 소나의 [지우개] 버튼은 개별적인 이벤트만을 삭제할 수 있기 때문에 2개 이상의 복수 이벤트를 삭제할 경우에는 [선택] 버튼으로 이벤트를 선택하고 Delete 키를 이용하는 것이 편리할 수 있습니다.

01 [지우개] 버튼을 선택하고 삭제할 이벤트를 클릭합니다. 음표와 기호 등 오선에 입력했던 이벤트들이 삭제되는 것을 확인할 수 있습니다.

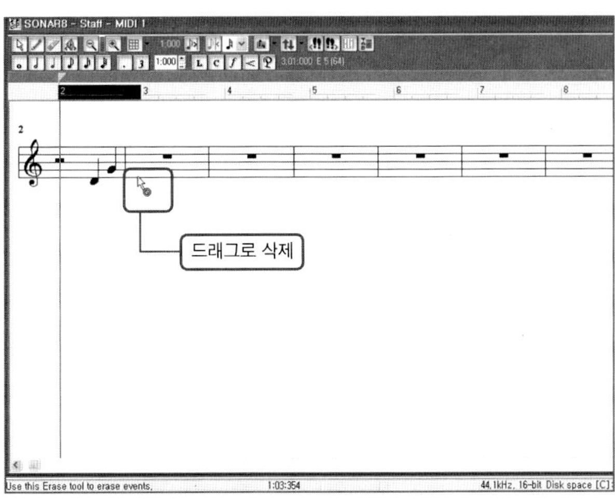

02 [지우개] 버튼의 특징은 이벤트가 닿기만 해도 삭제된다는 것입니다. 마우스를 드래그해 보면 [지우개] 버튼에 닿는 이벤트들이 삭제되는 것을 확인할 수 있습니다.

4. 스크럽 버튼

[스크럽] 버튼은 입력된 노트를 마우스 드래그로 모니터 할 수 있는 기능입니다. 스태프 윈도우에는 입력된 노트를 모니터 할 수 있는 [스텝 연주] 버튼을 제공하고 있지만, 마우스 드래그가 익숙한 독자라면 여기서 살펴보는 [스크럽] 버튼을 이용하게 될 것입니다. 멜로디 라인이나 코드 라인을 모니터 할 때 유용한 기능이므로 기억을 해두기 바랍니다.

01 [스크럽] 버튼을 선택하고, 작업 공간을 좌/우로 드래그합니다. 드래그하는 방향과 속도에 따라 자유롭게 모니터 할 수 있다는 것을 알 수 있습니다.

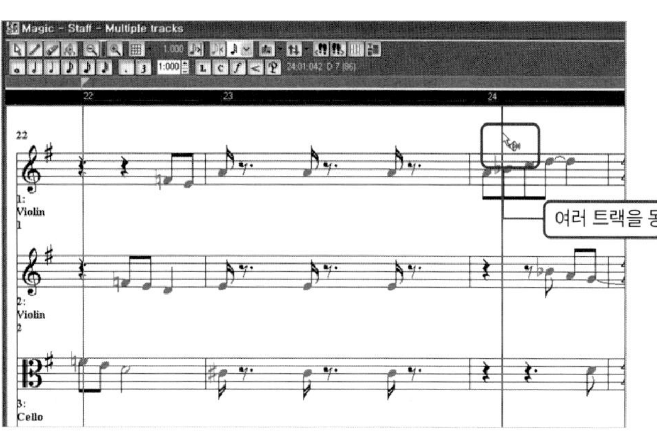

02 두 개 이상의 트랙을 선택하고, 스태프 윈도우를 열면 작업 공간에 선택한 트랙의 악보가 모두 표시됩니다. 이때 [스크럽] 버튼을 이용하면 열려있는 모든 트랙을 동시에 모니터 할 수 있습니다.

5. 확대/축소 버튼

[확대/축소] 버튼은 말 그대로 작업 공간에 보여지는 오선의 크기를 확대/축소합니다. 이것은 화면에 보이는 크기만 조정할 뿐 실제 인쇄되는 크기를 조정하는 것은 아닙니다. 스태프 윈도우 작업에 능숙하지 않거나 시력이 좋지 않은 경우에 작업 공간을 확대하면 보다 원활한 작업이 가능할 것입니다.

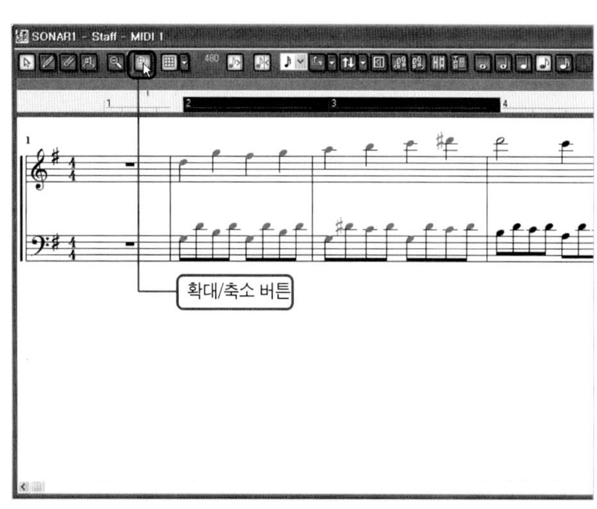

01 도구 모음 줄에서 [확대/축소] 버튼을 클릭하여 작업 공간의 크기를 조정해봅니다. [확대/축소] 버튼 사이에 빨간색 표시로 확대/축소 범위를 짐작할 수 있습니다.

 [확대/축소] 버튼 사이의 빨간색 표시가 있는 슬라이더를 위/아래로 드래그하여 작업 공간의 크기를 조정할 수 있습니다.

6. 스냅 버튼

[스냅] 버튼은 음표를 입력하거나 편집할 때 일정한 간격을 유지할 수 있도록 합니다. 세밀한 편집이 필요한 경우라면 버튼을 클릭하여 Off시켜야 합니다. 스태프 윈도우의 스냅 단위는 선택한 음표 길이에 따라서 자동으로 변경됩니다. 그래서 세밀한 작업이 필요 없는 경우라면 일일이 단위를 변경하지 않아도 됩니다.

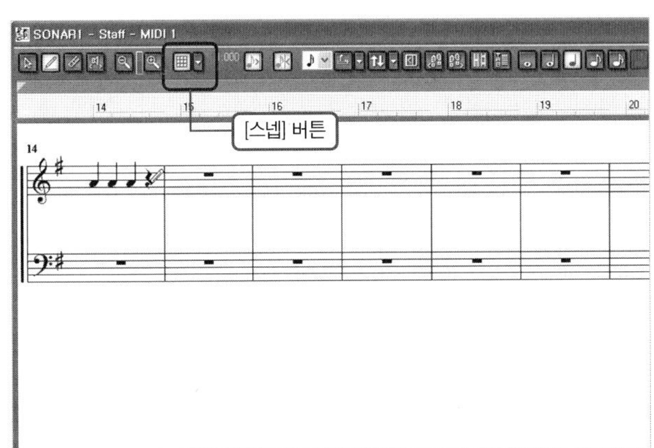

01 [스냅] 버튼이 On 상태인 것을 확인하고, 4분 음표 길이의 노트를 선택합니다. 악보에 음표를 입력해보면 4분 음표 단위로 입력되는 것을 확인할 수 있습니다.

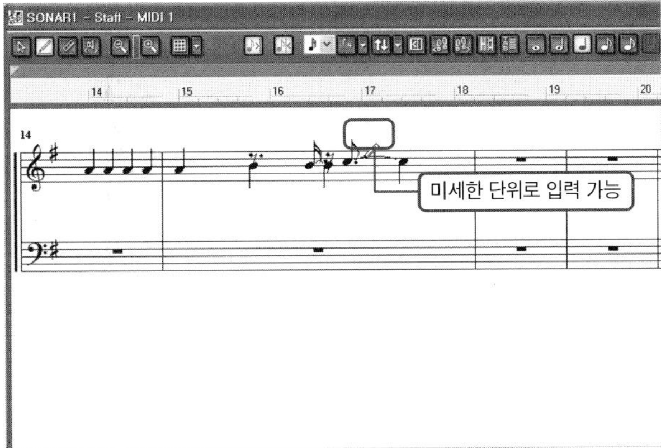

02 [스냅] 버튼을 Off로 놓고, 같은 방법으로 음표를 입력해봅니다. 앞에서와는 다르게 독자가 원하는 단위로 음표가 입력됩니다. [스냅] 버튼을 오른쪽 버튼으로 클릭하면, 단위를 선택할 수 있는 창이 열립니다.

7. 필 버튼 

[필] 버튼은 모자라는 길이의 음표를 보기 좋은 악보로 표시하기 위해서 채워주는 기능입니다. [스태프] 버튼이 Off로 되어 있는 경우에는 실제로 입력된 노트의 길이가 화면에 표시되지만 악보를 보기에는 어려움이 있습니다. 악보는 정확한 표기도 중요하지만 보기 쉬워야 한다는 조건이 있습니다. 특별한 경우가 아니라면 짧은 음표 길이 때문에 복잡해 보이는 악보를 [필] 버튼으로 보정하는 것이 좋습니다.

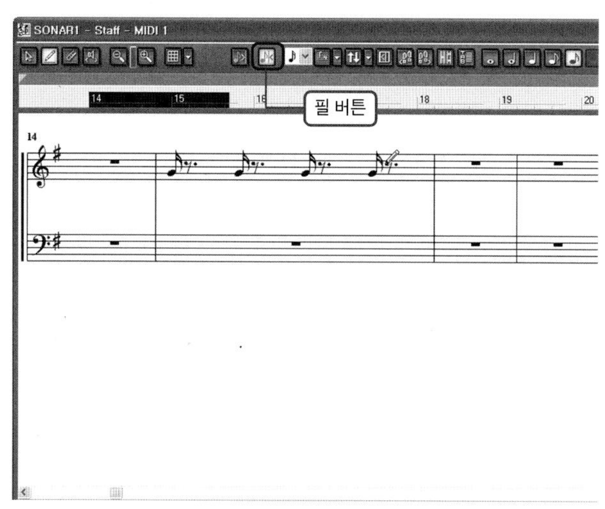

01 [필] 버튼을 Off로 놓고 16비트 길이의 노트를 입력해봅니다. 실제 노트 길이인 16비트가 화면에 표시되는 것을 확인할 수 있습니다.

02 앞의 악보 보다는 [필] 버튼을 On으로 하여 쉼표로 처리되는 부분을 채워서 보이도록 하고, 스타카토와 같은 기호를 입력하면 훨씬 보기 편한 악보가 될 것입니다.

8. 트림 버튼

[트림] 버튼은 앞에서 살펴본 [필] 버튼과 반대 개념으로 실제 입력된 노트의 길이가 넘치는 경우에 잘라주는 역할을 합니다. 역할은 반대지만 목적은 [필] 버튼과 마찬가지로 보기 좋은 악보를 만들기 위해서 사용합니다. [필] 버튼과 트림 버튼은 실제 노트 길이와는 상관없이 보기 좋은 악보를 만들기 위해 사용한다는 점을 기억하기 바랍니다.

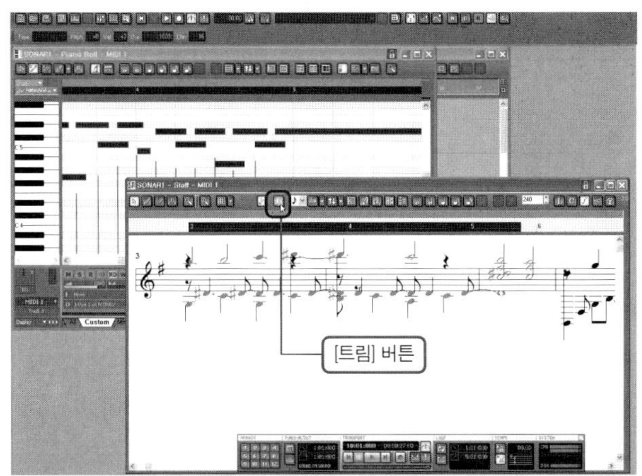

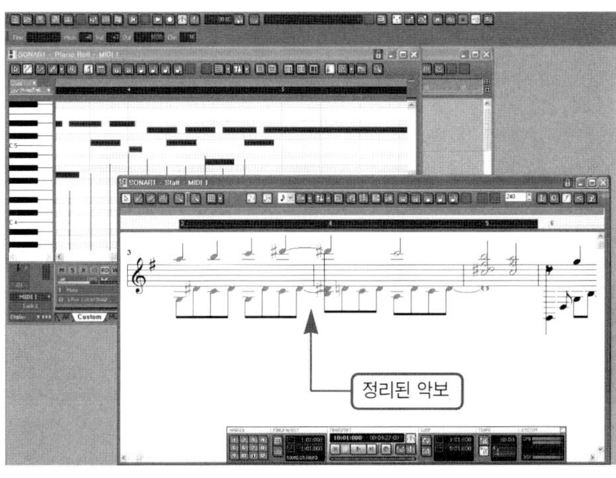

01 [트림] 버튼을 Off로 놓고, 점 8분 음표를 8비트 단위로 입력해봅니다. 노트의 길이가 길기 때문에 그림과 같이 알아볼 수 없는 악보가 되어 버립니다.

02 [트림] 버튼을 On으로 놓으면 그림에서와 같이 겹치는 노트의 길이를 자동으로 보정해줍니다. 피아노 창을 열어 확인해보면 노트의 길이는 겹치고 있지만 악보는 보기 편하다는 것을 알 수 있습니다.

9. 디스플레이 버튼

[디스플레이] 버튼은 악보에 입력할 음표 길이를 제한하거나, 표시될 쉼표의 길이를 제한합니다. 이것은 리얼 입력에서 짧게 지연된 음표가 있을 경우, 쉼표로 표시되는 공간을 화면에 표시하지 못하게 합니다. 드럼이나 퍼커션 등 짧은 쉼표 표시가 필요 없는 악보를 만들 때 유용하게 사용할 수 있습니다.

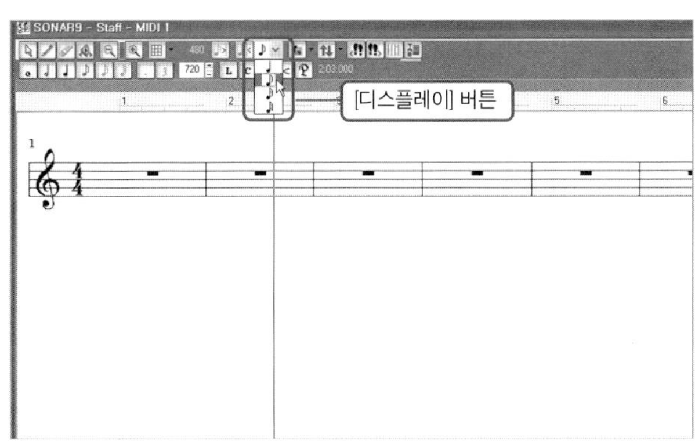

01 [디스플레이] 버튼을 클릭하면 음표 길이를 선택할 수 있는 메뉴가 열립니다. 메뉴는 모두 음표로 되어있기 때문에 쉽게 단위를 선택할 수 있습니다. 8분음표 길이의 음표를 선택해봅니다.

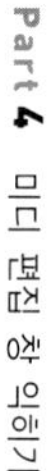

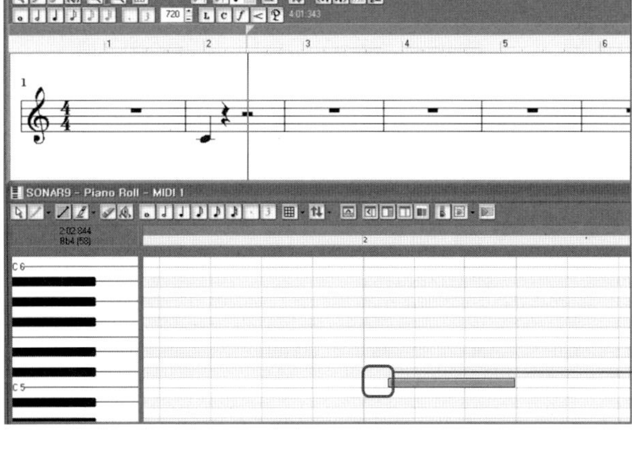

8분 음표 이하의 노트를 선택할 수 없다는 것을 알 수 있습니다. 피아노 롤에서 8비트 이하로 노트를 지연시켜 입력을 해도 악보에는 쉼표가 표시되지 않습니다. 단위를 16비트로 바꾸어 쉼표가 표시되는 것을 확인해보기 바랍니다.

10. 레이아웃 버튼

[레이아웃] 버튼은 음자리표, 오선의 형태 등 악보의 모양을 설정할 수 있는 Staff View Layout 창을 열어줍니다. Staff View Layout 창에서는 오선의 형식뿐 아니라 타브 악보, 드럼 악보 등의 표시 형식을 변경할 수 있는 기능도 제공합니다. 독자가 사용하는 악기가 GM 모드가 아니거나, 타브 악보가 필요한 경우라면 원하는 악보를 얻기 위해서 확실히 익혀두어야 하겠습니다.

01 [레이아웃] 버튼을 클릭하여 Staff vie Layout 창을 엽니다. Track 항목에 작업 중인 트랙 이름이 보입니다. 두 개 이상의 트랙을 선택하여 스태프 윈도우를 열었다면 레이아웃을 적용할 트랙을 선택해 주어야 합니다.

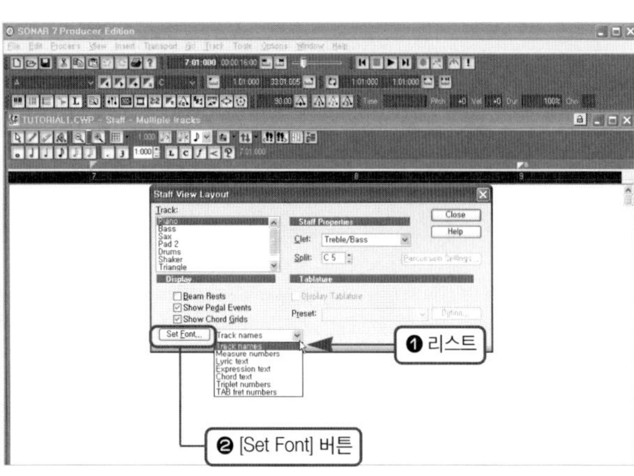

02 Display 항목에는 Beam Rest(쉼표에 음표 기를 표시), Show Pedal Events(서스테인 페달 기호 보이기), Show Chord Grids(기타 코드 폼 보이기)의 3가지 옵션과 리스트에서 선택한 글꼴을 조정할 수 있는 [Set Font] 버튼으로 구성되어 있습니다. 가사의 글꼴을 바꿔보겠습니다. 리스트에서 Lyric text를 선택하고 [Set Font] 버튼을 클릭합니다.

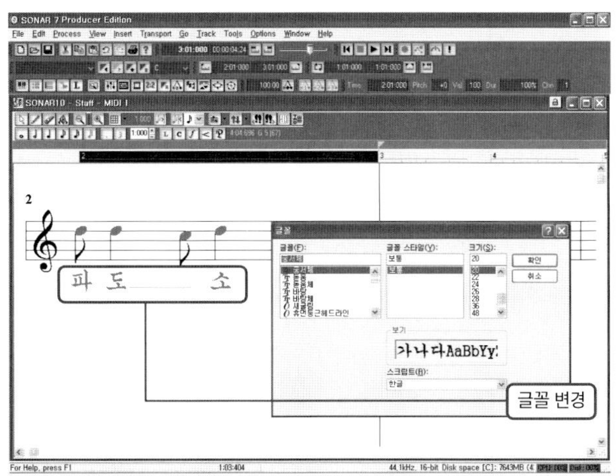

03 글꼴 창에서 글꼴과 스타일, 크기 등을 조정합니다. 글꼴은 [확인] 버튼을 클릭하여 창을 닫고 Staff View Layout 창까지 닫아야 적용됩니다.

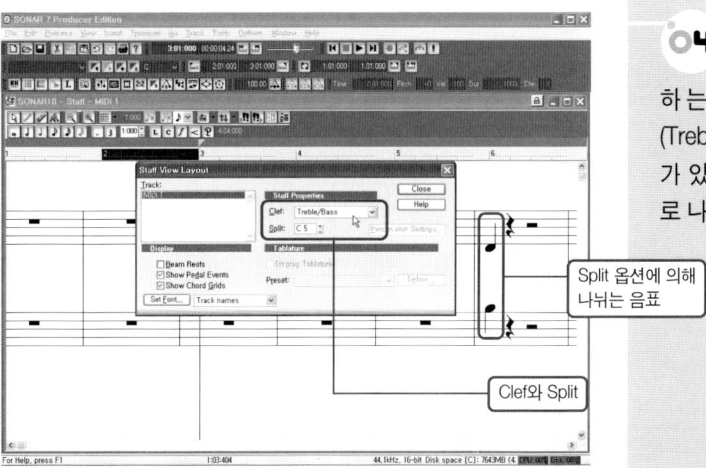

04 Staff Properties 항목은 높은 음자리표를 사용하는 보표(Treble), 낮은 음자리표를 사용하는 보표(Bass), 피아노 악보의 큰 보표(Treble/Bass) 등 8가지 보표를 선택할 수 있는 Clef가 있습니다. Split은 큰 보표를 선택했을 때 위/아래로 나누는 경계 음을 선택하는 옵션입니다.

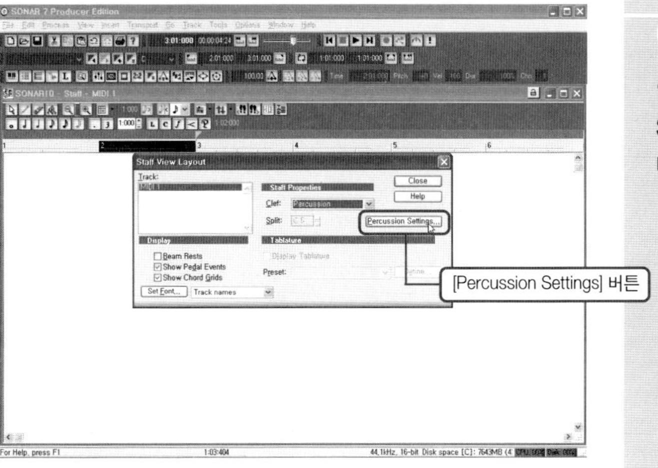

05 Clef에서 타악기용 악보인 Percussion(5선) 또는 Percussion Line(1선)을 선택하면 타악기가 표시될 음정을 설정할 수 있는 [Percussion Settings] 버튼이 활성화 됩니다. 버튼을 클릭해봅니다.

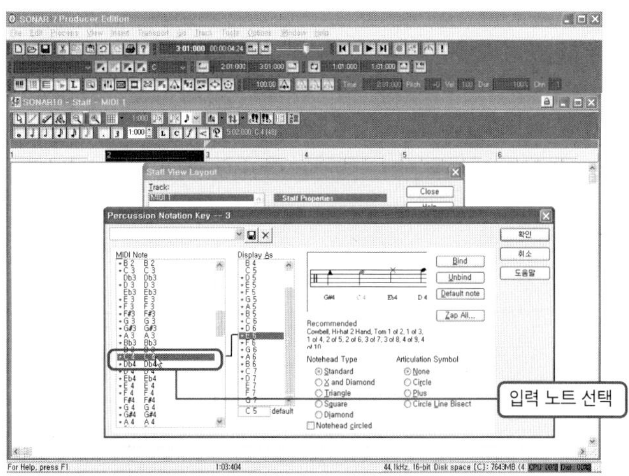

06 드럼 악보를 설정할 수 있는 Percussion Notation Key 창이 열립니다. 소나 7은 기본적으로 GM 모드로 설정이 되어있습니다. 독자의 악기가 GM 모드가 아니라면 올바른 드럼 악보를 만들기 위해서 설정을 바꿔주어야 합니다. 예를 들어, GM의 베이스 드럼은 C3이지만 독자의 악기는 C4라고 할 때, 입력 미디 노트를 선택하는 MIDI Note 항목에서 C4를 선택합니다.

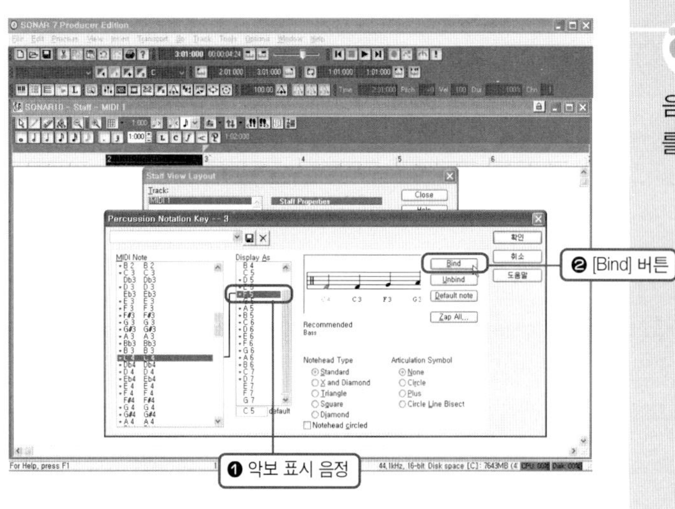

07 이미 C4에는 설정이 되어있기 때문에 *가 표시되어 있습니다. 이것을 베이스 드럼 표시 음정인 F5 로 변경하겠습니다. Display As에서 F5 를 선택하고 [Bind] 버튼을 클릭합니다.

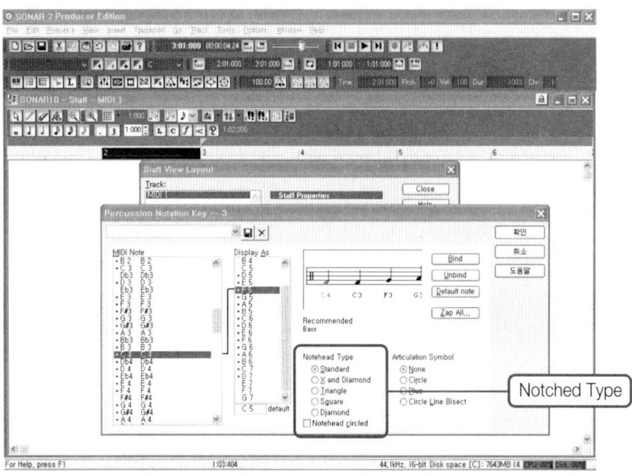

08 [Unbind] 버튼은 연결을 해제하고 Default Note는 기본 노트를 설정합니다. 그리고 Zap All은 모든 노트의 연결을 해제합니다. 연결된 노트의 머리 모양은 Notched Type에서 선택할 수 있습니다. Notehead circled 옵션은 노트 머리에 원을 그립니다.

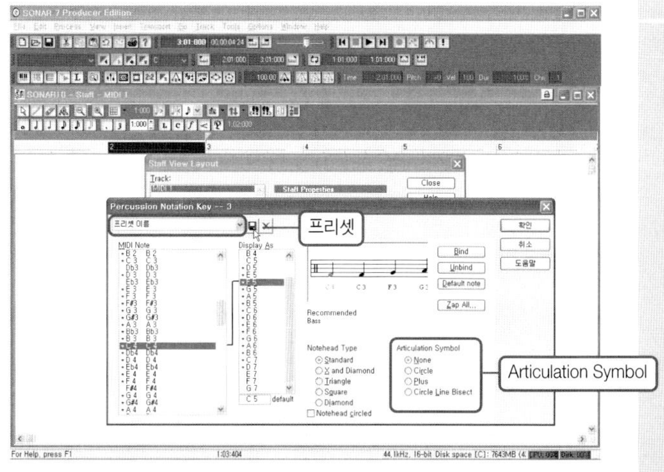

09 Articulation Symbol은 오픈 하이해트 또는 클로즈 하이해트 등을 표현할 수 있는 심벌을 노트에 표시합니다. 벨로시티 32 이하의 노트는 자동으로 괄호를 만들어 줍니다. 완성된 설정 값은 [프리셋 저장] 버튼을 클릭하여 프리셋으로 저장해 둘 수 있습니다. 이때 프리셋 이름을 먼저 입력해야 합니다.

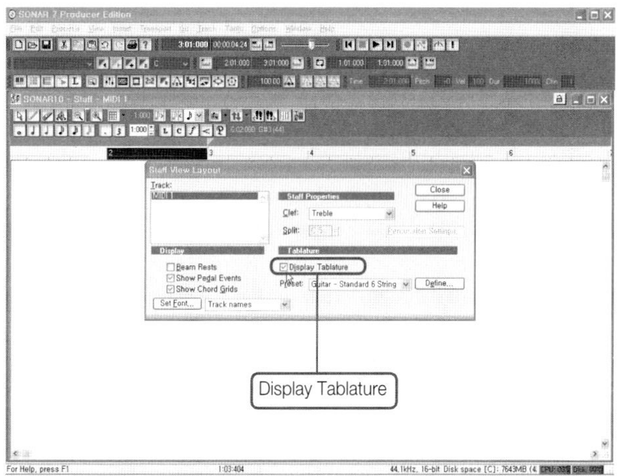

10 Percussion Notation Key 창의 사용법은 충분히 익혔습니다. [확인] 버튼을 클릭하여 닫습니다. Clef 에서 Percussion을 제외한 보표를 선택하면 Tablature 항목의 Display Tablature 옵션을 체크할 수 있습니다. 이것은 오선에 타브 악보를 함께 표시할 것인지를 결정합니다.

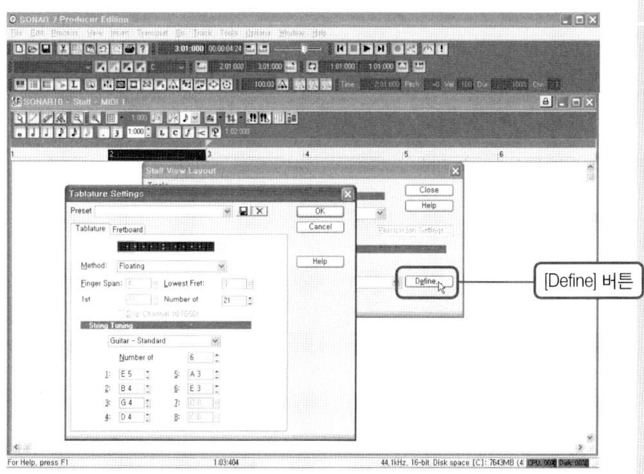

11 타브 악보도 독자가 원하는 프리셋을 만들 수 있습니다. Preset 항목 오른쪽의 [Define] 버튼을 클릭하면 타브 악보를 설정할 수 있는 Tablature Settings 창이 열립니다.

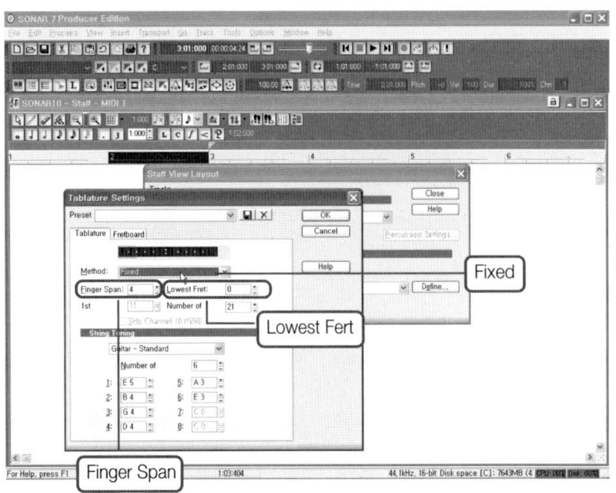

12 Tablature Settings는 2개의 페이지로 구성되어 있습니다. 먼저 Tablature 페이지의 Method는 타브 악보의 표시 상태를 선택할 수 있는 메뉴입니다. Fixed를 선택하면 운지의 범위를 Finger Span에서 정할 수 있습니다. Lowest Fert은 최저 플랫을 지정하는 항목으로 0은 개방 현을 말합니다.

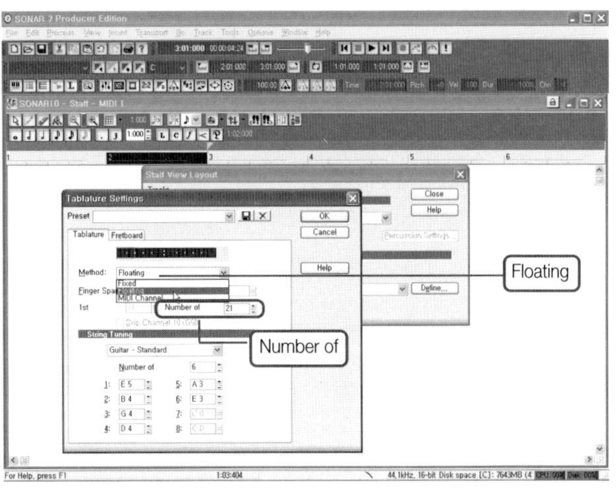

13 Method에서 Floating을 선택하면 음정과 음정의 연결이 가장 가까운 포지션을 소나가 자동으로 찾아 지정합니다. 이때 최고 플랫을 Number of 항목에서 설정하여 하이 포지션을 제한할 수 있습니다.

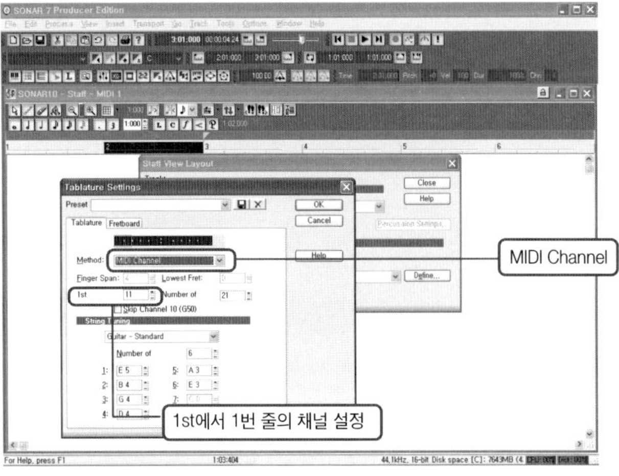

14 Method에서 MIDI Channel을 선택하면 미디 기타를 사용하여 노트를 리얼로 입력할 때, 각 줄 마다 설정된 채널 별로 타브 악보를 만들 수 있도록 합니다. 1st에서 1번 줄의 채널을 설정하면 나머지 줄은 순서대로 자동 설정됩니다.

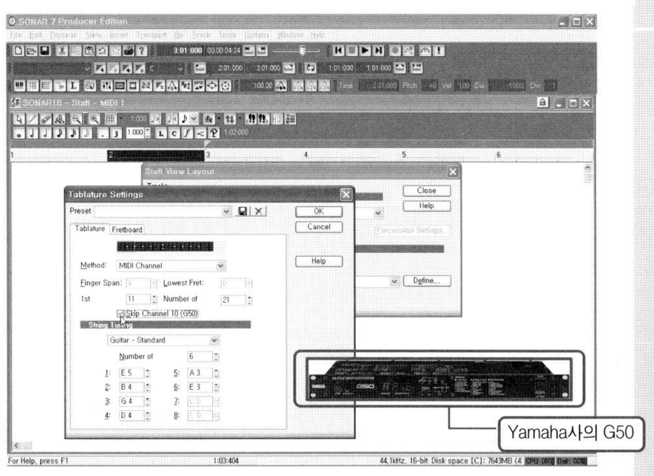

5 Skip Channel 10(G50)은 10번 채널을 제외하는 옵션입니다. 일반 기타를 미디 기타로 사용할 수 있도록 하는 Yamaha사의 G50 모델과 같이 10번 채널 설정이 가능한 제품을 사용할 때 선택할 수 있습니다.

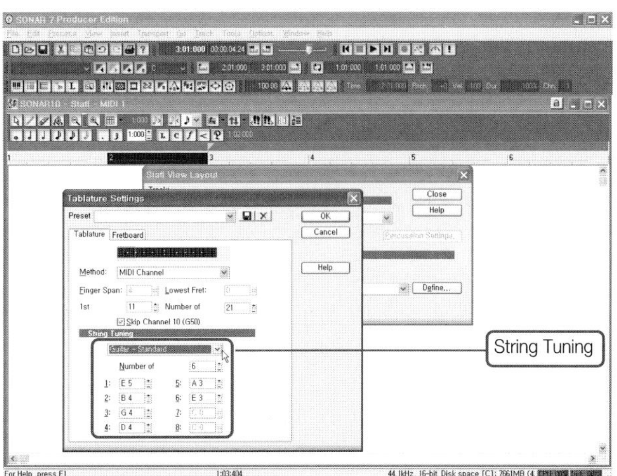

16 String Tuning은 각 현의 음정을 조정할 수 있습니다. 프리셋 메뉴에 기타 연주에서 많이 사용하는 튜닝 환경을 제공하고 있지만 에디 반 헤일런, 잉위 맘스틴 등과 같이 변칙 튜닝을 즐기는 독자라면 각 현마다 설정할 수 있습니다.

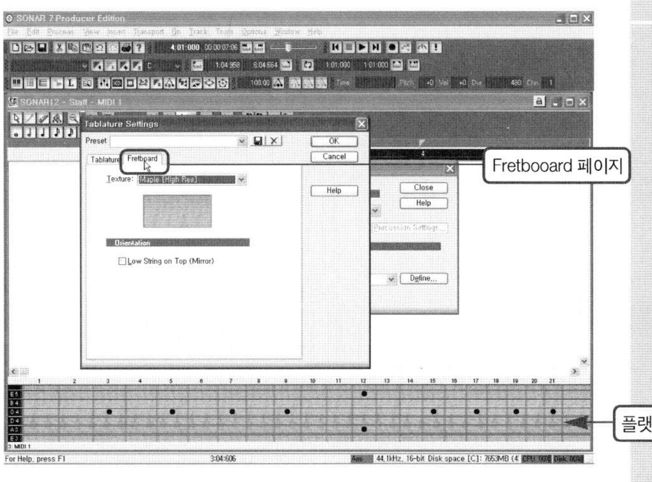

17 Fretbooard 페이지는 플랫 창에 표시되는 기타의 재질을 선택할 수 있는 Texture 항목과 줄의 표시 방향을 위/아래로 바꾸는 Low String on Top 옵션이 있습니다.

11. 트랙 버튼 ⇅

[트랙] 버튼은 작업 중인 스태프 윈도우의 트랙을 변경할 수 있는 Pick Tracks 창을 열어줍니다.
피아노, 바이올린 등의 악기를 공부하다가 컴퓨터 음악을 공부하는 사람들은 악보 형태로 노트를 입력하고
편집할 수 있는 스태프 윈도우가 편하다고 합니다. 이렇게 스태프 윈도우가 편한 독자라면 스태프 윈도우에
서 트랙을 변경하여 사용할 수 있는 [트랙] 버튼을 기억해두기 바랍니다.

01 부록 CD의 Staff 샘플 파일을 엽니다. 트랙 4번에 해당하는 Pad2의 스태프 윈도우가 보입니다. 트랙을 변경하기 위해서 [트랙] 버튼을 클릭합니다.

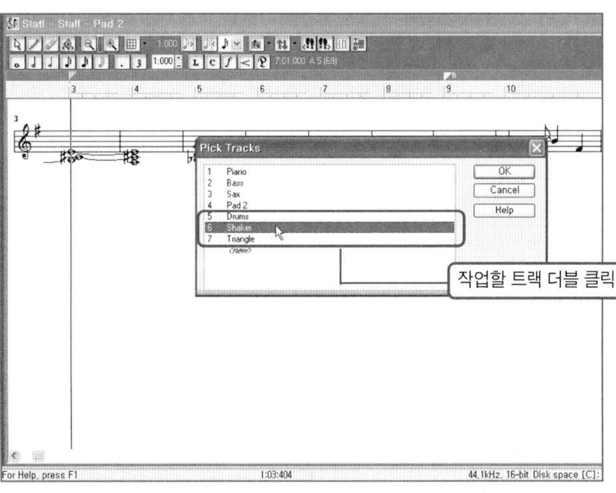

02 Staff 샘플 파일에 사용된 트랙 이름이 보입니다. 작업할 트랙을 더블 클릭합니다. 새로운 트랙을 만들고자 한다면 New를 더블 클릭합니다.

12. 스텝 연주 버튼 ⧫⧫

[스텝 연주] 버튼은 음표를 하나씩 연주시켜 볼 수 있는 기능입니다. 작/편곡을 할 때 멜로디 라인이나 코드
라인을 모니터 해야 하는 경우가 빈번합니다. 이때 [연주] 버튼을 클릭하여 모니터 하는 방법을 많이 사용하
겠지만, 짧은 범위의 진행을 모니터 할 때는 [스텝 연주] 버튼을 이용하는 것도 좋습니다. 이 기능은 자주 사
용할 수 있으므로, 단축키 Ctrl + ← 또는 → 를 기억해두기 바랍니다.

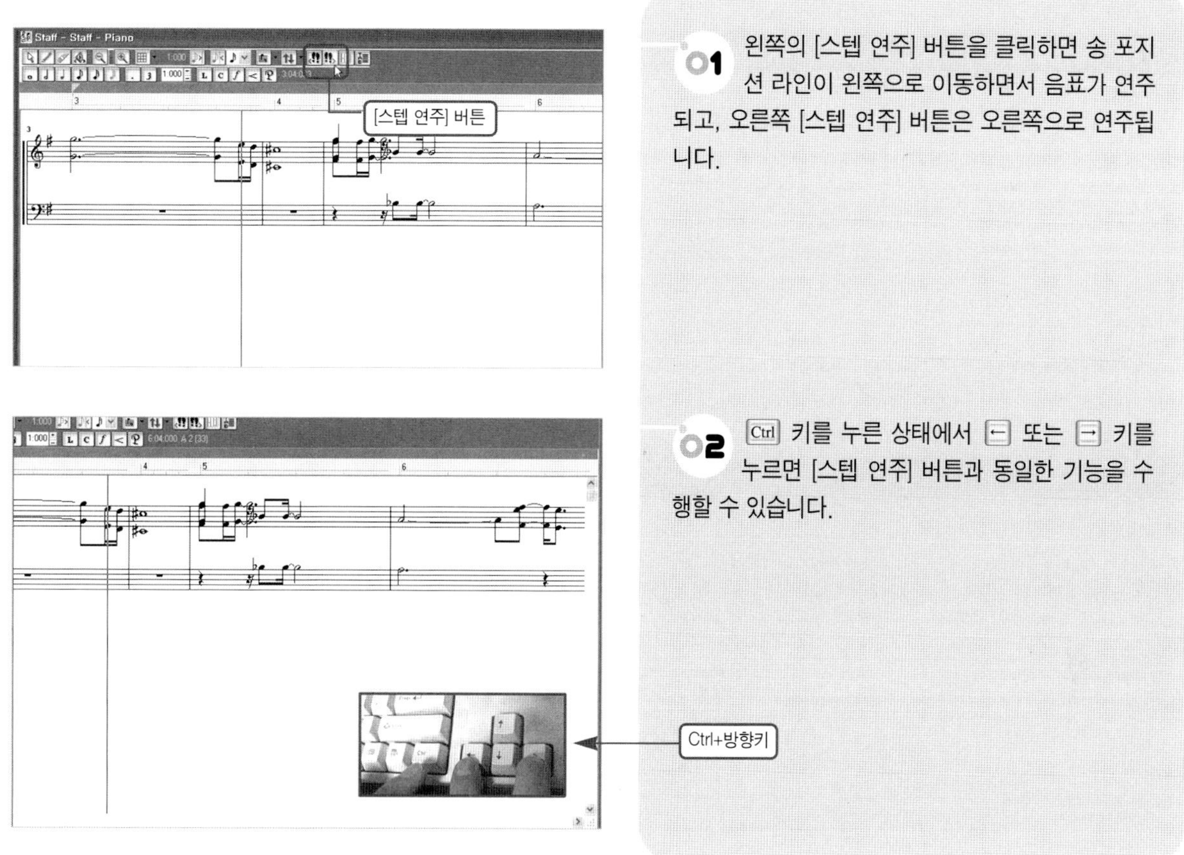

01 왼쪽의 [스텝 연주] 버튼을 클릭하면 송 포지션 라인이 왼쪽으로 이동하면서 음표가 연주되고, 오른쪽 [스텝 연주] 버튼은 오른쪽으로 연주됩니다.

02 Ctrl 키를 누른 상태에서 ← 또는 → 키를 누르면 [스텝 연주] 버튼과 동일한 기능을 수행할 수 있습니다.

13. 플랫 버튼 ▦

[플랫] 버튼은 스태프 작업 공간 하단에 기타 플랫 창을 열어줍니다. 연주되는 음표의 기타 포지션 위치를 실시간으로 보여주는 기타 플랫 창은 기타 학습에 관련된 동영상을 제작하는 뮤지션들에게 유용하게 사용될 수 있습니다. 약간의 기타 지식만 있으면, 기타를 공부하는 학생들에게도 재미있는 도구가 될 것입니다.

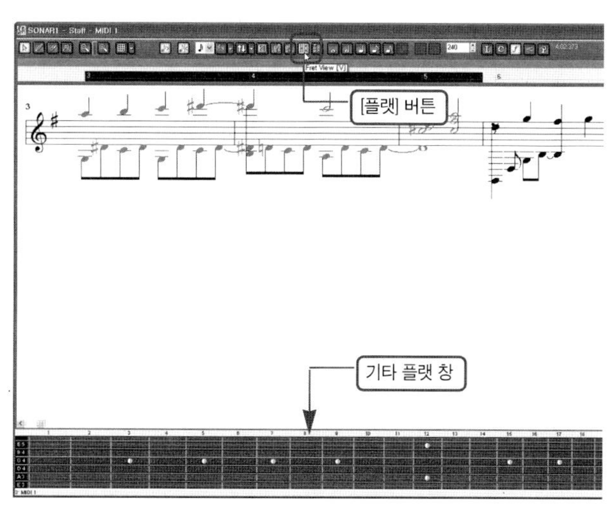

01 [플랫] 버튼을 클릭하여 작업공간 하단에 기타 플랫 창을 엽니다. Space bar 키를 눌러 곡을 연주해보면 각 음표에 해당하는 포지션의 위치가 실시간으로 보여지는 것을 확인할 수 있습니다.

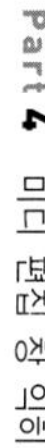

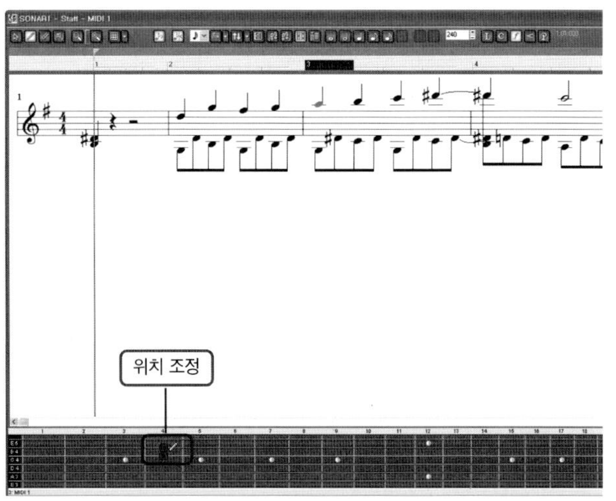

02 Ctrl + ← / → 키를 눌러 음표를 모니터 하는 방식으로 송 포지션 라인을 이동시켜 포지션을 하나씩 확인할 수 있습니다. 플랫 창에서 새로운 음표를 입력하거나, 마우스 드래그로 음정을 조정할 수 있습니다.

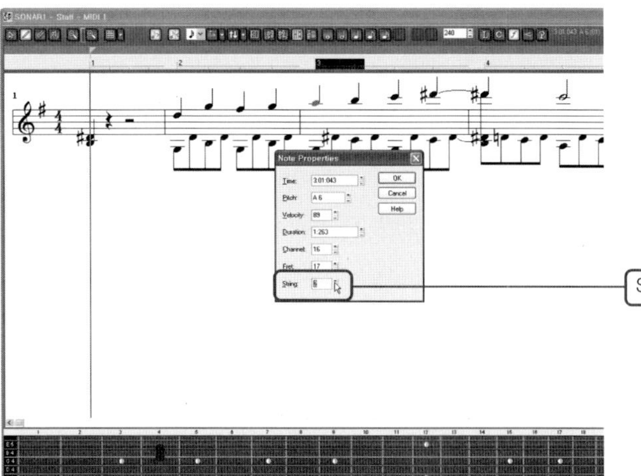

03 현의 위치를 변경하고자 한다면, 음표 머리를 마우스 오른쪽 버튼으로 클릭하여 Note Properties 창을 엽니다. String 항목이 기타 줄을 설정하는 항목입니다.

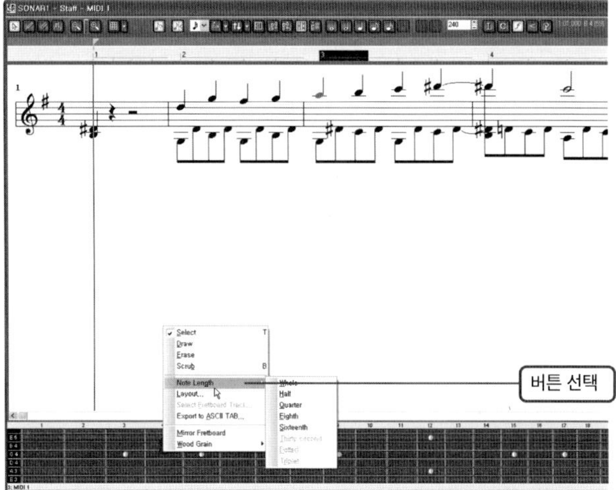

04 기타 플랫에서 마우스 오른쪽 버튼을 클릭하면 도구와 음표 길이를 선택할 수 있는 단축 메뉴가 열립니다. 상단의 Select ~ Export to ASCII TAB 메뉴는 현재 학습하고 있는 도구 모음 줄의 버튼을 선택하는 기능입니다.

플랫 창 변경

05 Mirror Fretboard는 현의 위/아래 위치를 변경하여 표시하는 옵션이고, Rosewood Hi~Maple Lo는 플랫 보드의 재질을 변경하는 옵션 메뉴입니다.

14. 탭 버튼

[탭] 버튼의 정확한 명칭은 Export to ASCII Tab입니다. 이름에서 짐작할 수 있듯이 작업중인 악보를 타브 악보로 만들어 텍스트 문서로 저장할 수 있는 기능입니다. 타브란 기타 연주자들을 위해, 음표를 대신에서 플랫과 현의 위치를 표시하는 방식의 악보를 말합니다. 앞의 [플랫] 버튼과 마찬가지고 재미는 있지만 실용성 있게 사용되려면 많은 부분이 개선되어야 할 것 같습니다.

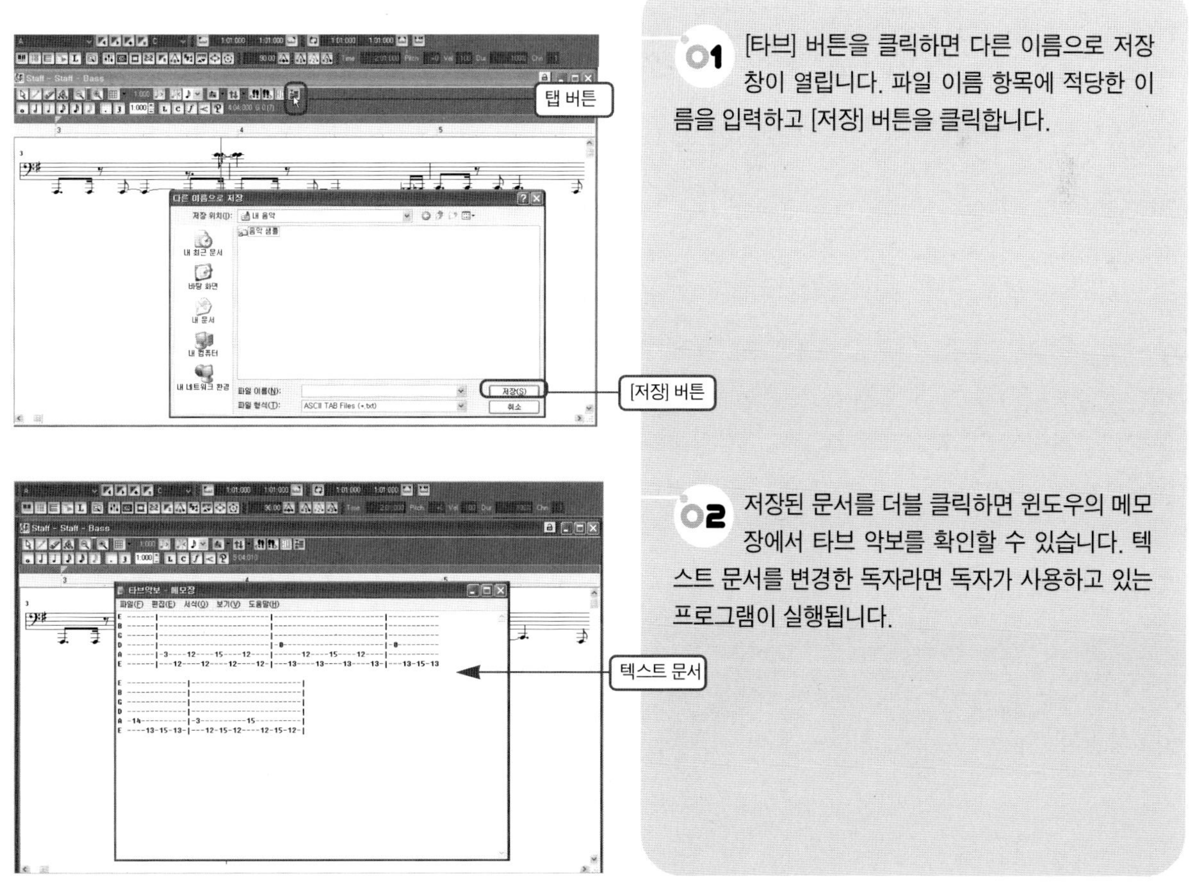

탭 버튼

[저장] 버튼

텍스트 문서

01 [타브] 버튼을 클릭하면 다른 이름으로 저장 창이 열립니다. 파일 이름 항목에 적당한 이름을 입력하고 [저장] 버튼을 클릭합니다.

02 저장된 문서를 더블 클릭하면 윈도우의 메모장에서 타브 악보를 확인할 수 있습니다. 텍스트 문서를 변경한 독자라면 독자가 사용하고 있는 프로그램이 실행됩니다.

15. 가사 버튼 L

[가사] 버튼은 악보에 직접 가사를 입력할 수 있는 기능의 버튼입니다. 소나 7에서는 가사를 입력하기 편리한 Lyrics 윈도우를 별도로 제공하고 있지만 실제 가사를 입력하기에는 스태프 윈도우의 [가사] 버튼이 편리할 수 있습니다. Lyrics 윈도우에서는 글꼴과 크기 등을 자유롭게 설정할 수 있는 장점이 있지만 [가사] 버튼은 음표를 보면서 입력할 수 있다는 장점이 있습니다.

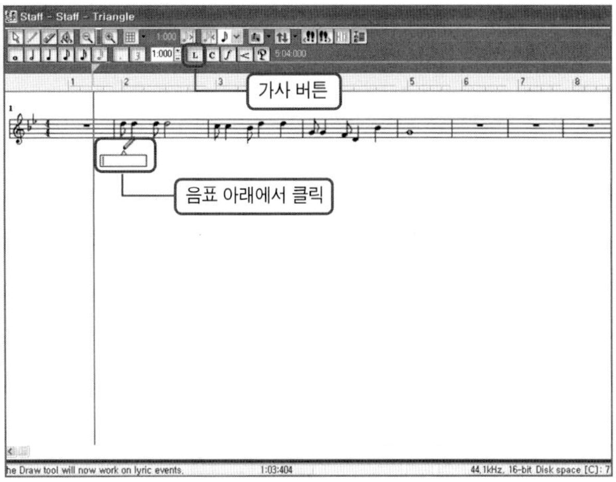

01 [가사] 버튼을 선택하고 음표 아래쪽에 위치하여 마우스가 연필 모양으로 변경되는 부분에서 클릭합니다. 가사를 입력할 수 있는 텍스트 박스가 열립니다.

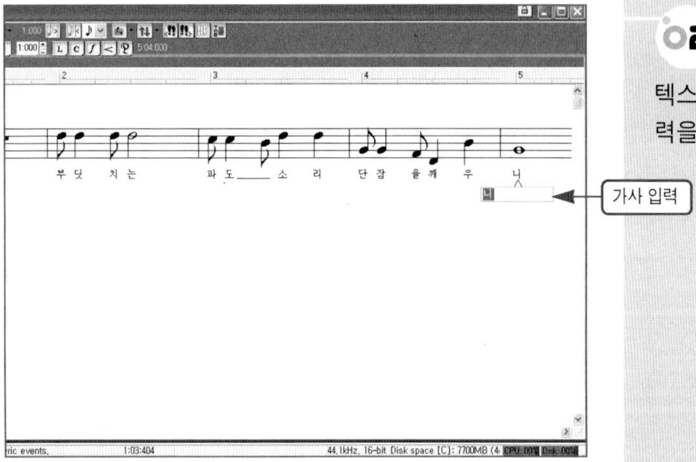

02 일반 워드 프로그램을 사용하듯 가사를 입력합니다. Space bar 키를 누르면 다음 음표로 텍스트 박스가 이동되고, Enter 키를 누르면 가사 입력을 종료합니다.

16. 코드 버튼 L

악보에 코드와 기타 폼을 입력하는 버튼입니다. 코드를 입력할 위치를 클릭하면 기본적으로 C 코드나 앞에서 입력했던 코드가 입력됩니다. 입력된 코드를 원하는 코드로 변경하기 위해서는 Chord Properties 창을 이용해야 합니다. Chord Properties 창은 입력된 코드를 마우스 오른쪽 버튼으로 클릭하여 열 수 있습니다.

01 [코드] 버튼을 선택합니다. 오선 위쪽에 마우스가 연필 모양으로 변경되는 위치에서 클릭합니다. 기본 값으로 C 코드가 입력됩니다. 입력된 C코드를 마우스 오른쪽 버튼으로 클릭합니다.

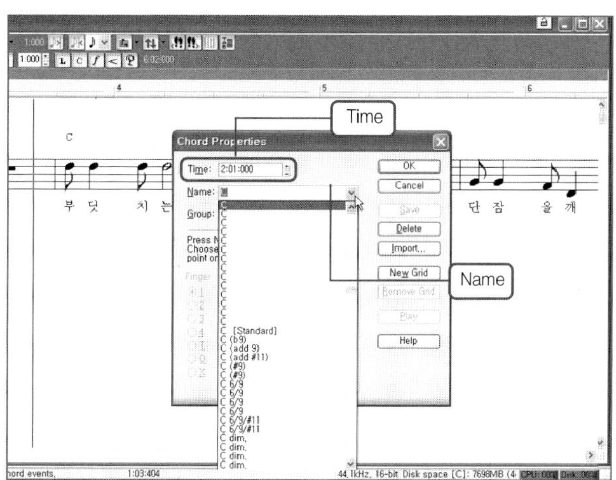

02 Cord Properties 창이 열립니다. Name 항목에서 코드를 입력하거나 선택하여 기본코드인 C를 변경합니다. Time은 코드가 입력된 위치를 나타내는 것으로 창에서 변경할 수 있습니다.

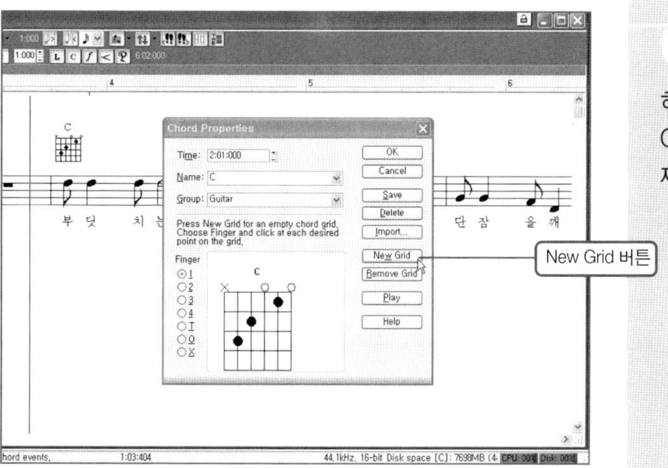

03 Name 항목에서 코드를 선택하면 아래쪽에서 기타 폼을 볼 수 있습니다. 소나에서 제공하는 폼 대신 독자가 새로 만들고 싶다면 [New Grid] 버튼을 클릭합니다. Remove Grid는 폼을 삭제합니다.

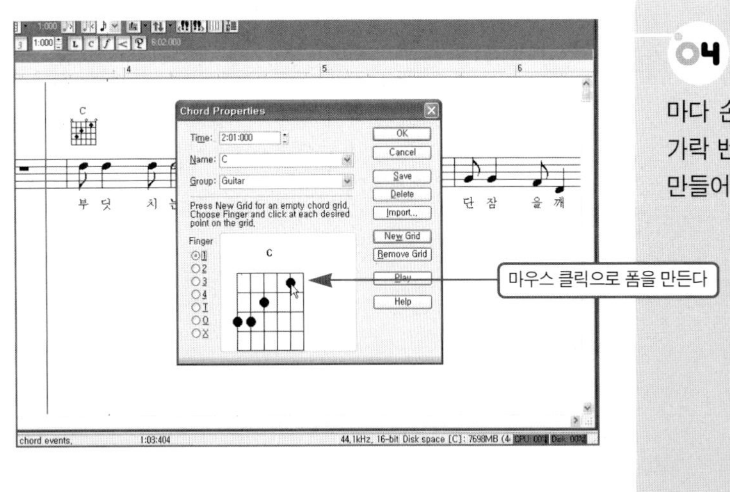

04 기타 폼 창에서 원하는 포지션을 클릭하여 만들어줍니다. 포지션을 반복해서 클릭할 때마다 손가락 번호는 자동으로 지정됩니다. 같은 손가락 번호를 지정하면 한 손가락으로 잡는 바코드가 만들어집니다.

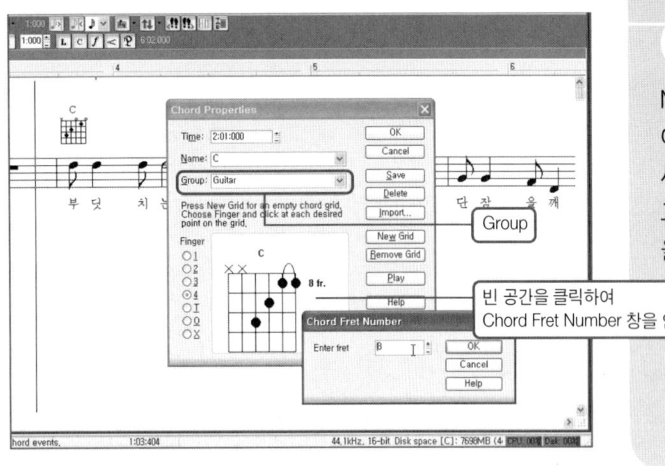

05 코드 폼 창 우측의 빈 공간을 클릭하면 플랫의 번호를 설정할 수 있는 Chord Fret Number 창이 열립니다. 완성된 코드는 Group 항목에 새로운 이름을 입력하고, [Save] 버튼을 클릭하여 새로운 그룹으로 저장해둘 수 있습니다. Delete는 그룹을 삭제하고 Import는 소나에서 제공하는 그룹을 불러올 수 있습니다.

17. 셈 여림 버튼 f

연주하는 세기를 나타내는 p(피아노), mf(메조 포르테), ff(포르테시모) 등의 셈 여림 기호를 입력할 수 있는 버튼입니다. [셈 여림] 버튼은 텍스트 박스를 이용해서 입력되기 때문에 a Tempo, rit 등의 빠르기를 나타내는 문자도 입력할 수 있는 유연성을 가지고 있습니다.

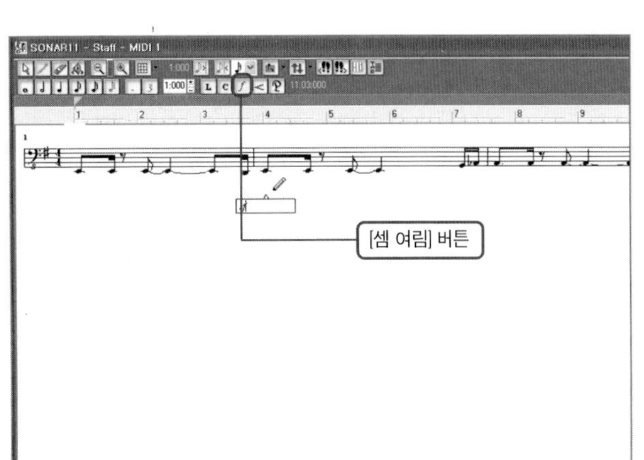

01 [셈 여림] 버튼을 선택하고 음표 아래쪽에 연필 모양이 나타나는 부분을 클릭합니다. 텍스트 박스에서 원하는 기호와 문자를 입력합니다. 참고로 가사, 코드, 셈 여림 등의 [입력] 버튼을 선택할 때, [연필] 버튼이 자동으로 선택되지 않으므로 확인하는 습관을 갖길 바랍니다.

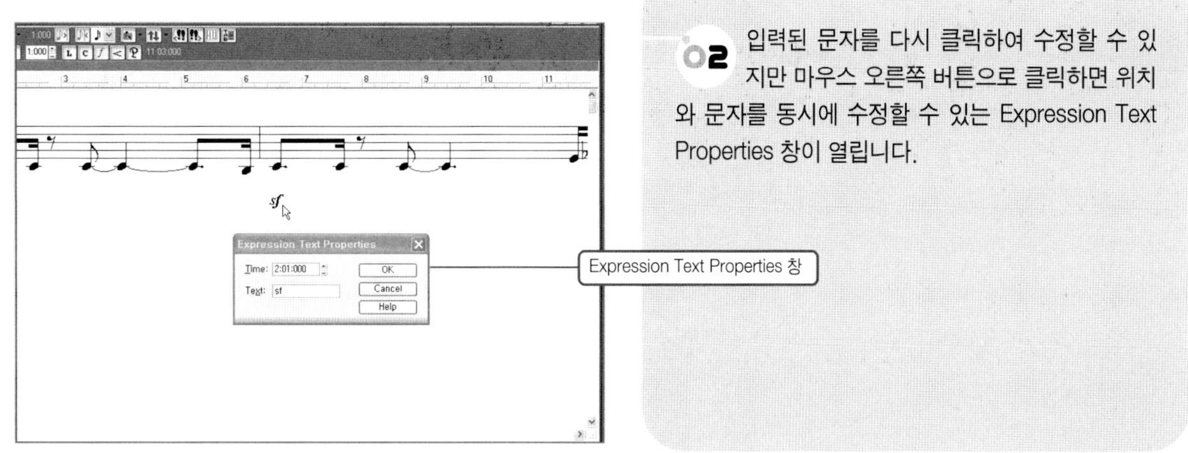

 입력된 문자를 다시 클릭하여 수정할 수 있
지만 마우스 오른쪽 버튼으로 클릭하면 위치
와 문자를 동시에 수정할 수 있는 Expression Text
Properties 창이 열립니다.

17. 클레센도 버튼 <

점점 세게 연주하라는 표시의 클레센도(Crescendo)와 점점 여리게 연주하는 표시의 디클레센도 (decrescendo) 기호를 입력하는 버튼입니다. 다음에 살펴볼 페달 기호를 제외한 소나의 악보 기호는 실제 연주에 적용되지는 않습니다. 클레센도와 디클레센도의 실제적인 연주는 컨트롤 정보 11번인 익스프레션을 가지고 표현해야 합니다.

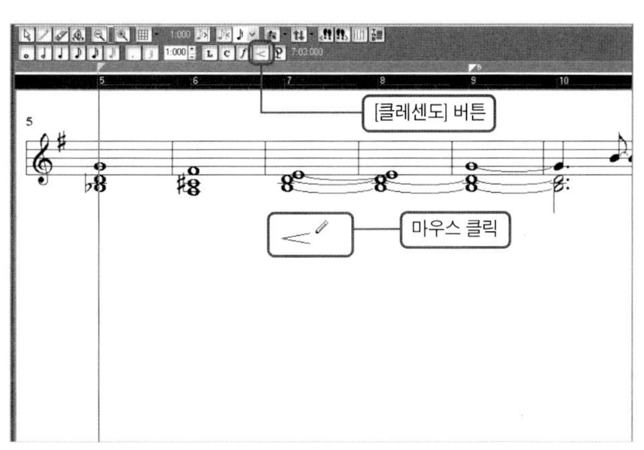

01 [클레센도] 버튼을 선택하고 음표 아래쪽에서 연필 모양이 나타나는 부분을 클릭합니다. 한 박자 길의 클레센도 기호가 삽입됩니다.

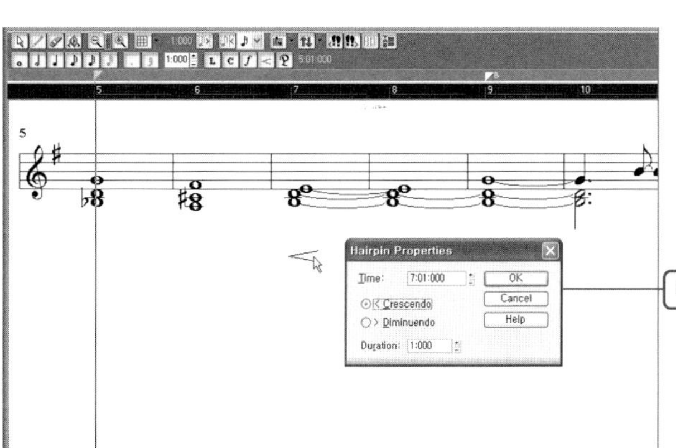

02 입력된 클레센도 기호를 마우스 오른쪽 버튼으로 클릭하면 시작 위치(Time)와 길이 (Duration)를 조정할 수 있는 Hairpin Properties 창이 열립니다. 디클레센도는 창에서 [Diminuendo]를 선택합니다.

19. 페달 버튼 ⏻

스태프 윈도우 마지막 학습 도구인 [페달] 버튼은 피아노의 서스테인 페달 기호를 입력합니다.
스태프 도구에서 유일하게 실제 연주에 영향을 주는 페달 기호는 컨트롤 번호 64번이 입력됩니다. 기타라는 악기는 아르페지오를 연주할 때, 코드가 바뀌거나 같은 현을 연주할 때까지 여운이 남는 특징이 있습니다. 대부분 노트의 길이로 이것을 표현합니다. 여기서는 서스테인 페달로 기타의 아르페지오를 표현해보겠습니다.

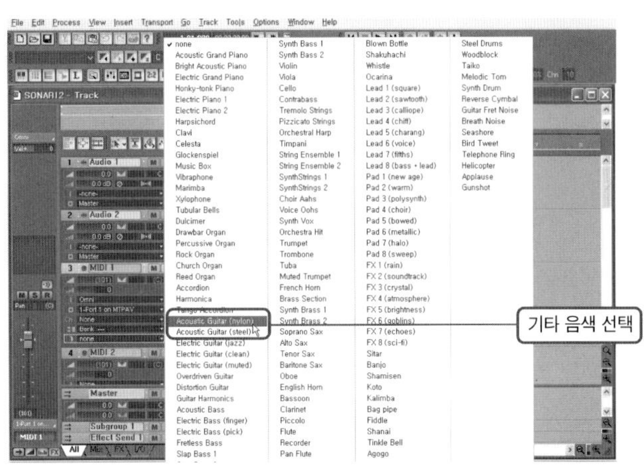

01 새로운 프로젝트를 만들고, 미디 트랙에서 기타 음색을 선택합니다. 미디 데이터를 입력할 때 적당한 음색을 사용하고, 나중에 바꾸는 것은 좋지 않은 습관입니다. 각 음색 마다 특징이 있기 때문에 반드시 입력할 음색을 미리 선택하는 습관을 갖기 바랍니다.

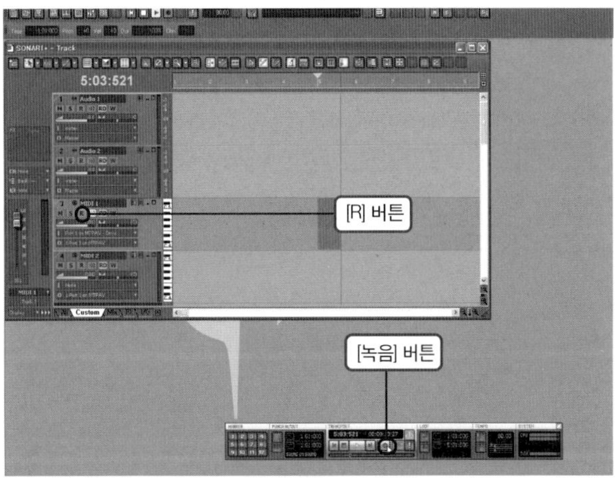

02 리얼 입력이 가능한 독자라면 [R] 버튼을 On으로 하고, [녹음] 버튼을 클릭하여 적당한 아르페지오 패턴을 입력해봅니다. 기타다운 음색을 만들려면 한 옥타브 아래로 연주해야 합니다.

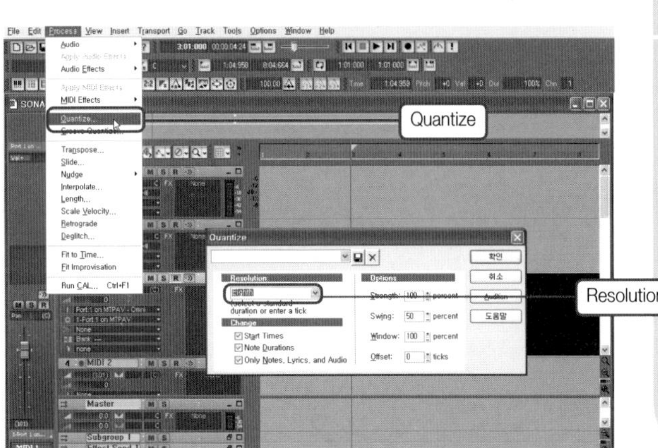

03 녹음이 완료되면 클립을 선택하고, Process 메뉴의 Quantize를 선택합니다. 창의 Resolution에서 독자가 연주한 비트를 선택하여 조금 어긋난 연주를 교정합니다. 마우스로 입력한 경우에는 퀀타이즈 할 필요가 없습니다.

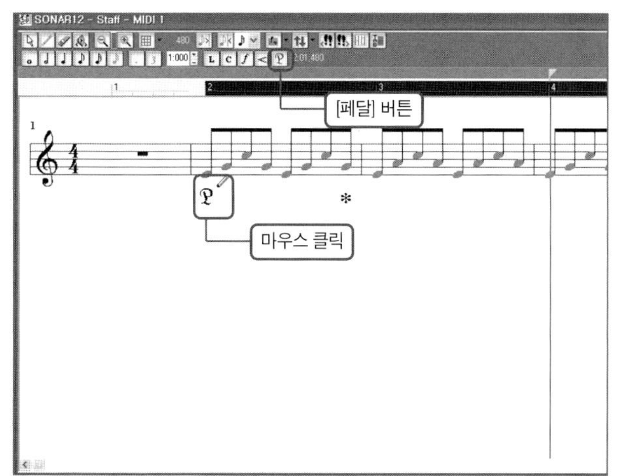

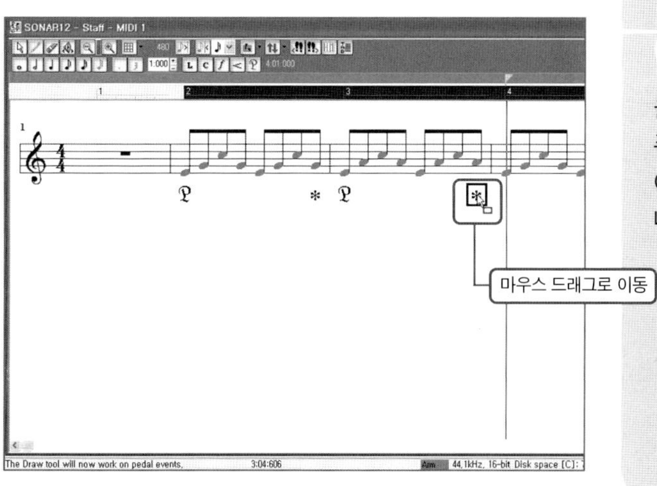

04 스태프 윈도우를 열고, [페달] 버튼과 [연필] 버튼을 선택합니다. 음표 아래쪽에 마우스가 연필 모양으로 변하는 위치에서 클릭합니다. 페달 On/Off 기호가 삽입됩니다.

05 입력된 페달 Off 기호를 코드 변화가 끝나는 위치로 드래그하여 이동시킵니다. 같은 과정을 반복해서 코드 사이에 페달 on/off 기호를 만들어 주면 노트의 길이를 일일이 변경하지 않아도 기타 아르페지오 효과가 만들어지는 것을 확인할 수 있습니다.

이벤트 리스트 윈도우

이벤트 리스트는 소나에 입력된 모든 데이터를 리스트 형식으로 표시하고, 편집할 수 있는 미디 편집 윈도우입니다. 이벤트 리스트의 표시 형식은 이벤트 이름과 숫자를 사용하고 있기 때문에 입문자가 가장 싫어하는 미디 편집 윈도우이기도 합니다. 그러나 미디 작업이 능숙해지고, 미세한 편집 작업이 필요한 단계에 이르면 이벤트 리스트를 소홀히 취급한 것을 후회하게 될 것입니다. 취미로 컴퓨터 음악을 공부하는 독자가 아니라면 이벤트 리스트와 컨트롤 정보를 확실하게 익혀두기 바랍니다.

1 이벤트 리스트 창의 구성

이벤트 리스트 역시 다른 미디 편집 윈도우와 마찬가지로 View 메뉴의 Event List를 선택하거나 단축키 [Alt]+[4], 도구 모음 줄의 [Event List View] 버튼 클릭, 마우스 오른쪽 버튼을 클릭하여 단축 메뉴를 열고, View의 Event List를 선택하는 방법이 있습니다. 참고로 소나 메뉴에 표시되는 단축키의 숫자는 키보드 오른쪽에 있는 숫자 열을 이용하는 것이 아니라 문자열에 있는 숫자를 이용해야 한다는 점을 주의하기 바랍니다.

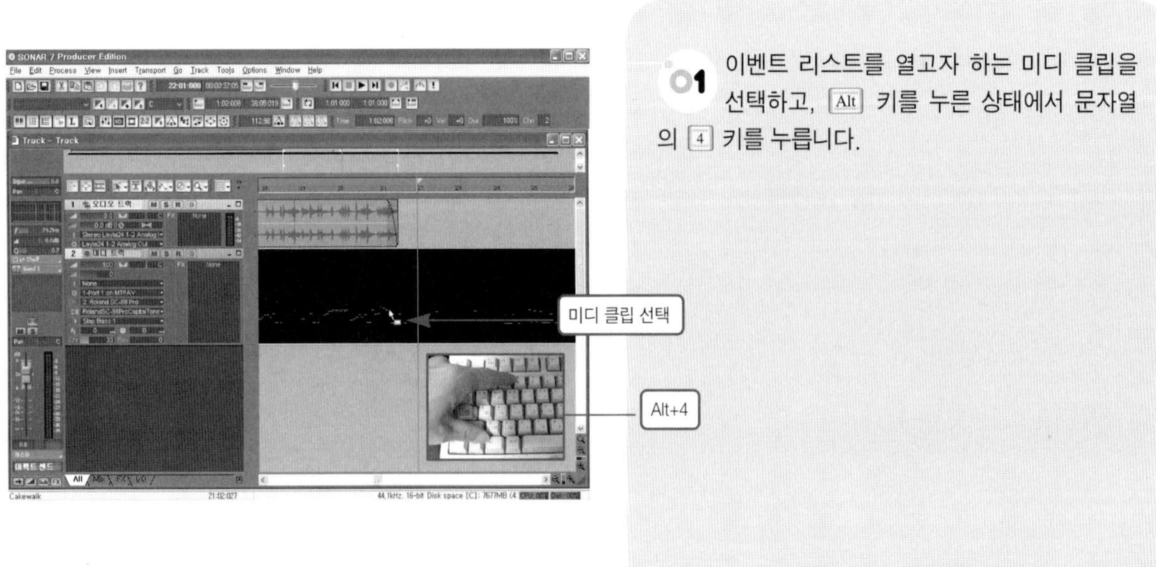

01 이벤트 리스트를 열고자 하는 미디 클립을 선택하고, [Alt] 키를 누른 상태에서 문자열의 [4] 키를 누릅니다.

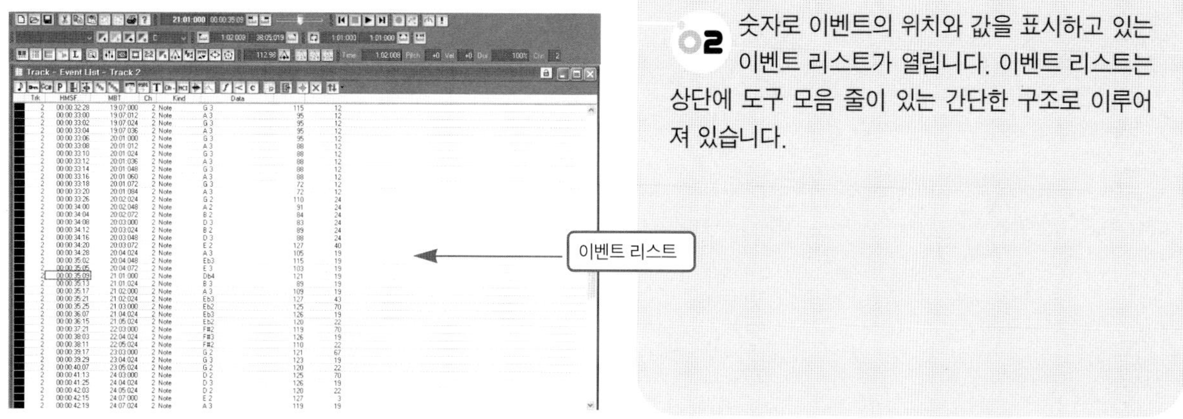

2 숫자로 이벤트의 위치와 값을 표시하고 있는 이벤트 리스트가 열립니다. 이벤트 리스트는 상단에 도구 모음 줄이 있는 간단한 구조로 이루어져 있습니다.

2 이벤트 리스트의 기본 사용법

이벤트 리스트는 데이터를 입력하기 보다는 입력된 이벤트를 세밀하게 편집하는 용도로 사용합니다. 그래서 이벤트 리스트에서 표시되는 의미만 정확히 이해할 수 있다면 사용하는데 별다른 어려움은 없습니다. 여기서는 이벤트 리스트에서 간단한 정보를 입력하고, 편집하는 과정을 살펴보면서 이벤트 리스트에서 데이터가 어떻게 다루어지는지 확인해 보겠습니다.

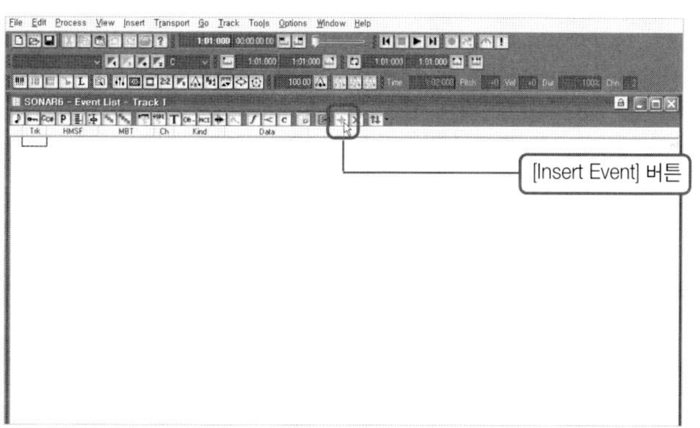

1 Normal 환경의 새로운 프로젝트를 만들고, 이벤트 리스트를 엽니다. 아무런 데이터도 입력되어 있지 않기 때문에, 작업 공간이 비어있습니다. 도구 모음 줄에서 [Insert Event] 버튼을 클릭하거나, 단축키 [Insert]를 누릅니다.

2 C5 음정을 가진 노트가 입력됩니다. 입력된 정보를 컨트롤 정보로 바꿔보겠습니다. 이벤트 정보를 표시하는 Kind 칼럼의 Note라는 문자를 더블 클릭합니다.

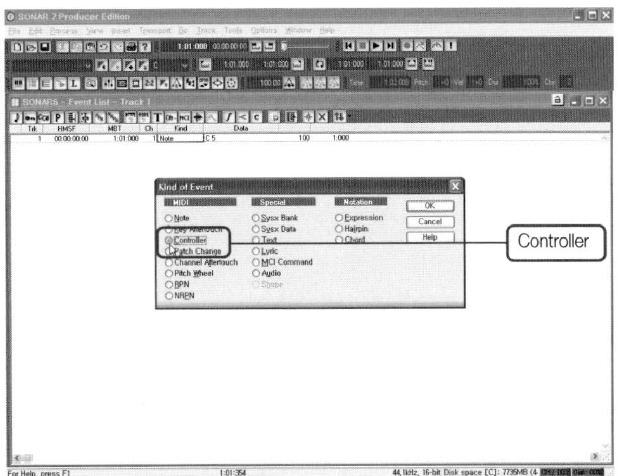

03 이벤트의 정보를 변경할 수 있는 Kind of Event 창이 열립니다. 컨트롤 정보를 입력해 보기로 했으므로 Controller 옵션을 선택하고 [OK] 버튼을 클릭합니다.

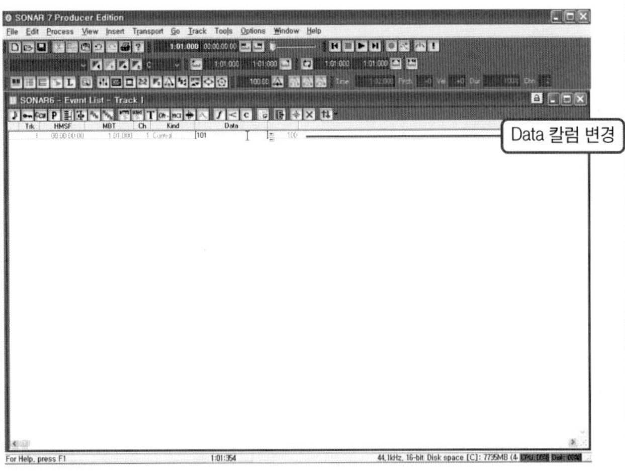

04 기본적으로 입력되었던 C5 노트가 컨트롤 정보로 변경되었습니다. 가장 흔하게 사용하는 RPN 정보를 입력해보겠습니다. Data 칼럼에 60 이라고 표시된 값을 더블 클릭하여 101를 입력하고 Enter 키를 누릅니다.

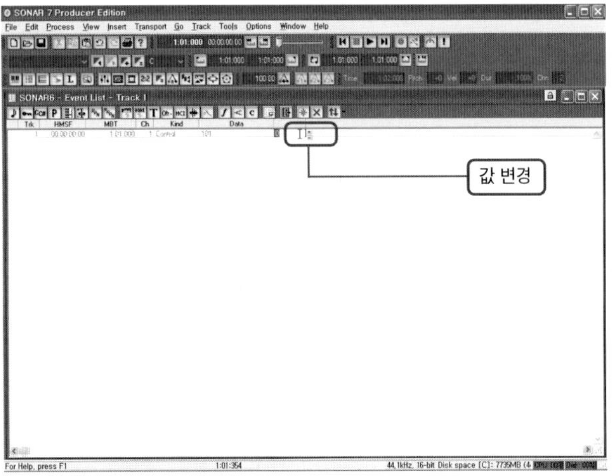

05 101-RPN MSB 컨트롤 정보가 입력되었습니다. 오른쪽의 100이라고 표시되어 있는 것이 컨트롤 정보의 값입니다. 이것을 더블 클릭하여 0으로 변경합니다.

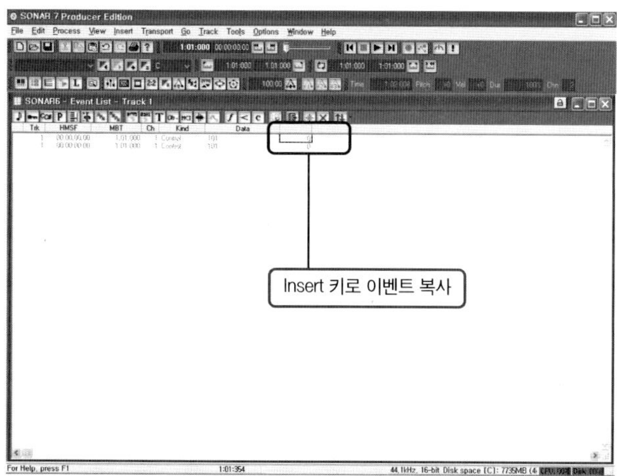

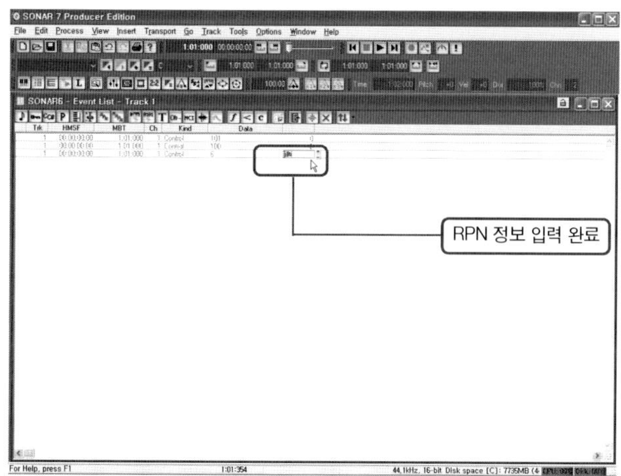

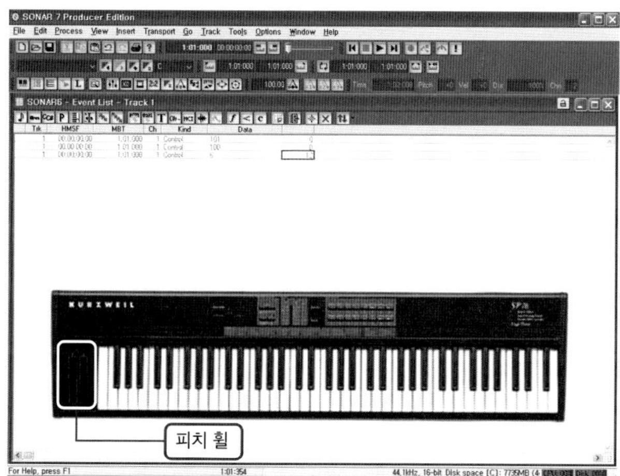

06 RPN 정보는 100번과 6번이 함께 사용되는 정보입니다. 자세한 설명은 뒤로 미루고, 단축키 [Insert]를 누릅니다. 비어있을 때와는 다르게 101이 복사되는 것을 확인할 수 있습니다. 이처럼 Insert 기능은 선택된 이벤트를 복사하는 것입니다.

07 복사된 데이터를 앞에서와 동일한 방법으로 Data 칼럼을 100으로 변경합니다. 100-RPN LSB로 변경되는 것을 확인할 수 있습니다. 계속 같은 방법으로 이벤트를 추가하고 Data를 6, 값을 12로 변경합니다.

08 지금까지 피치 휠 범위를 조정할 수 있는 컨트롤 정보를 입력해본 것입니다. 6-Data Entry MSB 값이 12이므로 마스터 건반의 피치 휠을 조정해보면 한 옥타브(1=반음)로 변경된 것을 확인할 수 있습니다.

이벤트 리스트의 도구 모음 줄은 작업 공간에 표시되는 이벤트를 잠시 감추거나 보여주는 역할을 하는 것이 대부분입니다. 미디 작업을 오래한 전문가라도 이벤트 리스트에 너무 많은 정보가 있으면 한 눈에 원하는 정보를 찾아 편집하기란 쉽지 않습니다. 도구 모음 줄의 버튼을 On/Off 하면서 편집 작업에 필요한 정보만 화면에 표시한다면 더욱 손쉬운 작업이 가능해질 것입니다.

1. ON/OFF 기능의 버튼

이벤트 리스트의 도구 모음 줄에 있는 버튼 위에서 마우스를 잠시 멈추면 해당 버튼이 어떤 정보를 표시하는지 확인할 수 있습니다. 왼쪽의 [Note Event] 버튼에서부터 C 표시가 있는 18번째의 Chord Event 버튼까지는 모두 이벤트 정보를 보이거나 감추는 기능입니다.

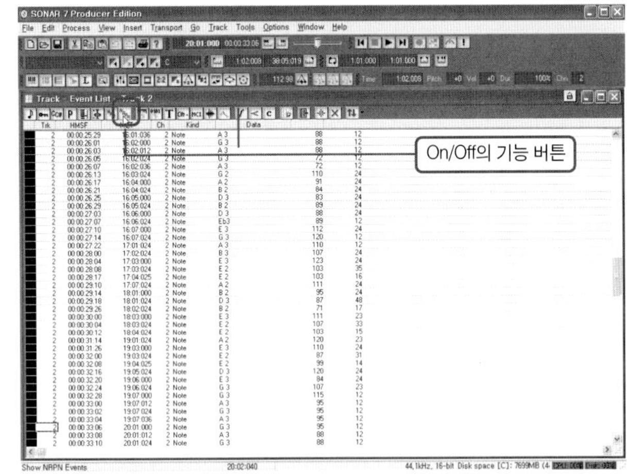

2. Event Manager 버튼

Chord Event 버튼 오른쪽에 있는 [Event Manager] 버튼은 On/Off 기능을 하나의 창에서 설정할 수 있는 Event Manager 창을 열어줍니다. 창에서 체크된 이벤트가 보이는 것이고, 옵션을 해제하면 감춰줍니다.

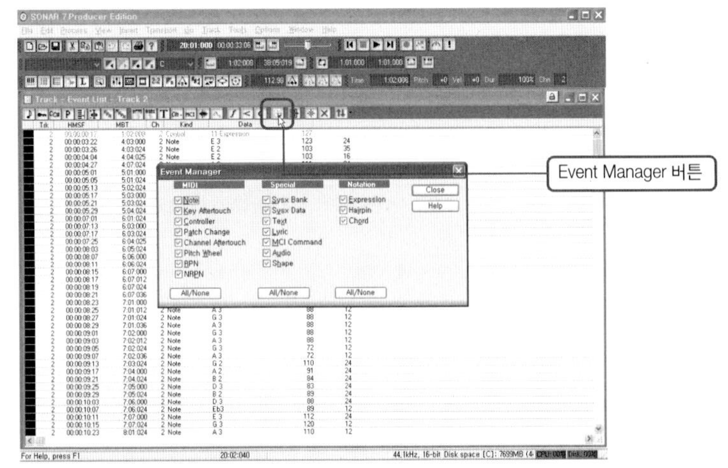

▌ 3. Show cropped 버튼 ▐

클립의 우측 가장 자리를 왼쪽으로 드래그하여
연주되는 이벤트의 길이를 줄일 수 있다는 것을
알고 있을 것입니다. 이때 감추어진 이벤트를 이
벤트 리스트 작업 공간에 표시하거나 감추는 기
능입니다.

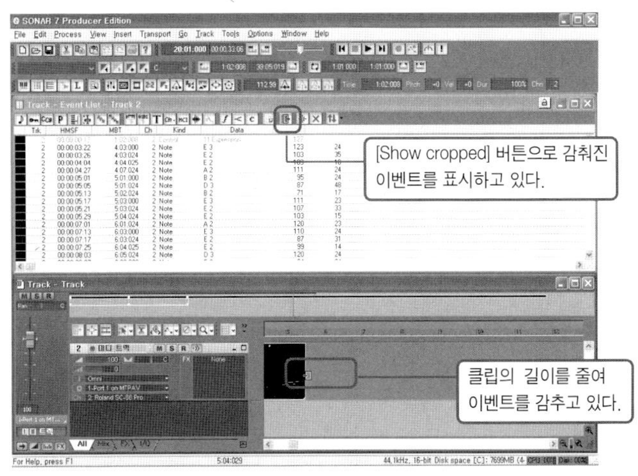

▌ 4. 이벤트 추가/삭제 버튼 ▐

선택한 이벤트의 복사본을 만들어 추가하거나 삭
제하는 버튼입니다. 먼저 복사할 이벤트를 아무
칼럼이나 클릭하여 선택합니다. 그리고 Insert 키
를 누르면 복사본이 만들어집니다. Delete 키를 누
르면 삭제됩니다.

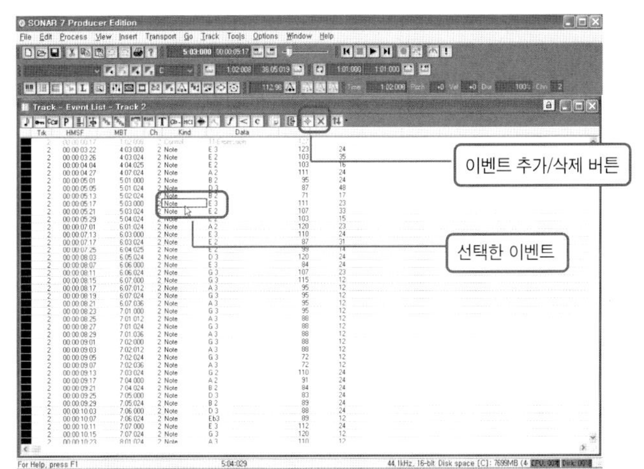

▌ 5. 트랙 버튼 ▐

도구 모음 줄 오른쪽 끝에 있는 [트랙] 버튼은 작
업 중인 트랙을 이동할 수 있는 Pick Tracks 창을
열어줍니다. [트랙] 버튼 오른쪽의 역삼각형을 클
릭하면 위 트랙(Show Previous Track), 아래 트랙
(Show Next Track)으로 이동할 수 있는 메뉴가
열립니다.

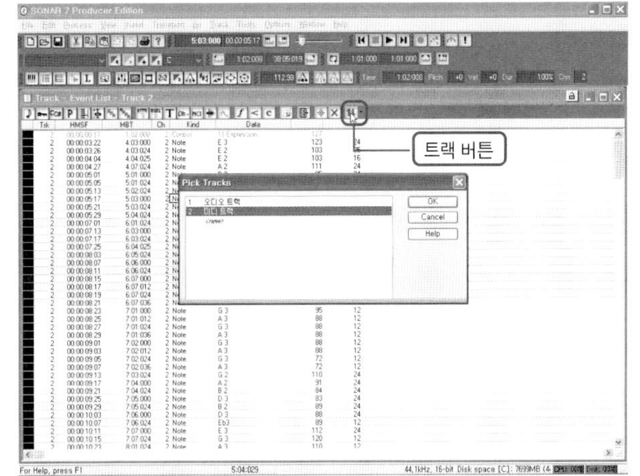

도구 모음 줄 아래쪽에는 칼럼의 이름이 표시되어 있지 않은 선택 칼럼에서부터 이벤트의 종류에 따라 값을 표시하는 Data 칼럼까지 모두 7가지가 있습니다. Data 칼럼은 이벤트의 종류에 따라 1~3개의 항목을 사용하는 가변 칼럼입니다. 이벤트 리스트는 다른 미디 편집 윈도우와는 다르게 시간 단위가 세로로 표시된다는 점을 유의하기 바랍니다.

◀ 1. 선택 칼럼 ▶

왼쪽에 칼럼의 이름이 없는 빈 공간은 이동, 복사 등과 같이 편집할 이벤트를 선택하는 부분입니다. 선택은 다른 윈도우에서와 마찬 가지로 마우스 클릭, 드래그, Ctrl 키, Shift 키를 모두 사용할 수 있습니다. Insert 키를 눌러 이벤트를 삽입할 때에 선택 칼럼에서 선택한 이벤트가 복사되는 것이 아니라는 점을 주의하기 바랍니다.

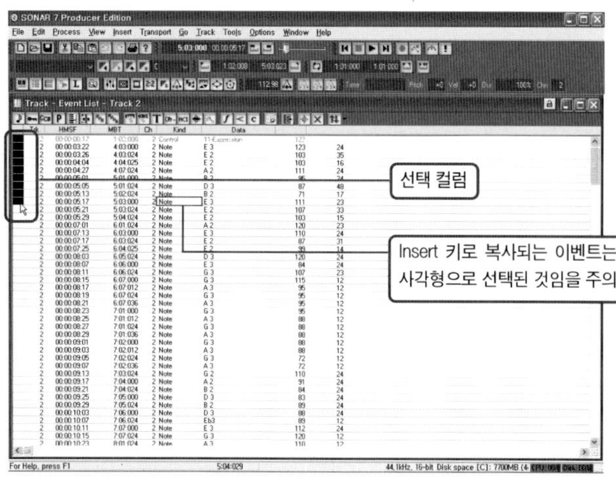

◀ 2. Trk ▶

이벤트가 있는 트랙 번호를 표시합니다. 이것은 칼럼에서 변경할 수 없고, Ctrl+X 와 Ctrl+V 의 명령으로 이동할 경우 자동으로 변경됩니다.

◀ 3. HMSF ▶

노트의 시작 위치를 시: 분: 초: 프레임의 단위로 표시합니다. 각 위치는 마우스 더블 클릭으로 변경 가능합니다.

◀ 4. MBT ▶

노트의 시작 위치를 마디: 박자: 틱의 단위로 표시합니다. 각 위치는 마우스 더블 클릭으로 변경 가능합니다.

5. Ch

노트의 채널 입력 값을 표시하거나 변경합니다. 실제 연주는 트랙 리스트에서 설정한 채널로 연주되며 미디로 저장할 경우 자동 변경됩니다.

6. Kind

이벤트의 종류를 표시하는 칼럼입니다. 이벤트의 변경은 앞의 실습에서와 같이 더블 클릭으로 Kin Of Event 창을 열고 변경할 이벤트를 선택합니다.

7. Data

이벤트의 종류에 따라 2~3개의 항목으로 표시되는 가변 칼럼입니다. 예를 들어 이벤트가 노트라면 음정, 벨로시티, 길이의 3가지 칼럼으로 표시되며, 컨트롤 정보라면 컨트롤 번호와 값의 2가지 칼럼으로 표시됩니다.

5 미디 이벤트의 종류

이벤트 리스트에 이벤트를 입력하는 방법은 앞의 실습에서도 살펴보았듯이 Insert 키를 눌러 선택되어있는 이벤트를 복사하고 이벤트의 종류를 표시하는 Kind 칼럼을 더블 클릭하여 Kind Of Event 창을 열고, 원하는 이벤트로 변경하는 과정을 거칩니다. 이때 Kind of Event 창을 보면 이벤트 리스트에서 다루어지는 이벤트의 종류를 확인할 수 있습니다. 여기서는 각 이벤트의 의미와 역할을 간단하게 살펴보겠습니다.

1. Note

입력된 노트의 정보를 표시합니다. Data 항목에는 노트의 음정, 벨로시티, 길이가 표시됩니다.

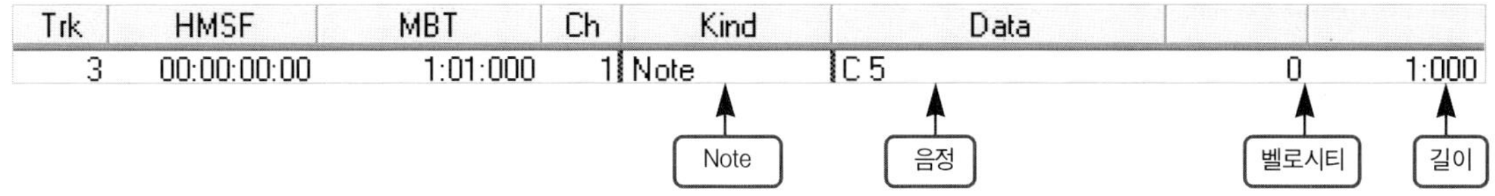

2. Key Aftertouch

건반을 누른 상태에서 한 번 더 힘을 주어 누르면 음색이 변하거나 비브라토가 걸리는 음원이 있습니다. 이것을 애프터 터치 정보라고 하며, 특정 음에만 적용되는 것을 키 애프터 터치라고 합니다.

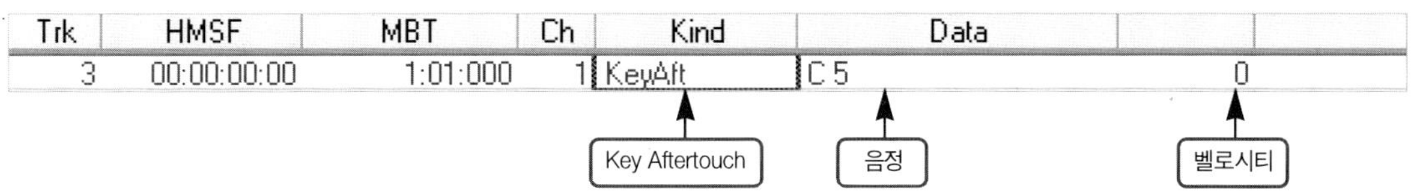

3. Controller

악기를 채널 별로 컨트롤 할 수 있는 다양한 컨트롤 정보를 표시하거나 편집할 수 있습니다. 컨트롤 정보는 Data 칼럼에서 1번을 입력하면 modulation, 10번을 입력하면 Pan 등으로 역할이 바뀝니다. 각각의 정보는 뒤에서 살펴보겠습니다.

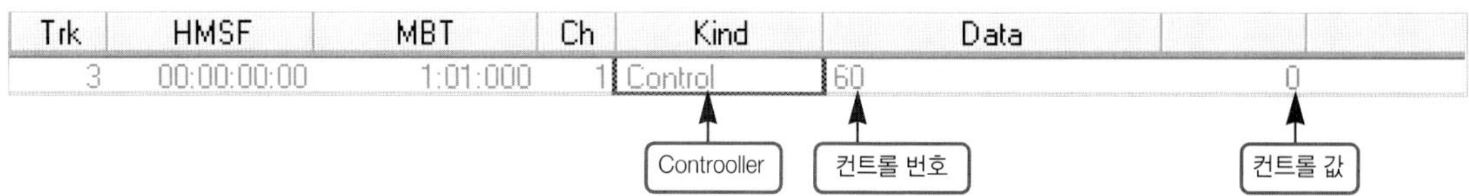

4. Patch Change

음색을 표시하거나 변경할 수 있습니다. Data 항목을 더블 클릭하면 뱅크와 패치를 변경할 수 있는 창이 열립니다. 사용법은 트랙 리스트와 동일합니다.

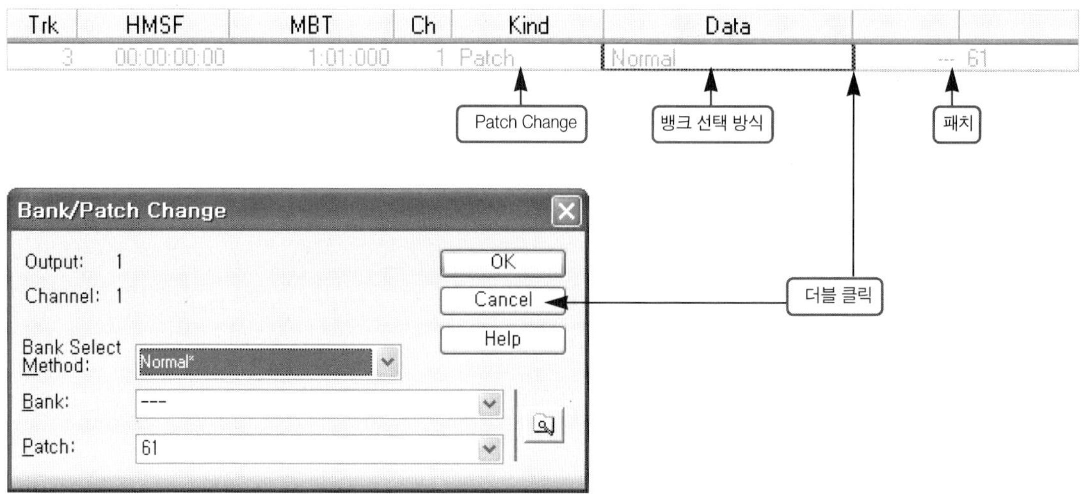

5. Channel Aftertouch

애프터 터치는 이미 앞에서 설명했습니다. Data 칼럼을 보면 알 수 있듯이 Key Aftertouch는 특정음에 Channel Aftertouch는 채널에서 연주되는 모든 음에 적용된다는 차이만 있습니다.

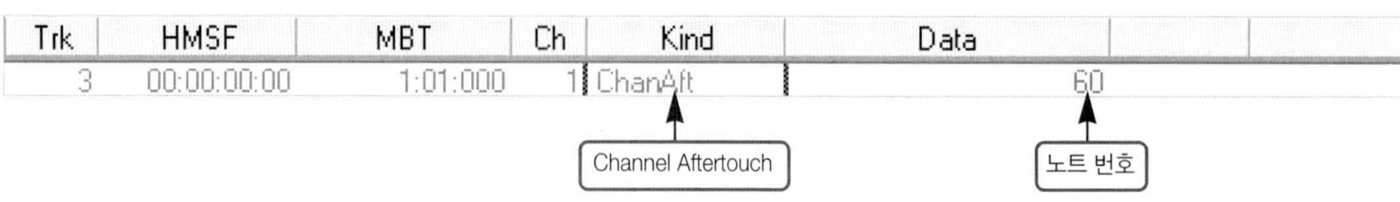

6. Pitch Wheel

피치 휠의 정보를 표시하거나 변경할 수 있습니다. 0을 기준으로 -8192~8191 범위로 조정됩니다. 이것은 RPN의 Data Entry MSB 값에 따라 범위가 설정됩니다. Data Entry MSB 값이 2이라면 - 8192는 한 음정을 내린 것이고, 8191은 한 음정을 올린 것이지만 Data Entry MSB 값이 12이라면 범위는 옥타브로 변경됩니다.

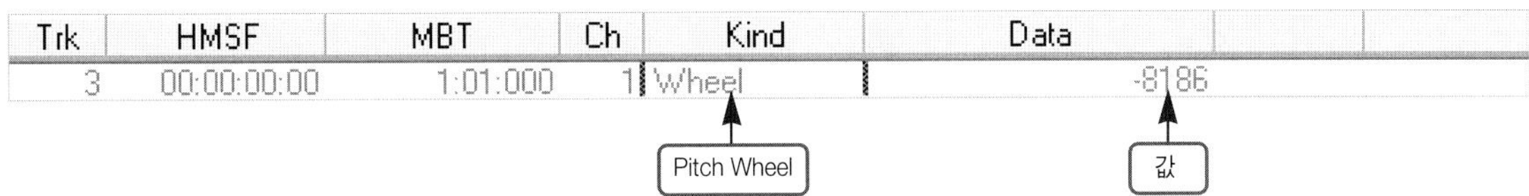

7. RPN

컨트롤 정보 101번, 100번, 6번의 3가지를 동시에 사용하는 RPN 정보를 하나의 이벤트로처리할 수 있도록 하는 소나 전용 이벤트입니다. 소나에서 제공하는 RPN 정보는 Data 칼럼을 선택하고, ⊞/⊟ 키를 눌러 확인할 수 있습니다. RPN 값은 Data Entry MSB(6번) 값에 128을 곱한 값입니다. Data Entry LSB(38번)을 함께 사용한다면 6번과 38번 값을 더한 값에 128을 곱합니다.

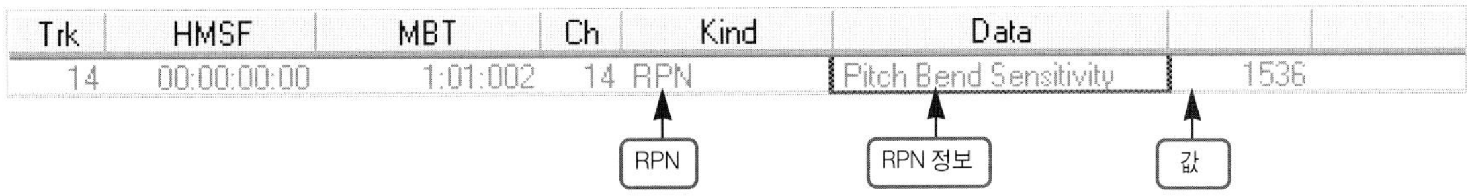

8. NRPN

RPN과 같이 컨트롤 정보 99번, 98번, 6번의 3가지를 동시에 사용하는 NRPN 정보를 표시합니다. 사용법은 RPN과 동일합니다.

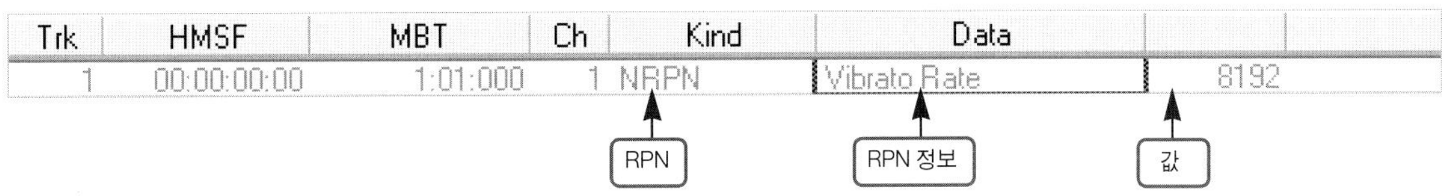

9. Sysx Bank

시스템 익스클루시브 창의 Bank 번호를 표시하거나 변경할 수 있습니다. 시스템 익스클루시브 창은 View 메뉴의 Sysx를 선택하여 엽니다. 자세한 것은 시스템 익스클루시브 윈도우에서 살펴보겠습니다.

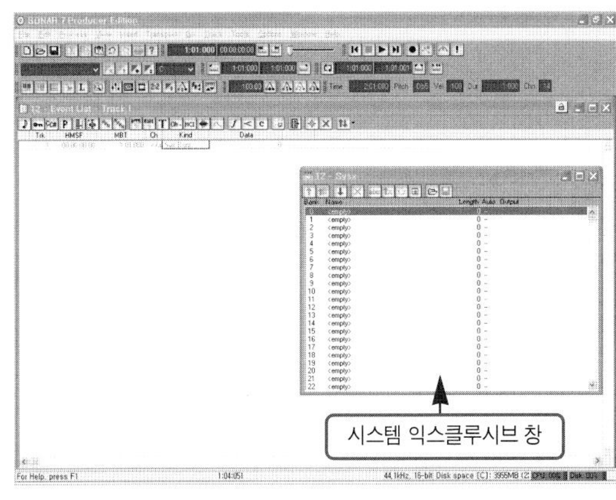

10. Sysx Data

시스템 익스클루시브 정보를 표시하거나 변경할 수 있습니다. 역시 자세한 것은 시스템 익스클루시브 윈도우에서 살펴보겠습니다.

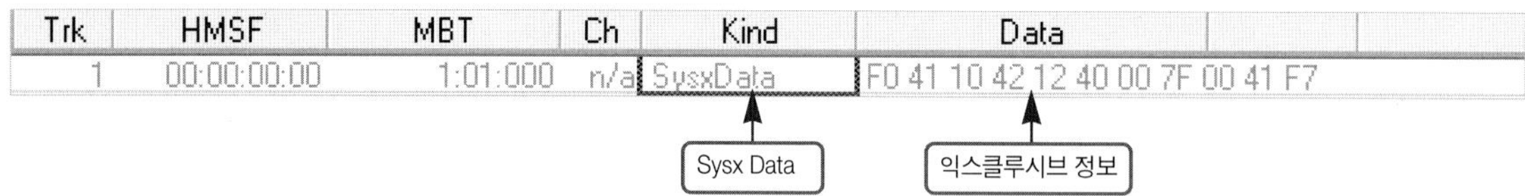

11. Text

이벤트 리스트에 간단한 메모를 해둘 수 있는 이벤트입니다. Data 칼럼을 더블 클릭하여 입력합니다.

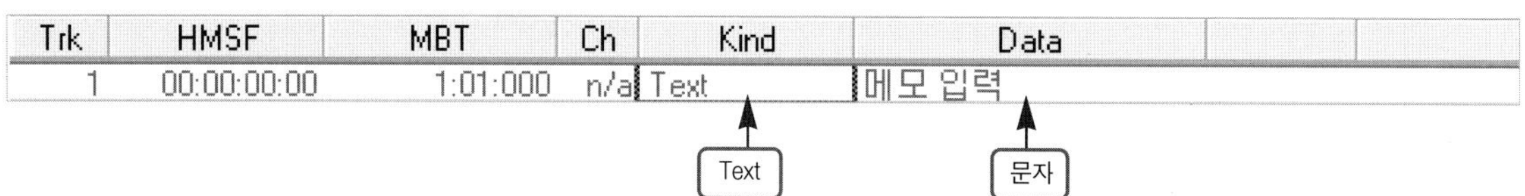

12. Lyric

Staff 윈도우 또는 Lyrics 윈도우에서 입력한 노래 가사를 표기하거나 편집할 수 있습니다.

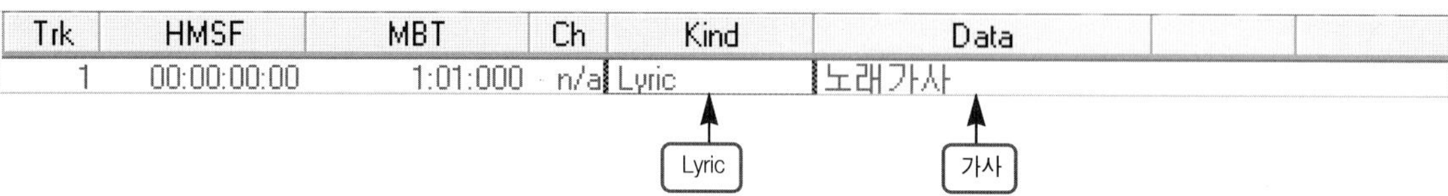

13. MCI Command

Wav, MP3, Avi, Audio CD 등의 미디어 파일을 동기 시킬 수 있는 이벤트입니다. Data항목을 더블 클릭하여 재생 명령어인 Play와 파일이 있는 경로, 이름을 입력합니다. 연주를 멈출 경우에는 정지 명령어인 Stop을 사용합니다. 노래방 반주에서 흘러나오는 코러스와 랩 등을 처리할 때 사용하는 이벤트입니다.

14. Audio

오디오 트랙에 있는 클립의 정보를 표시합니다. 오디오 트랙이 비어있는 경우라면 File 메뉴의 Import와 동일하게 외부 오디오 파일을 불러올 수 있습니다. Kind 칼럼을 더블 클릭하여 Audio를 선택하면 오디오 파일을 불러올 수 있는 Import Audio 창이 열립니다.

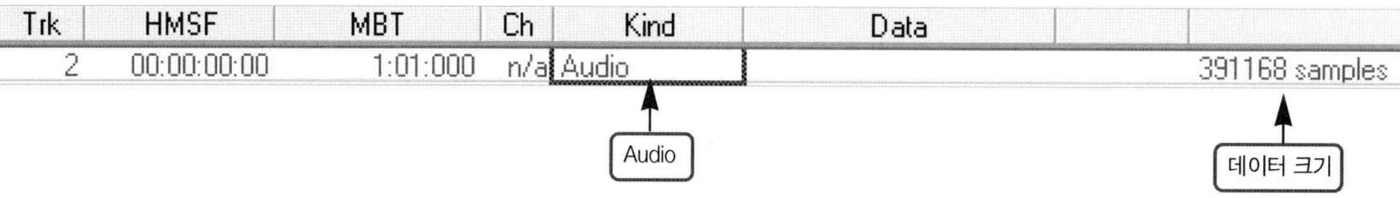

◀▌ 15. Shape ▐▶

클립에 기록되어 있는 엔벨로프 정보를 표시합니다. Data에는 시작점의 값-끝 점의 값, 라인 형태, 길이가 표시됩니다.

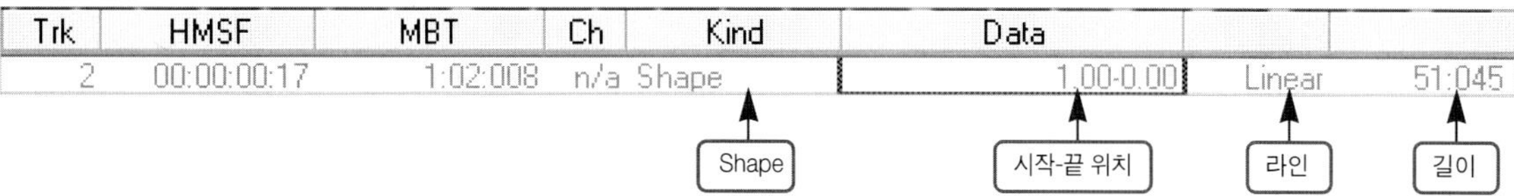

◀▌ 16. Exprsn ▐▶

Staff 윈도우에서 입력한 Expression 기호를 표시하거나 변경할 수 있습니다.

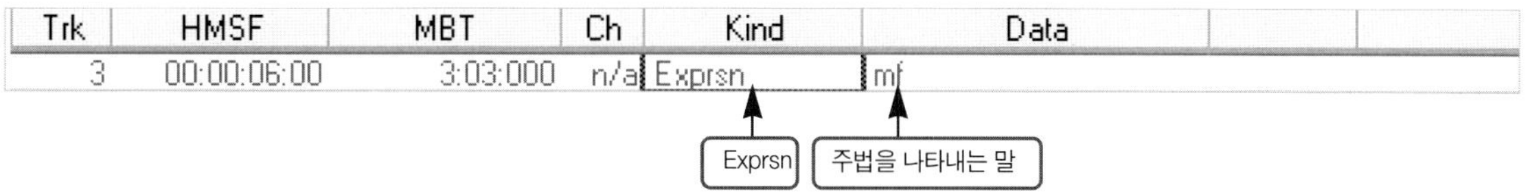

◀▌ 17. Hairpin ▐▶

Staff 윈도우에서 입력한 Hairpin 기호를 표시하거나 변경할 수 있습니다. 기호의 특성 때문에 길이도 함께 표시됩니다.

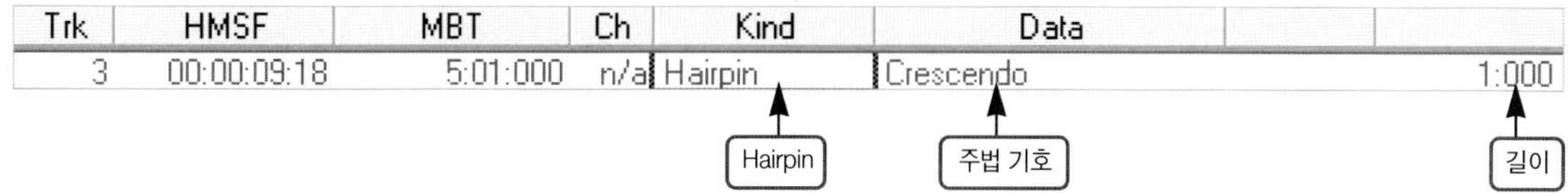

◀▌ 18. Chord ▐▶

Staff 윈도우에서 입력한 Chord 기호를 표시하거나 변경할 수 있습니다.

소나에서 다룰 수 있는 이벤트의 종류를 살펴보았습니다. 이 가운데 컨트롤 정보는 Data 번호에 따라 역할이 달라집니다. 독자의 미디 음악을 한 단계 발전시키기 위해서는 반드시 알고 있어야만 하는 컨트롤 정보를 살펴보겠습니다. 컨트롤 정보는 각 채널 별로 연주되는 악기의 이펙트나 음색을 조정할 수 있는 것으로 대부분 규격화 되어 있지만, 악기마다 조금씩 차이가 있습니다. 여기서는 GS악기의 표준인 Roland사의 SC-88을 기준으로 살펴보겠습니다. 반드시 사용하고 있는 악기의 메뉴얼을 참조하면서 학습을 진행하기 바랍니다.

1. Bank selects (Controller number 0, 32)

Trk	HMSF	MBT	Ch	Kind	Data	
3	00:00:09:18	5:01:000	1	Control	0	16
3	00:00:09:18	5:01:000	1	Control	32	0

뱅크 선택에 사용되는 컨트롤 번호는 0번 또는 32번입니다.

대부분의 악기가 수 백 가지의 음색을 가지고 있지만, 패치로 선택할 수 있는 악기 음색은 1에서 128까지 총 128개뿐입니다. 그래서 만들어진 것이 뱅크라는 컨트롤 정보로 128개 이하의 음색을 하나의 뱅크라는 단위로 묶어서 사용할 수 있도록 하고 있습니다. 이러한 뱅크 선택의 컨트롤 번호는 악기마다 0번 또는32번을 개별적으로 사용하거나 SC-88과 같이 0번과 32번을 모두 사용하는 악기도 있으므로 반드시 악기 설명서를 참조하기 바랍니다. SC-88의 경우에는 0번으로 뱅크를 선택하고, 32번으로 SC-55MAP(컨트롤 값 1)과 SC-88MAP(컨트롤 값 2)을 선택할 수 있도록 되어있습니다.

다음 표는 SC-88의 악기 리스트 중에서 Guitar부분에 해당하는 24번 음색의 SC-88MAP과 SC-55MAP인데 같은 프로그램 번호에서도 여러 개의 뱅크 번호를 선택하여 전혀 다른 음색을 사용할 수 있다는 것을 보여주고 있습니다.

〈SC-88의 Guitar 음색 계열 중 25번 음색인 경우〉

Guitar			
프로그램 번호	뱅크 번호	88MAP	55MAP
25	0	nylon-str.Gt	Nylon-str.Gt
	8	Ukulele	Ukulele
	16	Nylon Gt.o	Bylon Gt.o
	24	Velo Harmnix	해당 음색 없음
	32	Nylon Gt.2	Nylon Gt.2
	40	Lequint Gt.`	해당 음색 없음

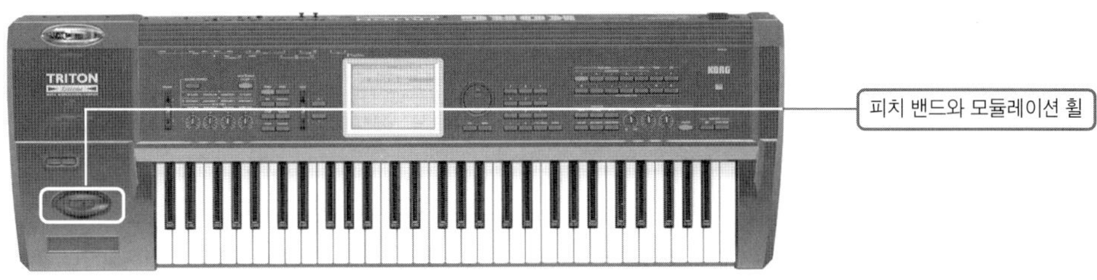

모듈레이션에 사용되는 컨트롤 번호는 1번입니다.

모듈레이션 정보에 반응하여 변화되는 효과는 악기마다 차이가 있지만 대부분 비브라토 효과를 냅니다. 건반 악기의 경우 다음 그림과 같이 왼쪽에 피치 벤드와 함께 모듈레이션 값을 조정할수 있는 휠이 있어 연주/녹음 중일 때에도 모듈레이션 컨트롤 값을 조정할 수 있습니다.

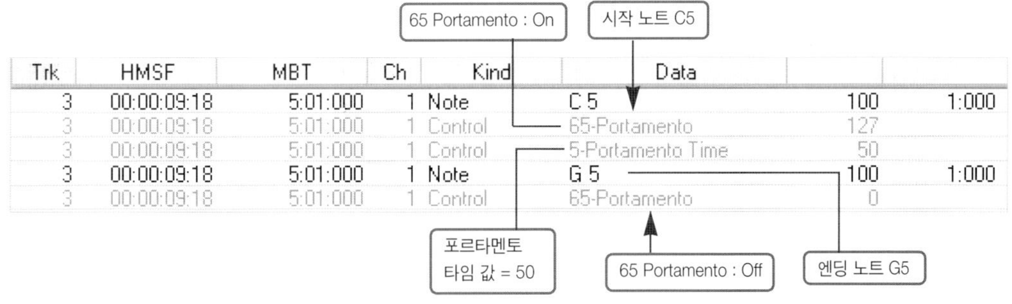

◀| 3. Portamento Time (Controller number 5. 65) |▶

Trk	HMSF	MBT	Ch	Kind	Data		
3	00:00:09:18	5:01:000	1	Note	C 5	100	1:000
3	00:00:09:18	5:01:000	1	Control	65-Portamento	127	
3	00:00:09:18	5:01:000	1	Control	5-Portamento Time	50	
3	00:00:09:18	5:01:000	1	Note	G 5	100	1:000
3	00:00:09:18	5:01:000	1	Control	65-Portamento	0	

포르타멘토에 사용되는 컨트롤 번호는 5번과 65번입니다.

포르타멘토란 기타를 연주하는 독자의 경우에는 쉽게 이해할 수 있는 슬러 주법과 같은 것으로 두 음 사이의 음들을 미끄러지듯 연결하여 연주하도록 하는 컨트롤 정보입니다. 앞의 보기에서는 C5와 G5를 차례로 연주할 때, 두 음 사이에 포르타멘토 타임 정보를 입력하여 C5와 G5 사이의 음들이 미끄러지듯 연주하도록 하는 것입니다. 여기서 사용되는 시간 값(0-127)은 값이 적을수록 빠르게 미끄러지지만 곡의 템포에 따라 달라지므로 독자 스스로 값을 변경하면서 많은 실험을 해보기 바랍니다. 중요한 것은 포르타멘토 컨트롤 정보를 사용하기 위해서는 먼저 컨트롤 번호 65번인 포르타멘토 On/Off 정보 값을 127로 하여 On하고, 끝나는 부분에서 포르타멘토 On/Off 정보 값을 0으로 하여 Off 해야 합니다.

◀ 4. Volume(Controller number 7) ▶

볼륨에 사용되는 컨트롤 번호는 7번입니다.

볼륨은 굳이 설명하지 않아도 소리의 크기라는 것을 알 수 있을 것입니다. 하지만 각 채널마다 적당한 볼륨을 설정하는 것은 그렇게 만만한 작업이 아닙니다. 앞에서 설명된 뱅크 항목의 패치와 뒤에서 설명되는 팬은 볼륨과 함께 음악의 승패를 좌우할 정도로 중요한 역할을 하는 것임에도 불구하고 적당히 사용하는 학생들이 있습니다. 반드시 많은 음악을 들으면서 그 음악에 사용된 음색, 볼륨, 팬 등을 연구하는 습관을 갖길 바랍니다.

◀ 5. Pan (Controller number 10) ▶

팬에 사용되는 컨트롤 번호는 10번입니다.

팬이란 스피커 좌/우의 방향을 설정하는 컨트롤 정보입니다. 팬의 값은 0(좌)-64(중앙)-127(우)로 조정할 수 있습니다. 예를 들어, 1번 채널의 악기 소리를 왼쪽 스피커 방향에서 들리도록 하고 싶다면 팬의 값을 0으로 설정합니다. 팬은 볼륨 항목에서도 강조했듯이 아주 중요한 컨트롤 정보입니다. 물론 팬을 리스트 윈도우에서 직접 입력하는 경우는 드물겠지만 중요한 것은 입력이 아니라 사운드의 안정성과 스테레오 효과를 충분히 만들어 내기 위한 훈련입니다. 이제부터 음악을 감상할 때, 각 악기의 사운드가 어느 방향에서 들리는지 훈련 해 볼 것을 권장합니다. 자신이 좋아하는 악기 음색부터 도전을 하면 좀더 쉽게 접근할 수 있습니다.

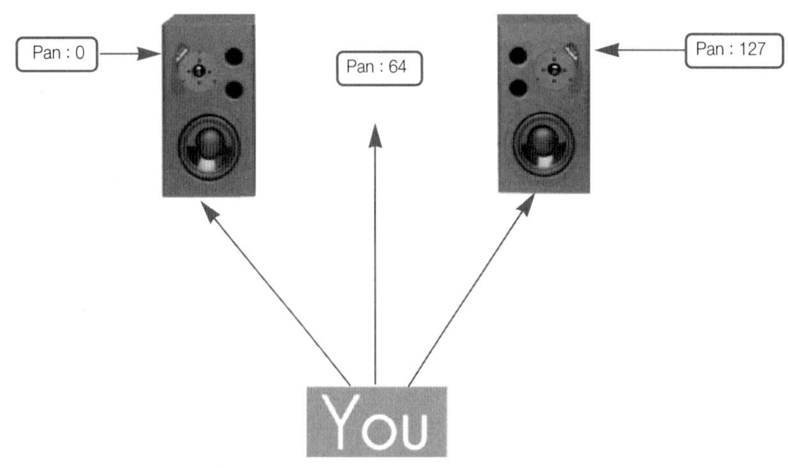

6. Expression (Controller number 11)

Trk	HMSF	MBT	Ch	Kind	Data	
3	00:00:09:18	5:01:000	1 Control	11-Expression		100

익스프레션에 사용되는 컨트롤 번호는 11번입니다.

익스프레션이란 상태적인 볼륨 값을 말합니다. 상대적인 볼륨 값이란 앞에서 설명한 컨트롤 정보 7번의 볼륨 값을 최대값으로 하는 볼륨 값을 말합니다. 컨트롤 정보 7번의 값이 100이고, 익스프레션의 최대 값이 127이라면 귀에 들리는 것은 실제로 100이 됩니다. 이러한 익스프레션은 바이올린이나 트럼펫과 같은 악기에서 연주 중에 미세하게 변하는 볼륨 값을 표현하거나, 점점 세게(Crescendo) 또는 점점 여리게(Decrescendo)와 같은 연주의 셈 여림을 표현할 때 많이 사용합니다. 참고로 다음 그림과 같은 컨트롤 페달을 이용하면 연주/녹음 중일 때 익스프레션 값을 조정할 수 있습니다.

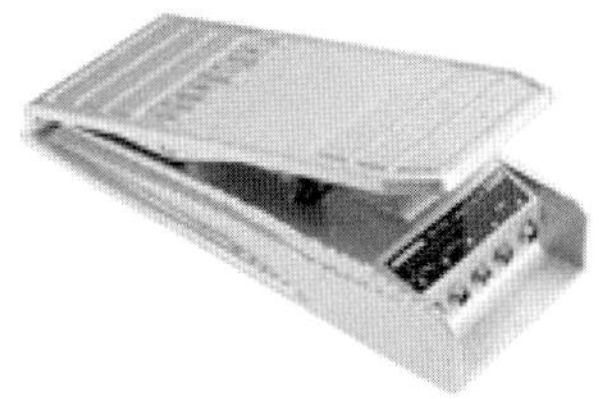

Tip ▶ 피아노 페달

계속해서 학습할 컨트롤 정보 64, 66, 67번은 피아노 페달 역할을 하는 것입니다. 이해를 돕기 위해 피아노 페달의 기능에 관해서 잠깐 살펴보겠습니다. 그림에서와 같이 피아노 아래쪽에는 3개의 페달이 있습니다. 각 페달의 이름은 왼쪽에서부터 소프트 페달, 소스테누토 페달, 서스테인 페달이라고 합니다.

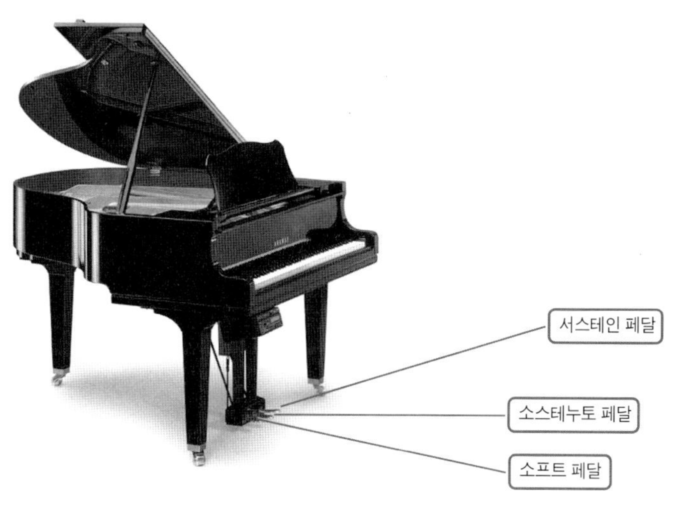

서스테인 페달

뎀퍼 페달이라고도 불리는 이 페달의 기능은 페달을 밟고 있는 동안 연주된 소리를 계속 울리도록 하는 역할을 합니다. 피아노 악보를 보면 다음과 같이 서스테인 페달을 밟고 떼는 표시가 있습니다.

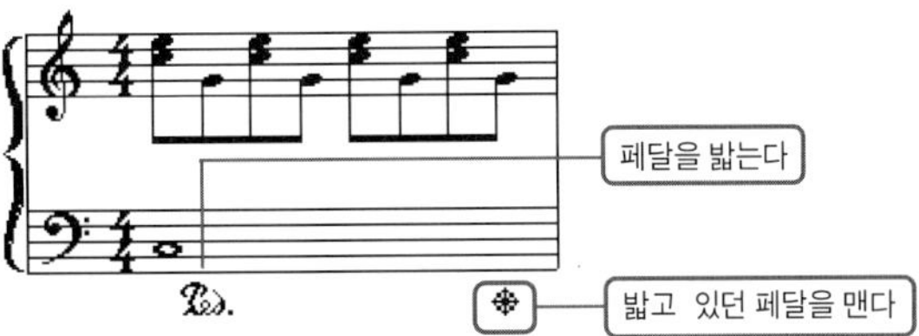

소스테누토 페달

소스테누토 페달의 기능은 서스테인 페달과 같이 소리를 지속시켜 주는 역할을 합니다. 차이점은 서스테인 페달은 페달은 밟고 있는 동안 연주되는 모든 음들에 영향을 주지만, 소스테누토 페달은 페달은 밟았을 때 연주한 음에만 영향을 줍니다.

소프트 페달

소프트 페달의 기능은 페달은 밟고 있는 동안 연주되는 음들을 작고 부드럽게 합니다.

◀ 7. Sustain On/Off (Controller number 64) ▶

Trk	HMSF	MBT	Ch	Kind	Data	
3	00:00:09:18	5:01:000	1	Control	➤ 64-Hold 1	➤ 127
3	00:00:09:18	5:01:000	1	Control	64-Hold 1	0

서스테인 On/Off 에 사용되는 컨트롤 번호는 64번입니다.

서스테인 컨트롤 정보의 On은 64에서 127까지 아무것이나 사용해도 되고, Off 역시 0에서 63까지 아무것이나 사용해도 되지만 혼동을 피하기 위해서 On은 127, Off는 0으로 기억해두면 편리할 것입니다.

이 컨트롤 정보는 피아노 오른쪽 페달과 같은 역할을 하지만 Guitar와 같은 악기의 경우 왼손 코드를 바꾸기 전까지 연주되는 음들의 여운이 남는다는 것을 적용하여 기타 주법 효과를 만들어내는 데도 사용합니다. 참고로 건반 악기의 경우 다음 그림과 같은 서스테인 페달을 이용하면 연주/녹음 중에도 서스테인의 컨트롤 값을 On/Off 시킬 수 있습니다.

◀|| 8. Sostenuto On/Off (controller number 66) ||▶

Trk	HMSF	MBT	Ch	Kind	Data	
3	00:00:09:18	5:01:000	1	Control	66-Sostenuto	127
3	00:00:09:18	5:01:000	1	Control	66-Sostenuto	0

소스테누토 On/Off에 사용되는 컨트롤 번호는 66번입니다.

소스테누토 컨트롤 체인지 정보의 On은 64에서 127까지 아무것이나 사용해도 되고, Off 역시 0에서 63까지
아무것이나 사용해도 되지만 혼동을 피하기 위해서 On은 127, Off는 0으로 기억해두면 편리할 것입니다.
이 컨트롤 정보는 피아노 가운데 페달과 같은 역할을 합니다.

◀|| 9. Soft On/Off(Controoler number 67) ||▶

Trk	HMSF	MBT	Ch	Kind	Data	
3	00:00:09:18	5:01:000	1	Control	67-Soft	127
3	00:00:09:18	5:01:000	1	Control	67-Soft	0

소프트 On/Off에 사용되는 컨트롤 번호는 67번입니다.

소프트 컨트롤 정보 역시 컨트롤 값은 On(64-127)/Off(0-63)입니다만, 서스테인이나 소스테누토와 같이 On
은 127, Off는 0으로 기억해두면 편리할 것입니다.
이 컨트롤 정보는 피아노 왼쪽 페달과 같은 역할을 합니다.

◀|| 10. Portamento Control (Controller number 84 / 5) ||▶

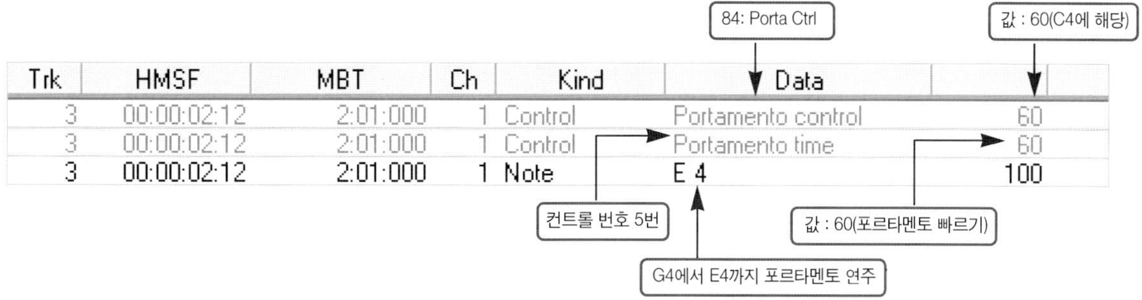

Trk	HMSF	MBT	Ch	Kind	Data	
3	00:00:02:12	2:01:000	1	Control	Portamento control	60
3	00:00:02:12	2:01:000	1	Control	Portamento time	60
3	00:00:02:12	2:01:000	1	Note	E 4	100

포르타멘토 조정에 사용되는 컨트롤 번호는 84번입니다.

포르타멘토 효과에 관해서는 앞의 컨트롤 번호 5번인 포르타멘토 타임에서 설명하였습니다.
포르타멘토 타임은 두 음정 사이에서 효과를 발휘하지만 컨트롤 정보 84번은 컨트롤 값(0-127)에서 지정한
음정으로부터 다음 노트의 음정까지 효과를 냅니다. 포르타멘토의 빠르기는 컨트롤 정보 5번인 포르타멘토

타임으로 결정되므로 두 정보는 함께 사용됩니다.

포그타멘토 컨트롤 정보의 값인 0-127과 음정과의 관계는 다음의 건반 그림에서 보는 것과 같이 가운데 도 (C5)가 60으로 지정되어 있으므로, 반음 단위로 상행하는 음정은 61(C#5), 62(D5)…로 지정할 수 있으며, 반음 단위로 하행하는 음정은 59(B4), 58(A#4)…로 지정할 수 있습니다.

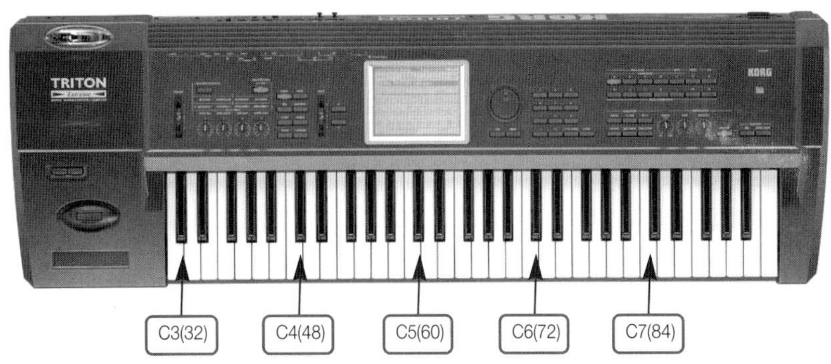

11. Reverb Send Level (Controller number 91)

리버브에 사용되는 컨트롤 번호는 91번입니다.

앞에서 리버브가 공간감을 만들어내는 것이라고 했으므로 초보자의 경우 리버브 값을 공간의 크기와 비교해도 좋습니다.

12. Chorus Send Level (Controller number 93)

코러스에 사용되는 컨트롤 번호는 93번입니다.

앞에서 코러스는 합창 효과를 만들어내는 것이라고 했으므로 초보자의 경우 코러스의 값을 합창하는 사람의 수와 비교해도 좋습니다.

13. Delay Send Level (Controller number 94)

딜레이에 사용되는 컨트롤 번호는 94번입니다.

앞에서 딜레이는 반복되는 시간 차를 만들어내는 것이라고 했으므로 초보자의 경우 딜레이의 값을 반복되는 사운드의 시간 간격과 비교해도 좋습니다.

14. NRPN(Controller number 99, 98, 6)

NRPN이란 국제적으로 협의된 사항이 아닌 악기 제조사 특유의 기능을 컨트롤 하기 위한 정보를 말하는 것으로 99번 (NRPN MSB), 98번(NRPN LSB), 6번 (Data entry)의 3가지 컨트롤 정보를 함께 사용합니다. NRPN은 국제적으로 협의된 사항이 아니기 때문에 악기 제조사 마다 컨트롤 되는 값과 정보가 다릅니다. 그러므로 NRPN를 정확하게 사용하기 위해서는 각 악기의 메뉴얼을 필히 참조해야 합니다.

여기서는 SC-88에 정의된 NRPN 컨트롤 정보를 살펴보겠습니다.

1. Vibrato Rate(비브라토 비율의 조절)

Trk	HMSF	MBT	Ch	Kind	Data	
3	00:00:09:18	5:01:000	1 Control	99-NRPN MSB	1
3	00:00:09:18	5:01:000	1 Control	98-NRPN LSB	8
3	00:00:09:18	5:01:000	1 Control	6-Data Entry MSB	64

비브라토 비율을 조절하는 NRPN 컨트롤 번호는 99번이 1, 98번이 8 이며, 비율(비브라토 회수)을 조정하는 데이터 엔트리 6번의 기본 값은 64(원래 음색이 가지고 있는 비브라토 비율)입니다.

기본 값 보다 많은 비브라토 비율(65-127)은 원래 음색이 가지고 있는 비브라토 비율보다 많아지므로 비브라토가 빨라지고, 기본 값 보다 적은 비브라토 비율(0-63)은 원래 음색이 가지고 있는 비브라토 비율보다 적어지므로 비브라토가 느려집니다.

소나의 NRPN은 136번입니다.

2. Vibrato Depth (비브라토 깊이 조절)

Trk	HMSF	MBT	Ch	Kind	Data	
3	00:00:09:18	5:01:000	1 Control	99-NRPN MSB	1
3	00:00:09:18	5:01:000	1 Control	98-NRPN LSB	9
3	00:00:09:18	5:01:000	1 Control	6-Data Entry MSB	64

비브라토 깊이를 조절하는 NRPN 컨트롤 번호는 99번이 1, 98번이 9이며, 깊이를 조정하는 데이터 엔트리 6번의 기본 값은 64(원래 음색이 가지고 있는 비브라토 깊이)입니다.

기본 값 보다 많은 비브라토 크기(65-127)는 원래 음색이 가지고 있는 비브라토 크기 보다 커지고, 기본 값 보다 적은 비브라토 깊이(0-63)은 원래 음색이 가지고 있는 비브라토 크기 보다 작아집니다.

소나의 NRPN은 137번입니다.

3. Vibrto Frequency(비브라토의 시작점을 조절)

Trk	HMSF	MBT	Ch	Kind	Data	
3	00:00:09:18	5:01:000	1 Control	99-NRPN MSB	1
3	00:00:09:18	5:01:000	1 Control	98-NRPN LSB	10
3	00:00:09:18	5:01:000	1 Control	6-Data Entry MSB	64

비브라토 시작점을 조절하는 NRPN 컨트롤 번호는 99번이 1, 98번이 10이며 시작점(음이 발생한 후 비브라토가 시작되는 위치)을 조정하는 데이터 엔트리 6번의 기본 값은 64(원래 음색이 가지고 있는 비브라토의 시

작 지점)입니다.

기본 값 보다 많은 비브라토 시작점(65-127)은 원래 음색이 가지고 있는 비브라토 시작점 보다 늦고, 기본 값 보다 적은 비브라토 시작점(0-63)은 원래 음색이 가지고 있는 비브라토 시작점보다 빨라집니다.

소나의 NRPN은 138번입니다.

4. TVF Cutoff Frequency(음색 필터의 주파수대를 조절)

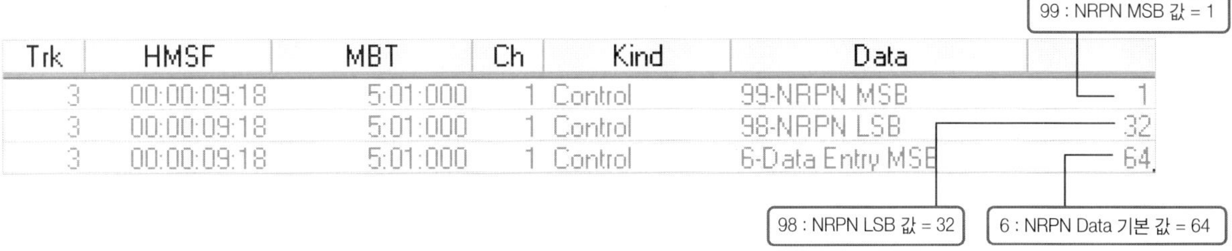

음색 필터의 주파수대를 조절하는 NRPN 컨트롤 번호는 99번이 1, 98번이 32이며, 필터를 적용하고자 하는 주파수대(원래 음색이 가지고 있는 주파수에서 차단하고자 하는 기준점)를 조정하는 데이터 엔트리 6번의 기본 값은 64(원래 음색이 가지고 있는 필터의 주파수대)입니다.
기본 값 보다 높은 값(65-127)은 원래 음색이 가지고 있는 필터의 주파수대보다 높아지므로 음색이 크고 강해지며, 기본 값 보다 낮은 값(0-63)은 원래 음색이 가지고 있는 필터의 주파수대보다 낮아지므로 음색이 작고 약해집니다.

소나의 NRPN은 160번입니다.

5. TVF Resonance(공진 값의 조절)

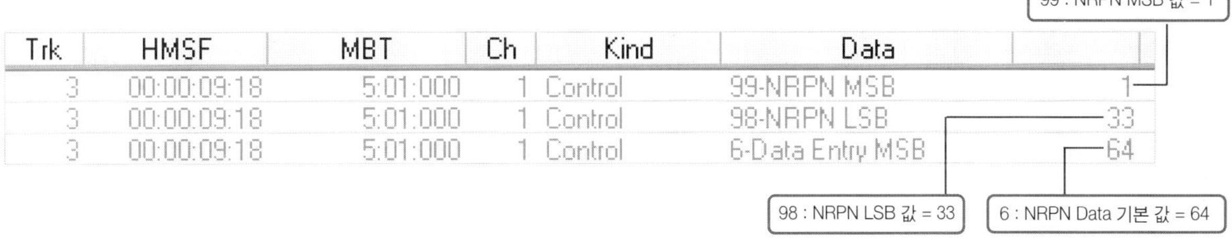

공진 값을 조절하는 NRPN 컨트롤 번호는 99번이 1, 98번이 33이며, 공진 주파수대(원래 음색이 가지고 있는 주파수의 진동수와 일치시키고자 하는 주파수대)를 조정하는 데이터 엔트리 6번의 기본 값은 64(원래 음색이 가지고 있는 주파수의 공진 값)입니다. 기본 값 보다 높은 값(65-127)은 원래 음색이 가지고 있는 주파수의 높은 부분을 공진시켜 음색이 날카롭고 화려해지며, 기본 값보다 낮은 값(0-63)은 원래 음색이 가지고 있는 주파수의 낮은 부분을 공진시켜 음색이 무겁고 부드러워집니다.

소나의 NRPN은 161번입니다.

계속되는 NRPN 컨트롤 정보를 살펴보기 전에 음이 처음 발생하여 소멸하기까지의 과정을 나타내는 엔벨로프에 관해서 살펴보겠습니다. 건반을 쳐서 어떤 음이 소리를 낼 때, 그 음의 처음 발생에서부터 소멸까지의 과정에서 일어나는 소리의 변화를 파형으로 나타낸 것을 엔벨로프 파형이라고 합니다. 엔벨로프 파형은 다음 그림과 같이 크게 어택 타임, 디케이 타임, 서스테인 타임, 릴리즈 타임의 4가지로 구분됩니다.

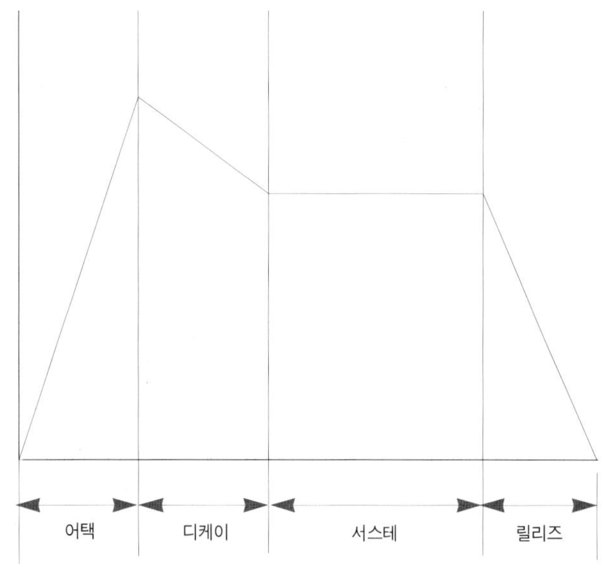

어택 타임 : 건반을 눌러 음이 처음 발생할 때부터 최대 레벨까지 걸리는 시간

디케이 타임 : 음이 최대 레벨에서 일정 레벨로 낮아지는데 까지 걸리는 시간

서스테인 타임 : 일정한 레벨이 유지되는 시간

릴리즈 타임 : 일정한 레벨에서 음이 소멸되기까지의 시간

6. TVF & TVA Envelope Attack Time (어택 타임의 조절)

Trk	HMSF	MBT	Ch	Kind	Data	
3	00:00:09:18	5:01:000	1	Control	99-NRPN MSB	1
3	00:00:09:18	5:01:000	1	Control	98-NRPN LSB	99
3	00:00:09:18	5:01:000	1	Control	6-Data Entry MSB	64

99 : NRPN MSB 값 = 1

98 : NRPN LSB 값 = 99

6 : NRPN Data 기본 값 = 64

어택 타임을 조절하는 NRPN 컨트롤 번호는 99번이 1, 98번이 99이며, 어택 타임 값을 조정하는 데이터 엔트리 6번의 기본 값은 64(원래 음색이 가지고 있는 어택 타임)입니다.

기본 값 보다 높은 값(65-127)은 원래 음색이 가지고 있는 어택 타임보다 늦어지고, 기본 값 보다 낮은 값(0-63)은 원래 음색이 가지고 있는 어택 타임보다 빨라집니다.

소나의 NRPN은 227번입니다.

7. TVF&TVA Envelope Decay Time(디케이 타임의 조절)

Trk	HMSF	MBT	Ch	Kind	Data	
3	00:00:09:18	5:01:000	1	Control	99-NRPN MSB	1
3	00:00:09:18	5:01:000	1	Control	98-NRPN LSB	100
3	00:00:09:18	5:01:000	1	Control	6-Data Entry MSB	64

디케이 타임을 조절하는 NRPN 컨트롤 번호는 99번이 1, 98번이 100이며, 디케이 타임 값을 조정하는 데이터 엔트리 6번의 기본 값은 64(원래 음색이 가지고 있는 디케이 타임)입니다.

기본 값 보다 높은 값(65-127)은 원래 음색이 가지고 있는 디케이 타임보다 늦어지고, 기본 값 보다 빠른 값(0-63)은 원래 음색이 가지고 있는 디케이 타임보다 빨라집니다.

소나의 NRPN은 228번입니다.

8. TVF&TVA Envelope Release Time(릴리즈 타임의 조절)

Trk	HMSF	MBT	Ch	Kind	Data	
3	00:00:09:18	5:01:000	1	Control	99-NRPN MSB	1
3	00:00:09:18	5:01:000	1	Control	98-NRPN LSB	102
3	00:00:09:18	5:01:000	1	Control	6-Data Entry MSB	64

릴리즈 타임을 조절하는 NRPN 컨트롤 번호는 99번이 1번, 98번이 102이며, 릴리즈 타임값을 조정하는 데이터 엔트리 6번의 기본 값은 64(원래 음색이 가지고 있는 릴리즈 타임)입니다.

기본 값 보다 높은 값(65-127)은 원래 음색이 가지고 있는 릴리즈 타임보다 늦어지고, 기본 값 보다 빠른 값(0-63)은 원래 음색이 가지고 있는 릴리즈 타임보다 빨라집니다.

소나의 NRPN은 230번입니다.

9. Drum Instrument Pitch Coarse(드럼 구성 악기의 음정을 조절)

Trk	HMSF	MBT	Ch	Kind	Data	
3	00:00:09:18	5:01:000	1	Control	99-NRPN MSB	24
3	00:00:09:18	5:01:000	1	Control	98-NRPN LSB	36
3	00:00:09:18	5:01:000	1	Control	6-Data Entry MSB	64

드럼 구성 악기의 음정을 조절하는 NRPN번호는 99번이고, 98번은 음정을 조절하고자 하는 노트 번호(0-127)이며, 음정을 조절하는 데이터 엔트리 6번의 기본 값은 64(원래 드럼이 가지고 있는 음정)입니다.

기본 값 보다 높은 값(65-127)은 원래 드럼이 가지고 있는 음정보다 높아지고, 기본 값 보다 낮은 값(0-63)은 원래 드럼이 가지고 있는 음정보다 낮아집니다.

10. Drum Instrument TVA Level(드럼 구성 악기의 진폭을 조절)

Trk	HMSF	MBT	Ch	Kind	Data	
3	00:00:09:18	5:01:000	1	Control	99-NRPN MSB	26
3	00:00:09:18	5:01:000	1	Control	98-NRPN LSB	36
3	00:00:09:18	5:01:000	1	Control	6-Data Entry MSB	127

드럼 구성 악기의 진폭을 조절하는 NRPN 번호는 99번이 26이고, 98번은 진폭을 조절하고자 하는 노트 번호 (0-127)이며, 진폭을 조절하는 데이터 엔트리 6번의 기본 값은 127(원래 드럼이 가지고 있는 진폭)입니다.

기본 값보다 낮은 값(0-126)은 원래 드럼이 가지고 있는 진폭보다 낮아지므로 소리가 작아집니다.

11. Drum Instrument Panpot (드럼 구성 악기의 팬 조절)

Trk	HMSF	MBT	Ch	Kind	Data	
3	00:00:09:18	5:01:000	1	Control	99-NRPN MSB	28
3	00:00:09:18	5:01:000	1	Control	98-NRPN LSB	36
3	00:00:09:18	5:01:000	1	Control	6-Data Entry MSB	0

드럼 구성악기의 팬을 조절하는 NRPN 컨트롤 번호는 99번이 28이고, 98번이 팬을 조절하고자 하는 노트 번호(0-127)이며, 팬을 조절하는 데이터 엔트리 기본 값은 0 (원래 드럼 사운드가 가지고 있는 팬 값) 입니다. 데이터 엔트리 6번 값이 1-63이면 왼쪽, 64는 가운데, 65-127이면 오른쪽 방향이 됩니다.

12. Drum Instrument Reverb Send Level(드럼 구성 악기의 리버브 값을 조절)

Trk	HMSF	MBT	Ch	Kind	Data	
3	00:00:09:18	5:01:000	1	Control	99-NRPN MSB	29
3	00:00:09:18	5:01:000	1	Control	98-NRPN LSB	36
3	00:00:09:18	5:01:000	1	Control	6-Data Entry MSB	127

드럼 구성 악기의 리버브를 조절하는 NRPN 번호는 99번이 29이고, 98번은 리버브를 조절하고자 하는 노트의 번호(0-127)이며, 리버브를 조절하는 데이터 엔트리 6번의 기본 값은 127(리버브 컨트롤 정보 91로 설정된 값)입니다.

기본 값 보다 작은 값(0-126)은 리버브 컨트롤 정보 91에서 설정한 리버브 값보다 작아집니다.

13. Drum Instrument Chorus Send Level(드럼 구성 악기의 코러스 값을 조절)

Trk	HMSF	MBT	Ch	Kind	Data	
3	00:00:09:18	5:01:000	1	Control	99-NRPN MSB	30
3	00:00:09:18	5:01:000	1	Control	98-NRPN LSB	36
3	00:00:09:18	5:01:000	1	Control	6-Data Entry MSB	127

드럼 구성 악기의 코러스를 조절하는 NRPN 번호는 99번이 30이고, 98번이 코러스를 조절하고자 하는 노트의 번호(0-127)이며, 코러스를 조절하는 데이터 엔트리 6번의 기본 값은 127(코러스 컨트롤 정보인 93으로 설정된 값)입니다.

기본 값 보다 작은 값(0-126)은 코러스 컨트롤 체인 정보 93에서 설정된 코러스 값보다 작아집니다.

14. Drum Instrument Delay Send Level(드럼 구성 악기의 딜레이 값을 조절)

Trk	HMSF	MBT	Ch	Kind	Data	
3	00:00:09:18	5:01:000	1	Control	99-NRPN MSB	31
3	00:00:09:18	5:01:000	1	Control	98-NRPN LSB	36
3	00:00:09:18	5:01:000	1	Control	6-Data Entry MSB	127

드럼 구성 악기의 딜레이 값을 조절하는 NRPN 컨트롤 번호는 99번이 31이고, 98번이 딜레이를 조절하고자 하는 노트의 번호(0-127)이며, 딜레이를 조절하는 데이터 엔트리 6번의 기본 값은 127(딜레이 컨트롤 정보 94로 설정된 값)입니다.

기본 값 보다 작은 값(0-126)은 딜레이 컨트롤 정보 94에서 설정된 딜레이 값보다 작아집니다.

15. PRN (controller number 101, 100, 6)

RPN이란 NRPN의 첫 글자인N(Non)이 빠진 것으로 짐작할 수 있듯이 국제적으로 협의된 컨트롤 정보 101번(RPN MSB), 100번(RPN LSB), 6번 (Data entry)의 3가지 컨트롤 정보를 함께 사용합니다.

1. Pitch Bend Sensitivity (피치 벤드의 범위 설정)

Trk	HMSF	MBT	Ch	Kind	Data	
3	00:00:09:18	5:01:000	1	Control	101-RPN MSB	0
3	00:00:09:18	5:01:000	1	Control	100-RPN LSB	0
3	00:00:09:18	5:01:000	1	Control	6-Data Entry MSB	2

피치 벤드의 범위를 설정하는 RPN 컨트롤 번호는 101번이 0, 100번이 0이며, 피치 범위를 조절하는 데이터 엔트리의 값은 0-24(1=반음)으로 조정될 수 있습니다. 데이터 엔트리의 기본 값이 2로 설정되어 있으므로, 건반의 피치 휠을 움직였을 때 장2도 범위로 피치가 조정되었던 것을 이미 경험했을 것입니다. 만일 1옥타브 범위로 피치가 조정되길 원한다면 데이터 엔트리 6번의 값을 12로 설정합니다.

다음 표는 데이터 엔트리의 값이 2인 경우와 12인 경우의 범위를 나타낸 것입니다.

소나의 RPN은 0번 입니다.

기본	6-Data Entry	MSB 2
0	0	
	Up	Down
반음	4096	-4097
한음	8191	-8192

한 옥타브	6-Data Entry	MSB 12
0	0	
	Up	Down
1	683	-684
2	1365	-1366
3	2048	-2049
4	2730	-2731
5	3413	-3414
6	4096	-4097
7	4778	-4779
8	5461	-5462
9	6143	-6144
10	6825	-6826
11	7507	-7508
12	8191	-1892

2. Master Fine Tuning (미세한 음정 조정)

Trk	HMSF	MBT	Ch	Kind	Data	
3	00:00:09:18	5:01:000	1	Control	101-RPN MSB	0
3	00:00:09:18	5:01:000	1	Control	100-RPN LSB	1
3	00:00:09:18	5:01:000	1	Control	6-Data Entry MSB	64

음정을 미세하게 조정하는 RPN 컨트롤 번호는 101번이 0, 100번이 1이며, 음정을 미세하게 조정하는 데이터 엔트리 6번의 값은 0~127(기본 값=64)입니다.

여기서 데이터 엔트리 값은 1/100로 조정되므로 기본 음정을 미세하게 높이고 싶다면 데이터 엔트리 값을 65-127로 설정하고 기본 음정을 미세하게 낮추고 싶다면 데이터 엔트리 값을 0-63으로 설정합니다.

소나의 RPN은 1번 입니다.

3. Master Coarse Tuning (전체 음정 조정)

Trk	HMSF	MBT	Ch	Kind	Data	
3	00:00:09:18	5:01:000	1	Control	101-RPN MSB	0
3	00:00:09:18	5:01:000	1	Control	100-RPN LSB	2
3	00:00:09:18	5:01:000	1	Control	6-Data Entry MSB	64

악기에서 출력되는 전체 음정을 조정하는 RPN 컨트롤 번호는 101번이 0, 100번이 2이며, 음정을 조정하는 데이터 엔트리 값은 40-88(기본 값=64)범위로 조정합니다.

여기서 데이터 엔트리 값은 반음 단위로 조정되므로 악기에서 출력되는 전체 음정을 높이고 싶다면 데이터 엔트리 값을 65-88로 설정하고, 악기에서 출력되는 전체 음정을 낮추고 싶다면 데이터 엔트리 값을 40-63으로 설정합니다.

소나의 RPN은 2번 입니다.

4. RPN null(RPN 해제)

Trk	HMSF	MBT	Ch	Kind	Data	
3	00:00:09:18	5:01:000	1	Control	101-RPN MSB	127
3	00:00:09:18	5:01:000	1	Control	100-RPN LSB	127

지금까지 학습한 NRPN과 RPN 컨트롤 정보 기능을 해제하는 RPN null 정보는 101번이 127, 100번이 127이며, 데이터 엔트리 6번은 사용되지 않습니다.

RPN 해제 컨트롤 정보는 독자가 설정한 NRPN과 RPN 컨트롤 값을 초기화 하는 것이 아니라, 설정했던 기능을 해제하는 것입니다. 이것이 필요한 이유는 NRPN과 RPN에 사용되는 데이터 엔트리 컨트롤 정보가 같은 6번이기 때문입니다. 먼저 사용된 NRPN 과 RPN 컨트롤 정보의 기능을 해제시켜 놓아야만 데이터 엔트리 값에 상관없이 새로운 NRPN과 RPN을 설정할 수 있습니다.

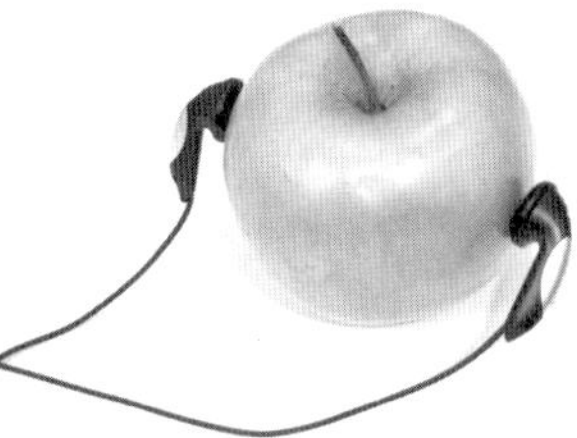

SONAR 7

P A R T 5

미디 편집 기능 익히기

01 스텝 시퀀서

소나 7에는 간단한 패턴 연주를 쉽게 만들 수 있는 스텝 시퀀서를 제공합니다. 마치 리즌의 ReDrum과 PRG-8, 그리고 Matrix 등의 악기를 이용하는 것과 비슷한 방식으로 사용할 수 있기 때문에 쉽고 재미있게 미디 데이터를 입력할 수 있다는 장점이 있습니다. 매우 간단한 구성으로 되어 있기 때문에 간단한 패턴을 만들어보면 쉽게 익힐 수 있을 것입니다.

1 드럼 패턴 만들기

소나 7의 스텝 시퀀서는 최대 16마디의 리듬 패턴을 만들 수 있습니다. 특히, 한 두 마디의 드럼 연주 패턴을 입력할 때 유용한데 간단한 드럼 루프 패턴을 만들어보면서 스텝 시퀀서의 대략적인 사용법을 익혀보겠습니다.

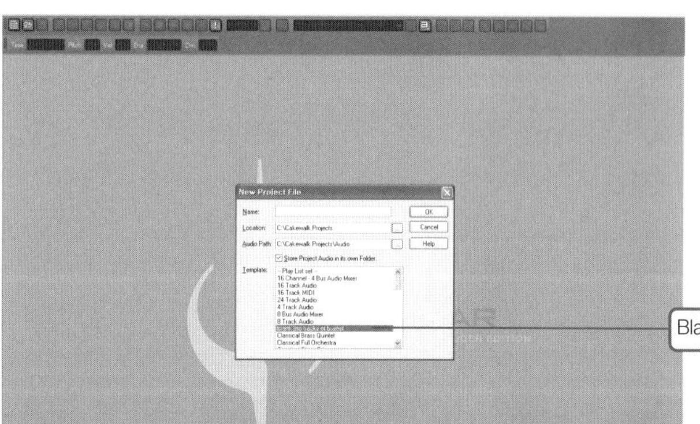

01 New Project File에서 Blank(no tracks or buses) 템플릿을 선택하여 트랙이 없는 프로젝트를 새로 만듭니다.

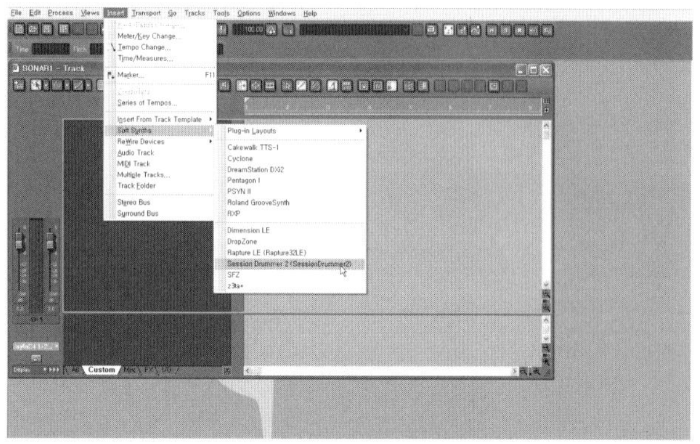

02 트랙이 없는 프로젝트가 만들어졌습니다. 소나 7에서 제공하는 VST 악기를 이용해서 스텝 시퀀서를 실습하겠습니다. Insert 메뉴의 Soft Synths에서 [Session Drummer 2]를 선택합니다.

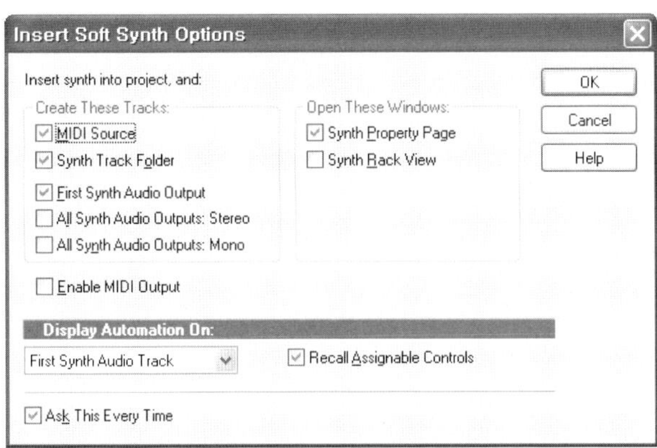

03 Insert Soft Synth Options 창이 열립니다. MIDI source, Synth Track Folder, first Synth Audio Output, Synth Property Page의 4가지 옵션이 선택되어 있는지 확인하고 [OK] 버튼을 클릭합니다.

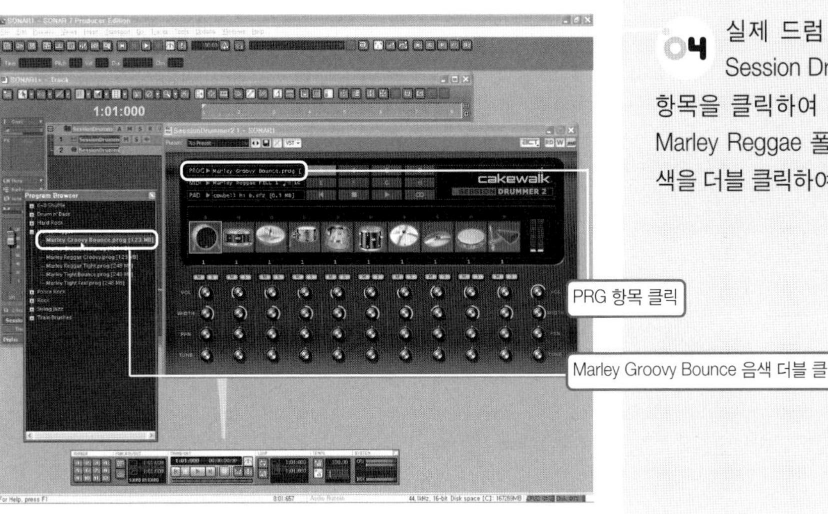

04 실제 드럼 머신을 시뮬레이션 하고 있는 Session Drummer 2 패널이 열립니다. PRG 항목을 클릭하여 Program Browser 창을 열고, Marley Reggae 폴더의 Marley Groovy Bounce 음색을 더블 클릭하여 불러옵니다.

05 Session Drummer 2 악기를 로딩할 때 만든 미디 트랙에서 마우스 오른쪽 버튼을 클릭하여 단축 메뉴를 열고 View 메뉴의 [Step Sequencer]를 선택합니다.

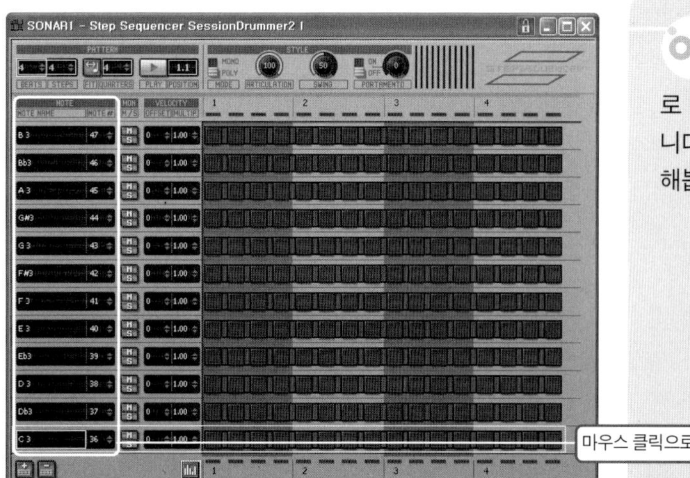

06 VST 악기를 연상케 하는 스텝 시퀀서 창이 열립니다. 미디 아웃이 Session Drummer 2 로 설정되어 있으므로 C3는 베이스 드럼을 연주합 니다. 각각의 노트 음을 클릭하여 사운드를 모니터 해봅니다.

07 노트의 입력은 각 노트에 있는 [스텝] 버튼을 클릭하여 입력합니다. 그림을 참조하여 한 마디 길이의 드럼 연주 패턴을 만듭니다. 왼쪽 버튼 클릭은 노트 입력(on), 오른쪽 버튼 클릭은 노트 삭 제(Off)입니다.

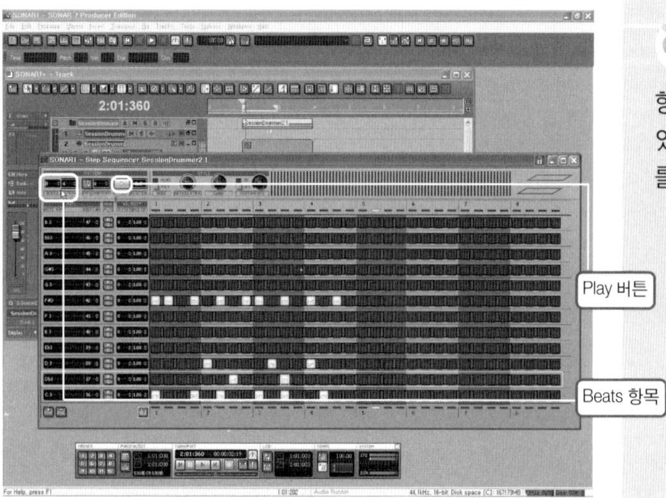

08 패턴 패널의 [Play] 버튼을 클릭하여 연주 패 턴을 모니터 할 수 있습니다. 그리고 Beats 항목을 변경하여 사용자가 원하는 길이를 설정할 수 있습니다. 보통 2마디 패턴을 많이 사용하므로 Beat 를 8로 변경해봅니다.

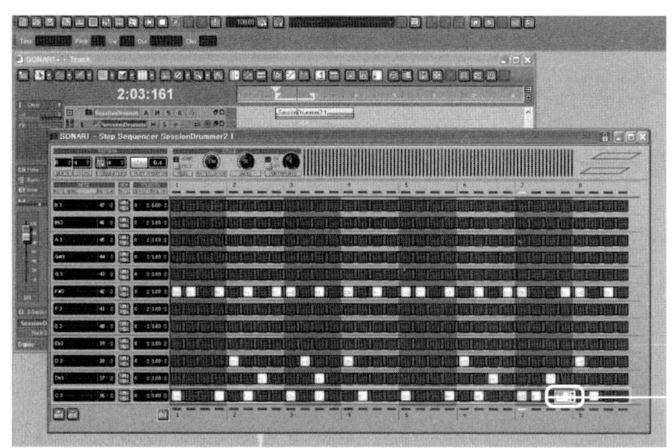

09 길이를 연장한 두 마디 공간에 리듬을 채웁니다. 스텝이 입력되어 있는 노트를 보면100 이라고 표시되어 있는데, 이것은 벨로시티를 의미하며 마우스 더블 클릭으로 변경할 수 있습니다.

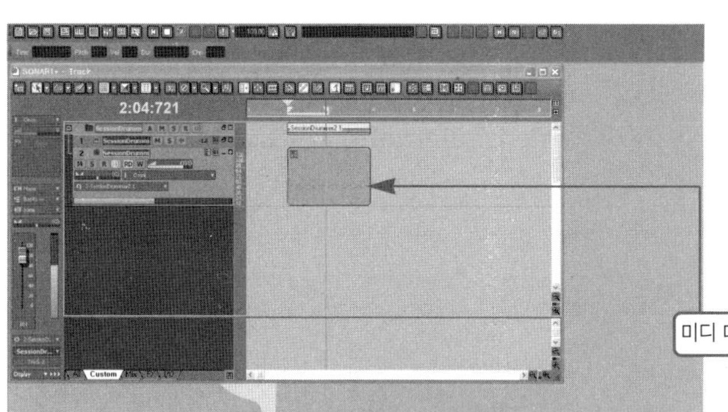

10 스텝 시퀀서 창을 닫고 프로젝트 윈도우를 보면 Session Drummer 2 트랙에 클립이 만들어진 것을 확인할 수 있습니다. 즉, 스텝 시퀀서는 피아노, 스태프 등의 미디 편집 창과 동일한 역할을 하는 것입니다.

2 베이스 패턴 만들기

스텝 시퀀서는 앞의 실습에서와 같이 드럼 루프 패턴을 입력하는데 매우 유용한 작업 창입니다. 그러나 드럼 패턴 외에도 일반적인 프레이즈를 패턴으로 만들 수 있으며, 피아노 창에서와 같이 컨트롤 정보를 마음껏 편집할 수 있습니다. 간단한 베이스 연주 패턴을 만들어보면서 익혀보겠습니다.

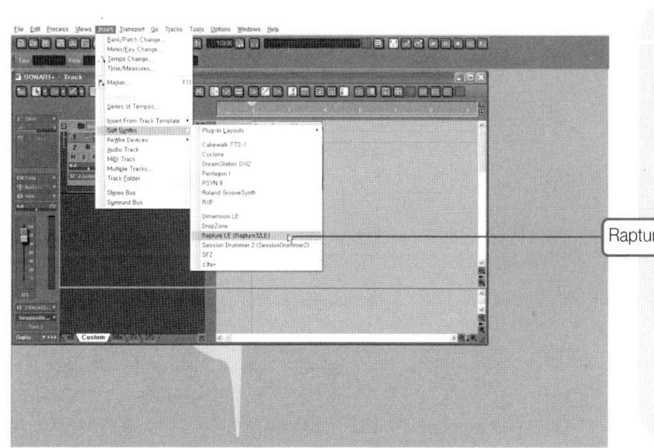

01 Insert 메뉴의 [Soft Synths에서 Rapture LE]를 선택합니다. Rapture LE는 소나 7에서 기본적으로 제공하는 악기이며, Cakewalk Pro Suite 사용자는 Rapture Pro 버전을 이용할 수 있습니다.

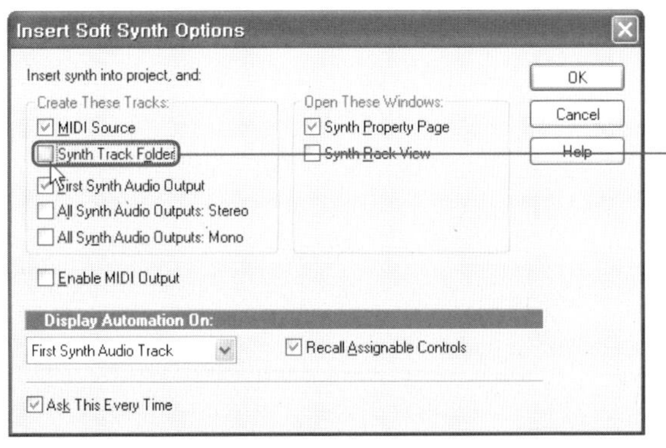

02 Insert Soft Synth Options 창이 열립니다. 앞의 실습인 Session Drummer 2 이후에 변경한 내용이 없다면 Synth Track Folder 옵션만 해제하고 [OK] 버튼을 클릭합니다.

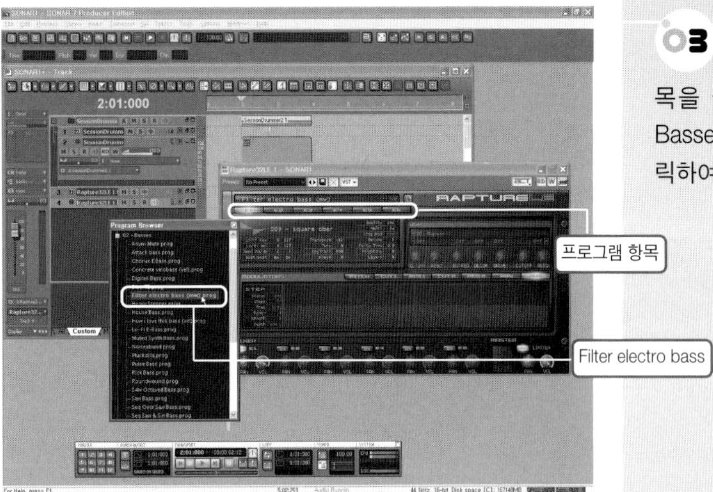

03 Repute 32 LE 패널이 열립니다. Empty Program이라고 표시되어 있는 프로그램 항목을 클릭하여 Program Browser 창을 열고, Basses 폴더의 Filter electro bass 음색을 더블 클릭하여 로딩합니다.

04 단축키 Alt + Shift + 5 키를 누르거나 Views 메뉴의 [Step Sequencer]를 선택하여 스텝 시퀀서 창을 엽니다. 물론, Session Drummer 2에서와 같이 단축 메뉴를 이용해도 좋습니다.

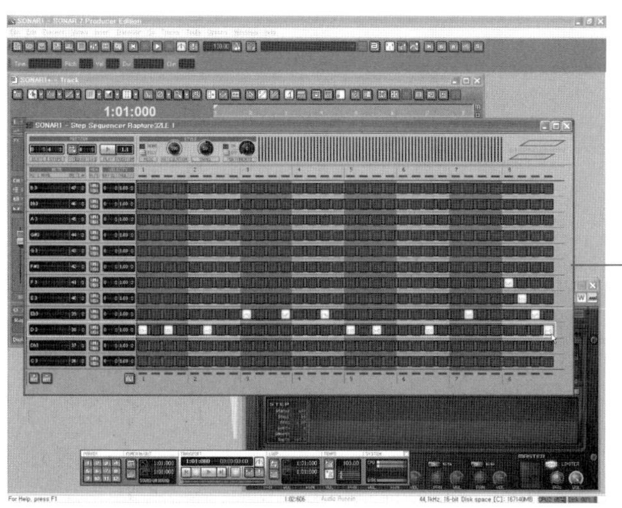

5 Session Drummer 2에서 사용했던 두 마디 길이가 자동으로 설정되어 있습니다. 그림을 참조하여 베이스 패턴을 입력합니다.

베이스 패턴 입력

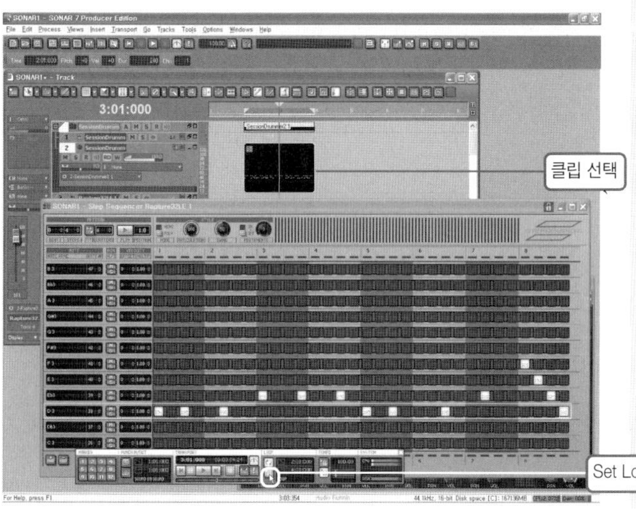

6 미디 노트가 입력되어 있는 두 마디 길이의 클립을 선택하고, 트랜스포트 패널의 [Set Loop Point To Selection] 버튼을 클릭하여 반복구간으로 설정합니다. 그리고 스페이스 바 키를 눌러 곡을 반복 재생하면서 패턴을 입력하면 감각적인 입력이 가능할 것입니다.

클립 선택

Set Loop Point To Selection 버튼

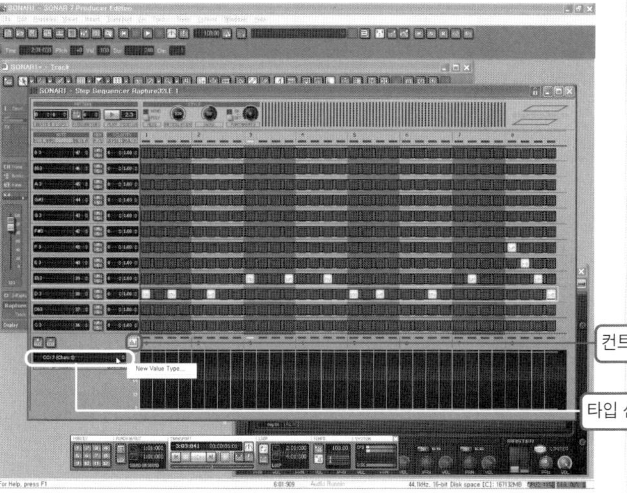

7 스텝 시퀀서는 피아노 창과 동일하게 미디 컨트롤 정보도 입력할 수 있습니다. [컨트롤 패널 보기] 버튼을 클릭하여 컨트롤 패널이 보이게 하고, 타입 선택 항목에서 [New Value Type]을 선택합니다.

컨트롤 패널 열기

타입 선택 항목

08 MIDI Event Type 창이 열립니다. Rapture의 Cutoff 필터 파라미터를 움직일 것입니다. Type은 NRPN을 선택하고, Value는 Filter 1 Cutoff 01을 선택합니다. 키보드에서 F 키를 누르면 f로 시작하는 이름을 빠르게 찾을 수 있습니다.

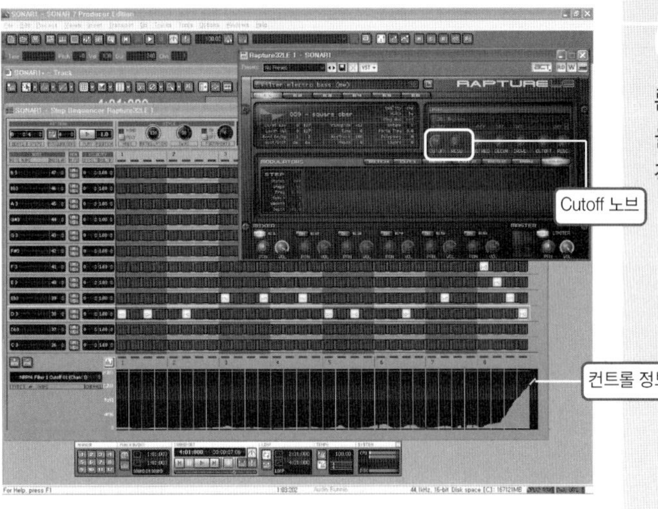

09 컨트롤 패널 창에서 마우스 드래그로 컨트롤 값을 입력합니다. 입력한 정보는 마우스 오른쪽 버튼으로 드래그하여 삭제할 수 있습니다. 곡을 재생해보면 Repute의 Cutoff 노브가 자동으로 움직이는 것을 확인할 수 있습니다.

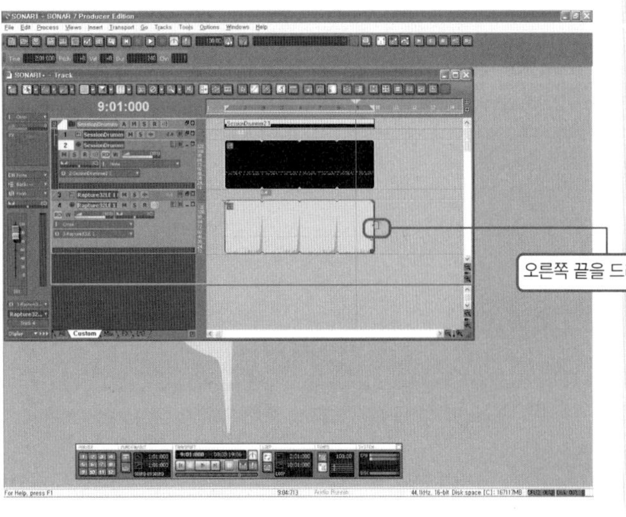

10 스텝 시퀀서로 입력한 미디 클립은 자동으로 반복 속성이 부여됩니다. 클립의 오른쪽 끝을 드래그하여 원하는 만큼 반복시킵니다. 참고로 스텝 시퀀서로 제작한 클립에는 오른쪽 상단에 스텝 아이콘이 표시되며 마우스 더블 클릭으로 시퀀서를 열어 데이터를 수정할 수 있습니다.

간단한 루프 패턴을 만들어보면서 스텝 시퀀서의 사용법은 충분히 익혔을 것이라 믿습니다. 그리고 실습에서 사용했던 VST 악기의 퀄리티가 상업용 음반을 제작하는데 전혀 손색이 없다는 것도 모니터를 해보면서 느꼈을 것입니다. 소나 7에서 제공하는 VST는 뒤에서 자세히 살펴보기로 하고 여기서는 스텝 시퀀서의 패널 기능을 정리하겠습니다.

1. 도구 모음 줄

스텝 시퀀서 상단에는 Beast/Steps, Fit/ Quarters, Play/Stop, Mode Toggle, Articulation, Swing, Portamento On/Off, Portamento Time, Insert/Delete Row, Show/Hide Controller Pane로 구성되어 있습니다.

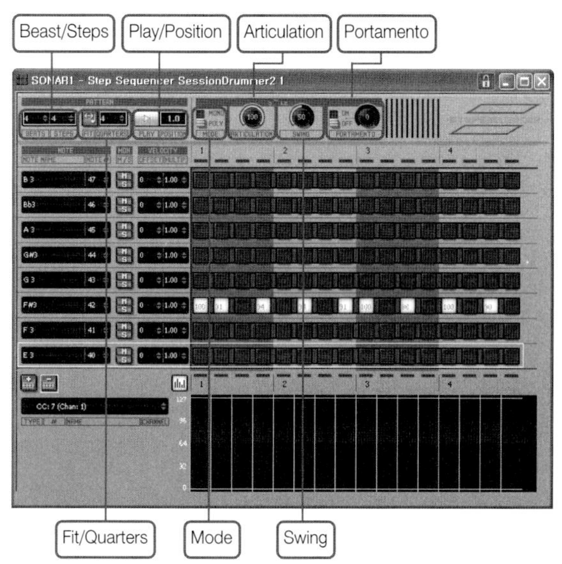

❶ Beast/Steps
스텝 시퀀서 창의 길이를 비트(Beats) 또는 스텝(Stpes) 단위로 설정합니다. 여기서 Beast는 박자 단위를 의미하고 Steps이 실제 비트 단위를 의미하므로 착오 없길 바랍니다. 즉, 4분의 3박자 리듬을 만들고 싶다면 Beast를 4, steps을 3으로 설정합니다.

❷ Fit / Quarters
한 마디에 연주될 박자 수를 설정합니다. 음표에 양 방향 화살표 그림이 있는 [Fit To Quarters] 버튼을 On으로 하면 오른쪽에 숫자만큼 반복 합니다. 기본값은 한 마디에 4박자를 연주하는 4입니다.

❸ Play/Position
사용자가 입력하는 패턴을 연주하거나 정지합니다. 오른쪽의 Position은 연주 위치를 나타냅니다.

❹ Mode
스텝 시퀀서를 Mono 또는 Poly 모드로 설정합니다. Mono는 단선율 입력에 적합한 것으로 같은 스텝 라인에 한 개 이상의 노트가 입력되는 것을 방지하고 Poly는 다선율 입력에 적합합니다.

❺ Articulation
음의 길이를 설정합니다. 기본값은 100%이며 값이 작아질수록 스타카토 효과를 연출 할 수 있습니다.

❻ Swing
다운/업 비트의 스윙감을 연출합니다. 기본값은 50%이며, 값이 커질수록 업 비트의 발음 시간은 늦춰집니다.

❼ Portamento
각 노트 사이의 연결 음을 만들어 포르타멘토 주법을 연출합니다. 노브는 포르타멘토되는 속도를 설정합니다.

노트의 입력과 편집을 담당하는 패널로 노트의 음정, 벨로시티 등을 설정합니다.

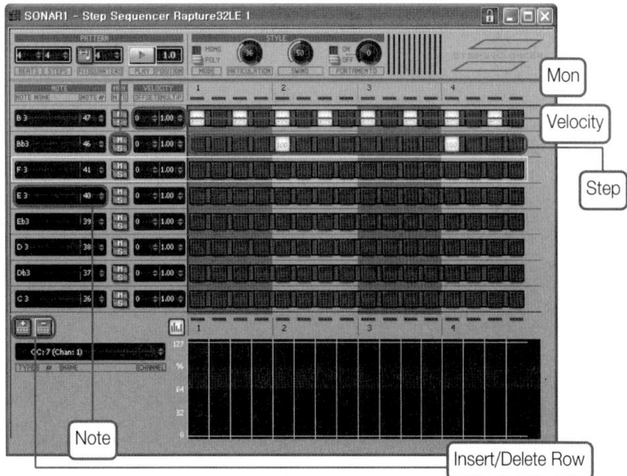

❶ Note

노트를 음정과 번호로 표시합니다. 음정으로 표시되는 부분을 더블 클릭하면 Drum Map Manager 창이 열리며, 사용하는 악기의 드럼 맵을 선택할 경우에는 노트의 음정이 드럼 맵의 악기 이름으로 표시됩니다. 그리고 드럼 맵을 사용할 경우에는 마우스 더블 클릭으로 맵의 이름과 노트번호, 벨로시티 등을 설정할 수 있는 Map Properties 창을 열 수 있습니다.

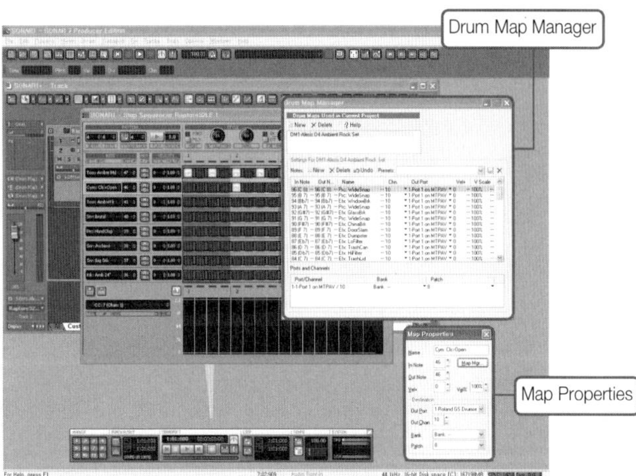

❷ Mon

해당 노트의 연주를 뮤트 시키거나 솔로로 연주할 수 있는 [M/S] 버튼이 있습니다.

❸ Velocity

해당 노트의 벨로시티를 조정합니다. Offset 항목은 입력된 벨로시티에 얼마만큼의 벨로시티를 추가하거나 차감할 것인지를 설정할 수 있고, Multip 항목은 입력한 벨로시티를 얼마만큼의 비율로 압축하거나 확장할 것인지를 설정합니다. 단, 벨로시티의 증/감 범위는 최대 0~127입니다.

❹ Insert/Delete Row

[Insert Row] 버튼은 노트 라인을 추가하고 [Delete Row] 버튼을 노트 라인을 삭제합니다. 라인을 추가할 때는 선택한 라인의 위쪽으로 추가가 되며 삭제할 때는 선택한 라인이 삭제되므로 노트를 입력했을 때는 라인을 삭제할 때는 주의해야 합니다.

❺ Step

마우스 왼쪽 버튼으로 노트를 입력하고, 오른쪽 버튼으로 삭제하여 패턴을 만드는 작업 창입니다. 입력한 노트를 더블 클릭하여 벨로시티를 설정할 수 있으며 노트의 중간을 Ctrl 키를 누른 상태로 클릭하여 비트를 연결할 수 있습니다. 즉, 16비트 이상의 노트 길이도 입력이 가능한 것입니다. 연결 해제는 Ctrl 키를 누른 상태에서 마우스 오른쪽 버튼을 클릭합니다.

||| 3. 컨트롤 패널 |||

피아노 창에서와 같이 사용자가 원하는 컨트롤 정보를 입력합니다. 컨트롤 정보 역시 마우스 오른쪽 버튼으로 삭제할 합니다. 컨트롤 정보 이름 항목에서는 사용자가 입력한 컨트롤 정보의 목록이 표시되며, New Value Type 메뉴로 입력할 컨트롤 정보를 선택할 수 있는 MIDI Event Type 창을 엽니다.

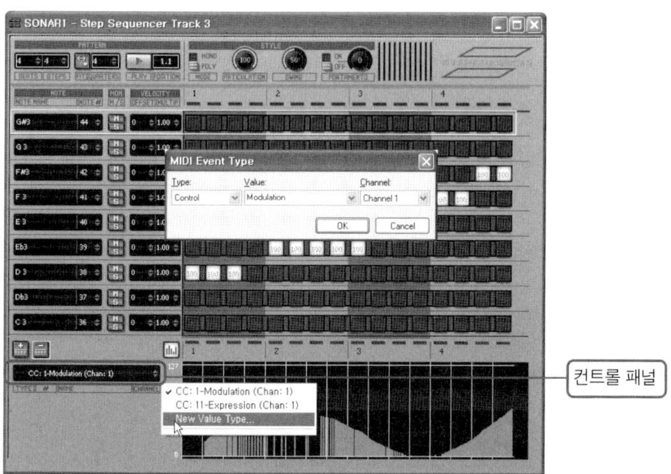

미디 이펙트 사용하기

소나 7은 미디 시퀀싱 프로그램으로 시작된 툴인 만큼, 미디 편집에 있어서 탁월한 기능들을 갖추고 있습니다. 그 중에서 사용자가 누르고 있는 코드를 자동으로 아르페지오로 연주한다거나 벨로시티와 퀀타이즈를 자동으로 조정하여 휴머니즘을 연출하는 등의 이펙트는 독자의 미디 작업을 한층 업그레이드 시켜줄 것입니다. 소나 7에서 제공하는 미디 이펙트의 기능을 살펴보겠습니다.

1 아르페지오 연주

Arpeggiator는 코드로 입력되어 있는 노트들을 아르페지오 연주로 만들어주는 기능입니다. 건반 연주가 서툰 독자들도 코드만 누르고 자동으로 아르페지오 패턴을 연주하는 이펙트를 이용하면 보다 손쉽게 음악 작업을 할 수 있게 될 것입니다.

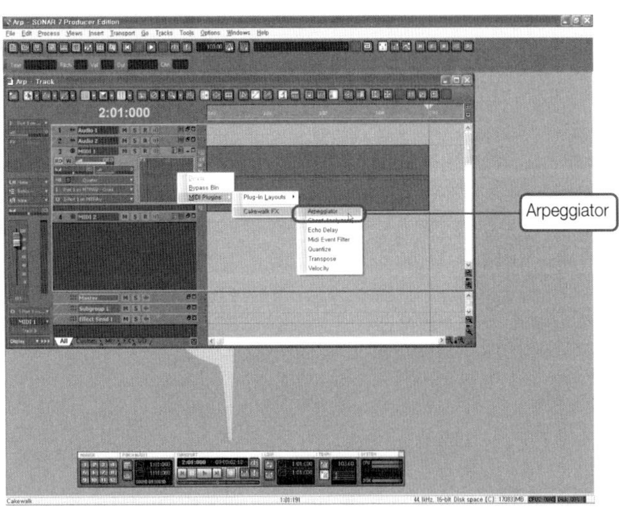

01 코드를 입력하거나, 한 미디 길이의 C 코드가 입력되어 있는 부록 CD의 Arp 샘플 파일을 불러옵니다. FX 패널에서 마우스 오른쪽 버튼을 클릭하여 단축 메뉴를 열고, MIDI Plugins의 Cakewalk FX에서 Arpeggiator를 선택합니다.

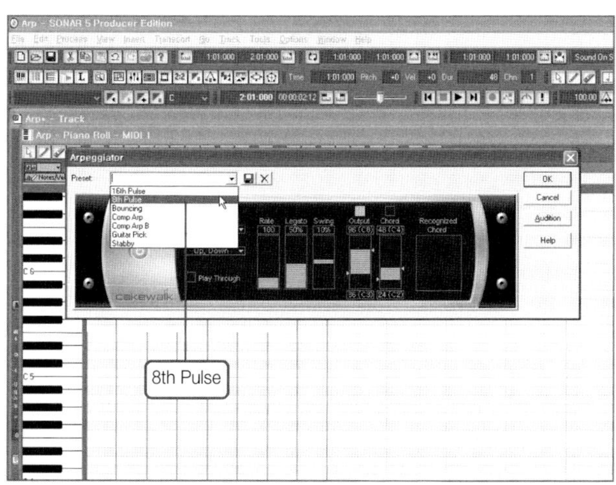

02 Preset 항목에서 [8th Pulse]를 선택합니다. 8비트 아르페지오로 연주되는 프리셋을 적용해보는 것입니다. [OK] 버튼을 클릭하면 8비트 아르페지오로 변경된 노트를 확인할 수 있습니다.

Tip ● Arpeggiator 패널

코드 입력을 아르페지오로 변경하는 Arpeggiator 이펙트 패널을 살펴보겠습니다.

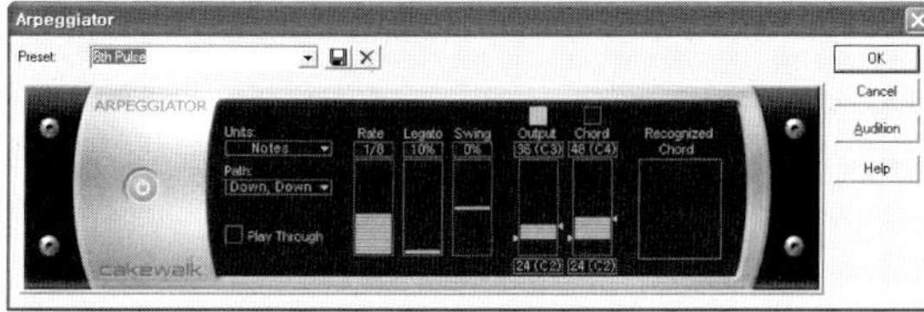

❶ Units

Rate에서 사용할 단위를 Notes, MIDI Ticks, Milliseconds 중에서 선택합니다.

❷ Path

아르페지오 패턴을 선택합니다. Play thru 옵션을 체크하면 오리지널 데이터를 유지합니다.

❸ Rate

연주되는 노트의 간격을 조정합니다. 단위는 Units에서 선택한 값으로 표시됩니다.

❹ Legato

노트의 길이를 퍼센트 단위로 감소시킵니다.

❺ Swing

스윙 느낌을 퍼센트 단위로 조정합니다. 슬라이더를 더블 클릭하면 기본 값이 0%로 초기화됩니다.

❻ Output

상단의 옵션을 체크한 경우, 슬라이드 하단에서 상단에 표시되는 음역까지 아르페지오를 만들어줍니다. 음역은 미디 노트 번호와 음정으로 표시되며 가운데 C의 미디 노트 번호는 60입니다.

❼ Chord

상단의 옵션을 체크한 경우, 슬라이드 하단에서 상단에 설정한 범위의 노트들을 고루 사용합니다.

❽ Recognized Chord

입력한 노트를 자동으로 분석하여 표시합니다.

연주되는 노트를 분석하여 코드 네임으로 보여주는 기능입니다. 다른 이펙트도 마찬가지지만, Chord Analyzer는 리얼 입력으로 사용할 때 효과적입니다. 이미 입력되어 있는 코드를 분석하고 싶다거나, 코드 구성 이론에 조금 약한 독자라면 재미있게 사용할 수 있습니다. 단, 패널에 보여지는 코드는 루트를 기준으로 하기 때문에 전혀 지식이 없는 경우에는 오히려 역 효과를 가져옵니다. 반드시 이론을 병행하면서 소나 7을 익히기 바랍니다.

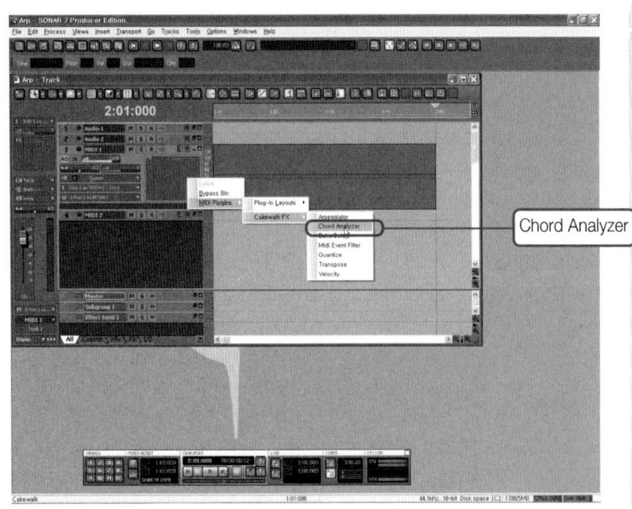

01 적당한 코드를 입력한 후 해당 미디 트랙의 FX 패널에서 마우스 오른쪽 버튼을 클릭하여 단축 메뉴를 열고, MIDI Plugins의 Cakewalk FX에서 [Chord Analyzer]를 선택합니다.

02 [연주] 버튼 또는 스페이스 바 키를 눌러 곡을 연주하면 해당 노트를 분석하여 Chords 창에 표시해 줍니다. 왼쪽의 피아노 악보는 연주되는 노트의 음정을 표시하고 코드 표시창의 [Cleat] 버튼은 표시창의 코드 네임을 지웁니다.

3 딜레이 효과 만들기

딜레이는 리버브와 함께 가장 많이 사용하는 이펙트지만 잘못 사용하면 사운드가 지저분해지기 때문에 많은
연구와 실습이 필요합니다. 딜레이 값을 산출하는 계산법은 60,000/템포입니다. 예를 들어, 템포가 120이라
면, 60,000/120=500이 됩니다. 이것이 4분 음표 기준이므로 8분 음표는 500을 2로 나누어 250이 됩니다.

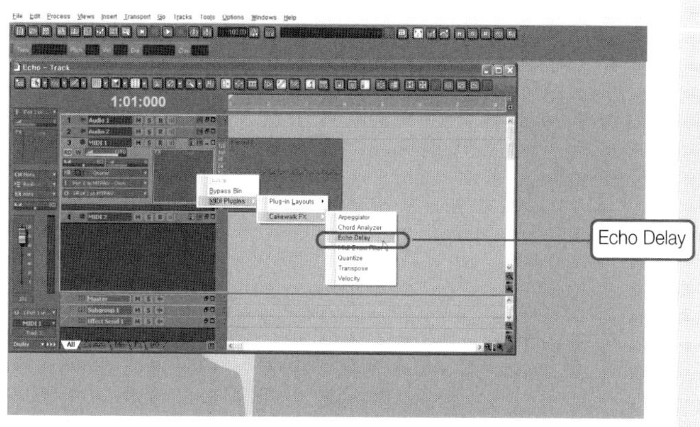

01 적당한 미디 이벤트를 입력하거나 부록 CD
의 Echo 샘플을 불러옵니다. Fx 패널에서 마
우스 오른쪽 버튼을 클릭하여 단축 메뉴를 열고,
MIDI Plugins의 Cakewalk FX에서 [Echo Delay]를
선택합니다.

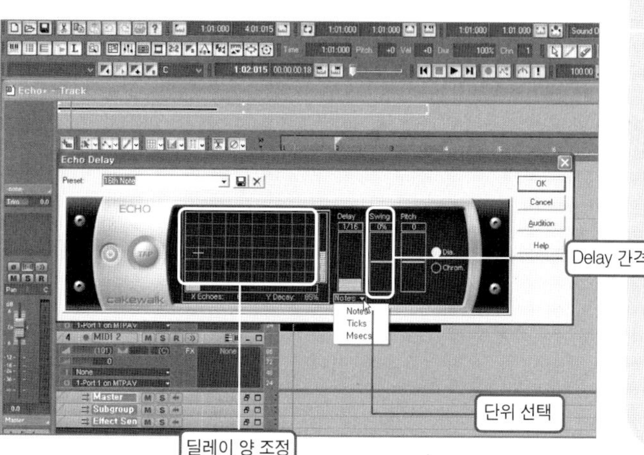

02 Delay 슬라이더 아래쪽의 메뉴를 클릭하여
[note]를 선택하고, Delay 간격을 1/16으로
설정합니다. 그래프 패널에서 마우스 드래그로 양을
조정합니다. 그림에서는 6으로 조정하고 있지만,
[Audition] 버튼을 클릭하여 마음에 드는 값을 찾아
봅니다.

Tip Echo Delay 패널

미디 이벤트에 딜레이 효과를 줄 수 있는 Echo delay 패널을 살펴보겠습니다.

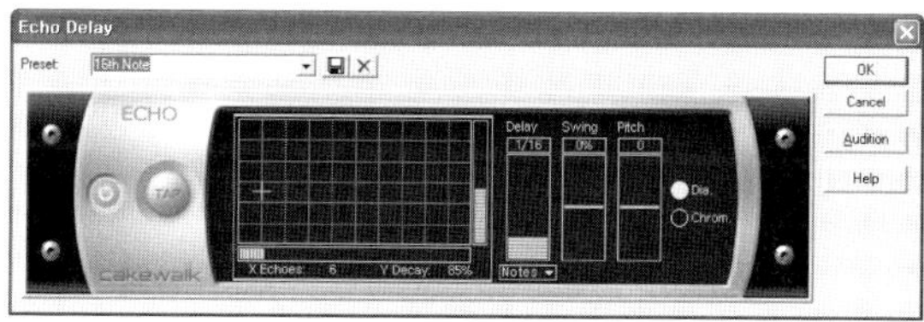

❶ 전원 버튼

TAP 오른쪽에 전원 버튼은 모든 미디 이펙트 패널에서 볼 수 있습니다. 이것은 해당 이펙트를 적용하기 전/후의 사운드를 비교해볼 수 있
는 Bypass 기능입니다.

딜레이 값이 틱 단위이거나 시간 단위일 때 사용할 수 있습니다. 마우스를 두 번 클릭하면 클릭한 간격을 자동으로 계산하여 Delay값을
조정하게 됩니다.

❸ Echoes

그래프 패널에서 마우스를 좌/우로 드래그하거나 그래프 아래쪽의 슬라이더를 드래그하여 에코의 양을 설정할 수 있습니다. 조정하는 값
은 X: Echoes 항목에 표시되며 숫자를 더블 클릭하여 입력할 수 있습니다.

❹ Decay

그래프 패널에서 마우스를 상/하로 드래그하거나 그래프 오른쪽의 슬라이더를 드래그하여 에코의 감소 레벨을 설정할 수 있습니다. 조정
하는 값은 Y: Decay항목에 표시되며 숫자를 더블 클릭하여 입력할 수 있습니다.

❺ Delay

반복되는 단위를 선택합니다. 슬라이드 아래쪽에서 표시할 단위를 선택합니다. 그래프 왼쪽의 [TAP] 버튼을 반복 클릭하여 Delay 값을
조정할 수 있습니다.

❻ Swing

반복되는 노트에 스윙 느낌을 줍니다.

❼ Pitch

반복되는 노트의 음정을 조정합니다. Pitch 슬라이더 오른쪽의 Dia 옵션은 스케일 단위로 조정되게 하고 Chrom은 반음 단위로 조정되게
합니다.

4 미디 필터 적용하기

Process 메뉴의 Interpolate와 비슷한 기능입니다. Interpolate는 독자가 원하는 작업을 다양하게 처리할 수
있지만 Midi Event Filter는 특정 이벤트를 제거하는 용도로 사용한다는 차이만 있습니다. 여기서는 리얼 입
력을 할 때 원치 않는 애프터터치 정보가 입력되는 것을 방지해 보겠습니다.

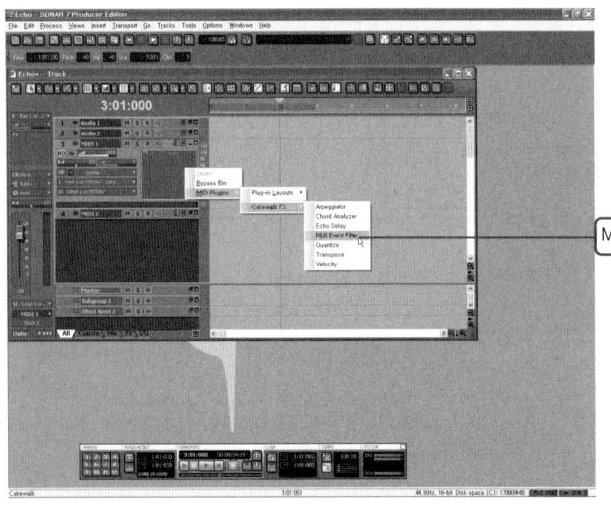

01 리얼 입력으로 사용하겠습니다. 트랙 리스트
의 FX 패널에서 마우스 오른쪽 버튼을 클릭
하여 단축 메뉴를 열고, MIDI Plugins의 Cakewalk
FX에서 [Midi Event Filter]를 선택합니다.

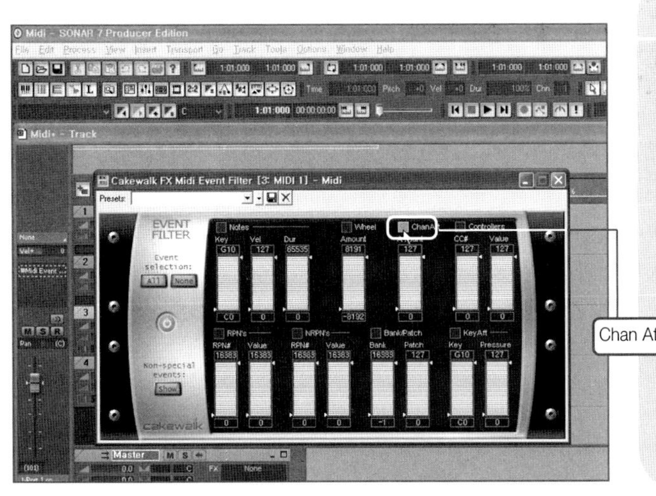

MIDI Event Filter에서 제거할 이벤트를 선택
합니다. 리얼 입력에서 자주 입력되는 Chan
Aft를 체크합니다. 리얼로 녹음을 해보면 애프터터
치 정보가 입력되지 않는 것을 확인할 수 있습니다.
이펙트 패널의 나머지 옵션도 동일한 방법으로 사용
합니다.

5 퀀타이즈 적용하기

세계적인 피아니스트가 연주를 해도 정확한 박자에 데이터를 입력한다는 것은 불가능합니다. 오히려 정확한 박자
에 입력하는 사람이 있다면 감동을 전하는 연주자가 될 수 없습니다. 퀀타이즈는 이렇게 부정확하게 입력한 연주
를 정확히 맞추는 기능입니다. 너무 정확한 연주는 감동을 줄 수 없다고 했으므로 모든 이벤트에 퀀타이즈를 적용
하는 것은 피해야 하며 댄스 곡의 드럼 파트나 섹션 부분 정도에서만 사용하길 바랍니다.

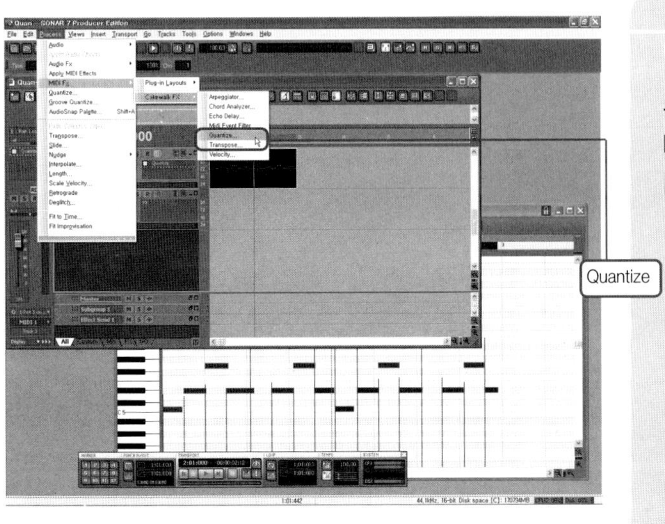

아르페지오 패턴을 연주하거나 부록 CD의
Quan 샘플 파일을 불러옵니다. 노트의 시작
위치가 조금씩 어긋나 있습니다. 클립을 선택하고,
Process 메뉴의 MIDI FX에서 Cakewalk FX의
[Quantize]를 선택합니다.

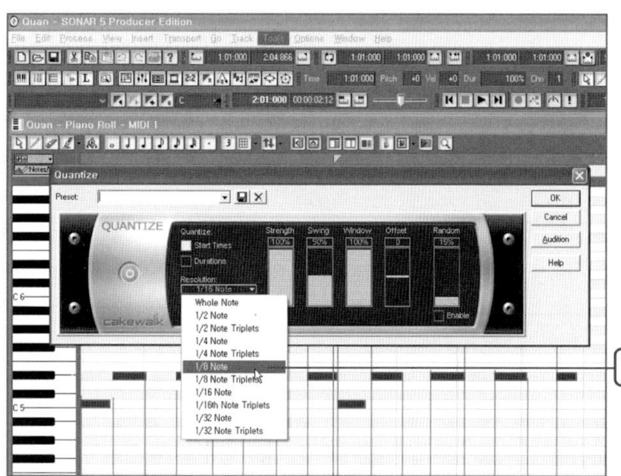

창의 Resolution에서 1/8Note를 선택합니다. 샘플의 경우 8비트 노트가 입력되어있기 때문입니다. 독자가 16비트로 입력했다면 1/16Note를 선택합니다. [OK] 버튼을 클릭하면 노트의 시작 위치가 정확하게 정렬되는 것을 확인할 수 있습니다.

Tip Quantize 패널

노트를 정렬해주는 Quantize 패널을 살펴보겠습니다.

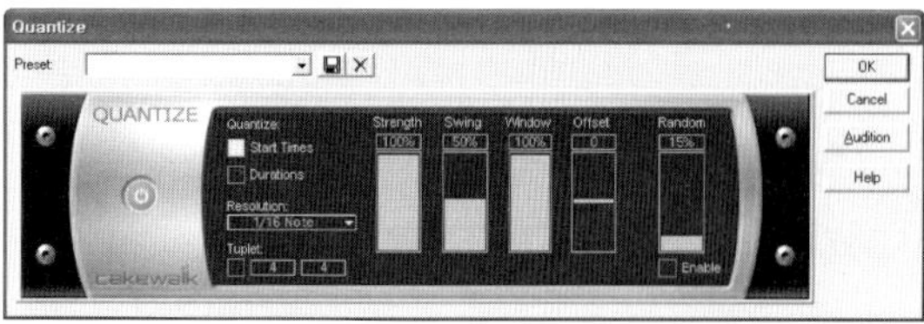

❶ Quantize

시작 위치(Start Times)와 길이(Note Durations) 중에서 원하는 옵션을 퀀타이즈 합니다.

❷ Resolution

퀀타이즈 단위를 선택합니다.

❸ Tuplet

왼쪽에서 잇단 음을 설정하고 오른쪽에서 기준 음표의 길이를 설정합니다.

❹ Strength

퀀타이즈의 정확도를 선택합니다.

❺ Swing

퀀타이즈 되는 업 박을 어느 정도 지연시킬 것인지를 선택합니다.

❻ Window

퀀타이즈 시킬 범위를 선택합니다.

❼ Offset

정렬된 노트를 어느 정도 지연시킬 것인지를 선택합니다.

❽ Random

퀀타이즈를 몇 퍼센트 어긋나게 할 것인지를 선택합니다. 아래쪽의 Random 사용 여부를 선택한 Enable 옵션이 있습니다.

6 음정 조정하기

Transpose는 노트의 음정을 변경합니다. FX 패널에서 실시간으로 적용하면 건반을 C스케일로 연주해도, 원하는 스케일로 입력되게 할 수 있습니다. 미디 입력을 위해서는 반드시 건반 연습을 해두는 것이 좋지만, 하루 아침에 모든 스케일을 자유롭게 연주하기는 어려울 것입니다. 한 손이라도 스케일 연주가 자유로워질 때까지 Transpose 이펙트를 보조 도구로 사용하는 것도 좋은 아이디어입니다.

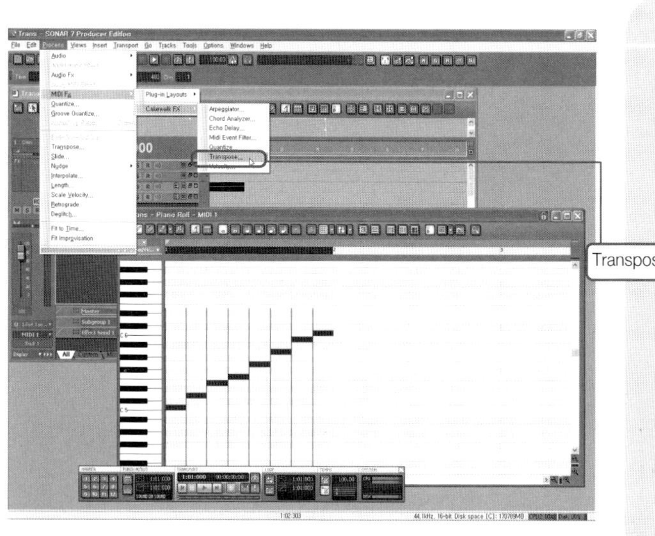

01 피아노 창에서 다이아토닉 스케일을 입력하거나 부록 CD의 Trans 샘플 파일을 불러옵니다. 클립을 선택하고, Process 메뉴의 MIDI Fx에서 Cakewalk FX의 [Transpose]를 선택합니다.

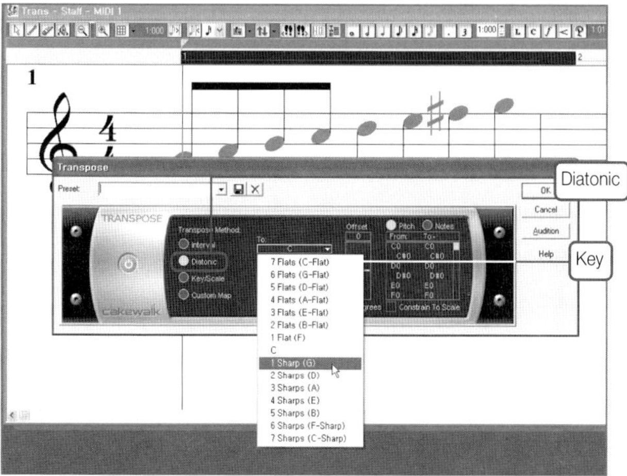

02 창에서 Diatonic 옵션을 선택하고, Key 항목에서 1 Sharp (G)를 선택해봅니다. [OK] 버튼을 클릭하면 G키로 변경되는 것을 확인할 수 있습니다.

7 벨로시티 조정하기

Velocity 이펙트는 노트의 벨로시티 값을 조정할 수 있는 기능입니다. 벨로시티 값을 일정하게 변경하거나, 순차적으로 조정할 수 있는 기본적인 기능 보다는 마우스로 입력한 것을 리얼로 입력한듯한 효과를 연출하기 위해서 많이 사용합니다.

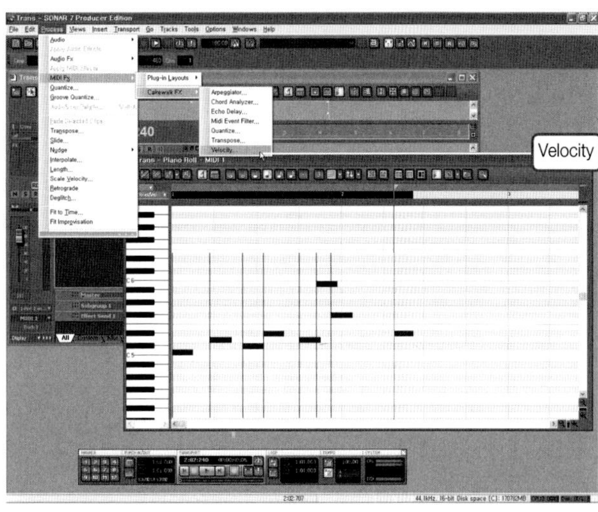

피아노 창에서 노트를 마우스로 입력합니다. 벨로시티가 모두 100으로 입력됩니다. [Ctrl] + [A] 키를 눌러 모든 노트를 선택하고, Process 메뉴의 MIDI Fx에서 Cakewalk FX의 [Velocity]를 선택합니다.

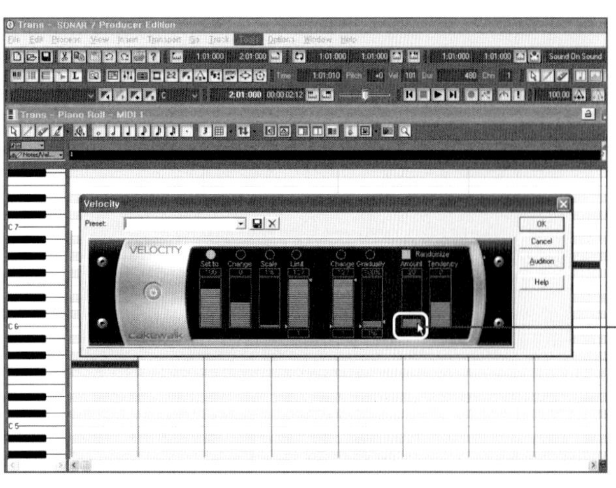

Randomize 옵션을 체크하고, amount를 20 정도로 조정합니다. [OK] 버튼을 클릭하면 미디 데이터를 리얼로 입력한 듯 벨로시티 값이 +/- 20 범위 내에서 자유롭게 변경된 것을 확인할 수 있습니다.

Velocity 패널

노트의 벨로시티 값을 조정할 수 있는 Velocity 패널을 살펴보겠습니다.

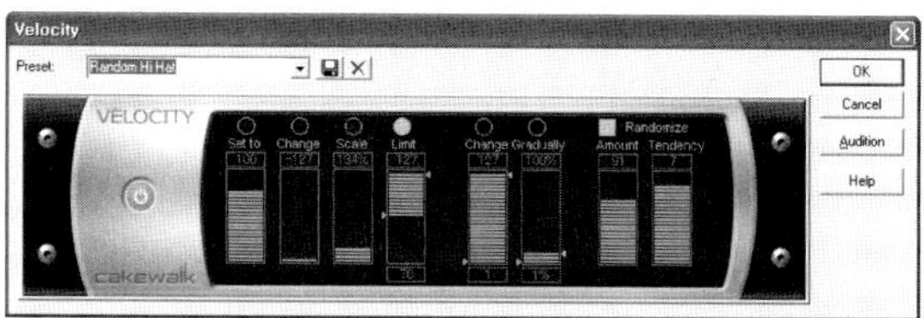

❶ Set to

옵션에서 설정한 값으로 벨로시티를 조정합니다.

❷ Change

옵션에서 설정한 값만큼 벨로시티를 증/감합니다.

❸ Scale

옵션에서 설정한 퍼센트 단위만큼 벨로시티를 증/감합니다.

❹ Limit

옵션에서 설정한 범위 이내로 조정합니다. 하단이 70이고, 상단이 100이면 70이하의 노트는 70으로 100이상의 노트는 100으로 조정됩니다.

❺ Change

하단에 입력한 단위에서부터 상단에 입력한 단위까지 순차적으로 조정합니다.

❻ Gradually

앞과 같은 기능이지만 퍼센트 단위로 적용한다는 점이 다릅니다.

❼ Randomize

앞의 6가지 옵션에서 설정한 범위를 기준으로 인간적인 느낌의 리얼 효과를 만들 때 그 범위를 설정합니다. Tendency 는 랜덤 처리의 증/감 비율을 조정합니다.

편집 및 프로세스 기능 익히기

소나 7는 선택한 클립이나 데이터를 사용자가 원하는 스타일로 편집할 수 있는 다양한 기능들을 제공합니다. 이러한 기능들에 해당하는 메뉴의 역할을 살펴보고, 고급 사용자가 되기 위한 Interpolate, Run CAL 등의 역할도 살펴보겠습니다. 그리고 미디 학습의 끝이라고 하는 시스템 익스클루시브 정보에 관해서는 다음 세션에서 정리를 해놓았으므로 미디 작업에 어느 정도 자신이 생겼을 때 도전해보기 바랍니다.

1 작업 취소와 다시 실행 기능

Undo 기능은 작업한 내용을 취소하고, Redo 기능은 취소한 내용을 다시 실행합니다. 예를 들어 클립을 삭제한 경우, Undo는 삭제 작업을 취소하는 것으로 삭제한 클립을 되살려놓고, Redo는 Undo의 작업을 취소하는 것으로 되살린 클립을 다시 삭제합니다. Undo 기능은 많이 사용하는 명령이므로 단축키 Ctrl + Z 을 외워두기 바랍니다.

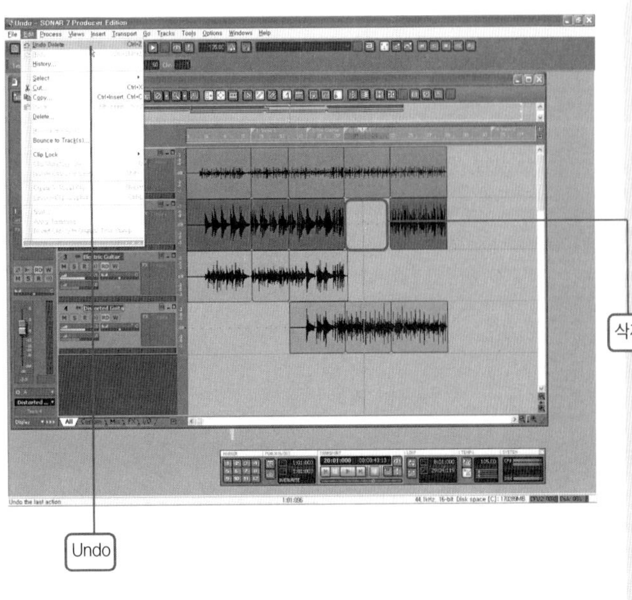

01 부록 CD의 Undo 샘플 파일을 불러와 적당한 클립을 선택하고, 키보드의 Delete 키를 눌러 삭제합니다. Edit 메뉴를 보면 Undo Delete라고 삭제한 작업을 취소할 수 있다는 내용을 확인할 수 있습니다.

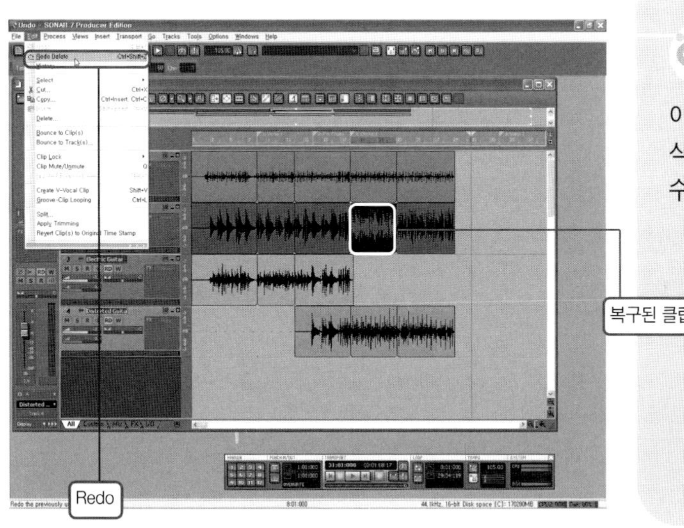

02 메뉴 보다는 단축키 Ctrl + Z 키를 눌러 Undo 명령을 실행합니다. 삭제되었던 클립이 복구됩니다. Edit 메뉴를 보면 Redo Delete라고 삭제 명령을 다시 실행할 수 있다는 내용을 확인할 수 있습니다.

2 히스토리 기능

Edit 메뉴의 History는 작업한 내용을 모두 기록하고 있는 Edit History 창을 열어줍니다. History 창을 이용하면 Undo와 Redo의 반복적인 실행 과정을 한번에 처리할 수 있습니다. 작업을 하다가 시스템이 점점 느려진다는 느낌이 들면 히스토리 창을 열어서 확인해보기 바랍니다. 되돌릴만한 작업이 없다면 히스토리 목록을 제거하는 것이 좋습니다.

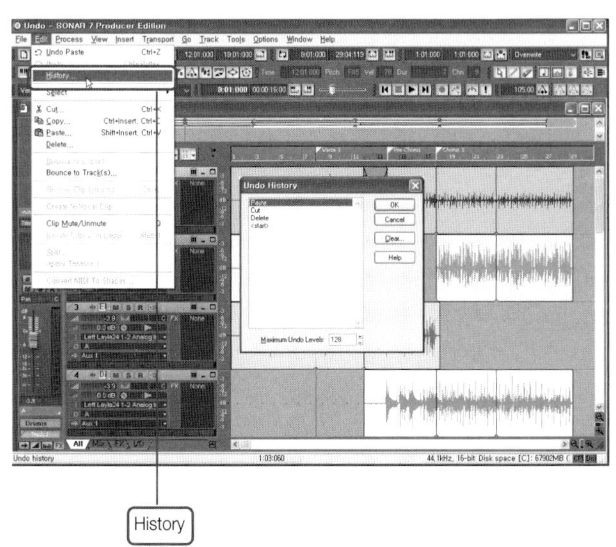

01 미디 또는 오디오 이벤트를 녹음하고, 녹음한 클립을 자유롭게 편집해봅니다. Edit 메뉴의 [History]를 선택하여 Edit History 창을 열면 독자가 작업한 내용들이 아래쪽에서부터 위쪽으로 기록되어 있는 것을 확인할 수 있습니다.

O2 Edit History 목록에서 독자가 원하는 위치로 되돌리고 싶은 작업 내용을 선택합니다. Ctrl + Z 키를 반복해서 누르지 않아도 원하는 작업시점으로 되돌아 갈 수 있습니다. 취소할 작업이 없다면 [Clear] 버튼을 클릭하여 히스토리 내용을 삭제할 수 있습니다. Maximum Undo 옵션은 기록 횟수를 설정하는 것입니다.

3 선택기능

Edit 메뉴의 Select는 작업 윈도우의 이벤트를 선택할 때 수 있는 기능들로 구성되어 있습니다. Select 메뉴가 실행되는 작업 창이 프로젝트이면 클립을 선택하는 것이고, 미디 작업 창이면 미디 이벤트를 선택하는 것입니다. Select 메뉴에는 모든 이벤트 선택의 All과 선택 해제의 None 등 9가지의 서브 메뉴로 구성되어 있습니다.

1. All

작업 중인 모든 이벤트를 선택하는 메뉴로 단축키는 Ctrl + A 입니다. 소나 7은 작업중인 윈도우에 상관없이 프로젝트 윈도우에 있는 모든 클립이 선택된다는 점을 기억하기 바랍니다.

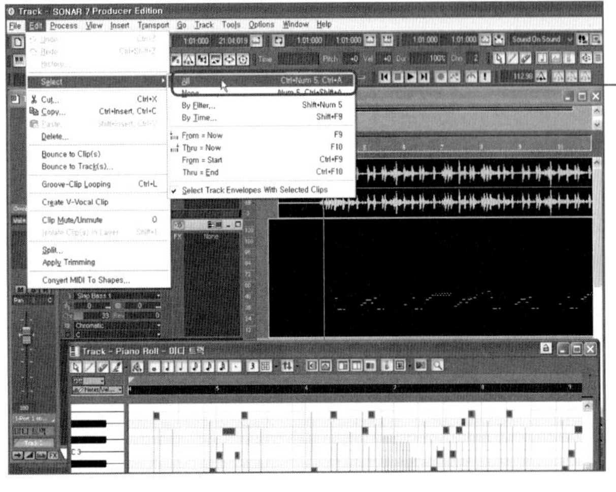

◀▮ 2. None ▮▶

선택한 이벤트를 해제합니다. None의 단축키는 [Ctrl]+[Shift]+[A] 키 이지만, 작업 중인 윈도우의 빈 공간을 클릭하는 방법이 편리할 것입니다.

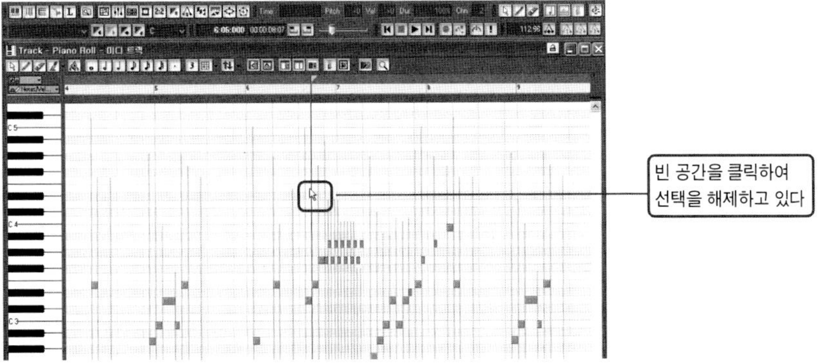

◀▮ 3. By Filter ▮▶

노트, 컨트롤 정보, 피치 벤더 등 원하는 이벤트를 골라서 선택할 수 있는 메뉴입니다. By Filter 메뉴는 이미 선택되어 있는 이벤트에 한해서 작동하므로 메뉴를 실행하기 전에 원하는 이벤트를 선택해야 합니다.

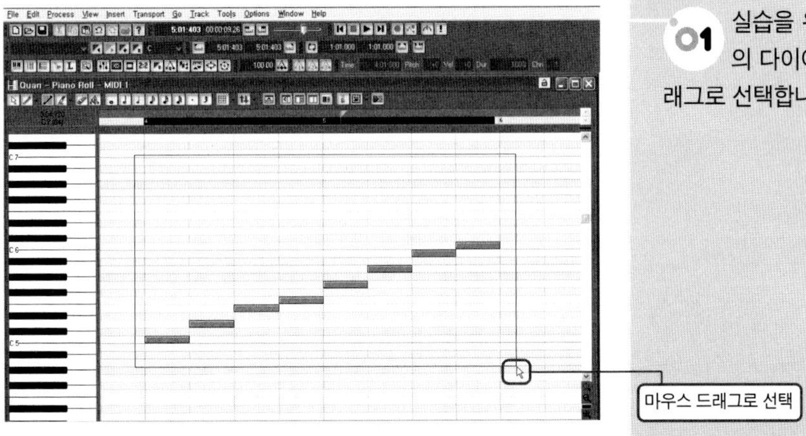

01 실습을 위해서 도, 레, 미, 파, 솔, 라, 시, 도의 다이아토닉 스케일을 입력하고 마우스 드래그로 선택합니다.

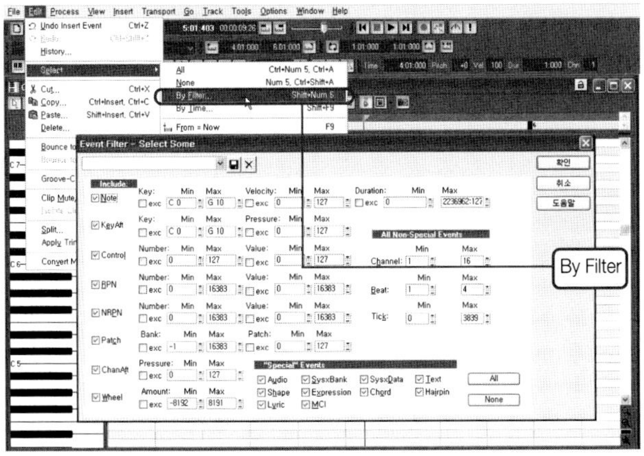

02 Edit 메뉴의 Select에서 [By Filter]를 선택하거나, 단축키 [Shift]+[5] 키를 눌러 Event Filter 창을 엽니다.

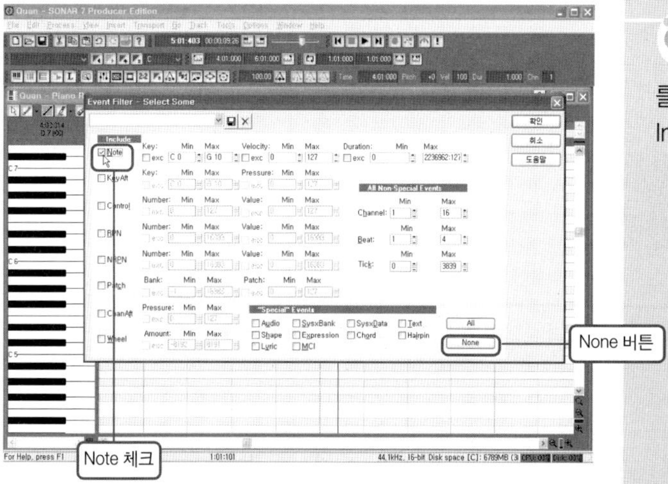

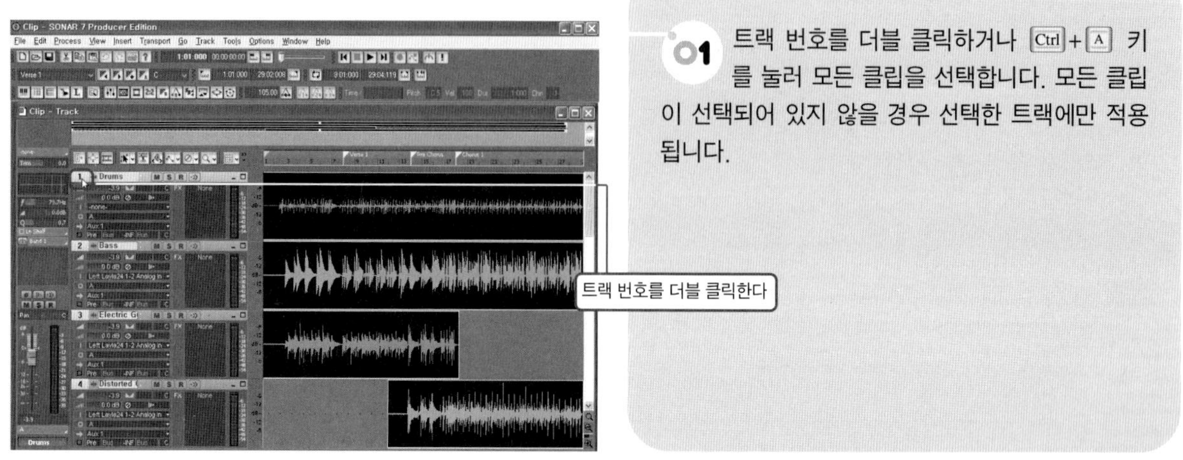

03 노트만 선택해보겠습니다. 창 오른쪽 하단에 있는 [None] 버튼을 클릭하여 모든 Include를 해제하고 Note만을 체크합니다. [All] 버튼은 모든 Include를 선택하는 기능입니다.

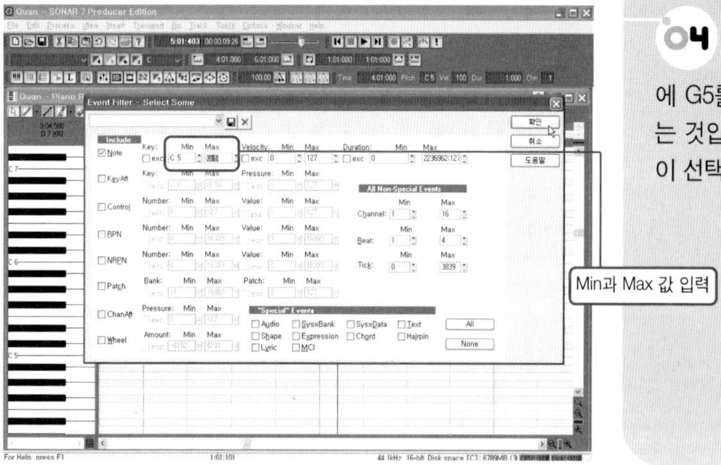

04 소나의 기본 값은 가운데 도를 C5로 표기합니다. Min항목에 C5를 입력하고, Max 항목에 G5를 입력합니다. C5~G5의 노트를 선택하겠다는 것입니다. [확인] 버튼을 클릭하면 입력한 노트들이 선택되어 있는 것을 확인할 수 있습니다.

🎵 4. By Time 🎵

시간 단위로 이벤트를 선택합니다. 이것은 음악을 반복할 부분을 선택하여 복사할 때 유용하게 사용할 수 있습니다.

01 트랙 번호를 더블 클릭하거나 Ctrl + A 키를 눌러 모든 클립을 선택합니다. 모든 클립이 선택되어 있지 않을 경우 선택한 트랙에만 적용됩니다.

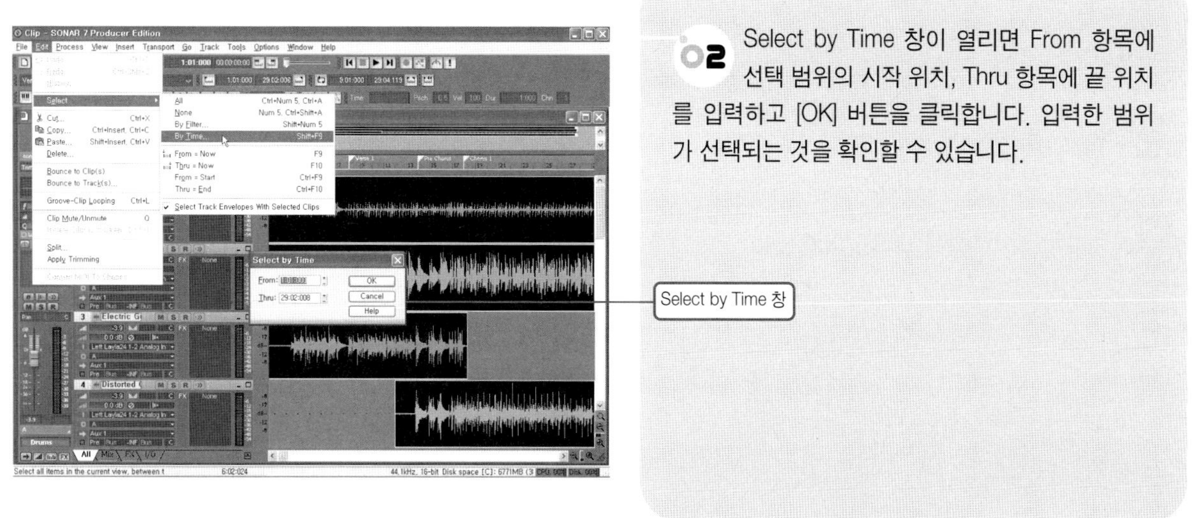

02 Select by Time 창이 열리면 From 항목에 선택 범위의 시작 위치, Thru 항목에 끝 위치를 입력하고 [OK] 버튼을 클릭합니다. 입력한 범위가 선택되는 것을 확인할 수 있습니다.

5. From / Thru = Now

By Time과 같은 역할입니다. By Time은 입력 범위를 선택할 수 있다는 것이고, From = Now와 Thru = Now 는 송 포지션 라인을 기준으로 한다는 차이점만 있습니다. From = Now와 Thru = Now는 연주 중에 단축키를 이용하여 적용할 수 있습니다. 곡을 연주하면서 F9 (시작위치)과 F10 (끝 위치)를 누릅니다. 이것은 곡을 모니터 하면서 선택하고 싶을 때 유용하므로 기억해두기 바랍니다.

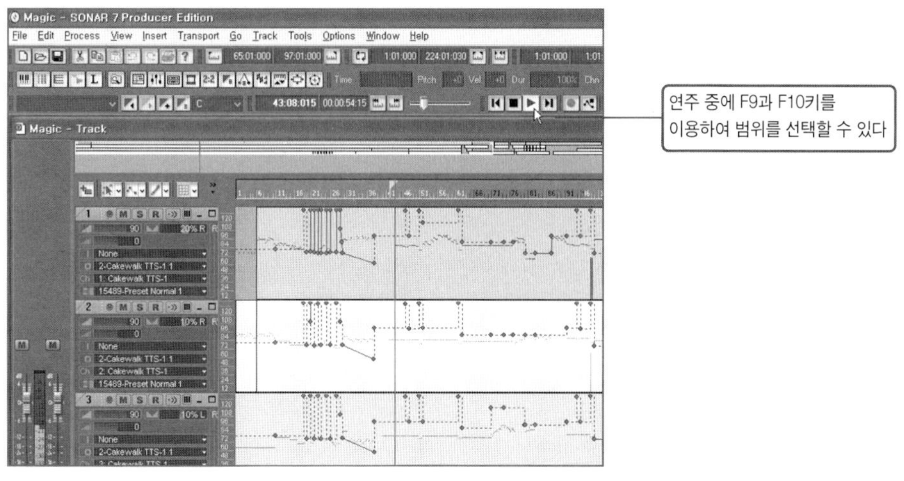

6. From = Start / Thru = End

From = Start는 Select 툴의 끝 위치에서 곡의 처음까지 선택을 하는 것이고, Thru = End는 Select 툴의 시작 위치에서 곡의 끝까지 선택으로 미디 데이터를 편집할 때 자주 사용합니다. 이전 또는 이후의 기준이 되는 위치에 송 포지션 라인을 가져다 놓습니다.

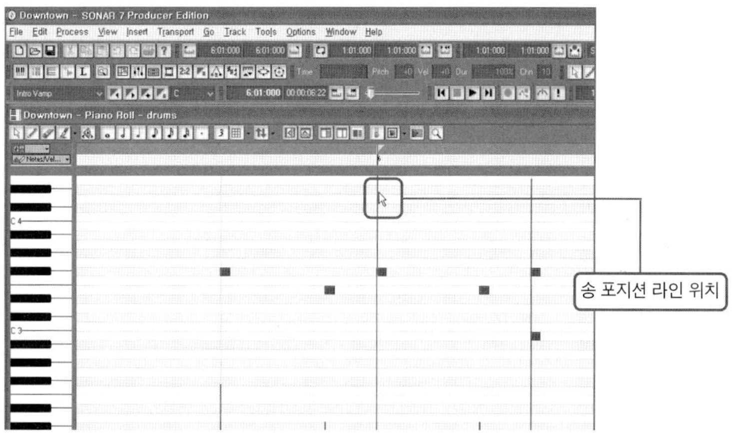

Edit 메뉴의 Select에서 From=Start 또는 Thru=End를 선택합니다. 송 포지션 라인을 기준으로 이전 데이터 또는 이후 데이터가 모두 선택되는 것을 확인할 수 있습니다.

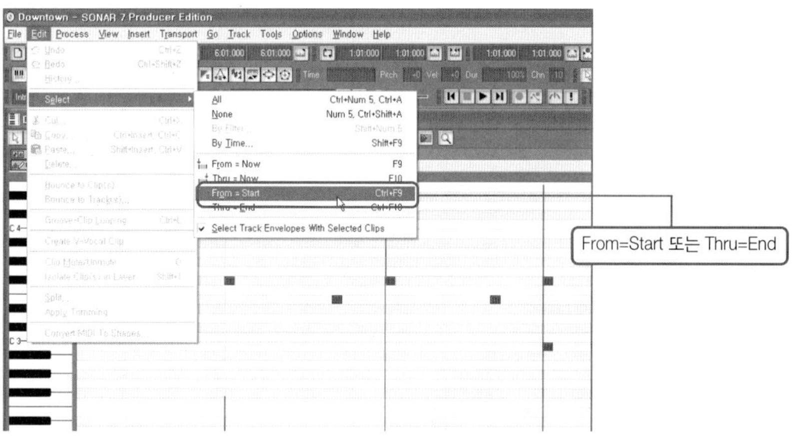

7. Select Track Envelopes with Selected Clips

클립에 기록되어 있는 엔벨로프가 함께 선택되도록 하는 옵션입니다. 클립을 이동하거나 복사할 때 기록되어 있는 엔벨로프를 빼는 경우는 드물기 때문에 이 옵션은 기본적으로 체크되어 있습니다. 그러나 복사한 클립에 원본과 다른 엔벨로프를 기록하고 싶다면 메뉴를 선택하여 옵션을 해제합니다.

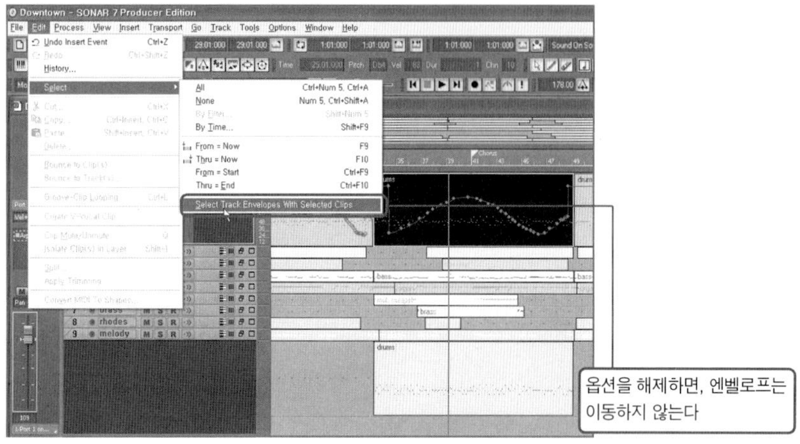

4 이동 기능

선택한 이벤트를 이동하는 메뉴는 Cut과 Paste입니다. 한 화면에 보이는 거리를 이동할 때는 마우스 드래그가 편리하겠지만 먼 거리를 이동시킬 때는 단축키가 편리합니다. 여기서는 프로젝트 윈도우에서 클립을 대상으로 실습을 하지만 이동 메뉴는 모든 작업 윈도우에서 같은 방법으로 사용됩니다.

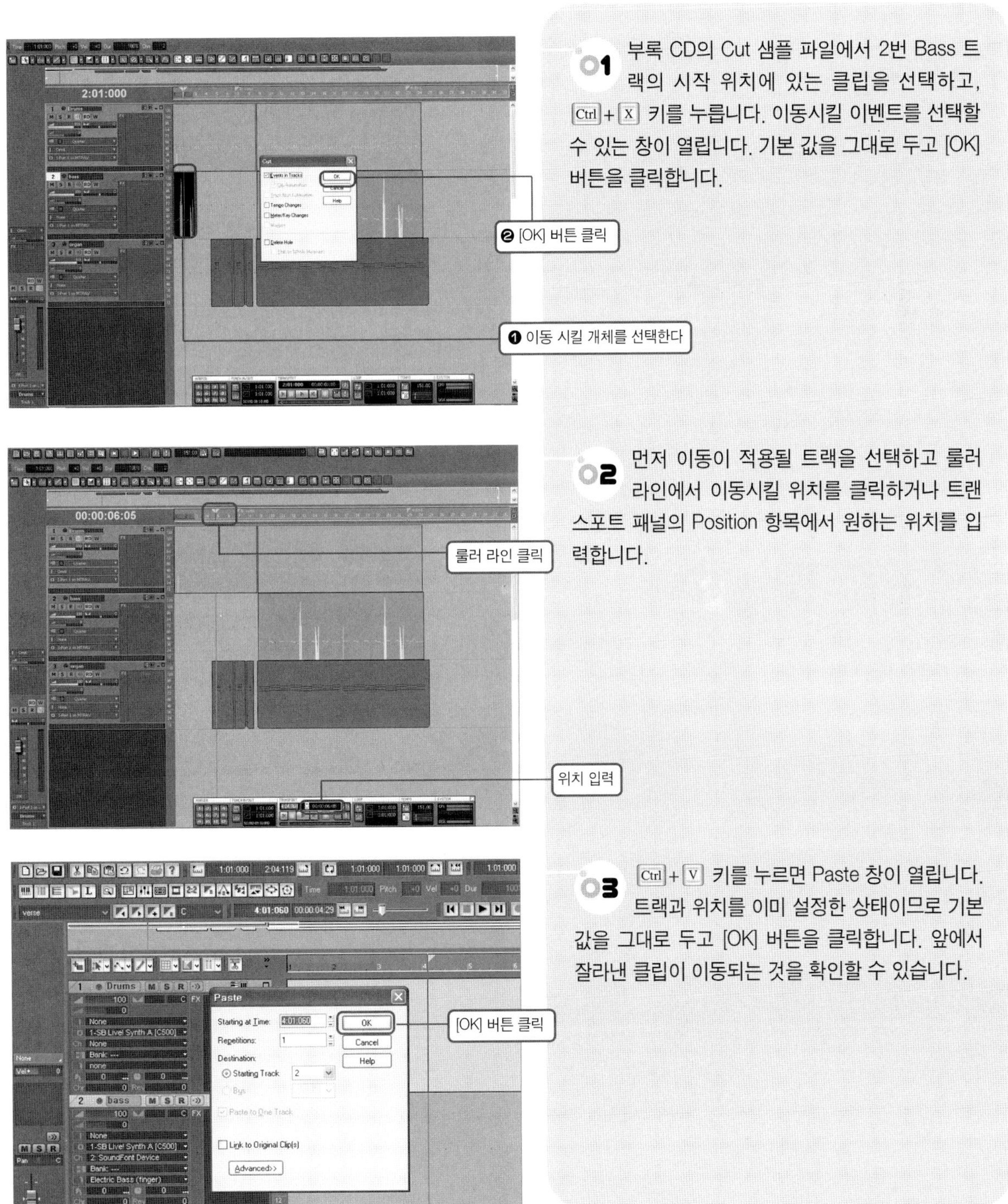

01 부록 CD의 Cut 샘플 파일에서 2번 Bass 트랙의 시작 위치에 있는 클립을 선택하고, Ctrl+X 키를 누릅니다. 이동시킬 이벤트를 선택할 수 있는 창이 열립니다. 기본 값을 그대로 두고 [OK] 버튼을 클릭합니다.

02 먼저 이동이 적용될 트랙을 선택하고 룰러 라인에서 이동시킬 위치를 클릭하거나 트랜스포트 패널의 Position 항목에서 원하는 위치를 입력합니다.

03 Ctrl+V 키를 누르면 Paste 창이 열립니다. 트랙과 위치를 이미 설정한 상태이므로 기본 값을 그대로 두고 [OK] 버튼을 클릭합니다. 앞에서 잘라낸 클립이 이동되는 것을 확인할 수 있습니다.

이동 단축키인 Ctrl + X 와 다음에 학습할 복사 단축키인 Ctrl + C 키를 누르면 어떤 이벤트를 이동, 복사할 것인지를 선택할 수 있는 창이 열립니다.

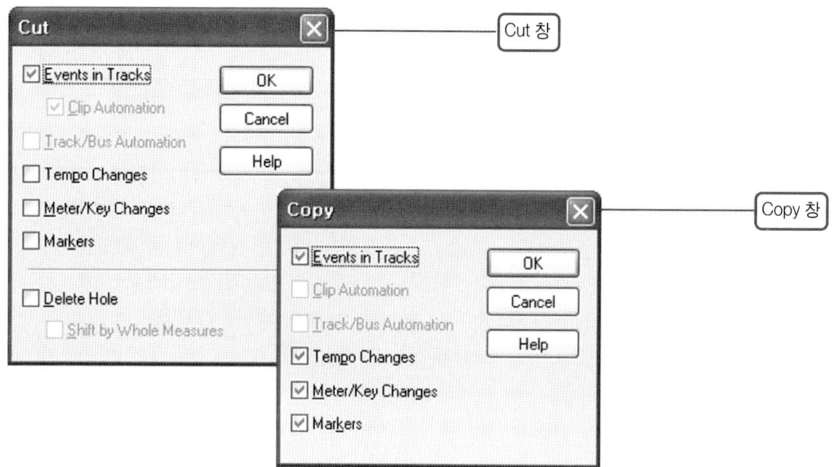

❶ Event in Tracks

선택한 클립의 이벤트를 이동/복사 합니다. 선택한 클립에 오토메이션 이벤트가 기록되어 있을 경우, 이동/복사 여부를 결정할 수 있는 Clip Automation 옵션을 사용할 수 있습니다.

❷ Track/Bus Automation

트랙 또는 버스에 기록되어 있는 오토메이션 이벤트를 이동/복사 할 것인지를 결정합니다.

❸ Tempo Changes

템포 변화 값을 이동/복사할 것인지를 결정합니다.

❹ Meter/Key Changes

박자 표와 조표를 이동/복사할 것인지를 결정합니다.

❺ Markers

마커를 이동/복사할 것인지를 결정합니다.

❻ Delete Hole

Cut 창에서만 볼 수 있는 옵션입니다. Cut 명령으로 제거되는 클립의 길이만큼 오른쪽의 클립을 이동시켜줍니다. 이때 Shift by Whole Measures 옵션을 체크하면 마디 단위로 이동됩니다.

5 복사 기능

복사 메뉴의 단축키는 Ctrl + C 키와 Ctrl + V 키 입니다. 복사할 대상을 선택하고, Ctrl + C 키를 눌러 복사합니다. 그리고 원하는 위치에 송 포지션 라인을 가져다 놓고, Ctrl + V 를 누르면 됩니다. 복사 기능은 앞에서 살펴본 이동과 크게 다르지 않습니다.

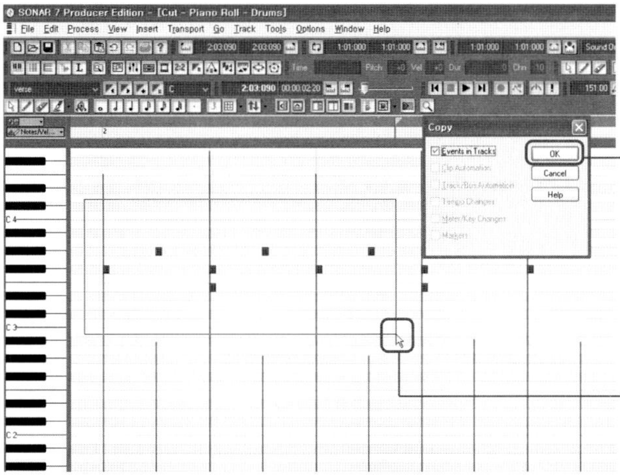

01 복사할 이벤트를 선택하고 단축키 [Ctrl]+[C] 키를 누릅니다. 어떤 이벤트를 복사할 것인 지를 묻는 창이 열리면 [OK] 버튼을 클릭합니다.

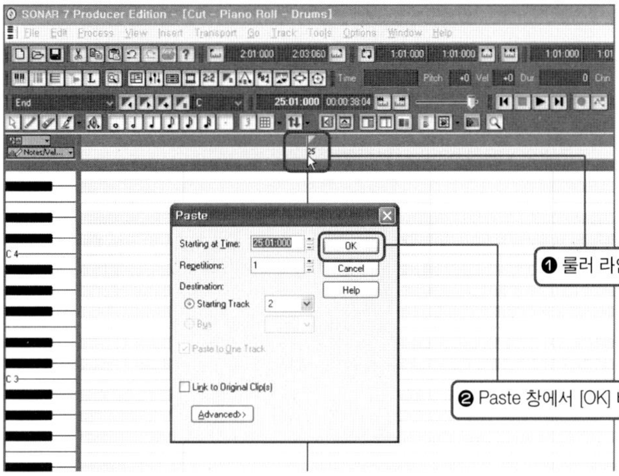

❷ 창이 열리면 [OK] 버튼 클릭

❶ 이벤트 선택 후 Ctrl+C 키를 누른다

02 룰러 라인을 클릭하여 복사할 위치를 지정합 니다. 단축키 [Ctrl]+[V] 키를 누르면 위치를 지정할 수 있는 창이 열립니다. [OK] 버튼을 클릭하 면 선택한 이벤트가 복사되는 것을 확인할 수 있습 니다.

❶ 룰러 라인을 클릭하여 위치 지정

❷ Paste 창에서 [OK] 버튼 클릭

Tip Paste 창

Cut과 Copy 창은 앞에서 살펴보았습니다. 여기서는 이동과 복사의 최종 명령인 Paste 창을 살펴보겠습니다. Paste 창 하단의 [Advanced] 버튼을 클릭하면 좀 더 다양한 옵션을 설정할 수 있도록 확장됩니다.

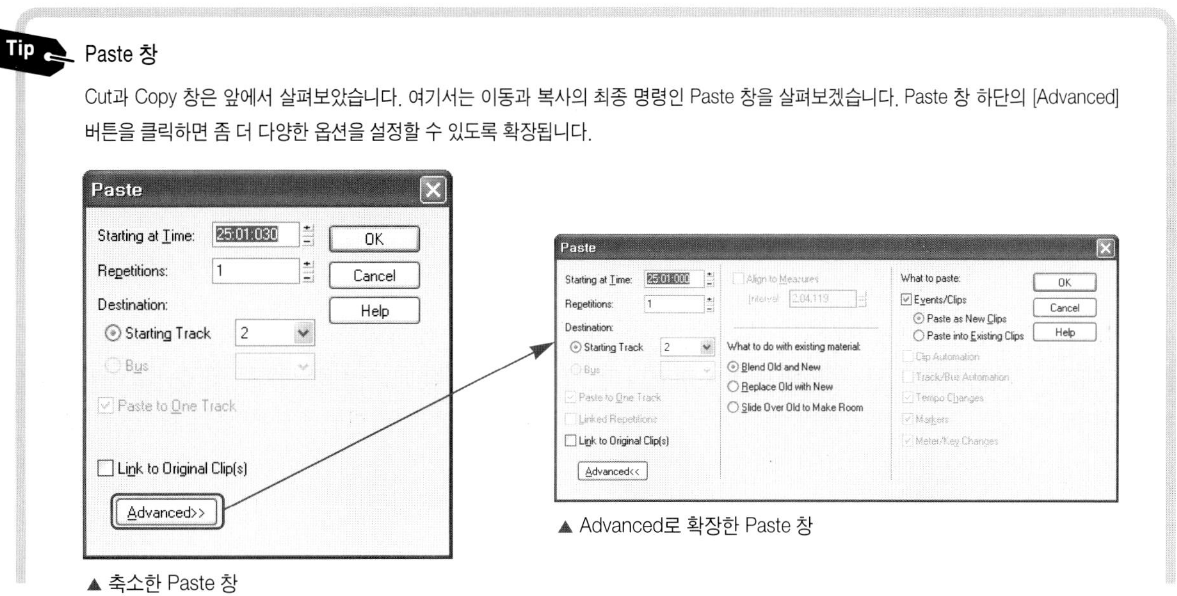

▲ 축소한 Paste 창

▲ Advanced로 확장한 Paste 창

415

❶ Starting at Time
이동/복사할 위치를 설정합니다. 송 포지션 라인의 위치를 말하는 것입니다. 실습에서와 같이 위치를 먼저 지정하는 경우에는 변경할 이유가 없습니다.

❷ Repetitions
몇 번을 이동/복사할 것인지를 설정합니다. 같은 패턴의 드럼 루프를 복사할 때 유용하게 사용할 수 있는 옵션입니다.

❸ Destination
붙여질 트랙 또는 버스를 선택합니다. 새로운 트랙을 만들어 붙이고 싶은 경우에는 New를 선택합니다. 이때 작업 중인 트랙의 수가 5개이면 6번 트랙이 만들어집니다.

❹ Paste to One Track
이 옵션을 체크하면 2이상의 트랙을 이동하거나 복사할 때, 하나의 트랙으로 붙여줍니다.

❺ Linked Repetitions
선택한 이벤트를 2회 이상 반복하여 이동/복사할 때, 반복되는 클립을 연결시켜줍니다.

❻ Link to Original Clips
선택한 이벤트를 2회 이상 반복하여 복사할 때, 원본 클립과 연결시켜 줍니다. 이동의 경우 원본 클립이 존재하지 않기 때문에 무의미한 옵션입니다.

❼ Align to Measures
이동/복사가 마디 단위로 적용될 수 있도록 합니다. Internal에서는 원하는 단위를 입력하여 이동/복사 명령을 수행할 수 있도록 합니다.

❽ What to do with existing material
이동/복사할 위치에 이미 이벤트가 존재할 경우 어떻게 처리할 것인지를 결정할 수 있는 3가지 옵션이 있습니다.
Blend Old and New는 기존의 이벤트와 믹스됩니다.
Replace Old with New는 기존의 이벤트를 삭제합니다.
Slide Over Old to Make Room은 기존의 이벤트를 오른쪽으로 이동시킵니다.

❾What to paste
Cut과 Copy 창에서 어떤 이벤트를 이동/복사 할 것인지를 선택할 수 있다는 것을 기억할 것입니다. What to paste는 이와 동일하게 어떤 이벤트를 붙일 것인지를 결정합니다. 단, 새로운 클립을 만들 것인지(Paste as New Clips), 기존의 클립에 붙일 것인지(Paste into Existing Clips)를 선택할 수 있는 옵션이 있습니다.

 6 퀀타이즈 기능

퀀타이즈란 정확한 위치에서 어긋난 노트들을 정렬해주는 기능입니다. 퀀타이즈의 약점은 모든 노트를 정확하게 연주하게 하여 기계적인 느낌이 된다는 것입니다. 댄스 곡의 드럼 루프인 경우에는 별 문제가 되지 않지만, 모든 노트를 완벽하게 정렬하면 인간미가 없다는 평가를 듣게 됩니다. 퀀타이즈를 효과적으로 사용하기 위한 요령은 곡의 시작 또는 세션 부분에서만 적용하는 것입니다.

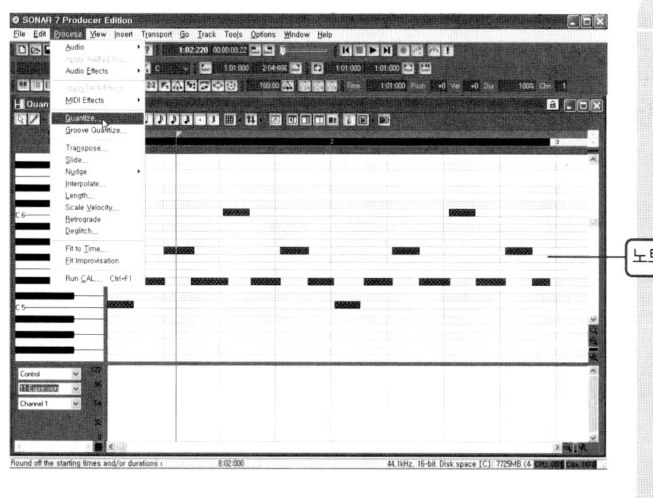

01 부록 CD의 Quan 샘플 파일을 불러옵니다. 미디 클립을 더블 클릭하여 피아노 창을 열어 보면 노트의 시작 위치가 가이드 라인에 일치하지 않는 것을 알 수 있습니다.

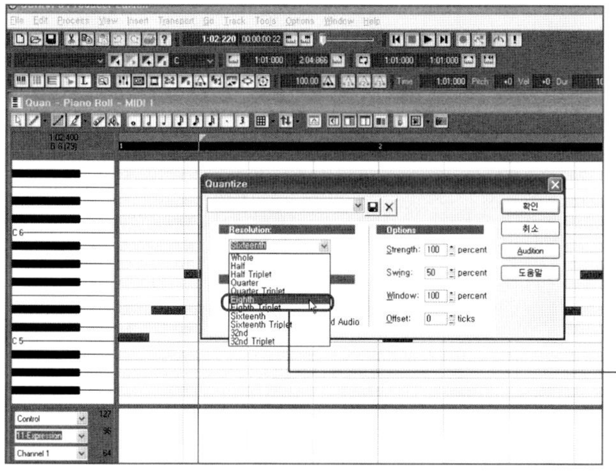

02 Process 메뉴의 [Quantize]를 선택하여 창을 엽니다. 창의 Resolution에서 [Eighth]를 선택합니다. [확인] 버튼을 클릭하면 노트의 위치가 정확하게 조정되는 것을 확인할 수 있습니다.

Tip Quantize 창

퀀타이즈 창의 옵션을 살펴보겠습니다.

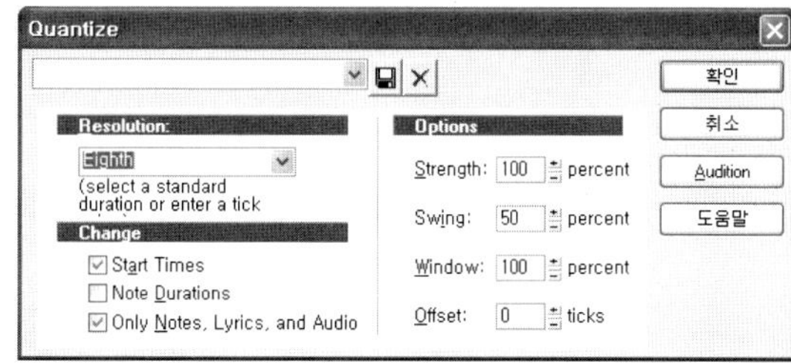

❶ Resolution

한 마디에 가상선을 몇 개 만들어 줄 것인지를 선택합니다. 실습에서와 같이 Eighth를 선택하면 한 마디에 8개의 가상선을 만들고, 가장 가까운 노트들을 가상 선으로 끌어오는 것입니다.

❷ Change

노트의 시작 위치(Start Times)와 길이(Note Durations)중에서 원하는 옵션을 선택하여 퀀타이즈 할 수 있으며, Only Notes, Lyrics, and Audio는 노트, 가사, 오디오의 3가지만 퀀타이즈 하도록 합니다.

❸ Option

모두 4가지의 옵션이 있습니다.

• Strength:

몇 퍼센트를 퀀타이즈 할 것인지를 결정합니다. 여기서 90%를 설정하면 노트를 가상 라인에서 10% 떨어진 거리만큼만 조정하는 것입니다.

• Swing:

업 박자에 해당하는 가상 라인을 몇 퍼센트 늦추어 줄 것인지를 설정합니다. Resolution에서 Eighth를 선택하고 여기서 67%를 설정하면, 업 박자에 해당하는 2, 4, 6, 8 박자의 라인을 67% 오른쪽으로 이동합니다. 결국 스윙 느낌을 만들어주는 것입니다.

• Window:

가상 라인에서 몇 퍼센트 떨어진 노트만을 퀀타이즈 할 것인지를 설정합니다. 여기서 1%를 선택하면 가상 라인에서 1%로 떨어진 노트만을 퀀타이즈하게 되므로 결과의 변화가 없게 됩니다.

• Offset:

노트의 시작 위치를 여기서 설정한 틱 값만큼 오른쪽으로 밀어냅니다. Offset을 10으로 설정하면 노트의 시작 위치가 10틱씩 밀려나게 퀀타이즈 잡히는 것입니다.

7 글루브 퀀타이즈 기능

글루브 퀀타이즈는 앞에서 살펴본 퀀타이즈의 단점을 극복할 수 있는 기능입니다. 앞에서 살펴본 퀀타이즈는 비트 단위로만 설정이 가능하지만 글루브 퀀타이즈는 독자가 설정한 단위와 벨로시티를 퀀타이즈 시킬 수 있습니다. 퀀타이즈에 대한 이해가 충분하다면 Groove Quantize를 많이 사용하게 될 것입니다.

01 부록 CD의 Groove 샘플 파일을 불러와 들어봅니다. 마우스로 입력한 2번 트랙을 솔로로 들을 수 있습니다. 너무 기계적이라는 느낌이 들 것입니다.

02 1번 트랙의 클립을 선택하고 Edit 메뉴의 [Copy]를 선택합니다. Edit 메뉴에서 클립을 복사하는 실습을 할 때, 선택한 클립이 컴퓨터에 저장된다는 것을 기억할 것입니다. 정확히 클립보드라는 공간에 저장됩니다.

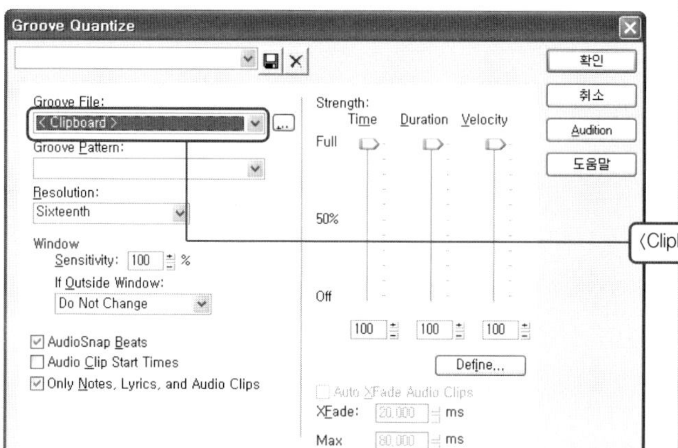

03 2번 트랙의 클립을 선택하고 Process 메뉴의 [Groove Quantize]를 선택하여 창을 엽니다. 창의 Groove File 항목이 [Clipboard]인 것을 확인합니다. 앞에서 복사한 클립을 모델로 사용하겠다는 것입니다.

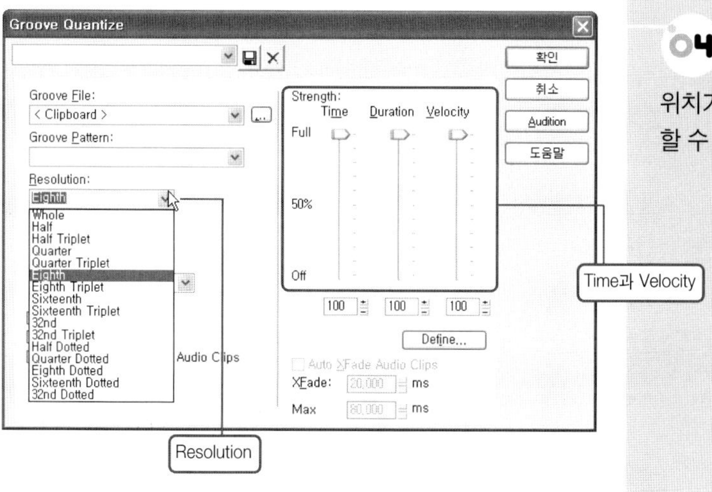

04 Resolution 항목을 [Eighth으로] 선택합니다. 퀀타이즈 창과 크게 다르지 않습니다. 시작 위치가 Time으로 표시되어 있고 벨로시티까지 조정할 수 있는 Velocity 항목이 추가되어 있을 뿐입니다.

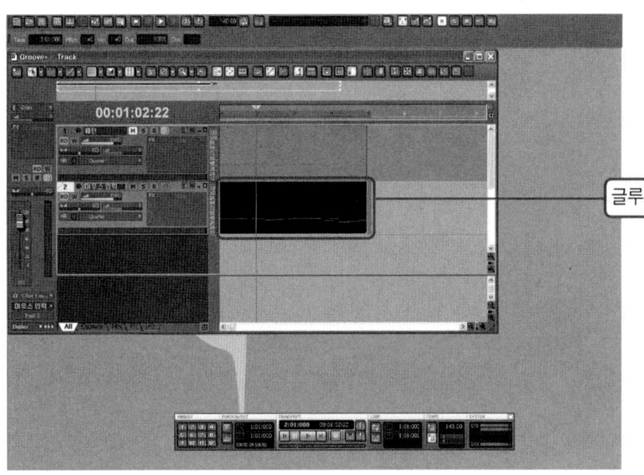

05 [확인] 버튼을 클릭하고 연주를 해보면 앞에
서 복사한 트랙 1번의 클립과 동일한 패턴으
로 조정되었다는 것을 확인할 수 있습니다.

Tip · **Groove Quantize 창**

Groove Quantize 창은 앞에서 살펴본 Quantize 창과 크게 다르지 않습니다. 여기서는 클립보드에 저장한 패턴을 나중에 사용할 수 있도
록 저장하는 방법을 살펴보겠습니다.

❶ Groove Quantize 창 오른쪽 하단에 있는 [Define] 버튼을 클릭합니다.

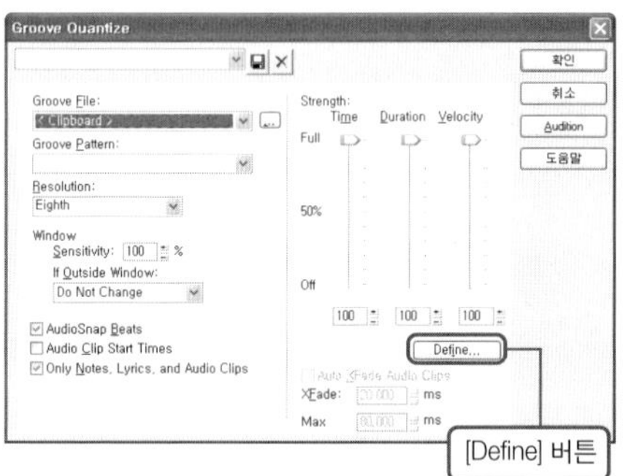

❷ Define Groove 창이 열립니다. File 항목에 파일 이름을 입력하고,
Pattern 항목에 복사한 패턴을 쉽게 구분할 수 있는 이름을 입력합니다.

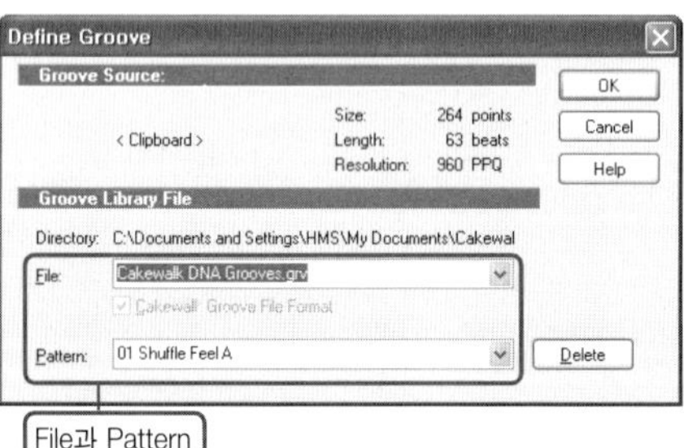

❸ Groove Quantize 창의 Groove File에서 저장한 파일 이름을 선택하고,
Groove pattern에서 패턴을 선택하여 사용하면 됩니다. Groove File에
는 12개의 패턴을 가지고 있는 Cakewalk DNA Grooves 파일이 있으
므로 참고하기 바랍니다.

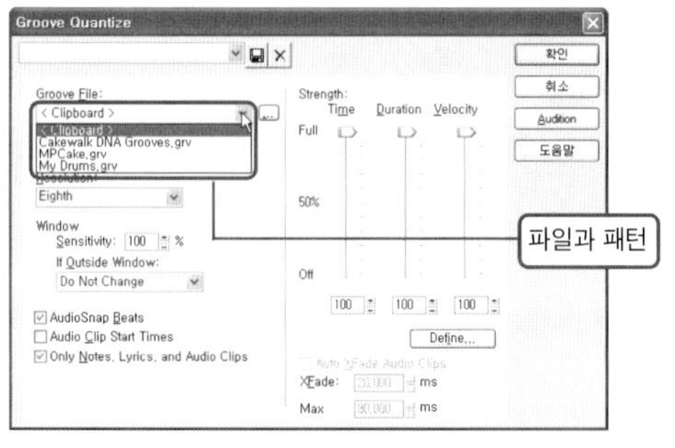

8 음정 조정 기능

Transpose는 미디 노트의 음정을 반음 단위로 조정할 수 있는 기능입니다. 노래방에서 남자키 또는 여자키 등의 버튼을 이용해서 자신의 음역에 맞게 반주를 조정해본 경험이 있을 것입니다. Transpose는 이처럼 작업한 음악이 가수의 음역에 맞지 않을 경우 간단하게 음정을 조정할 수 있습니다. 이때 주의해야 할 것은 드럼 노트가 입력되어 있는 클립을 변경 대상에서 제외시켜야 한다는 것입니다.

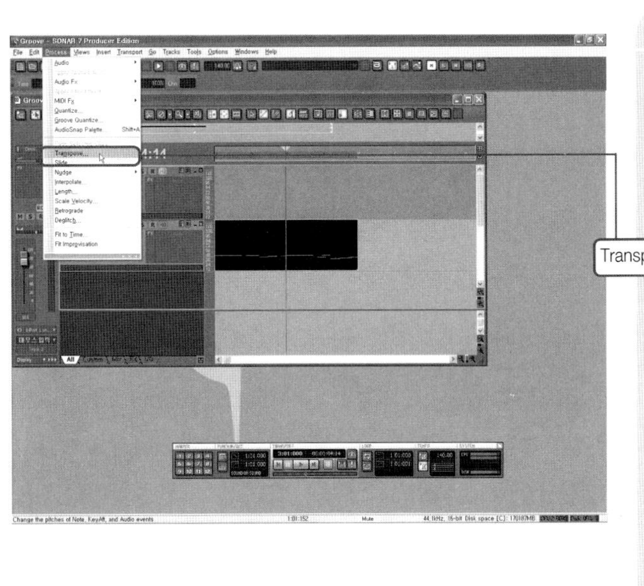

01 음정을 변경할 클립을 선택하고 Process 메뉴의 [Transpose]를 선택합니다. 모든 클립을 선택하려면 단축키 Ctrl + A 키를 누릅니다.

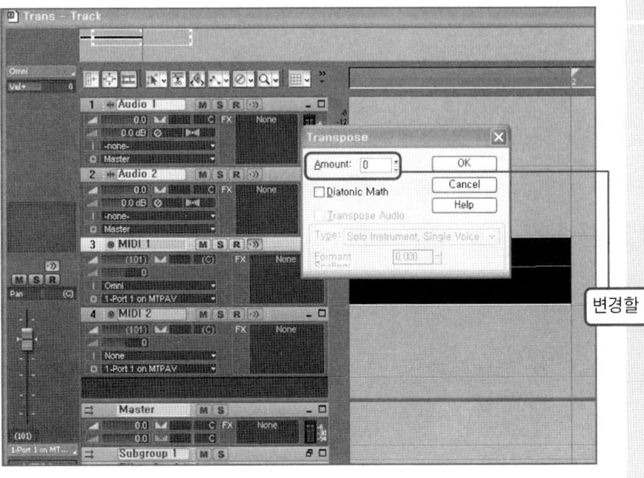

02 Transpose 창이 열립니다. Amount 항목에서 변경할 음정을 입력합니다. 1의 값이 반음 입니다. Diatonic Math는 다이나토닉 스케일 단위로 음정을 변경할 수 있도록 하고 Transpose Audio는 오디오 클립의 음정을 변경할 때 체크합니다.

Slide는 선택한 클립 또는 이벤트를 일정한 단위만큼 이동하는 기능입니다. 곡을 완성한 후에 모니터를 해보니 중간 부분에 중요한 테마가 빠졌다고 가정합시다. 이때 그 부분을 Split으로 잘라내어 이동한 후 빠진 테마를 입력하는 방법이 있겠지만 Slide 명령을 이용해도 동일한 효과를 얻을 수 있습니다. Split은 클립 자체를 이동할 때 편리하고, Slide는 이벤트를 이동할 때 편리하므로 적절히 응용할 수 있기를 바랍니다.

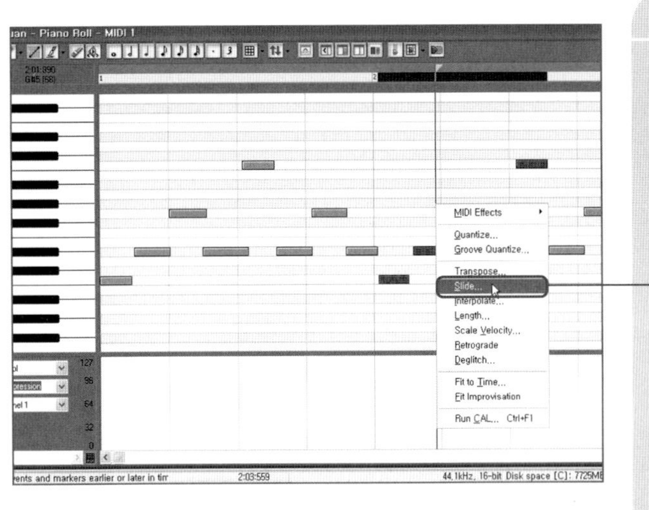

01 부록 CD의 Quen 샘플 파일을 열고 마우스 드래그로 노트를 몇 개 선택합니다. 계속해서 피아노 창의 비어있는 작업공간에서 마우스 오른쪽 버튼을 클릭하여 단축 메뉴를 열고 [Slide]를 선택합니다.

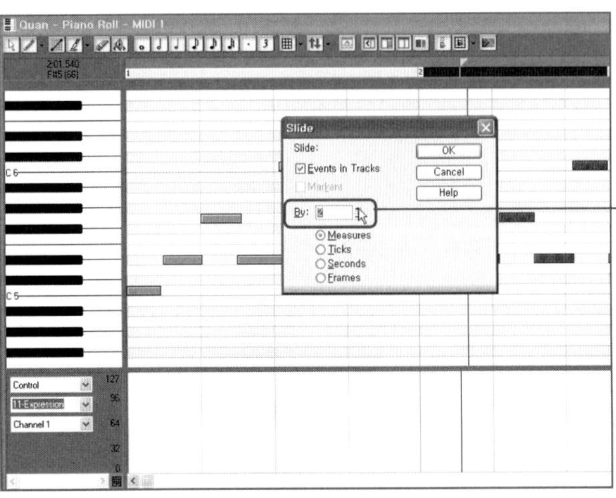

02 창에서 선택한 노트를 이동할 것이므로 Events in Tracks를 체크하고, By 항목에서 단위를 입력합니다. 그림은 Measures 단위로 2를 입력했으므로 [OK] 버튼을 클릭하면 선택한 노트가 두 마디 오른쪽으로 이동됩니다.

10 이동 범위 설정 기능

앞에서 살펴본 Slide 메뉴는 선택한 이벤트를 얼마만큼 이동할 것인지를 설정할 수 있는 창을 열어주지만, 여기서 살펴보는 Nudge는 미리 이동할 거리를 설정한 후에 키보드 숫자열의 단축키를 이용해서 이벤트를 이동시킬 수 있습니다. Slide는 특정 위치 이후에 있는 이벤트를 한번에 이동시킬 때 편리하고, Nudge는 선택한 이벤트만을 이동시킬 때 편리하기 때문에 이벤트를 편집할 때 많이 사용하게 될 것입니다.

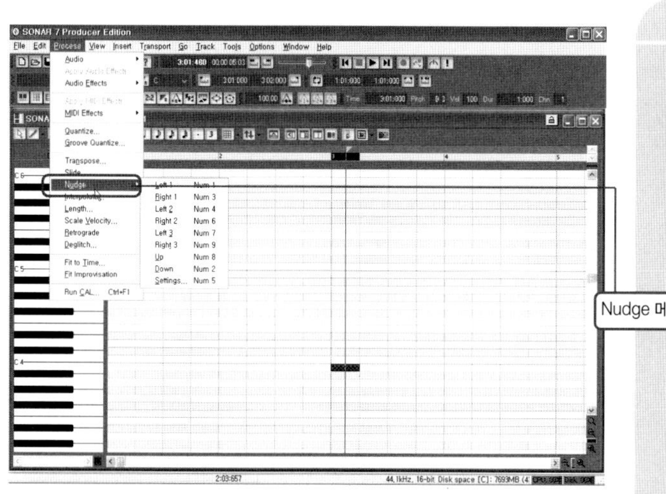

01 이동시킬 이벤트를 선택하고, Process 메뉴의 Nudge에서 Left1~3 또는 Right1~3을 선택하여 이벤트를 좌/우로 이동시켜 봅니다. Up/Down은 이벤트를 위/아래로 이동시켜 줍니다. 메뉴 보다는 숫자열의 단축키가 편리할 것입니다.

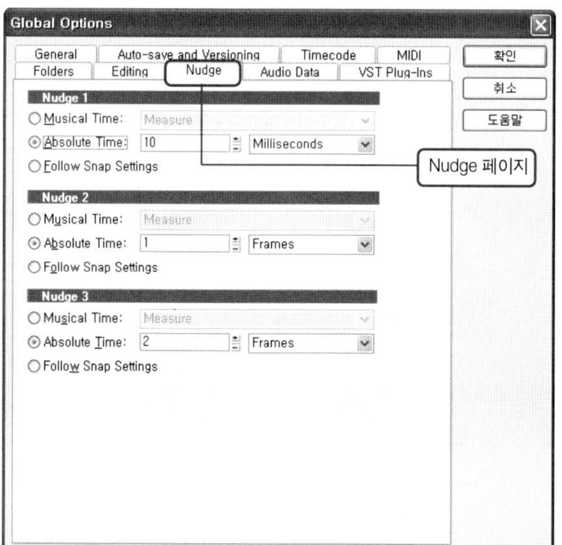

02 Nudge 메뉴의 Settings 또는 단축키 숫자열의 5번 키를 누르면, 각 단축키 마다 이동시킬 범위를 설정할 수 있는 Global Option 창이 열립니다. 독자가 편집 때 많이 사용하는 단위를 설정해 두면 편리할 것입니다.

Interpolate는 Note, Control, Wheel 등의 미디 정보에서 특정 범위에 있는 것들을 찾아 원하는 값으로 편집할 수 있는 기능입니다. 자연 단음계를 사용한 음악에서 7도 음에 해당하는 음들을 찾아 반음 높여 화성 단음계로 바꾸거나, 마우스로 입력한 리듬에서 2박과 4박에 해당하는 노트들을 찾아 벨로시티를 높여 비트감을 실어주는 등 다양한 활용이 가능합니다. 여기서는 마우스로 입력한 코드 리듬의 2와4박에 벨로시티를 조정하여 리듬감을 만들어 보겠습니다.

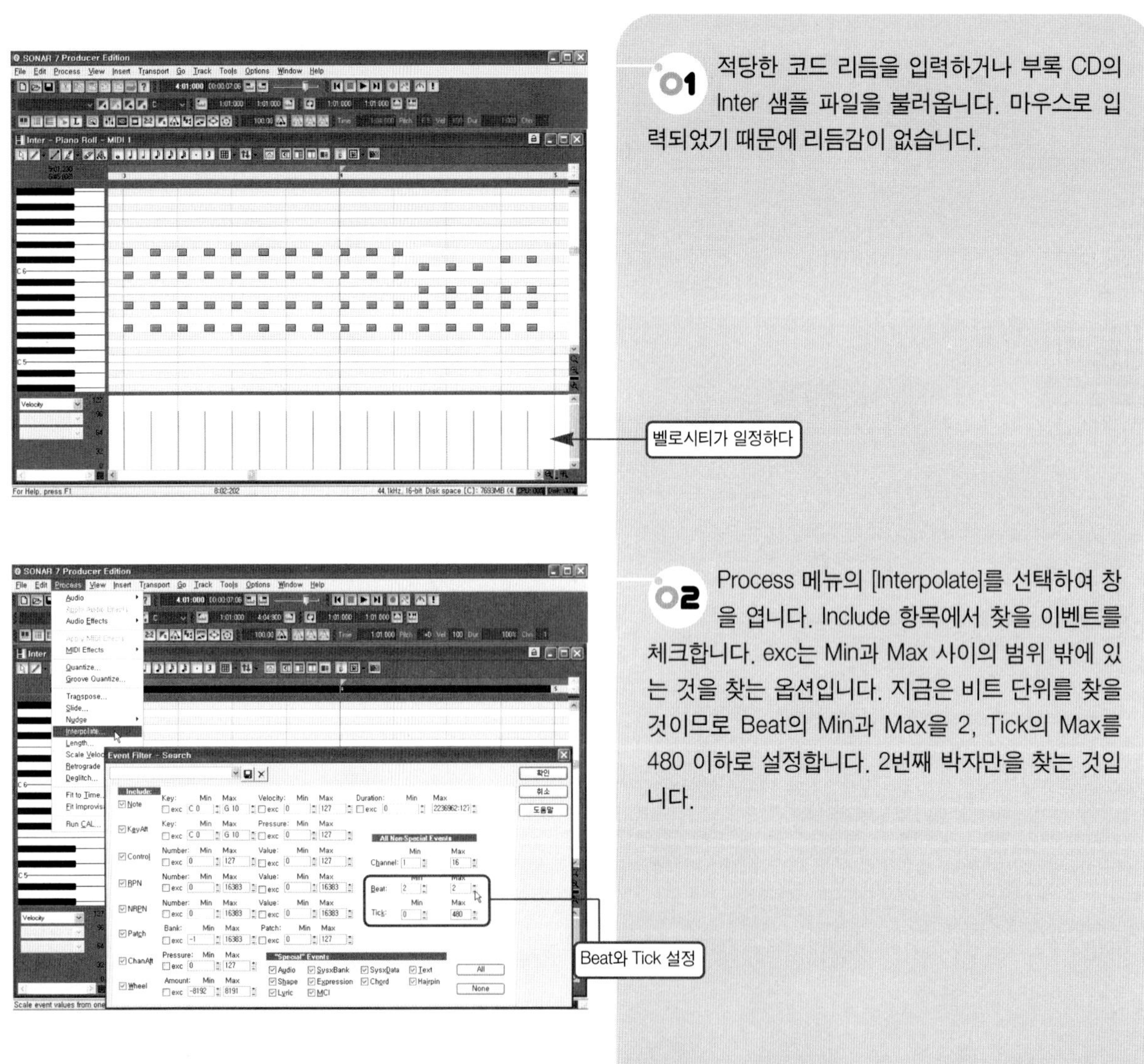

01 적당한 코드 리듬을 입력하거나 부록 CD의 Inter 샘플 파일을 불러옵니다. 마우스로 입력되었기 때문에 리듬감이 없습니다.

02 Process 메뉴의 [Interpolate]를 선택하여 창을 엽니다. Include 항목에서 찾을 이벤트를 체크합니다. exc는 Min과 Max 사이의 범위 밖에 있는 것을 찾는 옵션입니다. 지금은 비트 단위를 찾을 것이므로 Beat의 Min과 Max을 2, Tick의 Max를 480 이하로 설정합니다. 2번째 박자만을 찾는 것입니다.

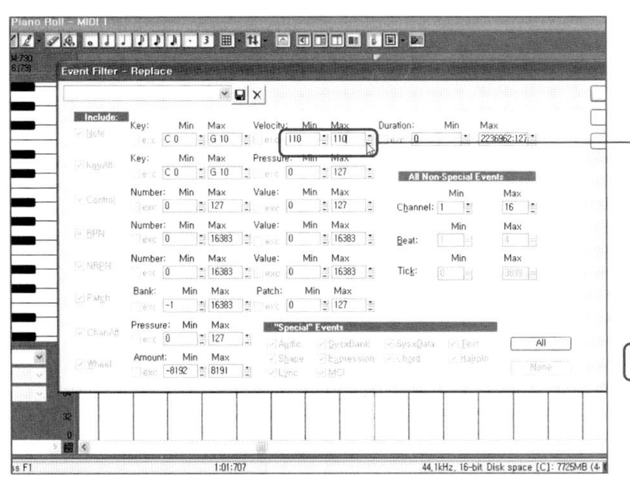

03 [확인] 버튼을 클릭하면 앞의 조건으로 찾은 이벤트를 어떻게 변경할 것인지를 설정할 수 있는 Replace 창이 열립니다. 벨로시티 만을 조정할 것이므로 Note 항목의 Velocity에서 Minr과max를 110으로 설정합니다. 2번째 박자의 벨로시티를 110으로 변경하겠다는 것입니다.

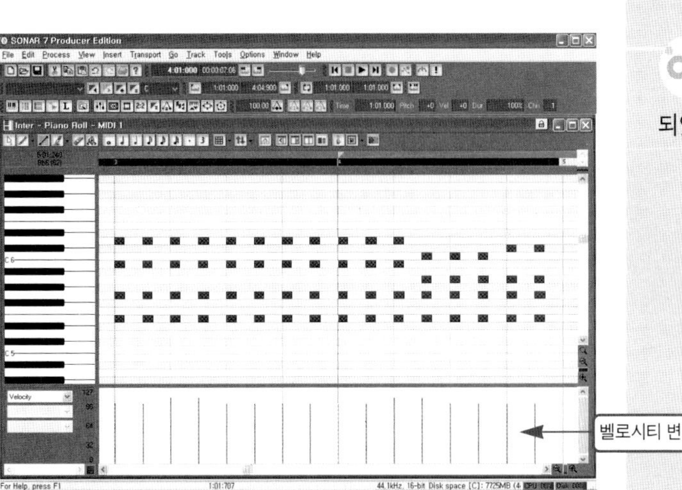

04 노트의 벨로시티 값을 확인해보면 2번째 박자에 해당하는 노트들이 모두 110으로 변경되었습니다.

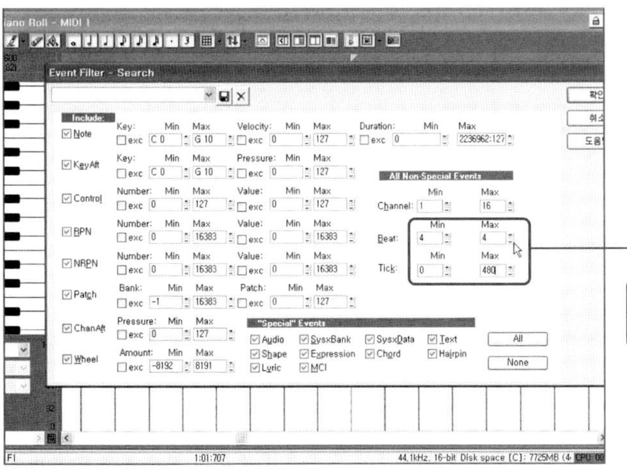

05 다시 Interpolate를 반복하여 4번째 박자의 벨로시티도 증가시켜 봅니다. Beat의 Min과 Max를 4로 설정하면 됩니다. 한 가지 예를 살펴보았지만, Interpolate의 기능을 확실히 익혀두면 독자가 상상하는 작업들이 가능해질 것입니다.

12 노트 길이 조정기능

Length는 선택한 노트의 길이를 조정합니다. 노트의 길이가 길어지거나 짧아지면 마치 템포를 변경한 것과 비슷한 효과가 연출됩니다. 이것을 응용해서 특정 범위의 템포를 변경하여 스타카토, 레가토 등의 연주 기법을 연출할 수 있습니다. 참고로 이 책에서 각 메뉴마다 한 가지씩 예를 살펴보고 있지만, 활용 방법은 무궁무진합니다. 기능을 익힌 후에는 다양한 기법으로 시도를 해보기 바랍니다. 그러면 누구도 흉내 낼 수 없는 독자의 노하우가 쌓이게 됩니다.

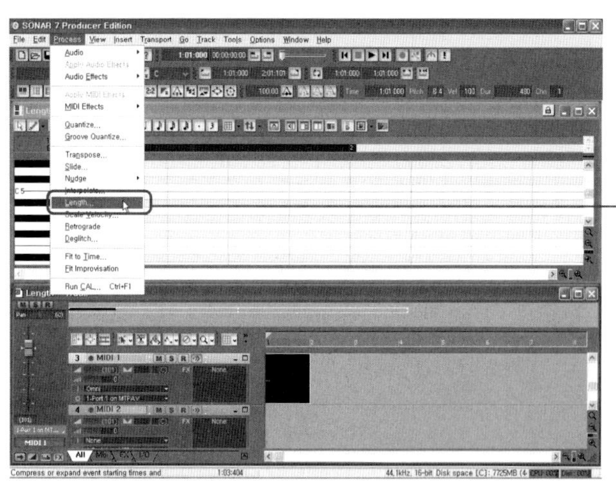

01 부록 CD에서 Length 샘플 파일을 불러옵니다. 반 박자 노트가 입력된 클립을 선택하고, Process 메뉴의 [Length]를 선택합니다.

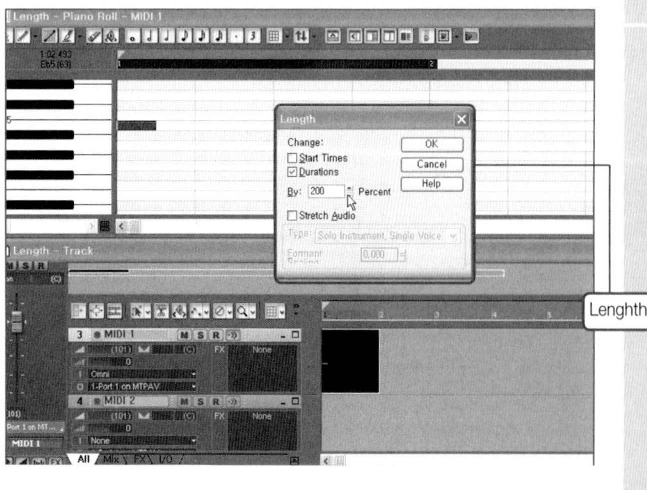

02 노트의 길이만 변경할 것이므로 창의 Durations 옵션만 체크하고 By 항목에 200을 입력합니다. 노트가 두 배로 길어지는 것을 확인할 수 있습니다. Start Times 옵션은 클립의 길이가 조정되며 Stretch Audio는 오디오의 길이를 조정합니다.

13 벨로시티 변경기능

Scale Velocity는 선택한 클립에 존재하는 노트의 벨로시티를 일괄적으로 조정하는 기능입니다. 이것은 마우스로 입력한 노트의 벨로시티 값을 변화시켜 클레센토와 디클레센토의 연주기법을 만들거나, 리얼로 입력한 노트의 벨로시티 값을 퍼센트 단위로 변화시켜 밸런스를 조정하는 용도로 사용할 수 있습니다.

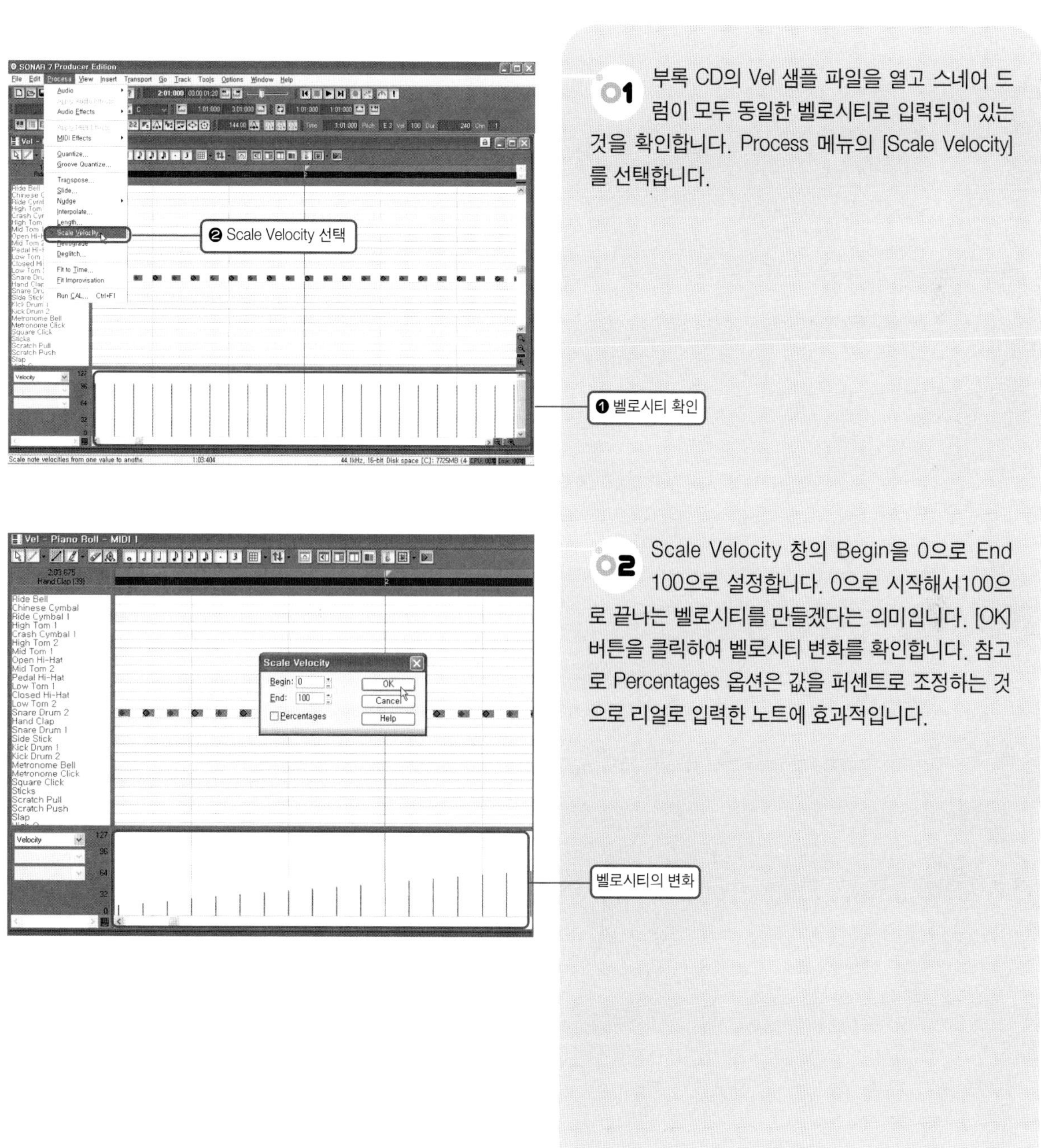

01 부록 CD의 Vel 샘플 파일을 열고 스네어 드럼이 모두 동일한 벨로시티로 입력되어 있는 것을 확인합니다. Process 메뉴의 [Scale Velocity]를 선택합니다.

02 Scale Velocity 창의 Begin을 0으로 End 100으로 설정합니다. 0으로 시작해서100으로 끝나는 벨로시티를 만들겠다는 의미입니다. [OK] 버튼을 클릭하여 벨로시티 변화를 확인합니다. 참고로 Percentages 옵션은 값을 퍼센트로 조정하는 것으로 리얼로 입력한 노트에 효과적입니다.

14 연주 방향을 바꾸는 기능

Retrograde는 선택한 클립에 소속된 미디 이벤트의 연주방향을 바꿔주는 기능입니다. 미디 이벤트의 연주 방향을 바꾼다고 특별한 효과가 만들어지는 것이 아니지만 퍼커션 리듬을 복사하고, 복사한 클립의 연주 방향을 바꾸었을 때, 의외의 리듬이 만들어지는 경우가 있습니다. 앞에서도 잠깐 언급했지만 익힌 기능을 활용하는 것을 독자의 몫입니다.

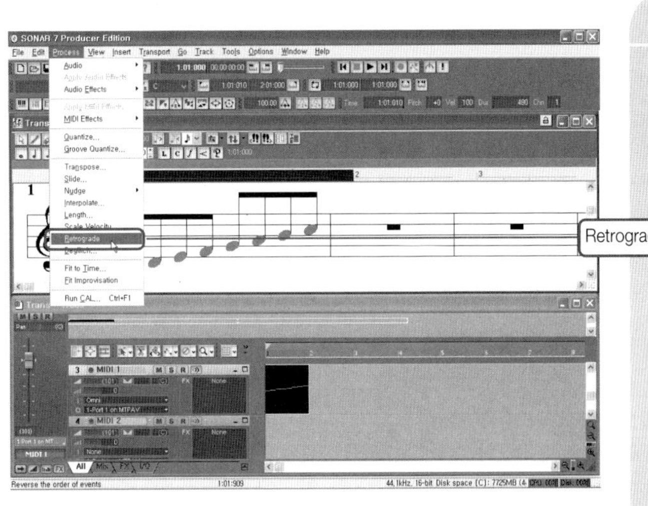

연주 방향을 바꿀 클립을 선택하고 Process 메뉴의 [Retrograde]을 선택합니다. 그림은 방향이 변경되는 것을 확인하기 위해서 악보를 열어 놓고 있습니다.

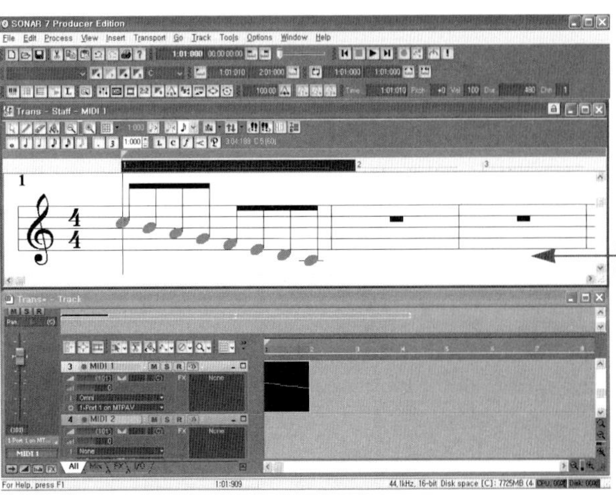

메뉴를 실행하면 클립의 앞/뒤가 전환되어 재생 방향이 바뀌는 것을 확인할 수 있습니다.

">

15 노트 제거 기능

Deglitch는 특정 조건에 노트들을 제거하는 기능입니다. 연주를 하다가 보면 실수로 건반을 두 개 누르거나, 악보가 건반 위로 떨어져 원하지 않는 노트가 입력되는 경우가 많습니다. 이때 연주를 멈추고 잘못 입력한 노트를 제거하는 것 보다는 감정을 유지한 상태로 연주를 마치고 Deglitch 기능을 이용해서 제거하는 것이 편리합니다.

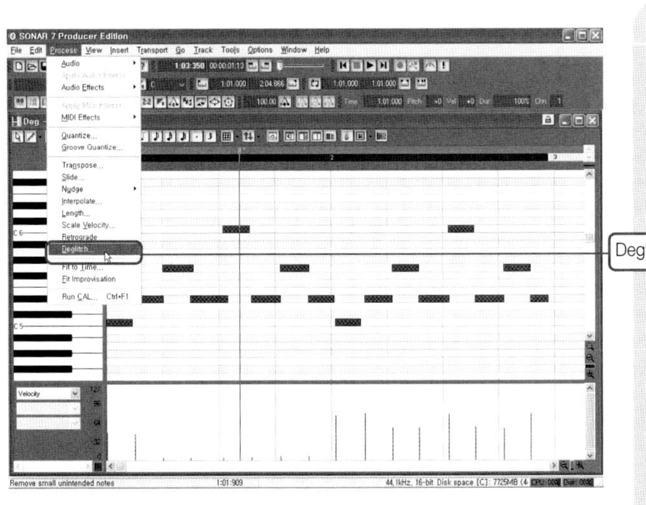

01 부록 CD에서 Deg 샘플 파일을 불러옵니다. 벨로시티가 매우 작게 입력되어 있는 노트들이 있습니다. Ctrl + A 키를 눌러 모든 이벤트를 선택하고 Process 메뉴의 [Deglitch]를 선택합니다.

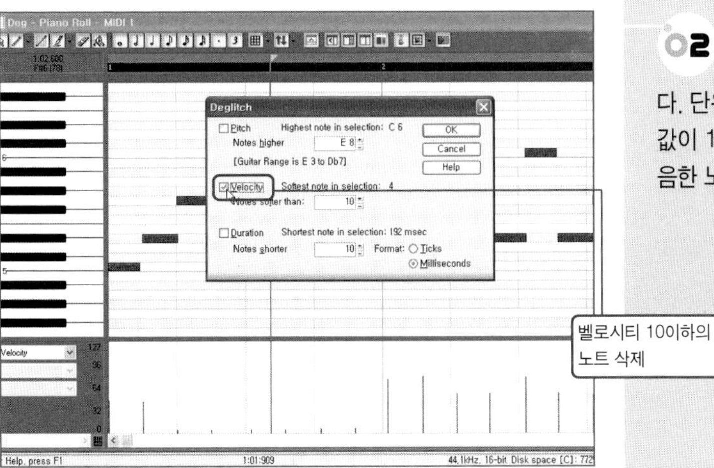

02 창의 음정(Pitch), 벨로시티(Velocity), 길이(Duration) 항목에서 제거할 범위를 설정합니다. 단위는 Ticks이 편리할 것입니다. Velocity의 기본값이 10으로 되어 있으므로 10이하의 벨로시티로 녹음한 노트가 제거되는 것을 확인할 수 있습니다.

16 연주 시간 조정 기능

Fit to Time은 완성된 음악의 연주시간을 조정하는 기능입니다. 음악 작업을 하다가 보면 특정 시간에 맞추어 작업을 해야만 하는 경우가 있습니다. 음악이 삽입되는 시간이 정해져 있는 영상 음악이나 뮤지컬 등을 예로 들 수 있습니다. 물론 작업을 할 때 시간을 엄수해서 작업을 하지만 작업을 진행하다가 보면 어느 정도의 오차가 발생합니다. 이때 Fit to Time 메뉴를 이용하면 정확하게 일치시킬 수 있습니다.

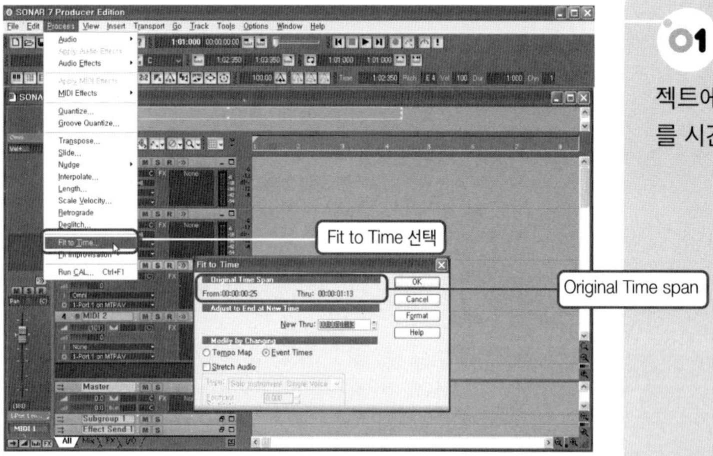

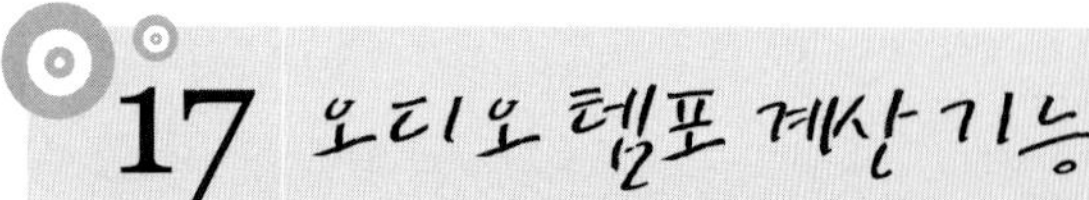

01 Process 메뉴의 [Fit to Time]을 선택하여 창을 엽니다. Original Time Span은 현재 프로젝트에 만들어져 있는 클립의 시작 위치와 끝 위치를 시간 단위로 보여줍니다.

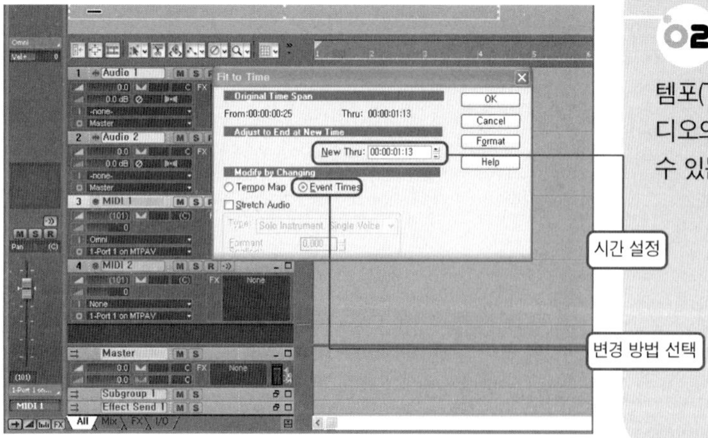

02 Adjust to End at New Time에서 조정할 시간을 입력합니다. Modify by Changing에는 템포(Tempo Map), 이벤트의 길이(Event Times), 오디오의 길이(Stretch Audio) 등 변경 방법을 선택할 수 있는 옵션이 있습니다.

17 오디오 템포 계산 기능

나이트 클럽에서 DJ들이 틀어주는 음악은 원곡에 드럼루프와 효과 등을 믹싱한 것입니다. 이러한 DJ 믹싱 음악은 미디 노트에 맞추어 템포를 삽입하는 Fit Improvisation 기능을 이용해서 간단하게 만들 수 있습니다. 물론, 소나 7에서 제공하는 오디오 스냅 기능이 더욱 편리하기 때문에 이 기능을 이용할 필요는 없겠지만 이전 버전 사용자를 위해 간단히 살펴보겠습니다.

시작 위치를
마디에 일치시킨다

준비한 발라드 곡을 오디오 트랙에 임포팅
01 합니다. 이때 곡의 시작 위치와 마디의 시작
지점을 정확하게 일치시키는 것이 중요합니다.

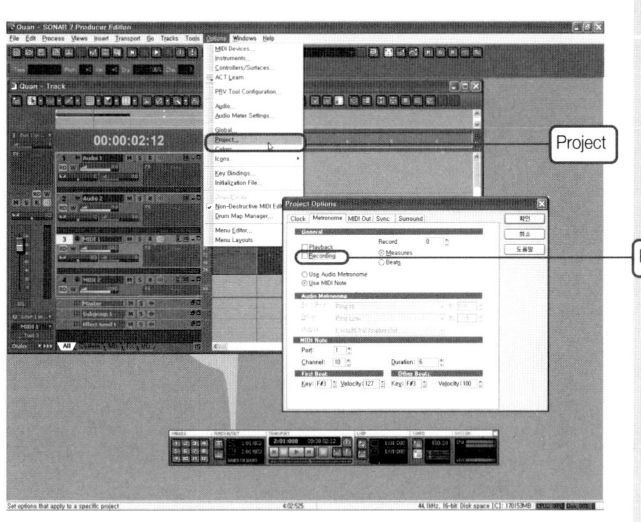

원곡을 가이드로 삼을 것이므로 Options 메뉴
02 의 [Project]를 선택하여 창을 열고 Metronome
페이지의 Recoding 옵션을 해제합니다.

지금은 음색을 아무거나 사용해도 좋지만 드
03 럼 음색을 이용하는 것이 비트를 맞추기 편리
할 것이므로 미디 트랙의 채널을 10번으로 설정합니
다. 그리고 원곡의 비트에 맞추어 베이스 드럼, 하이
해트 등 원하는 음색을 4beat로 녹음합니다.

박자에 맞추어 미디 녹음

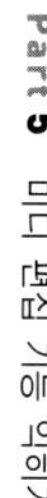

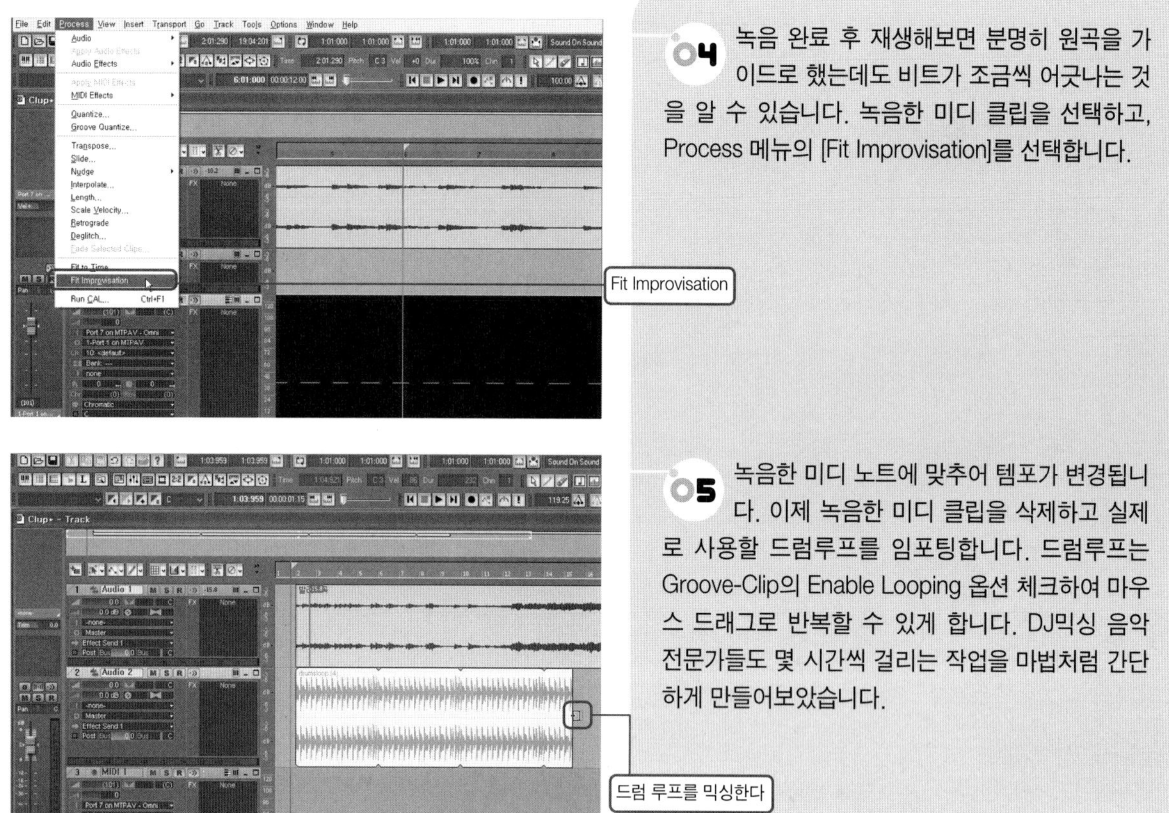

04 녹음 완료 후 재생해보면 분명히 원곡을 가이드로 했는데도 비트가 조금씩 어긋나는 것을 알 수 있습니다. 녹음한 미디 클립을 선택하고, Process 메뉴의 [Fit Improvisation]를 선택합니다.

05 녹음한 미디 노트에 맞추어 템포가 변경됩니다. 이제 녹음한 미디 클립을 삭제하고 실제로 사용할 드럼루프를 임포팅합니다. 드럼루프는 Groove-Clip의 Enable Looping 옵션 체크하여 마우스 드래그로 반복할 수 있게 합니다. DJ믹싱 음악 전문가들도 몇 시간씩 걸리는 작업을 마법처럼 간단하게 만들어보았습니다.

⦿ 18 RUN CAL 기능

Run CAL은 연속 작업을 한번에 처리하도록 제작된 소나 7 전용 프로그램 언어를 실행하는 기능입니다. 예전에는 소나에서 CAL을 제작할 수 있는 기능이 있었지만, 사용하는 뮤지션들이 없어서인지 사라졌습니다. CAL 제작은 프로그래머들에게 맡기고 뮤지션은 필요한 CAL 파일을 인터넷에서 다운받아 사용하면 되겠습니다. 소나 7에서 기본적으로 제공하고 있는 CAL을 이용해서 기타의 스트로크 주법을 만들어 보겠습니다.

01 적당한 코드 리듬을 입력하거나 부록 CD의 Cal 샘플 파일을 불러옵니다. 클립을 선택하고 Process 메뉴의 [Interpolate]를 실행합니다.

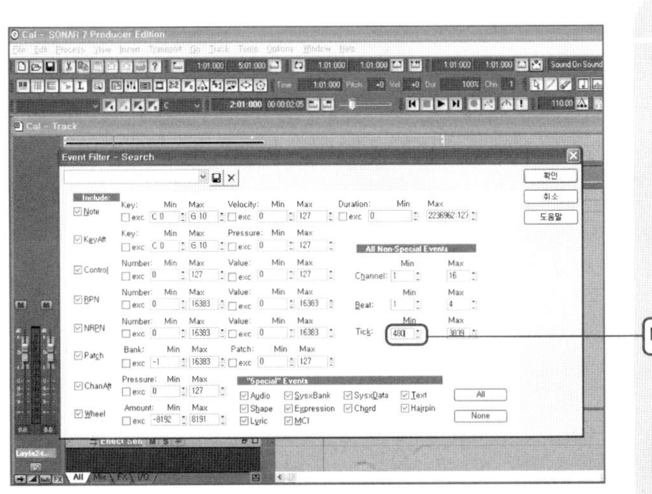

02 Search 창이 열립니다. Tick 항목의 Min 값을 480으로 입력합니다. 업 비트에 해당하는 노트를 찾는 것입니다.

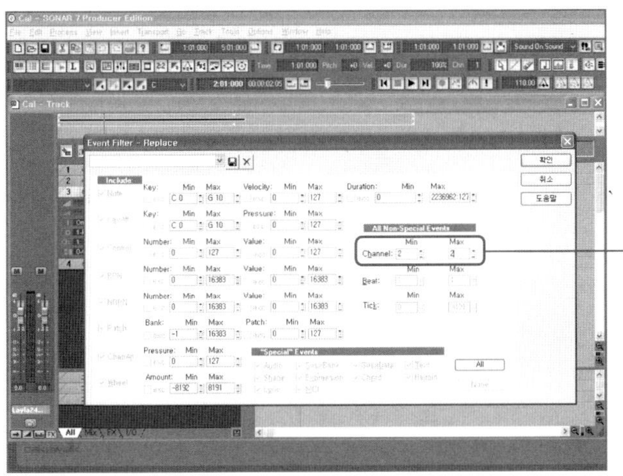

03 [확인] 버튼을 클릭하여 Replace 창을 엽니다. Channel 항목의 Min과 Max 값을 2로 설정합니다. Search에서 찾은 노트를 채널 2번으로 변경하는 것입니다.

04 다운 비트는 입력한 그대로 1번 채널이고, 업 비트는 2번 채널로 변경되었습니다. Process 메뉴의 [Run CAL]를 선택하여 열기 창을 엽니다.

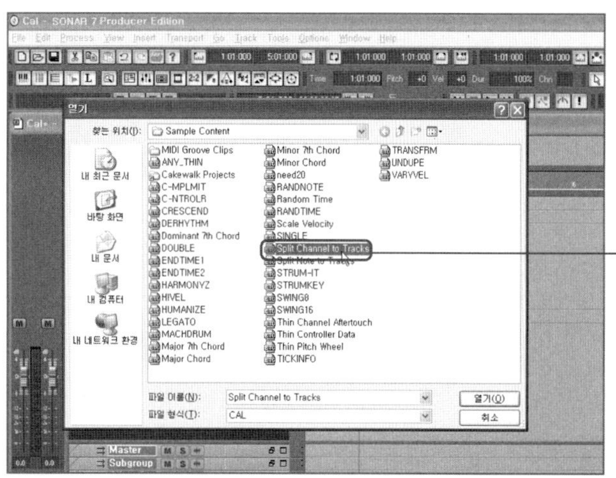

05 소나 7에서 제공하는 CAL 파일을 볼 수 있습니다. 채널을 분리할 수 있는 Split Channel to Tracks 파일을 더블 클릭합니다.

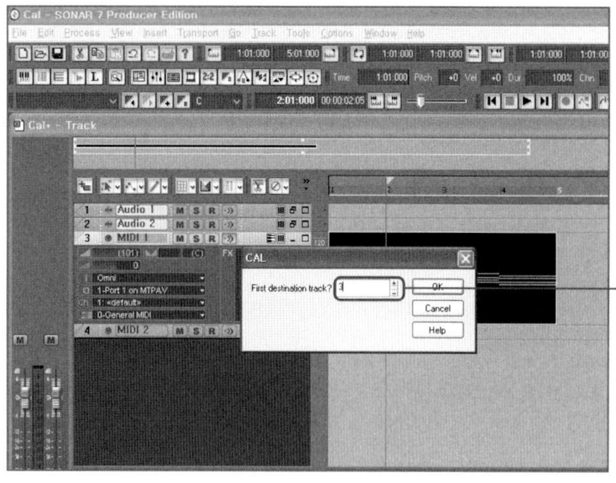

06 몇 번 트랙을 기준으로 분리할 것인지를 묻는 창이 열립니다. 소스 트랙이 3번이므로 값을 3으로 변경하고 [OK] 버튼을 클릭합니다.

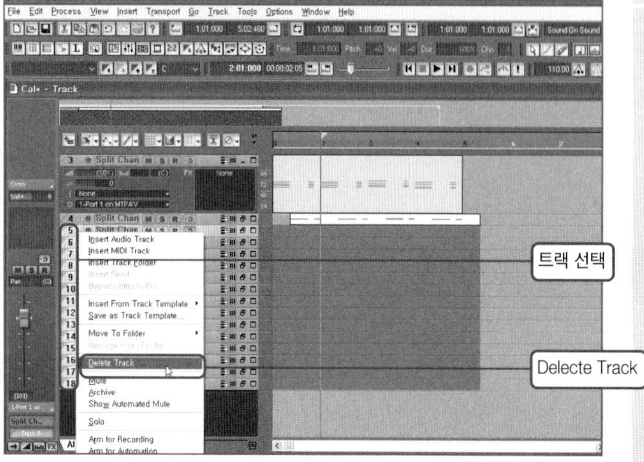

07 업 비트와 다운 비트의 노트들이 두 개의 채널로 분리되었습니다. 필요 없는 5번 트랙의 번호를 클릭하고, Shift 키를 누른 상태로 18번 트랙을 선택합니다. 그리고 마우스 오른쪽 버튼을 클릭하여 Delete Track 메뉴로 삭제합니다.

08 다운 비트에 해당하는 Split Chan 1 트랙의 클립을 선택하고 Process 메뉴의 [Run CAL]를 선택합니다.

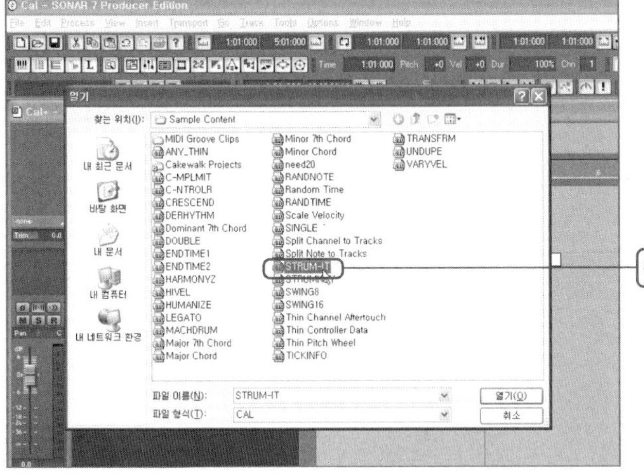

09 열기 창이 열립니다. 코드 구성 음을 순차적으로 이동시킬 수 있는 STRUM-IT 파일을 더블 클릭합니다.

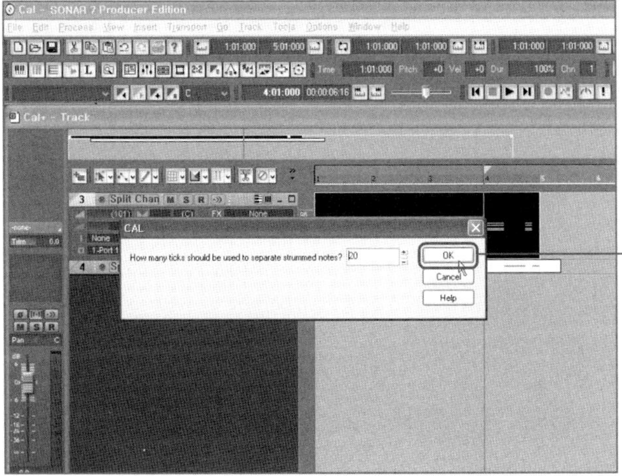

10 어느 정도 이동시킬 것인지를 설정할 수 있는 창이 열립니다. 효과를 충분히 느낄 수 있도록 값을 20으로 변경하고 [OK] 버튼을 클릭합니다.

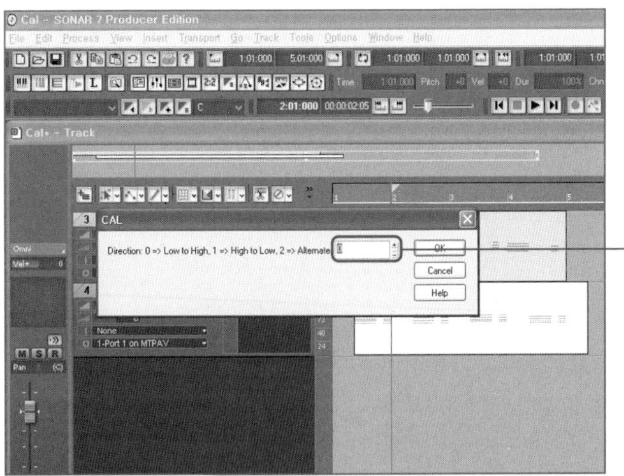

11 이동 순서를 선택할 수 있는 창이 열립니다. 다운은 낮은 음이 시작 지점이므로 기본 값 0을 그대로 두고 [OK] 버튼을 클릭합니다. 창에서 1을 입력하면 높은 음이 시작점이 되고, 2를 입력하면 다운/업이 번갈아 가면서 실행됩니다.

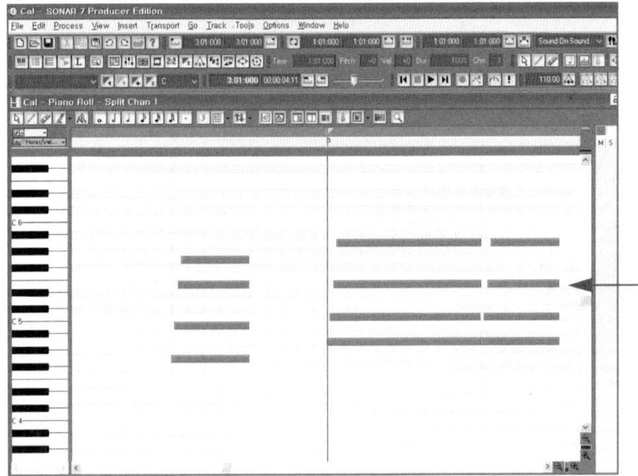

12 Split Chan 1 트랙의 클립을 더블 클릭하여 피아노 롤 윈도우를 열고 노트를 확인해보면 낮은 음에서부터 수차적으로 20틱 만큼 이동되어 있는 것을 확인할 수 있습니다. 기타의 다운 연주가 낮은 음에서부터 연주되는 것을 표현한 것입니다.

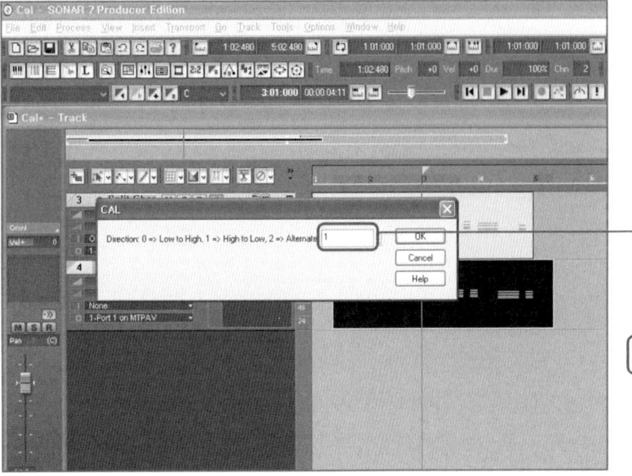

13 앞에서와 동일한 방식으로 Split Chan 2번의 클립을 업 비트로 만들어 줍니다. 기타의 업 연주는 높은 음에서부터 연주가 되므로 STRUM-IT 파일의 이동 순서를 묻는 창에 1을 입력하면 됩니다.

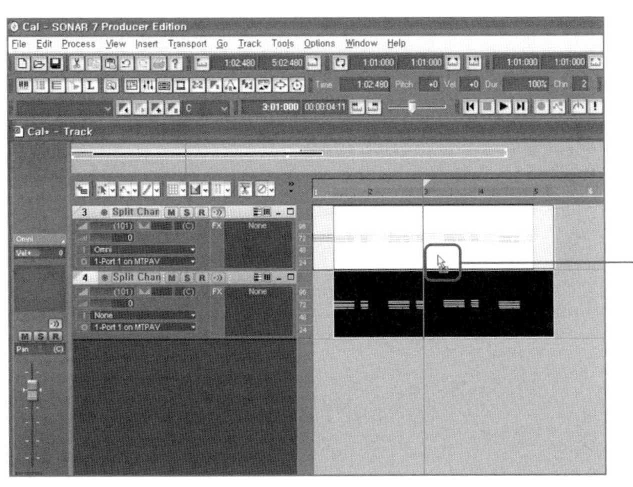

14 CAL 파일을 이용해서 소나에서는 불가능하
다고 하는 기타 스트로크 주법을 간단하게
만들어 보았습니다. 클립을 정리하겠습니다. 둘 중
하나의 클립을 이동하여 하나의 트랙에 둡니다.

15 Drag and Drop Options 창을 열리게 해놓
았다면 Blend Old and new 옵션이 선택되
어 있는 것을 확인하고 [확인] 버튼을 클릭합니다.

16 클립이 있는 트랙의 번호를 3번 클릭하여 두
개의 클립을 모두 선택합니다. 그리고 Edit
메뉴의 [Bounce to Clip]을 선택하면 하나의 클립으
로 결합됩니다.

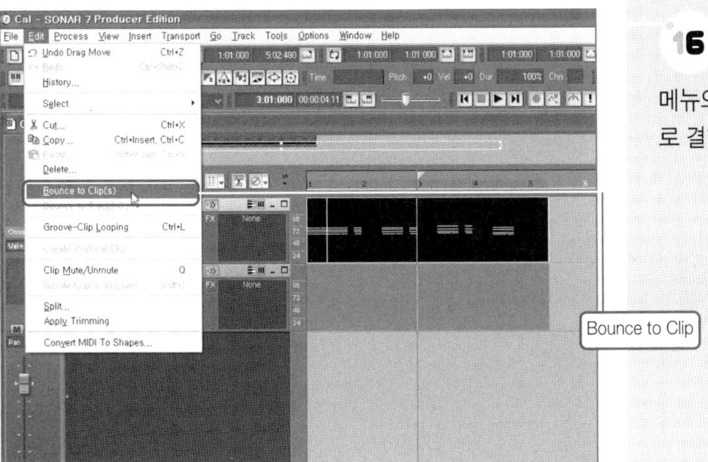

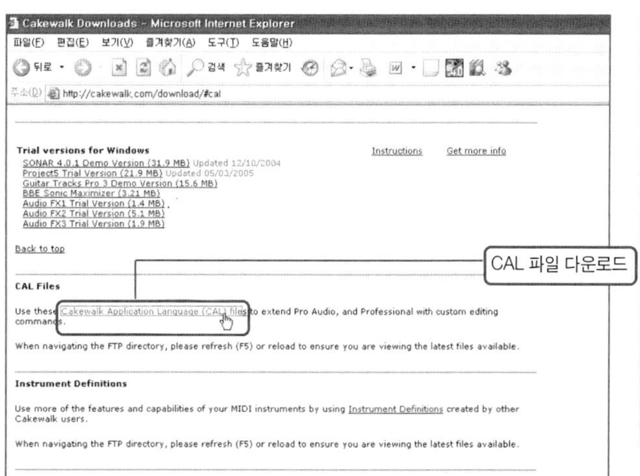

CAL 파일 다운로드

17 소나 7에서 제공하는 CAL 파일의 역할을 정리합니다. 한가지씩 실험을 해보고, 자신에게 필요한 것들을 체크해놓기 바랍니다. 그밖에 부록 CD의 CAL 폴더나 Cakewalk.com/download를 찾아보면, 독자에게 필요한 CAL 파일을 찾을 수 있습니다.

Tip

소나 7에서 제공하는 기본 CAL

ANY_THIN	컨트롤 정보를 제거합니다. 제거할 컨트롤 정보와 단위를 설정할 수 있는 창이 열립니다.
C-MPLMIT	벨로시티 값을 제한합니다. 범위를 설정할 수 있는 창이 열립니다.
C-NTROLR	컨트롤 값을 증/감합니다. 컨트롤 정보와 값을 설정할 수 있는 창이 열립니다.
CRESCEND	벨로시티를 조정하여 점점 세게 또는 점점 여리게 효과를 만듭니다. 시작과 끝 위치의 벨로시티 값을 설정할 수 있는 창이 열립니다.
DERHYTHM	노트의 길이를 일정하게 바꿉니다. 시작 위치와 간격, 그리고 길이를 설정할 수 있는 창이 열립니다.
Dominant 7th Chord	단음을 기준으로 도미너트 7코드를 만듭니다.
DOUBLE	노트를 옥타브로 만듭니다. 옥타브 설정과 벨로시티 증/감 값을 입력할 수 있는 창이 열립니다.
END TIME1	마지막 타임의 위치를 찾습니다. 범위를 선택할 수 있는 창이 열립니다.
END TIME2	송 포지션 라인의 위치까지 노트를 연장합니다.
HARMONYZ	코드를 만듭니다. 화음 수와 루트 음 입력 창이 열립니다.
HIVEL	가장 높은 벨로시티 값을 찾습니다.
HUMANIZE	노트의 위치를 무작위로 이동합니다. 범위를 설정할 수 있는 창이 열립니다.
LEGATO	다음 음표의 시작점까지 노트를 늘립니다. 퍼센트 설정 창이 열립니다.
MACHDRUM	드럼 패턴을 만듭니다. 박자와 마디를 설정할 수 있는 창이 열립니다.
Major 7th Chord	메이저 7 코드를 만듭니다.
Major Chord	메이저 코드를 만듭니다.
Minor 7th Chord	마이너 7 코드를 만듭니다.
Minor Chord	마이너 코드를 만듭니다.
need20	버전 2.0 이하의 CAL 프로그램에서 작성된 명령을 실행할 때 선행합니다.

RANDNOTE	음정을 무작위로 변경합니다. 조정 범위를 설정할 수 있는 창이 열립니다.
Random Time	노트의 시작 위치를 무작위로 변경합니다. 범위를 설정할 수 있는 창이 열립니다.
RANDTIME	노트의 시작 위치와 길이를 변경합니다 위치와 길이 범위를 설정할 수 있는 창이 열립니다.
Scale Velocity	벨로시티를 증/감 합니다. 퍼센트 설정 창이 열립니다.
SINGLE	겹쳐진 노트의 길이를 줄입니다. 간격을 설정할 수 있는 창이 열립니다.
Split Channel to Tracks	채널을 트랙별로 분리합니다. 대상 트랙을 선택할 수 있는 창이 열립니다.
Split Note to Tracks	노트를 트랙별로 분리합니다. 소스 선택 여부와 대상 트랙을 선택할 수 있는 창이 열립니다.
STRUM-IT	코드의 구성 음을 순서대로 이동시킵니다. 단위와 순서를 선택할 수 있는 창이 열립니다.
STRUMKEY	단음을 코드로 만들고, STRUM-IT을 실행합니다. 범위 선택과 코드, 그리고 단위를 선택할 수 있는 창이 열립니다.
SWING8	8비트 패턴의 업 박을 지연시켜 스윙으로 만듭니다. 지연 값을 퍼센트 단위로 설정할 수 있는 창이 열립니다.
SWING16	16비트라는 것 외에는 SWING8과 동일합니다.
Thin Channel Aftertouch	채널 애프터터치 정보를 제거합니다. 제거할 단위를 설정할 수 있는 창이 열립니다.
Thin Controller Data	컨트롤 정보를 제거합니다. 제거할 정보와 단위를 설정할 수 있는 창이 열립니다.
Thin Pitch Wheel	피치 휠 정보를 제거합니다. 제거할 단위를 설정할 수 있는 창이 열립니다.
TICKINFO	틱 값을 확인합니다.
TRANSFRM	기준 음을 중심으로 위/아래 음정을 바꿉니다. 기준 음을 설정할 수 있는 창이 열립니다.
UNDUPE	겹쳐진 노트를 제거합니다. 범위를 설정할 수 있는 창이 열립니다.
VARYVEL	벨로시티 값을 무작위로 변경합니다. 변경 범위를 설정할 수 있는 창이 열립니다.

04 다양한 편집 창 살펴보기

1 가사 입력 윈도우

Lyrics 윈도우는 악보에 가사를 입력하거나 편집하는 역할을 합니다. 작업 스타일마다 다르겠지만, 멜로디를 완성한 다음에 가사를 붙이는 경우에는 스태프 윈도우에서 직접 입력하는 것이 편리합니다. 그러나 작업 도중에 떠오르는 가사는 메모지에 적어두는 것 보다 Lyrics 윈도우를 열어 메모하는 것이 효과적입니다.

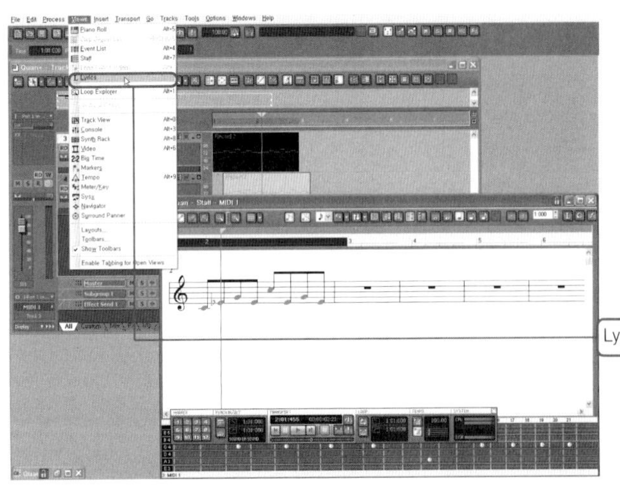

01 적당한 멜로디를 입력하고 스태프 윈도우를 엽니다. 귀찮다면 부록 CD의 Lyrics 샘플 파일을 이용해도 됩니다. 계속해서 View 메뉴의 [Lyrics]를 선택합니다.

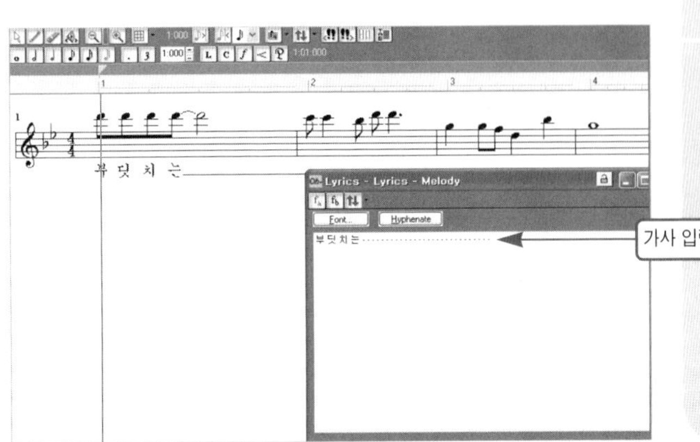

02 음표 수만큼의 붙임줄 표시가 있는 Lyrics 윈도우가 열립니다. 한 글자마다 Space bar 키를 누르면서 가사를 입력해보면 음표에 자동으로 표시가 되는 것을 확인할 수 있습니다.

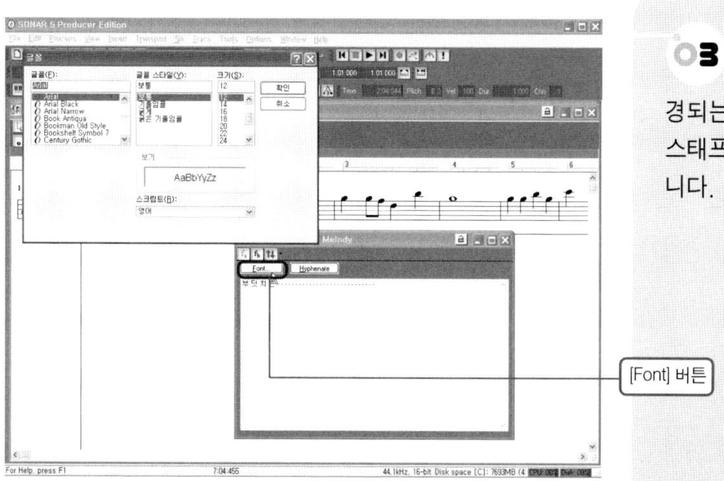

03 글자의 크기와 모양은 [Font] 버튼을 클릭하면 열리는 글꼴 창을 이용합니다. 여기서 변경되는 글꼴은 Lyrics에 적용되며 악보의 글꼴은 스태프 윈도우에서 [레이아웃] 버튼을 이용해야 합니다.

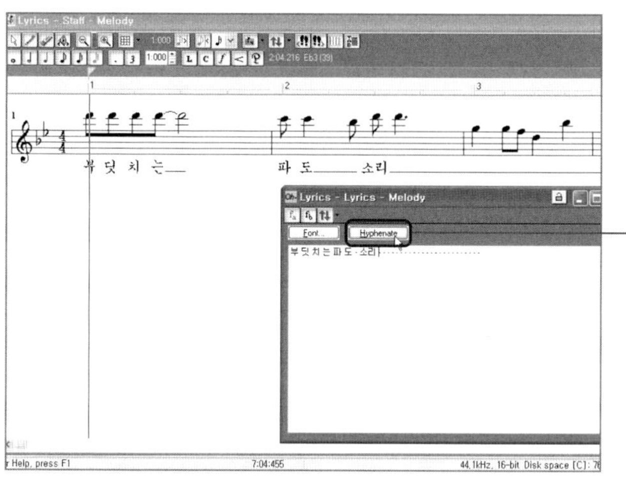

04 [Hyphenate] 버튼은 붙임줄을 입력하는 버튼입니다. 붙임줄은 키보드에서 직접 입력을 하거나 Space bar 키를 눌러 다음 음표로 이동을 해도 결과는 같습니다.

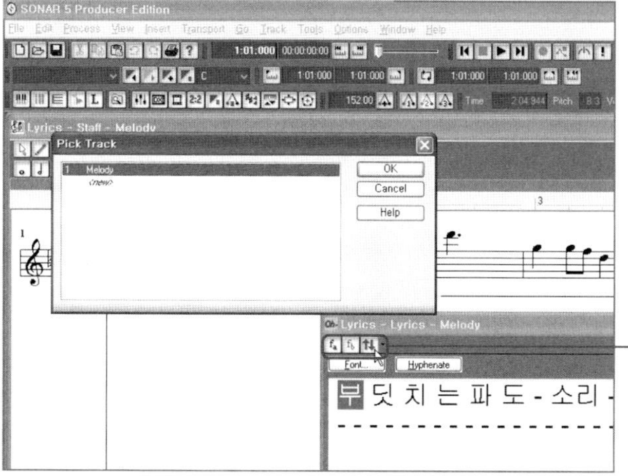

05 Lyrics 윈도우에는 서로 다른 글꼴을 설정하여 사용할 수 있는 Font A와 Font B 버튼, 가사가 입력될 트랙을 선택할 수 있는 트랙 버튼의 3가지 도구 버튼이 있습니다.

소나 7에서는 Avi, Mpg, Mov 형식의 비디오 파일을 임포트하여 사용할 수 있습니다. 영상 음악 제작 의뢰를 받으면 영상 재생기와 제네레이터 등의 장비가 없기 때문에 할 수 없다는 말을 하지 말고 소나 7에서 임포트 할 수 있는 포맷으로 요구합니다. 영상 음악 제작 의뢰를 받을 경우를 대비해서 확실히 익혀두기 바랍니다.

01 File 메뉴의 Import를 보면 영상 이외에 오디오와 미디 파일을 불러올 수 있다는 것도 기억해두기 바랍니다. 여기서는 영상 파일을 불러올 수 있는 [Video]를 선택합니다.

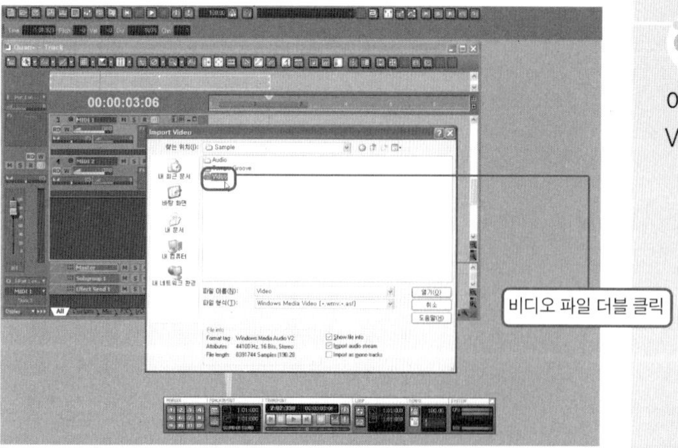

02 Video File 창이 열리면 부록 CD의 Video 파일을 더블 클릭하여 불러옵니다. Video 파일이 보이지 않는다면 파일 형식이 Windows Media Video [*.wmv;*.asf] 인지를 확인합니다.

03 비디오 트랙이 만들어지고 비디오 창이 열립니다. Space bar 키를 눌러 영상이 재생되는 것을 확인합니다. 이제 영상에 맞추어 음악을 제작하면 됩니다.

04 File 메뉴의 Import에서 [Audio]를 선택하여 부록 CD의 Video_music 파일을 임포팅 합니다. Video_music 파일은 이미 완성된 음악이지만, 독자가 영상에 맞추어 음악을 만들어보는 것이 좋겠습니다.

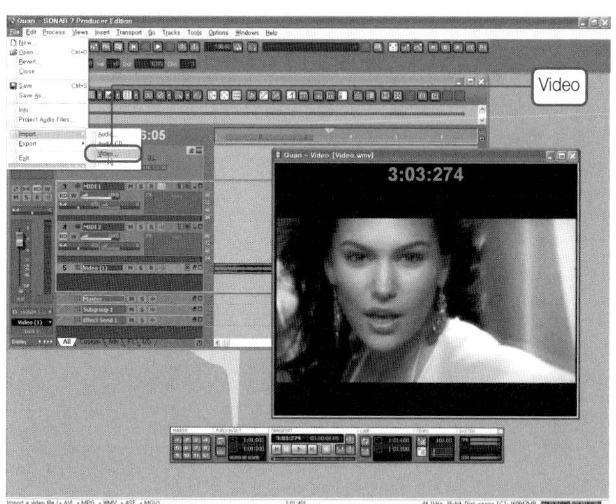

05 이상으로 영상 음악 제작 방법을 알아보았습니다. 소나 7은 작업한 음악과 영상을 하나로 결합할 수 있는 기능이 있습니다. 실습을 통해서 알아보겠습니다. File 메뉴의 Export에서 [Video]를 선택합니다.

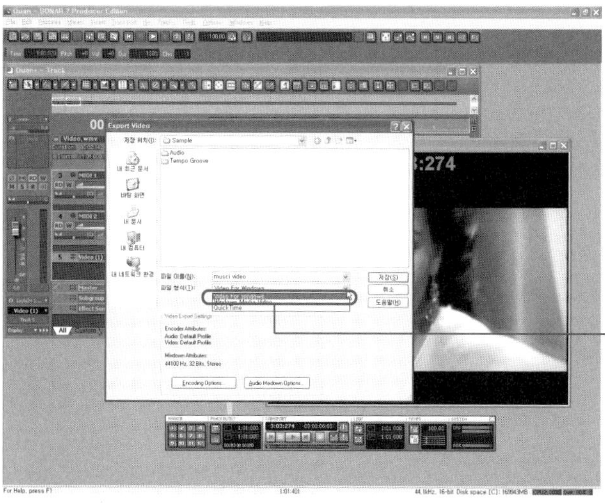

06 Export Video 창에서 파일 이름을 입력하고, [저장] 버튼을 클릭합니다. 소나 7은 윈도우 미디어용 외에도 퀵 타임용인 Mov 파일을 만들 수 있습니다. 파일 형식에서 원하는 포맷을 선택합니다.

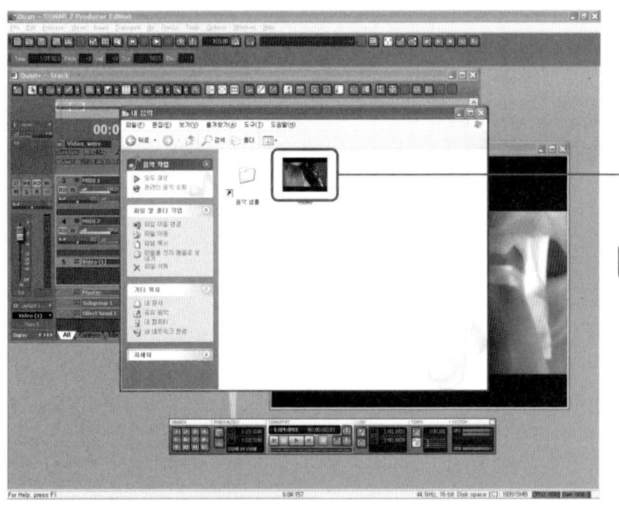

07 만들어진 비디오 파일을 확인해 보겠습니다. Ctrl 키 우측에 있는 윈도우 키를 누른 상태로 E 키를 눌러 윈도우 탐색기를 엽니다. 비디오 파일을 저장한 폴더를 찾아 파일을 더블 클릭합니다.

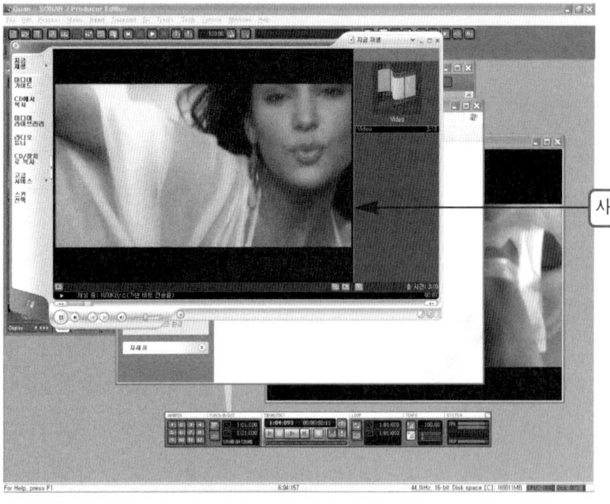

08 사운드가 결합된 영상을 확인할 수 있습니다. 인터넷에서 다운 받은 영화를 감상하는 데 그치지 말고 음악을 입혀보는 연습을 해보기 바랍니다. 준비된 사람만이 기회를 잡을 수 있습니다.

09 계속해서 비디오 윈도우와 트랙의 역할을 정리하겠습니다. 비디오 창이 닫혀있는 경우라면, View 메뉴에서 [Video]를 선택하여 비디오 윈도우를 엽니다. 단축키는 Alt + 6 입니다.

비디오 윈도우에서 마우스 오른쪽 버튼을 클릭하면 영상을 임포트하거나 삭제할 수 있는 단축 메뉴가 열립니다. 단축
메뉴의 역할은 다음과 같습니다.

• Animate

메뉴를 선택하여 체크 옵션을 해제하면 영상이 재
생하지 않습니다.

• Insert / Delete

Insert 메뉴는 File 메뉴의 Import에서 [Video]를 선
택하는 것과 동일한 기능입니다. Delete 메뉴는 임
포트한 비디오 파일을 제거합니다.

• Stretch Option

비디오 윈도우는 가장자리를 드래그하여 크기를 조
정할 수 있습니다. 이때 영상의 크기는 어떻게 처리
할 것인지를 선택하는 5가지 서브 메뉴로 구성되어
있습니다.

각 메뉴의 역할은 다음과 같습니다.

Original Size	비디오 윈도우의 크기에 상관없이 원래의 크기를 유지합니다.
Stretch To Window	윈도우 크기에 따라 크기가 조정됩니다.
Preserve Aspect Raito	Stretch To Window와 동일하지만 화면 비율을 유지한다는 차이점이 있습니다.
Integral Stretch	윈도우 크기에 따라 배수로 확대하거나 축소합니다.
Full Screen	전체 화면으로 확대합니다. 화면을 클릭하거나 ESC 키를 누르면 먼저 선택했던 메뉴로 되돌아 갑니다.

• Time Display Format

영상 상단에 표시되는 단위를 M:B:T, SMPTE, Frames, None 중에서 선택할 수 있습니다. Font를 선택하면, 그림에서와
같이 글자의 크기와 색상 등을 설정할 수 있는 글꼴 창을 열어줍니다.

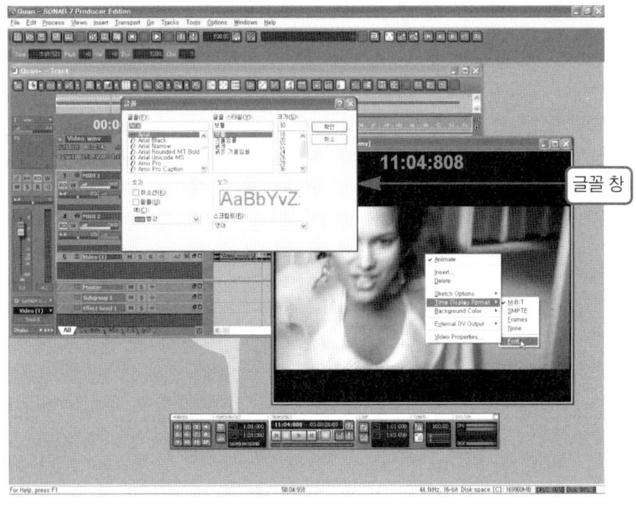

• Background Color

비디오 윈도우의 배경 색상을 Black와 White 중에서 선택할 수 있습니다.

• Video Properties

영상의 정보를 확인하거나 환경을 변경할 수 있는 Video Properties 창을 열어줍니다. Video Properties 창은 Video Settings, Info, Render Quality의 3가지 페이지가 있습니다.

Video Settings 페이지에는 영상의 이름을 표시하는 Clip항목과 영상의 길이를 표시하는 Start, Trim-in / Out Time 항목이 있습니다. 여기서 조정되는 시작 위치와 길이는 실제 영상을 변경하는 것이 아니고 소나에서 재생하는 길이만 조정하는 것입니다.

Info 페이지에는 상단의 Video details에서 영상의 길이(Duration), 송 포지션 라인의 위치(Current Frame), 1초에 재생되는 프레임 수(Frames Per Sec), 크기(Image Size)를 표시하고, 하단의 Clip Details에서 파일 이름(Clip), 위치와 형식(Clip File Name Format Attributes), 길이(File Length), 레이어 수(layer)을 표시합니다. 그리고 [More] 버튼을 클릭하면 좀더 구체적인 정보를 볼 수 있습니다.

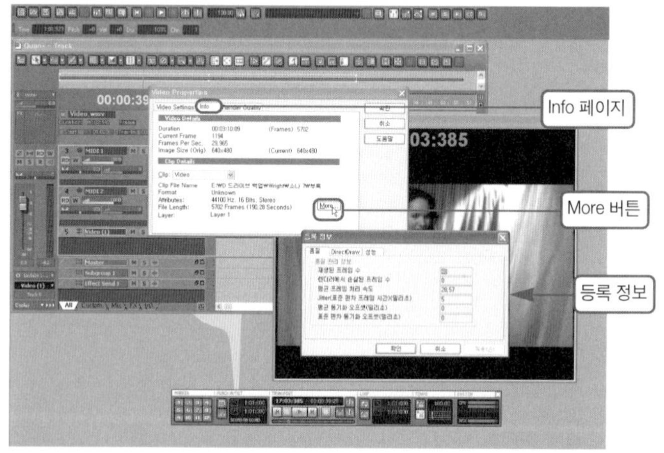

Render Quality 페이지에는 비디오 파일을 익스포트할 때 적용할 프레임의 수(Frame Rate)와 크기(Video Size)를 설정합니다. [Restore Defaults] 버튼을 클릭하면 초기값으로 설정됩니다.

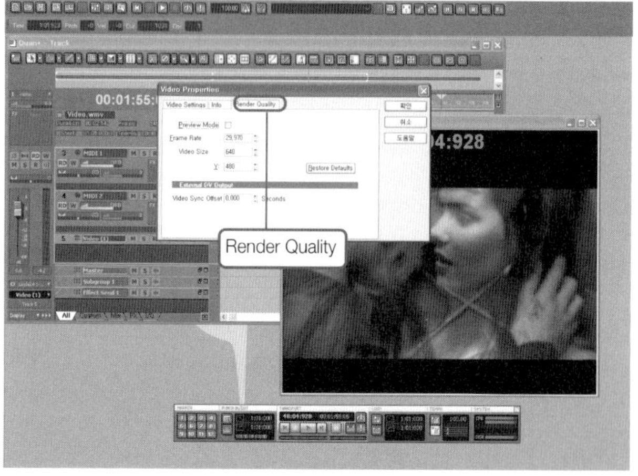

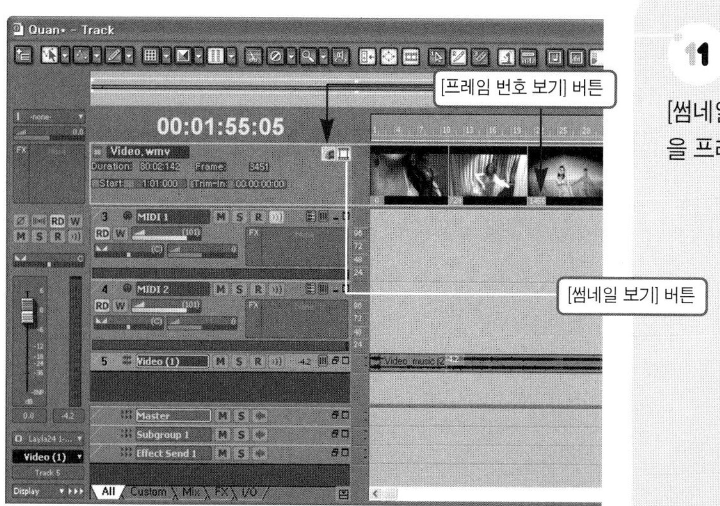

11 영상을 불러오면 프로젝트 창이 비디오 트랙에 만들어지며, [프레임 번호 보기] 버튼과 [썸네일 보기] 버튼을 이용해서 비디오 트랙에 영상을 프레임 단위로 표시할 수 있습니다.

12 비디오 트랙에는 불러온 영상의 파일 이름, 길이(Duration), 프레임 수(Frame) 정보가 표시되며, 영상의 시작(Start)과 끝(Trim-in) 위치를 수정할 수 있습니다. 물론, 실제 영상의 길이가 변경되는 것은 아닙니다.

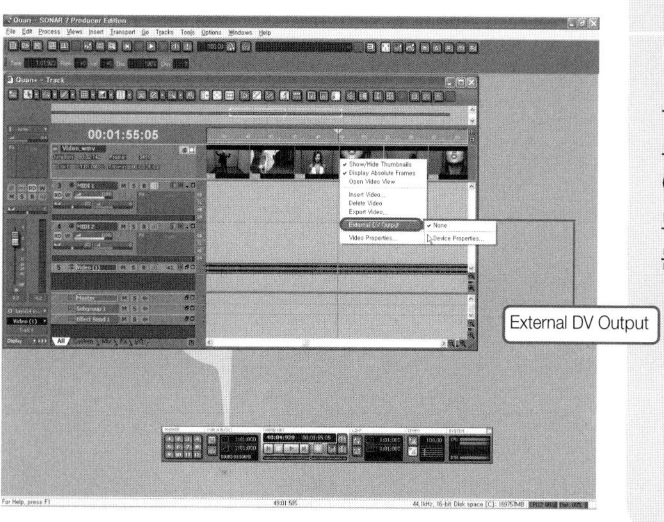

13 비디오 트랙에서 마우스 오른쪽 버튼을 클릭하면, 썸네일, 프레임 번호 보기 선택 메뉴와 영상을 불러오거나 제거할 수 있는 단축 메뉴로 구성되어 있습니다. 특히, 컴퓨터의 1394 포트에 외부 모니터를 연결한 사용자라면 영상을 외부 모니터로 볼 수 있는 External DV Output 메뉴가 눈에 띕니다.

3 빅 타임 표시 창

Big Time 표시 창은 싱크 작업을 위해 컴퓨터에서 멀리 떨어져 있는 경우에도 송 포지션 라인의 위치를 확인
하는 역할을 합니다. 표시 창은 마우스 클릭으로 시간, 마디 단위로 전환할 수 있으며, 마우스 드래그로 창의
크기를 조정할 수 있습니다. 글자의 크기는 마우스 오른쪽 버튼을 클릭하면 열리는 글꼴 창에서 조정합니다.

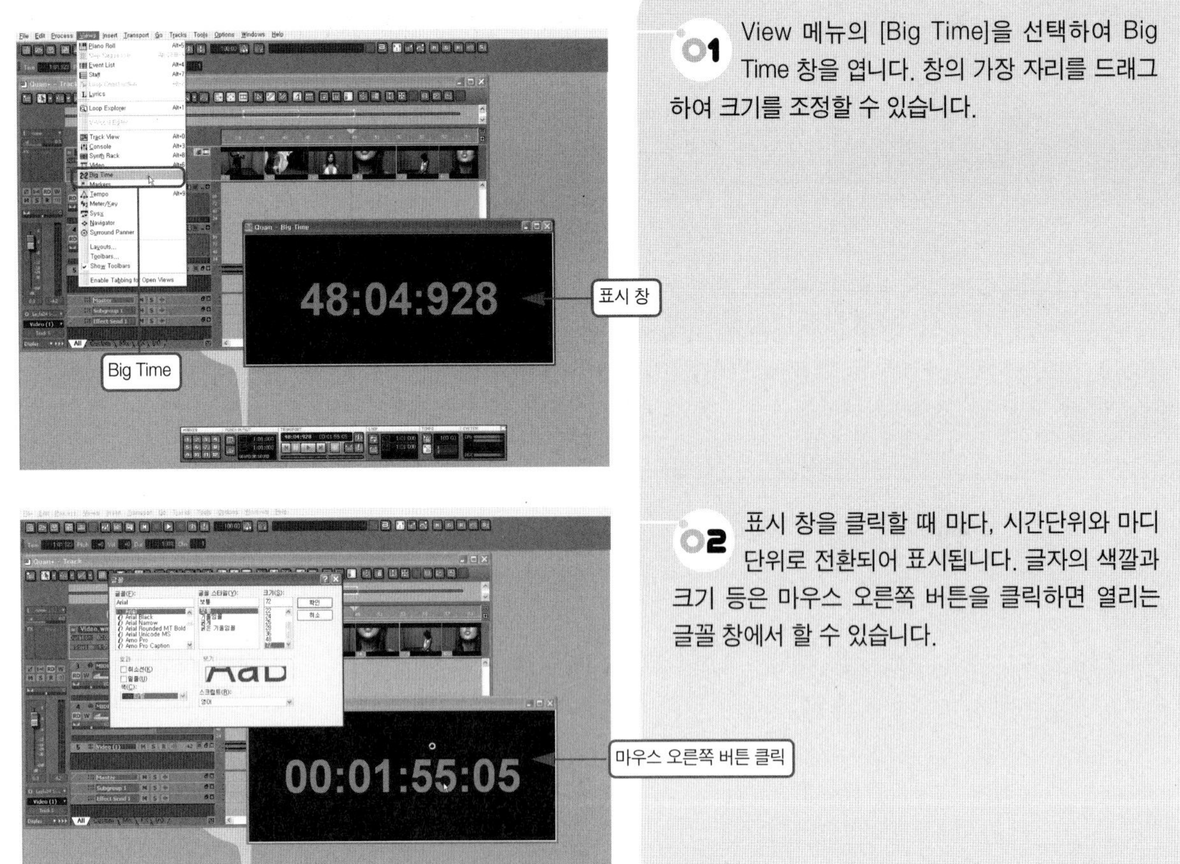

01 View 메뉴의 [Big Time]을 선택하여 Big Time 창을 엽니다. 창의 가장 자리를 드래그 하여 크기를 조정할 수 있습니다.

02 표시 창을 클릭할 때 마다, 시간단위와 마디 단위로 전환되어 표시됩니다. 글자의 색깔과 크기 등은 마우스 오른쪽 버튼을 클릭하면 열리는 글꼴 창에서 할 수 있습니다.

4 마커 윈도우

마커는 곡의 위치를 표시하는 문자를 말하는 것이고, 마커 윈도우는 입력되어 있는 마커를 관리하는 역할을
합니다. 2마디부터는 '전주', 18마디부터는 '1절' 등 곡의 위치를 표시하는 마커를 입력해두는 습관을 가지
면 작업이 편리해 지는데도 불구하고 많은 뮤지션들이 무심히 넘어가는 부분입니다. 음악 작업에 있어서 메
모의 습관은 사회 생활에서만큼이나 중요합니다. 입문자는 습관으로 자리잡을 수 있길 바랍니다.

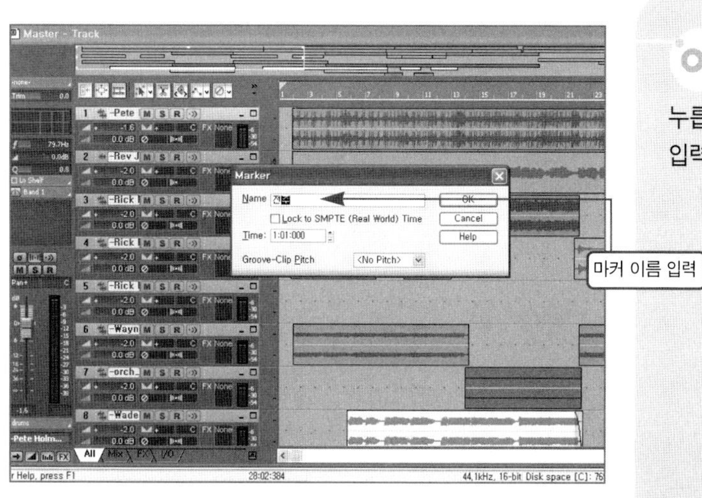

01 독자가 작업하고 있는 곡의 시작 부분에 송 포지션 라인을 위치하고, 단축키 F11 키를 누릅니다. Marker 창의 Name 항목에 '전주' 라고 입력합니다.

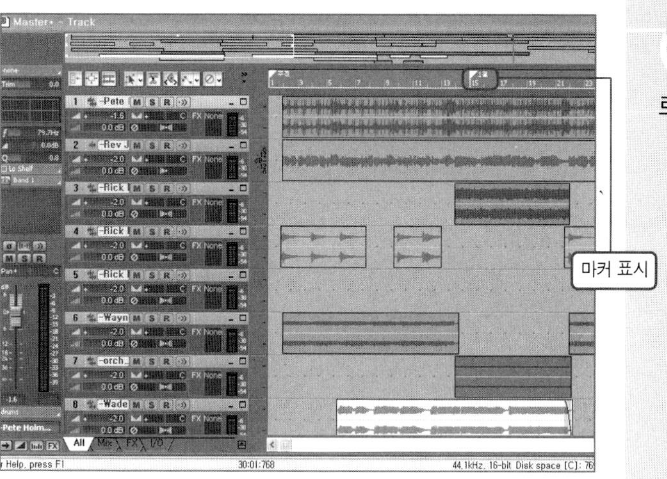

02 룰러 라인에 '전주' 라는 마커의 이름이 입력 되는 것을 확인할 수 있습니다. 같은 방법으로 '1절', '간주', '2절' 등의 마커를 삽입합니다.

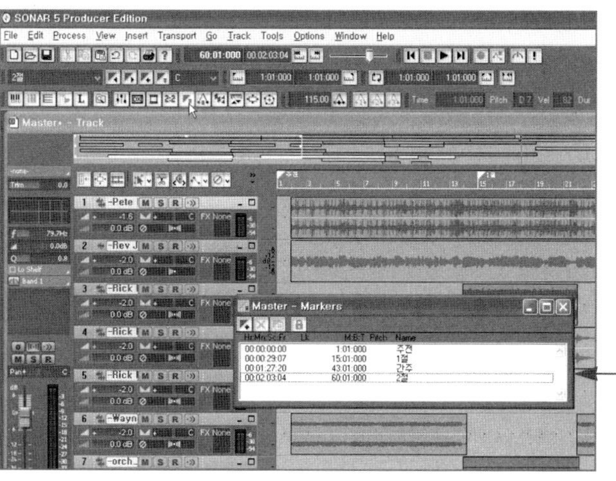

03 View 메뉴의 [Markers]를 선택하여 마커 윈 도우를 엽니다. 4개의 도구 버튼이 있는 마 커 윈도우가 열립니다. 계속해서 각 버튼의 역할을 살펴보겠습니다.

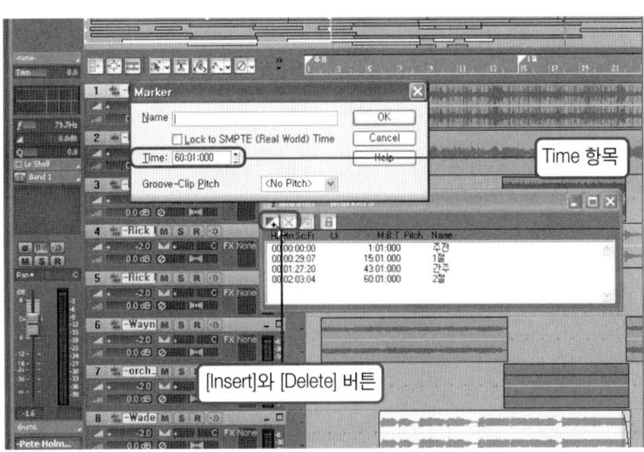

04 첫 번째 [Insert] 버튼은 앞에서 단축키 F11 키를 눌렀을 때와 동일한 마커 삽입 창이 열립니다. Time 항목에서 삽입될 마커의 위치를 설정할 수 있습니다. 두 번째 [Delete] 버튼은 선택한 마커의 목록을 삭제합니다.

05 세 번째 [Change] 버튼은 Insert와 동일한 창을 열어줍니다. 이것은 선택한 마커의 이름과 위치를 변경할 때 사용합니다. 마지막 [Lock] 버튼은 선택한 마커를 편집할 수 없게 합니다. Lock을 적용한 마커는 자물쇠 모양이 표시됩니다.

5 템포 윈도우

대중 가요에서는 자주 사용하는 기법은 아니지만 클래식에서는 곡 중간에 템포 변화가 빈번하게 사용됩니다. 이때, 대부분의 음악인들은 메트로놈을 끄고 자유롭게 연주를 하여 템포 변화에도 감정을 부여하겠지만, 연주가 어려운 입문자에게는 쉽지 않은 작업입니다. 그러나 템포 윈도우를 이용하면 그 느낌을 충분히 만들어 낼 수 있습니다.

01 부록 CD의 Synth 샘플 파일을 불러옵니다. View 메뉴의 [Tempo]를 선택하여 템포 윈도우를 엽니다. 단축키 Alt + 9 를 이용해도 좋습니다.

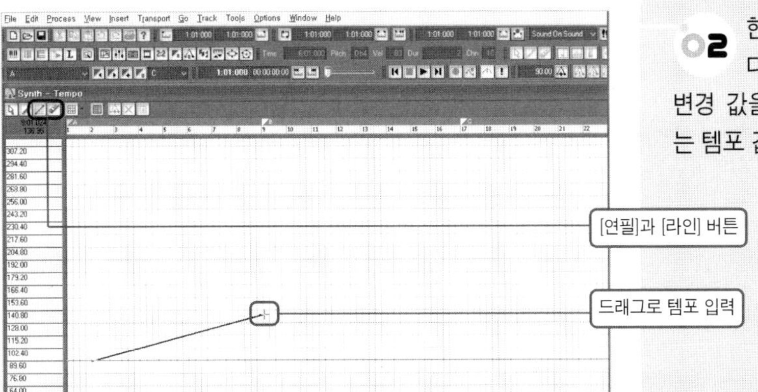

02 현재 템포 값이 파란색으로 표시되어 있습니다. [연필] 또는 [라인] 버튼을 선택하고 템포 변경 값을 그려줍니다. 도구 모음 아래쪽에 표시되는 템포 값을 확인하면서 그립니다.

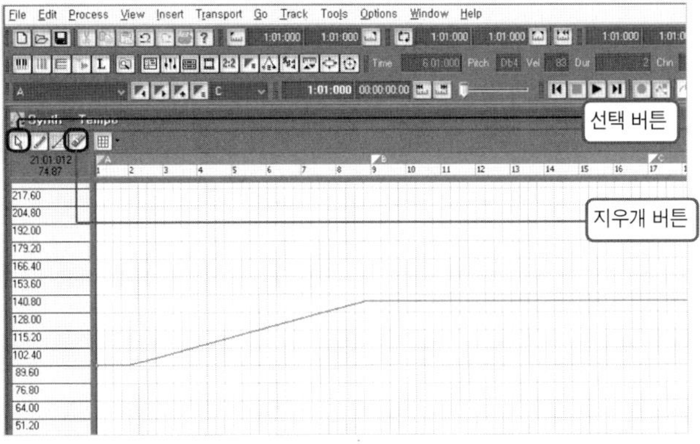

03 곡을 연주해보면 점점 빠르게 템포가 변하는 것을 확인할 수 있습니다. [지우개] 버튼은 입력된 템포를 삭제하고 [선택] 버튼은 특정 범위를 선택해서 템포 값을 이동, 복사할 수 있습니다.

04 [스넵] 버튼은 템포를 일정한 간격으로 입력하거나 편집할 수 있도록 하고, [리스트] 버튼은 템포 윈도우 오른쪽에 템포가 입력된 위치와 값을 확인할 수 있는 리스트 창을 열거나 닫습니다.

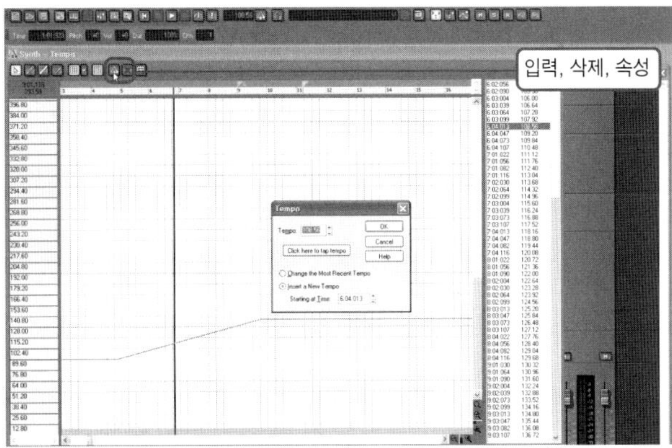

05 [입력] 버튼은 템포 값을 입력할 수 있는 창을 열어주고, [삭제] 버튼은 템포 값을 삭제합니다. 마지막에 위치한 [속성] 버튼은 [입력] 버튼과 동일한 Tempo 창을 열어줍니다.

곡 중간에 변하는 박자와 조는 악보 인쇄가 필요 없는 경우에도 입력하는 것이 좋습니다. 곡을 완성한 다음에 어떤 미디 편집 윈도우를 사용하든 박자와 조표를 무시한 경우에는 혼동할 수 있는 가능성이 높기 때문입니다. 컴퓨터 음악을 하면서 곡 중간에 변하는 박자와 조표 입력의 간단한 작업은 연주 실력이 뛰어날수록 무시하는 경향이 있는데, 편집을 위해서라도 입력하는 것이 좋습니다.

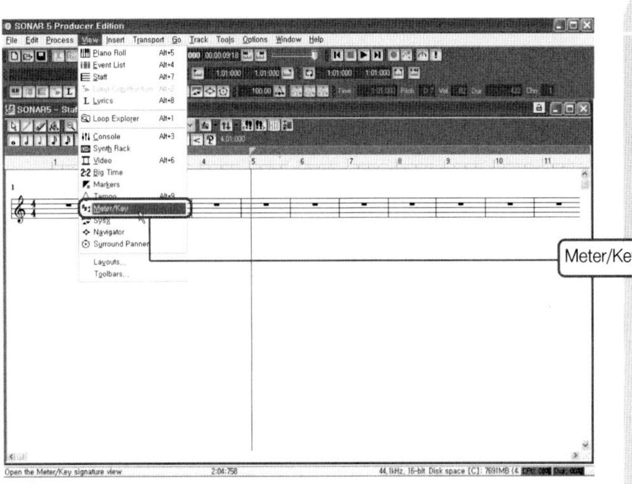

01 새로운 프로젝트를 만들고, 스태프 윈도우를 엽니다. 기본적으로 C키의 4/4박자 보표로 표시됩니다. 송 포지션 라인을 5마디 위치에 놓고, View 메뉴의 [Meter/Key]를 선택합니다.

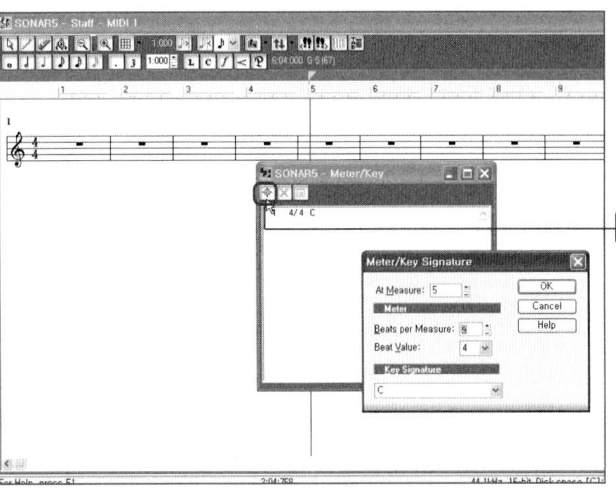

02 Meter/Key 창의 도구 모음 줄에서 [삽입] 버튼을 클릭합니다. Meter/Key signature 창이 열립니다. Beats per Measure 항목을 2로 바꾸고 [OK] 버튼을 클릭합니다.

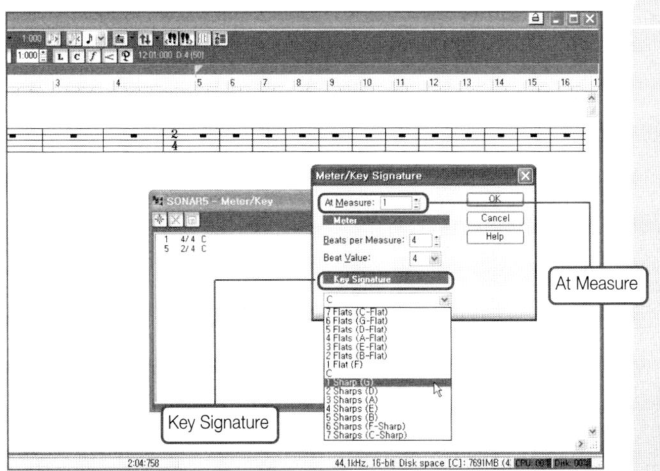

3 송 포지션 라인이 있는 5마디 위치가 2/4박 자로 변경되는 것을 확인할 수 있습니다. 다시 [삽입] 버튼을 클릭하여 Meter/Key signature 창을 입니다. At Measure를 6마디로 변경하고, Meter 항목을 4/4박자로 설정합니다. Key Signature 항목은 1 Sharpe (G)키를 선택합니다.

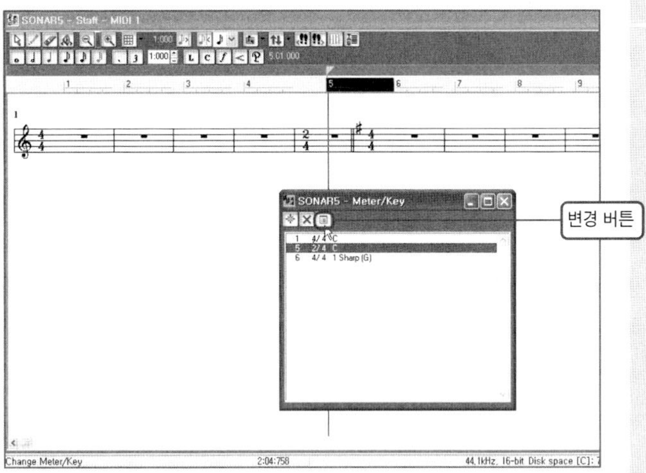

4 6번째 마디에 4/4박의 G키가 삽입된 것을 확인할 수 있습니다. Meter/Key 창에서 6 4/4 1 Sharp (G)를 선택하고 [변경] 버튼을 클릭합니다. 직접 변경할 항목을 더블 클릭해도 됩니다.

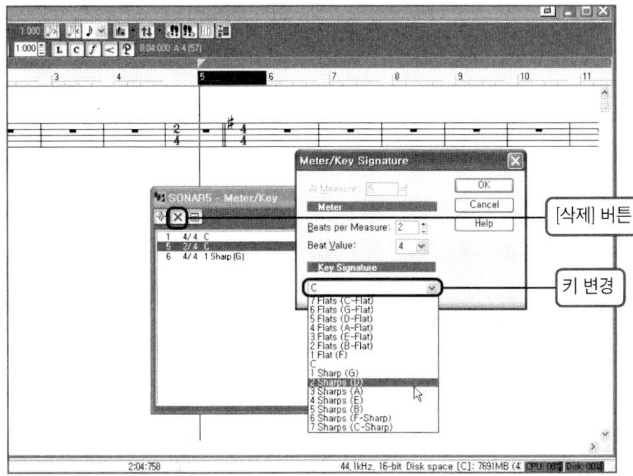

5 마디는 변경할 수 없고 박자와 키만 변경할 수 있다는 것을 알 수 있습니다. D키로 변경하고 [OK] 버튼을 클릭하여 확인합니다. [삽입] 버튼 오른쪽의 X 표시는 선택한 박자/키를 제거하는 [삭제] 버튼입니다.

View 메뉴의 Navigator는 프로젝트 윈도우 상단에 표시되고 있는 네비게이터 창을 별도로 열어줍니다. 두 가지 모두 작업 공간의 이동, 확대/축소의 역할을 하며 사용방법도 동일합니다. 차이점이 있다면 Navigator 윈도우는 별도로 관리할 수 있는 창을 열어준다는 것입니다. 그러나 서로 다른 화면 비율을 설정할 수 있기 때문에 작업 상황에 따라서 적절히 응용 가능합니다.

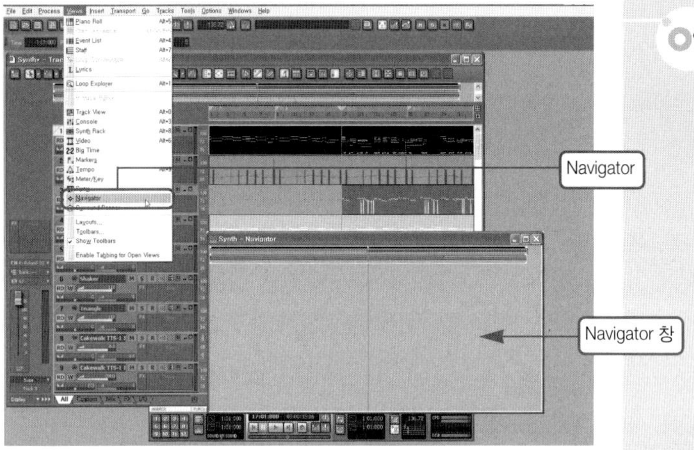

01 적당한 샘플 파일을 열고 View 메뉴의 [Navigator]를 선택해 네비게이터 창을 엽니다.

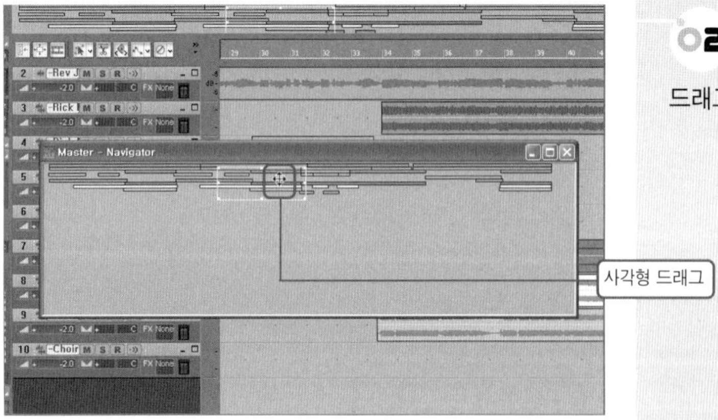

02 네비게이터 창에 표시되는 녹색 사각형이 작업 화면에 표시되는 구간입니다. 사각형을 드래그하여 작업 위치를 쉽게 이동할 수 있습니다.

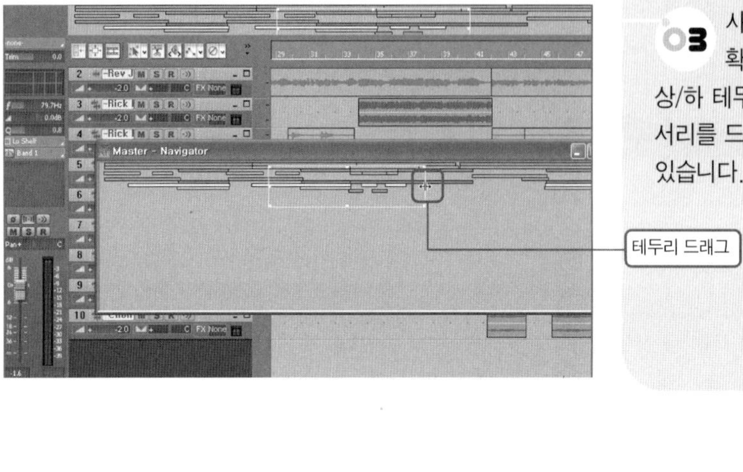

03 사각형의 테두리를 드래그하면, 작업 공간을 확대/축소합니다. 좌/우 테두리는 가로 크기, 상/하 테두리는 세로 크기를 조정합니다. 그리고 모서리를 드래그하면 가로와 세로를 동시에 조정할 수 있습니다.

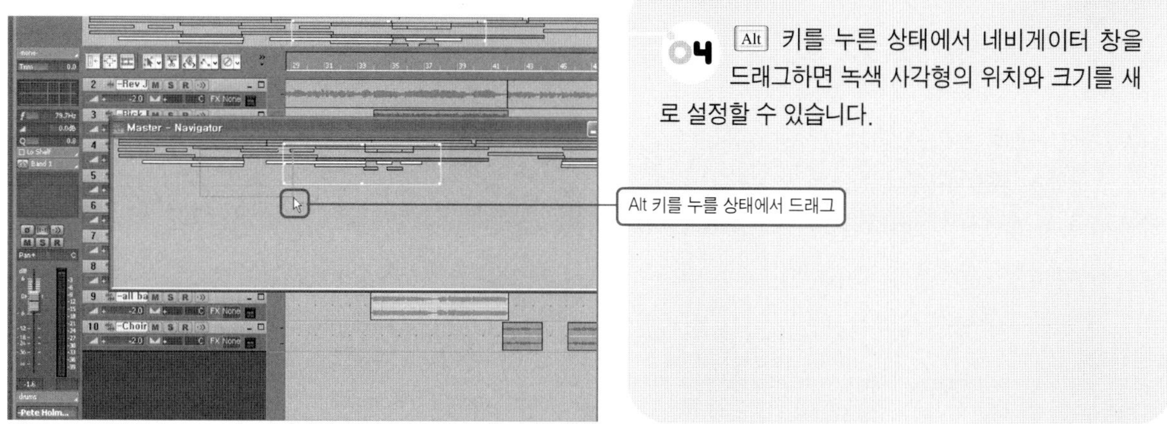

04 Alt 키를 누른 상태에서 네비게이터 창을 드래그하면 녹색 사각형의 위치와 크기를 새로 설정할 수 있습니다.

5 네비게이터 창에서 마우스 오른쪽 버튼을 클릭하면 확대/축소, 크기 조정 등을 간편하게 할 수 있는 단축 메뉴가 열립니다. 네비게이터 창의 단축 메뉴 역할은 다음과 같습니다.

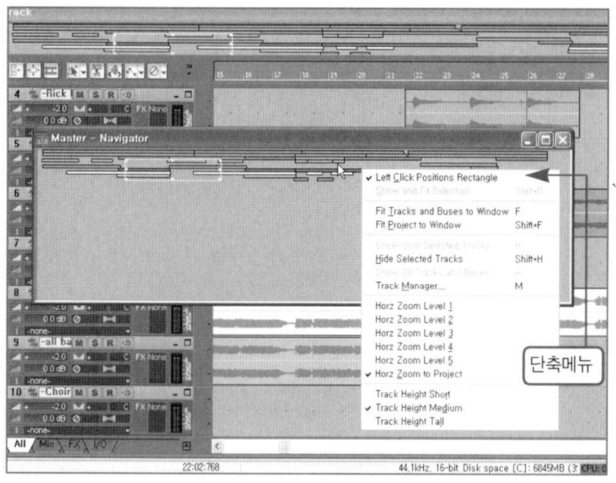

- Left Click Positions Rectangle : 마우스 클릭으로 사각형의 위치를 이동시킬 수 있는 옵션입니다.

- Show and Fit Selection : 선택 범위가 한 화면에 표시되도록 합니다.

- Fit Tracks and Buses to Window : 작업중인 트랙이 한 화면에 표시되도록 합니다.

- Fit Project to Window : 작업중인 클립의 길이가 한 화면에 표시되도록 합니다.

- Show Only Selected Tracks : 선택한 클립이 한 화면에 표시되도록 합니다.

- Hide Selected Tracks : 선택한 트랙을 화면에서 감추어 줍니다.

- Show All Tracks and Buses : 감춰진 트랙이 모두 보이도록 합니다.

- Track Manager : 필요한 트랙만 화면에 표시할 수 있는 Track Manager 창을 열어줍니다. [Toggle] 버튼은 해당 트랙을 모두 선택/해제하는 기능을 하고, 선택된 트랙은 Space bar 키를 이용해서 체크/해제할 수 있습니다.

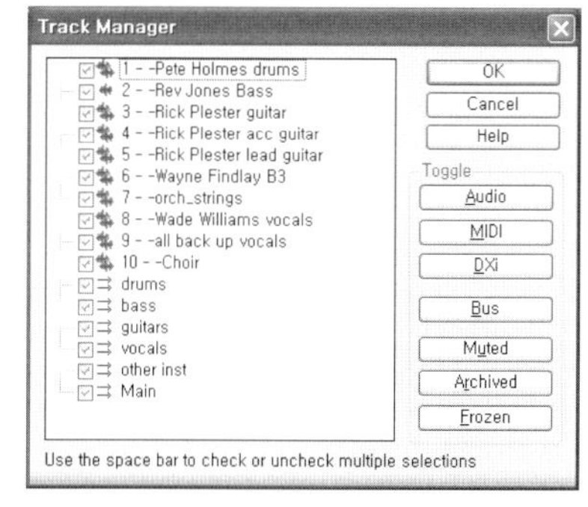

- Horz Zoom

  Level 1~5까지의 단계로 네비게이터에 표시되는 가로 범위를 선택합니다. Horz Zoom to Project는 모든 범위가 표시되도록 합니다.

- Track Height Short / Medium / Tail

  Short, Medium, Tail의 3가지 단계로 네비게이터에 표시되는 세로 범위를 선택합니다.

소나 7은 DVD의 표준인 5.1채널에서부터 최대 8.1채널까지의 서라운드 작업이 가능합니다. 5.1채널 작업을 하기 위해서는 5개의 메인 스피커와 1개의 우퍼 스피커를 연결할 수 있는 멀티 사운드 카드가 필요합니다. 요즘에 시판되고 있는 대부분의 컴퓨터는 5.1채널을 지원하는 사운드 카드가 기본 장착되어 있으므로 스피커만 구입하여 연결하면 될 것입니다.

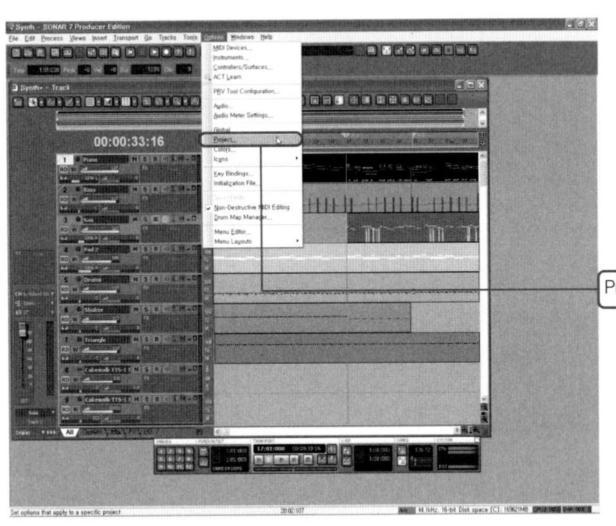

01 서라운드 작업이 가능한 프로젝트 환경인지를 확인하기 위해서 Options 메뉴의 [Project]를 선택하여 창을 엽니다.

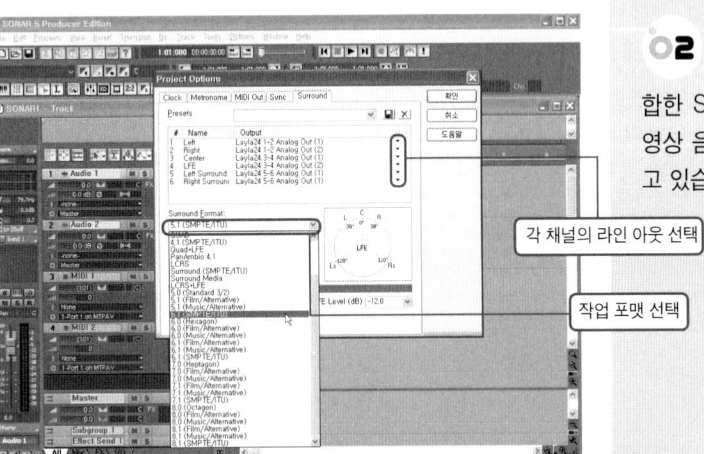

02 Surround 페이지를 열고, 각 채널에 연결된 라인 아웃을 확인합니다. 그리고 작업에 적합한 Surround Format을 선택합니다. 그림에서는 영상 음악에 적합한 5.1(SMPTE/ITU)포맷을 선택하고 있습니다.

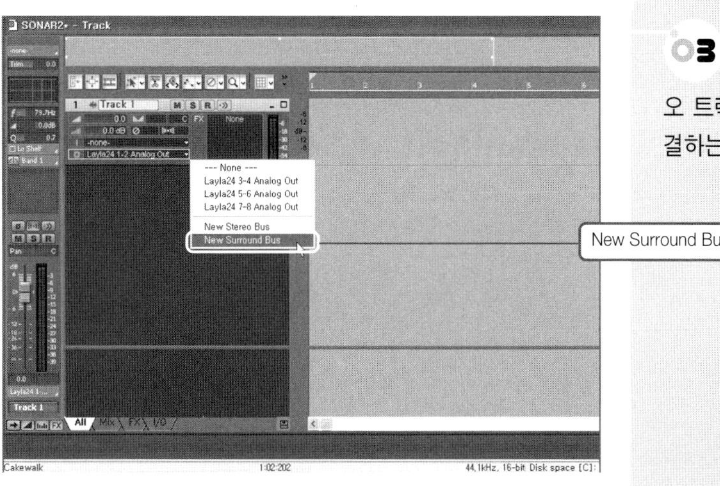

03 오디오 트랙의 라인 아웃 포트에서 [New Surround Bus]를 선택합니다. 선택한 오디오 트랙을 새로 형성되는 서라운드 버스 채널로 연결하는 작업입니다.

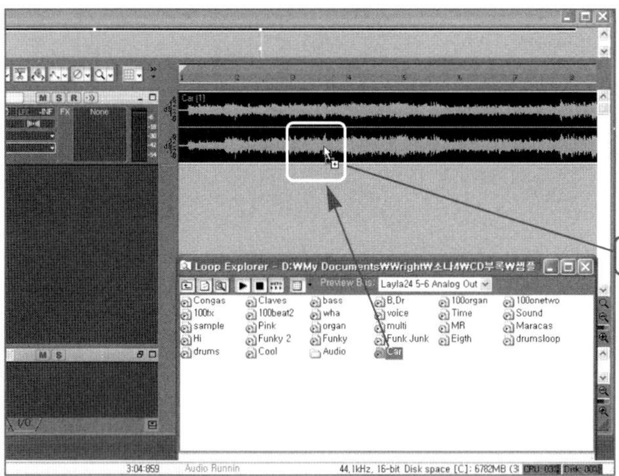

04 오디오 이벤트를 녹음하거나 도구 모음 줄의 [Loop Explorer View] 버튼을 클릭하여 익스플로어를 열고, 부록 CD에서 적당한 오디오 샘플을 드래그하여 등록합니다. 그림에서는 Car 파일을 등록하고 있습니다.

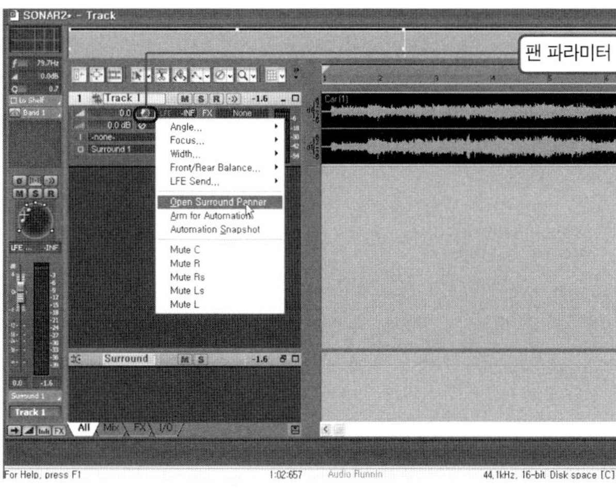

05 팬을 조정하는 파라미터에서 마우스 오른쪽 버튼을 클릭하여 단축 메뉴를 열고, [Open Surround Panner]를 선택합니다. 물론 View 메뉴의 [Surround Panner]를 선택해도 됩니다.

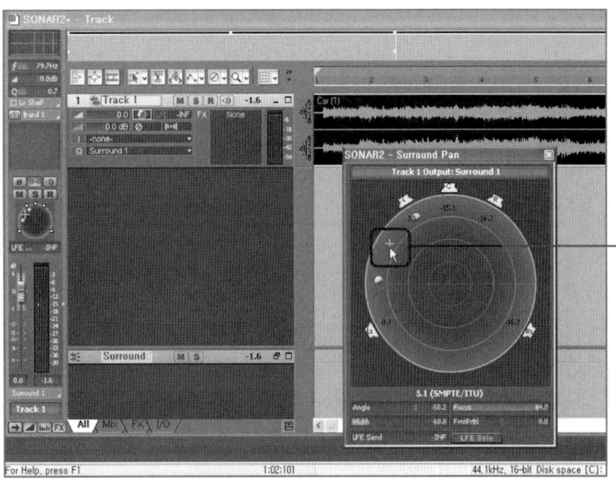

06 사운드가 재생되는 방향을 설정할 수 있는 Surround Pan 패널이 열립니다. Space bar 키를 눌러 사운드를 연주하고, Angle과 Focus를 동시에 조정할 수 있는 플러스 기호를 마우스로 드래그 해봅니다. 사운드가 각 스피커로 이동되는 것을 확인할 수 있습니다.

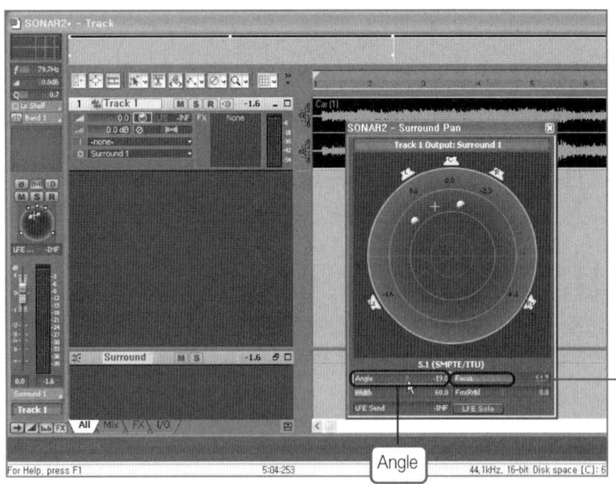

07 사운드의 재생 방향을 조정하는 Angle과 거리감을 조정하는 Focus를 개별적으로 조정하고 싶다면, Alt 키를 누른 상태에서 드래그하거나 아래쪽에 있는 컨트롤 패널을 드래그하여 조정할 수 있습니다.

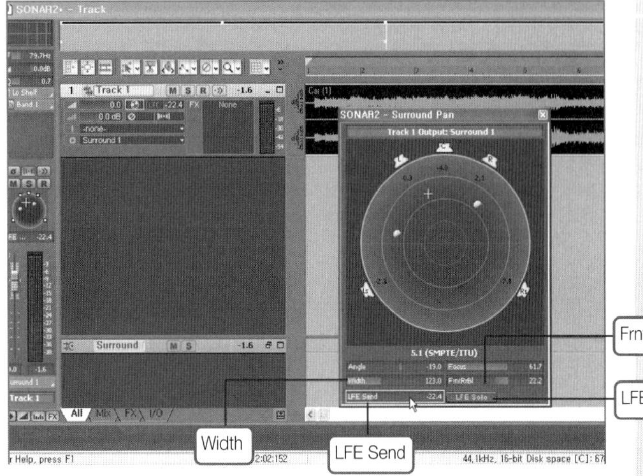

08 그 밖에 Surround Pan에는 좌/우 거리감을 조정하는 Width, 앞/뒤 밸런스를 조정하는 FrntRrBl, 우퍼의 음량을 조정하는 LFE Send, 우퍼를 솔로로 모니터 할 수 있는 LFE Solo 컨트롤이 있습니다.

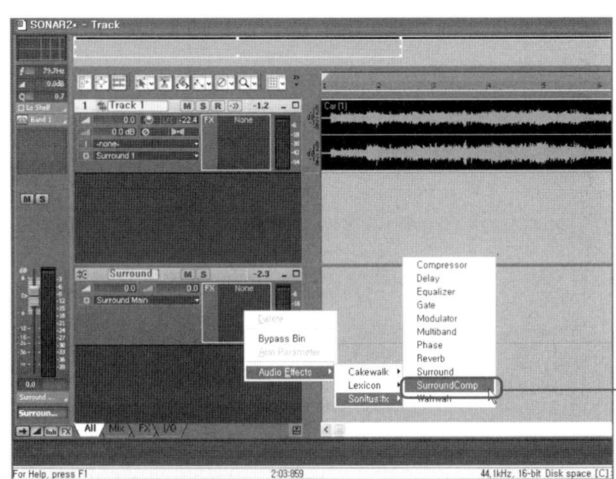

09 소나는 서라운드 채널에 사용할 수 있는 2가지 이펙트를 제공합니다. 하나는 Lexicon의 Pantheon Surround이고, 다른 하나는 Sonitus:fx의 Surround Comp입니다. Surround 버스 채널의 FX 패널에서 마우스 오른쪽 버튼을 클릭하여 적당한 이펙트를 적용해봅니다.

10 이펙트 패널의 사용법은 Process 메뉴에서 살펴본 스테레오 리버브, 컴프레서와 동일합니다. 컴프는 각 채널별로 값을 조정할 수 있고, 리버브는 앞/뒤 채널 값을 별도로 조정할 수 있는 Front Echo, Rear Echo 항목에 추가되어 있다는 차이만 있습니다.

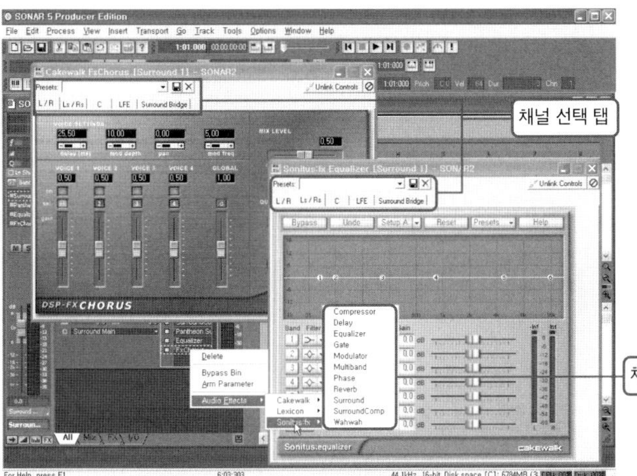

11 참고로 서라운드 채널에서 일반 이펙트를 사용하면 각 채널 별로 조정할 수 있는 페이지가 만들어집니다. 결국 소나에서 제공하는 모든 이펙트를 서라운드 채널에서 사용할 수 있다는 것을 기억하기 바랍니다.

05 시스템 익스클루시브 윈도우

미디 학습자가 반드시 알아야 할 이론에는 이벤트 리스트에서 살펴본 컨트롤 체인지 정보와 여기서 살펴볼 익스클루시브 정보가 있습니다. 컨트롤 체인지 정보는 악기의 채널 별로 전송되는 채널 정보이고, 익스클루시브 정보는 시스템 전체에 전송되는 정보입니다. 소나 7은 시스템 익스클루시브 정보를 뱅크 단위로 관리할 수 있는 시스템 익스클루시브 윈도우를 제공하고 있습니다. 여기서 시스템 익스클루시브 윈도우의 사용법과 많이 사용하는 익스클루시브 정보를 소개하겠습니다.

1 시스템 익스클루시브 정보

시스템 익스클루시브 정보는 악기마다 사용법이 다르므로 반드시 악기 매뉴얼을 참고해야 합니다. 여기서는 컨트롤 정보에서와 같이 GS 표준으로 알려진 SC-88를 기준으로 설명하겠습니다. 악기 매뉴얼의 System Exclusive Messages 페이지를 보면 다음과 같은 표기법이 나열되어 있습니다. 각각의 의미를 살펴보겠습니다.

GS Reset

Status	Data byte	Status
F0H	41H, dev, 42H, 12H, 40H, 00H, 7FH, 00H, 41H	F7H

Byte	Explanation
F0H	Exclusive Status
41H	ID number(Roland)
Dev	Device ID(dev: 01H-1FH(1-32) Initial value is 10H(17)
42H	Model ID(GS)
12H	Command ID(DT1)
40H	Address MSB
00H	Address
7FH	Address LSB
00H	Data(GS reset)
41H	Checksum
F7H	EXO(End Of Exclusive)

◖ F0H ◗

시스템 익스클루시브 메시지의 시작을 알리는 스테이터스 바이트로 반드시 익스클루시브 메시지의 맨 앞에 입력되어야 합니다.

◖ 41H ◗

각 악기의 제조회사별로 등록된 ID를 입력하는 부분입니다. Roland의 경우 41H라는 것을 표시하고 있습니다.

◖ Dev ◗

악기의 고유번호를 입력하는 부분입니다. 악기 고유번호란, 같은 계열의 악기를 동시에 사용할 경우 익스클루시브 메시지가 공통적으로 적용되지 않도록 악기를 구분하기 위해서 사용되는 번호입니다. 이와 같은 번호는 미디 악기에서 설정을 해야 하는데, Roland사의 SC-88의 경우 [All] 버튼을 누르고 [PART] 버튼 2개를 동시에 누르면 악기의 고유 번호인 Device id를 설정할 수 있는 화면이 보입니다. 기본 값은 17(10H)로 되어 있으며, 1-32까지 변경 가능합니다. 변경이 끝나면 PART 버튼 2개를 동시에 눌러 설정을 끝냅니다.

◖ 42H ◗

제품 번호를 입력하는 부분입니다. 악기들은 저마다 제품 번호를 가지고 있으며, SC-88의 경우 제품 번호가 42H라는 것을 표기합니다.

◖ 12H ◗

익스클루시브 송/수신을 구별하는 번호를 입력합니다. 송신은 11H이고, 수신은 12H입니다. 소나 7에서는 작성된 익스클루시브 메시지를 악기가 수신할 수 있도록 12H로 입력합니다.

◖ 40H, 00H, 7FH, 00H ◗

4개의 데이터로 이루어진 이 부분은 시스템 익스클루시브의 실제적인 기능을 수행하는 메인 데이터입니다. 앞의 3가지 40H, 00H, 7FH는 어떤 것을 조정할 것인지를 의미하는 어드레스이고, 끝의 00H가 조정하는 값을 의미하는 데이터 입니다.

◖ 41H ◗

Roland사 악기에서 주로 사용되는 부분으로 익스클루시브 메시지가 제대로 전송되고, 수행되는지를 확인하는 항목입니다. 이것을 체크 섬이라고 부르며, 메인 데이터의 입력 값에 따라 달라집니다. 자세한 것은 다음의 입력 부분 편에서 설명됩니다.

◖ F7H ◗

시스템 익스클루시브 메시지의 끝을 알리는 스테이터스 바이트로 반드시 익스클루시브 메시지의 맨 뒤에 입력되어야 합니다.

2 시스템익스클루시브 입력

앞에서 살펴본 시스템 익스클루시브 정보(GS초기화)를 소나 7에서 어떻게 입력하는지 살펴보겠습니다. 입문자의 경우에는 다소 어려울 수 있겠지만 부담 없이 학습을 하기 바랍니다. 전문가들도 모든 익스클루시브 정보를 외워서 사용하는 경우는 없습니다. 원리와 기능만을 이해하고 필요할 때 찾아서 사용할 수 있을 정도면 충분합니다.

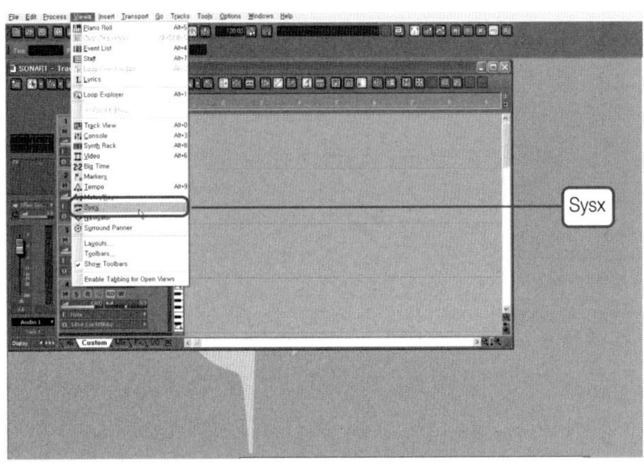

01 소나 7은 시스템 익스클루시브 정보를 입력하거나 편집할 수 있는 창을 별도로 제공하고 있습니다. View 메뉴의 [Sysx]를 선택하여 시스템 익스클루시브 창을 엽니다.

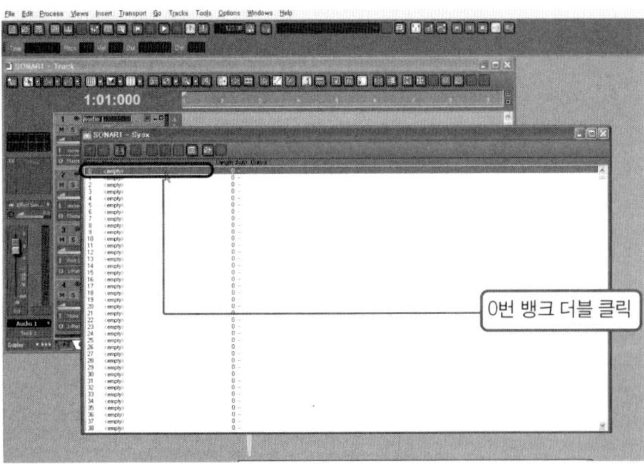

02 시스템 익스클루시브 정보를 뱅크 단위로 관리할 수 있는 시스템 익스클루시브 윈도우가 열립니다. 첫 번째 0번 뱅크를 더블 클릭합니다.

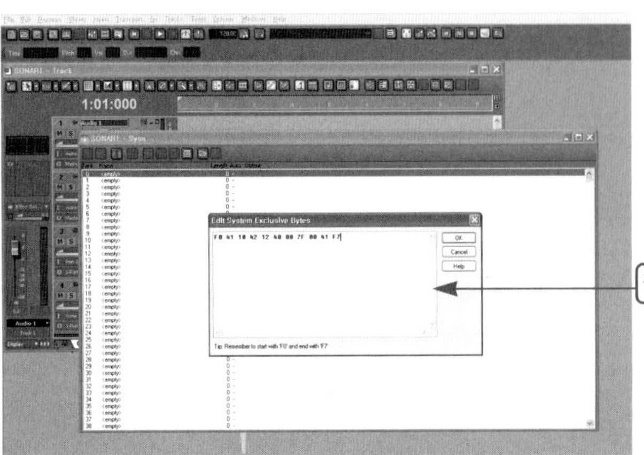

03 익스클루시브 정보를 입력할 수 있는 창이 열립니다. F0 41 10 42 12 40 00 7F 00 41 F7의 GS 초기화 정보를 입력하고 [OK] 버튼을 클릭합니다. 참고로 악기 제품 매뉴얼에서 숫자 오른쪽의 H는 16진수라는 것을 표시하는 것이므로 실제로 입력하지 않습니다.

5 GS 초기화 정보의 10번째 해당하는 41데이터는 송/수신 상태를 확인하는 체크섬 데이터라고 했습니다. 예제의 경우 이미 값이 나와있지만, 다른 익스클루시브에서는 메인 데이터 값이 사용자마다 다르게 설정될 것이므로 반드시 체크섬 값을 구할 수 있는 공식을 알고 있어야 합니다.

계산 방법은 간단합니다.

먼저 메인 데이터 값의 합을 구합니다. 메인 데이터 값의 합이 128보다 크면 128보다 작아질 때까지 메인 데이터 합에서 128을 빼고 나머지를 128에서 뺍니다.

메인 데이터의 합이 128보다 작으면, 그냥 메인 데이터 합에서 128를 빼면 됩니다.

즉, GS 초기화의 메인 데이터(40+00+7F+00)합은 BF가 됩니다. BF를 10진수로 계산하면 191입니다. 결국 메인 데이터의 합이 128보다 큽니다. 메인 데이터의 합이 128보다 크면 메인 데이터 합에서 128를 뺀다고 했으므로 191-128=63이 됩니다. 이제 128보다 작아진 메인 데이터 합을 128에서 빼면 128-63=65가 됩니다.

65를 16진수로 바꾸면 41이 됩니다. 그래서 GS 초기화 익스클루시브 정보의 체크섬 값이 41이 된 것입니다.

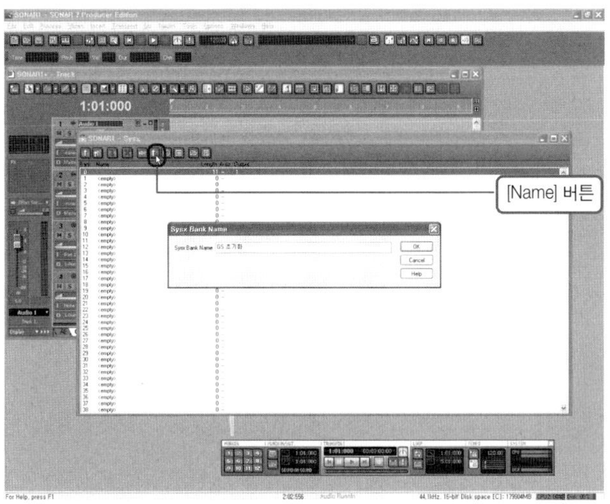

05 익스클루시브 윈도우는 입력된 정보에 이름을 표시할 수 있습니다. [Name] 버튼을 클릭하여 창을 엽니다. 이름을 입력하고 [OK] 버튼을 클릭합니다.

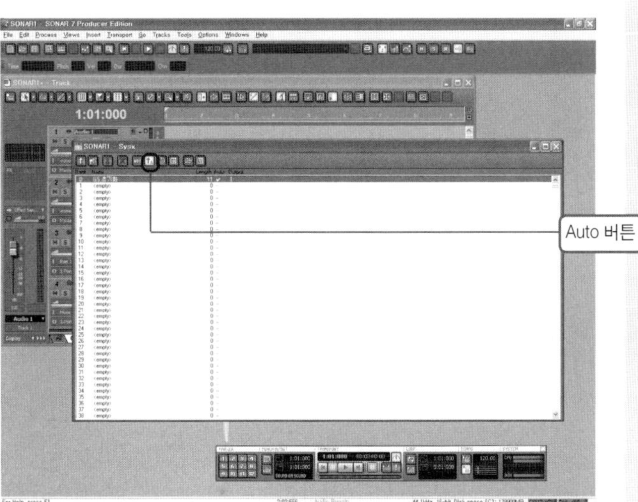

06 [Name] 버튼 오른쪽에 [Auto] 버튼을 클릭해 둡니다. 0번 뱅크의 Auto 칼럼에 체크표시가 되는 것을 확인할 수 있습니다. 이것은 곡을 불러올 때 자동 전송되도록 하는 것입니다.

16진수와 10진수

체크 섬 값을 구하는 공식은 너무나 간단하지만 가장 큰 문제는 16진수를 사용하고 있다는 것입니다. 하지만, 윈도우 보조프로그램에서 제공되는 계산기를 이용하면 쉽게 해결할 수 있습니다. GS 초기화에 사용된 메인 데이터 값을 가지고 실습을 해보겠습니다.

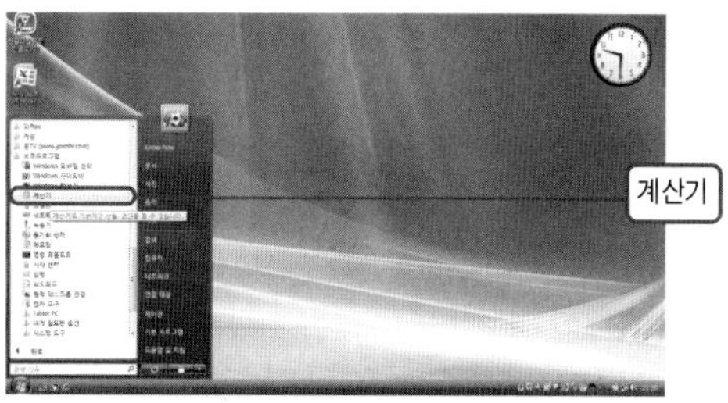

❶ 윈도우 [시작] 버튼을 클릭하여 모든 프로그램의 보조 프로그램에서 계산기를 찾아 클릭합니다.

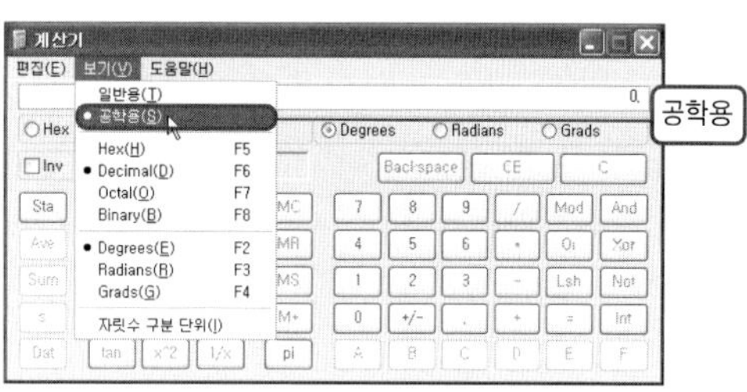

❷ 일반용 보기로 실행됩니다. 보기 메뉴에서 공학용을 클릭하여 공학용 계산기로 바꿔 줍니다.

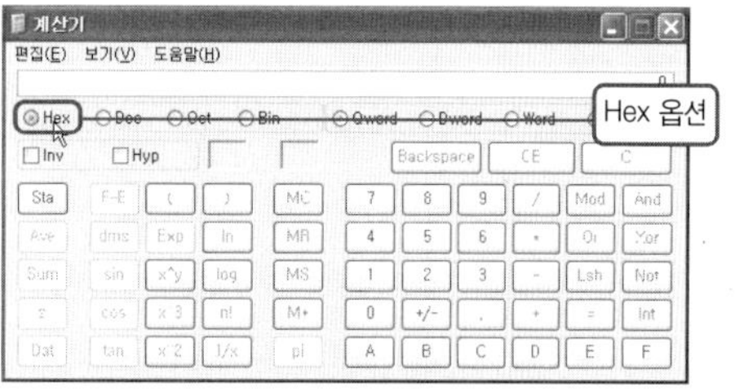

❸ 공학용 계산기에서 16진수를 계산할 수 있도록 Hex 옵션을 선택합니다.

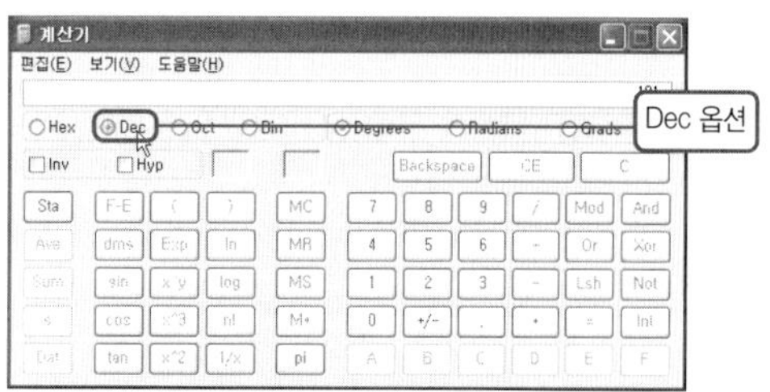

❹ 이제 메인 데이터의 합을 구합니다. 키보드에서 40+00+7F+00 Enter 키를 차례로 누릅니다. 00은 0이므로 생략해도 됩니다. 10진수 옵션인 Dec를 다시 선택하면 메인 데이터의 합을 10진수로 볼 수 있습니다.

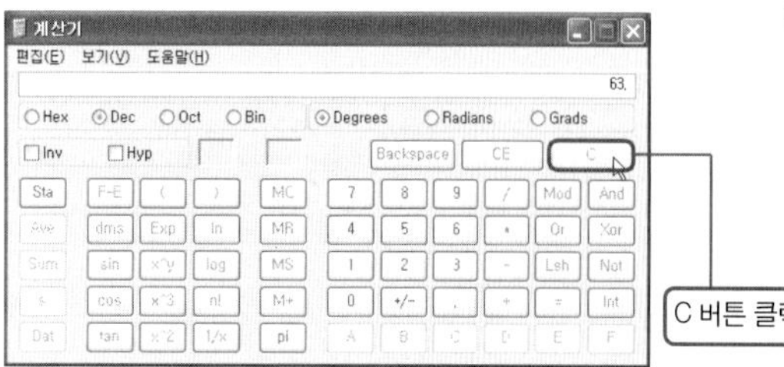

❺ 메인 데이터의 합이 128보다 큰 숫자이므로 먼저 -128를 입력하여 뺍니다. 그러면, 나머지가 63이 된다는 것을 확인할 수 있습니다. 최종 값을 구하기 위해서 [C] 버튼 또는 ESC 키를 누릅니다.

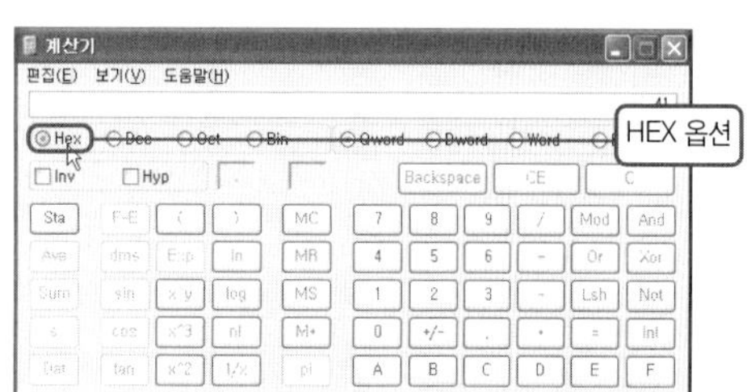

❻ 최종 값을 구하기 위해서 128에서 63을 뺍니다. 그리고, Hex 옵션을 선택하면 최종 값 65(128-63)의 16진수 표기가 41이라는 것을 알 수 있습니다. 이 값을 체크 섬 항목에 입력합니다.

시스템 익스클루시브 윈도우는 8191가지의 뱅크를 관리할 수 있고, 하나의 뱅크에서 여러 개의 익스클루시브 정보를 사용할 수 있습니다. 그러나 시스템 익스클루시브 정보는 하나의 뱅크에 하나의 정보만을 사용하는 것이 좋고, 한 곡에 너무 많은 뱅크를 사용하지 않는 것이 좋습니다. 뱅크의 크기가 크거나 수가 많으면, 곡이 지체되는 현상이 생기게 됩니다. 여기서는 시스템 익스클루시브 윈도우에서 제공하고 있는 10가지 도구의 기능을 살펴보겠습니다.

1. 전송 버튼

왼쪽에 있는 [전송] 버튼은 선택한 익스클루시브 정보를 전송하는 버튼이고, 오른쪽의 [전송] 버튼은 익스클루시브 윈도우에 있는 모든 정보를 전송하는 버튼입니다.

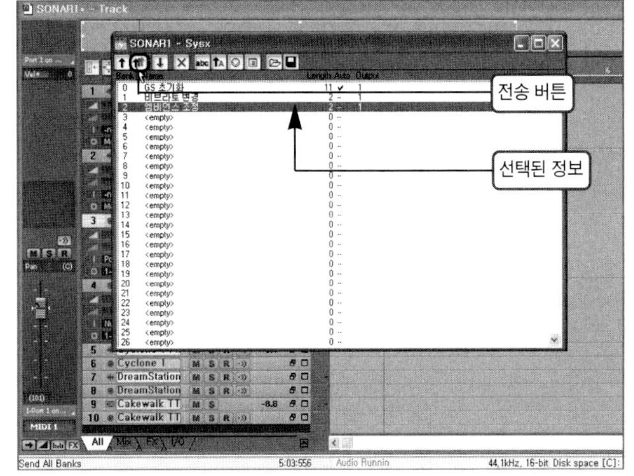

2. 수신 버튼

비어있는 뱅크 또는 현재 선택된 뱅크로 악기에서 전송하는 익스클루시브 정보를 수신합니다. 정보가 있는 뱅크를 선택하고, [수신] 버튼을 클릭하면 다음과 같은 창이 열립니다. 여기서 [예] 버튼은 정보를 추가하는 것이고, 아니오 버튼은 정보를 바꾸는 것입니다.

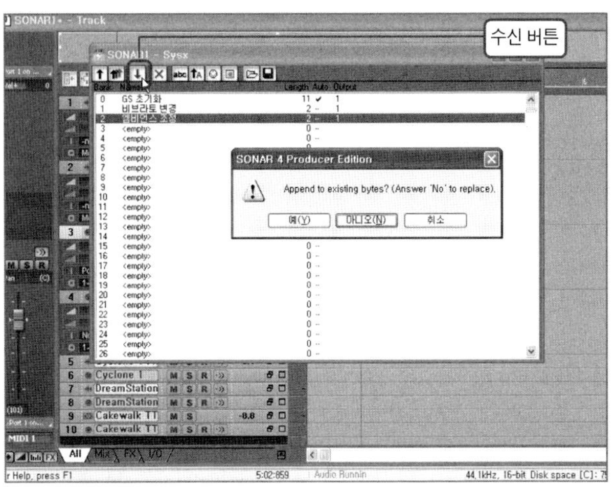

필요한 버튼을 클릭하거나, 비어있는 뱅크에서
[수신] 버튼을 클릭하면 악기를 선택할 수 있는
창이 열립니다. 독자가 사용하고 있는 악기 이름
을 더블 클릭하면, 자동으로 정보가 수신됩니다.

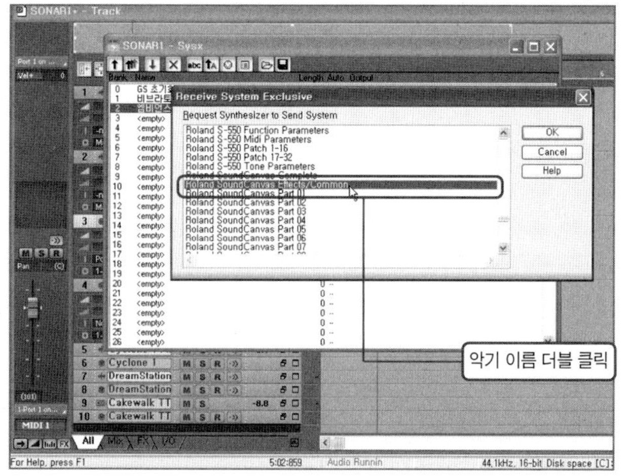

수신되는 데이터의 크기를 나타내는 숫자가 표시
됩니다. 표시되는 숫자가 멈추면 [Done] 버튼을
클릭하여 정보 수신을 완료합니다.

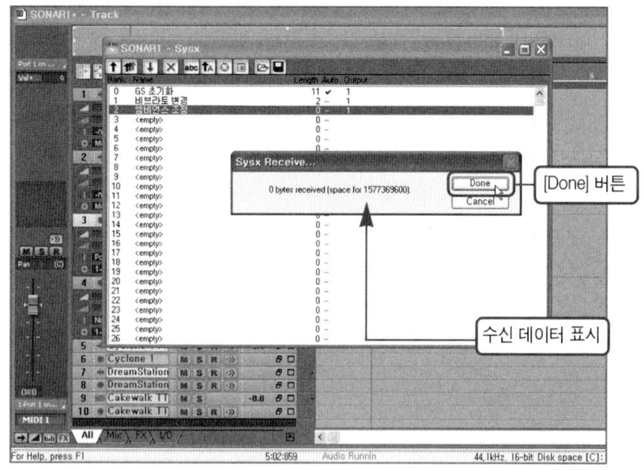

리스트에 독자가 사용하고 있는 악기가 없는 경
우에는 상단의 You start dump on instrument를
더블 클릭하여 대기 상태로 만들고 악기에서 익
스클루시브 정보를 전송하는 [Dump] 버튼을 클
릭합니다.

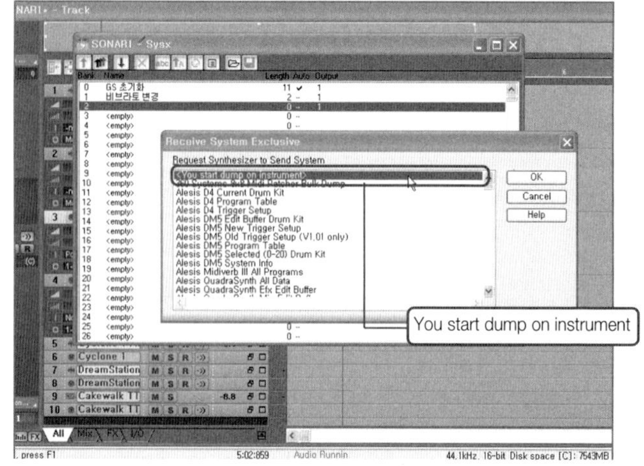

SC-88 이름 바꾸기

소나 7에서는 대부분의 악기 리스트를 제공하고 있는 때문에 굳이 You start dump on instrument를 선택할 경우는 없겠지만 기능을 익히기 위해서 SC-88 디스플레이 창에 표시되는 이름을 바꾸고, 이것을 소나 7으로 전송하는 DUMP 기능을 살펴보겠습니다.

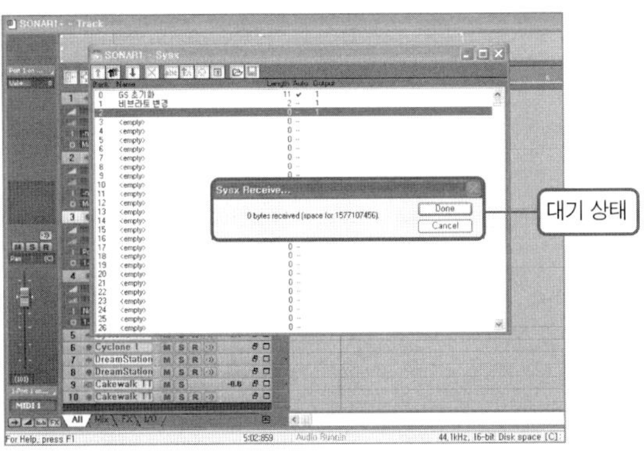

❶ 소나 7에서 수신 버튼을 클릭하고, You start dump on instrument를 더블 클릭하여 대기 상태로 만들어 놓습니다.

❷ [SC-88의 All] 버튼을 누르고, [PAN]과 [CHORUS] 버튼을 동시에 누릅니다. 그러면 문자를 변경할 수 있도록 기본적으로 표시되어 있는 Sound Canvas가 깜박입니다.

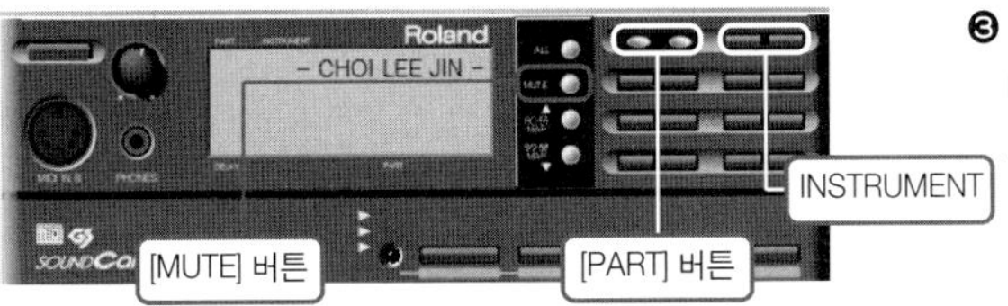

❸ [PART] 버튼으로 커서를 좌/우로 움직이고, [INSTRUMENT] 버튼으로 알파벳, 숫자, 기호 등의 이름을 입력합니다. [All] 버튼은 대/소문자 변환 기능이고 [MUTE] 버튼은 [삭제] 버튼입니다. 독자의 이름을 입력하고, [PAN]과 [CHORUS] 버튼을 동시에 눌러 완료합니다.

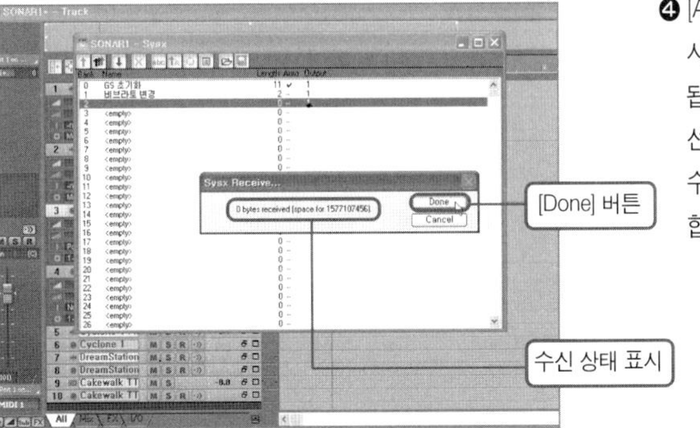

❹ [ALL] 버튼이 켜져 있는 상태에서 [INSTRUMENT] 버튼을 동시에 누릅니다. 디스플레이에 DUMP ALL SURE? 라고 표시됩니다. 이때 [INSTRUMENT] 버튼을 클릭하여 전송할 정보를 선택할 수 있고, [ALL] 버튼을 클릭하여 선택한 정보를 전송할 수 있습니다. 소나 7에서 수신이 완료되면 [Done] 버튼을 클릭합니다.

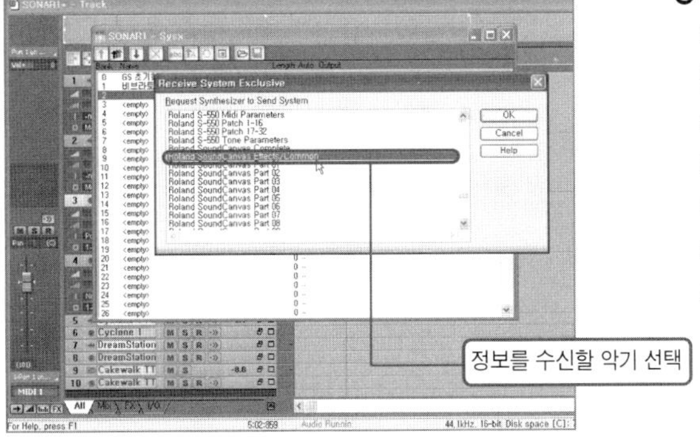

❺ 익스클루시브 정보를 악기에서 DUMP하는 것은 데이터가 커지기 때문에 잘 사용하지 않지만 리스트에 없는 악기를 사용하는 독자를 위해서 살펴본 것입니다. 실제로는 악기에서 이름을 바꾸고, 소나의 리스트에서 악기를 선택하여 수신합니다. 아무튼 독자의 이름이 입력된 정보를 작업한 곡에 담아놓으면 타인이 곡을 감상할 때 SC-88 디스플레이에 독자의 이름이 나타납니다. 물론 이것은 SC-88인 경우이며, 악기 마다 다르므로 반드시 매뉴얼을 참조하기 바랍니다.

3. 삭제 버튼 ☒

[삭제] 버튼을 클릭하면 삭제 여부를 묻는 창이
열립니다. 여기서 [예] 버튼을 클릭하면 선택한
익스클루시브 정보를 삭제합니다.

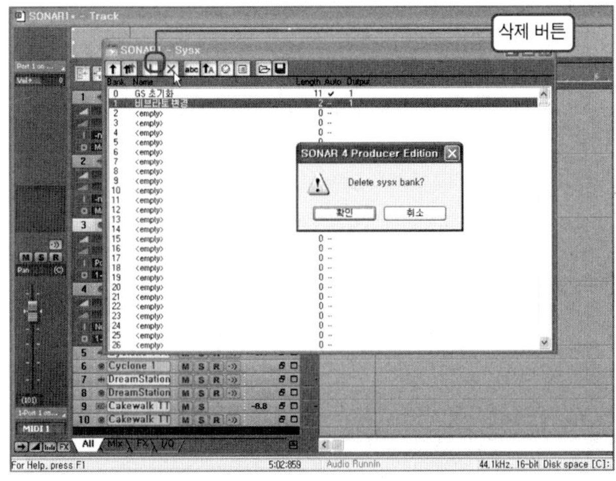

4. 이름 버튼 abc

선택한 정보가 어떤 역할을 하는지 쉽게 구분할
수 있는 이름을 입력하거나 변경합니다. [이름]
버튼을 클릭하면, 이름을 변경할 수 있는 창이 열
립니다. 원하는 이름을 입력하고 [OK] 버튼을 클
릭합니다.

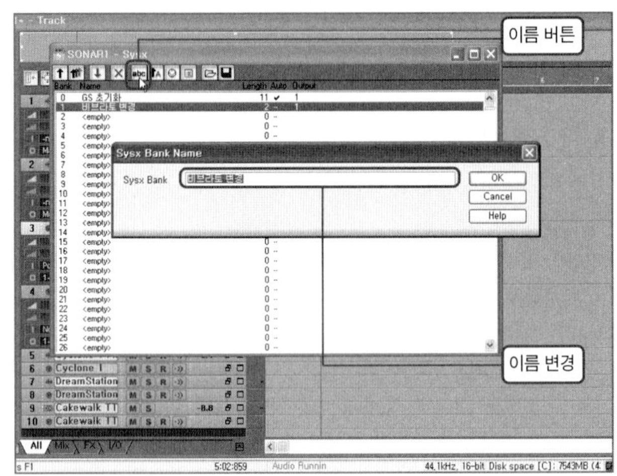

5. 자동 전송 버튼 ⬆A

익스클루시브 정보를 선택하고 [자동 전송] 버튼
을 클릭하면 데이터 크기를 나타내는 Length 오
른쪽의 Auto 칼럼에 체크 표시를 On/OFF 할 수
있습니다.

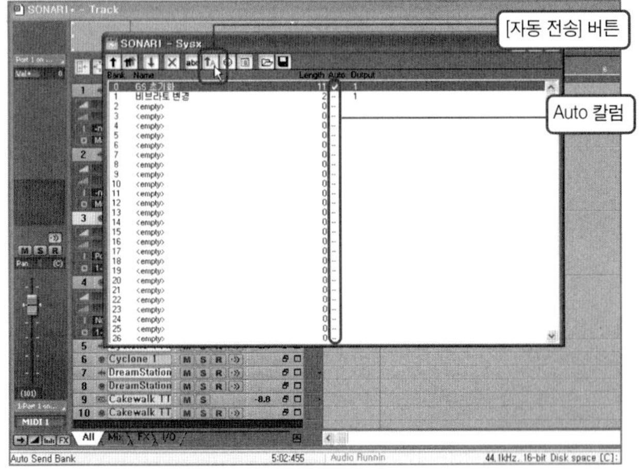

체크 표시를 하고 곡을 저장하면, 곡을 불러올 때 익스클루시브 정보를 전송할 것인지를 묻는 창이 열립니다. 창의 Ask this question every time 옵션을 해제한 경우에는 창 없이 자동으로 전송합니다.

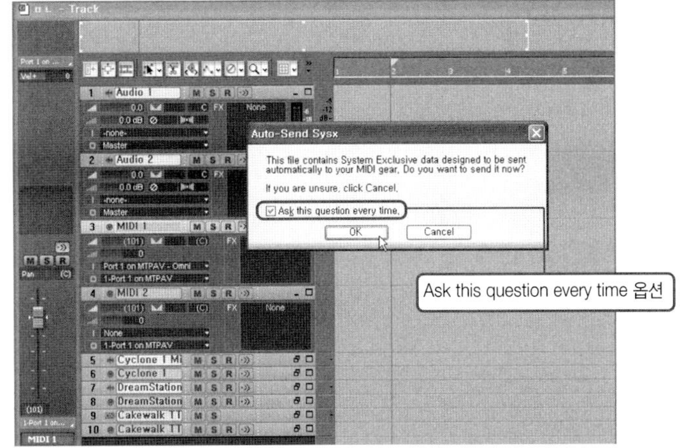

Ask this question every time 옵션을 해제하여 창이 보이지 않도록 했을 경우, 창이 다시 보이게 하려면 Options 메뉴의 [Global]를 선택하여 General 페이지를 열고, Always Use Sysx Banks for MIDI Files를 체크합니다.

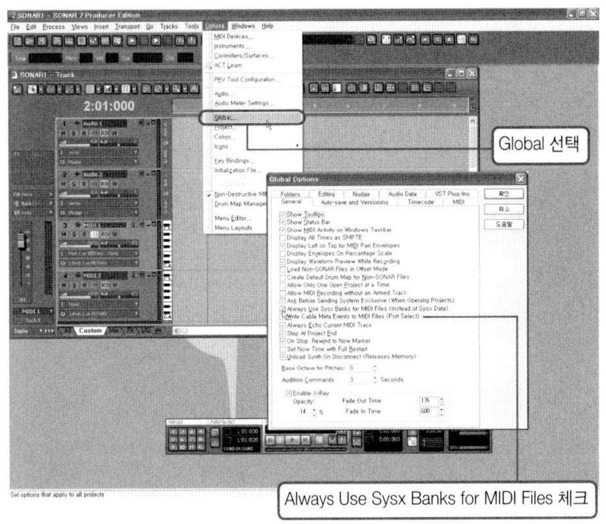

6. 아웃 포트 버튼

선택한 뱅크를 몇 번 포트로 전송할 것인지를 설정할 수 있는 창이 열립니다. 설정된 포트는 Auto 칼럼 우측에 있는 Output 칼럼에 표시됩니다.

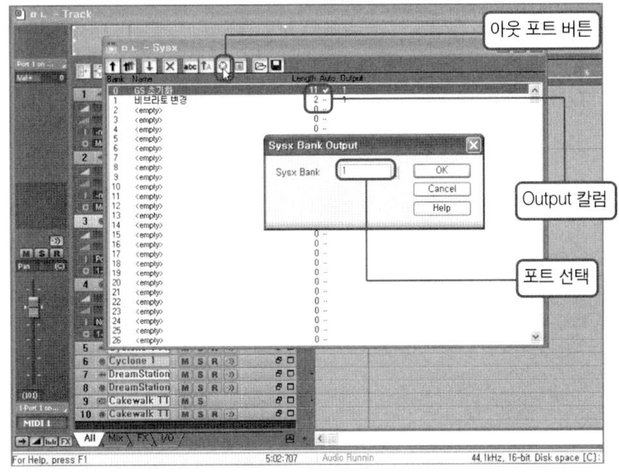

여기서 Sysx Bank 항목에서 설정되는 포트는 실제 독자가 사용하고 있는 포트 번호를 말하는 것이 아니라 MIDI Devices의 Output에서 선택한 순서라는 것을 주의하기 바랍니다.

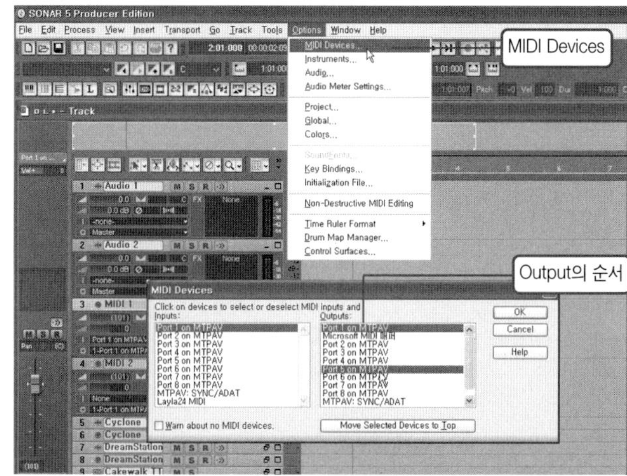

7. 편집 버튼 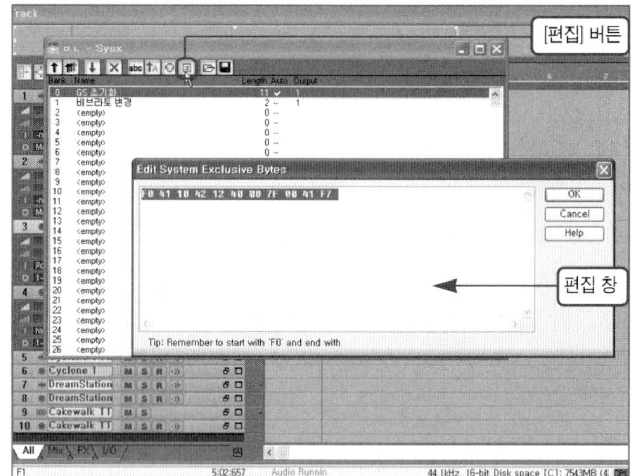

[편집] 버튼은 뱅크 항목을 더블 클릭 했을 때 열리는 익스클루시브 편집 창을 열어줍니다. 비어 있는 뱅크에서는 새로운 데이터를 입력할 수 있고, 정보가 있는 뱅크에서는 정보를 수정할 수 있습니다.

8. 열기 / 저장 버튼 

시스템 익스클루시브 도구의 마지막인 열기와 [저장] 버튼은 선택한 정보를 저장하고, 열 수 있는 기능입니다. 정보를 선택하고, 열기를 실행할 경우 정보를 수신할 때와 동일하게 선택된 정보에 추가할 것인지, 바꿀 것인지를 묻습니다.

4 시스템 익스클루시브 정리

앞에서 GS초기화의 시스템 익스클루시브의 형식과 입력 방법, 체크 섬을 구하는 방법, 익스클루시브 윈도우의 도구 사용법 등을 자세하게 살펴보았습니다. 여기서는 미디 작업을 하는 분들이 거의 습관처럼 사용하고 있는 익스클루시브 정보를 SC-88 기준으로 살펴보겠습니다. 이것을 참조하여 독자가 사용하고 있는 악기의 익스클루시브 정보를 마음껏 다룰 수 있기를 바랍니다.

• GS 초기화

앞의 익스클루시브 형식과 입력에서 살펴보았던 GS 초기화 정보입니다.

Status	Data byte									Status
F0	41	10	42	12	40	00	7F	00	41	F7

• 마스터 튠 초기화

악기 전체의 음정을 세계 표준(A음이 440Hz)이 되도록 설정하는 정보입니다.

Status	Data byte											Status
F0	41	10	42	12	40	00	00	00	04	00	00	3C	F7

• 마스터 볼륨

악기 전체의 음량을 0-127(00-7F)까지 조정하는 정보로 기본 값은 7F입니다.

Status	Data byte							음량	체크섬	Status
F0	41	10	42	12	40	00	04	음량	체크섬	F7

• 마스터 키

악기 전체의 키를 -24(28)에서 +24(58)까지 반음 단위로 조정하는 정보로 기본 값은 40입니다.

Status	Data byte							키	체크섬	Status
F0	41	10	42	12	40	00	05	키	체크섬	F7

• 마스터 팬

악기 전체의 소리 방향을 왼쪽(01)에서 오른쪽 (7F)까지 조정하는 정보로 기본 값은 중앙인 40입니다.

Status	Data byte							팬	체크섬	Status
F0	41	10	42	12	40	00	06	팬	체크섬	F7

• 리버브 종류

SC-88에 내장된 8가지(00-07)리버브의 종류를 선택할 수 있는 정보입니다.

Status	Data byte							종류	체크섬	Status
F0	41	10	42	12	40	01	30	종류	체크섬	F7

리버브의 종류와 체크 섬 값은 다음과 같습니다.

종류	값	체크 섬
Room1	00	0F
Room2	01	0E
Room3	02	0D
Hall1	03	0C
Hall2(기본 값)	04	0B
Plate	05	0A
Delay	06	09
Paning Delay	07	08

• 리버브 타입

SC-88에서 제공되는 8가지(00-07) 리버브 타입(기본 값=04)을 선택할 수 있는 정보입니다.

Status	Data byte									Status
F0	41	10	42	12	40	01	31	타입	체크섬	F7

• 리버브 로우패스 필터

리버브의 고역대를 잘라내는 8가지 (00-07) 필터(기본 값=00)를 선택할 수 있는 정보입니다.

Status	Data byte									Status
F0	41	10	42	12	40	01	32	필터	체크섬	F7

• 리버브 레벨

리버브의 레벨을 0-127(00-7F)까지 조정할 수 있는 정보로 기본 값은 64(40)입니다.

Status	Data byte									Status
F0	41	10	42	12	40	01	33	레벨	체크섬	F7

• 리버브 타임

리버브 타임을 0-127(00-7F)까지 조정할 수 있는 정보로 기본 값은 64(40)입니다.

Status	Data byte									Status
F0	41	10	42	12	40	01	34	타임	체크섬	F7

• 리버브 딜레이 피드백

리버브의 반복 양을 0-127(00-7F)까지 조정할 수 있는 정보로 기본 값은 0입니다.

Status	Data byte									Status
F0	41	10	42	12	40	01	35	피드백	체크섬	F7

• 리버브 딜레이 타임

리버브의 반복 타임을 0-127(00-7F)까지 조정할 수 있는 정보로 기본 값은 0입니다.

Status	Data byte									Status
F0	41	10	42	12	40	01	37	타임	체크섬	F7

• 코러스의 종류

SC-88에 내장된 8가지(00-07) 코러스의 종류를 선택할 수 있는 정보입니다.

Status	Data byte									Status
F0	41	10	42	12	40	01	38	종류	체크섬	F7

코러스의 종류와 체크 섬 값은 다음과 같습니다.

종류	값	체크 섬
Chorus1	00	07
Chorus2	01	06
Chorus3(기본 값)	02	05
Chorus4	03	04
Feedback Chorus	04	03
Flanger	05	02
Short Delay	06	01
Short Delay(FB)	07	00

• 코러스 로우패스 필터

코러스의 고역 대를 잘라내는 8가지 (00-07) 필터를 선택할 수 있는 정보로 기본 값은 0입니다.

Status	Data byte									Status
F0	41	10	42	12	40	01	39	필터	체크섬	F7

• 코러스 레벨

코러스의 레벨을 0-127(00-7F)까지 조정할 수 있는 정보로 기본 값은 64(40)입니다.

Status	Data byte									Status
F0	41	10	42	12	40	01	3A	레벨	체크섬	F7

- **코러스 피드백**

코러스의 반복 양을 0-127(00-7F)까지 조정할 수 있는 정보로 기본 값은 8(08)입니다.

Status	Data byte									Status
F0	41	10	42	12	40	01	3B	피드백	체크섬	F7

- **코러스 딜레이**

코러스의 지연 값을 0-127(00-7F)까지 조정할 수 있는 정보로 기본 값은 80(50)입니다.

Status	Data byte									Status
F0	41	10	42	12	40	01	3C	딜레이	체크섬	F7

- **코러스 비율**

코러스의 비율을 0-127(00-7F)까지 조정할 수 있는 정보로 기본 값은 3(03)입니다.

Status	Data byte									Status
F0	41	10	42	12	40	01	3D	비율	체크섬	F7

- **코러스의 깊이**

코러스의 깊이를 0-127(00-7F)까지 조정할 수 있는 정보로 기본 값은 19(13)입니다.

Status	Data byte									Status
F0	41	10	42	12	40	01	3E	깊이	체크섬	F7

- **리버브에 보내지는 코러스의 레벨**

리버브 값에 보내지는 코러스의 레벨을 0-127(00-7F)까지 조정할 수 있는 정보로 기본 값은 0입니다.

Status	Data byte									Status
F0	41	10	42	12	40	01	3F	레벨	체크섬	F7

- **딜레이에 보내지는 코러스의 레벨**

딜레이 값에 보내지는 코러스의 레벨을 0-127(00-7F)까지 조정할 수 있는 정보로 기본 값은 0입니다.

Status	Data byte									Status
F0	41	10	42	12	40	01	40	레벨	체크섬	F7

- **딜레이의 종류**

SC-88에 내장된 10가지 (00-09) 딜레이 종류를 선택할 수 있는 정보입니다.

Status	Data byte									Status
F0	41	10	42	12	40	01	50	종류	체크섬	F7

딜레이의 종류와 체크 섬 값은 다음과 같습니다.

종류	값	체크 섬
Delay1(기본 값)	00	6F
Delay2	01	6E
Delay3	02	6D
Delay4	03	6C
Pan Delay1	04	6B
Pan Delay2	05	6A
Pan Delay3	06	69
Pan Delay4	07	68
Dly to Rev	08	67
Pan Repeat	09	66

- 딜레이 로우패스 필터

딜레이의 고역대를 잘라내는 8가지(00-07) 필터를 선택할 수 있는 정보로 기본 값은 0입니다.

Status	Data byte									Status
F0	41	10	42	12	40	01	51	필터	체크섬	F7

- 딜레이 타임 - 중앙

딜레이의 중앙 타임 값을 01(0.1ms)에서 73(1sec)까지 조정할 수 있는 정보로 기본 값은 61(340ms)입니다.

Status	Data byte									Status
F0	41	10	42	12	40	01	52	타임	체크섬	F7

- 딜레이 타임 비율 -왼쪽

딜레이 왼쪽 타임 비율 값을 4%-500%(01-78)까지 조정할 수 있는 정보로 기본 값은 4%입니다.

Status	Data byte									Status
F0	41	10	42	12	40	01	53	비율	체크섬	F7

- 딜레이 타임 비율-오른쪽

딜레이 오른쪽 타임 비율 값을 4%-500%(01-78)까지 조정할 수 있는 정보로 기본 값은 4%입니다.

Status	Data byte									Status
F0	41	10	42	12	40	01	54	비율	체크섬	F7

- 딜레이 중앙 레벨

딜레이의 중앙 레벨 값을 0-127(00-7F)까지 조정할 수 있는 정보로 기본 값은 0입니다.

Status	Data byte									Status
F0	41	10	42	12	40	01	55	레벨	체크섬	F7

- 딜레이 왼쪽 레벨

딜레이의 왼쪽 레벨 값을 0-127(00-7F)까지 조정할 수 있는 정보로 기본 값은 0입니다.

Status	Data byte									Status
F0	41	10	42	12	40	01	56	레벨	체크섬	F7

- 딜레이 오른쪽 레벨

딜레이의 오른쪽 레벨 값을 0-127(00-7F)까지 조정할 수 있는 정보로 기본 값은 0입니다.

Status	Data byte									Status
F0	41	10	42	12	40	01	57	레벨	체크섬	F7

- 딜레이 레벨

딜레이의 레벨 값을 0-127(00-7F)까지 조정하는 정보로 기본 값은 64(40)입니다.

Status	Data byte									Status
F0	41	10	42	12	40	01	58	레벨	체크섬	F7

- 딜레이 피드백

딜레이의 반복 양을 -64(00)에서 +63(7F)까지 조정할 수 있는 정보로 기본 값은 80(50)입니다.

Status	Data byte									Status
F0	41	10	42	12	40	01	59	피드백	체크섬	F7

- 리버브에 보내지는 딜레이 레벨

리버브에 보내지는 딜레이 레벨을 0-127(00-7F)까지 조정할 수 있는 정보로 기본 값은 0입니다.

Status	Data byte									Status
F0	41	10	42	12	40	01	5A	레벨	체크섬	F7

- 이퀄라이저 저역 주파수 선택

다음의 EQ 저역 주파수로 조정되는 저역 주파수를 200Hz(00) 또는 400Hz(01) 중에서 선택하는 정보로 기본 값은 200(Hz)입니다.

Status	Data byte									Status
F0	41	10	42	12	40	02	00	00/01	3E/3D	F7

• 이퀄라이저 저역 주파수 조정

앞에서 선택한 저역 주파수 대역을 -12dB(34)에서 +12dB(4C)까지 조정할 수 있는 정보로 기본 값은 0dB(40)입니다.

Status	Data byte									Status
F0	41	10	42	12	40	02	01	조정	체크섬	F7

• 이퀄라이저 고역 주파수 선택

다음의 EQ 고역 주파수로 조정되는 고역 주파수를 3KHz(00) 또는 6KHz(01) 중에서 선택하는 정보로 기본 값은 3KHz(00)입니다.

Status	Data byte									Status
F0	41	10	42	12	40	02	02	00/01	3C/3B	F7

• 이퀄라이저 고역 주파수 조정

앞에서 선택한 고역 주파수 대역을 -12dB(34)에서 +12dB(4C)까지 조정할 수 있는 정보로 기본 값은 0dB(40)입니다.

Status	Data byte									Status
F0	41	10	42	12	40	02	03	조정	체크섬	F7

• 드럼 채널 확장

10채널 이외에 독자가 원하는 채널을 드럼 파트로 설정할 수 있는 정보입니다.

Status	Data byte									Status
F0	41	10	42	12	40	채널	15	MAP	체크섬	F7

다음은 MAP을 02로 입력하여 88MAP으로 사용되는 경우입니다.

참고로 01=55Map. 00=Default입니다.

채널	Ch-1	Ch-2	Ch-3	Ch-4	Ch-5	Ch-6	Ch-7	Ch-8
값	11	12	13	14	15	16	17	18
체크섬	18	17	16	15	14	13	12	11
채널	Ch-9	Ch-10	Ch-11	Ch-12	Ch-13	Ch-14	Ch-15	Ch-16
값	19	-	1A	1B	1C	1D	1E	1F
체크섬	10	-	0F	0E	0D	0C	0B	0A

SONAR 7

PART **6**

소프트 음원

소프트 음원 사용하기

소프트 음원은 실제 악기보다 못하다는 선입견을 가지고 있는 분들이 많습니다. 그러나 최근에 히트되고 있는 팝이나 가요 음반에서 소프트 음원을 사용하고 있는 곡들이 많을 만큼 음질 면에서는 이미 입증된 상태이며, 사용의 편리성과 비용 절감 효과는 두말할 필요가 없습니다. 굳이 라이브 연주가 필요 없는 독자라면 소프트 음원에 관심을 가지고 공부할 것을 적극 추천합니다.

1 소프트 음원 열기

소나 7에서 소프트 음원을 사용하는 방법에는 Insert 메뉴를 이용하는 것과 오디오 트랙의 FX 패널을 이용하는 방법, 그리고 Synth Rack을 이용하는 방법 등이 있습니다. 일반적으로 Insert 메뉴를 이용하며, Synth Rack은 사용중인 소프트 음원을 관리하는 목적으로 사용합니다. 소프트 음원의 사용 방법을 간단하게 살펴보겠습니다. 사용자가 별도로 설치한 음원도 사용 방법은 동일합니다.

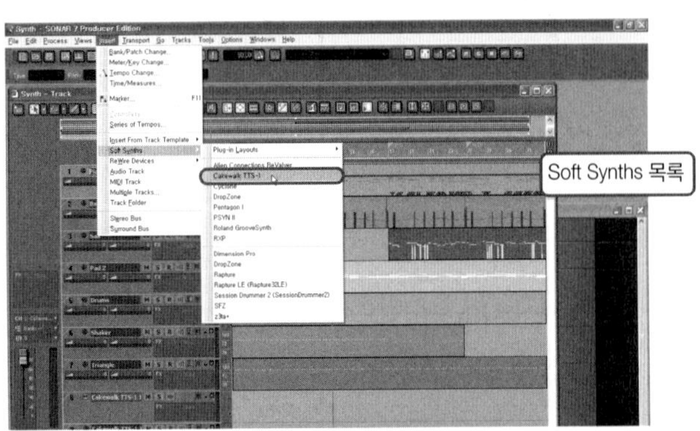

01 부록 CD의 Synth 샘플 파일을 엽니다. Insert 메뉴의 [Soft Synths]를 보면, 소나 7에서 제공하는 소프트 신디와 사용자가 설치한 악기 목록을 볼 수 있습니다. GM 음원의 [Cakewalk TTS-1]를 선택합니다.

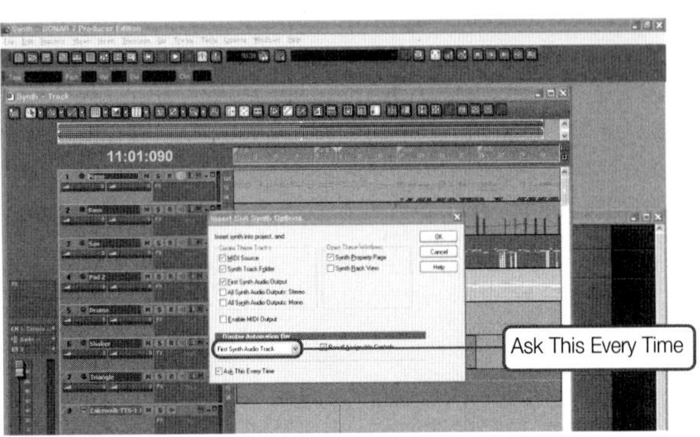

02 Insert Soft Synth Options 창이 열립니다. MIDI Source, Synth Track Folder, first Synth Audio output, Synth Property Page 옵션이 선택되어 있는 기본 값을 그대로 두고 [OK] 버튼을 클릭합니다. Ask This Every Time 체크 옵션을 해제하면 다음부터 이 창은 열리지 않습니다.

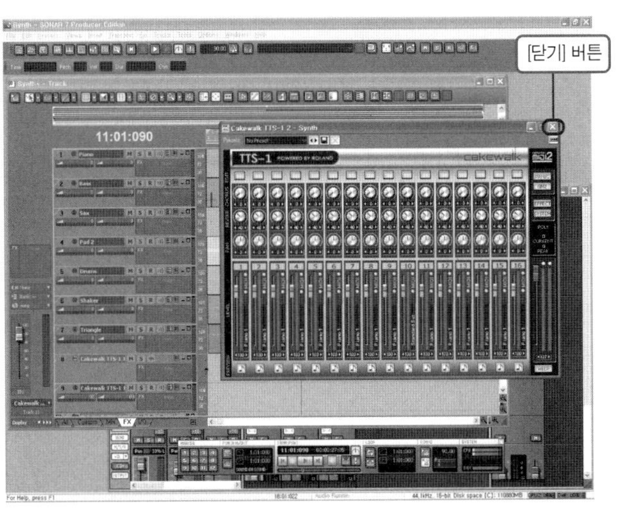

03 옵션 창에서 Synth Property Page가 체크되어 있었기 때문에 Cakewalk TTS-1 패널이 열립니다. 자세한 것은 해당 학습 편에서 살펴보기로 하고 [닫기] 버튼을 클릭하여 닫습니다.

04 트랙 리스트 가장 아래쪽에 보면 폴더 트랙(Synth Track Folder), 미디 트랙(MIDI Source), 오디오 트랙(first Synth Audio output)이 추가된 것을 확인할 수 있습니다. 그리고 미디 트랙의 아웃 항목을 열어보면 Cakewalk TTS-1 목록이 추가된 것을 확인할 수 있습니다.

05 1번 Piano 트랙의 아웃 포트를 Cakewalk TTS-1로 선택하고 채널, 뱅크, 패치를 선택합니다. 채널은 1번, 뱅크는 1548 Preset, 패치는 Piano 1입니다. 즉, 1번 채널의 데이터를 Cakewalk TTS-1의 피아노 음색으로 연주하겠다는 의미입니다.

06 사실 데이터를 입력해놓은 상태라면 미디 트랙을 만들 필요는 없습니다. 오디오 트랙을 만들고, FX 패널에 소프트 음원을 장착하여 사용하는 방법을 살펴보겠습니다. 트랙 리스트에서 마우스 오른쪽 버튼을 클릭하여 메뉴를 열고 [Insert Audio Track]을 선택합니다.

07 추가한 오디오 트랙의 FX 패널에서 마우스 오른쪽 버튼을 클릭하여 단축 메뉴를 열고 Soft synths 폴더를 보면 Insert 메뉴에서와 동일한 소프트 음원 목록을 볼 수 있습니다. 이번에는 [Roland Groove Synth]를 선택합니다.

08 Roland Groove Synth 패널이 열립니다. 자세한 것은 해당 학습 편에서 살펴보기로 하고 [닫기] 버튼을 클릭하여 닫습니다. 그리고 미디 트랙의 아웃 항목을 보면, Roland Groove Synth 1 목록이 추가된 것을 확인할 수 있습니다.

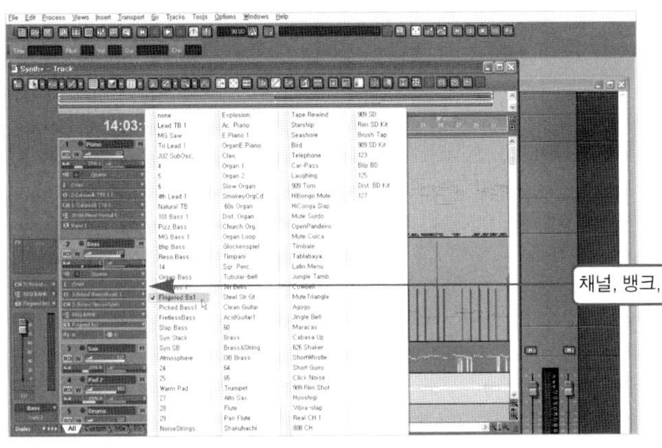

09 2번 Bass 트랙은 아웃 포트를 Roland Groove Synth 1으로 선택하고 채널, 뱅크, 패치를 선택합니다. 채널은 2번, 뱅크는 8192-Bank, 패치는 Fingered Ba1 입니다. 즉, 2번 채널의 데이터는 Roland Groove Synth 1의 Fingered Ba1 음색으로 연주하겠다는 의미입니다.

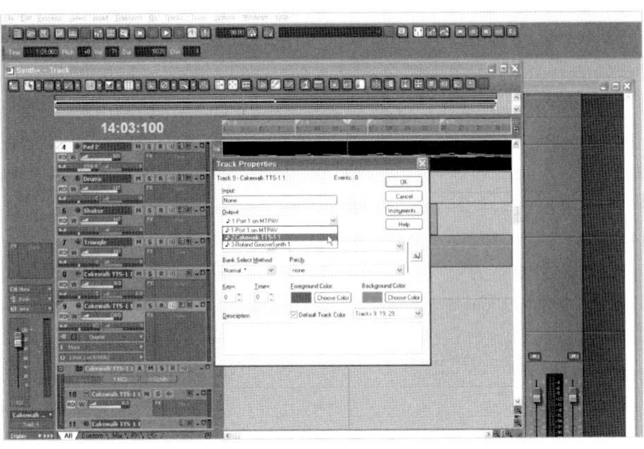

10 Insert 메뉴 또는 FX 패널을 이용해서 앞에서와 같은 과정으로 악기를 추가하고, 각각의 트랙을 원하는 악기로 연주시킬 수 있습니다. 같은 악기가 2대 이상 장착되면 아웃 포트 목록에 1, 2 순서로 표시됩니다. 나머지 트랙은 Cakewalk TTS-1 음색으로 설정하고 곡을 연주해보면서 소프트 음원의 위력을 느껴보기 바랍니다.

2 신디 랙 살펴보기

TV이나 잡지에서 녹음실의 전경을 본 적이 있는 독자라면 칸칸이 쌓여있는 장비들을 본적이 있을 것입니다. 녹음실의 장비 들은 안전 관리와 디스플레이를 겸하여 목재 틀에 장착을 해놓습니다. 이러한 목재 틀을 랙 이라고 하는데, 소나 7의 Synth Rack은 녹음실의 랙을 시뮬레이션하고 있는 것입니다.

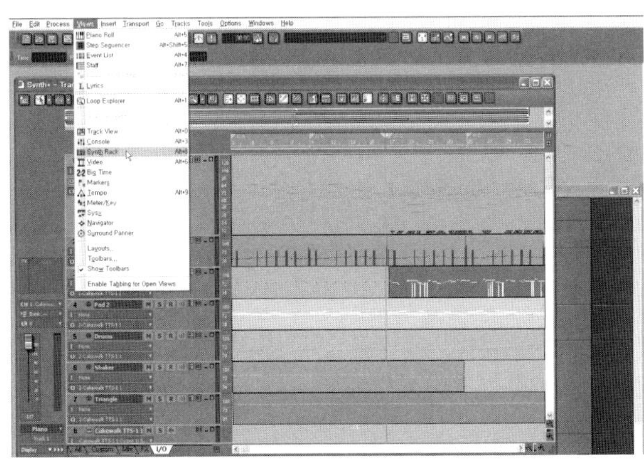

01 소프트 음원을 장착하거나 관리하는 역할의 신디 랙은 도구 모음 줄의 [Synth Rack] 버튼을 클릭하거나 View 메뉴의 [Synth Rack]을 선택하여 열 수 있습니다. 단축키는 Alt + O 키입니다.

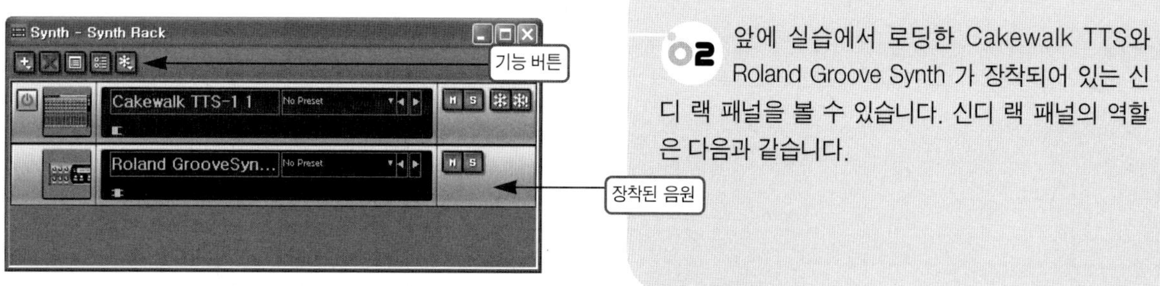

앞에 실습에서 로딩한 Cakewalk TTS와 Roland Groove Synth 가 장착되어 있는 신디 랙 패널을 볼 수 있습니다. 신디 랙 패널의 역할은 다음과 같습니다.

1. Insert 버튼

[Insert] 버튼은 앞의 실습에서 살펴보았듯이 소나 7에서 제공하는 음원을 장착합니다.

2. Delete 버튼

선택한 음원을 랙에서 제거합니다.

3. Properties 버튼

선택한 악기의 패널을 엽니다. 그림은Cakewalk TTS-1 를 열어본 것입니다. 랙에 장착된 악기의 그림을 더블 클릭해도 됩니다.

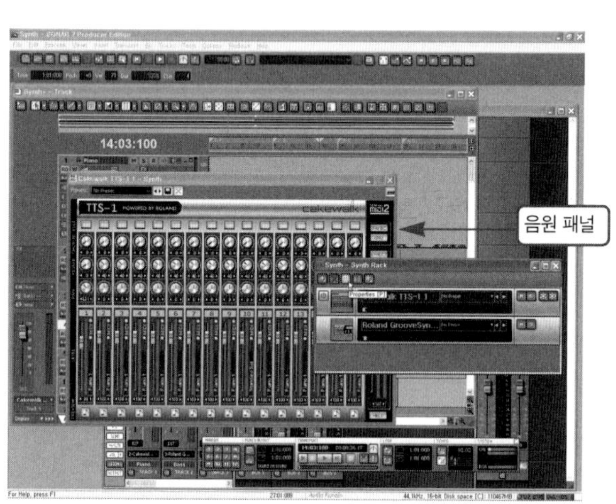

4. Option 버튼

선택한 음원의 옵션을 설정할 수 있는 Insert Soft Synth Options 창을 열어줍니다. Ask This Every Time 옵션을 체크하면 음원을 창착할 때, 창이 자동으로 열립니다.

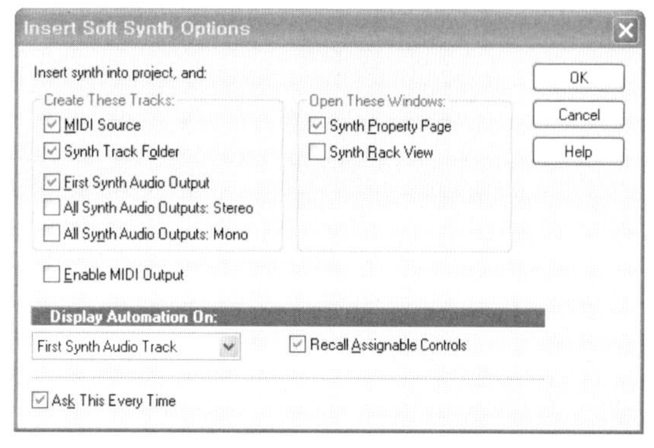

❶ Create These Tracks

Midi Source : 음원을 컨트롤할 수 있는 미디 트랙을 만듭니다.

Synth Track Folder : 소프트 음원의 미디 트랙과 오디오 트랙을 담고 있는 폴더 트랙을 만듭니다.

First Synth Audio Output : 첫 번째 오디오 아웃 포트로 설정된 오디오 트랙을 만듭니다.

All Synth audio Output : 컴퓨터에 장착된 오디오 포트 수에 해당하는 트랙을 개별적으로 만들어 줍니다. 각각 Stereo와 mono로 선택할 수 있습니다.

❷ Open These Windows

Synth Property Page : 음원의 패널을 열어줍니다.

Synth Rack View : 신디 랙을 열어줍니다. 이것은 Insert 메뉴의 Soft Synth 를 이용해서 음원을 추가할 때, 랙이 열리도록 하는 것이고 이미 랙을 열어놓은 경우에는 해당 사항이 없습니다.

5. ❄ Freege 버튼

VST 사용으로 인해 낭비될 수 있는 시스템 자원을 확보하는 역할의 [Freeze] 버튼에는 Freeze Synth, Unfreeze Synth, Quick Unfreeze Synth, Freeze Options의 4가지 메뉴가 있습니다.

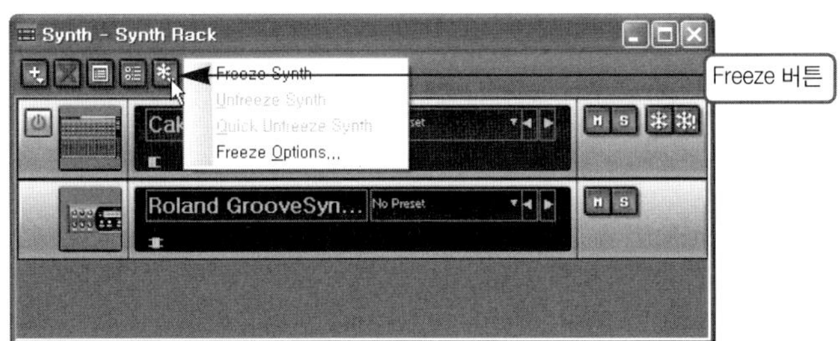

1. Freeze Synth

해당 음원이 사용되고, 있는 미디 트랙의 클립을 오디오로 바꿔줍니다.

2. Unfreeze Synth

프리즘된 오디오 트랙을 삭제하고 프리즘 되기 전의 상태로 되돌아갑니다.

3. Quick Unfreeze Synth

프리즘된 오디오 트랙을 감추고, 프리즘 되기 전의 상태로 되돌아갑니다. Freeze Synth메뉴가 Quick Freeze Synthfh 바뀌어 빠르게 복구 할 수 있습니다.

4. Freeze Options

Freeze synth의 적용 방법을 설정할 수 있는 창을 열어줍니다.

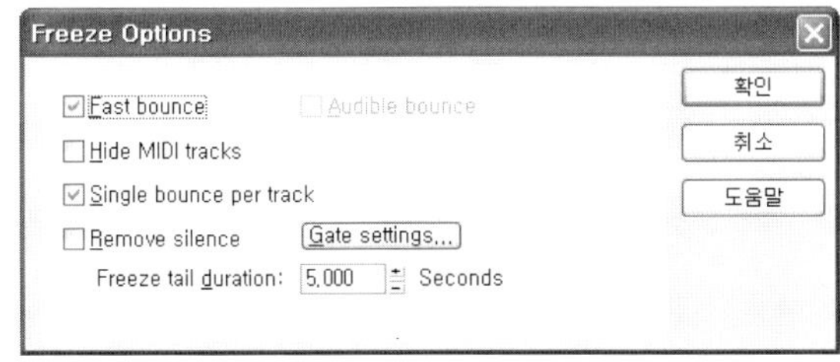

❶ Fast bounce

시스템이 허락하는 한도 내에서 최고의 속도로 오디오 클립을 만듭니다. 연주가 지연되는 현상이 있다면, 옵션을 해제합니다.

❷ Hide MIDI tracks

Freeze synth 적용 후 미디 트랙을 감추어 줍니다.

❸ Single bounce per track

Freeze synth를 하나의 오디오 트랙으로 적용합니다. 개별적으로 사용하고 싶다면, 옵션을 해제합니다.

❹ Remove silence

미디 이벤트가 없는 부분을 공백으로 처리합니다. [Gate settings] 버튼을 클릭하면 레벨 값을 설정할 수 있는 창이 열립니다. 창은 Process 메뉴의 Remove silence 프로세서와 동일합니다.

❺ Freeze tail duration

FX 패널에 리버브, 딜레이와 같이 잔향으로 처리되는 이펙트가 사용된 경우, 잔향 처리 범위를 초 단위로 설정합니다.

6. 전원 버튼

악기에 [전원] 버튼이 있는 것들은 음원의 사용을
On/Off 합니다. [전원] 버튼이 없는 것은 FX 패널에 로
딩한 것으로 FX 패널에서 On/Off 합니다.

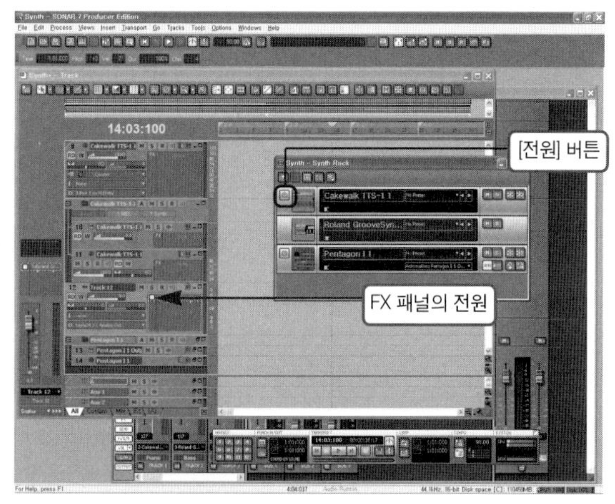

7. 이름과 프리셋

각 음원의 이름은 마우스 더블 클릭으로 변경하고 수
있고, Preset 항목은 사용자가 만든 음색을 선택할 수
있는 리스트가 열립니다.

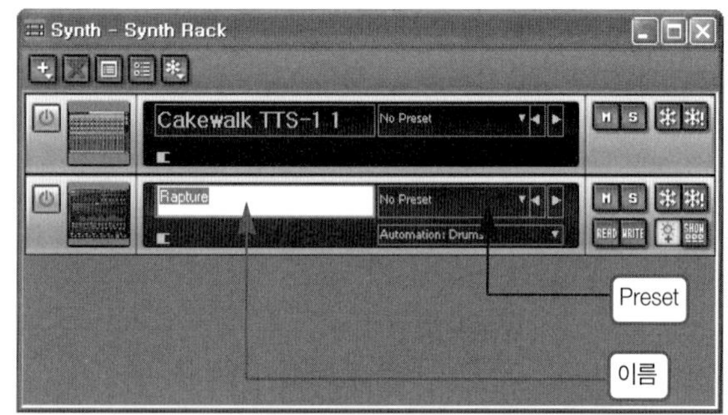

8. Mute / Solo 버튼

각 음원이 사용되고 있는 트랙을 뮤트하거나, 솔로로
연주할 수 있는 버튼입니다.

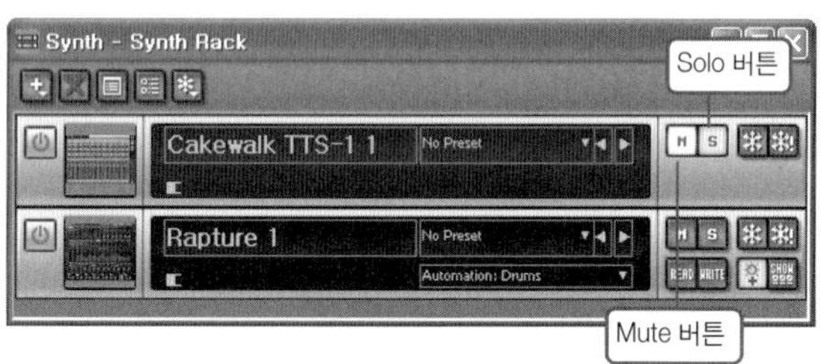

9. Freeze / Thaw 버튼

Freeze는 도구의 Freeze 버튼과 동일한 역할을 합니
다. 더 이상 소프트 음원을 편집할 이유가 없다면 버튼
을 클릭하여 시스템을 확보할 수 있고, 필요하다면
[Freeze] 버튼을 Off로 하거나 오른쪽의 [Thaw] 버튼을
클릭하여 편집할 수 있습니다.

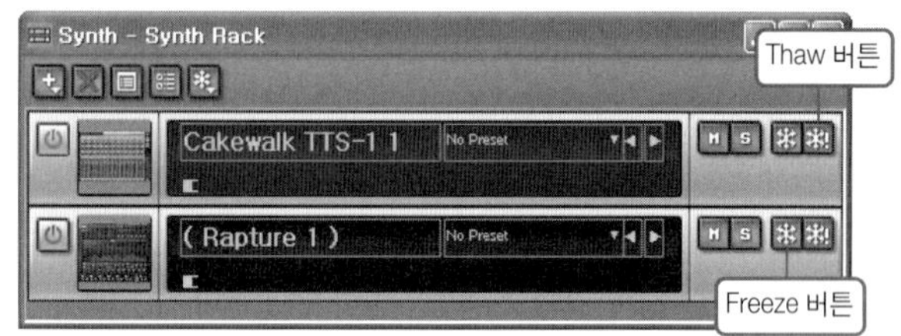

10. Automation

오토메이션을 지원하는 악기의 경우에는 악기의 각
종 파라미터의 움직임을 기록할 수 있는 [Write] 버튼
과 기록한 오토메이션을 재생하는 [Read] 버튼을 제
공합니다. 오토메이션을 기록할 트랙은 목록에서 선
택합니다.

11. Assign Controls 버튼

[Assign Controls] 버튼은 신디 랙에서 컨트롤 하고 싶
은 파라미터를 등록하는 역할을 하며, 오른쪽의
[Show/Hide] 버튼은 컨트롤 패널을 열거나 닫습니다.

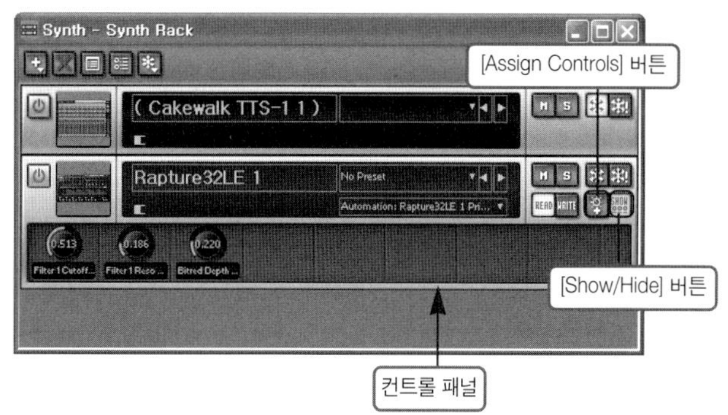

컨트롤 패널에 등록하는 과정은 먼저 [Assign
controls] 버튼을 클릭하여 패널을 열고 조정하고 싶
은 파라미터를 선택합니다. 그리고 [Assign controls]
버튼을 다시 클릭하면 연결할 것인지를 묻는 창이 열
립니다. 여기서 [예] 버튼을 클릭합니다.

소나 7에서 제공하는 소프트 음원

소나 7은 다른 컴퓨터 음악 프로그램과는 다르게 매우 다양한 소프트 음원을 기본적으로 제공하고 있습니다. 그리고 무료로 제공되는 것이라고 믿기에 어려울 만큼 뛰어난 음질을 가지고 있는 것들도 많습니다. 현재 쏟아지고 있는 수 많은 VST Instruments도 사용 방법은 비슷하므로 소나 7에서 제공하는 음원들만 마스터 한다면 그 어떤 VST Instruments도 쉽게 다룰 수 있게 될 것입니다.

1 CAKEWALK TTS-1

Cakewalk TTS-1은 256개의 음색과 9개의 드럼 세트를 가지고 있는 GM2 모드의 소프트 음원입니다. 32bit/96khz의 샘플 포맷과 128개의 동시 발음 수를 지원하고 있기 때문에 전문 오디오 카드가 없어도 높은 퀄리티를 가진 사운드를 만들 수 있습니다. 그 밖에 자체 채널 믹서와 음색 편집 기능 등을 가지고 있는 Cakewalk TTS-1은 실제 하드웨어 악기를 소유하고 있는듯한 만족감을 느낄 수 있습니다.

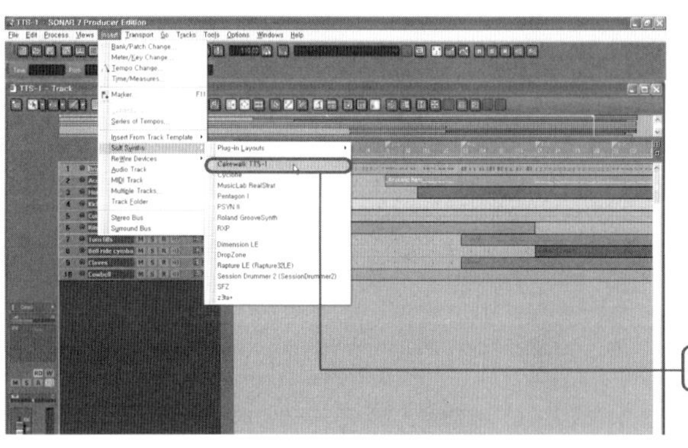

01 부록 CD의 TTS-1 샘플 파일을 불러옵니다. Insert 메뉴의 Soft Synths에서 [Cakewalk TTS-1]을 선택합니다.

02 Insert Soft Synth Options 창이 열립니다. All Synth Audio Output: stereo 옵션과 Synth Property Page 옵션을 체크하고 [OK] 버튼을 클릭합니다. 나머지는 옵션은 기본 값을 그대로 사용하겠습니다.

03 선택한 옵션대로 4개의 TTS-1 트랙과 미디 트랙을 담고 있는 폴더 트랙이 만들어지고, TTS-1 패널이 열립니다. TTS-1 트랙인 11번부터 14번까지의 트랙 이름을 드럼, 베이스, 피아노, 브라스로 변경합니다.

04 1번 트랙의 번호를 클릭하고 Shift 키를 누른 상태에서 10번 트랙의 번호를 클릭하여 10개의 트랙을 모두 선택합니다.

05 Track 메뉴의 Property에서 [Outputs]를 선택하여 창을 열고, MIDI Outputs 목록에서 [Cakewalk TTS-1]을 선택합니다. 앞에서 선택한 10개의 트랙 Out을 TTS-1으로 변경하는 것입니다.

06 Space bar 키를 눌러 곡을 연주해보면 TTS-1 의 1번 아웃 포트에 해당하는 11번 트랙으로 만 연주되는 것을 확인할 수 있습니다. 4개의 포트 를 모두 사용하기 위해서 TTS-1의 [System] 버튼을 클릭하여 System Settings 창을 엽니다.

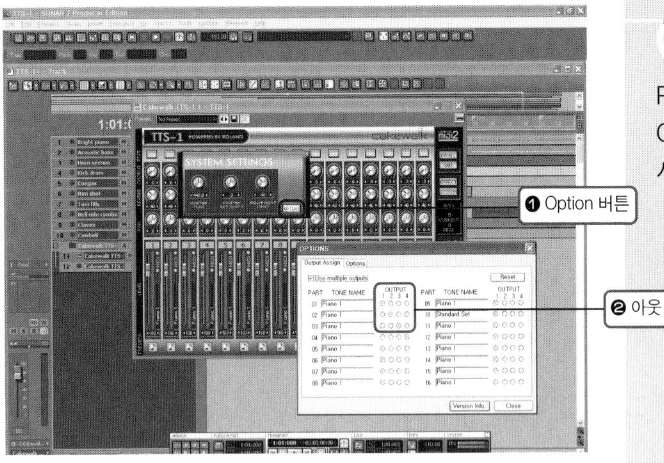

07 System Settings 창에서 [Option] 버튼을 클 릭하여 Output Assign 페이지를 엽니다. Part2는 Output2, Part3는 Output3, Part4는 Outputs4로 연결합니다. Part 10은 Output1번을 사용합니다.

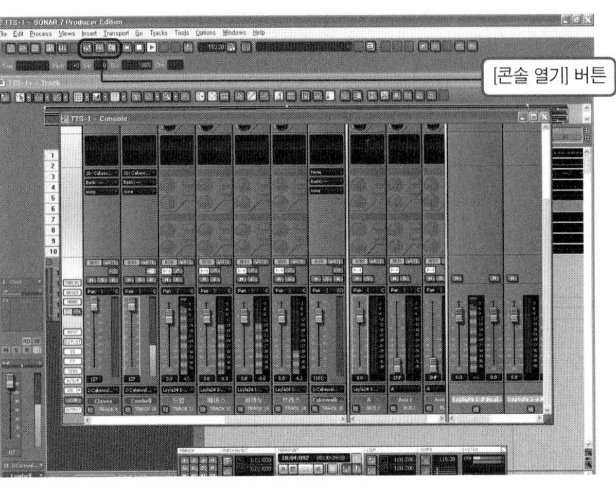

08 도구 모음 줄에서 [콘솔 열기] 버튼을 클릭하 여 콘솔 창을 엽니다. Space bar 키를 눌러 곡 을 연주해보면 악기 파트 별로 그룹이 형성되어 편 리한 믹싱 작업을 할 수 있다는 것을 알 수 있습니 다. 볼륨을 조정해보면서 4개의 아웃 포트를 사용할 때의 편리함을 느껴보기 바랍니다.

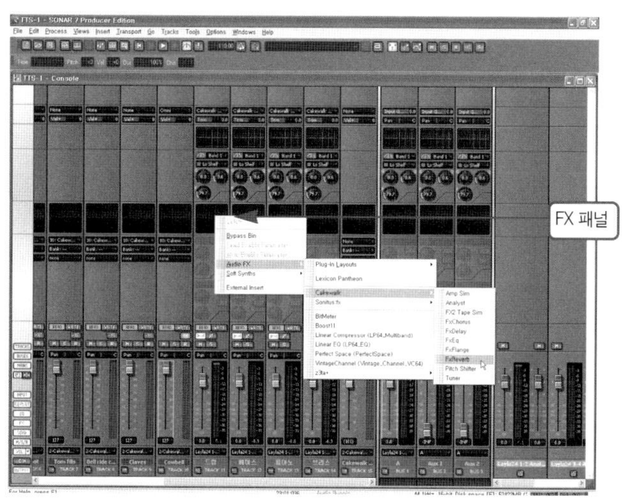

09 자세한 것은 이펙트 학습 편에서 살펴보기로 하고 그룹별로 간단한 이펙트를 적용해 보겠습니다. 드럼 채널의 FX 패널에서 마우스 오른쪽 버튼을 클릭하여 단축 메뉴를 열고, Audio FX의 Cakewalk에서 [FXReverb]를 선택합니다.

10 FXReverb 패널의 Presets에서 Drum Room - Small, Warm을 선택합니다. 같은 방법으로 피아노 트랙에도 리버브를 적용해보고, 브라스 트랙에는 Big Stereo spread 프리셋의 코러스 (FXChorus)를 적용해봅니다.

11 Space bar 키를 눌러 곡을 연주해보면 오디오 트랙에서 사용할 수 있는 이펙트를 VST Instruments 트랙에서 동일하게 취급할 수 있다는 것을 알 수 있습니다. 즉, VST Instruments는 믹스 다운을 위해서 오디오로 다시 녹음할 필요가 없습니다.

Cakewalk TTS-1

별도의 GM 모드 악기를 구입할 필요가 없을 정도로 막강한 퀄리티를 가지고 있는 Cakewalk사의 TTS-1 기능을 세부적으로 살펴보겠습니다.

❶ 음색 선택

음원은 미디 트랙의 아웃 포트, 뱅크, 패치 항목에서 실제 하드웨어 음원을 사용하듯 선택합니다. 선택한 음원은 Cakewalk TTS-1 패널의 볼륨 페이더 아래쪽에 있는 [음표] 버튼을 클릭하여 모니터 할 수 있습니다.

❷ 파라미터

Cakewalk TTS-1 패널에는 콘솔을 사용하듯 각 채널 마다 코러스, 리버브, 팬, 볼륨을 조정할 수 있는 노브와 볼륨 슬라이더 등의 파라미터가 있습니다. 이것은 실제 미디 정보를 조정하는 것입니다.

❸ 파라미터 변경

각 채널의 노브와 볼륨 슬라이더는 독자가 원하는 미디 정보로 바꾸어 사용할 수 있습니다. 변경하고자 하는 파라미터에서 마우스 오른쪽 버튼을 클릭하면 컨트롤 정보를 변경할 수 있는 창이 열립니다.

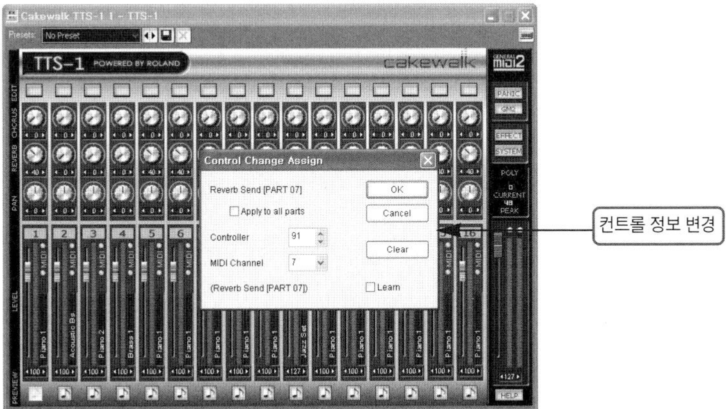

❹ 음색 편집

각 채널 상단의 [Edit] 버튼을 클릭하면, 음색을 조정할 수 있는 편집 창이 열립니다. 편집 창의 [PART] 버튼을 클릭하면 채널 마다 개별적으로 [Edit] 버튼을 클릭하지 않아도 원하는 채널에 등록된 음색을 편집할 수 있습니다. 계속해서 편집창의 구성요소를 살펴보겠습니다.

❺ 그룹 표시

편집 창의 PART 아래쪽에는 선택한 음색의 그룹을 기본 음색의 GM2 Normal, GM2 RHYTHM과 사용자 음색 USER NORMAL, USER RHYTHM으로 표시합니다. 편집할 음색은 이름 표시 부분을 클릭하여 변경할 수 있습니다. 편집되는 음색은 [PREVIEW] 버튼을 누르고 있으면 모니터 됩니다.

❻ Filter / Character / Tone

음색 정보 아래쪽에는 Filter, Character, Tone의 3가지 항목이 있습니다. Cutoff는 사운드의 밝기를 조정하고 Resonance는 배음 사운드의 크기를 조정합니다. Character는 사운드의 색깔을 조정하며, Tone 항목은 Bass(400Hz), Mid(1KHz), Treble(4KHz)로 EQ를 조정합니다. Tone은 [On/Off] 버튼으로 적용여부를 결정합니다.

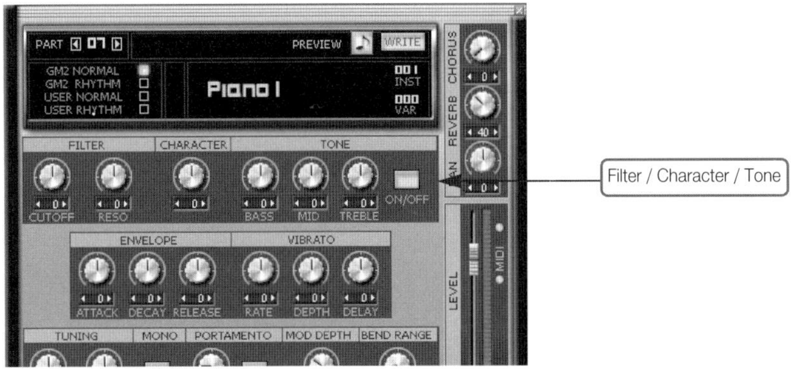

❼ Envelope / Vibrato

Filter 파라미터 아래쪽에는 사운드의 엔벨로프 값을 조정할 수 있는 Envelope와 비브라토를 조정할 수 있는 Vibrato 항목이 있습니다. 엔벨로프는 Attack(발생), Decay(기준), Release(소멸)의 3단계로 사운드 레벨 변화를 조정할 수 있고, 비브라토는 Rate(비율), Depth(깊이), Delay(지연)의 3가지 조정 노브로 구성되어 있습니다. 노브 아래쪽의 값 표시 항목을 더블 클릭하면 값을 입력할 수 있는 Enter Value 창이 열립니다.

❽ Tuning / Mono/ Portamento / Mod Depth / Bean Range

Tuning 항목은 음정을 반음 단위로 조정할 수 있는 Coarse와 한음을 100분의 1 단위로 조정할 수 있는 Fine 노브가 있습니다. Mono는 음색을 단음으로 사용할 것인지, 멀티로 사용할 것인지를 결정하고 Portamento는 음과 음 사이를 미끄러지듯 연주하는 포르타멘토 주법의 [On/Off] 버튼과 속도를 조정하는 Time 노브가 있습니다. Mod Depth과 Bend Range는 모듈레이션 휠과 피치 휠의 조정 범위를 설정합니다.

❾ Write

Preview 우측에는 편집한 음색을 User 뱅크에 저장할 수 있는 [Write] 버튼이 있습니다. 번호를 선택하면 음색을 대체할 것인지를 묻는 창이 열립니다. 음색 이름은 마우스 더블 클릭으로 변경할 수 있습니다. 그리고 편집 창 우측에는 채널 파라미터와 동일한 Chorus, Reverb, Pan, Level을 조정할 수 있는 파라미터가 있습니다.

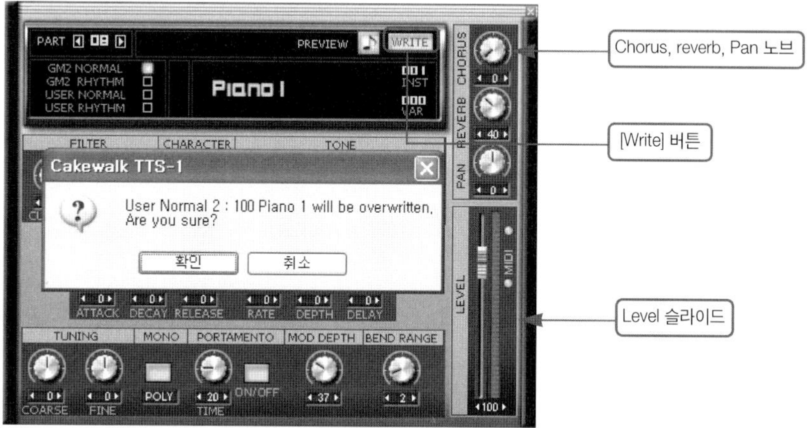

❿ 리듬 파트

편집 창은 10번 채널의 [Edit] 버튼을 클릭하여 열거나 음색을 Drums Set으로 선택하면, 드럼 음색을 편집할 수 있는 리듬 파트로 열립니다. 리듬 파트는 중간에 노트를 선택할 수 있는 패널이 있다는 것 외에는 앞에서 살펴본 내용과 동일합니다.

⓫ 이펙트 조정

Cakewalk TTS-1 패널 우측의 [EFFECT] 버튼을 클릭하면, 코러스와 리버브의 값을 조정할 수 있는 패널이 열립니다. 각각 6가지 타입이 있으며 코러스(Chorus) 패널에는 코러스의 비율(Rate0, 깊이(Depth), 양(Feedback), 공간감(Rev Send)을 조정할 수 있는 노브가 있고 리버브(Reverb) 패널에는 리버브 타임(Time)을 설정할 수 노브가 있습니다.

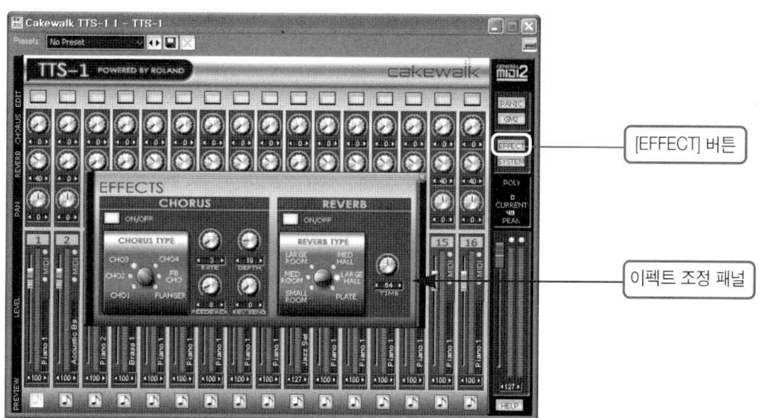

❷ 시스템 조정

[Effects] 버튼 아래쪽에 있는 [System] 버튼을 클릭하면 음정과 동시 발음 수를 설정할 수 있는 System Settings 패널이 열립니다. Master Tune은 440Hz를 중심으로 415.3hz~466.2Hz까지 한 음정의 범위를 가지고 있고, Master Key Shift는 -24~+24까지 4옥타브의 범위를 가지고 있습니다. Cakewalk TTS-1은 동시 발음 수를 최대 128개까지 설정할 수 있습니다.

❸ 시스템 옵션

시스템을 설정하는 System Settings 패널에서 [Options] 버튼을 클릭하면 각 채널마다 Output을 설정할 수 있는 Output Assign 페이지와 설정 값을 저장할 수 Options 페이지를 가지고 있는 Options 창을 열 수 있습니다.

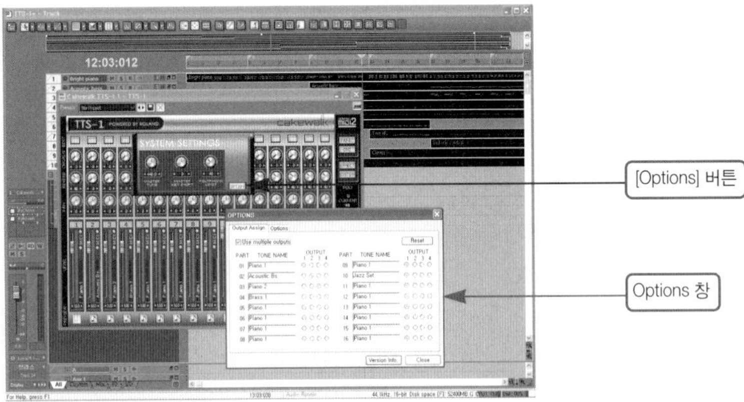

❹ Panic / GM2

그 밖에 [Panic] 버튼은 All Note Off 메시지를 전송하고, [GM2] 버튼은 Cakewalk TTS-1를 초기화 합니다. [Help] 버튼은 Cakewalk TTS-1의 음색 리스트와 시스템 정보를 볼 수 있는 익스플로어 창을 열어줍니다. Cakewalk TTS-1를 음원으로 자주 사용할 것이라면 프린터 해두는 것이 좋겠습니다.

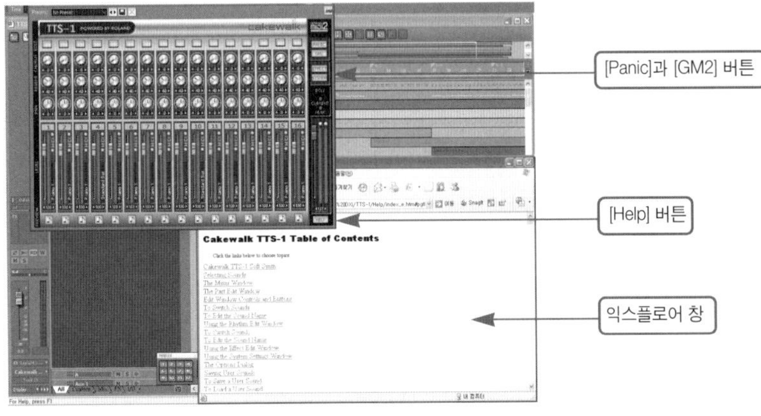

2 DREAMSTATION

DreamStation은 아날로그 사운드를 재현하고 있는 소프트 신디사이저입니다. 테크노 음악에서 빠질 수 없는 아날로그 음색을 만들어내는 DreamStation은 3개의 오실레이터를 지원하고 있기 때문에 독자가 상상하는 사운드를 무한대로 만들어낼 수 있습니다. 부록 CD의 Dream Station Sound 폴더에는 제작사에서 제공하는 100가지의 음색을 제공합니다. 시간이 날 때 마다 각각의 음색을 로딩하여 모니터 해보기 바랍니다.

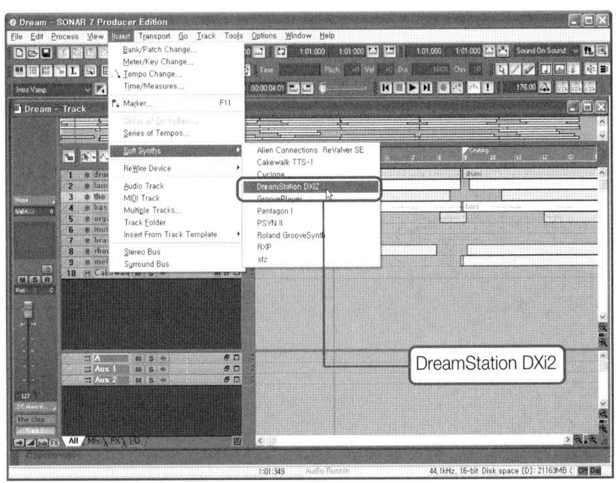

01 부록 CD의 Dream 샘플 파일을 불러옵니다. Insert 메뉴의 Soft Synths에서 DreamStation DXi2를 선택합니다.

소나 7을 권장 값으로 설치한 경우에는 DreamStation이 설치되지 않습니다. DreamStation을 사용하고 싶다면 추가로 설치하기 바랍니다.

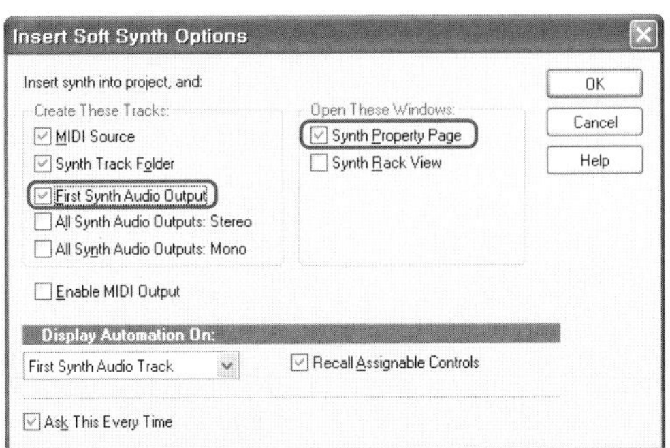

02 Insert Soft Synth Options 창에서 First Synth Audio Output과 Synth Property Page 옵션을 선택하고 [OK] 버튼을 클릭합니다.

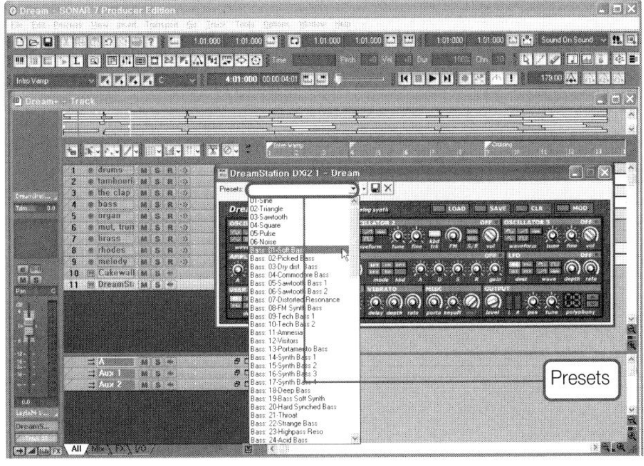

03 DreamStation DXi2 패널의 Presets에서 Bass: 01-Soft Bass를 선택합니다. 나중에 시간을 내어 프리셋으로 선택한 베이스 음색이 어떻게 만들어졌는지 패널의 각 노브 값을 살펴보기 바랍니다.

"

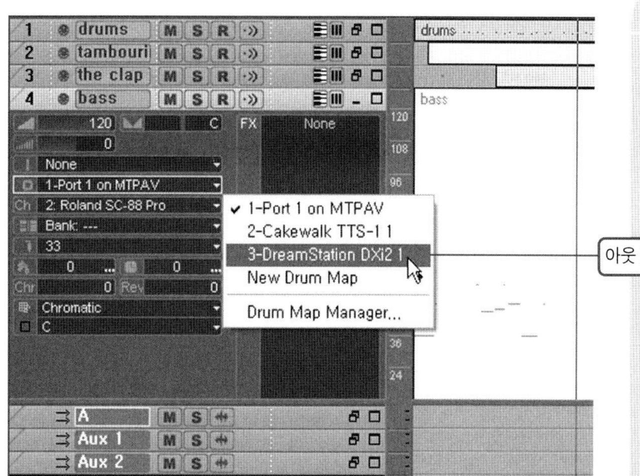

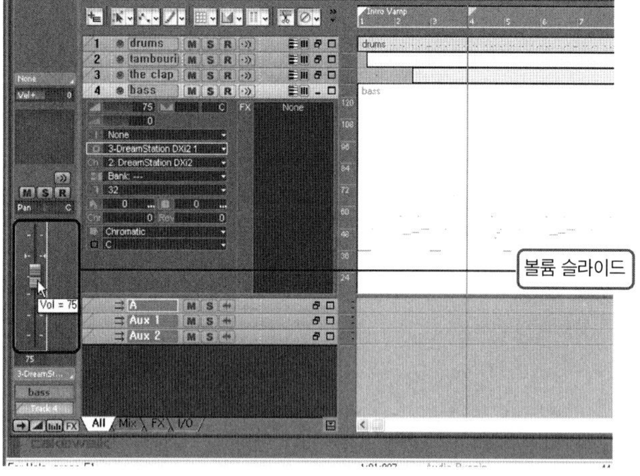

04 4번 베이스 트랙의 아웃 포트를 DreamStaion DXi2로 선택합니다. 1~3번 트랙은 Cakewalk TTS-1음원으로 설정되어 있는 샘플입니다.

05 Space bar 키를 눌러 곡을 연주하면서 4번 트랙의 볼륨을 듣기 좋은 레벨로 조정합니다. 그림에서는 인스펙터 파라미터의 볼륨 슬라이드를 이용해서 75정도로 조정하고 있습니다.

06 지금까지의 과정을 반복해서 5~9번 트랙에 DreamStation DXi2를 사용합니다. 모두 5개의 DreamStaion DX2를 사용하는 것입니다. 이처럼 VST는 같은 종류라도 원하는 만큼 추가해서 사용할 수 있습니다.

트랙 번호-이름	DreamStaion DXi2 Preset	볼륨
5-Organ	Organ: 02-Jazz	50
6-mut.trumpet	Synth: 09-Brass	40
7- Brass		
8-Rhodes	Synth: 21-Analogic 2	50
9-melody	Synth: 16-Rhodes	80

Dream Station DXi2

아날로그 시디사이저인 Dream Station DX12의 사용법을 자세하게 살펴보겠습니다.

1. 음색 선택

Dream Station은 미디 트랙의 패치 항목에 번호만 표시되기 때문에 Preset 항목에서 이름을 확인하는 것이 좋습니다.

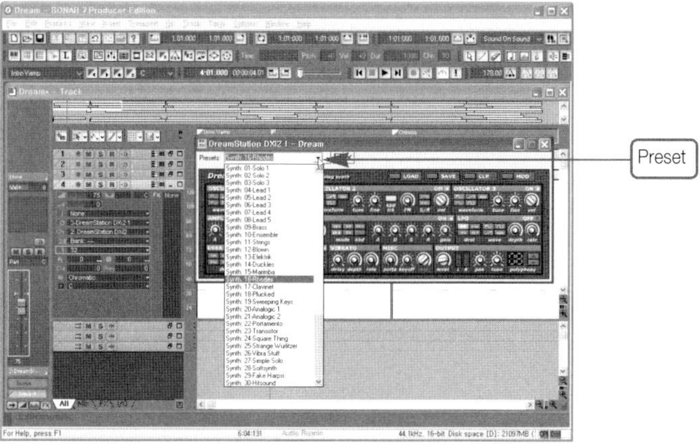

2. 음색 로딩

부록 CD에서 제공하는 음색을 불러오는 방법은 Dream Station 패널의 [Load] 버튼을 클릭하면 열리는 창에서 부록 CD의 Dream Station sound 폴더를 찾아 원하는 음색을 더블 클릭합니다.

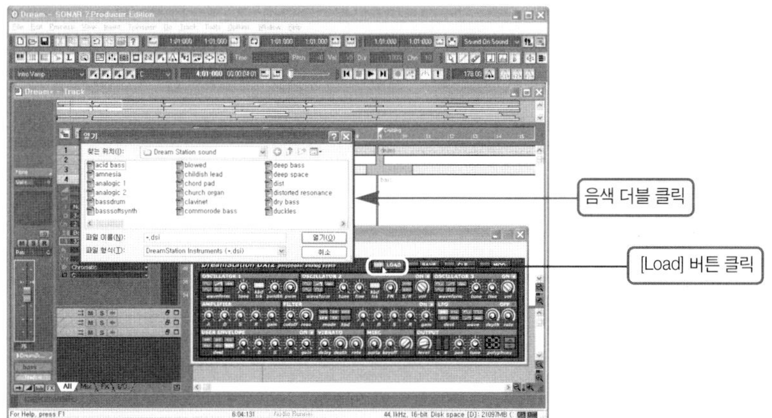

3. Oscillator Section

Dream Station은 사운드의 파형을 만들어내는 오실레이터 섹션이 3개 있습니다. 각 오실레이터를 조합하여 사운드를 만들 수 있지만, 3번은 2번이 ON인 경우에만 사용할 수 있습니다. 오실레이터 사용 여부는 [On/Off] 버튼으로 결정합니다.

❶ Wave form

Sine, Triangle, Sawtooth, Pulse, Square의 5가지 파형을 제공합니다. 버튼을 클릭하여 사용되는 파형은 빨간색으로 표시됩니다.

❷ Tune /Fine

선택한 파형의 음정을 조정합니다. Tune은 최대 2옥타브로 올리거나 내릴 수 있고, 오실레이터 2와 3 섹션의 Fine은 최대 반음을 올리거나 내릴 수 있습니다.

❸ Kbd-trk

마스터 건반에 노트를 할당합니다. 만일 이 버튼이 Off라면 어떤 건반을 연주해도 동일한 음정으로 연주됩니다. 타악기를 만들 때는 Off시켜 사용할 수 있습니다.

❹ Pwidth

오실레이터 1번 섹션에 있는 Pwidth는 선택한 파형의 넓이를 조정합니다. 이 값이 커질수록 파형의 간격이 넓어지는 것입니다.

❺ PWM

오실레이터 1번 섹션에 있는 PWM은 선택한 파형의 진동수를 조정합니다. 이 값이 커질수록 진동수가 느려집니다.

❻ FM

오실레이터 2번 섹션에 있는 FM은 오실레이터 1번에서 발생하는 파형과의 간격을 설정합니다. 값이 커질수록 발진되는 소리가 2중으로 들리는 것을 확인할 수 있습니다.

❼ S/R

오실레이터 2번에 있는 S/R 항목은 [Sync] 버튼과 [Ring] 버튼으로 이루어져 있습니다. [Sync] 버튼은 오실레이터 1번과 발진을 동기하고, Ring은 모듈레이션 효과를 동합니다.

❽ Vol

오실레이터 2번과 3번에 있는 Vol은 각각의 볼륨을 조정합니다.

4. Amplifier

사운드의 A(어택), D(디케이), S(서스테인), R(릴리즈)를 조정합니다. 어택은 사운드가 발생한 후 최대 레벨까지 도달하는 시간, 디케이는 최대 레벨에서 평균 레벨까지의 시간, 서스테인은 평균 레벨이 유지되는 시간, 릴리즈는 평균 레벨에서 사운드가 소멸되기까지의 시간입니다. Gain은 전체 사운드의 레벨을 조정합니다.

5. Filter

사운드의 특정 주파수를 다섯 가지 모드로 차단할 수 있는 섹션입니다.

❶ Cutoff

20Hz에서 19KHz까지의 범위로 차단할 주파수를 설정합니다. 조정 값이 퍼센트로 보이는 것이 아쉽지만, 익숙해지면 별 문제가 없을 것입니다.

❷ Reso

필터 주파수에 공명 감을 만들어 줍니다. 값이 커질수록 공명되는 사운드를 확실하게 느낄 수 있습니다.

❸ Mode

LP1, LP2, HP, BP, FMT의 모두 다섯 가지의 필터 타입 버튼을 제공합니다. LP1은 2단계로 고주파를 차단하고, LP2는 4단계로 고주파를 차단합니다. HP는 저주파 차단, BP는 Cutoff에서 설정된 주파수 차단, FMT는 LP2와 동일하지만 음색도 컨트롤 됩니다.

6. LFO

오실레이터에서 만들어진 파형에 Low Frequency Oscillator를 적용하여 모듈레이션 효과를 만들어내는 섹션입니다.

❶ Dest

오실레이터 1과 2에 각각 적용할 수 있는 O1과 O2 버튼이 있으며, 오실레이터 1에 펄스 파형을 첨가하는 PW, 주파수 대역을 차단하는 FLT 방식의 모듈레이션 효과를 선택할 수 있습니다.

❷ Wave

Sine, Triangle, Sawtooth, Pulse의 4가지 LFO 파형을 선택합니다.

❸ Depth와 Rate

Depth는 모듈레이션의 폭을 조정하고 Rate는 모듈레이션의 간격을 조정합니다.

7. User Envelope

6가지 모드 중에서 원하는 엔벨로프를 선택하여 변조할 수 있는 섹션입니다. FM은 모듈레이션 변조, PW는 오실레이터 1의 펄스 파형 변조, O1과 O2는 각각의 오실레이터 변조, V2는 오실레이터의 음량 변조, FLT는 차단주파수를 변조합니다.

8. Vibrato

비브라토 효과를 첨가합니다. Delay는 지연값, Depth는 폭, Rate는 비율을 설정합니다.

9. Mics

Porta, Keyoff, Dist 효과를 첨가합니다.
Porta는 포르타멘토 효과를 첨가하는 것으로 속도를 조정합니다.
Keyoff는 Velocity Off 값에 반응하는 사운드를 만들어냅니다. 이 값이 높을수록 건반에서 손을 떼어도 연주되는 사운드가 길어집니다.
Dist는 디스토션 사운드를 첨가합니다.

10. Output

최종 출력에 관련된 사항을 조정하는 섹션입니다. Level은 출력 레벨을 설정합니다.
연주되는 사운드의 레벨은 오른쪽에 레벨 미터에서 표시됩니다. Pan은 펜 값, Tune은 음정, Polyphony는 동시 발음 수를 조정합니다.

11. 저장과 초기화

지금까지 DreamStation의 각 섹션 기능을 살펴보았습니다. 음색을 만드는 순서는 먼저 비슷한 음색을 프리셋에서 선택하거나 부록 CD에서 로딩하여 각각의 섹션을 조정하는 것입니다. 이렇게 만들어진 음색은 [Save] 버튼을 클릭하여 저장합니다. [Save] 버튼 오른쪽의 [CLR] 버튼은 Sine 톤으로 초기화 시켜주는 버튼입니다.

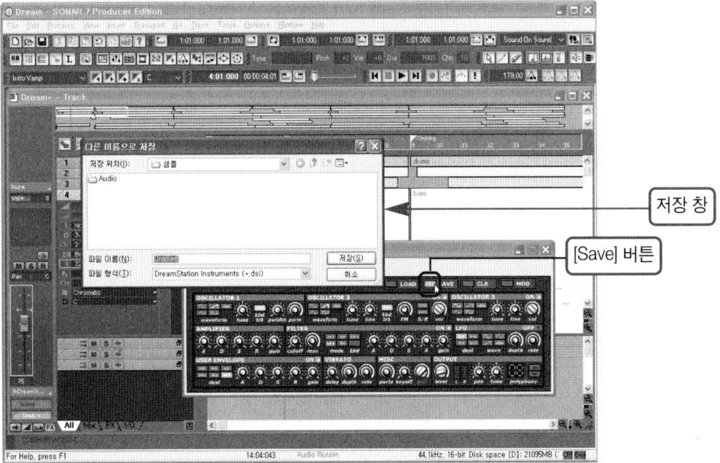

12. 모듈레이션 기능 선택

마지막으로 MOD 버튼은 마스터 건반의 모듈레이션 휠을 움직일 때 동작되는 기능을 선택합니다. 기본적으로 modulation이 선택되어 있기 때문에 비브라토 효과가 만들어집니다.

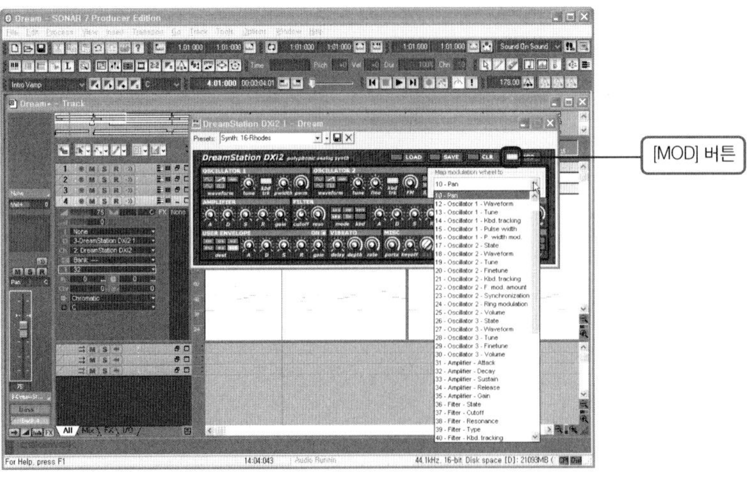

3 ROLAND GROOVESYNTH

Roland GroovesSynth는 Cakewalk TTS-1과 유사한 소프트 음원입니다. 하나의 트랙에 하나의 Grove Synthe 만을 사용할 수 있기 때문에 다수의 음색을 사용하기 위해서는 필요한 수만큼의 Groove Synth를 로딩해야 합니다. Cakewalk TTS-1에서 부족한 음색을 보충하여 프리셋으로 저장해두면 소프트 음원을 사용하는 재미에 흠뻑 빠질 수 있습니다.

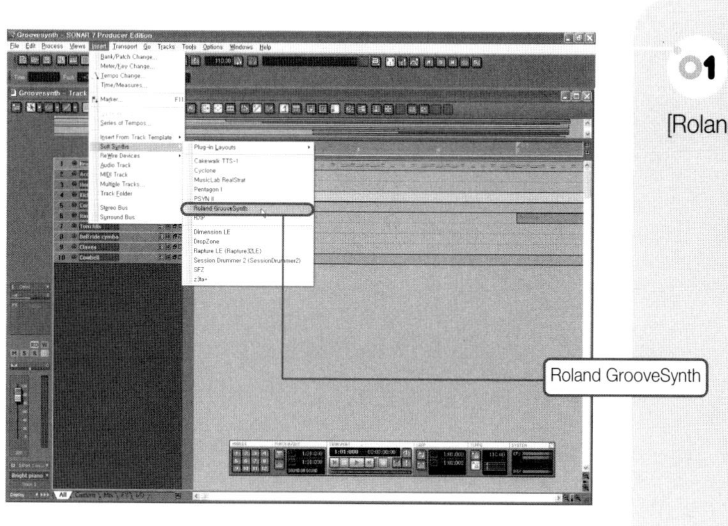

01 부록 CD의 Groovesynth 샘플 파일을 불러 옵니다. Insert 메뉴의 Soft Synth에서 [Roland GrooveSynth]를 선택합니다.

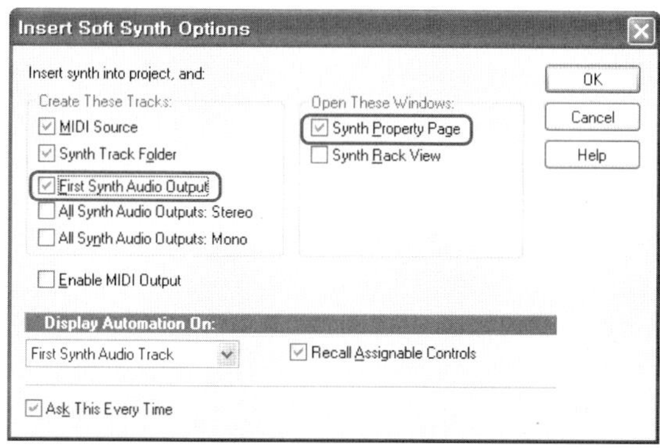

02 Insert Soft Synth Options 창에서 First Synth Audio Output과 Synth Property Page 옵션을 선택하고 [OK] 버튼을 클릭합니다.

03 Roland GrooveSynth 패널이 열립니다. 음색 이름 표시 창을 클릭하여 메뉴를 열고, RHYTHM SET에서 025 Ethnic을 선택합니다. 드럼 음색을 선택하는 것입니다.

04 4번 트랙을 클릭하여 선택하고 Shift 키를 누른 상태에서 10트랙을 선택합니다. 드럼 사운드를 사용하는 6개의 트랙을 선택한 것입니다. 그리고 Track 메뉴의 Property 에서 [Output]를 선택합니다.

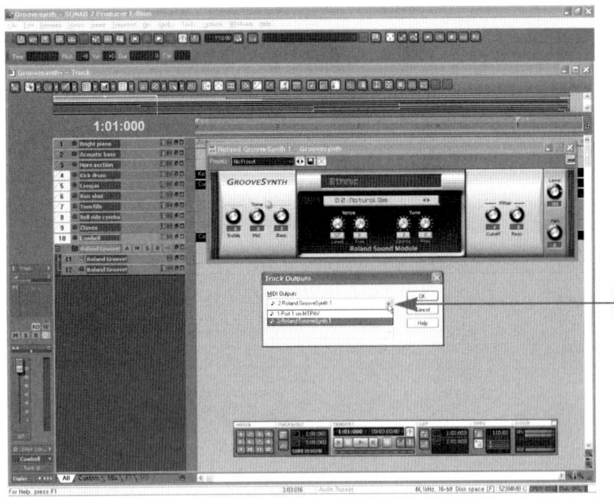

05 선택한 트랙의 아웃 포트를 선택할 수 있는 창이 열립니다. MIDI Output 목록을 클릭하여 메뉴를 열고, Roalnd GrooveSynth 1을 선택합니다. 4~10번 트랙의 아웃을 Roalnd GrooveSynth 1으로 설정하는 것입니다.

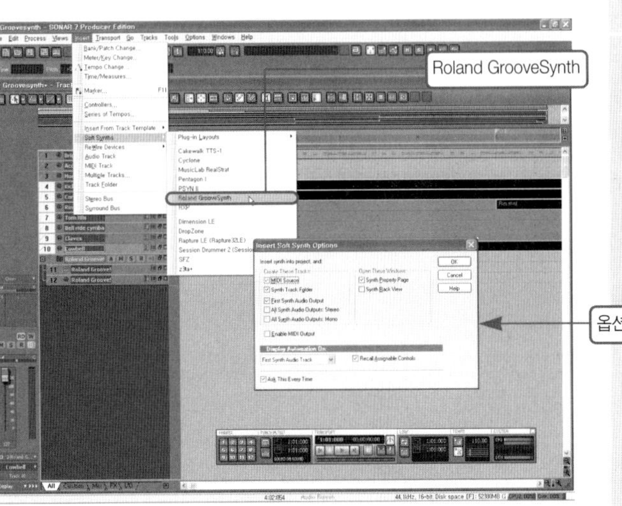

06 Roalnd GrooveSynth 1 패널을 닫고, Insert 메뉴의 Soft Synth에서 Roland GrooveSynth 를 선택하여 한대 더 로딩합니다. 계속해서 열리는 창은 앞에서와 동일하게 설정합니다.

07 두 번째 Roalnd GrooveSynth 패널이 열립니다. 악기 이름 표시 항목을 클릭하여 메뉴를 열고, AC.Piano의 041 065 Bright Piano를 선택합니다. 두 번째 Roalnd GrooveSynth는 피아노 음색으로 설정하는 것입니다.

08 피아노 음색을 사용하는 1번 트랙의 아웃을 Roland GrooveSynth 2로 설정합니다. 지금까지의 과정을 반복해서 2번 트랙은 Bass-017 064 Ac.Bass 1, 3번 트랙은 Ac.Brass-062 066 Bright Brass를 선택하여 모든 트랙을 Roland GrooveSynth 로 설정하여 Roland GrooveSynth 만으로 음악을 완성합니다.

4 Pentagon1

Pentagon1은 DreamStation과 같은 계열의 아날로그 신디사이저입니다. 4개의 오실레이터, 4웨이 방식의 필터, 4개의 LFO, 코러스와 딜레이 등 실제 하드웨어를 그대로 구현하고 있는 악기입니다. 총 6개의 뱅크와 수 많은 노브를 가지고 있어 기본 음색 연구의 많은 시간이 필요하지만 투자한 시간만큼의 성과를 얻을 수 있습니다.

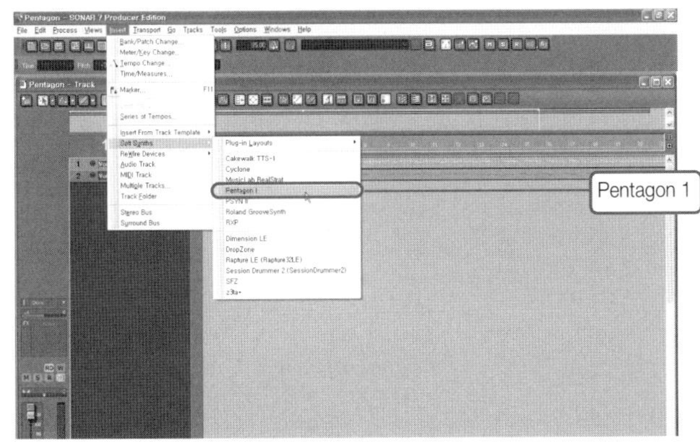

01 부록 CD의 Pentagon 샘플 파일을 불러옵니다. Insert 메뉴의 Soft Synth에서 Pentagon 1을 선택합니다.

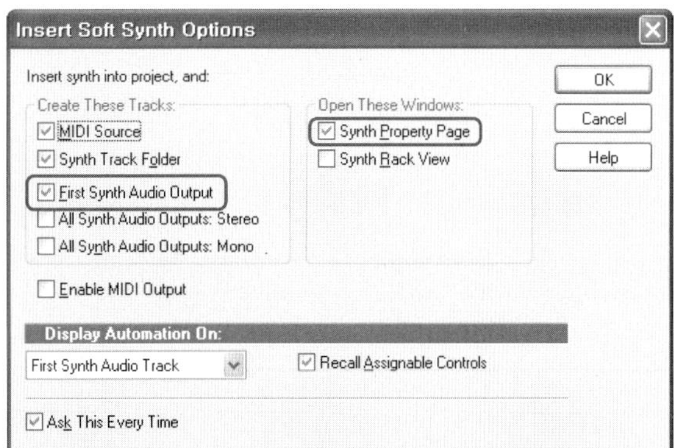

02 Insert Soft Synth Options 창에서 First Synth Audio Output와 Synth Property page를 선택하고 [OK] 버튼을 클릭합니다.

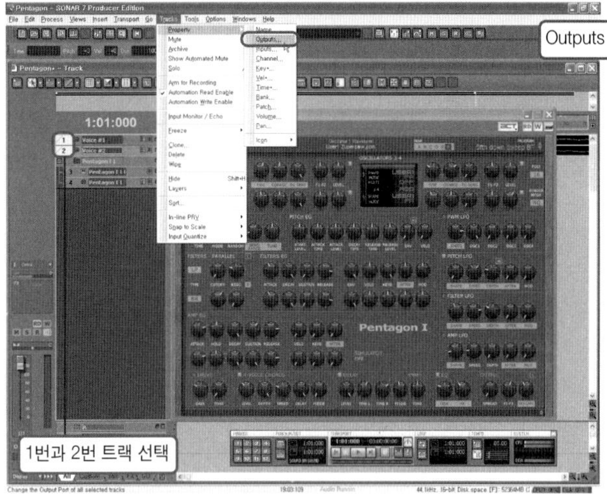

03 다소 복잡해 보이는 Pentagon 1 패널이 열립니다. 트랙 1번과 2번을 [Ctrl] 키를 누른 상태로 클릭하여 선택하고, Track 메뉴의 Property에서 [Outputs]를 선택합니다.

04 Track Outputs창의 MIDI Outputs 목록에서 Pentagon 1을 선택하여 1번과 2번 트랙의 아웃 포트를 Pentagon1으로 설정합니다.

5 Bank를 A로 선택하고 패널 아무 곳에서나 마우스 오른쪽 버튼을 클릭하여 프로그램 목록을 엽니다. 그리고 DX Organ으로 선택합니다. Bank A의 DX Organ 음색을 선택한 것입니다.

6 Pentagon 1 하단에 보이는 어두운 색의 바는 선택한 음색을 들어볼 수 있는 모니터 슬라이드 바 입니다. Delay Level값을 조금 올려보고, 모니터 슬라이드 바를 클릭하거나 드래그하여 조정한 사운드를 모니터 해봅니다.

7 스페이스 바 키를 눌러 곡을 연주해보고 음색이 마음에 든다면 저장을 하겠습니다. 우측 상단의 Program항목을 클릭하여 이름을 변경합니다.

08 패널 중간에 Pentagon 1이라는 문자가 있는 곳을 클릭하여 메뉴를 엽니다. 그리고 [Program - Save Program]을 선택합니다. 뱅크로 저장할 때는 [Save Bank]를 선택합니다.

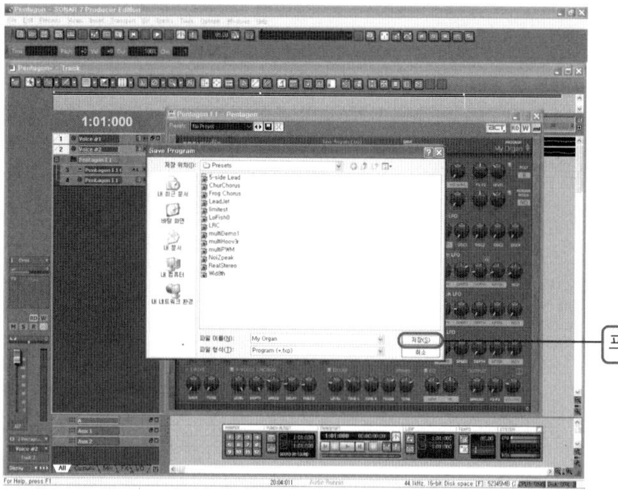

09 Save Program 창의 파일 이름 항목에서 다음에도 쉽게 찾을 수 있는 이름을 입력하고, [저장] 버튼을 클릭합니다.

10 저장한 프로그램을 실습해보기 위해서 기본 음색의 뱅크를 불러오겠습니다. Pentagon 1 문자가 있는 곳에서 클릭하여 메뉴를 열고, [program-Load Bank]를 선택합니다. 프로그램을 불러올 때는 Load Program입니다.

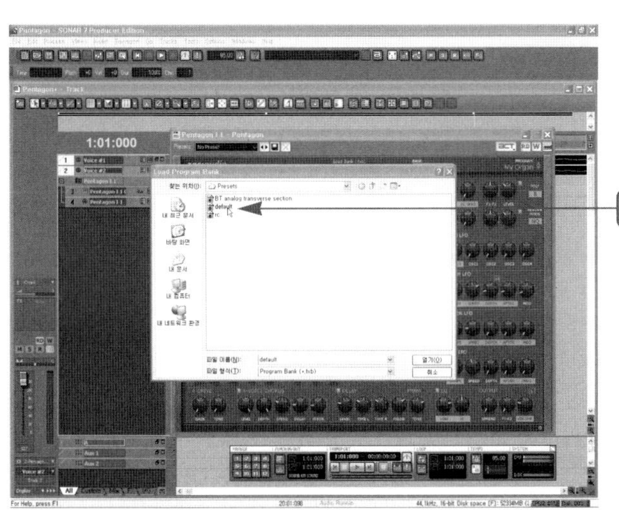

11 Load Program Bank 창에서 기본 음색인 Default를 더블 클릭하여 불러옵니다. 그리고 Load Program 메뉴를 이용해서 독자가 만들어 저장했던 음색을 다시 불러와 봅니다.

5 PSYN II

PSYN II은 앞에서 살펴본 DreamStaion이나 Pentagon 1과 같은 아날로그 신디사이저이며, 입문자도 쉽게 사용할 수 있는 인터페이스를 갖추고 있습니다. Pentagon 1과 동일하게 프로그램을 선택하고 음색을 변경한 뒤에 저장하는 과정을 실습해보겠습니다. 다만, Pentagon 1에서는 저장에 초점을 맞춰 보았지만 어느 정도 아날로그 신디에 익숙해졌을 것이므로 PSYN II은 음색 편집에 초점을 맞춰보겠습니다.

1 부록 CD의 Payn 샘플 파일을 불러옵니다. Insert 메뉴의 Soft Synth에서 [PSYN II]를 선택합니다.

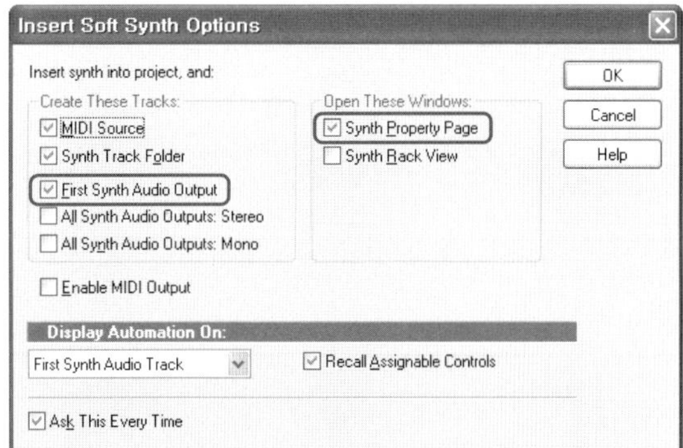

02 Insert soft Synth Options 창에서 First Synth Audio Output와 Synth Property Page 옵션을 선택하고 [OK] 버튼을 클릭합니다.

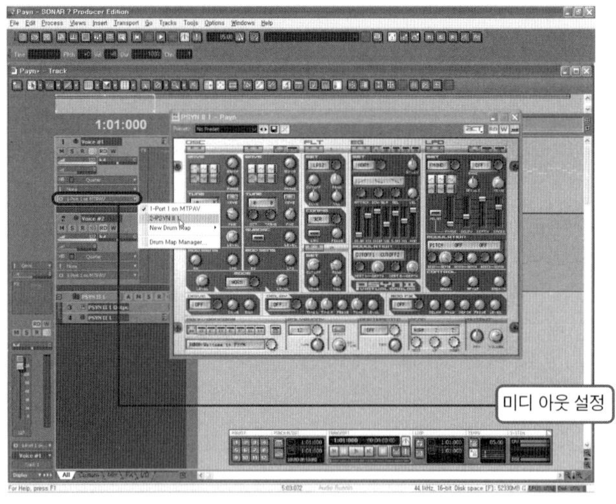

03 1번과 2번 트랙의 미디 아웃 포트를 PSYN II 로 선택합니다. 트랙이 많지 않으므로 Track 메뉴를 이용하지 않고 트랙 리스트의 파라미터에서 직접 조정하고 있습니다.

04 음색을 조정할 때는 기본 음색에서부터 시작 하는 것이 효과적입니다. Bank/Program 패 널에서 A 뱅크를 선택하고, 노브를 돌려 A023: hit Organ을 선택합니다.

05 PSYN II는 A~H까지 8개의 뱅크를 제공하고 있으며 프로그램 노브를 위/아래로 드래그하여 음색을 선택할 수 있음을 알 수 있습니다. 참고로 음색 표시 창에서 왼쪽이나 오른쪽 버튼을 클릭하여 음색을 차례로 선택할 수 있습니다.

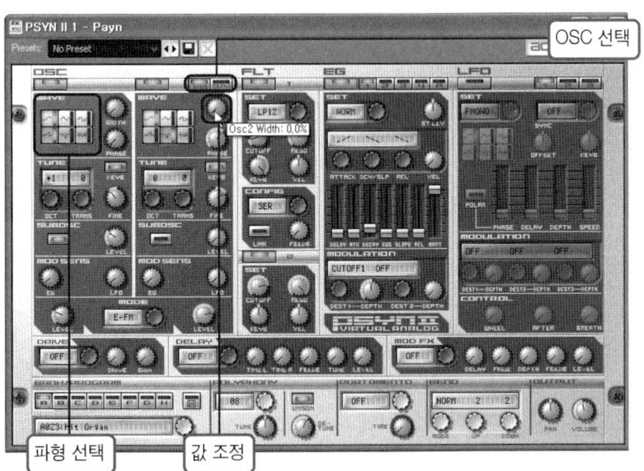

06 OSC 항목부터 살펴보겠습니다. PSYN II는 모두 4개의 오실레이터를 제공하고 있으며, 1/2, 3/4 버튼을 클릭하여 각각의 오실레이터 패널로 전환할 수 있습니다. 1번과 2번 모두 사인 파형을 선택하고 값은 모두 0으로 조정합니다.

07 Wave 아래쪽으로 OSC의 음정을 조정할 수 있는 Tune 항목이 있습니다. Oct 노브를 조정하여 1번 OSC는 +5옥타브, 2번 OSC는 +1로 조정합니다. Fine은 더블 클릭하여 0으로 조정합니다.

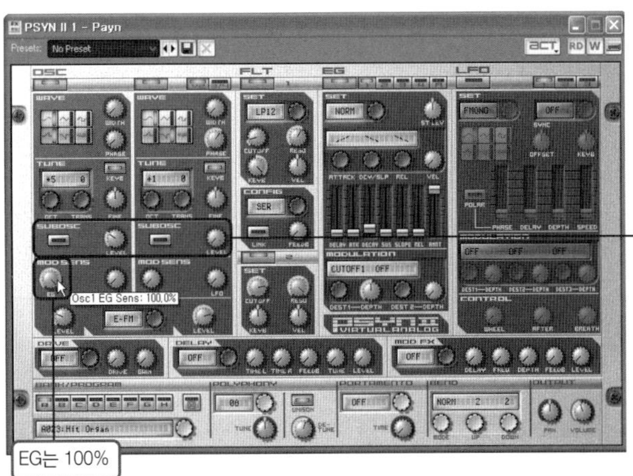

08 SUBOSC는 [ON/OFF] 버튼을 클릭하여 OFF로 설정합니다. 그리고 1번 OSC의 EG 를 100%로 조정하여 비브라토 효과를 만듭니다.

09 MODE는 1번 OSC를 10%정도로 줄이고, 2 번 OSC는 80%정도로 줄입니다. 드라이브 는 적용하지 않기 위해 Drive 항목의 Off값을 그대로 둡니다.

10 FLT를 조정하겠습니다. PSYN II는 두 개의 FLT 항목이 있습니다. 1번 Set항목의 디스 플레이를 클릭하여 HP12로 조정하고, 1번과 2번의 Cutoff, Reso, Keyb, Vel은 그림을 참조하여 조정합 니다.

11 EG를 조정하겠습니다. DCY/SLP 디스플레이를 클릭하여 점점 감소하는 라인으로 변경하고, Decay 슬라이드를 올립니다. Modulation은 cutoff2 off로 변경하고, Depth를 35%정도로 조정합니다.

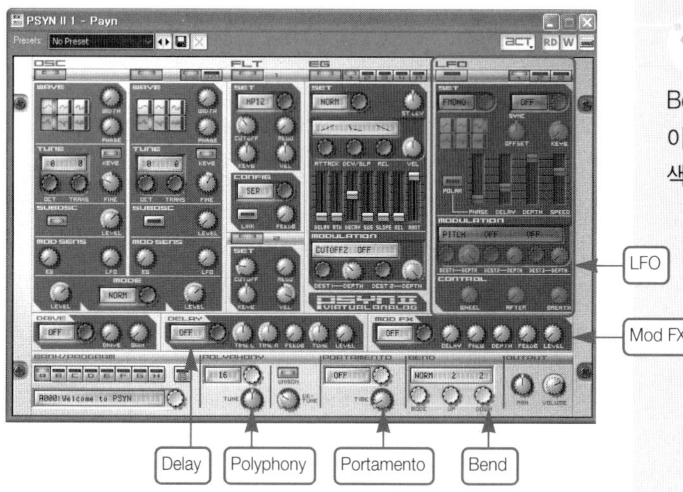

12 LFO, Delay, Mod FX는 모두 Off로 설정하겠습니다. 나머지 Polyphony, Portamento, Bend, Output은 그림을 참조하여 조정합니다. 스페이스 바 키를 눌러 프리셋에서 선택한 Hit Organ 음색이 어떻게 변했는지 확인합니다.

13 지금까지 Hit Organ을 기초로 음색을 만들어 보았습니다. Shift 키를 누른 상태에서 프로그램 디스플레이 창을 클릭합니다. 원하는 이름을 입력하고 Tab 키를 눌러 완료합니다.

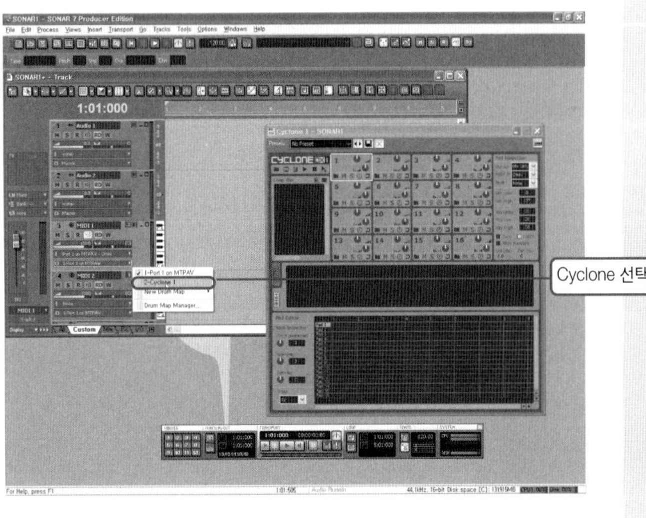

14 작업한 음색을 파일로 저장하고 싶다면 뱅크 선택 버튼 우측에 디스크 모양을 하고 있는 버튼을 클릭하여 메뉴를 열고, [Save Program]을 선택합니다. 파일로 저장한 음색은 어제든지 PSYN Ⅱ 에서 불러와 사용할 수 있습니다.

6 CYCLONE

Cyclone는 VST Instruments 보다는 루프 사운드를 이용해서 음악을 만드는 ACID와 같은 오디오 시퀀싱 프로그램에 가깝습니다. 물론, 각각의 패드에 불러온 사운드를 미디 건반에 할당하고, 연주할 수 있기 때문에 샘플러 기능으로도 사용할 수 있습니다. 간단한 실습을 통해서 Cyclone의 기능을 익혀보겠습니다.

01 새로운 프로젝트를 만들고 Insert 메뉴의 Soft Synths에서 [Cyclone]을 선택하여 악기를 로딩합니다. 그리고 미디 트랙의 아웃 포트에서 [Cyclone]을 선택합니다.

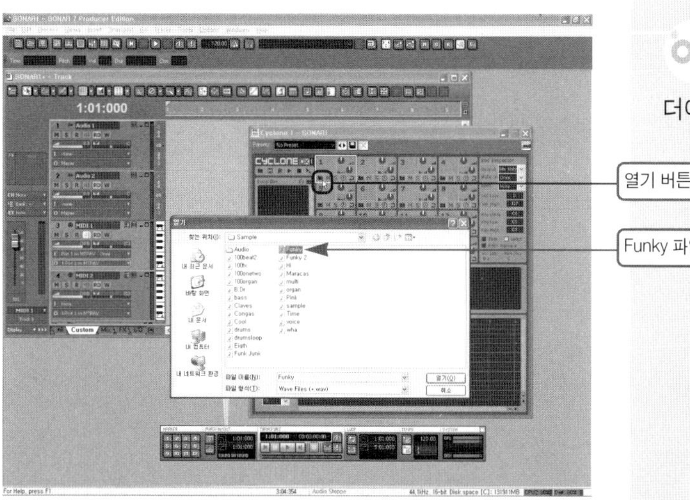

2 Cyclone 1번 패드의 사운드 [열기] 버튼을 클릭합니다. 열기 창에서 부록 CD의 샘플 폴더에 있는 Funky 파일을 더블 클릭하여 불러옵니다.

3 같은 방법으로 2~4패드에 Eigth, Funk Junk, Claves 파일을 불러옵니다. 각각의 패드를 클릭하면 회색으로 반전되면서 불러온 사운드가 연주됩니다.

4 각 패드에 사운드를 불러보았습니다. 이번엔 1번 패드의 스네어 사운드를 바꿔보겠습니다. Loop Bin에서 [열기] 버튼을 클릭하여 창을 열고 부록 CD의 Funky 2를 더블 클릭하여 불러옵니다.

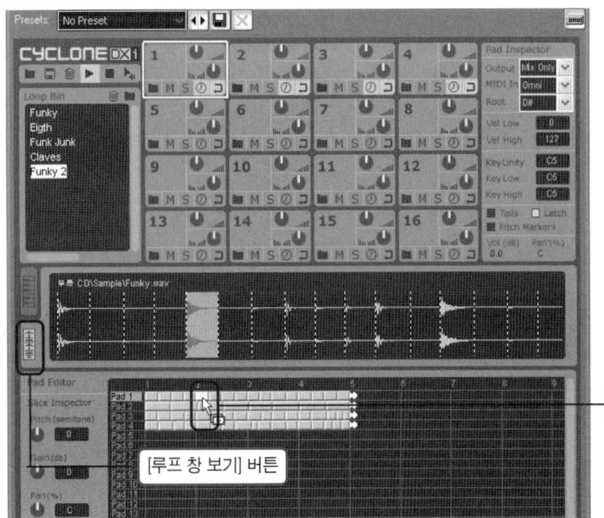

05 불러온 Funky 2 선택하면 루프 창에 Funky2 샘플의 파형이 보입니다. 스네어 드럼 파일을 스네어 드럼에 해당하는 2, 4 박자의 파형을 Pad1의 2, 4 박자로 드래그하여 바꿔줍니다. 루프 창은 [루프 창 보기] 버튼을 클릭하면 보입니다.

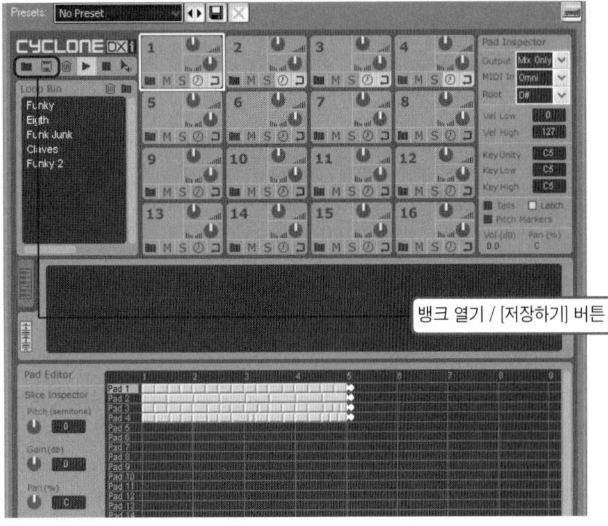

06 [저장] 버튼을 클릭하여 뱅크를 파일로 저장합니다. 저장한 뱅크는 언제든 [뱅크 열기] 버튼을 클릭하여 불러올 수 있습니다.

07 [건반 보기] 버튼을 클릭하면 각 패드에 설정된 사운드가 어떤 노트에 할당되었는지 확인할 수 있습니다. 4개의 패드를 사용하고 있으므로 C5~F5까지 할당됩니다. 노트를 확인하고 Cyclone 패널을 닫습니다.

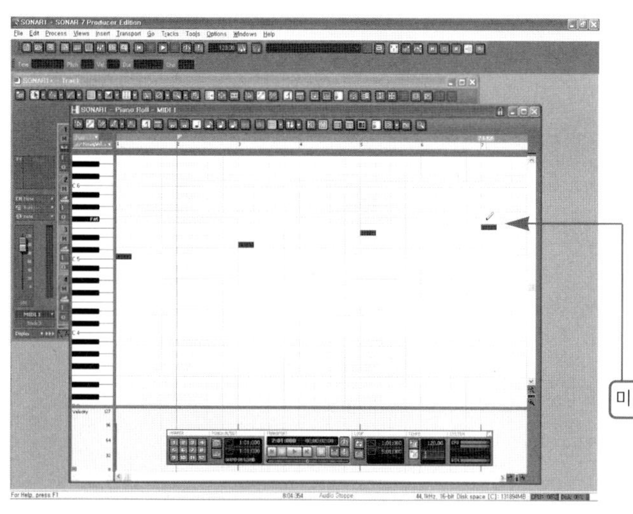

08 실제 음악은 채널 마다 각 트랙에서 연주하는 것이 원칙이지만, 지금은 실습이므로 한 트랙에서 만들어 보겠습니다. 녹음 또는 마우스로 C5~F5노트를 2마디 단위로 입력하고 Tempo를 바꾸어 연주를 해봅니다. 샘플 사용에 대한 아이디어를 얻을 수 있을 것입니다.

Tip Cyclone구성 요소

Cyclone을 구성하고 있는 각 버튼의 기능을 살펴보겠습니다.

❶ 도구 모음

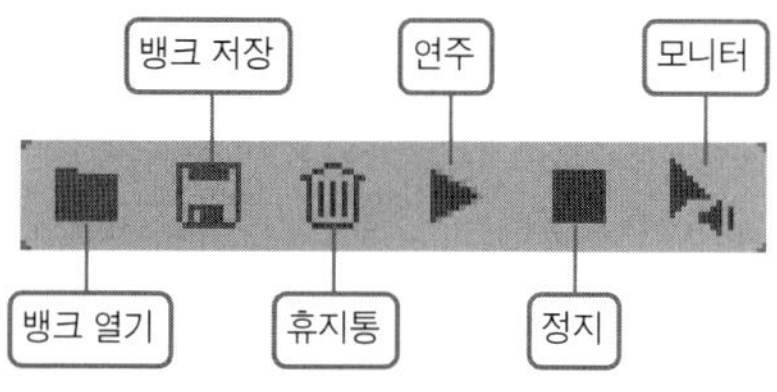

- 뱅크 열기: 뱅크 파일(CYC)을 불러옵니다.
- 뱅크 저장: 뱅크 파일로 저장합니다.
- 휴지통: 불러온 모든 사운드를 삭제합니다.
- 연주와 정지: 선택한 채널의 사운드를 연주/정지합니다.
- 모니터: 이 버튼을 On으로 놓으면, 루프 창에서 이벤트를 선택할 때, 사운드를 모니터 할 수 있습니다.

❷ 패드 섹션

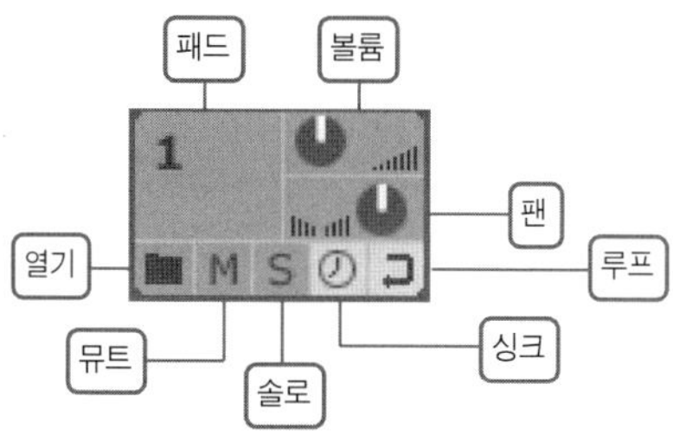

- 패드: 불러온 사운드를 연주합니다.
- 볼륨: 사운드의 볼륨을 조정합니다.
- 팬: 사운드의 밸런스를 조정합니다.
- 열기: 사운드 파일을 불러옵니다.
- 뮤트: 사운드를 뮤트 시킵니다.
- 솔로: 사운드를 솔로로 연주합니다.
- 싱크: 소나의 템포와 피치 마커를 적용합니다.
- 루프: 사운드를 반복 연주합니다.

❸ 인스펙터 창

인스펙터 창은 선택한 패드의 적용 방법을 설정합니다.

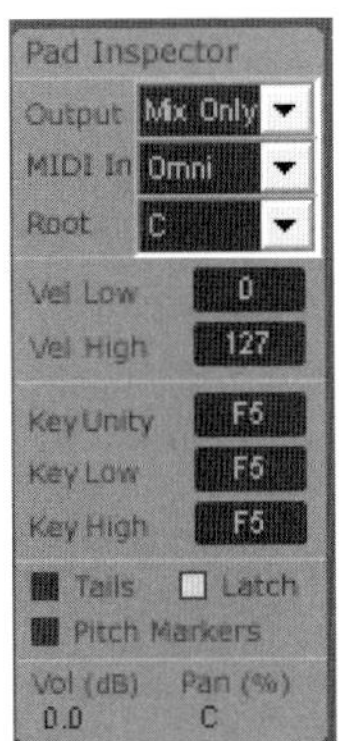

- Output: 오디오 아웃 포트를 선택합니다. Mix Only는 마스터 채널을 말합니다.
- MIDI In: 미디 인 채널을 설정합니다.
- Pad Root: 피치 마커가 적용된 기본 코드를 설정합니다.
- Vel Low / High: 벨로시티 최소값과 최대값을 설정합니다.
- Key Unity / Low / High: 건반을 설정합니다. Low~High의 범위를 설정할 수 있습니다.
- Tails: 디케이 사운드를 연장하여 연주합니다. 짧은 사운드에 효과적입니다.
- Latch: 이 옵션을 해제하면, 노트의 길이만큼만 연주를 합니다.
- Pitch Markers: 피치 마커에 반응하도록 합니다.
- Vol / Pan: 볼륨과 팬 값을 표시합니다. 값은 사운드를 적용한 채널에서 조정합니다.

❹ Loop Bin

- 열기: Loop Bin에 사운드를 등록합니다. 등록된 사운드는 각 패드에 드래그하여 적용할 수 있습니다.
- 휴지통: 목록에서 선택한 사운드를 제거합니다.

❺ 루프 창

Loop Bin에서 선택한 사운드의 파형이 비트 단위로 분리되어 표시됩니다. 각각의 독립된 파형은 Pad Editor 창으로 드래그하여 새로운 사운드를 만들어 낼 수 있습니다.

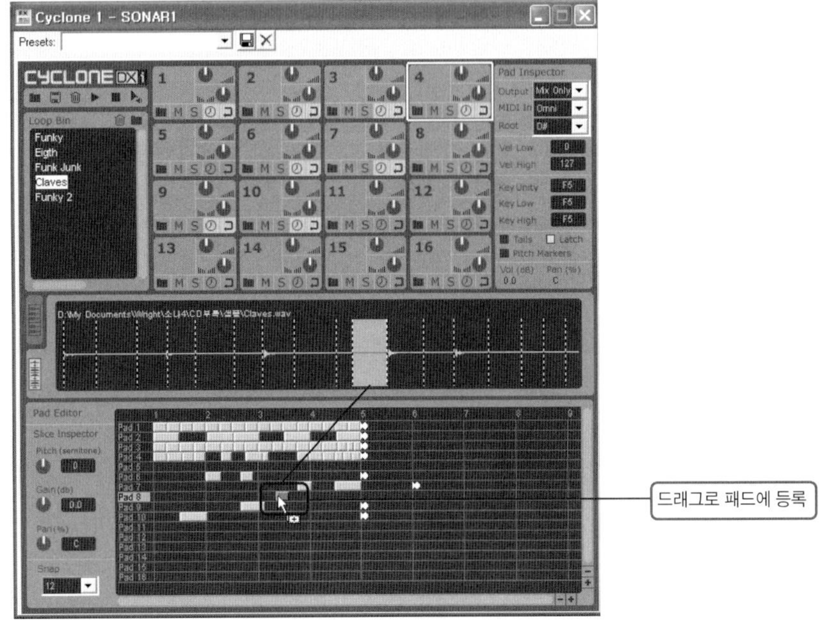

❻ 건반 창

건반 창은 [건반 창 보기] 버튼을 클릭하여 볼 수 있습니다. 건반 창에는 각 패드에 적용한 사운드의 기본 피치가 노란색으로 표시되어 있으며, 상단의 역삼각형을 드래그하여 범위를 지정할 수 있습니다. 범위가 설정되면 자동으로 각 건반에 해당하는 피치로 변경됩니다. [노란색] 버튼을 드래그하여 기본 값을 변경할 수 있다는 것도 기억하기 바랍니다.

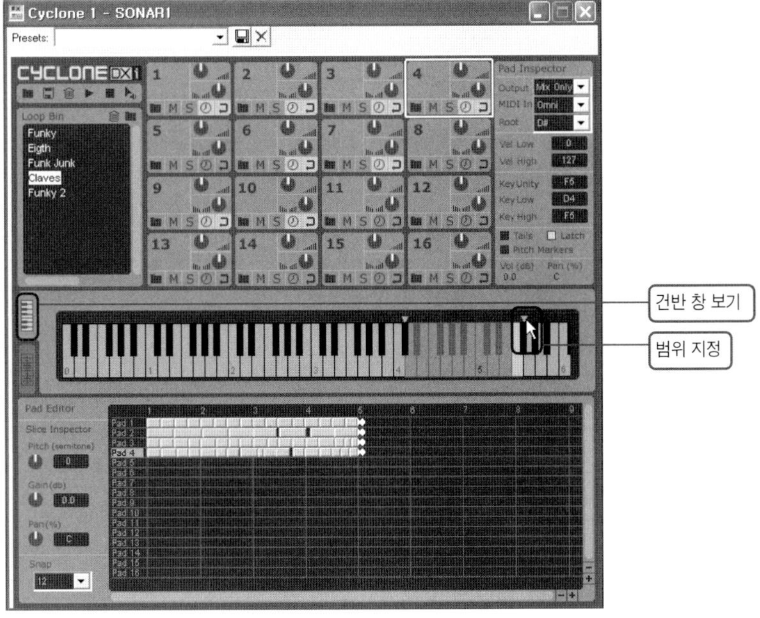

❼ Pad Editor

모두 16개의 패드를 한 화면에 표시하고 있습니다. 각 패드 라인에 표시되는 파란색 막대는 분리된 사운드를 나타내며, 소나의 피아노 윈도우에서 취급하는 노트와 같은 방식으로 편집할 수 있습니다. 각 패드의 끝에 흰색 표시는 연주되는 길이를 조정합니다. 왼쪽의 Pitch, Gain, Pan 노브는 음정, 볼륨, 펜을 조정합니다. 마지막으로 Snap은 파란색 막대가 편집되는 단위를 설정합니다.

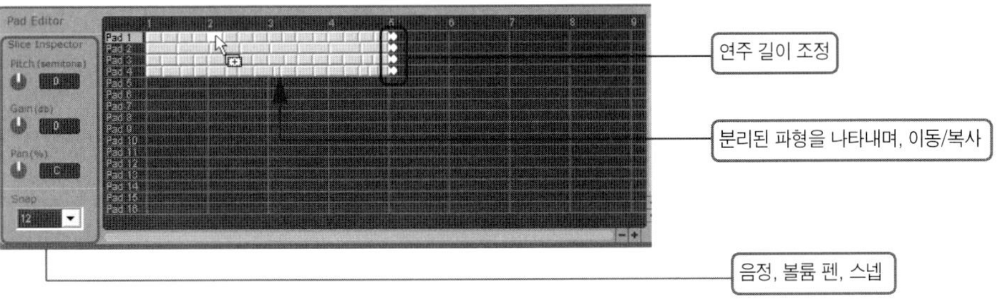

7 RXP

RXP는 소프트 악기라기 보다는 Cyclone와 같이 패턴을 로딩하여 음악을 쉽게 제작할 수 있게 도와주는 연주 프로그램입니다. 음악 작업을 할 때, 패턴에 대한 아이디어가 떠오르지 않는다면 한 두 트랙에 보조적인 역할로 이용할 수 있으며, 실습에서와 같이 단독으로 음악을 제작할 수 있을 만큼의 폭 넓은 활용도를 가지고 있습니다.

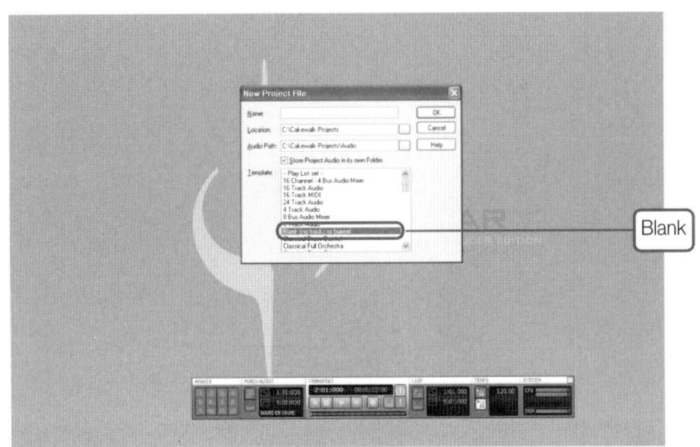

01 도구 모음 줄의 [New] 버튼을 클릭하여 새로운 프로젝트를 만듭니다. Template에서 [Blank]를 선택하여 트랙이 없는 프로젝트로 만듭니다.

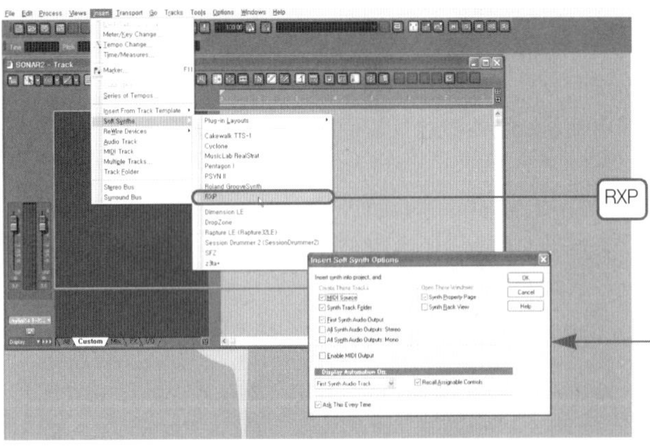

02 Insert 메뉴의 Soft Synth에서 [RXP]를 선택합니다. 옵션 창에서는 First Synth Audio Output과 Synth Property Page를 선택하고 [OK] 버튼을 클릭합니다.

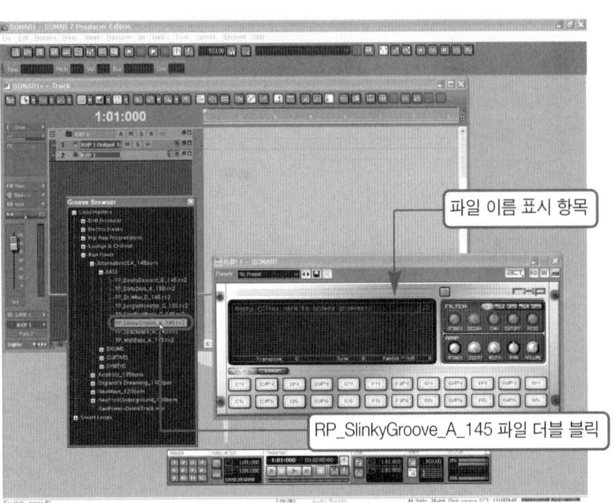

03 RXP 패널의 디스플레이 창에 Empty (Click here to browse grooves) 라고 표시되어 있는 파일 이름 항목을 클릭하여 Groove Browser 창을 엽니다. 소나 7에서 기본적으로 제공하는 RX2 파일 목록이 보입니다. Loopmasters 폴더의 Raw Power-AlternativeUSA_145bpm-BASS에서 RP_SlinkyGroove_A_145 파일을 찾아 더블 클릭합니다.

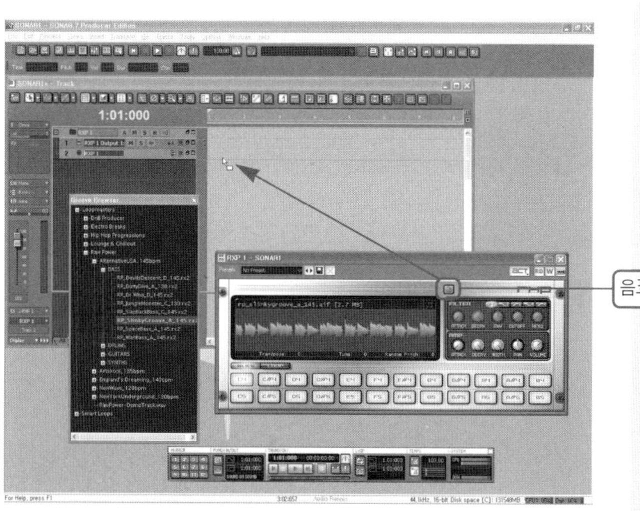

04 디스플레이 창에 선택한 샘플의 파형이 표시됩니다. 이 파일을 음악 작업에 사용하기 위해서 디스플레이 창 오른쪽에 보이는 [음표] 버튼을 드래그하여 RXP 1 트랙의 첫 번째 마디로 가져다 놓습니다.

05 RXP 패널을 닫습니다. 임포팅한 미디 클립을 마우스 오른쪽 버튼으로 선택하여 단축 메뉴를 열고, [Groove-Clip Looping]을 선택합니다. 단축키 Ctrl + L 키를 이용해도 됩니다. 클립에 반복 속성을 부여하는 것으로 클립의 테두리가 둥글게 변하는 것을 확인할 수 있습니다.

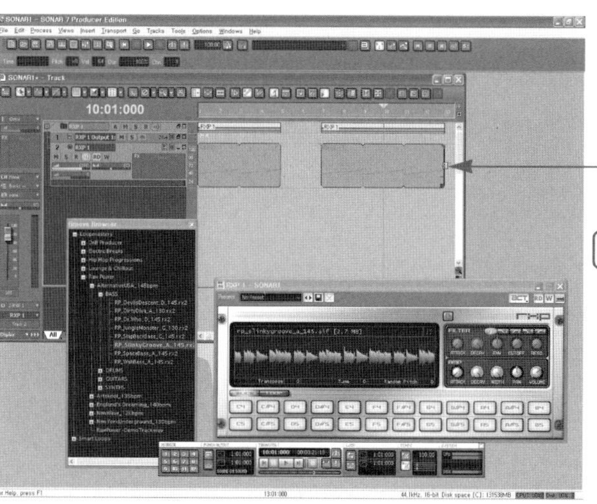

06 클립의 우측 끝을 드래그하여 5마디까지 반복시킵니다. 그리고 Ctrl 키를 누른 상태에서 7마디로 드래그하여 클립을 복사하고 복사한 클립을 13마디까지 반복시킵니다.

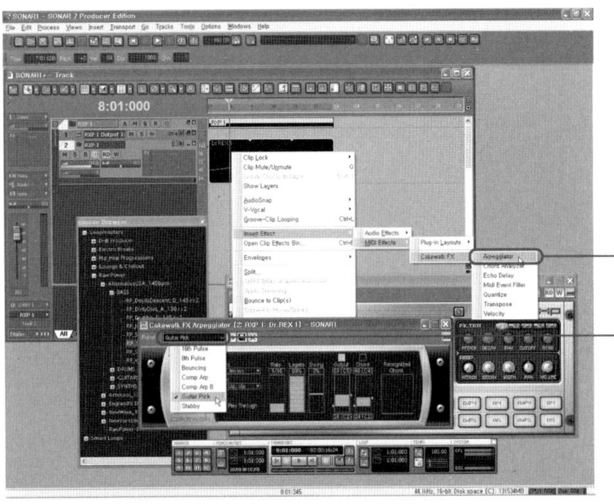

07 복사한 두 번째 클립을 마우스 오른쪽 버튼으로 클릭하여 단축 메뉴를 열고, Insert Effect 메뉴의 MIDI Effects-Cakewalk FX에서 [Appreciator]를 선택합니다. Appreciator 창에서는 Guitar Pick 프리셋을 선택하여 베이스 파트를 완성합니다.

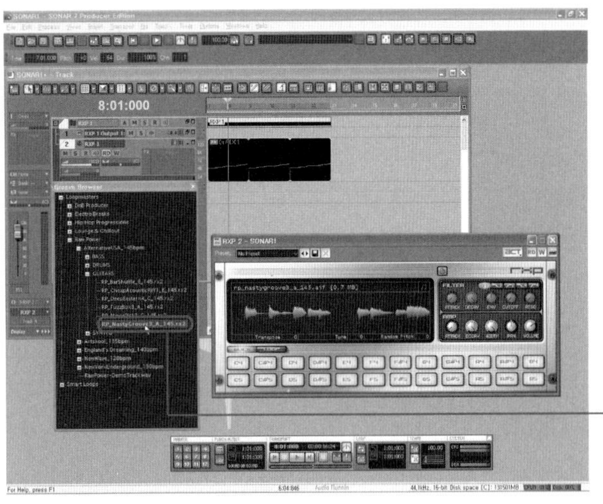

08 RXP를 하나 더 로딩하고 Loopmasters폴더의 Raw Power-AlternativeUSA_145bpm-GUITAR에서 RP_NastyGroove3_A_145. rx2 파일을 찾아 더블 클릭합니다.

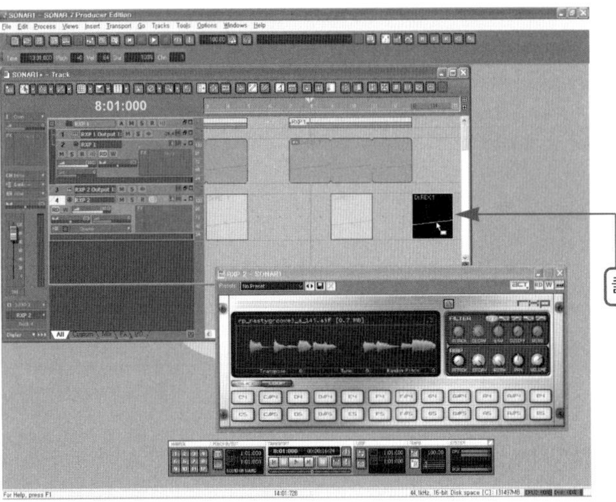

09 [음표] 버튼을 새로 추가한 RXP 2 트랙으로 드래그하여 RP_NastyGroove3_A_145.rx2 음색을 3마디, 9마디, 13마디 위치에 각각 가져다 놓습니다. 그리고 트랙의 경계선을 아래쪽으로 드래그하여 FX 패널이 보이게 확장합니다.

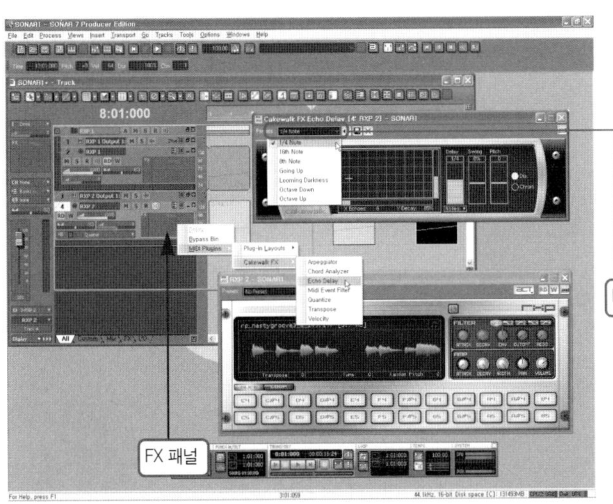

10 RXP 패널을 닫습니다. RXP 2 트랙의 FX 패널에서 마우스 오른쪽 버튼을 클릭하여 단축 메뉴를 열고, MIDI Plugins 메뉴의 [Cakewalk FX-Echo Delay]를 선택합니다. Echo Delay 창에서는 1/4 note 프리셋을 선택하여 기타 트랙을 완성합니다.

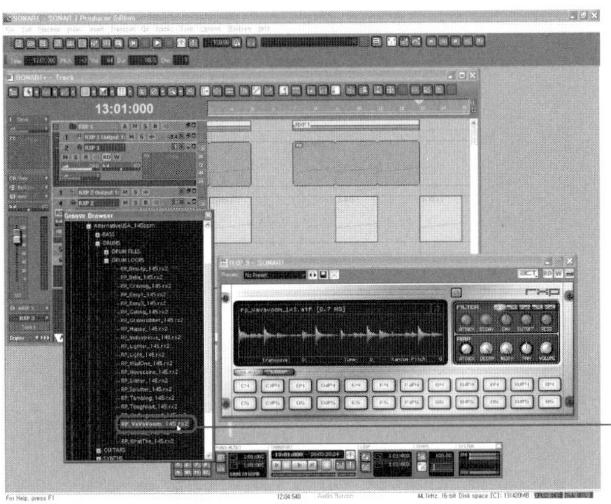

11 RXP를 하나 더 로딩 합니다. Loopmasters 폴더의 Raw Power-AlternativeUSA_145bpm\DRUMS-DRUM LOOPS에서 RP_VaVaVoom_145.rx2 파일을 찾아 더블 클릭합니다.

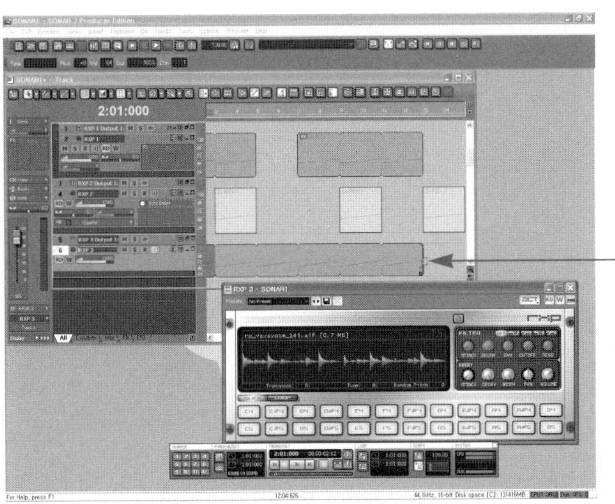

12 [음표] 버튼을 드래그하여 새로 추가한 RXP 3 트랙의 첫 번째 마디에 가져다 놓고, [Ctrl]+[L] 키를 눌러 반복 속성을 부여합니다. 그리고 클립의 우측을 드래그하여 13마디까지 반복시켜 드럼 파트를 완성합니다.

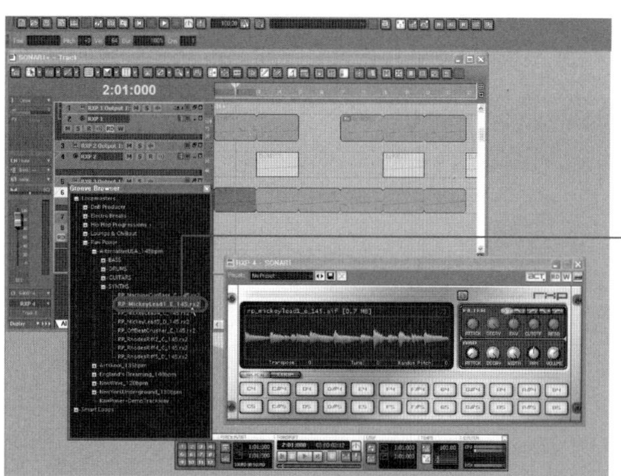

13 마지막으로 RXP를 하나 더 로딩하고, Loopmasters 폴더의 Raw Power-AlternativeUSA_145bpm-SYNTHS에서 RP_MickeyLead1_E_145.rx2 파일을 더블 클릭하여 불러옵니다.

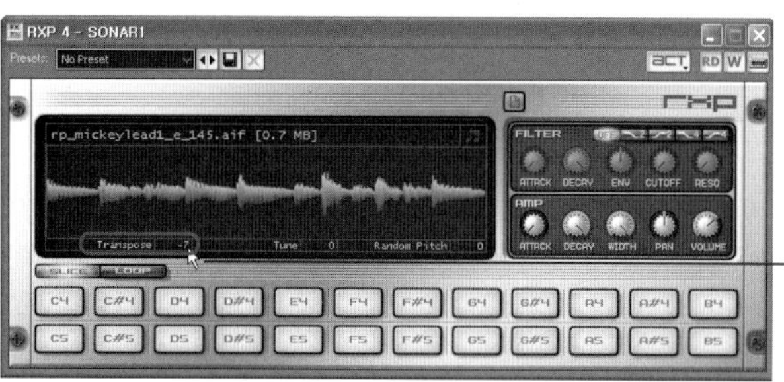

14 불어온 신디 음색의 키는 E이고, 작업 중인 키는 A입니다. 키를 맞추기 위해서 Transpose 항목을 클릭하고 마우스 휠을 안쪽으로 돌려 -7로 조정합니다.

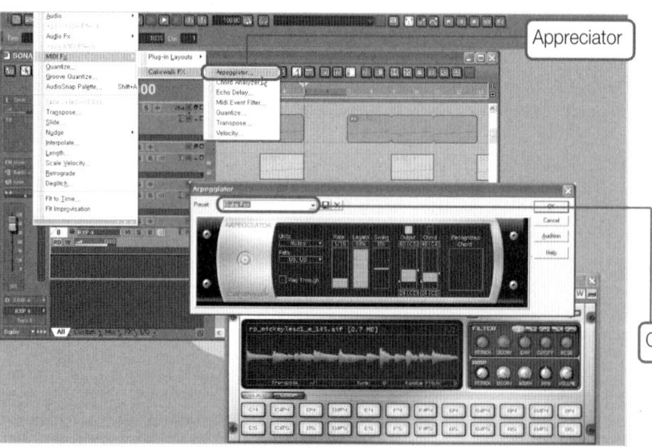

15 [음표] 버튼을 드래그하여 새로 추가한 RXP 4 트랙의 5마디로 가져다 놓습니다. 가져다 놓은 클립을 선택하고, Process 메뉴의 MIDI FX-Cakewalk FX에서 [Appreciator]를 선택합니다. Preset은 [Guitar Pick]을 선택하고 [OK] 버튼을 클릭하여 적용합니다.

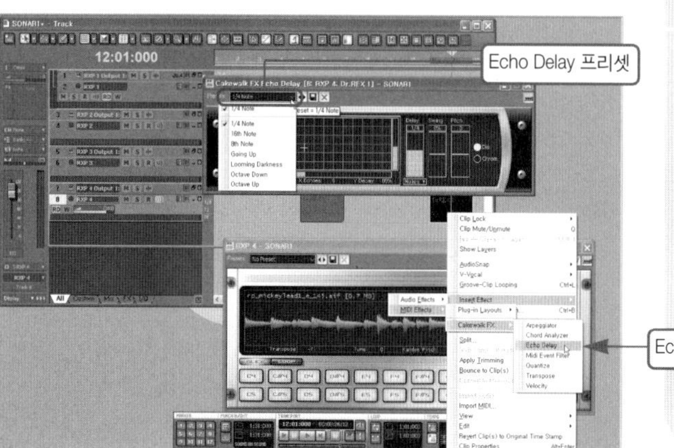

16 Appreciator를 적용한 5마디의 클립을 Ctrl 키를 누른 상태로 드래그하여 11마디 위치로 복사합니다. 복사한 클립에서 마우스 오른쪽 버튼을 클릭하여 단축 메뉴를 열고, Insert Effects 메뉴의 MIDI Effects - Cakewalk FX에서 [Echo Delay]를 선택합니다. 그리고 Preset은 [1/4 Note]를 선택합니다.

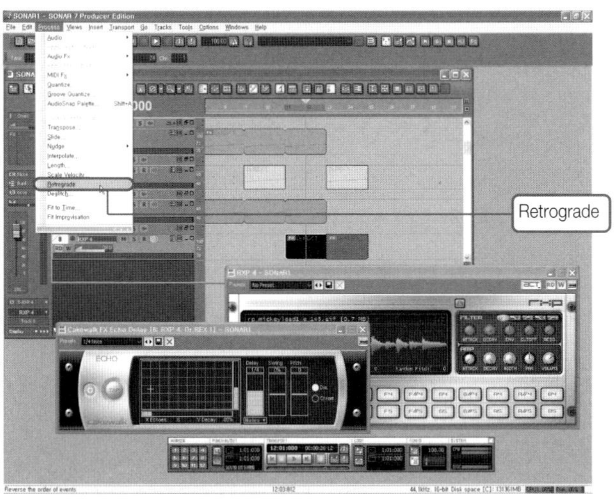

17 두 개의 이펙트를 적용한 11마디 위치의 클립을 13마디 위치로 복사합니다. 그리고 11마디 위치의 클립을 선택하고, Process 메뉴의 Retrograde를 적용하는 것으로 RXP를 사용한 곡 작업 실습을 완료합니다.

8 REVALVER

Alien Connections사의 ReValver는 기타 앰프를 시뮬레이션 하고 있는 소프트웨어입니다. 소나 7에 기타 연주를 녹음할 때, 기타 전용 앰프를 가지고 있지 않아도 마이크를 통해서 녹음한 듯한 효과를 연출할 수 있습니다. 다양한 기타 이펙트와 앰프 효과를 연출할 수 있는 ReValver 는 기타를 직접 연주할 때도 유용하지만 미디 기타 음원을 오디오로 녹음한 후에도 응용할 수 있습니다.

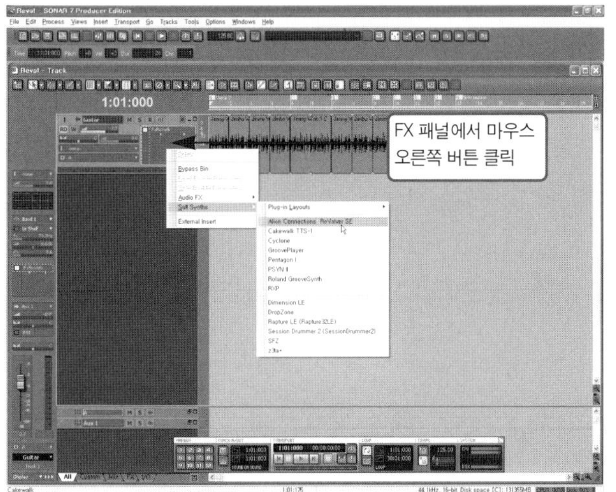

01 부록 CD의 Reval 샘플 파일을 엽니다. 1번 Guitar 트랙의 FX 패널에서 마우스 오른쪽 버튼을 클릭하여 단축 메뉴를 열고, Soft Synth의 [Alien Connections ReValver]를 선택합니다.

소나 7에서는 Alien Connections ReValver가 포함되어 있지 않기 때문에 이전 버전 사용자나 별도로 추가한 경우에만 사용할 수 있습니다.

02 키를 눌러 곡을 연주하고 [Bypass] 버튼을 On/Off 하면서 ReValver가 적용되기 전/후의 사운드를 비교합니다. [Bypass] 버튼이 On 일 때, 적용 전 사운드가 모니터 됩니다.

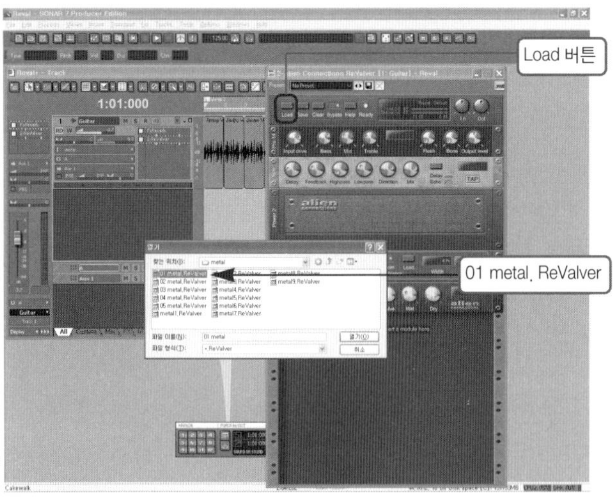

03 ReValver 에서 기본적으로 제공하는 프리셋 을 불러와 보겠습니다. [Load] 버튼을 클릭 하여 열기 창을 엽니다. 곡 스타일로 분리된 폴더 목 록이 보입니다. Metal 폴더를 더블 클릭하여 열고, 01 metal. ReValver를 더블 클릭합니다.

04 프리앰프, 파워앰프, 스피커, 이펙터의 4가 지로 세팅된 사운드를 들을 수 있습니다. 디 스토션 효과를 줄이기 위해서 Pre5의 Input drive 노 브를 왼쪽으로 돌려 값을 줄입니다.

05 드라이브를 조정한 사운드가 마음에 든다고 가정을 하고 저장하겠습니다. [Save] 버튼을 클릭하여 다른 이름으로 저장 창을 엽니다. 파일 이름에 알아보기 쉬운 이름을 입력하고, Enter 키를 눌러 저장합니다.

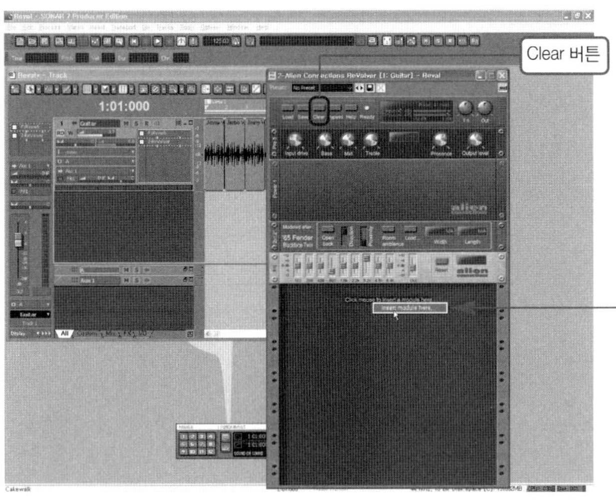

06 ReValver 에서 제공하는 프리셋을 사용하지 않고 새로운 환경을 만들기 위해서는 [Clear]버튼을 클릭하여 현재 세팅을 제거합니다. 비어있는 랙에서 마우스를 클릭하면 장비를 추가할 수 있는 Insert module here 메뉴가 열립니다. 메뉴를 선택해 봅니다.

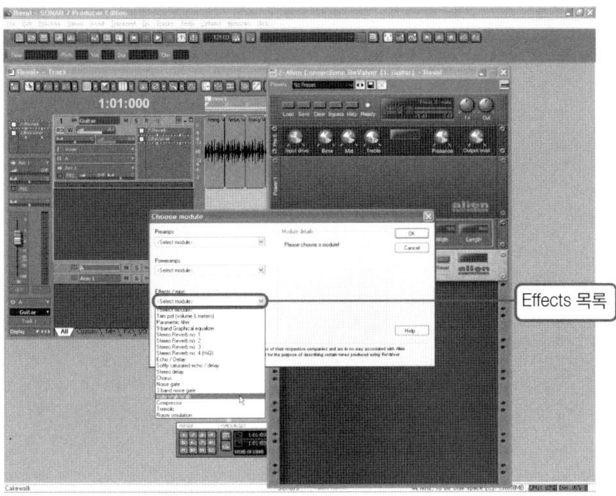

07 Preamps, Power amps, Effects, Speakers 의 종류를 선택할 수 있는 Choose module 창이 열립니다. 이펙트를 추가해보겠습니다. Effects 목록에서 [Auto WahWah]를 선택하고 [OK] 버튼을 클릭합니다.

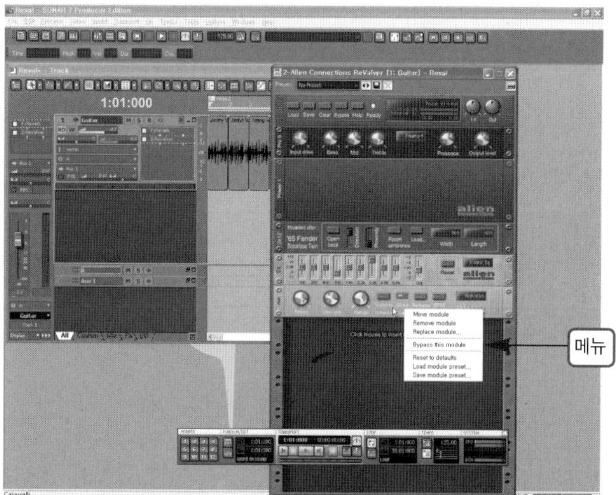

08 Auto WhaWah가 랙에 추가되었습니다. 계속해서 빈 공간을 클릭하여 장치를 추가할 수 있습니다. 추가된 장치를 클릭하면 이동(Move Module), 삭제(Remove module), 변경(Replace module), 장치 Off(bypass this module)를 할 수 있는 메뉴가 열립니다.

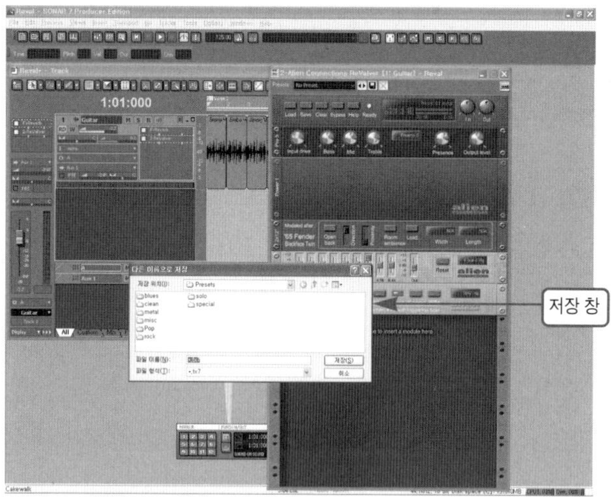

09 그 밖에 Reset to defaults은 컨트롤 값을 초기화하고, Load module preset과 Save module preset 메뉴를 이용해서 프리셋을 불러오거나, 독자가 설정한 환경을 프리셋으로 저장할 수 있습니다.

Tip Revalver에서 제공하는 장치의 기능

Revalver 에서는 프리앰프, 파워앰프, 이펙트, 스피커의 4가지 장치를 제공합니다. 각 장치의 기능을 살펴보겠습니다.

1. Preamps

실제 기타는 음량이 작기 때문에 직접 믹서에 연결하여 녹음할 수 없습니다. 그래서 소리를 증폭시켜주는 프리앰프를 기타와 믹서 사이에 연결하는데, 이것을 시뮬레이션하는 것입니다. ReVelver에서는 Pop Preamp와 Gentle valve preamp의 두 가지를 제공합니다. 두 가지 모두 같은 구성으로 되어 있습니다. Input drive는 입력 레벨, Bass, Mid, Treble은 저음, 중음, 고음을 컨트롤할 수 있는 EQ, Presence는 저음을 차단하는 하이패스 필터, Output level은 출력 레벨을 조정합니다.

528

2. Poweramps

소리를 증폭시켜주는 앰프를 시뮤레이션 합니다. ReVelver에서는 Hardrock poweramp와 Bluse poweramp의 두 가지를 제공합니다. 음악 장르에 어울리는 앰프를 선택하면, 실제 기타 앰프를 사용한 듯한 효과를 얻을 수 있습니다.

3. Effects

ReVelver 에서 기타 사운드에 다양한 효과를 첨가할 수 있는 이펙트는 Trim pot, 9 band Fraphical equalizer, Stereo Reverb no3, Auto Wah Wah의 4가지를 제공합니다.

❶ Trim pot

Trim Pot는 입력 레벨을 조정하는 기능입니다. [16/32dB] 버튼을 클릭하여 Trim gain의 범위를 +/-16dB 또는 +/-32dB 범위로 조정할 수 있고, [Normalize] 버튼을 클릭하여 클립핑이 발생하지 않는 한도 내에서 최적의 볼륨을 자동으로 조정할 수 있게 할 수 있습니다.

❷ 9 band Fraphical equalizer

100Hz~6.4KHz까지 모두 9밴드로 주파수를 조정할 수 있는 이퀄라이저 입니다. Out 슬라이더는 최종 레벨을 조정하고, [Reset] 버튼은 9개의 밴드를 모두 초기화합니다.

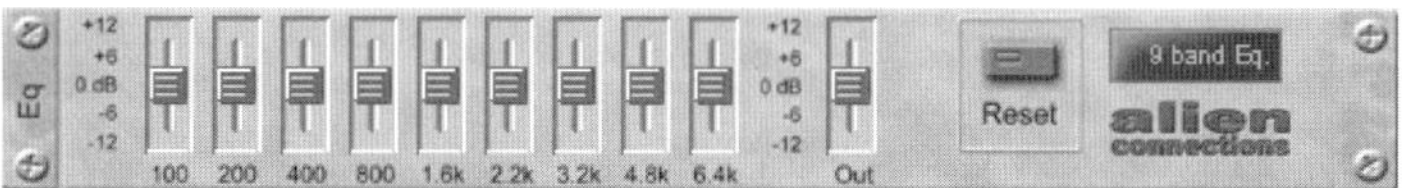

❸ Stereo Reverb no3

리버브 효과를 만들어내는 장치입니다. Length는 공간의 크기, Damping은 초기 잔향, Color은 주파수, Wet는 리버브가 적용된 후의 레벨, Dry은 리버브가 적용되기 전의 레벨을 조정합니다.

❹ Auto Wah Wah

주파수를 자동으로 변조시켜 사람의 목소리처럼 와우~ 와우~ 하는 소리를 만들어냅니다. Strength는 변조 양, Range는 200Hz~2KHz 까지 변조될 주파수를 조정합니다. 그리고 Speed노브는 Volume(볼륨), Attack(변조 시작 타임), Release(변조 끝 타임), BPM(템포)의 4가지 버튼에서 선택한 것을 조정합니다.

4. Speakers

기타는 전용 스피커를 이용해서 마이크로 녹음하는 것이 가장 좋은 사운드를 얻을 수 있습니다. ReVelver에서는 마이크 녹음을 시뮬레이션 해주는 1x8"' 60 fender Tweed Champ, 2x12" ' 65 fender Blackface Twin의 두 가지 스피커와 빈 공간을 채우는 역할의 Powersoak을 제공합니다. Open back은 스피커 뒤에서 나오는 사운드를 함께 녹음한 효과를 만들어 주고, Direction, Proximity는 마이크의 방향과 거리를 조정합니다. 그리고 Room ambience 버튼은 공간을 시뮬레이션하는 기능입니다. [Load] 버튼을 클릭하여 제공되는 프리셋을 열고, 각각의 사운드를 연구해보는 것도 좋은 학습법입니다.

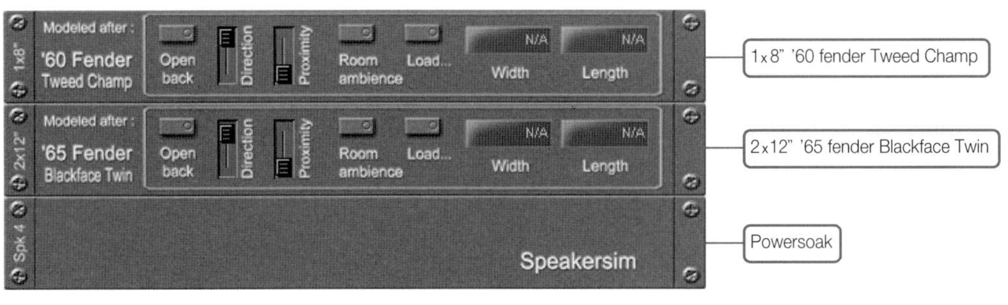

9 SFZ

과거에 사운드 카드의 대명사로 불리던 사운드 블러스터는 메모리에 음색을 불러와 음원으로 사용할 수 있는 기능을 가지고 이었습니다. 이때 불러오는 음색이 SF2 포맷의 사운드 폰트입니다. 소나 7의 SFZ는 사운드 블러스터의 기능을 소프트웨어로 구현한 것으로 SF2 포맷의 사운드 폰트를 불러와 음원으로 사용할 수 있습니다. 요즘에는 많이 사용하지 않는 포맷이지만, 소나 7에서 제공하고 있는 것이므로 간단하게 살펴보겠습니다.

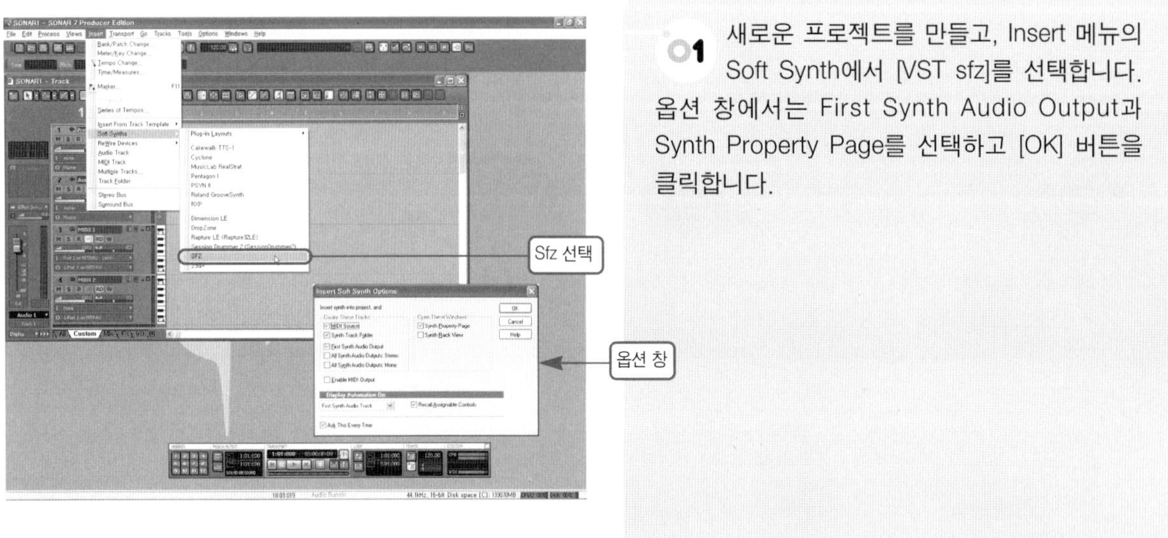

01 새로운 프로젝트를 만들고, Insert 메뉴의 Soft Synth에서 [VST sfz]를 선택합니다. 옵션 창에서는 First Synth Audio Output과 Synth Property Page를 선택하고 [OK] 버튼을 클릭합니다.

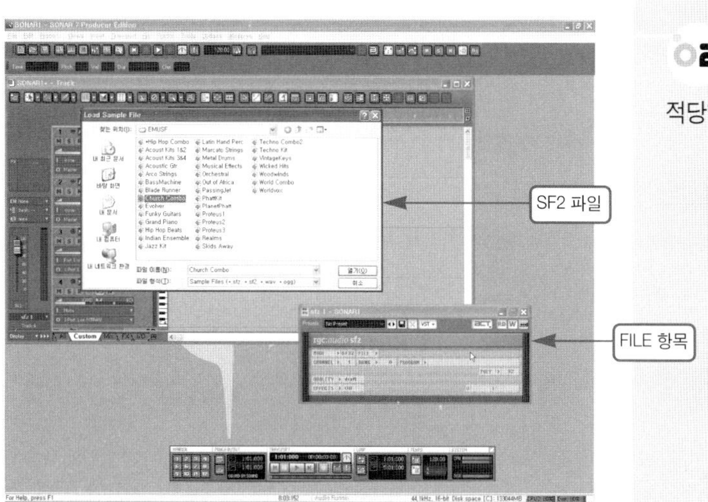

02 SFZ 패널의 FILE 항목을 클릭하여 창을 열고, 부록 CD의 SoundFont Library 폴더에서 적당한 SF2 파일을 불러옵니다.

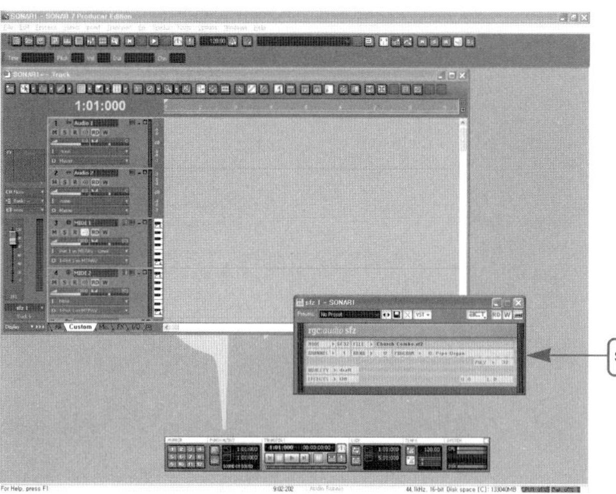

03 sfz 패널에는 채널(Channel), 뱅크(Bank), 프로그램(Program), 동시 발음 수(Poly)를 선택할 수 있는 항목과 사운드의 질(Quality), 이펙트 On/Off(Effects)를 선택할 수 있는 항목으로 구성되어 있습니다.

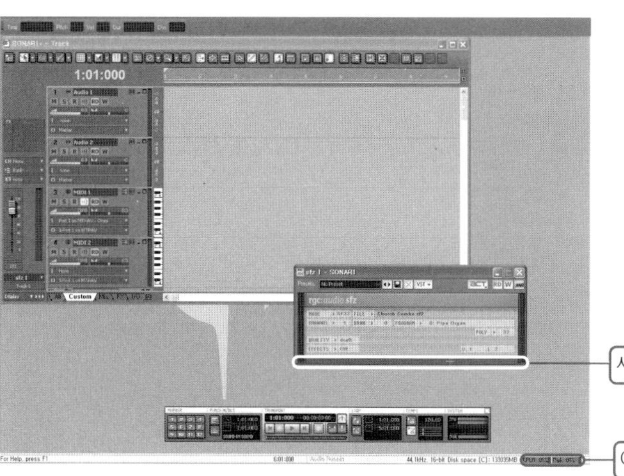

04 각 항목의 값들을 조정할 때, 패널 하단의 회색 바를 클릭하거나 드래그하여 사운드를 모니터 할 수 있습니다. 이때, 소나 7 화면 오른쪽 하단의 CPU 사용량 표시 레벨이 빨간색으로 표시되면 Poly, Quality 등의 값을 낮추는 것이 좋습니다.

10 SESSION DRUMMER 2

이전 버전에서 제공하던 Session Drummer는 드럼 리듬 패턴을 만들기에는 충분했지만, 별도의 음원을 가지고 있는 경우에만 사용할 수 있었기 때문에 별 의미가 없었습니다. 소나 7은 리듬 패턴뿐만 아니라 퀄리티 높은 음원을 첨가하여 손쉽게 드럼 리듬을 연출할 수 있는 VST 형식의 Session Drummer 2를 추가했습니다. 마치 드럼 연주자를 조수로 두고 있는 듯한 느낌을 가질 수 있는 Session Drummer 2의 기능을 살펴보겠습니다.

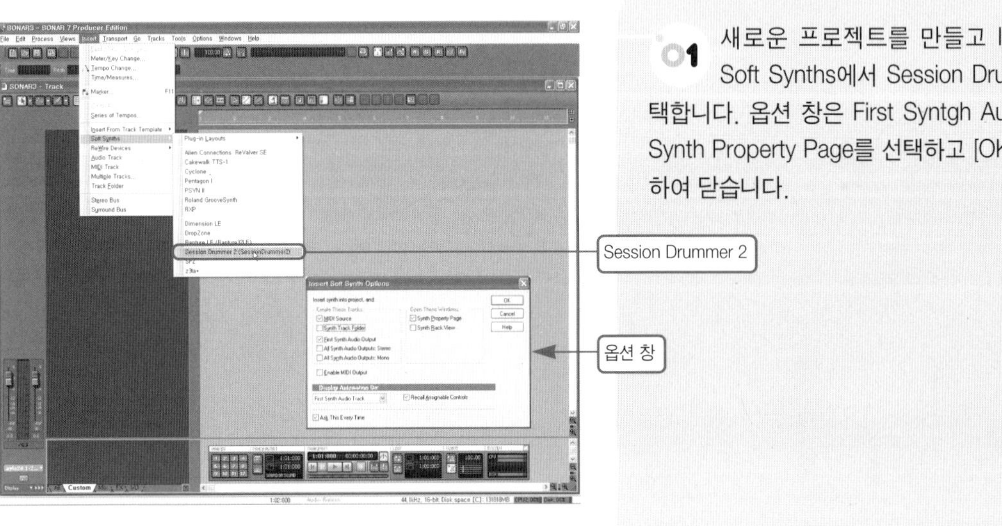

01 새로운 프로젝트를 만들고 Insert 메뉴의 Soft Synths에서 Session Drummer 2를 선택합니다. 옵션 창은 First Syntgh Audio Output과 Synth Property Page를 선택하고 [OK] 버튼을 클릭하여 닫습니다.

02 프로그램 항목을 클릭하여 Program Browser 창을 엽니다. 장르별로 폴더가 구분되어 있는 프로그램 목록을 볼 수 있습니다. Rock 폴더의 Room Rock.prog 파일을 더블 클릭하여 불러오겠습니다.

03 악기 그림이 있는 패드를 클릭하여 각각의 사운드를 모니터 할 수 있습니다. 이때, 그림의 위쪽을 클릭할수록 벨로시티가 강해집니다. 아래쪽부터 위쪽까지 차례로 클릭하여 차이점을 모니터 해봅니다.

04 각 패드에 로딩된 사운드는 사용자가 원하는 것으로 바꿀 수 있습니다. 변경하고자 악기를 선택하고, PAD 항목을 클릭하거나 패드 그림 위에서 마우스 오른쪽 버튼을 클릭하여 단축 메뉴를 열고 [Load Instrument]를 선택합니다.

05 Sfz, Wav, Aif, Ogg 등의 사운드 파일을 불러올 수 있는 Load Instrument 창이 열립니다. 개별적으로 소유하고 있는 샘플이 있다면 자신만의 Session Drummer 2 프로그램을 만들 수 있는 것입니다. 기능만을 설명하는 것이므로 [취소] 버튼을 클릭하여 창을 닫습니다.

06 각각의 패드 아래쪽에는 아웃 채널을 설정할 수 있는 번호가 있으며, 패턴의 연주를 솔로 (S)로 듣거나 뮤트(M)시킬 수 있는 버튼이 있습니다. Play 버튼을 클릭하여 사운드를 모니터 하면서 각각의 버튼을 실험해보기 바랍니다.

07 [뮤트]와 [솔로] 버튼 아래쪽에는 볼륨을 조정할 수 있는 Vol, 스테레오 범위를 조정할 수 있는 Width, 팬을 조정할 수 있는 Pan, 음정을 조정할 수 있는 Tune 노브가 있습니다. 각 노브의 구체적인 설명은 필요 없을 것입니다.

08 패턴을 이용한 리듬 작업을 해보겠습니다. 각 프로그램에는 A~H까지 8가지의 리듬 패턴이 있습니다. [Play] 버튼 오른쪽의 [Loop Pattern] 버튼을 On으로 놓고 [Play] 버튼을 클릭하여 반복 재생되게 하고, A~H까지의 버튼을 클릭하여 각각의 리듬 패턴을 모니터 해봅니다.

09 모든 패턴을 모니터 해보았다면 [Stop] 버튼을 클릭하여 정지하고, 미디로 연주할 패턴을 선택합니다. 그리고 MIDI 항목 오른쪽의 [음표] 버튼을 미디 트랙으로 드래그하여 미디 클립을 만듭니다.

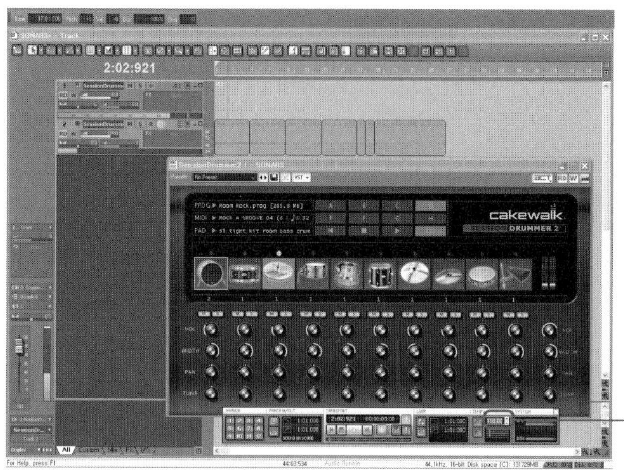

10 계속해서 원하는 패턴을 차례로 드래그하여 가져다 놓습니다. 템포를 변경하고, Space bar 키를 눌러 드럼 패턴을 연주해봅니다. 간단하게 드럼 파트를 완성할 수 있다는 것을 알게 되었습니다.

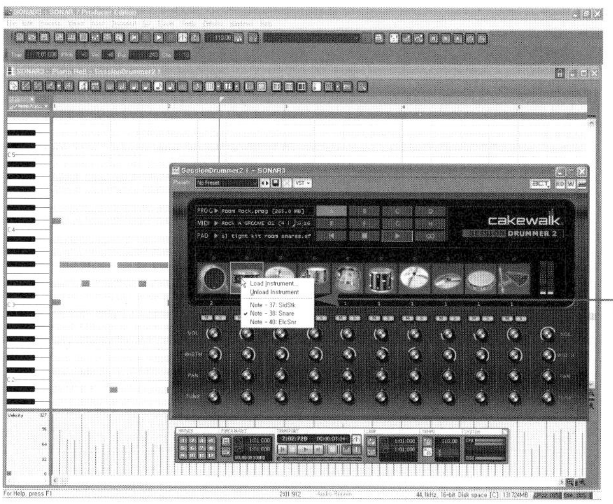

11 Session Drummer 2의 드럼 연주 패턴의 미디 클립을 더블 클릭하여 피아노 창을 열고, 사용자가 원하는 스타일로 변경할 수 있습니다. 각 노트에 할당되어 있는 음색을 알고 싶다면 패드에서 마우스 오른쪽 버튼을 클릭합니다.

패턴	노트	패턴	노트
Pattern A	Eb2	Pattern B	E2
Pattern C	F2	Pattern D	F#2
Pattern E	G2	Pattern F	G#2
Pattern G	A2	Pattern H	Bb2

12 Session Drummer 2의 패턴은 미디 노트로 컨트롤 할 수 있습니다. 즉, 앞에서와 같이 미디 항목의 음표를 드래그하여 미디 트랙으로 가져다 놓을 필요 없이 원하는 연주 길이만큼 각 패턴에 해당하는 노트를 입력하면 됩니다.

13 앞에서 입력했던 미디 클립을 Ctrl + A 키를 눌러 모두 선택하고, Delete 키를 눌러 삭제합니다. 그리고 마우스 오른쪽 버튼을 클릭하여 단축 메뉴를 열고, View 메뉴의 [Piano Roll]을 선택하여 창을 엽니다.

14 패턴에 할당되어 있는 노트를 입력합니다. 패턴의 길이가 4마디라면 4마디 길이로 입력하고, 한 마디 길이라면 한 마디로 입력하여 사용자가 원하는 연주 패턴을 만들어 봅니다. 앞에서 실습했던 패턴과 동일한 연주가 가능하다는 것을 알 수 있습니다.

15 Session Drummer 2의 패턴 노트를 리얼로 연주할 수 있기 때문에 친구들과 밴드 연습을 하거나, 혼자서 악기를 연습할 때도 유용할 것입니다. 사용자가 새롭게 구성한 프로그램이 있다면 Prog 항목의 메뉴에서 [Save program]을 선택하여 저장합니다.

11 DIMENSION PRO

소나 7에서 제공하는 대부분의 VST Instruments는 별도로 판매되고 있는 A급 음원입니다. 그 중에서 Dimension Pro와 Rapture는 Cakewalk사의 대표 VST Instruments인데, 소나 7에는 Dimension LE와 Rapture LE 제품을 기본으로 제공하고 있습니다. 본서에서는 소나 7의 패키지 상품인 Cakewalk Pro Suite 사용자를 위해서 Dimension Pro와 Rapture 버전까지 모두 살펴보겠습니다.

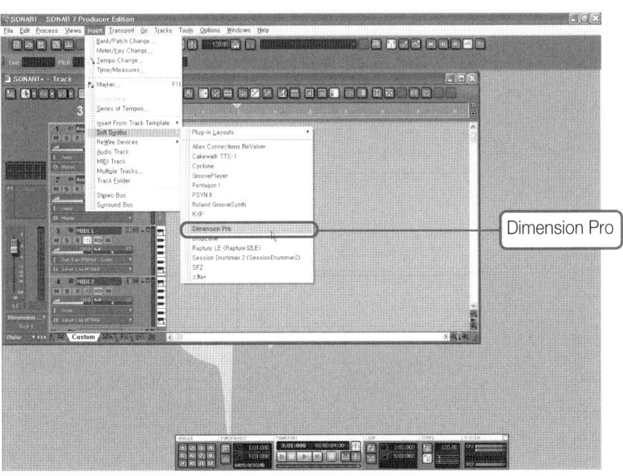

01 새로운 프로젝트를 만들고 Insert 메뉴의 Soft Synth에서 Dimension LE 또는 Dimension Pro를 선택합니다. 실습은 Cakewalk Pro Suite 사용자를 위한 Dimension Pro로 진행하겠습니다.

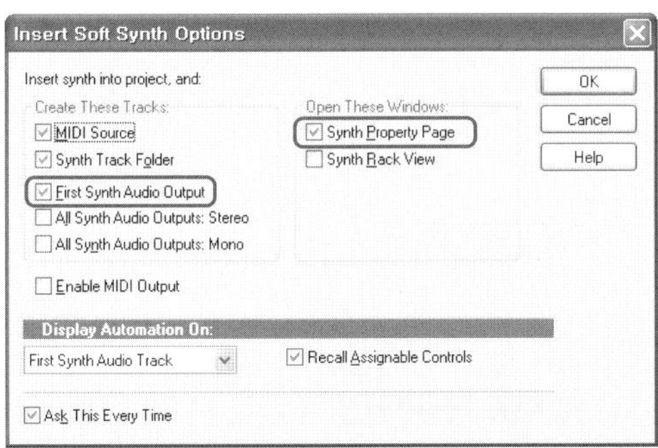

02 Insert Soft Synth Options 창에서는 First Synth Audio Output과 Synth Property Page 옵션을 선택하고 [OK] 버튼을 클릭합니다.

03 그림은 Dimension Pro 패널입니다. Dimension LE의 경우에는 제공되는 음색 수가 적다는 것 외에도 EQ 패널과 Modulators 항목이 없다는 차이가 있습니다. 그 외는 모두 동일하므로 Dimension LE 사용자도 학습을 진행하는 데는 문제가 없을 것입니다.

04 Dimension Pro에서 기본적으로 제공하는 프로그램은 프로그램 이름 표시 항목을 클릭하여 Program Browser 창을 열고, 폴더 목록에서 원하는 음색을 더블 클릭하여 사용하면 됩니다.

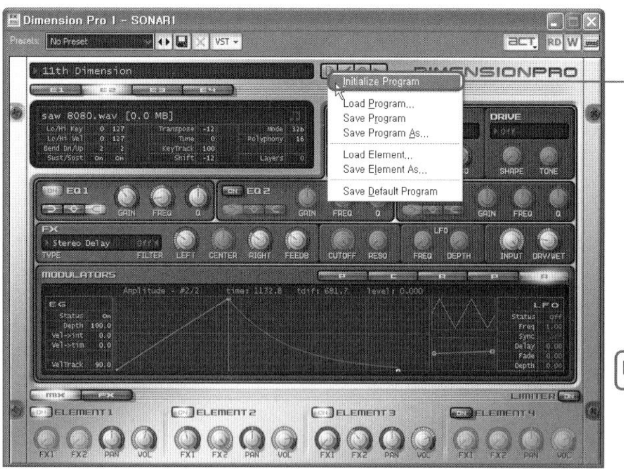

05 기본적으로 제공하는 프로그램 외에 사용자가 원하는 샘플을 로딩하여 음색을 만들어가는 과정을 살펴보겠습니다. [프로그램] 버튼을 클릭하여 메뉴를 열고 [Initialize Program]을 선택하여 초기화 합니다.

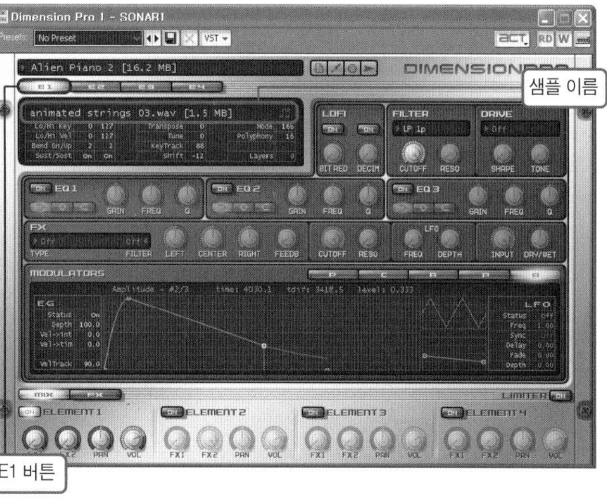

06 Dimension Pro는 총 4개의 Element를 제공합니다. 즉 4개의 샘플을 로딩하여 합성할 수 있다는 의미입니다. [E1] 버튼을 클릭하여 열고, 샘플 이름 표시 항목을 클릭합니다.

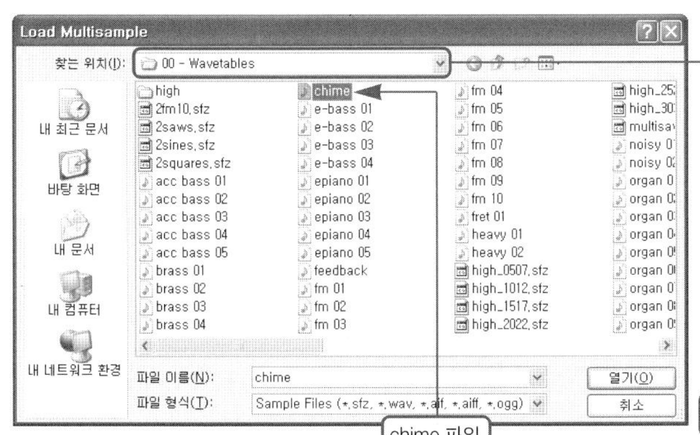

07 Dimension Pro에서 기본적으로 제공하는 샘플 파일들이 폴더 단위로 구분되어 있어 쉽게 이용할 수 있습니다. 그 밖에 Sfz, Wav, Aif, Ogg 등 사용자가 가지고 있는 샘플 파일도 자유롭게 이용할 수 있습니다. Wavetables 폴더의 chime 파일을 더블 클릭합니다.

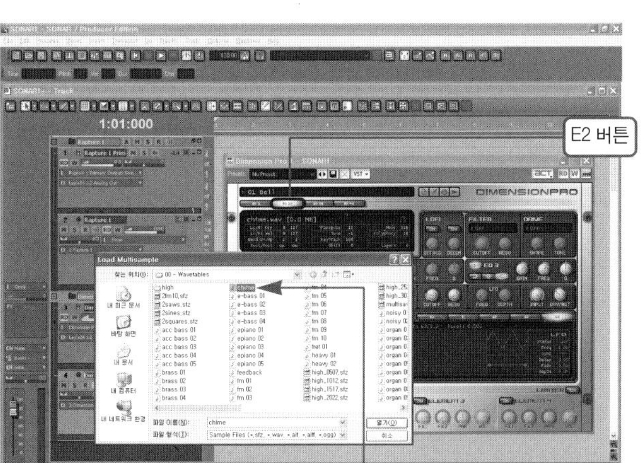

08 건반을 연주해보면 벨 사운드가 연주되는 것을 모니터 할 수 있습니다. [E2] 버튼을 클릭하여 Element 2 패널을 열고, Wavetables 폴더의 chime 파일을 불러옵니다. Elment1과 2에 같은 샘플을 불러온 것입니다.

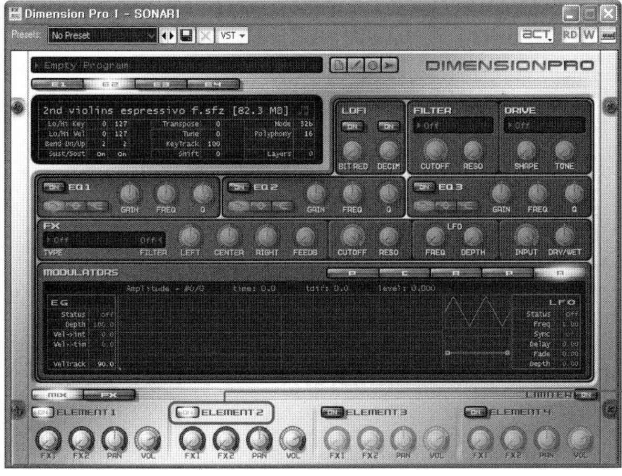

09 Element 2의 [On] 버튼을 클릭하여 활성화합니다. 그리고 건반을 연주해보면 2개의 샘플이 합성된 사운드를 모니터 할 수 있습니다. 같은 방식으로 Element 4까지 최대 4개의 샘플을 합성할 수 있습니다.

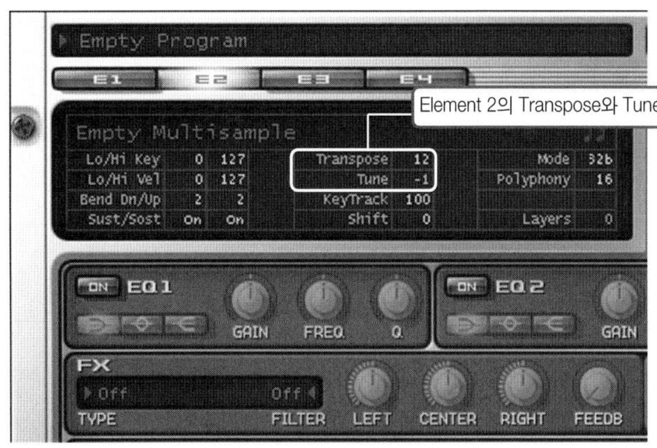

10 Lo/Hi Key, Lo/Hi Vel, Bend Dn/Up 등의 파라미터를 이용하여 불러온 샘플의 속성을 조정할 수 있습니다. 항목들을 조정하면서 실험을 해 보았다면 각각의 항목을 마우스 더블 클릭으로 초기화 시키고, Element 2 패널의 Transpose는 12, Tune은 -1로 조정합니다.

Tip 오실레이터의 기능

Element 패널에는 샘플의 속성을 컨트롤하는 역할의 파라미터들이 있습니다. 사운드의 기본은 이 부분에서 시작하며 사운드의 기본 파형을 결정하는 이 부분을 오실레이터(Oscillator) 패널이라고 합니다. 각 파라미터의 역할을 정리합니다.

Lo/Hi Key

샘플이 연주될 건반의 범위를 설정합니다. 피아노 건반의 가운데 도인 C5는 미디 노트 60에 해당합니다. 즉, E1의 Lo/Hi Key를 0~60으로 설정하고 E2의 Lo/Hi Key를 61~127로 설정하면 C5 이하의 노트는 E1의 샘플 사운드가 연주되고 C5이상의 노트는 E2의 샘플 사운드가 연주되는 음원을 만들 수 있는 것입니다. 참고로 소나 7에서는 가운데 도를 C5로 표시하고 있지만, 다른 프로그램에서는 C3 또는 C4로 표시하는 경우가 많으므로 착오 없길 바랍니다.

Lo/Hi Vel

Lo/Hi Key를 이해하고 있다면 쉽게 짐작할 수 있는 속성입니다. 벨로시티의 범위를 설정하는 것으로 건반을 약하게 연주할 때와 강하게 연주할 때의 사운드를 다르게 설정할 수 있습니다.

Bend Dn/Up

피치 휠 정보로 컨트롤 할 수 있는 음정의 범위를 설정합니다. 최고 2 Oct 범위로 조정할 수 있습니다.

Sust/Soft

미디 컨트롤 정보 64번인 서스테인 정보와 66번이 소스테누토 정보의 사용 여부를 On/Off 합니다.

Transpose

샘플 사운드의 음정을 최대 4 옥타브인 48 범위로 조정합니다. 1이 반음입니다.

Tune

샘플 사운드의 음정을 반음을 100으로 나눈 단위로 조정합니다. 실제로는 사운드의 음정을 조정하기 보다는 사운드를 두껍게 만드는 목적으로 많이 사용합니다.

Key Track

노트의 음정 간격을 조정합니다. 일반적으로 반음 간격인 100을 사용하지만, 특별한 스케일의 음정 간격이 필요한 경우에 값을 조정할 수 있습니다.

Shift

샘플 사운드의 기본 음정을 설정합니다. Transpose와 비슷한 결과지만, Shift는 샘플의 기본 음정을 바꾸는 역할이고 Transpose와 샘플의 음정을 바꾸는 역할이므로 혼동 없길 바랍니다.

Mode

16bit 또는 32bit 중에서 선택할 수 있습니다. 이것은 사용자 시스템이나 작업하는 곡의 샘플 비트에 맞춰서 사용하면 됩니다.

Polyphony

동시 발음 수를 설정합니다. 역시, 무조건 높게 설정하는 것 보다는 필요한 화음 수와 시스템 환경에 맞추는 것이 요령입니다.

Layers

샘플이 연주되는 레이어 수를 표시합니다. 이것은 샘플이 제작될 때, 결정되는 것으로 패널에서 변경할 수 없습니다.

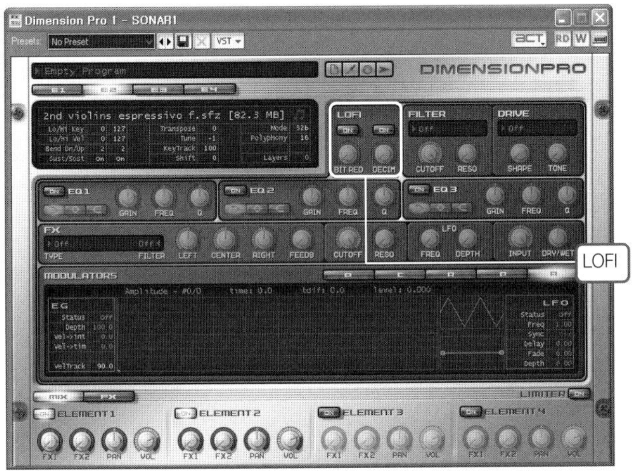

11 LOFI 패널은 BIT RED, DECIM의 두 가지 노브가 있습니다. BIT RED는 샘플 비트, DECIM은 샘플 레이트를 감소시켜 빈티지한 사운드를 연출하는 역할을 합니다. 실습에서는 사용하지 않을 것이므로 두 가지 모드 OFF 인 상태로 둡니다.

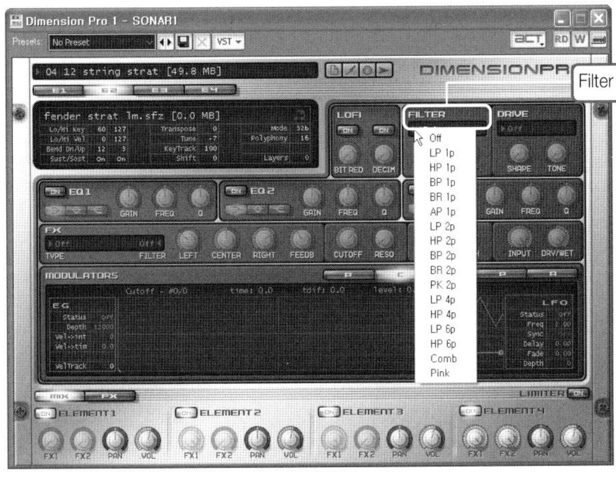

12 Filter 는 LP(Low-pass), HP(High-pass), BP(Band-pass), BR(Band-Reject), AP(All-pass), Pk(Peak), Comb, Pink 등의 다양한 타입을 제공합니다. 실습에서는 Filter를 적용하지 않을 것이므로 Off 상태로 둡니다.

필터의 종류

Filter는 CUTOFF 에서 설정한 주파수를 중심으로 RESO에서 설정한 값만큼 사운드를 차단하는 역할을 하는 것으로 종류에 따라 차단 방법
이 달라집니다. 필터는 이름 항목을 클릭하여 선택할 수 있고, 삼각형 아이콘을 클릭하면 열리는 메뉴를 이용해도 좋습니다.

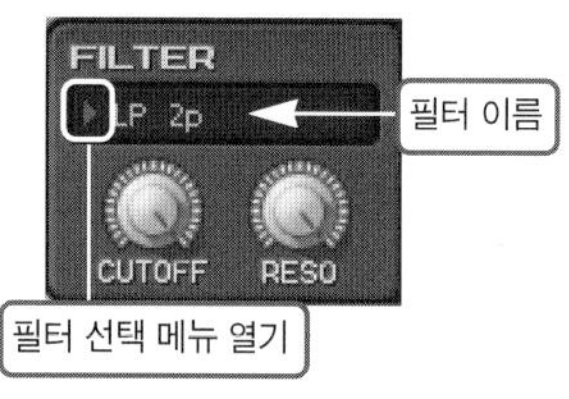

- LP 1P - Frequencies 이상의 주파수를 6dB 단위로 차단하는 Low Pass 필터입니다.

- HP 1p - Frequencies 이하의 주파수를 6dB 단위로 차단하는 High Pass 필터입니다.

- BP 1P - Frequencies 주파수를 제외한 나머지를 6dB 단위로 차단하는 Band Pass 필터입니다.

- BR 1P - Frequencies 주파수를 6dB 단위로 차단하는 Band Rejection 필터입니다.

- All Pass - 모든 주파수를 통과시키는 것으로 차이점을 느끼기 어렵습니다.

- LP 2P ~ BR 2P - 앞에 것과 동일한 필터지만, 차단 값이 12dB이라는 차이가 있습니다.

- PK 2P - Frequencies 주파수 범위는 6dB, 그 주변은 12dB로 차단합니다.

- LP 4P/ HP 4P - 조정 값이 24dB인 Low / High Pass 필터입니다.

- LP 6 P / HP 6P - 조정 값이 36dB인 Low/ High Pass 필터입니다.

- Pink - 핑크 노이즈를 추가합니다.

- COMB - 빗살 형으로 중복된 노치 필터라고 보아도 좋습니다.

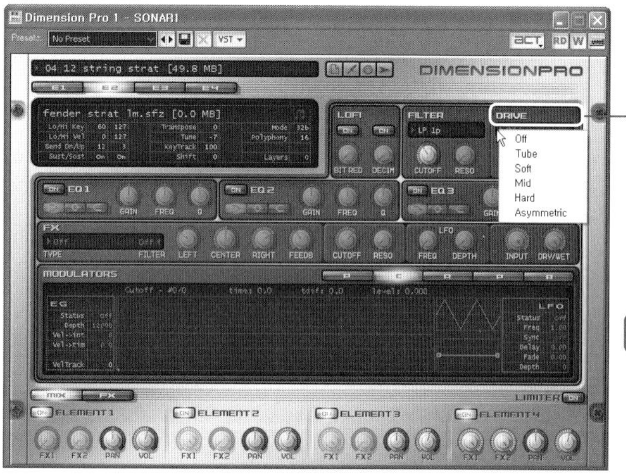

13 Drive 패널은 사운드에 디스토션 효과를 적용하는 역할을 하는 것으로 Tube, Soft, Mid, Hard, Asymmetric의 순서로 효과가 커집니다. Shape 노브는 Drive 적용 값을 조정하며, Tone은 Drive의 색깔을 조정합니다. 실습에서는 Off로 두겠습니다.

14 샘플의 속성과 LOFI, FILTER, DRIVE를 이용해서 사운드의 기본 톤을 만들었다면 EQ를 이용해서 색깔을 조정합니다. Dimension Pro는 3개의 EQ를 제공하고 있으며 각각 [On] 버튼으로 적용 여부를 결정합니다.

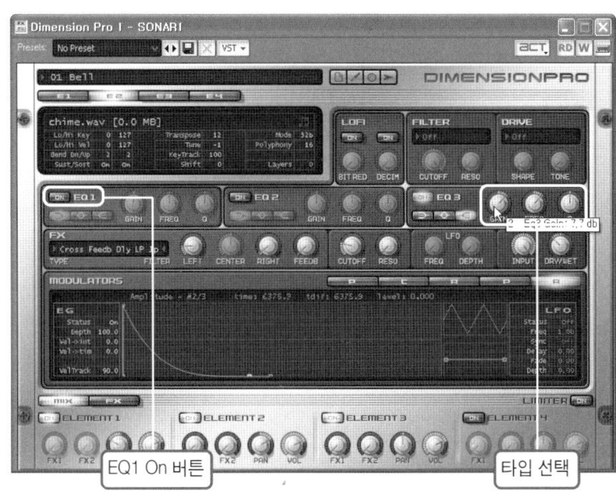

15 Elment2 패널의 EQ3 버튼을 On으로 하고, 하이 쉘빙 타입을 선택합니다. 레벨을 결정하는 Gain은 7.7dB, 조정 주파수를 결정하는 FREQ는 1940.1Hz, 범위를 조정하는 Q는 1.0으로 하여 고음역을 증가시킵니다. 예제 값보다는 EQ를 조정했을 때의 사운드 변화를 모니터 해보면서 다양하게 실험을 해보기 바랍니다.

EQ 패널의 3가지 타입 선택 버튼은 왼쪽 것이 로우 쉘빙, 가운데가 파라메트릭, 오른쪽이 하이 쉘빙 타입니다.

16 FX 패널은 샘플에 다양한 딜레이를 적용합니다. FX 패널의 삼각형을 클릭하면, Dimension Pro에서 제공하는 이펙트의 종류를 볼 수 있습니다. Elment2에서 FX를 [Cross Feedb Dly]로 선택하고 Filter 는 LP 1p를 선택합니다.

17 선택한 FX는 왼쪽, 중앙, 오른쪽 마다 다른 값을 지정할 수 있는데, Left를 1/4 Center를 1, Right를 1/8로 설정합니다. 그리고 반복 값을 설정하는 Feedb은 2.00% 정도로 하겠습니다.

18 Cutoff와 Reso는 FX 패널에서 선택한 필터의 적용 주파수와 값을 조정합니다. LOFI 오른쪽의 Filter는 사운드에 필터를 적용하는 것이고, FX Filter는 FX 패널에서 선택한 이펙트에 필터를 적용하는 것입니다. Element 2의 Cutoff 값을 50.1Hz로 조정합니다.

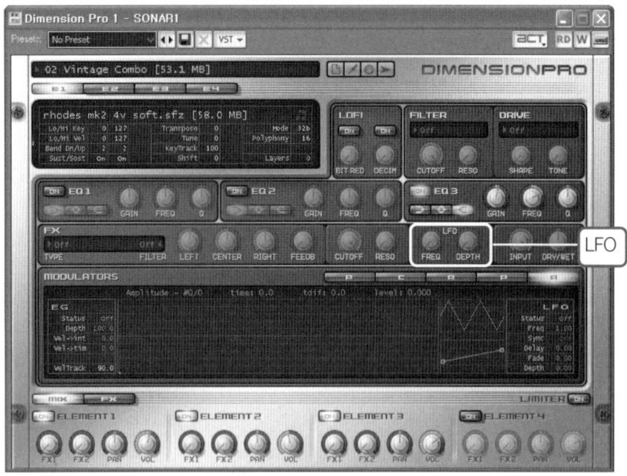

19 LFO는 Low Frequency Oscillation의 약자로 저주파를 발생시켜 비브라토 효과를 연출합니다. 노브는 주파수를 설정하는 FREQ와 변조 폭을 조정하는 DEPTH로 구성되어 있습니다. 실습에서는 사용하지 않겠습니다.

20 Input는 FX 패널에서 선택한 딜레이의 입력 레벨을 설정하는 것이고, DRY/WET는 딜레이와 원본 사운드의 비율을 설정합니다. Input은 100%로 하고, DRY/WET는 기본 값이 67:33으로 이펙트가 많이 적용되게 합니다.

21 MODULATOR 패널은 샘플의 변화를 엔벨로프 라인으로 컨트롤 하는 역할을 하며 총 5가지의 세션을 제공합니다. 각 세션은 P(Pitch), C(Filter Cut-off), R(Filter resonance), P(Panning), A(Amplitude) 버튼으로 선택합니다.

 엔벨로프

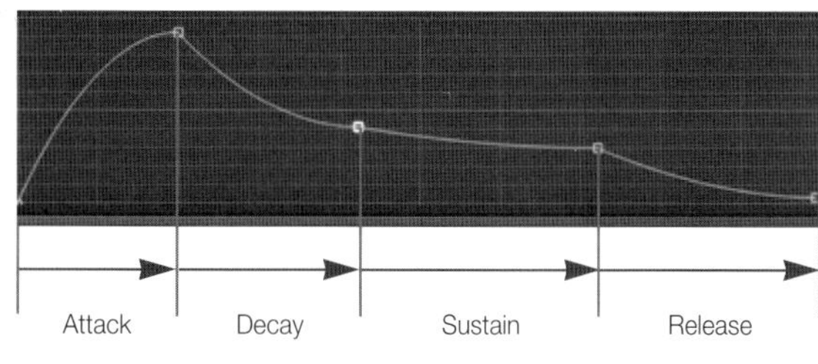

엔벨로프는 사운드가 발생하는 시점에서 소멸되기까지의 시간을 4단계로 구분하여 표시하는 것을 말하는 것으로 시작점에서 최고 레벨까지를 어택(Attack), 최고레벨에서 중간 레벨 까지를 디테이(Decay), 중간 레벨이 유지되는 시간을 서스테인(Sustain), 소리가 소멸되기 까지를 릴리즈(Release)로 구분합니다. 흔히 ADSR이라고 줄여서 표기합니다.

22 Envelope Generator(EG) 에서 엔벨로프의 사용 여부를 결정하는 Status 항목을 클릭하여 On으로 합니다. 그 밖에 Depth, Vel-int, Vel-Tim, Weltrack는 그대로 둡니다.

 Envelope Generator의 옵션

엔벨로프의 사용 여부를 결정하는 EG 항목에는 Status 외에 Depth, Vel-int, Vel-Tim, Veltrack 옵션이 있습니다. 각 옵션의 역할을 살펴보겠습니다.

• Status - 마우스 클릭으로 엔벨로프의 사용여부를 On/Off 합니다.
• Depth - 마우스 드래그로 엔벨로프의 변화 폭을 조정합니다.
• Vel-int - 마우스 드래그로 벨로시티에 따른 엔벨로프의 반응도를 설정합니다.
• Vel-Tim - 마우스 드래그로 벨로시티에 따른 엔벨로프의 속도를 설정합니다.
• Veltrack - 마우스 드래그로 음정에 따른 엔벨로프의 레벨을 결정합니다.

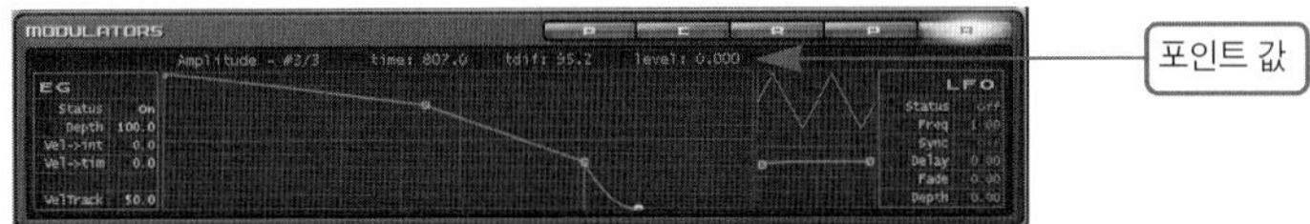

23 엔벨로프 라인은 마우스 오른쪽 버튼을 클릭하여 포인트를 만들고, 마우스 드래그로 포인트를 드래그하여 조정합니다. 포인트 사이의 곡선은 마우스 드래그로 조정할 수 있고 더블 클릭으로 초기화 할 수 있습니다. 그리고 포인트는 마우스 오른쪽 버튼을 클릭하여 제거합니다.

Tip ▸ 엔벨로프 포인트 값

디스플레이 상단에는 선택한 포인트의 위치와 값을 표시하는 항목들이 있으며 각각의 역할은 다음과 같습니다.

- Number - 작업 중인 엔벨로프 라인의 종류와 선택한 포인트가 몇 개 중에서 몇 번째의 것인지를 표시합니다. 엔벨로프 라인의 종류는 P(Pitch), C(Cutoff), R(Resonance), P(Pan), A(Amplitude) 버튼으로 선택합니다.
- Time - 선택한 포인트의 위치를 표시합니다. 디스플레이 공간은 마우스 휠로 확대/축소 할 수 있으며 디스플레이 하단을 드래그하여 위치를 이동할 수 있습니다.
- Tdif - 선택한 포인트와 앞 포인트와의 거리를 표시합니다.
- Level - 선택한 포인트의 레벨 값을 표시합니다.

24 포인트를 선택하고 S 키를 누르면 선택한 포인트를 서스테인 구간으로 설정할 수 있으며, 서스테인 포인트를 기점으로 반복시킬 구간을 설정할 때는 L 키를 누릅니다. 서스테인 위치는 포인트에 오렌지색 라인으로 표시되고 반복 구간을 사각형으로 표시됩니다.

25 구간 별로 벨로시티에 의한 변화 값을 설정 하고 싶다면 V 키를 누르고, 마우스를 위/ 아래로 드래그하며 음정 별로 변화 값을 설정하고 싶다면 K 키를 누르고 드래그합니다. 벨로시티 변 화 폭은 파란색, 음정에 의한 변화 폭은 오렌지 색으 로 표시됩니다.

26 Element1의 Amplitude 는 그림을 참조하여 3 개의 포인트를 만들고, 1번 포인트는 Time 0, tdif 0, level 0.978, 2번 포인트는 time 5573.9, tdif 5573.9, level 0, 3번 포인트는 time 6576.4, tdif 1002.5, level 0.0으로 하여 어택이 짧은 사운드를 만듭니다.

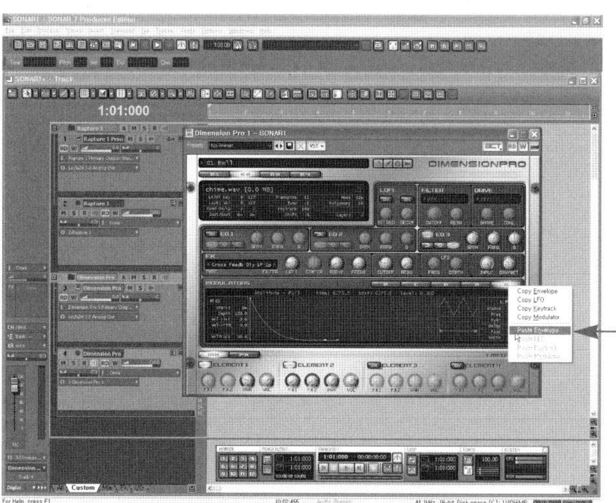

27 Element 1의 [A(Amplitude)] 버튼을 마우스 오른쪽 버튼을 클릭하여 메뉴를 열고 [Copy Envelope]를 선택합니다. 그리고 Element 2에서 Paste Envelope를 선택하여 복사합니다. 복사 메뉴 에는 Envelope 외에도 LFO, Keytrack, Modulator 가 있습니다.

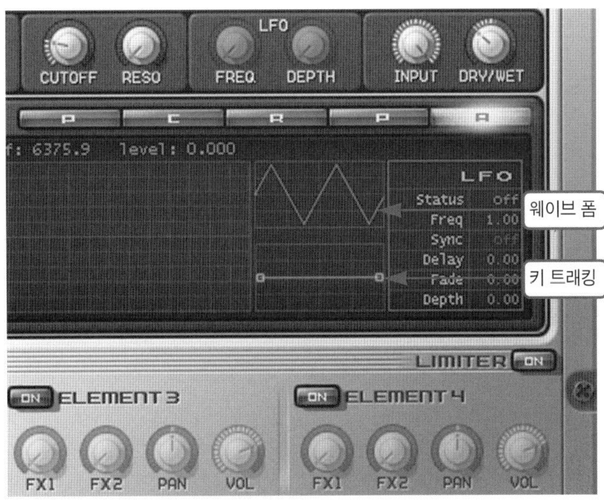

28 복사한 엔벨로프 라인의 3번 포인트를 time 6375.9 위치로 드래그하여 Element 1 보다 조금 길게 설정합니다. LFO의 웨이브 폼은 마우스 클릭으로 선택할 수 있고, 음정에 따라 LFO의 적용 레벨을 설정하는 키 트래킹은 마우스 드래그로 조정할 수 있습니다.

LFO 옵션

LFO 패널에는 사용여부를 결정하는 Status 외에 Freq, Sync, Delay, Fade, Depth 옵션이 있습니다. 각 옵션의 역할은 다음과 같습니다.

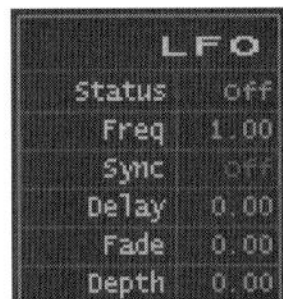

- Status - 모듈레이션 LFO의 사용여부를 결정하는 On/Off 스위치 입니다.
- Freq - 마우스 드래그로 LFO의 속도를 조정합니다.
- Sync - LFO를 사용자가 원하는 비트 수에 맞출 수 있습니다.
- Delay - LFO가 발생하는 시작 타임을 설정합니다.
- Fade - LFO의 페이드 인 타임을 설정합니다.
- Depth - LFO의 폭을 설정합니다.

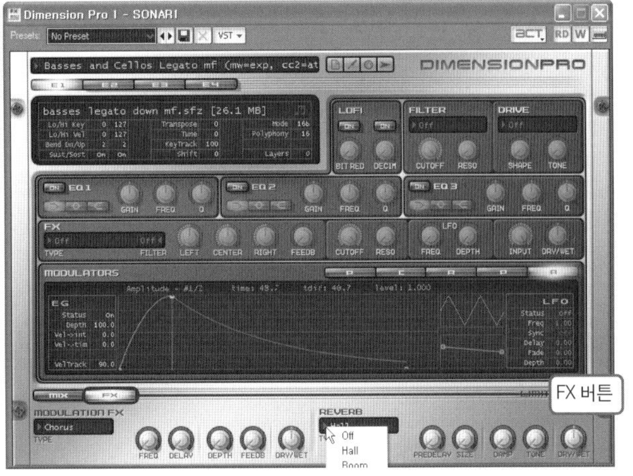

29 사운드 샘플을 불러와서 필터와 EQ를 적용하고 모듈레이션을 조정하면서 음색을 만들어보았습니다. 완성한 음색에 이펙트를 적용하겠다면 [FX] 버튼을 클릭하여 패널을 열고 Modulation FX 와 Reverb에서 원하는 이펙트를 선택합니다.

30 Modulation Fx에는 주파수를 조정하는 FREQ, 지연 값을 조정하는 Delay, 폭을 조정하는 Depth, 반복 값을 조정하는 Feedb, 비율을 조정하는 DRW/WET 노브가 있으며, Reverb에는 초기 반사음(Predelay), 크기(Size), 고주파의 울림(Damp), 톤(Tone), 비율(DRW/WET) 노브가 있습니다.

31 실습에서는 FX를 적용하지 않겠지만 적용한 이펙트가 있다면, MIX 패널의 FX1 (Modulation Fx), FX2(REVERB) 노브를 이용해서 값을 조정합니다. 사운드 최종 출력의 PAN과 볼륨(VOL)은 Element 1을 -42%, 75%, Element 2를 44%, 75%로 설정합니다. 리미터를 적용하겠다면, [Limiter] 버튼을 On으로 합니다.

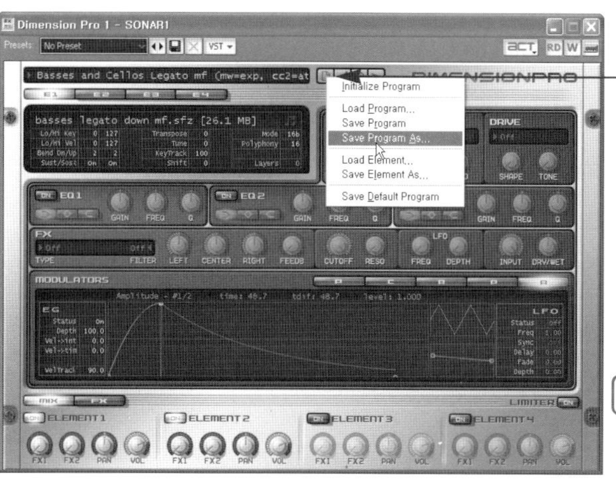

32 실습에서는 Dimension Pro의 패널을 이해하기 위해서 음색이 만들어지는 과정을 단계별로 살펴보았지만, 실제로는 프로그램을 불러와서 작업하는 음악에 어울리게 조금씩 변경해서 사용합니다. 조정한 음색은 Save Program As 메뉴로 저장하여 다른 음악 작업을 할 때 이용할 수 있습니다.

33 [메뉴 열기] 버튼 오른쪽의 [옵션] 버튼을 클릭하면 4개의 Element 를 각각의 채널로 이용할 수 있는 Set Program as Multimbral과 랜더링할 때, 음질을 개선시키는 Use sinc interpolation when freezing/rendering 옵션을 선택할 수 있는 창이 열립니다.

34 옵션 버튼 오른쪽의 [Matrix] 버튼은 미디 컨트롤 정보를 조정할 파라미터를 설정할 수 있는 MIDI Matrix 창이 열립니다. Source 칼럼에서 컨트롤 정보를 선택하고 Detonating에서 파라미터를 선택합니다.

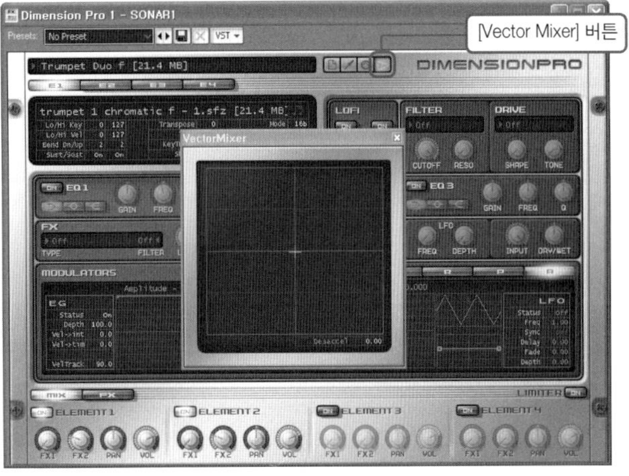

35 [Vector Mixer] 버튼은 4개의 Element를 실시간으로 믹스할 수 있는 패널을 엽니다. 창은 4개로 나뉘어져 있으며 아래쪽의 왼쪽이 Element1, 오른쪽이 Element2이고, 위쪽의 Element3, 오른쪽이 Element4 입니다.

12 RAPTURE

Rapture는 Element를 6개 제공하고 있다는 차이가 있을 뿐, Dimension Pro와 음색이 만들어지는 경로와 방식이 같기 때문에 별다른 어려움은 없을 것입니다. Cakewalk사는 Rapture를 별도로 판매하고 있으며, 소나 7에는 Modulators Envelope와EQ 패널이 제외된 Rapture LE 버전을 제공하고 있습니다. 실습은 Cakewalk Pro Suite 사용자를 위한 Rapture를 가지고 진행하겠습니다.

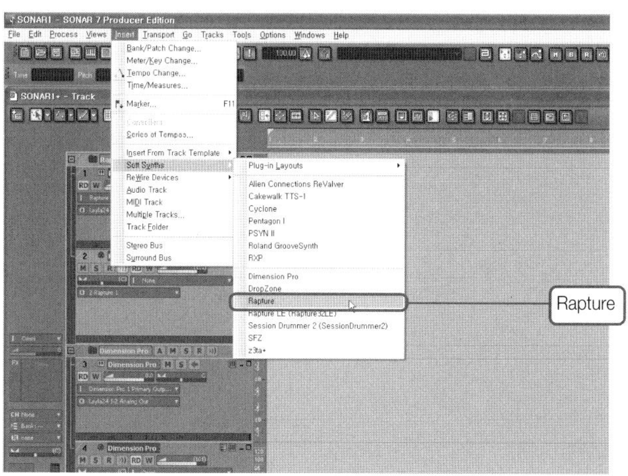

01 새로운 프로젝트를 만들고, Insert 메뉴의 Soft Synth에서 Rapture 또는 Rapture LE 를 선택합니다. 실습에서는 cakewalk Pro Suite 사용자를 위한 Rapture로 진행하겠습니다.

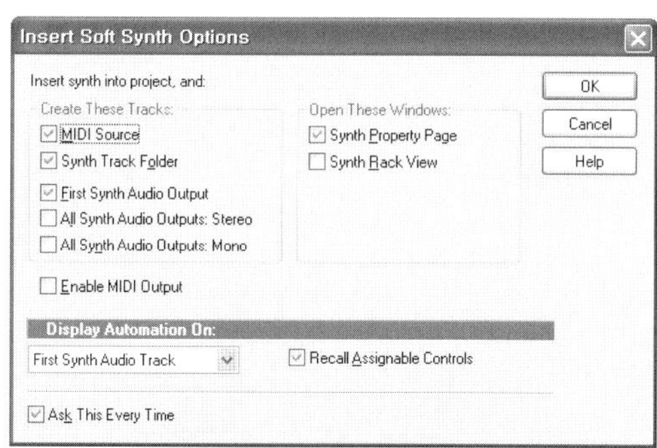

02 Insert Soft Synth Options 창이 열립니다. MIDI Source, First Synth Audio Output, Synth Property Page 등의 옵션이 선택되어 있는 기본 값을 확인하고 [OK] 버튼을 클릭합니다.

03 그림은 Rapture 패널입니다. Rapture LE의 경우에는 제공되는 음색 수가 적다는 것 외에도 Modulators Envelope 항목과 EQ 패널이 없다는 차이가 있습니다. 그 외는 모두 동일하므로 Rapture LE 사용자도 학습을 진행하는 데는 문제가 없을 것입니다.

04 Rapture에서 기본적으로 제공하는 음색은 프로그램 이름 표시 항목을 클릭하면 열리는 Program Browser 창의 폴더 목록에서 원하는 음색을 찾아 더블 클릭하면 됩니다.

05 샘플 사운드를 불러와 음색을 만들어보는 과정을 살펴보면서 Rapture를 학습하겠습니다. Program Browser 창을 닫고, [프로그램] 버튼을 클릭하여 Initialize Program 메뉴로 Rapture를 초기화 합니다.

06 Rapture는 총 6개의 Element 패널을 제공합니다. 즉, 6개의 샘플을 불러와서 합성을 할 수 있다는 것입니다. [E1] 버튼을 클릭하여 Element 1 패널을 열고 Empty라고 표시되어 있는 샘플 이름 항목을 클릭합니다.

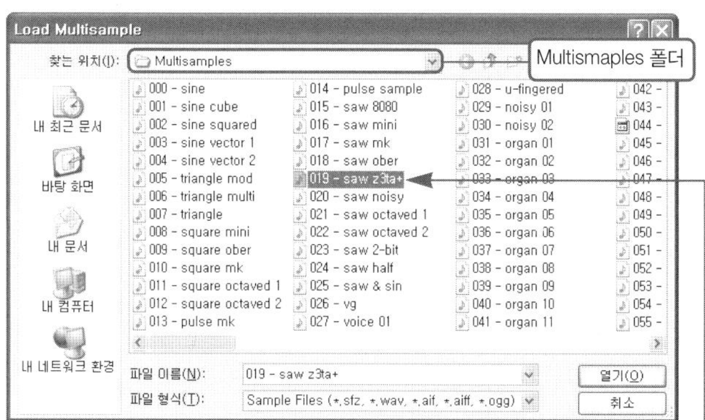

07 Sfz, Wav, Aif, Ogg 등의 샘플을 불러올 수 있는 Load Multisample 창이 열립니다. Rapture에서 기본적으로 제공하는 샘플을 불러와서 실습을 진행하겠습니다. Multismaples 폴더의 019-saw z3ta+ 파일을 더블 클릭합니다.

08 [E2] 버튼을 클릭하여 Element 2 패널을 열고, Element 1과 같은 019-saw z3ta+ 파일을 불러옵니다. 두 개의 019-saw z3ta+ 샘플을 불러와 합성을 해보면서 Rapture 소프트 음원의 파라미터 기능을 살펴보겠습니다.

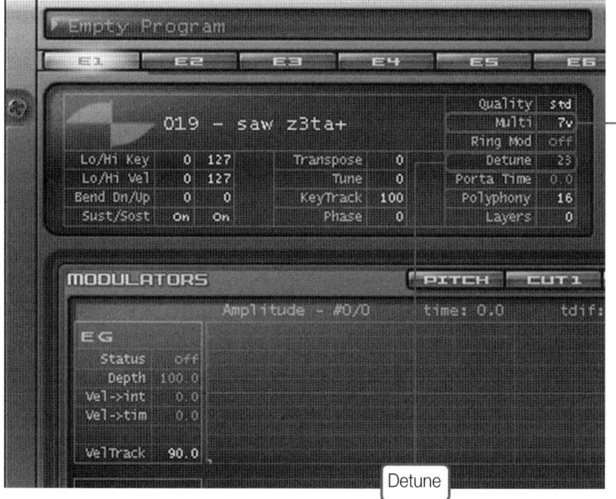

09 Dimension Pro를 이미 학습한 상태라면 별다른 설명 없이도 사용할 수 있는 것이 Rapture 입니다. 중복되는 세부 설명은 제외하고 프로그램을 만들어 보겠습니다. E1의 오실레이터 패널에서 Multi 항목을 클릭하여 7V로 설정하고 Detune을 23으로 조정합니다.

가정교사

실습으로 제공하는 값 보다는 사운드의 변화를 모니터하면서 기능을 익히는 것이 좋습니다.

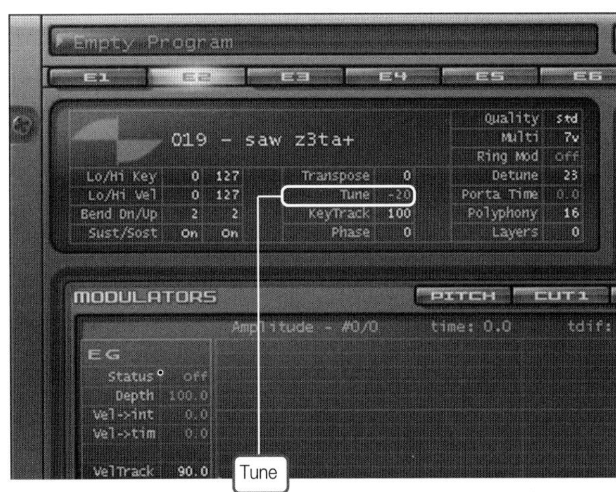

E2 패널 역시 Multi를 7V, Detune을 23으로 설정합니다. 그리고 Tune을 -21으로 설정하여 E1의 사운드와 음정을 다르게 설정합니다. 이것은 사운드를 조금 두껍게 만드는 효과를 연출하는 것입니다.

Tip 오실레이터 파라미터

샘플의 속성을 결정하는 오실레이터 파라미터는 Dimension Pro와 비슷합니다. 여기서는 Dimension Pro에 없는 옵션들만 정리하겠습니다.

Lo/Hi Key ~ Keytrack

Polyphony와 Layers를 포함하여 총 11가지의 파라미터는 Dimension Pro에서 살펴본 것과 동일합니다.

Phase

파형의 초기 위상을 조정합니다. 위상은 파형의 각도를 말합니다.

Quality

사운드의 퀄리티를 결정합니다. 시스템이 넉넉하다면, Hi 옵션을 사용합니다.

Multi

오실레이터의 보이스를 세로로 겹쳐 입체감을 만들어줍니다. 겹쳐진 보이스의 간격은 Detune으로 결정합니다.

Ring Mod

오실레이터의 보이스를 가로로 겹쳐 사운드의 폭을 넓여줍니다. 겹쳐진 보이스의 간격은 Detune으로 결정합니다.

Detune

Multi 또는 Ring Mod 옵션을 사용할 때, 각 보이스의 간격을 최대 100Cent(반음) 단위로 조정합니다.

Porta Time

Polyphony를 모노(0)모드로 사용할 때의 포르타멘토 타임을 최대 10초 단위로 조정합니다.

Polyphony

사운드의 동시 발음 수를 결정합니다. 무조건 많은 수 보다는 작업하는 곡의 노트 수와 시스템을 고려하여 설정하는 것이 좋습니다

11 두 개의 샘플을 적절한 비율로 믹스합니다. E1의 PAN을 왼쪽으로 40% 정도로 하고, VOL은 45% 정도로 낮춥니다. E2는 Pan을 오른쪽으로 45%로 하고, VOL을 E1과 같은 비율로 낮춥니다. 그리고 전체 마스터 볼륨을 조금 줄입니다.

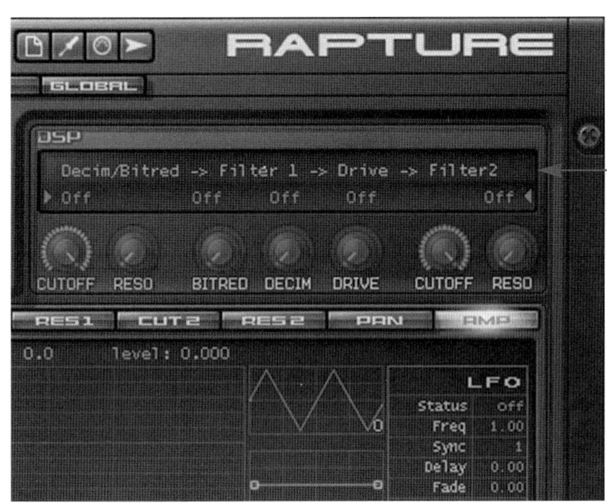

12 DSP 패널은 필터, 드라이브, LoFi 파라미터를 포함하고 있습니다. 전속 과정은 총 4가지 이며 링크 항목을 클릭하여 변경할 수 있습니다. E1과 E2 모두 Decim/Bitred → filter 1 → Drive → Filter 2로 설정합니다.

Tip ▸ DSP 연결 방식

DSP 연결 방식은 마우스 클릭으로 총 4가지 중에서 선택할 수 있습니다. 각 항목의 역할과 기능은 Dimension Pro를 참조하기 바랍니다.

1. Decim/Bitred → Filter 1 → Drive → Filter2
2. Filter 1 → Decim/Bitred → Drive → Filter2
3. Filter 1 → Drive → Filter 2 → Decim/Bitred
4. Filter 1 → Decim/Bitred → Filter 2 → Drive

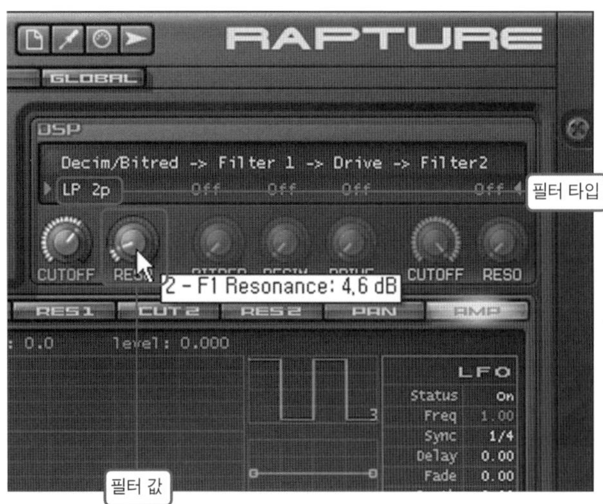

13 E1과 E2 모두 LP 2p 필터를 선택하고, E1 의 Cutoff 값은 635 Hz, Reso는 7.0 dB, E2 의 Cutoff는 1346.6Hz, Reso는 4.6dB로 하여 모두 고음역을 조금씩 차단하겠습니다. 필자가 제시하는 값보다는 실험을 해보면서 자신의 취향에 맞는 사운 드를 구현해보기 바랍니다.

가정교사

필터 타입은 마우스 클릭으로 선택하거나 작은 삼각형을 클릭 하면 열리는 메뉴에서 선택합니다. 필터의 종류와 역할은 Dimension Pro를 참조하기 바랍니다.

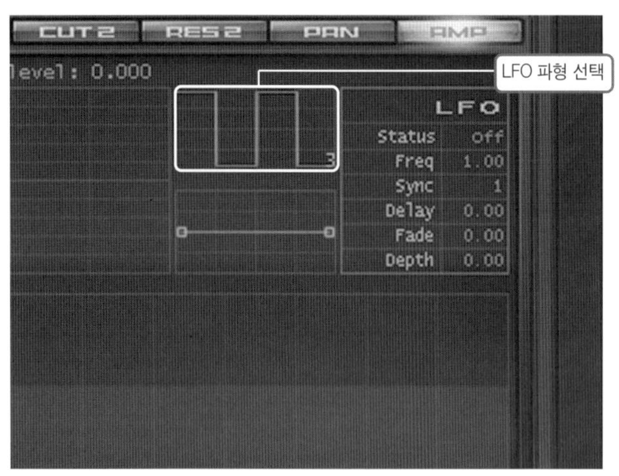

14 Modulators 패널은 Pitch, Cut1, Res1, Cut2, Res2, pan, Amp의 7가지 항목이 있 으며, 각 항목별로 Envelope Generators(EG), LFO, STEP을 편집할 수 있습니다. 실습에서는 E1과 E2 의 AMP 에서 LFO 파형 항목을 클릭하여 3번의 사 각파로 설정합니다.

가정교사

엔벨로프 라인의 편집 방법과 파라미터의 역할은 Dimension Pro를 참조하기 바랍니다.

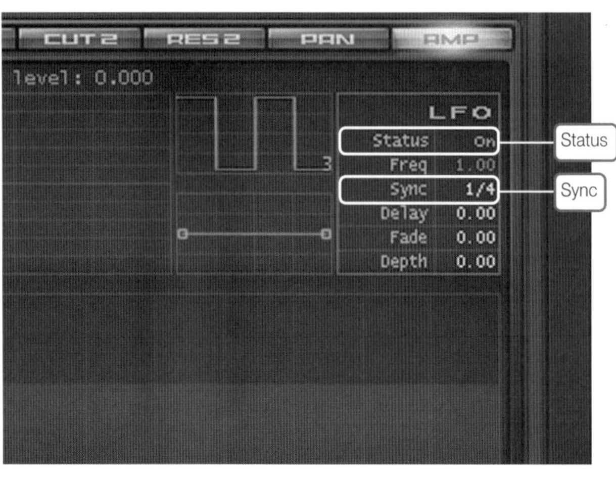

15 LFO 패널에서는 Status 항목을 클릭하여 On으로 설정하고, Sync 항목을 클릭하여 1/4 비트로 설정합니다. 각각의 항목을 마우스 왼쪽 버튼을 클릭하면 목록이 상승하고 오른쪽 버튼으로 클릭하여 목록이 하강합니다.

가정교사

LFO 파라미터의 역할과 기능은 Dimension Pro를 참조하기 바랍니다.

16 Step은 사운드의 변화를 비트 단위로 컨트롤할 수 있게 하는 역할을 합니다. Status 항목을 On으로 하고 Steps을 32 비트로 설정합니다. 그리고 그림을 참조하여 마우스 드래그로 스텝 바를 그립니다.

Tip Step Generator

Rapture의 Step Generator는 사운드의 Pitch, Filter, Pan, Amp 등을 비트 단위로 컨트롤 할 수 있는 역할을 합니다. 스텝 단위는 최대 128 비트까지 설정할 수 있으며, 각 비트의 증/감 폭은 마우스 드래그로 조정합니다.

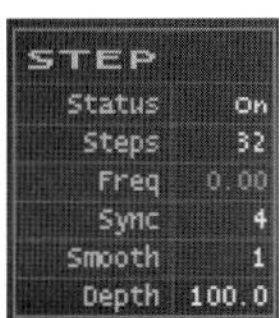

- Status - 스텝 제너레이터의 기능을 On/Off 합니다.
- Steps - 스텝의 단위를 최대 128비트까지 설정합니다.
- Freq - Sync 항목을 off로 할 때 스텝의 주기를 조정합니다.
- Sync - 스텝의 주기를 템포에 일치시킵니다.
- Smooth - 스텝의 변화 시간을 최대 1초(1000ms)로 설정합니다.
- Depth - 스텝의 변화 폭을 설정합니다.

17 E1에서 설정한 스텝 바는 마우스 오른쪽 버튼을 클릭하여 단축 메뉴를 열고, [Copy Steps]를 선택합니다. 그리고 E2에서 Paste Steps을 선택하여 복사합니다.

스텝 바의 단축 메뉴

스텝 바는 설정 값을 복사하는 Copy Steps과 복사한 스텝을 붙이는 Paste Steps 외에도 다음과 같은 단축 메뉴가 있습니다.

- Reset Steps - 스텝 바를 초기화 합니다.
- Randomize Steps - 스텝 바를 Rapture가 인위적으로 만들어줍니다. 메뉴를 선택할 때 마다 다양한 형태의 스텝 바를 만들 수 있습니다.
- Reverse Step Levels - 스텝 바의 위치를 앞/뒤로 바꿉니다.
- Invert Step Levels - 스텝 바의 상/하 위치를 바꿉니다.
- Mirror Step Levels - 스텝 바의 중간을 기준으로 왼쪽과 오른쪽을 같게 합니다.
- Copy Steps - 스텝을 복사합니다.
- Paste Steps - 복사한 스텝을 붙입니다.
- Snap to 10 ~ 24 Levels - 스텝 바를 10, 12, 24 단계로 조정할 수 있게 합니다. No Snap 은 스넵 기능을 사용하지 않고 자유롭게 조정
  되게 합니다.

18 Rapture는 Dimension Pro와 같이 3가지 타입의 EQ를 제공하고 있으며 각각 [On] 버튼을 클릭하여 적용 여부를 결정합니다. 실습에서는 EQ를 적용하지 않겠습니다.

19 사운드에 이펙트를 첨가할 수 있는 Insert FX 패널 역시 Dimension Pro와 동일하게 이펙트 Type, Filter, LFO 등을 컨트롤 할 수 있는 항목들로 구성되어 있습니다. 각각의 이펙트를 모니터 해보고 Off를 선택합니다.

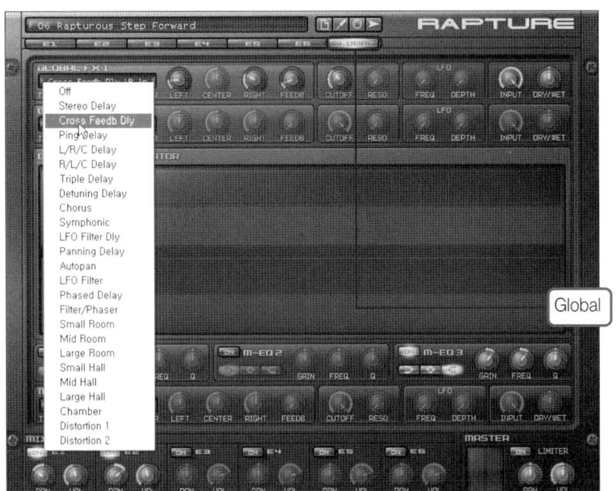

20   Global은 전체 사운드에 추가할 수 있는 두 개의 FX, 좌/우 채널의 Step, EQ, Master FX 로 구성되어 있습니다. Global FX1에서 [Cross Feadb Dly] 타입을 선택합니다.

21   Filter는 LP 1p를 선택하고 Left는 1/4, Right 는 1/2, Feedb은 12.50%, Cutoff는 146.9Hz, Input은 100%로 설정하여 저음역에 딜레이 효과를 만들어봅니다.

22   M-EQ3의 [On] 버튼을 클릭하고 EQ 타입은 오른쪽의 하이 패스를 선택합니다. 그리고 gain은 6dB, Freq는 1575.9Hz 로 설정하여 전체 사운드의 고음역을 조금 강조합니다. 필요하다면 Limiter의 [On] 버튼을 클릭하여 적용해도 좋습니다.

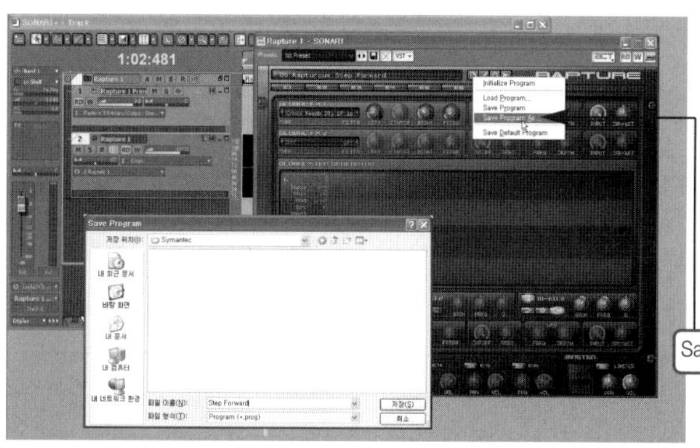

실습으로 만들어본 사운드는 [프로그램] 버
튼을 클릭하여 메뉴를 열고, Save Program
As 으로 저장합니다. 그 밖에 Options, Matrix, Pad
버튼의 기능은 Dimension Pro에서 살펴본 내용과
동일합니다.

13 DROP ZONE

Drop Zone은 두 개의 Element를 제공하는 소프트 샘플러로 앞에서 살펴본 중급 기종의 Dimension Pro나 고급
기종의 Rapture 보다 사용하기 쉽다는 장점이 있습니다. 여기서 중급과 고급 기종을 구분하는 것은 좀더 많은 파
라미터를 제공하기 때문에 다양한 컨트롤이 가능하다는 것을 의미할 뿐, 음질에 차이가 있다는 것은 아닙니다. 어
떤 것을 사용하든 동일한 포맷의 샘플을 사용할 수 있으며 퀄리티는 동일합니다.

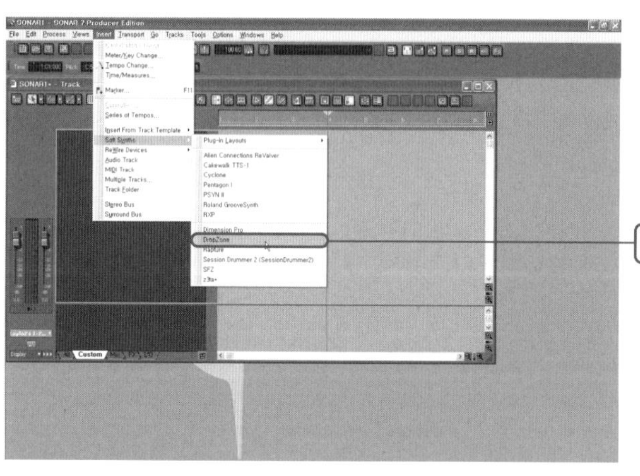

01 Blank [no tracks or buses] 템플릿의 새로
운 프로젝트를 만들고, Insert 메뉴의 Soft
Synths에서 [Drop Zone]을 선택합니다.

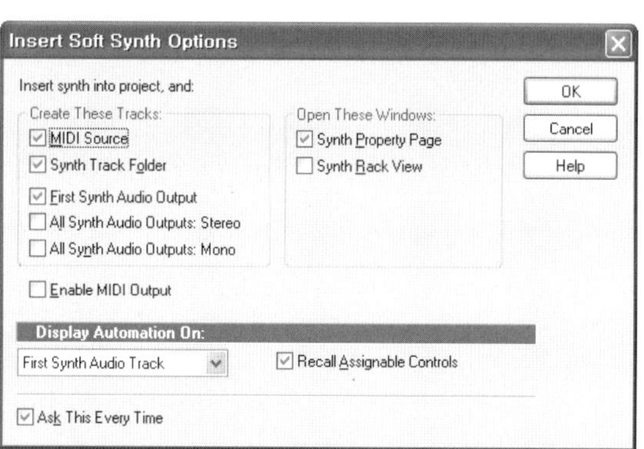

02 Inset Soft Synth Options 창에서는 폴더, 미
디, 오디오 트랙을 만들고, 악기 패널이 열리
게 MIDI Source, Synth Track Folder, First Synth
Audio Output과 Synth Property Page 옵션을 선택
합니다.

03 Default 음색이 로딩되어 있는 drop Zone 패널이 열립니다. 프로그램 이름 항목을 클릭하여 Program Browser 창을 열고, 목록에서 음색 이름을 더블 클릭하여 로딩합니다. 이것이 Drop Zone의 기본 사용 방법입니다.

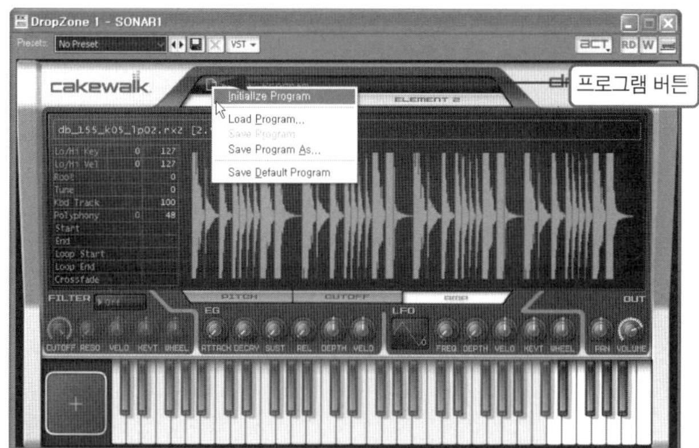

04 Drop Zone에서 제공하는 프로그램만으로도 충분하지만, 작업하는 곡에 어울리는 사운드를 편집하기 위해서는 각 파라미터의 역할을 알아야 합니다. [프로그램] 버튼을 클릭하여 메뉴를 열고, [Initialize Program]을 선택합니다.

05 프로그램을 초기화 할 것인지의 여부를 묻는 창이 열립니다. [예] 버튼을 클릭하여 초기화 합니다. 그리고 Element 1 패널의 샘플 이름 표시 항목을 클릭하여 Load Multisample 창을 엽니다.

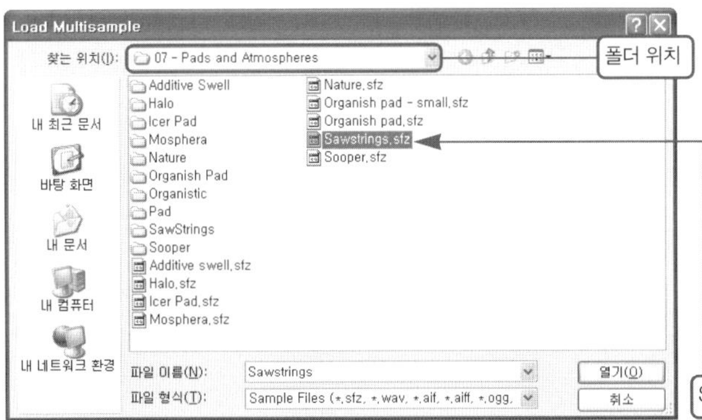

소나 7이 설치되어 있는 C:\Program Files\Cakewalk 폴더에서 Vstplugin의 Dropzone 폴더에서 Programs\ 90 - multisamples 폴더 위치를 찾습니다. 그리고 07 - Pades and Atmoshperes 폴더의 Sawstring.sfz 파일을 더블 클릭하여 로딩합니다. Element 2도 같은 파일을 로딩합니다.

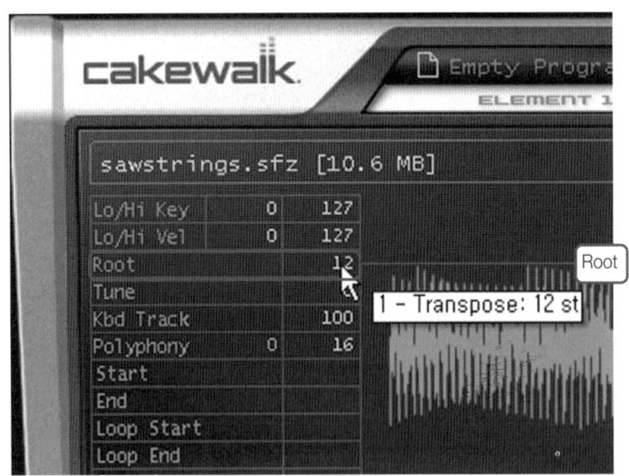

샘플의 속성을 결정하는 오실레이터 패널에는 사운드를 재생할 건반의 범위(Lo/Hi Key), 벨로시티 범위(Lo/Hi Vel), 기본 음(Root), 음정(Tune), 음정의 간격(kbd Track), 동시 발음 수(Polyphony)로 구성되어 있습니다. 실습에서는 Element 1과 2 모두 Root만 12로 설정하여 기본음을 한 옥타브 올리겠습니다.

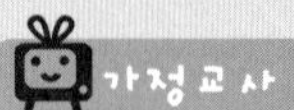

오실레이터 파라미터의 자세한 역할은 Dimension pro를 참조하기 바랍니다.

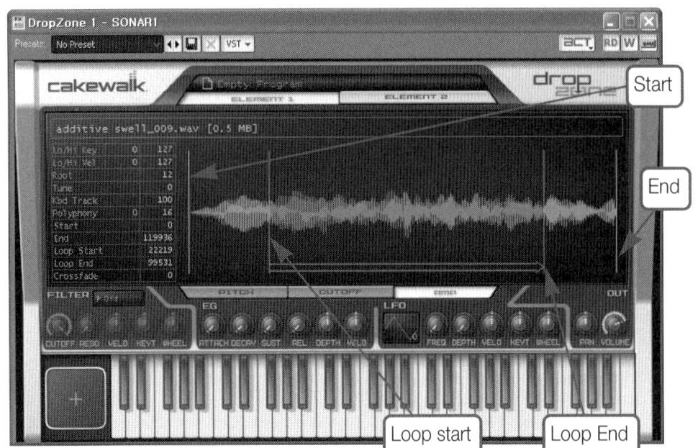

Drop Zone의 오실레이터 패널에는 사운드의 재생 범위를 설정하는 Start, End, Loop start, Loop End, 그리고 Crossfade 항목이 있습니다. 루프 설정이 되어 있지 않은 샘플 사운드는 L 키를 눌러 루프 구간을 만들 수 있습니다.

Loop 구간은 건반을 누르고 있는 동안 계속해서 반복 연주되는 사운드를 의미합니다.

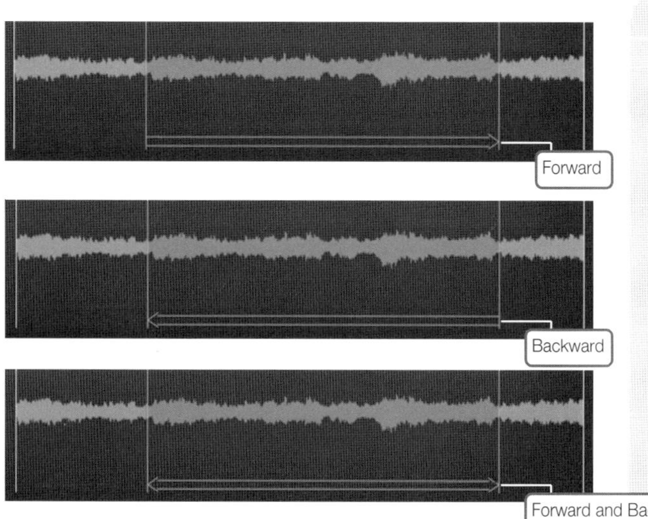

O9 루프 구간은 D 키를 눌러 Forward, Backward, Forward and Backward의 3가지 모드로 변경 가능합니다. Forward는Start에서 End로 재생되고, Backward는 End에서 Start로 재생됩니다. 그리고 Froward and Backward는 Start에서 End로, End에서 Start로의 연주를 반복합니다.

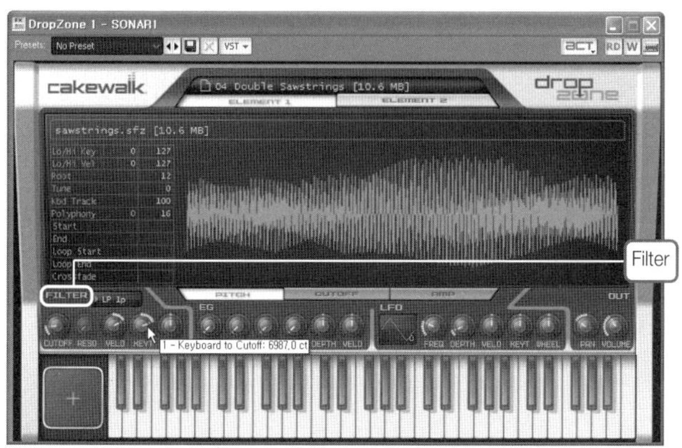

10 사운드에 필터를 적용할 수 있는 Filter 패널에서는 LP 1p 타입을 선택하고 Cutoff는 31.4Hz, Velo 는 6302 ct, keyt은 6987 ct로 설정합니다. Element 2의 필터 타입 역시 LP 1p를 선택하고, Cutoff는 31.4Hz, velo는 8768 ct, Keyt는 5206 ct로 설정합니다.

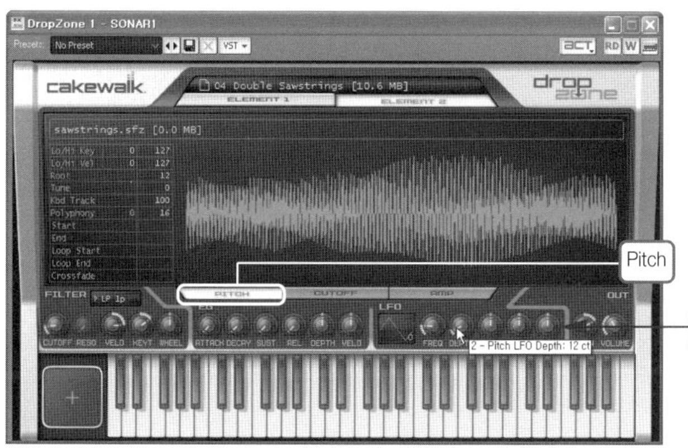

11 Drop Zone은 Pitch, Cutoff, AMP의 3가지 항목별로 EG와 LFO를 설정할 수 있습니다. 피치 휠로 LFO를 컨트롤 할 수 있도록 Pitch 항목의 LFO 패널에서 FREQ를 2.92Hz, depth를 12 ct로 설정합니다. Element 2는 FREQ를 1.44Hz로 설정합니다.

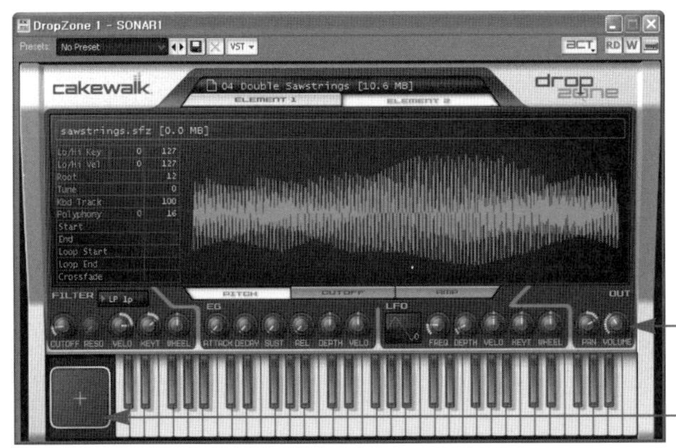

최종 출력을 컨트롤하는 Out 패널에서
Element 1의 Pan은 -40%, Element 2의
pan은 44%로 설정하여 두 개의 샘플을 좌/우로 넓
히고 Volume은 모두 40% 정도로 설정합니다. 건반
왼쪽의 패드는 좌/우로 드래그하여 피치를 조정하고
위/아래로 드래그하여 Pitch LFO인 비브라토를 조
정할 수 있습니다.

Out 패널

패드

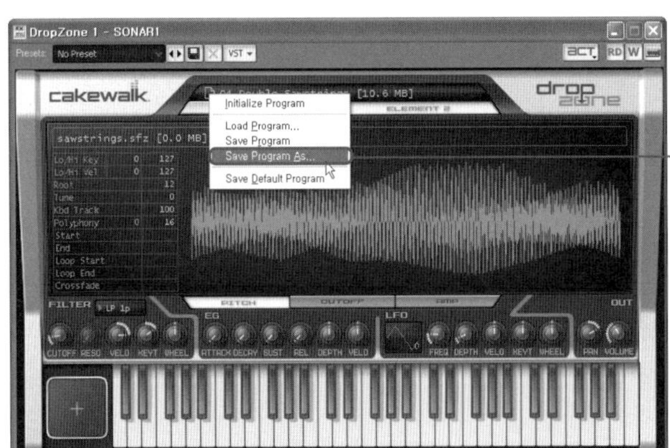

실습으로 만든 프로그램은 Save Program
As 메뉴를 선택하여 저장합니다. 그러면 어
떤 곡에서든 Load Program 메뉴로 불러와 사용할
수 있습니다.

Save Programs As

Tip 사운드 편집 프로그램을 이용하기

루프 구간을 설정하는 것은 매우 미세한 작업이 필요하기 때문에 Drop Zone보다는 전문적인 사운드 편집 툴을 많이 이용합니다. 사운드 편집
툴로 가장 유명한 사운드 포지의 경우에는 다음과 같은 과정으로 루프 구간을 설정합니다.

❶ 건반을 누르고 있는 동안에 반복 연주될 구간을 선택합니다. 모니터를 하면서 반복 연주되고 있는지를 눈치채지 못할 만큼, 정밀하게 선택하
는 것이 기술입니다. 그리고 Special 메뉴의 [Edit Sample]을 선택합니다.

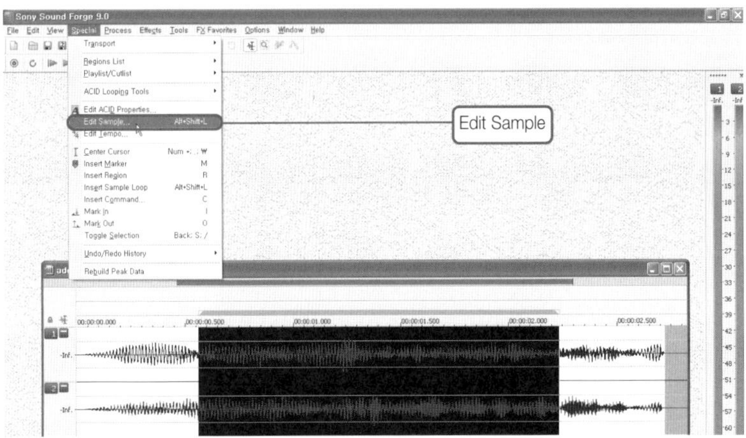

❷ Edit Sample 창의 Sample type을 Sustaining 옵션을 선택하고 [OK] 버튼을 클릭합니다. 선택한 구간이 루프 구간으로 설정되며 Drop Zone에서 사운드를 불러오면 루프 구간이 설정되어 있는 것을 확인할 수 있습니다.

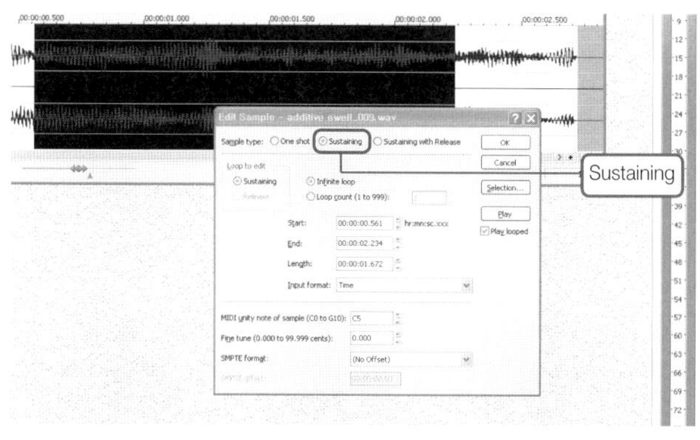

14 Z3TA+

Z3ta+는 여섯 개의 오실레이터 파형을 혼합하여 두 개의 필터와 볼륨 엔벨로프를 거쳐서 사운드를 만들어내는 아날로그 신디사이저 입니다. 보통 2~3개의 오실레이터를 제공하는 일반 아날로그 신디사이저에 비해서 두 배 이상의 오실레이터를 제공하고 있기 때문에 상상하는 음색을 쉽게 연출할 수 있습니다. 댄스 곡이나 테크노 음악 작업이 필요한 사용자라면 소나 7에서 제공하는 음원중에서 가장 애착을 갖게 될 것입니다.

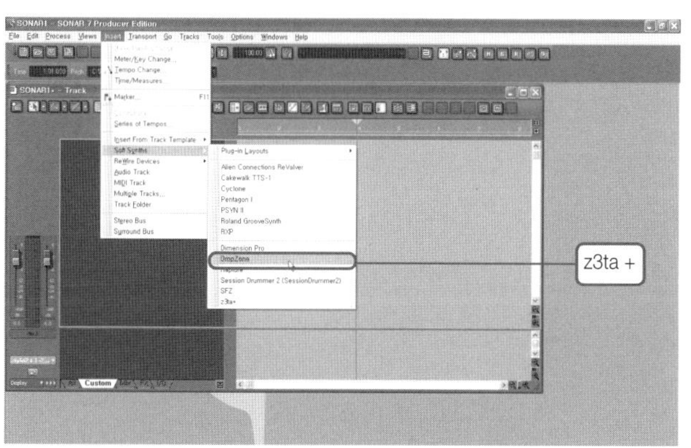

01 Blank [no tracks or buses] 템플릿의 새로운 프로젝트를 만들고, Insert 메뉴의 Soft Synths 에서 [z3ta+]를 선택합니다.

02 Inset Soft Synth Options 창에서는 폴더, 미디, 오디오 트랙을 만들고, 악기 패널이 열리게 MIDI Source, Synth Track Folder, First Synth Audio Output과 Synth Property Page 옵션을 선택합니다.

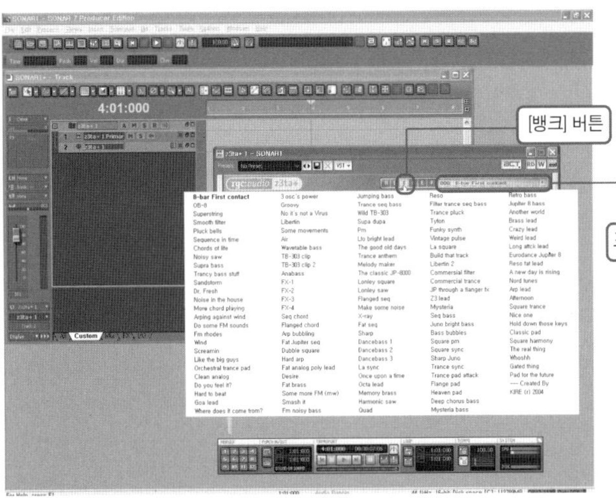

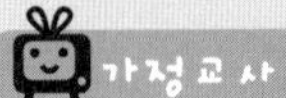

03 A에서 F까지 여섯 개의 뱅크가 있는 z3ta+ 패널이 열립니다. [뱅크] 버튼에서 마우스 오른쪽 버튼을 클릭하거나 프로그램 이름 표시 항목 오른쪽의 작은 삼각형을 클릭하여 음색 리스트를 열고 목록에서 음색을 선택합니다.

가정교사

A~F까지의 각 뱅크 마다 128개의 음색 리스트를 제공하며, 마우스 [좌/우측] 버튼을 클릭하여 프로그램을 선택할 수 있습니다.

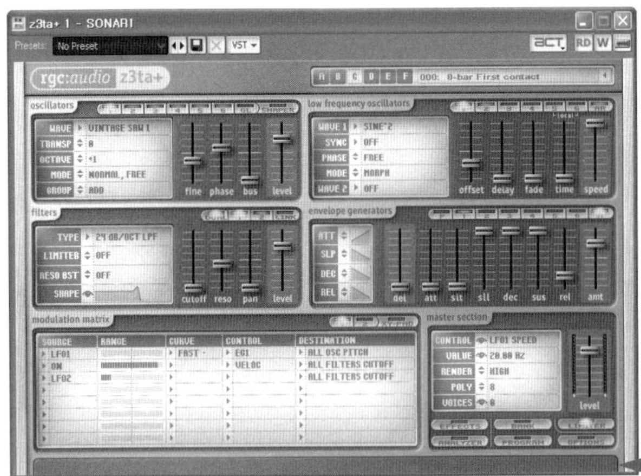

04 마스터 건반을 연주하거나 패널 하단의 회색 바를 드래그하여 사운드를 모니터 할 수 있습니다. 이것이 z3ta+의 기본적인 사용 방법입니다. 음색을 변경해서 프로그램으로 저장하는 과정을 살펴보겠습니다.

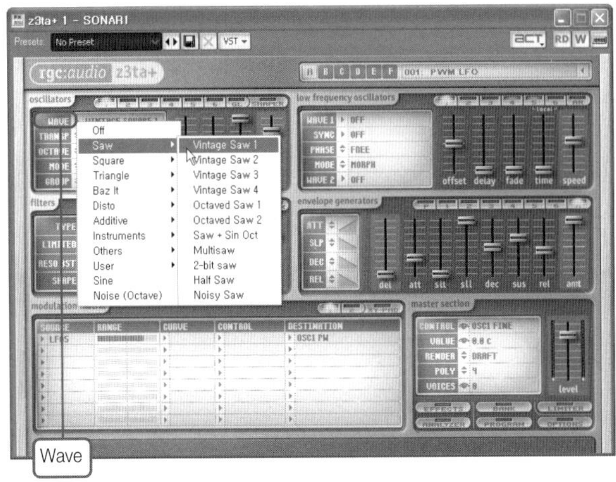

05 z3ta+는 사운드의 기본 파형을 만드는 오실레이터를 6개나 제공하고 있습니다. Oscillators 패널에서 1번 버튼을 클릭하여 선택하고, Wave 항목에서 Saw - Vintage Saw 1 파형을 선택합니다.

06 사용자가 원한다면, 1번에서 6번까지 서로 다른 wave 파형을 선택하여 6개의 오실레이터를 혼합할 수 있습니다. 실습에서는 1번 오실레이터만 사용할 것이므로 나머지 2~6번의 Wave는 모두 Off로 설정합니다.

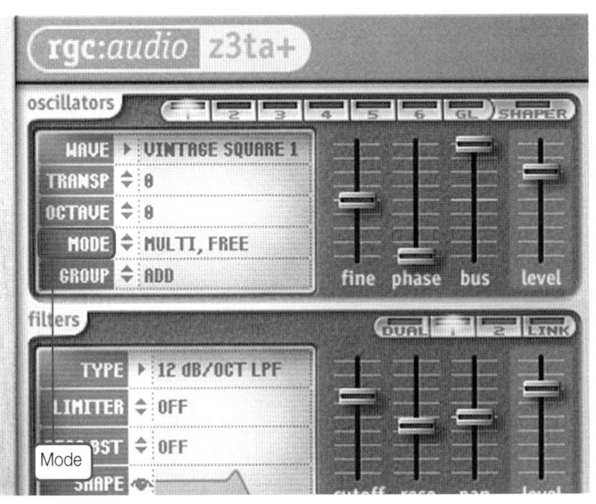

07 Transp는 반음 단위, Octave는 옥타브 단위로 음정을 조정하는 역할을 합니다. 실습에서는 모두 0으로 하여 음정을 조정하지 않겠습니다. 그리고 파형의 발진 형태를 결정하는 Mode는 마우스 클릭으로 Multi, Free를 선택합니다.

Tip mode의 역할

Wave에서 선택한 파형의 발진 형태를 결정하는 Mode에는 다음과 같은 것들이 있습니다.

- NORMAL, SYNC - 표준 모드로 노트의 시작점에 오실레이터의 시작점을 일치시킵니다.
- INVERTED, SYNC - Normal, Sync와 동일한데, 파형이 바뀐다는 차이가 있습니다.
- NORMAL, FREE - 오실레이터의 시작점을 노트에 맞추지 않습니다.
- INVERTED, FREE - Normal, Free와 동일한데, 파형이 바뀐다는 차이가 있습니다.
- MULTI, SYNC - BUS1과 BUS2에 각각 4개의 파형을 만들어 노트에 일치시킵니다.
- MULTI, FREE - Multi, Sync와 동일하지만 노트에 일치되지 않는 다는 차이가 있습니다.
- FIXED, SYNC - 노트 길이에 상관없이 주기를 일치시킵니다.
- FIXED, FREE - Fixed, Sync와 동일하지만 노트의 시작점에 맞추지는 않습니다.

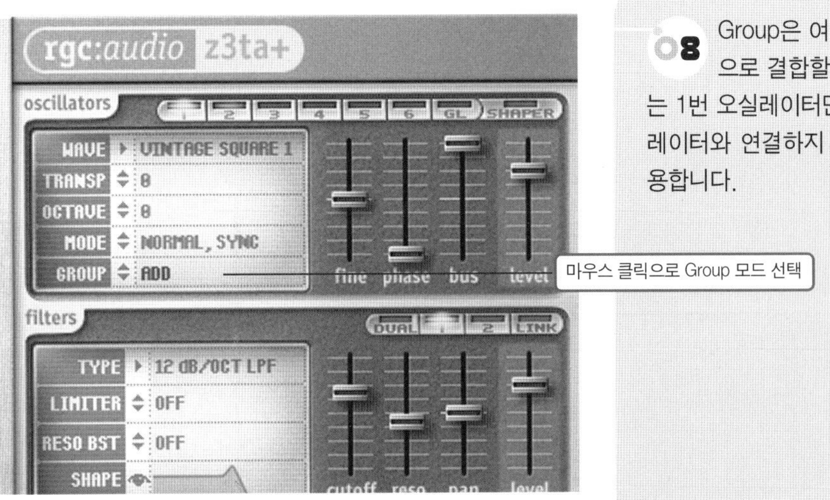

마우스 클릭으로 Group 모드 선택

08 Group은 여섯 개의 오실레이터를 어떤 방식으로 결합할 것인지를 결정합니다. 실습에서는 1번 오실레이터만 사용하고 있으므로, 다른 오실레이터와 연결하지 않는 기본 값 Add를 그대로 사용합니다.

Tip Group의 역할

Group 모드는 z3ta+에서 제공하는 6개의 오실레이터를 어떤 방식으로 연결하여 사운드에 변화를 줄 것인지를 선택합니다.

- Add : 각각의 오실레이터를 연결하지 않고 Bus로 출력하며, 변조 값은 Bus 슬라이드로 조정합니다.
- Ring : 다음 오실레이터로 연결하여 출력됩니다. 실습에서는 2번 오실레이터의 Wave를 Off로 사용하고 있기 때문에 1번에서 Add 이외의 Group를 선택하면, 최종적으로 출력되는 사운드가 없게 됩니다.
- Sync : 다음 오실레이터 시작 점에 맞추어 동작합니다.
- PM : 다음 오실레이터의 위상에 맞추어 동작합니다.
- FM : 다음 오실레이터의 주파수에 맞추어 동작합니다.

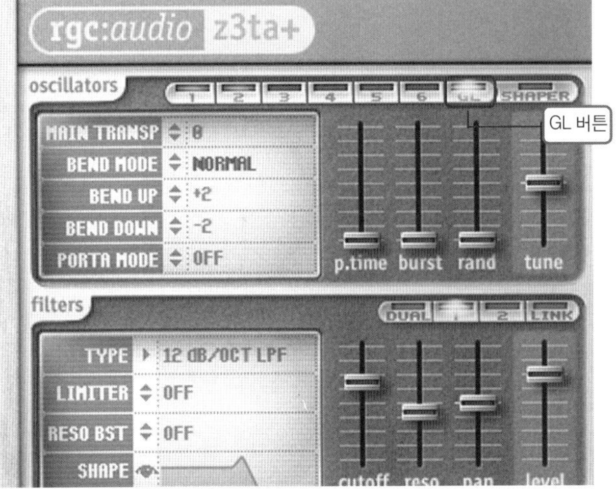

GL 버튼

09 음정(Main Transp), 피치 밴드 모드(Band Mode), 피치 밴드 범위(Bend Up/Dwon), 포르타멘토 모드(Porta Mode)로 구성되어 있는 GL(Global Oscillator Controls) 패널은 6개 오실레이터의 최종 출력을 컨트롤합니다. 실습에서는 기본 값을 그대로 사용하겠습니다.

Band Mode는 코드를 연주할 때, 피치 밴드가 적용될 노트를 선택하는 Low, High, 연주되는 키에만 적용하는 Hold, 일반적인 Normal의 4가지가 있습니다.

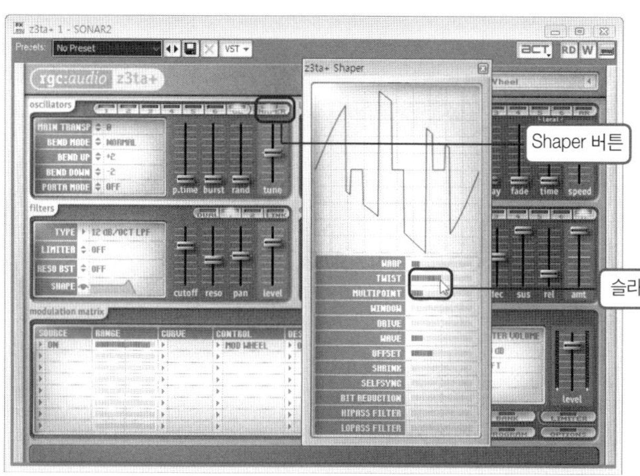

10 오실레이터 패널의 마지막인 Shaper는 z3ta+의 가장 특별한 기능으로 최종 출력 파형을 사용자가 원하는 스타일로 변조할 수 있습니다. [Shaper] 버튼을 클릭하면 파형을 볼 수 있는 창이 열리며, 12개의 슬라이드를 이용해서 조정합니다.

가정교사

각각의 슬라이드를 드래그하여 파형의 변화로 어떤 사운드가 만들어지는지 확인해보고, 마우스 오른쪽 버튼을 클릭하면 열리는 단축 메뉴에서 Reset All shapers로 초기화합니다.

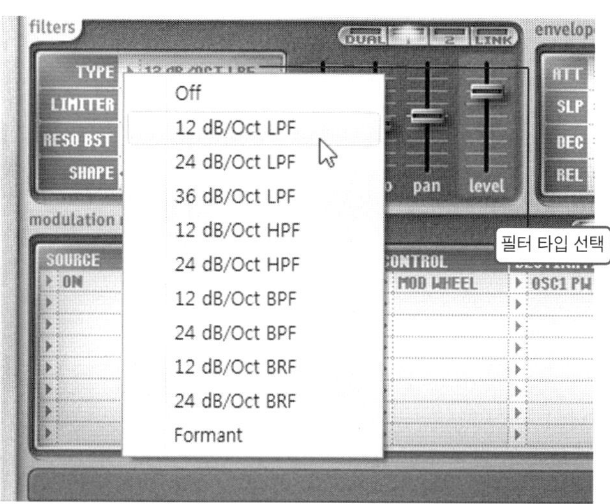

11 모든 악기가 그렇듯 오실레이터에서 파형을 선택한 다음에는 필터를 이용해서 사용자가 원하는 사운드를 만듭니다. 실습에서는 옥타브 범위로 고주파를 차단하는 12dB/Oct LPF를 선택하겠습니다.

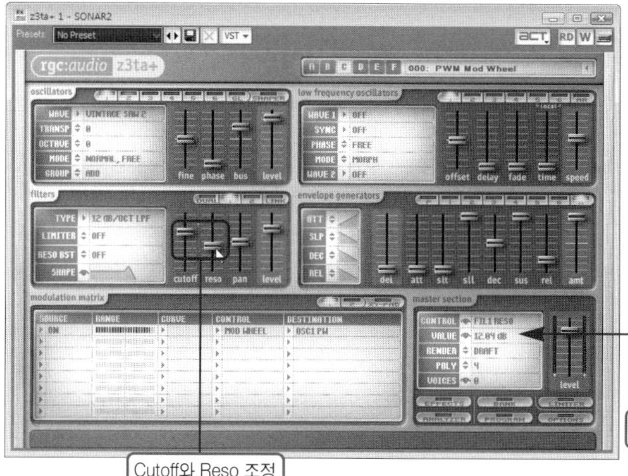

12 차단 주파수를 설정하는 Cutoff는 2K 정도로 설정하고, 차단 값을 설정하는 Reso는 12dB 정도로 합니다. 각 슬라이드의 조정 값은 Master section의 Value 항목에서 확인할 수 있습니다. Pan과 Level은 기본 값을 그대로 이용하겠습니다.

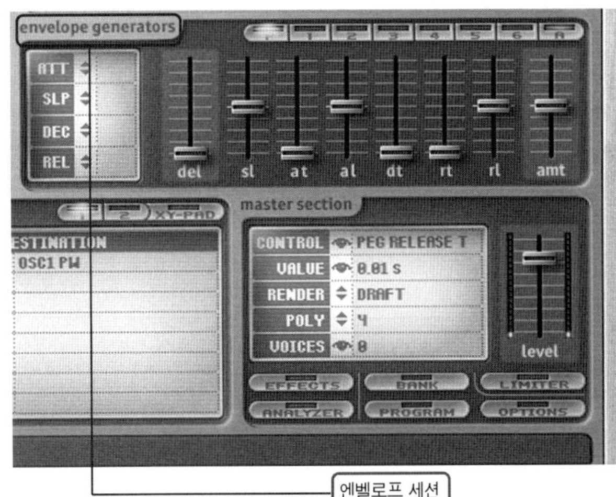

13 오실레이터와 필터를 적용한 후에는 사운드의 엔벨로프를 설정합니다. z3ta+는 일반적인 어택, 디케이, 서스테인, 리릴즈 외에도 시작 타임을 조정하는 del, 각 구간의 레벨을 설정할 수 있는 슬라이드로 구성되어 있습니다.

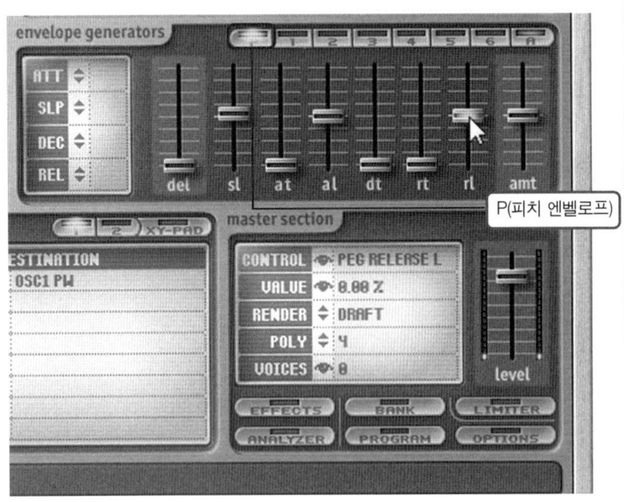

14 피치 엔벨로프를 설정하는 [P] 버튼을 클릭하고, 그림을 참조하여 del은 0, sl은 6.25%, at은 0, al은 0%, dt은 0.01s, rt은 0.01s, rl은 0%로 설정합니다. 역시, 각각의 조정 값은 maser section의 Value 항목에서 확인합니다.

Tip 피치 엔벨로프의 각 슬라이드는 다음과 같은 역할을 하며, 서스테인은 노트가 연주되는 길이로 설정됩니다.

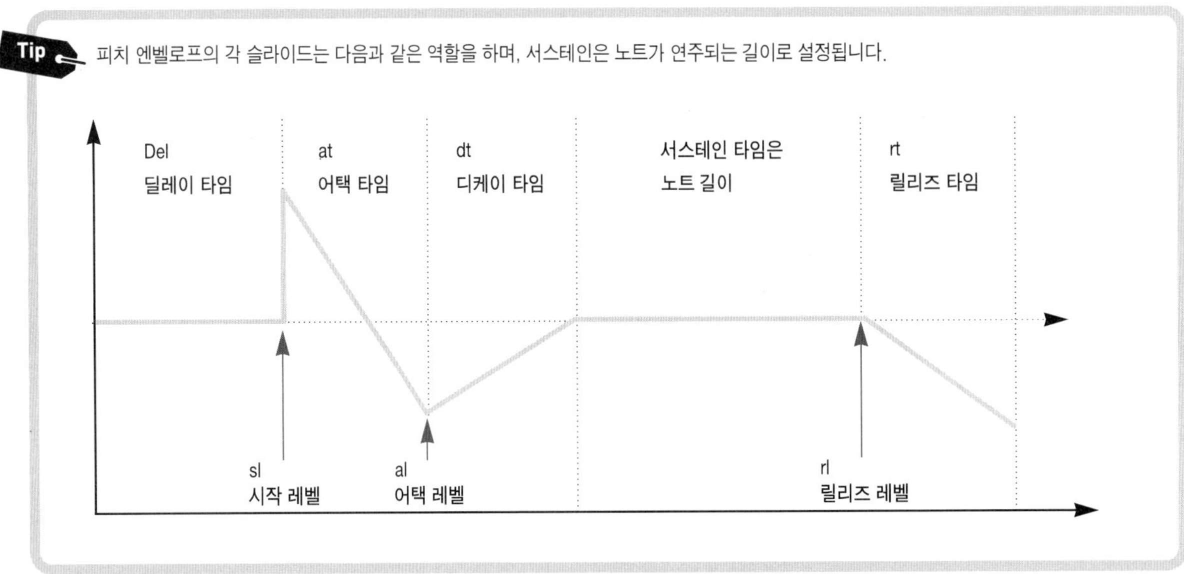

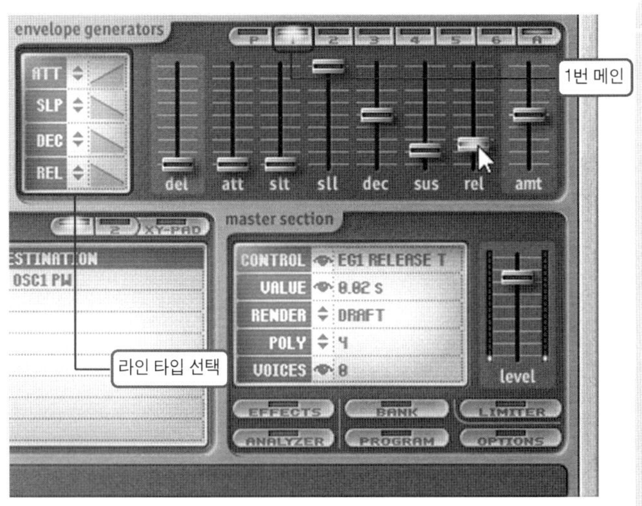

15 메인 엔벨로프는 총 6개를 제공하고 있으며, 각 라인의 형태는 ATT, SLP, DEC, REL 항목을 클릭하여 선택할 수 있습니다. 실습에서는 1번을 선택하고, del, att, slt는 모두 0으로 하고, sll은 99%, dec은 0.51s, Sus는 14%, rel은 0.02 s 정도로 조정합니다.

Tip 메인 엔벨로프의 각 슬라이드는 다음과 같은 역할을 합니다. 기본적인 엔벨로프 라인에 레벨을 조정할 수 있는 항목이 추가되어 있습니다.

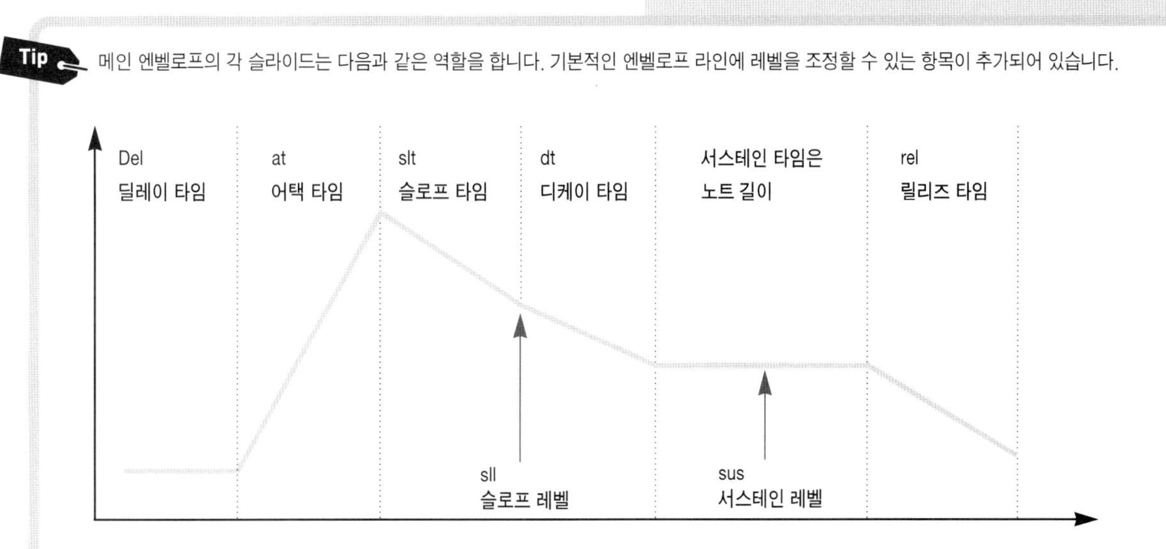

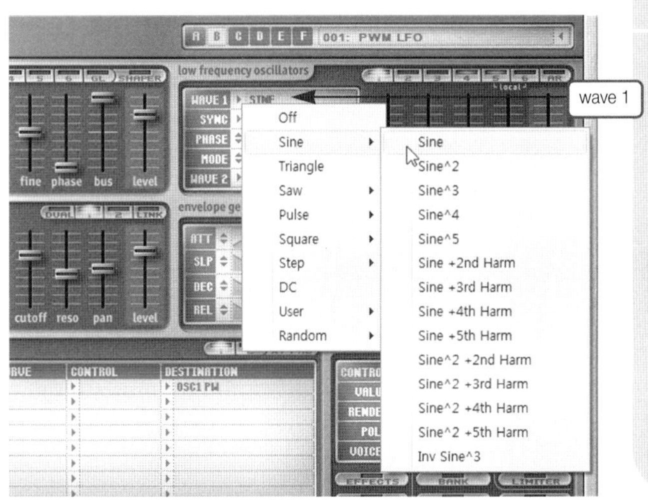

16 오실레이터, 필터, 엔벨로프 세션에서 사운드를 완성한 다음에는 저주파를 포함시켜 모듈레이션 효과를 만들 것인지의 여부를 LFO에서 결정합니다. 실습에서는 wave 1에서 Sine을 선택하여 사인파형의 LFO를 사용하겠습니다.

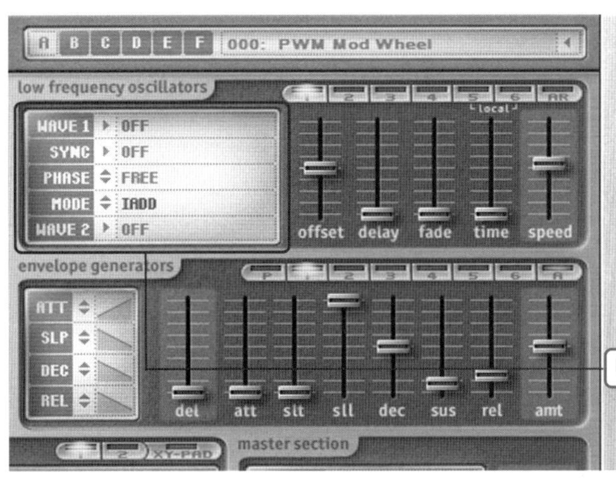

17 그 외 파형의 시작 간격을 설정하는 Sync, 위상의 각도를 결정하는 Phase, Waves1 과 Waves 2의 조합 방법을 결정하는 Mode가 있고, Wave 2 파라 미터가 있습니다. 즉, waves1과 2를 조합하여 좀 더 다양한 LFO를 만들 수 있는 것입니다.

Tip LFO Mode

LFO 의 11가지 모드와 Offset, delay, fade, Time, speed 슬라이드의 역할은 다음과 같습니다.

〈LFO Mode〉

• Morph : waves1과 2의 간격을 Time 슬라이드로 조정합니다.

• Add : Waves1과 2 를 혼합합니다.

• IAdd : Waves1의 파형을 뒤집는 다는 것 외에는 Add와 같습니다.

• SUB : Waves 2의 파형을 뒤집는 다는 것 외에는 Add와 같습니다.

• ISUB : Waves1과 2의 파형을 모두 뒤집는 다는 것 외에는 Add와 같습니다.

• MUL : Waves 1과 2를 샘플 단위로 혼합합니다.

• Min/Max : Waves1과 2의 최소값 또는 최대값으로 출력합니다.

• HALF 1/2 : Waves 1 또는 2를 반 사이클 지연시킵니다.

• One-Shot : 파형을 한 번만 재생합니다.

〈슬라이드〉

• Offset : LFO 발생의 시작 지점을 조정합니다.

• Delay : LFO 발생 시작 타임을 조정합니다.

• Fade : 페이드 인 타임을 조정합니다.

• Time : Mode 타임을 조정합니다.

• Speed : LFO 속도를 조정합니다.

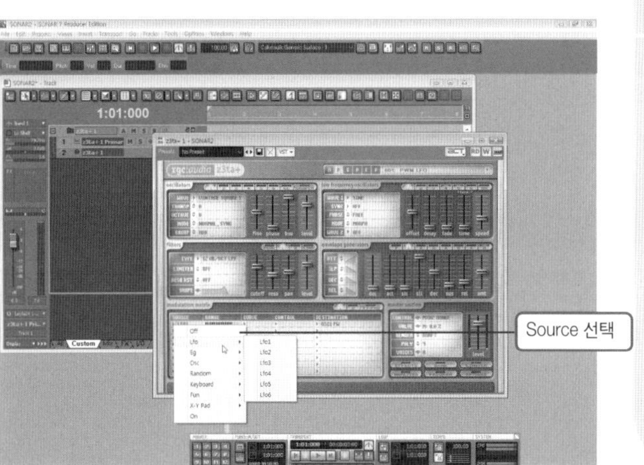

18 오실레이터, 필터, LFO, 엔벨로프 세션을 이용해서 사운드를 만들었습니다. 이제 미디 정보로 각각의 파라미터를 컨트롤 하게 할 것인지를 결정하는 일만 남았습니다. Z3ta+는 modulation matrix 세션에서 설정합니다. 우선 Source 목록에서 어떤 파라미터를 조정할 것인지를 선택합니다.

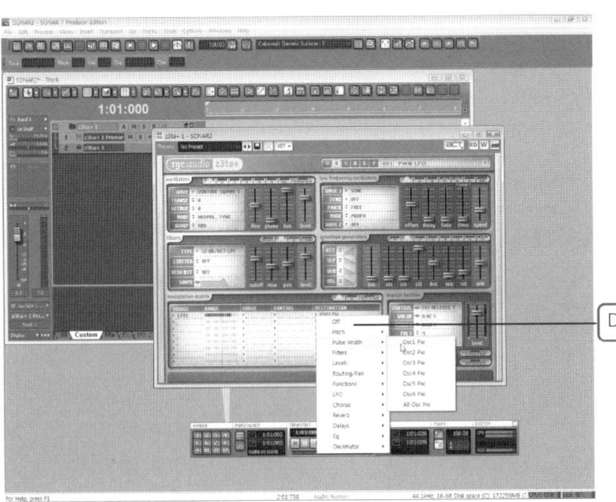

19 실습에서는 LFO1을 Source로 선택합니다. 그리고 조정 범위를 설정하는 Range는 약 78%로 하고, 변화 라인을 선택하는 Curve와 컨트롤할 미디 정보를 선택하는 Control은 Off로 둡니다. 계속해서 전송 경로를 선택하는 Destination을 OSC1 PW로 선택합니다. 즉, LFO1으로 OSC1 폭을 조정하게 하는 것입니다.

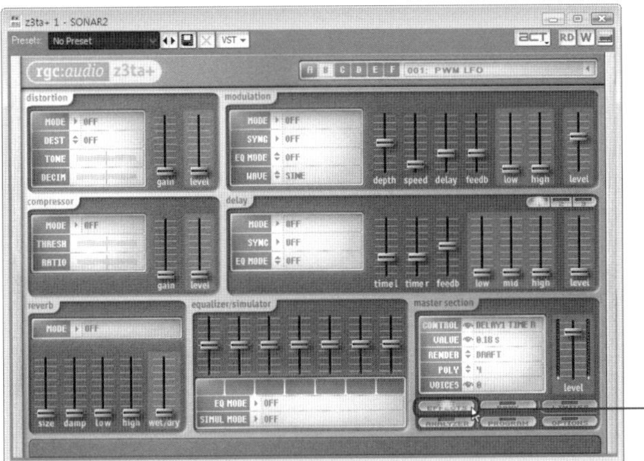

20 Master section에서 최종 출력 레벨 및 동시 발음 수 등을 조정하고, 이펙트를 첨가합니다. Z3ta+1는 distortion, modulation, compressor, delay, reverb, EQ의 6가지 이펙트 패널을 제공합니다. 각 이펙트의 세부적인 설명이 이제 더 이상 필요 없을 것입니다.

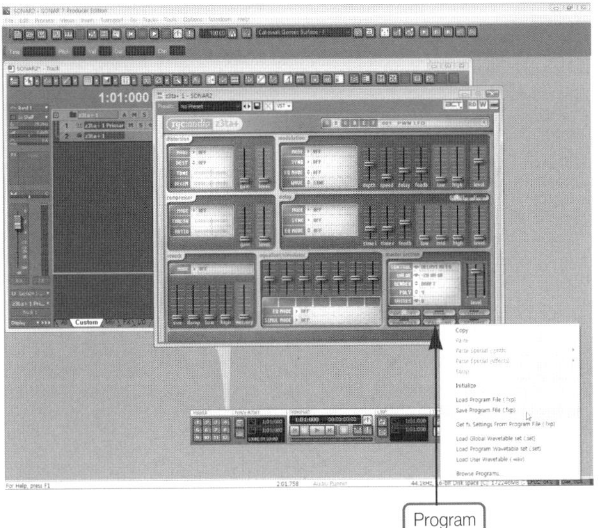

21 지금까지 소나 7에서 제공하는 악기들을 모두 살펴보았기 때문에 사운드를 만드는 원리와 각각의 파라미터 기능은 충분히 이해했을 것이며, 타사의 VST도 쉽게 사용할 수 있을 것입니다. 다양한 실험을 통해서 완성한 사운드는 Bank 또는 [Program] 버튼을 클릭하여 저장합니다.

가정교사

Effects, Bank, Program 외에 다이내믹 범위를 조정하는 Limiter, 사운드의 출력 주파수를 모니터 할 수 있는 Analyzer, z3ta+의 옵션을 설정할 수 있는 [Options] 버튼도 꼭 확인 해 보기 바랍니다.

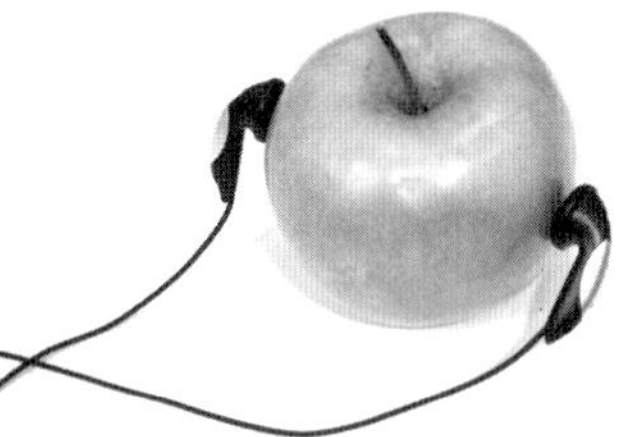

S O N A R 7

믹싱과 마스터링 작업

레코딩에서 믹스다운까지

소나 7에서 제공하는 모든 기능을 PART 단위로 살펴보았습니다. 그러나 소나 7에서 제공하는 기능들 가운데, 실제 음악 작업보다는 프로그램을 효율적으로 이용할 수 있는 기능들이 절 반을 차지하고 있기 때문에, 실제 음악 작업에서 소나 7의 모든 기능이 필요하지는 않습니다. 물론 사용자마다 환경과 습관이 다르기 때문에 이것이 정답이다라는 것은 제시할 수 없지만, 큰 단위로 데이터를 녹음하고 믹싱과 마스터링 작업을 거쳐서 웨이브 파일로 믹스다운 하는 과정은 비슷합니다. 각각의 과정을 실습으로 살펴보겠습니다.

1 오디오 레코딩

소나 7을 이용해서 맨 처음 시작하는 작업은 미디 또는 오디오 데이터를 입력하는 것입니다. 미디의 경우에는 외장 악기를 연주시키는 정보와 VST 악기를 연주시키는 정보로 구분할 수 있는데, VST 악기는 오디오 출력을 가지고 있으므로 오디오로 녹음할 필요가 없지만 외장 악기 연주용 데이터는 다시 오디오로 녹음할 필요가 있습니다. 이유는 외장 악기 연주용 데이터는 오디오 CD 제작을 위한 Wav 파일이나 MP3 파일로 믹스다운 되지 않기 때문입니다.

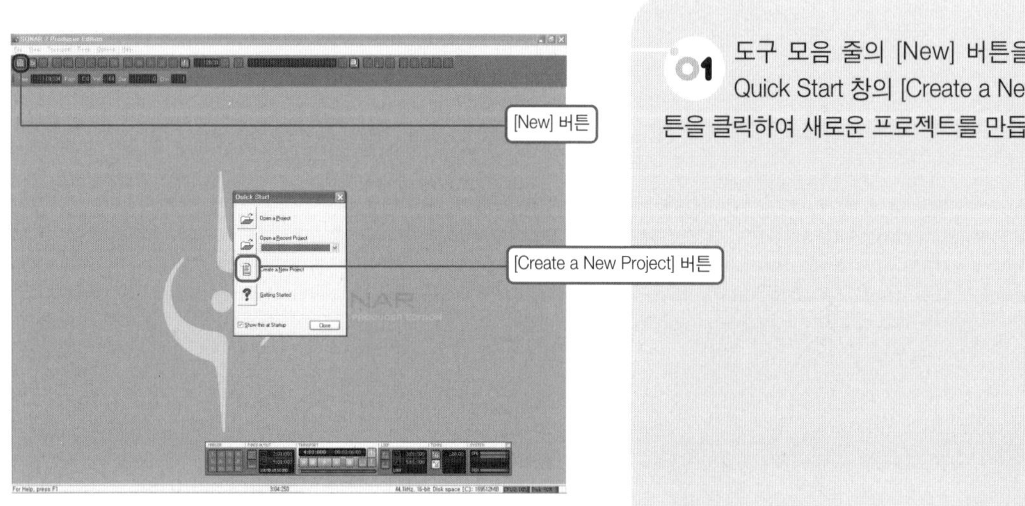

01 도구 모음 줄의 [New] 버튼을 클릭하거나 Quick Start 창의 [Create a New Project] 버튼을 클릭하여 새로운 프로젝트를 만듭니다.

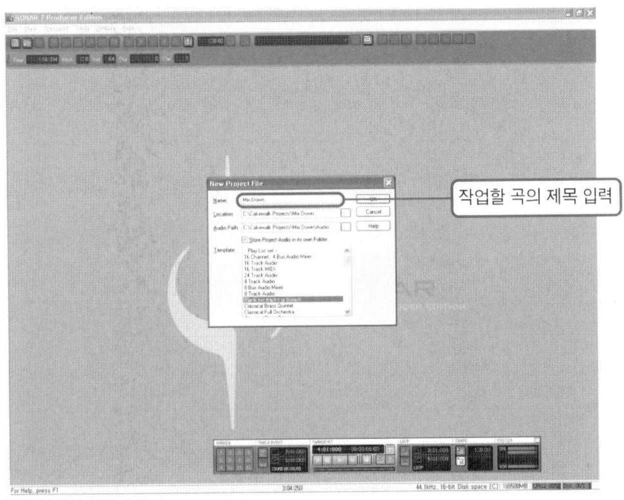

02 New Project file 창의 Name 항목에 작업할 곡의 제목을 입력합니다. 템플릿에 자신이 작업할 프로젝트 환경에 적합한 것이 없다면 [Normal]이나 [Blank no tracks or buses]를 선택합니다.

가정교사

작업 스타일이 매번 비슷하다면 자신만의 템플릿을 만들어두는 것이 좋습니다.

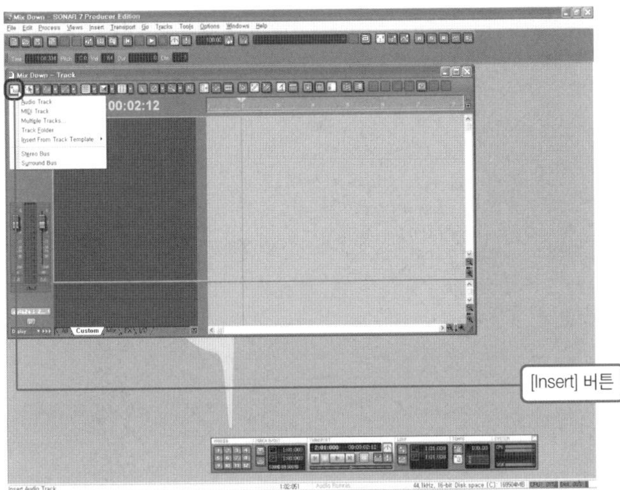

03 그림은 [Blank no tracks or buses] 템플릿을 선택하여 비어있는 프로젝트를 만든 모습니다. [Insert] 버튼을 클릭하여 메뉴를 열고, 입력할 데이터에 적합한 트랙을 추가합니다. 작업을 하면서 필요할 때마다 하나씩 추가하는 것이 좋습니다.

04 오디오 녹음을 위해서 오디오 트랙을 만들었다고 가정하겠습니다. 트랙의 In 항목에서 연주할 악기의 라인 아웃이나 마이크를 연결한 입력 단자를 선택합니다. 이것은 외장 미디 악기를 연주하는 미디 트랙을 녹음할 때도 같습니다.

05 트랙의 [R] 버튼을 클릭하여 녹음 가능한 트랙으로 만들고, 트랜스포트 패널의 녹음 버튼이나 단축키 R 키를 눌러 녹음합니다. 혼자서 작업한다면 드럼, 베이스, 기타 순서로 하나의 트랙씩 녹음 과정을 반복합니다.

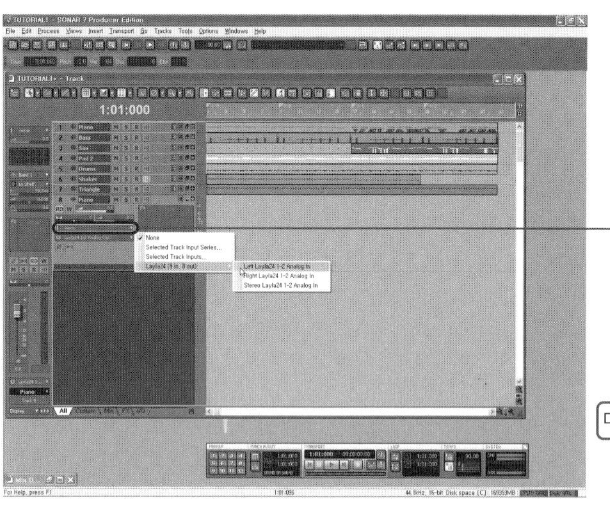

06 그러나 혼자서 모든 악기를 연주하는 경우는 드물 것이므로 대부분 미디 작업을 먼저 해놓고 미디 연주를 오디오로 녹음하게 될 것입니다. 이때도 녹음 방법은 같습니다. 미디 작업이 끝나면 오디오 트랙을 추가하고, In 항목에서 외장 미디 악기의 라인 아웃이 연결되어 있는 사운드 카드의 In 포트를 선택합니다.

07 사용자의 연주나 노래를 녹음하는 것과 외장 미디 악기의 연주를 녹음하는 방법은 같습니다. 다만, 여러 대의 미디 악기를 가지고 있는 경우는 드물 것이므로 하나의 채널씩 녹음을 해야 합니다. 녹음할 채널을 솔로로 연주하면서 오디오 트랙으로 녹음을 합니다.

08 오디오 녹음이 끝난 미디 트랙은 필요 없습니다. 그러나 나중에 수정이 필요할 수 있으므로 삭제 보다는 폴더 트랙을 만들어 보관하는 것이 안전합니다. [Insert] 버튼에서 [Track Folder]를 선택하여 녹음이 끝난 미디 트랙을 보관할 폴더 트랙을 만듭니다.

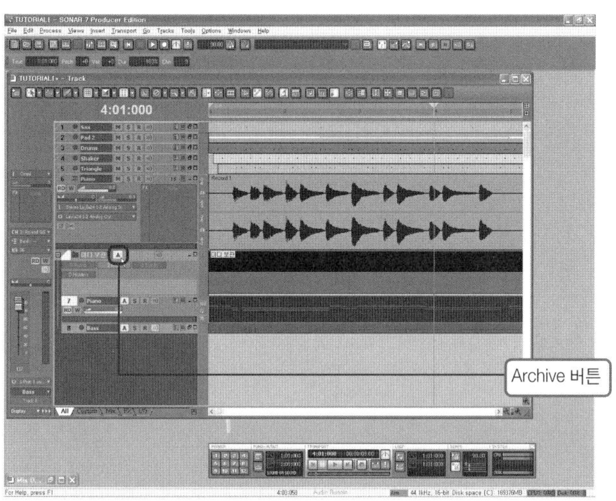

09 폴더 트랙의 이름을 구분하기 쉽게 변경하고, 녹음이 끝난 미디트랙을 마우스 드래그로 이동시킵니다. 그리고 폴더 트랙의 [A(archive)] 버튼을 클릭하여 사용하지 않는 트랙으로 설정합니다.

가정교사

[Archive] 버튼은 미디 트랙을 추가할 때마다 On/Off를 반복합니다.

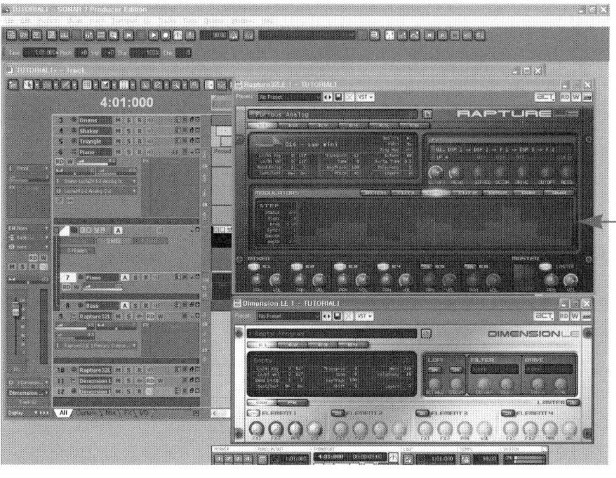

10 미디 악기가 하나뿐인 사용자는 하나의 트랙씩 녹음을 반복해야 하기 때문에 많은 시간이 걸릴 것입니다. 그러므로 가급적 오디오 녹음이 필요 없는 VST 악기를 이용하여 미디 작업을 하는 것도 요령입니다.

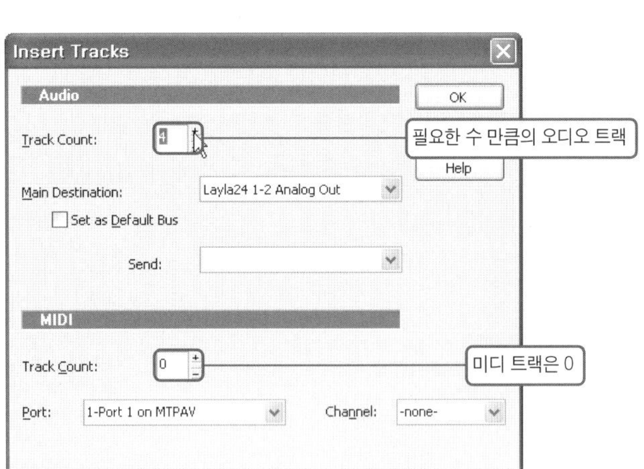

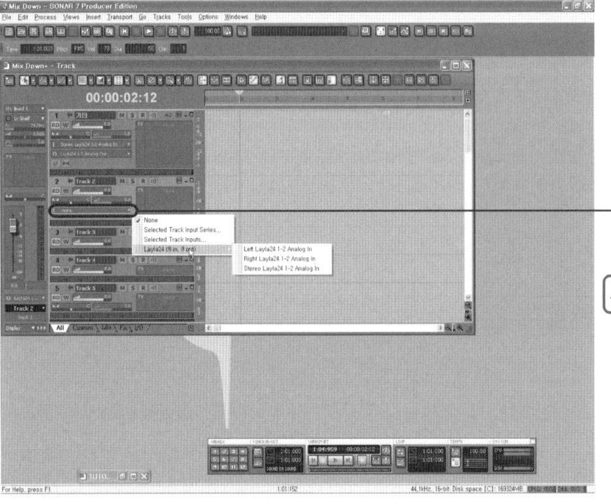

11 친구들과 함께 밴드를 하고 있거나 미디 악기가 여러 대인 경우에는 멀티로 녹음하여 시간을 단축할 수 있습니다. [Insert] 버튼에서 [Multiple Tracks]을 선택하여 동시 녹음할 트랙 수를 만듭니다.

12 [Multiple Tracks]을 선택하면 몇 개의 트랙을 만들 것인지를 묻는 Insert Tracks 창이 열립니다. MIDI 항목의 Track Count는 0으로 설정하고, Audio 항목의 Track Count에서 필요한 수만큼의 트랙 수를 입력합니다.

13 각각의 오디오 트랙 In 항목에서 각각의 악기를 연결한 라인 인을 선택합니다. 여기서 알 수 있듯이 멀티 녹음을 하기 위해서는 여러 대의 악기 연결이 가능한 멀티 오디오 카드가 필요합니다.

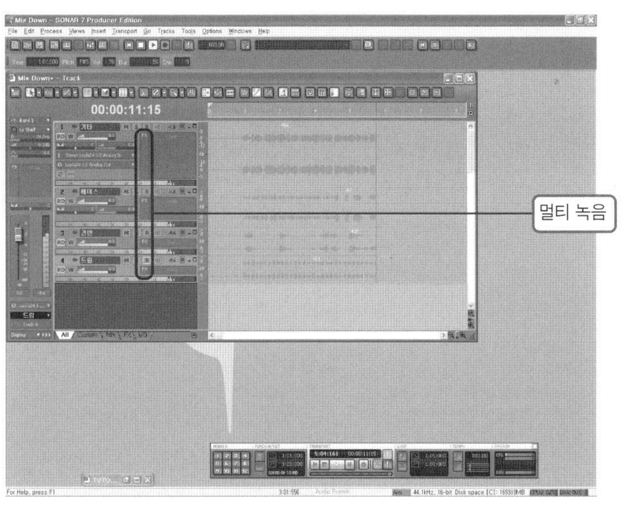

각 트랙의 [R] 버튼을 모두 On으로 하여 녹
음이 가능한 트랙으로 설정하고, 트랜스포트
패널의 녹음 버튼을 클릭하여 녹음합니다. 친구들과
밴드 연습을 하고 있다면 각자의 연주를 분석하고
모니터 하는데도 큰 도움이 될 것입니다.

미디 연주를 녹음할 때는 상관없지만 사용자
연주를 녹음할 때는 분명히 다시 녹음하고
싶은 부분이 있을 것입니다. 룰러 라인을 드래그하
여 그 부분을 선택합니다.

트랜스포트 패널의 [Set Punch Points To
Selection] 버튼을 클릭하여 선택한 구간을
펀치 녹음 구간으로 설정합니다.

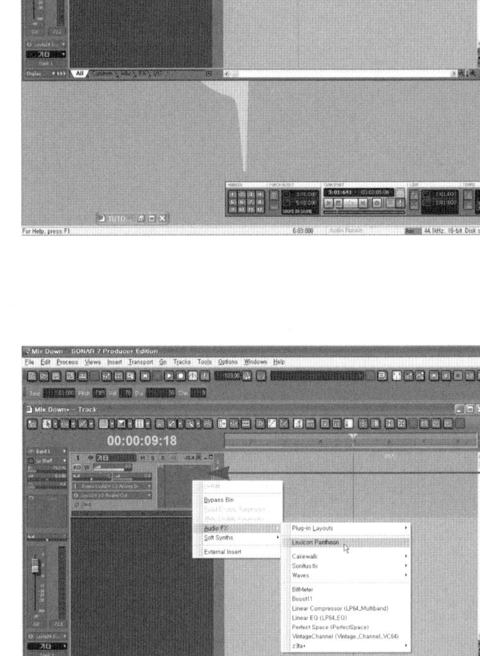

17 이제 앞에서와 같은 방법으로 트랙의 [R] 버튼을 클릭하고, [녹음] 버튼을 클릭하여 진행하면 펀치 구간으로 선택된 부분만 녹음되어 잘못 녹음한 부분을 수정할 수 있습니다. 펀치 및 반복 녹음에 관해서는 PART 1에서 충분히 살펴보았으므로 자세한 내용은 생략하겠습니다.

18 노래를 녹음할 때는 소나 7의 이펙트가 걸린 상태로 녹음하고 싶을 때가 있습니다. FX 패널에서 마우스 오른쪽 버튼을 클릭하여 단축 메뉴를 열고 [이펙트]를 선택합니다. 그림에서는 보컬에 많이 사용하는 Lexicon Pantheon입니다.

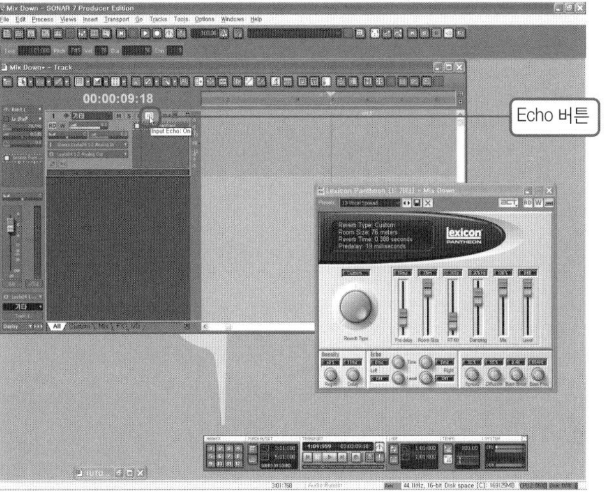

19 트랙에서 [Echo] 버튼을 클릭하여 On으로 합니다. 그러면 입력되는 사운드에 리버브가 걸린 소리를 모니터 할 수 있습니다. 녹음 방법은 역시 동일합니다. 물론 이펙트가 걸린 사운드가 녹음되는 것이 아니므로 리버브 값은 녹음 후에도 수정할 수 있습니다.

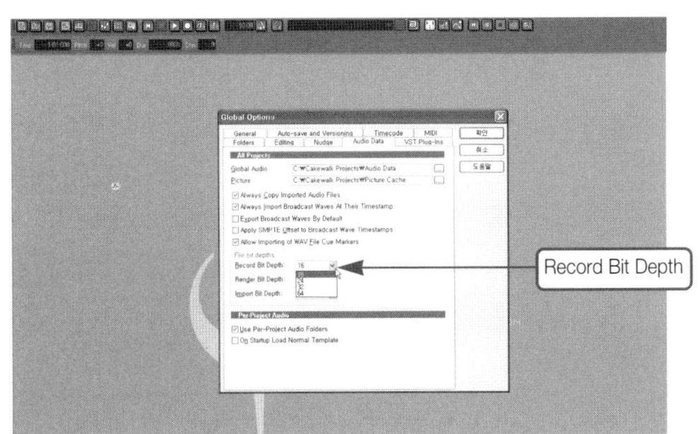

오디오 녹음의 다양한 가능성을 살펴보았으므로 오디오 녹음을 하는데 문제는 없을 것입니다. 참고로 24비트를 지원하는 오디오 카드 사용자는 Options 메뉴의 [Global]을 선택하여 창을 열고, Audio Date 페이지의 Record Bit Depth에서 24를 선택하여 24비트로 녹음할 수 있습니다.

2 믹싱

사용자 연주 또는 미디 연주 등을 오디오로 녹음한 후에는 각 악기의 EQ와 볼륨, 팬 등을 조정하여 듣기 편안한 상태로 만들어야 합니다. 이러한 작업을 믹싱이라고 합니다. 믹싱 작업의 기술적인 면을 배우는 것은 쉬우나 기술보다는 자신의 귀를 여는 것이 더 중요합니다. 평소에 음악을 들으면서 각 악기의 볼륨과 팬의 위치 등을 주의 깊게 듣기 바랍니다. 유명한 엔지니어의 말에 의하면, 한 10년 정도 이어폰을 끼고 사니까 악기에 첨가된 이펙트의 양이 들리기 시작했다고 합니다.

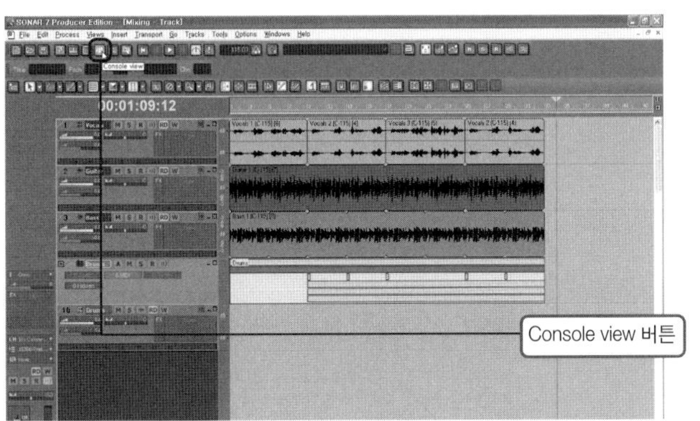

Mixing 샘플 파일을 불러옵니다. 3개의 오디오 트랙과 VST 드럼 연주로 구성된 샘플을 사용자가 녹음한 것이라고 가정하고 실습을 진행합니다. 믹싱 작업은 콘솔 창에서 하는 것이 편리하므로 [Console view] 버튼을 클릭하여 콘솔 창을 엽니다.

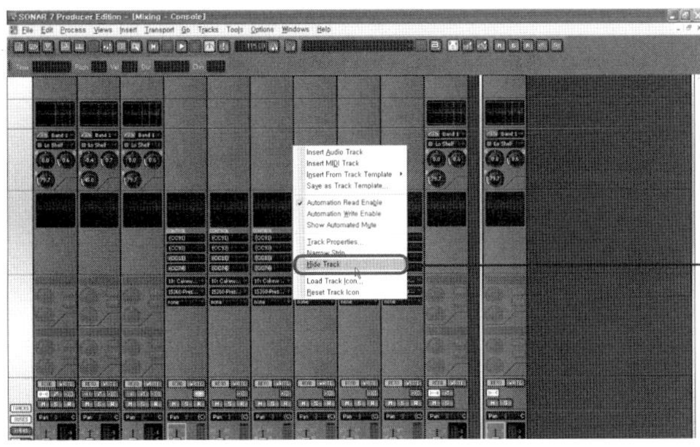

VST 트랙은 하나의 오디오 아웃에서만 처리하겠습니다. 콘솔 창의 빈 공간에서 마우스 오른쪽 버튼을 클릭하여 단축 메뉴를 열고, [Show/Hide Strips]을 선택합니다.

03 Track Manager 창이 열립니다. Drums 폴더 트랙의 체크 표시를 해제하고 [OK] 버튼을 클릭합니다. 옵션이 해제된 트랙은 화면에서 보이지 않게 됩니다. 많은 트랙을 사용할 때, 유용할 것이므로 기억해두기 바랍니다.

04 사용자마다 믹싱을 하는 순서는 다릅니다. 실습에서는 볼륨을 먼저 조정해보겠습니다. Drums 채널의 [솔로] 버튼을 클릭하여 모니터하고, Bass의 솔로 버튼을 클릭하여 드럼과 비슷한 레벨로 조정합니다. 나머지 트랙도 하나씩 조정합니다.

05 트랙이 많으면 볼륨 작업도 만만치 않을 것입니다. 계속해서 팬 작업을 할 텐데 실습 곡은 트랙이 많지 않으므로 Guitar를 복사해서 좌/우로 나누겠습니다. [Guitar 트랙]을 선택하고 Tracks 메뉴의 [Clone]을 선택합니다.

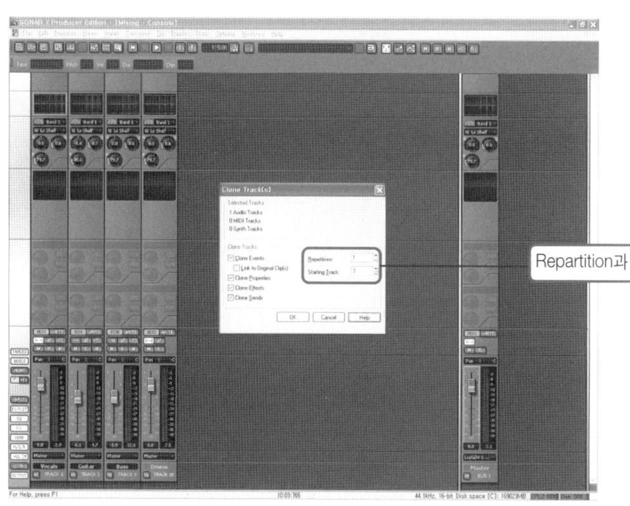

06 선택한 트랙을 복사하는 명령의 Clone Track 창이 열립니다. Repartition은 1로 설정하고, Starting Track은 3으로 설정하여 3번 트랙에 Guitar 트랙이 하나 복사되게 합니다.

07 두 개의 기타 트랙을 솔로로 설정하고 사운드를 모니터 하면서 좌/우로 이동시킵니다. 이 작업 역시 트랙이 많으면 만만치 않습니다. 평소 음악을 들을 때, 어떤 악기가 어느 쪽에서 들리는지 주의 깊게 모니터 하는 습관을 갖기 바랍니다.

08 볼륨과 팬의 작업이 끝나면 EQ 작업을 합니다. 사실 EQ는 믹싱 작업에서 가장 어려운 부분입니다. 1 달 안에 또는 6 개월 안에라는 욕심은 버리기 바랍니다. Guitar 트랙에서만 해보겠습니다. [EQ] 버튼을 클릭하여 On으로 하고 그래프 패널을 더블 클릭합니다.

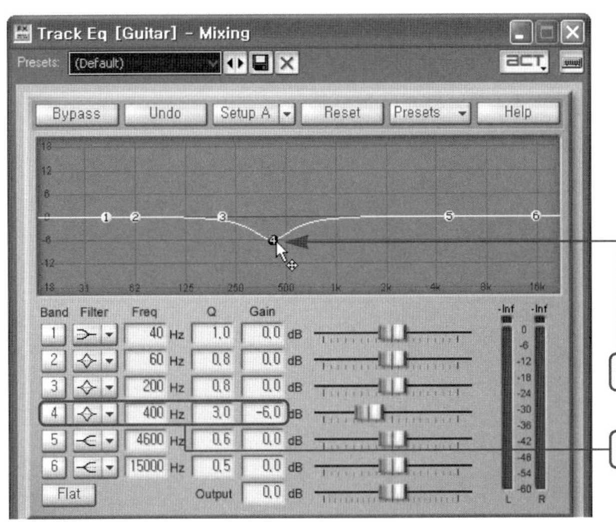

4번 포인트 조정

조정 값 표시

09 해당 트랙의 EQ를 조정할 수 있는 Track EQ 창이 열립니다. 4번 포인트를 왼쪽으로 드래그하여 Freq를 400Hz 정도로 설정하고, Shift 키를 누른 상태로 포인트를 오른쪽으로 드래그하여 Q값을 3.0으로 조정합니다. 그리고 포인트를 아래쪽으로 드래그하여 Gain을 -6.0dB 정도로 설정합니다.

5번 포인트 조정

10 계속해서 5번 포인트를 Freq는 1500Hz, Q는 5.0, Gain은 6.0dB 정도로 설정합니다. 400Hz 대역의 주파수는 줄이고, 1500Hz의 주파수를 증가시켜 사운드를 조금 밝게 조정하였습니다. 반드시 사운드를 모니터 하면서 EQ를 조정하기 바랍니다.

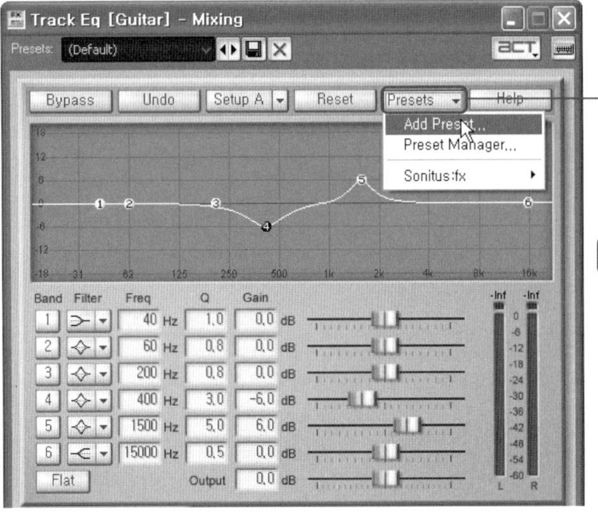

[Presets] 버튼

11 복사한 Guitar 트랙도 동일한 EQ을 적용하기 위해서 [Presets] 버튼을 클릭하여 메뉴를 엽니다. 그리고 [Add Preset]을 선택합니다.

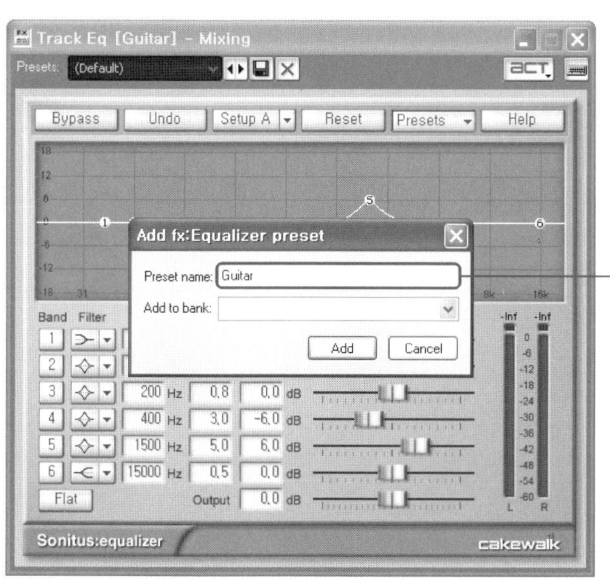

프리셋 이름 입력

12 Add fx:Equalizer Preset 창이 열립니다. Preset name에 구분하기 쉬운 이름을 입력하고 [Add] 버튼을 클릭합니다. 실습에서는 Guitar 라고 입력하겠습니다.

3번 트랙의 EQ 조정

13 복사한 3번 Guitar 트랙에서 [EQ] 버튼을 On 으로 하고 그래프 창을 더블 클릭하여 EQ 패널을 엽니다. 그리고 [Preset] 버튼에서 [Guitar]를 선택하여 앞에서와 동일한 EQ 값을 적용합니다. Vocal과 Drums 트랙도 EQ를 적용해 봅니다.

14 EQ는 각 트랙의 음색들이 선명하게 들리면서 서로 간섭하지 않게 하는 것이 중요합니다. 평소에 많은 실험을 해보기 바랍니다. EQ 작업이 끝나면 이펙트 작업을 진행합니다. Guitar의 FX 패널에서 마우스 오른쪽 버튼을 클릭하여 단축 메뉴를 열고, Audio FX의 Sonitus:fx에서 [Delay]를 선택합니다.

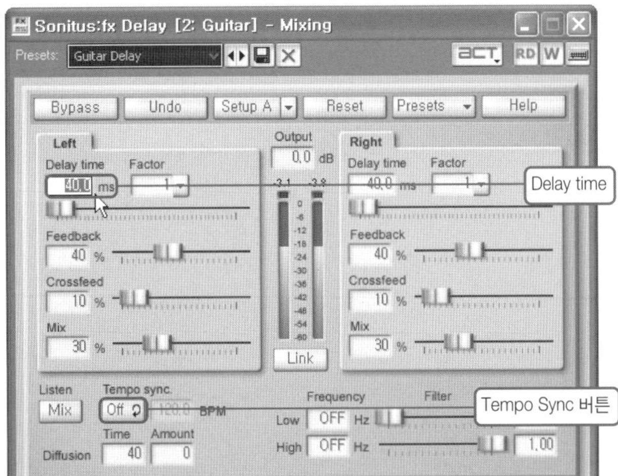

15 Sonitus:fx Delay 패널이 열립니다. 기본 값은 딜레이 타임을 템포에 맞출 수 있게 [Tempo Sync] 버튼이 manual 로 되어 있습니다. 버튼을 클릭하여 off로 설정합니다. 그리고 Delay time 을 40ms 정도로 합니다.

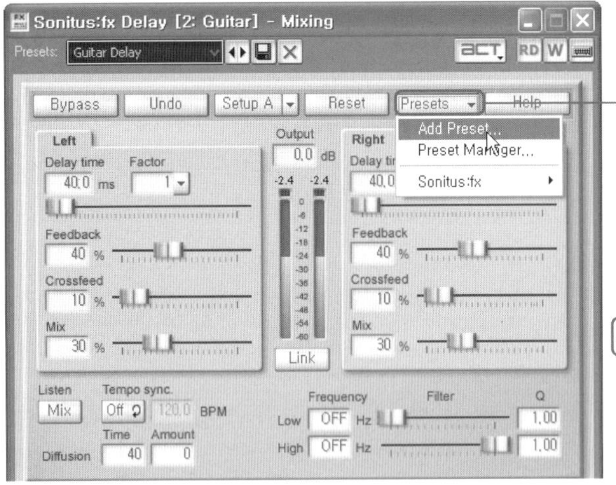

16 나머지 설정 값은 그대로 두고 Preset으로 저장합니다. 저장 방법은 EQ에서와 동일하게 [Presets] 버튼을 클릭하여 Add Preset 메뉴를 선택하고 구분하기 쉬운 이름으로 입력하면 됩니다.

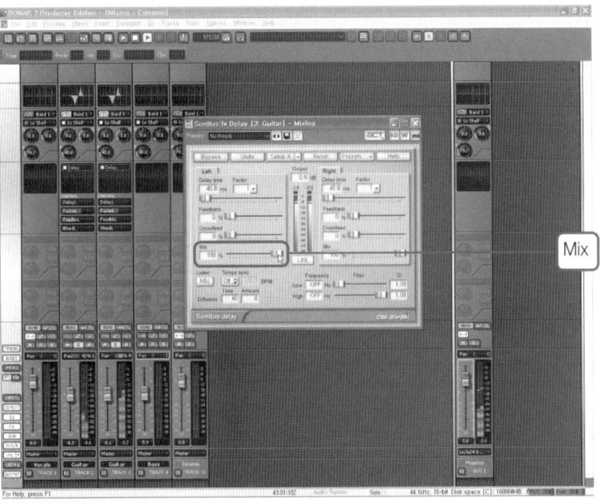

17 복사한 Guitar 트랙에서도 Delay를 장착하고 앞에서 저장한 프리셋을 선택합니다. 그리고 Feedback과 Crossfeed 값은 0, Mix 값은 100으로 변경합니다. 딜레이 값을 복사한 것과 다르게 조정하여 마치 두 대의 Guitar로 녹음한 듯한 효과를 연출하고 있습니다.

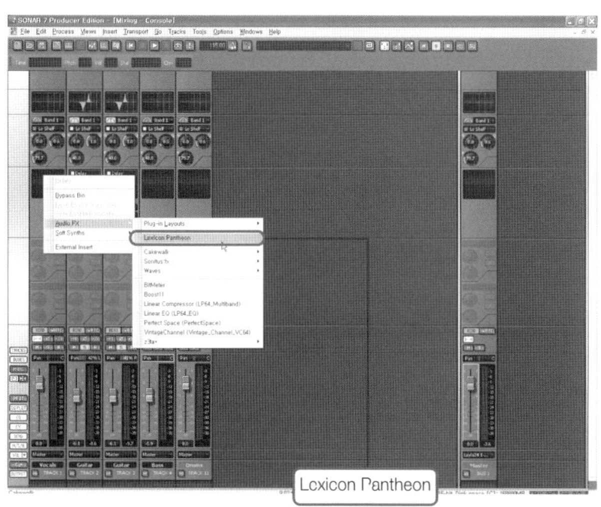

18 보컬에 필수적으로 사용하는 리버브와 컴프
레서를 적용해보겠습니다. 1번 Vocal 트랙
의 FX 패널에서 마우스 오른쪽 버튼을 클릭하여 단
축 메뉴를 열고 [Audio FX의 Lexicon Pantheon]을
선택합니다.

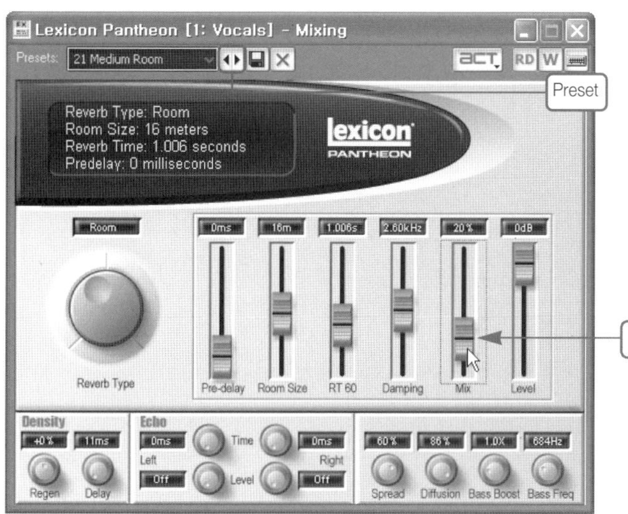

19 리버브는 기본 프리셋에서 제공하는 것을 이
용하겠습니다. Preset 항목을 클릭하여 목록
을 열고 21 Medium Room을 선택합니다. 사운드를
모니터 하면서 Mix 값을 적절히 조정합니다. 실습에
서는 20% 정도로 줄이고 있습니다.

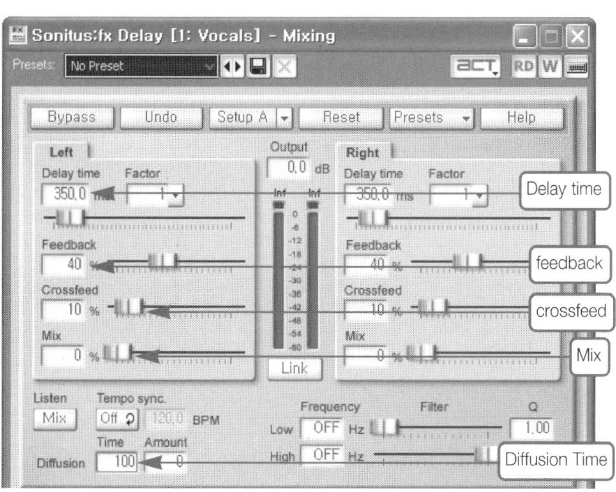

20 보컬 일분에 딜레이를 거는 기법은 대중 가
요에서 많이 사용합니다. 보컬 트랙에 딜레
이를 추가하고 그림을 참조하여 Delay time은
350ms, feedback은 40%, crossfeed는 10%, Mix
는 0%, Diffusion Time은 100으로 설정합니다.

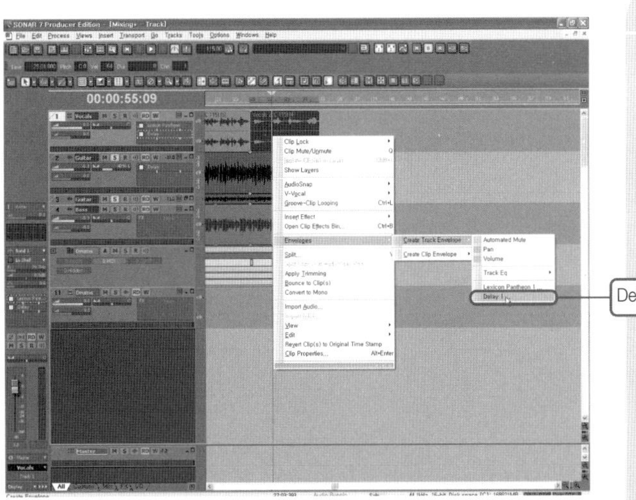

프로젝트 창으로 이동합니다. 그리고 보컬 트랙에서 마우스 오른쪽 버튼을 클릭하여 단축 메뉴를 열고, Envelopes 메뉴의 Create Track Envelope에서 [Delay 1]을 선택합니다.

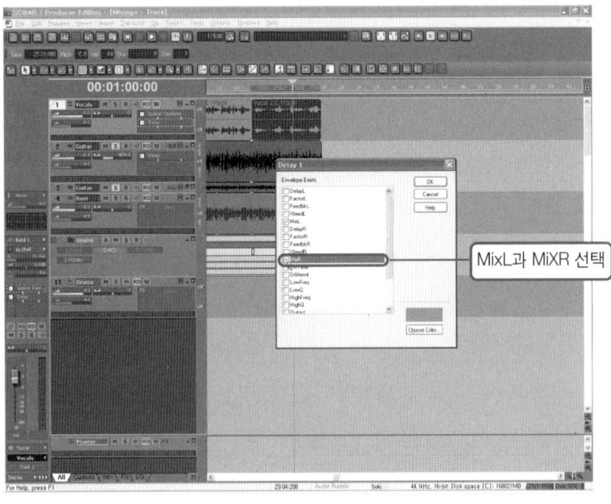

어떤 것을 오토메이션으로 조정할 것인지를 선택할 수 있는 창이 열립니다. MixL과 MixR을 체크하고 [OK] 버튼을 클릭합니다.

트랙에 2개의 엔벨로프 라인이 보입니다. 곡이 끝나는 부분에서 마우스 더블 클릭으로 3개의 포인트를 만들고, 끝의 2개를 클립보다 조금 길에 오른쪽으로 이동시킵니다.

24 중간의 포인트를 위쪽으로 드래그하여 딜레이의 Mix 값이 점점 커졌다가 작아지게 합니다. 나머지 채널로 같은 방법으로 조정합니다.

25 엔벨로프 라인에서 마우스 오른쪽 버튼을 클릭하여 단축 메뉴를 열고 [Slow Curve]를 선택하여 라인이 곡선으로 변형되게 합니다.

26 나머지 트랙은 소리가 점점 작아지는 페이드 아웃으로 처리하겠습니다. 클립의 끝 상단 모서리 부분을 왼쪽으로 드래그하여 페이드 아웃 라인을 만듭니다. 나머지 트랙도 같은 방법으로 페이드 아웃 라인을 만듭니다.

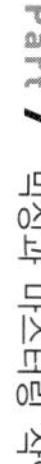

Part 7 믹싱과 마스터링 작업

27 페이드 아웃 라인은 마우스 오른쪽 버튼을 클릭하여 메뉴를 열고, Fast curve로 합니다. 클립의 시작부분에서 모서리를 드래그하면 소리가 점점 커지는 페이드 인 효과를 간단하게 연출할 수 있습니다.

28 폴더 트랙은 엔벨로프 라인을 이용해서 페이드 아웃 처리합니다. Drums 오디오 트랙에서 마우스 오른쪽 버튼을 클릭하여 단축 메뉴를 열고, Envelopes의 Create Track Envelope에서 Volume을 선택합니다.

29 볼륨을 조정할 수 있는 엔벨로프 라인이 보입니다. 마우스 더블 클릭으로 포인트를 만들고 마우스 드래그로 페이드 아웃 처리합니다. 라인의 형태는 다른 트랙과 마찬가지로 Fast curve 입니다.

30 계속해서 보컬 트랙에 컴프레서를 걸겠습니다. 트랙의 FX 패널을 이용해도 좋지만, 습관을 들이기 위해서 콘솔 창으로 이동합니다. 작업 중에 열어놓은 창들은 Windows 메뉴에 등록이 되므로 [Mixing - Console]을 선택해서 쉽게 이동할 수 있습니다.

31 Vocal 트랙의 FX 패널에서 마우스 오른쪽 버튼을 클릭하여 단축 메뉴를 열고, Audio FX의 Sonitu:fx에서 [Compressor]를 선택합니다.

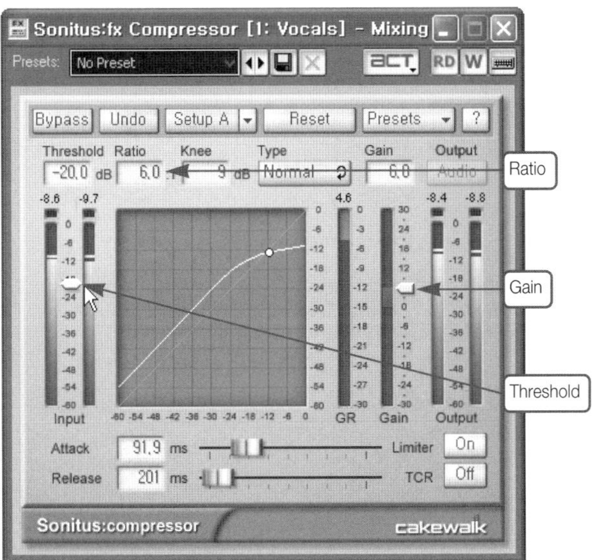

32 작은 소리는 크게 하고, 큰소리는 작게 조정하여 보컬을 안정되게 만드는 역할의 컴프레서에 대해서는 뒤에서 자세히 다루기로 하고, 실습에서는 Ratio을 6.0, Threshold를 -20.0dB, gain을 6.0dB 정도로 조정하면서 믹싱 작업을 마치겠습니다.

3 마스터링

마스터링은 믹싱 작업이 끝난 곡을 오디오 CD 제작을 위한 마스터 CD로 제작하기 전에 전체 사운드를 안정적으로 감상할 수 있게끔 조정하는 작업입니다. 일반적으로 소나 7에서 믹싱이 끝난 곡을 Wav 파일로 믹스다운해서 마스터링 작업을 전문적으로 할 수 있는 Sony사의 Soundforge나 Steinberg사의 Wavelab을 많이 이용하지만, 소나 7에서 마스터링 작업까지 끝낼 수 있습니다.

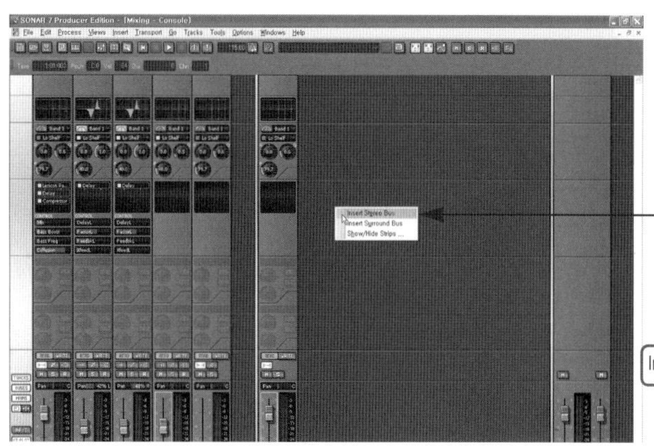

01 소나 7은 마스터 트랙에 FX 패널이 없기 때문에 믹싱 작업이 끝난 곡을 믹스 다운해서 별도의 프로그램을 이용하지만, 버스 트랙을 이용하면 이 부분을 해결할 수 있습니다. 버스 패널에서 마우스 오른쪽 버튼을 클릭하여 단축 메뉴를 열고 [Insert Stereo Bus]를 선택합니다.

02 Bus2 라는 이름의 새로운 버스 트랙이 추가되었습니다. 실습 곡에는 이미 Master라는 이름의 버스 트랙이 있고, 모든 채널의 아웃은 Master 버스로 설정되어 있습니다. Master 버스 트랙의 아웃을 새로 추가한 Bus2로 변경합니다.

03 모든 트랙의 아웃은 버스 트랙 Master와 Bus2 를 지나 마스터 트랙으로 진행하는 것입니다. 결국, Master 또는 Bus2 트랙에 EQ, 컴프레서 등의 이펙트를 적용하면 모든 트랙의 사운드가 보정되는 것입니다. Bus2 트랙의 Fx 패널에 analyst를 적용합니다.

04 Analys는 재생 사운드의 주파수 분포도를 실시간으로 검출하여 표시하는 역할을 하는 것으로 믹싱과 마스터링 작업에 큰 도움이 됩니다. [Max] 버튼을 클릭하여 피크 레벨 라인이 표시되게 합니다.

05 마스터 작업을 하는 동안 Analyst를 참조 할 것이므로 적당한 위치로 드래그합니다. 그리고 Master 버스 트랙의 FX 패널에서 마우스 오른쪽 버튼을 클릭하여 단축 메뉴를 열고, Audio FX의 [Linear EQ(LP64_EQ)]를 선택합니다.

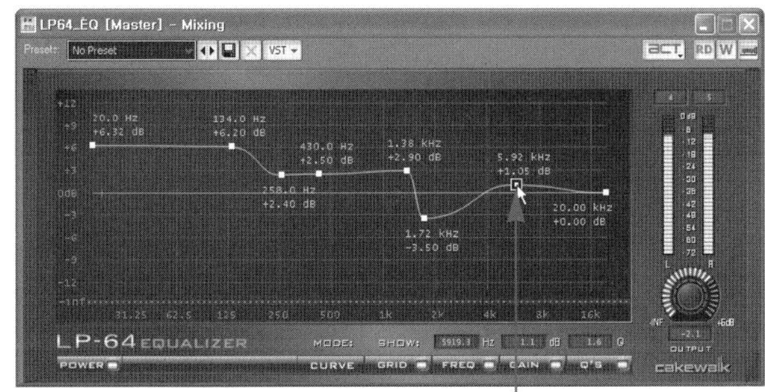

06 사용자가 원하는 주파수를 마음껏 조정할 수 있는 LP64_EQ 패널이 열립니다. 라인을 마우스 더블 클릭하여 포인트를 추가하고, 마우스 드래그로 EQ 값을 조정합니다. 이때, Analyst를 참조하면 전체 주파수가 고르게 들리는 EQ 작업이 수월 할 것입니다.

플레처 먼슨 그래프

EQ 작업을 할 때, 전체 주파수가 고르게 들리도록 하라는 내용을 오해하는 분들이 있어서 잠깐 집고 넘어 가겠습니다. 인간의 귀는 전체 주파수를 동일한 레벨로 재생했을 때, 같은 레벨로 인식하지 못합니다. 일반적으로 미들 음역이 크게 들리며 이것 역시 최종 레벨을 어느 정도의 크기로 모니터 하는가에 따라 달라집니다. 이러한 인간의 특징을 발견한 사람들이 플레처와 먼슨이라는 음향학자이며 이것을 그래프로 만든 것이 플레처 먼슨 그래프 입니다. 즉, 1KHz를 100dB로 재생했을 때 100Hz는 3dB 정도 더 커야 하고 3KHz는 3dB 정도 작아야 평균적으로 들린다는 얘기입니다. 그러므로 믹싱과 마스터링 작업을 할 때는 볼륨을 평소보다 약간 크게 하고 자신이 좋아하는 원곡을 소나 7으로 불러와 재생하면서 Analyst를 관찰하는 연습을 해두면 좋습니다.

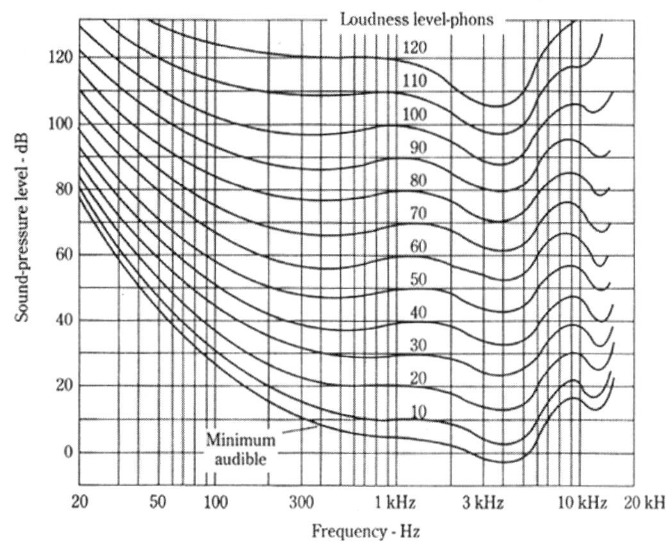

07 LP64_EQ 를 닫고 주파수 대역 별로 컴프레서를 적용하겠습니다. Master 버스 트랙의 Fx 패널에서 마우스 오른쪽 버튼을 클릭하여 [Linear Compressor (LP64_Multiband)]를 선택합니다.

08 LP64_Multiband는 전체 주파수 대역을 5 등분하여 컴프레서를 적용할 수 있는 역할을 합니다. Analyst의 [Min] 버튼을 클릭하여 주파수의 다이내믹 범위를 확인할 수 있게 해놓고 간격이 비슷해지도록 LP64_Multiband를 조정합니다.

09 소나 7에서는 마스터링 작업을 하나의 장치로 처리할 수 있는 놀라운 이펙트가 있습니다. Master 버스 트랙의 FX 패널에서 마우스 오른쪽 버튼을 클릭하여 단축 메뉴를 열고 [Vintage Channel(Vintage_Channel_VC64)]를 선택합니다.

10 Vintage_Channel_VC64의 Preset 목록에서 Master Mix를 선택합니다. 프리셋 만으로도 입체적인 음악이 되는 것을 경험할 수 있습니다. 자세한 내용은 뒤에서 살펴보기로 하고 Analyst와 Vintage_Channel_VC64을 닫습니다.

11 전체적인 사운드가 증가되어 마스터 트랙의 레벨 미터에 빨간색의 피크 경고가 뜹니다. 리미터를 이용해서 피크 레벨을 잡겠습니다. FX 패널에서 마우스 오른쪽 버튼을 클릭하여 단축 메뉴를 열고 Audio FX의 [Boost11]을 선택합니다.

12 Output 노브를 조금 줄여 피크 레벨이 뜨지 않게 합니다. 실습에서는 Preset 목록에서 Final Mix를 선택하여 Boost11를 적용하고 마스터링 작업을 마치겠습니다.

4 믹스다운

믹싱과 마스터링 작업이 끝나면 오디오 CD 제작을 위해 16Bit, 44.1Khz, Stereo의 샘플 포맷을 가진 wav 파일이나 Mp3 파일로 믹스다운 하는 작업이 남았습니다. 믹스다운 작업은 프로젝트를 저장하는 것만큼이나 간단하므로 오디오 CD 제작을 위한 Audio CD Burner까지 살펴보겠습니다.

01 마스터링 작업이 끝난 음악은 File 메뉴의 Export에서 [Audio]를 선택하여 Wav 파일이나 MP3 파일로 믹스다운 합니다.

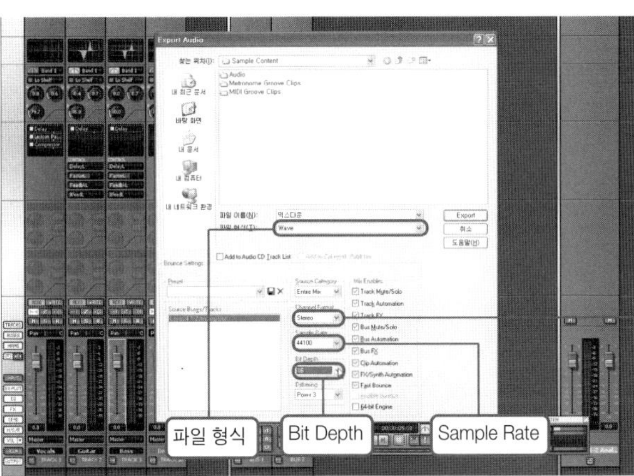

02 오디오 CD를 제작하겠다면 파일 형식은 wave를 선택하고, Channel Format은 Stereo, Sample Rate는 44100, Bit Depth는 16으로 설정합니다. 그리고 파일 이름을 입력하고 [Export] 버튼을 클릭하여 웨이브 파일로 제작합니다.

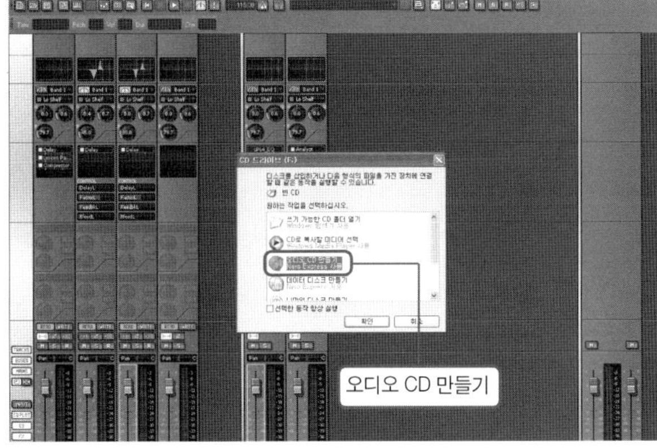

03 믹스다운되는 과정이 소나 7 작업 창 하단에 보이며 완료될 때까지 잠시 기다리면 끝입니다. 완성한 웨이브 파일은 Nero나 CD Architect 등의 CD 제작 프로그램을 이용해서 오디오 CD 로 제작합니다. DVD-R 드라이브에 공 CD를 넣으면 실행 창이 열리는데 목록에서 오디오 CD 만들기를 더블 클릭합니다.

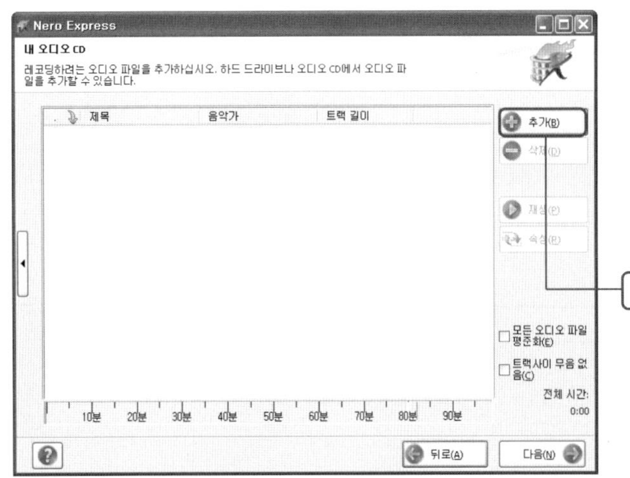

[추가] 버튼

04 Nere Express가 실행됩니다. 물론 사용자 컴퓨터에 Nero가 설치되어 있어야 하지만 대부분 DVD-ROM 드라이브를 구입할 때, 무료로 제공을 하므로 누구나 설치가 되어 있을 것입니다. [추가] 버튼을 클릭합니다.

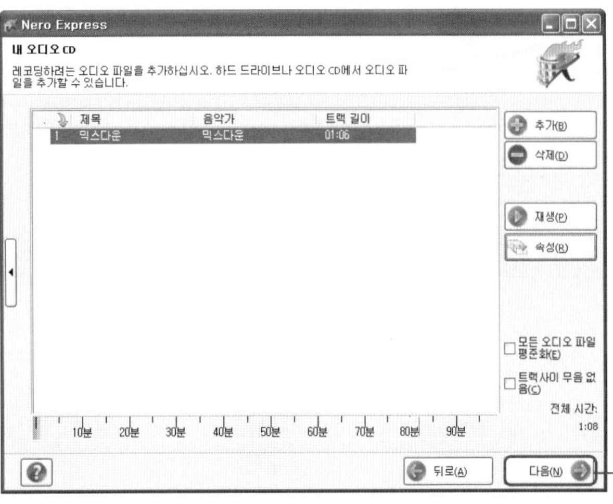

마우스 더블 클릭으로 파일 추가

05 파일 및 폴더 추가 창이 열립니다. Wav 포맷으로 믹스 다운한 파일이 있는 위치를 찾고, 믹스 다운한 파일을 더블 클릭하여 추가합니다. 추가할 곡이 더 있다면 원하는 파일을 찾아 계속 더블 클릭으로 추가하고, 없다면 [닫기] 버튼을 클릭하여 닫습니다.

[다음] 버튼

06 Nero Express 창 목록에 믹스 다운한 파일이 추가된 것을 확인할 수 있습니다. 다음 버튼을 클릭하여 진행합니다. 필요하다면 [속성] 버튼을 클릭하여 제목을 바꾸거나 사운드를 편집할 수 있습니다.

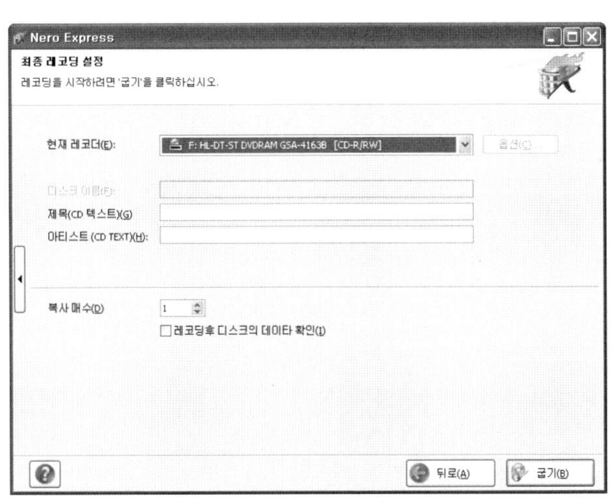

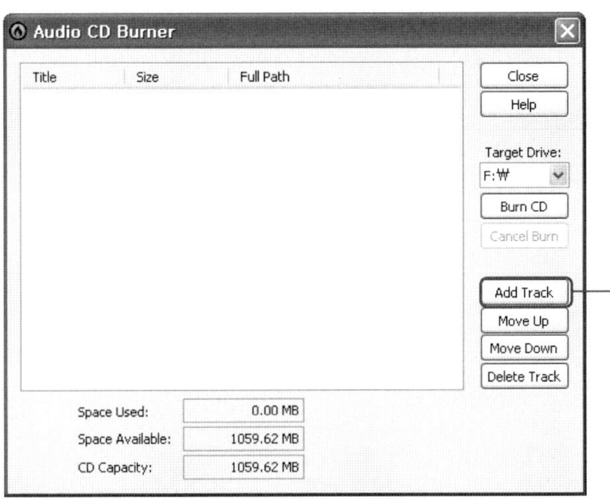

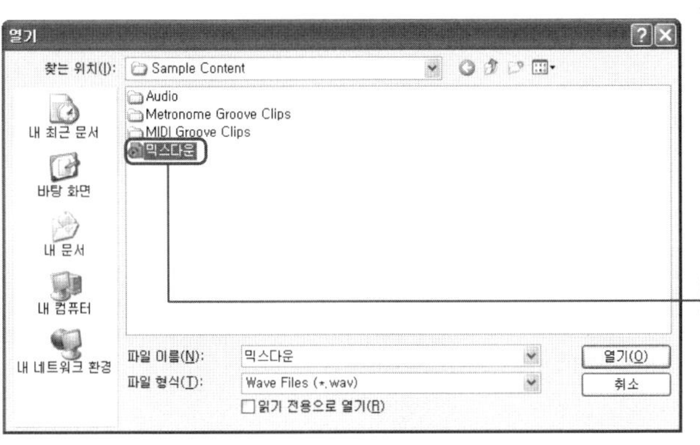

07 필요하다면 제목과 아티스트를 입력하고, [굽기] 버튼을 클릭하여 오디오 CD를 제작합니다. 이렇게 제작한 오디오 CD는 가정용 또는 차량용 오디오로 감상할 수 있고, CD 제작 공장에 가져다 주면 상업용 음반으로 제작할 수 있습니다.

08 만일 Nero가 설치되어 있지 않다면, 소나 7에서 제공하는 Audio CD Burner를 이용합니다. [시작] 버튼의 Cakewalk 폴더의 SONAR 7 Producer Edition에서 [Burn Audio CD]를 선택하여 실행하고 [Add Track] 버튼을 클릭합니다.

09 열기 창이 열립니다. Nero에서와 마찬가지로 소나 7에서 믹스 다운한 웨이브 파일을 찾아 마우스 더블 클릭으로 추가합니다.

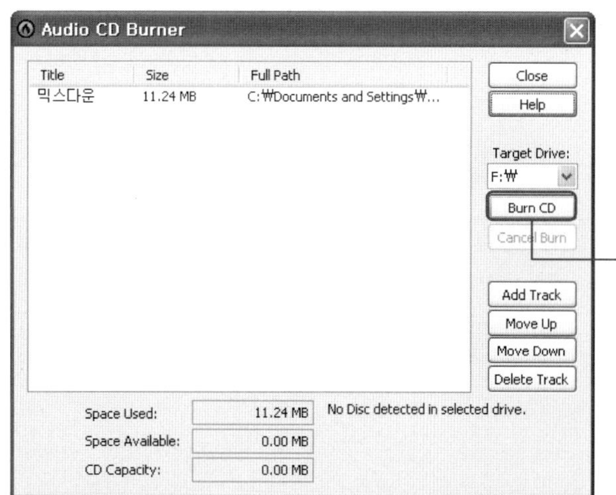

10 여러 개의 파일을 추가한 경우에는 [Move Up/down] 버튼을 이용해서 트랙의 순서를 변경할 수 있고, [Delete Track] 버튼을 이용해서 제거할 수 있습니다. 그리고 [Burn CD] 버튼을 클릭하여 오디오 CD로 제작할 수 있습니다.

[Burn CD] 버튼

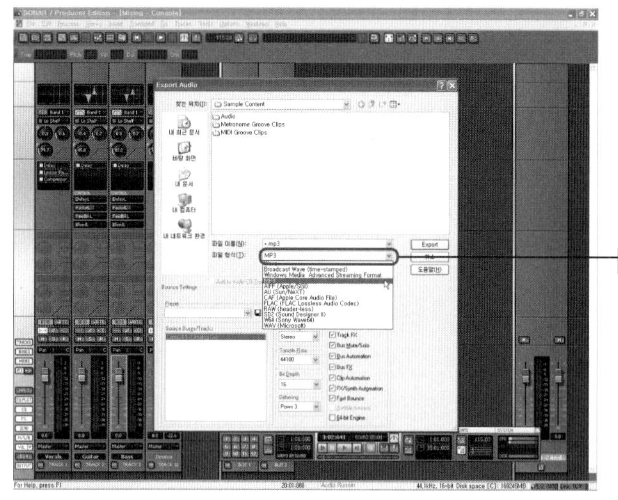

11 요즘에는 오디오 CD보다 MP3 음악을 더 많이 듣습니다. 소나 7은 MP3 파일로도 믹스다운이 가능한데, 방법은 Export Audio 창의 파일 형식에서 Mp3 포맷을 선택하기만 하면 됩니다.

파일 형식

12 파일 형식에서 Mp3 포맷을 선택하고 [Export] 버튼을 클릭하면 샘플 속성과 테그 정보를 입력할 수 있는 MP3 Export Options 창이 열립니다. Bit Rate 값이 클수록 사운드가 좋지만, 일반적으로 128kbs나 256kbs을 많이 사용합니다.

Bit Rate

13 Stereo Mode는 당연히 Stereo를 선택하면 되고, High 또는 Low-Pass Filter를 걸어 고음 또는 저음의 손실을 줄일 수 있습니다. 그리고 인터넷 배포용으로 제작한다면 Variable Bit Rate Encoding 옵션을 체크하여 전송 속도에 따라 Bit Rate가 유동적으로 변하게 할 수 있습니다.

14 Quality 슬라이드는 말 그대로 음악의 퀄리티를 결정하는데 실제로는 큰 차이가 없으므로 기본 값 2를 사용합니다. 만일 시스템이 넉넉하다면 Better쪽으로 드래그해도 좋습니다. 필요하다면 플레이어에서 음악이 재생될 때 표시되게 할 ID3 정보를 입력합니다.

15 [OK] 버튼을 클릭하여 Mp3 파일로 믹스다운을 완료하고 저장된 MP3 파일을 찾아 더블 클릭하면 사용자 컴퓨터에 설치되어 있는 플레이어로 음악을 감상할 수 있습니다.

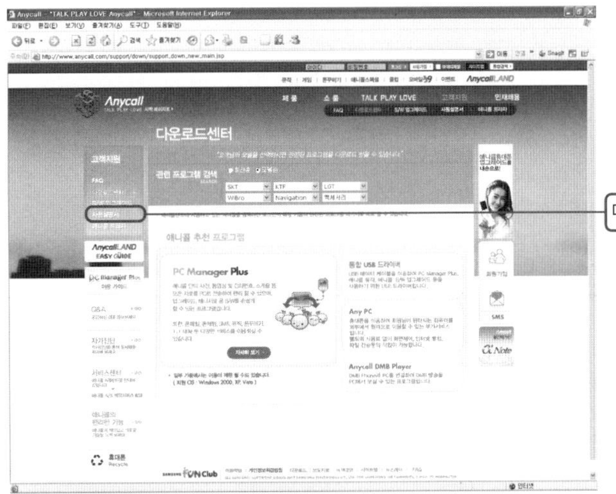

16 Mp3 파일을 휴대폰에 담아서 감상하고 싶다면 사용자가 가지고 있는 휴대폰 제작사의 홈페이지를 방문하여 전용 프로그램과 드라이버를 다운 받습니다.

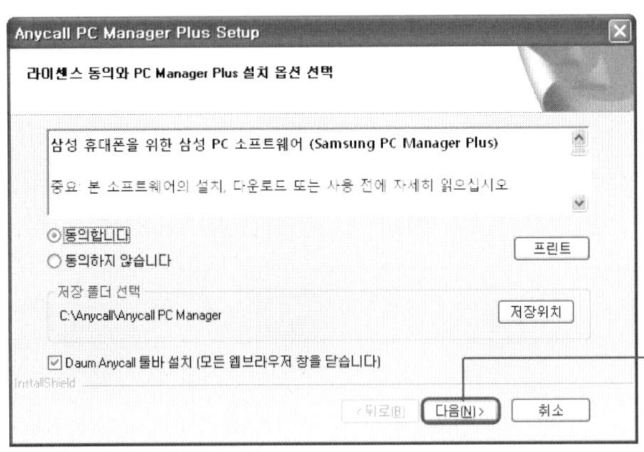

17 다운 받은 드라이버 파일과 전용 프로그램을 더블 클릭하여 설치합니다. 프로그램의 설치 방법은 모두 비슷합니다. 다운 받은 파일을 더블 클릭 실행하고, 설치 창에서 지시하는 데로 진행합니다. 대부분 [다음] 버튼을 클릭하기만 하면 될 것입니다.

18 휴대폰과 컴퓨터를 데이터 케이블로 연결하고 휴대폰 전용 프로그램을 실행합니다. 데이터 케이블은 휴대폰 대리점에서 쉽게 구입할 수 있습니다.

19 프로그램은 제품마다 사용법이 다르므로 홈 페이지의 도움말을 참조하기 바랍니다. 그림 은 삼성 제품의 PC Manager Plus를 설치하고 애니 콜 뮤직을 실행한 화면입니다.

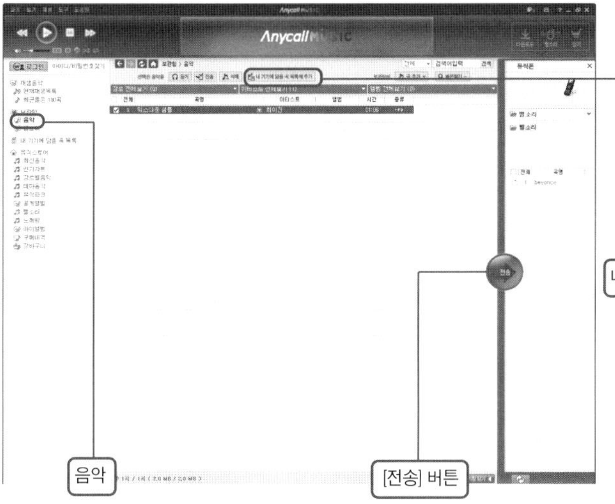

20 왼쪽 폴더 목록에서 보관함의 음악을 선택합 니다. 그리고 [내 기기의 담을 곡 목록에 추 가] 버튼을 클릭하여 소나 7에서 믹스다운한 Mp3 파일을 추가한 후, [전송] 버튼을 클릭하여 휴대폰으 로 전송하면 됩니다.

02 오디오 이펙트

과거에는 장비 하나에 몇 백만 원씩 했었기 때문에 리버브나 컴프레서 정도만 가지고 있어도 뿌듯했었고, 학생들은 꿈도 꾸지 못했던 시절이 있었습니다. 그러나 요즘에는 가지고 있는 장비를 팔아 치우고 소프트웨어로 해결할 수 없는 마이크나 오디오 카드 등에 투자를 하는 시대가 되었을 만큼 VST 악기와 이펙트들의 퀄리티가 하드웨어와 대등해지고 있습니다. 앞의 실습에서도 경험했듯이 소나 7에는 놀라운 성능의 이펙트들을 제공하고 있습니다. 이것들의 역할과 기능을 살펴보겠습니다.

1 이퀄라이저

흔히 EQ라고 불리는 이퀄라이저는 주파수 대역을 조정하여 자신이 원하는 사운드를 만들어내는 역할을 합니다. 가정용 오디오에서 POP, Jazz, Rock 등으로 프리셋 되어 있어 일반인들도 쉽게 사용할 수 있을 만큼 친숙한 것이 EQ이지만 많은 경험이 필요한 장비이기도 합니다.

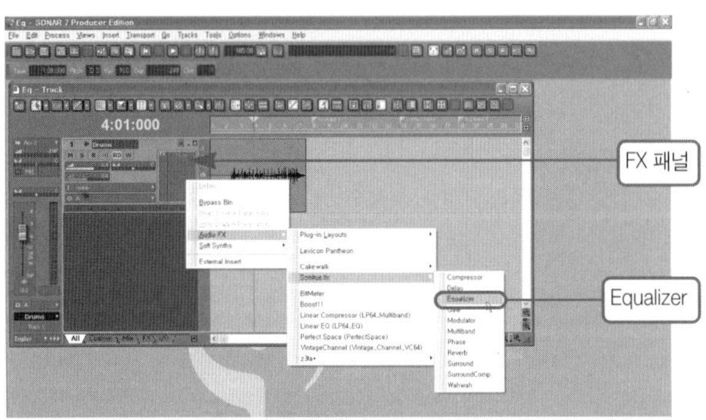

01 부록 CD의 EQ 샘플 파일을 열고, FX 패널에서 마우스 오른쪽 버튼을 클릭합니다. 단축 메뉴의 Audio FX에서 [Sonitus:fx의 Equalizer]를 선택합니다.

02 6개의 밴드로 이루어진 이퀄라이저가 열립니다. Band의 3번 버튼을 제외한 나머지를 클릭하여 Off시킵니다. 하나의 밴드만 사용하겠다는 의미입니다.

03 Band 오른쪽의 [Filter] 버튼을 클릭하여 메뉴를 열고 [Shelving Low 타입]을 선택합니다. 그리고 Freq 항목을 더블 클릭하여 240을 입력합니다. 240Hz이하의 주파수를 조정하겠다는 의미입니다.

04 Gain 슬라이더를 오른쪽으로 드래그하여 값을 높입니다. 디스플레이를 보면 3번 포인트가 조정되는 것을 확인할 수 있습니다.

05 EQ의 사용이 능숙해지면 각 포인트 점을 드래그하여 Freq와 Gain을 직접 조정할 수 있습니다. Space bar 키를 눌러 베이스가 증가된 사운드를 모니터 해봅니다.

 Cakewalk FxEQ

소나 7에는 SonitusFX의 Equalizer 외에도 Cakewalk의 2-Band EQ, FxEQ, Parametric EQ, 그리고 Linear EQ (LP64_EQ)를 제공하고 있으며 사용 목적은 모두 동일합니다. 똑같은 목적으로 사용하는 휴대폰이라도 제작사와 제품 모델을 선택하는 것이 사람마다 다르듯이 자신의 취향에 어울리는 것을 사용하면 됩니다. 다만, 각 제품마다 기능과 결과에 조금씩 차이가 있으므로 작업에 어울리는 것을 선택할 수 있을 때까지 이것저것 사용해보는 것이 좋습니다.

1. Cakewalk 2-Band EQ

2밴드 타입으로 EQ 타입을 사용자가 원하는 것으로 선택할 수 있다는 특징이 있습니다.

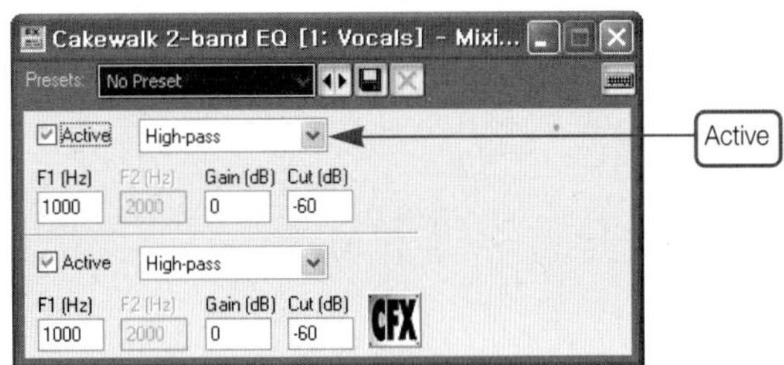

❶ Active

두 개의 밴드를 제공하고 있으며 Active 옵션 여부로 각 밴드의 사용 여부를 선택할 수 있습니다. 즉, 1 밴드로도 사용이 가능합니다. 옵션을 선택하면, High-pass, Low-pass, Band-pass (peak), Band-Stop(notch)의 4가지 타입 중에서 선택할 수 있습니다.

❷ Data

각각의 밴드에 조정할 주파수 대역을 설정하는 F1(Hz와 F2(Hz), 이득 값을 조정하는 Gain, 감소 값을 조정하는 Cut으로 구성되어 있습니다. 모두 사용자가 조정할 값을 직접 입력해야 하기 때문에 입문자들에게는 다소 버거우며, 고급 사용자도 잘 사용하지 않습니다.

2. Cakewalk Parametric EQ

총 4개의 밴드를 제공하고 있으며 각 밴드마다 사용자가 원하는 타입을 Low shelf, Peak, High shelf의 3가지 중에서 선택할 수 있습니다. Q 값 범위가 넓기 때문에 미세한 조정이 가능하며, 잡음 제거 능력이 탁월합니다.

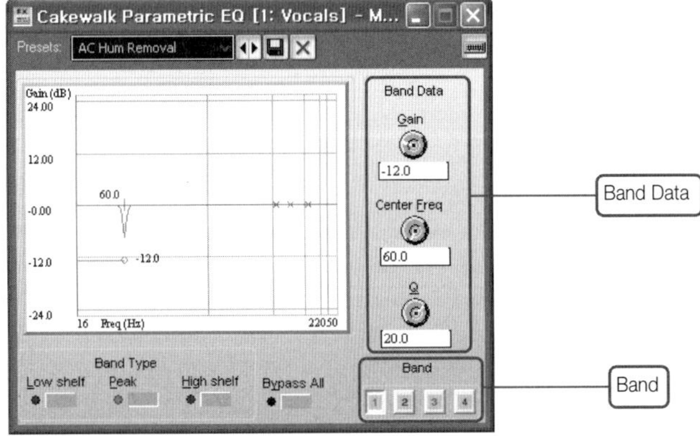

❶ Band

총 4개의 밴드를 제공하고 있으며, 각각의 버튼을 클릭하여 조정할 밴드를 선택합니다. 그리고 각 밴드 타입은 Band Type에서 선택합니다. Bypass All은 선택한 밴드를 사용하지 않겠다는 의미입니다.

❷ Band Data

Center Freq에서 조정할 주파수를 설정하며, Gain으로 조정 값을 설정합니다. 디스플레이 창의 빨간색 포인트를 드래그하여 Center Freq와 Gain을 조정할 수 있습니다. 그리고 조정 범위인 Q 노브가 있습니다.

3. Cakewalk FxEQ

실습에서 살펴본 Sonitus:fx Equalizer와 비슷한 모양을 하고 있지만, 총 8밴드 타입으로 좀 더 정밀한 EQ 작업이 가능합니다. 화면의 구성은 Voice, CENTER FREQUENCY, BANDWIDTH, MONITOR, Band의 5가지 패널로 구분합니다.

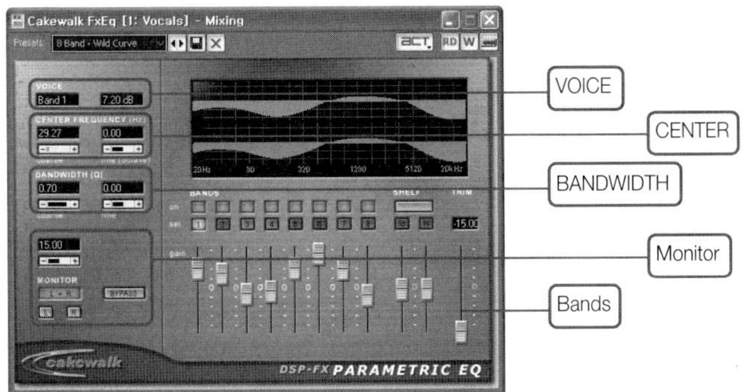

❶ VOICE

Cakewalk사의 EQ는 모두 8밴드로 이루어져 있습니다. VOICE 항목은 선택한 밴드의 번호와 변경 값을 표시합니다. 밴드의 선택은 각 밴드 상단에 있는 [Sel] 버튼을 클릭하면 됩니다.

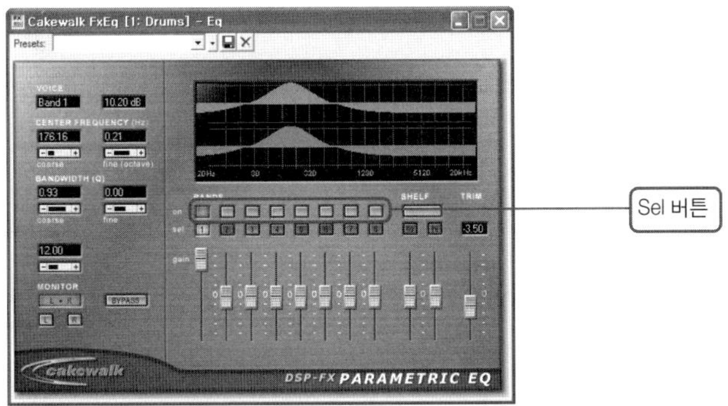

❷ CENTER FREQUENCY (Hz)

Voice 아래쪽에는 중심 주파수를 크게(coarse), 작게(fine) 조절할 수 있는 CENTER FREQUENCY (Hz) 슬라이더가 있습니다. Gain 슬라이더 중 아무거나 위쪽으로 드래그하여 디스플레이 창에 그래프가 표시되게 하고, Coarse와 Fine 값을 좌/우로 드래그하여 조정해보면 쉽게 이해할 수 있습니다.

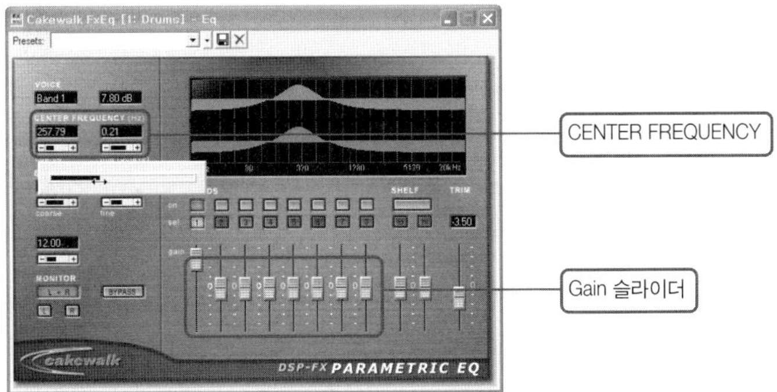

❸ BANDWIDTH (Q)

CENTER FREQUENCY (Hz) 아래쪽에는 주파수 범위를 조정할 수 있는 BANDWIDTH 슬라이더가 있습니다. CENTER FREQUENCY와 같이 Coarse와 Fine 두 가지가 있으며, 각각의 값을 조정해보면 디스플레이 창의 조정 범위가 변경되는 것을 확인할 수 있습니다.

BANDWIDTH 아래쪽에는 EQ가 적용된 사운드를 미리 들어 볼 때, 스테레오(L-R)로 모니터 할 것인지, 왼쪽(L), 오른쪽(R)으로 모니터 할 것인지를 결정합니다. 그리고 위쪽에 있는 슬라이더는 Gain 슬라이더의 범위를 조정합니다. 예를 들어, 15dB로 설정하면 Gain 슬라이더의 최대/최소 값은 15dB이 됩니다. [BYPASS] 버튼은 EQ가 적용되기 전의 사운드를 모니터 합니다.

❺ Bands

조정할 밴드를 선택하는 [Sel] 버튼 위쪽의 [On] 버튼은 밴드의 사용 유무를 결정하는 것이고, 오른쪽의 [SHELF] 버튼은 lo(로우 쉘빙)과 hi(하이 쉘빙) 밴드의 사용 유무를 결정합니다. 쉘빙이란 주파수를 조정할 때 중심 주파수를 기점으로 증/감되는 것이 아니라, 중심 주파수 이하(로우), 이상(하이)로 증/감 되는 것을 말합니다. 직접 조정을 해보면 그래프에서 쉽게 확인할 수 있습니다. 마지막으로 TRIM 슬라이더는 전체 출력 레벨을 조정합니다.

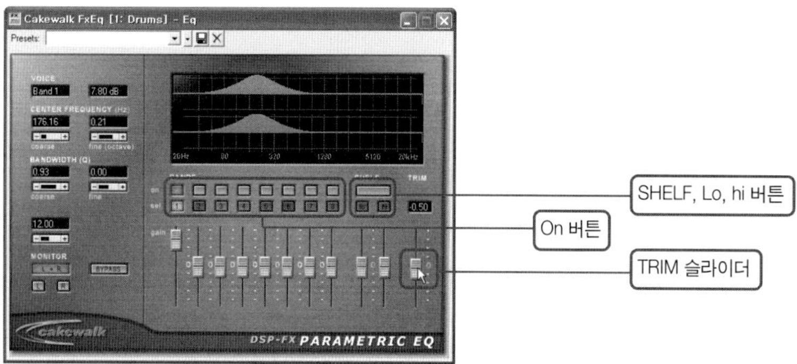

4. Linear EQ (LP64_EQ)

소나 7은 강력한 이펙트로 재무장하였는데, 그 중의 하나인 이퀄라이저 입니다. 이름에서 짐작할 수 있듯이 라인 타입으로 최대 20밴드까지 설정이 가능합니다. 잡음 제거와 사운드 보정 등 어떤 목적으로든 탁월한 성능을 발휘하기 때문에 EQ 작업에 능숙해진다면 가장 먼저 로딩하게 될 EQ가 될 것입니다.

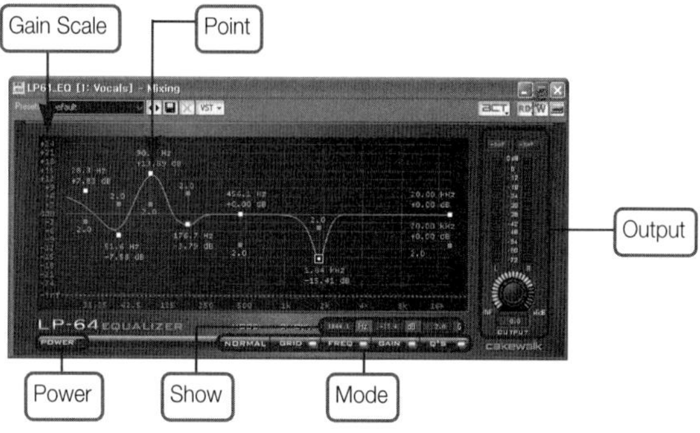

❶ Point

마우스 더블 클릭으로 조정할 포인트를 만들며, 마우스 드래그로, 조정할 주파수(Hz), 값(dB), 범위(Q)를 조정합니다. 선택한 포인트는 사각형 테두리로 표시되며, Delete 키를 눌러 삭제할 수 있습니다. Q 값을 표시하는 주황색 포인트는 [Q' s Show] 버튼이 On으로 되어 있는 경우에만 표시됩니다. 그리고 포인트에 표시되는 주파수와 조정 값 역시 [FREQ]와 [GAIN Show] 버튼이 On으로 되어 있는 경우에만 표시됩니다. [GRID Show] 버튼은 디스플레이 창의 그리드 라인 표시 여부를 On/Off 합니다.

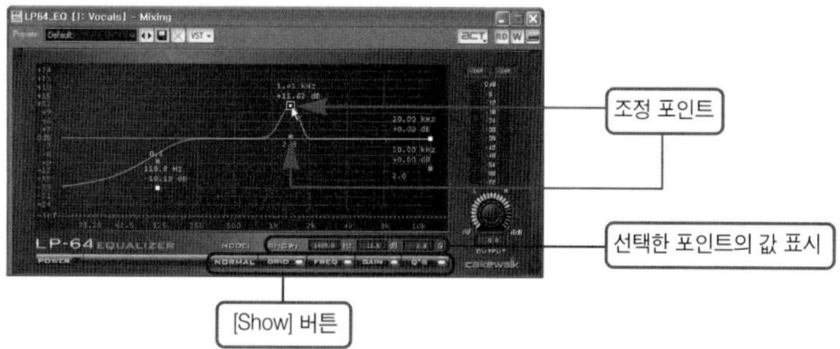

[Power] 버튼은 LP64_EQ의 On/Off를 결정하며, Mode는 조정 포인트 사이를 커브로 연결하는 Curve와 기본 모드인 Normal 중에서 선택
합니다. 그리고 디스플레이 창 왼쪽에 보이는 Gain Scale은 마우스 드래그로 확대/축소 할 수 있습니다.

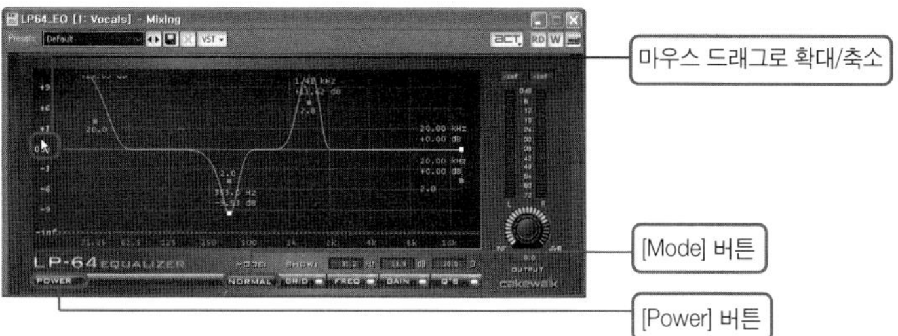

❸ Output

LP64_EQ의 최종 출력 레벨을 조정할 수 있는 노브와 출력 값을 표시하는 레벨 미터가 있습니다. 레벨 미터의 빨간색 표시는 사운드가 과
출력되고 있다는 표시이므로 피하는 것이 좋습니다.

2 딜레이

딜레이는 산의 메아리로 쉽게 경험할 수 있는 효과로 사운드가 어느 정도 시간 차이를 두고 반복해서 들리는 것을
말합니다. 메아리는 산의 크기와 굴곡의 모양에 따라서 다르게 들리게 되는데, 이렇게 다양한 시간 지연 효과를 인
위적으로 만들어내는 이펙트가 딜레이입니다.

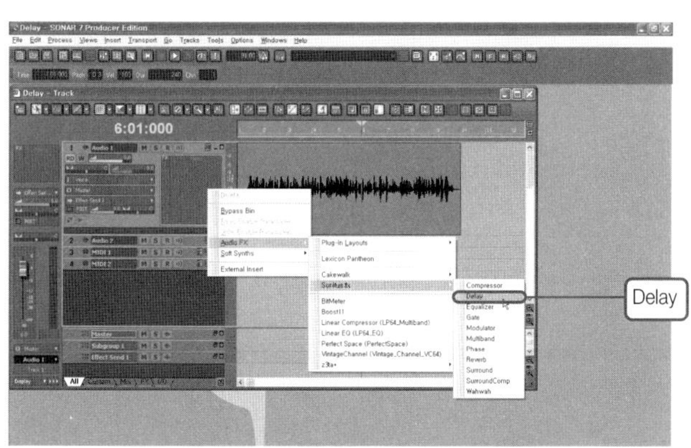

01 부록 CD의 Delay 샘플 파일을 열고, FX 패
널에서 마우스 오른쪽 버튼을 클릭합니다.
단축 메뉴의 Audio FX에서 Sonitus:fx의 [Delay]를
선택합니다.

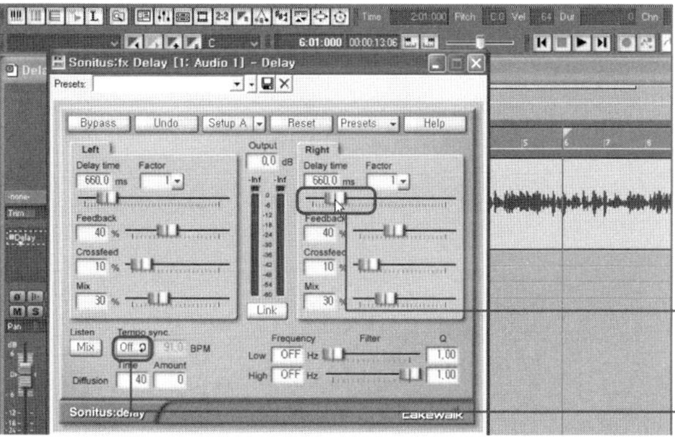

02 Delay가 열립니다. Tempo Sync의 BPM 항
목을 위/아래로 드래그하여 템포를 맞춥니
다. 샘플은 91입니다. 템포와 동기 하지 않겠다면,
[Tempo Sync] 버튼을 클릭하여 Off 하고, Delay
time 슬라이더를 조정합니다.

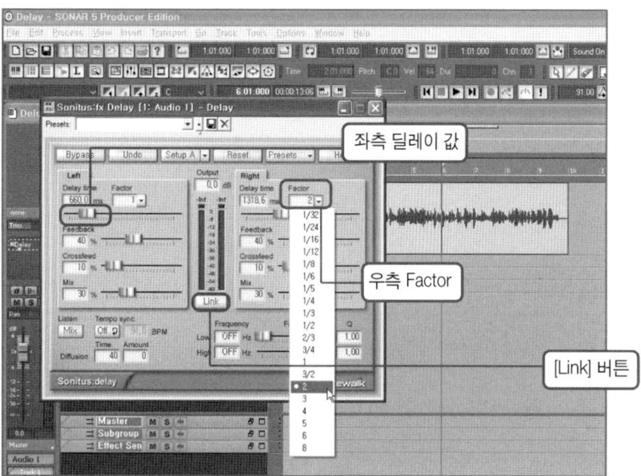

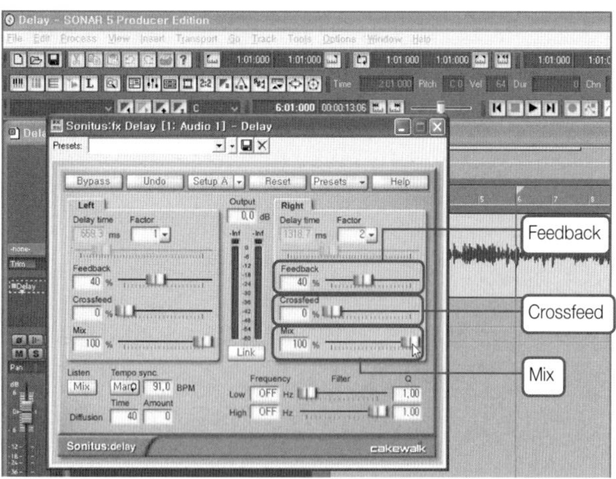

03 Factor 항목에서 딜레이가 적용될 비트 단위를 선택합니다. 그림에서와 같이 2를 선택하면 Delay time이 2배로 늘어나는 것을 확인할 수 있습니다. 이것은 [Link] 버튼이 On으로 되어 있어도 좌/우의 값을 각각 조정해야 합니다.

04 반복되는 양(Feedbak)은 그대로 두고, 좌/우 사운드가 겹치는 양(Crossfeed)은 0%로 줄입니다. 그리고 딜레이 양(Mis)은 효과를 확실히 느낄 수 있게 100%로 합니다. [Link] 버튼이 On으로 되어 있기 때문에 좌/우가 함께 조정되는 것을 확인할 수 있습니다.

05 Diffusion 항목에서 공간의 크기를 표현하는 Time은 10정도로 조정하고, 반복되는 간격을 조정하는 Amount는 20정도로 조정합니다. 값은 마우스 드래그로 조정하거나 더블 클릭으로 입력할 수 있습니다.

06 Low Frequency는 약 200Hz, High Frequency는 약 7000Hz 정도로 조정하여 200~7KHz 범위에만 딜레이가 적용되게 합니다. Q는 0.30~1.30까지 조정되는 중심 주파수의 범위를 조정하는 것입니다.

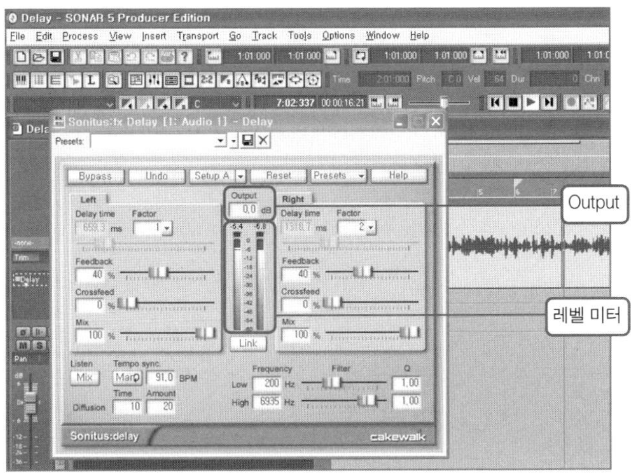

07 스페이스 바 키를 눌러 딜레이가 적용된 사운드를 모니터 합니다. 이때 레벨 미터 상단에 빨간색이 표시된다면 레벨이 초과되어 찌그러지는 현상이 발생한다는 것이므로 Output 레벨을 조정합니다.

08 원음을 제외한 딜레이 사운드만을 모니터 하고 싶다면 [Listen] 버튼을 클릭하여 Delay로 변경합니다. 특별한 경우가 아니라면 Mix 상태로 원음과 함께 모니터 하는 것이 좋습니다.

 Cakewalk FxDelay

소나 7은 Sonitus:fx 의 Delay 외에도 Cakewalk의 Delay, FxDelay 그리고 모노 채널 전용인 Delay/Echo (mono)를 제공하고 있습니다.

1. Cakewalk FxDelay

Sonitus:fx Delay와 비슷한 모습을 하고 있는데 딜레이를 4단계로 설정할 수 있다는 특징이 있습니다.

❶ DELAY

딜레이 타임을 크게(coarse), 작게(fine) 조정합니다. 이때 조정되는 딜레이 타임은 [Sel] 버튼이 클릭되어 있는 VOICE입니다. VOICE의 사용 여부는 [Sel] 버튼 위에 있는 [On] 버튼으로 결정합니다.

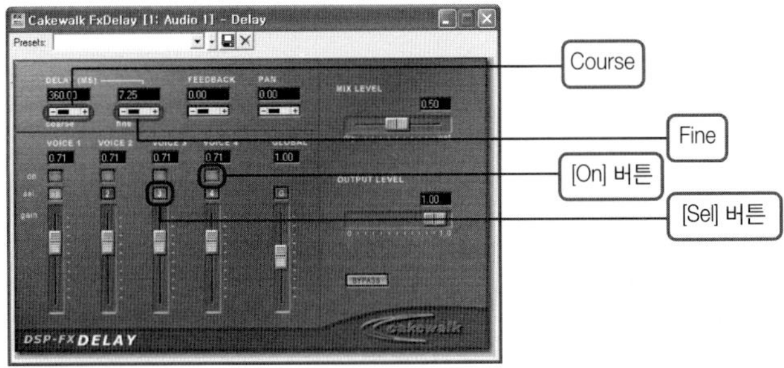

❷ FEEDBACK

Feedback은 반복되는 양을 조정하고, Pan은 좌/우 밸런스를 조정합니다. Global의 [G] 버튼이 On이면, VOICE1~4까지 함께 조정할 수 있습니다. 끝으로 MIX Level은 딜레이 양, Output Level은 출력 레벨을 조정합니다. Preset에서 각각의 프리셋을 적용해보고 연구하는 습관을 가지는 것이 이펙트를 효과적으로 사용하는 지름길 입니다.

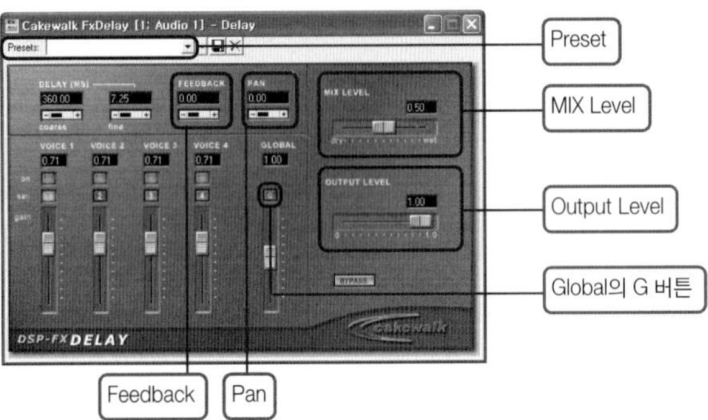

2. Cakewalk Delay

간단한 구성으로 되어 있어 입문자도 쉽게 사용할 수 있으며, 딜레이되는 사운드에 저주파 발진기인 LFO로 재미있는 사운드를 연출할 수 있습니다.

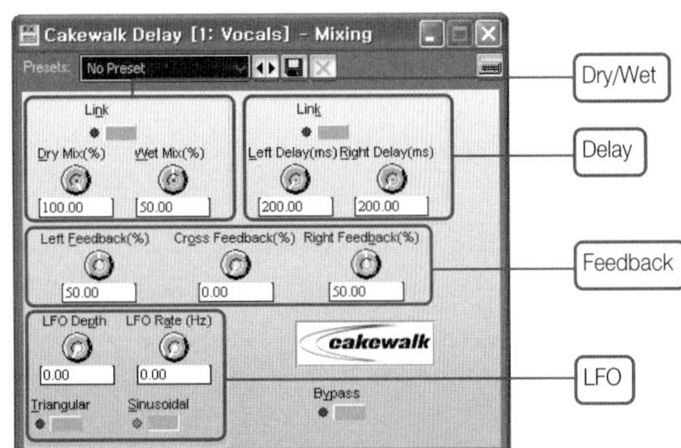

❶ Dry/Wet

Dry는 원본 사운드, Wet는 딜레이 사운드의 볼륨을 조정합니다. 즉, 딜레이 양을 조정하는 것입니다. [Link] 버튼을 On으로 하면 dry와 Wet 값을 동시에 조정할 수 있습니다.

❷ Delay

딜레이 타임을 ms 단위로 설정합니다. 왼쪽 채널과 오른쪽 채널을 다르게 설정할 수 있는 스테레오 딜레이 입니다. Cakewalk 폴더에는 모노로 사용할 수 있는 Delay/Echo(mono)도 제공하고 있습니다.

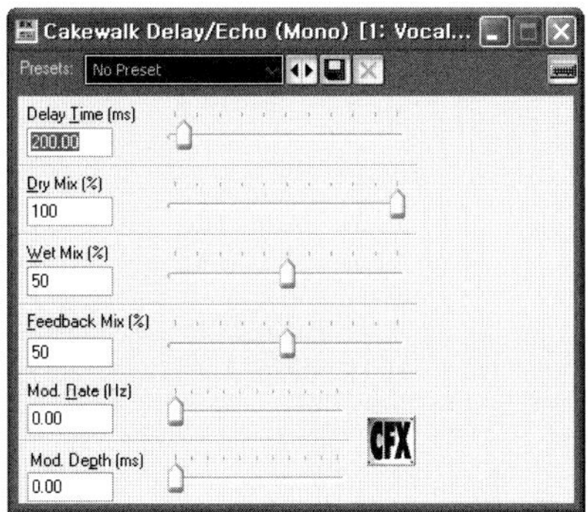

❸ Feedback

왼쪽(Left), 중앙(Cross), 오른쪽(Right) 채널의 반복 사운드 양을 설정합니다.

❹ LFO

딜레이의 저 주파수가 변조되는 폭(LFO Depth)과 속도(LFO Rate)를 설정합니다. 악기에서 사용하면 재미있는 효과를 연출할 수 있습니다. 이때 변조되는 파형은 Triangular 또는 Sinusoidal 중에서 선택합니다.

3 코러스

코러스는 말 그대로 합창 효과를 만들어내는 이펙트 입니다. 합창 효과를 쉽게 경험할 수 있는 것은 실제 합창단의 노래입니다. 수 십 명이 똑같은 악보를 보고 노래를 부르고 있지만, 개개인마다 미세한 시간차가 발생합니다. 그러나 이러한 시간차는 오히려 아름답고 풍부한 사운드가 만들어집니다. 코러스란 이러한 시간차를 인위적으로 만들어내는 이펙트입니다.

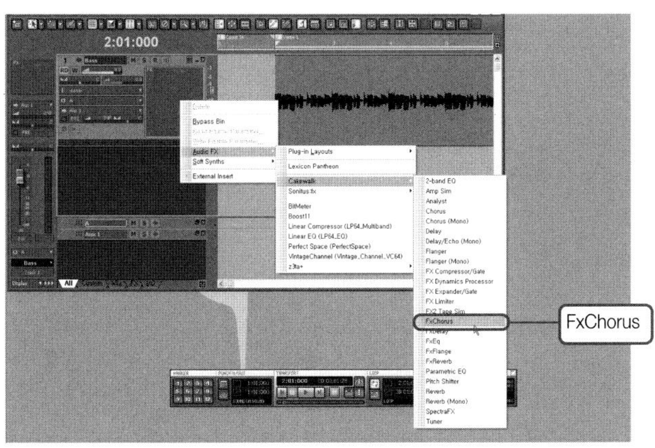

01 부록 CD의 Cho 샘플 파일을 열고, FX 패널에서 마우스 오른쪽 버튼을 클릭합니다. 단축메뉴의 Audio FX에서 Cakewalk의 [FxChorus]를 선택합니다.

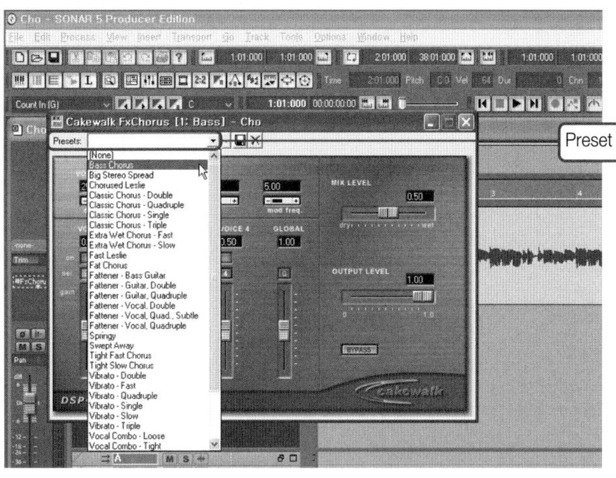

Preset

Tip FxChorus 패널과 Cakewalk Chorus

1. Cakewalk FxChorus 패널

FXChorus 패널에는 delay, mode depth, pan, mode freq의 값을 조정할 수 있는 Voice Settings 항목과 코러스를 4단계로 적용할 수 있는 4개의 VOICE 항목으로 구성되어 있습니다.

❶ VOICE SETTINGS

선택한 VOICE의 딜레이 값(delay), 모듈레이션의 폭(Mode depth), 좌/우 밸런스(pan), 모듈레이션 속도(mod freq)를 조정하는 4가지 항목으로 이루어져 있습니다. 값을 조정할 VOICE는 볼륨을 조정하는 gain 슬라이드 상단의 [Sel] 버튼을 클릭하여 선택합니다. Sel 상단의 [On] 버튼은 각 VOICE의 사용 유무를 결정합니다.

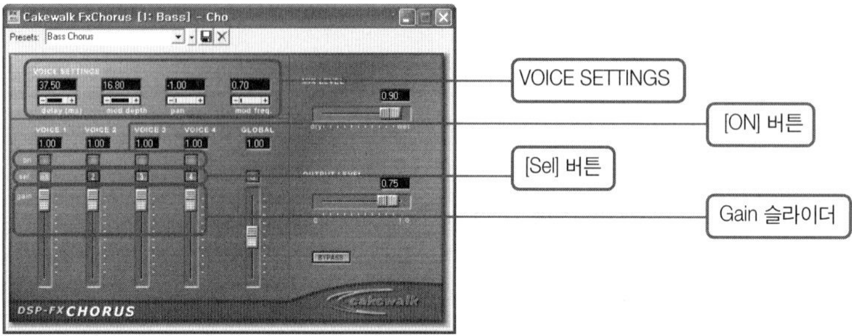

VOICE SETTINGS
[ON] 버튼
[Sel] 버튼
Gain 슬라이더

❷ GLOBAL

GLOBAL의 [G] 버튼을 클릭하면, 4개의 보이스 Gain을 동시에 조정할 수 있습니다. G을 클릭하고, 슬라이더를 조정하면 4개의 보이스 슬라이더가 동시에 움직이지만 On되어 있는 보이스만 영향을 줍니다. MIX Level은 코러스의 레벨을 조정하고, Output Level은 최종 레벨을 조정합니다. [Bypass] 버튼은 코러스 적용 전/후의 사운드를 비교합니다.

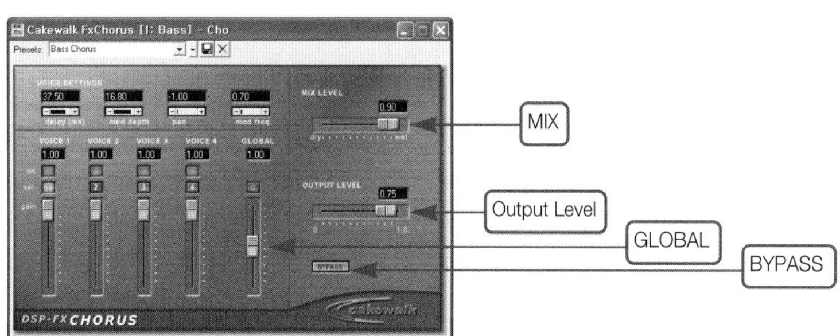

MIX
Output Level
GLOBAL
BYPASS

2. Cakewalk Chorus

소나 7에는 초창기 버전부터 사용되던 이펙트들이 그대로 포함되어 있습니다. Cakewalk Chorus도 그 중 한가지이며, EQ나 Delay를 살펴보았을 때와 마찬가지로 초창기 버전의 이펙트에는 Cakewalk 로고가 표시되어 있고 패널의 구성도 비슷합니다.

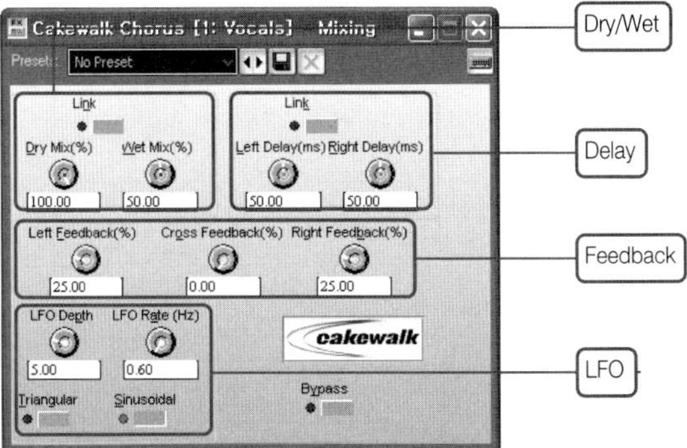

❶ Dry/Wet

Dry는 원본 사운드, Wet는 코러스 사운드의 볼륨을 조정합니다. 즉, 코러스의 양을 조정하는 것입니다. [Link] 버튼을 On으로 하면 dry와 Wet 값을 동시에 조정할 수 있습니다.

❷ Delay

지연 타임을 ms 단위로 설정합니다. 왼쪽 채널과 오른쪽 채널을 다르게 설정할 수 있는 스테레오 코러스입니다. Cakewalk 폴더에는 모노로 사용할 수 있는Chorus(mono)도 제공하고 있습니다.

❸ Feedback

왼쪽(Left), 중앙(Cross), 오른쪽(Right) 채널의 반복 사운드 양을 설정합니다.

❹ LFO

코러스의 저 주파수가 변조되는 폭(LFO Depth)과 속도(LFO Rate)를 설정합니다. 이때 변조되는 파형은 Triangular 또는 Sinusoidal 중에서 선택합니다.

4 플랜저

플랜저는 딜레이 계열의 이펙트로 반복되는 사운드에 시간차를 만들어 발생하는 위상 간섭으로 인한 독특한 사운드를 만들어냅니다. 위상이란 파형의 각도를 말합니다. 결국 위상 간섭은 파형이 서로 겹치는 것을 의미합니다. 동일한 파형이 조금씩 어긋난 상태로 반복해서 겹치게 되면 사운드의 색깔이 변하게 되는데 이것을 인위적으로 연출하는 것이 플랜저입니다.

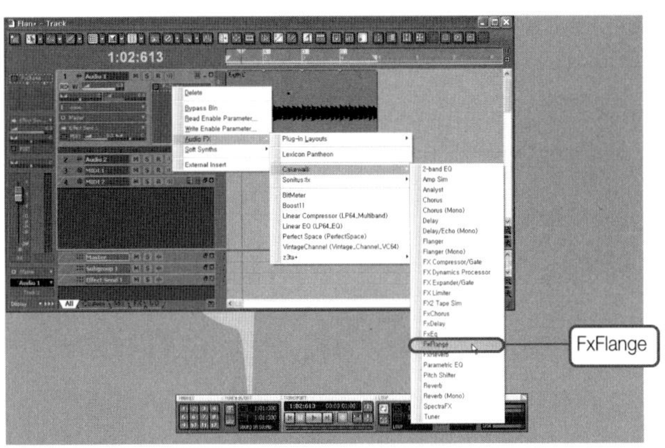

01 부록 CD에서 Flan 샘플 파일을 불러옵니다. FX 패널에서 마우스 오른쪽 버튼을 클릭하여 단축 메뉴를 열고, Audio FX의 Cakewalk에서 [FxFlange]를 선택합니다.

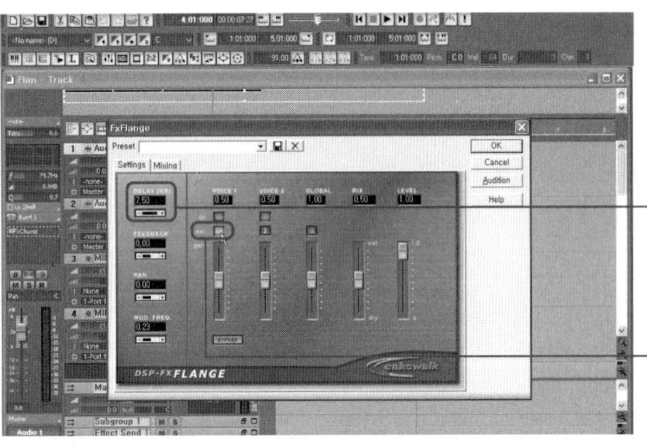

02 플랜저 효과를 2단계로 설정할 수 있는 FXFlange 패널이 열립니다. VOICE 1의 [Sel] 버튼을 클릭하고, Delay 항목을 우측으로 드래그하여 타임을 7.5 ms정도로 조정합니다. 두 개의 플랜저에서 1번 플랜저의 반복 시간을 7.5ms(1000분의 1초 단위)로 조정한 것입니다.

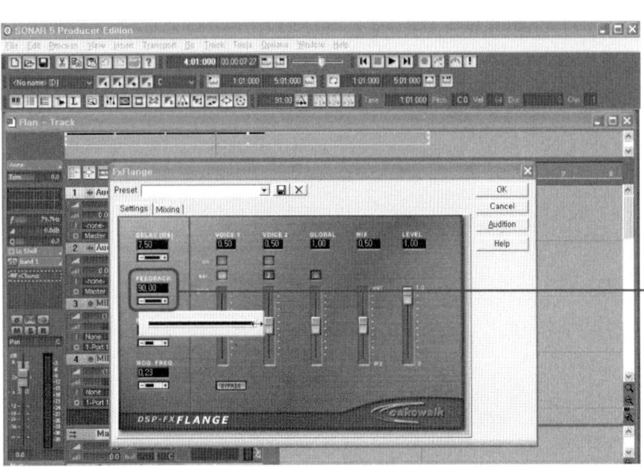

03 플랜저에서 가장 핵심적인 FEEDBACK 항목을 오른쪽으로 드래그하여 반복되는 양을 증가시킵니다.

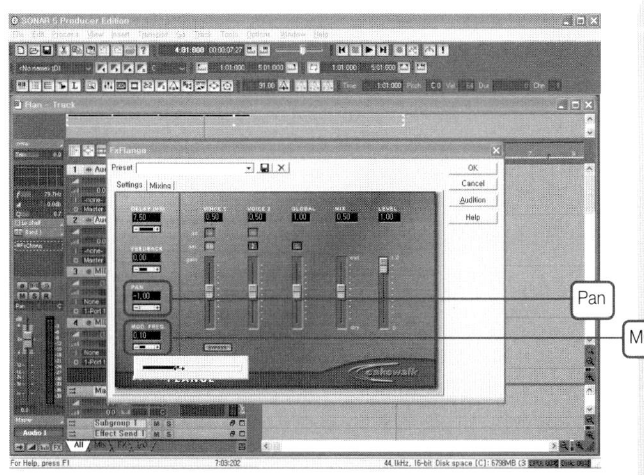

04 좌/우 밸런스를 조정하는 Pan은 -1.00으로 하여 왼쪽으로 완전히 돌리고, 진폭이 떨리는 속도를 조정하는 MOD. FREQ는 0.10정도로 조정합니다.

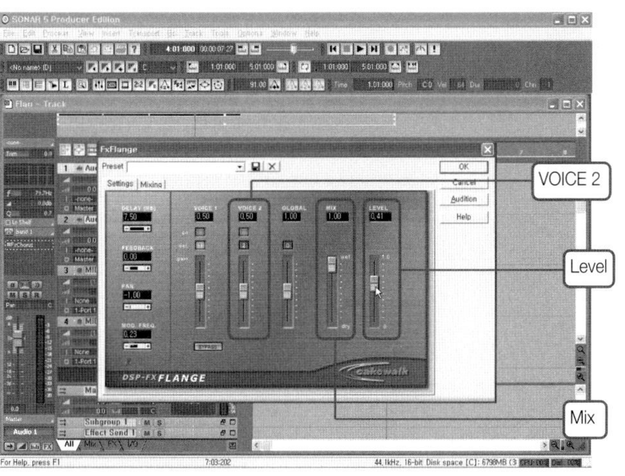

05 플랜저의 레벨을 조정하는 Mix는 최대로 하여 효과를 충분히 느낄 수 있도록 하고, 클립핑 현상을 방지하기 위해서 최종 볼륨인 Level은 조금 낮추어 줍니다. 플랜저 효과를 추가하고 싶다면 [VOICE 2]를 선택하여 같은 과정으로 조정합니다.

Tip Cakewalk Flanger

소나 7의 초창기 버전에 포함되어 있던 Cakewalk Flanger입니다. 사실 초창기의 이펙트들은 Cakewalk가 Sonar로 이름을 바꾸면서 빠졌던 것들인데, 템플릿 트랙의 프리셋이 아직도 CFX로 구성되어 있기 때문인지 버전 6에서부터 다시 포함되었습니다.

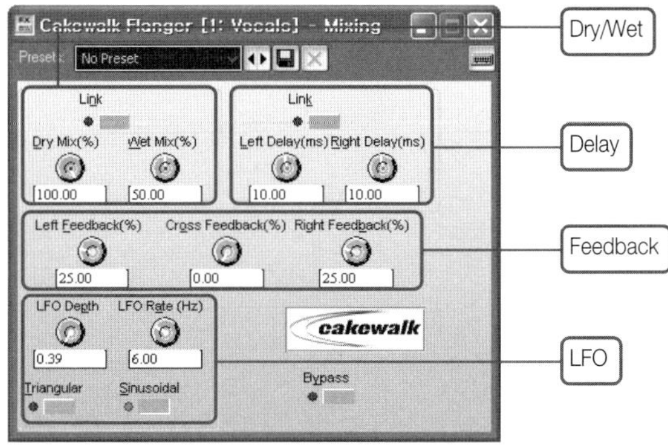

❶ Dry/Wet

Dry는 원본 사운드, Wet은 플랜저 사운드의 볼륨을 조정합니다. 즉, 플랜저의 양을 조정하는 것입니다. [Link] 버튼을 On으로 하면 dry와 Wet 값을 동시에 조정할 수 있습니다.

❷ Delay

지연 타임을 ms 단위로 설정합니다. 왼쪽 채널과 오른쪽 채널을 다르게 설정할 수 있는 스테레오 플랜저입니다. Cakewalk 폴더에는 모노
로 사용할 수 있는Flanger(mono)도 제공하고 있습니다.

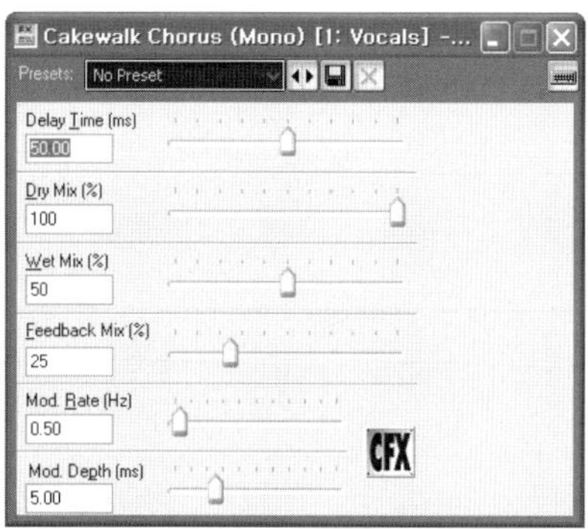

❸ Feedback

왼쪽(Left), 중앙(Cross), 오른쪽(Right) 채널의 반복 사운드 양을 설정합니다.

❹ LFO

플랜저의 저 주파수가 변조되는 폭(LFO Depth)과 속도(LFO Rate)를 설정합니다. 이때 변조되는 파형은 Triangular 또는 Sinusoidal 중에
서 선택합니다.

5 리버브

리버브는 공간의 울림으로 인한 잔향 효과를 만들어내는 이펙트입니다. 일상 생활에서 리버브 효과를 경험할 수
있는 장소로는 건물 복도 또는 목욕탕 등이 있습니다. 건물 복도나 목욕탕에서 소리를 내면, 그 소리는 벽에 반사
되어 원래의 소리와 반사된 소리(잔향)가 우리 귀에 모두 들리게 되어 공간감을 만들어 냅니다.이러한 공간감을
인위적으로 만들어내는 이펙트를 리버브라고 합니다.

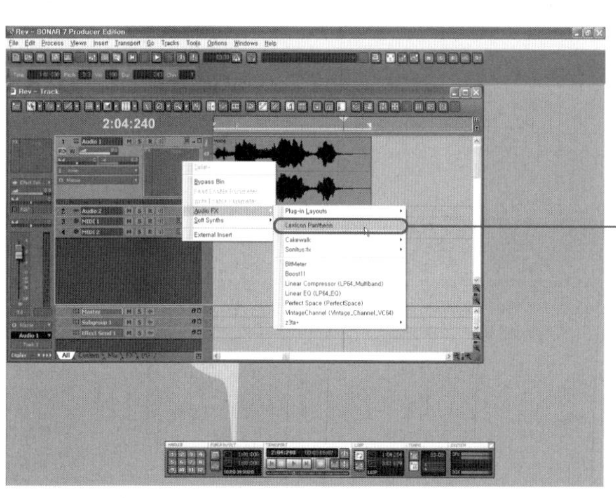

01 부록 CD의 Rev 샘플 파일을 엽니다. FX 패
널에서 마우스 오른쪽 버튼을 클릭하여 단축
메뉴를 열고, Audio FX의 [Lexicon Pantheon]을 선
택합니다.

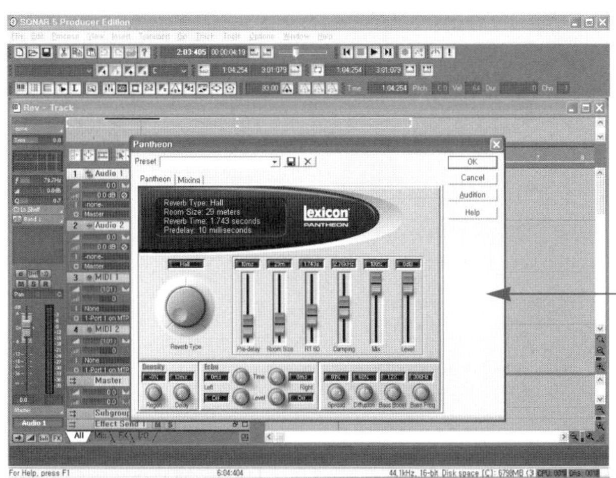

02 가장 뛰어난 리버브라는 평가를 받고 있는 Lexicon사의 Pantheon Reverb 패널이 열립니다. 이것은 Sonitus: fx 폴더의 10가지 이펙트와 같이 소나 협력 업체에서 번들로 제공하고 있는 것입니다.

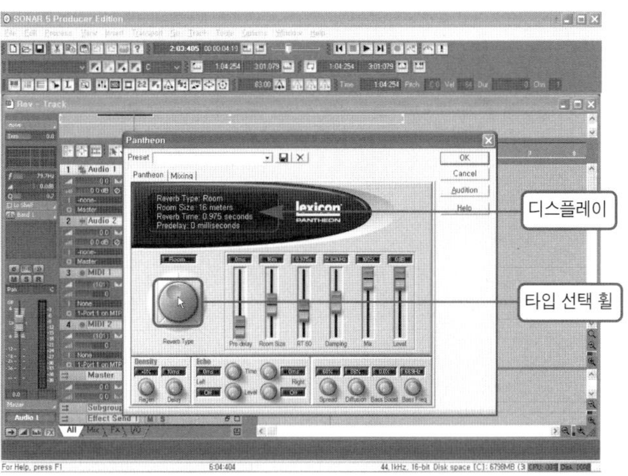

03 공간을 시뮬레이션하는 Reverb Type 조그 휠을 위/아래로 드래그하여 Room 타입을 선택합니다. 모두 6가지 타입을 제공하고 있으며, 각 타입 별로 설정되어 있는 공간의 크기와 리버브 타임은 디스플레이 창에 표시됩니다.

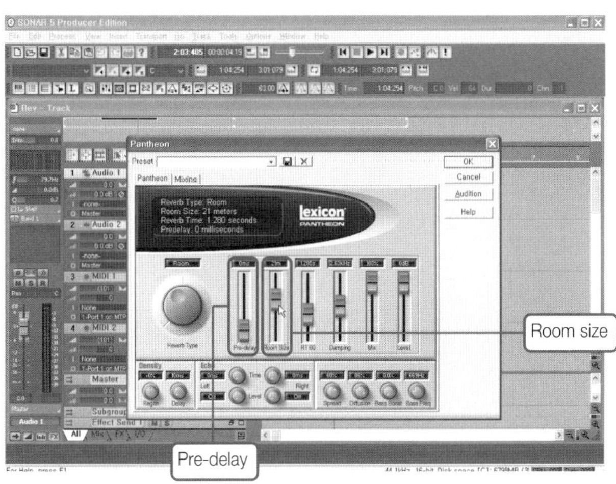

04 사운드가 벽에 반사되어 들리는 초기 잔향 시간을 조정하는 Pre-delay는 실제로는 마이크의 위치와 공간의 형태에 따라서 많이 달라집니다. 여기서는 0ms로 두고 공간의 크기인 Room Size를 조금 올려봅니다.

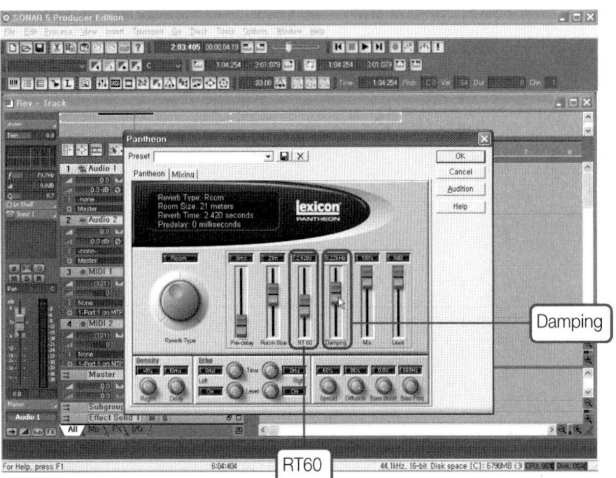

05 잔향 시간을 설정하는 RT60을 2.4초 정도로 조정합니다. Damping은 벽에 흡수되는 사운드의 주파수를 설정하는 파라미터입니다. 사운드를 명확하게 하기 위해 6KHz 정도로 조정합니다.

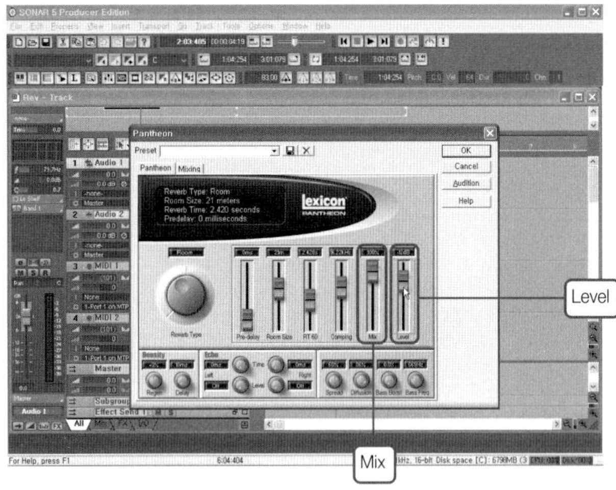

06 리버브 레벨을 조정하는 Mix는 효과를 확실히 느낄 수 있도록 100%로 조정하고, 최종 레벨을 조정하는 Level은 사운드가 찌그러지는 클립핑 현상을 피하기 위해서 -12dB정도로 줄여줍니다.

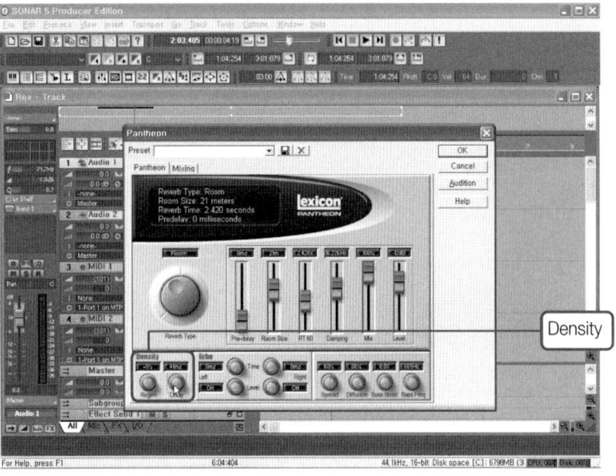

07 Density 항목에는 잔향 음이 반복되는 시간을 설정할 수 있는 Delay와 반복되는 잔향 음이 중복되는 범위를 설정할 수 있는 Regen 노브가 있습니다. Regen은 0%로 두고, Delay를 40ms 정도로 조정해 봅니다.

08 어떤 공간이든 좌/우측의 잔향 시간과 레벨이 다릅니다. 이것을 Echo 항목에서 조정할 수 있습니다. 상단 두 개의 노브가 시간, 하단 두 개의 노브가 레벨입니다. 시간은 좌측을 60ms, 우측을 70ms, 레벨은 좌측을 -2dB, 우측을 -3dB정도로 조정해 봅니다.

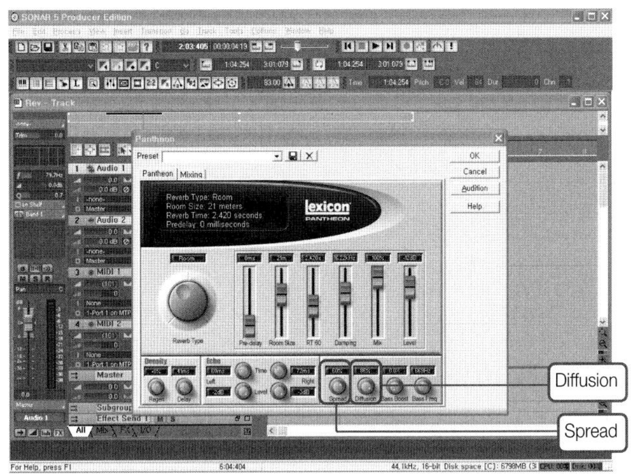

09 잔향은 공간의 재질이나 굴곡에 의해서 달라집니다. Spread는 잔향의 두께를 조정하여 재질을 시뮬레이션 하고, Diffusion은 잔향 레벨에 변화를 주어 굴곡을 시뮬레이션 합니다. 값이 커질수록 굴곡이 많은 자연 환경을 시뮬레이션 합니다. 여기서는 기본값을 그대로 사용하겠습니다.

10 Bass Boost 저역대의 잔향을 최대 4배로 증가 시킬 수 있는 노브이고, Bass Freq는 잔향을 차단할 주파수 대역을 설정합니다. Bass Boost는 0으로 두고, Bass Freq는 여성 보컬이므로 200Hz 정도로 조정합니다.

11 이 책에서는 모든 이펙트를 완벽하게 이해할 수 있도록 각각의 항목을 나누어 설명하고 있습니다. 각 항목의 기능을 충분히 숙지한 다음에는 Presets을 하나씩 사용해보고, 연구하여 독자만의 노하우를 쌓아가기 바랍니다.

Tip Cakewalk FxReverb 와 SonitusFX Reverb

소나 7에는 Lexicon pantheon 외에도 서라운드 사운드에 적용할 수 있는 Pantheon Surround, Cakewalk FxReverb, Cakewalk Reverb, SonitusFX Reverb를 제공합니다. Pantheon Surround는 전방 채널(Front)과 후방 채널(Rear)를 별도로 조정할 수 있다는 것 외에는 Lexicon pantheon과 동일하므로 나머지 두 가지만 살펴보겠습니다.

1. Cakewalk FxReverb

왼쪽에 8개의 슬라이더와 오른쪽에 2개의 슬라이더로 구성되어 있습니다. 왼쪽에서부터 차례로 살펴보겠습니다.

❶ Room Size : 공간의 크기를 조정합니다.

❷ Decay time : 리버브는 이론적으로 60dB이하로 소멸될 때까지의 시간을 나타내는데, 그 소멸 시간을 조정합니다.

❸ High / Rolloff : 차단할 고주파수 대역을 설정합니다.

❹ High / Decay : 소멸되는 고주파수 대역을 설정합니다.

❺ Density : 잔향이 중복되는 양을 설정합니다.

❻ Pre delay : 초기 잔향 음의 시간을 조정합니다.

❼ motion Rate : 잔향 음의 반복 속도를 설정합니다.

❽ Motion Depth : 잔향 음의 크기를 조정합니다.

❾ Level : 최종 출력 레벨을 조정합니다.

❿ Mix : 리버브의 레벨을 조정합니다.

2. Sonitus:fx FxReverb

위에서 아래로 15가지 항목이 나열되어 있습니다. 위에서부터 차례로 살펴보겠습니다.

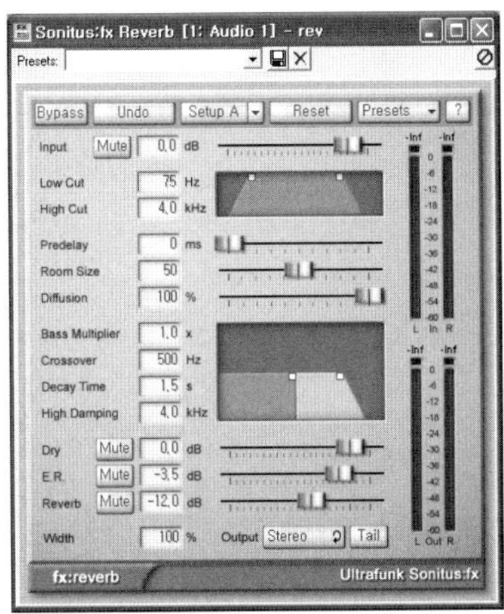

❶ Input : 오리지널 사운드의 레벨을 조정합니다. [Mute] 버튼을 클릭하면 오리지널 사운드를 뮤트시킬 수 있습니다. 우측 상단의 레벨 미터가 input 레벨을 표시합니다.

❷ Low Cut : 설정 값 이하의 주파수를 차단합니다. 우측의 그래프에서 왼쪽의 포인트 점을 드래그하여 조정할 수 있습니다.

❸ High Cut : 설정 값 이상의 주파수를 차단합니다. 우측 그래프에서 오른쪽의 포인트 점을 드래그하여 조정할 수 있습니다.

❹ Predelay : 초기 잔향 시간을 조정합니다.

❺ Room Size : 공간의 크기를 설정합니다.

❻ Diffusion : 잔향의 간격을 조정합니다.

❼ Bass Multiplier : 잔향이 감소되는 레벨을 조정합니다. 우측 그래프에서 왼쪽 포인트 점을 위/아래로 드래그하여 조정할 수 있습니다.

❽ Crossover : Bass Multiplier의 주파수 대역을 설정합니다. 우측 그래프에서 왼쪽 포인트 점을 좌/우로 드래그하여 조정할 수 있습니다.

❾ Decay time : 잔향이 소멸되는 레벨을 조정합니다. 우측 그래프에서 오른쪽 포인트 점을 위/아래로 드래그하여 조정할 수 있습니다.

❿ High Damping : 잔향이 소멸되는 시간을 조정합니다. 우측 그래프에서 오른쪽 포인트 점을 좌/우로 드래그하여 조정할 수 있습니다.

⓫ Dry : 오리지널 사운드의 레벨을 조정합니다.

⓬ E.R : 초기 잔향 음의 레벨을 조정합니다.

⓭ Reverb : 리버브의 레벨을 조정합니다.

⓮ Width : 출력되는 사운드의 넓이를 조정합니다.

⓯ Output : 모노 사운드에 스테레오 효과를 만들어줍니다. 오른쪽에 [Tail] 버튼은 짧은 잔향 음도 지속적으로 연결될 수 있게 합니다.

3. Cakewalk Reverb

역시 간단한 구성으로 되어 있는 Cakewalk Reverb 입니다.

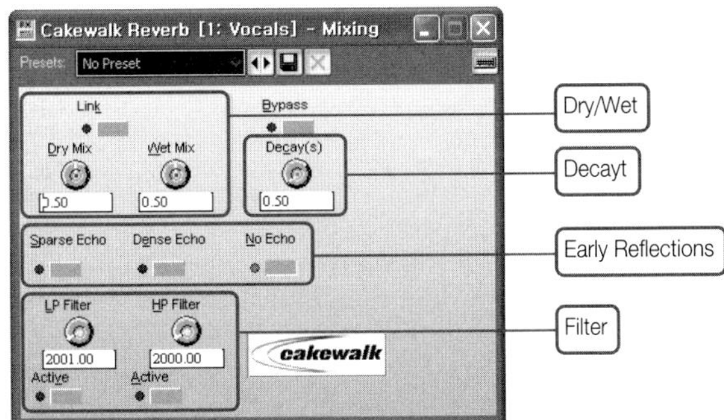

❶ Dry/Wet : 리버브의 양의 조정합니다. [link] 버튼을 on으로 하면, 원본 사운드의 레벨인 Dry와 리버브 사운드의 레벨인 Wet 값을 동시에 조정할 수 있습니다.

❷ Decay : 리버브 사운드가 소멸되는 타임을 초 단위로 설정합니다. 상단의 [Bypass] 버튼을 이용해서 리버브 적용 전/후의 사운드를 모니터 할 수 있습니다.

❸ Early Reflections : 초기 잔향음의 밀도를 sparse Echo, Dense Echo, No Echo 중에서 선택합니다.

❹ Filter : 리버브가 적용되는 주파수 대역을 설정합니다. LP Filter와 Hp Filter의 두 가지가 있으며, [Active] 버튼으로 사용 여부를 결정합니다. 그리고 cake Reverb 역시 모노 채널 전용인 Cakewalk Reverb(mono)를 제공하고 있습니다.

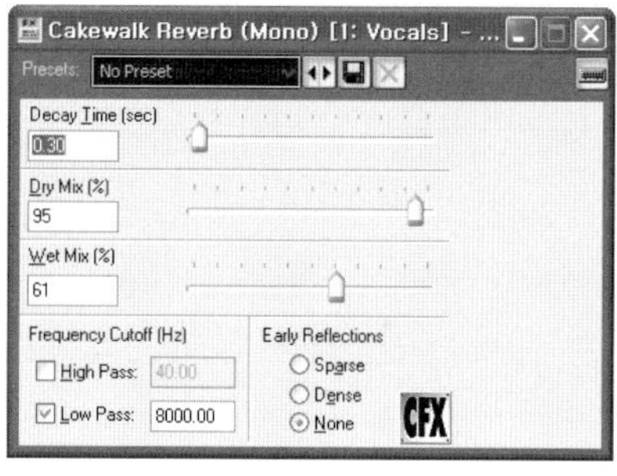

6 퍼펙트 스페이스

소나 7은 VST외에도 완벽한 보컬 레코딩을 위한 기능들이 보강되어 있습니다. 그 중에서도 가장 눈에 띄는 것이 V-Vocal과 VST Perfect Space입니다. 이름에서도 엿볼 수 있듯이 대중 가요에서 가장 중요한 부분을 차지하고 있는 보컬 파트에 완벽한 리버브를 제공하고 있다는 VST Perfect Space의 위력을 느껴보기 바랍니다.

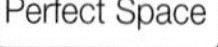

01 새로운 프로젝트를 만들고 독자의 목소리나 연주를 녹음합니다. 그리고 녹음한 오디오 트랙의 FX 패널에서 마우스 오른쪽 버튼을 클릭하여 단축 메뉴를 열고, Audio FX의 [Perfect Space]를 선택합니다.

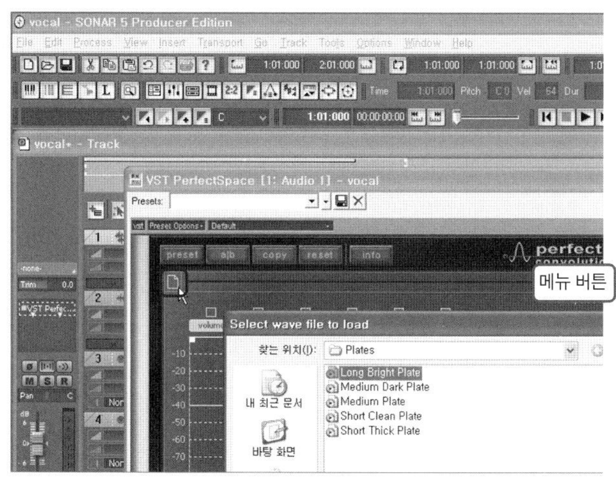

02 VST PerfectSpace 패널에서 [메뉴] 버튼을 클릭하여 Select wave file to load 대화상자를 엽니다. 녹음한 소스에 어울리는 폴더를 더블 클릭하여 시뮬레이션 하고자 하는 파일을 더블 클릭합니다.

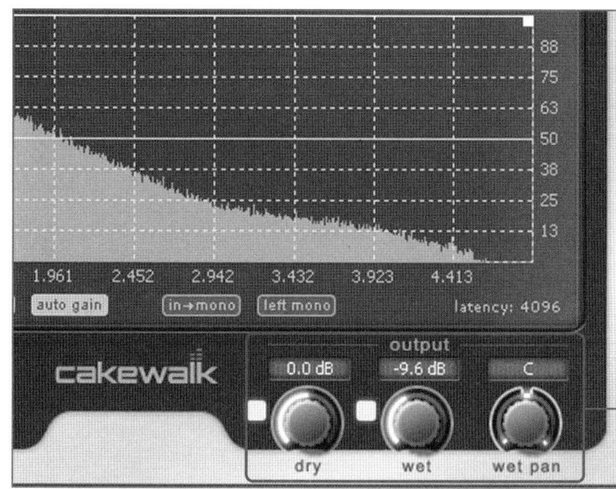

03 Space bar 키를 눌러 연주해보면 기본 환경만으로도 훌륭한 이펙트가 적용되고 있는 VST PerfectSpace에 놀랄 것입니다. 패널의 각 항목을 살펴보겠습니다. 우측 하단을 보면 소스 레벨(Dry), 리버브 레벨(wet), 펜(Wet pan)을 조정할 수 있는 Output 노브가 있습니다.

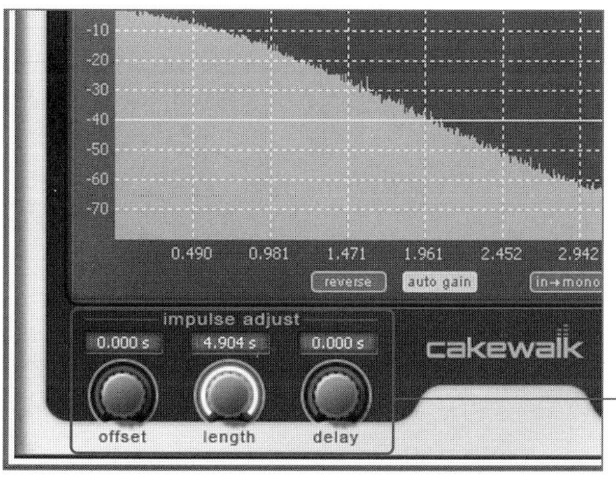

04 왼쪽 하단에는 초기 반향 시간(offset), 길이(Length), 지연 시간(deley)를 조정할 수 있는 impulse adjust 노브가 있습니다. 반드시 각각의 노브를 조정하면서 어떤 변화가 있는지 실습으로 익히기 바랍니다.

메인 버튼

05 디스플레이 아래쪽에는 위상을 바꿔주는 revers, 레벨을 자동으로 조정하는 Auto gain 이 있고, 순순한 모노 사운드 녹음에 사용하는 in-mono와 스테레오 사운드에서 우측 채널을 이용하여 모노 사운드를 녹음하는데 사용하는 left mono의 4가지 메인 버튼이 있습니다.

[ON/OFF] 버튼

[엔벨로프] 버튼

06 디스플레이 상단에는 Volume, Width, Pan, lo Pass, hipass, EQ의 엔벨로프를 조정할 수 있는 [선택] 버튼과 초기화하는 [Reset] 버튼이 있습니다. 각각의 버튼은 상단의 체크 박스를 클릭하여 On/Off 합니다.

포인트 위치와 값

엔벨로프 라인 조정

07 엔벨로프는 조정할 버튼을 클릭하고, 라인을 더블 클릭하여 포인트를 추가/삭제할 수 있습니다. 그리고 만들어진 포인트를 위/아래로 드래그하여 조정합니다. 포인트의 위치와 조정 값은 디스플레이 우측 상단에 표시됩니다.

8 파일의 이름이 표시되는 항목 클릭하면 불러 온 파일을 선택할 수 있는 목록이 열립니다. 우측의 작은 삼각형을 클릭해도 동일한 역할입니다. 그리고 상단에는 프리셋을 저장할 수 있는 Preset과 A와 B 설정을 선택할 수 있는 A|B, 복사(Copy), 초기화(Reset), 정보 보기(Info)의 5가지 편집 버튼이 있습니다.

7 컴프레서

컴프레서는 특정 레벨 이상을 압축하는 이펙트로 볼륨차이가 많은 보컬 녹음에 많이 사용됩니다. 예를 들어서 가수의 노래를 녹음한다고 했을 때, 저음 부분에서는 소리가 작고, 고음 부분에서는 소리가 커서 안정된 다이내믹 범위를 얻지 못한다면 소리가 큰 부분은 줄여주고, 작은 부분은 증가시켜 안정된 다이내믹 범위를 만들 수 있습니다.

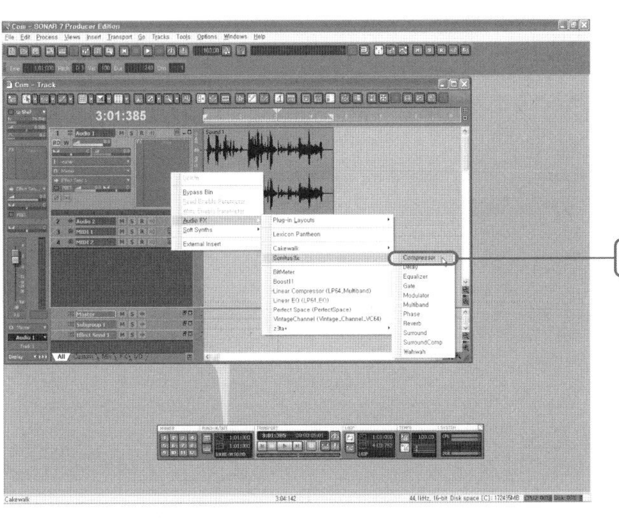

1 부록 CD의 Com 샘플 파일을 엽니다.
FX 패널에서 마우스 오른쪽 버튼을 클릭하여 단축 메뉴를 열고, Audio FX의 Sonitus:fx에서 [Compressor]를 선택합니다.

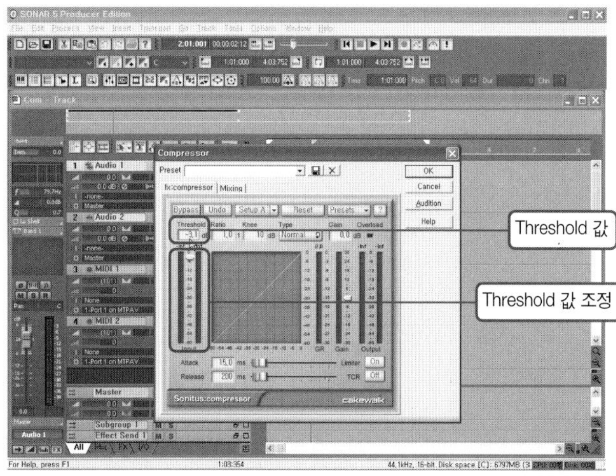

 입력 레벨 미터 사이에 있는 슬라이더를 아래쪽으로 드래그하여 Threshold 값을 조정합니다. Threshold 값 이상의 레벨을 압축하겠다는 의미입니다.

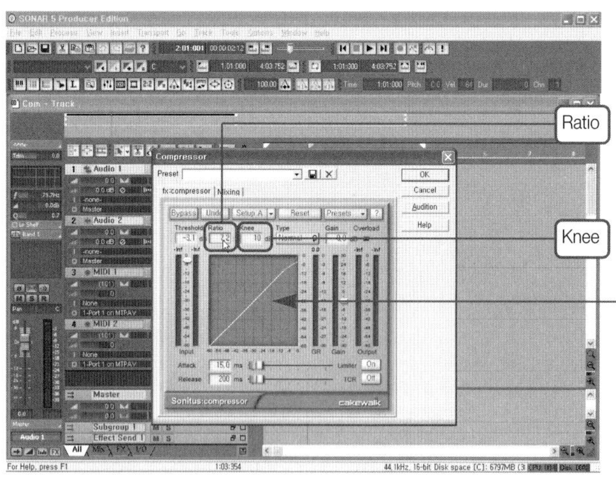

 그래프에서 상/하로 드래그하여 압축 비율인 Ratio 값을 7정도로 조정합니다. Threshold 이상의 레벨을 7:1로 압축하겠다는 의미입니다. 그래프에서 좌/우로 드래그하면 압축의 정도를 나타내는 knee 값이 조정됩니다.

 [Type] 버튼은 압축 곡선의 형태를 결정하고, Gain은 압축으로 작아진 레벨을 보충합니다. Gain의 값은 우측의 Overload에 빨간색 불이 들어오지 않는 한도 내에서 조정하는 것이 좋습니다. 컴프레서가 작동을 시작하는 Attack과 작동을 멈추는 Release 시간을 적당히 조정합니다.

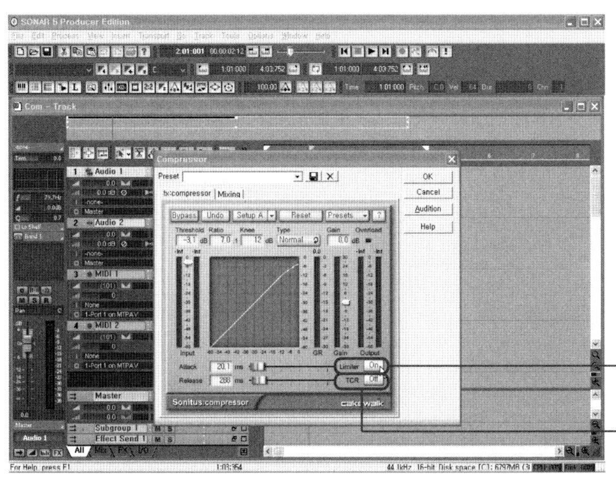

05 [Limiter] 버튼은 Threshold 이상의 사운드는 무조건 제한하는 리미터 역할을 할 것인지를 결정하고, [TCR] 버튼은 릴리즈 타임을 자동으로 조정할 것인지를 결정합니다.

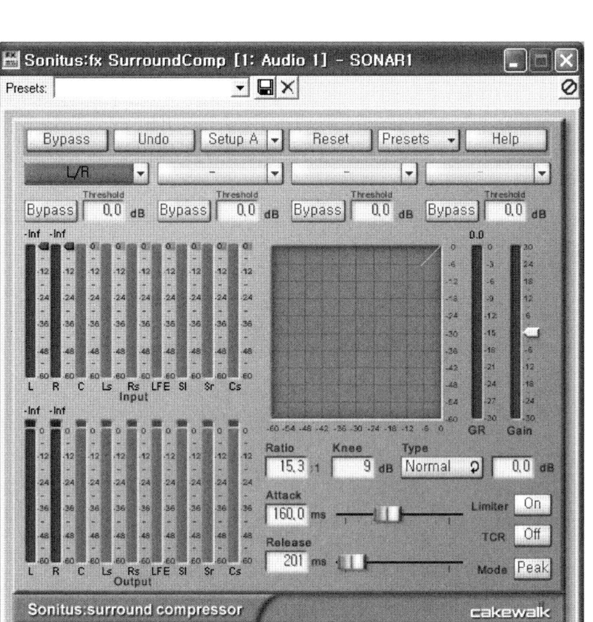

06 참고로 서라운드 채널에서 사용하는 Sonitus:fx SurroundComp는 최대 8.1채널까지 개별적으로 컴프를 적용할 수 있다는 것 외에는 지금까지 살펴본 Sonitus:fx Compressor와 동일합니다.

Cakewalk FX Compressor/Gate와 FX Limiter

소나 7에는 Sonitus:fx Compressor 외에 Cakewalk FX Compressor/gate와 Cakewalk FX Limiter를 제공합니다. Sonitus:fx Compressor는 하나의 장치에서 컴프레서와 리미터 역할을 동시에 수행하는데 반해서 각각의 장치를 독립적으로 사용할 수 있다는 특징이 있습니다.

1. Cakewalk FX Compressor/Gate

장치 이름에서 짐작할 수 있듯이 컴프레서 외에 특정 레벨 이하를 차단하는 게이트 역할을 병행합니다.

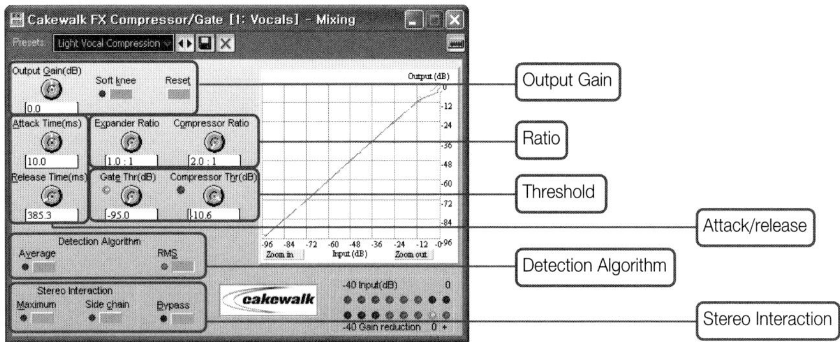

❶ Output Gain

출력 레벨을 설정합니다. 값을 조정하면, 그래프 오른쪽의 Output (dB) 값에 표시됩니다. 그리고 [Soft knee] 버튼은 압축되는 기준 레벨을 각도를 부드럽게 만들고, [Reset] 버튼은 설정 값을 초기화하는 역할을 합니다.

❷ Attack/Release Time

Cakewalk FX Compressor/Gate가 작동되는 시작 타임을 Attack Time에서 설정하고, 끝나는 타임을 Release Time에서 설정합니다.

❸ Ratio

Expander Ratio에서는 Gate의 압축 비율을 설정하며, Compressor Raio에서는 컴프레서의 압축 비율을 설정합니다. Compressor Ratio는 그래프의 포인트를 드래그하여 조정할 수 있습니다.

❹ Threshold

Gate Thr은 압축 레벨을 조정하며, Compressor Thr은 컴프레서의 압축 레벨을 조정합니다. 각각 그래프의 포인트를 드래그하여 조정할 수 있습니다.

❺ Detection Algorithm

Cakewalk FX Compressor/Gate가 작동되는 알고리즘을 Averrage와 RMS 중에서 선택합니다.
Average는 전체 레벨의 평균 값을 검출하여 컴프레서를 작동시키고, RMS은 피크 레벨을 기준으로 컴프레서를 작동시킵니다.

❻ Stereo Interaction

컴프레서가 적용되는 채널을 선택합니다. Miximum은 양쪽 채널에 모두 적용되며, Side Chain은 오른쪽 채널에만 적용됩니다.

2. Cakewalk FX Limiter

Output Gain에서 설정한 레벨 이상의 사운드를 Limiter Thr 에서 설정한 레벨로 압축합니다. Cakewalk FX Compressor/Gate을 이해하고 있다면, 별다른 어려움 없이 사용할 수 있게 간단한 구성으로 되어 있습니다.

8 게이트

게이트는 특정 레벨 이하의 사운드를 제거하는 역할을 합니다. 게이트는 앞에서 살펴본 컴프레서와는 반드시 라고 할 만큼 함께 사용하는 이펙트입니다. 컴프레서가 특정 레벨 이상을 압축하는 대신에 작은 레벨을 보충해주는 역할을 하기 때문에 큰 소리에 묻혀 들리지 않던 잡음이 들리는 경우가 있기 때문입니다. 이 경우 증가한 잡음을 게이트로 제거하는 것입니다.

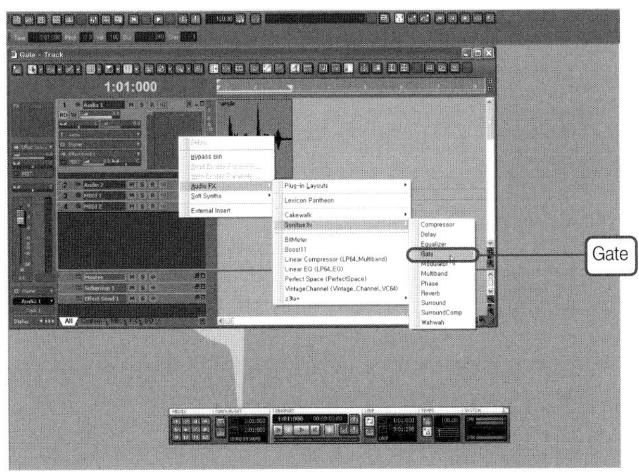

01 부록 CD의 Gate 샘플 파일을 불러옵니다. FX 패널에서 마우스 오른쪽 버튼을 클릭하여 단축 메뉴를 열고, Audio FX의 Sonitus:fx에서 [Gate]를 선택합니다.

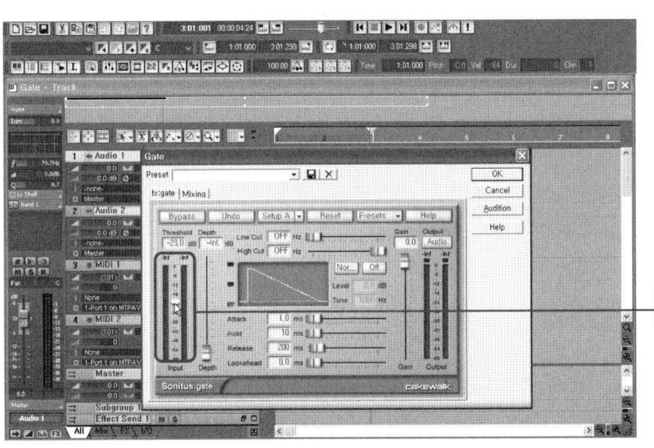

02 Gate 패널의 Input 레벨 미터 사이에 있는 Threshold 슬라이드를 위/아래로 드래그하여 -23dB 정도로 조정합니다. 23dB 이하의 사운드를 모두 제거하겠다는 의미입니다.

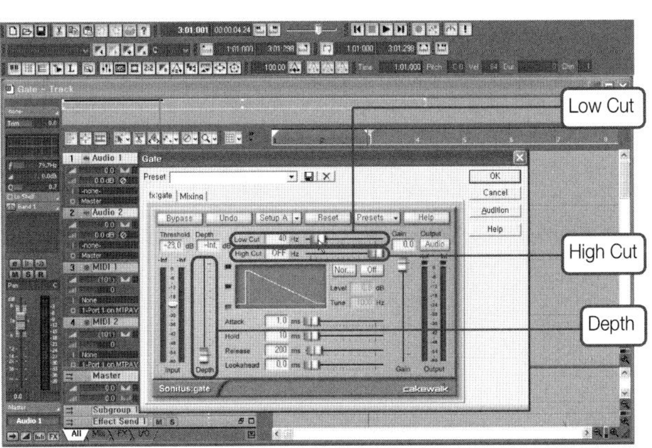

03 Depth는 Threshold 이하의 레벨을 어느 정도 감쇠시킬 것인지를 조정합니다. 완전히 차단하려면 Inf로 둡니다. 그리고 Low Cut과 High Cut을 조정하여 게이트가 적용되지 않을 주파수 범위를 조정합니다. 예제는 현장감을 살리기 위해서 Low Cut을 40Hz 정도로 하고 있습니다.

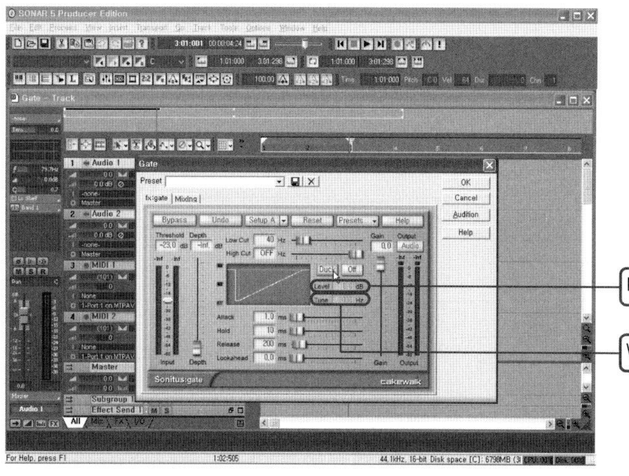

04 [Normal] 버튼은 게이트의 적용방식을 선택합니다. 이 버튼이 Duck이면, 디스플레이에서 확인할 수 있듯이 반대로 적용됩니다. 오른쪽의 [Off] 버튼은 게이트 주변 레벨을 조정하는 Wide와 중심 주파수를 함께 설정하는 Tuned 기능입니다.

05 게이트의 작동 시작 시간(Attack), 유지 시간(Hold), 끝나는 시간(Release), 소스 지연 시간(Lookahead)를 그림과 같이 조정합니다. 각 조정 값은 디스플레이에서 확인할 수 있습니다. 끝으로 Gain은 게이트로 감소하는 레벨을 보충하고, Output 레벨 미터의 [Audio] 버튼을 클릭하여 Sidechain으로 바꾸면 게이트로 제거한 사운드를 모니터 할 수 있습니다.

Tip Cakewalk FX Expander/Gate

Cakewalk FX Expander/Gate는 Expander Ratio를 0.1:1로 확장하여 다이내믹 범위를 넓히는 익스펜더와 1.0:1 이상으로 압축하는 게이트 역할을 동시에 수행하는 장치입니다. Cakewalk FX Compressor/Gate을 이해하고 있다면 큰 어려움 없이 사용할 수 있습니다.

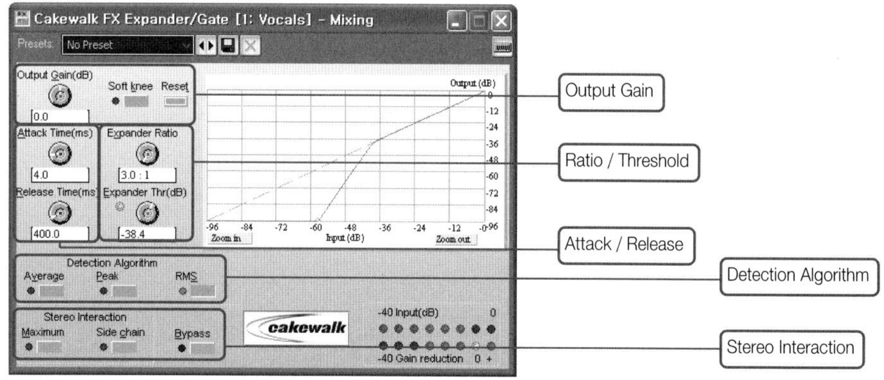

❶ Output Gain

출력 레벨을 설정합니다. 값을 조정하면 그래프 오른쪽의 Output (dB) 값에 표시됩니다. 그리고 [Soft knee] 버튼은 압축되는 기준 레벨을 각도를 부드럽게 만들고, [Reset] 버튼은 설정 값을 초기화하는 역할을 합니다.

634

❷ Attack/Release Time

Cakewalk FX Expander/Gate가 작동되는 시작 타임을 Attack Time에서 설정하고, 끝나는 타임을 Release Time에서 설정합니다.

❸ Ratio / Threshold

Expander Ratio에서는 압축 비율을 설정하며 Expander Thr에서는 게이트의 압축 레벨을 조정합니다. 각각 그래프의 포인트를 드래그하여 조정할 수 있습니다.

❹ Detection Algorithm

Cakewalk FX Expander/Gate가 작동되는 알고리즘을 Averrage와 RMS 중에서 선택합니다.

❺ Stereo Interaction

Cakewalk FX Expander/Gate가 적용되는 채널을 선택합니다.

9 멀티밴드

멀티밴드는 앞에서 살펴본 컴프레서 효과를 5단계의 주파수 대역별로 적용할 수 있는 멀티 다이내믹 이펙트입니다. 이것은 보컬 녹음을 할 때 흔히 발생할 수 있는 파열음이나 치찰음을 제거하는 용도로 많이 사용합니다. 가수가 마이크를 가까이 대고 노래를 하면, '파' 발음과 'ㅊ' 발음에서 마이크가 튀는 잡음이 발생합니다. '파' 발음에 의한 저역 잡음을 파열음이라 하고, 'ㅊ' 발음에 의한 고역 잡음을 치찰음이라고 합니다.

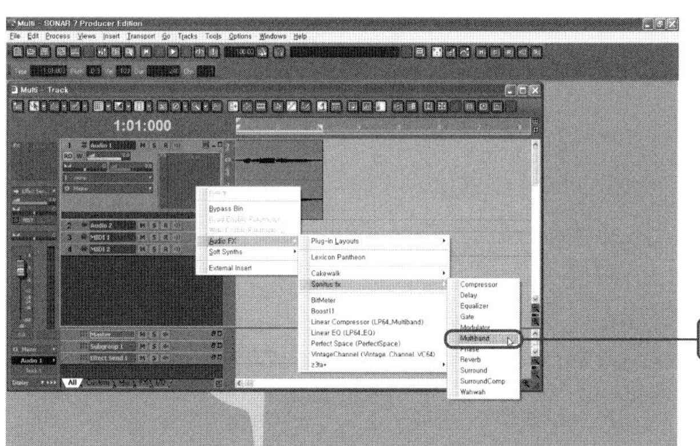

01 부록 CD의 Multi 샘플 파일을 불러옵니다. FX 패널에서 마우스 오른쪽 버튼을 클릭하여 단축 메뉴를 열고, Audio FX의 Sonitus:fx에서 [Multiband]를 선택합니다.

02 각 밴드의 input 레벨 미터 사이의 슬라이더를 조정하여 Threshold 값을 설정합니다. 각 밴드 하단의 [Sole] 버튼과 [Bypass] 버튼을 이용해서 개별적으로 모니터 하면서 조정할 수 있습니다.

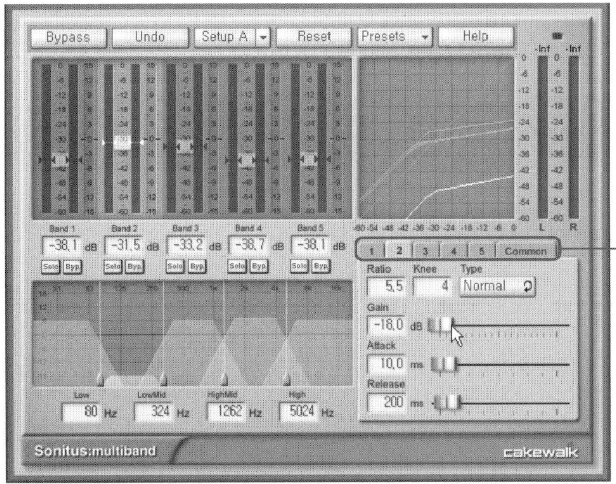

03 오른쪽 하단의 번호 버튼을 클릭하여 각 밴드의 압축 비율(Ratio)와 정도(Knee), 타입(Type), 레벨(Gain), 시작 타임(Attack), 끝 타임(Release)을 설정합니다. 각각의 의미는 컴프레서 항목과 동일합니다. 여기서는 1번과 2번의 저역대 Gain을 -18dB로 하여 파열음을 제거하고, 3~5번은 6dB로 하여 중, 고음을 보강합니다.

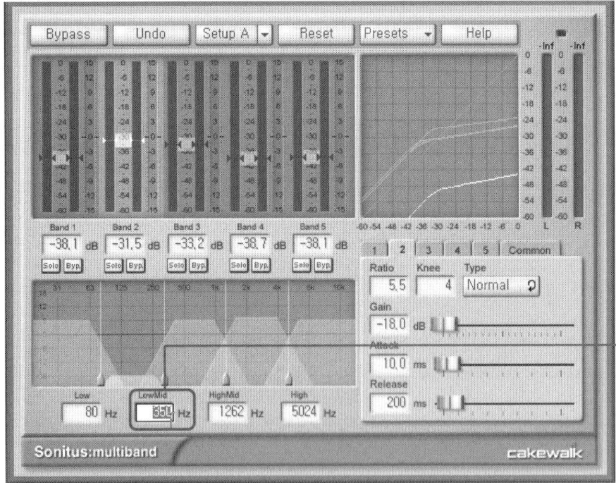

04 각 밴드의 주파수 범위는 왼쪽 하단의 그래프에 보이는 포인트를 드래그하여 조정하거나, 더블 클릭으로 값을 직접 입력할 수 있습니다. Low/mid 부분을 350정도로 조정해봅니다.

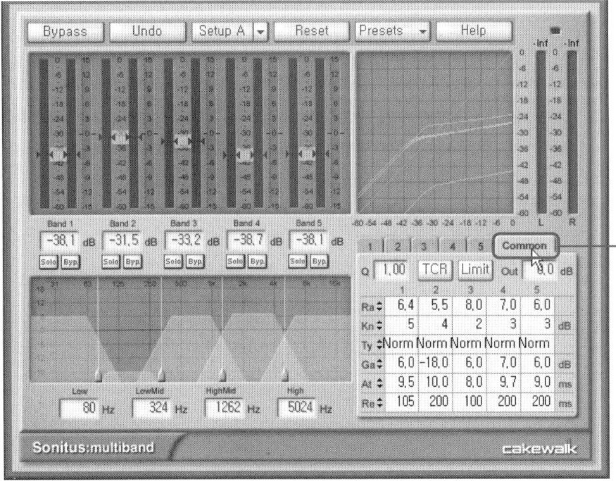

05 [Common] 버튼은 5개의 밴드 항목에 있는 파라미터를 동시에 조정할 수 있는 기능입니다. Common 표 왼쪽에 파라미터의 머리글자가 표시되어 있고 작은 삼각형을 위/아래로 드래그하여 조정합니다.

LP64_Multiband 와 Boost 11

소나 7에서는 LP64라는 이름의 멀티밴드 컴프레서와 Boost11이라는 이름의 리미터를 제공합니다. 사용방법과 목적은 실습에서 살펴본
Sonitus:fx Multiband와 비슷하지만 뛰어난 퀄리티와 빠른 응답속도를 자랑합니다.

1. LP64_Multiband

LP64_Multiband는 총 5단계로 주파수를 나누어 컴프레서를 적용할 수 있는 역할을 합니다.

❶ FREQ와 Gain

컴프레서가 적용될 중심 주파수인 FREQ와 증/감 레벨의 Gain은 그래프 창의 포인트를 드래그하여 조정하거나 직접 마우스 더블 클릭으
로 입력할 수 있습니다.

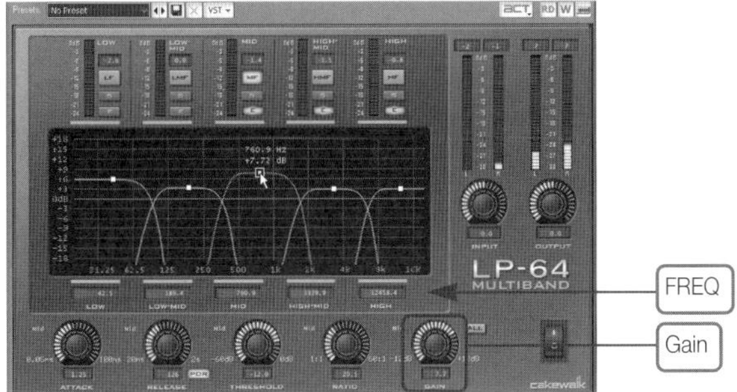

❷ attack /Release /Threshold /Ratio

컴프레서가 작동되는 시작 타임(Attack과 끝 타임(Release), 압축이 시작되는 레벨(Threshold), 압축 비율(Ratio) 조정 노브는 모두 선택한
포인트를 조정하는 것이며, [All] 버튼을 On으로 하면 5개의 밴드를 동시에 조정할 수 있습니다. Release의 [PDR] 버튼은 입력 사운드를
기준으로 자동 컨트롤되게 하는 역할을 합니다.

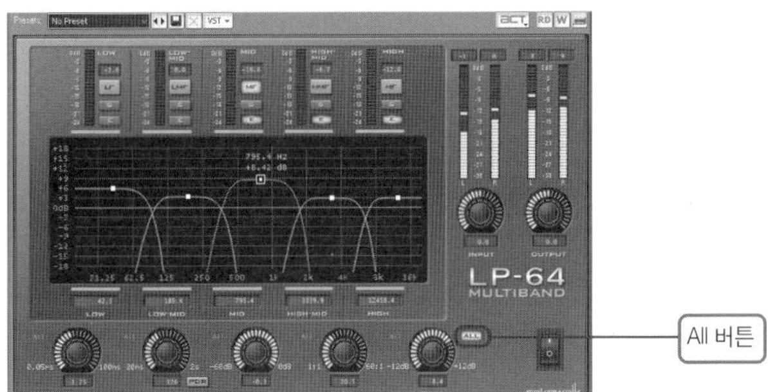

❸ Band enable

그래프 상단에는 각 밴드의 압축 레벨을 나타내는 레벨 미터가 있으며, 각각 솔로로 모니터 할 수 있는 [S] 버튼과 사용 유무를 결정하는
E 버튼이 있습니다. 그리고 오른쪽에는 입력 레벨(Input)과 출력 레벨(Output)을 조정할 수 있는 노브와 컴프레서 적용 전후의 사운드를
비교해 볼 수 있는 On/Off 스위치가 있습니다.

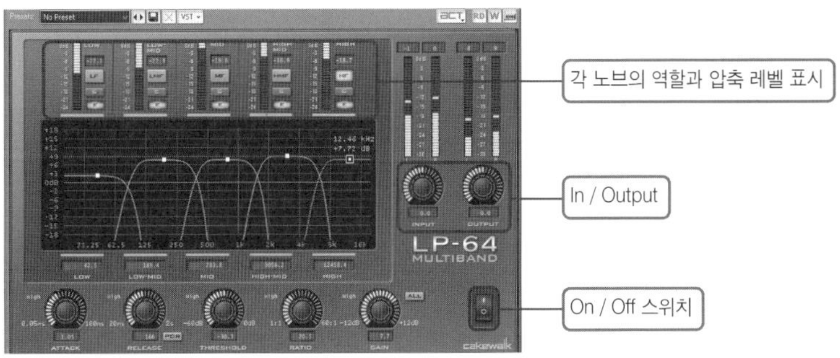

2. Boost 11

마스터링 작업에서 필수적으로 사용하는 리미터입니다. 일반적인 리미터는 피크 잡음이 발생하지 않도록 하는 역할을 하지만, Boost 11
은 사운드를 증폭시킬 수 있는 역할도 병행합니다. Boost 노브를 이용해서 얼만큼 사운드를 증폭시킬 것인지를 설정하며, Output에서 얼
만큼의 레벨로 출력할 것인지를 설정합니다. 디스플레이 창에 압축되는 파형이 빨간색으로 표시되기 때문에 시작적으로도 확인할 수 있
다는 장점이 있습니다. 파형의 표시 여부는 압축 비율을 나타내는 Reduction 미터 아래쪽의 On/off 스위치로 결정합니다.

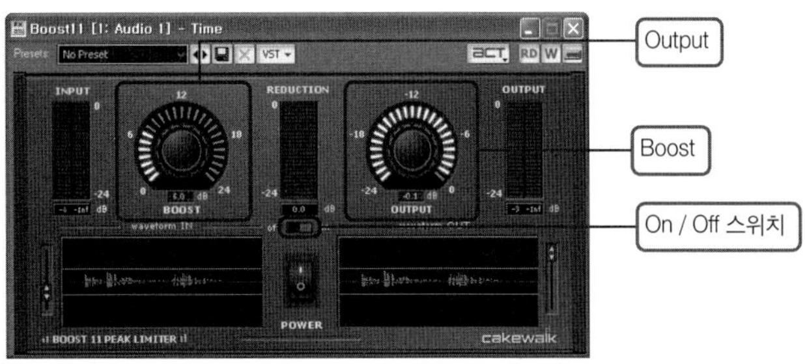

10 템포와 음정 조정하기

Time/Pitch Stretch는 선택한 오디오 이벤트의 템포와 속도를 조정할 수 있는 기능입니다. 아쉬운 점은 트랙 리스
트의 FX 패널에서 사용할 수 없고, Process 메뉴에서만 사용할 수 있다는 것입니다. 이것은 실시간으로 효과를 적
용할 수 없다는 의미입니다.

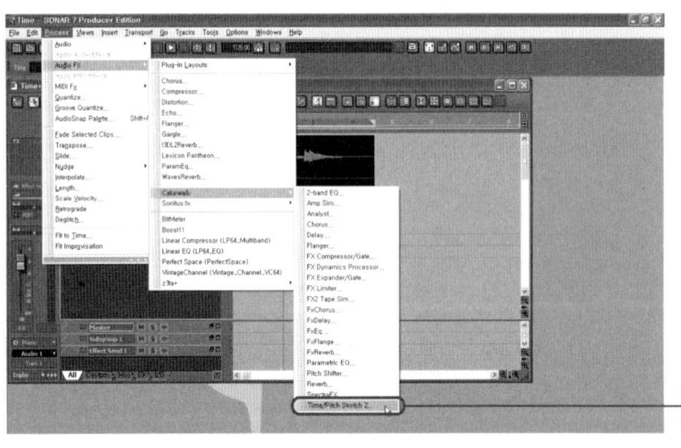

01 부록 CD의 Time 샘플 파일을 불러옵니다. Process 메뉴의 Audio FX에서 Cakewalk 의 Time/Pitch Stretch2를 선택합니다.

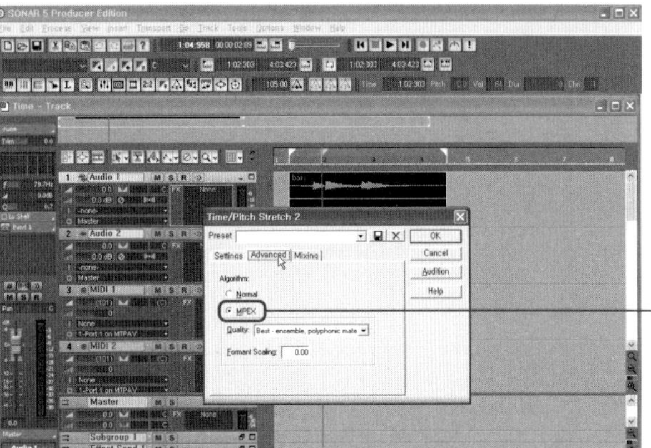

02 Advanced 탭에서 프로세싱에 사용될 오디 오 엔진을 선택합니다. MPEX는 Normal보 다 처리속도는 느리지만 만족할 만한 결과를 얻을 수 있습니다.

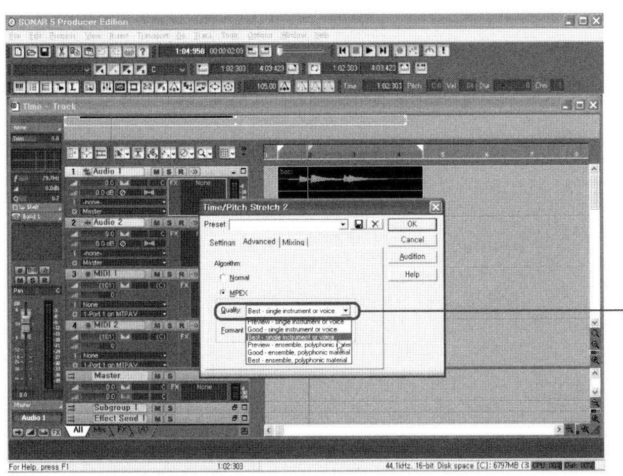

03 MPEX는 결과물에 대한 퀄리티를 선택할 수 있습니다. 샘플은 간단한 베이스 연주이므로 [Best-single instrument of voice]를 선택합니다. 그 밖의 옵션은 소스에 적합한 것을 선택하면 됩니다.

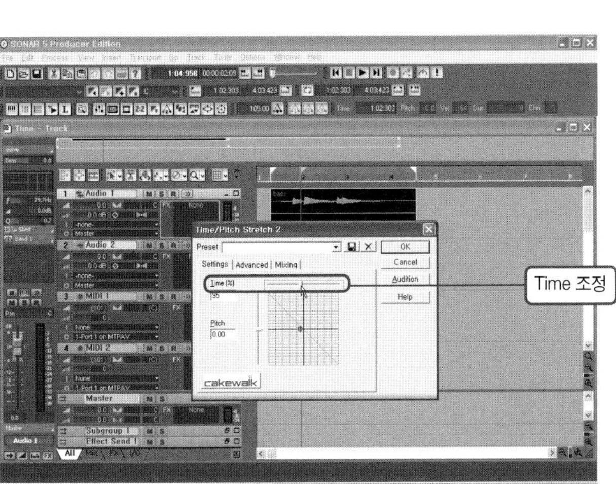

04 Settings 탭을 클릭하여 템포를 조정해 봅니다. 템포는 Time 항목에 퍼센트 단위로 조정되며, 100%이하는 빨라지고, 이상은 느려집니다. 조정은 직접 입력하거나 그래프 상단의 슬라이더 또는 Shift 키를 누른 상태로 그래프의 포인트를 좌/우로 드래그합니다.

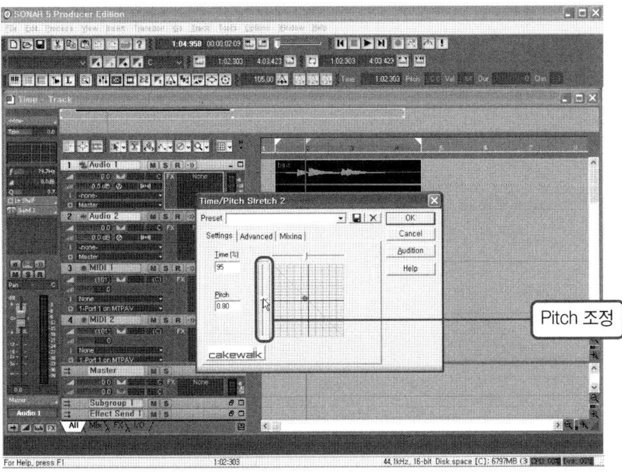

05 음정은 Pitch 항목에 표시되며 1의 값이 반음입니다. 역시 직접 입력하거나 그래프 왼쪽의 슬라이더 또는 Shift 키를 누른 상태로 그래프 포인트를 상/하로 드래그하여 조정합니다.

Cakewalk Pitch Shifter

Time/Pitch Stretch 2는 선택한 클립에 적용하는 프로세스 역할을 하는데, 소나 7에는 FX 패널에 리얼로 적용할 수 있는 Pitch Shifter도 제공하고 있습니다. 최대 한 옥타브 범위로 조정할 수 있으며 원본 사운드와 피치 변화 사운드의 레벨을 조정할 수 있는 Dry, Wet mix 슬라이드로 재미있는 화음 효과를 연출할 수 있습니다.

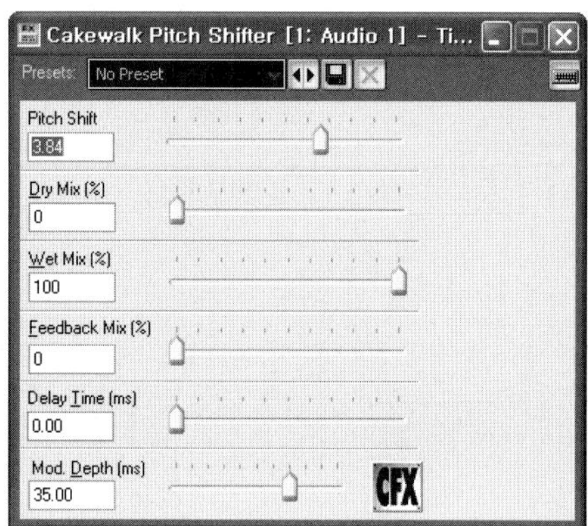

❶ Pitch Shift : 음정의 변화를 최대 한 옥타브 범위로 조정할 수 있습니다.

❷ Dry Mix : 원본 사운드의 레벨을 조정합니다.

❸ Wet Mix : 음정이 조정된 사운드의 레벨을 조정합니다.

❹ Feedback Mix : 음정이 조정된 사운드를 반복시키는 역할을 합니다.
　　이것을 이용하면 위상 변조로 인한 독특한 사운드를 만들 수 있습니다.

❺ Delay Time : 음정이 조정된 사운드를 ms 단위로 지연시킬 수 있습니다.
　　Feedback Mix를 이용해서 독특한 사운드를 연출할 때, 병행합니다.

❻ Mod Depth : 피치 변화 속도를 ms 단위로 설정합니다. 특별한 경우가 아니라면 기본 값 35ms를 사용하고, 시스템이 부족으로 문제가 발생한다면 값을 조금이 늘려서 자신의 시스템에 적합한 값을 찾아봅니다.

11 보컬 마법사

V-Vocal은 보컬의 음정, 박자, 레벨 등을 편집할 수 있는 이펙트입니다. 틀린 음정을 바로 잡는데 사용할 수 있는 V-Vocal은 Antares사의 Auto-Tune과 Celemony사의 Melodyne 보다 손쉽게 사용할 수 있을 뿐 아니라 별도의 추가 비용이 필요 없다는 장점을 가지고 있습니다. 이러한 이펙트가 실력 없는 가수를 만든다는 비난을 받기도 하지만, 괜한 자존심과 질투심일 뿐, 원본이 좋아야 결과물이 좋다는 진리는 변하지 않습니다. 충분히 학습을 하고 떳떳하게 사용할 수 있는 음악인이 되길 바랍니다.

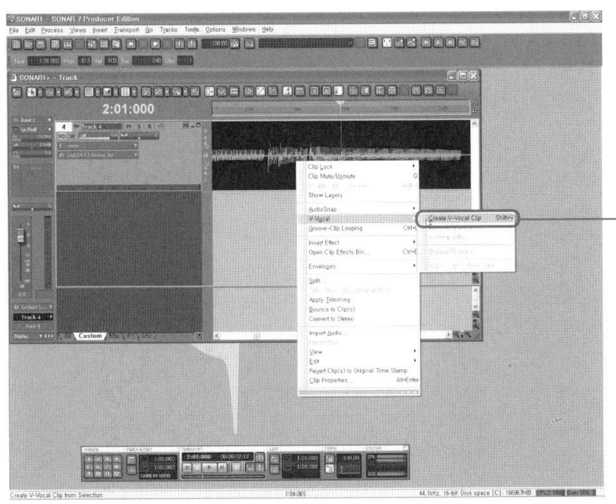

01 새로운 프로젝트를 만들고 노래나 악기 연주를 녹음합니다. 녹음한 클립을 마우스 오른쪽 버튼으로 클릭하여 단축 메뉴를 열고, V-Vocal에서 [Create V-Vocal Clip]을 선택합니다.

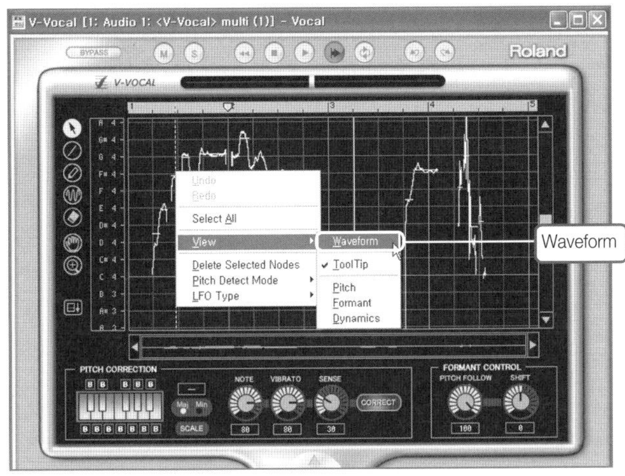

02 음정과 박자 등을 조정할 수 있는 V-Vocal 패널이 열립니다. 좀더 정확한 위치를 파악하기 위해서 마우스 오른쪽 버튼을 클릭하여 단축 메뉴를 열고 View에서 [Waveform]을 선택합니다.

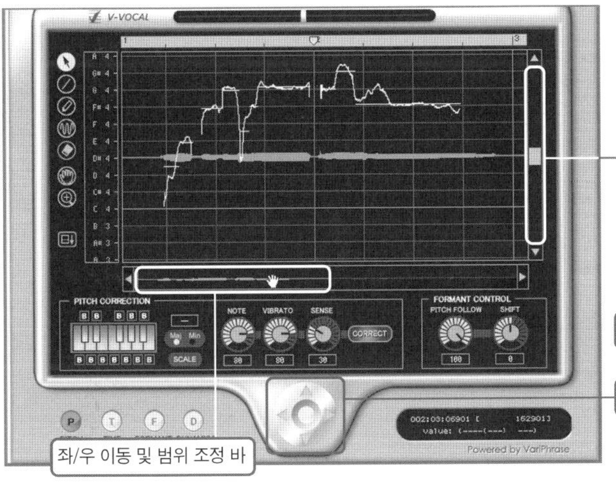

03 [줌] 버튼을 클릭하여 폭과 넓이를 조정하기 편안한 크기로 조정합니다. [줌] 버튼 중앙을 더블 클릭하면 모든 파형이 한 화면에 보이는 크기로 초기화 합니다. 디스플레이 아래쪽과 우측에는 파형의 표시 위치와 범위를 조정할 수 있는 이동 바가 있습니다.

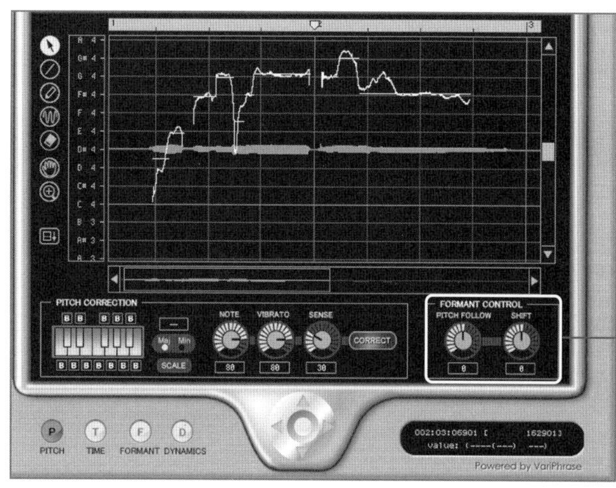

FORMANT

04 디스플레이 오른쪽 하단의 FORMANT CONTROL은 조정 방식을 설정할 수 있는 Pitch Follow와 음정을 조정할 수 있는 Shift 노브가 있습니다. Pitch Follow가 0이상이면 다운 조정, 0이 하이면 업 방식으로 사운드를 조정합니다.

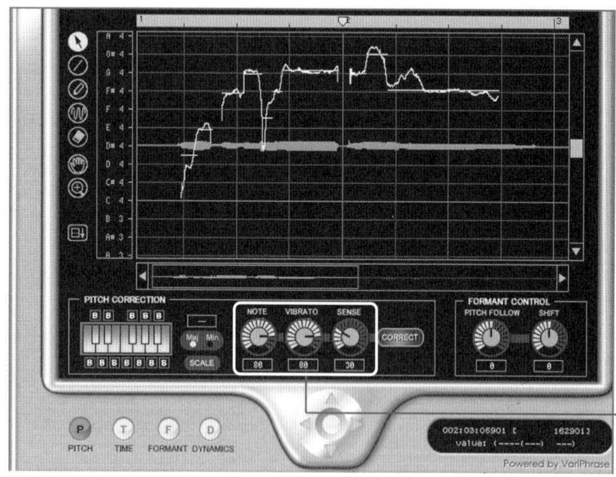

Note, Vibrato, Sense

05 Formant control 왼쪽에는 조정 범위를 선택 할 수 있는 Note, 비브라토 길이를 설정하는 Vibrato, 조정 값을 선택할 수 있는 Sense 노브가 있 습니다. 각 값은 [Correct] 버튼으로 적용합니다. Note의 범위는 70~90, Sense는 30정도를 권장하 고 있으며, 그 이상이면 녹음을 다시 할 필요가 있습 니다.

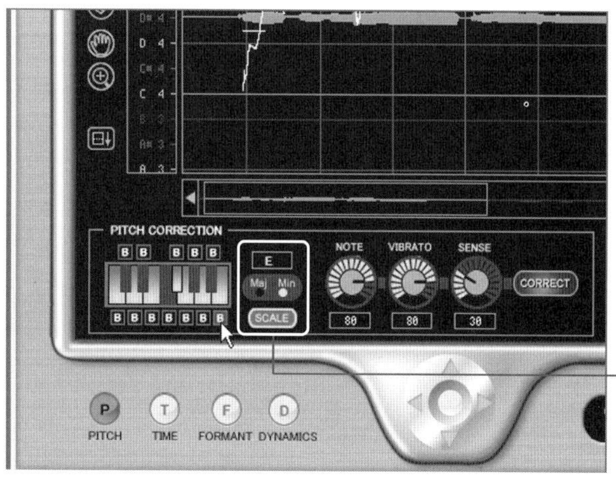

스케일 선택

06 Correct 노브 왼쪽에는 스케일을 선택할 수 있는 건반이 있습니다. 선택 방법은 Maj 또 는 Min를 선택하고, [Scale] 버튼을 누릅니다. 그리 고 왼쪽 건반에서 해당 스케일의 루트 음을 누릅니 다. 필요하다면 건반을 클릭하여 노트를 추가, 삭제 할 수 있고, 위/아래 [B] 버튼을 클릭하여 제외시킬 수 있습니다. [Scale] 버튼을 더블 클릭하여 스케일 설정을 취소할 수 있습니다.

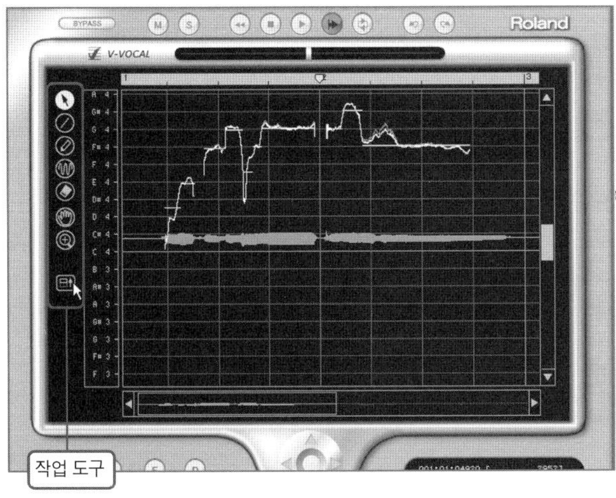

07 디스플레이 왼쪽에는 화살표, 라인, 연필, 웨이브, 지우개 모양의 수동 편집 툴과 작업 위치를 이동할 때 사용하는 손 툴, 확대할 때 사용하는 돋보기 툴이 있습니다. 그리고 마지막 익스텐드 툴은 Pitch Correction 창을 닫거나 여는 역할을 합니다.

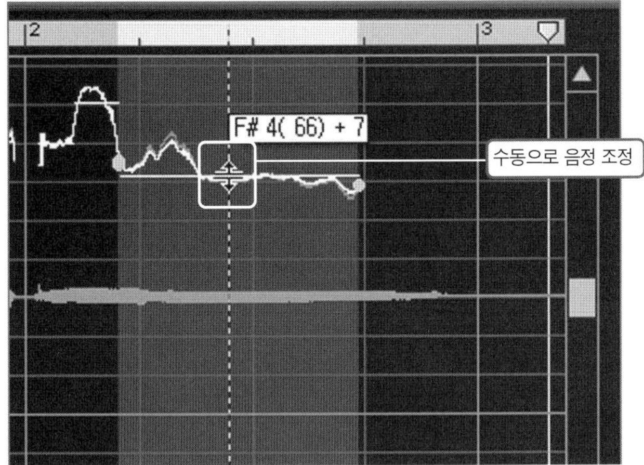

08 [Correct] 버튼을 클릭하여 음정을 자동으로 조정할 수 있지만, 보다 세밀한 조정을 하기 위해서는 편집 툴에 익숙해져야 합니다. [화살표] 버튼을 이용해서 노란색 라인을 위/아래로 드래그하여 음정을 조정해봅니다. 수동 조정은 시간이 걸리는 작업이지만 자동보다 마음에 드는 결과물을 얻을 수 있습니다.

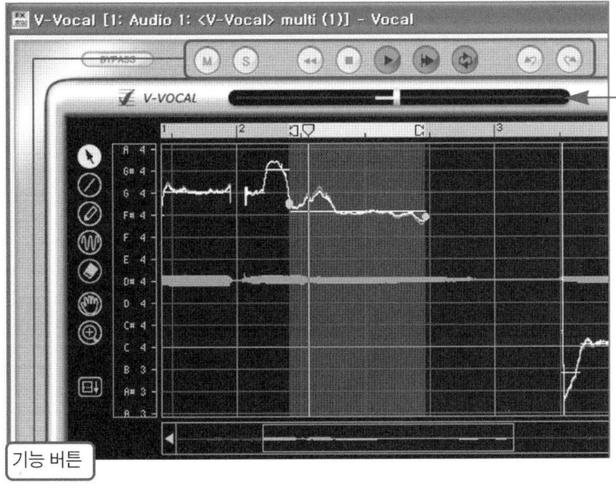

09 디스플레이 상단에는 뮤트(M)와 솔로(S) 그리고 4가지 [트랜스포트] 버튼, [취소], [다시 실행] 버튼이 있습니다. 사운드를 편집하면서 자주 사용하게 될 버튼들입니다. [M] 버튼 왼쪽에는 조정 전/후의 사운드를 비교할 수 있는 [Bypass] 버튼이 있고, 버튼들 아래쪽에는 조정 범위를 표시하는 디스플레이 바가 있습니다.

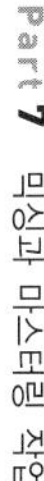

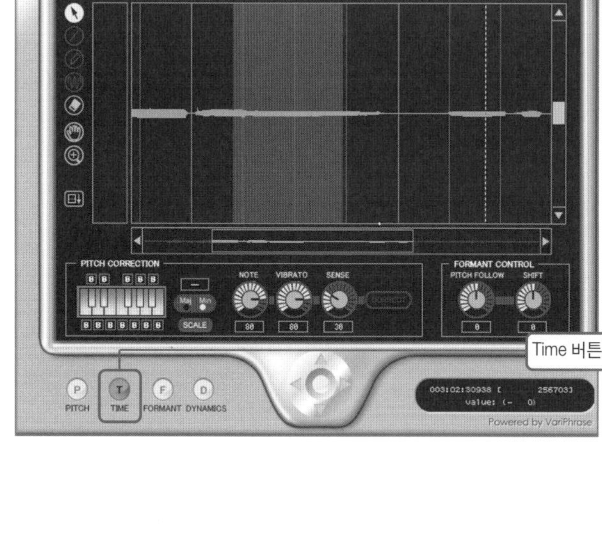

10 V-Vocal은 음정 조정 외에도 박자와 레벨을 조정할 수 있는 기능이 있습니다. 왼쪽 하단의 [Time] 버튼을 선택하여 박자 조정 모드로 바꿉니다. 편집은 화살표 버튼만 사용할 수 있다는 차이가 있을 뿐 음정 조정과 크게 다르지 않습니다.

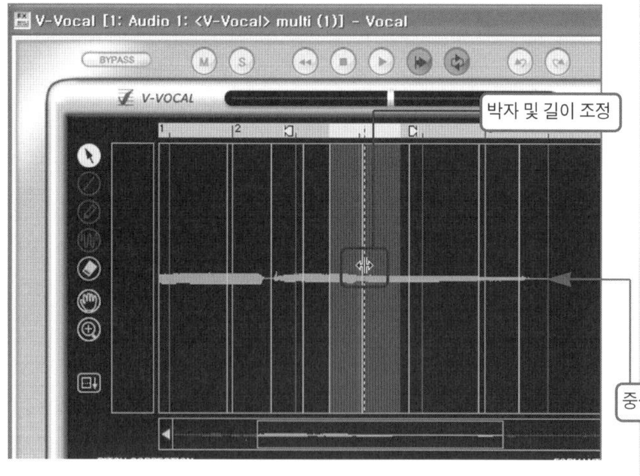

11 박자를 조정할 파형을 나누기 위해서 중심 라인을 클릭하거나 더블 클릭합니다. 녹색 라인으로 구분되며, 라인을 좌/우로 드래그하여 조정합니다. 보컬의 시작 위치를 조정하면 박자를 조정할 수 있고, 보컬이 끝나는 부분을 조정하면 길이를 조정할 수 있습니다. 조금 짧게 노래한 부분을 길게 뽑을 때 응용해보기 바랍니다.

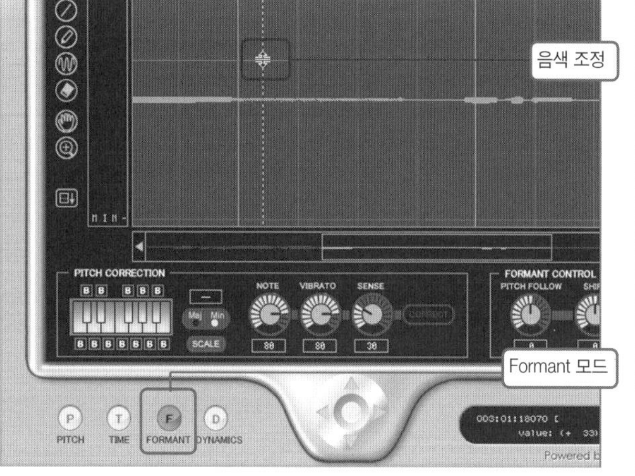

12 Formant 모드는 사운드의 색깔을 변경하는 기능입니다. 빨간색 라인을 위로 올리면 음정을 올린 것과 같이 사운드가 얇아지고 내리면 굵어집니다. 이것은 음정 조정으로 변경될 수 있는 사운드를 보정하는 역할로 사용합니다.

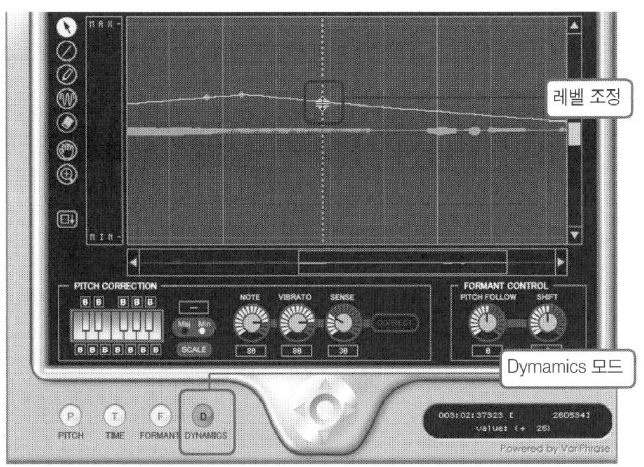

13 Dynamics 모드는 사운드의 레벨을 조정합니다. 조정 방법은 다른 모드에서와 동일하게 더블 클릭으로 포인트 점을 만들고 마우스 드래그로 값을 조정합니다. V-Vocal을 충분히 익혔다면, 많은 실습을 통해서 익숙해지기 바랍니다. 비밀로 하고 싶은 보물을 발견한 느낌을 가질 수 있을 것입니다.

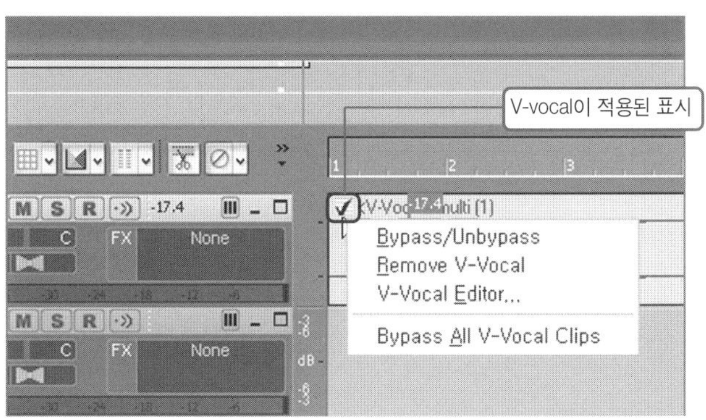

14 V-Vocal을 적용한 클립에는 V마크가 표시되어 있으며 마크를 클릭하면 적용 전후의 사운드를 비교하는 Bypass/Unbypass, 제거하는 Remove V-Vocal, 패널을 여는 V-Vocal Editor, 모든 클립의 적용 값을 해제하는 Bypass All V-Vocal Clips의 4가지 메뉴를 볼 수 있습니다.

12 앰프 시뮬레이션

Amp Sim은 말 그대로 앰프로 녹음하는 사운드를 시뮬레이션 하는 기능입니다. 일반 가정에서 앰프를 이용하여 연주를 녹음한다는 것은 현실적으로 어려움이 많습니다. 그러나 Amp Sim 이펙트를 이용하면 실제 앰프의 마이크 녹음 사운드를 만들어 낼 수 있습니다.

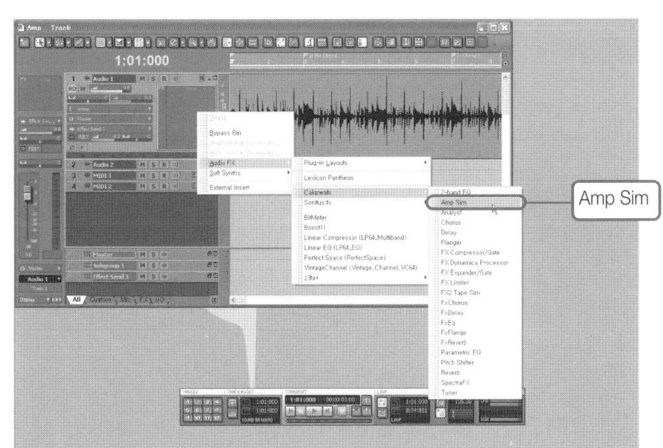

01 부록 CD의 Amp 샘플 파일을 불러옵니다. FX 패널에서 마우스 오른쪽 버튼을 클릭하여 단축 메뉴를 열고, Audio FX의 Cakewalk에서 [Amp Sim]을 선택합니다.

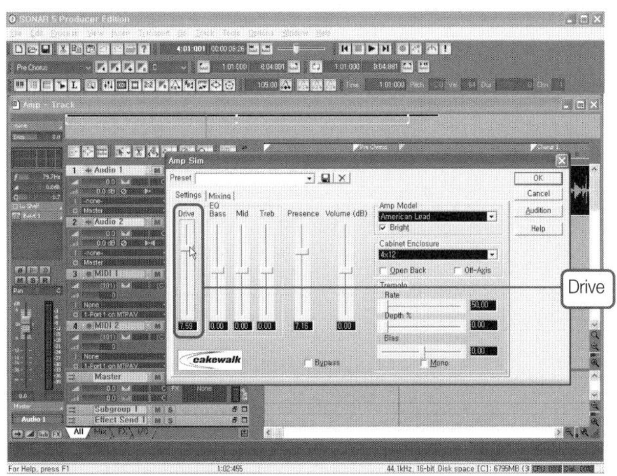

02 앰프의 시뮬레이션 효과를 어느 정도 줄 것
인지를 결정하는 Drive를 조정합니다. 값이
커질수록 사운드가 일그러지는 디스토션 효과가 강
조됩니다. 여기서는 8.7정도로 조정해보겠습니다.

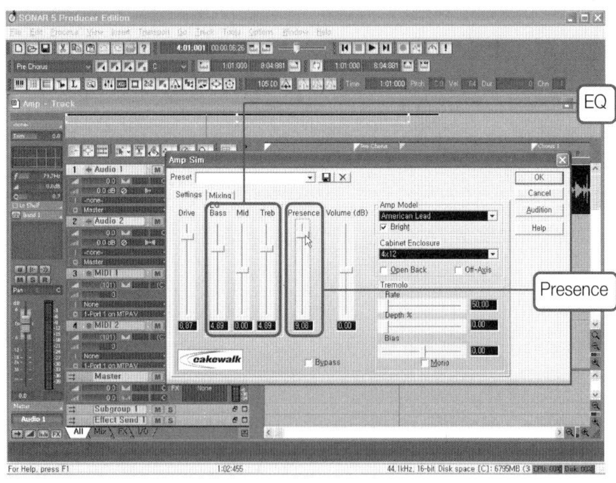

03 저음(Bass), 중음(Mid), 고음(Treb)의 EQ를
조정합니다. Bass와 Treb는 쉘빙 타입이고,
Mid는 벨 타입니다. 그리고 Presence는 750Hz이하
의 주파수를 차단하는 하이 패스 필터 역할입니다.
그림을 참조하되 주파수는 모니터를 하면서 조정하
는 것이 좋습니다.

04 소스가 기타 리듬이므로 앰프 모델에서
American Rhythm을 선택하고, 사운드를 밝
게 하기 위해 Bright 옵션을 체크합니다. 스피커의
크기와 수를 선택하는 Cabinet Enclosure는 12인치
4개가 장착된 4X12를 선택하고 저음을 증가(Open
Back)시킵니다. 날카로운 음색(off-Axis)은 필요 없
으므로 옵션을 체크하지 않겠습니다.

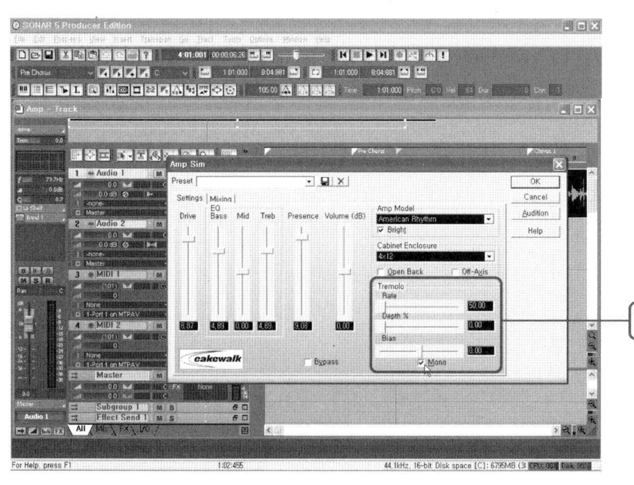

05 Amp Sim의 Tremolo는 특이하게 사운드를 좌/우로 이동시키는 효과입니다. 이동 속도인 Rate는 50, 좌/우 폭 조정인 Depth과 밸런스 조정인Bias는 0으로 하여 사용하지 않겠습니다. 결국 사운드를 좌/우로 패닝할 이유가 없으므로 Mono 옵션을 체크합니다.

13 아날로그 시뮬레이션

FX2 Tape Sim은 이름에서 짐작할 수 있듯이 아날로그 테잎에 녹음한 효과를 얻을 수 있는 기능입니다. CD, DVD, MP3 등의 디지털 미디어 시대에도 쉽게 접할 수 있는 아날로그 사운드에는 카세트 테잎이 있습니다. 지글거리는 히스 잡음과 디지털보다 떨어지는 음질을 가지고 있지만, 따뜻함과 휴머니즘을 느낄 수 있다며, 좋아하는 사람도 많습니다. FX2 Tape Sim을 원하는 트랙에 적용하여 사용해도 되지만, 전체 사운드에 아날로그 느낌을 만들기 위한 것이라면 마스터 트랙에서 사용하는 것이 효과적입니다.

01 부록 CD에서 Tape 샘플 파일을 엽니다. View 메뉴에서 [Consol]을 선택하고 도구 모음 줄의 [Consol View] 버튼을 클릭하여 콘솔 창을 엽니다.

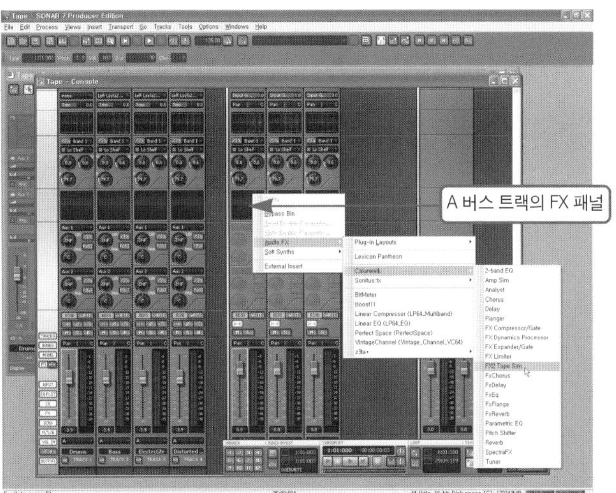

02 각 트랙을 한 화면에서 컨트롤할 수 있는 콘솔 창이 열립니다. 버스 A 트랙의 FX 패널에서 마우스 오른쪽 버튼을 클릭하여 단축 메뉴를 열고, Audio FX의 Cakewalk에서 [FX2 Tape Sim]을 선택합니다.

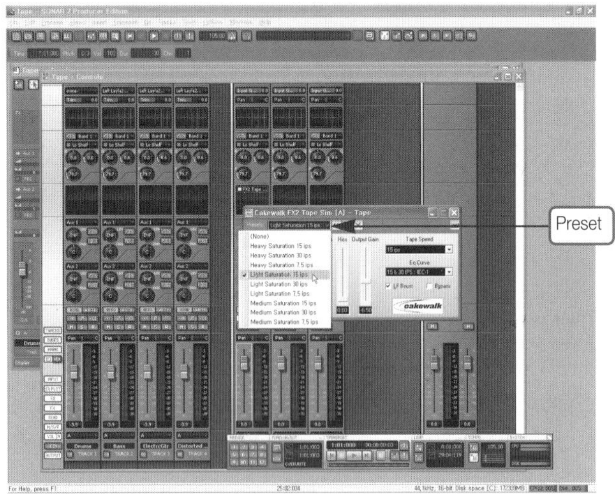

03 기본적으로 제공하는 프리셋을 사용해 보겠습니다. Presets에서 적당한 프리셋을 선택합니다. 그림에서는 Light Saturation 15ips를 선택하여 15 ips 속도의 테잎에 녹음한듯한 효과를 연출하고 있습니다.

04 아날로그 사운드를 확연하게 느낄 수 없다면 히스 잡음을 추가해봅니다. Hiss 슬라이더를 모니터 하면서 조금씩 올립니다.

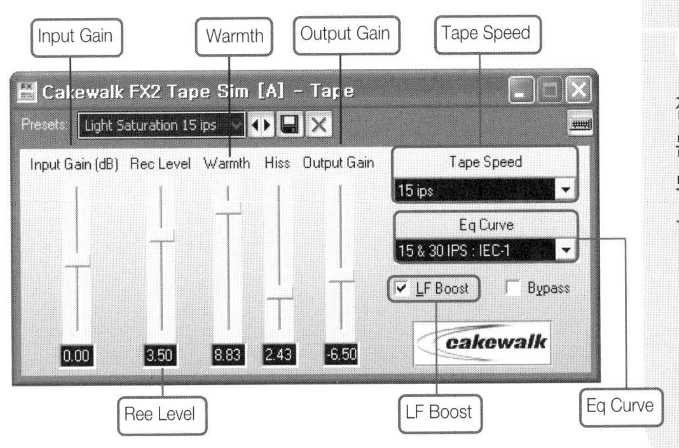

05 나머지 Input Gain은 입력 레벨, Rec Level은 가상 녹음 레벨, Warmth은 아날로그 느낌의 정도, Output Gain은 출력 레벨, Tape Speed는 테잎 속도, Eq Curve는 아날로그 녹음에서 손실되는 고 주파수 보충, LF Boost는 저음 강조의 역할을 합니다.

14 페이저

위상을 겹치게 하여 사운드를 변화시키는 이펙트입니다. 위상이 파형의 각도라는 것은 이미 설명했습니다. 지금 독자 앞에 있는 스피커의 위치를 변경해보면, 레벨에 변화를 느낄 수 있습니다. 이것은 원음과 벽에서 반사되는 반향음과의 위상이 같은 각도로 겹치면 레벨이 증가하고, 반대 각도로 겹치면 레벨이 감소하는 현상이 발생하기 때문입니다. 그래서 가정에서는 벽에 스피커를 가까이 놓고 저음을 증가시키는 효과를 만들지만 스튜디오에서는 스피커와 벽 사이에 거리를 두어 최대한 원음을 청취할 수 있도록 하는 이유가 위상과 관련한 것입니다.

01 부록 CD에서 Phase 샘플 파일을 엽니다. FX 패널에서 마우스 오른쪽 버튼을 클릭하여 단축 메뉴를 열고, Audio FX의 Sonitus;fx에서 [Phase]를 선택합니다.

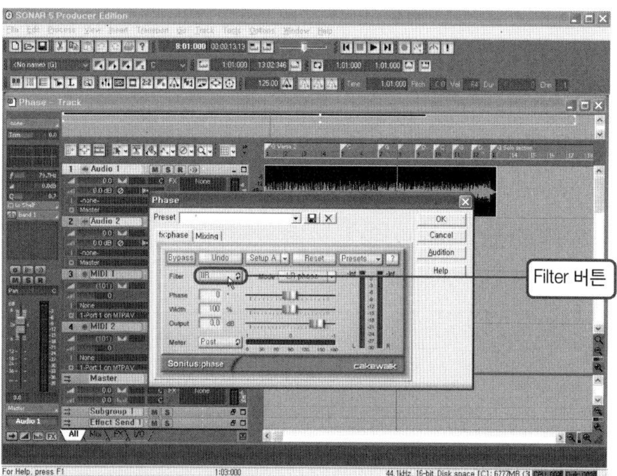

Phase 패널의 Filter는 저음을 반복해서 만들
어내는 IIR과 고음을 반복해서 만들어내는
FIR의 두 가지 타입이 있습니다. 전통적인 페이저는
저 주파수의 위상 간섭을 이용해서 만들어내므로 버
튼을 클릭하여 [IIR]를 선택합니다.

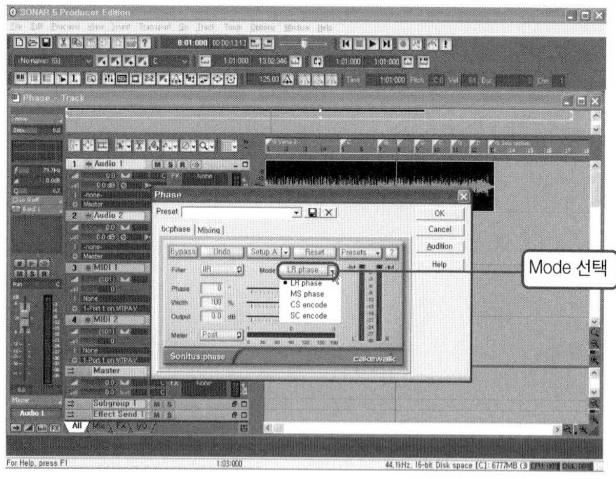

[Mode] 버튼 오른쪽의 역삼각형을 클릭하면 4
가지 모드를 선택할 수 있는 메뉴가 열립니다.
LR은 왼쪽과 오른쪽, MS는 중앙과 양쪽, CS는 중앙
을 양쪽으로, SC는 양쪽을 중앙으로 모아 위상간섭을
일으킵니다. 각각을 모니터 해보기 바랍니다.

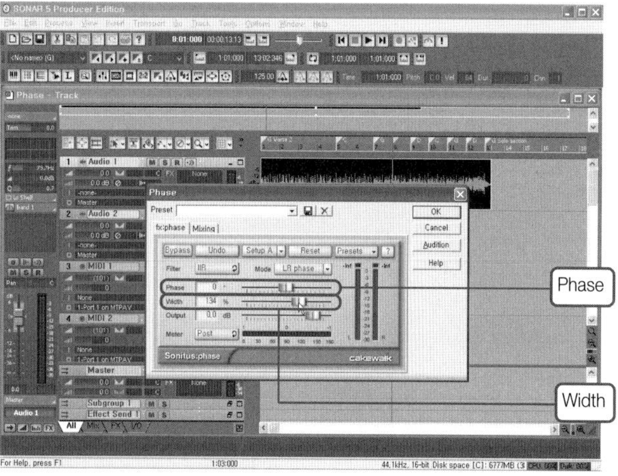

Phase 슬라이더는 위상을 어느 정도의 각도
로 겹치게 할 것인지를 조정하고, Width는
스테레오 범위를 퍼센트 단위로 조정합니다.

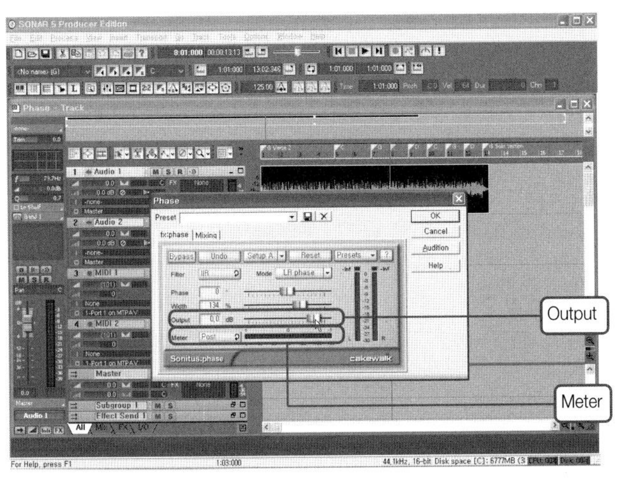

05 Output은 출력 레벨을 조정하며, [Meter] 버튼은 페이저 적용 전(Pre), 적용 후(Post)의 위상 변화를 모니터 할 수 있는 버튼입니다.

Tip sonitus:fx Modulator

Sonitus;fx Modulator는 플랜저, 페이저 등의 위상 변조 이펙트와 비슷한 역할을 합니다. 구성 요소를 간단히 살펴보겠습니다.

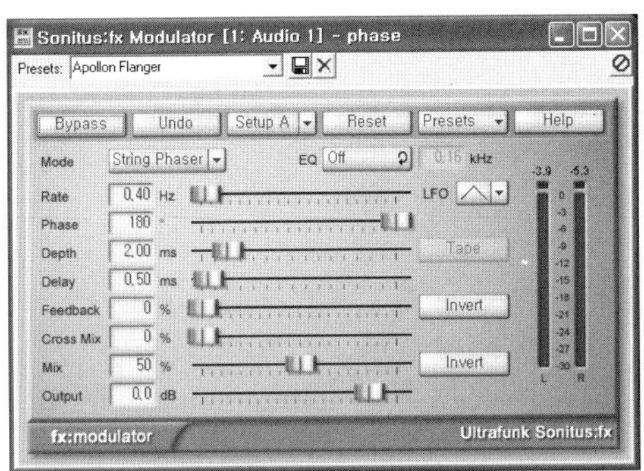

❶ Mode : 플랜저, 페이저, 코러스, 트레몰로 등의 모드를 선택할 수 있는 메뉴가 열립니다.

❷ EQe : 로우 컷 또는 하이 컷 타입의 EQ를 적용할 수 있습니다.

❸ Ratee : 변조될 주파수 대역을 설정합니다.

❹ LFOe : 변조될 파형을 선택합니다.

❺ Phasee : 좌/우 채널 사이의 위상 각도를 설정합니다.

❻ Depthe : 딜레이 유지 시간을 설정합니다.

❼ Tapee : 과거에 사용하던 테잎을 이용한 위상 변조 효과를 연출합니다.

❽ Delaye : 지연시간을 설정합니다.

❾ Feedbacke : 반복되는 양을 설정합니다. [Insert] 버튼을 클릭하면 반복되는 위상을 바꿉니다.

❿ Cross Mixe : 양쪽 채널이 겹치는 양을 조정합니다.

⓫ Mix : Modulator의 레벨을 조정합니다. [Invert] 버튼을 클릭하면 오리지널 사운드와 Modulator 사운드의 레벨을 바꿉니다.

⓬ Outpute : 최종 출력 레벨을 설정합니다.

15 와와

Wahwah는 주파수와 위상을 변조하여 마치 사람이 "와우~ 와우~"하는 듯한 사운드를 만들어내는 이펙트입니다. 간혹 귀신의 목소리가 녹음되었다는 내용의 소문과 함께 대중의 관심을 불러일으켰던 앨범을 분석해보면, 대부분의 원인이 와와 이펙트를 사용한 기타 연주였다는 에피소드를 방송에서 접해본 독자도 있을 것입니다. 이처럼 와와는 펑크 음악 시대뿐 아니라, 현대 음악에서도 자주 사용하는 이펙트입니다.

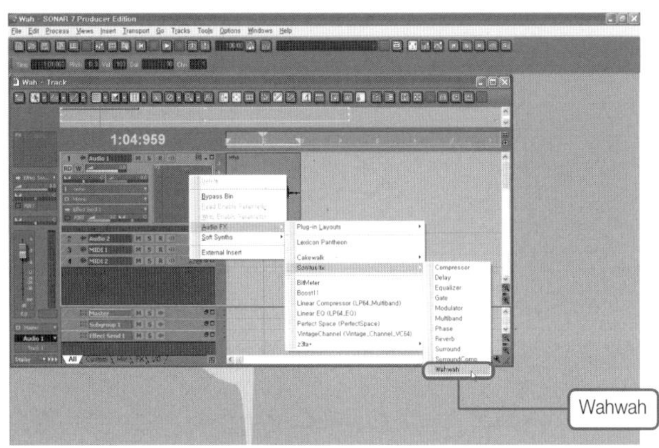

01 부록 CD의 Wah 샘플 파일을 불러옵니다. FX 패널에서 마우스 오른쪽 버튼을 클릭하여 단축 메뉴를 열고, Audio FX의 sonitus:fx에서 [Wahwah]를 선택합니다.

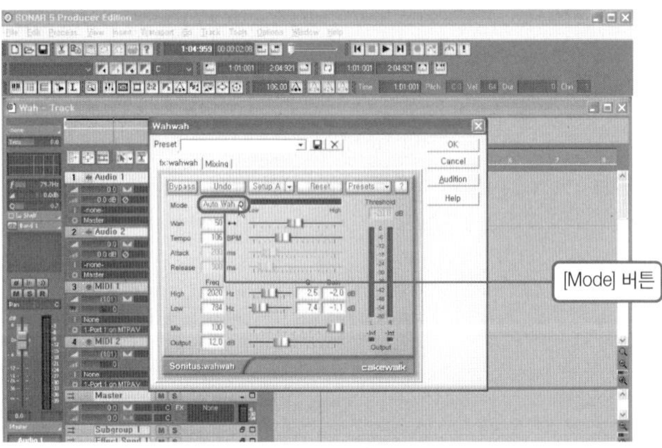

02 [Mode] 버튼을 클릭하여 템포에 따라 자동 조정될 수 있도록 Auto Wha로 합니다. Triggered는 어택과 릴리즈를 조정할 수 있고, Manual은 Wah 파라미터만 조정할 수 있습니다.

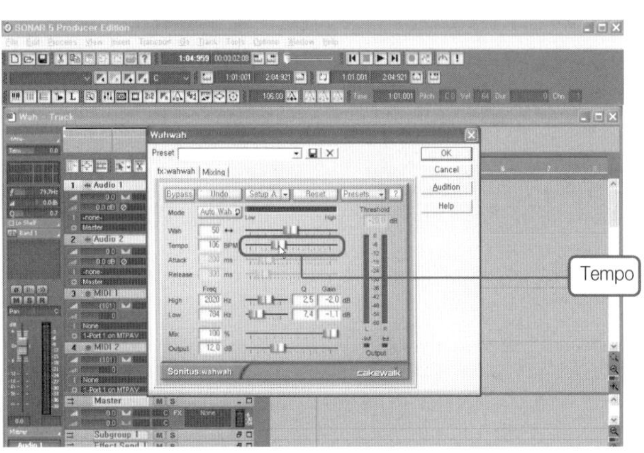

03 Auto 모드에서 Wah는 템포에 의해서 자동 조절되므로, 별 의미가 없습니다. Manual 모드인 경우에는 실제 와와 페달은 밟는 속도를 조정하고, Triggered 모드에서는 변조 범위를 조정합니다. 앞에서 Auto 모드로 설정했으므로 Tempo만 맞춥니다.

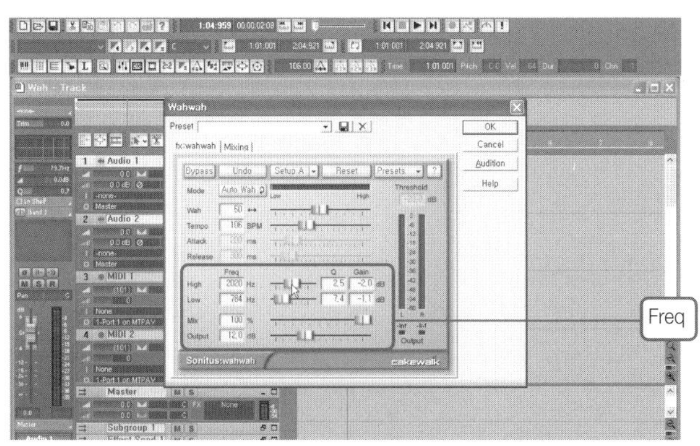

04 Attack와 Release는 Triggered 모드에서만 사용할 수 있습니다. Freq에서 주파수 변조 범위를 설정합니다. Q는 각 주파수 범위를 조정하며 Gain 레벨을 조정합니다.

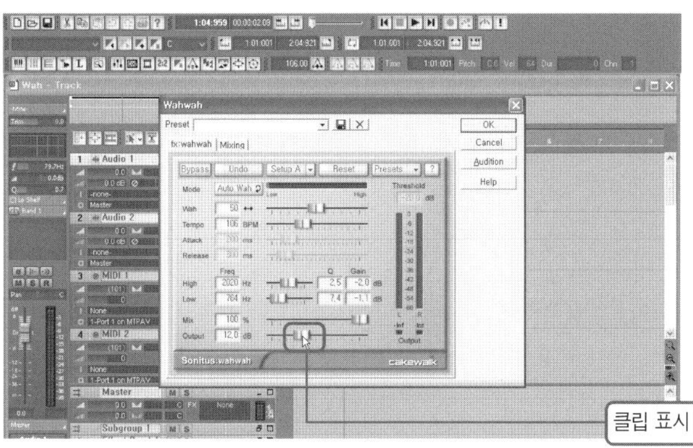

05 와와 레벨을 조정할 수 있는 Mix는 효과를 충분히 느낄 수 있도록 100으로 조정하고, Output은 클립핑이 발생하지 않는 한도로 조정합니다. 클립핑이 발생하면 레벨 미터 아래쪽에 빨간색으로 표시됩니다.

16 서라운드

현재 가장 많이 보급되고 있는 서라운드 시스템은 5.1 채널로 정면에 좌/우2개, 중앙1개, 후면에 좌/우2개의 스피커와 저음 보강 스피커인 우퍼 1개를 포함한 시스템입니다. 오디오 CD는 정면의 좌/우 2개뿐인 스테레오 채널을 사용하지만, 디지털 방송 시대가 되면서 영화의 현장감을 느낄 수 있는 서라운드 시스템이 일반화 되었습니다. 아직은 영화 사운드와 일부 클래식 DVD에서만 서라운드 효과를 사용하고 있지만, 앞으로는 대부분의 음악이 공연장 분위기를 연출하기 위해 서라운드로 제작될 것입니다. 이제 공부를 시작하는 독자라면 서라운드 음악 제작에 관심을 갖는 것이 좋습니다.

▲ 컴퓨터용 5.1 시스템

01 서라운드 음악을 제작하기 위해서는 서라운드 작업 환경을 갖추고 있어야 합니다. 공부하는 학생에게는 컴퓨터용으로 출시되는 5.1시스템을 권장합니다.

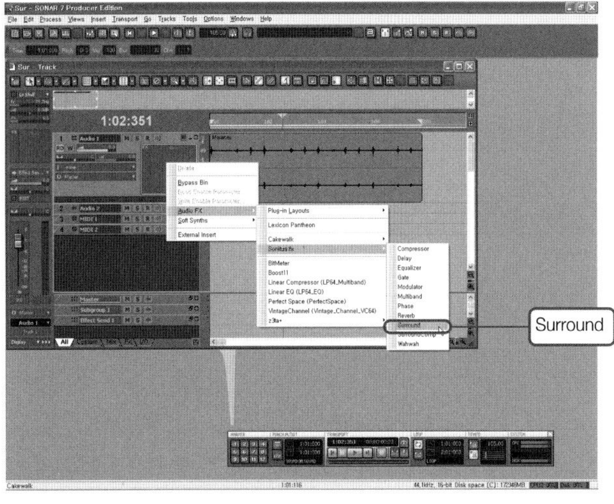

02 부록 CD의 Sur 샘플 파일을 엽니다. Fx 패널에서 마우스 오른쪽 버튼을 클릭하여 단축 메뉴를 열고, Audio FX의 Sonitus:fx에서 [Surround]를 선택합니다.

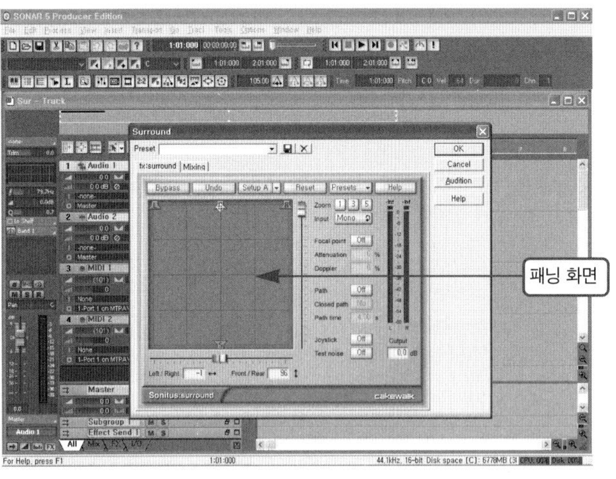

03 서라운드 패널이 열립니다. 패닝 화면을 보면 알 수 있듯이 후방 채널이 분리되지 않은 서라운드 시스템입니다. 우퍼는 저음 재생용이므로 따로 분리하지 않습니다.

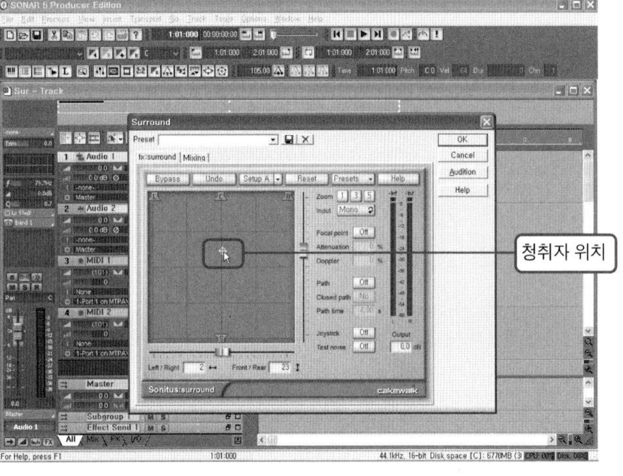

04 패닝 화면 오른쪽과 아래쪽에 있는 슬라이더를 이용하거나, 직접 패널 화면에 표시되는 흰색 중심을 드래그하여 조정할 수 있습니다. 이것을 청취자의 위치라고 생각해도 좋습니다.

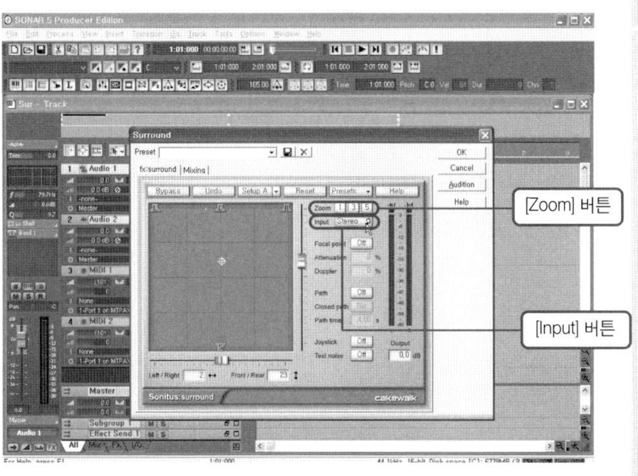

5 [Zoom] 버튼은 패닝 화면을 1, 3, 5배로 확대하는 기능이고, [Input] 버튼은 소스의 채널을 선택합니다. 예제의 경우 스테레오이므로 버튼을 클릭하여 [Stereo]로 합니다.

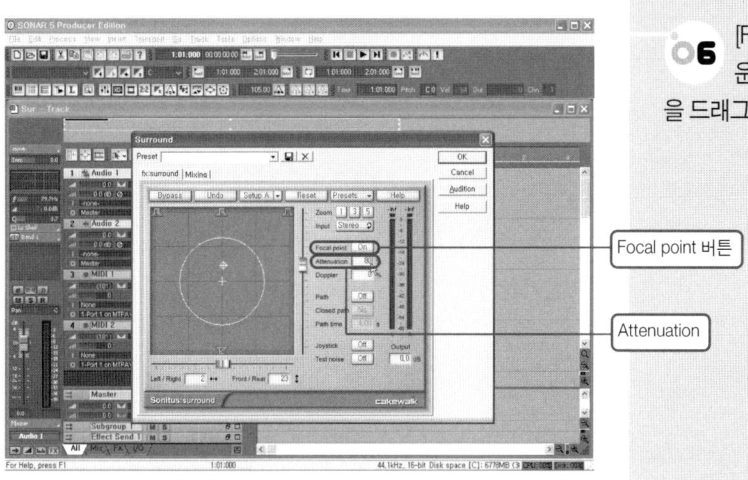

6 [Focal point] 버튼을 클릭하여 패닝 화면에 사운드의 중심이 보이게 합니다. Attenuation 값을 드래그하여 범위를 조정합니다.

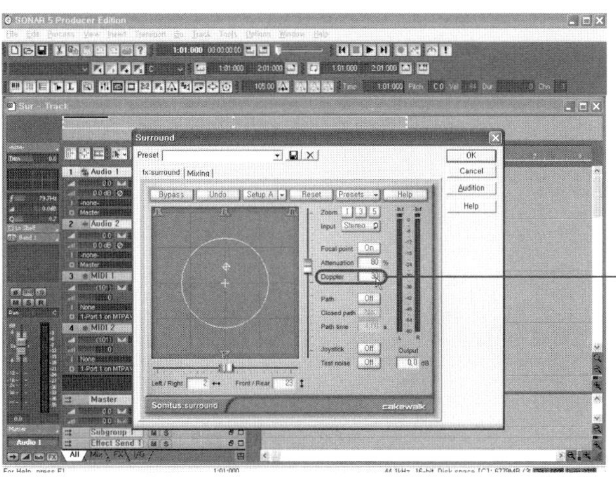

7 Doppler는 사운드의 재생 위치와 청취자와의 거리에 따라 주파수가 변한다는 도플러 효과를 조정합니다. 자동차가 독자 주위를 스쳐갈 때, 거리에 따라 변하는 사운드를 경험해 본 적이 있을 것입니다.

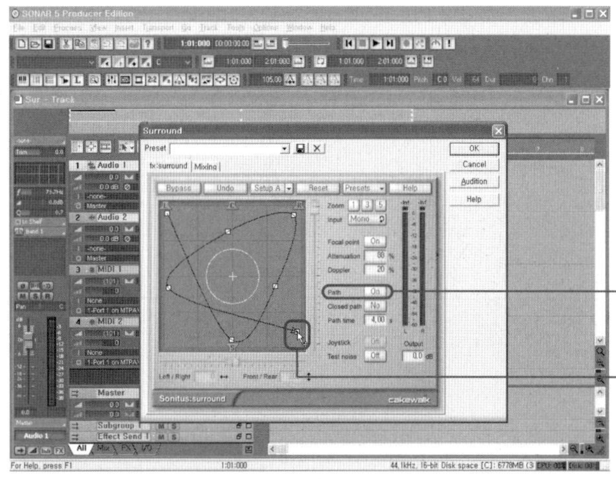

08 [Path] 버튼을 클릭하고 사운드의 중심을 마우스로 이동시켜봅니다. 이동되는 라인이 표시되는 것을 확인할 수 있습니다. 라인을 더블 클릭하면 포인트가 추가되고 Delete 키를 누르면 삭제됩니다.

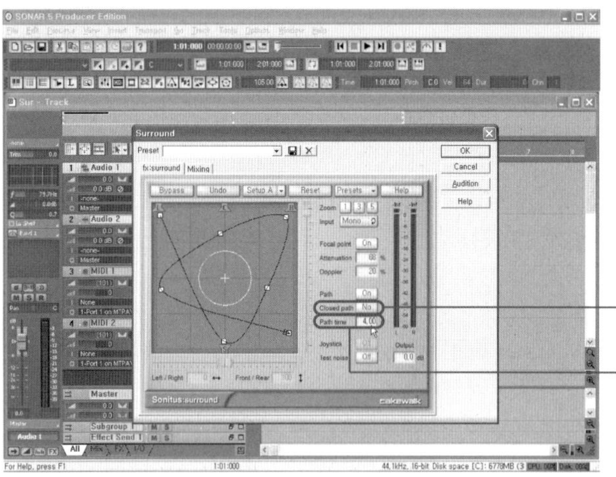

09 [Closed path] 버튼을 클릭하면 라인의 시작과 끝 지점을 연결하여 사운드가 반복해서 이동할 수 있도록 합니다. 이동 시간은 Path time으로 조정합니다.

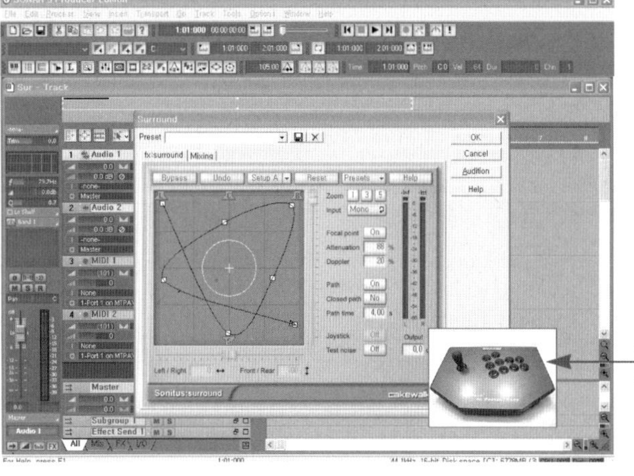

10 [Joystick] 버튼은 독자의 컴퓨터에 게임 컨트롤러인 조이스틱을 연결한 경우에만 사용할 수 있습니다. 조이스틱을 연결했다면 Path 라인을 좀 더 자유롭게 그릴 수 있습니다.

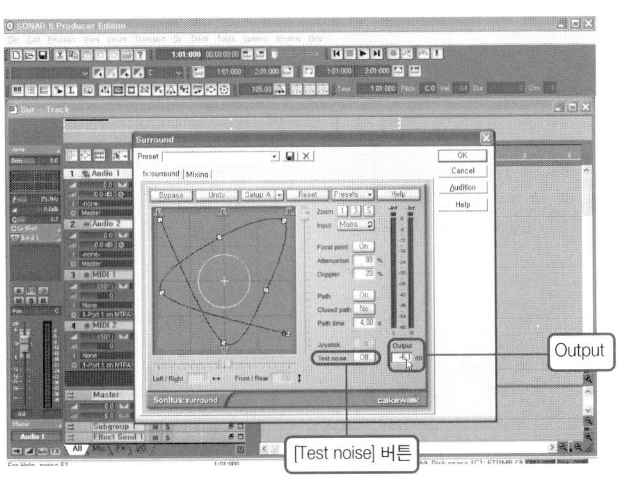

11 [Test noise] 버튼은 평균값이 -20dB인 핑크 노이즈를 출력하여 사운드의 이동 경로를 테스트 할 수 있도록 합니다. 그리고 Output은 출력 레벨을 조정합니다.

17 멀티 이펙트

SpectraFX는 지금까지 살펴본 이펙트를 모두 사용할 수 있는 멀티 이펙트입니다. 멀티 이펙트는 하나의 장비로 다양한 이펙트를 사용할 수 있다는 장점 때문에 실제 하드웨어에서도 가장 인기가 많은 제품입니다. 여건이 된다면 멀티 이펙트 장비를 하나 정도 구입하여 연구하는 것이 좋겠습니다.

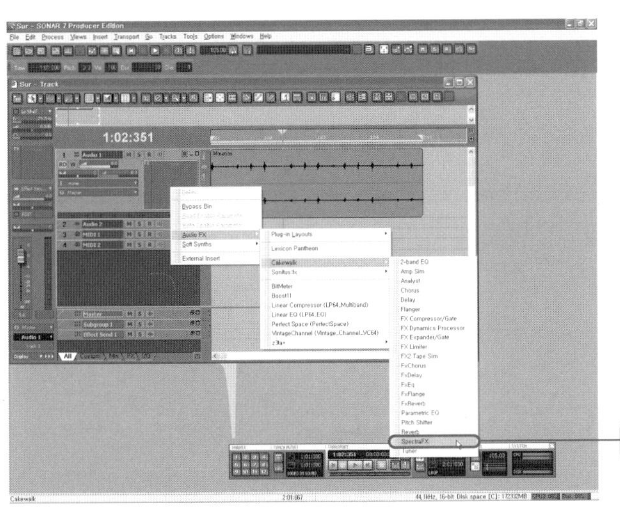

01 지금까지 살펴본 샘플 가운데 적당한 것을 엽니다. FX 패널에서 마우스 오른쪽 버튼을 클릭하여 단축 메뉴를 열고, Audio FX의 Cakewalk 에서 [SpectraFX]를 선택합니다.

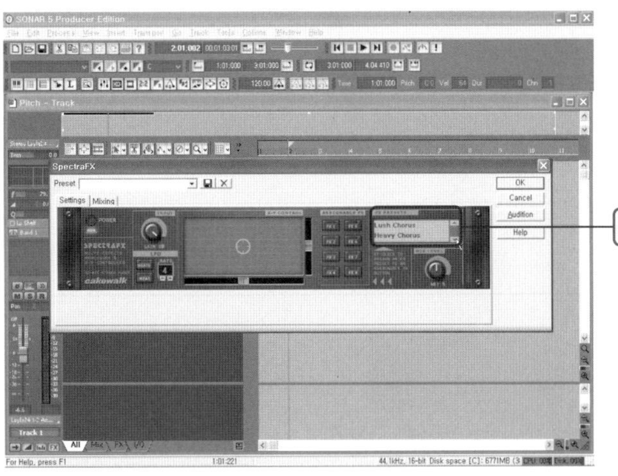

02 실제 하드웨어를 모방한 SpectraFX 패널이 열립니다. 오른쪽의 FX Presets에서 사용할 이펙트를 선택합니다. 모두 39가지의 이펙트를 제공하고 있습니다.

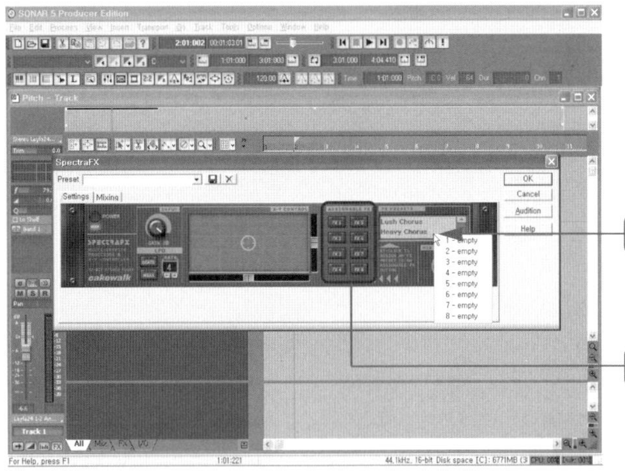

03 [Assignable FX] 버튼은 자주 사용하는 프리셋을 등록하는 버튼입니다. 등록 방법은 FX Presets에서 원하는 이펙트를 마우스 오른쪽 버튼으로 클릭하여 메뉴를 열고, 등록할 [FX] 버튼을 선택하면 됩니다.

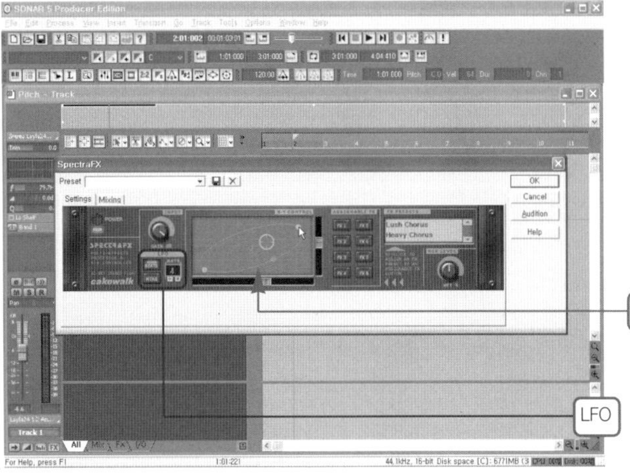

04 X-Y Control 왼쪽에 있는 LFO에서 주기를 비트(Beats) 단위로 사용할 것인지, 마디(Meas) 단위로 사용할 것인지를 선택합니다. 비트 단위는 Rate의 +/- 버튼을 클릭하여 조정할 수 있습니다. X-Y Control 창에서 위치, 곡선, 원의 모양을 마우스 드래그로 조정할 수 있습니다.

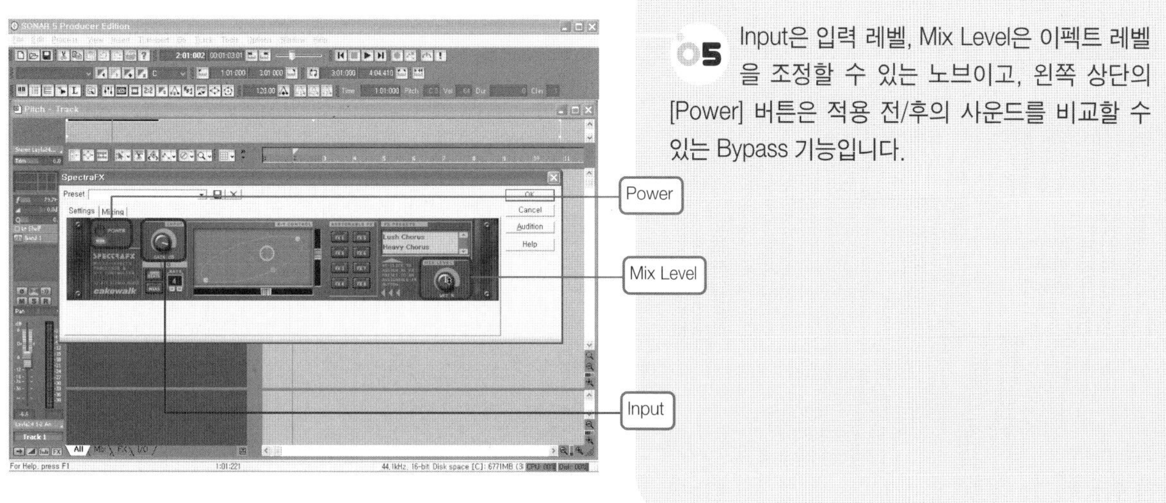

05 Input은 입력 레벨, Mix Level은 이펙트 레벨을 조정할 수 있는 노브이고, 왼쪽 상단의 [Power] 버튼은 적용 전/후의 사운드를 비교할 수 있는 Bypass 기능입니다.

18 마스터 이펙트

Vintage Channel VC64는 디에서, 게이트, 컴프레서, EQ 등의 작업을 하나의 장치를 끝낼 수 있는 막강한 기능의 마스터링용 멀티 이펙트입니다. 물론, 소나 7에서 제공하는 모든 장치는 믹싱과 마스터링 용으로 구분하지 않고 사용할 수 있지만, 작업에 적합한 것들을 이용하는 것이 편리합니다. 다만, 소나 7에서는 마스터 트랙에 이펙트를 걸 수 없기 때문에 마스터링 작업에 필요한 버스 트랙을 만들고 모든 채널의 아웃을 버스 트랙으로 변경해야 합니다.

01 프로젝트 창에서 버스 트랙은 [버스 패널 보기] 버튼을 클릭하여 볼 수 있습니다. 그러나 믹싱과 마스터링 작업은 프로젝트 창 보다는 콘솔 창이 편리하므로 [Console View] 버튼을 클릭하여 콘솔 창을 엽니다.

02 콘솔 창은 트랙 패널, 버스 패널, 메인 패널로 구분되어 있으며, 각각 [패널 보기] 버튼을 클릭하여 화면에 표시하거나 닫을 수 있습니다. 단, 트랙이 없는 패널을 닫았을 경우에는 경계선을 드래그하여 열어야 합니다.

03 Normal 환경의 템플릿으로 프로젝트를 만들면 기본적으로 3개의 버스 트랙(Bus1, 2, 3)이 생성되지만, Blank 템플릿을 선택한 경우라면 사용자가 원하는 버스 트랙을 만들어야 합니다. 버스 패널에서 마우스 오른쪽 버튼을 클릭하여 단축 메뉴를 열고 [Insert Stereo Bus]를 선택합니다.

04 새로운 버스 트랙이 만들어지며, 아웃은 메인 패널의 마스터 트랙으로 설정됩니다. 마스터 작업을 위해서 버스 트랙을 만들었다면 나머지 트랙의 아웃을 새로 만든 버스 트랙으로 설정해야 합니다.

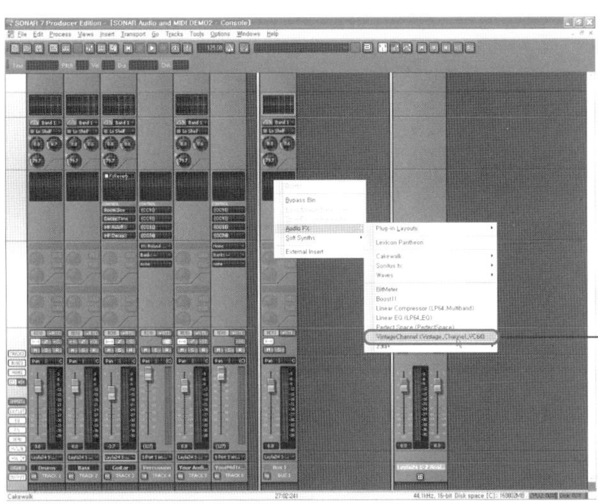

05 새로 만든 버스 트랙의 FX 패널에서 마우스 오른쪽 버튼을 클릭하여 단축 메뉴를 열고, Audio FX의 [Vintage Channel (Vintage_Channel_VC54)]를 선택합니다.

06 게이트, 디에서, 컴프레서, EQ 등의 작업을 하나의 장치에서 해결할 수 있는 Vintage Channel VC64 패널이 열립니다. 각각의 기능은 [On/Off] 버튼을 이용해서 사용 여부를 결정합니다. 여기서 [Master On/Off] 버튼은 전체 사용 여부를 결정 하는 것으로 다른 장치의 Bypass와 같은 역할입니다.

07 게이트와 디에서는 모두 사운드를 제거하는 목적으로 사용합니다. Gate는 Thresh에서 설정한 레벨 이하의 사운드를 제거하여 잡음을 차단 하는 역할을 하는 것으로 게이트 동작이 멈추는 시간을 Ms 단위로 설정할 수 있는 Release 노브가 있습니다.

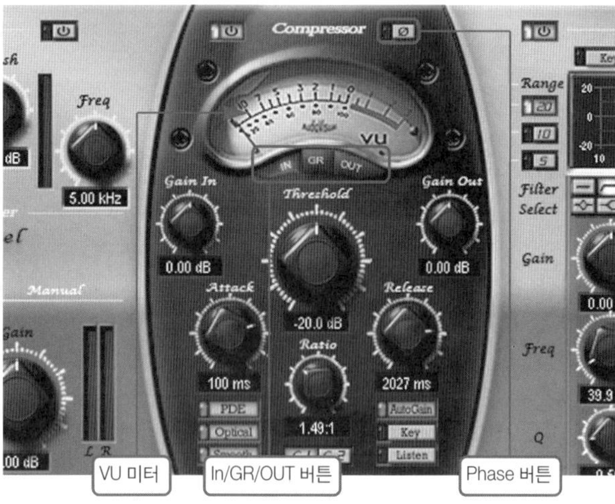

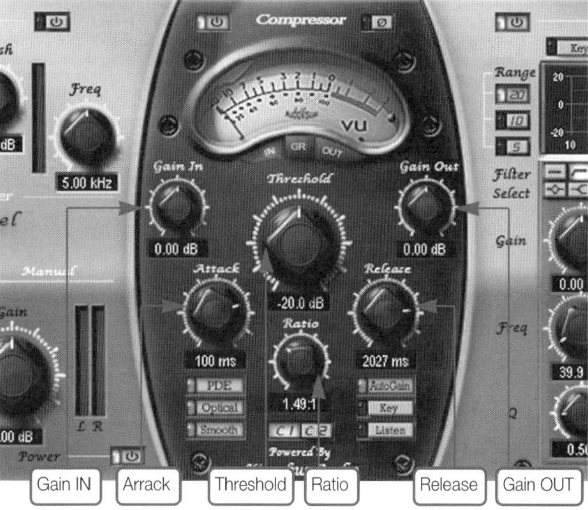

08 디에서는 보컬 녹음에서 발생하는 치찰음이 나 팝핑 등의 잡음을 제거하는 역할을 하는 것으로 조정 폭이 매우 좁아 근접 주파수 사운드에 영향을 주지 않는 EQ라고 보아도 좋습니다. 구성은 제거 주파수를 설정할 수 있는 Freq와 제거 값을 설정할 수 있는 Thresh 노브가 있습니다.

09 컴프레서는 몇 차례 실습을 해보았듯이 사운드의 다이내믹 범위를 조정합니다. 파워 버튼 오른쪽의 [Phase] 버튼은 오디오 파형의 위상을 바꾸는 역할을 하며, 아날로그 타입의 VU 미터는 입력 레벨(IN), 압축 레벨(GR), 출력 레벨(OUT)을 구분해서 볼 수 있는 버튼을 제공합니다.

10 노브는 입력 레벨(Gain IN), 압축 레벨(Threshold), 출력 레벨(Gain Out), 어택 타임(Arrack), 압축 비율(Ratio), 릴리즈 타임(Release)의 6가지를 제공합니다. 컴프레서는 앞에서 몇 번 다루었으므로 각 노브의 역할 설명은 필요 없을 것입니다.

11 [PDE] 버튼은 릴리즈 타임을 자동으로 컨트롤하고, [Optical] 버튼은 사운드의 전압을 측정하여 압축하게 함으로써 기존의 컴프레서보다 섬세한 압축이 가능하게 합니다. 그리고 Smooth는 압축되는 경계를 부드럽게 하여 컴프레서가 적용되는 사운드를 자연스럽게 처리합니다.

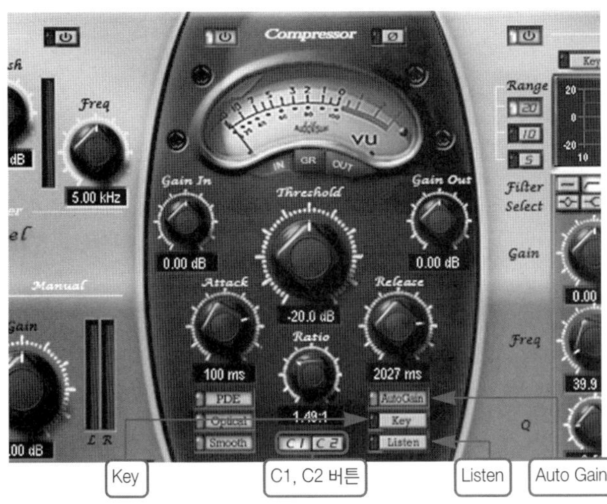

12 VC64는 컴프레서를 C1, C2의 두 개로 설정하여 비교 할 수 있는 버튼을 제공하며, Auto Gain은 출력 레벨을 자동으로 컨트롤합니다. 그리고 VC64의 컴프레서는 [Key] 버튼을 On으로 하여 사이드 체인 방식으로 사용할 수 있고, Listen은 사이드 체인의 사운드를 모니터 합니다.

13 사이드 체인이란 다른 트랙의 출력 신호에 의해서 이펙트가 작동되게 하는 방식으로, 고가의 다이내믹 계열 장치에서나 볼 수 있는 고급 기능입니다. 사이드 체인을 사용할 트랙의 센드 패널에서 마우스 오른쪽 버튼을 클릭하여 단축 메뉴를 열고 [Vintage_Channel_VC64]를 선택합니다.

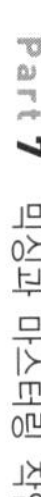

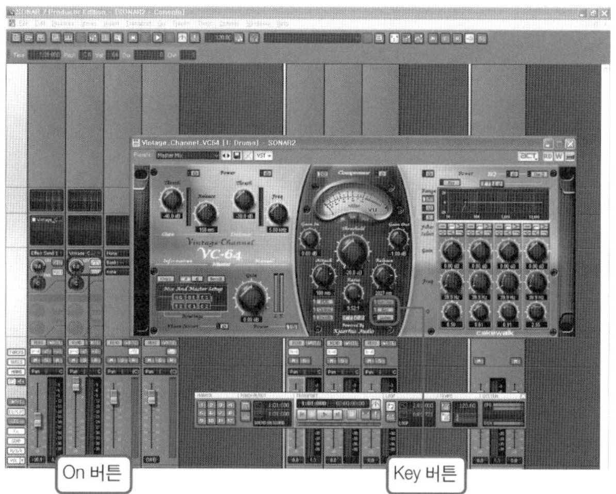

14 센드 이펙트의 [On] 버튼을 클릭하고, Vintage Channel VC64의 컴프레서 패널에서 [Key] 버튼을 On으로 하면 해당 트랙의 출력 신호에 의해서 컴프레서가 작동되게 됩니다. 그리고 [Listen] 버튼을 클릭하여 사이드 체인을 사용하는 트랙의 사운드를 모니터 할 수 있는 것입니다.

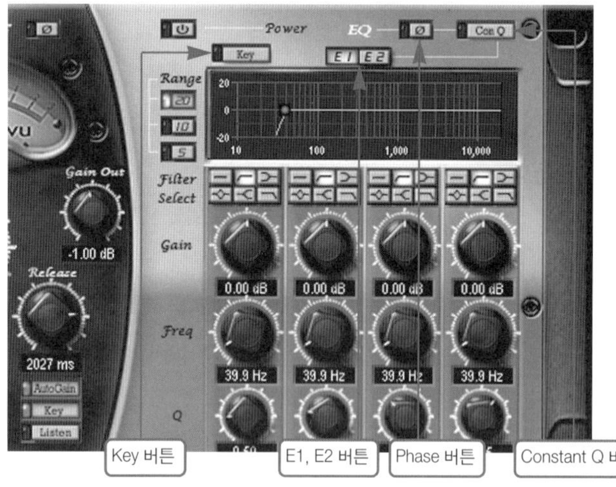

15 Vintage Channel VC64 오른쪽 패널은 4밴드 타입의 EQ입니다. 상단에는 [Power] 버튼과 위상을 반전시키는 [Phase] 버튼, 조정 범위의 간격을 일정하게 유지시키는 [Constant Q] 버튼이 있습니다. 그리고 사이드 체인 기능의 Key와 두 가지 EQ를 설정하여 비교할 수 있는 [E1], [E2] 버튼이 있습니다.

16 디스플레이 범위는 20, 10, 5dB 중에서 선택할 수 있는 [Range] 버튼이 있고, 각 밴드 타입을 선택할 수 있는 6개의 버튼이 있습니다. 각각의 [타입] 버튼은 Off, Low Cut, Low Shelving, Peaking, High Shelving, High Cut 입니다. 각각의 역할은 수 차례 설명이 되었으므로 생략합니다.

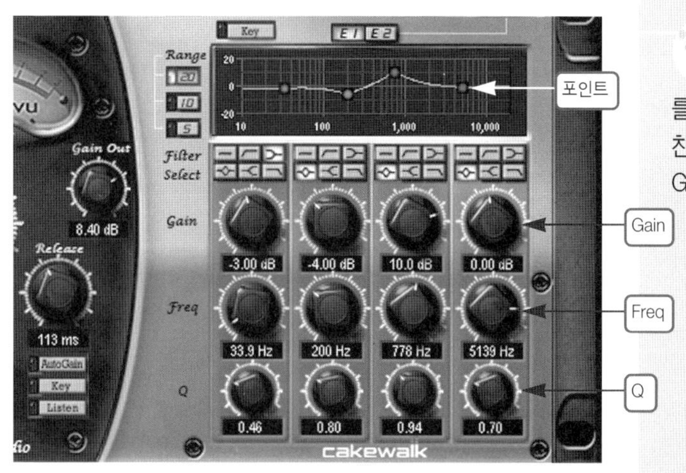

17 각 밴드마다 조정할 주파수 대역을 설정하는 Freq, 이득 값을 조정하는 Gain, 조정 범위를 설정하는 Q 노브가 있으며, 다른 장치에서와 마찬가지로 디스플레이 창의 포인트를 드래그하여 Gain과 Freq를 조정할 수 있습니다.

19 주파수 분석기

소나 7에는 지금까지 살펴본 이펙트 외에도 Analyst와 Tuner라는 특별한 장치를 제공합니다. 두 가지 모두 사운드에 어떤 효과를 주는 역할은 하지 않지만, 반드시 필요한 장치입니다. 먼저, Analyst 는 음향 엔지니어들에게는 꼭 필요한 장치로써 사운드의 주파수를 분석하여 표시하는 역할을 합니다. 이것은 믹싱과 마스터링 작업에 가장 중요한 EQ 작업을 할 때, 많은 도움을 받을 수 있는 장치입니다.

01 사운드의 주파수를 분석하고 싶은 채널에서 Analyst를 사용해도 좋지만, 일반적으로 버스 트랙에 적용하여 사용합니다. 그러면 전체 사운드의 분석도 할 수 있고, 각각의 채널을 솔로로 연주하여 개별적인 주파수도 분석할 수 있습니다.

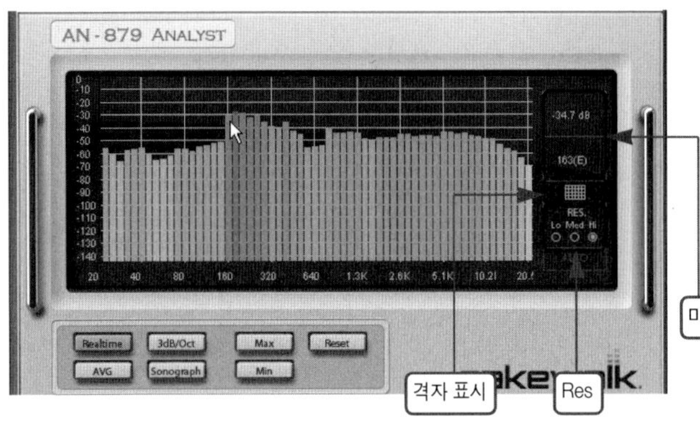

02 디스플레이 창은 사운드의 주파수 레벨을 표시하며 마우스 드래그로 주파수 범위와 레벨의 범위를 조정할 수 있습니다. 이때, 레벨 표시 항목에서 좌/우로 드래그하여 주파수 범위를 조정하며, 주파수 표시 항목에서 위/아래로 드래그하여 레벨 범위를 조정한다는 점의 주의하기 바랍니다.

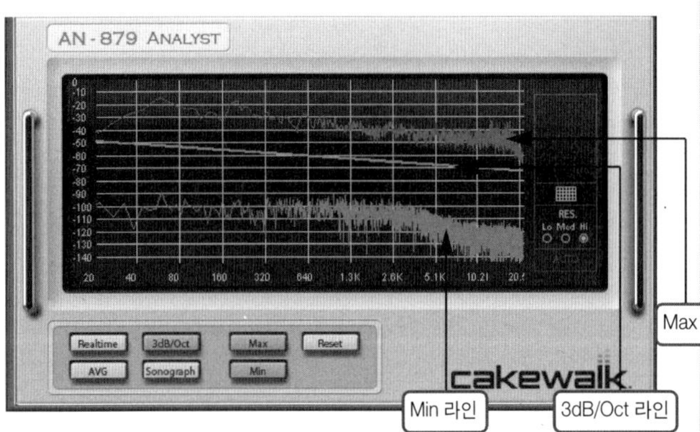

03 옵션 패널에는 마우스가 위치한 레벨과 주파수 범위를 표시하는 항목이 있고, 디스플레이 창의 격자 무늬를 표시할 것인지의 여부를 선택하는 [On/Off] 버튼과 주파수 분석 밀도를 선택하는 Lo, Med, Hi, 그리고 Auto 옵션이 있습니다. 시스템에 따라 적절한 옵션을 선택하면 됩니다.

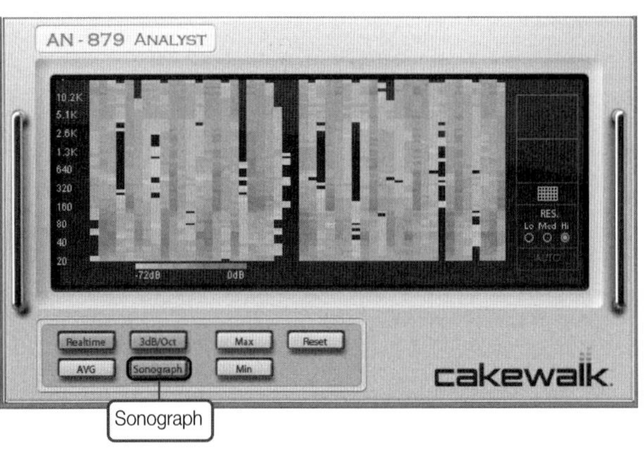

04 [Realtime] 버튼은 주파수를 실시간으로 분석하여 디스플레이 창에 표시할 것인지의 여부를 On/Off하며, [AVG] 버튼은 평균 레벨을 표시합니다. 그리고 Max와 [Min] 버튼은 최고 또는 최저 레벨을 표시하며, 3dB/Oct는 옥타브 범위로 3dB 폭의 경사 라인을 표시합니다.

05 Sonograph 는 주파수의 분포도를 색상으로 구분할 수 있는 소노 그래프 형태로 표시합니다. 이때, 디스플레이 창 왼쪽은 주파수 단위로 변경되며 빨간색이 선명할수록 해당 주파수의 레벨인 크다는 의미입니다. EQ를 입체적으로 조정하고 싶을 때 유용한 그래프입니다.

실제 기타 튜너와 매우 흡사한 모습을 하고 있는 Cakewalk Tuner는 악기 조율을 위한 도구일 뿐 사운드에 변화를 주는 이펙트는 아닙니다. 악기를 연주하는 사람에게 튜너는 필수품이기 때문에 굳이 소나 7에서 제공하는 튜너를 이용할 필요는 없을 것 같지만, 소나 7을 사용하는 도중에 튜너를 사용할 필요가 있을 때 유용할 수 있습니다.

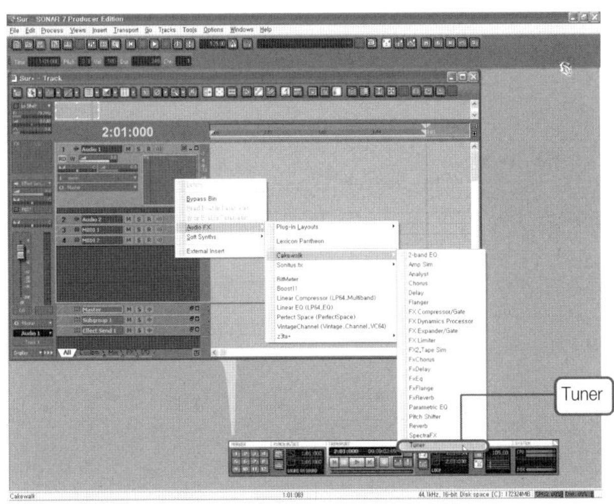

01 음정을 조정할 악기를 오디오 카드의 Line In 에 연결합니다. 라인을 가지고 있지 않은 악기라면 마이크를 이용하면 됩니다. FX 패널에서 마우스 오른쪽 버튼을 클릭하여 단축 메뉴를 열고, Audio FX 의 Cakewalk에서 [Tuner]를 선택합니다.

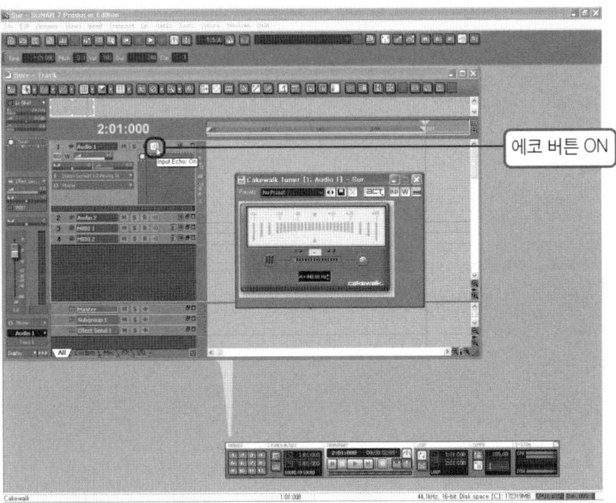

02 실제 기타 튜너기를 시뮬레이션 하고 있는 패널이 열립니다. 트랙의 [에코] 버튼을 On 으로 하고, 악기를 연주해봅니다. 실제 기타 튜너와 동일하게 사용할 수 있다는 것을 확인할 수 있습니다.

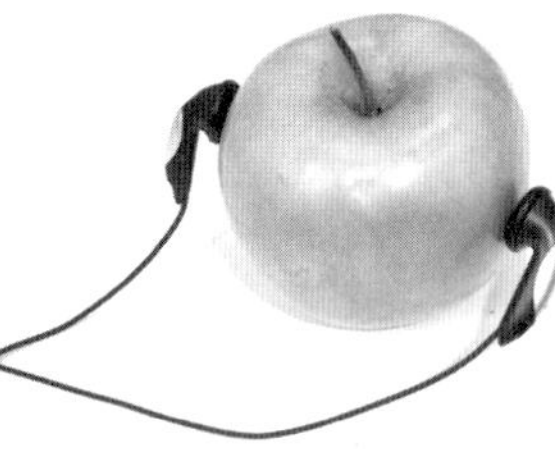

S O N A R 7

메뉴 기능 총정리

FILE 메뉴

File 메뉴는 새로운 작업을 시작하기 위한 프로젝트 만들기, 작업중인 곡 저장하기, 작업이 완료된 곡을 CD로 제작하기 위한 스테레오 파일 만들기 등 소나 7의 시작에서 종료까지 파일을 관리하는 기능들로 구성되어 있습니다. 음악을 녹음하고, 저장하고 샘플을 사용하는 모든 것들이 파일을 만들고, 사용하는 작업들이기 때문에 파일을 체계적으로 관리하는 것은 아주 중요한 습관입니다.

1 NEW

새로운 프로젝트를 만듭니다. 소나 7을 이용한 곡 작업의 첫 번째 단계는 프로젝트를 만드는 일에서부터 시작합니다. Quick Start 창을 열리게 해놓았다면 [Create a New Project] 버튼을 클릭하여 새로운 프로젝트를 만들 수 있고, 그렇지 않다면 File 메뉴의 New 또는 도구 모음 줄의 [New] 버튼을 클릭하여 새로운 프로젝트를 만들 수 있습니다.

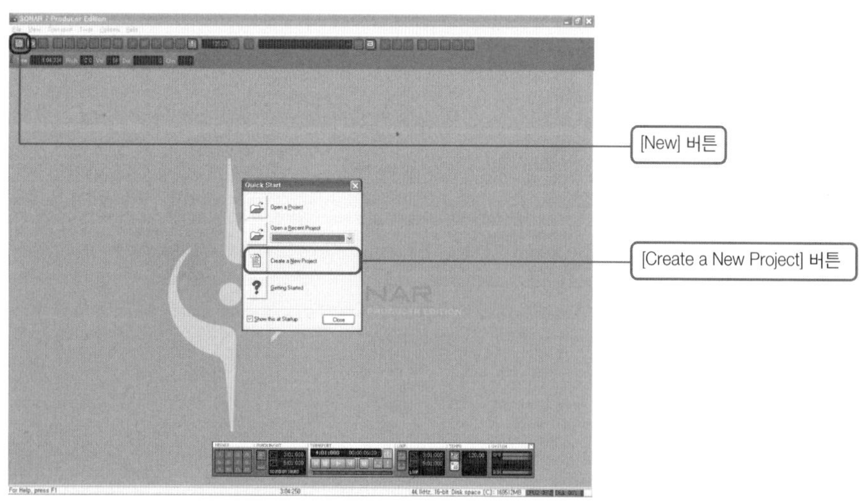

File 메뉴의 [New]를 실행하면 새로운 프로젝트의 이름과 저장위치, 그리고 템플릿을 선택할 수 있는 New Project File 창이 열립니다. 프로젝트의 저장위치인 Location과 오디오 파일의 저장 위치인 Audio Path 폴더 경로는 Name 항목에 입력한 이름으로 만들어지며, 오른쪽의 [경로 변경] 버튼을 클릭하여 위치를 변경할 수 있습니다. 작업을 완료한 후에 프로젝트를 저장하고 싶다면 Store Project Audio in its own Folder 옵션을 해제합니다.

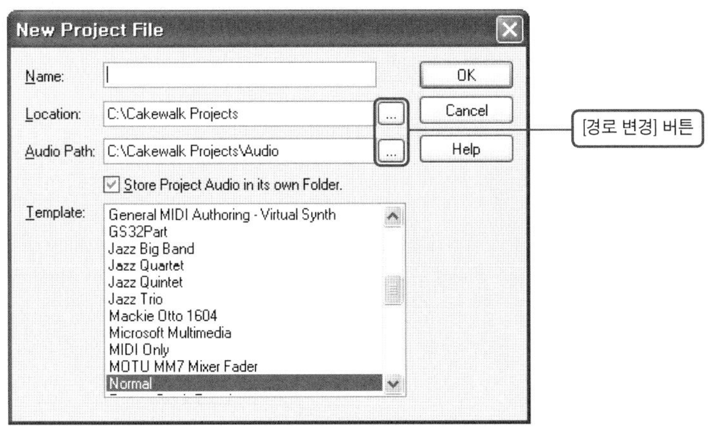

Tip — Play List에서 곡을 논스톱으로 연주시키는 방법

1. New Project File 창의 템플릿 목록을 보면 Play List Set라는 것이 있습니다. 이것은 소나 7에서 제작한 프로젝트 파일을 연주할 수 있는 Play List 창을 엽니다.

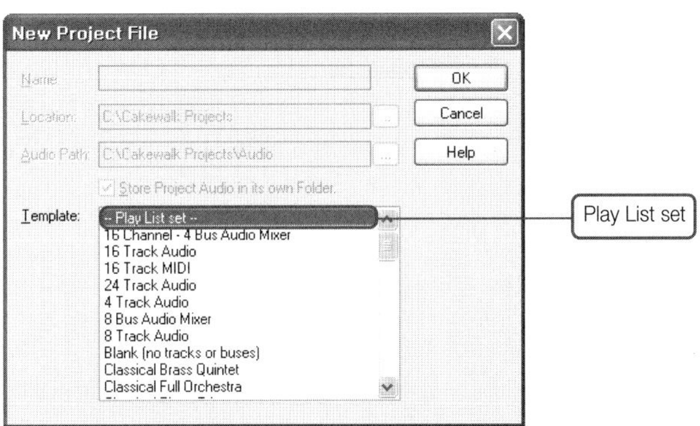

2. Play List 창의 사용법은 매우 간단합니다. 노란색으로 표시되는 [Add Song] 버튼을 클릭하여 Add Song to Play List 창을 열고, 소나 7에서 작업한 파일을 리스트에 등록한 다음에 Space bar 키로 연주하면 됩니다.

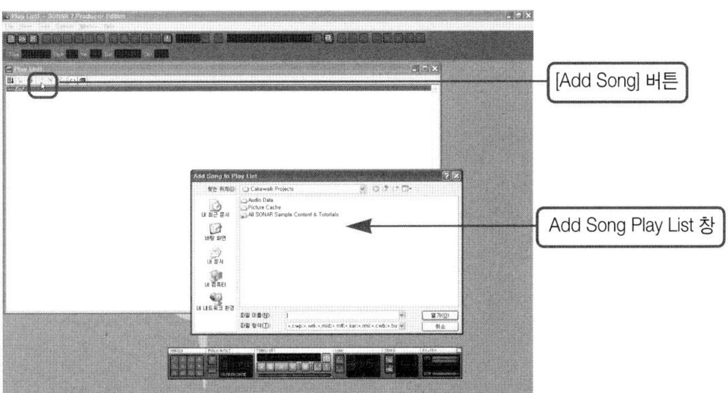

3. Play List는 소나 7에서 제작한 프로젝트 파일을 wav나 MP3 파일로 만들지 않고도 감상할 수 있는 유일한 방법인데, 곡과 곡 사이에 약간의 갭이 발생하는 문제점이 있습니다. 그러나 해결 방법이 있습니다. 리스트에 등록한 곡을 더블 클릭하여 프로젝트 창을 엽니다.

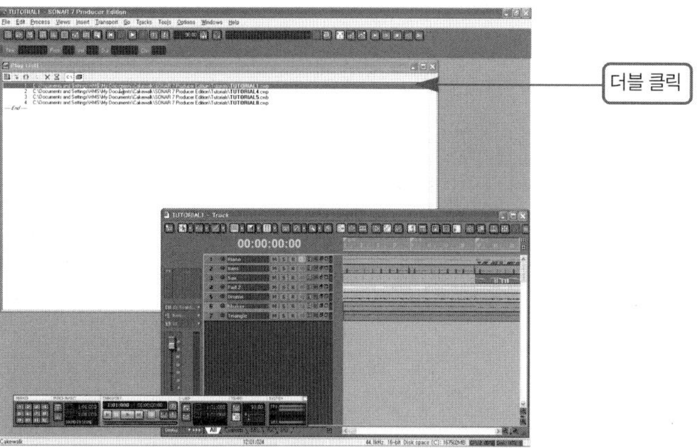

4. 가장 끝 부분까지 연주하는 트랙의 클립을 더블 클릭하여 피아노 창을 엽니다. 그리고 마지막에 있는 노트를 마우스 오른쪽 버튼으로 클릭하여 Note Properties 창을 엽니다.

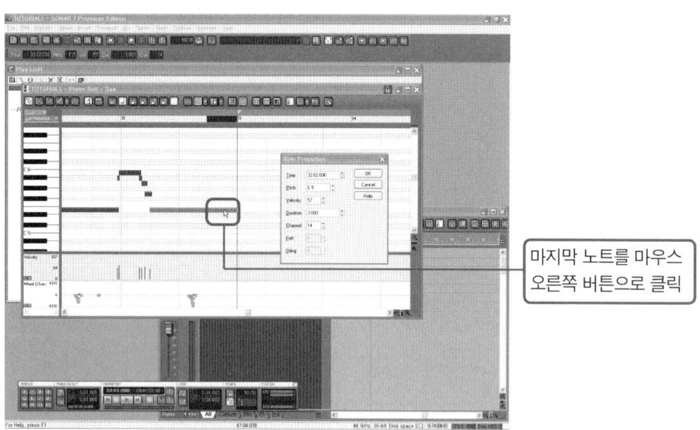

5. Note Properties 창은 선택한 노트의 음정, 위치, 벨로시티 등을 변경할 수 있는 역할을 하는데, 길이를 나타내는 Duration 항목에서 템포 값을 뺍니다. 예를 들어 노트가 8분 음표이고 템포가 140이라면 8분 음표의 틱 값인 480에서 템포 140을 뺀340으로 변경하는 것입니다. 곡 마다 이런 식으로 데이터를 수정하면 논스톱으로 곡을 연주할 수 있습니다.

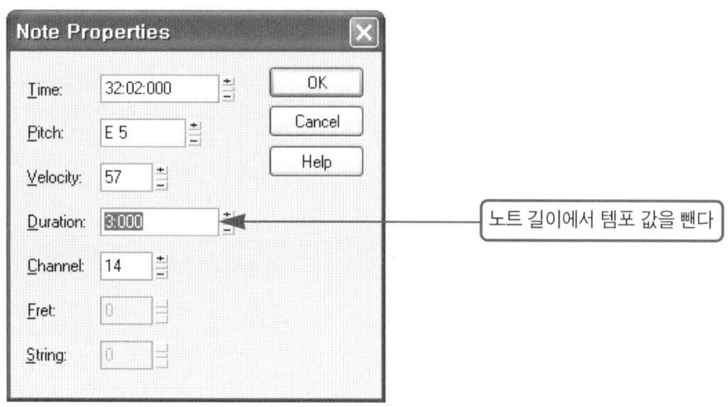

6. Play List 상단에 위치한 8가지의 버튼의 기능을 정리합니다.

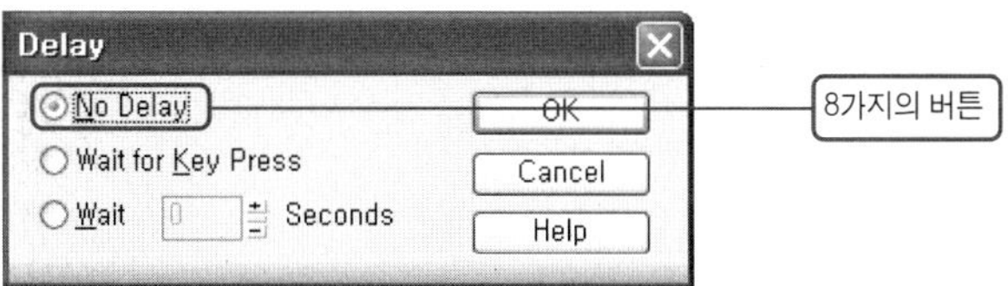

8가지의 버튼

❶ Enable Play List

이 버튼이 ON되어 있어야만 Play List 사용이 가능합니다.

❷ Next Song

연주되고 있는 곡의 다음에 연주될 곡을 설정합니다.

❸ Repeat List

리스트에 등록한 곡을 반복 연주합니다.

❹ Add Song

연주할 곡을 플레이 리스트에 등록합니다.

❺ Remove Song

선택한 곡을 플레이 리스트에서 뺍니다.

❻ Delay

선택한 곡을 지연시킬 수 있는 창을 열어줍니다.

- No Delay: 지연되지 않게 하는 기본 옵션

- Walt for Key Press: 연주 도중에 이 옵션을 적용한 곡은 아무 키나 누르라는 메시지가 보이게 하는 옵션입니다. 사용자가 키를 누르기 전 까지 대기상태로 기다립니다.

- Wait: 지연되는 시간을 초단위로 설정합니다.

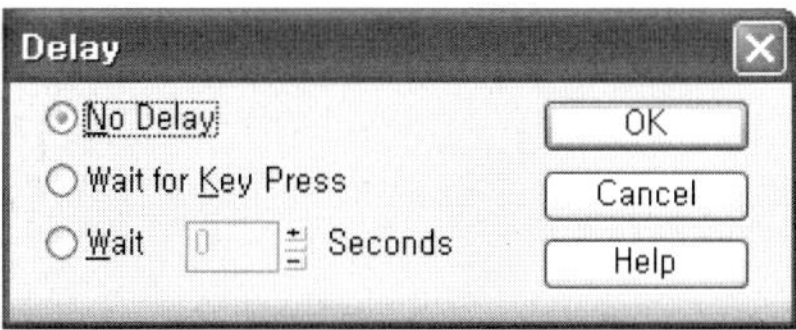

❼ Display Full Patch Names

리스트에 등록한 곡이 있는 폴더의 경로를 표시합니다.

❽ Keep the Play List on Top of other views

Play List 창을 항상 전면에 배치할 수 있게 합니다.

프로젝트를 불러오는 메뉴입니다. 일반적으로 도구 모음 줄의 [Open] 버튼이나 단축키 Ctrl + O 를 이용합니다. Quick Start 창을 열리게 해놓았다면 [Open a Project] 버튼을 이용합니다.

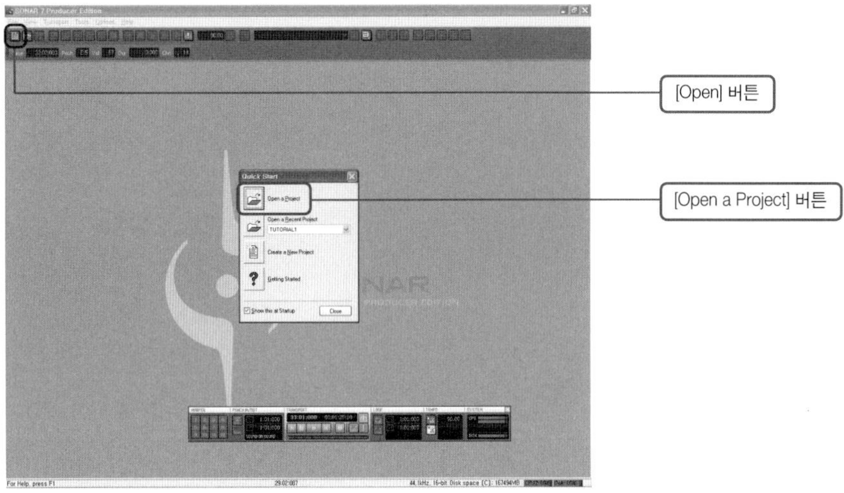

File 메뉴의 [Open]을 실행하면 프로젝트를 불러올 수 있는 열기 창이 열립니다. 파일 형식을 보면 알 수 있듯이 소나 7은 프로젝트 파일 외에도 템플릿, 번들, 미디, OMF, 플레이 리스트, 스튜디오 웨어 등의 파일을 불러올 수 있습니다.

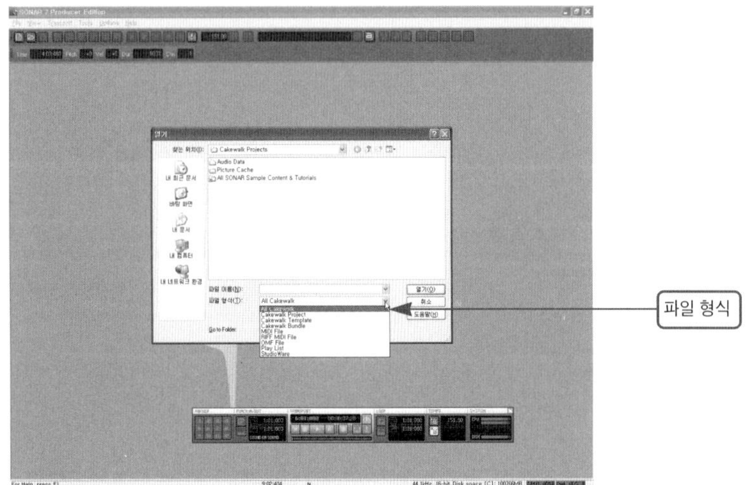

Find Missing Audio 창

프로젝트에서 사용한 오디오 파일의 위치가 변경되었거나 삭제되었다면 파일을 불러올 때 Find Missing Audio 창이 열립니다. 파일의 위치가 변경되었다면 목록에서 파일을 찾아 더블 클릭하거나 [열기] 버튼을 클릭하면 됩니다.

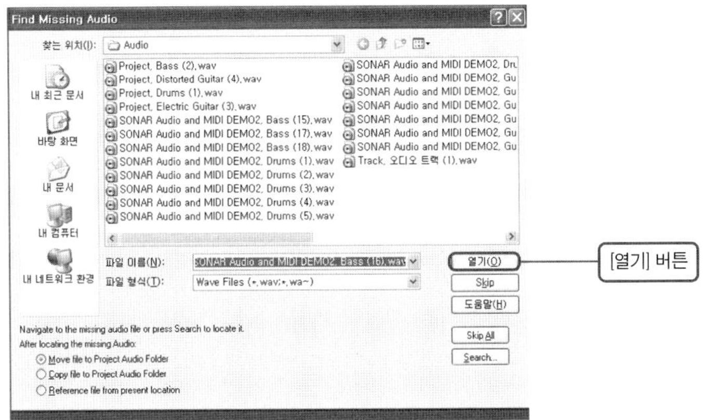

위치를 기억하지 못할 경우에는 [Search] 버튼을 클릭합니다. Search for Missing Audio창이 열리고 독자의 시스템을 검색하여 찾아낸 파일을 보여줍니다. 찾아낸 파일을 선택하고 [OK] 버튼을 클릭하면 Find Missing Audio 창에서 찾은 파일의 위치를 표시합니다.

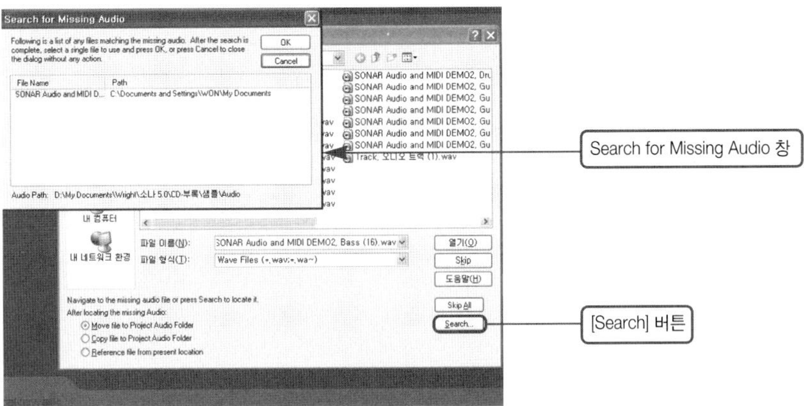

찾을 필요가 없는 파일은 [Skip] 버튼을 클릭하여 넘어갑니다. 모든 파일을 찾지 않겠다면 [Skip All] 버튼을 클릭합니다. Find Missing Audio 창에는 찾아낸 파일을 어떻게 처리할 것인지를 결정하는 3가지 옵션이 있습니다.

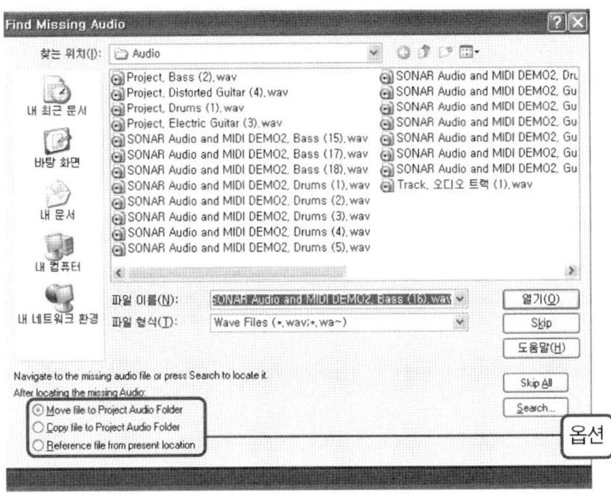

- Move file to Project Audio Folder
  찾아낸 파일을 Project Audio 폴더로 이동시킵니다.

- Copy file to Project Audio Folder
  찾아낸 파일을 Project Audio 폴더로 복사합니다.

- Reference file from present location
  찾아낸 파일을 그대로 두고 오디오 클립의 위치를 변경합니다.

3 REVERT

마지막에 저장했던 상태로 복구합니다. 어떤 작업을 진행하다가 [Ctrl]+[Z] 키를 누르면 취소할 수 있습니다. 그러나 모든 작업을 취소하고 마지막에 저장했던 상태로 되돌리고 싶은 경우에는 파일을 종료했다가 다시 불러오는 방법 보다는 File 메뉴의 [Revert]를 선택하면 됩니다.

4 CLOSE

작업 중인 프로젝트 파일을 닫습니다. 그러나 File 메뉴의 [Close] 보다는 프로젝트 창 제목 표시줄에 있는 [닫기] 버튼을 이용하는 것이 편리합니다. 참고로 소나 7에서 제공하는 모든 작업 창에는 [닫기] 버튼이 있지만, 프로젝트 창의 [닫기] 버튼만 작업 중인 곡을 닫는 것이고 나머지는 창만을 닫는다는 차이가 있습니다. 메인 창의 [닫기] 버튼은 소나 7을 종료합니다.

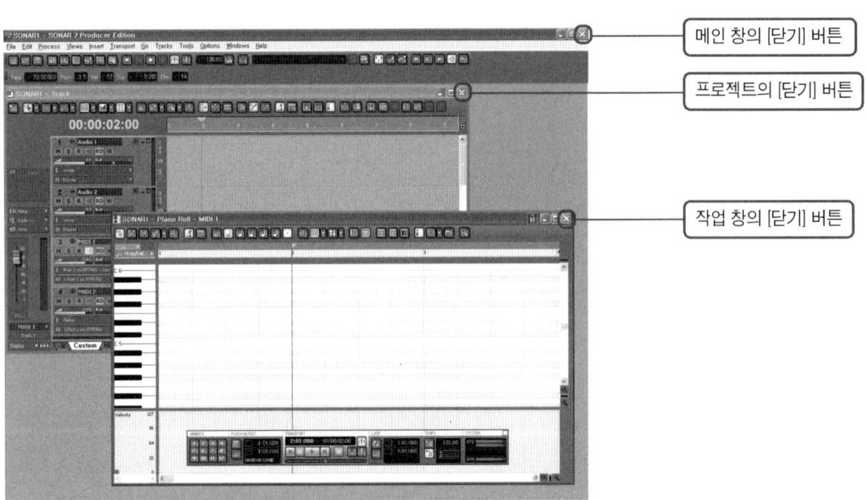

5 SAVE

작업 중인 프로젝트를 저장합니다. 프로젝트를 새로 만들 때 파일 이름을 입력하게 되므로 File 메뉴의 [Save] 는 같은 이름으로 저장됩니다. 작업 중인 프로젝트는 만약을 대비해서 수시로 저장하는 것이 좋으므로 단축 키 [Ctrl]+[S] 키를 기억해두기 바랍니다.

6 SAVE AS

다른 이름으로 저장합니다. A라는 이름의 프로젝트를 불러와서 작업을 하다가 A라는 프로젝트는 처음에 불러왔던 상태로 두고 작업한 내용을 B라는 이름으로 저장하고 싶을 때 이용합니다. 결국, 새로운 이름을 입력할 수 있는 다른 이름으로 저장 창을 열어줍니다.

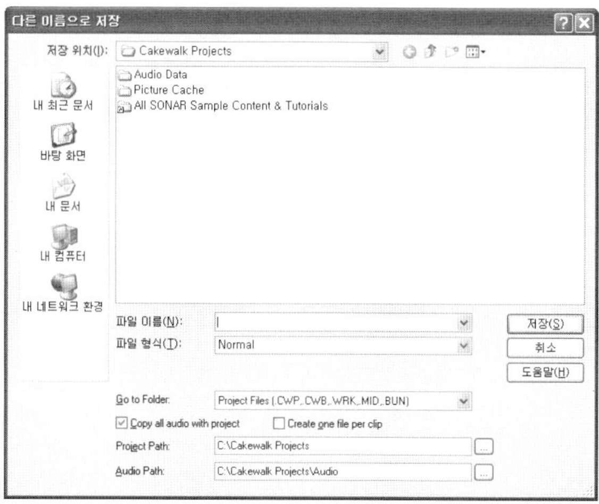

7 INFO

곡의 제목, 제작자 등을 비롯한 정보들을 기록할 수 있는 File Info 창을 열어줍니다. 곡을 열 때 File Info 창이 보이도록 하려면 창을 열어놓은 상태로 저장하면 됩니다. 작업한 곡의 정보를 기록하는 것은 엔지니어에게 곡을 건네줄 때도 유용하게 사용할 수 있지만 자신에게도 무척 중요한 습관입니다.

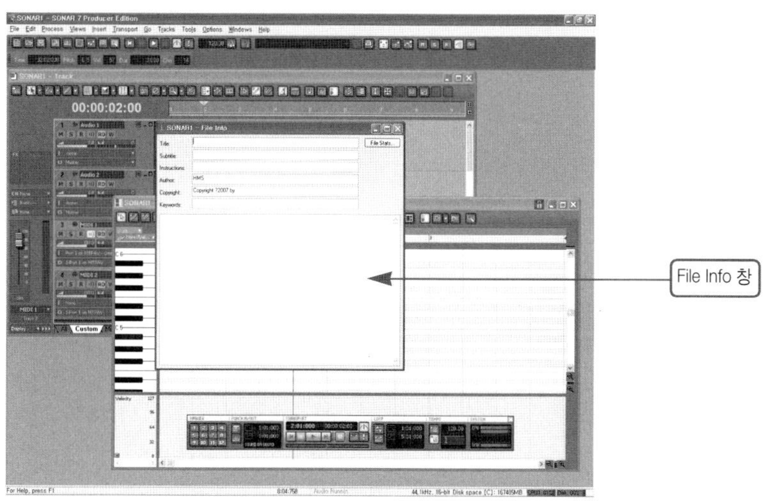

작업 중인 곡에 사용한 오디오 파일과 프로젝트 파일이 저장된 위치를 확인할 수 있는 Project Files 창을 열어줍니다. Project Files 창에는 파일의 이름과 경로, 크기를 비롯해서 오디오 파일의 정보를 확인할 수 있는 Status 칼럼이 있습니다.

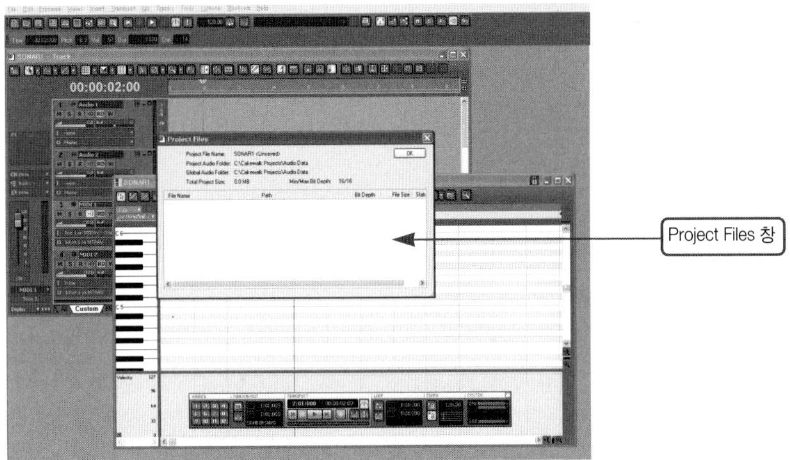

❶ Project Files

프로젝트가 저장된 폴더를 나타냅니다.

❷ Project Audio

프로젝트에 사용된 오디오 파일이 저장된 폴더를 나타냅니다.

❸ Global Audio

Global Options에서 설정되어 있는 기본 오디오 폴더를 나타냅니다.

❸ Total Project Size

프로젝트 파일의 크기를 나타냅니다.

❻ 칼럼

File Name: 곡 작업에 사용된 오디오 파일의 이름을 나타냅니다.

Patch: 오디오 파일이 저장되어 있는 폴더의 위치를 나타냅니다.

File Size: 오디오 파일의 크기를 나타냅니다.

Status: Global, Local, External, Missing의 4가지로 표시되며 각각의 의미는 다음과 같습니다.

Global	Global Audio 폴더에 위치한 파일
Local	Project Audio 폴더에 위치한 파일
External	Global과 Local 이외의 폴더에 위치한 파일
Missing	위치를 찾을 수 없는 파일

9 IMPORT

Wave나 Mp3 등의 사운드 파일이나 오디오 CD 음악, AVI, MPG 포맷의 영상이나 미디 파일 등을 작업 중인 프로젝트에 불러올 수 있는 Import 창을 엽니다. 특히, 소나 7는 Avi, Mpg, Mov 등 윈도우에서 사용되는 대부분의 영상 파일을 불러올 수 있기 때문에 영상과 동기 작업이 필요한 영상 음악 작업을 고가의 장비가 없어도 할 수 있습니다.

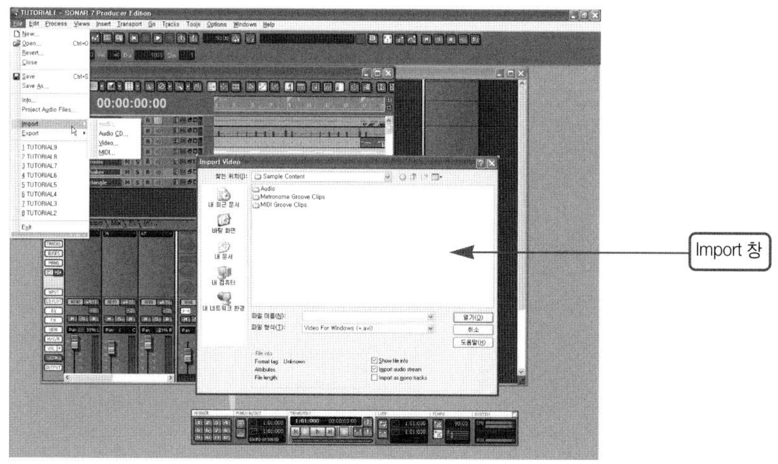

10 EXPORT

작업 중인 프로젝트를 오디오 CD 제작을 위한 Wave 파일이나 Mp3 파일, 영상 트랙 작업을 위한 OMF 파일, 미디 파일 등으로 제작할 수 있는 Export 창을 열어줍니다. OMF는 영상 프로젝트 호환 파일을 말하는 것으로 소나 7에서 작업한 프로젝트를 영상 편집 프로그램인 프리미어 프로, 베가스 등에서 임포팅하여 사용할 수 있습니다.

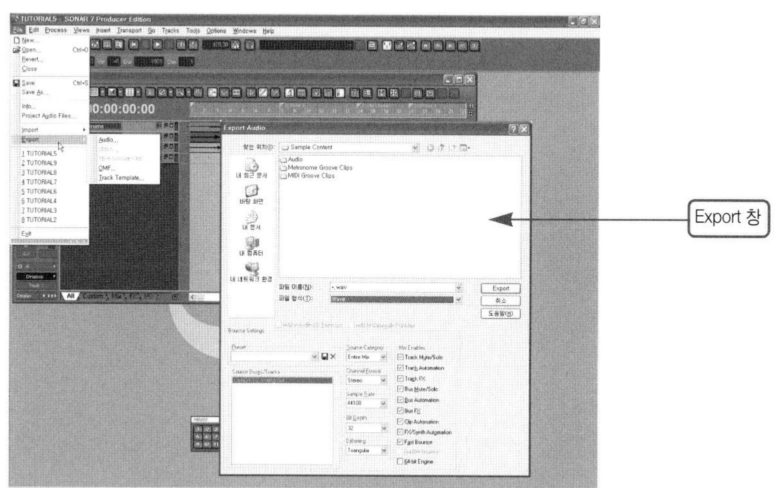

11 RECENT PROJECT

File 메뉴의 [Export] 아래쪽에는 그 동안 작업하던 프로젝트 파일 목록이 표시되며, 이것을 선택하여 해당 프로젝트를 빠르게 불러올 수 있습니다. 소나 7을 실행할 때 Quick Start 창이 열리게 해놓았다면 Open a Recent Project 목록을 이용해도 됩니다.

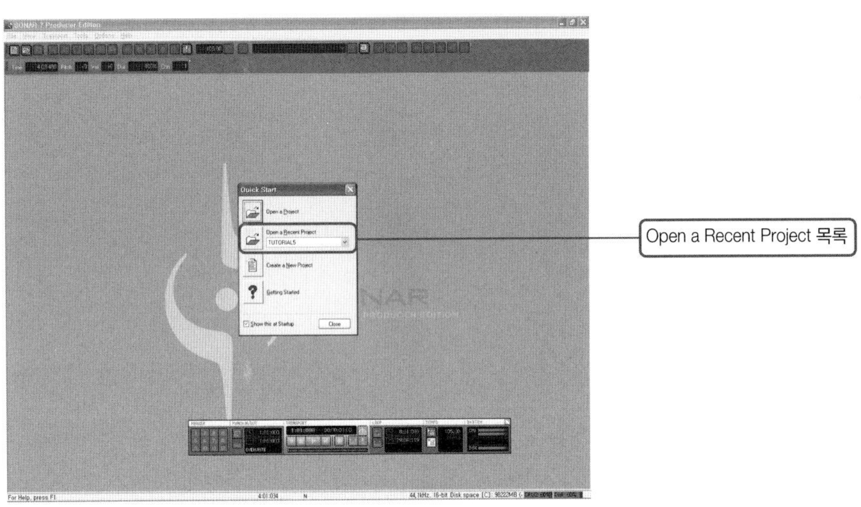

12 EXIT

소나 7을 종료합니다. 이것은 메인 창의 제목 표시줄에 있는 [닫기] 버튼을 이용하는 것이 편리합니다.

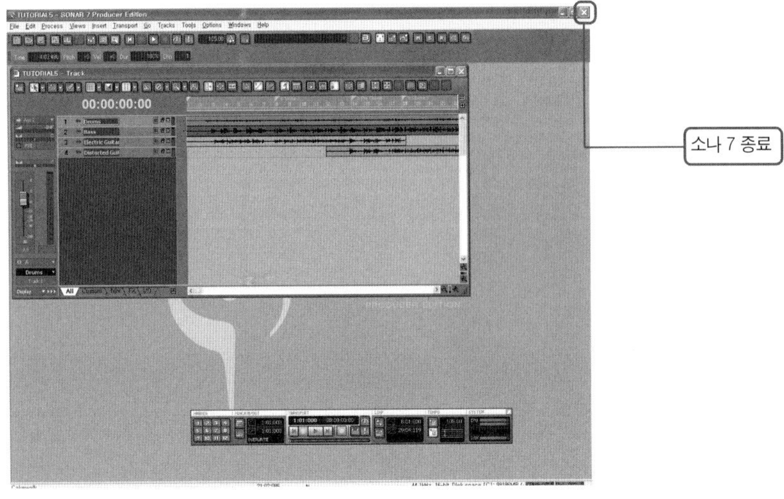

13 PRINT

스태프 창이 열려있는 경우에만 사용할 수 있으며, 악보와 가사 및 이벤트 리스트를 인쇄할 수 있는 인쇄 창이 열립니다. Print 메뉴가 갑자기 사라졌다는 문의가 많은데, 소나 7에서는 자주 사용하지 않는 메뉴를 확장 메뉴로 처리하고 있다는 것을 기억하기 바랍니다.

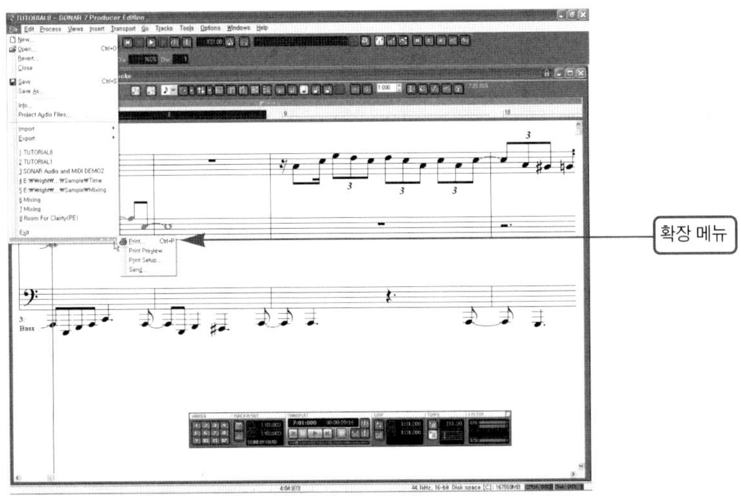

14 PRINT PREVIEW

악보나 가사를 인쇄하기 전의 상태를 미리 확인해 볼 수 있는 Preview 창을 엽니다. Preview 창에는 8개의 도구 버튼들이 있으며, 각각의 역할은 다음과 같습니다.

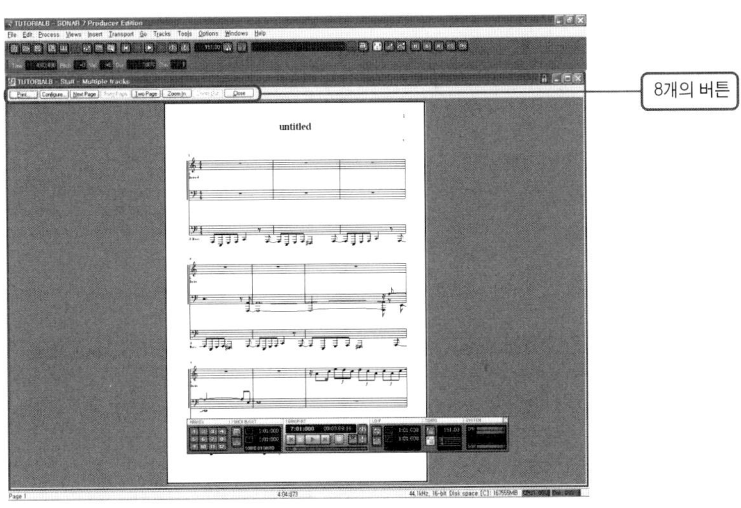

버튼	역할
Print	File 메뉴의 Print와 동일한 기능으로 악보를 인쇄합니다.
Configure	이전 / 다음 페이지를 표시합니다.
두 페이지	한 화면에 두 페이지가 보이게 합니다.
Zoom In / Out	화면을 확대 / 축소합니다.
Close	미리 보기 창을 닫습니다.

15 PRINT SETUP

용지의 크기와 인쇄 방향을 설정할 수 있는 인쇄 설정 창을 엽니다. 인쇄 설정 창에서 [속성] 버튼을 클릭하면
프린트의 세부적인 설정이 가능한 등록 정보 창을 열 수 있습니다.

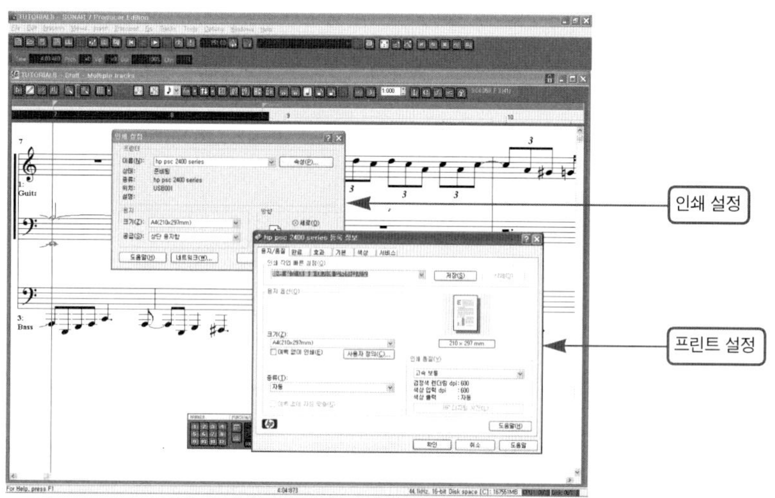

02 EDIT 메뉴

Edit 메뉴는 실수한 작업을 취소하거나 선택한 이벤트를 이동, 복사 하는 등의 편집 기능들로 구성되어 있습니다. 어떤 프로그램이든지 편집 기능을 능숙하게 다룰 수 있어야 작업을 효과적으로 진행시킬 수 있습니다. 각각의 기능을 확실하게 익혀두고, 자주 사용하는 메뉴는 단축키를 외워두기 바랍니다.

1 UNDO & REDO

Undo 메뉴는 작업한 내용을 취소하고, Redo 메뉴는 취소한 내용을 다시 실행합니다. 예를 들어, 클립을 삭제한 경우, Undo는 삭제 작업을 취소하는 것으로 삭제한 클립을 복구하고, Redo는 Undo의 작업을 취소하는 것으로 복구한 클립을 다시 삭제합니다. Undo 기능은 많이 사용하는 명령이므로 단축키 Ctrl + Z 을 외워두기 바랍니다.

2 HISTORY

History는 작업한 내용을 모두 기록하고 있는 Edit History 창을 엽니다. 히스토리 창을 이용하면 Undo와 Redo의 반복적인 실행 과정을 한번에 처리할 수 있습니다. 작업을 하다가 시스템이 점점 느려지고 취소할 만한 작업이 없다면 히스토리 창의 목록을 제거합니다.

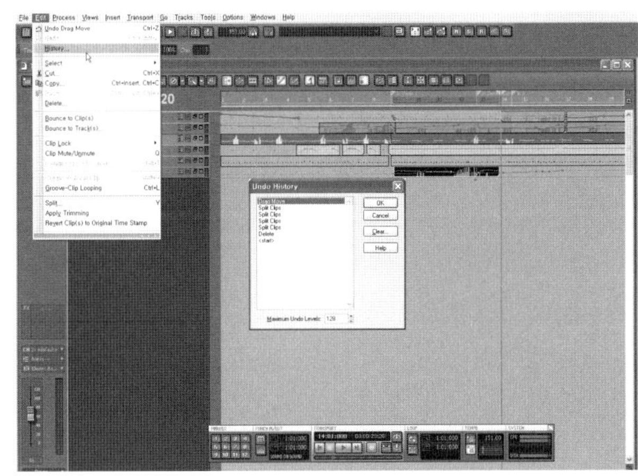

History 목록에서 독자가 원하는 위치로 되돌리고 싶은 작업 내용을 선택하면 Ctrl+Z 키를 반복해서 누르지 않아도 원하는 작업 시점으로 되돌아 갈 수 있습니다. 취소할 작업이 없다면 [Clear] 버튼을 클릭하여 히스토리 내용을 삭제할 수 있습니다. Maximum Undo 옵션은 기록 횟수를 설정하는 것입니다.

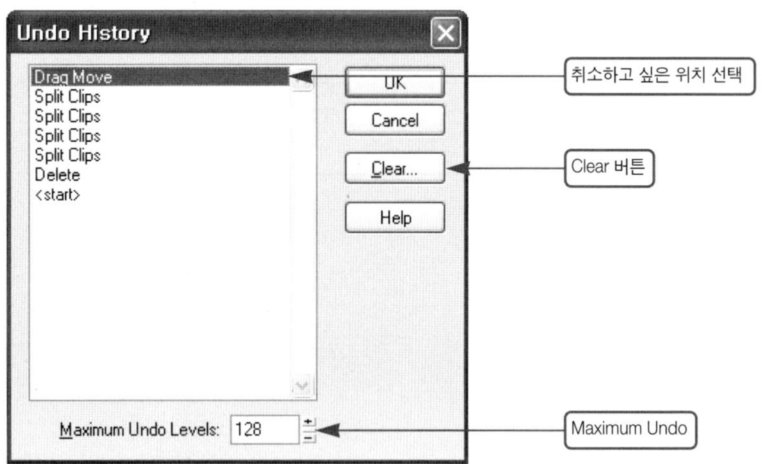

3 SELECT

Select는 작업 창의 이벤트를 선택할 때 사용하는 메뉴입니다. Select 메뉴가 실행되는 작업 창이 프로젝트이면 클립을 선택하는 것이고, 미디 작업 창이면 미디 이벤트를 선택하는 것입니다. Select 메뉴에는 모든 이벤트를 선택하는 All과 선택을 해제하는 None 등의 9가지 서브 메뉴로 구성되어 있습니다.

1. All

작업 중인 모든 이벤트를 선택하는 메뉴로 단축키는 Ctrl+A 입니다. 소나 7은 작업중인 창에 상관없이 프로젝트 창에 있는 모든 클립이 선택된다는 점을 기억하기 바랍니다.

2. None

선택한 이벤트를 해제합니다. None의 단축키는 Ctrl+Shift+A 키이지만 작업 중인 창의 빈 공간을 클릭하는 방법이 편할 것입니다.

3. By Filter

노트, 컨트롤 정보, 피치 벤더 등 원하는 이벤트를 골라서 선택할 수 있는 Event Filter 창을 엽니다. By Filter 메뉴는 이미 선택되어 있는 이벤트에 한해서 작동하므로 메뉴를 실행하기 전에 원하는 이벤트를 선택해야 합니다. 예를 들어, C5~G5에 해당하는 노트만 선택하고 싶다면 Include 목록에서 [Note]를 선택하고 Min을 C5, Max를 G5로 설정합니다.

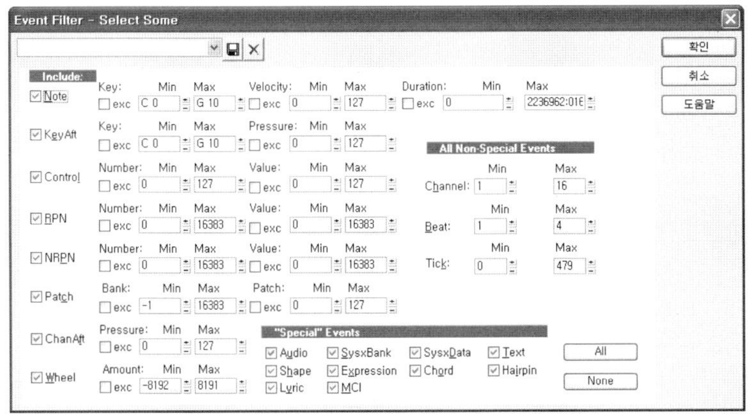

4. By Time

시간 단위로 이벤트를 선택할 수 있는 Select by time 창을 엽니다. From에서 Thru 범위의 이벤트를 모두 선택하는 것으로 음악을 반복할 부분을 선택하여 복사할 때 유용합니다.

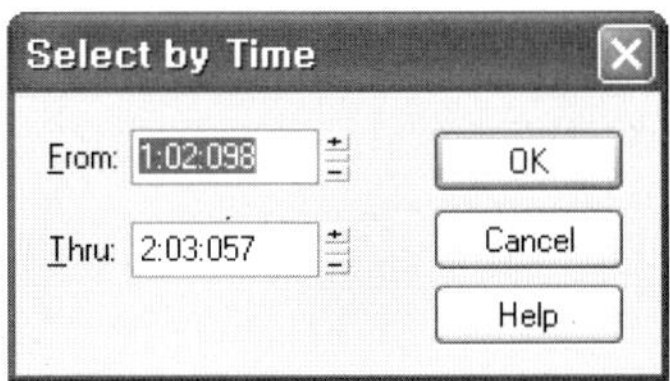

5. From / Thru = Now

By Time과 같은 역할입니다. By Time은 입력 범위를 선택할 수 있다는 것이고, From = Now와 Thru = Now 는 송 포지션 라인을 기준으로 한다는 차이점만 있습니다. 이것은 연주를 하면서 일부분을 선택하고 싶을 때, 자주 사용하는 명령이므로 단축키 F9와 F10을 기억해두기 바랍니다.

6. From = Start / Thru = End

From = Start는 송 포지션 라인 위치에서 곡의 처음까지 선택을 하는 것이고, Thru = End는 송 포지션 라인 위치에서 곡의 끝까지 선택합니다. Select Track Envelopes with Selected Clips 메뉴가 체크되어 있는 경우에는 클립 단위로 적용됩니다.

7. Select Track Envelopes with Selected Clips

클립에 기록되어 있는 엔벨로프가 함께 선택되도록 하는 옵션입니다. 클립을 이동하거나 복사할 때, 기록되어 있는 엔벨로프를 빼는 경우는 드물기 때문에 이 옵션은 기본적으로 체크되어 있습니다. 그러나 복사한 클립에 원본과 다른 엔벨로프를 기록하고 싶다면 메뉴를 선택하여 옵션을 해제합니다.

4 CUT & PASTE

선택한 이벤트를 이동하는 메뉴는 Cut과 Paste입니다. 한 화면에 보이는 거리를 이동할 때는 마우스 드래그가 편리하지만, 먼 거리를 이동시킬 때는 단축키가 편리합니다. Cut의 단축키는 Ctrl + X 이며 Paste의 단축키는 Ctrl + V 입니다.

Tip ● Cut과 Copy 창

이동 단축키인 Ctrl + X 와 다음에 살펴볼 복사 단축키인 Ctrl + C 키를 누르면 어떤 이벤트를 이동, 복사할 것인지를 선택할 수 있는 창이 열립니다.

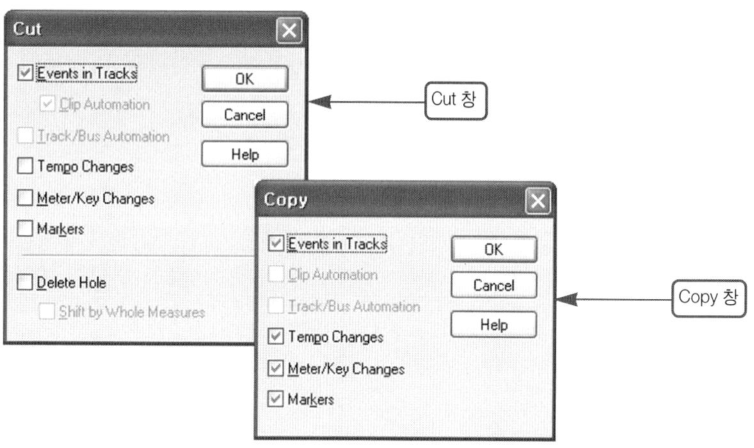

1. Event in Tracks

선택한 클립의 이벤트를 이동/복사 합니다. 선택한 클립에 오토메이션 이벤트가 기록되어 있을 경우엔 이동/복사 여부를 결정할 수 있는 Clip Automation 옵션을 사용할 수 있습니다.

2. Track/Bus Automation

트랙 또는 버스에 기록되어 있는 오토메이션 이벤트를 이동/복사 할 것인지를 결정합니다.

3. Tempo Changes

템포 변화 값을 이동/복사할 것인지를 결정합니다.

4. Meter/Key Changes

박자 표와 조표를 이동/복사할 것인지를 결정합니다.

5. Markers

마커를 이동/복사할 것인지를 결정합니다.

6. Delete Hole

Cut 창에서만 볼 수 있는 옵션입니다. Cut 명령으로 제거되는 클립의 길이만큼 오른쪽의 클립을 이동시켜줍니다. 이때 Shift by Whole Measures 옵션을 체크하면 마디 단위로 이동됩니다.

5 COPY & PASTE

복사 메뉴의 단축키는 Ctrl+C 키와 Ctrl+V 키입니다. 복사할 대상을 선택하고, Ctrl+C 키를 눌러 복사합니다. 그리고 원하는 위치에 송 포지션 라인을 가져다 놓고 Ctrl+V 를 누르면 됩니다.

> **Tip Paste 창**
>
> Cut과 Copy 창은 앞에서 살펴보았습니다. 여기서는 이동과 복사의 최종 명령인 Paste 창을 살펴보겠습니다. Paste 창 하단의 [Advanced] 버튼을 클릭하면 좀 더 다양한 옵션을 설정할 수 있도록 확장됩니다.

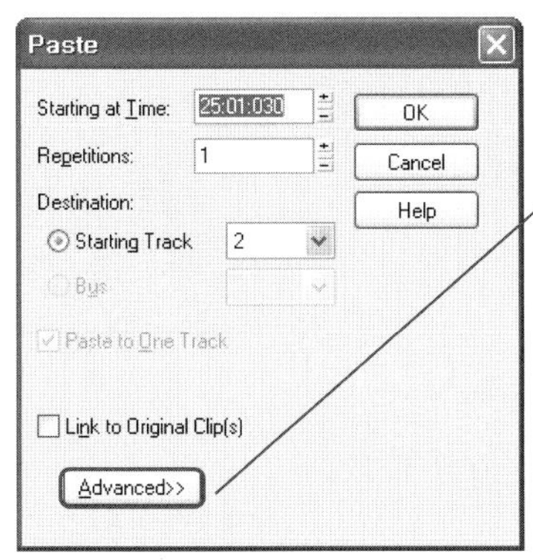

▲ 축소한 Paste 창

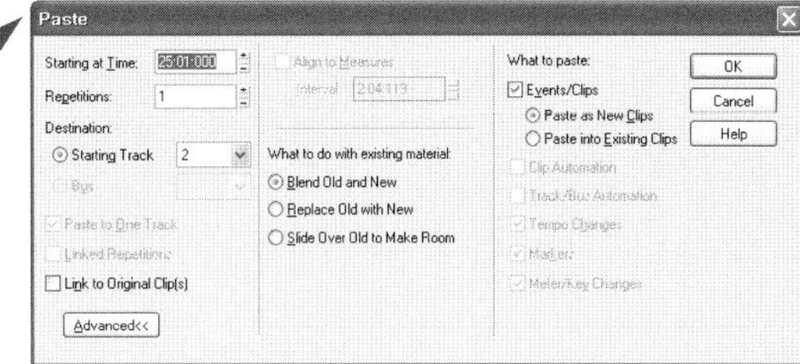

▲ Advanced로 확장한 Paste 창

1. Starting at Time

이동/복사할 위치를 설정합니다. 송 포지션 라인의 위치를 말하는 것이므로, 송 포지션 라인을 먼저 위치시킨 경우에는 변경할 이유가 없습니다.

2. Repetitions

몇 번을 이동/복사할 것인지를 설정합니다. 같은 패턴의 드럼 루프를 복사할 때 유용하게 사용할 수 있는 옵션입니다.

3. Destination

붙여질 트랙 또는 버스를 선택합니다. 새로운 트랙을 만들어 붙이고 싶은 경우에는 [New]를 선택합니다. 이때 작업 중인 트랙의 수가 5개이면 6번 트랙이 만들어집니다.

4. Paste to One Track

이 옵션을 체크하면 2이상의 트랙을 이동하거나 복사할 때, 하나의 트랙으로 붙여줍니다.

5. Linked Repetitions

선택한 이벤트를 2회 이상 반복하여 이동/복사할 때, 반복되는 클립을 연결시켜줍니다.

6. Link to Original Clips

선택한 이벤트를 2회 이상 반복하여 복사할 때, 원본 클립과 연결시켜 줍니다. 이동의 경우 원본 클립이 존재하지 않기 때문에 무의미한 옵션입니다.

7. Align to Measures

이동/복사가 마디 단위로 적용될 수 있도록 합니다. Internal에서는 원하는 단위를 입력하여 이동/복사 명령을 수행할 수 있도록 합니다.

8. What to do with existing material

이동/복사할 위치에 이미 이벤트가 존재할 경우 어떻게 처리할 것인지를 결정할 수 있는 3가지 옵션이 있습니다.

- Blend Old and New - 기존의 이벤트와 믹스됩니다.
- Replace Old with New - 기존의 이벤트를 삭제합니다.
- Slide Over Old to Make Room - 기존의 이벤트를 오른쪽으로 이동시킵니다.

9. What to paste

Cut과 Copy 창에서 어떤 이벤트를 이동/복사 할 것인지를 선택할 수 있다는 것을 기억할 것입니다. What to paste는 이와 동일하게 어떤 이벤트를 붙일 것인지를 결정합니다. 단, 새로운 클립을 만들 것인지(Paste as New Clips), 기존의 클립에 붙일 것인지(Paste into Existing Clips)를 선택할 수 있는 옵션이 있습니다.

6 DELETE

선택한 이벤트를 삭제합니다. 소나 7에서 메뉴를 이용할 때는 어떤 이벤트를 삭제할 것인지를 선택할 수 있는 Delete 창을 열어주지만, 단축키 Delete 는 창 없이 삭제합니다. 옵션의 변화 없이 이벤트를 삭제하고 싶은 경우에는 단축키 Delete 키가 편리할 것이며 옵션을 변경하고 싶을 경우에는 메뉴를 이용합니다.

7 BOUNCE TO CLIP / TRACK

선택한 오디오 클립을 렌더링합니다. 오디오 작업을 할 때 필수적인 요소가 프로세싱과 이펙트의 사용입니다. 그러나 20~40개 정도의 오디오 트랙을 사용하고 각 트랙에 오디오 프로세싱와 이펙트를 적용하게 되면 시스템이 정지되는 에러가 발생할 수 있습니다. 그러나 이펙트를 오디오 이벤트에 적용하는 렌더링 작업을 이용하여 시스템을 확보하는 방법이 있습니다. Bounce to Clip은 프로세싱과 이펙트를 클립에 적용하여 새로운 이벤트로 교체하며 Bounce to Track은 새로운 트랙으로 만들어줍니다. Bounce to Track 트랙은 렌더링 작업에 포함시킬 것들을 선택하거나 해제할 수 있는 옵션 창을 열어줍니다.

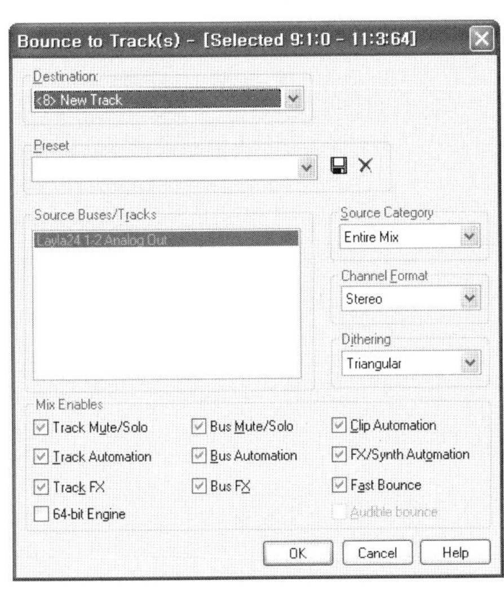

8 GROOVE-CLIP LOOPING

Groove-Clip Looping은 선택한 트랙에 반복 속성을 부여합니다. 반복 속성을 부여한 클립은 복사 명령을 사용할 필요 없이 클립의 오른쪽 끝을 드래그하여 데이터를 반복시킬 수 있습니다. 반복 속성을 부여한 클립은 귀퉁이가 둥글게 표시되는 것으로 확인할 수 있습니다.

9 CLIP MUTE/UNMUTE

Clip Mute/Unmute는 선택한 클립을 뮤트하거나 뮤트한 클립을 해제하는 기능입니다. 이것은 메뉴를 이용하는 것 보다는 트랙 리스트 상단에 있는 뮤트 도구를 이용하는 것이 편리할 것입니다. 뮤트 도구는 클립의 전체 또는 일부분을 뮤트 하거나 해제할 수 있습니다.

10 ISOLATE CLIP(S) IN LAYER

소나 7은 하나의 트랙에서 여러 개의 클립을 편집할 수 있는 레이어 트랙 기능이 있습니다. Edit 메뉴의 lsolate Clip(s) in Layer는 선택한 클립과 같은 위치에 있는 클립을 뮤트하는 기능입니다. 보컬 또는 연주를 녹음할 때, 레이어 기능을 반드시 사용하게 될 것이므로 정확하게 익혀두기 바랍니다.

11 CREATE V -VOCAL CLIP

V-Vocal은 보컬의 음정, 박자, 레벨 등을 편집할 수 있는 이펙트입니다. 틀린 음정을 바로 잡는데 사용할 수 있는 V-Vocal은 Antares사의 Auto-Tune과 Celemony사의 Melodyne 보다 손쉽게 사용할 수 있을 뿐 아니라 별도의 추가 비용이 필요 없다는 장점을 가지고 있습니다. 이러한 이펙트가 실력 없는 가수를 만든다는 비난 을 받기도 하지만 괜한 자존심과 질투심일 뿐, 원본이 좋아야 결과물이 좋다는 진리는 변하지 않습니다. 충분 히 학습을 하고 떳떳하게 사용할 수 있는 음악인이 되길 바랍니다.

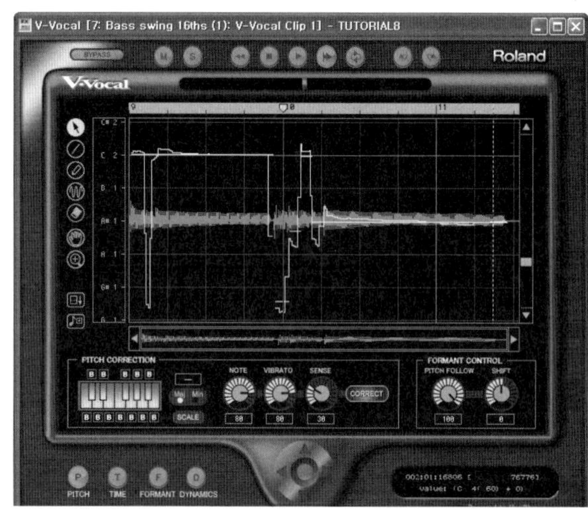

12 *SPLIT*

Split은 클립을 둘로 나누는 기능입니다. 클립을 둘로 나누는 이유에는 여러 가지가 있겠지만 클립의 일부분을 이동하거나 복사하여 사용하기 위함입니다. 메뉴를 이용하면 자를 위치를 설정할 수 있는 Split Clips 창이 열리고, 단축키 ⑤ 키를 이용하면 송 포지션 라인이 있는 위치를 기준으로 클립을 자릅니다.

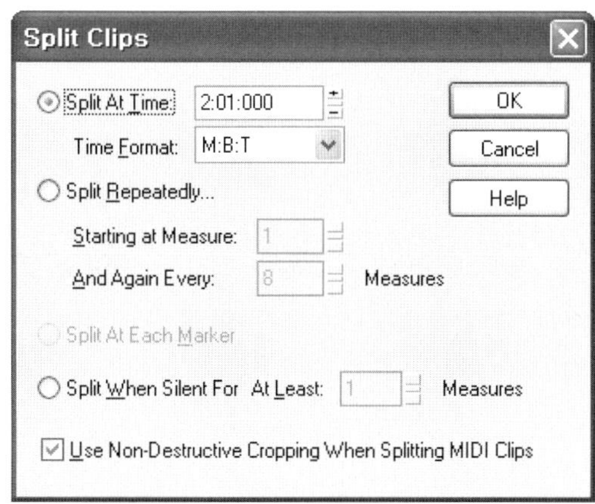

◀ 1. Split At Time ▶

자를 위치를 설정합니다. 기본적으로 마우스를 클릭했던 위치가 표시됩니다. 아래쪽 Time 항목에서는 단위를 선택할 수 있습니다.

◀ 2. Split Repeatedly ▶

클립을 일정한 단위로 잘라줍니다. Starting at Measure에서 시작 위치를 설정하고, And Again Every에서 단위를 선택합니다.

◀ 3. Split At Each Marker ▶

룰러 라인에 마커가 입력되어 있다면 마커 위치를 잘라줍니다.

◀ 4. split When Silent For At Least ▶

미디 클립인 경우, 옵션에서 설정한 단위만큼 데이터가 비어있는 부분을 찾아 잘라줍니다.

◀ 5. Use Non-Destructive Cropping When Splitting MIDI Clips ▶

미디 클립인 경우, 자르려는 위치에 노트가 있다면 Split 메뉴로 잘리지 않지만 옵션을 체크하면 노트가 있는 부분을 잘라줍니다.

13 APPLY TRIMMING

Apply Trimming는 앞에서 살펴본 바운싱 기능에서 클립의 길이만 적용된다고 생각하면 됩니다. 오디오 클립을 사용하다가 보면 필요한 길이는 1초인데 실제 클립의 길이는 1분이 넘는 경우도 있습니다. 이때 필요한 부분을 남겨두고 나머지를 제거하면 그만큼 시스템 자원이 확보됩니다.

14 REVERT CLIP TO ORIGINAL TIME STAMP

클립을 만들었던 원래 위치로 복구합니다. 사운드 또는 미디 데이터를 녹음하고 클립을 편집하다 보면 실수로 클립의 위치를 이동시키는 경우가 있습니다. 이때, 클립이 있던 위치가 기억나지 않는다면 Edit 메뉴의 [Revert Clip to Original Time Stamp]을 이용해서 원래 위치로 복구 할 수 있습니다.

15 CONVERT MIDI TO SHAPES

확장 메뉴에 숨어있는 Convert MIDI To Shapes은 클립에 기록되어 있는 미디 정보를 엔벨로프 그래프로 변환시켜 주는 기능입니다. 미디 데이터를 편집할 수 있는 피아노, 이벤트 등의 창 보다는 프로젝트 창에서 작업을 마무리하고 싶을 때, 클립에 기록되어 있는 정보를 엔벨로프 그래프로 변환시켜 사용할 수 있습니다.

03 PROCESS 메뉴

Process 메뉴에는 미디와 오디오 데이터를 가공할 수 있는 기능들로 구성되어 있습니다. 오디오 이벤트에 리버브, 딜레이 등의 효과를 줄 수 있는 Audio Effects와 미디 이벤트에 아르페지오, 퀀타이즈 등의 효과를 줄 수 있는 MIDI Effects는 특정 이벤트에 필요한 것이 아니라면 트랙 리스트의 FX 패널에서 실시간으로 적용하는 것이 좋습니다.

1 AUDIO

선택한 클립의 사운드를 제거하거나 볼륨을 조정하는 등의 7가지 프로세스 명령들로 구성되어 있습니다.

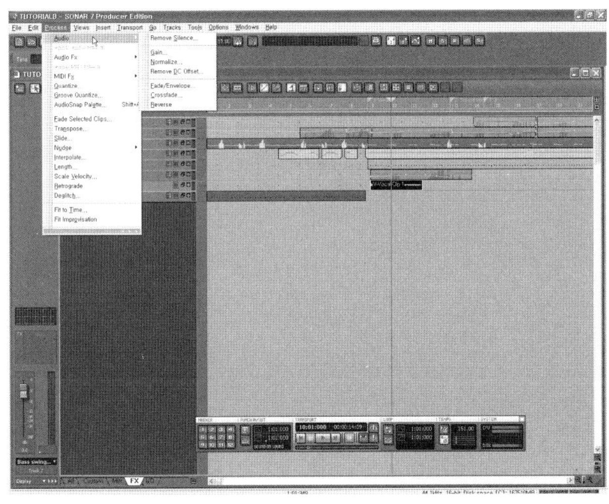

2 APPLY AUDIO EFFECTS

Apply Audio Effects는 FX 패널에 사용한 오디오 이펙트를 실제 이벤트에 적용하는 기능입니다. 너무 많은 이펙트 사용으로 시스템에 부담이 되고 있다면 Apply Audio Effects 기능을 이용해서 해결합니다.

3 AUDIO FX

Lexicon Pantheon, Cakewalk, sonitus;FX 등 소나 7에서 제공하는 VST 이펙트와 사용자가 별도로 설치한 VST 이펙트의 목록이 서브 메뉴로 존재합니다. FX 패널에서 이용하는 것과의 차이점은 선택한 클립의 이벤트를 실제로 바꾼다는 것입니다.

4 APPLY MIDI EFFECTS

Apply Audio Effects 메뉴와 같은 역할을 합니다. 단지, 미디 트랙의 FX 패널에서 사용하고 있는 미디 이펙트를 적용한다는 차이점만 있습니다.

5 MIDI FX

선택한 미디 클립에 아르페지오나 딜레이 효과를 적용할 수 있는 미디 이펙트로 구성되어 있습니다. 이것 역시, 미디 트랙의 FX 패널에서 사용하는 것이 일반적입니다.

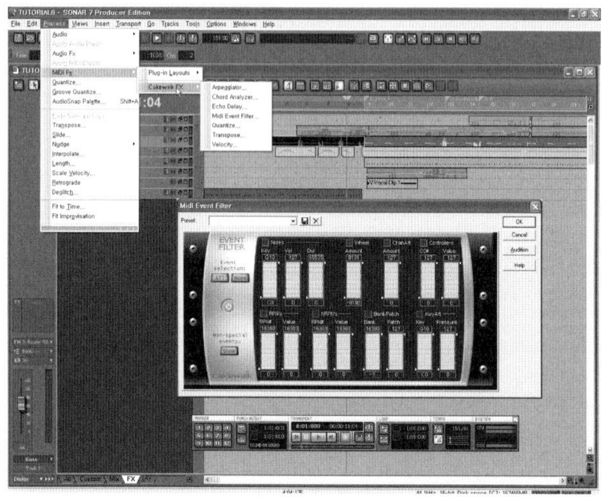

6 QUANTIZE

선택한 노트를 퀀타이즈 시킬 수 있는 Quantize 창을 엽니다. 퀀타이즈란 정확한 위치에서 어긋난 노트들을 정렬해주는 기능입니다. 퀀타이즈의 약점은 모든 노트를 정확하게 연주하게 하여 기계적인 느낌이 된다는 것입니다. 댄스 곡의 드럼 루프인 경우에는 별 문제가 되지 않지만 모든 노트를 완벽하게 정렬하면 인간미가 없다는 평가를 듣게 됩니다. 퀀타이즈를 효과적으로 사용하기 위한 요령은 곡의 시작 또는 세션 부분에서만 적용하는 것입니다.

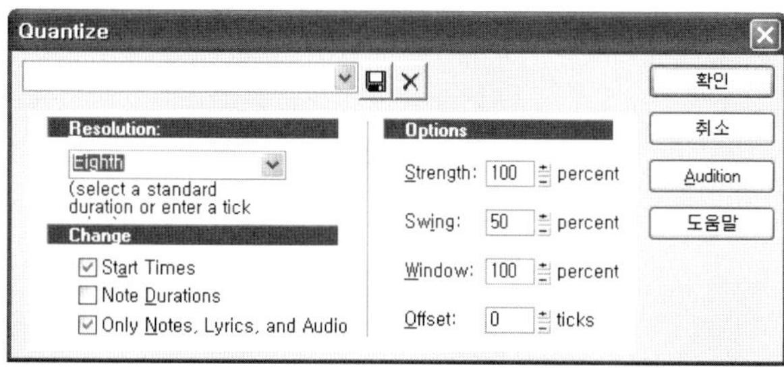

||| 1. Resolution |||

한 마디에 가상선을 몇 개 만들어 줄 것인지를 선택합니다. [Eighth]를 선택하면 한 마디에 8개의 가상선을 만들고 가장 가까운 노트들을 가상 선으로 끌어오는 것입니다.

||| 2. Change |||

노트의 시작 위치(Start Times)와 길이(Note Durations) 중에서 원하는 옵션을 선택하여 퀀타이즈 할 수 있으며 Only Notes, Lyrics, and Audio는 노트, 가사, 오디오의 3가지만, 퀀타이즈 하도록 합니다.

||| 3. Option |||

모두 4가지의 옵션이 있습니다.

❶ Strength: 몇 퍼센트를 퀀타이즈 할 것인지를 결정합니다. 여기서 90%를 설정하면 노트를 가상 라인에서 10% 떨어진 거리만큼만 조정하는 것입니다.

❷ Swing: 업 박자에 해당하는 가상 라인을 몇 퍼센트 늦추어 줄 것인지를 설정합니다. Resolution에서 [Eighth]를 선택하고, 여기서 67%를 설정하면 업 박자에 해당하는 2, 4, 6, 8 박자의 라인을 67% 오른쪽으로 이동합니다. 결국, 스윙 느낌을 만들어주는 것입니다.

❸ Window: 가상 라인에서 몇 퍼센트 떨어진 노트만을 퀀타이즈 할 것인지를 설정합니다. 여기서 1%를 선택하면 가상 라인에서 1%로 떨어진 노트만을 퀀타이즈하게 되므로 결과의 변화가 없게 됩니다.

❹ Offset: 노트의 시작 위치를 여기서 설정한 틱 값만큼 오른쪽으로 밀어냅니다. Offset을 10으로 설정하면 노트의 시작 위치가 10틱씩 밀려나게 퀀타이즈 되는 것입니다.

글루브 퀀타이즈를 적용할 수 있는 Groove Quantize 창을 엽니다. 글루브 퀀타이즈는 앞에서 살펴본 퀀타이즈의 단점을 극복할 수 있는 기능입니다. 앞에서 살펴본 퀀타이즈는 비트 단위로만 설정이 가능하지만, 글루브 퀀타이즈는 독자가 설정한 단위와 벨로시티를 퀀타이즈 시킬 수 있기 때문에 기계적인 느낌을 피할 수 있습니다. 퀀타이즈에 대한 이해가 충분하다면 Groove Quantize를 많이 사용하게 될 것입니다.

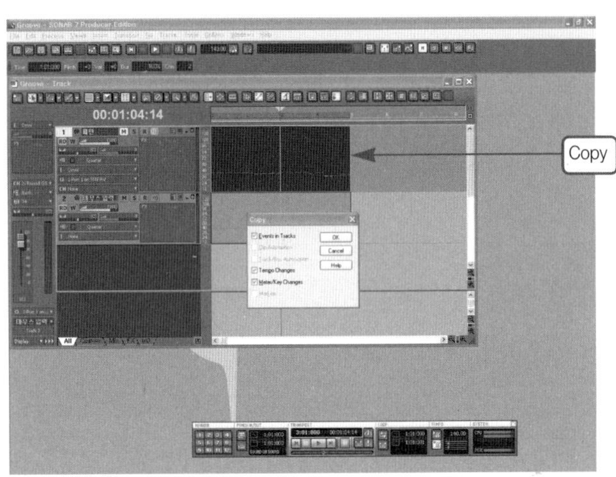

01 부록 CD의 Groove 샘플 파일을 불러와 들어봅니다. 마우스로 입력한 2번 트랙을 솔로로 들을 수 있습니다. 너무 기계적이라는 느낌이 들 것입니다. 리얼로 연주한 1번 트랙의 클립을 선택하고, Ctrl + C 키를 눌러 복사합니다. 정확히 클립보드라는 공간에 저장됩니다.

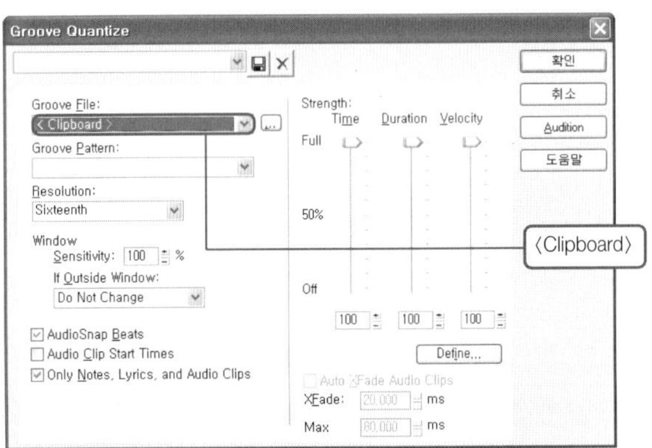

02 2번 트랙의 클립을 선택하고 Process 메뉴의 [Groove Quantize]를 선택하여 창을 엽니다. 창의 Groove File 항목이 〈Clipboard〉인 것을 확인하고, [확인] 버튼을 클릭하면 앞에서 복사한 트랙 1번의 클립과 동일한 패턴으로 조정됩니다.

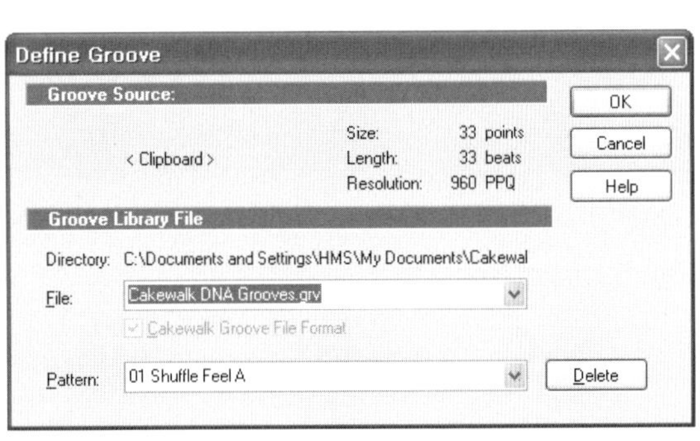

03 참고로 Groove Quantize 창에서 [Define] 버튼을 클릭하면 클립보드에 저장한 패턴을 저장할 수 있는 Define Groove 창을 열 수 있습니다. File과 Pattern 항목에 구분하기 쉬운 이름을 입력하고 [OK] 버튼을 클릭하면 언제든지 Groove File 목록에서 선택하여 사용할 수 있습니다.

8 AUDIO SNAP PALETTE

오디오 이벤트를 비트 단위로 분할하여 템포와 음정을 자유롭게 컨트롤 할 수 있게 하는 Audio Snap 창을 엽니다. 이것은 소나 7에서 가장 눈에 띄는 기능으로 여러분의 음악 작업을 한층 더 업그레이드 시켜줄 것이므로 앞의 실습을 반복하여 확실하게 익혀두기 바랍니다.

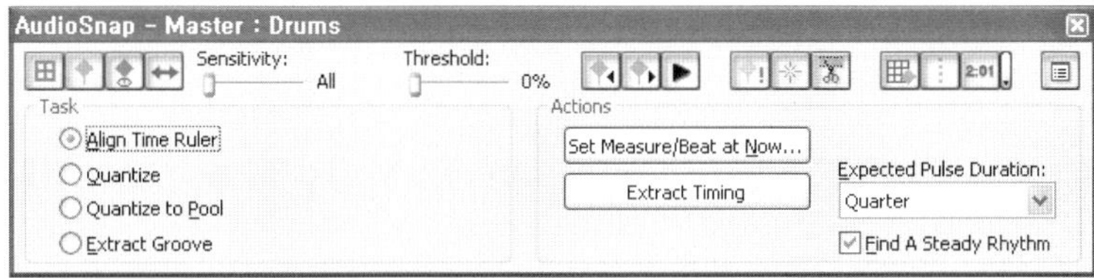

9 FADE SELECTED CLIPS

선택한 클립에 페이드 인/아웃 효과를 만들 수 있는 fade Selected Clips 창을 엽니다. 사실 페이드 인/아웃은 클립의 모서리를 드래그하여 만드는 방법이 익숙하기 때문에 굳이 메뉴를 이용할 경우는 없겠지만, 1000분의 1초 단위로 정밀할 작업이 필요하다면 Fade Selected Clips 메뉴를 이용해야 할 것입니다.

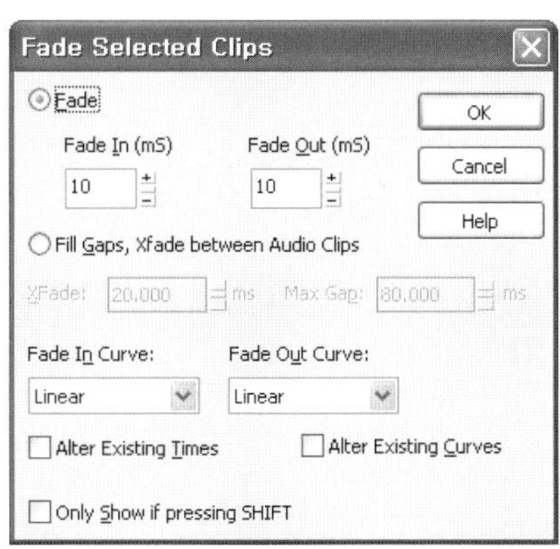

10 *TRANSPOSE*

미디 노트의 음정을 반음 단위로 조정할 수 있는 Transpose 창을 엽니다. 노래방에서 남자키 또는 여자키 등의 버튼을 이용해서 자신의 음역에 맞게 반주를 조정해본 경험이 있을 것입니다. Transpose는 이처럼 작업한음악이 가수의 음역에 맞지 않을 경우 간단하게 음정을 조정할 수 있습니다. 이때 주의해야 할 것은 드럼 노트가 입력되어 있는 클립을 변경 대상에서 제외시켜야 한다는 것입니다. 메뉴를 실행하면 Transpose 창이 열리며, Amount 항목에서 변경할 음정을 입력합니다. 1의 값이 반음입니다. Diatonic Math는 다이나토닉 스케일 단위로 음정을 변경할 수 있도록 하고, Transpose Audio는 오디오 클립의 음정을 변경할 때 체크합니다.

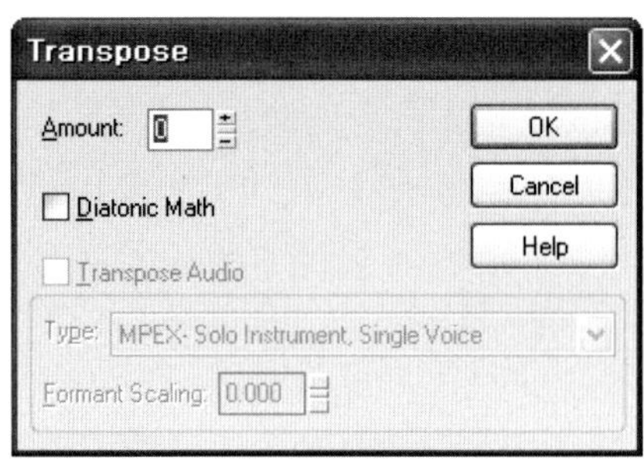

11 *SLIDE*

선택한 클립 또는 이벤트를 일정한 단위만큼 이동시킬 수 있는 Slide 창을 엽니다. 곡을 완성한 후에 모니터를 해보니 중간 부분에 중요한 테마가 빠졌다고 가정합시다. 이때 그 부분을 Split으로 잘라내어 이동한 후 빠진 테마를 입력하는 방법이 있겠지만, Slide 명령을 이용해도 동일한 효과를 얻을 수 있습니다. Split은 클립자체를 이동할 때 편리하고, Slide는 이벤트를 이동할 때 편리하므로 적절히 응용할 수 있기를 바랍니다. 단위는 마디(Measures), 틱(Ticks) 초(Seconds), 프레임(Frames)에서 선택할 수 있으며 By 항목에서 이동시킬값을 입력하면 됩니다.

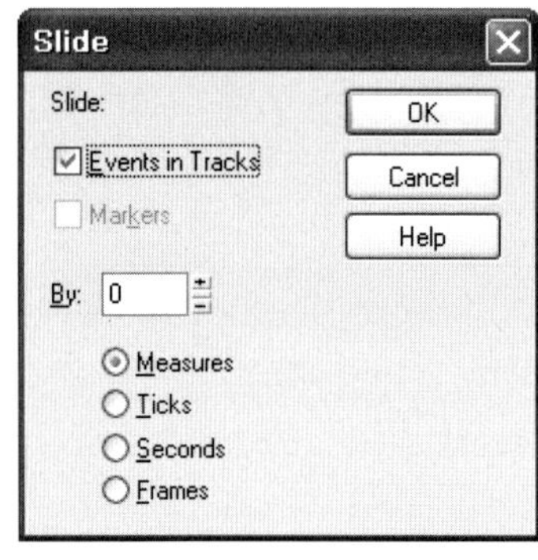

12 NUDGE

앞에서 살펴본 Slide 메뉴는 선택한 이벤트를 얼마만큼 이동할 것인지를 설정할 수 있는 창을 열어주지만,
Nudge는 미리 이동할 거리를 설정한 후에 키보드 숫자열의 단축키를 이용해서 이벤트를 이동시킬 수 있습
니다. Slide는 특정 위치 이후에 있는 이벤트를 한번에 이동시킬 때 편리하고, Nudge는 선택한 이벤트만을
이동시킬 때 편리하기 때문에 이벤트를 편집할 때 많이 사용하게 될 것입니다. 메뉴 보다는 숫자열의 단축키
를 외워두기 바랍니다.

13 INTERPOLATE

Note, Control, Wheel 등의 미디 정보에서 특정 범위에 있는 것들을 찾아 원하는 값으로 편집할 수 있는
Event Filter 창을 엽니다. 자연 단음계를 사용한 음악에서 7도 음에 해당하는 음들을 찾아 반음 높여 화성 단
음계로 바꾸거나, 마우스로 입력한 리듬에서 2박과 4박에 해당하는 노트들을 찾아 벨로시티를 높여 비트감
을 실어주는 등 다양한 활용이 가능합니다. 마우스로 입력한 코드 리듬의 2와4박에 벨로시티를 조정하여 리
듬감을 만들어 보겠습니다.

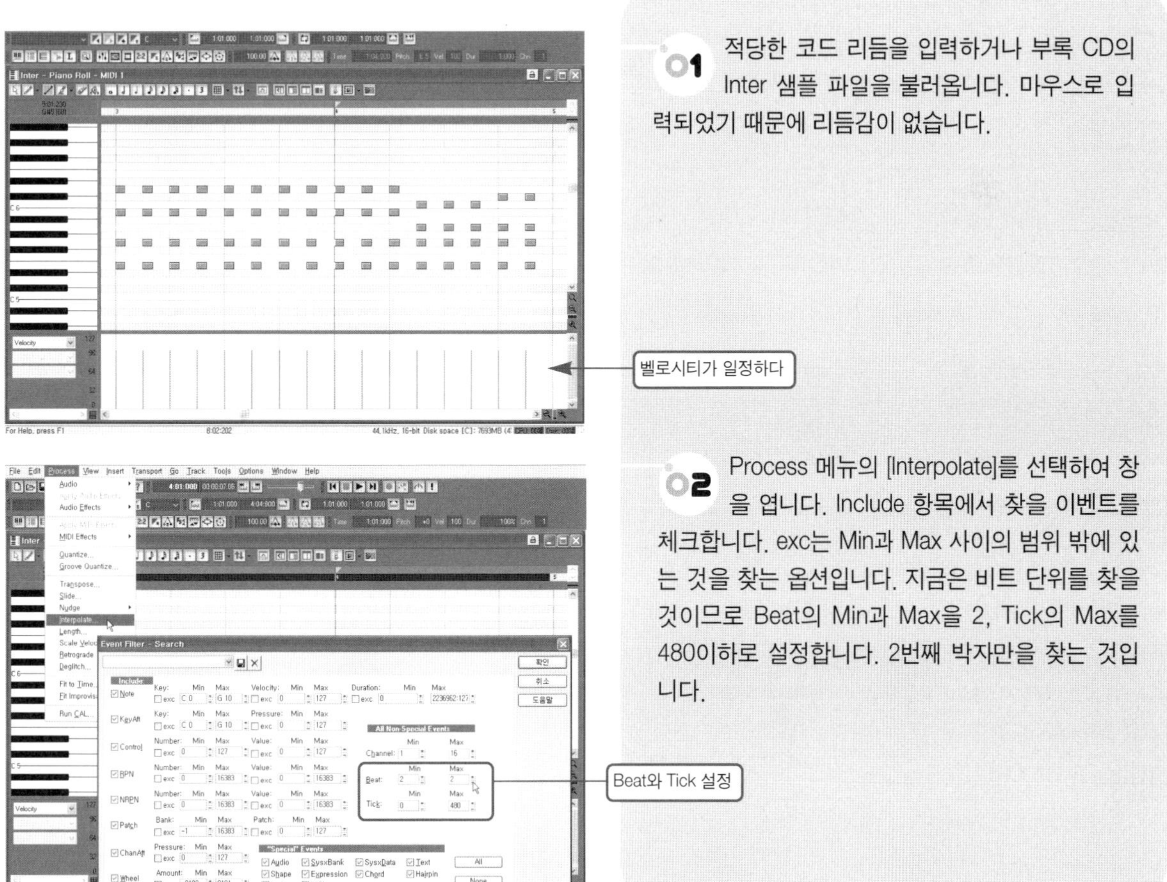

01 적당한 코드 리듬을 입력하거나 부록 CD의 Inter 샘플 파일을 불러옵니다. 마우스로 입력되었기 때문에 리듬감이 없습니다.

02 Process 메뉴의 [Interpolate]를 선택하여 창을 엽니다. Include 항목에서 찾을 이벤트를 체크합니다. exc는 Min과 Max 사이의 범위 밖에 있는 것을 찾는 옵션입니다. 지금은 비트 단위를 찾을 것이므로 Beat의 Min과 Max을 2, Tick의 Max를 480이하로 설정합니다. 2번째 박자만을 찾는 것입니다.

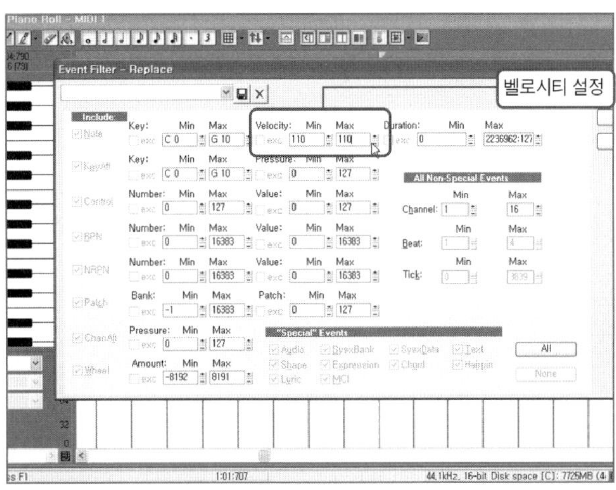

03 [확인] 버튼을 클릭하면 앞의 조건으로 찾은 이벤트를 어떻게 변경할 것인지를 설정할 수 있는 Replace 창이 열립니다. 벨로시티 만을 조정할 것이므로 Note 항목의 Velocity에서 Min과 max를 110으로 설정합니다. 2번째 박자의 벨로시티를 110으로 변경하겠다는 것입니다.

04 노트의 벨로시티 값을 확인해보면 2번째 박자에 해당하는 노트들이 모두 110으로 변경되었습니다.

05 다시 Interpolate를 반복하여 4번째 박자의 벨로시티도 증가시켜 봅니다. Beat의 Min과 Max를 4로 설정하면 됩니다. 한가지 예를 살펴보았지만, Interpolate의 기능을 확실히 익혀두면 독자가 상상하는 작업들이 가능해질 것입니다.

14 LENGTH

선택한 노트의 길이를 조정할 수 있는 Length 창을 엽니다. 노트의 길이가 길어지거나 짧아지면 마치 템포를 변경한 것과 비슷한 효과가 연출됩니다. 이것을 응용해서 특정 범위의 템포를 변경하여 스타카토, 레가토 등의 연주 기법을 연출할 수 있습니다.

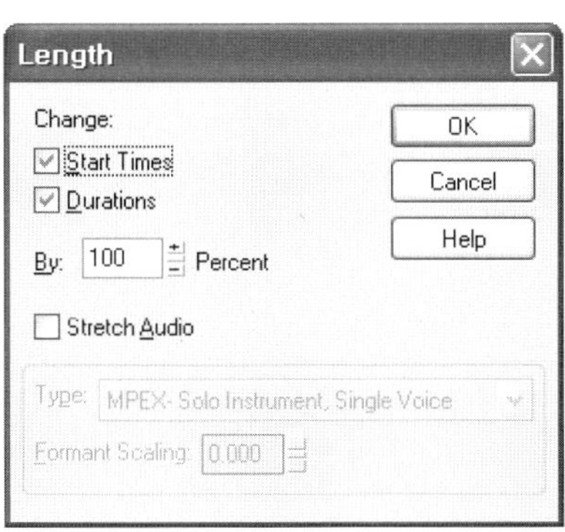

15 SCALE VELOCITY

선택한 클립에 존재하는 노트의 벨로시티를 일괄적으로 조정할 수 있는 Scale Velocity 창을 엽니다. 이것은 마우스로 입력한 노트의 벨로시티 값을 변화시켜 클레센토와 디클레센토의 연주기법을 만들거나, 리얼로 입력한 노트의 벨로시티 값을 퍼센트 단위로 변화시켜 밸런스를 조정하는 용도로 사용할 수 있습니다.

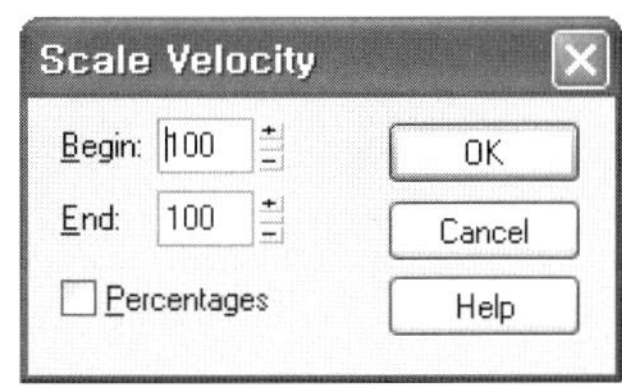

16 RETROGRADE

선택한 미디 클립의 연주방향을 앞/뒤로 바꿉니다. 미디 이벤트의 연주 방향을 바꾼다고 특별한 효과가 만들어지는 것이 아니지만, 퍼커션 리듬을 복사하고 복사한 클립의 연주 방향을 바꾸었을 때, 의외의 리듬이 만들어지는 경우가 있습니다.

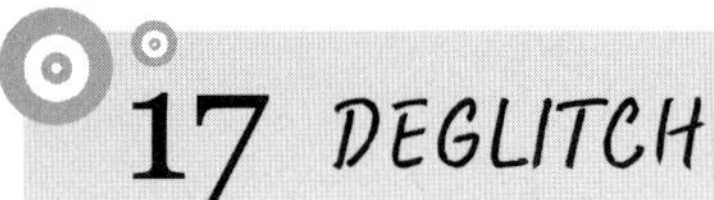

17 DEGLITCH

특정 조건에 노트들을 제거할 수 있는 Deglitch 창을 엽니다. 연주를 하다가 보면, 실수로 건반을 두 개 누르거나, 악보가 건반 위로 떨어져 원하지 않는 노트가 입력되는 경우가 많습니다. 이때 연주를 멈추고 잘못 입력한 노트를 제거하는 것 보다는 감정을 유지한 상태로 연주를 마치고 Deglitch 기능을 이용해서 제거할 수 있습니다.

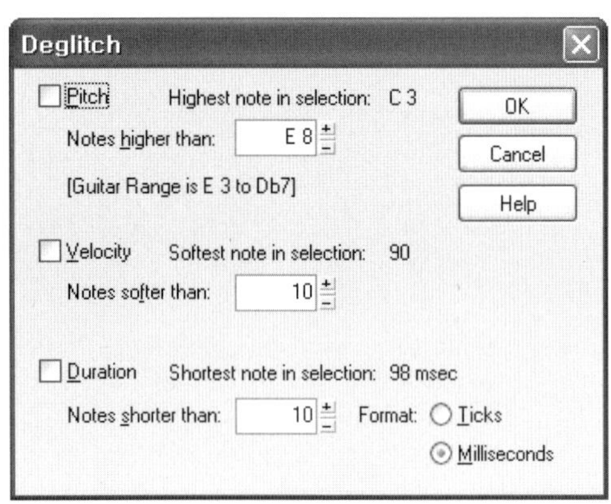

18 FIT TO TIME

완성된 음악의 연주시간을 조정할 수 있는 Fit to Time 창을 엽니다. 음악 작업을 하다가 보면 특정 시간에 맞추어 작업을 해야만 하는 경우가 있습니다. 음악이 삽입되는 시간이 정해져 있는 영상 음악이나 뮤지컬 등을 예로 들 수 있습니다. 물론, 작업을 할 때 시간을 엄수해서 작업을 하지만 작업을 진행하다가 보면 어느 정도의 오차가 발생합니다. 이때 Fit to Time 메뉴를 이용하면 정확하게 일치시킬 수 있습니다.

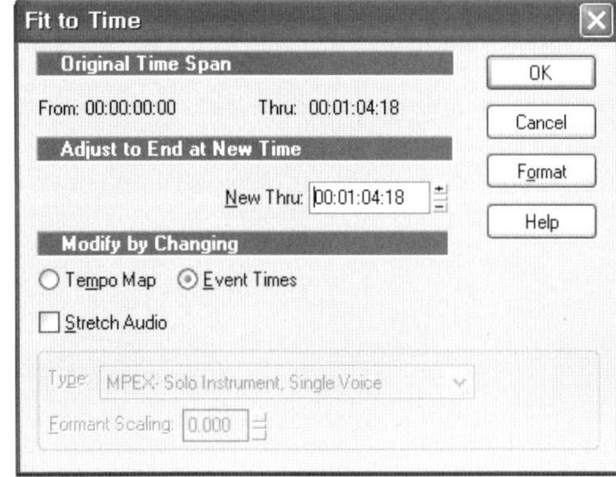

19 FIT IMPROVISATION

입력한 노트에 맞추어 템포를 조정하는 기능입니다. 이것은 원곡을 불러와 템포를 계산하고 드럼 루프를 믹스시키는 DJ 클럽 음악을 만들 때도 유용하게 사용할 수 있습니다. 그러나 소나 7에서는 더 뛰어난 Audio Snap 기능이 있기 때문에 믹싱 음악을 만들기 위해서 Fit Improvisation을 이용하는 일은 없을 것입니다.

20 RUN CAL

확장 메뉴에 숨겨져 있는 Run CAL은 연속 작업을 한 번에 처리하도록 제작된 소나 7 전용 프로그램 언어인 CAL 파일을 실행하는 기능입니다. 메뉴를 선택하면 CAL 파일을 불러올 수 있는 열기 창이 열립니다.

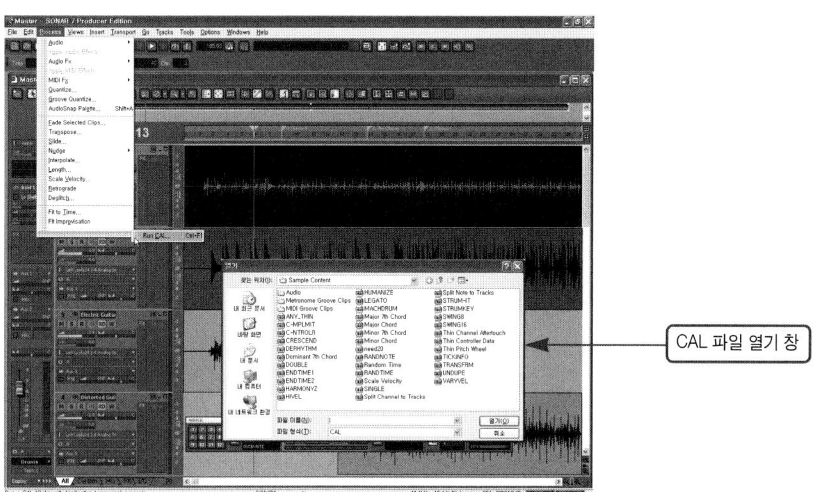

04 VIEW 메뉴

View 메뉴는 다양한 작업 창을 열어주는 역할을 합니다. 소나 7은 Piano Roll, Event List, Staff, Loop Construction, Console, Synth Rack, Sysx 외에도 Lyrics, Loop Explorer, Video, Big Time, Markers, Tempo, Meter/Key 등의 다양한 작업 창을 제공합니다. 각 창의 사용법은 이미 살펴보았고, 나머지는 실제 음악 작업과는 무관한 것들이 대부분이지만 소나 7의 아기자기한 맛을 느낄 수 있습니다.

1 PIANO ROLL

미디 이벤트를 막대 모양으로 편집할 수 있는 피아노 창을 엽니다. 미디 입문자나 고급 사용자 모두가 좋아하는 편집 창이므로 확실히 익혀둘 필요가 있습니다. 참고로 클립을 마우스로 더블 클릭하여 피아노 창을 열 수 있으며 드럼 맵으로 설정된 트랙인 경우에는 드럼 편집에 편리한 형태로 열립니다.

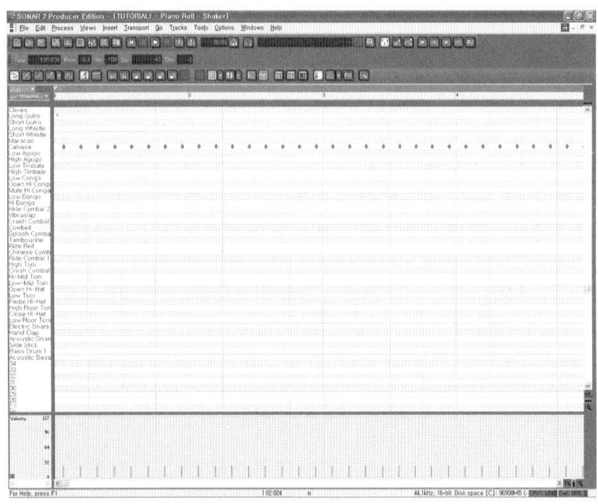

2 STEP SEQUENCER

드럼이나 간단한 반복 프레이즈 패턴의 연주를 입력하는데 편리한 스텝 시퀀서 창을 엽니다. 마치 VST 악기를 다루듯이 이용할 수 있기 때문에 한층 재미있게 미디 작업을 할 수 있습니다.

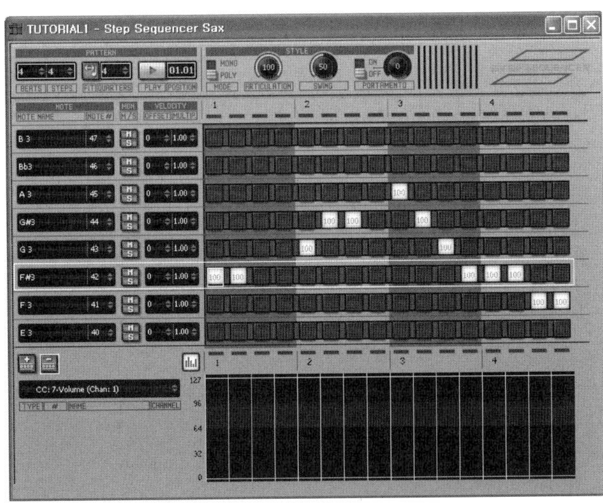

3 EVENT LIST

소나 7에 입력한 모든 데이터를 확인하거나 편집할 수 있는 이벤트 리스트 창을 엽니다. 입문자의 경우에는 가장 싫어하는 미디 편집 창이겠지만 정밀한 작업을 위해서는 반드시 익숙해져야 할 것입니다.

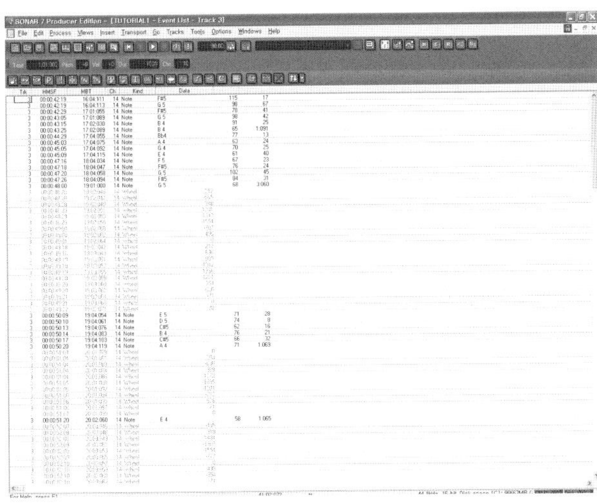

미디 노트를 악보와 동일한 모습을 편집할 수 있는 스태프 창을 엽니다. 악보에 익숙한 사용자들에게는 피아노 창 보다 스태프 창이 더 편할 것입니다. 단지 소나 7의 악보 사보 기능이 미흡하기 때문에 전문적인 악보를 제작하려면 별도의 프로그램을 공부해야 한다는 것입니다.

오디오 샘플의 속성을 편집할 수 있는 루프 컨스트럭션 창을 엽니다. 소나 7에서 제공하는 오디오 스냅 기능과 병행해서 사용한다면 독자가 상상하는 오디오 편집이 모두 가능할 것입니다.

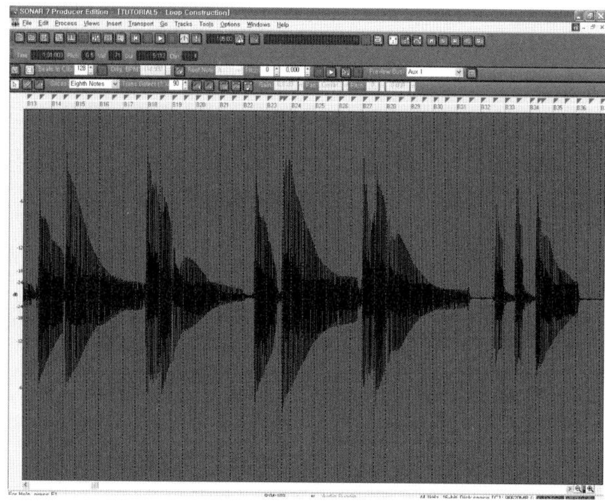

6 LYRICS

Lyrics 창은 악보에 가사를 입력하거나 편집하는 역할을 합니다. 작업 스타일마다 다르겠지만, 멜로디를 완성한 다음에 가사를 붙이는 경우에는 스태프 창에서 직접 입력하는 것이 편리합니다. 그러나 작업 도중에 떠오르는 가사는 메모지에 적어두는 것 보다 Lyrics 창을 열어 메모하는 것이 효과적입니다.

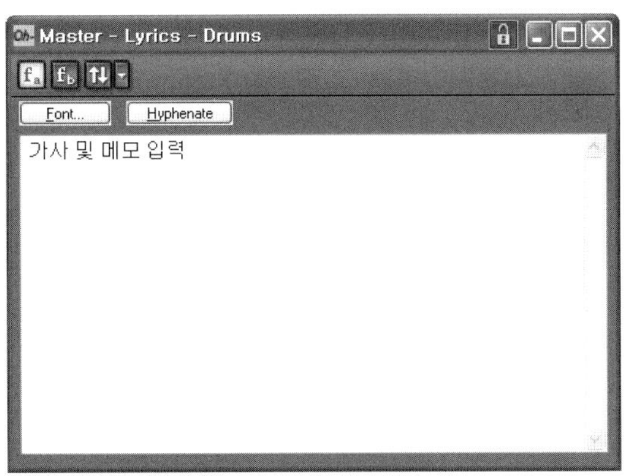

7 LOOP EXPLORER

루프 익스플로어는 컴퓨터에 있는 수 많은 파일 중에서 오디오 파일만을 관리할 수 있는 소나 7 전용 탐색기입니다. 루프 익스플로어는 왼쪽에 폴더 창이 있고, 오른쪽에는 폴더 창에서 선택한 내용을 표시하는 목록 창이 있습니다. 목록 창에서 선택한 오디오 파일은 루프 익스플로어의 도구를 이용해서 미리 들어볼 수 있고, 소나 7의 오디오 트랙으로 드래그하여 음악 작업에 사용할 수 있습니다.

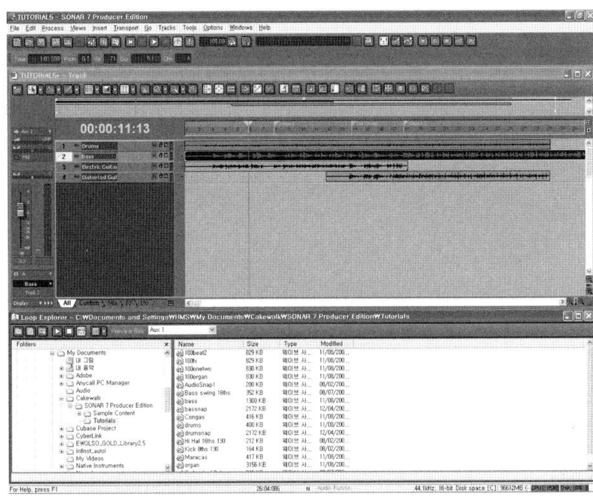

8 V-VOCAL EDITOR

V-vocal Editor는 보컬의 음정과 박자를 조정할 수 있는 V-Vocal을 적용한 클립을 선택한 경우에만 사용할 수 있는 것으로 V-Vocal를 편집할 수 있는 패널을 엽니다. V-Vocal을 적용한 클립에는 V표시가 나타나며 V 표시를 클릭하여 편집기를 열 수 있기 때문에 View 메뉴를 이용할 경우는 드물 것입니다.

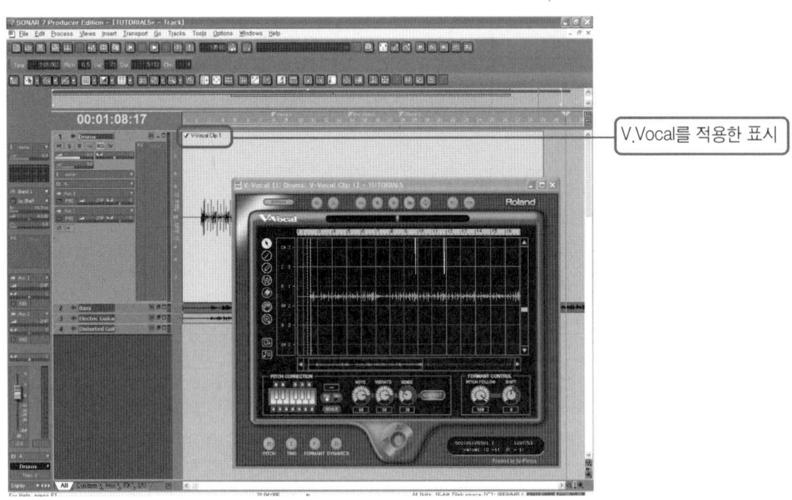

9 TRACK VIEW

음악 작업을 하다 보면 다양한 편집 창을 열게 되며 프로젝트 창이 뒤에 가려져 보이지 않는 경우가 있습니다. 이때, 편집 중인 창이 소속되어 있는 프로젝트 창을 엽니다. 물론 Window 메뉴의 목록을 이용해도 좋습니다. 참고로 소나 7의 트랙 창을 본서에서 프로젝트 창이라고 부르고 있으므로 착오 없길 바랍니다.

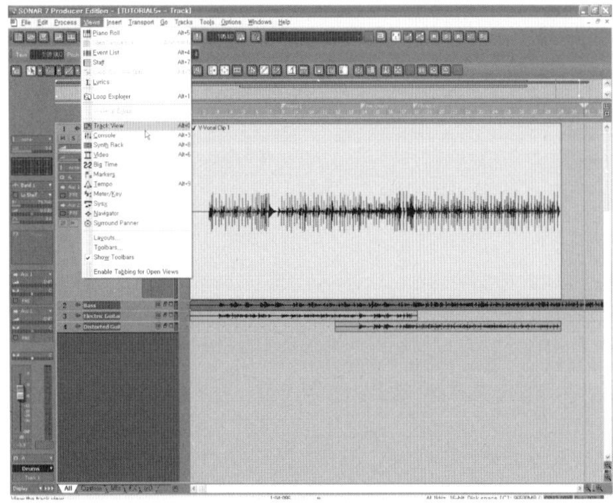

10 CONSOLE

믹싱과 마스터링 작업에 편리한 콘솔 창을 엽니다. 프로젝트 창과 콘 솔 창은 음악 작업을 하면서 자주 이동
하게 될 것이므로 Alt + O 과 Alt + 5 의 단축키를 외워두기 바랍니다.

11 SYNTH RACK

작업 중에 사용하고 있는 VST Instruments를 관리하는 신디 랙 창을 엽니다. 많은 VST Instruments 를 사용
하고 있는 작업이라면 사용하고 있는 VST Instruments를 하나의 창에서 관리할 수 있는 신디 랙이 유용할 것
입니다.

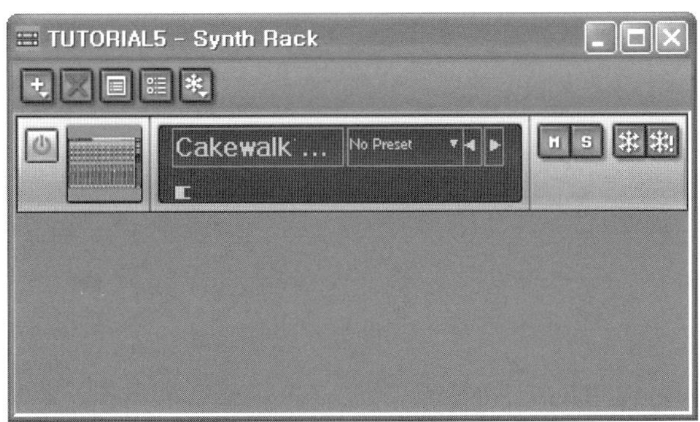

12 VIDEO

소나 7은 Avi, Mpg, Mov 등 윈도우에서 재생할 수 있는 대부분의 영상 파일을 임포팅하여 영상 음악 작업을
진행할 수 있으며 Video 메뉴를 이용하여 임포팅한 영상을 볼 수 있는 비디오 창을 열 수 있습니다.

13 BIG TIME

싱크 작업을 위해 컴퓨터에서 멀리 떨어져 있는 경우에도 송 포지션 라인의 위치를 확인할 수 있게 하는 Big
Time 창을 엽니다. 표시 창은 마우스 클릭으로 시간 단위와 마디 단위로 전환할 수 있으며, 마우스 드래그로
창의 크기를 조정할 수 있습니다. 글자의 크기는 마우스 오른쪽 버튼을 클릭하면 열리는 글꼴 창에서 조정합
니다.

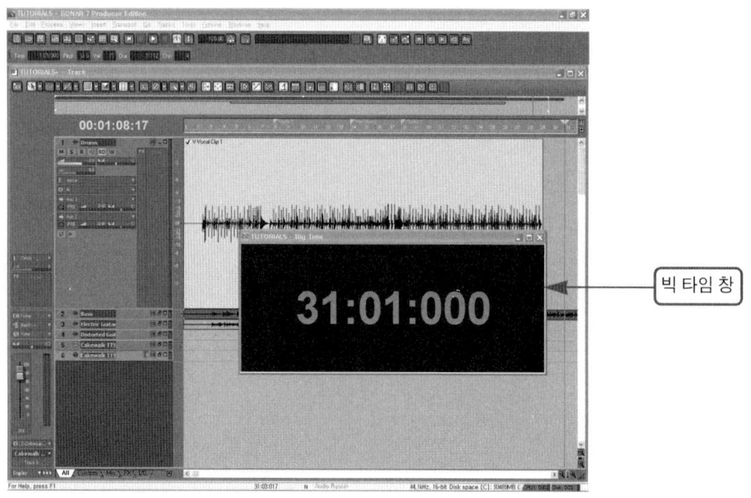

마커는 곡의 위치를 표시하는 문자를 말하는 것이고, View 메뉴의 Markers는 입력되어 있는 마커를 관리하는 창을 열어줍니다. 2마디부터는 '전주', 18마디부터는 '1절' 등 곡의 위치를 표시하는 마커를 입력해두는 습관을 가지면 작업이 편리해 지는데도 많은 뮤지션들이 무심히 넘어가는 부분입니다. 음악 작업에 있어서 메모의 습관을 사회 생활에서만큼이나 중요합니다. 입문자는 습관으로 자리잡을 수 있길 바랍니다.

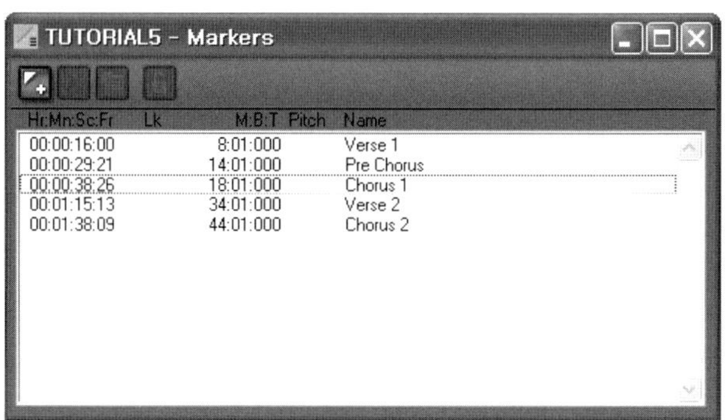

15 TEMPO

곡의 템포 값을 컨트롤 할 수 있는 Tempo 창을 엽니다. 대중 가요에서는 자주 사용하는 기법은 아니지만, 클래식에서는 곡 중간에 템포 변화가 빈번하게 사용됩니다. 이때 대부분의 음악인들은 메트로놈을 끄고 자유롭게 연주를 하여 템포 변화에도 감정을 부여하겠지만, 연주가 어려운 입문자에게는 쉽지 않은 작업입니다. 그러나 템포 창을 이용하면 그 느낌을 충분히 만들어 낼 수 있습니다.

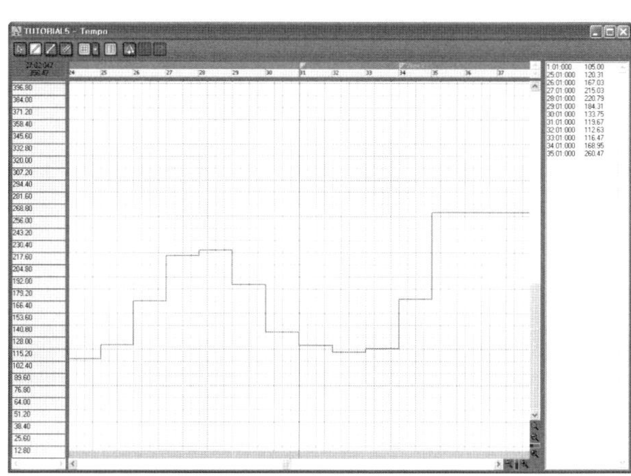

16 *METER/KEY*

곡의 템포와 박자, 그리고 조표를 입력할 수 있는 Meter/Key 창을 엽니다. 곡 중간에 변하는 박자와 조는 악보 인쇄가 필요 없는 경우에도 입력하는 것이 좋습니다. 곡을 완성한 다음에 어떤 미디 편집 창을 사용하든 박자와 조표를 무시한 경우에는 혼동할 수 있는 가능성이 높기 때문입니다. 컴퓨터 음악을 하면서 곡 중간에 변하는 박자와 조표 입력의 간단한 작업은 연주 실력이 뛰어날수록 무시하는 경향이 있는데 편집을 위해서라도 입력하는 것이 좋습니다.

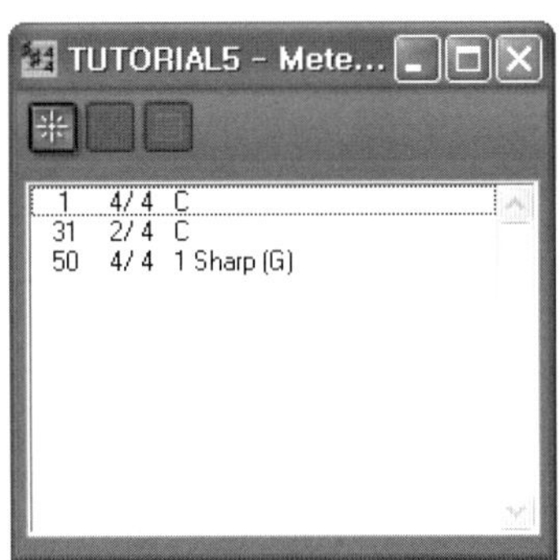

17 *SYSX*

미디 악기의 설정 값을 자유롭게 컨트롤 할 수 있는 시스템 익스클루시브 정보 창을 엽니다. 미디 학습의 끝이라고 할 만큼 어려운 것이 시스템 익스클루시브 정보이지만, 고급 사용자가 되기 위해서는 반드시 넘어야 할 산입니다.

18 NAVIGATOR

프로젝트 창 상단에 표시되고 있는 네비게이터 창을 별도로 열어줍니다. 두 가지 모두 작업공간의 이동, 확대
/축소의 역할을 하며 사용방법도 동일합니다. 차이점이 있다면 Navigator 메뉴는 별도로 관리할 수 있는 창을
열어준다는 것입니다. 그러나 서로 다른 화면 비율을 설정할 수 있기 때문에 작업 상황에 따라서 적절히 응용
가능합니다.

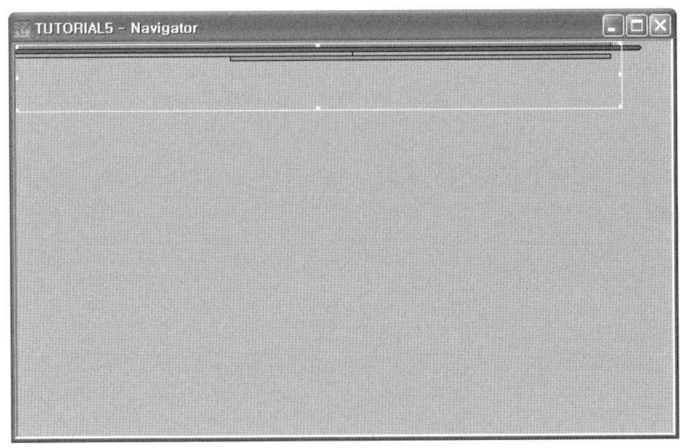

19 SURROUND PANNER

서라운드 패닝 작업을 위한 Surround Panner 창을 엽니다. 소나 7은 DVD의 표준인 5.1 채널에서부터 최대
8.1 채널까지의 서라운드 작업이 가능합니다. 5.1 채널 작업을 하기 위해서는 5개의 메인 스피커와 1개의 우
퍼 스피커를 연결할 수 있는 멀티 사운드 카드가 필요합니다. 요즘에 시판되고 있는 대부분의 컴퓨터는 5.1
채널을 지원하는 사운드 카드가 기본 장착되어 있으므로 스피커만 구입하여 연결하면 될 것입니다.

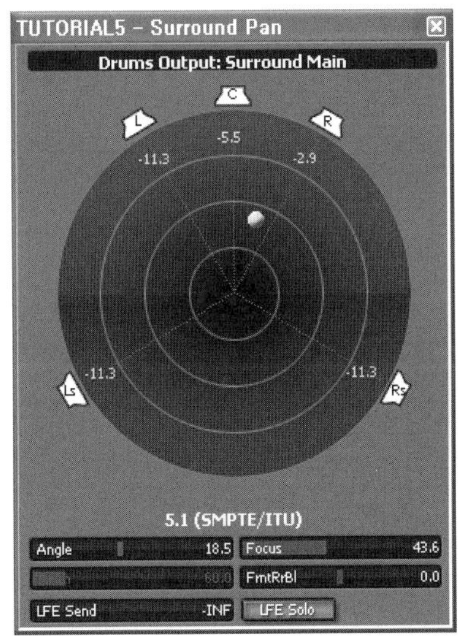

20 LAYOUTS

작업 레이아웃을 관리할 수 있는 Layout 창을 엽니다. 작업을 시작하다가 보면, 많은 창을 열고, 각 창의 크기
와 위치를 수시로 변경하게 됩니다. 그리고 어느 정도 익숙해지면 각 창의 크기와 위치에 독자만의 표준이 생
깁니다. 독자의 작업 환경에 어울리는 표준적인 창 배치가 형성되면 이것을 저장하고 간편하게 사용할 수 있
는 Layouts 기능을 살펴보겠습니다.

01 부록 CD의 Synth 샘플 파일에서 도구 모음
줄의 [피아노 롤 열기] 버튼을 클릭합니다.
그리고 피아노 롤 창의 제목 표시줄을 드래그하여
작업하기 편한 위치로 이동합니다.

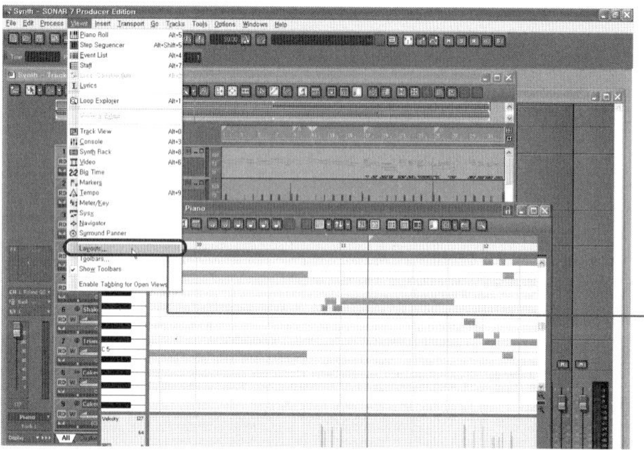

02 각 창의 크기는 가장 자리를 드래그하거나
모서리 부분을 드래그하여 조정할 수 있습니
다. 각 창의 위치와 크기를 조정한 레이아웃을 저장
하고 싶다면 View 메뉴의 [Layouts]을 선택합니다.

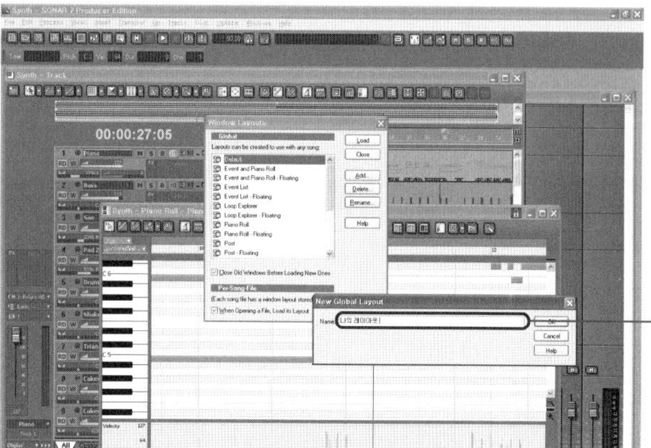

03 Window Layouts 창의 [Add] 버튼을 클릭하
여 New Global Layout 창을 엽니다. 레이아
웃을 이름을 입력할 수 있는 New Global Layout 창
이 열립니다. Name 항목에 이름을 입력하고 [OK]
버튼을 클릭합니다.

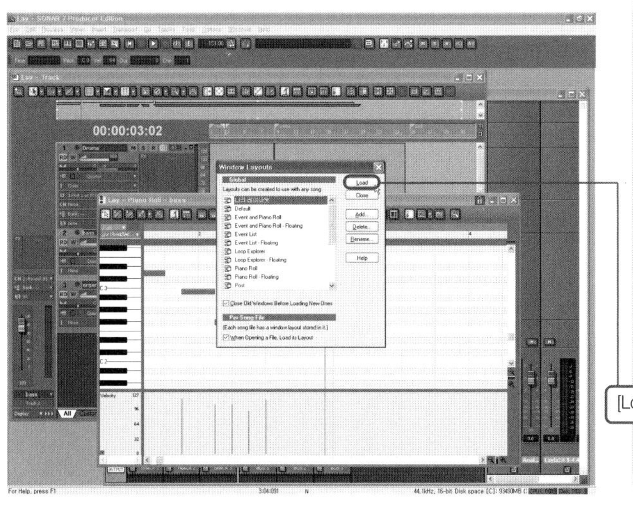

04 샘플 파일을 닫고, Lay 샘플 파일을 엽니다. 앞에서 저장한 레이아웃을 사용하기 위해서 View 메뉴의 [Layouts]을 선택하여 창을 엽니다. 창에서 독자가 만들어놓은 레이아웃 이름을 선택하고, [Load] 버튼을 클릭하면 간단하게 원하는 레이아웃을 사용할 수 있습니다.

Tip Window Layouts 창

작업 창의 크기와 위치를 기억시켜둘 수 있는 Layout 창을 살펴봅니다.

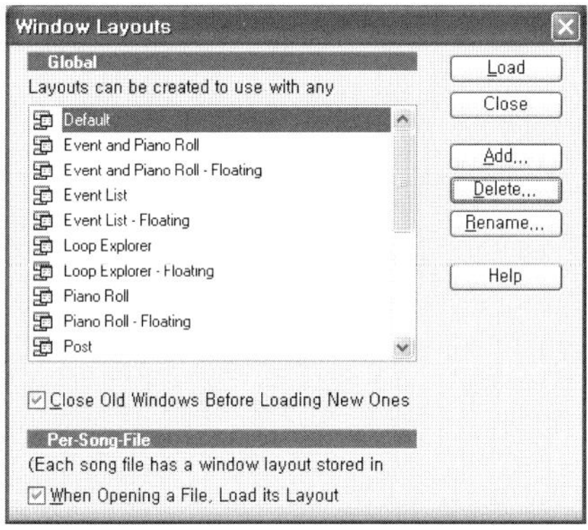

❶ Load 버튼 : 목록에서 선택한 레이아웃을 불러옵니다.

❷ Close 버튼 : 레이아웃 창을 닫습니다.

❸ Add 버튼 : 독자가 설정한 레이아웃을 저장합니다.

❹ Delete 버튼 : 선택한 레이아웃을 삭제합니다.

❺ Rename 버튼 : 선택한 레이아웃의 이름을 변경합니다.

❻ Help 버튼 : 레이아웃 창의 도움말을 열어줍니다.

❼ Close Old Windows Before Loading New Ones 옵션 : 작업 중인 창들을 모두 닫고 선택한 레이아웃으로 변경합니다.

❽ When Opening a File, Load its Layouts : 파일을 열 때, 마지막 레이아웃 상태로 열어줍니다.

21 *TOOLBARS*

화면에 표시할 툴 모음을 선택할 수 있는 Toolbars 창을 엽니다. 일반적으로 도구 모음 줄에서 마우스 오른쪽 버튼을 클릭하면 열리는 목록을 이용합니다. 소나 7은 메뉴를 빠르게 실행할 수 있는 도구를 제공합니다. 기본적으로 Transport(Large), Event Inspector가 보이지만, 원하는 툴 바를 모두 보이게 하거나 감출 수 있습니다. 툴 바 보다는 메뉴와 단축키를 이용하는 경우가 많다면 필요 없는 툴 바를 감추고 작업 공간을 넓게 쓰는 것이 현명합니다.

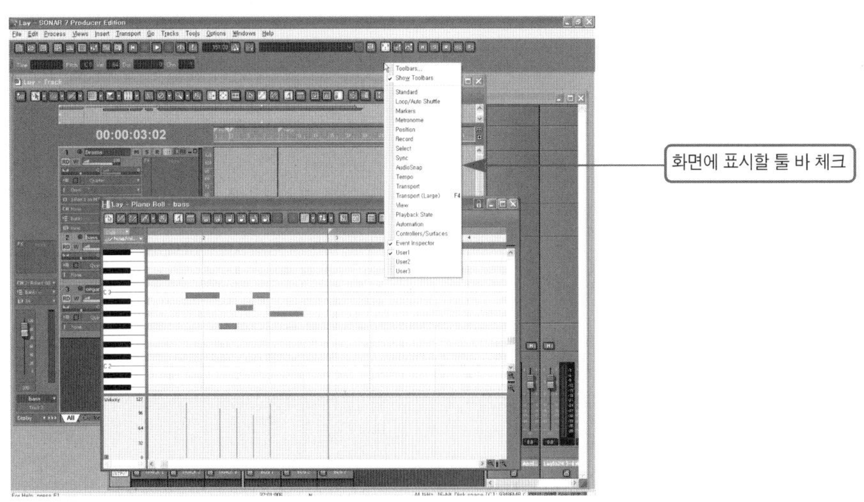

22 *SHOW TOOLBARS*

화면에 표시되어 있는 툴 바를 한번에 감췄다가 보이게 하는 역할의 스위치 메뉴입니다.
평소에는 필요한 툴 바를 모두 보이게 해놓고, 좀 더 큰 작업 공간이 필요할 때, View 메뉴의 Show Toolbars 를 선택하여 체크 옵션을 해제하면 모든 툴 바를 감출 수 있으며 다시 선택하여 원상 복구 할 수 있습니다.

작업 창을 탭 형식으로 구성하는 옵션 메뉴입니다. Enable Tabbing for open Views 메뉴를 선택하여 체크
표시를 하면 탭 기능을 사용하는 것이고, 다시 선택하여 해제하면 사용하지 않는 것입니다. 작업 창을 많이
열어놓은 경우에 매우 편리합니다. 탭으로 구성하고 싶은 창은 제목 표시줄의 [아이콘] 버튼을 클릭하여 메뉴
를 열고 [Enable Tabbed]을 선택하고, 탭에서 분리하고 싶은 창은 마우스 오른쪽 버튼을 클릭하여 메뉴를 열
고 [Disable Tabbed]을 선택합니다.

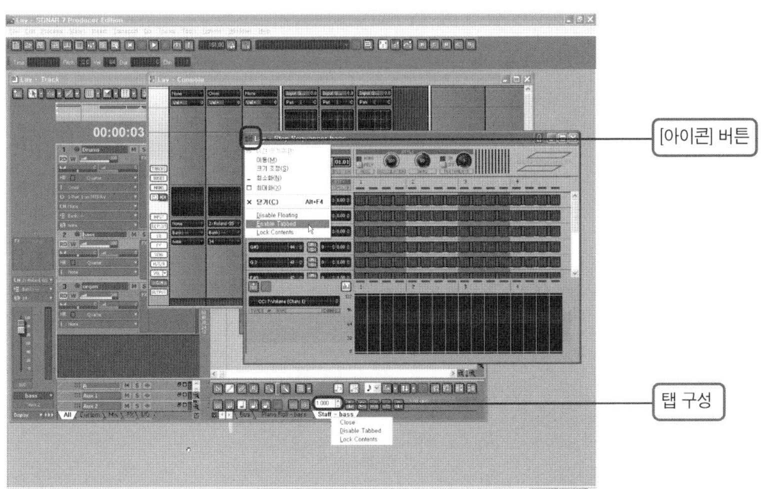

05 INSERT 메뉴

Insert 메뉴에는 곡의 중간에 음색, 조표, 템포, 마커 등을 삽입할 수 있는 기능들로 구성되어 있습니다. Insert 메뉴는 사용법이 간단하기 때문에 입문자들도 대충 넘어가는 경우를 흔히 봅니다. 그래 놓고는 나중에 "곡 중간에 음색을 어떻게 바꿔요?"라고 질문합니다. 소나 7의 기능 중에서 어떤 이에게는 전혀 사용되지 않지만, 어떤 이에게는 절대적인 기능이기도 한 것들이 있습니다. 이것은 개인적인 스타일 보다는 작업 상황에 따라 좌우됩니다.

1 BANK/PATCH CHANGE

곡 중간에 패치 정보를 삽입하여 음색을 바꿀 수 있는 Bank/Patch Change 창을 엽니다. 음악 장르에 따라 다르겠지만, 16채널의 악기로는 부족한 경우가 있습니다. 그러나 음악의 처음부터 끝까지 프레이즈가 연결되는 경우는 리듬 파트 외에는 없을 것입니다. 이 경우 Bank/Patch Change 메뉴를 이용해서 필요한 프레이즈 부분의 음색을 사용하는 것도 채널을 아끼는 요령입니다.

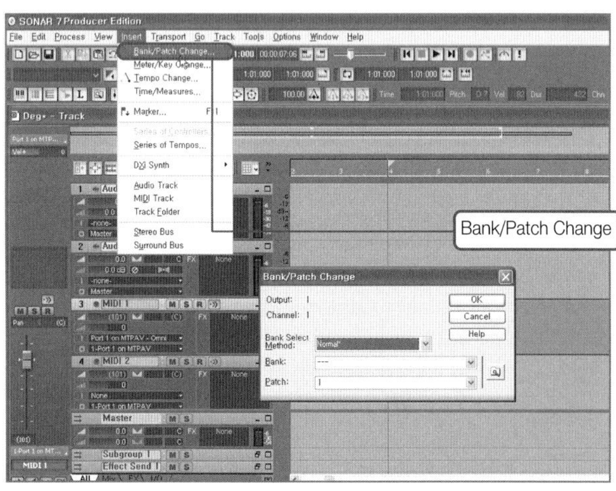

01 패치 정보를 입력할 트랙을 선택하고, 룰러 라인을 클릭하여 패치 정보를 삽입할 위치에 송 포지션 라인을 가져다 놓습니다. 그리고 Insert 메뉴의 [Bank/Patch Change]를 선택하여 창을 엽니다.

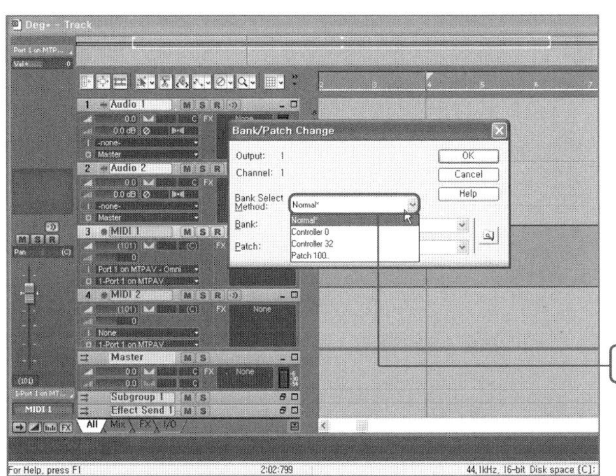

02 패치 정보를 삽입할 트랙의 아웃 포트와 채널을 Output/Channel 항목에 표시하고 있습니다. Bank Select Method 항목은 뱅크 정보 0번 또는 32번을 선택합니다. 이것은 악기마다 뱅크 전송 번호가 다르므로 해당 매뉴얼을 살펴보기 바랍니다.

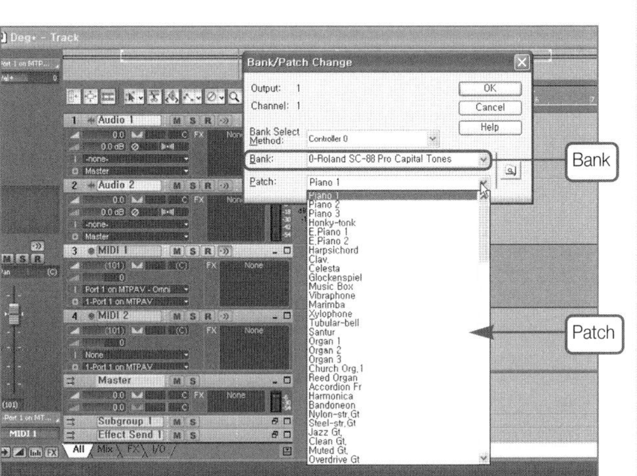

03 Bank 항목에서 뱅크를 선택하고 Patch 항목은 음색을 선택합니다. 역시 독자가 사용하는 악기에 따라 그림과 다를 수 있습니다.

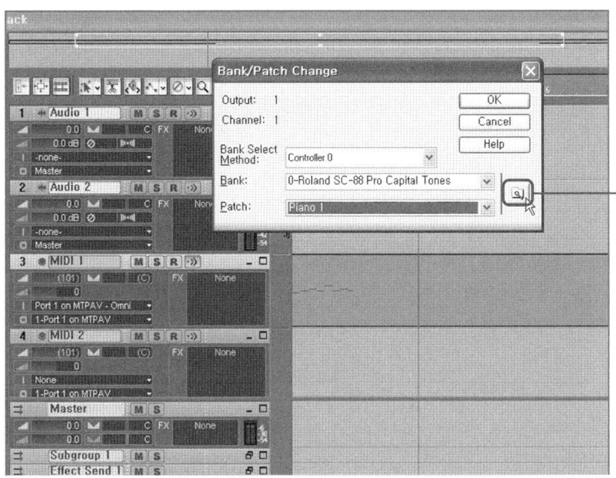

04 창 우측 모서리에 있는 [브라우저] 버튼은 음색을 쉽게 찾을 수 있는 Patch Browser 창을 열어줍니다. [브라우저] 버튼을 클릭해 봅니다.

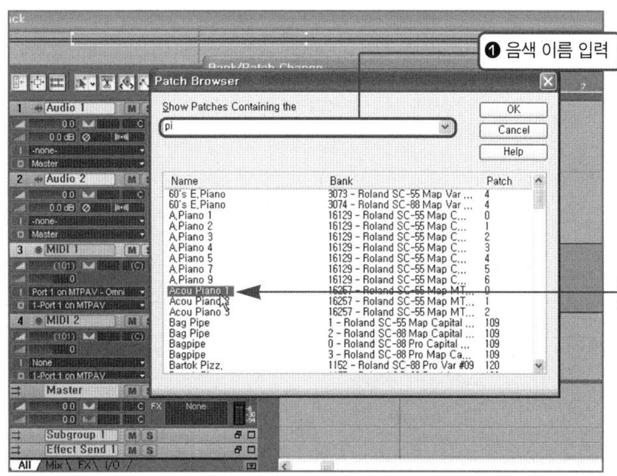

05 Patch Browser 창이 열립니다. Show Patch Containing 항목에서 찾고자 하는 음색의 이름을 입력합니다. 해당 음색의 리스트가 아래쪽에 보이면 원하는 음색을 더블 클릭합니다.

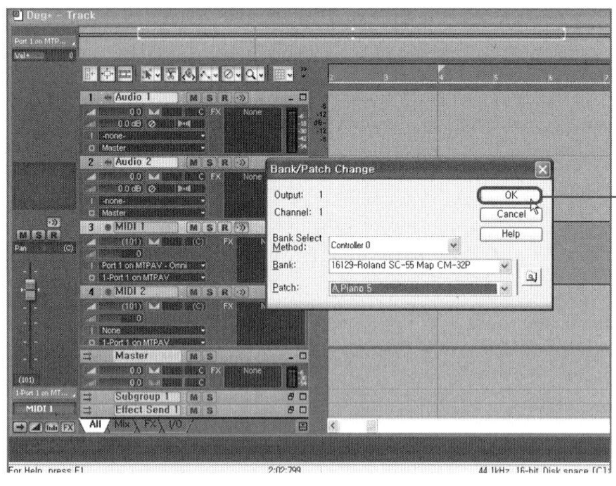

06 Bank/Patch Change 창으로 되돌아옵니다. Bank와 Patch 항목이 자동으로 선택되어있는 것을 확인할 수 있습니다. [OK] 버튼을 클릭하여 창을 닫습니다.

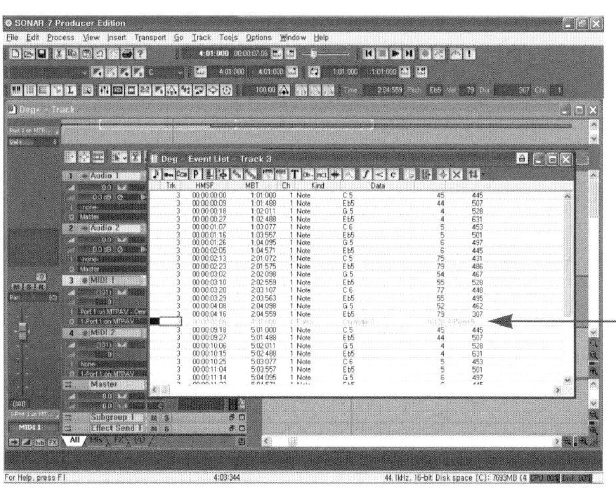

07 곡을 처음부터 연주해 보면 패치 정보가 삽입된 위치에서 음색이 변경되는 것을 확인할 수 있습니다. 그림은 이벤트 리스트를 열고 삽입한 패치 정보를 확인하는 모습입니다.

조표와 박자 표를 입력할 수 있는 Meter/Key Signature 창을 엽니다. 악보를 인쇄할 필요가 없고, 자신의 연주가 뛰어나다고 생각하는 독자는 곡 중간에 조표와 박자가 바뀌는 음악 작업을 하면서도 표시를 하지 않는 경우가 많습니다. 그러나 이것은 좋지 않은 습관입니다. 자신이 작업한 곡을 나중에 편집해야 할 일이 있을 때, 조표와 박자 표시를 하지 않을 것을 후회하게 됩니다. 악보를 인쇄할 필요가 없는 독자라도 변경되는 조표와 박자 표는 반드시 입력하는 것이 좋습니다.

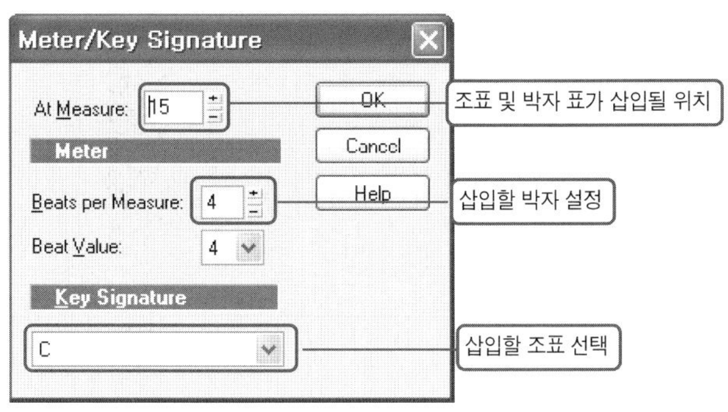

3 *TEMPO CHANGE*

곡 중간에 템포 변화를 삽입할 수 있는 Tempo 창을 엽니다. 가요, 팝, 클래식, 뮤지컬 등 음악 장르를 불문하고 곡의 템포가 바뀌는 기법은 흔하게 사용됩니다. 소나 7에서 템포를 변경하는 기능은 몇 가지 있지만, 일순간에 변하는 템포 값을 입력하는 데는 Tempo Change 메뉴가 가장 편리할 것입니다. 자신에게 익숙한 방법을 사용하는 것도 좋지만 소나 7의 기능을 다양하게 이용하는 것도 실력을 향상시킬 수 있는 방법입니다.

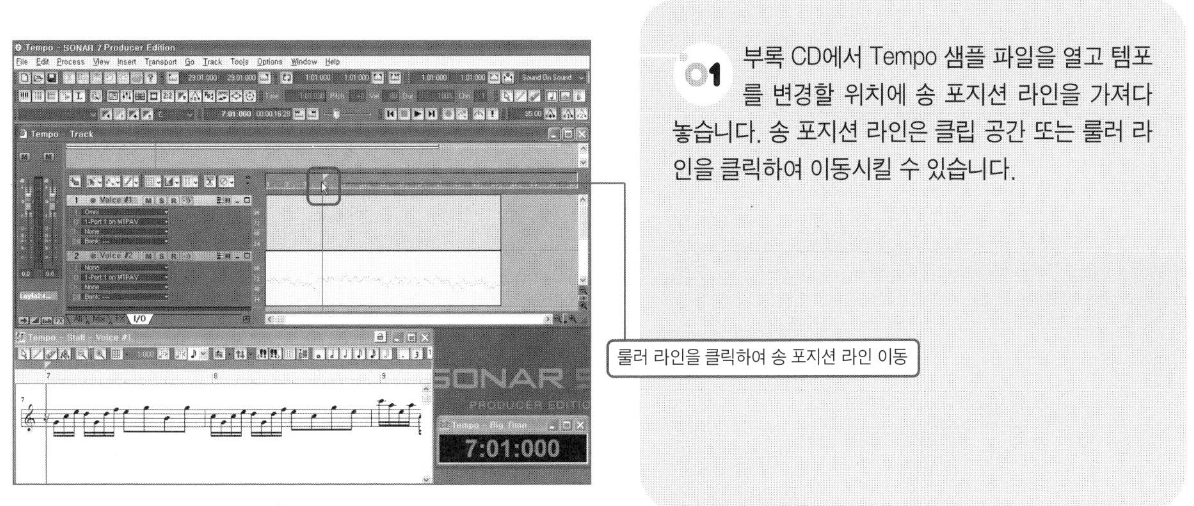

01 부록 CD에서 Tempo 샘플 파일을 열고 템포를 변경할 위치에 송 포지션 라인을 가져다 놓습니다. 송 포지션 라인은 클립 공간 또는 룰러 라인을 클릭하여 이동시킬 수 있습니다.

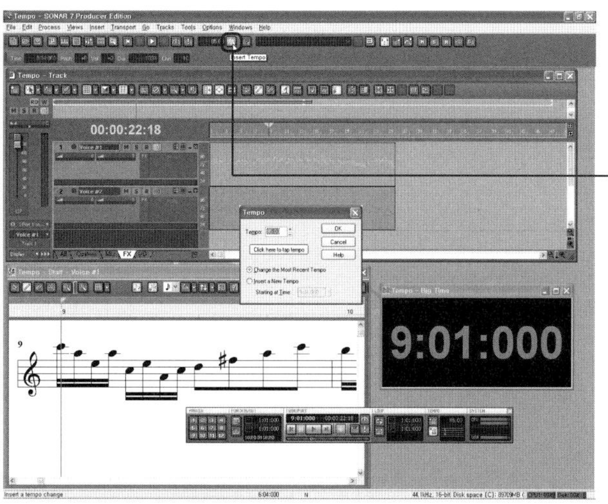

○2 Insert 메뉴의 [Tempo Change]를 선택하거나 툴 바에서 [Insert Tempo] 버튼을 클릭하여 창을 엽니다.

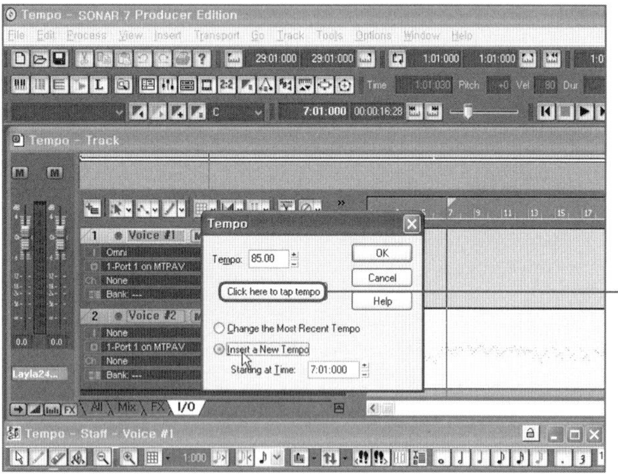

○3 Tempo 항목에 변경할 템포 값을 입력하고, 옵션은 송 포지션 라인이 있는 위치에 삽입하기 위해서 [Insert a New Tempo]를 선택합니다.

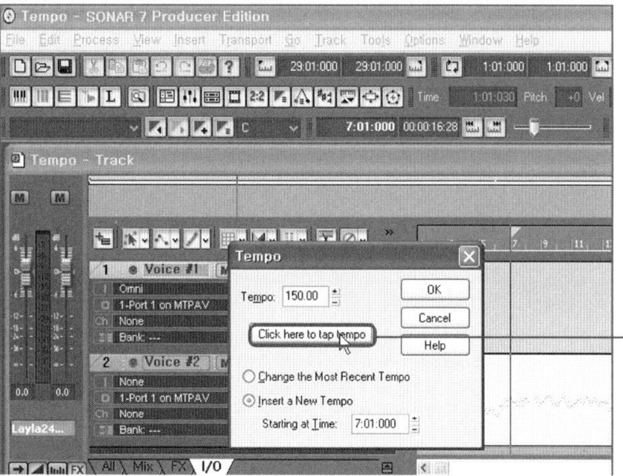

○4 [Click here to tap tempo] 버튼은 마우스 클릭 간격의 속도로 템포를 계산하는 기능이고, Change the Most Recent Tempo는 현재 위치의 템포 값을 변경하는 옵션입니다.

05 [OK] 버튼을 클릭하여 창을 닫고 곡을 연주해보면 템포 변경 값을 입력한 위치에서 템포가 변경되는 것을 확인할 수 있습니다.

4 TIME/MEASURES

Process 메뉴의 Slide는 선택한 클립을 이동시켜 공백을 만들어 주는 것이고, Insert 메뉴의 Time/Measures는 송 포지션 라인 위치에 공백을 삽입하여 삽입되는 위치의 오른쪽에 있는 모든 클립을 오른쪽으로 이동시켜주는 기능입니다. 클립을 이동시킬 경우에는 Process 메뉴의 Slide가 편리하지만, 이벤트 전체를 이동시킬 때는 Insert 메뉴의 Time/Measures가 편리합니다. 목적에 따라 적절히 사용할 수 있는 응용력을 키우기 바랍니다.

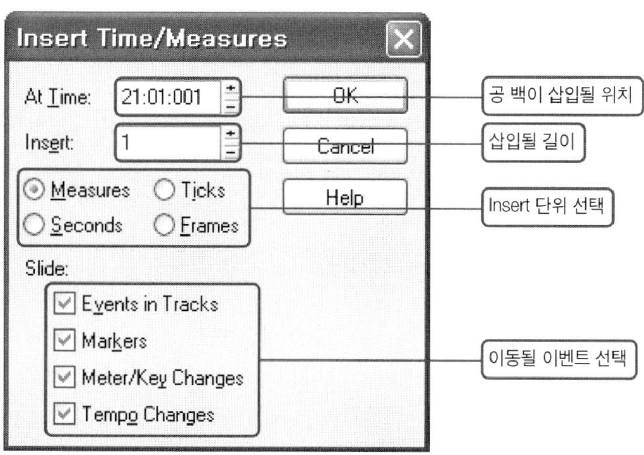

5 MARKER

곡의 위치를 표시해두는 마커의 중요성은 View 메뉴에서 이미 언급했습니다. 마커를 삽입하기 위한 다양한 방법 중에서 가장 편리한 것이 F11 키 입니다. F11 키를 비롯한 기능 키들은 다른 프로그램에서도 많이 채택되어 있는 단축키입니다. 만일 백그라운드로 실행되고 있는 프로그램에서 F11 키의 단축키가 적용되어 있다면 마커를 삽입하기 위한 단축키를 변경하거나 메뉴를 이용해야 할 것입니다.

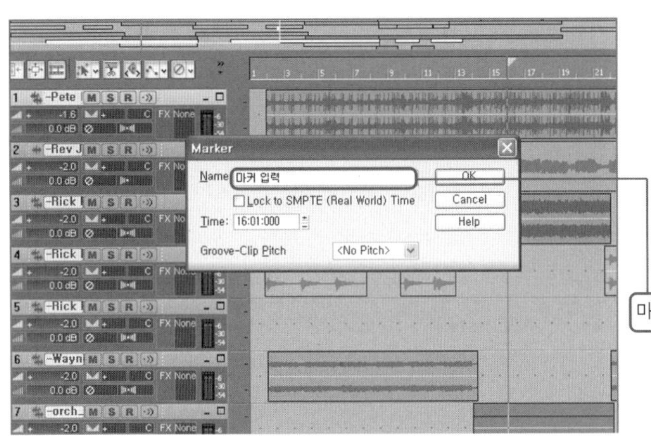

01 마커를 삽입할 위치에 송 포지션 라인을 위치하고 단축키 F11 키를 누릅니다. Name 항목에 이름을 입력하고 [OK] 버튼을 클릭하면 송 포지션 라인 위치에 마커가 삽입됩니다.

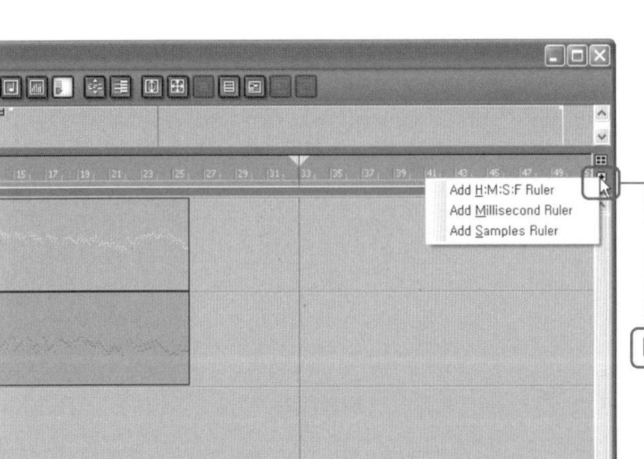

02 마커 입력 창의 Lock to SMPTE (Real World) Time 옵션은 영상 음악 작업에 편리한 시간 단위를 표시하는 역할입니다. 룰러 라인 오른쪽에 있는 [Add Ruler] 버튼을 클릭하여 룰러 라인의 표시 단위를 변경할 수 있다는 것도 기억해 두기 바랍니다.

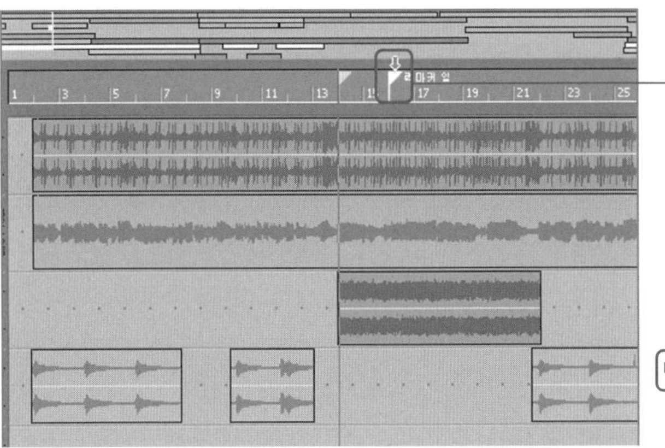

03 곡이 연주 중일 때 F11 키를 누르면 마커는 알파벳과 숫자로 입력됩니다. 입력된 마커를 Ctrl 키를 누른 상태에서 클릭하거나 마우스 오른쪽 버튼으로 클릭하면 이름을 변경할 수 있는 창이 열립니다.

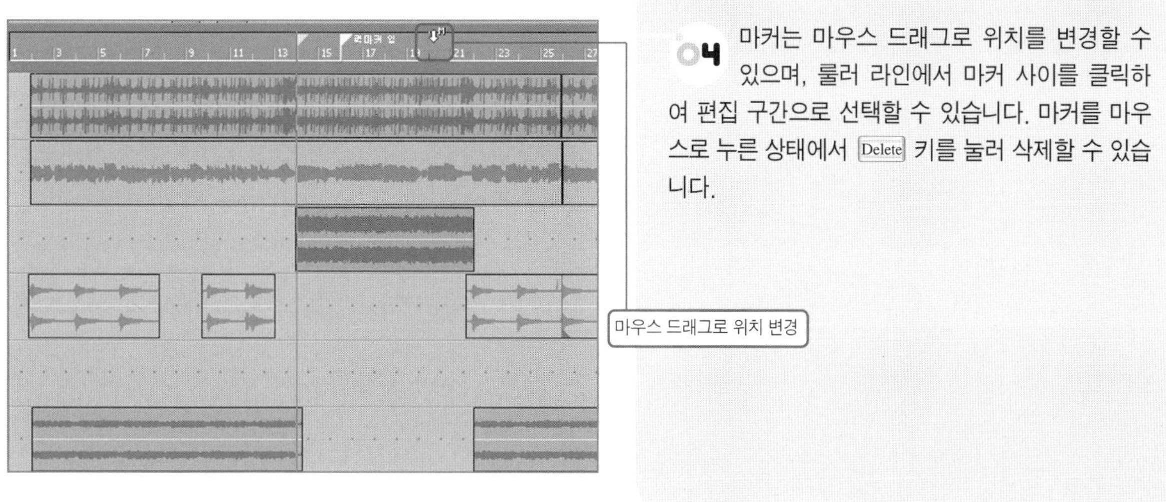

O4 마커는 마우스 드래그로 위치를 변경할 수 있으며, 룰러 라인에서 마커 사이를 클릭하여 편집 구간으로 선택할 수 있습니다. 마커를 마우스로 누른 상태에서 Delete 키를 눌러 삭제할 수 있습니다.

6 CONTROLLERS

곡이 점점 여리게 연주되면서 끝나는 페이드 아웃 기법은 각각의 트랙에 컨트롤 정보 11번인 익스프레션 정보를 삽입하여 처리할 것입니다. 이때 불편한 것은 16트랙을 사용하고 있다면 익스프레션 삽입을 16번 반복해야 한다는 것입니다. 그러나 Insert 메뉴의 [Controllers]는 선택한 클립에 동일한 정보를 삽입할 수 있기 때문에 한번의 작업으로 페이드 아웃을 처리할 수 있습니다.

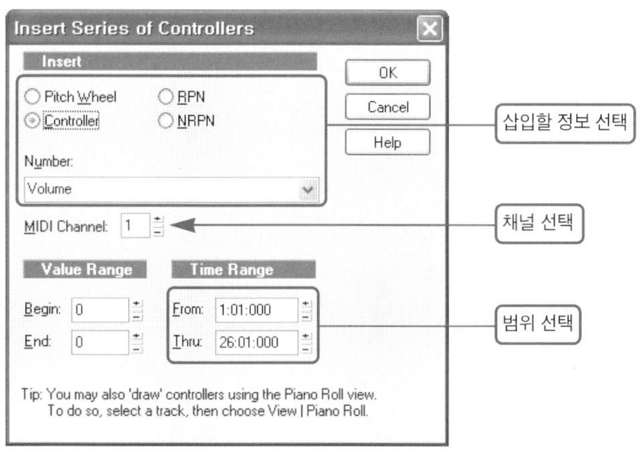

삽입할 정보 선택

채널 선택

범위 선택

Series of Tempos 메뉴 역시 앞에서 살펴본 Controllers와 비슷하게 연속적인 템포 값을 입력할 수 있는 Insert Series of Tempos 창을 엽니다. 템포 변화는 템포 창에서 입력해도 동일한 결과를 가져오기 때문에 굳이 메뉴를 이용해야 할 경우는 없겠지만, 마우스 입력이 서툴거나 특정 구간에 정확한 템포 변화 값을 입력해야 할 때는 편리합니다.

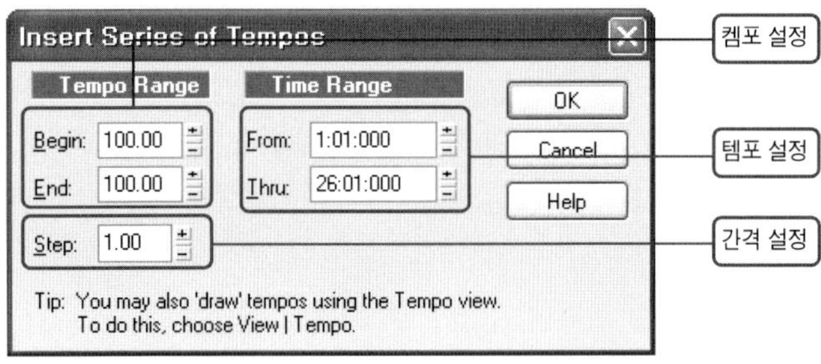

8 INSERT FROM TRACK TEMPLATE

오디오 트랙에는 최소한 하나 이상의 이펙트를 사용하게 됩니다. 보컬 트랙에 컴프레서와 EQ, 리버브 등을 사용하면 가수의 목소리를 훨씬 좋게 만들 수 있다는 것을 알고는 있지만, 어떻게 설정을 해야 할지 막막하기만 한 것이 초보자의 입장입니다. 소나 7은 초보자도 전문가 급의 이펙트를 사용할 수 있는 트랙 템플릿 기능이 있습니다.

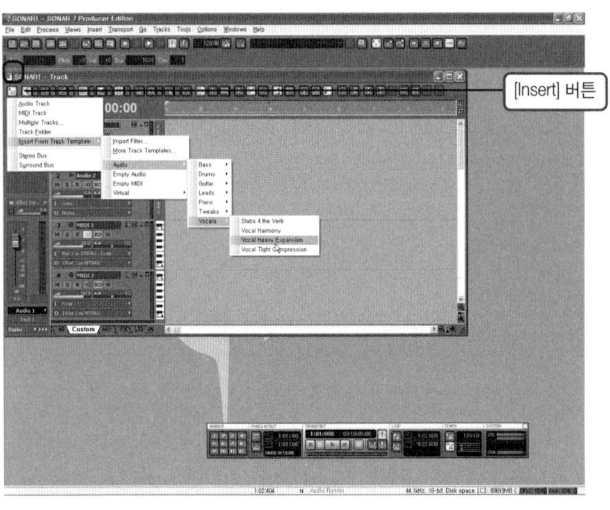

01 보컬 녹음을 한다고 가정합니다. [Insert] 버튼을 클릭하여 메뉴를 엽니다. Insert Form Track Template의 Audio에서 Vocal 서브 메뉴를 열고 녹음할 보컬에 적합한 템플릿을 선택합니다.

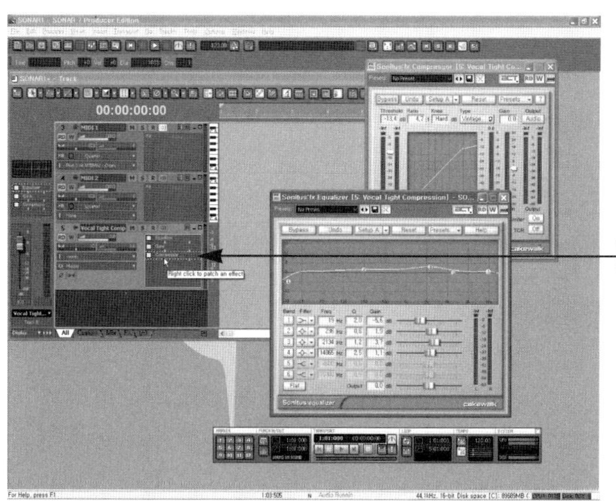

02 오디오 트랙이 만들어지고, FX 패널에 보컬 녹음에 주로 사용하는 이펙트들이 장착된 것을 확인할 수 있습니다. 템플릿으로 설정된 값이 마음에 들지 않으면 이펙트 이름을 더블 클릭하여 패널을 열고 수정할 수 있습니다.

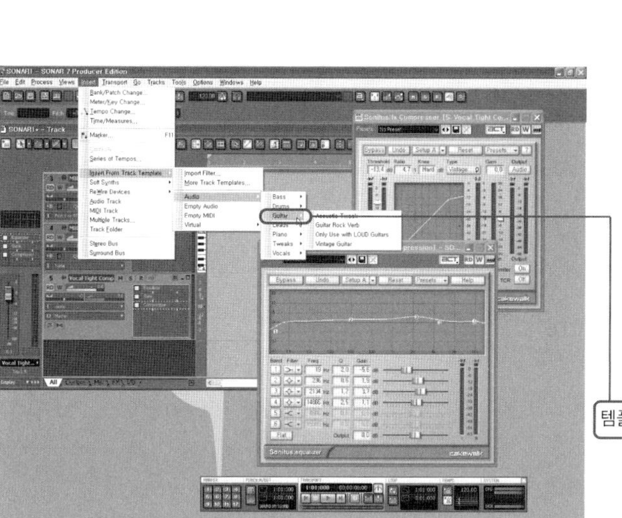

03 이와 같이 Insert Form Track Template 메뉴를 이용하면 초보자도 쉽게 이펙트를 사용할 수 있습니다. Audio 메뉴에는 보컬 외에도 악기 템플릿을 제공하고 있으므로 악기마다 어떤 이펙트를 어떻게 사용하고 있는지 공부해보기 바랍니다.

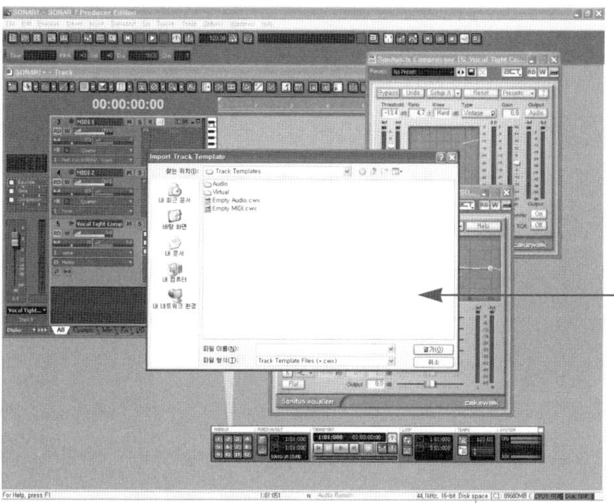

04 그 외 Empty Audio 와 MIDI는 템플릿을 적용하지 않은 트랙을 만들고, Virtual은 가상 악기에 적합한 템플릿을 제공합니다. 그리고 More Track Templates은 독자가 만든 것이나 인터넷 등에서 다운받은 템플릿 파일을 불러올 수 있는 Import Track Template 창을 엽니다.

05 Import Filter 메뉴는 템플릿 트랙을 만들 때 폴더로 만들 것인지, 버스 트랙을 만들 것인지, 파라미터 버튼을 만들 것인지 등의 옵션을 체크할 수 있는 Track Template Import Options 창을 엽니다.

06 독자만 만든 트랙을 템플릿 파일로 저장하는 방법은 저장할 트랙을 마우스 오른쪽 버튼으로 클릭하여 단축 메뉴를 열고, [Save as Track Template]을 선택합니다. 계속해서 열리는 Export track Template 창에서 구분하기 쉬운 이름을 입력하고 저장하면 됩니다.

9 SOFT SYNTH

소나 7에서 기본적으로 제공하는 것과 사용자가 별도로 설치한 VST Instruments 목록이 서브 메뉴로 존재하며 사용할 악기 이름을 선택하고 옵션을 설정하여 해당 악기를 불러올 수 있습니다.

10 REWIRE DEVICES

VST Instruments 중에는 앞에서 살펴본 Soft Synth에서와 같이 소나 7 내부로 불러와 사용할 수 있는 플러그-인 방식 외에도 별도로 실행하여 사용하는 리와이어 방식이 있습니다. 리와이어 방식 프로그램으로는 Propellerhead사의 Reason과 Sony사의 Acid Pro가 유명하지만, 프로그램이 설치되어 있지 않으면 ReWire devices 메뉴를 사용할 수 없습니다. 프로그램이 설치되어 있는 경우에는 ReWire Devices의 서브 메뉴로 존재하며 메뉴를 선택하여 해당 프로그램을 실행할 수 있고 실행된 프로그램은 가상의 케이블로 연결되어 마치 외부 장비를 사용하듯 이용할 수 있습니다.

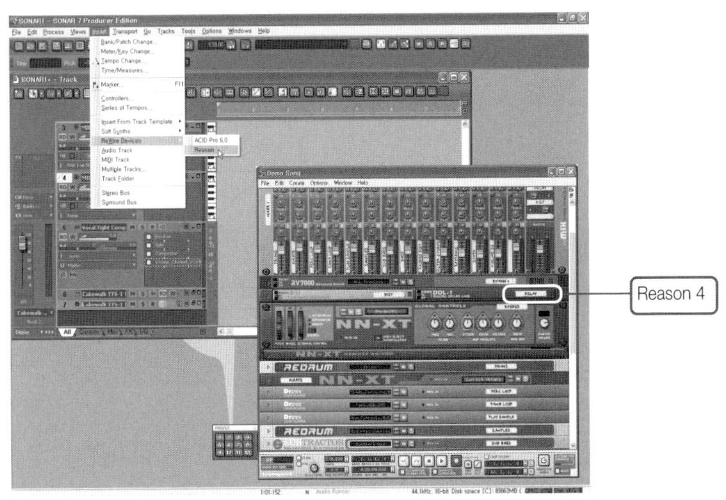

11 AUDIO / MIDI TRACK

Normal 환경의 프로젝트에는 오디오와 미디 트랙이 각각 2개씩 있습니다. 음악 작업을 하기에는 턱없이 부족한 트랙입니다. Insert 메뉴의 Audio Track과 MIDI Track은 오디오와 미디 트랙을 만들어주는 것으로 프로젝트 창의 Insert 도구 메뉴와 동일합니다.

12 MULTIPLE TRACKS

Multiple Tracks은 미디 및 오디오 트랙을 사용자가 필요로 하는 수만큼 동시에 만드는 역할을 합니다. 16 트랙의 미디 작업을 끝내고, 20개의 오디오 트랙을 한번에 만들 필요가 있을 때 유용합니다. 이것 역시 프로젝트 창의 Insert 도구 메뉴와 동일합니다.

13 TRACK FOLDER

컴퓨터 학습을 시작하면서 자주 듣게 되는 용어가 폴더입니다. 폴더는 같은 종류의 물건들을 모아서 정리하는 책장 서랍과 많이 비교됩니다. 즉, 저금 통장과 같은 중요 물건은 첫 번째 서랍에, 각종 문서 등은 두 번째 서랍에 나누어 보관을 하면 나중에 자신이 원하는 물건을 찾기 쉬울 뿐 아니라 관리가 편리해집니다. 소나 7 에서는 이러한 폴더 개념을 도입하여 음악을 만들면서 같은 종류의 트랙을 분류해서 관리할 수 있는 폴더 트랙을 제공하고 있습니다. 이것 역시 프로젝트 창의 Insert 도구 메뉴와 동일합니다.

14 STEREO / SURROUND BUS

버스 트랙은 개별적인 트랙과 메인 트랙 사이를 연결해 주는 중간 역할을 합니다. 이러한 버스 트랙은 콘솔 창에서 살펴보았듯이 시스템 자원을 확보하기 위해서 공통적으로 사용되는 이펙트를 센드 방식으로 적용하거나, 그룹으로 조정하고 싶은 채널을 모아서 하나의 트랙으로 컨트롤할 때 등 다양한 방법으로 응용할 수 있습니다. Insert 메뉴에는 스테레오 채널과 서라운드 채널의 버스 트랙를 만들 수 있는 Stereo Bus와 Surround Bus 메뉴가 있으며 이것 역시 프로젝트 창의 Insert 도구 메뉴와 동일합니다.

06 TRANSPORT 메뉴

Transport 메뉴는 곡을 연주하거나 정지하는 등의 컨트롤을 담당하는 기능으로 구성되어 있습니다. 이것은 단축키나 도구 모음 줄을 이용하는 것이 편리하기 때문에 굳이 메뉴를 이용할 경우는 없을 것입니다. 그러므로 자주 사용하는 트랜스포트 메뉴는 반드시 단축키를 기억해두는 것이 좋습니다.

1 PLAY

곡을 연주합니다. 곡을 연주하고, 정지하는 기능은 단축키를 이용할 경우에는 Space bar 를 많이 이용하고, 마우스를 이용할 경우에는 트랜스포트 패널의 [재생] 버튼을 클릭합니다.

2 AUDITION

선택한 클립을 솔로로 연주합니다. 음악 작업 도중에 클립을 선택해가면서 각각의 클립이 어떤 사운드인지를 모니터 해볼 때, 유용한 메뉴이므로 Shift + Space bar 키를 외워두기 바랍니다.

3 RECORD

Record는 [녹음 준비] 버튼이 On되어 있는 트랙에 오디오 또는 미디 이벤트를 녹음하는 기능입니다. 이벤트를 녹음하는 기능은 단축키를 이용할 경우에는 [R] 키, 마우스를 이용할 경우에는 도구 모음 줄의 [녹음] 버튼을 많이 이용합니다.

4 REWIND

Rewind는 송 포지션 라인을 곡의 처음 위치로 이동시켜 줍니다. 송 포지션 라인을 곡의 처음 위치로 이동하는 기능은 단축키를 이용할 경우 [W] 키 또는 [Ctrl]+[Home] 을 이용할 것이고, 마우스를 이용할 경우에는 도구 모음 줄의 [Rewind] 버튼을 이용하게 될 것입니다. 참고로 송 포지션 라인을 곡의 끝으로 이동시키는 단축키는 [Ctrl]+[End] 입니다.

5 STOP

재생중인 곡을 정지합니다. 곡을 재생하는 역할의 [Space bar] 키는 정지 역할도 합니다. 마우스를 이용할 때는 트랜스포트 패널의 [정지] 버튼을 클릭합니다.

6 RUN AUDIO / RESET

Run Audio는 오디오의 모니터 기능을 Off 시켜 피드백 현상이 발생하는 것을 차단하고, Reset은 미디 포트에 All Note Off 컨트롤 정보를 전송하여 미디 음이 지속되는 에러를 해결합니다. 두 가지 모두 흔하게 발생되는 현상은 아닙니다.

7 STEP RECORD

미디 데이터를 스텝으로 입력할 수 있는 Step Record 창을 엽니다. 연주가 서툰 경우이거나 동일한 패턴을 입력할 때 사용되는 스텝 입력 창의 사용법은 이미 살펴보았습니다. 여기서는 스텝 입력 창의 각 옵션을 살펴보겠습니다.

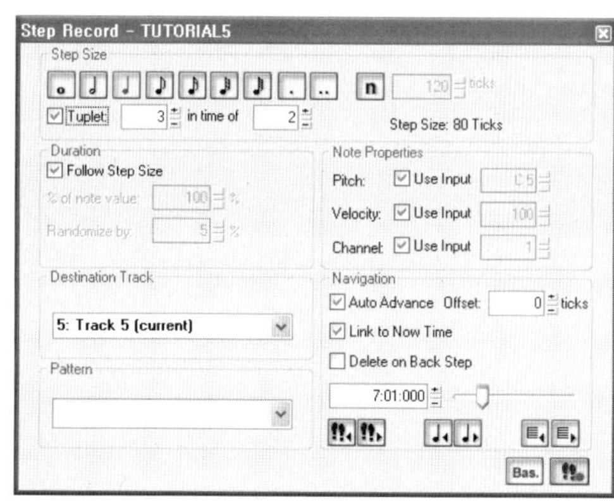

❶ Step size : 입력할 노트의 단위를 선택하는 옵션입니다. ⒩ 버튼을 클릭하면 길이를 틱 단위로 설정할 수 있습니다. 그리고 Tuplet은 3 잇단 음 단위를 설정합니다.

❷ Duration : 입력되는 노트의 길이를 선택합니다. Follow Step Size을 체크한 경우에는 Step Size에서 선택한 단위를 100%의 길이로 사용하며 옵션을 해제하고, % of note value에서 Step Size에서 선택한 노트의 몇 프로에 해당하는 길이가 입력되게 할 것인지, Randomize by에서 입력할 때마다 몇 프로의 변화를 줄 것인지 설정할 수 있습니다.

❸ Destination Track : 스텝 창을 통해서 노트가 입력되는 미디 트랙을 선택합니다. 이것은 프로젝트 창에서 만들어져 있는 트랙을 선택하는 것입니다.

❹ Pattern : 미리 원하는 패턴을 정해놓고 입력할 수 있는 옵션입니다. 쉼표는 점으로 표시하며, 노트는 숫자로 표시합니다. 키보드의 아무 문자나 누르면 Pattern 항목에 숫자가 표시됩니다. 그리고 Space bar 또는 점 키를 눌러 점을 입력합니다.

❺ Note Properties : 사용자가 입력하는 음정, 벨로시티, 채널에 상관없이 일괄적인 노트를 입력할 때 사용하는 옵션입니다. Pitch, Velocity, Channel 항목의 옵션을 해제하고 원하는 값을 입력하면 Note Properties 옵션이 적용됩니다.

❻ Navigation : Auto Advance는 입력 위치를 Step Size에서 선택한 단위만큼 이동하는 옵션입니다. 그리고 우측의 Offset은 시작 위치를 지연시킬 값을 틱 단위로 설정할 수 있습니다.

❼ Link to Now Time : 입력 위치와 송 포지션 라인의 위치를 함께 동작하게 하여 노트의 입력 상태를 쉽게 확인할 수 있게 하며, Delete on Back Step 옵션은 키보드 숫자열의 ⓞ 키를 눌러 위치를 왼쪽으로 이동시킬 때 노트가 함께 삭제되게 합니다. 위치 표시 창과 이동 바는 입력할 위치를 표시하거나 조정합니다. 이동 바의 슬라이드를 좌우로 움직여 입력할 위치를 이동시킬 수 있고 표시 창에서 원하는 위치를 입력하여 이동시킬 수 있습니다. 이동 표시 창 아래쪽의 6개 버튼은 모두 입력할 위치로 이동하는 역할을 합니다. 발 모양을 하고 있는 버튼은 Step Size 단위, 음표 모양은 박자 단위, 오선 모양은 마디 단위입니다. 각 버튼에 마우스를 위치하면 보이는 단축키를 외워두는 것이 좋습니다.

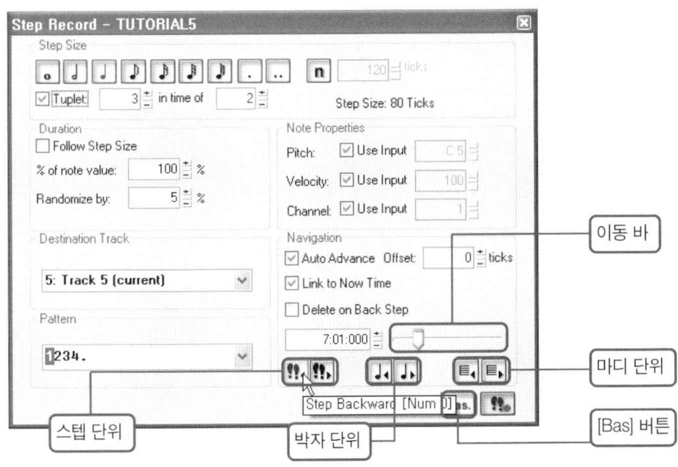

❽ [Bas] 버튼 : 스텝 입력 창에서 자주 사용하는 옵션만 보이게 축소하며, 버튼 이름이 Adv(확대)로 변경됩니다. 그리고 오른쪽의 [녹음] 버튼은 Transport 메뉴의 Toggle step Record Activate과 동일한 역할로 스텝 기능을 On/OFF 합니다.

8 TOGGLE STEP RECORD ACTIVATE

스텝 레코드 창의 사용 여부를 On/Off 하는 스위치 메뉴입니다. 스텝 레코드 창을 열어놓은 상태에서 다른 작업을 할 때, 실수로 원치 않는 노트가 입력되는 것을 방지할 수 있습니다. 스텝 입력 방식을 사용할 때 유용한 메뉴이므로 단축키 Shift + R 키를 외워두기 바랍니다.

9 LOOP AND AUTO SHUTTLE

반복 녹음 및 재생 범위를 설정할 수 있는 Loop / Auto Shuttle 창을 엽니다. 특정 범위를 반복하는 이유는 완벽한 녹음을 위한 테크닉 외에도 사운드를 반복해서 모니터 할 때도 필요합니다. 일반적으로 룰러 라인을 드래그하여 범위를 설정하고 트랜스포트 패널의 [Set Loop Pint Selection] 버튼을 이용합니다.

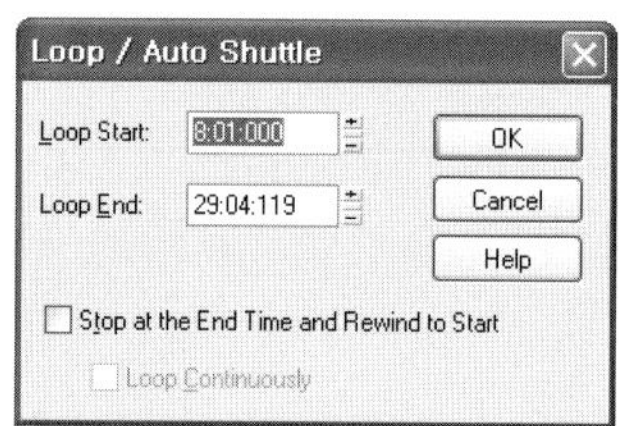

10 RECORD OPTIONS

펀치 녹음 및 반복 녹음을 할 때의 옵션을 설정할 수 있는 Record Options 창을 엽니다. 펀치 녹음은 특정 범위를 삭제하면서 녹음하는 것을 말하고, 반복 녹음은 특정 범위를 반복해서 녹음하는 것을 말합니다. 두 가지 모두 좀 더 좋은 녹음 결과를 얻기 위해서 사용하는 기법입니다. .

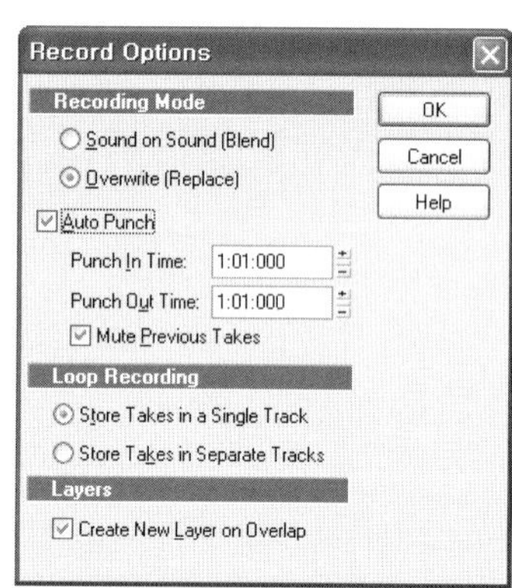

11 SET TIMECODE AT NOW

Set Timecode At Now에서 원하는 시간을 시:분:초:프레임 단위로 입력하면 시간 표시 항목의 값이 변경됩니다. 이것은 외부 장비와 동기 할 때 표시 시간을 일치시키고 싶거나 영상 음악을 작업할 때 어떤 시간에 삽입될 음악인지를 설정하는 용도로 사용할 수 있습니다.

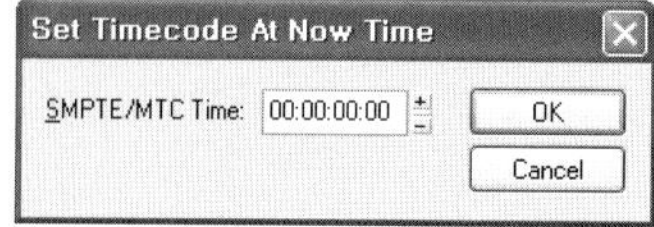

12 SET MEASURE/BEAT AT NEW

송 포지션 라인의 위치 또는 Measure에서 설정한 위치의 박자 및 비트를 삽입할 수 있는 Measure Beat/Meter 창을 엽니다. 해당 위치의 노트 길이가 변경되는 것으로 영상에 맞춰서 템포를 조정하고 싶을 때 유용합니다.

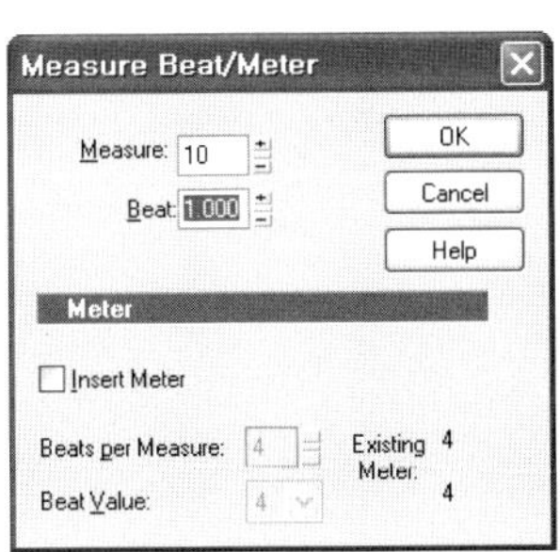

13 REJECT LOOP TAKE

확장 메뉴에 감춰져 있는 Reject Loop Take는 반복 녹음할 때 이전에 녹음한 것을 취소하는 기능입니다. 이 것은 미디 트랙에서만 사용이 가능한 메뉴입니다. 오디오 트랙은 Record Options에서 Overwrite를 선택한 것과 동일한 결과이기 때문에 필요 없지만, 미디 트랙은 반복 녹음을 할 때 먼저 녹음한 이벤트가 모니터 되는 현상이 발생하므로 반드시 필요한 기능입니다.

14 UPDATE PATCH CHACH

사운드폰트(SF)를 디스크로 로딩하여 음색으로 사용할 수 있는 기능이 있는 사운드 카드 사용자만 사용할 수 있는 메뉴입니다. 소나 7에서 음색을 추가, 변경, 삭제 등의 작업을 할 때 더욱 원활한 동작을 할 수 있게 메모리로 기억시켜 줍니다.

15 TEMPO RATIO 1/ 2/ 3

Tempo Ratio 3가지는 템포의 속도를 반으로 늦추거나(Tempo Ration 1), 두 배로 빠르게(Tempo Ratio 3) 연주합니다. Tempo Ratio는 실제 템포 값을 변경하는 것이 아니라 모니터 용으로 사용하는 것이기 때문에 Clock 소스가 Internal이 아니거나 오디오를 사용한 음악에서는 사용할 수 없습니다.

07 GO 메뉴

Go 메뉴는 송 포지션 라인을 이동시킬 수 있는 기능들로 구성되어 있습니다. 곡을 편집하는데 있어서 기준이 되는 것은 트랙과 송 포지션 라인입니다. Go 메뉴의 대부분은 지금까지 학습을 하면서 수 없이 반복 사용하던 기능이기도 합니다. 이처럼 편집 작업에서 많이 사용되는 Go 메뉴의 단축키는 반드시 외워두기 바랍니다.

1 TIME

송 포지션 라인을 원하는 위치로 이동시킬 수 있는 Go 창을 열며, 단축키는 F5 입니다. 곡 편집 작업에 있어서 중심이 되는 것은 트랙과 송 포지션 라인입니다. 소나 7은 이동과 복사 등의 편집 작업을 할 때 위치를 묻는 창을 열어주지만, 익숙해질수록 귀찮은 창 보다는 편집의 기준이 되는 송 포지션라인을 빠르게 이동시킬 수 있는 F5 키를 즐겨 사용하게 될 것입니다.

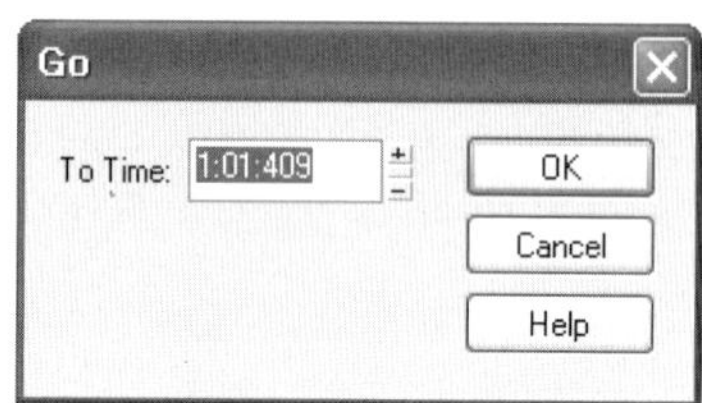

2 FROM / THRU

From는 편집 구간의 시작 지점으로 송 포지션 라인을 이동시켜 주고, Thru는 끝 지점으로 이동시켜 줍니다. 각각의 단축키는 F7과 F8입니다. 곡의 일정한 구간을 반복시켜 모니터 하거나 반복 녹음을 많이 사용하는 독자라면 자주 사용하게 될 기능이므로 단축키를 외워두기 바랍니다.

3 BEGINNING / END

Beginning은 송 포지션 라인을 곡의 처음으로 이동시켜주고 End는 끝으로 이동합니다. 곡의 끝 부분이란 클립의 길이가 끝나는 부분입니다. 각각의 단축키는 Ctrl + Home 과 Ctrl + End 입니다. 송 포지션 라인을 곡의 처음 위치로 이동하는 것은 자주 사용하는 기능이므로 동일한 기능의 단축키 W 를 외워두는 것도 좋습니다. 송 포지션 라인을 곡의 끝으로 이동하는 것은 곡의 길이를 확인할 때 사용할 수 있습니다.

4 PREVIOUS MEASURE / NEXT MEASURE

Previous Measure와 Next Measure는 송 포지션 라인을 마디 단위로 이동하는 기능입니다. 단축키는 Ctrl + Pageup 과 Ctrl + Page Down 입니다. 송 포지션 라인을 이동하기 위한 Go 메뉴 중에서 가장 많이 사용하게 될 Previous Measure와 Next Measure의 단축키는 반드시 외워두기 바랍니다.

5 PREVIOUS MARKER / NEXT MARKER

Previous Marker와 Next Marker는 곡에 입력되어 있는 마커 단위로 송 포지션 라인을 이동합니다. 단축키는 Ctrl + Shift 키를 누른 상태에서 Pageup 과 Page Down 키를 이용합니다. Previous Marker와 Next Marker는 마커 단위로 송 포지션 라인을 이동하는 메뉴이므로 곡에 마커가 입력되어 있지 않다면 사용할 수 없습니다.

6 SEARCH / SEARCH NEXT

Search는 클립에 입력되어 있는 특정 정보를 기준으로 송 포지션 라인을 이동시킬 수 있는 Event Filer 창을 열며, Search Next는 Search 메뉴로 찾았던 이벤트를 반복해서 찾습니다. Search Next 메뉴의 단축키는 F3 키 입니다. Search는 송 포지션 라인을 이동하는 목적보다는 특정 이벤트를 찾는 목적으로도 많이 사용합니다.

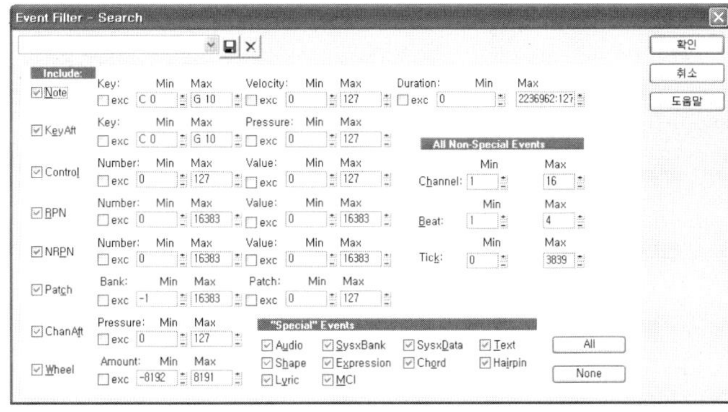

08 TRACK 메뉴

Track 메뉴는 선택한 트랙의 파라미터를 조정하는 기능들로 구성되어 있습니다. 트랙의 파라미터 값은 트랙 리스트 외에도 인스펙터 창, 콘솔 창 등에서도 조정할 수 있습니다. 작업하고 있는 곡에 트랙 수가 많지 않다면, 어떤 창에서도 파라미터를 조정하기가 쉽겠지만, 트랙 수가 많다면 매번 조정할 파라미터를 보기 위해서 트랙을 확대/축소해야만 하는 번거로움이 있습니다. 그러나 Track 메뉴를 이용하면 번거로운 확대/축소 과정 없이 파라미터의 값을 조정할 수 있습니다.

1 PROPERTY

Property 메뉴에는 선택한 트랙의 파라미터를 변경할 수 있는 서브 메뉴로 구성되어 있으며 각각 값을 입력할 수 있는 창을 엽니다. 실제 음악 작업을 할 때는 음악 장르에 따라 다르겠지만 미디와 오디오 트랙을 포함해서 40개 이상의 트랙을 사용합니다. 이렇게 되면 각 트랙의 파라미터가 모두 보이도록 확대해서 작업할 수 없게 됩니다. 이때 필요한 파라미터를 조정하기 위해서 트랙을 확대하는 것 보다는 Property의 서브 메뉴를 이용하는 것이 편리할 수 있습니다.

2 MUTE

선택한 트랙을 뮤트하는 것으로 트랙 파라미터의 [뮤트(M)] 버튼을 On으로 하는 것과 같습니다. 트랙 파라미터를 일일이 확인하기 어려울 때 메뉴의 체크 표시 여부로 뮤트된 트랙을 확인할 수 있습니다.

3 ARCHIVE

선택한 트랙을 시스템 메모리에 로딩하지 않게 하여 이벤트가 입력되어 있지 않은 트랙과 동일하게 취급합니다. 작업 중인 곡에 오디오 트랙과 VST의 사용이 많아지면 사운드가 지연되거나 시스템이 정지하는 등의 에러가 발생합니다. 이때 삭제하기에는 아까운 오디오 트랙의 경우 Archive를 적용하여 메모리의 낭비를 막을 수 있습니다.

4 SHOW AUTOMATION MUTE

트랙의 파라미터 값을 자동으로 컨트롤하는 오토메이션 기능에는 특정 범위를 뮤트 시킬 수 있는 Automation Mute가 있습니다. 오토메이션 뮤트 기능은 일반적인 오토메이션 라인과 같이 클립 위에 표시되어 쉽게 구분할 수 있지만, 트랙이 너무 많은 경우나 오토메이션 트랙을 감춘 경우에는 확인할 수 없습니다. 이때 Track 메뉴의 Show Automation Mute을 체크해두면 트랙 파라미터의 [뮤트] 버튼으로 확인할 수 있습니다.

5 SOLO

선택한 트랙을 솔로로 연주합니다. 특히, 솔로로 연주해보는 모니터는 너무나도 많이 사용하게 될 것이므로 단축키인 ⑪ 키를 기억해두기 바랍니다.

6 ARM FOR RECORDING

선택한 트랙의 녹음 준비 버튼을 On/Off 합니다. 트랙에 녹음을 하기 위해서는 선택한 트랙을 녹음 가능한 상태로 준비시켜야 한다는 것을 기억할 것입니다.

7 AUTOMATION READ /WRITE ENABLE

Automation Read Enable는 선택한 트랙에 기록되어 있는 오토메이션이 동작하게 하며, Automation Write Enable는 선택한 트랙에 오토메이션을 기록할 수 있게 합니다. 각 트랙마다 [Read]와 [Write] 버튼이 있으며, 오토메이션을 기록하기 위한 [Write] 버튼을 On으로 하면 기록 가능한 파라미터에 빨간색 테두리가 표시됩니다.

8 INPUT MONITOR / ECHO

입력되는 사운드를 모니터 할 수 있는 트랙의 [에코] 버튼을 On/Off 합니다. 입력 사운드를 모니터 하는 이유는 최적의 레벨로 녹음을 하거나 FX 패널의 이펙트를 실시간으로 이용하기 위한 것입니다. 최적의 레벨로 녹음을 한다는 것은 작게 녹음한 사운드를 소나 7에서 증가시켰을 때 발생할 수 있는 노이즈를 최소화하기 위함입니다. 디지털 녹음은 클립핑이 발생하지 않는 한도 내에서 최대 볼륨으로 녹음하는 것을 권장합니다.

9 FREEZE

시스템 자원을 차지하고 있는 VST를 실제 이벤트에 적용하여 시스템 자원을 확보할 수 있는 서브 메뉴로 구성되어 있습니다. 오디오 트랙에서 사용하는 VST Effects는 원하는 사운드를 디자인하는데 반드시 필요한 기능입니다. 하지만 그 수가 많아지게 되면 시스템이 정지되는 심각한 에러를 경험하게 됩니다. 이것에 대한 대응책으로는 작업 도중에 Ctrl+S 키를 습관처럼 눌러 데이터를 보존하는 것과 Freeze 기능을 사용하여 시스템 자원을 확보하는 것입니다.

10 CLONE

선택한 트랙의 파라미터를 복사합니다. 트랙의 파라미터를 복사하는 이유에는 여러 가지가 있습니다. 댄스 음악에서 흔하게 사용하는 것으로 동일한 음색의 연주를 좌/우로 벌려 뭔가 채우는 느낌을 만들어내는 기법이 그 한가지 예입니다. 이것은 좌측에서 연주되는 트랙의 파라미터를 그대로 복사하여 팬 값만 우측으로 돌려준다면 간단하게 만들어낼 수 있습니다. 여기에 약간의 시간차를 두면 한층 효과적인 연출이 가능합니다.

❶ Selected Tacks : 선택한 트랙의 종류와 수를 표시합니다.

❷ Clone Events : 선택한 트랙의 클립을 함께 복사합니다. 아래쪽의 Link to Original Clip 옵션을 체크하면 링크로 연결해 줍니다.

❸ Clone Properties : 예제에서 살펴보았듯이 트랙의 파라미터 값을 복사합니다.

❹ Clone Effects : 트랙의 이펙트을 복사합니다.

❺ Clone Sends : 트랙의 센드 설정을 복사합니다.

❻ Repetitions : 복사할 수를 입력합니다.

❼ Starting Track : 복사될 트랙 번호를 입력합니다.

11 DELETE / WIPE

Delete 메뉴는 음악 작업을 완료한 후 필요 없어진 트랙을 삭제하고 싶을 때 사용하며, Wipe 메뉴는 트랙의 파라미터 값은 그대로 유지하고 클립만을 삭제하고 싶을 때 사용합니다. 이벤트가 있는 트랙을 삭제할 때도 아무런 경고 상자를 보여주지 않으므로 주의하기 바랍니다.

12 HIDE

선택한 트랙을 화면에서 감춰줍니다. 미디 이벤트를 오디오로 녹음한 후에는 화면의 공간만을 차지하고 있는 미디 트랙이 불편할 것입니다. 그래서 오디오 녹음을 완료한 후에 미디 트랙을 모두 삭제하고 다른 이름으로 저장하는 방법을 많이 사용합니다. 독자의 습관 마다 다르겠지만 미디와 오디오의 두 가지 파일을 만드는 것 보다는 폴더 트랙 또는 Hide 메뉴를 이용해서 미디 트랙을 감춰두는 것이 관리하기 편리할 것입니다.

13 LAYERS

트랙을 레이어 개념으로 나누어 클립을 편집할 수 있게 하는 서브 메뉴로 구성되어 있습니다. 3, 4분 길이의 연주 또는 보컬을 녹음한다고 했을 때, 한번에 녹음을 완료하는 경우는 드물 것입니다. 대부분 잘못 부분을 수정하면서 녹음하는 방식을 이용하기 때문에 하나의 트랙에 수 십 개의 클립이 만들어집니다. 이때 레이어 기능을 이용하면 클립과 클립 사이의 연주가 자연스럽게 연결될 수 있게 편집할 수 있습니다.

14 SORT

트랙을 이름 순서, 크기 순서, 채널 순서 등으로 정렬합니다. Track 메뉴의 [Sort]를 실행하면 Name, Muted, Archived 등의 정렬 기준과 순서를 설정할 수 있는 창이 열립니다.

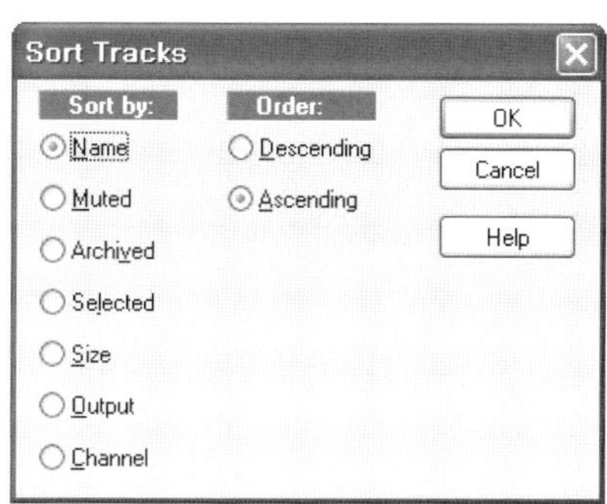

15 IN-LINE PRV

프로젝트 창의 작업 공간에 표시되는 클립을 피아노 창과 동일한 형태로 보여주는 PRV 모드의 서브 메뉴로 구성되어 있습니다. 이것은 미디 이벤트를 편집하기 위해서 피아노 롤 창을 열지 않고도 동일한 작업을 할 수 있는 편리함을 제공합니다.

16 SNAP TO SCALE

미디 노트를 스케일에 해당하는 노트만 입력할 수 있게 하는 서브 메뉴로 구성되어 있습니다. 음악 이론이 부족한 사용자가 소나 7을 이용해서 특정 스케일의 곡을 만들고 싶을 때 유용하게 사용할 수 있습니다.

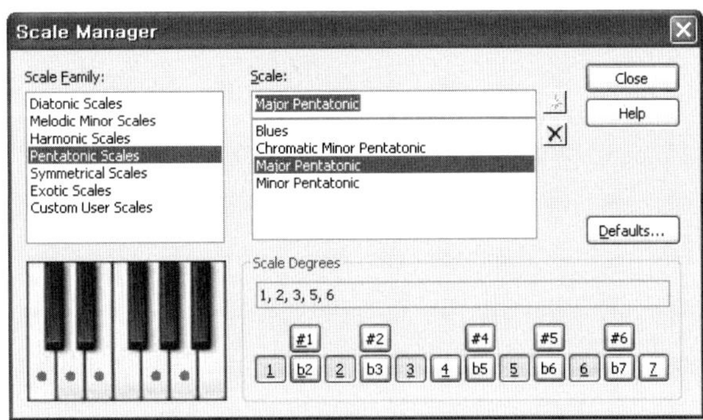

17 INPUT QUANTIZE

노트를 입력할 때, 퀀타이즈가 적용될 수 있도록 하는 Enable/Disable Input Quantize 스위치 메뉴와 퀀타이즈 단위를 설정할 수 있는 Quantize Settings 메뉴로 구성되어 있습니다. 입력되어 있는 노트를 퀀타이즈 시키는 Process 메뉴의 [Quantize]와 설정 방법은 같습니다.

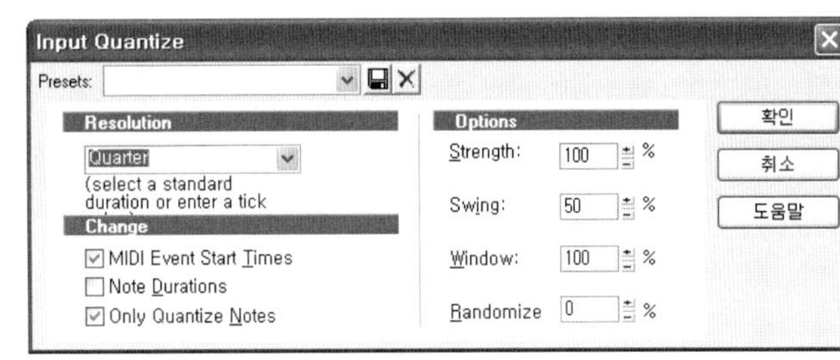

09 TOOLS 메뉴

Tools 메뉴에는 곡 작업에 사용하는 오디오 파일을 관리할 수 있는 메뉴와 선택한 오디오를 편집할 수 있는 외부 사운드 프로그램이 등록되어 있습니다. Tools 메뉴의 구성은 소나 7 설치 옵션과 컴퓨터에 설치되어 있는 사운드 편집 프로그램에 따라 달라질 수 있습니다. 소나 7의 모든 구성 요소를 설치했을 경우의 메뉴를 살펴보겠습니다.

1 CONSOLIDATE PROJECT AUDIO

작업에 사용된 오디오 클립을 Global Options의 Audio Data에서 설정한 오디오 폴더에 하나의 파일로 저장합니다. 기본적으로 소나 7에서 작업하는 오디오 파일은 C:\Cakewalk Projects\Audio Data에 저장되며 메뉴를 실행하면 작업을 실행할 것인지를 묻는 창이 열립니다. 흩어져 있는 오디오 파일을 하나로 묶어 두면 백업 작업에 편리할 것입니다. 하나로 묶인 파일도 실제 프로젝트에서는 개별적으로 연주됩니다.

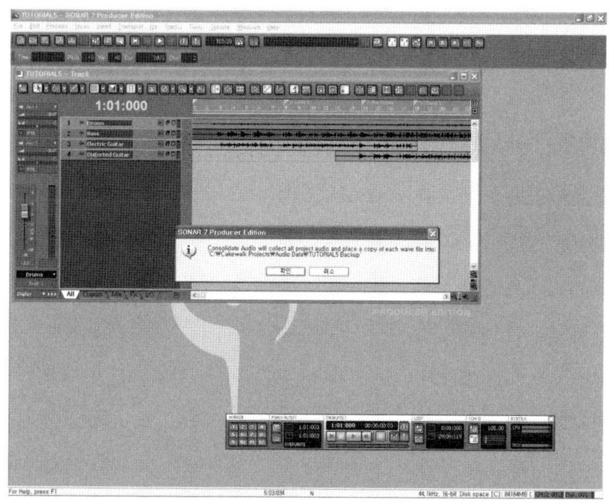

2 CLEAN AUDIO FOLDER

프로젝트에서 사용하지 않는 오디오 파일을 한꺼번에 삭제할 수 있는 Clean Audio Folder 창을 엽니다. 곡 작업을 빈번하게 하다가 보면 어떤 프로젝트에서도 사용되지 않는 오디오 파일이 만들어지게 마련됩니다. 이것들은 독자의 하드 공간만 차지하게 되는 애물 단지되는데 Clean Audio Folder 메뉴를 이용해서 필요 없는 오디오 파일을 실수 없이 제거할 수 있습니다. [Find] 버튼을 클릭하여 파일을 찾고 [Delete] 또는 [Delete All] 버튼을 클릭하여 제거합니다. 의심이 가는 파일은 [Play] 버튼을 클릭하여 모니터 할 수 있습니다.

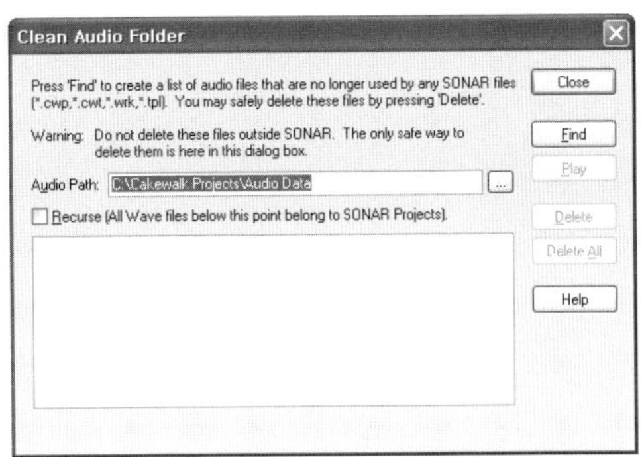

3 CHANGE AUDIO FORMAT

선택한 오디오 클립의 포맷을 변경할 수 있는 Change Audio Format 창이 열립니다. 변경 가능한 포맷은 16, 24, 32, 64비트입니다. 오디오 포맷을 변경하는 이유는 높은 비트를 낮은 비트로 낮추는 것이 목적입니다. 이미 16비트로 녹음한 오디오를 24비트로 변경한다고 해서 사운드가 좋아지는 것은 아니기 때문입니다.

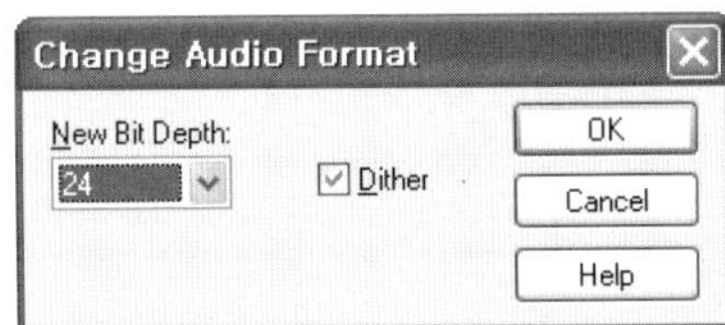

4 CAKEWALK PUBLISHER

MP3 파일로 믹스 다운한 음악을 개인 홈페이지나 인터넷 카페 등의 사이트에 업로드 할 수 있는 Publisher를 실행합니다. 인터넷에서 제공하는 홈페이지와 카페는 별도의 업로드 기능이 있기 때문에 Publisher를 이용할 필요가 없겠지만, 개인 서버를 운영하는 유저에게는 곡을 체계적으로 관리할 수 있는 도구가 될 것입니다.

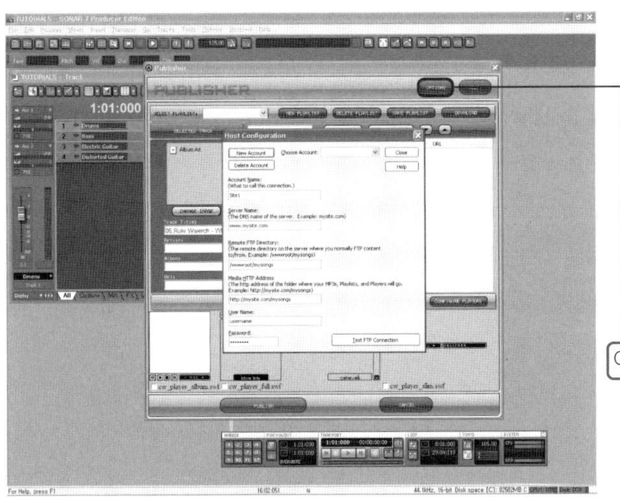

01 Cakewalk Publisher를 실행하고 처음에 해야 할 일은 파일을 업로드 할 호스트를 설정하는 일입니다. [Options] 버튼을 클릭하여 창을 열고 FTP 주소와 곡을 로딩할 폴더 등을 입력합니다. 이것에 관련된 내용은 사용하고 있는 서버 도움말을 참조하기 바랍니다.

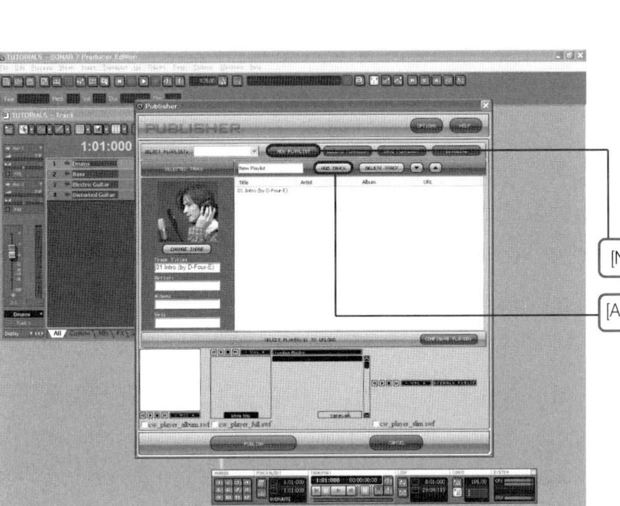

02 [New Playlist] 버튼을 클릭하여 새로운 플레이 리스트를 만들고, [Add Track] 또는 [Delete Track] 버튼을 클릭하여 Mp3 파일을 리스트에 추가합니다. 그리고 곡에 대한 정보를 입력합니다.

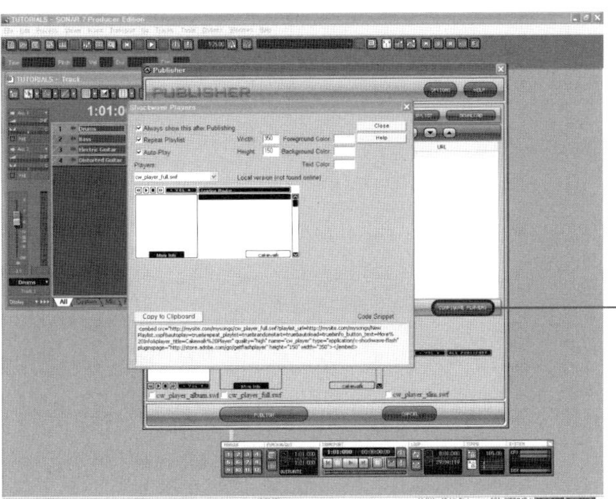

03 [Configure Players] 버튼을 클릭하여 플래시 플레이어의 속성을 설정할 수 있습니다. 속성 창에는 웹 페이지가 열릴 때 자동으로 연주되게 할 것인지, 반복 연주되게 할 것인지, 플레이어의 크기를 어느 정도로 할 것인지 등의 옵션이 있습니다.

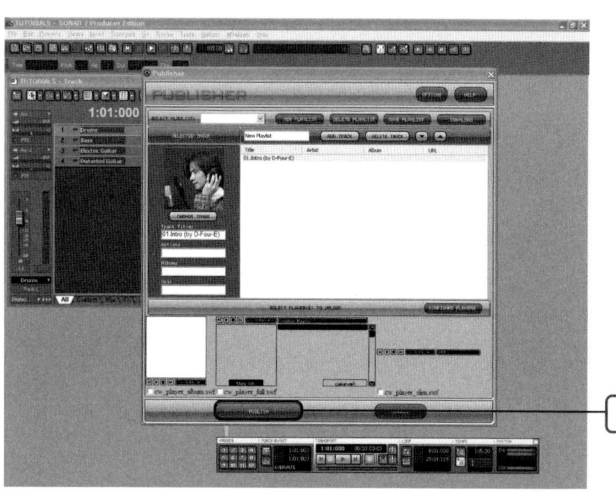

04 함께 업로딩 할 플래시 파일의 옵션을 체크하고, [Publish] 버튼을 클릭하여 서버에 업로딩 합니다. Publisher를 이용하기 위해서는 홈페이지 제작과 서버에 대한 지식이 필요하므로 관련 서적을 참조하기 바랍니다.

5 BURN AUDIO CD

오디오 CD를 제작할 수 있는 Audio CD Burner 프로그램을 실행합니다. 이미 믹스 다운된 사운드 파일이 필요하기 때문에 작업 도중에 사용할 일은 없지만, 소나 7이 설치되어 있는 [시작] 버튼의 Cakewalk 폴더에서 실행시킬 수 있습니다.

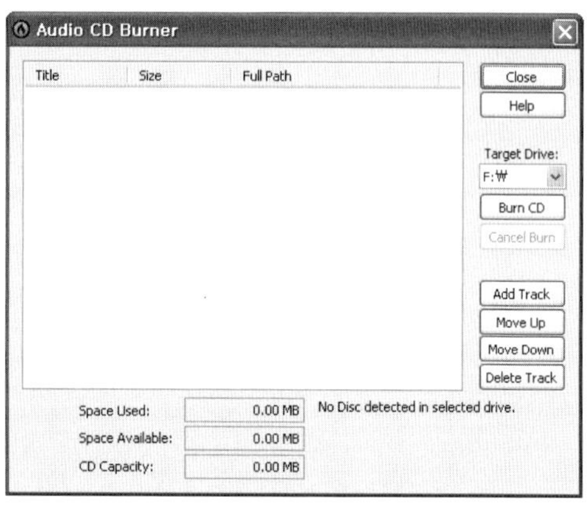

6 CWAE TOOL

흩어져 있는 프로젝트와 오디오 파일들을 찾아 정리할 수 있는 CWAF Tool을 실행합니다. 이것은 [시작] 버튼의 Cakewalk 폴더에서 [Cakewalk Audio Finder]를 선택하여 별도로 실행할 수 있는데, 이것보다는 평소에 곡 단위로 프로젝트를 관리하는 습관을 갖는 것이 좋습니다.

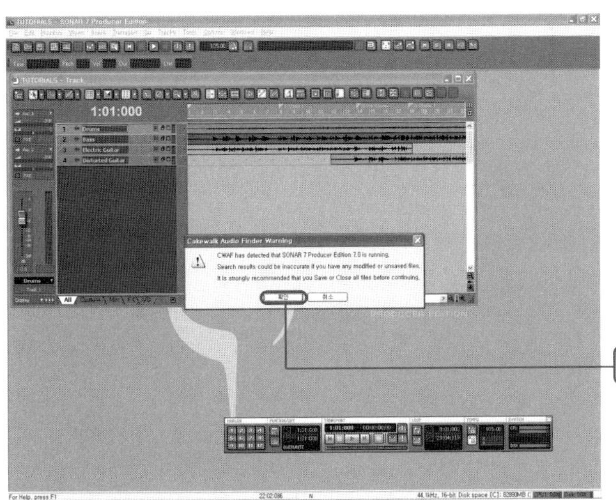

01 Tool 메뉴를 이용해서 CWAE TOOL을 실행 하면 작업 중인 프로젝트를 닫거나 저장할 것을 권장하는 경고 창이 열립니다. 즉, 경고 창이 열려있는 상태에서도 프로젝트를 저장하거나 닫을 수 있다는 의미입니다.

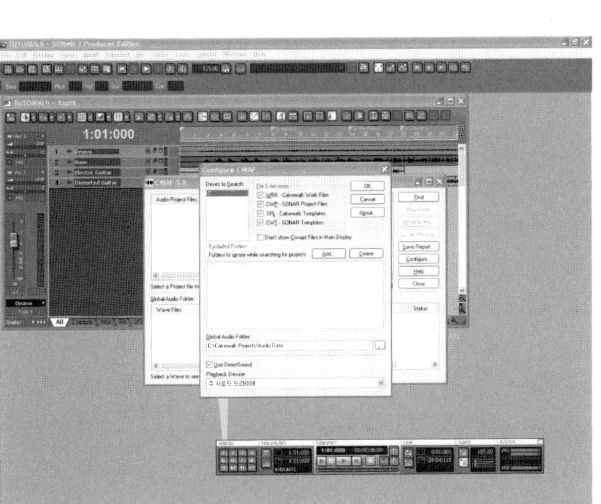

02 검색할 드라이브와 파일 형식을 선택할 수 있는 Configure CWAF 창이 열립니다. 검색 에서 제외시킬 폴더는 [Add] 버튼을 클릭하여 추가 할 수 있고, CWAF에서 모니터 할 오디오 포트도 선 택할 수 있습니다.

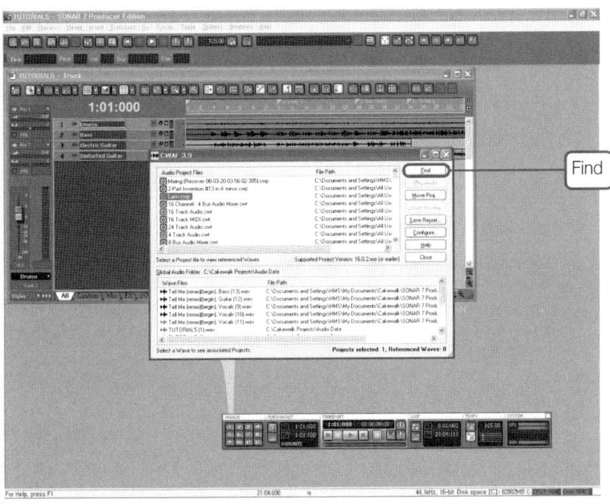

03 CWAF가 실행되면, [Find] 버튼을 클릭하여 Configure CWAF 창에서 설정한 드라이브 를 검색합니다. 검색이 끝나면 위쪽의 프로젝트를 선택하고, 선택한 프로젝트에 사용하는 오디오 파일 들의 상태를 아래쪽에서 확인할 수 있습니다.

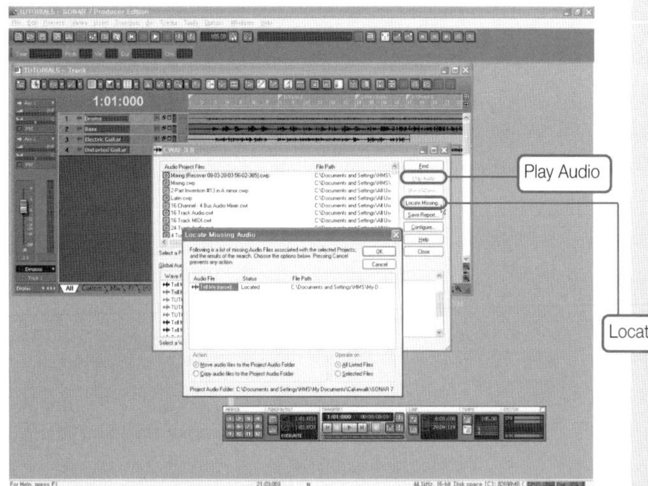

04 아래쪽 Status 칼럼에서 Orphan은 연결된 프로젝트가 없는 오디오 파일을 의미하며, Missing은 선택한 프로젝트에서 찾을 수 없는 오디오 파일을 의미합니다. 각각의 파일은 Play Audio 버튼으로 모니터 해 볼 수 있고 Missing 파일은 [Locate Missing] 버튼을 클릭하여 찾아볼 수 있습니다.

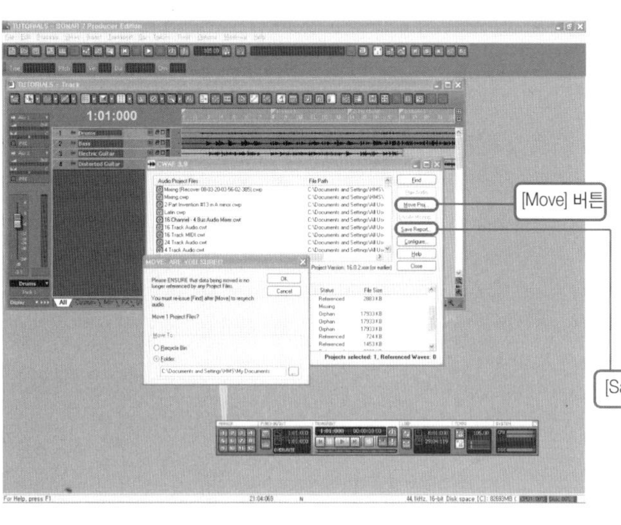

05 하나의 폴더로 정리하고 싶은 프로젝트와 오디오 파일은 [Move] 버튼을 클릭하여 정리합니다. [Save Report] 버튼은 검색 결과를 텍스트 파일로 만들 수 있는 기능입니다. 이처럼 CWAF Tool은 파일을 정리하는 역할을 하지만, 곡을 만들 때부터 폴더 단위로 정리를 하면 굳이 CWAF Tool을 이용할 필요는 없을 것입니다.

7 EXTERNAL ENCODER CONFIGURATION UTILITY

External Encoder Configuration Utility은 기본적으로 제작할 수 있는 WAV, RM, MP3 등의 파일 외에 FLA, OGG 등의 파일로 믹스다운 할 수 있도록 익스포팅 포맷을 확장해주는 유틸리티입니다. 소나 7 설치 DVD를 이용한 파일 확장은 FLA, MP3, OGG 등이 있습니다. 방법은 모두 동일하므로 여기서는 MP3만큼이나 많은 관심을 받고 있는 OGG 포맷을 만들기 위한 환경을 꾸며보겠습니다.

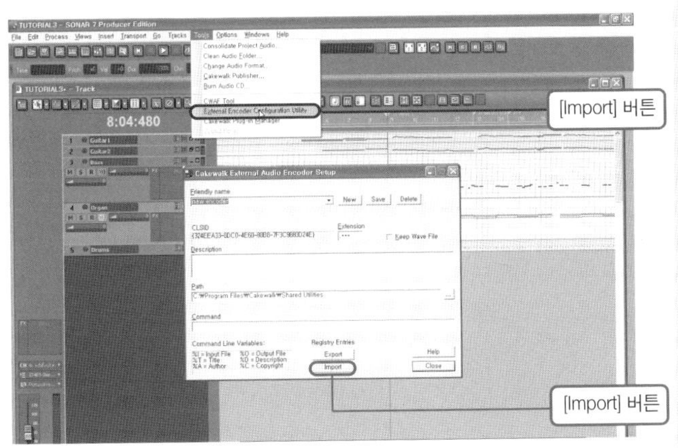

01 Tools 메뉴의 External Encoder Configuration Utility를 선택하여 창을 열고, [Import] 버튼을 클릭합니다.

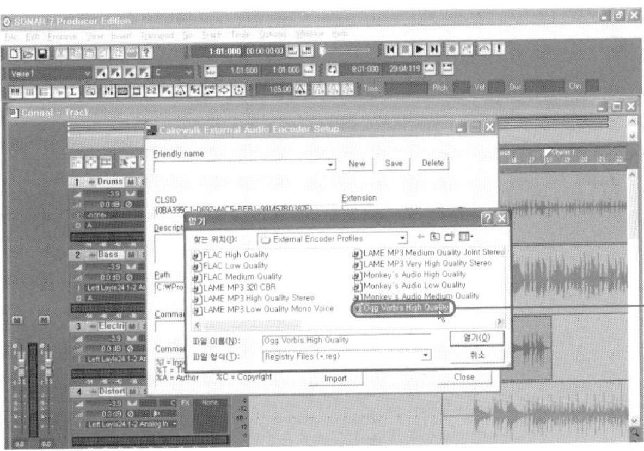

02 소나 7설치 DVD를 드라이브에 삽입하고 Utilities의 External Encoder Profiles 폴더에서 사용하고 싶은 포맷을 선택합니다. 그림에서는 [OGG Vorbis High Quality]를 더블 클릭하고 있습니다.

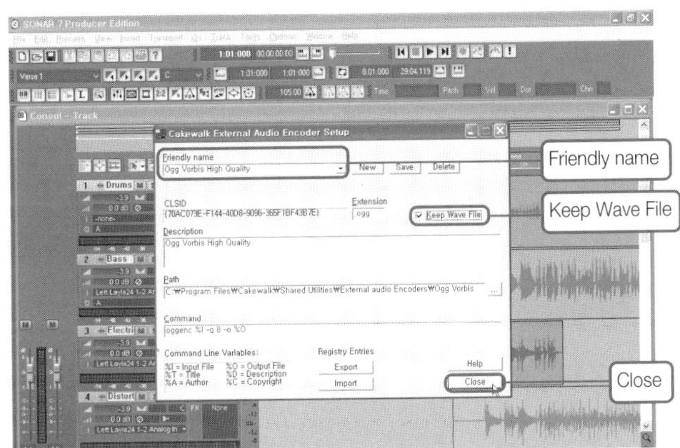

03 Friendly name에서 임포팅한 파일 형식의 이름을 변경할 수 있습니다. OGG 파일을 만들 때 WAV 파일이 함께 만들어지지 않게 하고 싶다면 Keep Wave File 옵션을 체크합니다. [Close] 버튼을 클릭하여 창을 닫습니다.

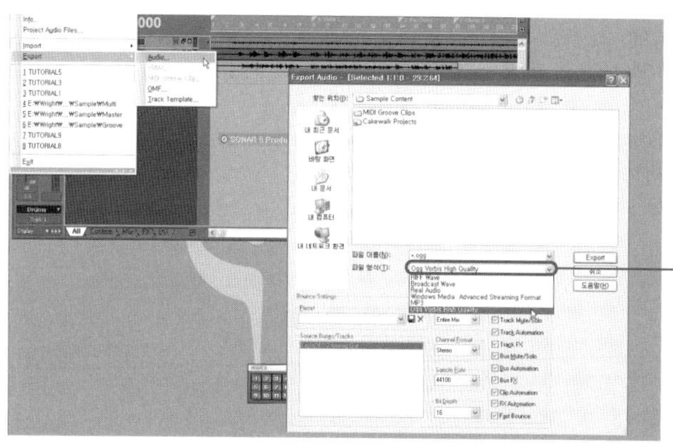

여기서부터는 일반적인 믹스다운과 동일합니다. File 메뉴의 Export에서 [Audio]를 선택하여 창을 열고, 파일 형식에서 추가한 포맷을 선택하여 Ogg 파일을 만들 수 있습니다.

8 CAKEWALK PLUG-IN MANAGER

소나 7에서Audio Effect와 VST Instruments는 컴퓨터에 설치되어 있는 모든 VST가 등록되어 있습니다. 이것은 소나 7을 실행할 때마다 검색하므로 로딩 시간을 지체할 뿐 아니라 필요한 이펙트를 사용할 때 혼동될 수 있는 단점이 있습니다. Tools 메뉴의 [Cakewalk Plug-in Manager]를 이용하면 독자에게 필요한 Audio Effect와 VST Instruments만을 등록할 수 있습니다.

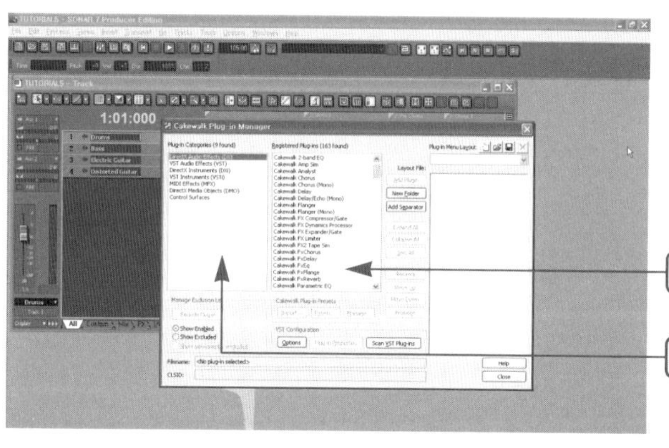

01 Tools 메뉴의 [Cakewalk Plug-in Manager]를 선택하여 창을 열고 컴퓨터에 설치되어 있는 플러그-인들을 확인합니다. Plug-in Categories에서 카테고리를 선택하면 Registered Plug-in 목록에서 확인할 수 있습니다.

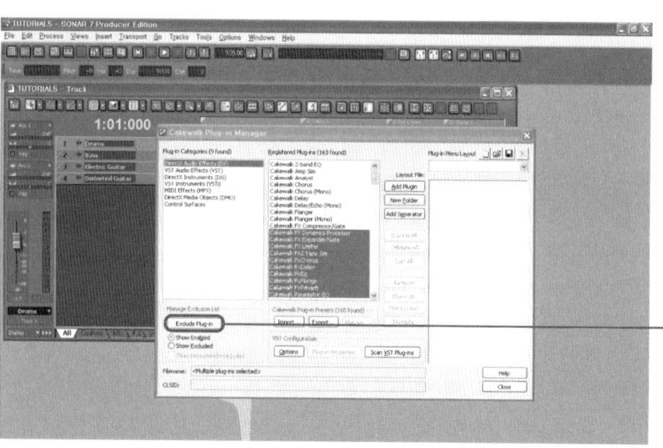

02 제외시킬 것들이 있다면 Registered Plug-ins 목록에서 선택합니다. [Ctrl] 키와 [Shift] 키를 이용하면 다수의 목록을 선택할 수 있습니다. 그리고 [Exclude Plug-In] 버튼을 클릭하면 선택한 목록이 리스트에서 제외됩니다.

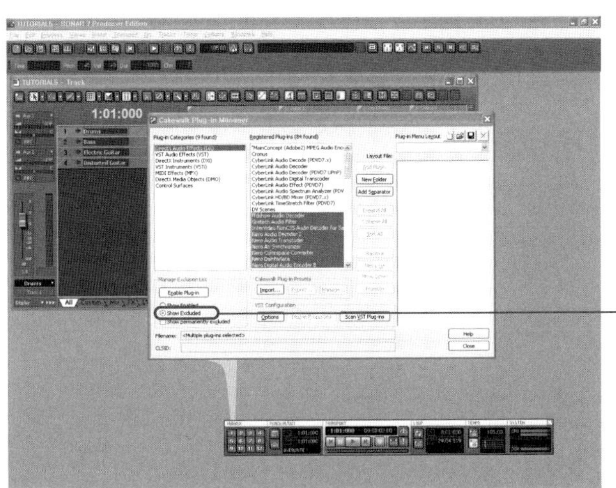

Manage Exclusion List 항목에서 Show Excluded 옵션을 선택하면 소나 7에서 사용하고 있지 않은 목록이 보입니다. 제거할 때와 같은 방법으로 원하는 목록을 선택하고 [Enable Plug-In] 버튼을 클릭합니다. 나머지 카테고리도 동일한 방법으로 정리할 수 있습니다.

9 SOUND FORGE

Sound Forge 메뉴는 독자의 컴퓨터에 설치되어 있는 오디오 편집 프로그램에 따라 종류가 달라지며, 일반적으로 많이 사용하는 사운드 포지가 설치되어 있는 경우에는 선택한 오디오 클립을 사운드 포지에서 편집할 수 있습니다. 이 기능은 다른 컴퓨터 음악 프로그램에서는 지원하지 않는 소나 7의 최대 장점입니다.

10 OPTIONS 메뉴

Options 메뉴는 음악 작업에 반드시 필요한 미디 인터페이스와 오디오 카드의 환경 설정 외에도 개인적인 취향에 따라 소나 7의 환경을 변경할 수 있는 옵션 메뉴들로 구성되어 있습니다. 컴퓨터를 처음 학습할 때는 바탕화면이나 폴더의 위치 등을 구입할 당시의 상태로 사용하게 되지만, 나중에는 연예인 사진으로 바탕화면을 채우고 파일 형식별로 폴더를 구분하게 됩니다. 소나 7 역시 처음에는 기본적인 환경을 그대로 사용하겠지만, 어느 정도 익숙해지면 단축키, 색상, 오디오 포맷 등 독자의 취향이나 환경에 맞게 수정할 수 있어야 겠습니다.

1 MIDI DEVICES

컴퓨터에 연결한 미디 인터페이스의 In/Out 포트 중에서 실제 소나 7에서 사용할 포트를 설정하는 기능입니다. 사운드 카드의 미디 인터페이스 기능을 사용하는 경우에는 In/Out 포트가 각각 하나씩이지만, 8포트의 멀티 미디 인터페이스를 사용하는 경우에는 각각 8개씩 입니다. 그러나 실제로 모든 포트에 악기를 연결하여 사용하는 경우는 드물 것이므로 MIDI Devices 메뉴를 이용하여 실제 사용하고 있는 포트만 선택할 수 있습니다.

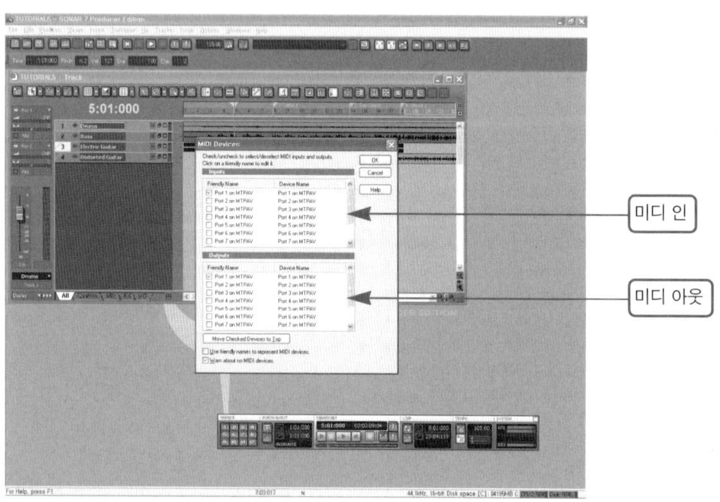

2 INSTRUMENTS

Instruments는 트랙의 패치 파라미터에서 악기를 선택할 때 번호가 아닌 악기 이름이 보이도록 합니다. 소나 7에서 제공하고 있는 악기 리스트는 세계적으로 사용되고 있는 대부분의 악기를 제공하기 때문에 인터넷을 뒤져야만 하는 번거로움은 없습니다. 그러나 샘플러에 녹음해둔 자신만의 악기의 음색은 별도로 만들어주어야 합니다. 자신이 만든 음색을 한글 리스트로 만들어 사용하는 방법을 살펴보겠습니다.

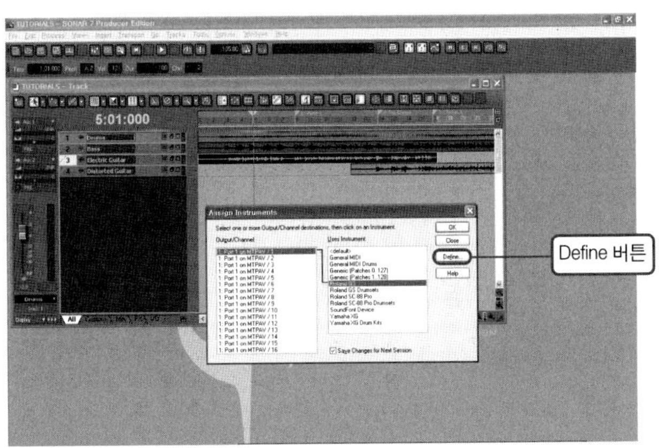

01 Options메뉴의 [Instruments]를 선택하여 Assign Instruments 창을 열고, 새로운 악기를 추가하기 위한 [Define] 버튼을 클릭합니다.

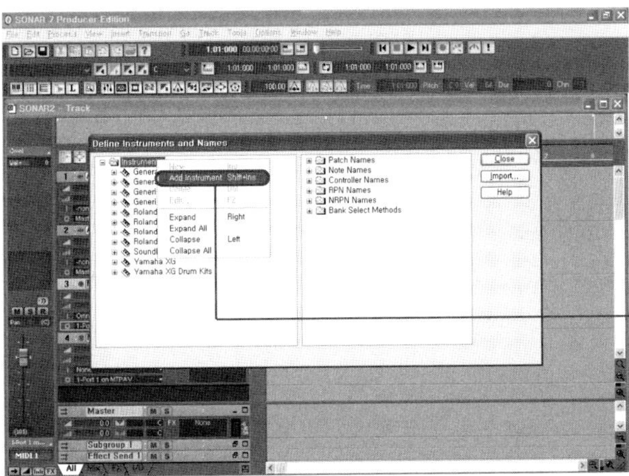

02 Define Instruments and Names 창 왼쪽의 Instruments 항목에서 마우스 오른쪽 버튼을 클릭하여 [Add Instruments]를 선택합니다. Type new name이 만들어지면 채널 항목에 보여질 이름(원래는 악기 회사)을 선택합니다.

03 오른쪽 Patch Name 항목에서 마우스 오른쪽 버튼을 클릭하여 단축 메뉴를 열고, [Add Patch Names List]를 선택합니다. Type New title이 만들어지면 [Import] 버튼을 클릭했을 때 보여지는 이름(원래는 악기 이름)을 선택합니다.

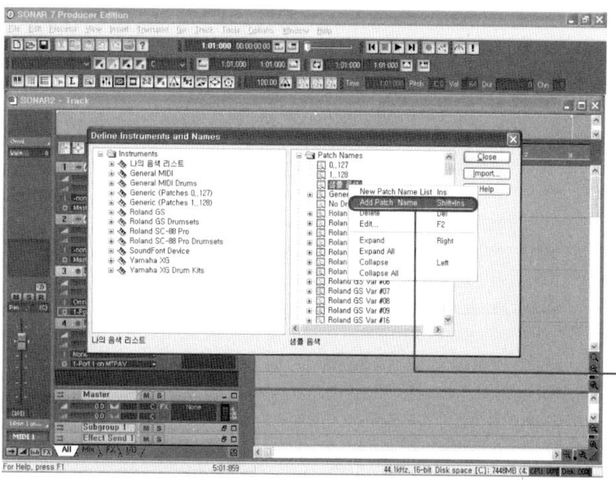

04 Patch Name에 만들어놓은 제목을 마우스 오른쪽 버튼으로 클릭하여 [Add Patch Name]을 선택합니다. 기본적으로 0=0이라는 패치 이름이 만들어집니다. 여기서는 한글이 적용되지 않으므로 영어로 입력을 합니다. 한글을 사용하고 싶다면 그냥 Enter 키를 눌러 0=0을 그대로 둡니다.

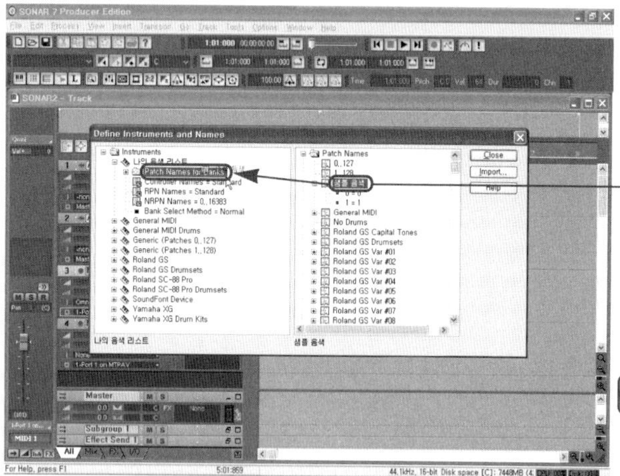

05 패치 이름을 영어로 사용해도 상관없다면 키보드의 Insert 키를 눌러 필요한 수만큼의 패치 이름을 만듭니다. 왼쪽에 만들어둔 Instruments를 더블 클릭하여 하위 메뉴가 보이게 하고, 오른쪽에 만들어둔 Patch Name을 왼쪽의 Patch Names for Banks 폴더에 드래그합니다.

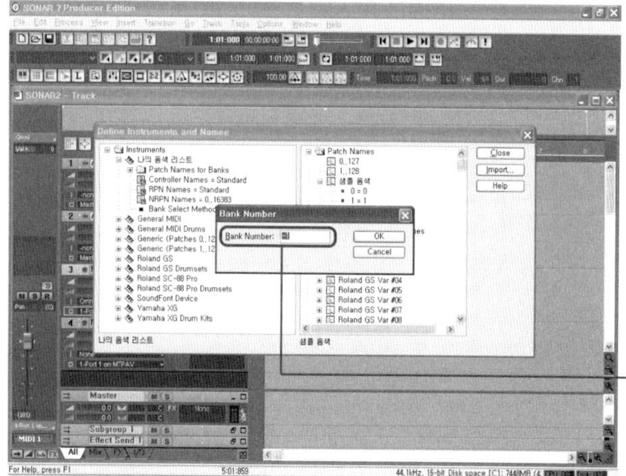

06 뱅크 번호를 지정할 수 있는 창이 열립니다. 독자가 샘플러에 만들어 놓은 음색이 저장된 뱅크 번호를 입력합니다. 기본 뱅크를 사용하겠다면, -1이 입력되어 있는 상태로 [OK] 버튼을 클릭합니다.

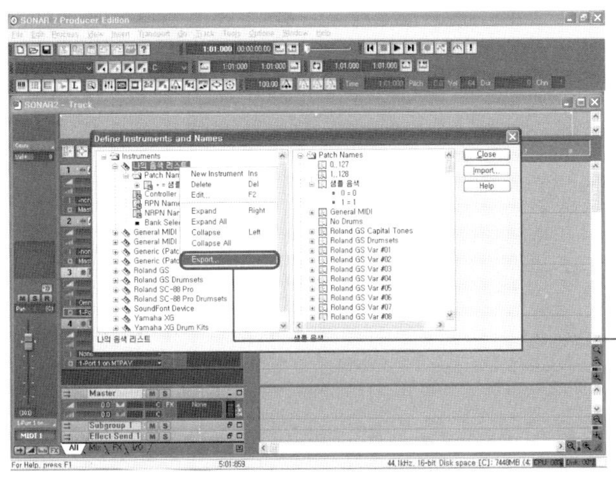

07 패치 리스트를 영어로 사용하겠다면 지금까지의 과정으로 충분합니다. 그러나 한글로 사용하려면 만들어놓은 Instruments를 오른쪽 버튼으로 클릭하여 단축 메뉴를 열고, [Export]를 선택합니다.

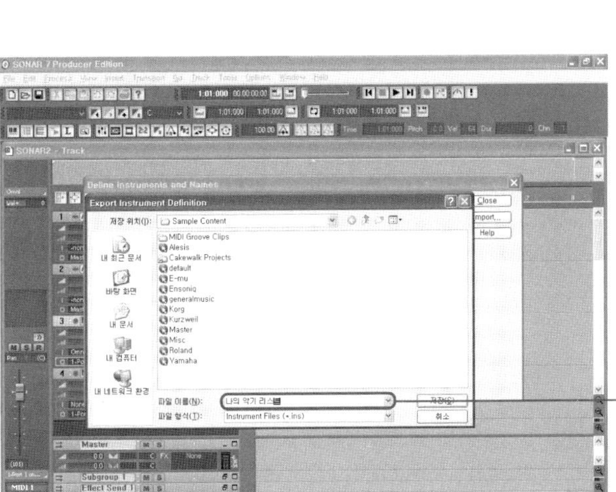

08 Export Instrument Definition 창이 열립니다. 쉽게 구분할 수 있는 파일 이름을 입력하고 [저장] 버튼을 클릭합니다.

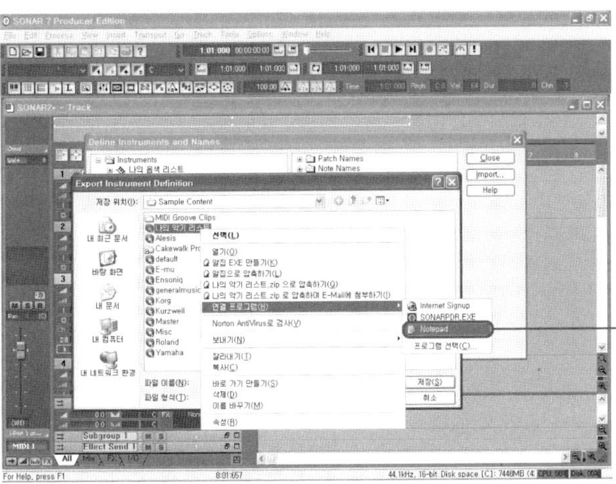

09 윈도우 탐색기를 열어 저장된 파일을 찾는 것이 귀찮기 때문에 [Import] 버튼을 클릭하여 Sample Content 폴더를 바로 엽니다. 앞에서 저장한 파일을 마우스 오른쪽 버튼으로 클릭하여 연결 프로그램의 Noteped를 선택합니다. Noteped가 보이지 않으면 프로그램 연결을 선택하여 [Noteped]를 선택합니다.

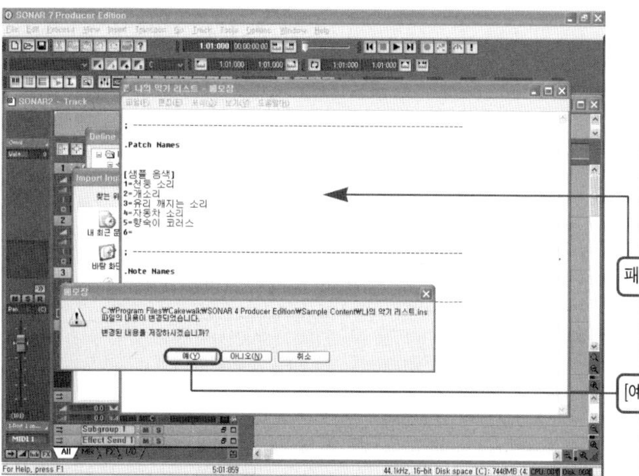

10 윈도우 기본 프로그램인 메모장이 열립니다. Patch Name에서 만들었던 이름 아래쪽에 번호와 한글 패치 리스트를 입력합니다. 입력이 끝나면 [닫기] 버튼을 클릭하고, 저장 여부를 묻는 창에서 [예] 버튼을 클릭하여 저장합니다.

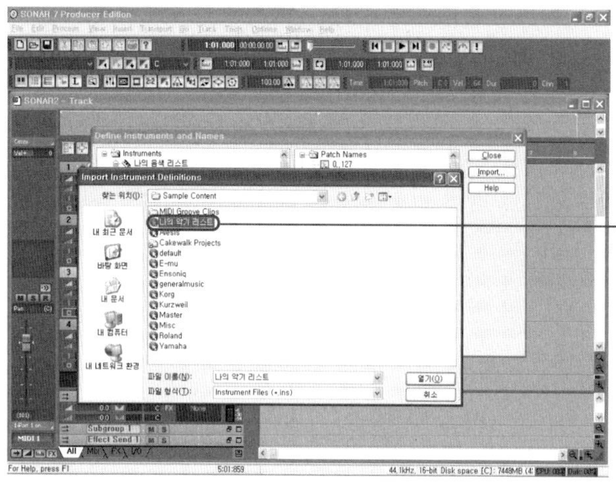

11 다시 Import Instruments Definitions 창이 보입니다. 리스트를 한글로 입력한 것으로 변경하기 위해서 저장한 파일을 더블 클릭으로 불러 옵니다.

12 악기를 선택할 수 있는 Import Instrument Definitions 창이 열립니다. 앞에서 만들어둔 Instruments가 보입니다. 이름을 선택하고 [OK] 버튼을 클릭하여 불러옵니다. Define Instruments and Names 창은 [Close] 버튼을 클릭하여 닫습니다.

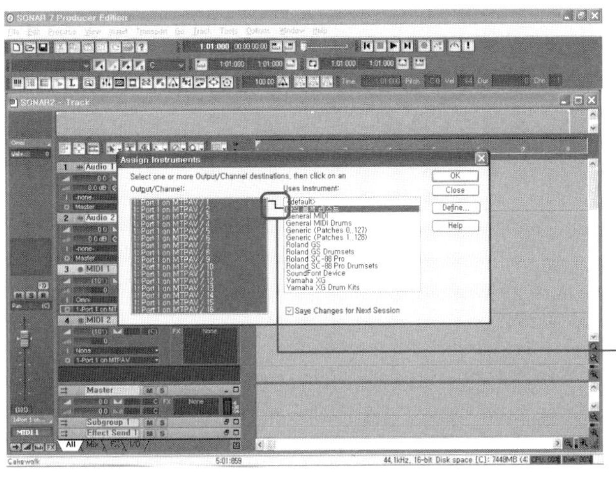

13 Assign Instruments 창의 오른쪽 목록에 등록한 악기 이름을 확인할 수 있습니다. 여기서부터는 기초 학습에서 살펴본 내용과 동일합니다. 왼쪽에서 포트와 채널을 선택하고 오른쪽에서 악기를 선택하여 연결하면 됩니다.

14 패치 리스트를 영어로 사용할 때는 앞의 6단계에서 끝나지만, 한글을 사용하기 위해서 13단계까지의 편법을 이용했습니다. 미디 트랙의 패치 파라미터를 클릭하여 독자만 사용할 수 있는 한글 패치를 확인해 봅니다. 샘플러에 추가되는 음색은 메모장에서 추가만 해주면 됩니다.

3 CONTROLLERS/SURFACES

미디 컨트롤러 장치를 가지고 있는 사용자라면 자신이 사용하는 미디 컨트롤러 모델을 등록하여 소나 7의 모든 파라미터를 외부 장치로 컨트롤 할 수 있습니다. Controllers/Surfaces 메뉴를 선택하면 장치 모델과 장치가 연결되어 있는 미디 포트를 선택할 수 있는 창이 열립니다. 소나 7 설치 후 처음 실행했을 때 보았던 창입니다.

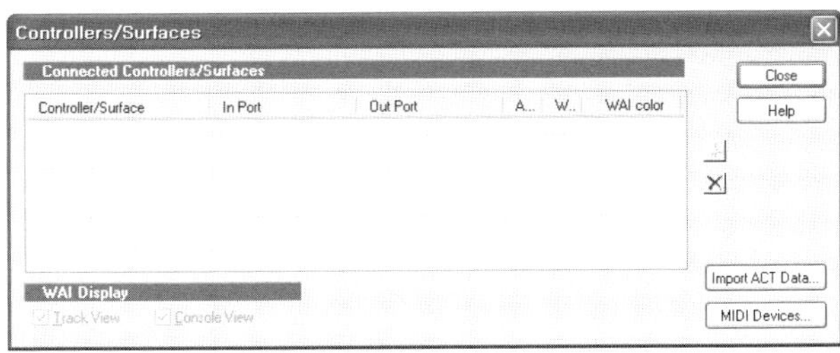

4 ACT LEARN

미디 컨트롤러를 연결한 사용자라면 ACT Learn 메뉴를 이용해서 컨트롤러의 사용 여부를 On/Off 할 수 있습니다. 프로젝트 창의 A 버튼이나 편집 창의 [ACT] 버튼을 이용해서 클릭하여 ACT Learn 메뉴를 대신하는 것이 편리할 것입니다.

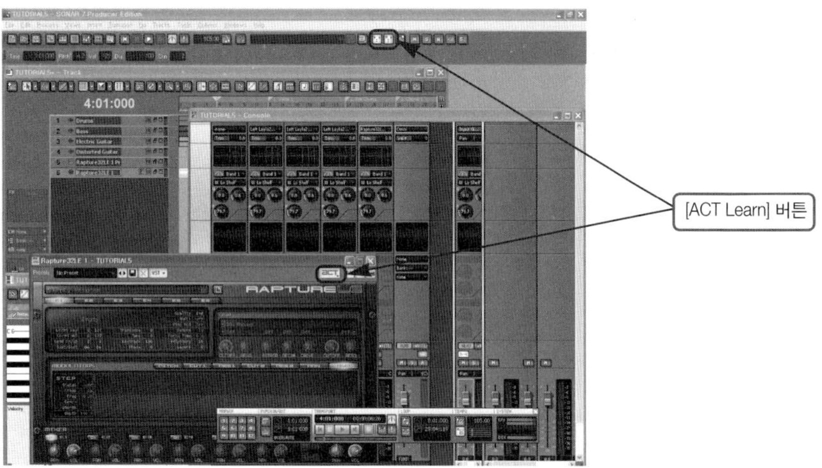

5 PRV TOOL CONFIGURATION

피아노 창과 PRV 모에서의 Key, Mouse 동작 환경을 설정할 수 있는 PRV Tool configuration 창을 엽니다. Tool 항목에서 옵션을 설정할 툴을 선택하고 설정할 Key와 Mouse Button을 선택합니다. 그리고 Tool action 항목에서 원하는 동작을 선택하여 설정합니다. 다른 프로그램을 사용하다가 소나 7으로 전향한 사용자라면 Preset에서 자신이 사용하던 프로그램을 선택하여 키와 마우스의 동작을 익숙한 것으로 변경할 수 있습니다.

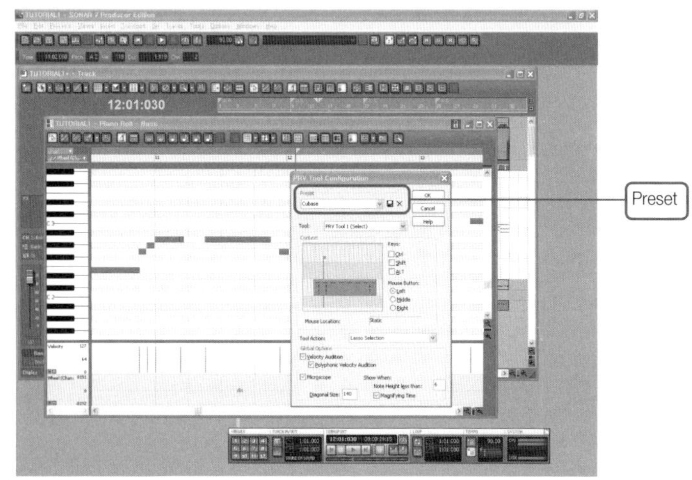

6 AUDIO

소나 7의 오디오 작업 환경을 설정할 수 있는 Audio options 창을 열어줍니다. Audio options 창은 General, Advanced, Drivers, Driver Profiles의 4가지 페이지로 구성되어 있습니다.

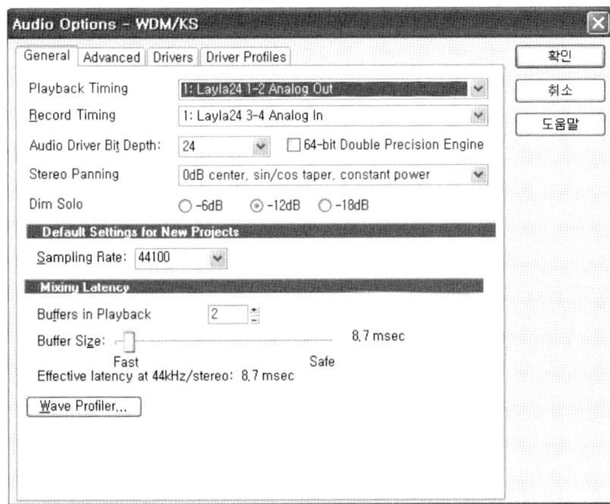

GENERAL

연주, 녹음에 사용할 기본 포트와 샘플 포맷 등 소나 7에서 사용될 오디오 카드의 기본 값을 설정합니다.

❶ Playback / Record Timing

사운드가 연주(Playback Timing), 녹음(Record Timing) 될 오디오 카드를 설정합니다. 오디오 카드를 별도로 사용하는 경우에는 이 부분이 사운드 카드로 설정되어 있는지 확인하기 바랍니다.

❷ Audio Driver Bit Depth

소나 7에서 재생되는 사운드의 샘플 비트 단위를 선택합니다. 64비트를 지원하는 CPU와 윈도우 비스타(64Bit) 사용자라면 32비트의 두 배인 64비트로 처리할 수 있습니다.

❸ Stereo Panning

패닝 효과를 줄 때 중앙의 레벨 값을 설정합니다. 이것은 패닝되는 사운드의 레벨이 감소함에 따라 중앙의 레벨이 증가되는 현상을 최소화하여 밸런스를 유지하고 싶을 때 사용합니다.

❹ Dim Solo

도구 모음 줄의 Dim Solo 버튼을 클릭했을 때, 출력 사운드가 감소될 레벨을 선택합니다. Dim Solo 기능은 부스의 가수와 대화를 나눌 때 유용합니다.

❺ Default Settings for New Projects

새로운 프로젝트를 만들 때 오디오 환경을 설정합니다. 여기서 설정되는 샘플 레이트와 비트는 독자가 사용하고 있는 오디오 카드에서 지원하는 포맷까지만 효과가 있습니다.

❻ Mixing Latency

사운드를 가상 메모리에 저장하는 단위와 시간을 설정합니다. 두 가지 모두 시간이 짧을수록 레이턴시가 짧아집니다. 아래쪽의 Wave [Profiler] 버튼을 클릭하면 독자가 사용하고 있는 오디오 카드를 테스트하여 가장 적당한 값을 설정할 수 있습니다.

◀▌ ADVANCED ▐▶

버퍼 사이즈 설정, 드라이버 모드 선택 등 오디오 카드의 성능을 보조할 수 있는 환경을 설정합니다.

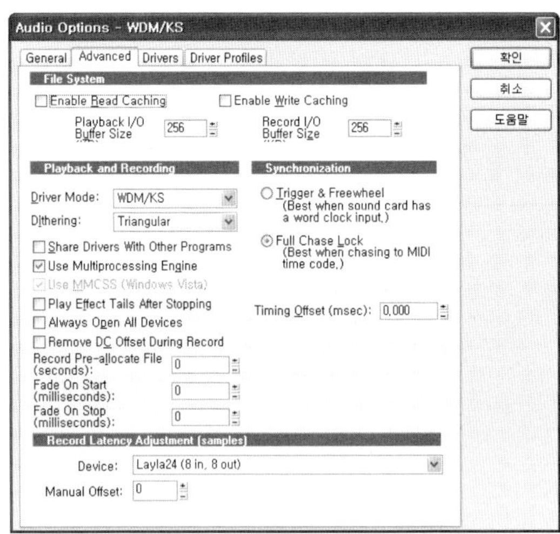

❶ File System

옵션을 체크하면, 윈도우 가상 메모리를 읽고/쓸 수 있도록 합니다. I/O Buffer Size에서 크기를 설정할 수 있습니다. 이 옵션은 실제 메모리가 충분하지 않을 경우 시스템이 정지되는 현상을 초래할 수 있습니다. 실제 메모리가 충분하다면 옵션을 체크하여 원활한 오디오 작업을 할 수 있습니다.

❷ Driver Mode

소나 7은 WDM, ASIO, MME의 드라이버를 지원합니다. Driver Mode에서 원하는 드라이버 모드를 선택할 수 있습니다.

❸ Dithering

오디오를 믹스 다운할 때 발생할 수 있는 노이즈를 제거할 엔진 타입을 선택합니다. 시스템 사양에 따라 Rectangular ~ Pow-r 3의 4가지 타입을 선택할 수 있습니다.

❹ Share Drivers with Other Programs

소나 7이 실행된 상태에서 다른 오디오 프로그램을 사용할 수 있도록 합니다.

❺ Use Multiprocessing Engine

듀얼 CPU가 장착된 경우에만 사용할 수 있는 옵션입니다.

❻ Play Effect Tails after Stopping

연주를 멈추어도 이펙트의 잔향은 효과가 지속되도록 합니다.

❼ Always Open All Devices

오디오가 묵음인 상태에서도 드라이버를 항상 열어놓습니다.

❽ Synchronization

Trigger & Freewheel은 사운드 카드가 가지고 있는 워드 클락에 동기 되도록 하고, Full Chase Lock는 소나 7의 미디 타임에 동기 되도록 합니다. Timing Offset은 동기 시작 타임을 설정하는 것입니다.

◀ DRIVER ▶

멀티 오디오 카드를 사용할 때 소나 7에서 사용할 인/아웃 포트를 선택합니다. 목록은 독자의 시스템에 장착된 오디오 카드가 보여지는 것이므로 그림과 다를 수 있습니다.

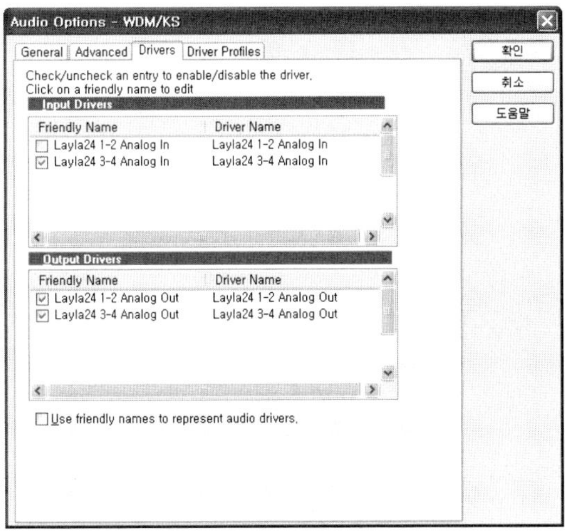

◀ DRIVER PROFILES ▶

시스템에 장착된 오디오 카드의 지원 드라이버를 보여줍니다. Stream 〉 16bit data는 16bit 이상의 데이터 처리 방식을 선택할 수 있으며, DMA Buffer Sizes는 각각의 샘플 레이트와 비트 단위 별로 사용되는 버퍼 사이즈를 보여줍니다.

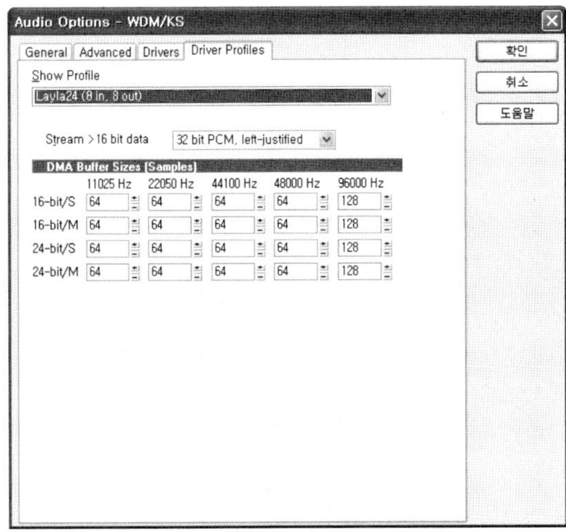

7 AUDIO METER SETTINGS

트랙, 인스펙터, 콘솔 등에서 보여지는 레벨 미터의 환경을 설정할 수 있는 Audio Meter Settings 창을 엽니다. 창에는 갱신 주기를 설정하는 Refresh Rate, 최고 지점의 라인을 표시하는 Peak Hold, 평균 레벨(RMS)과 피크 레벨(Peak)의 범위를 설정하는 Rise/Fall Times의 3가지 항목으로 구성되어 있습니다.

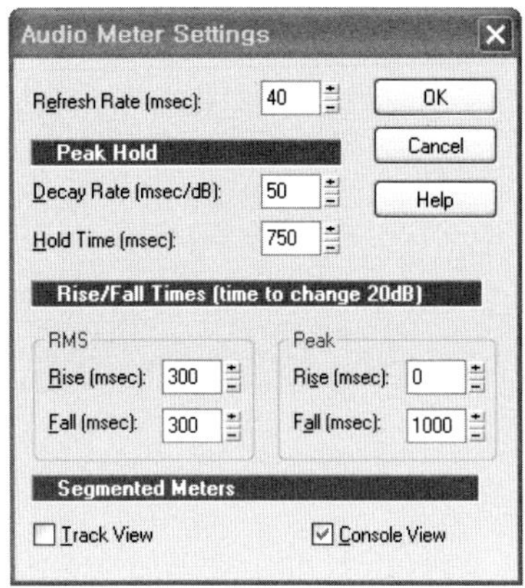

8 GLOBAL

Options 메뉴의 Global은 소나 7의 기본적인 환경을 설정할 수 있는 Global Options 창을 열어줍니다. Global Options 창은 General, Timcode, MIDI, Folders, Editing, Nudge, Audio Data의 7가지 페이지로 구성되어 있습니다. 각 페이지의 기능과 역할을 살펴보겠습니다.

◀▌ DRIVER PROFILES ▐▶

프로젝트의 기본 환경을 설정합니다.

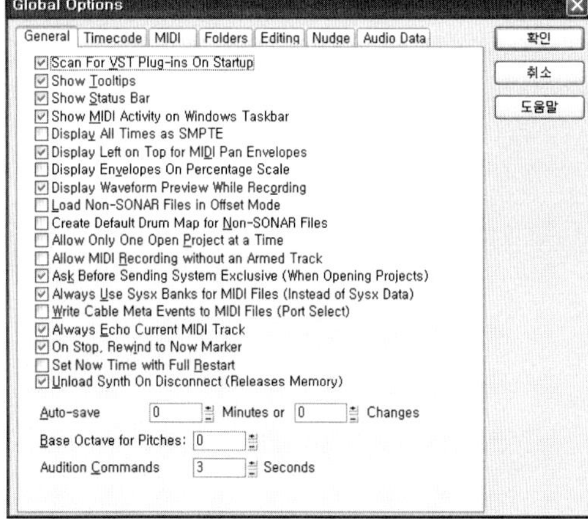

❶ Scan for VST Plug-ins On Startup Plug-ins On Startup

소나 7을 실행할 때 사용자 컴퓨터에 설치되어 있는 VST를 검색합니다.

❷ Show Tooltips

소나 7의 각종 파라미터에 마우스를 가져갔을 때 파라미터의 이름을 표시합니다.

❸ Show Status Bar

작업의 진행 상황, 오디오 포맷 등을 나타내는 작업 표시줄을 표시합니다.

❹ Show MIDI Activity on Windows Taskbar

윈도우 바탕화면에서 시간이 표시되는 트래이 항목에 소나 7의 미디 입/출력 상태를 표시하는 아이콘을 표시합니다.

❺ Display All Times as SMPTE

소나 7의 위치 표시를 시간단위로 표시합니다.

❻ Display Left on Top for MIDI Pan Envelopes

엔벨로프 라인의 팬 값 상단을 왼쪽으로 표시합니다.

❼ Display Envelopes On Percentage Scale

엔벨로프 라인의 값을 퍼센트 단위로 표시합니다.

❽ Display Waveform Preview While Recording

오디오 녹음을 할 때 웨이브 파형을 표시합니다.

❾ Load Non-SONAR Files in Offset Mode

미디 파일을 불러올 때 파라미터의 증/감소 값을 조정할 수 있는 Offset 모드로 합니다.

❿ Create Default Drum Map for Non-SONAR Files

미디 파일을 불러올 때 드럼 맵을 만들어 줍니다.

⓫ Allow Only One Open Project at a Time

프로젝트 창이 하나만 열리게 합니다. 이 옵션이 해제되어 있기 때문에 여러 개의 프로젝트를 열어놓고 작업할 수 있었던 것입니다. 시스템 사양이 낮아서 여러 개의 프로젝트를 열어놓기가 어려운 경우에는 옵션을 체크합니다.

⓬ Allow MIDI Recording without an Armed Track

미디 트랙의 [R] 버튼을 클릭하지 않아도 녹음이 가능하도록 합니다. 미디 녹음을 할 때 일일이 [R] 버튼을 클릭해야만 하는 것이 불편하다면 옵션을 체크해 둡니다.

⓭ Ask Before Sending System Exclusive (When Opening Projects)

시스템 익스클루시브가 있는 파일을 불러올 때 전송 여부를 묻는 창이 여리게 합니다. 옵션을 해제하면 창 없이 자동 전송됩니다.

⓮ Always Use Sysx Banks for MIDI Files (Instead of Sysx Data)

미디 파일에 입력되어 있는 시스템 익스클루시브 정보를 익스클루시브 창의 뱅크로 만들어줍니다.

⓯ Write Cable Meta Events to MIDI Files (Port Select)

미디 파일로 저장할 때 포트 정보를 메타 이벤트로 기록합니다.

⓰ Always Echo Current MIDI Track

옵션을 체크하면, 미디 트랙의 [Input Echo] 버튼이 자동으로 On되게 합니다.

⓱ On Stop, Rewind to Now Marker

곡을 정지할 때, 송 포지션 라인이 연주가 시작했던 위치로 이동하게 합니다.

⓲ Auto-Save

곡을 분 단위 또는 편집 수에 따라 자동 저장할 수 있게 합니다.

⑲ Base Octave for Pitches

가운데 도를 나타내는 값을 설정합니다. 소나 7의 기본 값은 C5입니다. C4로 나타내고 싶다면 -1을 입력합니다.

⑳ Audition Commands

프로세싱 패널에 있는 [Audition] 버튼을 클릭했을 때 연주되는 시간을 설정합니다.

❚❙ TIMECODE ❙❚

SMPTE 또는 MTC 등의 동기신호에 대한 소나 7의 반응 환경을 설정합니다.

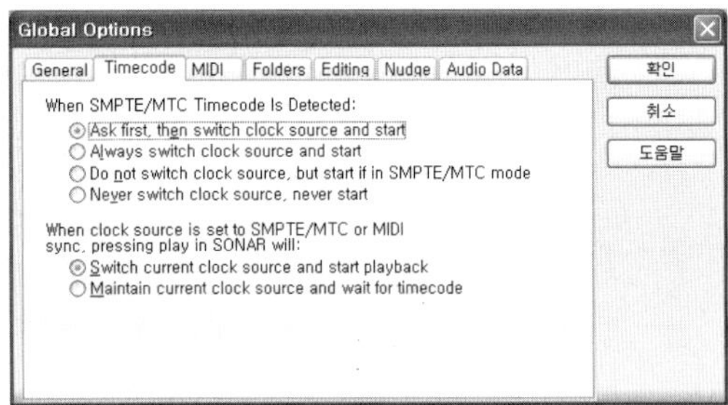

❶ When SMPTE/MTC Timecode Is Detected 옵션은 SMPTE/MTC의 동기 신호가 수신될 때 처리여부를 결정합니다.

Ask First, then switch clock source and start는 동기 여부를 묻는 창을 보여줍니다.

Always switch clock source and start는 창 없이 수신합니다. Do not switch clock source, but start if in SMPTE/MTC mode는 소나 7
이 동기로 설정되어 있을 경우에만 수신합니다.

Never switch clock source, never start는 수신하지 않습니다.

❷ When clock source is set to SMPTE/MTC or MIDI sync, pressing play in SONAR will은 소나 7을 동기로 설정했을 경우의 처리방법을
결정합니다.

Switch current clock source and start playback은 소나 7을 연주하면 동기 설정을 해제합니다.

Maintain current clock source and wait for timecode는 소나 7을 동기 수신상태로 유지합니다.

❚❙ MIDI ❙❚

Record는 녹음 가능한 미디 이벤트를 선택합니다. 예를 들어, 리얼 입력을 할 때 원치 않는 채널 애프터터치 정보
가 입력되는 것을 방지하고 싶다면 Channel Aftertouch 옵션을 해제하면 됩니다. Echo System Exclusive 옵션을
체크하면 익스클루시브 정보를 모니터 할 수 있는 포트를 선택할 수 있습니다. 그리고 Playback는 연주를 시작할
때의 지연 시간을 설정합니다. 음원에 따라 연주 정보를 수신하지 못하는 경우가 있을 때 지연 시간을 늘려 해결할
수 있습니다.

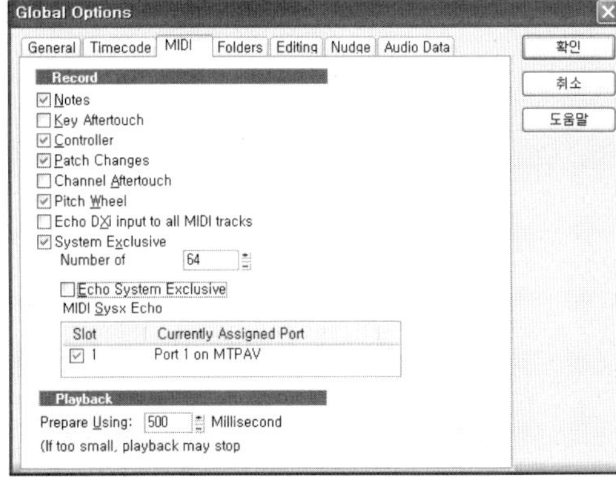

◀◗ FOLDERS ◖▶

소나 7의 파일 타입에 따라 사용하는 폴더의 위치를 설정합니다. 음악 작업을 위해서 별도의 하드를 사용하고 있다면 폴더의 위치를 변경하는 것이 좋습니다. 폴더의 경로는 각 항목 우측에 있는 버튼을 클릭하면 열리는 폴더 찾아보기 창에서 선택합니다.

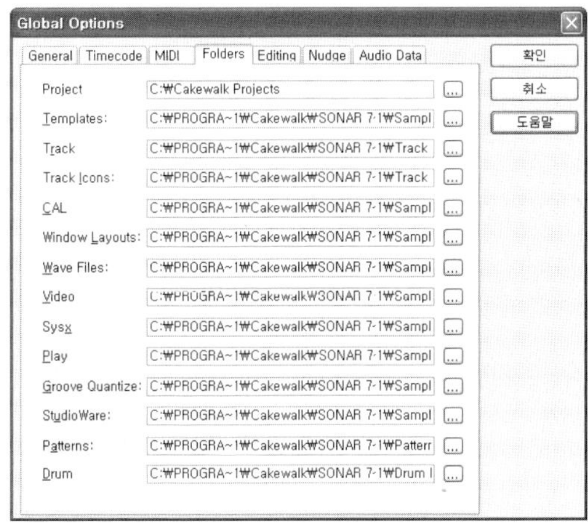

❶ Project

CWP, MID, CWB의 프로젝트 파일입니다. 기본 위치는 C:\Cakewalk Projects로 설정되어 있습니다.

❷ Templates

CWT의 템플릿 파일입니다. C:\사용자\문서\Cakewalk\SONAR 7 Producer Edition\Sample Content로 설정되어 있습니다.

❸ Track

CWX의 트랙 템플릿 파일입니다. C:\Users\사용자\AppData\Roaming\Cakewalk\SONAR 7 Producer Edition\Track Templates로 설정되어 있습니다.

❹ Track Icons

BMP의 트랙 이미지 파일입니다. 기본 위치는 C:\Users\사용자\AppData\Roaming\Cakewalk\SONAR 7 Producer Edition\Track Icons로 설정되어 있습니다.

❺ CAL

CAL의 소나 언어 파일입니다. 기본 위치는 C:\사용자\문서\Cakewalk\SONAR 7 Producer Edition\Sample Content로 설정되어 있습니다.

❻ Windows Layouts

Cakewalk 레이아웃 파일입니다. 기본 위치는 C:\사용자\문서\Cakewalk\SONAR 5 Producer Edition\Sample Content로 설정되어 있습니다.

❼ Wave Files

WAV의 사운드 파일입니다. 기본 위치는 C:\사용자\문서\Cakewalk\SONAR 7 Producer Edition\Sample Content로 설정되어 있습니다.

❽ Video

AVI, MPG, MOV의 비디오 파일입니다. 기본 위치는 C:\사용자\문서\Cakewalk\SONAR 7 Producer Edition\Sample Content로 설정되어 있습니다.

❾ Sysx

SYX의 시스템 익스클루시브 파일입니다. 기본 위치는 C:\사용자\문서\Cakewalk\SONAR 7 Producer Edition\Sample Content로 설정되어 있습니다.

❿ Play

SET의 플레이 리스트 파일입니다. 기본 위치는 C:\사용자\문서\Cakewalk\SONAR 7 Producer Edition\Sample Content로 설정되어 있습니다.

⓫ Groove Quantize

GRV의 글루브 퀀타이즈 파일입니다. 기본 위치는 C:\사용자\문서\Cakewalk\SONAR 7 Producer Edition\Sample Content로 설정되어 있습니다.

⓬ Studio Ware

Cakewalk 스튜디오 파일입니다. 기본 위치는 C:\사용자\문서\Cakewalk\SONAR 7 Producer Edition\Sample Content로 설정되어 있습니다.

⓭ Patterns

MIDI의 드럼 패턴 파일입니다. 기본 위치는 C:\Users\사용자\AppData\Roaming\Cakewalk\SONAR 7 Producer Edition\Pattern Brush Patterns로 설정되어 있습니다.

⓮ Drum

MAP의 드럼 맵 파일입니다. 기본 위치는 C:\Users\사용자\AppData\Roaming\Cakewalk\SONAR 7 Producer Edition\Drum Maps로 설정되어 있습니다.

⫸ EDITING ⫷

이벤트를 마우스 드래그로 이동/복사할 때 적용되는 환경을 설정합니다.

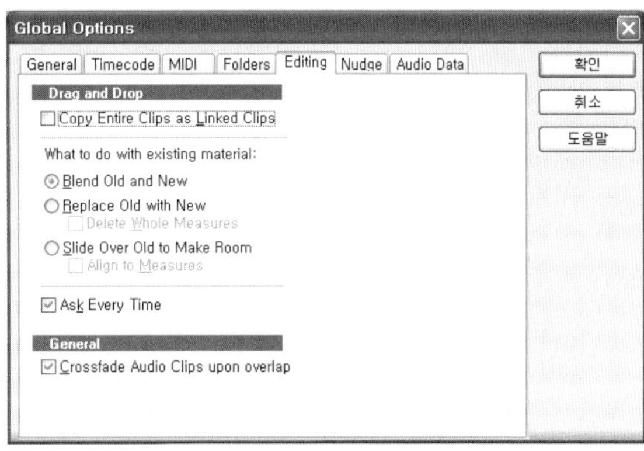

❶ Copy Entire Clips as Linked Clips

클립을 복사할 때 연결되도록 합니다. 클립을 연결한다는 것은 한쪽의 클립을 편집할 때 연결된 클립을 함께 편집하는 기능입니다.

❷ what to do with existing material

클립이 이미 존재하는 위치로 클립을 이동할 때 처리되는 방법을 선택합니다.

- Blend Old and New - 기존의 클립과 섞입니다.
- Replace Old with New - 기존의 클립을 제거합니다. Delete Whole Measures 옵션이 체크되면 마디 단위로 적용됩니다.
- Side Over Old to Make Room - 기존의 클립을 새로운 클립의 길이만큼 오른쪽으로 이동시킵니다. Align to Measures 옵션이 체크되면 마디 단위로 이동됩니다.

❸ Ask Every Time

클립을 이동할 때 앞의 옵션들을 선택할 수 있는 창이 열리도록 할 것인지를 결정합니다.

특별히 옵션을 변경할 일이 없다면 Ask Every Time 옵션을 해제합니다.

❹ Crossfade Audio Clips upon overlap

[Blend Old and New]를 선택한 경우에만 사용할 수 있습니다. 오디오 클립이 서로 겹칠 때 자동으로 크로스 페이드를 적용할 것인지를
결정합니다. 오디오는 자연스럽게 겹치는 것이 좋으므로 옵션을 체크해 둘 것을 권장합니다.

NUDGE

키보드 숫자열의 단축키를 이용해서 이벤트를 이동할 때 적용되는 범위를 설정합니다.

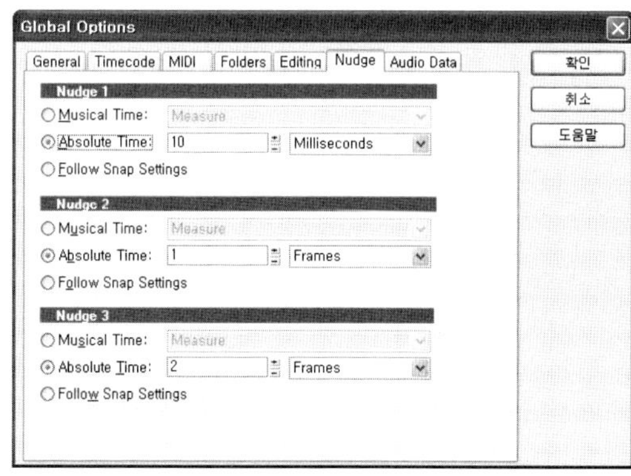

❶ Nudge1

숫자열의 1과 2번 키로 이벤트를 이동할 때의 범위를 설정합니다.

❷ Nudge2

숫자열의 4과 6번 키로 이벤트를 이동할 때의 범위를 설정합니다.

❸ Nudge3

숫자열의 7과 9번 키로 이벤트를 이동할 때의 범위를 설정합니다.

AUDIO DATA

녹음하는 오디오 데이터에 관련된 환경을 설정합니다.

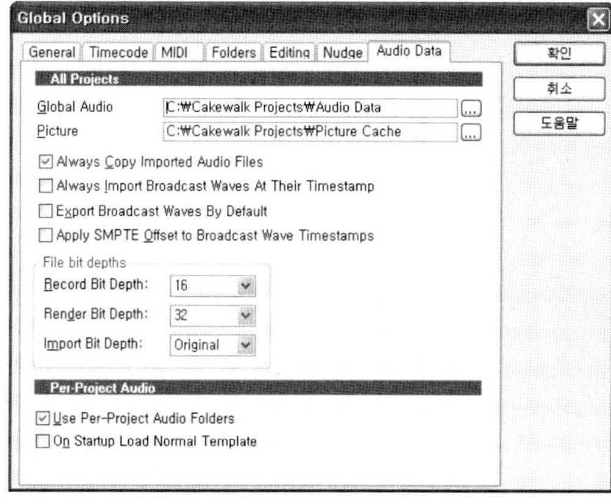

❶ Global Audio

곡 작업에 사용하는 오디오 데이터가 저장되는 폴더를 설정합니다. 기본 폴더보다는 내 문서 폴더와 같이 쉽게 관리할 수 있는 폴더로 변경하는 것이 좋습니다.

❷ Picture

오디오 클립에 표시되는 파형의 이미지가 저장되는 폴더를 설정합니다.

❸ Always Copy Imported Audio Files

오디오 파일을 임포팅할 때 기본 폴더에 복사본을 만들어 줍니다.

❹ Always Import Broadcast Waves At Their Timestamp

Broadcast Waves 파일을 임포팅할 때 시간 위치 정보를 유지할 수 있게 합니다. 옵션이 체크되면 소나 7의 시간 위치는 무시됩니다.

❺ Export Broadcast Waves By Default

믹스 다운을 할 때 보여지는 기본 파일 형식을 Broadcast Waves로 합니다.

❻ Apply SMPTE Offset to Broadcast Wave Timestamps

Broadcast Waves로 믹스다운 할 때, SMPTE의 offset 값을 유지할 수 있게 합니다.

❼ File bit depths

Record Bit Depth에서는 녹음하는 사운드의 샘플 비트 값, Render Bit Depth에서는 랜더링하는 사운드의 샘플 비트 값, Import Bit Depth에서는 임포팅하는 사운드의 샘플 비트 값을 설정합니다.

❽ Use Per-Project Audio Folders

프로젝트 파일이 만들어지는 위치에 오디오 데이터 폴더를 만들어줍니다.

❾ On Startup Load Normal Template

소나 7을 실행하면 Normal 환경의 프로젝트가 자동으로 만들어집니다.

9 PROJECT

작업 중인 프로젝트의 환경을 설정할 수 있는 Project Options 창을 엽니다. Project Options 창에는 Clock, Metronome, MIDI Out, Sync, Surround의 5가지 페이지로 구성되어 있습니다.

◀ CLOCK ▶

외부 장비와의 동기 설정, 타임 베이스의 값 등 소나 7의 사용 목적을 결정할 수 있는 옵션들로 구성되어 있습니다.

❶ Source

영상 음악을 작업할 때 외부 영상 장비를 사용한다면 소나 7과 외부 영상 장비가 함께 동작되어야 할 것입니다. 영상 장비를 재생하면 소나 7도 연주를 하고, 영상 장비를 정지하면 소나 7도 정지를 해야 영상의 정확한 위치에 삽입할 사운드 작업이 가능합니다. 이때 사용하는 것이 심티 신호입니다. 영상 장비와 소나 7을 설치한 컴퓨터 사이에 심티 신호를 전송하는 제너레이터를 연결하고, 옵션에서 SMPTE/MTC를 선택하면 외부 영상 장비로 소나 7을 컨트롤 할 수 있습니다.

미디 장비를 동기 시킬 때는 MIDI Sync 옵션을 선택합니다. SMPTE/MTC와 MIDI Sync는 외부 장비를 컨트롤 할 때 소나 7이 동작되는 슬래이브 방식이고, Internal과 Audio는 소나 7에서 컨트롤 되는 마스터 방식입니다.

❷ Ticks per quarter-note

소나 7의 틱 단위를 설정합니다. 틱 단위는 값이 클수록 미세한 작업이 가능하기 때문에 기본 값인 960을 변경할 이유는 없겠지만, 틱 단위가 높지 않던 시절에 익숙해져 있는 사용자라면 익숙하게 사용하던 단위로 변경할 수 있습니다.

❸ Timecode Format

영상에서 사용하는 프레임 단위를 설정합니다. 24FPS는 영화, 30 FPS 은 아날로그 영상, 29.97FPS 는 디지털 영상에서 사용하는 포맷입니다. 작업할 영상 매체에 맞는 프레임 단위를 선택하면 됩니다. SMPTE/MTC Offset은 외부 영상 장비를 재생 시켰을 때 소나 7이 반응하는 시작 시간을 설정합니다. 아직까지 심티 신호는 지체 현상이 발생되기 때문에 5초 정도의 여유를 두고 사용하는 경우가 많습니다.

◀❙ METRONOME ❙▶

리얼 녹음을 할 때 가이드 역할로 사용하는 메트로놈을 설정할 수 있는 옵션으로 구성되어 있습니다.

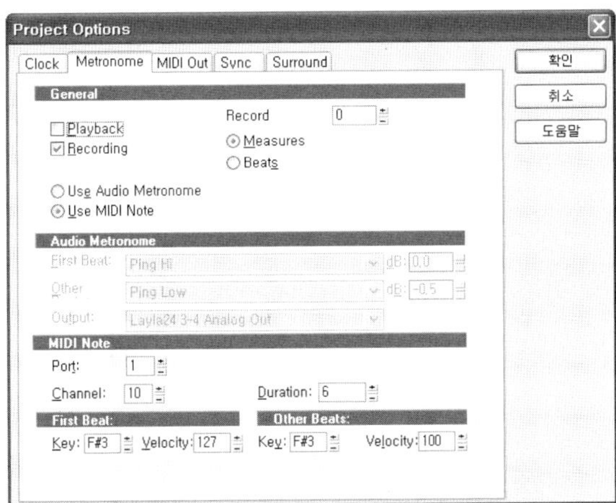

❶ General

Playback(재생) 또는 Recording(녹음)을 할 때 메트로놈 소리가 들리게 할 것인지, 메트로놈을 오디오(Use Audio Metronome) 또는 미디(Use MIDI Note) 중에서 어떤 것을 사용할 것인지를 선택합니다. Record에서는 Measures(마디) 또는 Beats(박자)로 얼마만큼 예비 박을 줄 것인지를 선택합니다.

❷ Audio Metronome

Use Audio Metronome을 사용할 경우 첫 박자(First Beat)와 나머지 박자(Other)에 사용할 소리와 아웃 포트(Output)를 선택합니다.

❸ MIDI Note

Use MIDI Note)을 사용할 경우 포트(Port), 채널(Channel), 길이(Duration)를 설정합니다. 그리고 첫 박자(First Beat)와 나머지 박자 (Other Beats)에 사용할 노트와 벨로시티를 설정합니다.

◀│ MIDI OUT │▶

Transmit MMC옵션은 MMC 동기신호를 지원하는 장비가 연결된 경우 소나 7의 컨트롤 기능으로 동작할 수 있게
합니다. Timecode Master's Unit는 여러 대의 MMC 장치가 연결된 경우 마스터로 설정할 장치의 ID를 선택합니
다. 그 밖에 Other Options에는 연주가 정지될 때 컨트롤 정보를 초기화 시켜주는 Zero Controllers When Play
Stops 옵션과 송 포지션 라인 이전에 있는 컨트롤 정보를 인식하여 정확한 연주가 되도록 하는 Patch/Controller
Searchback Before Play Starts 옵션이 있습니다.

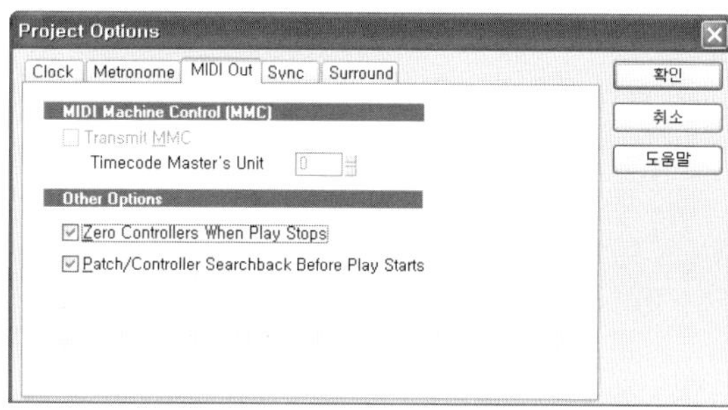

◀│ SYNC │▶

외부 장부와의 동기 설정 여부를 설정할 수 있는 옵션으로 구성되어 있습니다.

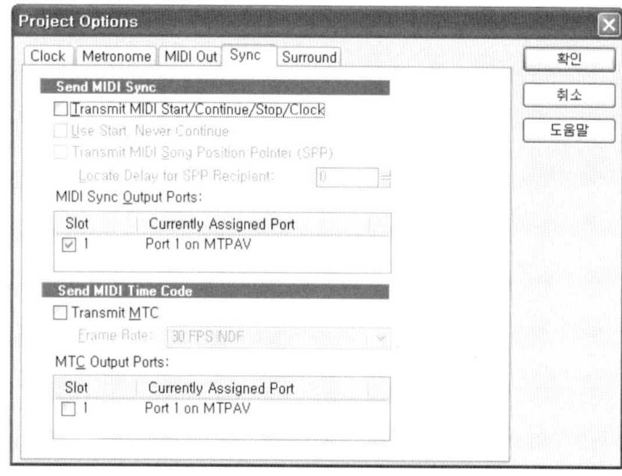

❶ Transmit MIDI Start/Continue/Stop/Clock

외부 미디 장비를 동기 시킬 수 있는 신호를 전송합니다. 이 옵션을 사용할 때만 다음의 옵션을 사용할 수 있습니다.

❷ Use Start, Never Continue

어느 위치에서 곡을 연주해도 시작 신호를 전송합니다.

❸ Transmit MIDI Song Position Pointer (SPP)

송 포지션 위치 정보 신호를 전송합니다. Locate Delay for SPP Recipient는 SPP 전송의 지연시간을 설정합니다.

❹ MIDI Sync Output Ports

앞의 MMC 신호가 전송될 미디 포트를 선택합니다.

❺ Send MIDI Time Code

영상 장비와의 동기 신호로 사용될 수 있는 MTC 신호 전송 여부 선택과 Frame Rate 단위를 선택합니다. 역시 MTC 신호가 전송될 미디
포트를 선택할 수 있는 MTC Output Ports 선택 항목이 있습니다.

서라운드 환경을 구축합니다. Surround Format에서 작업할 서라운드 환경의 포맷을 선택하고, 리스트에서 각 채널의 아웃 포트와 Center, Surround, LFE의 레벨을 설정합니다. 그리고 Monitor with Bass Management 옵션을 체크하면 저음 레벨을 선택할 수 있는 Low-Pass 메뉴를 사용할 수 있습니다. Down mixing은 작업한 곡을 믹스 다운할 때 각 채널의 레벨을 얼마만큼 감소시킬 것인지를 설정합니다.

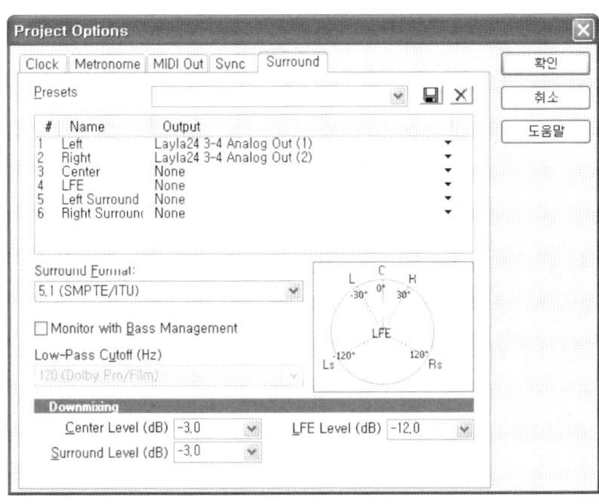

10 COLORS

Colors는 바탕화면이나 클립의 색상 등을 설정할 수 있는 기능입니다. "음악을 하는데 색상이야 아무려면 어때" 라는 독자도 있겠지만, 어느 정도 작업에 익숙해지면 1번 트랙에는 멜로디, 2번 트랙에는 베이스 등과 같은 자신만의 표준이 만들어집니다. 이때 클립에도 기타는 빨간색, 피아노는 노란색 등의 표준이 생긴다면 작업에 많은 도움이 될 것입니다.

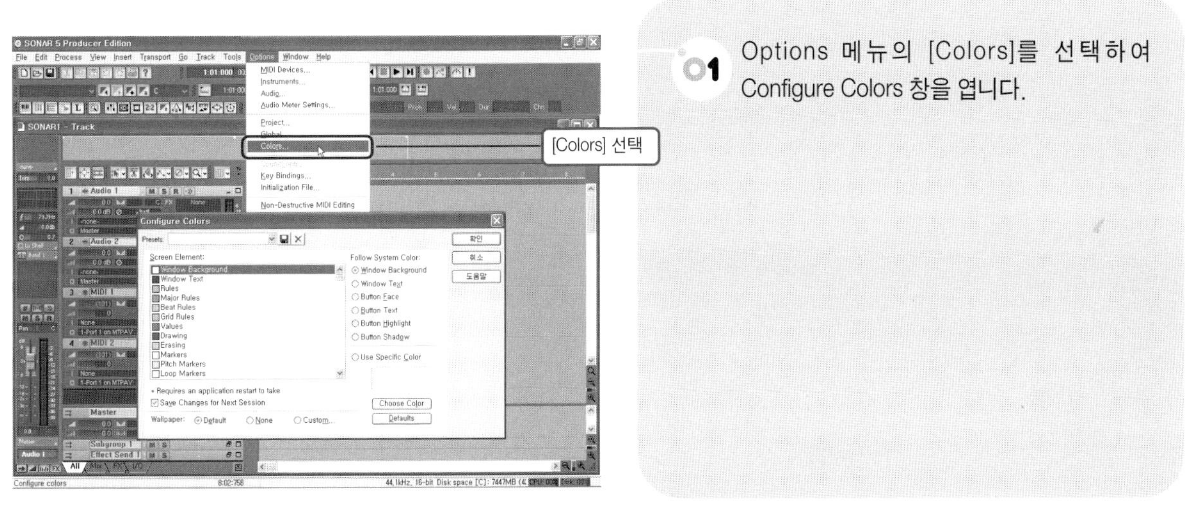

01 Options 메뉴의 [Colors]를 선택하여 Configure Colors 창을 엽니다.

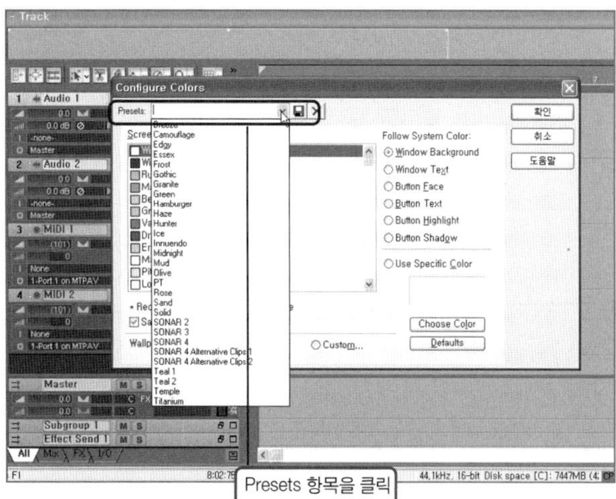

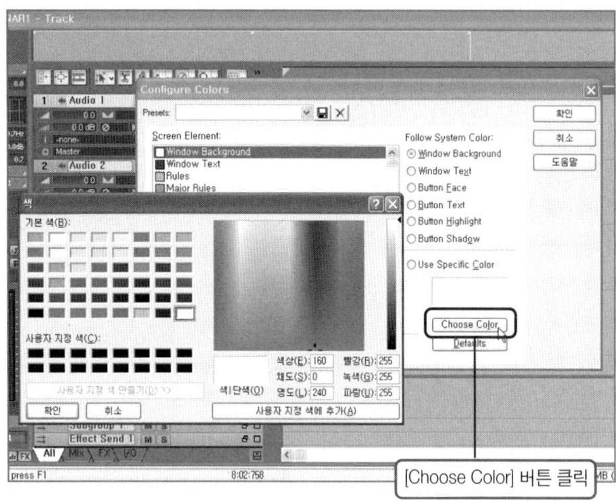

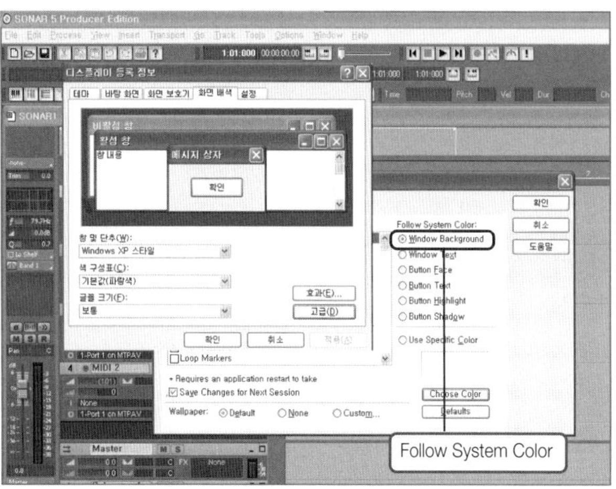

02 창이 열리면 Presets 항목을 클릭해 봅니다. 소나 7에서 제공하는 다양한 프리셋들이 있습니다. 한가지씩 선택을 해보면 색상이 어떻게 변경되는지 확인할 수 있습니다.

03 색상을 개별적으로 변경하고 싶다면 왼쪽의 Screen Element에서 변경할 항목을 선택하고, [Choose Color] 버튼을 클릭합니다. 색상을 선택할 수 있는 창에서 원하는 색상을 선택하면 됩니다.

04 목록 오른쪽에 보이는 Follow System Color은 독자의 디스플레이 등록 정보에 설정된 색상을 적용하는 것입니다. 디스플레이 등록 정보는 제어판의 디스플레이를 더블 클릭하면 볼 수 있습니다.

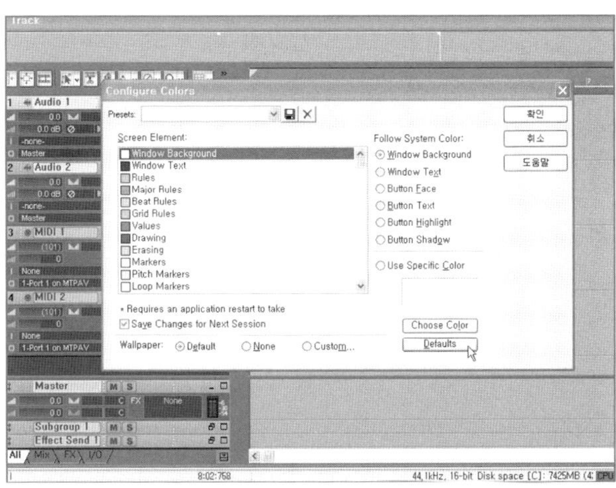

05 [Defaults] 버튼은 초기 설정 값으로 되돌리는 것이고, Save Changes for Next Session은 다음 작업에도 동일한 색상을 사용할 수 있는 옵션입니다.

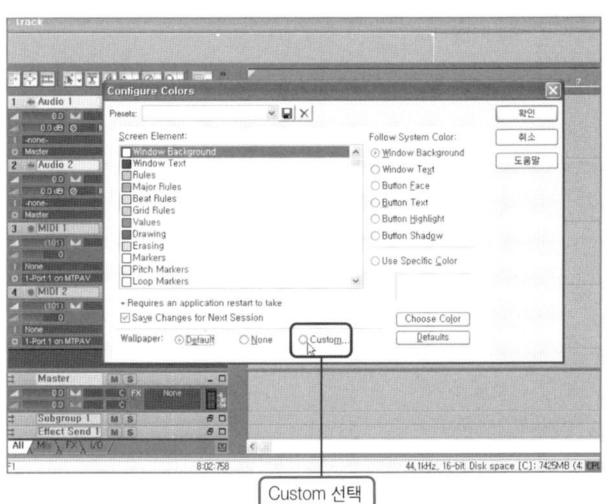

06 끝으로 Wallpaper는 메인 화면 색상을 선택하는 것으로 Default는 소나 로고가 있는 기본 색상, None은 회색, Custom은 독자가 원하는 BMP 그림을 선택합니다. Custom을 선택해 보겠습니다.

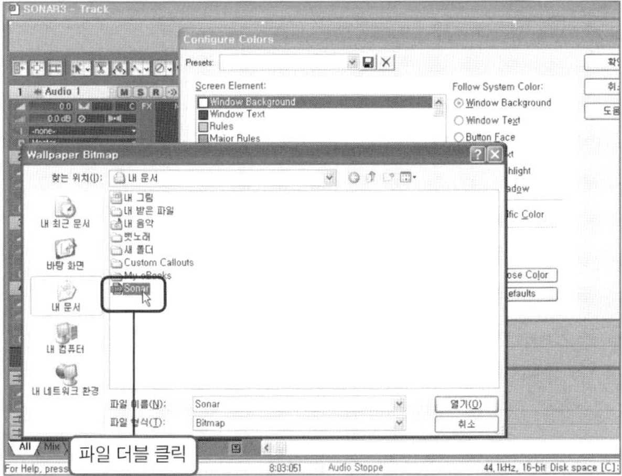

07 BMP 형식의 이미지 파일을 선택할 수 있는 Wallpaper Bitmap 창이 열립니다. 바탕으로 사용하고 싶은 그림 파일을 더블 클릭으로 선택합니다.

소나 7의 바탕화면이 선택한 그림으로 변경됩니다. 윈도우의 바탕화면을 이미지로 사용하는 것을 좋아하는 독자라면 소나 7의 바탕화면을 나름대로 꾸며보는 것도 재미있습니다.

11 ICONS

Icons는 트랙, 인스펙터, 콘솔 창에서 트랙의 종류를 구분할 수 있는 아이콘을 보여주는 역할을 합니다. 128×128 크기의 BMP 이미지를 소나 7이 설치되어 있는 C:\Program Files\Cakewalk\SONAR7 producer Edition\Track Icons 폴더에 넣어놓으면 소나 7에서 기본으로 제공하고 있는 아이콘 이외의 그림을 사용할 수 있습니다.

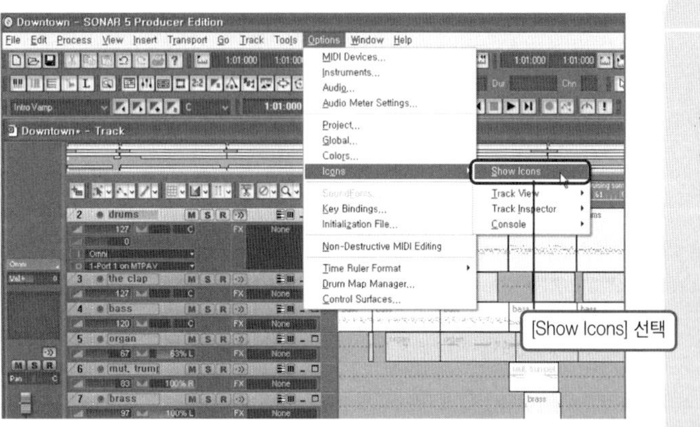

Options 메뉴의 Icons에는 Track, Track Inspector, Console에 개별적으로 아이콘 표시 여부를 선택할 수 있는 메뉴와 3가지 전체 표시 여부를 선택할 수 있는 Show Icons가 있습니다. [Show Icons]을 선택해봅니다.

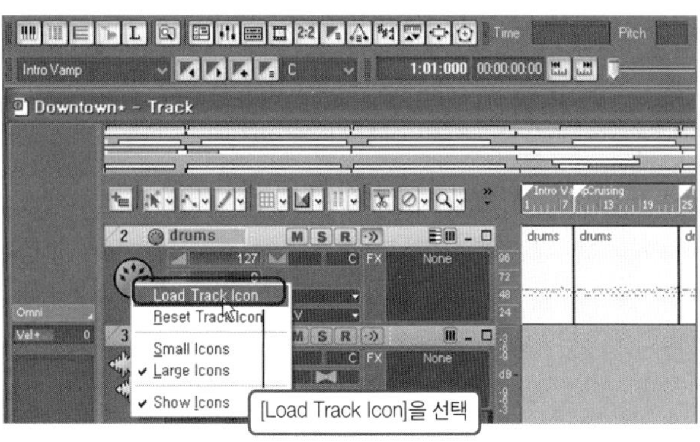

트랙 번호 아래쪽으로 트랙의 종류를 확인할 수 있는 아이콘이 표시됩니다. 아이콘을 마우스 오른쪽 버튼으로 클릭하면 크기와 표시 여부를 선택할 수 있는 단축 메뉴가 열립니다. 그림을 바꿀 수 있는 [Load Track Icon]을 선택합니다.

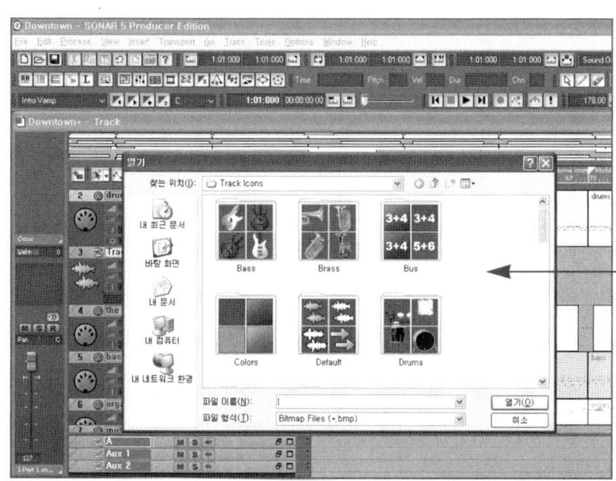

03 트랙을 쉽게 구분할 수 있는 악기 그림이 폴더 단위로 있는 열기 창이 열립니다. 선택한 트랙에 적합한 악기 그림을 더블 클릭하여 불러옵니다.

04 선택한 그림으로 트랙의 아이콘이 변경되는 것을 확인할 수 있습니다. 트랙마다 아이콘을 설정해두면 편집이나 믹싱 작업을 할 때 무척 편리할 것입니다. 아이콘에서 마우스 오른쪽 버튼을 클릭하여 [Reset Track icon]을 선택하면 기본 그림으로 초기화 할 수 있습니다.

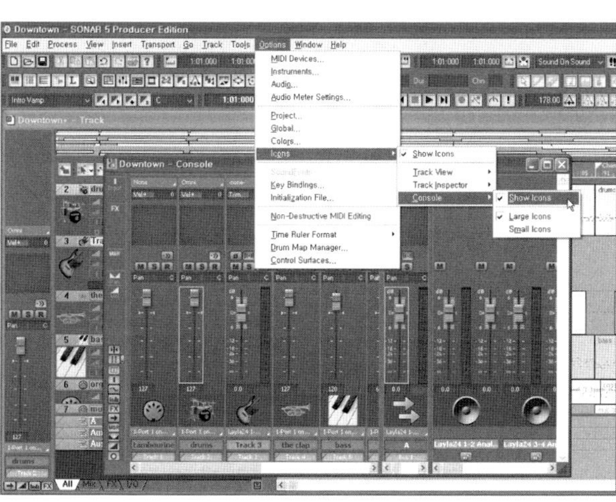

05 Options 메뉴의 [Icons]에는 트랙뿐만 아니라 인스펙터와 콘솔에도 아이콘을 표시할 것인지의 여부와 크기를 선택할 수 있는 하위 메뉴를 가지고 있어 작업의 스타일에 따라 적절한 환경을 꾸밀 수 있습니다.

12 KEY BINDINGS

Key Bindings은 소나 7의 메뉴 명령을 독자가 원하는 단축키로 변경하거나 설정할 수 있고 미디 건반에 할당할 수 있는 역할을 합니다. 독자가 자주 사용하는 기능에 단축키가 설정되어 있지 않거나, 다른 프로그램에서 익숙해져 있는 단축키를 사용하고 싶을 때는 Key Bindings 메뉴를 이용해서 적용할 수 있습니다.

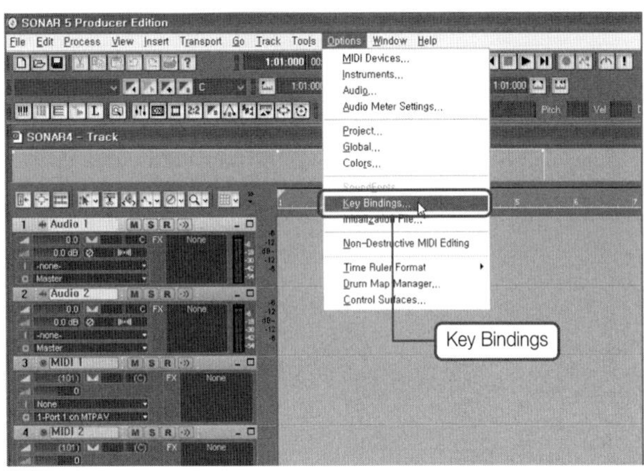

01 Transport 메뉴의 [Reject Loop Take]는 자주 사용될 수 있는 기능인데도 단축키가 설정되어 있지 않습니다. 이 메뉴에 단축키를 설정하기 위해서 Options 메뉴의 [Key Bindings]를 선택합니다.

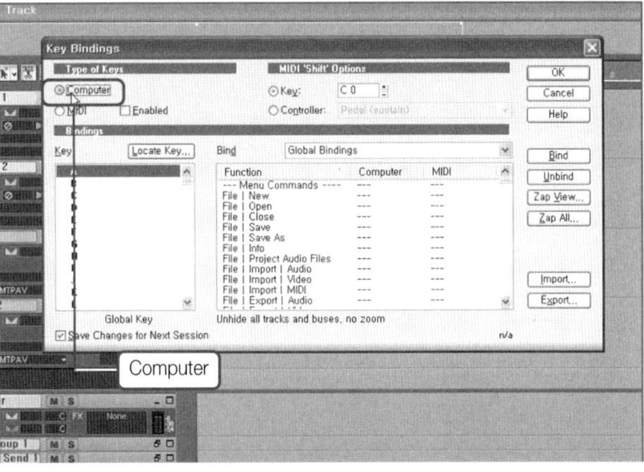

02 Type of keys 항목은 컴퓨터 키보드를 이용할 것인 미디 장비를 이용할 것인지를 결정합니다. MIDI 장비를 이용하고 싶을 경우에는 Enabled 옵션을 체크해야 합니다. 여기서는 컴퓨터 키보드를 이용할 것이므로 Computer 옵션을 선택합니다.

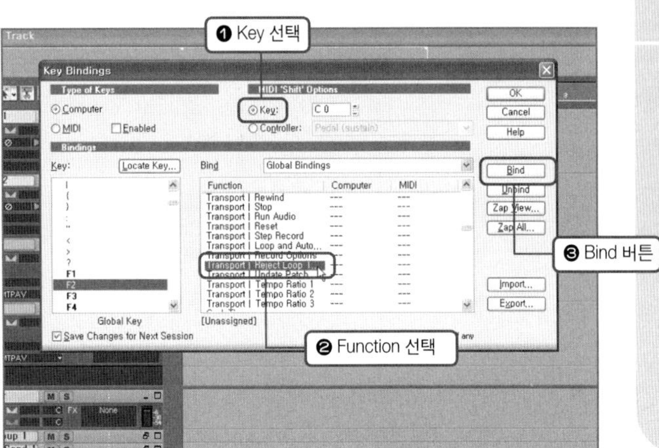

03 Key 항목에서 사용할 단축키를 선택하고, Function에서 적용할 메뉴를 선택합니다. 여기서는 key는 F2, Function은 Transport의 [Reject Loop Tack]을 선택하고 있습니다. 계속해서 [Bind] 버튼을 클릭합니다. 연결해제는 [Unblind] 버튼입니다.

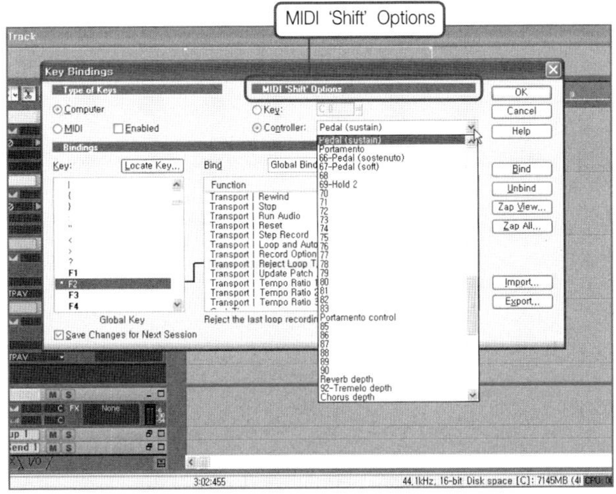

04 참고로 MIDI 'Shift' Options의 역할은 Type of Key를 MIDI로 설정했을 경우, Function 메시지가 전송된다는 것을 소나에게 알려주는 정보를 설정하는 항목입니다. 실제 입력되는 정보와 구분하기 위해서 사용됩니다.

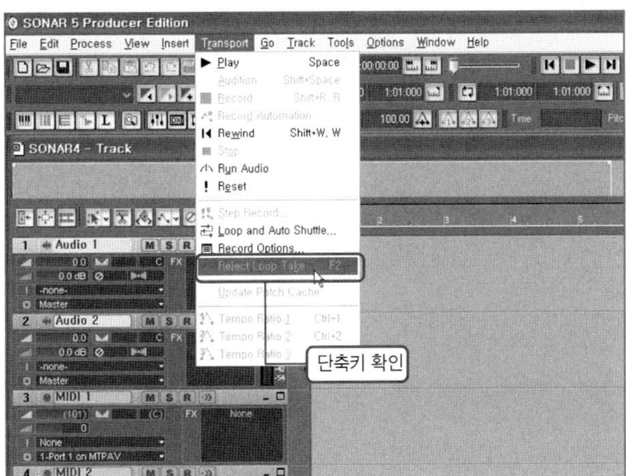

05 [OK] 버튼을 눌러 창을 닫고, Transport 메뉴의 [Reject Loop Take]를 보면 F2 키가 단축키로 설정되어 있는 것을 확인할 수 있습니다.

소나 7은 기본 환경 설정 값을 저장하고 있는 CAKEWALK.ini, TTSSEQ.ini, AUD.ini 3가지 시스템 파일이 있습니다. 시스템 파일은 윈도우에서 제공하고 있는 메모장으로 편집이 가능합니다. Options 메뉴의 [Initialization File]은 3가지 시스템 파일 중에서 CAKEWALK.ini 파일을 소나 7에서 직접 편집할 수 있는 창을 열어줍니다. 굳이 기본 값을 변경할 만한 것은 없지만, 실습을 위해서 한 가지만 해보겠습니다.

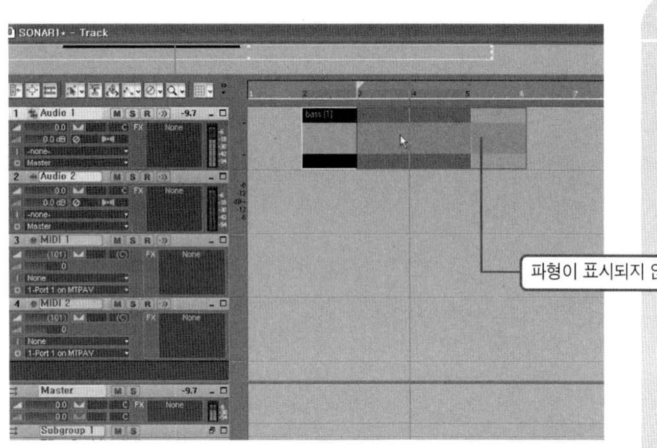

01 소나 7의 기본 환경 설정 값은 연주 중에 오디오 클립을 편집하면 파형을 보이지 않습니다. 연주 중에 클립을 이동하는 간단한 편집에도 파형이 보이지 않는 것을 확인할 수 있습니다.

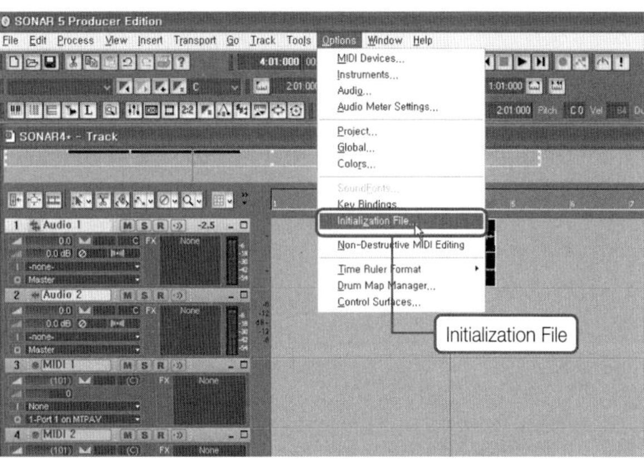

02 이는 CAKEWALK.ini의 DrawPlayingAudio 옵션이 0으로 되어 있기 때문입니다. 파형을 보이게 하는1로 변경해보겠습니다. Options 메뉴의 [Initialization File]을 선택합니다.

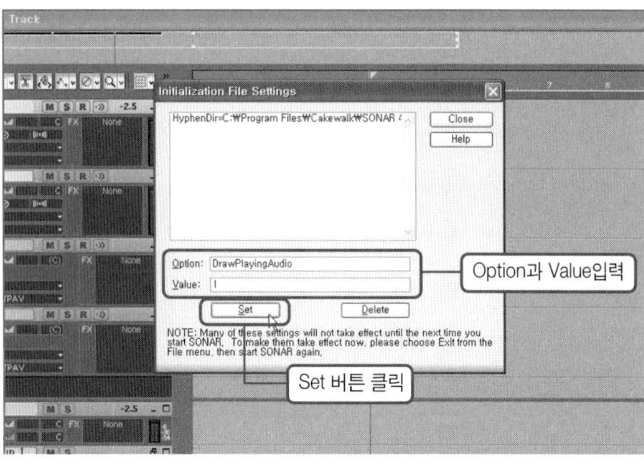

03 Option 항목에 변경할 옵션인 DrawPlayingAudio를 입력하고, Value에 1의 값을 입력합니다. [Set] 버튼을 클릭하여 CAKEWALK.ini 파일에 등록합니다.

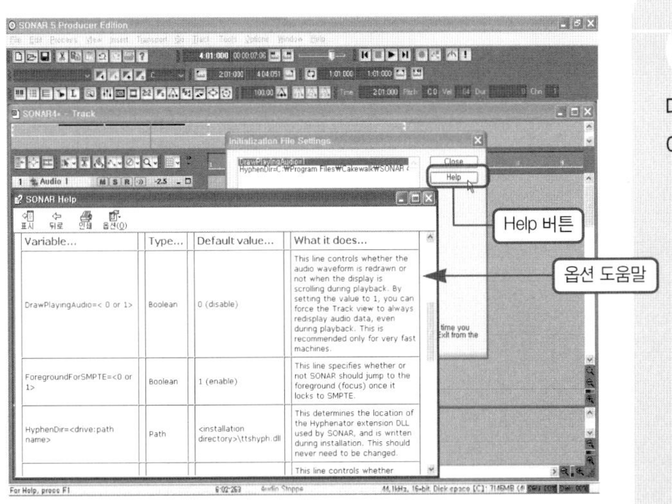

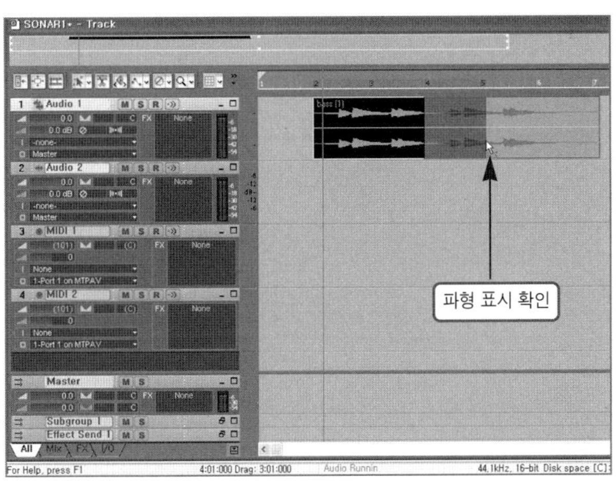

04 참고로 [Delete] 버튼은 선택한 라인을 삭제하고, [Help] 버튼은 설정할 수 있는 옵션에 대한 설명을 볼 수 있습니다. [Close] 버튼을 클릭하여 닫습니다.

05 설정된 환경은 소나 7을 재실행할 때 적용됩니다. 소나 7을 종료하고 다시 실행합니다. 앞에서와 같이 클립을 이동시켜 보아도 파형이 표시되는 것을 확인할 수 있습니다.

◀ Time Ruler Format ▶

Time Ruler Format는 프로젝트 창의 룰러 라인에 표시 형식을 마디 단위, 시간 단위, 샘플 단위로 설정합니다. 뮤지션들에게 가장 익숙한 단위는 마디 단위입니다. 그러나 영상 음악과 같이 시간 위치가 중요한 작업을 해야 할 경우에는 단위를 시간으로 변경하는 것이 편리합니다. 소나 7의 시간 단위는 영상에서 사용되는 시: 분: 초: 프레임의 표시 형식입니다.

◀ Drum Map Manager ▶

Drum Map Manager는 드럼 맵을 설정할 수 있는 드럼 맵 매니저를 열어줍니다. 소나 7에서는 Default를 비롯해서 GS, XG 등의 15가지 드럼 맵을 제공하고 있지만, 독자가 사용하고 있는 악기의 맵을 충족시킬 수는 없을 것입니다. 독자의 악기 설정에 맞는 드럼 맵을 만들어보겠습니다.

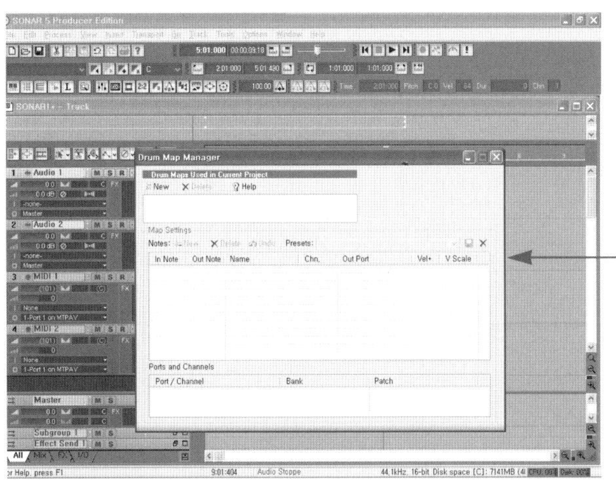

01 Options 메뉴의 [Drum Map Manager]를 선택하여 드럼 맵 매니저 창을 엽니다.

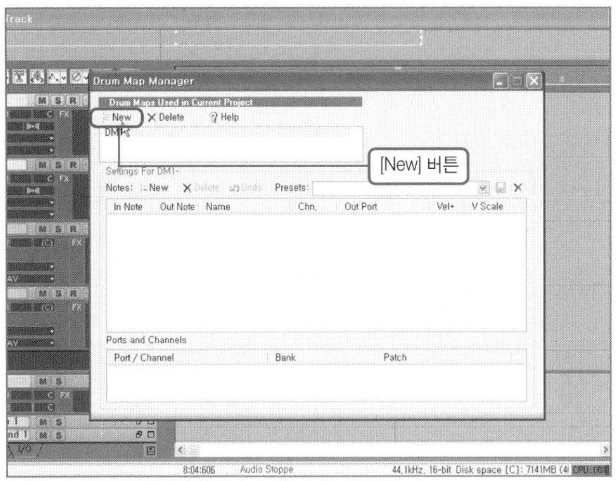

02 Drum Maps Used in Current Project의 [New] 버튼을 클릭하여 새로운 드럼 맵의 이름을 만듭니다. 기본적으로 DM1으로 입력됩니다.

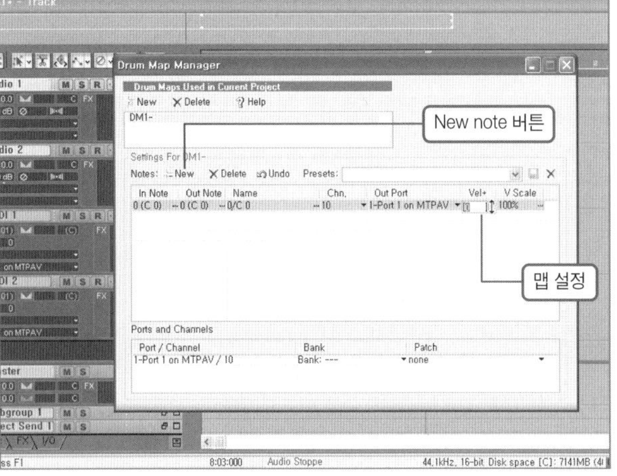

03 아래쪽의 Settings For DM1 에서 [New note] 버튼을 클릭하여 노트를 입력합니다. 입력한 노트의 In/Out, Name, Chn, Port, Vel 등을 설정합니다. 같은 과정을 반복해서 만들 수 있습니다.

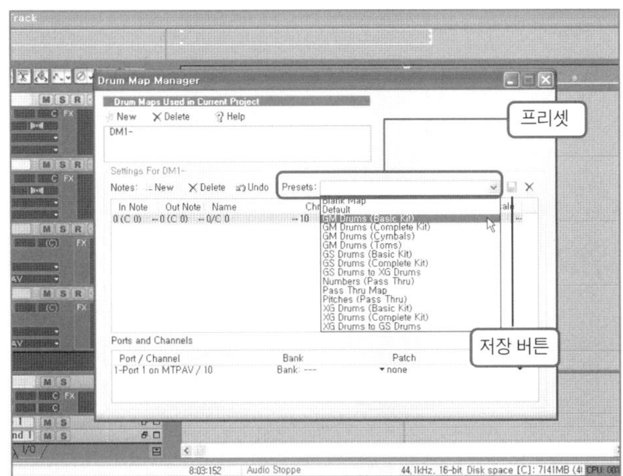

04 각 노트를 일일이 입력하는 것이 번거롭다면 소나 7에서 기본적으로 제공하는 Preset에서 적당한 것을 선택하여 각 칼럼의 값을 수정해도 좋습니다. 맵 설정이 완료되면 프리셋에 이름을 입력하고 [저장] 버튼을 클릭합니다.

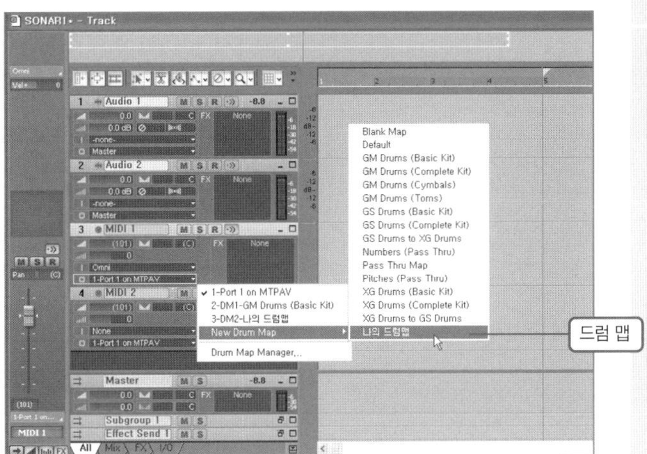

05 완료한 드럼 맵은 미디 트랙의 아웃 파라미터에서 선택하여 사용할 수 있습니다. 독자가 사용하는 악기의 드럼 맵을 패치 별로 만들어두면 드럼 편집 작업을 편하게 할 수 있습니다.

◀|| Control Surfaces ||▶

Control Surfaces은 Tascam US-428, Mackie Control 등의 하드웨어 컨트롤을 별도의 설정 없이 사용할 수 있게 합니다. 만일 소나 7에서 제공하는 컨트롤 이외의 장비를 사용하고 있는 독자라면 콘솔 창에서 설명했던 것과 같이 해당 컨트롤러를 마우스 오른쪽 버튼으로 클릭하여 단축 메뉴를 열고 Remote Control에서 개별적으로 설정해주면 됩니다.

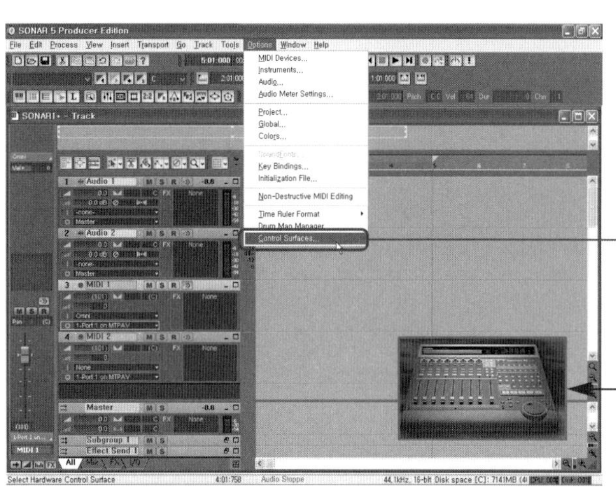

01 독자가 Mackie Control를 사용하고 있다고 가정하겠습니다. 이것을 이용해서 소나 7을 컨트롤 하고 싶다면 Options 메뉴의 [Control Surfaces]를 선택하여 창을 엽니다.

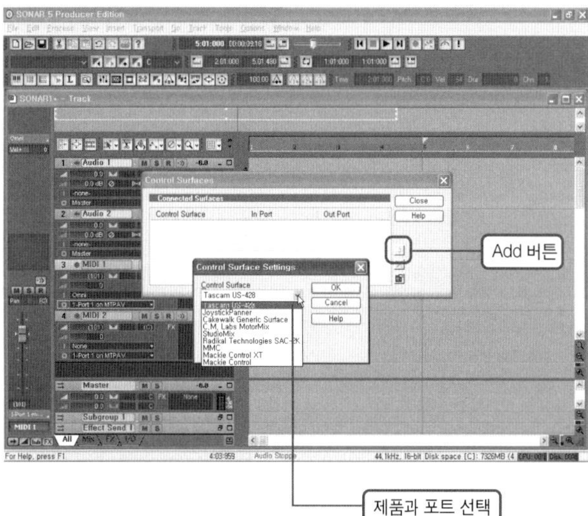

02 창 우측에 노란색으로 표시되어 있는 [Add] 버튼을 클릭하여 Control Surface Settings 창을 엽니다. 제품을 선택하고, 제품이 연결되어 있는 In/Out Port를 선택해주기만 하면 됩니다.

14 SOUND FONT / NON-DESTRUCTIVE MIDI EDITING

소나 7은 예전 사용자들을 위한 배려의 흔적들이 곳곳에 남아있습니다. Options 메뉴 역시 SF2 음원을 로딩하여 사용할 수 있는 Sound Font와 저 사양의 시스템에서 발생할 수 있는 미디 데이터 손실을 막은 Non-Destructive MIDI Editing의 두 가지가 있습니다. VST의 발달과 높아진 시스템 사양으로 사용할 경우가 없는 메뉴이지만, 혹시 필요한 독자가 있을 수 있으므로 간단하게 개념만 알아보겠습니다.

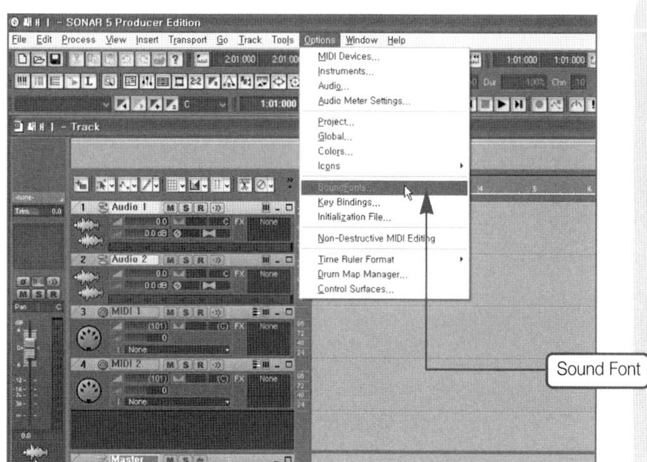

01 Options 메뉴의 Sound Font는 SF2 포맷의 음원을 뱅크 단위로 로딩할 수 있는 창을 열어줍니다. 이 메뉴는 사운드 블라스터와 같이 자체 메모리 또는 하드디스크에 SF2 파일을 로딩할 수 있는 카드를 장착한 경우에만 사용할 수 있습니다. 그렇지 않은 독자는 VST Sampler를 이용하면 됩니다.

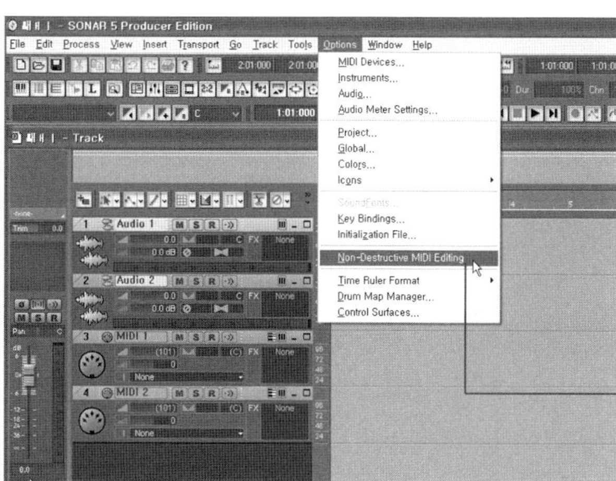

02 Options 메뉴의 Non-Destructive MIDI Editing은 미디 이벤트를 편집할 때 데이터가 손실되는 것을 예방하는 체크 옵션입니다. 시스템이 낮으면 Trim, Slide 등의 편집 작업을 할 때 데이터가 손실되는 경우가 있습니다. 이때 메뉴를 선택하여 체크 표시를 해두면 해결됩니다.

15 DRUM MAP MANAGER

GM/GS 모드 이외의 악기를 사용하고 있다면, 소나 7에서 기본적으로 제공하는 드럼 맵이 다를 것입니다. 이것을
자신이 사용하는 악기의 드럼 맵으로 수정할 수 있는 Drum Map Manager 창을 엽니다. 자세한 내용은 이미 앞에
서 살펴보았고 대부분의 악기를 프리셋으로 제공하고 있기 때문에 채널과 포트 정도만 설정하면 될 것입니다.

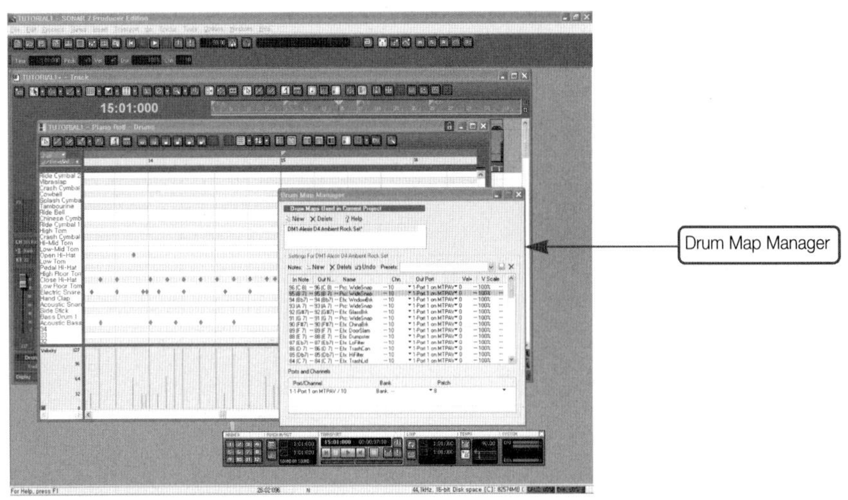

16 MENU EDITOR / LAYOUT

Menu Editor 메뉴는 소나 7의 메뉴를 사용자가 원하는 것들로만 구성할 수 있는 Menu Editor 창을 열고, Menu
Layouts메뉴에는 사용자가 만든 메뉴를 선택할 수 있는 서브 메뉴로 구성됩니다. Menu Editor의 사용법은 앞에서
살펴보았지만, 굳이 소나 7에서 제공하는 메뉴의 구성을 변경할 일은 없을 듯합니다.

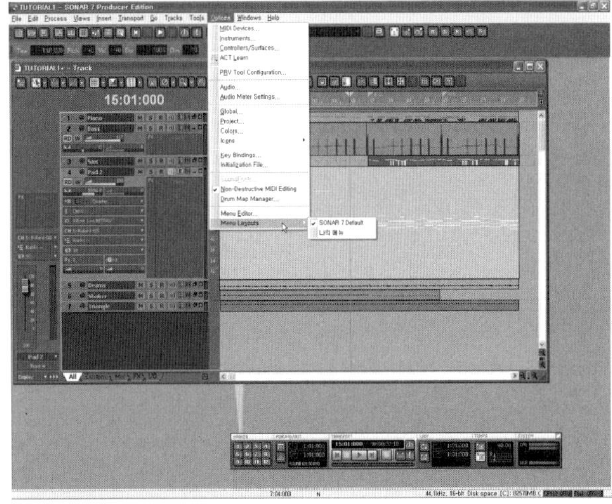

11 WINDOW 메뉴

Window 메뉴에는 작업 중인 창을 정렬하는 Cascade, Tile in Rows, Tile in Columns, Arrange Icons의 4가지 메뉴와 작업 중인 창의 이름 목록으로 구성되어 있습니다. 각 메뉴는 한번씩 실행을 해보면 알 수 있을 정도로 간단한 역할을 합니다.

1 CASCADE

작업 중인 창의 제목만 보이도록 정렬합니다. 많은 작업 창을 열어놓은 경우, 각 작업 창으로의 이동이 편리합니다.

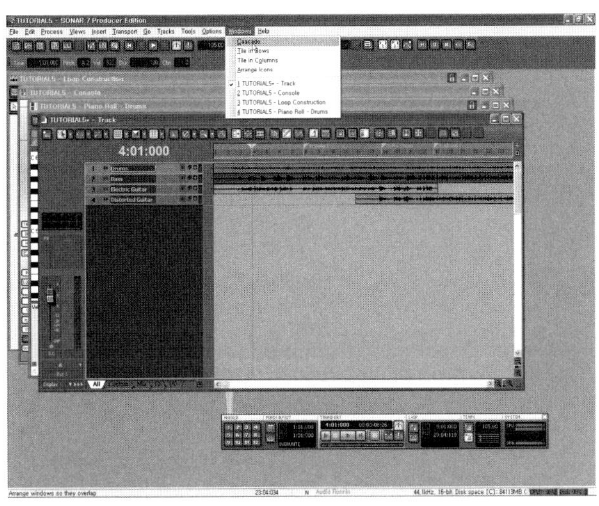

 TILE IN ROWS

작업 중인 창을 가로로 정렬합니다. 2~3개의 작업 창을 열어놓고 작업할 때 각 창의 전환이 필요 없어 편리합니다.

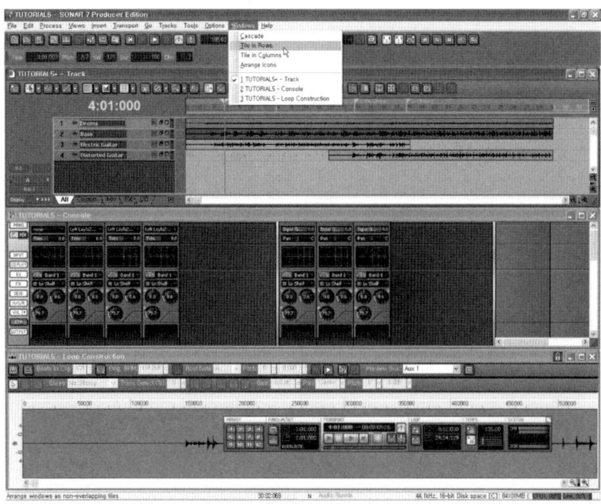

 TILE IN COLUMNS

작업 중인 창을 세로로 정렬합니다. 콘솔과 같이 세로로 구성된 작업 창을 열어놓았을 때 편리합니다.

4 ARRANGE ICONS

작업 중인 창을 아이콘으로 정렬합니다. 작업 중인 창이 많을 경우에 편리합니다. 이 경우 작업 창을 구별하기 쉽지 않으므로 메뉴 아래쪽에 보이는 목록을 이용합니다.

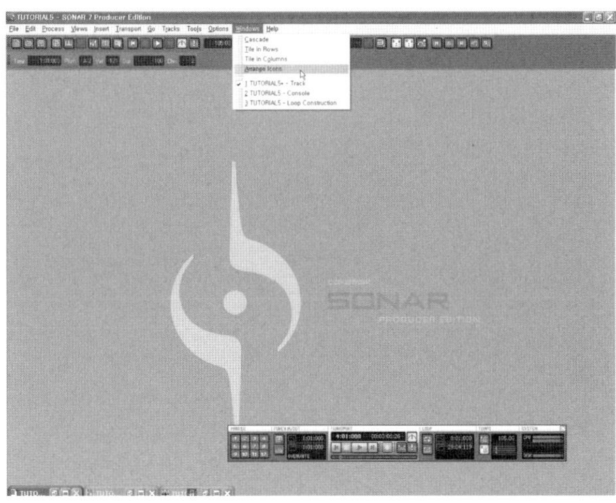

5 LIST

Arrange Icons 메뉴 아래쪽으로 작업 중인 창의 이름이 나열됩니다. 모든 메뉴를 아이콘으로 정렬했거나 많은 창이 열려있어 전환이 불편한 경우에 유용하게 사용할 수 있습니다. 사용자마다 다르겠지만, Window 메뉴에서 유일하게 사용하는 기능일 수 있습니다.

이 책을 보고 있는 독자에게는 전혀 필요 없는 Help 메뉴에는 소나 7의 기능이나 도움을 받을 수 있는 것들로 구성되어 있습니다. 책의 구성에 따라 각 메뉴의 용법을 간단하게 살펴보면서 소나 7 학습을 마무리하겠습니다.

1 HELP TOPICS

목차, 색인, 검색, 즐겨 찾기의 4가지 탭을 가지고 있는 도움말을 열어줍니다. 처음에는 목차와 색인 탭만 보이지만, 색인 탭 우측에 있는 화살표 모양의 [페이지 이동] 버튼을 클릭하여 나머지 탭을 볼 수 있습니다.

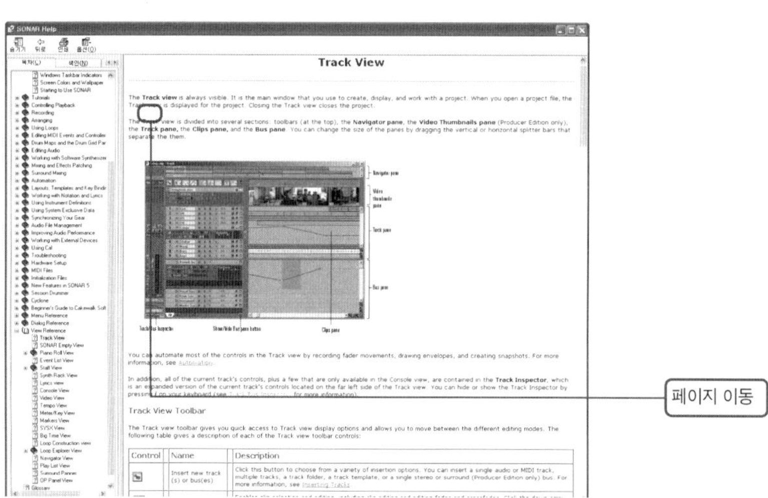

❶ 목차

목차 탭은 소나 7을 구입할 때 제공하는 설명서와 동일한 내용을 담고 있습니다. 서적 모양의 아이콘이 있는 메뉴를 클릭하면 해당 항목의 설명을 볼 수 있고, 플러스(+) 기호를 클릭하여 서브 메뉴를 열거나 마이너스(-) 기호를 클릭하여 닫을 수 있습니다. 그리고 오른쪽에 표시되는 내용 중에서 파란색 밑줄이 있는 글자는 해당 페이지를 열어주는 링크 기능입니다.

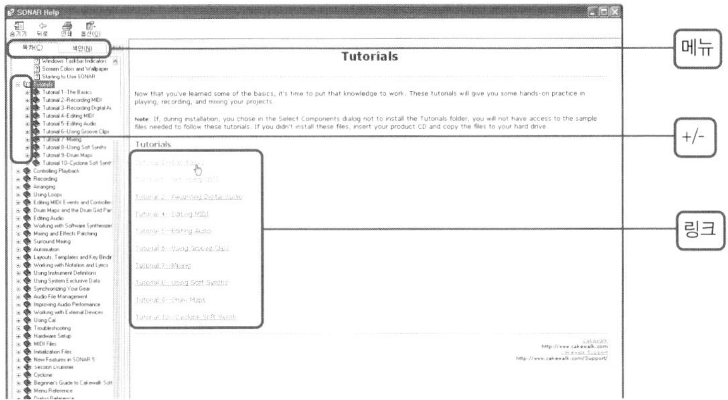

❷ 색인

색인 탭은 '찾을 키워드 입력' 항목에 찾고자 하는 기능의 이름을 입력하면 아래쪽으로 입력한 내용을 담고 있는 항목을 보여주고, 목록을 더블 클릭하면 오른쪽에 클릭한 목록의 내용을 보여줍니다. 기억나지 않는 기능을 빨리 찾을 때 유용합니다.

❸ 검색

색인 페이지와 동일한 기능입니다. '찾을 키워드 입력' 항목에 문자를 입력하고, '항목 목록' 버튼을 클릭하면 관련 항목들을 목록에 보여줍니다. 원하는 목록을 더블 클릭하면 오른쪽에 해당 문자가 있는 페이지를 연결할 수 있는 항목이 보입니다. 원하는 항목을 클릭하여 기능 설명을 볼 수 있습니다.

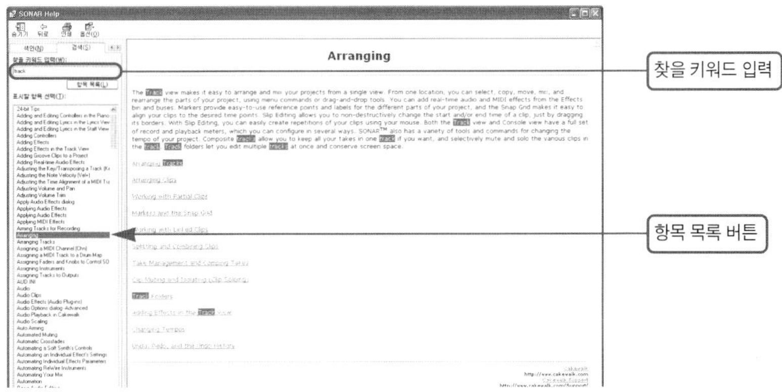

❹ 즐겨 찾기

마지막 즐겨 찾기 페이지는 검색 페이지에서 검색한 내용을 다음에 쉽게 찾을 수 있게 등록해놓는 역할을 합니다. 아래쪽에 [추가] 버튼을
클릭하여 검색 어를 등록해두면 같은 기능을 찾을 때 편리합니다.

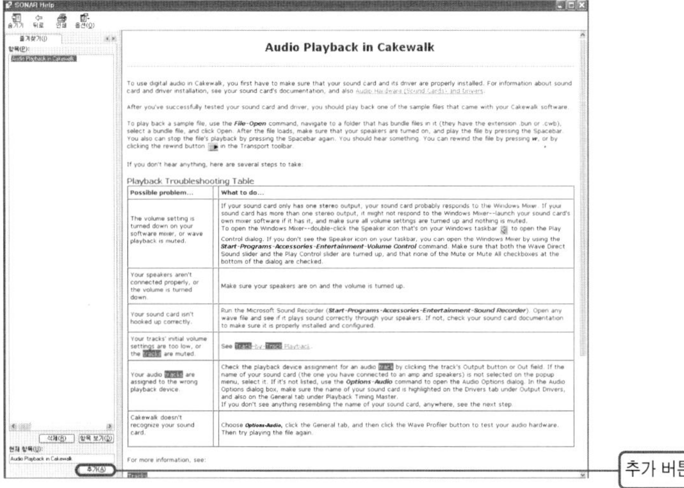

2 WHAT'S NEW

What's New 메뉴는 앞에서 살펴본 Help Topics과 동일한 도움말을 열어줍니다. 차이점은 소나 7에서 새로워진
부분을 설명하고 있는 항목을 열어준다는 것입니다.

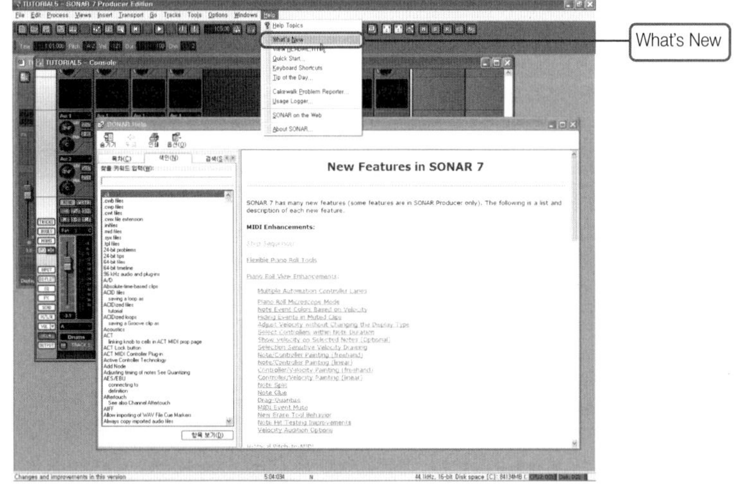

3 VIEW README.RTF

소나 7의 정보가 담겨 있는 문서 입니다. 이것은 소나 7이 설치된 Cakewalk 의 SONAR 7 Producer Edition 폴더에서 Read Me를 선택해도 동일한 내용을 볼 수 있습니다.

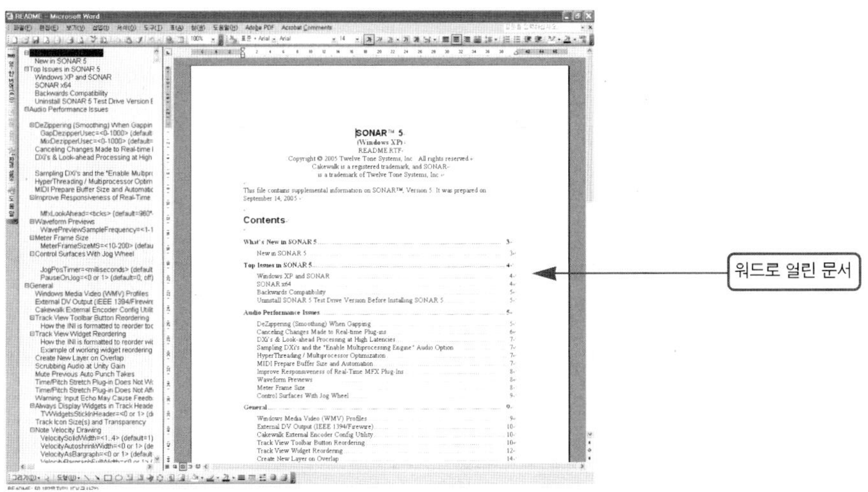

4 QUICK START

프로그램을 실행할 때 열리는 Quick Start 창을 열어줍니다. Show this at Startup의 옵션을 해제하여 창이 열리지 않도록 했지만, 열리는 것이 좋겠다는 생각이 들 때 이용합니다.

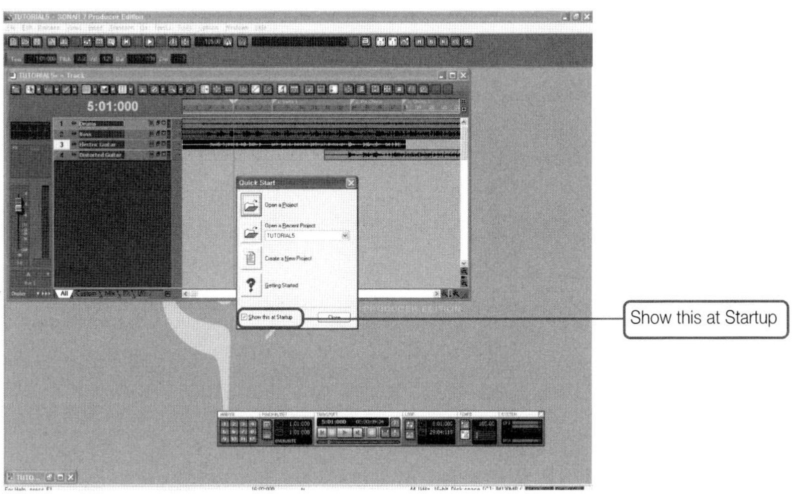

5 KEYBOARD SHORTCUTS

Help Topics에서 살펴본 내용과 동일한 도움말을 열어줍니다. 차이점은 소나 7의 단축키를 설명하는 페이지가 바로 열린다는 것입니다.

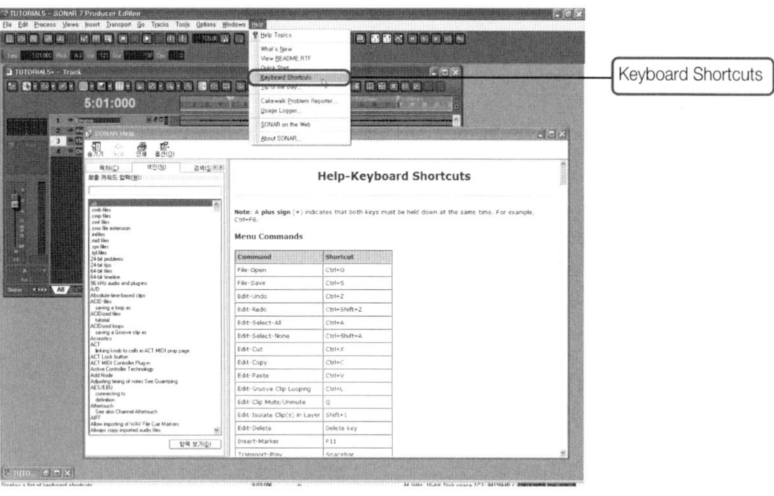

6 TIP OF THE DAY

소나 7을 능숙하게 사용할 수 있는 다양한 팁들이 소개됩니다. 하단의 [Show Tips on Startup]을 체크해두면 소나 7을 실행할 때 마다 새로운 팁들이 소개됩니다. 영어를 본능적으로 싫어하는 경우가 아니라면 소나 실력을 향상시키는데 많은 도움이 됩니다.

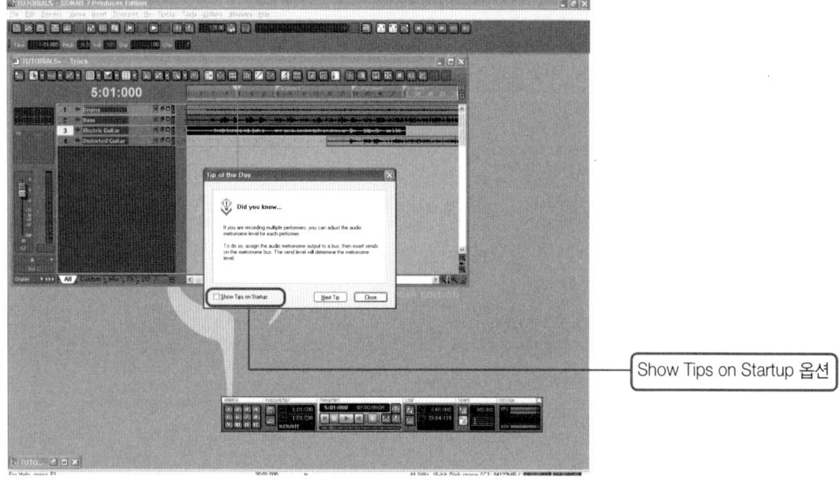

7 Cakewalk Problem Reporter

소나 7을 사용하면서 발생하는 문제점들을 XML 파일로 기록해 둘 수 있는 역할을 합니다. Cakewalk Problem Reporter 메뉴를 선택하면 기록할 것인지의 여부를 묻는 창이 열리며, [Next] 버튼을 클릭하여 Sonar. XML 파일로 저장할 수 있습니다.

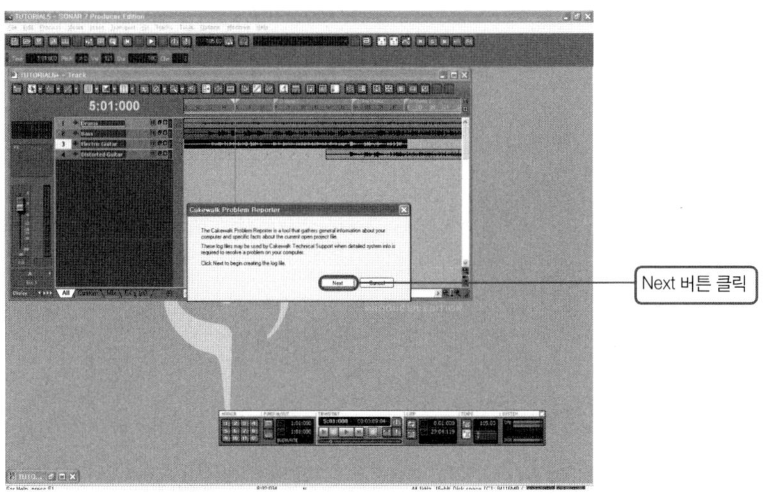

8 USAGE LOGGER

도움을 요청할 XML 파일에 포함시킬 파일을 선택합니다. CAKEWALK.INI, TTSSEQ.INI, AUD.INI 파일 외에 프로젝트 파일과 화면을 캡처한 jpg, gif 포맷의 이미지 파일을 포함시킬 수 있습니다. 파일은 [Start Log] 버튼을 클릭하여 제작하며 바탕화면에 압축 파일로 저장됩니다.

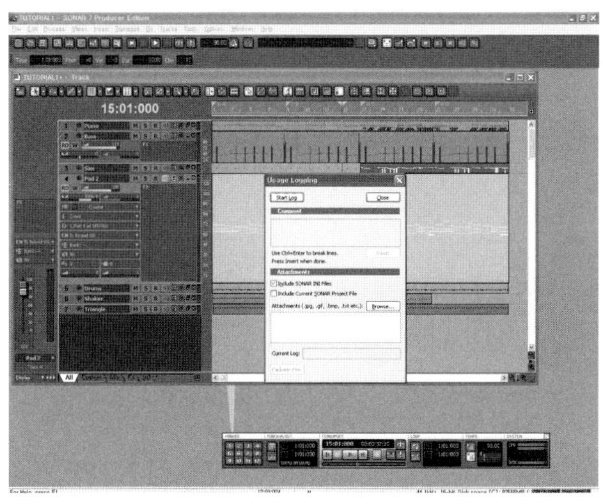

9 SONAR ON THE WEB

소나 7의 패치 버전을 다운받을 수 있는 웹 페이지에 연결합니다. 사용자 등록을 한 독자라면 기능이 업그레이드된 패치 버전을 다운 받을 수 있습니다.

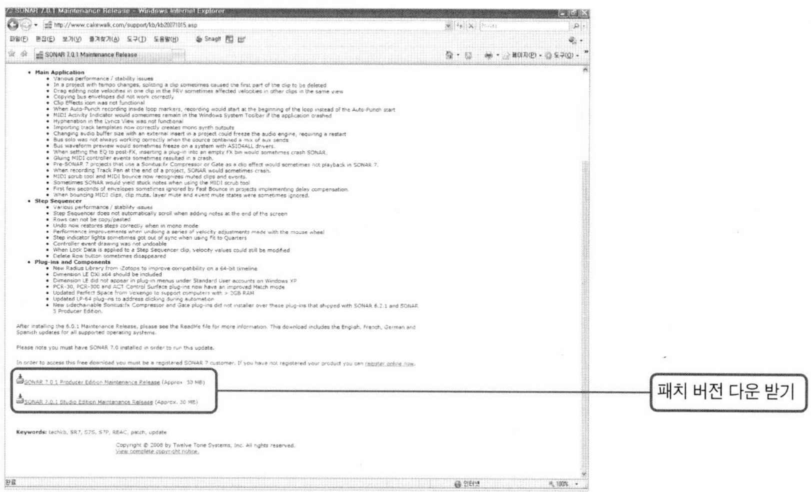

10 ABOUT SONAR

사용하고 있는 소나 7의 버전과 시리얼 번호를 확인할 수 있는 창을 열어줍니다. 사용자 등록을 할 때 시리얼 번호를 입력하는 항목이 있습니다. 이때, 시리얼 번호를 확인하거나 패치 버전을 다운 받을 때 이미 업그레이드를 했는지의 여부를 확인할 수 있습니다.

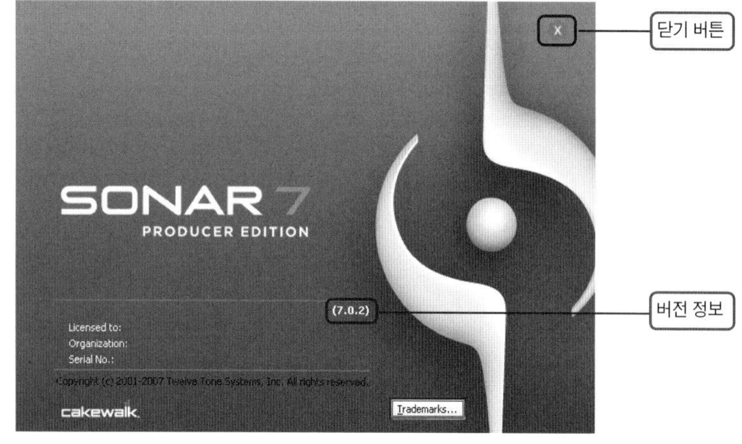

PC버전에서 가장 대중적인 컴퓨터 음악 프로그램이기 때문에 크게 어려운 부분은 없었을 것입니다. 만일, 이해하기 어려웠던 부분이 있었다면 다시 한번 읽어보기 바랍니다. 처음 학습할 때 보다는 쉽게 느껴질 것입니다. Hyuneum.com 게시판에 개선되어야 할 부분이나 독자의 노하우를 알려주시면 다음 버전에 반영하여 독자와 함께 만들어가는 서적이 될 수 있도록 하겠습니다.

멈추지 마세요. 꿈은 이루어집니다!

 # 찾아보기